제4판

저작권법 강의

오승종

박영사

 2020년 제 3 판에 이어 3년 만에 제 4 판을 출간하게 되었다. 2016년 초판을 발행한 후 보내주신 독자들의 호응에 깊은 감사를 드린다. 지난 3년 동안 저작권법 분야에 있어서도 이론적으로나 실무적으로나 많은 변화가 있었다. 이른바 K 문화로 일컬어지는 콘텐츠 산업의 발전은 비약적이고 눈부시다. 또한 유튜브, 인스타그램을 비롯한 1인 미디어도 하루가 다르게 질적, 양적 성장을 하고 있다. 이러한 시대적 흐름을 제도적으로 뒷받침하는 것이 저작권법이다. 저작권 이슈는 이제 특정 개인이나 특정 기업의 문제가 아니라, 우리 주변에서 누구나 언제라도 부딪힐 수 있는 일상생활의 문제가 되었다. 그러면서 저작권법은 어느새 콘텐츠 산업 사회에 있어서 중심이 되는 기본법으로서 자리를 잡아 가고 있다. 도로교통법의 기본을 모르고서 자동차 운전을 할 수 없듯이, 저작권법의 기본을 모르고서 콘텐츠 사업을 영위하는 것은 위험하다. 나아가 오늘날에는 비단 영리적으로 콘텐츠를 생산하고 유통하는 사업자들만이 아니라, 일반인들도 생활 속에서 다양한 방식으로 콘텐츠를 생산하고 유통, 소비하기 때문에 저작권법은 더 이상 관련 분야에 종사하는 사업자들에게만 해당되는 법이 아니다. 이 책은 그런 의미에서 저작권법의 기본 내용을 모든 사람들에게 이해하기 쉽게 설명하고자 하는 목적으로 집필되었다.

 이제 저작권법은 문화기본법으로서 확고하게 자리를 잡았으며, 관련된 이해관계의 충돌과 분쟁이 늘어나고 있는 만큼 판례와 이론도 나날이 새롭게 축적되고 있다. 이번 제 4 판에서는 지난 3년 동안 쌓인 중요 판례와 이론을 그 배경 설명과 함께 가급적 빠짐없이 다루고자 하였다. 그 중에는 아직 충분한 검토가 이루어지지 않은 것들도 있지만, 최소한 소개 정도는 하려고 하였다. 그 동안 이 책을 보아 주셨던 많은 분들에게 깊은 감사의 말씀을 올린다. 앞으로도 지속적인 주의와 노력을 기울여 겸손한 자세로 이 책을 다듬어 가고자 한다.

2023. 8.

함께 하신 하나님께 감사드리며

오 승 종

2016년 초판을 발간한 후 독자들의 호응에 힘입어 2018년 제 2 판에 이어, 이 번에 다시 제 3 판을 출간하게 되었다. 지난 2년 동안 디지털 네트워크 기술의 발전과 제 4 차 산업혁명의 흐름을 따라가기 위해 수차례 저작권법 개정이 이루어졌고, 시대의 변화를 반영하는 새로운 판결들도 속속 나타났다. 제 3 판에서는 이 책의 실무적 효용성을 감안하여 지나치게 이론적이고 사변적인 부분들은 생략하면서, 대신 2020년 개정법에 이르기까지 최근의 입법과 중요 판례들을 빠짐없이 정리하는 한편, 그에 대한 학계와 실무계의 기본적이고 중요한 논의를 담고자 하였다.

콘텐츠 산업의 거침없는 성장과 특히 1인 미디어가 대세를 이루는 상황에서 저작권법은 명실상부한 문화기본법으로서의 지위를 굳혀 가고 있다. 늘 새롭게 변화하고 발전하는 저작권 분야인지라 제 3 판을 준비하고 마무리하기까지 지루하거나 힘들기보다는 늘 즐겁고 감사한 마음이었다. 이 책의 모태가 된 2007년 『저작권법』 초판이 수차례의 전면 개정판을 거쳐 어느 덧 제 5 판을 발간하였고, 이제 이 책도 제 3 판에 이르게 되었다. 그동안 필자의 책을 보아 주셨던 많은 분들에게 깊은 감사의 말씀을 올린다. 앞으로도 끊임없는 노력과 더욱 겸손한 자세로 다듬어 나가고자 한다.

2020. 6.
함께 하신 하나님께 감사드리며
오 승 종

2016년 봄에 『저작권법 강의』 초판을 낸 이후 2년이 지나 이번에 제 2 판을 출간하게 되었다. 그동안 저작권법의 부분적인 개정이 있었으며, 대법원과 하급심에서 상당수 의미 있는 판결들이 선고되었다. 아울러 그에 대한 학계와 실무계의 다양한 논의의 전개도 있었다. 제 2 판에서는 이러한 부분들을 정리하여 담고자 하였다. 다만, 초판에서와 마찬가지로 실무적 효용성이 떨어지는 것들은 생략하면서, 대신에 실무적인 쟁점이 될 만한 것들은 빠뜨리지 않고자 노력하였다.

저작권법을 본격적으로 공부하기 시작한지 이제 대략 25년째가 되는 것 같다. 문화의 변천과 기술의 발전에 따라 항상 변화하고, 그래서 계속 새로운 이론과 판례가 생성되는 저작권법 분야인지라 지루한 줄 모르고 즐거운 마음으로 공부해 올 수 있었다. 이 길로 인도해 주신 하나님께 감사할 뿐이다. 그동안 학계와 실무계에서 많은 가르침을 주신 분들에게 감사드리고, 앞으로도 더욱 열심히 배우고자 한다.

지난 번 초판에 이어 이번 제 2 판 역시 깔끔하게 준비해 주신 박영사 한두희 님과 직원분들에게도 감사의 인사를 올린다.

2018. 7.

오 승 종

머리말

　필자가 법관으로 재직하던 1999년 사법연수원 교재를 시작으로 저작권법 전문서를 집필하여 온 기간이 어느덧 17년이 되었고, 단독저서로 전환한 2007년 이후만으로도 대략 3년에 한 번씩 개정판을 낸 것이 지금까지 이미 제4판째를 발행하고 있다. 이와 같이 오랜 기간 동안 판을 거듭하면서 끊임없이 책을 발행할 수 있었던 것은 정말 감사한 일이다. 분에 넘치게 사랑해 주신 독자 여러분께 진심으로 깊은 감사의 말씀을 드린다.

　필자의 '저작권법'은 이처럼 판을 거듭하는 동안 새로운 판례와 이론을 정리하여 수록하고, 사회의 발전에 따라 지속적으로 발생하는 새로운 쟁점들에 대하여 검토한 결과를 꾸준히 반영하면서, 책의 부피와 내용이 날이 갈수록 늘어났다. 그로 인하여 지금에 와서는 저작권법의 입문자는 물론이고 관련 분야의 실무가들에게조차 상당히 부담스러운 방대한 분량의 책이 되었다. 때문에 법조 실무계와 학계의 선·후배님들로부터 기존 저서를 적절하게 축약한 부담 없는 분량의 책을 준비해 보라는 권유를 많이 받아왔고, 필자 역시 그러한 필요성을 절감하고 있었다.

　이에 나름대로의 준비와 집필과정을 거쳐 적절한 분량의 저작권법 전문서를 '저작권법강의'라는 제호로 별도 출간하여 내어놓게 되었다. 본서를 집필함에 있어서는 다음과 같은 점에 특별히 유의하였다.

　첫째, 학술적으로는 필요하지만 실무적 효용성이 비교적 덜한 세부적인 내용이나 중복성이 있는 학설과 판례들을 생략하는 한편, 기존 저서인 '저작권법'의 내용을 축약하여 정리함으로써 분량을 줄이는데 힘썼다. 다만, 실무적인 내용에 있어서는 가급적 세부적인 사항들도 쟁점이 될 만한 것들은 빠지지 않도록 최대한 노력하였다. 현장 실무가들에게 저작권 전문 강의를 한다는 가정 아래 필요한 내용들이 모두 담길 수 있도록 하였다. 본서의 제호를 '저작권법개론'이 아니라 '저작권법강의'로 한 것도 그런 점을 염두에 둔 것이다.

　둘째, 기존 저서인 '저작권법'의 목차와 순서를 본서에도 그대로 채택함으로써 더 상세하고 깊은 내용을 찾아보고자 할 경우 기존 '저작권법'의 해당 부분을 손쉽게 참고할 수 있도록 하였다. 저작권법 분야는 문화 및 관련 산업의 발전, 특히 디지털 기술과 네트워크 환경의 발달에 따라 새로운 판례가 끊임없이 생성되는 분야이기 때문에 기존 판례나 학설의 결론뿐만 아니라 그 사실관계와 이론적 배경, 법률적 구성과 다양한 논거들에 대하여 세부적으로 숙지하는 것이 매우 중요하다. 그러한 세부적인 사항들은 실제 소송에 들어가면 유력한 주장 및 항변으로서 큰 효용성을 발휘하게 된다는 것이 필자의 경험이다. 기존 '저작권법' 저서가 방대해진 것은 그러한 효용성이 있는 세부적 사항들을 하나라도 놓치고 싶지 않았던 때문이기도 하다. 이런 점에서 본서를 통하여 쟁점을 파악하고 난 후 실제 소송이나 문제에 부딪힐 경우 보다 상세한 내용을 기존 '저작권법' 저서에서 언제라도 손쉽게 참조할 수 있도록 그 목차와 순서를 그대로 따라 저술하는 것을 본서 집필의 기본 방침으로 하였다.

셋째, 문체와 문장의 흐름을 간결하고 새로운 느낌이 날 수 있도록 전면적으로 수정하였다. 과거 일본식 문장에 젖어있던 법원의 판결문도 점차 현대적인 모습으로 변화하는 과정에 있다. 필자 역시 그동안 기존 저서의 개정판을 계속 발간하여 오면서 만연체의 문장과 과거 판결문 형태의 어투에 대하여 많은 반성을 하고 있었다. 이에 본서를 집필함에 있어서는 문장의 호흡을 최대한 짧고 간결하게 하는 한편, 우리말의 구어적인 표현으로 전면 수정함으로써 가독성을 높이고자 하였다.

본서의 출간 직전인 2016. 3. 22. 저작권법 개정안이 입법예고 되었다. 이 개정안은 2016. 9. 23. 발효될 것이지만, 사실상 확정된 법률안이기 때문에 본서에서는 이 개정법률안을 그대로 반영한 내용으로 집필하였다. 또한 2016. 5월까지 나온 저작권 관련 판례들도 모두 검토하여 필요한 부분을 보충하였다.

오늘에 이르기까지 필자의 '저작권법'을 아껴주셨던 모든 분들과, 그동안 큰 가르침을 주셨고 앞으로도 필자가 많이 배우고 본받아야 할 학계와 실무계의 한 분 한 분께 깊은 감사의 마음을 전한다.

2016. 5. 18.
함께 하신 하나님께 감사드리며
오 승 종

차 례

CHAPTER 01 총 론

CHAPTER 02 저 작 물

CHAPTER 03 저 작 자

CHAPTER 04 저작자의 권리

CHAPTER 05 저작재산권의 변동과 저작물의 이용

CHAPTER 06 저작물의 자유이용과 저작재산권의 제한

CHAPTER 07 저작인접권과 기타 권리 및 영상저작물의 특례 등

CHAPTER 08 저작권의 등록과 위탁관리·저작권위원회·저작권보호원

CHAPTER
09 **저작재산권 침해의 요건 및 판단기준**

CHAPTER

10 저작권침해에 대한 구제

CHAPTER **11** 저작권의 국제적 보호

QR코드를 스캔하면 현행 '저작권법'으로 연결됩니다.

Chapter 01

총 론

총   론

I. 서   설

1. 지적재산권의 개념

지적재산권은 인간의 지적 창조물 중에서 법으로 보호할 만한 가치가 있는 것들에 대하여 법이 부여하는 권리라고 정의할 수 있다. 지적재산권의 객체는 '인간의 지적(知的) 창조물(創造物)'이며, 따라서 지적재산권은 인간의 지적 창조의 모든 영역을 그 대상으로 한다. 지적 창조물은 무체물(無體物)이다. 그렇기 때문에 지적재산권을 '무체재산권'(無體財産權)이라고도 한다.

인간의 지적 창조물이라고 하여 모두 다 지적재산권이 부여되는 것은 아니다. 인간은 하루에도 수없이 많은 지적 창조를 하면서 살아간다. 예를 들어, 우리가 일상생활에서 말하고 쓰는 것이 모두 자신의 사상이나 감정을 표현하는 지적 창조물이다. 그러나 그와 같이 말하고 쓰는 표현행위에 의하여 나타난 결과물인 지적 창조물이 모두 저작권의 보호를 받는 것은 아니다. 법은 인간의 지적 창조물 중에서 '법으로 보호할 만한 가치가 있는 것'에 대하여만 지적재산권이라는 권리를 부여한다. 그렇다면 인간의 지적 창조물 중에서 어떠한 지적 창조물이 법으로 보호할 만한 '가치'를 가진 것인지 미리 정해 놓을 필요가 있다. 바로 이 부분이 지적재산권으로 보호받기 위하여 갖추어야 할 '요건'의 핵심을 이루게 된다.

'가치'라는 것은 이른바 '개방형 개념' 또는 '불확정개념'으로서 각자의 주관적인 판단에 흐를 소지가 많은 개념이다. 하나의 지적 창조물을 두고서 그것의 창작자는 '가치'가 있다고 주장하고, 다른 사람은 '가치'가 없다고 주장하는 일이 얼마든지 생길 수 있다. 그렇기 때문에 법은 인간의 지적 창조물과 관련하여 그것이 '법으로 보호할 만한 가치'가 있는지 없는지에 관하여 일정한 기준을 정해 놓고 그 기준을 충족한 경우에만 보호를 해 준다. 이때 보호 여부를 결정하는 기준이 바로 지적재산권으로 성립하기 위한 '요건'이라고 할 수 있다. 인간의 사상이나 감정을 표현한 모든 것이 저작권의 보호를 받는 것이 아니라, 저작권이 주어지기 위해서는 '창작성'이라는 요건이 필요하다. 마찬가지로 인간의 발명이 모두 특허권의 보호를 받는 것이 아니라 '신규성'과 '진보성' 등의 요건을 갖추어야 한다. 이러한 요건들이 바로 각각의 지적재산법1)이 보호할 만한 가치가 있느냐를 판단하기 위한 기준으로 설정된 사회적 약속이라고 볼 수 있다. 그렇다면 어떤 지적 창조물이 지적재산법이 보호할 만한 가치가 있는 것인가의 판단은 무엇을 근거로 하여 내려져야 하는가? 그것은 각각의 지적재산법이 추구하고자 하는 목적으로부터, 즉 그 법이 추구하고자 하는 목적에 부합하는지 여부를 기준으로 내려져야 한다.

이런 점에서 볼 때 각각의 지적재산법이 규정하고 있는 '목적'과 '요건', 그리고 주어지는 '권리'의 내용은 서로 밀접한 상관관계를 맺고 있다. 저작권법은 제1조의 목적규정에서 이 법은 "문화 및 관련 산업의 향상발전에 이바지함을 목적으로 한다"고 규정하고 있으므로, 문화 및 관련 산업의 향상발전에 이바지할 수 있는 지적 창조물이 바로 '저작권법으로 보호할 만한 가치가 있는 것'이다. 그렇다면 과연 어떠한 지적 창작물이 문화 및 관련 산업의 향상발전에 이바지할 수 있는 것이냐에 관하여 저작권법은 '창작성'을 그 기준으로 설정하고 있는 것이며, 그렇기 때문에 저작물로서 성립하기 위한 요건의 핵심으로 '창작성'이 규정되어 있는 것이다. 그리고 이러한 요건을 갖추면 그에 대한 법률적 효과로서 '저작권'이라는 권리가 부여되며, 그 권리의 내용 역시 저작권법이 추구하는 목적, 즉 문화 및 관련 산업의 향상발전에 이바지하는 범위 내에서 결정된다.

2. 지적재산권의 대상과 분류

지적재산법은 인간의 지적 창조의 모든 영역을 포괄하며, 문학, 미술, 음악, 연극, 편집물, 데이터베이스, 컴퓨터프로그램, 생명공학, 전기·기계공학, 화학, 디자인, 생명체의 신품

1) 저작권법, 특허법, 상표법, 부정경쟁방지법 등을 흔히 '지적재산권법'이라는 용어로 총칭하여 왔다. 그러나 저작권법, 특허법, 상표법과 같이 권리부여방식으로 입법되는 법률과 부정경쟁방지법과 같이 권리부여방식이 아닌 행위규제방식으로 규율되는 법률을 모두 포괄한다는 의미에서는 '권리'라는 함의를 제외한 '지적재산법'이라는 용어를 사용하는 것이 바람직하다는 견해가 있다. 박성호, 저작권법, 박영사 (2014), 26면. 행위규제방식으로 규율하는 법률이라 하더라도 그 결과로서 권리와 의무가 발생하는 것은 권리부여방식의 법률과 마찬가지이고, 권리와 의무의 존재를 전제로 하지 않는 법률이란 있을 수 없으므로 어느 용어를 사용하더라도 큰 차이는 없다고 생각된다.

종, 반도체 집적회로, 상품의 상징(symbol) 등 인간의 지적인 능력이 발휘되는 모든 분야가 관심의 영역이다. 그리하여 지적재산법은 정신적 재화인 지적재산(intellectual property) 내지는 무형의 재화인 무체재산을 보호대상으로 하는 일련의 법체계를 일컫는다.

이러한 지적재산에 대한 보호권인 지적재산권은 인간의 지적활동의 성과로 얻어진 정신적, 무형적 재화에 대한 소유권에 유사한 재산권을 지칭하는 것으로, 저작물에 대한 권리인 저작권과 산업적 또는 영업적 재산권인 산업재산권의 두 가지 유형으로 대별되며,[2] 그 외에 '기타 지적재산권'이라고 하여 영업비밀, 퍼블리시티권(right of publicity), 반도체집적회로에 관한 권리 등을 별도로 나누기도 한다. 그 중에서 산업재산권은 기술적 사상의 창작에 대하여 부여되는 특허권 및 실용신안권, 물품의 미적 형상에 대하여 부여되는 디자인권, 식별력 있는 상징(symbol)에 대하여 부여되는 상표권의 이른바 4대 산업재산권으로 다시 나누어진다.

II. 창작자 이익과 이용자 이익의 균형적 보호

흔히들 지적재산법은 창작자의 권리만을 보호하는 법으로 잘못 알기 쉽다. 그러나 지적재산법의 주된 관심은 인간의 지적 창작에 대하여 법적인 보호를 부여함으로써 창작의욕을 고취하는 한편, 그 보호가 지나쳐 지적 창작물의 과실을 사회가 충분히 향유할 수 없게 되는 현상을 방지하는 데 있다. 지적재산권에 대한 보호가 불충분하면 창작자의 창작의욕을 고취할 수 없게 되지만, 반대로 그 보호가 과도하게 이루어지면 사회·경제적으로 유용한 지적재산을 창작자만이 독점하게 되어 이용자들이 충분히 이용할 수 없게 되는 불합리한 상태가 발생한다. 따라서 지적재산법에서는 창작자의 이익과 그 창작물의 이용자인 공중의 이익을 어떻게 조화롭게 보호할 것인지, 어느 정도의 보호가 창작자와 이용자 사이의 균형을 이루는 적정한 수준이 될 것인지를 판단하는 것이 중요한 쟁점으로 등장하게 된다. 그러므로 지적재산법을 다룸에 있어서는 '창작자의 권리'(author's right)뿐만 아니라, 창작자와 반대되는 지위에 있는 '이용자의 권리'(user's right)에 대하여도 항상 관심을 기울여야 한다.

저작권법 제1조는, "이 법은 저작자의 권리와 이에 인접하는 권리를 보호하고 저작물의 공정한 이용을 도모함으로써 문화 및 관련 산업의 향상발전에 이바지함을 목적으로 한다"라고 규정하고 있다. 이는 일정한 범위까지 저작자의 개인적 권익을 보호하는 한편, 그 범위 밖에서는 공중의 이익보호를 위하여 저작자의 권리를 제한함으로써 궁극적으로 문화

---

2) 송영식 외 2인, 지적소유권법, 제3 전정판, 육법사, 1994, 54면.

및 관련산업의 발전에 기여하고자 한다는 취지이다. 따라서 창작자의 권리와 공중의 이익을 어떻게 조화시킬 것인지가 저작권법 운용에 있어서의 가장 중요한 핵심적 사항이라고 할 수 있다.

Ⅲ. 각종의 지적재산권

1. 저 작 권

저작권은 인간의 사상 또는 감정을 표현한 창작물에 대하여 법이 그 창작자에게 일정 기간 동안 그 창작물을 독점적으로 사용케 하고 다른 사람이 무단으로 복제·공연·공중송신(전송, 방송, 디지털음성송신 등)·전시·배포·대여 및 2차적저작물의 작성 등의 행위를 하거나 그 창작물에 대한 창작자의 인격권 침해행위를 하는 것을 금지하는 권리이다. 저작권법은 학문이나 예술과 같은 정신문화의 영역에 속하는 권리로서 인간의 정신생활을 풍요롭게 하고 인류문화의 발달에 기여하여 왔기 때문에 문화기본법이라고 불리어져 왔다.[3]

저작권의 보호를 받기 위하여서 그 저작물은 일정 수준 이상의 '창작성'(創作性, originality)을 가지고 있을 것이 요구된다. 저작권법에서 요구하는 창작성은 특허권 등 산업재산권에서 요구하는 이른바 '신규성'(新規性, novelty)과는 다른 의미를 가진다. 甲이 창작한 저작물과 완전히 동일한 저작물을 乙이 창작하였다고 하더라도 乙이 그것을 스스로 창작하였고 甲의 저작물을 베끼거나 모방한 것이 아니라면 甲의 저작권은 乙의 저작물에 미치지 아니한다. 이러한 점에서 저작권을 '모방금지권'(模倣禁止權)이라고도 한다. 또한 저작권은 기본적으로 특정한 사상이나 감정(이를 통틀어 idea라고도 한다)의 '표현'(expression)을 보호하는 것이지 사상이나 감정 '자체'를 보호하는 것이 아니라는 점에서도 특허권과 구별된다. 특허권은 사상, 그 중에서도 '기술적 사상'(technical idea)을 그 자체로서 보호하는 것이다. 그러므로 동일한 문학적 사상이라고 하더라도 이를 각각 다른 표현으로 구체화하면 그 표현된 각각의 창작물들은 각각 독자적인 저작권의 보호대상이 되지만, 하나의 기술적 사상을 여러 개의 다른 방식으로 표현하였다고 하더라도 그 기본이 되는 기술적 사상이 동일한 이상 하나의 특허권만이 성립할 뿐 표현방식에 따라서 별개의 특허권이 성립하는 것은 아니다.

---

3) 송영식 외 2인, 전게서, 62면.

2. 특 허 권

특허권은 특정한 기술적 사상의 창작물(발명)을 업(業)으로서 일정기간 독점적·배타적으로 실시할 수 있는 권리이다(특허법 제94조).[4] 발명은 산업상 이용가능성, 신규성, 진보성 등 몇 가지 요건을 갖추어야 비로소 특허권을 부여받을 수 있으며, 그 출원절차는 행정청인 특허청을 통하여 이루어진다. 특허청은 특허출원이 이러한 요건들을 충족하고 있는가를 심사하여 특허권 부여 여부를 결정한다. 일단 특허권이 부여되면 일정한 기간 동안 특허권자를 제외한 다른 사람은 특허권자의 허락 없이는 '업'(業)으로서 그 특허발명을 생산, 사용, 양도, 대여, 수입, 양도 및 대여의 청약행위를 하는 것이 금지된다.

3. 실용신안권

실용신안은 산업상 이용할 수 있는 물품의 형상·구조 또는 조합에 관한 고안이다. 여기서 '고안'(考案)이라 함은 자연법칙을 이용한 기술적 사상의 창작을 말한다(실용신안법 제2조, 제4조). 특허와 실용신안은 자연법칙을 이용한 기술적 사상의 창작이라는 점에서는 동일하지만 그 창작의 정도가 고도한 것이냐 아니면 낮은 수준의 것이냐에 따라서 구별되는 것이라고 보면 된다.[5] 실용신안권의 존속기간은 실용신안권의 설정등록을 한 날부터 실용신안등록출원일 후 10년이 되는 날까지이다(실용신안법 제22조 제1항).

4. 디자인권[6]

디자인권은 물품의 형상, 모양, 색채 또는 이들의 결합으로 시각을 통하여 미감을 일으키게 하는 공업적으로 이용가능한 고안을 보호대상으로 한다(디자인보호법 제2조 제1호). 물품에 대한 창작인 점에서 실용신안과 유사하지만, 디자인은 미적(美的) 과제의 해결을 목적으로 한다는 점에서 기술적(技術的) 과제의 해결을 목적으로 하는 실용신안과 구별된다. 따라서 하나의 고안에 대하여 실용신안권과 디자인권이 중복하여 설정될 수도 있다. 하나의

---

4) 현재 특허권의 존속기간은 특허권의 설정등록이 있는 날부터 특허출원일 후 20년이 되는 날까지로 되어 있다(특허법 제88조 제1항).

5) 다만, 실용신안은 물품의 고안만을 그 대상으로 하고 있으므로 방법이나 물질에 대한 발명은 특허의 대상이지 실용신안의 대상은 아니다.

6) 종전에 '의장법'에 의하여 '의장권'이라는 명칭으로 보호되던 권리이다. 2004. 12. 31. 법 개정을 통하여 '의장법'의 명칭이 '디자인보호법'으로 변경되었고, 그에 따라 권리의 명칭도 '의장권'에서 '디자인권'으로 바뀌었다.

동일한 고안이 미적 과제와 기술적 과제를 동시에 해결하고 있는 경우가 그러하다.

디자인을 보호하는 방식으로는 특허적 방법과 저작권적 방법이 있으나, 우리나라는 공업적 디자인에 대하여 심사를 거쳐 등록하게 하고[7] 일정기간 동안 독점적 이윤을 보장하는 특허적 방법에 의한 보호를 꾀하는 한편, 저작권법에서도 응용미술을 보호하고 있다. 따라서 이들 사이의 조정이 문제로 된다.[8] 디자인권의 존속기간은 설정등록이 있는 날 발생하여 디자인등록출원일 후 20년이다(디자인보호법 제91조 제1항).

5. 상 표 권

상표는 상품을 생산·가공·증명 또는 판매하는 것을 업으로 영위하는 자가 자기의 업무와 관련된 상품을 타인의 상품과 식별되도록 하기 위하여 사용하는 기호·문자·도형·입체적 형상·색채·홀로그램·동작 또는 이들을 결합한 것과 소리·냄새 등을 시각적 방법으로 표현한 것을 말하며(상표법 제2조 제1호), 상표권은 이와 같은 상표를 독점적·배타적으로 사용할 수 있는 권리를 말한다. 상표를 보호함으로써 수요자에게는 상품의 생산자 및 유통자(출처)를 명확히 알려주어 상품선택의 길잡이를 제공하고, 상표권자는 자신의 상표의 지속적인 사용으로 업무상 신용을 얻어 상품 및 상표의 재산적 가치를 높여가는 효능을 발휘하게 된다.

그러므로 상표를 보호하는 취지는 상표가 갖는 이러한 기능, 즉 출처표시기능, 품질보증기능, 광고선전기능 등을 보호하기 위한 것이지 상표를 구성하는 기호, 문자, 도형, 색채 등 그 자체를 보호하기 위한 것이 아니다.[9] 상표의 존속기간은 설정등록이 있는 날부터 10년이며, 그 기간은 10년씩 갱신이 가능하다(상표법 제42조 제1항, 제2항).

6. 퍼블리시티권(The Right of Publicity)

퍼블리시티권은 실재하는 사람의 캐릭터, 또는 성명이나 초상을 비롯한 '총체적 인성'(人性, identity)에 관한 경제적 권리를 말한다. 유명 연예인은 대중에게 극히 매력적인 존재이므로 이들의 성명이나 초상을 상품에 사용하는 경우에는 현저한 고객흡인력을 발휘하게 된다. 본래 사람의 용모나 성명 등에 관한 권리는 비경제적인 초상권의 보호 대상이었다. 그

---

7) 다만, 종전 디자인보호법(1997. 8. 22. 법 제5354호) 이후 현행 디자인보호법(2009. 6. 9. 법 제9764호)은 일부 디자인등록출원에 대하여 등록요건 중 일부사항만을 심사하는 디자인무심사등록제도를 시행하고 있다(위 법 제2조 제5호).

8) 송영식 외 2인, 전게서, 60면; 이 점에 관하여는 제2장 제4절에서 검토한다.

9) 송영식 외 2인, 전게서, 61면.

러던 것이 실재 인물의 캐릭터가 가지는 경제적 가치, 즉 상품 선전력 내지는 고객흡인력에 착안하게 되면서 특정한 인물이 자신의 캐릭터에 대한 상업적 가치를 통제할 수 있는 권리로서 퍼블리시티권의 개념이 등장하게 되었다.

Ⅳ. 지적재산 관련 분쟁의 주된 쟁점

지적재산권과 관련된 분쟁을 들여다보면 다른 일반적인 분쟁에서 볼 수 없는 특징적인 점을 관찰할 수 있다. 그것은 대부분의 지적재산권 관련 분쟁에서 주된 쟁점이 두 가지 사항에 집중된다는 것이다. 첫째는 성립요건의 충족 여부이고, 둘째는 침해의 성립 여부이다.

1. 성립요건의 충족 여부

첫째로, 지적재산권 관련 분쟁에서는 성립요건 또는 보호요건의 충족 여부가 다툼의 대상으로 되는 경우가 많다. 즉, 분쟁의 대상이 된 지적 창조물이 해당 지적재산법에서 정하고 있는 성립요건을 제대로 갖추고 있는가 하는 점이 쟁점으로 되는 것이다. 일반적인 물권이 관련된 분쟁에서 분쟁의 대상인 '물건'의 성립요건의 충족 여부가 문제로 되는 경우는 거의 없다. 예를 들어, '건물'에 대한 소유권 침해소송에서 소송의 대상이 된 건물이 과연 건물인지, 즉 물건으로서의 성립요건을 갖추고 있는지 여부는 거의 문제로 되지 않는다.

그러나 지적재산권 관련 분쟁에서는 그렇지 않다. 특허권이 부여되기 위해서는 산업상 이용가능한 발명으로서 신규성(novelty)과 진보성(non-obviousness) 및 개시요건 등 여러 보호요건을 갖추어야 비로소 권리의 보호대상이 된다. 마찬가지로 상표권이 부여되기 위해서는 어떤 상품의 상징이 자타상품식별력 또는 출처표시능력을 갖추어야 하며, 디자인권이 부여되기 위해서는 인간이 시각을 통하여 미감을 느끼게 할 수 있는 물품의 외양으로서 신규성이 있어야 한다. 또한 저작권이 부여되기 위해서는 인간의 사상이나 감정을 표현한 창작물로서 이른바 창작성(originality)을 가지고 있어야 한다.

이와 같이 인간의 지적 창작물 모두가 지적재산권으로 보호받는 것이 아니라 각각의 법에서 정하는 일정한 요건들을 충족할 것이 필요하다. 이러한 요건들은 이용자는 물론이고 사회 전체의 이익을 보호하기 위하여 법이 특별히 정하고 있는 요건들이다. 지적재산권의 성립요건은 결국 그 지적 창조물이 법으로 보호할 만한 '가치'를 가지고 있는지 여부에 관한 판단기준을 법에서 정해 놓은 것이라고 볼 수 있다. 그런데 '가치'의 존재 여부는 상당

부분 주관적 판단에 흐를 수밖에 없는 것이기 때문에 그것을 판단하는 기준인 지적재산권의 '성립요건' 역시 주관적 판단을 요하는 것일 수밖에 없다. 그런 까닭에 각종의 지적재산권의 성립요건들은, 예를 들어 저작권의 성립요건인 '창작성'이나 특허권의 성립요건인 '진보성' 등과 같이 이른바 '개방형 개념' 또는 '불확정 개념'으로 구성되어 있는 경우가 많다. 그 결과 실제 분쟁에 들어가면 이러한 요건의 충족 여부가 핵심적 쟁점을 이루게 되고, 그것을 둘러싸고 원고와 피고 사이에 치열한 공방이 벌어지게 되는 것이다.

2. 침해의 성립 여부 – 보호범위 획정의 문제

둘째로, 지적재산권 관련 분쟁에서는 침해의 성립 여부가 쟁점으로 되는 경우가 대부분이다. 성립요건을 갖추어 지적재산권이 성립한다고 하여도 과연 피고의 행위가 그러한 지적재산권을 침해하는 행위냐 하는 점이 또 다른 중요한 쟁점이 되는 것이다. 이는 결국 각종의 지적재산권의 보호범위를 어디까지 인정해 줄 것이냐, 즉 보호범위 획정의 문제라고도 볼 수 있다. 지적재산권은 물권과 같은 독점·배타적 성격을 갖고 있기 때문에 이를 준물권(準物權)이라고도 한다. 일반적인 물권의 경우에는 침해 여부의 판단이 비교적 쉽다. 예를 들어 피고의 건물이 원고의 토지를 침범(침해)하였는지가 문제로 되는 경우 토지경계측량을 해 보면 쉽게 침해 여부를 판단할 수 있다. 그리하여 분쟁의 쟁점은 침해 여부가 아니라 피고가 과연 그와 같이 원고의 토지를 점유할 정당한 권원이 있는지 여부에 모아지게 되는 것이 보통이다.

그러나 지적재산권이 관련된 분쟁의 경우에는 권리의 침해 여부 자체가 불분명한 경우가 많다. 지적창작물의 보호범위는 부동산의 보호범위인 토지의 경계처럼 명확하지 않기 때문이다. 저작물을 비롯한 지적창작물은 부동산이나 동산처럼 외부적 경계가 명확하지도 않고, 채권처럼 액수나 권리범위가 정해져 있는 것도 아니다. 그리고 대부분의 지적재산권의 침해는 그 보호범위에 속하는지 아닌지 불분명한 경계선 상에서 일어나는 것이 일반적이다. 甲의 A라는 발명과 乙의 B라는 실시형태가 동일한 것인지, 균등영역에서의 것인지, 아니면 진보성이 부정되는 범위에서의 것인지를 판단한다는 것은 구체적인 경우에 있어서 매우 어려운 문제이다. 마찬가지로 乙의 상표가 甲의 상표의 유사범위에 속하는지 여부, 乙의 저작물이 甲의 저작물을 표절한 것인지의 여부도 판단이 어려운 문제이다.

지적재산권 관련 분쟁에 있어서 이와 같이 성립요건의 충족 여부와 침해의 성립 여부가 가장 핵심적인 쟁점으로 되는 것은 이들을 판단하는 기준이 모두 '불확정 개념'으로 되어 있는 것에 연유하는 바가 크다.

V. 저작권의 근거와 저작권법의 목적

1. 저작권의 근거

저작권의 근거는 크게 '자연권론'(natural right theory)과 '유인론'(incentive theory) 두 가지로 나누어진다. 자연권론은 저작권을 보호하는 것이 자연적 정의의 원리에 부합한다는 입장이다. 자연권론은 다시 노동이론과 인격론으로 나누어지는데, 노동이론은 저작자는 일반 노동자와 마찬가지로 그의 정신적 노동에 대한 대가를 보유할 자연권적 권리를 갖는다는 것이고, 인격권론은 저작자는 그의 인격의 표현인 저작물의 창작자로서 그 저작물의 이용을 결정하고 침해로부터 보호받을 자연적 권리를 갖는다는 것이다. 이에 대하여 유인론은 저작권은 잠재적 저작자로 하여금 저작물을 창작하도록 유인하는 경제적 인센티브가 되고, 그 결과 문화발전에 대한 유인으로 작용한다는 점에서 저작권의 존재 근거가 있다는 입장이다.

저작권 보호의 근거는 최고규범인 헌법에서도 찾을 수 있다. 우리 헌법은 건국 이래 문화국가의 원리를 헌법의 기본원리로 채택하고 있다. 헌법 전문에서 "정치·경제·사회·문화의 모든 영역에 있어서 각인의 기회를 균등히"할 것을 선언하고 있을 뿐만 아니라, 제9조에서 국가에게 "전통문화의 계승·발전과 민족문화의 창달"에 노력할 의무를 부여하고 있다. 이러한 전제 아래에서 헌법 제22조 제2항은 "저작자·발명가·과학기술자와 예술가의 권리는 법률로써 보호한다"고 규정함으로써 지적재산권의 헌법적 보호를 명시하고 있다.[10] 한편, 헌법 제23조 제1항은 국민의 재산권 보장에 대한 규정인데, 여기서 보장되는 재산권에는 지적재산권이 포함되며, 따라서 헌법 제22조 제2항은 제23조에 의하여 보장되고 있는 지적재산권에 대한 법적 보호의 근거가 된다고 볼 수 있다.

2. 저작권법의 목적

저작권법 제1조는, "이 법은 저작자의 권리와 이에 인접하는 권리를 보호하고 저작물의 공정한 이용을 도모함으로써 문화 및 관련 산업의 향상발전에 이바지함을 목적으로 한다"라고 규정하고 있다. 이는 우리나라 저작권법이 궁극적으로 지향하는 목적을 명백히 함으로써 저작권제도의 본질적 의의를 밝히는 동시에, 저작권법을 해석·운용함에 있어서 중

---

10) 헌법재판소 1993. 11. 25. 선고 92헌마87 결정은, "헌법 제22조 제2항은 … 과학·기술의 자유롭고 창조적인 연구개발을 촉진하여 이론과 실제 양면에 있어서 그 연구와 소산(所産)을 보호함으로써 문화창달을 제고하려는 데 그 목적이 있는 것이며 이에 의한 하위법률로써 저작권법, 발명보호법, 특허법, 과학기술진흥법, 국가기술자격법 등이 있는 것이다"라고 판시하고 있다.

심이 되는 기본방침을 설정한 것이라고 볼 수 있다.

가. 저작자의 이익보호

근대 여러 나라에서 나타난 저작권제도는 대부분 저작자의 권익보호를 가장 중요한 가치로 설정하면서 이를 자명한 이치로 규정하고 있지만, 그렇게 되기까지의 과정이 반드시 평탄하였던 것만은 아니다. 저작물은 출판자 등 사업자를 통하지 않으면 공중에게 전달될 수 없었기 때문에, 그와 같은 사업자의 힘이 강하였던 시기에는 저작자의 권리가 거의 무시되어져 왔다. 15세기 후반의 인쇄술의 발명으로부터 18세기 전반까지가 그와 같은 기간으로서, 이 기간 동안에는 각 나라 국왕의 특허를 받은 출판자들만이 저작물에 관한 배타적 지배권을 가졌다. 이러한 특허시대는 18세기 후반에 이르러 극복되기 시작하였는데 그 계기가 된 것이 개인주의 사상의 출현과 보급이었다. 개인주의 사상은 법의 분야에 혁명적인 변화를 가져왔는데, 종래의 신분제 지배를 기조로 한 봉건질서는 계약의 자유, 사적 소유권의 절대, 과실 책임의 원칙을 지도 원리로 하는 근대법질서로 대체되기에 이르렀다. 그 영향은 당연히 저작권법의 영역에도 미쳐, 육체적 노동에 의하여 유형물을 생산한 자가 그 물건에 대하여 소유권을 보장받을 수 있다면, 정신적 노동에 의하여 저작물을 창작한 저작자가 그 저작물에 관하여 일종의 소유권과 같은 권리를 부여받는 것은 당연히 보장되어야 한다는 이론(정신적 소유권론)이 생겨났고, 이것이 오늘날 저작권제도의 기초를 형성하게 되었다. 이후 근대국가들은 대부분 저작자 보호를 목적으로 한 저작권법을 제정하게 되었고, 이것이 1886년 베른협약 제1조에 명시되기에 이르러, 저작자의 권리보호는 국제적으로 정착되게 되었다. 저작권법 제1조는 이러한 저작권제도의 연혁 위에서 저작자의 이익보호가 저작권법의 첫째 목적이라는 취지를 명백히 하고 있다.[11]

나. 저작인접권자의 이익보호

저작권법 제1조는 저작자뿐만 아니라 저작인접권자의 이익보호도 규정하고 있다. 저작인접권이란 실연자, 음반제작자 및 방송사업자 3자의 권리를 총칭하여 국제적으로 통용되는 'neighbouring right'(specific right neighbouring on copyright)의 우리말 번역이다. 저작자가 저작물을 창작한 자라면, 저작인접권자는 저작자가 창작한 저작물을 실연, 음반 또는 방송을 통하여 공중에게 전파하는 역할을 한다. 비록 저작물의 창작에 직접적으로 관여하지는 않지만 실연과 음반, 방송을 통하여 저작물을 전파하는 저작인접권자의 역할은 오늘날과 같은 대중문화 사회에 있어서 실로 중대하다고 하지 않을 수 없다. 이러한 인식을 바탕으로

---

11) 半田正夫, 著作權法概說, 제7판, 一粒社, 1994, 55-55면.

저작인접권자에 대하여도 저작권에 버금가는 권리를 보장하여 줄 필요가 있다는 주장이 제기되어, 1961년 로마에서 '실연자·음반제작자·방송사업자의 보호를 위한 국제협약'(약칭 '인접권협약' 또는 '로마협약')이 체결되기에 이르렀고, 우리나라도 저작권법 제1조에서 저작인접권자에 대한 보호를 천명하게 된 것이다.

다. '공정한 이용'의 도모

저작물은 저작자 자신만의 독창적인 창작의 결과가 아니라, 선인들이 쌓아 놓은 문화유산의 바탕 위에서 이루어진 것이다. 모든 저작자는 저작물을 창작함에 있어서 많든 적든 어느 정도는 타인의 저작물을 이용하였다고 볼 수 있다. 이를 하버드 대학의 Chafee 교수는 "우리는 거인의 어깨 위에 선 난장이들이다"라는 뉴턴의 말을 원용하여, "거인의 어깨 위에 선 난장이가 거인보다 더 멀리 본다"는 말로 비유한 바 있다.

그러므로 저작물의 이용을 오로지 저작자의 자의에만 맡겨 놓는 것은 불합리하며, 저작권의 보호에는 일정한 한계가 있어야 하는 것이 공평하면서도 합리적이다. 특히 학문의 연구 또는 비평을 위하여 저작물은 어느 정도 범위 내에서는 공중이 이를 자유롭게 이용할 수 있어야 하고, 그것이 문화발달을 지향하는 사회 관념에도 맞다. 따라서 저작권법은 저작자 및 저작인접권자의 이익을 보호하지만, 그 보호는 무한정한 것이 아니고 일정한 범위 내로 제한되며, 그 범위 밖에서는 공중의 저작물에 대한 자유롭고 공정한 이용을 도모한다. 이를 위하여 저작권법은 저작재산권의 제한, 법정허락, 존속기간의 제한 등 여러 가지 구체적인 규정을 두고 있다.

라. 궁극적 목적 – 문화 및 관련 산업의 향상발전에 이바지

저작권법은 이른바 문화기본법으로서 궁극적으로는 '문화 및 관련 산업의 향상발전에 이바지'함을 목적으로 하고 있다. 이를 위하여 저작권법은 창작물에 대하여 일정한 기간 동안 독점권을 부여함으로써 창작의욕을 고취하는 한편, 그 보호가 지나쳐 창작물의 과실을 사회가 충분히 향유할 수 없게 되는 것을 방지하고자 한다. 저작권에 대한 보호가 불충분하면 저작자의 창작의욕을 고취할 수 없게 되고, 반대로 그 보호가 과도하게 이루어지면 사회·경제적으로 유용한 지적재산의 과실이 충분히 활용되지 못하는 불합리한 상태가 발생하게 된다. 따라서 저작권법은 서로 대립하는 저작자의 이익과 이용자의 이익을 어떻게 조화롭게 보호할 것인가를 다루는 것이다. 저작권법을 운용함에 있어서는 창작자의 권리(author's right)뿐만 아니라 이용자의 권리(user's right) 보호에도 소홀함이 없도록 항상 관심을 기울여야 한다.

저작권법의 궁극적인 목적이 문화 및 관련 산업의 향상발전이라고 하여 학술적으로나 예술적으로 우수한 창작물만이 저작권법의 보호를 받는 것은 아니다. 저작물의 학술성 또는 예술성은 저작권법과는 직접적인 관련이 없고, 그 부분은 공중의 비판과 평가에 위임되어 있는 것이다.

제 2 절   저작권법의 연혁

I. 저작권법의 발전

1. 저작권법의 발생

최초의 저작권법은 1709. 1. 11. 영국 하원에서 제출되어 1710. 4. 10. 확정된 「앤 여왕법」(Statute of Anne)이라고 한다.[12] 이 법을 통하여 종래 출판업자의 보호로부터 저작자에 대한 보호로 초점이 이동하였으며, 저작물과 그 저작물이 화체된 유체물을 명백히 구별하게 되었다.[13] 그러나 앤 여왕법은 저작자가 주장할 수 있는 권리의 내용을 추상적으로 규정하고 있을 뿐이었고, 보호대상이 서적으로만 한정되어 있었으며 다른 저작물에 대하여는 언급이 없었다. 이러한 문제점을 보완하여 영국은 1734년 및 1767년에 「판화저작권법」(Engraving Copyright Act), 1777년에 「인쇄물저작권법」(Prints Copyright Act), 1814년에 「조각저작권법」(Sculpture Copyright Act)을 각각 제정하였다.[14]

미국에서는 처음 연방헌법에서 저작자의 권리보호를 선언한 것을 시작으로[15] 1790년에 최초로 저작권법이 제정되었다. 이 저작권법은 책·지도·해도만을 저작물로서 보호하였으나, 그 후 음악, 연극, 사진 등이 저작물로 추가되었고, 1909년과 1976년에 대폭적인 개정을 거쳐 오늘에 이르고 있다. 현행 미국 저작권법의 뼈대를 이루고 있는 것은 1976년 법이라고 할 수 있다. 그 후에도 미국은 베른협약에 맞추어, 그리고 디지털·네트워크 시대의 도래에

---

12) 이 법률의 정식명칭은 Act for the Encouragement of Learning이다.

13) 일반적으로 앤 여왕법을 저작자의 권리를 최초로 확립한 법률이라고 하지만, 이 법은 서적출판업조합의 오랜 관습을 기초로 제정되었기 때문에 출판특권의 흔적이 남아 있었고, 저작자들이 여전히 후원자인 출판업자들과 이해관계를 맺고 있었기 때문에, 오늘날의 저작권법처럼 명실상부하게 '저작자'와 '저작권'을 규율한 것이라고 말하기는 어렵다고 한다. 박성호, 전게서, 5면.

14) 송영식·이상정, 저작권법개설, 화산문화, 1997, 30면.

15) 미국 헌법 Art. I, Sec. 8, Cl. 8: To promote the progress of science and useful arts, by securing for limited times to authors and inventors the exclusive right to their respective writings and discoveries ….

맞추어 수차례에 걸쳐 저작권법을 개정하고 있다.

2. 대륙법계와 영미법계

전체적으로 보면 프랑스와 독일로 대표되는 대륙법계 국가에서는 저작권은 '저작자의 권리'(author's right)이고 저작물은 저작자의 인격의 발현이라는 의식이 강하게 나타나고 있다.[16] 또한 18세기 법이론을 바탕으로 하여 저작자의 정신활동의 산물인 독창적인 창작 그 자체에 대한 가치를 인정함으로써 책이라는 유형적인 대상(물건)과 책 속에 담긴 무형적 사고의 표현을 구별하였다. 그리하여 저작자에게 저작재산권을 부여함과 아울러 저작자 개인의 일신에 전속하는 저작인격권의 개념을 이끌어내게 되었다.[17] 따라서 대륙법계 국가에서는 저작물에 대한 저작자의 재산적 권리보호도 중요하지만 저작인격권을 비롯한 인격적 이익의 보호 역시 매우 중요하게 취급한다.

이에 반하여 영국과 미국을 중심으로 하는 영미법계 국가에서는 저작권을 '복제를 금지하는 권리'(copyright)로 파악하여 저작자의 재산적 이익을 보호하는데 중점을 두는 경향을 보인다. 저작권을 저작물의 생산을 이끌어 내는 경제적 유인으로 보며, '저작권'(copyright)은 그 용어에 내재되어 있듯이 저작권자를 무단복제 행위로부터 보호하는 것을 의미한다. 이를 통하여 저작자가 저작물의 작성을 위하여 들인 노력에 대한 대가를 회수할 수 있도록 함으로써 저작물의 창작을 유인한다.[18]

그러나 오늘날 우리나라와 일본 등 일반적으로는 대륙법계 법 전통에 속하는 국가들도 업무상저작물 등 일부 측면에서는 오히려 영미의 저작권 체제에 가까운 제도를 가지고 있다. 또한 얼마 전부터 영국과 미국도 대륙법계 법 전통의 핵심인 저작인격권을 도입하는 등 이들 대륙법계와 영미법계의 두 전통은 저작권 분야에서 서로 배타적이기보다는 보완적으로 발전해 왔다. 이것은 1886년 베른협약을 시작으로 저작권의 국제적 보호를 위하여 마련된 국제조약이 확산되고 저작물의 국제적인 교류 확대로 저작권 보호의 국가간 조화가 요

---

16) 대륙법계 법 전통에서는 저작물을 저작자의 인격적 분신(brain child)으로 보아 저작물에 대한 권리는 인격적 창작행위에서 생기며 저작물은 저작자의 인격을 표현한 그의 일부이고, 저작물의 일생을 통하여 저작자와 연결되어 있다고 본다. 이러한 이유에서 그 권리를 '저작자의 권리'(author's right)라고 한다. 역사적으로 이러한 저작자의 권리 개념은 프랑스 혁명의 산물이며 프랑스 저작권법에 가장 적극적으로 반영되었다고 한다. 이탈리아와 스페인 등 이베리아 국가들, 그리고 그 영향을 받은 라틴 아메리카 국가들이 이 체제를 택하였다. 독일 등 게르만 국가들과 핀란드 등 스칸디나비아 국가들도 이 체제를 택하였으나, 프랑스와는 상당한 차이를 보이며 나름의 독특한 제도를 발전시켜 왔다. 임원선, 실무자를 위한 저작권법(제4판), 한국저작권위원회(2014), 25면.

17) 배대헌, 지적재산권 개념의 형성과 그 발전, 지적재산권법의 제문제, 세창출판사, 2004, 15면.

18) 임원선, 전게서, 25-26면.

청된 결과이기도 하다.[19]

Ⅱ. 우리나라 저작권법의 주요 연혁

1. 1957년 저작권법

1945년 해방이 되었지만 그 이후에도 우리나라에서는 미국 군정청이 1945년 11월 2일 공포한 「재조선 미국육군사령부 군정청 법령 제21호」에 의하여 종래의 일본 저작권법이 여전히 효력을 유지하고 있었다. 그리고 1948년 대한민국 정부수립 후에도 제헌헌법 제10장 부칙 제100조의 "현행 법령은 이 헌법에 저촉되지 아니하는 한 효력을 가진다."는 경과규정에 따라 일본 저작권법이 한동안 계속 시행되었다.

우리나라 최초의 저작권법은 1957년 1월 28일 법률 제432호로 공포됨으로써 비로소 탄생하였다. 전 5장(제 1 장 총칙, 제 2 장 저작권, 제 3 장 출판권과 공연권, 제 4 장 저작권침해, 제 5 장 벌칙), 본문 75개조 및 부칙으로 구성되어 있다. 저작권법의 목적을 학문적 또는 예술적 저작물의 저작자를 보호하여 민족문화의 향상발전을 도모하는 것으로 선언하고, 저작권법의 적용을 받는 저작물, 저작자 및 저작권의 범위를 규정하였다. 주요한 내용으로는 ① 무방식주의를 채택하고, ② 저작권의 존속기간을 원칙적으로 저작자의 생존기간 및 사후 30년으로 하며, ③ 저작권은 등록함으로써 제 3 자에게 대항할 수 있도록 하고, ④ 외국인의 저작물은 조약에 특별한 규정이 있는 경우에만 보호하며, 조약이 없는 경우에는 국내에서 처음으로 그 저작물을 발행한 자에 한하여 보호를 하고, ⑤ 음반, 녹음필름 등을 공연 또는 방송에 사용하는 것 등 상당히 넓은 범위의 이용행위를 저작권 비침해행위로 규정하고 있었다.[20]

2. 1986년 저작권법

1957년 저작권법은 저작권자 및 저작물이용자의 이익을 보호하는 데 미흡한 점이 많았다. 이에 저작권 관련 국제조약의 가입을 전제로, 국제적으로 인정되고 있는 제도를 도입하여 저작권자의 권익을 보호·신장하면서 그 권리의 행사를 공공의 이익과 조화시킴으로써

---

19) 상게서, 26면.
20) 저작권이라는 의미로 종래 자주 사용되던 '판권'(版權)이라는 용어는 일본의 福澤諭吉이 영어의 copyright를 번역하면서 '출판의 특권' 또는 '판권'이라고 줄여서 번역한 것에서 유래하였다고 한다(박성호, 전게서, 42면).

문화의 향상발전에 이바지할 수 있도록 한다는 목적 아래, 1986년 12월 31일 법률 제3916호로 저작권법의 전면개정이 이루어졌다. 그 중요한 내용은 다음과 같다.

(1) 법인·단체 그 밖의 사용자의 기획 하에 그 업무에 종사하는 자가 업무상 작성하는 저작물로서 법인·단체 등의 명의로 공표된 저작물의 저작자는 계약 또는 근무규칙 등에 다른 정함이 없는 때에는 그 법인·단체 등이 되도록 하였다.

(2) 저작재산권을 복제권·공연권·방송권·전시권·배포권·2차적저작물작성권 등으로 세분하여 규정하고 보호기간은 외국의 입법례에 맞추어 저작자의 생존 기간 및 사망 후 50년으로 하였다.

(3) 저작인접권을 신설하여 실연자에게는 녹음·녹화권 및 방송권을, 음반제작자에게는 복제권·배포권을, 방송사업자에게는 복제권·동시중계방송권을 20년간 인정하였다.

(4) 영상저작물에 대하여는 저작재산권자가 영상화를 허락한 경우 영상저작물의 복제·배포·공개상영권 등까지 포함하여 허락한 것으로 보며, 영상저작물 제작에 참여한 자의 저작물 이용권리가 영상제작자에게 양도된 것으로 보도록 규정하였다.

(5) 저작권법에 의하여 보호되는 권리를 그 권리자를 위하여 대리·중개 또는 신탁관리 하는 것을 업으로 하는 저작권위탁관리업 제도를 신설하였다.

3. 2006년 저작권법

2006년 12월 28일 법률 제8101호로 개정되어 2007년 6월 29일 시행되었다. 1986년 개정법 이래 두 번째의 전문개정이다.

첫째, 디지털 시대에 맞도록 내용을 대폭 수정하였다. 기존 저작권법으로 포섭할 수 없는 신종 서비스가 등장함에 따라 기존의 방송과 전송 외에 디지털음성송신과 이들의 상위 개념으로 공중송신에 대한 권리를 신설하였다.

둘째, 「WIPO 실연·음반조약」(WPPT) 등 각종 조약의 가입을 위해서 우리나라 저작권법을 그 조약들과 조화시키는 개정 작업이 이루어졌다. 실연자의 인격권을 신설하고, 실연자 및 음반제작자의 대여권을 강화하였으며, 실연자에 대하여 생실연권을 부여하고, 음반제작자 권리의 보호시점을 조정하였다.

셋째, 저작물의 공정한 이용을 도모하기 위한 각종 조항을 추가하였다. 원활한 원격교육이 가능하도록 규정을 정비하고, 저작물 기증제도 등을 신설하였다.

넷째, 특수한 유형의 온라인서비스제공자(OSP)의 의무조항 규정을 신설하고, 비친고죄의 범위를 확대하였다.

4. 2011년 저작권법

주요 내용은, (1) 일반 저작물의 경우 보호기간을 저작자 사후 50년에서 70년으로 연장하였고, 업무상저작물, 영상저작물의 경우도 공표한 때부터 70년으로 연장하였다. (2) 온라인서비스제공자를 단순도관, 캐싱, 호스팅, 정보검색의 네 가지 유형으로 나누고, 각 유형별 면책요건을 규정하였다.

5. 2012년 저작권법

한·미 FTA 협정의 의무이행을 위한 저작권법 개정에 따라 2011년 12월 2일 법률 제11110호로 공포되었으며, 한·미 FTA가 발효된 2012년 3월 15일부터 시행되었다. 주요 내용은 다음과 같다.[21]

(1) 일시적 저장이 복제에 해당함을 명문화
(2) 공정이용 제도의 도입
　　저작물의 통상적인 이용방법과 충돌하지 아니하고 저작자의 정당한 이익을 부당하게 해치지 아니하는 경우에 저작재산권을 제한할 수 있도록 하는 포괄적·일반적 규정으로서 공정이용(fair use) 제도를 도입하고, 그 판단기준을 설정하였다.
(3) 배타적발행권 제도의 신설
(4) 저작인접권 보호기간 연장
　　저작인접권(방송 제외)의 보호기간을 50년에서 70년으로 연장하였다.
(5) OSP 면책요건 추가 등
　　한·미 FTA 협정에서 요구하고 있는 온라인서비스제공자(OSP)의 면책 요건을 추가하고, 권리주장자의 복제·전송자에 관한 정보제공청구 제도를 도입하였다.
(6) 금지행위의 추가적 신설
　　위조 및 불법라벨의 유통, 영화 도촬 및 암호화된 방송 신호의 무력화 등을 금지행위로 규정하였다.
(7) 법정손해배상제도의 도입
(8) 저작인접권 보호기간 연장 특례
　　1987년 7월 1일부터 1994년 6월 30일 사이에 발생한 저작인접권의 보호기간을 발생한 때의 다음 해부터 기산하여 50년간 존속하는 것으로 연장하였다.

---

21) 한·미 FTA 이행을 위한 개정 저작권법 설명자료, 문화체육관광부(2011. 12.), 3면.

6. 2013년 저작권법

2013년에는 두 차례에 걸쳐 저작권법 개정이 이루어졌다. 2013. 7. 16.에 이루어진 개정 (2013. 10. 17. 시행. 법률 제11903호)에서는 저작재산권 제한 규정에 청각장애인 등을 위한 복제 등 규정이 신설되었다(제33조의2). 그 이전 저작권법에서는 공표된 저작물에 대한 시각장애인을 위한 저작재산권 제한규정만이 명시되어 있었고 청각장애인에 관한 규정이 없었다.

다음으로 2013. 12. 30.에 이루어진 개정(2014. 7. 1. 시행. 법률 제12137호)에서는 공공저작물에 대한 자유이용 규정이 신설되었으며(제23조의2), 학교나 교육기관에서의 이용형태에 '전시'를 추가하고, '방송 또는 전송'이 '공중송신'으로 확대되었다(제25조 제 2 항).

7. 2016년 저작권법

2016년 개정 저작권법의 주요 내용은 다음과 같다. 첫째, '음반'의 정의에 음을 디지털화한 것을 포함하고, '판매용 음반'을 '상업용 음반'으로 용어를 바꾸었다. 둘째, 저작권법 제35조의3(개정 전 법)의 이른바 '공정이용' 규정 중 '보도·비평·교육·연구 등' 공정이용의 목적을 삭제하고, 공정이용 판단 시 고려사항 중 '영리 또는 비영리성'을 삭제하였다. 셋째, 한국저작권위원회와는 별도로 한국저작권보호원의 설립 근거 및 그 구성과 업무에 관한 규정 등을 마련하는 한편, 불법복제물 등의 삭제명령 등을 위한 심의 및 시정권고의 주체를 한국저작권위원회에서 신설되는 한국저작권보호원으로 변경하였다.

8. 2020년 저작권법

2020년 개정 저작권법의 주요 내용은 첫째로, 가상·증강 현실 기술을 이용한 산업의 발전을 뒷받침하기 위하여 촬영 등의 주된 대상에 부수적으로 다른 저작물이 포함되는 경우, 저작권침해를 면책할 수 있는 근거를 마련하고(제35조의3 신설), 둘째로, 공공문화시설이 문화의 향상발전에 이바지할 수 있도록 상당한 조사를 하였어도 저작재산권자나 그의 거소를 알 수 없는 저작물을 활용할 수 있는 근거를 마련하였다(제35조의4 신설).

Chapter 02

저 작 물

저작물

I. 저작물의 성립요건

1. 개 요

저작권법 제2조 제1호는 저작물을 "인간의 사상 또는 감정을 표현한 창작물을 말한다"고 정의하고 있다. 이러한 저작권법 정의규정으로부터 (1) 창작성이 있을 것, (2) 인간의 사상이나 감정을 표현한 것일 것의 2가지를 저작물의 성립요건으로 도출할 수 있다.[1]

2006년 개정 전 저작권법 아래에서는 "문학·학술 또는 예술의 범위에 속할 것"이 저작물의 요건 중 하나로 설명되고 있었다.[2] 그러나 이 요건은 문학·학술 또는 예술로 총칭되는 지적·문화적인 포괄개념에 속하기만 하면 된다는 것으로 해석되었다. 따라서 그것이 문학의 범위에 속하는가 아니면 학술 또는 예술의 범위에 속하는가의 여부가 중요한 것이 아니라, 전체적인 지적·문화적 포괄개념에 들어가느냐 아니냐의 여부가 중요한 것이었기 때문에,[3] 이 요건이 특별한 의미를 갖는 경우는 거의 없었다고 볼 수 있다. 그 결과 문학·학술 또는 예술의 범위에 속하지 않는 컴퓨터프로그램이나 지도 또는 설계도 등도 창작성과 표현 두 가지 요건을 갖추면 저작물로 성립한다는 데 별다른 이의가 없었다.

---

1) 허희성, 신저작권법축조해설, 범우사, 1988, 18면에서는 '대외적으로 표현될 것'을 세 번째 요건으로 하고 있다.
2) 2006년 개정 전 저작권법은 저작물을 "문학·학술 또는 예술의 범위에 속하는 창작물"로 정의하고 있었다.
3) 加戸守行, 著作權法逐條講義, 改正新版, 社團法人 著作權情報センタ, 1994, 21면.

2. 창 작 성

가. 의   의

어떤 작품이 저작물로 성립하기 위하여 필요한 가장 기본적인 요건은 '창작성'이다. 창작성이란 우선 그 작품이 기존의 다른 저작물을 베끼지 않았다는 것 또는 개인적인 정신활동의 결과로 작성되었다는 것을 의미한다. 저작물의 성립요건인 창작성은 특허법이나 실용신안법의 보호를 받기 위한 요건 중 하나인 '신규성'(novelty)처럼 '기존에 없던 새로운 것'이라는 의미가 아니다. 비록 시간적으로 먼저 작성된 甲의 작품과 나중에 작성된 乙의 작품이 서로 완전히 동일한 것이라 하더라도, 乙이 甲의 작품을 보고 베낀 것이 아니라 스스로 저작한 것이라면 乙의 작품은 창작성이 인정되고, 따라서 저작물로 성립할 수 있다. 이에 반하여 신규성은 단순히 남의 것을 베끼지 않았다는 것이 아니라 기존에 존재하지 않던 것을 새로이 창작해 내었음을 의미한다. 따라서 신규성이 '새로운 것'에 초점이 맞추어져 있다고 한다면, 창작성은 '독자적인 것', 즉 '모방하지 않은 것'[4]에 초점이 있다고 볼 수 있다.

창작성은 특허의 또 다른 요건인 '진보성'(non-obviousness)과도 구별된다. 진보성은 앞서 존재하던 기술(선행기술, prior arts)에 어떤 기술적인 진보를 가져오는 것을 의미한다. 그러나 저작권법은 특허법과 달리 저작물로 되기 위하여 기존의 작품보다 문학·학술 또는 예술적으로 진보되어 있을 것을 요구하지 않는다.

이와 같은 차이는 기본적으로 저작권법과 특허법이 추구하는 목적이 서로 다르기 때문에 발생한다. 저작권법은 문화발전을 목적으로 하는 법인데,[5] 문화의 발전은 반드시 새롭고 진보된 작품, 즉 종전에 존재하지 않았고 종전의 다른 작품보다 뛰어난 작품에 의해서만이 아니라, 타인의 작품을 베끼지 않고 스스로 창작하는 행위 그 자체에 의하여 이루어지는 것이라고 본다. 즉, 창작의 결과보다는 그 과정 자체에 중요한 의미를 부여하는 것이다. 이에 반하여 특허법은 '문화'가 아니라 '산업'의 발전을 목적으로 하는 법이므로,[6] 이를 위해서는 창작의 과정보다 그 결과가 중요하다. 비록 남의 발명을 베끼지 않고 자기 스스로 열심히 연구하여 창작한 발명이라고 해도 그 발명이 기존에 이미 존재하고 있는 타인의 발명과 기술적으로 동일하여 신규성이 없거나 비록 신규성은 있다고 하더라도 기술적으로 낙후된 것이어서 진보성이 없다면 그러한 발명은 산업의 발전에 아무런 도움이 되지 않는다. 오히려 그 과정에서 유용한 인적 자원이 산업적으로 무가치한 곳에 중복투자 되었거나 비효율적으

---

4) 이런 점에서 창작성은, '실질적으로 모방되지 않고 독자적으로 창작된 것'(not substantially copied, and independently created)을 의미하는 개념이라고 한다.
5) 저작권법 제 1 조.
6) 특허법 제 1 조.

로 투자된 것이어서 산업발전에 도움이 되기는커녕 역행하는 것이다. 따라서 특허법은 신규성과 진보성의 두 가지 요건을 함께 갖추지 않은 발명은 특허권으로 보호할 가치가 없다고 보는 것이다.

창작성은 '예술성'과도 구별되는 개념이다. 다섯 살짜리 어린아이가 그린 그림이 예술성을 전혀 갖지 못하고 있다 하더라도 그 그림이 남의 것을 베끼지 않고 독자적으로 작성된 것이며 최소한도의 개성을 가지고 있으면 저작물로 성립할 수 있다. 다만, 본 장 제 2 절 '저작물의 분류'에서 보는 바와 같이 유독 '건축저작물'에 대하여서만 그 성립요건으로서 예술성을 요구하는 일부 견해가 있으며, 응용미술의 성립요건인 '분리가능성'과 관련하여 예술성이나 심미적 가치 등을 요구하는 일부 견해가 있으나, 통설적인 견해라고는 볼 수 없다.

나. 노동이론(勞動理論)과 유인이론(誘引理論)

저작물의 성립요건인 창작성의 의미와 관련하여 크게 노동이론과 유인이론이라는 두 가지의 대립되는 입장이 존재한다.

노동이론(sweat of the brow theory)의 입장에서는 저작물에 대하여 저작권을 부여하는 근거를 저작자의 '정신적 노동에 대한 대가'라고 설명한다. 따라서 저작자의 정신적 노동이 투여된 이상 문화적으로는 거의 가치가 없는, 바꾸어 말하면 '기능과 노동'(skill and labour)만에 의하여 작성됨으로써 개성이 없거나 그 수준이 아주 낮은 경우에도 저작물로 성립되는 데 지장이 없다고 한다.

반대로 유인이론은 저작권 부여의 근거를 그 저작물이 저작권법의 궁극적 목적인 문화발전을 유인해 준 것에 대한 대가라고 보는 입장이다. 따라서 문화적 가치 또는 개성이 없거나 설사 있다고 하더라도 문화발전에 아무런 동인(動因)을 제공하지 못할 정도의 낮은 수준 밖에 갖추지 못한 것은, 비록 그것을 작성하기 위하여 상당한 정신적 노력을 기울였다 하더라도 그로 인하여 저작권법이 추구하고자 하는 목적에 아무런 기여도 하지 못하는 것이므로 저작권의 보호를 해 줄 수 없다고 본다. 따라서 유인이론의 입장에서는 창작성과 관련하여 지적인 기능이나 정신적 노동보다는 저작자의 '개성' 또는 '개별성'의 발현을 중요하게 평가하며, 아무리 많은 시간과 지적인 노력을 들였다 하더라도 사실을 있는 그대로 기록한 것이거나 누가 작성하더라도 동일하게 작성될 성질의 것, 예를 들어 특정 지역의 인명편 전화번호부라든가, 사법시험 합격자 명단 등과 같은 것은 창작성을 갖추었다고 보지 않는다. 우리 법원의 판례나 실무는 다음에서 보는 바와 같이 유인이론의 입장에 서 있는 것으로 보인다.

다. 창작성의 두 가지 구성 요소

(1) '독자적 작성'과 '최소한의 창조적 개성'

이처럼 저작권법이 요구하는 창작성은 기본적으로는 남의 것을 베끼지 않고 스스로 저작하였다는 것을 의미한다. 따라서 甲이라는 소설가가 독자적인 창작적 노력 끝에 '엄마를 부탁해'라는 소설을 집필하였는데 그것이 우연하게도 몇 년 전에 나온 다른 작가 乙의 '엄마를 부탁해'라는 소설의 내용과 완전히 같다고 하더라도, 甲이 자신의 소설을 완성하기 전까지는 乙의 '엄마를 부탁해'라는 소설을 듣지도 보지도 못하였다면 甲이 작성한 '엄마를 부탁해'는 乙의 작품을 모방하거나 모작(模作)한 것이 아니므로 창작성이 있으며, 따라서 甲의 '엄마를 부탁해'는 乙의 작품과는 별개의 저작물이 되고 별도로 저작권의 보호대상이 된다.[7]

위에서 본 노동이론과 유인이론 중, 미국은 전통적으로 노동이론에 가까운 입장으로서 남의 것을 베끼지만 않았다면 창작성을 인정하는 입장이었다. 따라서 어떤 작품의 '기원'(origin)이 다른 사람이 아닌 바로 그 작가에게 있으면 창작성이 있다는 의미에서 창작성을 'originality'라고 부른다. 이에 비하여 독일과 프랑스로 대표되는 대륙법계에서는 저작물의 성립요건인 창작성은 단순히 남의 것을 베끼지 않았을 뿐만 아니라 문화발전을 유인할 수 있을 정도의 최소한의 가치, 즉 저작자의 '개성'의 발현을 지녀야 한다는 입장에 서 있다. 전통적인 노동이론은 '독자적 작성'만으로 창작성은 구비된다는 입장이고, 이에 반하여 유인이론은 그에 덧붙여 '최소한의 창조적 개성'까지 필요하다고 보는 입장이다.

우리 저작권법이 노동이론과 유인이론 어느 쪽에 입각하고 있는지는 분명하지 않으나, 저작권법 제1조에서 저작권법의 목적을 "문화 및 관련 산업의 발전"이라고 명시하고 있는 점에 비추어 볼 때, 문화 및 관련 산업의 발전에 이바지하는 저작물을 저작권으로 보호한다는 의도를 읽을 수 있어 유인이론의 입장에 서 있는 것으로 이해할 수 있다. 그렇다면 판례는 어떠한 입장에 서 있는지 살펴보기로 한다.

(2) 판 례

① 대법원 1995. 11. 14. 판결

대법원 1995. 11. 14. 선고 94도2238 판결(일명 '세탁학기술개론' 사건)은, "저작권법에 의하

---

7) 허희성, 전게서, 18면에 있는 예시를 다소 변형한 것이다.

미국의 Learned Hand 판사도 Sheldon v. Metro-Goldwyn Pictures Corp. 사건에서 비슷한 예를 든 바 있다. 즉, 어떤 작가가 Keats의 시(詩)를 전혀 보지도 듣지도 못한 상태에서 우연히 Keats의 시와 완전히 동일한 시를 작성하였다면 그것은 독립된 저작물로 성립할 수 있다는 것이다; Sheldon v. Metro-Goldwyn Pictures Corp., 81 F.2d 49(2d Cir.), cert. denied, 298 U.S. 669(1936).

여 보호되는 저작물이기 위하여는 문학·학술 또는 예술의 범위에 속하는 창작물이어야 하므로(개정 전 저작권법 제 2 조 제 1 호) 그 요건으로서 창작성이 요구되나 여기서 말하는 창작성이란 완전한 의미의 독창성을 말하는 것은 아니며 단지 어떠한 작품이 남의 것을 단순히 모방한 것이 아니고 작자 자신의 독자적인 사상 또는 감정의 표현을 담고 있음을 의미할 뿐이어서 이러한 요건을 충족하기 위하여는 단지 저작물에 그 저작자 나름대로의 정신적 노력의 소산으로서의 특성이 부여되어 있고 다른 저작자의 기존의 작품과 구별할 수 있을 정도이면 충분하다"고 하였다.

이 판례는 창작성의 개념이 문제로 될 때 자주 인용되어 온 판례이기도 하다. 그런데 판결이유 중 마지막 부분에 대하여는 다소 의문을 가지지 않을 수 없다. 창작성은 남의 것을 모방하지 않고 스스로의 정신활동에 따라 사상이나 감정을 표현한 결과로서 나타나는 것이면 족하며, 반드시 기존의 타인의 작품과 구별할 수 있을 것을 요구하는 것은 아니다. 그러한 점에서 특허법의 '신규성' 요건과 다르다는 점은 앞에서 본 바와 같다. 따라서 판시 마지막 부분인 "다른 저작자의 기존의 작품과 구별할 수 있을 정도"라고 한 부분은 사족으로서 없는 편이 낫지 않았을까 하는 생각도 든다. 그러나 한편으로는 이 부분을 굳이 잘못된 판시로 볼 것이 아니라, 이는 우리 대법원이 노동이론과 유인이론의 대립되는 입장 중에서 유인이론의 입장을 택한 취지라고 선해할 수도 있다고 본다. 즉, 창작성이 없거나 그 정도가 극히 낮은 단순한 정신적 노동으로만 이루어진 산물에 대하여는 저작물로 보지 않겠다는 입장을 표명한 것으로서, "기존의 작품과 구별할 수 있을 정도"라 함은 "기존의 어떤 작품과도 구별할 수 있을 정도"라는 절대적인 의미가 아니라, "기존의 일반적인 작품과는 구별할 수 있을 정도"를 의미하는 것으로서, 누가 만들어도 동일·유사하게 나올 수밖에 없는 작품(이러한 작품은 문화의 향상발전을 유인할 만한 요소를 갖추었다고 보기 어렵다)은 저작자의 '개성'이나 '개별성'의 발현이 있다고 볼 수 없으므로, 그에 대하여는 설사 지적인 기능이 발휘되고 정신적 노동이 투여되었다고 하더라도 저작물로 인정하지 않겠다는 취지로 이해할 수 있지 않을까 생각한다.

② 대법원 2005. 1. 27. 판결 – '최소한의 창조적 개성' 명시

그 후 대법원 2005. 1. 27. 선고 2002도965 판결(일명 '설비제안서 도면' 사건)은, "저작물로서 보호를 받기 위해서 필요한 창작성이란 완전한 의미의 독창성을 말하는 것은 아니며 단지 어떠한 작품이 남의 것을 단순히 모방한 것이 아니고 작자 자신의 독자적인 사상 또는 감정의 표현을 담고 있음을 의미하므로, 누가 하더라도 같거나 비슷할 수밖에 없는 표현, 즉 저작물 작성자의 창조적 개성이 드러나지 않는 표현을 담고 있는 것은 창작성이 있는 저작물이라고 할 수 없다"고 하여 '세탁학기술개론' 사건 대법원 판결의 마지막 부분을 판

시에서 제외하고 있다.[8] 또한 이 판결에서는 '누가 하더라도 같거나 비슷할 수밖에 없는 표현'에 대하여는 저작자의 '창조적 개성'이 드러나지 않는다고 하여 창작성을 부인함으로써 유인이론의 입장을 보다 확실하게 천명하고 있다.[9]

이 판결은 창작성이라는 것은 단순히 저작자가 독자적으로 만들었다는 것만으로는 부족하고, 그에 덧붙여 최소한의 '창조적 개성'(creativity)이 반영되어 있을 것을 요한다는 취지이다. 즉, '창작성 = 독자적 작성 + 창조적 개성'이라고 본다.[10]

(3) 소 결

창작성의 내용으로서 단순한 '독자적 작성'(originality)만을 요구할 것인지, 아니면 '최소한의 창조적 개성'(minimum degree of creativity)까지를 요구할 것인지는 결국 정책적인 문제이다. 극단적인 노동이론을 취하여 전자만을 요구한다면 문화발전에 아무런 도움이 안 되는 저작물도 법의 보호를 받게 되어 저작권법의 근본취지를 몰각시키게 된다. 그러나 반대로 극단적인 유인이론을 취하여 높은 수준의 개성을 요구하게 되면 저작권의 부여 여부가 예술성이라든가 학술성 등 주관적인 가치판단에 흐르게 되어 자의적으로 될 우려가 있고 결과적으로는 법적 안정성을 해치게 된다.

---

8) 나아가 이 판결에서는, "저작권법 제4조 제1항 제8호에서 '지도·도표·설계도·약도·모형 그 밖의 도형저작물'을 저작물로 예시하고 있는데, 이와 같은 도형저작물은 예술성의 표현보다는 기능이나 실용적인 사상의 표현을 주된 목적으로 하는 이른바 기능적 저작물로서, 기능적 저작물은 그 표현하고자 하는 기능 또는 실용적인 사상이 속하는 분야에서의 일반적인 표현방법, 규격 또는 그 용도나 기능 자체, 저작물 이용자의 이해의 편의성 등에 의하여 그 표현이 제한되는 경우가 많으므로 작성자의 창조적 개성이 드러나지 않을 가능성이 크며, 동일한 기능을 하는 기계장치나 시스템의 연결 관계를 표현하는 기능적 저작물에 있어서 그 장치 등을 구성하는 장비 등이 달라지는 경우 그 표현이 달라지는 것은 당연한 것이고, 저작권법은 기능적 저작물이 담고 있는 사상을 보호하는 것이 아니라, 그 저작물의 창작성 있는 표현을 보호하는 것이므로, 기술 구성의 차이에 따라 달라진 표현에 대하여 동일한 기능을 달리 표현하였다는 사정만으로 그 창작성을 인정할 수는 없고, 창조적 개성이 드러나 있는지 여부를 별도로 판단하여야 한다"고 판시하였다.
9) 대법원 2021. 6. 30. 선고 2019다268061 판결('임원경제지' 사건) : 甲 사단법인의 저작물은 조선시대 실학자 서유구가 편찬한 '임원경제지'를 구성하는 16개의 지(志) 중 하나인 '위선지'의 원문에 교감(校勘), 표점(標點) 작업을 한 부분과 이를 번역한 부분으로 이루어진 것인데, 그 교감·표점 부분이 창작성을 가지는지 문제 된 사안에서, 甲 법인의 저작물에서 교감 작업을 통해 원문을 확정하는 것과 표점 작업을 통해 의미에 맞도록 적절한 표점부호를 선택하는 것은 모두 학술적 사상 그 자체에 해당하고, 이러한 학술적 사상을 문자나 표점부호 등으로 나타낸 甲 법인의 교감·표점 부분에 관해서는 甲 법인과 동일한 학술적 사상을 가진 사람이라면 논리구성상 그와 달리 표현하기 어렵거나 다르게 표현하는 것이 적합하지 않아 위 부분은 결국 누가 하더라도 같거나 비슷한 방식으로 표현될 수밖에 없으므로, 특별한 사정이 없는 한 甲 법인의 저작물 중 교감한 문자와 표점부호 등으로 나타난 표현에는 甲 법인의 창조적 개성이 있다고 보기 어렵다고 판결.
10) 이해완, 저작권법, 박영사, 2007, 25면.

저작물을 작성함에 있어서는 선인(先人)들이 이루어 놓은 기존의 문화유산을 토대로 하여 거기에 저작자 자신의 사상이나 감정을 보태게 된다. 저작물 전체가 처음부터 끝까지 오로지 저작자 혼자만에 의하여 독창적으로 작성되는 경우는 거의 없다고 해도 과언이 아니다. 따라서 저작권법에서 요구하는 창작성의 정도도 저작자의 개성이 저작물 중에 어떠한 형태로든 나타나 있으면 그것으로 충분하다고 보아야 할 것이다. 즉, 창작성에서 요구되는 개성(creativity)은 최소한의 정도에 그쳐야 한다.

결론적으로 우리 저작권법이 제1조의 목적 규정에서 '문화 및 관련 산업의 발전'을 저작권법이 추구하는 궁극적인 목적으로 천명하고 있는 점에 비추어 볼 때 창작성의 개념은 유인이론의 입장에서 파악하는 것이 타당하다고 생각된다. 따라서 창작성은 기본적으로는 "남의 것을 모방하지 아니하고 자신이 독자적으로 작성한 것"이라는 의미에서 "독자적 작성"을 요구하는 한편, 그에 덧붙여 '최소한의 창조적 개성'이 반영되어 있을 것을 요한다.11)

라. 창작성에 관한 미국 판례 개관

(1) 개 요

미국의 초기판례는 비교적 노동이론에 충실한 입장에서 '독립된 창작'(independent creation, not copying)이기만 하면 창작성을 인정하는 것이 주류를 이루고 있었다. 1884년 미국 연방대법원은 극작가인 오스카 와일드를 찍은 사진의 창작성이 문제된 Burrow-Giles 사건에서, 사진사가 피사체의 의상, 포즈, 표정과 조명 등을 연출한 인물사진은 창작성이 있다고 판시하였다. 1988년 제3항소법원은 Sebastian Int'l, Inc. 사건에서 헤어크림 제품 표면에 붙어 있는 라벨의 평범한 문구에 대하여 창작성을 인정한 바 있고, New York주 지방법원은 랩송(rap song)에 자주 나오는 'hugga-hugga' 등과 같은 후렴구에도 창작성이 있다고 판시한 바 있었다.12) 그러다가 미국 연방대법원이 창작성의 요건 속에는 최소한도의 creativity가 내재하고 있어야 한다는 점을 분명히 밝힘으로써 유인이론에 다가서는 입장을 확립한 유명한 판례가 1991년 Feist 판결이다.

---

11) 용어의 의미상으로는 '독자적 작성'을 '독창성', '최소한의 창조적 개성'을 '최소한의 창작성'으로 표현하는 것이 적절하다는 견해가 있다. 최경수, 저작권법개론, 한울아카데미, 2010, 97-99면 참조. 그러나 표현상의 차이일 뿐, 내용상으로는 본문의 해석론과 큰 차이가 없는 것으로 보인다.

12) Tin Pan Apple Inc. v. Miller Brewing Co., 30 U.S.P.Q. 2d 1791, Copyright L. Dec.(CCH) ¶27,238 (S.D.N.Y. 1994).

(2) Burrow-Giles Lithographic Co. v. Sarony[13]

이 사건의 원고인 Sarony는 유명한 극작가인 오스카 와일드의 사진을 촬영한 바 있었다. 그런데 석판화 제작업자인 피고 Burrow-Giles 회사가 원고의 사진을 8,500장 무단복제하여 판매하였고, 이에 원고는 저작권침해로 인한 손해배상청구소송을 제기하였다. 피고는, 원고가 촬영한 사진은 피사체를 단순히 기계적인 방법으로 촬영한 것이므로 저작권법이 요구하는 최소한의 창작성이 없고, 따라서 저작물로 인정될 수 없다고 주장하였다. 이에 대하여 연방대법원은, 원고가 피사체를 단순히 기계적 방법으로 촬영한 것이 아니라 피사체의 포즈와 의상, 배경이 되는 휘장이나 기타 여러 가지 장식물들, 조명의 방향과 세기 등을 스스로 연출하였는바, 그렇다면 원고의 사진에는 저작물로 되기 위한 최소한의 창작성이 인정된다고 판시하였다.

(3) Feist Publications, Inc. v. Rural Telephone Service Co.[14]

Feist 사건에서 문제로 된 것은 전화번호부의 인명편이었다. 원고인 Rural Telephone Service는 Kansas주 북서부지역의 전화사업자로서 알파벳 순서에 따른 인명편(white pages)과 상호편(yellow pages)으로 구성된 전형적인 형태의 전화번호부를 발간하여 왔다. 피고 Feist 회사는 출판업자로서 위 지역을 포함한 광역 전화번호부를 출판하고자 원고의 전화번호부에 대한 이용허락을 구하였으나 원고는 이를 거절하였고, 이에 피고는 원고의 전화번호부를 허락 없이 그대로 무단복제하여 전화번호부를 출판하였다. 원고의 전화번호부는 7,700개의 전화번호를 수록하고 있는 반면에, 피고 Feist 회사의 전화번호부는 원고가 서비스를 하는 지역 외에 다른 지역의 전화번호도 포함하여 전체 46,878개의 전화번호를 수록하고 있었다.

피고 Feist는 먼저 조사원들을 고용하여 원고의 전화번호 리스트를 조사하고 주소를 확인하는 등 어느 정도의 노력을 하였지만, 피고 전화번호부의 전화번호 중 상당수의 전화번호가 원고 전화번호부 인명편의 것과 동일하다는 것과, 더군다나 그 중에는 원고가 무단복제여부를 탐지하기 위하여 자신의 전화번호부 곳곳에 숨겨 놓은 가짜 전화번호 4개가 포함되어 있는 것이 밝혀졌다.[15] 이에 피고는 원고의 전화번호부를 복제하였다는 점을 인정하면서도, 원고의 인명편 전화번호부는 창작성이 없어 저작권의 보호를 받을 수 없다고 다투었다.

이 사건에서 연방대법원은, '독자적으로 작성'되었기만 하면 창작성을 인정하던 종래의

---

13) Burrow-Giles Lithographic Co. v. Sarony, 111 U.S. 53(1884).
14) 499 U.S. 340, 18 U.S.P.Q. 2d 1275(1991).
15) 이는 '공통의 오류'라고 하여 무단복제 여부를 탐지하기 위한 중요한 기법 중 하나이다.

입장에서 벗어나, 창작성이 인정되기 위하여서는 독자적 작성에 더하여 '최소한의 독창성'(at least some minimal degree of creativity)을 필요로 한다고 하였다. 다만 이때 요구되는 creativity는 극히 낮은 수준의 것이라도 문제가 없으며, 대부분의 작품들은 이 요건을 충족할 것이라고 하였다.

　　Feist 사건은 종래 미국 법원이 취하고 있던 노동이론으로부터 탈피하여 유인이론으로 다가섰다는 점에서 주목할 만하다. 전화번호부의 인명편은 그 제작에 많은 자본과 인원은 물론이고 상당한 정신적 노동이 투여되기 때문에, 저작자의 정신적 노동(labour)이 투여된 바 있기만 하면 창작성이 있다고 보는 노동이론의 입장에 의할 경우 당연히 창작성이 있다고 보아야 할 것이기 때문이다.

마. 창작성에 관한 우리나라 판례 개관

　　우리나라 역시 창작성 유무 판단 기준에 관한 구체적인 명문규정이 없으므로 그 기준은 판례와 이론에 맡겨져 있다. 다음에서는 창작성이 문제로 된 대표적인 국내 판례들을 간략하게 살펴보기로 한다.

(1) 대법원 1993. 1. 21.자 92마1081 결정(일명, '미술사 연표' 사건)[16]

　　甲이 번역 출판한 '20세기 미술의 모험'에는 1900년부터 1989년까지의 미술 분야에서의 중요사건 및 사실을 연대순으로 선택 배열하여 10년 단위로 분산하여 수록하면서 미술 분야가 아닌 문학, 음악 및 공연예술, 영화, 과학 기술 및 기타의 항목도 함께 대비하여 각 분야의 중요한 역사적 사실을 간략하게 수록한 연표가 들어 있다.

　　대법원은, 이 연표는 甲 자신의 축적된 학식과 경험을 바탕으로 하여 그 목적에 적합하도록 자신의 판단에 따라 취사선택한 사항을 수록한 것으로서, 소재의 선택이나 배열에 독자적인 창작성이 있는 것이라고 볼 여지가 있고, 또 편집저작물을 전체로 이용(예를 들면 복제)하여야만 저작자의 권리를 침해하는 것은 아니므로 그 편집저작물 중 소재의 선택이나 배열에 관하여 창작성이 있는 부분을 이용하면 반드시 전부를 이용하지 아니하더라도 저작권을 침해한 것으로 인정될 수 있다고 하였다.[17]

---

16) 법원공보 1993, 1054면.
17) 이 판결에서는 甲이 작성한 미술사 연표의 창작성은 인정하였지만, 피신청인 乙이 출판한 '20세기 미술의 시각'에 실려 있는 연표는 甲의 연표에 있는 항목의 선택과 배열을 참고하면서도 소재를 추가하고 배열을 달리하여 전체적으로 볼 때 자신의 창작성을 가미한 것으로서, 甲의 연표를 그대로 모방한 것이라고 보기는 어렵다고 하여 저작권침해의 책임은 부정하였다.

(2) 대법원 1994. 8. 12. 선고 93다9460 판결(일명, '개역 성경전서' 사건)[18]

피고 대한성서공회는 주로 성서의 번역출판을 목적으로 설립된 재단법인이다. 피고는 1952년경 한글맞춤법통일안에 따라 '성경전서 개역한글판'(1952년판)을 발행하였으나, 1952년판 성경에 잘못 번역된 부분 또는 현실 언어에 맞지 않는 부분 등이 있어 1961년에 다시 '성경전서 개역한글판'(1961년판)을 발행하였다. 1961년판 성경은 1952년판 성경과 비교하여 볼 때, 오역을 바로 잡은 부분이 약 31곳이고, 번역을 달리한 것이 약 200여 곳이며, 문장과 문체를 바꾼 것이 약 370곳, 음역을 달리한 것이 약 37곳, 국어문법과 한글식 표현에 맞게 달리 번역한 것이 약 100여 곳이 되었다.

1952년판 성경의 저작권법상 저작재산권의 보호기간은 30년이었으나 그 후 법이 개정되어 1961년판 성경의 보호기간은 50년으로 연장되었다. 따라서 이 사건 판결이 심리되던 1990년 초의 상황에서 보면 1952년판 성경의 보호기간은 이미 만료되었으나 1961년판 성경의 보호기간은 아직 만료되지 아니한 상태였다. 이에 원고는 1952년판과 1961년판 성경은 특별히 달라진 것이 없어 동일한 저작물로 보아야 하므로 1952년판 성경의 보호기간이 만료된 이상 1961년판 성경 역시 저작권이 없는 것이라고 주장하였다. 이에 대하여 피고는 두 성경이 서로 다른 저작물이므로 1951년판 성경은 보호기간이 만료되었다고 하더라도 1961년판 성경의 저작권은 소멸하지 아니하였다고 다투었다. 결국 이 사건의 쟁점은 1961년판 성경이 1952년판 성경과 다른 별개의 저작물이 되기 위한 새로운 창작성을 갖추고 있느냐 하는 점이었다.

이에 대하여 대법원은, "1961년판 성경은 1952년판 성경의 오역을 원문에 맞도록 수정하여 그 의미내용을 바꾸고 표현을 변경한 것으로서, 그 범위 내에서 이차적(2次的)저작물의 창작성에 필요한 저작자인 피고 대한성서공회의 정신적 노작(勞作)의 소산인 사상이나 생각의 독창성이 표현되어 있다고 못 볼 바 아니므로, 1961년판 성경은 1952년판 성경과 동일한 것이라고 보기 어렵고 별개로 저작권 보호대상이 된다."고 하였다.

(3) 서울지방법원 1995. 1. 18.자 94카합9052 결정(일명, '칵테일 사랑' 사건)[19]

이 사건에서 법원은, 저작권법 제5조 제1항은 "원저작물을 번역, 편곡, 변형, 각색, 영상제작 그 밖의 방법으로 작성한 창작물(이하 2차적저작물이라 한다)은 독립적인 저작물로서 보호된다"고 규정하고 있는바, 2차적저작물로 보호를 받기 위하여는 원래의 저작물을 기초로 하되, 사회통념상 새로운 저작물이 될 수 있을 정도로 창작성이 있어야 하는 것이고, 원

---

18) 법원공보 1994, 2283면.
19) 하급심판결집 1995-1, 345면.

래의 저작물에 다소의 수정·증감을 가한 데 불과하여 독창적인 저작물이라고 볼 수 없는 경우에는 저작권법에 의한 보호를 받을 수 없으며, 주멜로디를 그대로 둔 채 코러스를 부가한 '코러스 편곡'의 경우에도 창작성이 있는지 여부에 따라 2차적 저작권의 일종인 편곡저작권이 성립할 수 있을 것이라고 하였다. 나아가 이 사건에서 문제된 '칵테일 사랑'에서 코러스가 상당한 비중을 차지하고 있고, 그 코러스 부분은 주멜로디를 토대로 단순히 화음을 넣은 수준을 뛰어넘어 신청인의 노력과 음악적 재능이 투입되어 만들어진 것으로 독창성이 있다고 할 것이므로, 저작권법상 2차적 저작권으로서 보호받을 만한 창작성이 있다고 판단하였다.

(4) 서울민사지방법원 1995. 4. 7. 선고 94가합63879 판결(일명, '운전면허시험 문제집' 사건)

원고는 자동차운전면허시험과 관련된 각종 교재를 집필, 발행하였는데, 1985년 운전면허시험의 개편에 따라 종래의 여러 권의 교재를 1책으로 모아 운전면허시험 안내, 교통법규 요점정리, 교통법규 예상문제, 자동차구조 요점정리, 자동차구조 예상문제의 골격을 지닌 '운전면허학과시험'을 집필·발행하였다.

이 사건에서 법원은, (1) 저작권법은 소재의 선택 또는 배열에 창작성이 있는 것은 독자적인 저작물, 소위 편집저작물로서 보호한다고 규정하고 있으며, 이 사건 저작물은 그 앞부분에서 운전면허시험 안내라는 제목 아래 운전면허시험 응시절차 요령, 전국 각 자동차운전면허 시험장의 주소와 전화번호, 운전면허의 종류와 적성검사의 내용, 운전면허시험 결격 사유자, 학과 및 기능시험에 합격하는 요령 등을 간결하게 정리, 소개하고 있으며, 교통법령 요점 정리란에서는 도로교통법, 동 시행령, 동 시행규칙, 교통사고처리특례법 및 동 시행령, 자동차관리법 및 동 시행령 중 자동차운전면허 학과시험에 자주 출제되었거나 앞으로 출제가 될 것이 예상되는 부분을 발췌하여 여러 항목으로 나눈 뒤 간결하게 요약, 정리, 해설하고 있으며, 또 자동차구조 요점정리란에서는 제 1 장 자동차의 총론으로부터 제15장 안전운전방법에 이르기까지 운전면허 학과시험이 요구하는 수준에 맞게 자동차공학에 관한 각종 대학교재, 공업계 고등학교의 교과서 등을 요약, 정리, 해설하고 있으며, 교통법령 및 자동차구조에 대한 각 예상문제란에서는 실제 시험에서 출제되었던 문제들과 원고가 직접 작성한 문제들을 위에서 본 각 항목에 따라 분류하여 수록하고 있고, (2) 이 사건 저작물 이전에 이 사건 저작물과 동일하거나 유사한 체제를 갖춘 저작물이 있었다는 점을 인정할 자료가 없으므로 이 사건 저작물의 전체적인 체제 또한 독창성을 지니고 있는 것이라고 할 것이니, 결국 이 사건 저작물은 그 소재의 선택 및 배열이 창작성을 지닌, 저작권법이 보호하는 편집저작물에 해당한다고 하였다.

이 판결에서 (2)의 부분을 보면, 이 사건 저작물 이전에 그와 동일하거나 유사한 체제를 갖춘 저작물이 있었다는 증거가 없다는 점을 창작성 판단의 한 요소로 고려하고 있다. 저작권법이 저작물의 성립요건으로서 '신규성'을 요구하는 것은 아니지만, 이 사건과 같이 실제 소송에서는 '신규성' 여부가 저작물의 성립요건이나 침해 판단에서 중요한 역할을 하는 경우가 적지 않다.

(5) 서울고등법원 1995. 5. 19. 선고 95나8746 판결(일명, '만화 데생' 사건)

이 사건에서 법원은, 밑그림이나 데생 또는 미완성작품도 작가의 사상, 감정이 창작적으로 표현된 것이면 미술저작물이라 할 것인바, 동화책을 완성하기까지는 1) 데생, 2) 셀트레스, 3) 셀칼라지정, 4) 셀채색, 5) 배경채색 등에 이르는 여러 단계를 거치는데, 그 중 甲이 한 작업은 1) 2) 3)의 작업이고 나머지 4) 5)의 작업은 乙의 다른 피용자에 의하여 수행되었다 하더라도, 완성된 이 사건 그림 중 창작성이 있는 부분은 등장인물과 배경의 데생 및 셀칼라지정 부분이며, 창작된 인물과 배경그림에 지정된 색깔을 칠하는 작업은 그림의 완성을 위한 기계적인 작업에 불과하다고 할 것이므로, 이 사건 그림은 전체로서 甲의 창작성이 담긴 미술저작물이라고 하였다.

(6) 서울고등법원 1996. 8. 21.자 96라95 결정(일명, '파트너 성경' 사건)

신청인이 출판한 '파트너 성경'은 12권의 휴대용 소책자로 구성된 성경책으로서, 그 본문은 대한성서공회가 발행한 "개역관주 성경전서"의 본문을 12 부분으로 나누어 각 권별로 그대로 전재하고, 12권의 책표지는 3권씩 나누어 4개의 다른 색상으로 되어 있다.

법원은, "신구약성경의 내용을 12권으로 분책한 것은 이 사건 성경책이 출판되기 이전부터 흔히 실시되어 온 분책방식임을 알 수 있고, 가사 이 사건 성경책과 같은 분류로 12권으로 분책한 것이 이 사건 성경책에서 처음으로 시도된 것이라 하더라도, 이는 신구약성경의 차례나 기존의 분책방식으로부터 용이하게 착안될 수 있는 것임에 비추어, 신청인이 성경전서의 내용을 이 사건 성경책과 같이 12 부분으로 분류한 다음 그 분류에 따라 12권으로 분책한 이 사건 성경책을 제작하였다 하여 소재의 선택이나 배열에 창작성이 있다고 할 수 없으며, 이 사건 성경책을 휴대하기 용이한 크기로 12권으로 분책한 것은 기술적 사상의 표현에 해당할 여지는 있다 할 것이나 그것이 곧바로 소재의 선택이나 배열의 문제라고 단정할 수는 없는바, 결국 이 사건 성경책은 저작권법상의 보호대상인 편집저작물이라고 할 수 없다"고 하였다.

(7) 그 밖에 창작성이 부정된 사례들

그 외에도 창작성과 관련하여 참고로 할 만한 다양한 판례들이 나와 있다. 그 중 창작성이 부정된 것들을 보면, '무영쌈밥정식'이라는 전국 체인점을 운영하는 원고의 쌈밥정식이 차려진 사진 등으로 구성된 광고 전단지에 관하여, 그와 같은 광고 전단지의 디자인은 다수의 유사 쌈밥업체에 의하여 공유되며, 광고 전단지에 흔히 사용되는 디자인으로서 창작성이 없다고 한 사례,[20] '북역 고려사'는 독자들의 입장에서 한문실력의 배양, 고서에 대한 거부감의 불식, 독서시간의 절약 등의 편의성이 있기는 하나, 고려사 역본을 그대로 축소 복제하여 배치한 다음 동일한 면의 좌우 여백에 해당하는 부분에 고려사 역본의 내용에 대응하는 고려사 한문원본을 대비시킨 것으로서, 한글로 옮겨진 역본에 이미 널리 알려진 한문 원본을 단순히 기계적으로 결합, 배치한 것에 불과하여 그 소재의 선택, 배열에 창작성이 없다고 한 사례,[21] 국세청 고시자료 중 1996년 이전의 고시금액을 모두 삭제하고 대신 참조할 국세청 고시자료의 해당 쪽수를 표기하고, 아파트 등의 소재지 표기에 있어 '시, 군, 구'를 '-'로 대체하거나 금액, 층수 등의 용어를 '고시금액', '해당 층' 등으로 변경한 차이점이 있으나, 이는 전체적으로 국세청고시자료를 그대로 옮겨놓는 단순한 기계적 작업의 범주를 벗어나지 않는 것이어서 독자적 저작물로 보호할 만한 창작성을 인정할 수 없다고 한 사례,[22] 피아노 교습에 있어서의 기초적인 사항에 관한 교본의 설명부분 자체가 저작권에 의해 보호될만한 창작성이 없다고 한 사례,[23] "가장 신선한 하이트의 맛, 눈으로 확인하세요"라는 광고문구는 문구가 짧고 의미도 단순하여 그 '내용' 외에 달리 보호할 독창적인 '표현형식'이 포함되어 있지 않으므로 창작성이 결여되어 있다고 한 사례,[24] 주된 목적이 피사체인 햄 제품 자체만을 충실하게 표현하여 광고라는 실용적 목적을 달성하기 위한 것이고, 다만 그와 같은 목적에 부응하기 위하여 그 분야의 고도의 사진기술을 이용한 것에 불과하며, 따라서 사진촬영의 과정에 어느 정도의 창작성이 투여된 것은 인정되나 그것이 저작권법에 의하여 보호할 만한 정도는 아니라고 하여 창작성을 부인한 사례,[25] 양념 통닭용 소스를 제조하여 가맹점에 판매하는 영업을 하면서, 한글 고딕체로 '사라센'이라고 쓴 문자나 풍채 좋은 아리비아 상인 복장의 어른이 왼손에 닭이 올려진 요리쟁반을 들고 오른손으로 이를 가리키는 모습으로 된 도안 위에다가 그 도안을 따라 영문 필기체로 'Sarasen Sauces'라고 쓴 문자 부분을 결합시킨 모양의 상표는 그 미적 요소 내지 창작성이 상품의 표지라는 본래

---

20) 수원지방법원 성남지원 2000. 4. 19. 선고 99가합3675 판결(확정).
21) 서울고등법원 1997. 12. 9. 선고 96나52092 판결(확정).
22) 서울지방법원 1998. 7. 10. 선고 97가합75507 판결(확정).
23) 대법원 1999. 10. 22. 선고 98도112 판결.
24) 서울고등법원 1998. 7. 7. 선고 97나15229 판결(확정).
25) 대법원 2001. 5. 8. 선고 98다43366 판결.

기능으로부터 분리, 독립되어 별도의 감상의 대상이 될 정도로 독자적인 존재를 인정받기 어렵다고 하여 창작성을 부정한 사례,[26] 안면 및 몸통 부분은 일반적인 곰인형의 형태로서 목에는 리본을 묶고, 하체 부분은 궁둥이와 다리 부분을 분리한 후 궁둥이의 앞부분에 다리를 연결하는 형태로 곰의 형상을 단순화한 뒤 곰인형의 겉에 빤짝이 원단을 입힘으로써 털을 없애고 표면이 빤짝이도록 한 인형(일명 '빤짝이 곰' 또는 '조성모 곰')의 창작성을 부정한 사례[27] 등이 있다.

3. 사상 또는 감정의 표현

저작권의 보호를 받는 저작물이 되기 위하여서는 그것이 인간의 사상 또는 감정을 표현한 것이어야 한다. 과거의 저작권법은 명문으로 이 요건을 규정하고 있지는 않았다. 그러나 학설과 판례는 이를 당연한 저작물의 요건으로 인정하고 있었으며, 미국[28]이나 일본[29]의 경우도 마찬가지이다. 2006년 개정 저작권법부터는 저작물에 대한 정의를 '인간의 사상 또는 감정을 표현'한 창작물이라고 하고 있으므로 이제 저작권법은 이 요건을 명문으로 규정한 셈이다.

가. 사상 또는 감정

(1) 의 의

저작물은 '사상 또는 감정'을 표현한 것이어야 한다. 여기서의 사상 또는 감정은 반드시 철학적이거나 심리학적인 개념으로 좁게 해석할 것이 아니라, 단순한 '생각이나 기분' 정도까지를 포함하는 넓은 의미로 새겨야 한다.[30]

(2) 구체적 검토

(가) 객관적 사실 그 자체

사상 또는 감정을 표현한 것이 아니라 단순히 사실, 예를 들어 자연과학적 사실이나 사회적 사실, 역사적 사실 등을 적시(나열)한 것에 지나지 않는 것, 예를 들면 식당의 메뉴판

---

26) 서울지방법원 1997. 9. 5. 선고 96가합36949 판결.
27) 서울지방법원 남부지원 2001. 5. 25. 선고 2000가합7289 판결(확정).
28) The Copyright Act of 1976, sec. 102: "Copyright protection subsists, in accordance with this title, in original works of authorship fixed in any tangible medium of expression … ".
29) 일본 저작권법 제 2 조 제 1호: 저작물은 사상 또는 감정을 창작적으로 표현한 것으로서, 문예, 학술, 미술 또는 음악의 범위에 속하는 것을 말한다.
30) 半田正夫, 전게서, 80면.

이나 역(驛) 구내에 게시되어 있는 열차시각표·요금표와 같이 단순한 사실(fact)만을 나열한 것, 주가(株價)나 경기 스코어, 기온이나 강수량 등과 같은 단순한 데이터(data)만을 나열한 것, 1945년에 해방이 되었다는 등의 단순한 역사적 사실만을 적시한 것은 저작물이라고 할 수 없다.[31] 즉, 주관적 요소인 인간의 사상이나 감정이 표현된 것이 아니라 객관적 사실 자체만이 적시된 것은 저작물이라고 할 수 없다. 사실 그 자체가 아니라 그 사실을 소재로 하여 이를 창작적으로, 즉 최소한의 개성이 나타나도록 표현한 경우라야 인간의 정신 활동의 성과라 할 수 있고 저작물이 될 수 있다.[32]

사실 그 자체는 주어진 객관적 존재이며 인간의 정신적인 활동의 산물은 아니기 때문에 사실 그 자체를 가지고 '사상·감정'이라고 말할 수는 없다. 따라서 사실 그 자체를 문장이나 기호, 그림 등으로 적시하였다 하더라도 그것만으로는 저작물이라고 할 수 없다. 또한 아무리 많은 비용과 노력을 투입해서 어떤 새로운 사실을 발견하였다고 하더라도 사실 그 자체는 이미 존재하고 있는 것 또는 존재하고 있다고 생각되던 것이다. 따라서 편집저작물이 성립하는 경우를 제외하고, 사실 그 자체를 집적해 놓은 것만으로는 저작물이 될 수 없다. 주가지수(株價指數)나 기온 등과 같은 특정한 현상, 만유인력의 법칙과 같은 자연계에 존재하는 사실, 역사적 사실과 같은 것은 인간이 아무리 노력하고 투자하여 발견한 것이라고 하더라도 그 자체로서는 저작물이라고 할 수 없다.[33]

기업의 홍보자료에는 객관적 사실을 단문형태로 간략하게 기술하는 경우가 많다. 영어교육 기업의 홍보자료에 기재된 문구의 저작물성이 문제로 된 사건에서 서울중앙지방법원 2019. 7. 26. 선고 2018노3426 판결은, "(원고의 홍보자료는) 한국에서 영어학습에 대한 수요가 증가하였다는 사실과 그 원인이 되는 사회적 변화(해외여행 보편화, 글로벌 서비스/비즈니스 증가, 영어가 세계 공용어에 해당, 해외 드라마 등 영상 콘텐츠를 통해 영어를 접하는 기회의 증가, 스마트폰이나 태블릿 등 모바일기기 사용량 증가 등)를 주된 내용으로 하고 있는데, 이러한 내용들은 영어학습의 수요가 증가하게 된 배경사실이나 사회 환경의 변화를 전형적이고 통상적인 문구로 기술한 것에 불과하고, 동일한 주제를 두고 누구나 비슷하게 연상하거나 표현할 수 있는 것이므로 저작자의 창조적 개성이 발현되었다고 볼 수 없다"고 판시하였다.[34]

---

31) 상계서, 79면.
32) 박성호, 저작권법, 박영사(2014), 34면.
33) 상계서, 34면.
34) 문제가 된 문구는 "영상 콘텐츠 또는 영어를 접하는 실상황이 증가. … 최신 인기 해외 드라마(일명 미드)를 온라인/케이블 TV로 더빙없이 소비하는 경향. … 해외 여행 경험, 내한 외국인 수가 늘면서 네이티브와의 대화 상황도 증가함. … 스마트폰, 태블릿 등 스마트기기 사용량 급증. … 콘텐츠 소비의 주요 수단이 TV, PC에서 벗어나 모바일로 급격히 이동중." 등이었다. 대법원 2019. 10. 31. 선고 2019도 11970 판결로 확정.

(나) 저작권법 제 7 조의 보호받지 못하는 저작물

저작권법 제 7 조는 "보호받지 못하는 저작물"이라는 표제 아래, 제 1 내지 제 4 호에서 "헌법·법률·조약·명령·조례 및 규칙, 국가 또는 지방자치단체의 고시·공고·훈령 그 밖에 이와 유사한 것, 법원의 판결·결정·명령 및 심판이나 행정심판절차 그 밖에 이와 유사한 절차에 의한 의결·결정 등, 또는 국가나 지방자치단체가 작성한 이들의 편집물이나 번역물"과 제 5 호에서 "사실의 전달에 불과한 시사보도"를 열거하고 있다. 이러한 저작권법 제 7 조는 조문의 제목이 "보호받지 못하는 저작물"이라고 되어 있으므로 그 제목대로라면 저작물이기는 하지만 국민에게 널리 알릴 필요가 있다는 등의 공익적인 이유로 저작권의 보호가 주어지지 않는 것들을 열거한 것이다. 따라서 이 규정을 글자 그대로 해석하면 "사실의 전달에 불과한 시사보도"는 저작물이기는 하지만 저작권의 보호는 받지 못하는 것으로 해석될 수 있다. 그러나 "사실의 전달에 불과한 시사보도", 예를 들어 신문의 부고기사(訃告記事)나 인사동정(人事動靜)기사와 같이 사실 그 자체만을 단순하게 전달하는 기사라면 저작권의 보호를 받지 못하는 저작물이 아니라, 아예 저작물로서 성립하지 못하는 것으로 보아야 할 것이다. 즉, 사실의 전달에 불과한 시사보도 등은 사상이나 감정의 표현이라고 볼 수 없어서 저작물성을 부정하여야 하는 것이 원칙이다. 또한, 그러한 시사보도는 누가 작성하더라도 동일한 것이 될 수밖에 없어 저작자의 창작적 개성이 드러날 여지가 거의 없는 경우가 많을 것인데, 그러한 경우에도 창작성이 없다고 하여 저작물성을 부정할 수 있다.

(다) 자연물이나 컴퓨터 등 인공지능에 의한 생성물

'사상·감정'은 '인간'의 것이어야 한다. 예를 들어 침팬지가 그린 그림은 인간의 사상이나 감정을 표현한 것이 아니므로 저작물이 될 수 없다. 미국 저작권청은 2014년 8월 19일 발표한 내부 지침서 실무(Compendium Of U.S. Copyright Office Practices) 제3판에서 저작권 등록 대상은 저작자가 인간인 저작물에 한정되므로 인간이 아닌 동물에 의하여 만들어진 작품은 저작권청의 저작권 등록 거절 대상이라는 점을 재확인하면서 원숭이가 촬영한 사진을 저작권 등록 제외 대상으로 구체적으로 명시하였다.[35] 자연적으로 만들어진 수석(壽石)이나 관상수 등도 저작물이 될 수 없다.

특히 문제로 되는 것은 컴퓨터 또는 인공지능(Artificial Intelligence, AI)이 작성한 저작물이다. 만약 사람이 그때그때 아무런 작동을 해 주지 않더라도 컴퓨터나 인공지능이 알아서 기상위성으로부터 자료를 받아 매일 매일의 기상도(氣象圖)를 작성한다면 그 기상도를 저작물로 볼 수 있을 것인가? 또 사람이 창작적 기여 없이 최소한의 동작만을 해 주면(예컨대 전원스위치를 넣는다거나, 아니면 폴카, 미뉴에트 등 곡의 형식만을 지정해 주면) 인공지능을 가진

---

35) 한국저작권위원회, 저작권동향, 2015. 10. 23.

컴퓨터가 자율적으로 매번 다른 악곡을 작곡해 출력해 준다고 할 때 그 악곡을 저작물로 볼 수 있을 것인지 의문이 있을 수 있다. 저작권을 부여하는 목적은 인간의 창작의욕을 고취하고자 하는 것이기 때문에 인간의 정신적인 노력과 아무런 관련이 없는 작품은 저작권법이 보호하는 사상과 감정의 표현이라고 볼 수 없다. 따라서 인간은 창작성이 없는 최소한의 단순한 작업지시만 하고 그에 따라 인공지능이 자율적으로 작성한 작품은 현행 저작권법으로는 보호받을 수 없다는 것이 지금까지의 유력한 견해이다.[36] 다만, 인간이 인공지능을 도구로 사용하여 창작적인 작업지시를 하는 등 인간의 창작적 기여가 발휘된다면 이때에는 그 인간을 저작자로 볼 수 있을 것이고 그렇게 생성된 작품은 저작물로 보호받을 수 있을 것이다.

최근에는 챗GPT와 같은 생성형 인공지능이 만들어낸 결과물이 저작권으로 보호받을 수 있는지와 관련하여 뜨거운 논쟁이 벌어지고 있다. 현재까지의 다수 견해는 저작권 보호를 부정한다. 생성형 인공지능에 의하여 만들어진 결과물에 기존의 다른 작품을 베끼지 않고 누가 하더라도 같거나 비슷하지 않을 정도의 표현이 들어 있다고 하더라도 그 표현을 한 것은 인공지능이지 인공지능을 작동한 인간이 한 것이 아닌데, 인공지능은 인간이 아니어서 권리능력이 없으므로 저작권의 보호를 받을 수 없고, 인간 역시 단순히 조작만 하였을 뿐 창작적 기여를 한 것이 없으므로 보호를 받을 수 없어서, 결국 인간과 인공지능 모두 권리를 가질 수 없다는 것이다. 미국 저작권청이 공표하여 시행한 2023. 3. 16.자 지침 역시 이러한 입장을 취하고 있다. 동 지침은 저작권등록신청자로 하여금 등록출원 저작물에 인공지능 생성 콘텐츠가 포함되어 있는지 여부 및 인간 저작자가 기여한 부분에 대하여 밝히도록 규정하고 있다. 인간이 창작적으로 기여한 부분과 인공지능이 생성한 부분을 구분하여 후자에 대하여는 저작권 보호를 부여하지 않겠다는 것이다.

(라) 기술적 사상의 표현물

만유인력의 법칙과 같은 자연법칙이나 기술적 사상 그 자체는 저작물이라고 볼 수 없다. 그러나 그러한 법칙이나 기술적 사상을 구체적으로 표현한 것, 예를 들어 특허명세서나 자연과학 학술 논문과 같은 표현물의 경우에는 저작물성 여부를 판단하기가 쉽지 않다. 특허명세서나 자연과학 논문의 경우 자연법칙이나 기술적 사상을 그대로 나열한 것이 아니라 그것을 설명함에 있어 인간의 주관적 사상이나 감정이 반영되어 최소한의 개성을 갖춘 형태로 표현되어 있다면 저작물이라고 보아야 할 것이다.

(마) 바 둑

바둑의 저작물성에 대하여 학설은 긍정설과 부정설로 나뉜다. 긍정설에서는 바둑 게임

---

36) Goldstein, op. cit., p. 2: 23. 박성호, 전게서, 35면.

은 인간의 사상이나 감정이 창작적으로 표현된 것이라고 본다.[37] 이에 반하여 부정설은 바둑 게임에서 바둑알의 위치선정에는 해당 기사의 생각이나 사상이 나타나 있지만 그것은 승부를 위한 전략적인 것이지 생각이나 사상에 대한 예술적, 창작적 표현은 아니라는 것이다.[38] 긍정설의 입장에서는, 바둑 게임의 진행은 필연에 따라 움직이는 이성의 산물이고, 따라서 당연히 인간의 사상 또는 감정을 나타낸 것이라고 본다. 또한 대국자가 최선의 수(手)를 둔다고 할 때에 그 표현의 선택지가 한정되어 있어서 창작적 표현이라고 보기 어렵다는 의문에 대하여는, 두 대국자 간에 전개되는 한 판의 바둑 게임은 대국 전체를 조망할 때에 대국자 상호간에 선택 가능한 착점과 활용 가능한 행마의 '선택지'가 넓으므로 창작성을 인정할 수 있다고 한다.[39]

결론적으로 부정설이 타당하다고 생각된다. 한 판의 바둑은 대국자인 기사가 흑돌과 백돌을 번갈아 놓아감으로써 이루어지는데, 바둑돌 각각의 착점과 그에 따른 배치 및 운용은 각각의 착점 단계에서 가장 유리한 위치를 찾아가는 일종의 '해답'(또는 해법) 풀이라고 볼 수 있다. 이때 어느 곳에 착점할 것인가는 바둑을 두는 기사의 수준, 즉 기력(棋力)에 따라 달라질 수 있겠지만, 자신의 사상을 어떻게 창작적으로 표현하느냐에 따라 달라지는 것은 아니다. 게임이 진행되는 과정에서 기사가 각각의 착점의 단계마다 그 단계에서 가장 유리한 착점이 어느 곳이라고 판단이 되면, 즉 해답이 발견되면 그에 따라 돌의 위치는 자동적으로 결정되는 것이지, 그 판단(사상)을 창작적으로 표현할 다양한 방법이 존재하는 것은 아니다. 해답(solution)은 사상, 즉 아이디어에 해당하지 창작적 표현이라고 볼 수 없다.[40] 따라서 바둑 게임은 기사의 사상 자체 또는 사상의 집합체라고 볼 수는 있을지언정, 그 사상을 창작적으로 표현한 것은 아니어서 저작물로 성립할 수 없다고 본다.[41] 긍정설에서는 대국 전체를 조망할 때 대국자 상호간에 선택 가능한 착점과 행마의 선택지가 넓으므로 창작성을 인정할 수 있다고 하나, 그렇다 하더라도 바둑의 진행과정에서 대국자가 두는 각각의 착점과 행마의 선택지는 해법, 즉 사상의 선택지이지 표현의 선택지라고 보기는 어렵다.

---

37) 이상정, "기보와 저작권법", 스포츠와법 제10권 제3호, 한국스포츠엔터테인먼트학회(2007), 43면. 박성호, 전게서, 39면.
38) 서달주, "바둑의 기보도 저작물인가", 저작권문화(2006. 6월호), 저작권심의조정위원회, 24, 25면.
39) 박성호, 전게서, 39, 48면.
40) 'Ⅱ. 저작물의 보호범위' 중 '아이디어·표현 이분법' 부분 참조.
41) 필자는 2006. 3월 한국기원에서 개최된 "기보 저작권 관련 연구 보고회"에서 기보의 보호방법으로 저작권법 이외에 퍼블리시티권, 상표권, 부정경쟁방지법 등의 방법을 생각해 볼 수 있다고 한 바 있는데, 이러한 필자의 언급을 긍정설을 취하는 것으로 이해한 문헌도 있는 것 같다(박성호, 전게서, 38, 39면 참조). 그러나 당시 필자의 의견은 기보는 저작물성을 가지기 어렵기 때문에 유명 기전(棋戰)에서 이루어진 유명 기사의 대국을 허락 없이 사용할 경우 저작권 이외에 위와 같은 다른 보호방법을 생각해 볼 수 있다는 취지를 완곡히 표현한 것이었다.

나. 표현(expression)

저작물의 성립요건으로서 '표현'은 두 가지 측면에서 생각해 볼 수 있다.

첫째, 저작물은 사상 또는 감정을 '표현'한 것이어야 한다. 즉, 사상 또는 감정 그 자체만으로는 저작물이 될 수 없고, 그것이 적절한(창작성이 있는) 형태의 '표현'으로 구체화 되어야 한다. 다음의 "저작물의 보호범위"에서 보는 바와 같이 하나의 저작물 속에서 저작권의 보호가 미치는 부분은 '표현'이지 사상 또는 감정 그 자체가 아니다. 따라서 저작권의 보호를 받는 저작물이 되기 위하여서는 ① '창작성'(originality)이 있어야 하며, 거기에 더하여 ② 그 창작성은 사상이나 감정―총칭하여 아이디어(idea)라고 부르기도 한다―자체가 아닌 그것들에 대한 '표현'(expression)에 존재하여야 한다. 저작권법이 창작성을 저작물의 성립요건으로 하는 취지는 창작적 표현에 대하여 인센티브를 줌으로써 풍부한 창작을 유인하고자 하는 것임에 대하여, 표현을 요건으로 하는 것은 창작의 소재로 되는 사상이나 감정에 대하여는 독점권을 부인하고 모든 사람이 자유롭게 이용할 수 있도록 함으로써 풍부한 창작을 유인하고자 하는 취지이다.

둘째, 사상 또는 감정의 '표현'이라고 하고 있으므로 당연히 그 사상이나 감정이 언어, 소리, 영상 등의 매체를 통하여 '외부'로 나타나야 한다. 아무리 좋은 생각 또는 아이디어라고 할지라도 그것이 외부적으로 표현되지 않고 머리 속에만 있으면 다른 사람이 이를 감상하거나 이용할 수 없어 문화의 발전이라고 하는 저작권법의 목적을 달성할 수 없다. 또한 법이 보호하려고 해도 보호할 만한 객관적 대상이 없다. 그러므로 사상이나 감정이 머리 속에서 구상된 것만으로는 저작물로 성립하기에 부족하고 그것이 어떤 형태나 방법으로든 외부에 나타나야 한다. 그 나타나는 방법이나 형태에 대하여는 아무런 제한이 없다. 원고지에 글로써 나타내거나, 도화지에 그림으로 나타내거나, 말로 구연 또는 낭독하거나, 연극이나 무용과 같은 동작으로 나타내거나 상관이 없다.[42] 그리고 여기서의 '표현'은 저작권법 제2조 제25호가 정의하고 있는 '공표'와는 다른 개념이다. 공표는 '공중에게 공개'하는 것을 의미하지만, 저작물의 성립요건으로서의 '표현'은 외부에 나타나기만 하면 족하고 일반 공중에게 공개될 것까지를 요구하는 것은 아니다. 따라서 혼자만 보는 일기장이나 메모에 시나 수필을 적어놓은 경우 설사 공중에게 공개되지 않았다 하더라도 대외적으로 표현은 된 것이므로 '표현'의 성립요건을 충족하게 된다.

---

42) 허희성, 전게서, 19면.

다. 표현의 고정화(fixation) 여부

미국 저작권법이 요건으로 하고 있는 '고정화'(fixation)는 우리 저작권법상으로는 저작물의 성립요건이 아니라고 본다.[43][44] 미국 저작권법 제102조 (a)는 저작권법이 보호하는 저작물로 성립하기 위해서는 '유형의 표현매체에 고정화'(fixed in tangible medium of expression)되어야 한다고 규정하고 있다.[45] 나아가 순간적으로 사라지는 것이 아니라 외부적으로 인식하고 이를 복제 또는 전달할 수 있을 정도의 상당한 기간 동안 표현매체에 정착되어 있어야만 고정화가 이루어진 것이라고 해석하고 있다. 따라서 원고지에 고정되지 아니한 즉흥시나 즉흥강연, 악보에 고정되지 아니한 즉흥곡이나 즉흥연주 등은 우리나라 저작권법에 의하면 '소리'라는 표현매체에 의하여 외부적으로 표현되었으므로 저작물로 인정될 수 있지만, 미국 저작권법에 의하면 저작물로 성립할 수 없다.

다만, 영상저작물만은 예외라고 본다. 영상저작물은 "연속적인 영상(음의 수반 여부는 가리지 아니한다)이 수록된 창작물로서 그 영상을 기계 또는 전자장치에 의하여 재생하여 볼 수 있거나 보고 들을 수 있는 것"이라고 정의되고 있다.[46] 이러한 정의규정에 비추어 볼 때 영상저작물은 일정한 매체에 고정될 것을 요구하는 것으로 해석된다. 일본 저작권법도 영상저작물을 제외하고는 고정화는 저작물의 요건이 아니라고 보고 있다.[47]

4. 창작의 주체(主體)

이와 같은 저작물의 성립요건을 모두 갖추었다고 하여 반드시 우리 저작권법상 보호받는 저작물이 되는 것은 아니다. 어느 저작물이 우리나라에서 보호를 받기 위해서는 다음 세 가지 중 하나에 해당하여야 한다.

첫째, 우리나라 사람이 창작한 저작물이거나, 둘째, 우리나라가 가입한 조약에 의해 보호되는 저작물이거나, 셋째, 우리나라에 상시 거주하는 외국인(무국적자 및 우리나라 내에 주된

---

43) 同旨, 허희성, 전게서, 19면 참조. 반대로 우리 저작권법도 고정화를 요건으로 한다는 견해도 있다(전석진, 디지털시대의 저작권, 지적재산권법강의, 홍문사, 1997, 252면).

44) 베른협약은 제 2 조(2)에서 '고정화'를 저작물의 성립요건으로 할 것인지의 여부는 각국의 입법에 유보하는 것으로 규정하고 있다.

45) 17 U.S.C. § 102. (a): Copyright protection subsists, in accordance with this title, in original works of authorship fixed in any tangible medium of expression, now known or later developed, from which they can perceived, reproduced, or otherwise communicated, either directly or with the aid of a machine or device.

46) 저작권법 제 2 조 제13호.

47) 中山信弘, 저작권법, 법문사, 2008, 40면.

사무소가 있는 외국법인 포함)의 저작물 또는 우리나라에서 최초로 공표된 저작물이거나 세 가지 중 하나에 해당하여야 한다.

그 중 첫째는, 대한민국 국적을 가지는 사람이 창작한 저작물을 의미하며, 둘째는, 그 저작자가 국적을 가지는 나라가 우리나라가 가입한 조약에 함께 가입하고 있어서 우리나라가 그 국민에 대한 보호의 의무를 지는 나라인 경우를 말하며, 셋째는, 저작자가 우리나라가 가입한 조약에 의하여 보호를 받는 나라의 국민은 아니지만, 우리나라에 상시적으로 거주하는 사람이거나 우리나라에서 맨 처음 저작물을 공표한 경우를 말한다.

그러나 현실적으로 오늘날 세계의 거의 모든 나라들이 우리나라가 가입한 저작권 보호에 관한 베른협약이나 WTO 협정 등에 가입하고 있어서, 우리가 접하는 대부분의 외국인의 저작물은 보호기간이 종료되지 않은 이상 모두 우리 저작권법상 보호받는 저작물이라고 보아도 무방할 정도이다.[48]

Ⅱ. 저작물의 보호범위

1. 서   설

저작물은 내부적으로 여러 가지의 다양한 요소로 구성된다. 우선 저작물이 되기 위해서는 인간의 사상이나 감정을 창작적으로 표현한 것이어야 하므로, 가장 기본적으로 저작물은 '사상 또는 감정'과 '창작적 표현'이라는 적어도 두 가지 요소로 구성된다. 또한 저작물을 창작과정의 면에서 살펴보면, 먼저 저작자가 선택한 소재(素材)와 아이디어가 존재하고, 그것들이 조합되어 저작자의 사상체계를 형성하며, 그 사상을 외부에 표현하기 위하여 저작자 나름대로의 일정한 형식을 채용하는 등 창작의 진행 단계에 따른 요소로 구분해 볼 수 있을 것이다. 한편, 저작물의 구성부분을 전체적인 것으로부터 시작하여 세부적인 것으로 그 범위의 광협에 따라 살펴보면, 예컨대 문학작품의 경우 저작자의 기본적인 사상, 작품의 주제, 기본적인 플롯(plot), 그 플롯을 이루는 각각의 사건, 그 각각의 사건들을 구성하는 세부적인 대화나 장면묘사 등으로 구분해 볼 수도 있다.

이러한 다양한 요소들로 구성된 하나의 작품이 저작물의 성립요건을 모두 갖추어 저작물로 성립하였다고 하더라도 그 저작물을 이루는 구성요소들 모두가 저작권의 보호대상으로 되는 것은 아니다. 우선 저작권의 보호는 저작자가 스스로 창작적으로 기여한 요소들에

---

48) 임원선, 실무자를 위한 저작권법, 개정판, 한국저작권위원회, 2009, 55-56면.

만 미친다. 또한 저작물의 구성요소 중에는 이를 저작권으로 보호하기보다는 '만인의 공유' (또는 공중의 영역, public domain)에 둠으로써 문화의 창달이라고 하는 보다 궁극적인 저작권법의 목적을 달성하는데 지장이 없도록 하여야 하는 것도 있다. 이처럼 하나의 저작물을 이루는 저작물의 구성요소 중에는 저작권으로 보호를 해 주어야 하는 것도 있고 보호를 해 주지 않아야 하는 것도 있다. 따라서 그 중에서 어느 범위까지를 저작권으로 보호할 것인지가 문제로 된다.

즉, 어떤 저작물이 저작권의 보호를 받는다고 하더라도 그 저작물을 이루는 구성부분들 중에는 저작권의 보호를 받는 부분과 받지 못하는 부분이 섞여 있기 때문에, 저작권의 침해 여부를 가리기 위해 두 저작물을 비교 판단함에 있어서도 기본적으로는 보호받는 부분을 가지고 대비하여야 한다. 여러 판례가 이 점을 분명하게 밝히고 있는데, 대법원 1991. 8. 13. 선고 91다1642 판결[49]이 그러한 점을 판시한 대표적인 판결 중 하나이다.

2. 보호범위 판단의 방법론

저작물의 보호범위는 저작물의 외적인 범위와 내적인 범위 두 가지 방향에서 검토되어야 한다. 먼저 저작물의 외적인 보호범위는 그 저작물의 저작권이 외부적으로 미치는 전체 범위, 즉 그 저작물과 실질적으로 동일하거나 실질적으로 유사한 다른 저작물에 대하여 저작권을 주장할 수 있는 범위를 말한다. 이에 비하여 내적인 보호범위는 그 저작물을 이루는 여러 가지 내부적 구성요소들을 저작권이 미치는 부분과 미치지 않는 부분으로 구분하여 그 중에서 저작권의 보호가 미치는 범위를 말한다. 저작물의 외적인 보호범위에 관한 문제는 뒤의 "제 9 장 저작재산권 침해의 요건 및 판단기준" 부분, 특히 그 중에서도 '실질적 유사성'에 관한 부분에서 검토한다. 본 장에서는 주로 저작물의 내적 보호범위에 관하여 살펴보기로 한다.

저작물의 구성요소를 보호받는 요소와 보호받지 못하는 요소로 구분하는 문제에 대하여는 독일법을 비롯한 대륙법계와 영미법계의 미국법이 서로 다른 해법을 제시하여 나름대로 이론을 발전시켜 왔다. 독일법은 저작물의 구성요소를 '내용'과 '형식'으로 구분하는 방법을 취하였고, 미국의 판례법은 이른바 아이디어·표현 이분법이라는 독특한 방식을 발전시켰다. 아래에서는 대륙법계의 '내용·형식 이분법'을 간략하게 살펴본 후, 현재 우리나라를 비롯한 세계 대부분 국가의 저작권 실무에 있어서 주류적인 지위를 차지하고 있는 미국의 '아이디어·표현 이분법'을 중심으로 살펴보기로 한다.

---

49) 판례공보 1991, 2333면.

3. 내용·형식 구별론

저작물의 구성요소 중 어느 범위까지를 저작권으로 보호할 것인가에 관하여 대륙법계에서 처음으로 해법을 제시한 사람은 독일의 철학자 '피히테'(Johann Gottlieb Fichte)였다. 그는 먼저 저작물을 유형적 저작물(예를 들어 原稿 또는 책 그 자체)과 정신적 저작물(그 원고나 책에 내재되어 있는 무형의 정신적 창작물)로 나누어, 그 중 정신적 저작물을 다시 저작물의 '내용'과 이를 외부적으로 표현한 '형식'으로 분류하였다. 그리고 저작물의 '내용'은 저작물의 공표와 동시에 저작자의 손을 떠나 공유(公有)로 되며, 저작권법상 보호되는 것은 저작물을 구성하는 요소들 중 외부적인 '형식'만이라고 하였다.

그러나 이와 같은 피히테의 해법에는 문제점이 있다. 그의 견해와 같이 저작권이 저작물의 표현형식만을 보호한다고 하면, 예를 들어 서로 동일성이 인정되는 저작물이라고 하여도 약간의 순서와 배열을 달리한 형식을 사용할 경우, 각각 별개의 저작물로 보호하여야 하고 서로 간에 침해의 문제도 발생하지 않는다는 결론에 도달한다. 나아가 문학적 저작물을 번역, 영화화 또는 연극화 한다거나, 음악저작물을 편곡한 경우 등은 모두 저작물의 표현형식이 원작과 달라지므로 별개의 저작물로 보호를 받게 되며, 침해의 문제도 생기지 않는다. 이는 2차적저작물작성권을 원저작자에게 부여하고 있는 저작권법의 원칙에도 반한다.

이러한 문제점을 극복하기 위하여 '콜러'(Josef Kohler)를 비롯한 일부 학자들은 피히테의 분류를 한 단계 발전시켜, 보호받을 형식에는 '외면적 형식'과 '내면적 형식'이 포함되어 있다고 하였다. 이때 외면적 형식이란 저작자의 사상을 문자, 언어, 색, 음 등 다른 사람이 인식할 수 있는 매체를 통하여 객관적 존재로 만든 외부적 구성을 의미하고, 내면적 형식이란 저작자의 내심에 일정한 질서를 가지고 형성된 사상의 체계를 말하며 내용 중 일정 부분을 포함한다고 하였다. 즉, 피히테의 분류에 의할 때 보호받을 수 없었던 '내용' 중 일정 부분을 저작물의 '내면적 형식'에 해당하는 것으로 파악하여 저작권의 보호를 받을 수 있는 영역에 포함시키고, 나머지 부분이 '순수한 내용'으로서 저작권의 보호가 미치지 않는 공중의 자유로운 영역에 해당한다고 보는 것이다. 달리 말하면, 보호받을 형식(표현)을 '외면적 형식'과 '내면적 형식'으로 나누어, 전자는 외부에 표현된 객관적 구성을 가리키고, 후자는 저작권의 사상·감정의 체계, 즉 어떤 정신적인 것을 표현하고자 하는 경우 저작자에게 요구되는 내면적 질서라고 파악하며, 다시 그 내부에 있는 '내용'은 저작권법에서 보호하지 않는 사상·감정이라고 보는 것이다. 그리고 양자의 관계에 대하여는, 외면적 형식이 어떻게 변경되더라도 내면적 형식이 변경되지 않으면 저작물의 동일성을 잃지 않는다고 해석한다. 내면적 형식과 외면적 형식을 모두 저작권 보호의 본질적 요소로 인정하면서도 그 중점은 내면적 형식에 두고 있는 것이다. 이 견해에 따르면 원래 피히테의 분류에 의할 경우 '내용'에 해당하여 보호받을 수 없던 소설이나 희곡의 구성 및 줄거리 등도 '내면적 형식'에 편입되어 저작권의 보호를 받을 수 있게 된다.[50]

4. 아이디어·표현 이분법(idea expression dichotomy)

가. 의 의

하나의 저작물을 구성하는 요소를 아이디어와 표현으로 나누어, 그 중 저작권의 보호는 표현에만 미치고 소재가 되는 아이디어에는 미치지 아니한다는 원칙을 '아이디어·표현 이분법'이라고 한다. 1879년 미국 연방대법원의 Baker v. Selden 판결[51]을 비롯하여 오랜 기간에 걸쳐 저작권침해 소송의 판례를 통하여 발전하여 온 법리로서, 현재 미국은 물론이고 우리나라를 비롯한 많은 나라에서 저작물의 보호범위를 정하는 기본 원리로서의 역할을 하고 있다. 아이디어·표현 이분법은 1976년도 미국 저작권법 제102조 (b)에서, "저작물의 아이디어, 절차, 공정, 체계, 조작방법, 개념, 원칙 또는 발견에 대하여는, 그것이 어떠한 형식에 의하여 기술, 설명, 예시되거나 저작물에 포함되더라도 저작권의 보호가 미치지 않는다"는 내용으로 성문화되었다. 또한 WTO/TRIPs 협정 제 9 조 제 2 항도, "저작권의 보호는 표현에는 적용되나 사상(ideas), 절차, 운용방법 또는 수학적인 개념 그 자체에는 적용되지 않는다"고 규정하고 있어 아이디어·표현 이분법을 천명하고 있다. 우리 저작권법은 직접적인 명문의 규정을 두고 있지는 않지만, 제 2 조 제 1 호에서 "저작물은 인간의 사상 또는 감정을 표현한 창작물을 말한다"고 정의하고 있는데, 이는 간접적으로 아이디어·표현 이분법의 취지를 규정한 것으로 이해된다.

나. 성격 및 기능

(1) 성 격

미국의 법학자들은 아이디어·표현 이분법이 다음과 같은 성격을 가지고 있다고 한다.[52]
첫째로, 모든 저작물은 많건 적건 아이디어와 표현을 내포하고 있으며, 그 두 가지를 구분함에 있어 절대적인 기준이 있는 것은 아니라는 것이다. 미국 제 2 항소법원의 Learned Hand 판사는, 예를 들어 희곡에 있어서 스토리를 구성하는 구체적인 사건들을 계속적으로

---

50) 박성호, 전게서, 57면.
51) 101. U.S. 99(1879).
52) 이하 Goldstein, *op. cit.*, p. 2: 24.

제거시켜 나가면, 점차 패턴은 일반화되어가고 결국에 가서는 그 희곡의 주제에 관한 가장 추상적인 기술(記述)만이 남게 되는데, 이와 같은 추상화(abstraction)의 과정 중에 어느 단계에 이르면 표현은 제거되고 아이디어만이 남아 더 이상 저작권의 보호를 줄 수 없는 상태에 도달하게 된다고 하였다.[53]

둘째로, 설사 저작자가 기본 소재로 삼은 아이디어가 기존에는 없던 전혀 새로운 창작적인 것이라 하더라도 그 아이디어에는 저작권의 보호가 미치지 않는다. 반면에 기존의 저작물을 베낀 표현은 창작성 요건을 결하였다는 이유로 저작권의 보호를 받지 못한다. 즉, 저작물의 창작성은 아이디어와 표현 어느 곳에도 있을 수 있으나 — 물론 아이디어에 창작성이 있다면 표현에 있어서도 창작성을 가지게 될 가능성이 높다 — 그 중 저작권의 보호를 받는 것은 창작성이 있는 표현만이고, 따라서 아래 도표에서는 D 부분만이 저작권의 보호를 받는다.

	창작성이 없는 부분	창작성이 있는 부분
아이디어	A	B
표 현	C	D

셋째로, 아이디어·표현 이분법의 실제적 적용은 저작물의 종류에 따라 달라지는 경향이 있다. 예를 들어, 문학작품에 있어서의 아이디어(기본적인 plot, 주제, 등장인물의 표준적인 캐릭터 등)와 미술작품에 있어서의 아이디어(선, 색, 원근법 등)는 서로 다른 것이다. 그러므로 시(詩)가 적혀져 있는 벽보를 그림으로 그렸다고 하면 그 그림의 아이디어는 시의 내용이라기보다는 그 그림이 채택하고 있는 선이나 색, 원근법 등 시각적 형상에 있는 것이다. 따라서 만약 제 3 자가 시의 내용은 동일하나 선이나 색, 원근법(idea)을 달리 표현한 그림을 그렸다면 그것은 창작성을 가진 그림이 될 수 있다. 이와 같이 저작물의 종류에 따라 아이디어와 표현의 구별도 달라진다.

(2) 기 능

아이디어·표현 이분법은 어떠한 작품이 저작물에 해당하는가를 판단할 때와 어떠한 작품이 다른 저작물의 저작권을 침해하고 있는가 여부를 판단할 때의 두 가지 단계에서 기능을 하게 된다. 즉, 어떤 작품이 단순한 아이디어에 해당하는 것만으로 이루어지고 창작적인

---

53) Nichols v. Universal Pictures Corp., 45 F.2d 119, 121(2d Cir. 1930); Goldstein, op. cit, p. 2: 24에서 재인용.

표현이 결여되어 있다면 그 작품은 저작물로 성립할 수 없다. 또한 어떤 작품이 다른 저작물의 구성요소 중 창작적 표현이 아닌 아이디어에 해당하는 것만을 차용하였다면 저작권침해가 성립할 수 없다. 따라서 저작권 침해소송에 있어서는 아이디어와 표현을 구분하는 것이 상당이 중요한 쟁점으로 제기된다. 그러나 아이디어는 보호하지 아니하고 표현만을 보호한다는 명제는 외관상 명쾌하기는 하지만, 실제로 구체적인 사건에서 아이디어와 표현을 구분하는 것은 쉽지 않다. 대부분의 저작물에서 아이디어는 표현과 분리되어 존재하는 것이 아니라, 표현 속에 내재되어 있거나 혼합되어 녹아 있기 때문이다. 이 두 가지를 물리적으로나 관념적으로 분리하는 것은 매우 어렵고 자칫 주관적인 판단에 흐를 소지가 많은 작업이다.

그럼에도 아이디어·표현 이분법은 어떤 작품이 저작물로 성립할 수 있는지 여부와 어떤 작품이 다른 저작물의 저작권을 침해하고 있는지 여부를 판단하는 기준이 된다. 이 원리를 통하여 창작자가 독점하여야 할 부분인 표현과 공중에 의하여 공유되어야 하는 부분인 아이디어의 경계선을 설정하게 된다. 그리고 그 과정에서 저작권의 보호범위를 적절하게 제한함으로써 창작자의 권리와 이용자의 권리를 조화롭게 보호하고, 다양하고 풍부한 창작물의 생산과 이용을 조장하여 문화 및 관련 산업의 발전이라는 저작권법의 궁극적인 목적을 달성케 하는 기능과 역할을 담당하는 것이다. 또한 아이디어는 누구나 자유롭게 차용하거나 유통 및 전달할 수 있도록 보장하여 줌으로써 국민의 알 권리를 충족시키는 동시에, 저작자만의 창작성과 개성이 발휘된 독자적인 표현에 대하여는 독점배타적인 권리를 부여함으로써 서로 상충될 수 있는 표현의 자유와 저작권 사이에서 균형과 조화를 이루는 기능을 담당한다.

(3) 정책적 판단 경향
저작자의 창작적 노력은 아이디어에 존재할 수도 있고 그 표현에 존재할 수도 있다. 저작물의 어떤 부분이 아이디어냐 아니면 표현이냐를 구분하는 것은 최종적으로 소송을 담당하는 법원의 역할이다. 그런데 경험적으로 볼 때 법원은 이 두 가지를 구분함에 있어서 법리적인 판단보다는 정책적인 판단을 하는 경향이 강하다. 특히 아이디어·표현 이분법을 발달시킨 미국의 법원은 저작물의 어떤 부분은 아이디어이고 어떤 부분은 표현이라고 미리 기준을 정하기보다는, 오히려 각각의 저작물마다 저작권의 보호를 줌으로써 창작의욕을 고취하여야 할 것으로 판단되는 부분은 표현이라고 하고, 반면에 누구라도 자유롭게 사용할 수 있도록 해야 한다고 판단되는 부분에 대하여는 아이디어라고 하는 것이 대체적인 실무관행이라는 점을 부인하기 어렵다. 이는 아이디어·표현 이분법의 원래의 취지, 즉 먼저 아

이디어와 표현을 구분하여 그에 따라 저작권의 보호 여부를 결정하는 것과는 반대되는 역
(逆)의 논리구조를 취하는 셈이다.

(4) '창작성'과 '창작적 표현'의 관계

아이디어·표현 이분법에 의하면 저작물 중에서 보호를 받는 것은 아이디어가 아닌 표
현, 그 중에서도 '창작적 표현'에 한정되는데, 이때 저작물의 보호범위를 획정하는 '창작적
표현'과 저작물의 성립요건인 '창작성'의 관계는 무엇인지 살펴볼 필요가 있다. 저작물의 성
립요건인 '창작성'을 이루는 요소는 '독자적 작성'과 '최소한의 창조적 개성' 두 가지이므로,
저작물로 성립하기 위해서 요구되는 창작성의 정도는 '최소한'이면 족하다. 이에 반하여 보
호범위를 획정하는 '창작성'은 그 정도가 높으면 높을수록 보호범위가 넓어진다는 점에 특
색이 있다. 즉, 저작물로 성립할 수 있느냐의 문제는 창작성이 조금이라도 존재하느냐에 달
려 있는 것이고, 반면에 저작물이 어느 정도의 보호를 받을 수 있느냐의 문제는 창작성이
어느 정도나 많이 존재하느냐에 달려 있는 것이다. 따라서 창작성은 저작물로서의 성립 여
부를 결정하는 한편, 아울러 보호범위를 획정하는 요소로 작용하게 된다. 창작성의 정도가
낮은 기능적 저작물은 창작성의 정도가 높은 문예적 저작물에 비하여 저작권으로 보호되는
범위가 좁다.[54] 성립요건인 창작성과 구분하기 위하여 저작물의 보호범위를 획정하는 창작
성의 정도를 '표현도'(表現度)라고 부르기도 한다. 결론적으로 창작성의 '유무'에 따라 저작물
로서의 성립 여부가 결정되고, 창작성의 '정도'에 따라 보호범위가 결정된다.

다. 아이디어(idea)의 의미와 내용

구체적으로 아이디어가 무엇을 의미하는지에 대하여 분명한 정의를 내리는 것은 쉬운
일이 아니며, 어떤 것이 아이디어에 해당하는지도 저작물의 종류에 따라서 그 의미와 내용
이 달라질 수 있다. 미국의 Goldstein 교수는 보호받지 못하는 아이디어를 미국 저작권법
제102조 (b)에 따라 다음과 같은 세 가지 카테고리로 분류하고 있다.[55]

(1) 개념(concept)

첫째는, 작품창작의 원동력이 되는 '개념'(concept)이다. 이러한 개념들은 수적으로도 비
교적 제한되어 있기 때문에 독점권을 부여하기에 적당하지 않다. 특히 시장성(市場性)을 가
진 개념(marketing concept), 예를 들면 각종 콘테스트(contest)나 퀴즈게임, 게임 쇼 등의 진행

---

54) 본 장 제 2 절의 7. '문예적 저작물과 기능적 저작물' 참조.
55) Goldstein, *op. cit.*, p. 2: 26-29.

방식,56)57) 할인쿠폰을 모아 놓은 책의 구성 등과 같이 소비자의 구매의욕을 자극하기 위한 개념들은 다른 법의 보호대상은 될 수 있을지 몰라도 저작권법의 보호는 받을 수 없다.

이처럼 게임의 구성형식이나 방송포맷은 이른바 '컨셉'(concept)에 해당하여 저작권의 보호를 받지 못하는 아이디어의 영역에 속한다고 보아 왔다. 그러나 이러한 전통적인 견해에 대하여 새로운 해석을 한 판례들이 최근 나타났다. 예능방송 프로그램의 포맷에 대하여 저작물성을 인정한 대법원 2017. 11. 9. 선고 2014다49180 판결과, 모바일 게임 구성형식에 대하여 저작물성을 인정한 대법원 2019. 6. 27. 선고 2017다212095 판결이 그러한 것들이다. 그 중 후자의 판결은, 게임저작물은 저작자의 제작 의도와 시나리오를 기술적으로 구현하는 과정에서 다양한 구성요소들을 선택·배열하고 조합함으로써 다른 게임물과 확연히 구별되는 특징이나 개성이 나타날 수 있으므로, 게임저작물의 창작성 여부를 판단할 때에는 게임저작물을 구성하는 구성요소들 각각의 창작성을 고려함은 물론이고, 구성요소들이 일정한 제작 의도와 시나리오에 따라 기술적으로 구현되는 과정에서 선택·배열되고 조합됨에 따라 전체적으로 어우러져 그 게임저작물 자체가 다른 게임물과 구별되는 창작적 개성을 가지고 저작물로서 보호를 받을 정도에 이르렀는지도 고려해야 한다고 하였다.

(2) 문제의 해법(solution)

둘째는, 주로 기능적 작품58)에서 다루는 어떤 문제의 해결방법, 작동원리나 조작방법과 같은 것들이다. 이를 명확히 한 유명한 판례가 1879년 미국 연방대법원의 Baker v. Selden 판결이다. 이 사건에서 법원은 새로운 부기(簿記)방식을 설명한 서적에 대한 저작권의 보호

---

56) 서울고등법원 2017. 1. 12. 선고 2015나2063761 판결은, "게임은 다양한 소재 내지 소재저작물로 이루어진 결합저작물 내지 편집저작물로서 게임규칙은 추상적인 게임의 개념이나 장르, 게임의 전개방식 등을 결정하는 도구로서 게임을 구성하는 하나의 소재일 뿐 저작권법상 독립적인 보호객체인 저작물에는 해당하지 않는 일종의 아이디어 영역에 해당한다"고 판시하였다.

57) 다만, 진행방식이나 게임의 규칙 등을 구체적으로 표현한 것이라면 저작권법의 보호를 받는 표현이 될 수 있다. 이른바 방송 프로그램의 '포맷'에 대하여 저작권이 인정될 수 있는지 여부에 대하여 논란이 있는데, 대법원 2017. 11. 9. 선고 2014다49180 판결은, "리얼리티 방송 프로그램은 무대, 배경, 소품, 음악, 진행방법, 게임규칙 등 다양한 요소들로 구성되고, 이러한 요소들이 일정한 제작 의도나 방침에 따라 선택되고 배열됨으로써 다른 프로그램과 확연히 구별되는 특징이나 개성이 나타날 수 있다. 따라서 리얼리티 방송 프로그램의 창작성 여부를 판단할 때에는 그 프로그램을 구성하는 개별 요소들 각각의 창작성 외에도, 이러한 개별 요소들이 일정한 제작 의도나 방침에 따라 선택되고 배열됨에 따라 구체적으로 어우러져 그 프로그램 자체가 다른 프로그램과 구별되는 창작적 개성을 가지고 있어 저작물로서 보호를 받을 정도에 이르렀는지도 고려함이 타당하다."고 하여 그 보호가능성을 인정한 바 있다.

58) 기능적 작품(機能的 作品)이란 예술성보다는 특별한 기능을 목적으로 하는 작품, 예를 들어 기술 또는 지식을 전달하거나, 방법이나 해법, 과정 등을 설명한 작품들을 말하며, 이러한 작품들은 자연히 예술적 표현(expression)보다는 아이디어(idea) 쪽에 초점을 두게 된다.

는 그 방식을 묘사한 언어적 표현에만 미치는 것이지, 그 부기방식 자체에까지 미치는 것은 아니라고 판시하였다.

(3) 창작의 도구(building blocks)

셋째는, 저작물의 작성에 필요한 도구(building blocks)들이다. 저작권의 보호가 미치는 것은 창작적 표현이지, 그 창작적 표현을 하기 위하여 필요한 도구들에는 보호가 미치지 아니한다. 무엇이 표현을 위한 도구에 해당하는지는 저작물의 종류에 따라서 각각 다르다. 문학작품과 같은 경우에는 작품의 주제, 플롯(plot), 주인공의 표준적인 캐릭터(character), 배경, 짤막한 몇 개의 단어로 이루어진 제목과 같은 것들이 이에 해당할 것이다. 미술저작물의 경우에는 개개의 색상이나 형상이, 음악저작물에 있어서는 개개의 리듬과 음조(音調), 화성 등이 이에 해당한다고 볼 수 있다. 이와 같은 창작의 도구들에 대하여 저작권에 의한 독점적 보호를 주게 되면, 다른 제 3 자의 창작을 방해함으로써 결과적으로 문화의 향상발전에 기여하고자 하는 저작권의 목적에 반하게 된다.

라. 표현(expression)의 의미와 구분 원리

(1) 의 미

표현 역시 일반적으로 정의할 수 있는 것은 아니다. 표현은 작품을 구성하고 있는 세부적인 단어나 형상, 음향 등 외부적인 요소들뿐만 아니라, 표면에 나타나지 않고 내재하고 있는 요소들까지도 포함한다. 이때 '작품에 내재하고 있는 표현'은 그 작품의 외부에 나타난 "있는 그대로의 표현"(문자적 표현, literal expression)과 그 저변에 존재하는 아이디어 사이의 중간층을 형성하는 요소들이라고 볼 수 있다.[59]

외부적 표현(literal expression)
내재적 표현(non-literal expression)
아이디어(idea)

---

59) Goldstein, *op. cit.*, p. 2: 29.

(2) 아이디어와 표현의 구분 원리

아이디어와 표현, 특히 아이디어와 내재적 표현 사이에 명확한 경계선을 긋는다는 것은 매우 어려운 작업이며 개개의 사건마다 구체적으로 결정되어야 할 것이지만, Goldstein 교수에 따르면 미국의 법원이 이러한 작업을 함에 있어서는 두 가지 중요한 원칙이 지도원리로 작용하여 왔다고 한다.

첫 번째 원칙은, 아이디어와 표현을 구분하는 작업이 현재의 창작자와 미래의 창작자 양쪽의 이익을 균형 있게 보호하는 선에서 이루어져야 한다는 것이다. 즉, 표현으로 보호하는 범위를 너무 좁게 함으로써 현재의 창작자의 창작의욕을 꺾는다거나, 반대로 그 범위를 너무 넓게 인정함으로써 미래의 창작자가 창작활동에 제한을 받는 일이 없어야 한다는 것이다.

두 번째 원칙은, 아이디어와 표현의 구분작업은 그 저작물의 아이디어가 무엇인지를 밝혀내기보다는, 가급적 보호받는 표현을 밝혀내는 쪽에서 진행하여야 한다는 것이다. 그 결과 미국의 법원은 아이디어와 표현을 굳이 구분하기보다는 표현을 밝혀내는데 중점을 두어 그 표현의 실질적 유사성 여부에 따라 침해 여부를 판단한다.

(3) 판 례

(가) 대법원 1996. 6. 14. 선고 96다6264 판결('한글교재' 사건)[60]

저작권법이 보호하는 것은 사상·감정을 말·문자·음·색 등에 의하여 구체적으로 외부에 표현한 창작적인 표현형식이고, 그 표현되어 있는 내용, 즉 아이디어나 이론 등의 사상 및 감정 그 자체는 설사 그것이 독창성, 신규성이 있다 하더라도 저작권법의 보호대상이 되지 못한다고 하였다.

이러한 전제 아래 신청인이 제작·판매하고 있는 '두리두리'라는 한글교육교재는 그 소재인 글자교육카드의 선택 또는 배열이 창작성이 있다고 할 수 없어 편집저작물로 볼 수 없고, 그 교재가 채택하고 있는 '순차적 교육방식'이라는 것은 아이디어에 불과하여 저작물로서 보호받을 수 없다고 하였다.

(나) 대법원 1993. 6. 8. 선고 93다3073, 3080 판결('희랍어 분석방법' 사건)[61]

아이디어와 표현 이분법을 적용한 대표적인 대법원 판결이다. 이 판결에서는, "아이디어나 이론 등의 사상 및 감정 그 자체는 설사 그것이 독창성, 신규성이 있다 하더라도 소설의 스토리 등의 경우를 제외하고는 원칙적으로 저작물일 수 없으며,[62] 저작권법에서 정하고

---

60) 법원공보 1996하, 2178면.
61) 법원공보 1993, 2002면.

있는 저작인격권·저작재산권의 보호대상이 되지 아니한다. 특히 학술의 범위에 속하는 저작물의 경우 그 학술적인 내용은 만인에게 공통되는 것이고, 누구에 대하여도 자유로운 이용이 허용되어야 하는 것이므로 그 저작권의 보호는 창작적인 표현형식에 있지 학술적인 내용에 있는 것은 아니다. 따라서 저작권의 보호대상은 아이디어가 아닌 표현에 해당하고, 저작자의 독창성이 나타난 개인적인 부분에 한하므로, 저작권의 침해여부를 가리기 위하여 두 저작물 사이에 실질적인 유사성이 있는가의 여부를 판단함에 있어서도 표현에 해당하고 독창적인 부분만을 가지고 대비하여야 한다"고 하였다.

이 판결은 이러한 전제 아래, "히브리어와 희랍어를 가르치는 피고가 그의 강의록에서 몇 개의 철자[키-레터스(Key-letters)]로써 희랍어를 분석해가는 종래에 사용된 바 없는 방법론을 사용하면서, 예를 들어 희랍어의 1인칭 복수에는 반드시 m(희랍어로는 μ)이 있으므로 m(μ)은 1인칭의 키-레터스이고, 2인칭 복수의 키-레터스는 t(τ)이며, 중간태와 수동태의 키-레터스는 θ와 αι 라는 등으로 설명을 하고 있는 부분이 있으나, 피고가 사용하고 있는 키-레터스를 이용한 희랍어의 분석방법은 비록 그것이 독창적이라 하더라도 어문법적인 원리나 법칙에 해당하므로 저작권의 보호대상인 표현의 영역에 속하는 것이 아니라 보호대상이 아닌 아이디어의 영역에 속하므로 그 이론을 이용하더라도 구체적인 표현까지 베끼지 않는 한 저작권의 침해로 되지 않는다"고 하였다.

(다) 대법원 2021. 6. 30. 선고 2019다268061 판결

조선시대 실학자 서유구가 편찬한 '임원경제지' 중 하나인 '위선지'의 원문에 교감(校勘), 표점(標點) 작업을 한 부분이 저작권법상 창작성을 가질 수 있는지 여부에 대하여, 원고 저작물에서 교감 작업을 통해 원문을 확정하는 것과 표점 작업을 통해 의미에 맞도록 적절한 표점부호를 선택하는 것은 모두 학술적 사상 그 자체에 해당하고, 그러한 학술적 사상을 문자나 표점부호 등으로 나타낸 원고 저작물의 교감·표점 부분에 관해서는 원고와 동일한 학술적 사상을 가진 사람이라면 논리구성상 그와 달리 표현하기 어렵거나 다르게 표현하는 것이 적합하지 않으므로, 원고 저작물 중 교감한 문자와 표점부호 등으로 나타난 표현에 원고의 창조적 개성이 드러나 있다고 보기 어렵다고 판시하였다.[63]

---

62) 이 판결에서는 "소설의 스토리 등을 제외하고는"라고 하여 마치 소설의 스토리도 아이디어의 영역에 속하지만 예외적으로 보호될 수 있는 것처럼 판시하고 있는데, 이는 오해의 소지가 큰 부적절한 판시이다. 소설의 스토리(줄거리)도 거기에 저작자의 창작성이 구체적으로 나타나 있다면 표현으로서 보호를 받을 수 있다. 이 판결 이후 나온 대법원 1998. 7. 10. 선고 97다34839 판결은 이 점을 명확히 함으로써 오해의 소지를 없애고 있다.
63) 교감(校勘) : 문헌에 관한 여러 판본을 서로 비교·대조하여 문자나 어구의 진위를 고증하고 정확한 원문을 복원하는 작업. 표점(標點) : 구두점이 없거나 띄어쓰기가 되어 있지 않은 한문 원문의 올바른 의미를 파악할 수 있도록 적절한 표점부호를 표기하는 작업.

마. 아이디어와 표현의 합체(merge)

(1) 합체의 원칙(merger doctrine, 융합이론)

(가) 의 의

위에서 본 것과 같이 저작권의 보호는 아이디어가 아닌 표현, 그 중에서도 "창작적인 표현"(original expression)에 주어진다. 그러나 비록 창작적인 표현이라고 하더라도 해당 저작물의 사상이나 감정, 즉 아이디어가 오직 그 표현방법 외에는 달리 효과적으로 표현할 방법이 없는 경우에는 그 표현에 대하여는 저작권의 보호가 주어져서는 아니 된다. 이를 '합체의 원칙'(merger doctrine, 또는 '융합이론')이라고 한다. 아이디어와 표현이 극히 밀접하게 연관되어 서로 분리할 수 없게 된 것을 아이디어와 표현이 합체되었다고 하는데, 이 경우 그 표현에 대하여 저작권의 보호를 주게 되면 필연적으로 그와 합체되어 있는 아이디어에까지 보호를 주는 결과로 되고, 이는 특허법 등 다른 지적재산권법이 요구하고 있는 각종 보호요건들에 대한 심사 없이 아이디어 또는 사상에 대하여 독점권 내지는 배타적 이용권을 부여하는 셈이 되기 때문이다.

예를 들어, '가위·바위·보'라는 게임의 방식을 그 게임을 모르는 사람들에게 가장 간략하고 알기 쉽게 설명해 주는 설명문을 작성한다고 가정해 보자. 그 설명문은 "가위는 보자기를 이기고, 보자기는 주먹(바위)을 이기며, 주먹은 가위를 이긴다. 같은 것을 내면 비긴다."와 같이 표현될 수밖에는 없을 것이다. 이때 이와 같이 표현된 설명문에 대하여 저작권의 보호, 즉 독점권을 주게 되면, 다른 사람들은 '가위·바위·보' 게임의 방식을 설명할 길이 없게 된다. 그 결과 그 설명문을 처음 작성한 사람만이 '가위·바위·보' 게임을 설명하고 이를 활용할 수 있게 되는데, 이는 결국 게임의 진행방식(이는 앞에서 본 것처럼 '개념', 즉 아이디어에 해당한다) 자체에 독점권을 부여하는 셈이 되어 아이디어·표현 이분법의 원칙에 반하게 되는 것이다.

(나) 적용 범위

엄격히 말하면 어떠한 아이디어를 표현하는 방법이 한 가지 이상 있을 경우에는 비록 그 아이디어의 표현방법이 다소 제한되어 있다고 하더라도 아이디어와 표현이 완전한 합체를 이루었다고는 말할 수 없다. 그러나 미국의 법원은 저작물의 아이디어가 오직 한 가지 방법에 의하여서만 표현될 수 있는 것은 아니라 하더라도 그 표현이 극히 제한되어 있을 경우에는 합체의 원칙을 적용하여 왔다. 그렇게 하지 않을 경우 앞선 소수의 저작자가 미리 그 제한된 표현을 사용해 버리면, 뒤에 오는 다른 수많은 제3자는 더 이상 그 아이디어를 표현할 길이 없어 앞선 소수자들에게 사실상 그 아이디어에 대한 독점권을 부여하는 결과

가 되기 때문이다.[64]

(다) 재판례

미국에서 합체의 원칙을 적용한 대표적인 판결로는 Morrissey v. Procter & Gamble Co.[65]을 들 수 있다. 이 사건의 원고는 SSN(social security number; 우리나라의 주민등록번호와 비슷한 것)을 가지고 진행하는 판촉용 경품게임 한 종류를 창안하여 그 규칙을 설명한 팸플릿을 발간하였다. 한편, 피고도 유사한 내용의 경품게임을 만들어 역시 팸플릿을 발간하였는데, 피고의 팸플릿 중 제1번 규칙이 원고의 제1번 규칙과 아주 사소한 문구상의 차이를 제외하고는 실질적으로 그 내용이나 표현이 동일하였다. 이 사건에서 미국 제1항소법원은, 어떠한 아이디어를 표현하는 방법이 매우 제한되어 있을 경우에는 그 표현은 저작권에 의한 보호를 받을 수 없다고 하였다. 이러한 경우 아이디어와 표현은 서로 밀접하게 연결되어 거의 합체되어 있다 할 것이고, 그러한 표현에 저작권의 보호를 주게 되면 장래의 창작자는 같은 아이디어를 표현할 수 없게 되어 결국 아이디어 자체에 독점권을 주는 것과 같은 결과가 되기 때문이다.

(2) 사실상의 표준(de facto standards)과 합체

(가) 의 의

저작자가 창작을 할 당시에는 그 작품에 내재된 아이디어를 표현하는 방법이 많이 있었는데 나중에 가서 그 방법이 여러 가지 현실적인 여건상 제한되는 경우가 있다. 예를 들어 오늘날 일반적으로 사용되고 있는 영문 키보드(타자) 글자판의 알파벳 배열은 키보드 왼쪽 위에서부터 오른쪽으로 Q, W, E, R, T, Y의 순서로 되어 있기 때문에 이를 QWERTY 방식이라고 부른다. 처음으로 영문 키보드를 만들 당시에는 여러 가지 배열방식이 가능하였지만, 많은 시간이 흐른 요즘에 와서는 이 배열방식이 사실상의 표준이 되어버려 키보드를 만드는 업자가 시장에서 경쟁을 하기 위하여서는 QWERTY 방식을 사용하지 않을 수 없고 따라서 다른 방식으로 키보드 자판을 표현한다는 것은 불가능해져 버렸다.[66] 이와 같이 창작 당시에는 합체가 일어나지 않았으나 시간이 흐른 후 그 표현방식이 업계

---

64) Goldstein, *op. cit.*, pp. 2: 32-33.
65) 379 F.2d 675(1st Cir. 1967).
66) QWERTY 방식은 옛날에 사용하던 수동타자기의 경우 타자속도가 너무 빠르면 글자쇠가 서로 엉키는 현상이 있어 이를 방지하기 위하여 일부러 타자속도가 지나치게 빨라지지 않도록 약간 비효율적으로 만든 것이라는 이야기도 있다. 실제로 미국에서는 QWERTY 방식보다 타자속도를 더 높일 수 있는 새로운 배열방식이 고안된 적이 있다고 한다. 그러나 전동타자기나 컴퓨터 워드프로세서가 개발된 시점에서도 QWERTY 방식은 그 비효율성에도 불구하고 사실상의 표준으로서 여전히 독점적으로 사용되고 있다.

의 '사실상의 표준'이 되어 버림으로써 후발적인 합체현상이 나타나는 경우가 생긴다.

사실상의 표준화 현상은 '사용자 인터페이스'(user interface)에서 많이 발생한다. 사용자 인터페이스는 넓은 의미로 어떠한 장치, 예를 들어 컴퓨터나 각종 기계장치 등의 사용자가 그 장치를 이용하여 특정한 작업을 수행하기 위하여 그 장치와 소통 내지는 상호작용을 하는 대면부를 말한다. 예를 들어, 워드 프로그램인 흔글 프로그램 작업을 할 때 스크린에 나타나는 메뉴나 윈도우 시작 화면에 나타나는 각종 아이콘, 키보드나 마우스, 조이스틱 등의 하드웨어 장치, 에러발생시 또는 컴퓨터 통신에서 파일받기(download)가 완성되었을 때 울리는 기계음 멜로디, 자동차에 있어서는 핸들과 스틱 등 운전자가 사용하는 각종 장치와 계기판의 배열 및 디스플레이 등이 그러한 것들인데, 그 중에서도 많이 문제로 되는 것이 컴퓨터프로그램의 메뉴구조이다.

(나) 재판례

프로그램 메뉴구조의 저작물성에 관한 논의는 유명한 Lotus 사건 판결에 의하여 본격화되었다. 이 사건의 원고는 계산프로그램인 Lotus 1·2·3의 저작자인 Lotus 회사이고 피고는 그와 유사한 계산프로그램인 Quattro Pro의 제작자인 Borland 회사이다. 원고의 Lotus 1·2·3 프로그램은 당시로서는 독특한 tree형태의 메뉴를 구성요소로 하고 있는데, 원고의 프로그램보다 나중에 제작된 피고의 Quattro Pro도 그와 거의 똑같은 메뉴를 구성요소로 하고 있었다.[67] 그러나 두 회사의 프로그램은 메뉴형태에 있어서만 동일 유사할 뿐, 기초가 되는 프로그램 코드 자체는 전혀 다른 것이었다. 피고는 그와 같이 동일한 메뉴화면을 만들게 된 것은 대부분의 계산프로그램 사용자들이 이미 Lotus 1·2·3 프로그램의 메뉴구조에 익숙해져 있기 때문에, 새로 피고의 Quattro Pro 프로그램을 사용하고자 하는 소비자들이 복잡한 명령어를 다시 배워야 하는 노력을 덜어주기 위함이었다고 주장하였다.

1심에서는 원고가 승소하였으나, 항소심인 제1 연방항소법원은 원심을 파기하고 Lotus 1·2·3 메뉴구조에 대한 저작권 보호를 부인하였다.[68] 항소심은, 만약 Lotus 메뉴에 저작권의 보호를 준다면 다른 프로그램을 개발하는 자는 메뉴구조를 Lotus와 달리 구성할 수밖에 없게 되고, 그렇게 되면 새로운 프로그램을 사용하고자 하는 자는 그 때마다 새로운 메뉴 명령어를 습득하여야 하기 때문에, 그러한 노력을 기울이기 싫어하는 기존의 원고제품 사용자들은 더 우수한 새로운 프로그램이 나오더라도 어쩔 수 없이 원고제품을 계속 사용하여야 하는 경우가 발생하여 소비자의 선택권을 부당하게 제한할 뿐만 아니라, 다른 경쟁업자

---

67) 원래 두 프로그램의 기본메뉴구조는 서로 상이하나, 피고 Quattro Pro는 기존의 Lotus 제품 사용자들이 별도의 조작방법을 익힐 필요가 없이 손쉽게 사용할 수 있도록, 간단한 매크로 조작을 통하여 피고제품의 메뉴구조를 Lotus 제품 메뉴구조와 동일하게 만들 수 있게 하였다.

68) Lotus Development Corporation v. Borland International, Inc., 1995 WL. 94669(1st Cir. 1995).

가 새로운 제품으로 시장에 진입하는 것을 사실상 봉쇄함으로써 자유로운 경쟁을 제한할 우려가 있게 되는데, 이는 사회적 후생에 반하는 매우 불합리한 결과라고 보았다.

이 사건은 연방대법원에의 상고가 허가되어 1996. 6. 16. 많은 관심 속에 미국 연방대법원의 판결이 내려졌는데, 9명의 대법관 중 8명이 심리에 참여한 결과 4 대 4로 의견이 갈림으로써 결국 원고인 Lotus 회사의 청구를 기각한 원심이 유지되었다.

(다) 적용 범위

저작권법 제101조의2는 "프로그램을 작성하기 위하여 사용하는 프로그램 언어, 규약 및 해법에는 저작권법을 적용하지 아니한다"라고 규정하여 프로그램 저작권의 적용이 제한되는 경우를 열거하고 있다. 따라서 우리나라에 있어서도 이미 널리 사용되어 사실상 표준화된 사용자 인터페이스는 프로그램 규약에 해당한다고 보아 프로그램 저작권의 보호가 제한될 수 있다.[69]

사실상의 표준화에 따른 합체를 인정하여 저작권의 보호를 제한하게 되면, 저작물의 창작 당시가 아니라 나중에 가서 표준화라는 상태가 발생하였을 때 합체 여부가 결정되기 때문에 선구적인 창작을 한 저작자가 충분한 보호를 받지 못하게 되어 불합리하다는 주장도 있을 수 있다. 그러나 자유경쟁과 소비자 후생의 보호라는 차원에서 미국 법원은 사실상의 표준화에 따른 합체를 인정하여 왔다.

(3) 필수장면(scènes à faire)의 원칙

(가) 의 의

합체의 원칙이 주로 기능적인 저작물에 적용되는 원칙이라고 한다면, 주로 소설이나 희곡과 같은 문예적 저작물 또는 가공적인 저작물(fictional works)에 적용되는 'Scènes à Faire' 원칙이 있다. Scènes à Faire는 '필수장면'이라는 뜻의 프랑스어이다. 소설이나 희곡 등에서 그 작품에 내재되어 있는 아이디어(예컨대 소설의 주제나 기본적인 플롯)가 전형적으로 예정하고 있는 사건들이라든가 등장인물의 성격타입 등과 같은 요소들은 설사 그것이 표현에 해당하더라도 저작권의 보호를 주지 말아야 한다는 것이 Scènes à Faire 원칙이다.

이 원칙 역시, 아이디어에 필연적으로 수반되는 표현에 저작권의 보호를 준다면 장래의 다른 창작자가 창작을 할 수 있는 기회를 박탈하여 문화의 향상발전을 궁극적인 목적으로 하는 저작권법의 취지에 오히려 반하게 된다는 것을 그 근거로 한다.

---

69) 송영식 외 2인, 지적소유권법(下), 제 5 전정판, 육법사, 1998, 561면 참조. 다만, 규약은 사실상의 표준에 해당하기 이전에 그 자체로서 이미 '아이디어'의 영역에 속한다고 볼 수도 있다.

(나) 재판례

미국의 파라마운트 영화사가 만든 모험영화 '레이더스-잃어버린 성궤를 찾아서'(Raiders of the Lost Ark)에 관한 저작권침해소송 사건[70]에서 미국 제2 항소법원은, 뱀이 우글거리는 동굴 안에 보물상자가 숨겨져 있고, 그 뱀을 쫓기 위하여 주인공이 횃불을 휘두르는 장면, 정글을 뚫고 지나가는 사람이 갑자기 새떼가 날아오르자 깜짝 놀라는 장면, 여행에 지친 사람들이 술집에서 안식을 취하는 장면 등은 이러한 종류의 작품에서 필연적으로 수반되는 장면묘사로서 저작권의 보호를 받을 수 없다고 판시하였다. 같은 법원이 선고한 Hoehling 사건[71]의 판시내용도 비슷한 취지이다. 이 사건에서 제2 항소법원은, 2차 세계대전 당시 독일 힌덴부르크의 참상이라는 문학적 테마를 표현하기 위하여서는, 독일식 맥주홀과 'Heil Hitler!'라는 구령, 2차 세계대전 때 불리어진 독일 군가 등 나치 독일 당시의 생활과 관련된 표현을 사용하지 않을 수 없게 되는데, 이러한 표현은 작가가 나타내고자 하는 문학적 아이디어에 필수 불가결한 것으로서, 그 표현에 독점권을 주게 되면 다른 작가들이 동일한 아이디어를 표현하는 것을 현저히 제한하게 되므로 저작권의 보호를 줄 수 없다고 판시하였다.

우리나라 판례 중에서도 필수장면의 원칙을 적용하여 저작권의 보호범위를 제한한 판례들을 찾아볼 수 있다. 서울고등법원 1991. 9. 5.자 91라79 결정(일명 '애마부인' 사건[72])을 보면, "신청인의 소설 '애마부인'과 피신청인이 저작한 영화 '애마부인5'가 모두 중년에 이른 여인의 원만하지 못한 가정생활과 이로 인한 갈등과 방황 등을 소재로 하고 있고, 남편의 이름이 현우이며 동엽이라는 이름의 남자가 등장한다는 점과 남편의 모습에서 말을 연상해 본다든가 말을 타는 여자주인공의 모습을 등장시킨다는 점에 있어서 유사점이 있어도 보이나 그 정도의 유사점은 본질적인 것이라 할 수 없으며(중년여인을 소재로 한 이른바 성인용 소설 또는 성인용 영화가 원만하지 않은 가정생활 등을 갈등의 원인으로 제시하고 말을 상징으로 도입하는 등의 패턴을 취하고 있음은 흔히 볼 수 있다)…"라고 판시하고 있는데, 이 판시 내용 중 괄호 안의 부분은 필수장면의 원칙을 적용한 사례라고 볼 수 있다.

---

70) Zambito v. Paramount Pictures Corp., 613 F. Supp. 1107, 1112, 227 U.S.P.Q. 649(E.D.N.Y.), aff'd, 788 F.2d 2(2d Cir. 1985); Goldstein, op. cit., p.2: 36에서 재인용.

71) Hoehling v. Universal City Studios, Inc., 618 F.2d 972, 979, 205 U.S.P.Q. 681, 685(2d Cir. 1980).

72) 하급심판결집 1991-3, 262면.

제 2 절 │ 저작물의 분류

I. 서   설

저작권법 제 4 조 제 1 항은 저작물을 아래에서 보는 바와 같이 9가지 종류로 분류하여 예시하고 있다. 제 4 조의 제목에서도 명시적으로 밝히고 있는 바와 같이 이는 저작물을 제한적으로 열거한 것이 아니라 개괄적으로 예시한 것이다.

따라서 어느 저작물이 여기에 예시된 저작물 분류 중 어느 하나에 속하지 않는다고 하여 저작권법의 보호를 받지 못하는 것은 아니다. 그러나 그렇다고 하여 이러한 분류가 전혀 의미가 없는 것은 아니며, 저작권법상 일부 규정은 특정한 분류의 저작물에만 해당하는 것들도 있어서 그러한 경우에는 저작권법 제 4 조의 분류 중 어느 분류에 해당하느냐 하는 점이 의미가 있을 수 있다. 예를 들어, 저작재산권 중 하나인 '전시권'은 미술저작물 등(미술저작물과 사진저작물, 건축저작물)에만 부여되는 권리이고, 저작재산권 제한규정 중 저작권법 제33조(시각장애인 등을 위한 복제 등) 제 2 항은 어문저작물에 대해서만, 그리고 제35조는 미술저작물 등에 대해서만 적용되는 규정들이다.

> **저작권법 제 4 조 【저작물의 예시 등】** ① 이 법에서 말하는 저작물을 예시하면 다음과 같다.
> 1. 소설·시·논문·강연·연설·각본 그 밖의 어문저작물
> 2. 음악저작물
> 3. 연극 및 무용·무언극 그 밖의 연극저작물
> 4. 회화·서예·조각·판화·공예·응용미술저작물 그 밖의 미술저작물
> 5. 건축물·건축을 위한 모형 및 설계도서 그 밖의 건축저작물
> 6. 사진저작물(이와 유사한 방법으로 제작된 것을 포함한다)
> 7. 영상저작물
> 8. 지도·도표·설계도·약도·모형 그 밖의 도형저작물
> 9. 컴퓨터프로그램저작물

우리나라 최초의 저작권법(1957년 1월 28일 법률 제432호)은 제 2 조 '저작물의 예시'에서 위에 기재된 것 외에 '연주·가창·음반'도 포함하고 있었으나, 1986년 12월 31일 저작권법이 개정되면서 이들은 저작물이 아니라 저작인접권의 보호대상, 즉 저작인접물로 되었다. 한편, 종전 저작권법 제 4 조 제 2 항은 "제 9 호의 컴퓨터프로그램저작물의 보호 등에 관하

여 필요한 사항은 따로 법률로 정한다"라고 규정하고 있었고, 이에 따라 「컴퓨터프로그램보호법」이 별도로 제정되어 있었다. 그러나 2009년 저작권법 개정으로 이 법이 저작권법에 흡수통합되었고, 종전 저작권법 제 4 조 제 2 항은 삭제되었다.

저작권법 제 4 조는 저작물을 그 표현수단에 따라서 분류한 것이다. 이러한 분류는 서로 배타적인 것이 아니므로, 어느 저작물이 서로 다른 분류의 저작물에 중첩적으로 해당될 수도 있다. 예를 들어, 건축설계도는 제 5 호의 건축저작물과 제 8 호의 도형저작물에 중첩적으로 해당될 수 있다.

저작권법 제 4 조에 의한 분류 외에도 저작물은 그 창작주체의 수와 그들 사이의 관계에 따라 단독저작물, 결합저작물, 공동저작물로 나눌 수 있고, 창작행위의 성질에 따라 자유저작물과 업무상저작물로, 성립순서에 따라 원저작물과 2차적저작물로, 공표의 유무에 따라 공표된 저작물과 미공표 저작물로, 저작명의에 따라 실명저작물(實名著作物), 이명저작물(異名著作物) 및 무명저작물(無名著作物) 등으로 분류할 수 있다.

이하에서는 먼저 저작권법 제 4 조에 규정된 표현형식에 따라 분류된 각 저작물을 살펴보고, 이어서 나머지 분류방법에 따른 저작물에 관하여 검토하기로 한다.

II. 표현 수단에 따른 분류

1. 어문저작물

가. 의   의

어문저작물은 인간의 사상이나 감정이 언어(말과 글 등)를 표현수단(표현매체)으로 하여 표현된 창작물로서, 크게 유형의 문서에 의한 저작물과 무형의 구술에 의한 저작물로 분류할 수도 있다. 문서에 의한 저작물은 소설, 시, 논문, 각본 등 문자를 매체로 하여 작성된 것들이 대부분일 것이나, 문자 외에도 암호나 점자(點字), 속기기호, 전신기호 등에 의하여 작성된 것들도 그러한 기호들이 일반적인 언어와 치환될 수 있는 것이라면 문서에 의한 저작물이라고 말할 수 있을 것이다. 나아가 어문저작물은 디지털 파일 형태로도 작성될 수 있다. 전자문서 및 전자거래기본법 제 2 조 제 1 호는 '전자문서'란 "정보처리시스템에 의하여 전자적 형태로 작성, 송신, 수신 또는 저장된 정보를 말한다"고 정의하고 있으며, 제 4 조 제 1 항에서 "전자문서는 다른 법률에 특별한 규정이 있는 경우를 제외하고는 전자적 형태로 되어 있다는 이유로 문서로서의 효력이 부인되지 아니한다"고 규정하고 있다. 우리나라 저작권법은 저작물이 외부에 인식할 수 있는 상태로 표현되기만 하면 족하고 미국 저작권법에서와 같이 '고정화'(fixation)를 요건으로 하고 있지 않다. 따라서 어문저작물이 반드시 원고지나 인쇄물 등에 고정되어 있을 필요는 없고 구술에 의하여 무형적으로 표현될 수도 있다.

나. 구술에 의한 저작물

구술에 의한 저작물은 강연, 강의, 설교, 축사, 테이블 스피치(table speech) 등 구두의 진술에 의하여 표현된 저작물이다. 여기서 말하는 구술이란 자기의 사상 또는 감정을 창작적으로 연술하는 것이기 때문에 강담(講談)이나 재담(才談) 등도 그 내용을 스스로 작성하여 스스로 이야기하는 경우, 즉 자작자연(自作自演)인 경우는 구술저작물로 보호되지만, 타인의 작품을 그 작품 그대로 낭독하거나 구연하는 경우는 실연에 해당하므로 저작인접권에 의하여 보호될 수 있을 뿐이다.[73] 구술에 의한 강의가 독자적인 어문저작물이 될 수 있다고 한 사례로는 서울지방법원 2000. 3. 29. 선고 99카합3667호 판결이 있다. 이 판결에서는, "피신청인의 강의가 신청인의 교재를 기본교재로 채택하고 있는 사실은 인정되나, 피신청인이 신청인의 교재 자체를 구술하고 있다고 보기는 어렵고, 오히려 피신청인의 강의는 그 나름대로의 창작에 의한 구술(口述) 저작물의 일종으로 파악하여야 할 것이며, 비록 그 강의 중에 신청인의 교재의 일부 내용이 거론되는 일이 있다 하더라도 이는 정당하고 합리적인 범위 내에서의 인용의 정도에 불과하다"고 판시하고 있다.

다. 기타 유형의 어문저작물

어문저작물이라고 하여 반드시 문학적인 가치를 가져야 하는 것은 아니다. 예를 들어 상품 카탈로그나 홍보용 팸플릿,[74] 전화번호부와 같은 기능적 편집물, 각종 지침서 내지는 용법 등의 설명서, 대학입학 시험문제 등도 창작성 등 성립요건을 갖추기만 하면 어문저작물이 될 수 있다. 대학입학 시험문제가 어문저작물이 될 수 있다는 판결로서는 대법원 1997. 11. 25. 선고 97도2227 판결(일명 '대학입시 문제' 사건)이 있다. 이 판결에서는, "대학입학 본고사의 입시문제가 역사적인 사실이나 자연과학적인 원리에 대한 인식의 정도나 외국어의 해독능력 등을 묻는 것이고, 또 교과서, 참고서 기타 교재의 일정한 부분을 발췌하거나 변형하여 구성된 측면이 있다고 하더라도, 출제위원들이 우수한 인재를 선발하기 위하여 정신적인 노력과 고심 끝에 남의 것을 베끼지 아니하고 문제를 출제하였고, 그 출제한 문제의 질문의 표현이나 제시된 여러 개의 답안의 표현에 최소한도의 창작성이 인정된다면, 이

---

73) 송영식 외 2인, 지적소유권법(下), 제5 전정판, 육법사, 1998, 428면.
74) 대법원 1991. 9. 10. 선고 91도1597 판결.

를 저작권법에 의하여 보호되는 저작물로 보는데 아무런 지장이 없다"고 하였다.

개인의 편지나 일기, 이메일 같은 것도 어문저작물로 성립하는데 특별한 문제가 없다. 다만, 단순히 용건만 간단하게 전달하는 메모 형태의 이메일 같은 것은 창작성이 없어서 저작물로 되지 못하는 경우가 많을 것이다. 서울지방법원 1995. 6. 23. 선고 94카합9230 판결 (일명 '소설 이휘소' 사건)은, "저작권법에 의하여 보호를 받는 저작물이라 함은 문학, 학술 또는 예술의 범위에 속하는 창작물을 말하는바, 단순한 문안 인사나 사실의 통지에 불과한 편지는 저작권의 보호대상이 아니지만, 학자·예술가가 학문상의 의견이나 예술적 견해를 쓴 편지뿐만 아니라 자신의 생활을 서술하면서 자신의 사상이나 감정을 표현한 편지는 저작권의 보호대상이 된다"고 하였다.[75] 서예 작품의 경우 거기에 쓰인 시가(詩歌) 등이 어문저작물이 됨은 별론으로 하고, 서예 작품 그 자체는 비록 문자를 표현한 것이라 하더라도 언어적 사상을 표현한 것이 아니라 시각적·형상적 사상을 표현한 것이어서 어문저작물이 아니라 제4조 제1항 제4호의 미술저작물로 분류할 수 있다.

언어를 매체로 하여 작성된 것이라 하더라도 매우 적은 수의 단어의 조합으로만 이루어진 짤막한 표어나 슬로건, 광고 문구 등이 저작물로 될 수 있는지 여부가 종종 다투어진다. 이들을 저작물로 보호할 경우 제3자가 유사한 내용을 표현하고자 할 때 표현방법상 제한을 받을 수 있으므로 그러한 점을 고려하여 신중히 판단할 필요가 있다. 서울고등법원 2006. 11. 14.자 2006라503 결정(일명 '왕의 남자' 사건)에서는, 원고가 창작한 희곡 '키스'에서 사용된 "나 여기 있고 너 거기 있어"라는 대사를 피고가 영화 '왕의 남자'에서 그대로 사용한 경우에 이러한 표현은 일상생활에서 흔히 쓰이는 표현으로 저작권법에 의한 보호를 받을 수 있는 창작성 있는 표현이 아니라고 하여 저작물성을 부정하였다.

컴퓨터프로그램에 대하여는 그 보호의 방식과 관련하여 많은 논의가 있었으나, 현재로서는 TRIPs 협정과 WIPO 저작권조약에서 규정하고 있듯이 어문저작물의 보호방식을 취하고 있다.[76] 이는 컴퓨터프로그램은 특정한 결과를 얻기 위하여 컴퓨터 등 정보처리능력을 가진 장치 내에서 직접 또는 간접으로 사용되는 일련의 지시·명령으로 표현된 창작물을 말하는 것인데,[77] 그러한 지시·명령은 C++나 Visual Basic 같은 프로그래밍 언어로 작성되기 때문에 결국 컴퓨터프로그램 역시 언어적 형태로 작성된다는 점에서 어문저작물과 유사한 성질을 갖는다는 점을 고려한 것이다. 그러나 우리 저작권법은 일본 저작권법과 같이 컴퓨

---

75) 이 판결에서는, 편지 자체의 소유권은 수신인에게 있지만 편지의 저작권은 통상 편지를 쓴 발신인에게 남아 있게 된다고 하여, 편지의 경우 유체물인 편지에 대한 소유권과 무체물인 편지 내용에 대한 저작권이 분리됨을 명확히 하였다.

76) 임원선, 실무자를 위한 저작권법, 개정판, 한국저작권위원회, 2009, 61면.

77) 저작권법 제2조 제16호.

터프로그램저작물을 어문저작물과는 별도의 저작물로 분류하고 있다.[78]

2. 음악저작물

가. 의 의

음악저작물은 음(音, 음성·음향)에 의하여 표현되는 저작물, 즉 인간의 사상이나 감정을 음으로 표현한 창작물을 말한다. 오페라 아리아나 가곡, 가요곡 등과 같이 악곡에 가사가 수반되는 경우에는 그 가사도 음악저작물의 하나라고 볼 수 있다.[79] 베른협약 제 2 조(1)은 음악저작물을 "가사를 수반하거나 하지 않은 악곡"(musical compositions with or without words)으로 정의하여 가사의 수반 여부를 불문하고 음악저작물로 보고 있다. 이 규정은 악곡에 수반된 가사는 음악 그 자체로서 보호된다는 것으로 해석된다. 일본에서의 해석론도 같다.[80] 가사를 수반하는 악곡의 창작과정이나 이용허락 등 거래의 실태를 볼 때 악곡에 수반하는 가사는 음악저작물로 보호하는 것이 편리하다. 참고로 한국음악저작권협회의 사용료징수규정 제 4 조는 "본 규정에서 음악저작물이라 함은 가사 및 악곡을 일괄하여 말한다"고 규정하고 있다.

그러나 악곡의 가사로 이용되는 문예작품인 시(詩) 등이 독립적으로 시집 등에 이용되면 그 범위 내에서는 어문저작물이 된다. 또한 이미 창작되어 존재하던 시를 그 후 가사로서 이용하는 경우에는 그 가사는 원래 어문저작물이고, 악곡이 음악저작물로서의 성질을 갖는다고 할 것이다.[81] 다만, 가사를 수반하는 악곡이 가사와 함께 결합되어 사용되는 경우에는 그 범위 내에서 어문저작물인 가사가 음악저작물의 성질까지 갖는다고 해석하는 것이 위 베른협약의 정의규정 취지에 부합한다고 본다. 따라서 이 경우에는 하나의 저작물이 어문저작물과 음악저작물의 두 가지 성질을 갖게 되는 것이다.[82] 실무상 음악저작권 신탁관리단체가 작사자로부터 가사에 대한 저작권을 신탁 받아 '음악저작물'로 관리한다고 하더라도 그것이 원래 어문저작물인 가사의 성격을 음악저작물로 바꾸는 것은 아니라는 견해도 있다.[83]

우리나라 저작권법은 고정화(fixation)를 요건으로 하지 않으므로, 음악저작물이 반드시

---

78) 일본 저작권법 제10조 제 1 항 제 9 호.
79) 미국 저작권법은 악곡에 수반되는 가사는 음악저작물의 일부라고 명시하고 있다.
　　17 U.S.C. § 102. (a) "… (2) musical works, including any accompanying words;"
80) 半田正夫·松田政行, 著作權法コンメンタール, 勁草書房(1), 509면.
81) 일본에서의 해석론도 같다. 상게서, 508면.
82) 허희성, 신저작권법 축조해설, 범우사, 1988, 47면; 이해완, 저작권법, 박영사, 2007, 55면.
83) 최경수, 저작권법개론, 한울아카데미, 2010, 119-120면.

악보나 음반 등의 기록매체에 고정화 되어 있을 필요는 없다.[84] 따라서 고정되지 않은 즉흥
연주나 즉흥가창도 음악저작물로 성립할 수 있다. 일본의 초기판례는 고정되지 않은 즉흥음
악은 반복실시가 어렵기 때문에 저작물로 성립할 수 없다고 하였다.[85] 그러나 반복실시가
어렵다는 것은 그 저작물을 자신이 창작한 저작물이라고 주장할 때 그것을 입증하기에 어
려움이 있다는 것이지, 저작물성 자체를 부인할 문제는 아니라는 비판이 강력히 제기되었
다. 이에 따라 현재 일본에서는 음악저작물은 악보 등의 매체에 고정되어 있을 것을 요건으
로 하지 않으며 즉흥음악도 음악저작물로서 성립될 수 있다고 보는 것이 통설이다.[86]

나. 악보의 저작물성

음악저작물이 고정되어 있는 매체, 예를 들어 악보가 저작물에 해당하는가에 관하여는
논란이 있었다. 이는 2006년 개정되기 전 저작권법 제2조 제14호에서 '복제'의 개념을 정
의하면서, " … 각본·악보 그 밖의 이와 유사한 저작물의 경우에는 그 저작물의 공연·실연
또는 방송을 녹음하거나 녹화하는 것을 포함한다"라고 규정하고 있었기 때문이다. 2006년
개정된 이후부터는 저작권법에서 이 부분이 삭제되었지만,[87] 개정 전 규정을 보면, 마치 악
보 자체도 독립한 저작물이 되는 것으로 볼 여지도 있었다. 그러나 유형물인 원고지나 책은
그 안에 내재되어 있는 어문저작물의 고정수단에 불과하고, 그 내재된 어문저작물을 떠나
독립한 저작물로 성립되는 것은 아닌 것처럼, 악보는 음악저작물의 고정수단에 불과하고 악
곡을 떠나서 악보 자체가 독립한 저작물이 되는 것은 아니다.[88]

따라서 악보를 무단복제 하면 곧 그에 내재된 음악저작물을 무단복제하는 것이 되어
저작권침해를 형성하지만, 만약 그 음악저작물이 보호기간의 경과 등으로 저작권이 소멸하

---

84) 미국 저작권법은 고정화(fixation)를 저작물의 성립요건으로 한다. 원래 1909년 법에서는 음악저작물은
악보와 같이 읽을 수 있는 형태(readable form)로 고정되어야 한다고 규정하고 있었다. 그러다가 1976
년 개정법에 따른 시행규칙에서, 악보뿐만 아니라 테이프나 디스크 등에 고정된 것도 음악저작물로 성
립할 수 있다고 규정하였는데, 이는 특히 전자음악 분야에 종사하는 작곡가들의 현실적인 상황을 고려
한 것이라고 한다.
Copyright Register's Supplementary Report 4: "[A] musical composition would be copyrightable if it
is written or recorded in words or any kind of visible notation, in Braille, on a phonograph disk,
on a film sound track, on magnetic tape, or on punch cards."
85) 日本 大審院 大正 3. 7. 4. 판결.
86) 內田 晋, 問答式 入門 著作權法, 新日本法規出版株式會社, 1979, 57면.
87) 개정된 현행 저작권법이 이 부분을 삭제한 것은, 각본·악보 등의 경우에는 그것의 공연·실연 또는 방
송을 녹음하거나 녹화하는 것은 이미 복제에 대한 개념정의 규정(개정 전 저작권법 제2조 제14호) 전
단의 '인쇄·사진·복사·녹음·녹화 그 밖의 방법'에 포함되어 있어 중복에 해당하므로, 이를 삭제하는
것이 복제의 개념정의를 보다 간명하게 하는 것이라고 보았기 때문이다.
88) 송영식 외 2인, 전게서, 429면.

였다면 그 악보를 복제하더라도 음악저작물에 대한 저작권침해는 성립하지 않는다. 그리고 전래되어 오는 전통음악이나 민요 등을 독창적 방식에 의하여 연주할 수 있도록 채보(採譜)한 것은 그에 내재된 음악저작물이 이미 저작권이 소멸하여 '공중의 영역'(public domain)에 들어간 것이고 또한 그 채보방식에 독창성이 있다 하더라도 이는 저작권의 보호가 미치지 않는 아이디어의 영역에 있는 부분일 가능성이 크기 때문에 설사 이를 복제하였다고 하더라도 저작권의 침해는 성립하기 어렵다.[89] 다만, 악보 자체가 독창적인 미술적 또는 도형적 표현으로 제작되어 창작성을 가지는 경우 저작권법 제 4 조 제 4 호의 미술저작물 또는 제 8 호의 도형저작물로 성립할 수 있지만, 이는 그 악보에 내재되어 있는 음악저작물과는 상관이 없이 악보 자체가 독립적인 저작물로 되는 것뿐이다.

참고적으로 민간전승물(민속저작물, folklore), 즉 민담(民譚)이나 민간 수수께끼, 민요, 민속춤, 민속공예, 민속의상 등과 같은 전통적 문화유산을 저작물로 보호할 수 있는지 여부가 국제적으로 문제가 되고 있다. 실제로 구전되어 온 민담이나 민요는 비록 공중의 영역(public domain)에 속하는 것이지만 그 채집, 정리에는 막대한 노력과 비용이 소요되고 선진국에서 일부 민족의 민속물을 대량 생산한 사례도 있어 그 보호가 요청되고 있다. 볼리비아, 알제리 등에서는 민속물을 저작권법으로 보호하며 튜니스 모델법도 저작권보호의 대상으로 규정하고 있다고 한다.[90][91]

다. 악곡과 가사의 결합

(1) 의 의

앞에서 언급한 바와 같이 악곡에 수반되는 가사도 악곡과 함께 음악저작물의 일부를 이룬다. 이처럼 악곡과 가사가 서로 결합되어 외부적으로 하나의 음악저작물처럼 이용되지만, 이때 저작권의 보호는 실질적으로 악곡과 가사 각각에 미친다. 따라서 악곡과 가사가 함께 있는 음악저작물을 무단복제한 자는 악곡과 가사 각각에 대하여 저작권침해의 책임을 진다.

---

89) 전통음악과 같이 저작권이 이미 소멸한 음악저작물이라도 이를 현대적 감각에 맞게 또는 연주하기에 적합하도록 편곡을 하였다면 2차적저작물로서 새로운 보호를 받을 수 있을 것이다.

90) 송영식 외 2인, 전게서, 438면 참조.

91) 최경수, 저작권법개론, 한울아카데미, 2010, 122면. 이에 따르면 민간전승물의 국제적 보호는 몇 가지 숙제를 해결하지 않으면 가능한 일이 아니라고 한다. 첫째, 민간전승물은 대체로 저작권법상 보호기간이 지난 저작물이다. 저작권법에 의해 기간이 만료된 저작물을 보호하는 것은 기존의 저작권 체계에서는 생각하기 어렵다. 둘째, 민간전승물은 그 기원을 찾기 어렵거나 여러 곳에 두는 사례가 적지 않고, 이 경우 권리자나 수혜자를 특정하기 어렵다. 셋째, 현실적으로 저작권 보호를 강력하게 주장하는 선진국들은 민간전승물 보호에 매우 소극적이다.

(2) 결합저작물인지 여부

악곡과 가사가 합쳐져서 하나의 음악저작물이 성립되었다고 할 때, 이 하나의 음악저작물을 결합저작물로 볼 것인지 아니면 공동저작물로 볼 것인지가 실무상 문제로 된다. 결합저작물과 공동저작물의 구분에 관하여는 '개별적 이용가능성설'과 '분리가능성설'이 나뉘는데, 우리 저작권법은 개별적 이용가능성설에 입각하고 있다.[92] 그렇다면 대부분의 음악저작물은 악곡과 가사를 분리하여 이용하는 것이 가능하므로 결합저작물로 보는 것이 법리적으로 타당할 것이다. 그러나 음악 산업의 실무 현장에서는 가사와 악곡을 공동저작물처럼 취급하는 경향도 있다. 앞에서 본 바와 같이 한국음악저작권협회의 사용료 징수규정에 의하면 가사와 악곡을 일괄하여 음악저작물이라고 정의하고 있다. 이는 가사와 악곡을 모두 사용하든 어느 하나만을 사용하든 음악 1곡에 대한 사용료를 징수한다는 의미로 볼 수 있다. 예를 들어, 악곡이나 가사만을 이용한다고 하더라도 음악 1곡 전체를 이용하는 것으로 보아 1곡의 사용료 전부를 받는다는 취지이다. 이는 마치 가사가 수반된 음악저작물을 공동저작물로 간주하는 것과 같은 결과를 가져온다.[93] 한국음악저작권협회는 대중가요를 수정·변형하여 만들어진 2차적저작물을 협회에 신탁하고자 할 경우, 개작동의서를 받아 신탁관리 저작물로 등록하도록 하고 있는데, 이 때 원래의 대중가요에서 가사만 변형한 경우라도 작곡가의 개작동의서까지 받아 제출하도록 하고 있으며, 반대의 경우도 마찬가지이다. 또한 악곡과 가사로 이루어진 대중가요 원곡의 연주곡 버전, 즉 가사를 제외한 연주곡 버전이 있더라도 별도로 그 연주곡을 따로 등록하지 않는 이상 그 연주곡은 원곡에 포함되는 것으로 처리하고 있다. 그리하여 별도의 연주곡 버전 없이 대중가요의 원곡만이 신탁관리 곡으로 등록되어 있을 경우에는 한국음악저작권협회에서 저작자에게 사용료를 분배할 때 가사 없이 연주곡만이 사용된 경우라 하더라도 그 사용료는 작곡자와 작사자에게 공동으로 분배하고 있다.[94] 이는 마치 가사가 수반된 음악저작물을 공동저작물로 간주하는 것과 같은 결과를 가져온다.[95] 그러나 악곡과 가사는 분리이용이 가능함이 명백하므로, 현장에서의 실태와는 다르더라도 적어도 법리적으로는 악곡과 가사를 결합저작물로 보는 것이 옳다.[96]

이에 반하여 미국의 판례법과 실무에서는, 악곡과 가사는 서로 합체되면서 상호작용을 하여 완전히 새로운 하나의 저작물을 탄생시키는 것으로서, 악곡과 가사로 이루어진 음악저

92) 저작권법 제 2 조 제21호는 공동저작물을, "2인 이상이 공동으로 창작한 저작물로서 각자의 이바지한 부분을 분리하여 이용할 수 없는 것을 말한다"라고 규정하고 있다.
93) 최경수, 전게서, 118면.
94) 기존 음악에서 악곡만 사용하고, 가사는 별도로 작성해서 사용하는 대표적인 경우로는 선거 로고송을 들 수 있다.
95) 최경수, 전게서, 118면.
96) 同旨, 이해완, 저작권법, 박영사, 2007, 54-55면; 최경수, 전게서, 119면.

작물은 공동저작물로 보아야 한다는 것이 주류의 견해이다.[97] 그러나 이는 미국 저작권법 제101조가 '공동저작물'(joint work)을 정의하면서, "공동저작물이란 2인 이상의 저작자가 자신들의 기여분이 단일한 전체의 분리될 수 없거나 상호 의존적인 부분이 될 것이라는 의사를 가지고 작성한 저작물을 말한다."고 규정하고 있음을 전제로 한 해석이다.[98] 즉, 우리 저작권법과는 달리 미국 저작권법에서 공동저작물은 각자의 기여분이 전체 저작물로부터 분리될 수 없는 경우에도 성립하지만, 또는(or) 분리가 가능하더라도 단순히 각자의 기여분이 상호 의존적인 부분이 될 것이라는 의사를 가지고 작성한 경우에도 성립할 수 있다는 점에서 비롯된 해석인 것이다.

악곡과 가사로 이루어진 음악저작물을 공동저작물로 볼 것이냐 아니면 결합저작물로 볼 것이냐에 따라서, 그 음악의 가사 또는 악곡만을 이용하고자 할 때 작곡자와 작사자 전원의 동의를 얻어야 하는지, 아니면 이용되는 부분의 권리자의 허락만 받으면 되는지 여부가 결정되며 보호기간도 달라진다. 결합저작물이라고 한다면 공동저작물의 저작권행사에 관한 규정인 저작권법 제15조와 제48조는 적용이 없게 된다.[99] 따라서 악곡의 저작자와 가사의 저작자는 각자의 기여분인 악곡 또는 가사에 관하여 자유롭게 개별적으로 이용허락을 하거나 그 부분에 관한 저작재산권을 양도할 수 있다. 또한 제3자가 악곡과 가사로 구성된 음악저작물 중 악곡만을 이용하고자 할 때에는 악곡의 저작자, 즉 작곡자의 이용허락만 받으면 되고 작사자의 이용허락까지 받을 필요는 없다(제3장 '저작자' 중 '결합저작물' 부분 참조). 악곡과 가사를 공동저작물로 본다면 그 보호기간은 맨 마지막으로 사망한 저작자의 사망 후 70년간 존속하게 될 것이나(저작권법 제39조 제2항), 결합저작물로 보는 이상 보호기간 역시 악곡과 가사에 대하여 각각 진행되어 각 저작자의 사망 후 70년간 존속하게 된다.

앞에서 언급한 바와 같이 가사와 악곡은 분리이용이 가능한 이상 법리적으로는 결합저작물로 보는 것이 옳다고 생각한다. 프로야구 구단이 악곡과 가사로 이루어진 21개 대중가요 원곡의 가사를 개사하거나 곡을 편곡하여 야구장에서 응원가로 사용한 것이 저작인격권, 특히 동일성유지권 침해에 해당하는지 여부가 문제로 된 사건에서, 서울고등법원 2021. 10. 21. 선고 2019나2016985 판결(확정)은, 악곡과 가사로 이루어진 19개 대중가요 모

---

97) Shapiro, Bernstein & Co. v. Jerry Vogel Music Co., 161 F.2d 406, 409(2d Cir. 1946); Goldstein, op. cit., p. 2: 103에서 재인용.

98) A "joint work" is a work prepared by two or more authors with the intention that their contributions be merged into inseparable or interdependent parts of a unitary whole.

99) 저작권법 제15조 제1항은, "공동저작물의 저작인격권은 저작자 전원의 합의에 의하지 아니하고는 이를 행사할 수 없다"고 규정하고 있고, 제48조 제1항은, "공동저작물의 저작재산권은 전원의 합의에 의하지 아니하고는 이를 행사할 수 없으며, 다른 저작재산권자의 동의가 없으면 그 지분을 양도하거나 질권의 목적으로 할 수 없다"고 규정하고 있다.

두를 결합저작물이라고 보았다. 따라서 악곡과 가사를 구분하여 개별적으로 작곡가와 작사가의 동일성유지권, 2차적저작물작성권, 성명표시권이 침해되었는지 여부를 판단하여야 한다고 하였다.[100]

3. 연극저작물

가. 의   의

연극이란 배우가 관객에게 보이기 위하여 무대에서 각본에 의해 연출하는 종합예술이다. 연극을 구성하는 요소 중 각본과 같은 것은 어문저작물(제 1 호)에 속하며, 연기 자체는 실연[101]으로서 저작인접권의 보호를 받기 때문에 연극 및 무용·무언극 등을 포함하는 연극저작물로 인정되는 것은 연기(演技)의 형(型)으로서 구성되어 있는 안무(按舞, choreographic works)이다. 연극저작물에 있어서는 사상이나 감정이 동작에 의하여 표현된다. 여기서 안무라고 함은 동작의 형태를 '창조'하는 것을 가리킨다는 점에서 그와 같이 창조된 동작의 형태를 그 창조된 의도와 내용대로 실연하도록 하는 '연출'과 다르다.[102] 다시 말해서 저작권법 제 4 조 제 3 호에서 예시하고 있는 연극저작물이란 무용·연기 등의 실연의 토대가 되는 동작의 형(型)이다. 서울고등법원 2016. 12. 1. 선고 2016나2020914 판결에서는, 발레 작품의 저작권은 창작자인 안무가에게 귀속하고, 발레 무용에 창작적으로 기여한 바 없는 공연기획자는 발레 작품의 저작자 또는 공동저작자로 볼 수 없다고 하였다.

대법원 2005. 10. 4.자 2004마639 결정(일명, 뮤지컬 '사랑은 비를 타고' 사건)은, 뮤지컬은 음악과 춤이 극의 구성·전개에 긴밀하게 짜 맞추어진 연극으로서, 각본, 악곡, 가사, 안무, 무대미술 등이 결합된 종합예술의 분야에 속하고 복수의 저작자에 의하여 외관상 하나의 저작물이 작성된 경우이기는 하나, 그 창작에 관여한 복수의 저작자들 각자의 이바지한 부분이 분리되어 이용될 수도 있다는 점에서, 공동저작물이 아닌 단독 저작물의 결합에 불과한 이른바 '결합저작물'이라고 봄이 상당하고, 한편 뮤지컬 자체는 연극저작물의 일종으로서 영상저작물과는 그 성격을 근본적으로 달리하기 때문에 영상물제작자에 관한 저작권법상의 특례규정이 뮤지컬 제작자에게 적용될 여지가 없으므로 뮤지컬의 제작 전체를 기획하고 책

---

100) 그리하여 가사의 경우, 원래 가사 중 창작성 있는 기존의 표현이 잔존해 있지 않고 완전히 새로운 가사를 만든 경우 또는 기존 표현의 상당부분을 변경하여 원래 가사와 변경된 가사 사이에 실질적 유사성이 없다고 판단되는 경우에는 변경된 가사는 독립된 저작물로 볼 수 있어 동일성유지권이나 2차적저작물작성권의 침해가 인정되지 않는다고 하였다.

101) 저작권법 제 2 조 제 4 호에 의하면, '실연'은 "저작물을 연기·무용·연주·가창·구연·낭독 그 밖의 예능적 방법으로 표현하거나 저작물이 아닌 것을 이와 유사한 방법으로 표현하는 것"을 말한다.

102) 송영식 외 2인, 전게서, 430면.

임지는 뮤지컬 제작자라도 그가 뮤지컬의 완성에 창작적으로 기여한 바가 없는 이상 독자적인 저작권자라고 볼 수 없으며, 뮤지컬의 연기자, 연출자 등은 해당 뮤지컬에 관여한 실연자로서 그의 실연 자체에 대한 복제권 및 방송권 등 저작인접권을 가질 뿐이라고 판단하였다.

나. 범   위

연극저작물 역시 고정화가 성립요건은 아니므로 고정되지 아니한 즉흥연기나 즉흥무용도 저작물로 성립할 수 있다. 원래 무용이나 연기 같은 것은 그 형이 정하여져 있다고 하더라도 실제 무대에서 이를 실연하게 되면 원래의 형과 약간씩 다른 것이 되기 쉽고, 또 형의 창작자가 스스로 실연자가 되어 무용을 하는 경우에는 무용저작물과 실연이 확실히 구분되기 어려운 경우가 생길 수 있다. 따라서 연극저작물, 그 중에서도 특히 무용저작물에 관하여서는 무보(舞譜) 등의 형식으로 고정되어 있는 경우에만 저작물로 인정하여야 한다는 논의가 오래 전부터 있어 왔고, 실제로 베른협약도 스톡홀름 개정협약 이전에는 안무가 무보 등의 방법으로 고정되어 있어야만 한다고 규정하고 있었다. 그러나 스톡홀름 개정협약에 의하여 이 문제는 가맹국의 국내법 규정에 일임되었고, 우리나라와 일본은 무용을 비롯한 연극저작물에 있어서도 별도로 고정화를 요건으로 하고 있지 않다.[103] 다만, 연극저작물의 경우에 그 동작의 형이 대본이나 무보 등에 고정화 되어 있지 않다면, 저작물로 성립은 할 수 있어도 다른 사람이 그와 실질적으로 유사한 동작을 표현함으로써 저작권을 침해하는 경우에 그 침해 여부를 입증하는데 상당한 곤란이 있을 것이며, 이 점은 즉흥 음악의 경우와 마찬가지이다.

다. 스포츠 경기에서의 연기(演技)

스포츠 경기 중에서 피겨스케이팅이나 리듬체조, 수중발레와 같이 예능적·연기적 요소를 가진 것을 연극저작물로 볼 수 있는지 여부가 문제로 되고 있다.[104] 이들 경기는 운동능력과 기술적 요소에 예술적 요소가 결합된 형태로서 표현된다. 그런데 이러한 종류의 운동경기에는 일정한 규정이 있어서 어떤 동작을 반드시 수행하여야 한다든지, 어떤 동작에 대하여는 특별히 높은 점수를 부여한다든지, 아니면 어떤 동작과 어떤 동작을 반드시 결합하여 수행하여야 한다든지 등의 제한이 있는 경우가 많고, 그렇게 되면 표현에 있어서의 창작

---

103) 內田 晉, 전게서, 59-60면.
104) 같은 관점에서 이러한 연기를 표현한 스포츠 선수를 저작권법상 '실연자'로 볼 것이냐의 문제도 논란이 있을 수 있다.

성을 발휘할 여지가 적어지므로 저작물로 보기 어렵다고 생각할 수도 있다.

그러나 그와 같은 규정상의 제한이 있다는 점만으로 스포츠 경기에서 예능적으로 표현된 연기가 연극저작물로 성립할 수 없다고 하는 것은 다른 저작물의 경우와 비교하여 볼 때 논리적으로 납득하기 어렵다. 스포츠 경기라고 하여 일률적으로 연극저작물로 성립할 수 없다고 할 것이 아니라, 저작물로서의 성립요건, 즉 인간의 사상이나 감정을 창작적으로 표현한 것이라면 그것이 발레나 고전무용, 무언극 등의 형태로 표현되었든, 또는 피겨스케이팅이나 리듬체조의 형태로 표현되었든 연극저작물로 성립할 수 있다고 보아야 할 것이다. 이때 일반적으로는 연극저작물, 그 중에서도 무용저작물로 되는 경우가 많을 것이다. 따라서 스포츠 경기에서 표현된 연기가 저작물이 될 수 있는지 여부는 특정한 연기가 사상이나 감정을 창작적으로 표현한 것인지 여부에 따라 구체적 사안에서 개별적으로 판단되어야 할 문제이지, 스포츠 경기라고 하여 일률적으로 저작물성을 부정할 것은 아니다.

4. 미술저작물

가. 의   의

미술저작물은 인간의 사상이나 감정이 시각적 형상이나 색채 또는 이들의 조합에 의하여 미적(美的)으로 표현되어 있는 저작물이다.[105] 미술저작물을 "회화, 서예, 조각, 판화, 공예, 응용미술 등과 같이 선, 색채, 명암을 사용하여 이차원(평면적) 또는 삼차원적(공간적) 아름다움을 시각적으로 표현한 것"으로 정의하기도 한다.[106] 저작권법 제 4 조 제 4 호에는 미술저작물로, 회화·서예·조각·판화·공예·응용미술저작물이 예시되어 있다. 여기에 예시된 것 외에 만화·삽화 등도 미술저작물에 포함된다. 만화의 경우 스토리를 수반하는 만화는 어문저작물과 미술저작물 양쪽의 성질을 가지며, 스토리와 그림의 결합 정도, 창작 단계에서의 관여 방법 등에 따라서 공동저작물이나 결합저작물 또는 2차적저작물에 해당하게 된다.[107] '서예'(calligraphy)는 미술저작물이지만, '서체'(글자체, typeface)는 이와 구별하여야 한다. 서체의 저작물성에 대하여는 이를 부정하는 것이 일반적인 견해이다. 공예는 일품제작(一品製作)의 수공적인 미술작품을 말하며, 응용미술저작물은 공업적 양산을 목적으로 하는 미술

---

105) 加戸守行, 著作權法 逐條講義(四訂新版), 社團法人 著作權情報センター, 120면.
106) 정상조·박준석, 지적재산권법(제 2 판), 홍문사(2011), 274면. 박성호, 전게서, 77면. 半田正夫, 『著作權法槪說(12版)』, 法學書院(2005), 85면.
107) 서울북부지방법원 2008. 12. 30. 선고 2007가합5940 판결은 스토리와 그림으로 구성된 만화저작물이 공동저작물이냐 결합저작물이냐, 스토리를 바탕으로 만화가 제작된 경우 그 만화가 스토리에 대한 2차적저작물로 성립하느냐에 대하여 상세한 판시를 하고 있어 참고가 된다. 이 판결에 대하여는 '제 3 장 저작자' 중 '공동저작자' 부분에서 살펴보기로 한다.

작품이다. 공예와 응용미술저작물은 모두 미적인 요소와 실용적인 목적을 아울러 가지고 있는데, 우리 저작권법은 일품제작의 공예품과 양산을 목적으로 하는 응용미술저작물을 구분하여 예시하고 있고, 특히 응용미술저작물에 대하여는 별도의 정의규정을 두어 특별 취급을 하고 있다(저작권법 제 2 조 제15호). 서체와 응용미술저작물에 관하여는 본 장 제 4 절 "저작물성이 문제로 되는 창작물"에서 별도로 살펴보기로 한다.

미술 분야 중 건축저작물과 사진저작물은 같은 조 제 5 호와 제 6 호에서 따로 규정하고 있다. 미술저작물도 완성 여부를 요건으로 하지 않으므로 스케치나 데생도 그 자체든 또는 완성된 미술저작물을 위한 준비단계에서의 것이든 창작성을 비롯한 성립요건을 갖추면 저작물로 성립할 수 있다.

미술저작물은 다른 일반 저작물과는 달리 그것이 화체된 유체물이 주된 거래의 대상이 되며, 그 유체물을 공중이 볼 수 있도록 공개하는 '전시'라는 이용형태가 특별히 중요한 의미를 가지기 때문에 저작권법에는 저작재산권 중 미술저작물에 대한 특유의 지분권으로 '전시권'이 규정되어 있다(제19조). 나아가 미술저작물의 경우 양도 등의 사유로 저작자와 유체물인 원작품의 소유자가 달라지는 경우에 양쪽의 이해관계를 어떻게 조절할 것인지, 저작권자가 가지는 전시권을 비롯한 저작재산권과 원작품의 소유자가 가지는 소유권과의 충돌, 개방된 장소에 항상 전시되어 있는 미술저작물의 복제 및 그 이용행위를 어떻게 규율하여야 할 것인지 등 저작재산권과 공중의 이익 간의 조화, 초상화나 인물사진 저작물 등의 경우에 있어서 그 저작자와 위탁자 사이의 이해관계는 어떻게 조율하여야 할 것인지 등 여러 가지 문제가 발생하게 된다. 이에 대하여 저작권법은 제35조에서 미술저작물 등에 관한 특별규정을 두어 저작자의 전시권이나 복제권 등을 제한하고 있다.

나. 간단한 도안

미술저작물이라고 하여 반드시 예술성이라든가 미적인 가치를 가지고 있어야만 하는 것은 아니다. 그러나 올림픽 오륜마크와 같은 간단한 상징적 도안이 저작물로 인정될 수 있는지 여부가 일본에서 다투어진 적이 있었는데, 이에 대하여 일본 동경지방법원은 올림픽 오륜마크는 간단한 도안에 지나지 않으므로 이를 저작물이라고 인정하기는 곤란하다고 판시하였다.[108] 오늘날 올림픽 오륜마크나 적십자사의 십자가 마크는 보호기간의 제한이 없는 상표법이나 부정경쟁방지법 등에 의하여 보호되고 있으므로, 그 외에 별도로 저작권법에 의한 보호를 줄 필요성은 적다.[109] 그러나 일본의 하급심 판결 중에는 후지 텔레비전의 심벌

---

108) 동경지방법원 1964. 9. 25. 결정; 內田 晉, 전게서, 51면에서 재인용.
109) 상표법 제 7 조(상표등록을 받을 수 없는 상표) 제 1 항 제 1 호: " … 파리협약 동맹국 …의 훈장·포장·

마크로 알려진 '눈알 모양의 마크'에 대하여 저작물에 해당한다고 한 것이 있으며,[110) 널리 알려진 '스마일 마크'의 저작물성을 인정하는 견해도 있다고 한다.[111)

상표나 디자인 출원을 하였다가 거절된 단순한 도안에 대하여 저작권 등록을 출원하는 사례가 자주 있는데, 간단하고 흔한 표장이라고 하여 상표등록이 거절될 정도의 도안이라면 일반적으로 저작물로서의 창작성도 없다고 보는 것이 타당하다고 생각한다.

다. 무대장치

오페라나 뮤지컬 등에 사용되는 무대장치의 미술저작물 해당 여부가 문제로 되는 경우가 있다. 보통 무대장치를 위한 설계도인 '장치디자인'이 먼저 작성되고, 그 장치디자인에 의하여 실제 무대 위에 무대장치가 설치된다. 뉴욕의 브로드웨이에서 장기공연 중인 '오페라의 유령'(Phantom of the Opera)이라든가 '캐츠'(Cats) 등과 같은 뮤지컬에서 화려한 무대장치가 차지하는 비중은 매우 크다. 이러한 무대장치도 그 자체로서의 창작성을 가지면 그것이 속한 오페라나 뮤지컬 또는 연극저작물과는 별개의 독립된 저작물로 성립할 수 있다. 장치디자인이 미술저작물 또는 도형저작물로 성립할 수 있는 것과 별도로 그 장치디자인에 의하여 제작된 무대장치도 독립된 저작물로 성립할 수 있다. 이는 마치 건축설계도와 그 설계도에 따라 건축된 건축물이 각각 별개의 건축저작물로 성립할 수 있는 것과 마찬가지이다.[112)

그러나 같은 각본을 가지고 상연을 한다고 할 때 그 무대장치는 각본의 내용, 무대의 공간적·기술적 제약에 의하여 서로 어느 정도 유사하게 제작할 수밖에 없는 경우가 많을 것이다. 즉, 무대장치는 여러 가지 면에서 표현의 창작성 발휘가 제한을 받게 될 가능성이 높다. 따라서 특정한 무대장치에 대하여 저작권의 보호를 주게 된다면 다른 제3자가 동일한 각본에 따른 무대장치를 만드는 기회를 심하게 제한할 우려가 있으므로, '합체의 원칙'(merger doctrine)이 적절하게 적용될 필요가 있다. 그러므로 일반적으로 무대장치에서 저작권의 보호를 받는 범위는 전체적인 대도구(大道具)·배경이 아니라 주로 창작성이 있는 세부적인 표현이나 소도구에 있다고 할 것이다. 이는 어문저작물의 경우 기본적인 플롯보다는 세부적인 묘사나 대화가 저작권의 보호를 받는 것과 마찬가지이다.

일본 판례 중에는 무대장치만을 분리하여 미술저작물로서 보호할 수 있다고 판시한 것이 있다.[113) 우리나라 판례 중에는 무대장치의 미술저작물성이 문제된 사건에서, 피고들이

기장, 적십자·올림픽 또는 저명한 국제기관 등의 명칭이나 표장과 동일하거나 이와 유사한 상표 … ."
110) 동경지방법원 1996. 8. 30. 판결, 判例時報 1578호 139면.
111) 서울대학교 기술과법센터, 저작권법주해, 박영사, 2007, 221면에서 재인용.
112) 박성호, 전게서, 94면.

무대장치를 사용한 것은 전시권 침해에 해당되고, 무대장치 위에서 이루어진 공연을 영상물로 촬영하는 과정에서 무대장치 역시 촬영되었으므로 이는 복제권 침해에 해당한다는 점을 인정한 사례가 있다.114)

라. 화풍(畵風), 서풍(書風)

특정한 화풍, 예를 들어 입체파(立體派)라든가 인상파(印象派) 등의 화풍으로 그려진 회화가 미술저작물로 성립하는 것은 당연하다. 그러나 이때 입체파나 인상파 등의 화풍 자체가 미술저작물로 보호를 받는 것은 아니다. 화풍이나 서풍은 인간의 사상이나 감정을 형상 또는 색채를 통하여 표현하고자 할 때 사용되는 하나의 방법(method) 내지 해법(solution)으로서 '아이디어'의 영역에 속하고 그 자체가 '표현'이라고는 볼 수 없기 때문이다. 따라서 어느 화가가 자신만의 독창적인 화풍을 개발하여 그림을 그렸다고 하더라도 그 그림 자체를 구체적으로 모방하지 않는 한, 화풍을 모방한 것만으로 저작권침해가 되는 것은 아니다. 일본의 판결도 "서풍이나 화풍 자체는 저작권법상 보호의 대상이 아니므로, 타인의 서풍이나 화풍을 모방하여 서화를 작성한 경우 그것이 구체적인 작품을 모방한 것이 아닌 이상 저작권침해가 되지 않는다"고 하였다.115)

마. 차용미술

기존의 이미지나 오브제116)를 이용하거나 재구성함으로써 새로운 의미와 맥락을 부여한 미술을 차용미술(appropriation art)이라고 한다. 현대미술의 흐름에서 일상의 사물과 대중매체 광고 등 기존에 존재하는 이미지를 빌려와 새로운 맥락에 편입, 재구성하는 차용미술은 포스트모던 미술기법의 하나로 널리 인정되고 있다. 차용미술에서 기존의 이미지는 흔히 오브제로서 혹은 그것이 세계를 표상하는 방식에 대중의 주의를 환기하는 수단으로서 이용(차용)되며, 이때의 차용 이미지는 저작권으로 보호되는 다른 작가의 작품일 수 있다. 차용미술에서는 원작품을 그 맥락으로부터 해체하고 새로운 배경·환경에 편입해 의미를 변화시키는 개념적 가치의 창조가 중요시된다. 이처럼 차용미술은 타인의 표현양식을 빌어오면서 그 맥락과 의미를 변형하는 것을 본질로 하기 때문에 원작의 흔적을 의도적으로 남기게

---

113) 일본 동경지방법원 1999. 3. 29. 판결.

114) 서울중앙지방법원 2009. 2. 6. 선고 2008가합1908(본소), 30029(반소) 판결. 박성호, 전게서, 95면에서 재인용. 다만, 무대장치 사용에 대한 이용허락이 있었다는 이유로 청구를 기각하였다고 한다.

115) 大審院 1937. 9. 16. 선고 昭和12(れ) 제1035호 판결. 서울대학교 기술과법센터, 저작권법주해, 박영사, 2007, 221면에서 재인용.

116) 일상생활 용품이나 자연물 또는 예술과 무관한 물건을 본래의 용도에서 분리하여 작품에 사용함으로써 새로운 느낌을 일으키는 상징적 기능의 물체를 이르는 말(표준국어대사전).

되고, 따라서 원작과의 표현의 공통성을 저작권 이론의 관점에서 어떻게 파악할 것인지가 문제된다.[117] 차용미술은 창작 과정에서 타인의 저작물의 일부 또는 전부를 복제하거나 변형하여 이용하는 경우가 많기 때문에, 이용된 저작물 저작권자의 복제권과 2차적저작물작성권 및 동일성유지권을 침해할 소지가 크다. 리차드 프린스(Richard Prince), 앤디 워홀(Andy Warhol), 제프 쿤스(Jeff Koons) 등은 대표적인 차용미술 작가들인데, 실제로 이들 저명한 차용미술 작가 중에는 저작권침해 소송을 당한 사례가 적지 않다. 차용미술과 관련된 저작권침해 소송에서는 저작권침해 책임 면책규정, 특히 우리 저작권법 제28조 '공표된 저작물의 인용' 규정 또는 제35조의5 '공정이용' 규정의 적용 여부가 쟁점이 된다.

5. 건축저작물

가. 의   의

건축저작물은 인간의 사상이나 감정이 토지상의 공작물에 표현되어 있는 저작물을 말한다.[118] 반드시 부동산등기법상의 건물이나 건축법상의 건축물이어야만 하는 것은 아니다. 저작권법 제 4 조 제 1 항 제 5 호는 건축저작물을 예시하면서, 건축물·건축을 위한 모형 및 설계도서를 들고 있다. 여기서 건축물은 집이나 사무실 건물과 같은 주거가 가능한 구조물은 물론이고, 반드시 주거를 주된 목적으로 하지 않는, 예컨대 예배당, 정자(亭子), 전시장, 가설 건축물 등을 포함한다. 다만, 주거를 목적으로 하지 않는다고 하더라도 어느 정도 사람의 통상적인 출입이 예정되어 있어야 건축저작물이라고 할 수 있을 것이지, 그렇지 않다면 조형미술저작물로 볼 수는 있을지언정 건축저작물이라고 보기는 어려울 것이다.[119] 예를

---

117) 류시원, "공정이용 판단의 고려요소로서 '변형적 이용'의 한계", 한국저작권위원회, 계간 저작권, 2022 년 겨울호, 제35권 제4호(통권 제140호), 8면.

118) 그러나 반드시 '토지상'의 공작물이 아니라 하더라도, 예를 들어 한강 수면 위에 건축된 '세빛둥둥섬' (Floating Islands)과 같이 하천이나 바다 위에 세워진 건물도 건축저작물이 될 수 있다.

119) 서울중앙지방법원 2015. 2. 13. 선고 2014가합520165 판결(항소)은, "골프장의 경우 연못이나 홀의 위치와 배치, 골프코스가 돌아가는 흐름(routing plan) 등을 어떻게 정하느냐에 따라 다른 골프장과 구분되는 개성이 드러날 수 있고, 시설물이나 골프코스의 배치 및 루팅 플랜 등을 정함에 있어 골프장 부지의 지형, 토양, 일조방향, 바람, 식생 등 자연적 요소와 진입도로, 관리도로, 상수, 오수, 전기, 통신 등의 관로배치 등을 종합적으로 고려함으로써 골프장의 전체적인 미적 형상을 표현하게 되는바, 이 사건 골프장은 클럽하우스, 연결도로, 홀(티 박스, 페어웨이, 그린, 벙커, 러프 등), 연못과 그 밖의 부대시설 등의 구성요소가 골프장 부지 내에서 배치되고 서로 연결됨에 있어 각각 다른 골프장들과 구별할 수 있을 정도로 창조적인 개성이 인정된다고 할 것이므로, 저작권의 보호대상인 저작물에 해당한다"고 판시하고 있다. 이 판결은 골프장의 저작물성을 인정하면서도 저작물의 예시 규정 중 어느 종류의 저작물에 해당하는지는 명백히 밝히고 있지 않은데, 전체적인 판결 취지에 비추어 볼 때 건축저작물로 인정한 것으로 이해된다. 그 후 이 사건의 항소심인 서울고등법원 2016. 12. 1. 선고 2015나2016239

들어, 같은 탑(塔)이라고 하더라도 남산타워 같은 구조물은 사람의 통상적인 출입이 예정되어 있기 때문에 건축저작물로 볼 수 있겠지만, 그렇지 않은 다보탑이나 석가탑과 같은 것은 미술저작물로 보는 것이 타당하고 이를 건축저작물의 개념으로 파악할 것은 아니라고 생각된다.[120] 또한 실내건축도 건축저작물로 성립할 수 있다. 정원(庭園)·다리(橋)·탑(塔)과 같은 건축물은 그것이 전체 건축저작물의 일부를 구성하는 경우도 있겠지만, 독립하여 그 자체가 창작성을 가지고 있다면 독립한 건축저작물로 평가될 수 있을 것이다.[121]

우리나라 저작권법은 제 4 조 제 1 항 제 8 호에서 지도·도표·설계도·약도·모형 그 밖의 도형저작물을 예시하고 있고, 이와는 따로 같은 조 제 5 호에서 건축저작물 중 건축을 위한 모형 및 설계도서를 건축저작물에 포함시키고 있다. 즉, 건축설계도는 제 5 호와 제 8 호 모두에 속할 수 있는 것처럼 규정되어 있는데, 제 5 호 중에 건축을 위한 설계도서가 포함된 것은 사족이라는 비판이 있다.[122] 참고로 일본 저작권법 제10조 저작물의 예시규정에 따르면, 같은 조 제 5 호의 건축저작물에는 건축물만이 해당되고, 설계도면 등은 같은 조 제 6 호의 도형저작물에서 건축저작물과 독립하여 규정하고 있다.[123] 반면에 미국 저작권법은, 제101조에서 건축설계도면은 건축저작물과 미술저작물(회화·그래픽·조각을 포함하는) 양쪽에 해당하는 것으로 정의하고 있다.[124] 이렇게 본다면 우리나라 저작권법의 규정은 미국과 유사하며, 건축설계도면은 도형저작물과 건축저작물의 양면성을 가지고 있는 것으로 파악할 수 있을 것이다.[125]

판결(상고)에서는, 골프장이 건축법령상 건축물 중 운동시설로 분류되어 있는 점 등에 비추어 볼 때, 골프장의 골프코스는 건축저작물에 해당한다고 적극적으로 판단하였다(대법원 2020. 3. 26. 선고 2016 다276467 판결로 확정). 이 사건에서 법원은, 골프코스의 저작권자는 골프장 운영 사업자가 아니라, 골프코스 설계자라고 보았다. 골프장 운영 사업자는 저작권자는 아니지만, 부정경쟁방지법 제2조 제1호 파목의 부정경쟁행위를 주장할 수 있다고 하였다.

[120] 미국 저작권법은 해석상 주거의 개념과는 상관이 없는 교량이라든가 고속도로 입체교차로, 댐과 같은 것은 건축저작물이 아니라고 본다; H.R. Rep. No. 735, 101st Cong., 2d Sess. 20(1990); Glodstein, op. cit., p. 2: 135에서 재인용.

[121] 加戶守行, 著作權法逐條講義, 改訂新版, 社團法人 著作權情報センタ, 1994, 93면; 송영식 외 2인, 전게서, 433면.

[122] 송영식 외 2인, 전게서, 433면.

[123] 일본 저작권법 제10조
제 5 호: 건축저작물
제 6 호: 지도 또는 학술적인 성질을 가지는 도면, 도표, 모형 그 밖의 도형저작물

[124] 17 U.S.C. 101: … An "architectural work" is the design of a building as embodied in any tangible medium of expression, including a building, architectural plans, or drawings. … "Pictorial, graphic, and sculptural works" include two-dimensional and three-dimensional works of fine, graphic, and applied art, photographs, prints and art reproductions, maps, globes, charts, diagrams, models, and technical drawings, including architectural plans.

[125] 허희성, 전게서, 48면.

나. 건축저작물의 창작성

건축물을 저작물로 보호하는 취지는 건축물에 의하여 표현된 '미적 형상'을 모방건축으로부터 보호하는 데 있다. 따라서 건축물이기만 하면 모두 본 호에서 말하는 건축저작물로 성립할 수 있는 것은 아니다. 아무 곳에서나 흔히 볼 수 있는 일반 주택과 같은 것은 건축저작물로 될 수 없다. 이러한 관점에서 건축저작물에 대하여는 그 요구되는 창작성의 정도에 관하여 논란이 있다.

(1) 일 본

일본 저작권법은 건축물만을 건축저작물로 규정하고, 설계도면은 도형저작물의 한 종류로 규정하고 있다. 이에 따라 건축물과 설계도면이 요구하는 창작성의 정도를 각각 달리 보고 있는 것이 종래의 통설이다.[126]

일본의 통설은 건축설계도는 일본 저작권법 제10조 제 1 항 제 6 호가 규정하는 "학술적 성질을 가지는 도면저작물(도형저작물)"에 해당하면서, 아울러 주거 등 실생활에 사용되는 건축물을 건축하기 위한 것으로서 학술적 성격 외에 실용적·기술적 성격을 가지고 있는 기능적 저작물이므로, 그 창작성을 인정함에 있어서는 문예적 저작물보다 엄격한 기준을 적용하여야 한다고 본다.

다음으로 건축저작물로 성립하기 위한 창작성에 관하여는, 흔히 있는 평범한 건축물이 아니라 적어도 건축예술 또는 미술로 평가될 수 있을 정도의 예술성을 가져야 하며, 건축가의 문화적 정신성(精神性)이 감득될 수 있는 것이어야 창작성이 있다고 본다. 미술저작물의 경우에는 어린이가 그린 그림이라도 그것이 그 어린이 나름대로의 지적 활동의 결과물이라면 예술성의 많고 적음을 떠나 저작물로서 보호를 받게 되지만, 건축저작물이 되기 위하여서는 단순히 지적 활동의 결과물이라는 것만으로는 부족하고, 어느 정도의 예술성을 갖춤으로서 건축가의 문화적 정신성이 보는 사람에게 감득될 수 있어야 한다고 본다.

(2) 우리나라

우리나라에도 건축저작물의 창작성을 상당히 높은 정도로 요구하는 견해가 있다. 이 견해에 의하면 건축물이라고 하여 모두 다 건축저작물이 되는 것은 아니고, 궁전이나 개선문 등 역사적 건축물로서 대표되는 바와 같이 지적 활동에 의해서 창작된 건축예술이라고 평가되는 건축물에 한하여 건축저작물로 인정되고, 그렇지 못한 일반 건축물은 건축저작물에

---

126) 이하 著作權判例百選, 제 2 판, 別冊 ジュリスト, No.128, 有斐閣, 1994. 6, 50면 참조.

포함되지 않는다고 한다.127) 이와 약간 다른 견해도 있는데, 건축저작물로 보호되는 건축물은 예술성이 높은 사원(寺院)이나 궁전, 박물관, 올림픽 기념탑 등에 한정된다고 볼 것은 아니며, 빌딩이나 일반 주택 등에 있어서도 아주 흔한 것은 그만두고라도 그것이 사회통념상 '미술의 범위'에 속한다고 인정되는 경우라면 건축저작물에 해당한다고 한다.128) 앞의 견해는 다른 일반 저작물과는 달리 건축저작물로 되기 위하여는 어느 정도의 예술성을 요구한다는 점에서 일본의 종래의 통설과 궤를 같이 하고 있다.

그러나 예술성이나 미술성 등 다분히 주관적인 요소에 따라서 건축저작물의 저작물성을 판단하는 것이 적절한가는 문제이다. 명시적인 규정이 없음에도 불구하고 굳이 건축저작물의 경우에만 창작성의 기준을 다른 저작물보다 높은 수준으로 요구하는 것이 합리적인 근거가 있는지도 의문이다. 건축저작물이 저작물의 한 종류로서 예시되어 있는 이상 다른 일반 저작물과 마찬가지로 건축물 자체의 창작성 유무에 따라서 저작물성을 판단하는 것이 적절하다고 생각한다. 다만, 건축저작물은 미술저작물이나 사진저작물과 같이 시각적 저작물에 해당하고 베른협약 제 2 조 제 1 항이 건축저작물을 넓은 의미에서의 미술저작물에 포함시키고 있는 점과, 미술저작물의 창작성은 형상, 색채, 명암 등의 시각적 요소에 의하여 미적(美的)으로 표현되는 것이라는 점에 비추어 건축저작물의 창작성 역시 미술저작물처럼 일정한 정도의 개성이 발현된 미적 표현을 요구한다고 보면 된다. 따라서 건축저작물의 창작성은 창작성의 기준으로 판단하되, 다만 건축은 실용성(實用性), 기술성(技術性) 등 기능적 저작물로서의 성질이 있는 만큼 그 보호범위가 축소된다고 보면 족할 것이다.129)

관련하여 대법원 2020. 4. 29. 선고 2019도9601 판결(일명 '테라로사 카페 건물' 사건)은, "건축저작물은 이른바 기능적 저작물로서, 건축분야의 일반적인 표현방법, 용도나 기능 자체, 저작물 이용자의 편의성 등에 따라 표현이 제한되는 경우가 많다. 따라서 건축물이 그와 같은 일반적인 표현방법 등에 따라 기능 또는 실용적인 사상을 나타내고 있을 뿐이라면 창작성을 인정하기 어렵지만, 사상이나 감정에 대한 창작자 자신의 독자적인 표현을 담고 있어 창작자의 창조적 개성이 나타나 있는 경우라면 창작성을 인정할 수 있으므로 저작물로서 보호를 받을 수 있다."고 판시하였다.130)

---

127) 허희성, 전게서, 49면.
128) 송영식 외 2인, 전게서, 433면.
129) 著作權判例百選, 전게서, 51면.
130) 이 사건에서 대법원은, "(테라로사 카페) 건축물은 외벽과 지붕슬래브가 이어져 1층, 2층 사이의 슬래브에 이르기까지 하나의 선으로 연결된 형상, 슬래브의 돌출 정도와 마감 각도, 양쪽 외벽의 기울어진 형태와 정도 등 여러 특징이 함께 어우러져 창작자 자신의 독자적인 표현을 담고 있어, 일반적인 표현방법에 따른 기능 또는 실용적인 사상만이 아니라 창작자의 창조적 개성을 나타내고 있으므로 저작권법으로 보호되는 저작물에 해당한다"고 하여 저작권침해를 인정하였다.

(3) 아파트 내부평면 설계도 사건

건축저작물과 관련하여 실무상 자주 일어나는 분쟁의 형태로서 아파트 평면설계도를 둘러싼 저작권 분쟁을 들 수 있다. 서울고등법원 2004. 9. 22.자 2004라312 결정(일명, '아파트 평면설계도' 사건)은, 설계도서는 건축저작물의 일종으로서 그 표현에 있어 창작성(originality)을 구비할 경우 저작권법에 의한 보호를 받을 수 있으나, 이러한 건축저작물은 기본적으로 기능적 저작물로서 이에 기초한 건축물의 편의성, 실용성 및 효율성 등의 기능적 가치에 중점을 둘 수밖에 없으며, 특히 아파트 설계도와 같은 경우에는 그 기능을 구현하는 표현방법에 있어 다양성이 제한되어 있는 관계로, 이른바 '합체의 원칙'(merger doctrine)에 의하여 현실적으로 저작권적 보호가 인정되는 부분은 극히 제한될 수밖에 없다고 하였다.

또한 이 사건 설계도는 이미 존재하는 아파트 설계도 형식을 그대로 사용하거나 다소 변용한 것에 불과하여 저작권으로써 보호받을 만한 어떠한 독창성을 가지고 있다고 할 수 없을 뿐만 아니라, 34-35평형 아파트를 설계하는 데 있어서 공간적 제약, 필요한 방실의 수 등의 제약요소로 인하여 상정이 가능한 극히 제한된 표현형태의 하나로 볼 것이므로, 합체의 원칙이 적용되고 따라서 저작권의 보호를 받을 수 없다고 하였다.

대법원 2009. 1. 30. 선고 2008도29 판결도 아파트 내부평면 설계도와 관련하여 같은 취지의 판시를 하고 있다. 이 판결에서는, 아파트의 경우 해당 건축관계 법령에 따라 건축 조건이 이미 결정되어 있는 부분이 많고 각 세대전용면적은 법령상 인정되는 세제상 혜택이나 그 당시 유행하는 선호 평형이 있어 건축이 가능한 각 세대별 전용면적의 선택에 제약이 따를 수밖에 없으므로, 이 사건 각 평면도 및 배치도에 저작물로서의 창작성이 있다고 보기는 어렵다고 하였다.

다. 건축물과 설계도면의 관계 – 건축물의 복제

(1) 문제의 소재

저작권법 제2조 제22호는 복제의 개념을 정의하면서, "건축물의 경우에는 그 건축을 위한 모형 또는 설계도서에 따라 이를 시공하는 것을 포함한다"고 규정하고 있다. 이 규정은 설계도만 존재하고 아직 그에 따른 건축이 이루어지지 않은 상태에서 제3자가 그 설계도에 따라 먼저 건축을 하는 경우를 침해로 인정하기 위한 규정이다.

예를 들어, 甲이 창작성 있는 건물 X를 건축하기 위하여 그 설계도를 작성하였다고 가정하자. 만약 乙이 甲의 허락 없이 그 설계도를 복제(copy)하였다면 이는 당연히 설계도(도형저작물과 건축저작물 양자의 성격을 갖는다)의 복제가 되어 침해로 인정될 것이다. 또 甲이 자신의 설계도에 따라 건물 X를 건축하였는데, 그 건물을 보고 乙이 그와 동일한 건물을 모방

건축 하였다면 甲이 저작권을 가지는 건물 X(건축저작물)에 대한 복제권의 침해가 될 것이다. 여기까지는 별다른 의문이 없다. 문제는 甲이 설계도만 작성하고 아직 그에 따른 건축을 하지 아니하였는데, 乙이 그 설계도를 암기하거나 또는 다른 경로로 입수하여(따라서 설계도 자체의 복제는 하지 아니하였다) 甲보다 앞서서 건물 X를 건축한 경우이다. 이때에는 설계도 자체의 복제행위도 없고 그렇다고 아직 존재하지도 않는 건축물에 대한 복제가 있었다고 말할 수도 없다. 그러나 이러한 행위를 침해로 인정하지 못한다는 것은 부당하다. 따라서 이와 같은 경우에도 침해가 성립할 수 있도록 한 것이 바로 저작권법 제 2 조 제22호의 규정인 것이다.

이 규정은 건축 설계도면에는 이미 관념적인 건축물이 표현되어 있는 것으로 본다는 취지가 포함되어 있다. 설계도면에 따라 건축을 하는 것은 아직 건축물이 현실로 존재하지 않는다 하더라도 그 설계도면에 관념적으로 표현되어 있는 건축물을 복제하는 것이 되어 복제권의 침해가 성립한다고 보는 것이다. 즉, 건축저작물의 경우 기계나 장치 등과는 달리 그 모형이나 설계도서에 따른 시공을 통하여 완성된 건축물 역시 저작물로 보호된다는 특징이 있고, 건축저작물의 창작적 표현은 그 모형이나 설계도서에 이미 관념적으로 나타나 있기 때문에, 건축을 위한 모형이나 설계도서에 따른 시공은 그러한 관념적 표현을 현실화하는 것이어서 건축물에 대한 복제로 보는 것이다.

(2) 학 설

이러한 이론구성에 대하여는 건축저작물의 개념에 모형이나 설계도서가 포함되고, 그러한 모형이나 설계도서에 따라 건축물을 완성한다면 그것을 복제라고 하기에 아무런 지장이 없는 것인데, 굳이 이 규정과 같은 정의가 필요한지 의문이며, 따라서 이 규정은 확인규정이라고 할 수는 있으나 불필요한 것이라는 견해가 있다.[131] 타당한 지적이라고 생각한다. 우리 저작권법은 건축을 위한 모형 또는 설계도서를 건축저작물로 규정하고 있고, 따라서 모형 또는 설계도서에 따라 건축물을 완성하면 이를 건축저작물에 대한 복제로 볼 수 있으므로, 복제에 대한 정의 규정에서 유독 건축저작물의 경우에만 이와 같은 특별한 사항을 두는 것도 어색하다. 그런 의미에서 본 규정은 위 견해가 지적하고 있는 바와 같이 확인적 의미라고 보는 것이 타당하다.[132]

이 규정은 건축설계도면에만 적용되며 다른 설계도면에는 적용되지 않는다. 예를 들어 기계 설계도면에 따라 기계를 제작하였다 하더라도 제22호 규정을 유추적용하여 저작권침

---

131) 최경수, 전계서, 145-146면.
132) 半田正夫・松田政行, 著作權法コンメンタール, 勁草書房(1), 253면.

해를 인정할 수는 없다.[133] 그러나 건축설계도와 모형만이 아니라, 대형 조각품이나 조형물 같이 그 제작을 위해 설계도나 모형의 작성이 필요한 다른 저작물의 경우에도 창작적 표현이 관념적으로 표현되어 있는 것은 마찬가지라고 할 것이므로, 이 규정은 그러한 대형 조각품이나 조형저작물에도 유추적용할 수 있는 것으로 해석된다.

(3) 판   례

최근 대법원 2019. 5. 10. 선고 2016도15974 판결은, "저작권법 제2조 제22호는 '복제'의 의미에 대해 '인쇄·사진촬영·복사·녹음·녹화 그 밖의 방법으로 일시적 또는 영구적으로 유형물에 고정하거나 다시 제작하는 것'이라고 규정하고 있다. 이러한 복제에는 도안이나 도면의 형태로 되어 있는 저작물을 입체적인 조형물로 다시 제작하는 것도 포함한다. 위 조항의 후문은 '건축물의 경우에는 그 건축을 위한 모형 또는 설계도서에 따라 이를 시공하는 것을 포함한다.'라고 규정하고 있으나, 이는 저작물인 '건축물을 위한 모형 또는 설계도서'에 따라 건축물을 시공하더라도 복제에 해당한다는 점을 명확히 하려는 확인적 성격의 규정에 불과하다."고 판시함으로써 위 규정의 취지를 밝히면서, 아울러 위 규정이 건축저작물의 경우만이 아니라, 다른 일반 저작물의 제작을 위한 모형이나 설계도에도 적용된다는 점을 분명히 하였다.[134]

라. 건축설계계약과 설계도의 이용권

(1) 판   례

건축설계계약의 성격과 설계도의 이용권에 관하여 대법원 2000. 6. 14.자 99마7466 결정은 매우 의미있는 판시를 한 바 있다.[135]

대법원은, 인허가 등 각종 용역업무와 설계도급 등 복합적이고 가분적인 내용들로 이루어진 건축설계계약에 있어, 설계도서 등이 완성되어 건축주에게 교부되고, 그에 따라 설계비 중 상당부분이 지급되었으며, 그 설계도서 등에 따른 건축공사가 상당한 정도로 진척되어 이를 중단할 경우 중대한 사회적·경제적 손실을 초래하게 되고 완성된 부분이 건축주에게 이익이 되는 경우에는, 건축사와 건축주와의 사이에 건축설계계약 관계가 해소되더라도

---

133) 오오사카지방법원 1992. 4. 30. 선고 1436호 판결; 著作權判例百選, 전게서, 54면에서 재인용.
134) 이 사건의 원심인 대전지방법원 2016. 9. 22. 선고 2015노3038 판결에서는, "피고인이 이 사건 도안에 따라서 이 사건 조형물을 제작한 행위는, 설령 그 이전에 이 사건 도안이 형상화한 조형물이 존재하지 않았다 하더라도, 이 사건 도안에 따른 관념적인 조형물의 복제로서 위 조항에서 정의하는 복제에 해당한다."고 판시하였다.
135) 이 결정의 취지는 대법원 2022. 5. 12. 선고 2020다240304 판결로 다시 한 번 확인되었다.

일단 건축주에게 허여된 설계도서 등에 관한 이용권은 의연 건축주에게 유보되며, 따라서 건축설계계약이 설사 피신청인(乙)의 귀책사유로 해제되었다 하더라도 신청인(甲)이 설계도서에 관한 저작재산권(복제권)자로서의 지위를 회복하는 것은 아니라고 판단하였다.

(2) 이용권의 내용

건축주는 건축설계계약에 의하여 건축가로부터 인도 받은 설계도서에 따라 건축을 시행하는데, 이는 1회의 건축에 한정되는 것인가, 아니면 동일한 건축설계도서에 따라서 2회 이상의 건축을 행하는 것도 가능한 것인가. 또 건축가는 그가 작성한 건축설계도서에 의하여 이미 건축이 행해진 경우에 그 건축설계도서를 이용하여 다시 다른 장소에 건축을 하도록 할 수 있을 것인가. 이 문제와 관련된 것이 건축설계도서의 '이용권'이다.

우리나라 판례 중에서 설계도서의 이용권에 대하여는 위 대법원 판결이 처음으로 인정한 것으로 보인다. 판결내용에 비추어 볼 때 대법원은 모든 경우에 건축설계도서에 대한 건축주의 이용권을 인정하는 것이 아니라, 일정한 요건 아래에서만 이를 인정하는 취지로 이해된다. 그 요건으로서 대법원은, 첫째, 건축설계계약이 가분적인 내용들로 이루어질 것, 둘째, 설계도서 등이 완성되어 건축주에게 교부되고, 그에 따라 설계비 중 상당부분이 지급되었을 것, 셋째, 그 설계도서 등에 따른 건축공사가 상당한 정도로 진척되어 이를 중단할 경우 중대한 사회적, 경제적 손실을 초래하게 되고 완성된 부분이 건축주에게 이익이 될 것 등을 들고 있다. 이러한 해석론은 이용권의 근거를 신의성실의 원칙에서 찾는 독일에서의 해석론과 유사하다.

6. 사진저작물

가. 의 의

사진저작물은 인간의 사상이나 감정을 일정한 영상에 의하여 표현한 저작물을 말하며, 여기에는 사진 및 이와 유사한 방법으로 제작된 것이 포함된다(저작권법 제4조 제1항 제6호). 사전적 정의로 본다면 '사진'이라 함은 "빛이나 복사 에너지의 작용을 통하여 감광성의 물체 위에 피사체의 형태를 영구적으로 기록하는 방법"이라고 할 수 있다.[136] 저작권법의 역사에서 볼 때 사진저작물은 다른 저작물에 비하여 상대적으로 늦게 저작물로서 인정을 받았다. 사진은 그 발달 초기에는 저작물이라기보다 사물을 정확하게 재현하는 것, 즉 복제의 한 수단이나 방법으로만 인식되었기 때문이다. 그러다가 점차 사진촬영 과정에서 발휘되

---

136) 한국 브리태니커 온라인 사전 참조.

는 창작성에 주목하면서, 사진을 문화·예술의 한 분야로 받아들이게 되고, 그 저작권 보호에 관심을 가지게 되었다. 국제조약에서 사진을 저작물로 처음 받아들인 것은 1908년 베른협약 베를린 개정회의에서였다고 한다.

사진저작물은 '일정한 영상'을 표현매체로 한다는 점에서 '연속적인 영상'을 표현매체로 하는 영상저작물(같은 조 제7호)과 구별되며, 사진기와 같은 기계에 의존한다는 점에서 미술저작물(같은 조 제4호)과도 구별된다. 사진은 광선의 물리적·화학적 작용을 이용하여 피사체를 필름 등에 재현함으로써 제작하는 것이고, 이와 유사한 방법에 의하여 제작한 저작물, 예컨대 그라비아(사진요철, photogravure)인쇄, 사진염색을 비롯하여 디지털 사진 등도 역시 사진저작물에 포함된다.[137] 또한 청사진, 전송사진 기타 인쇄술에 이용되는 Collotype 등도 사진과 유사한 방법에 의하여 제작되는 것이라고 할 수 있다. 저작권법 제4조 제1항 제6호가 사진저작물을 예시하면서 사진저작물과 유사한 제작 방법으로 제작된 것을 포함한다고 규정한 것은 새로운 기술방법이 개발되는 것을 고려하여 그러한 것까지 보호하기 위한 이른바 '개방조항'의 형식을 취한 것이다. 작동방식이나 결과에 있어서 사진적인 창작과 유사한지 여부가 '유사한 방법으로 제작된 것'에 포함되는지의 기준이 될 것이다.[138]

나. 사진저작물의 창작성

(1) 문제의 소재

사진저작물은 이미 존재하는 피사체를 기계적·화학적 방법에 의하여 재현해 내는 저작물이라는 점에서 미술저작물이나 건축저작물 등 다른 시각적 저작물과 구별되는 특성을 가지고 있다. 그래서 이와 같이 기계적·화학적 방법에 의하여 작성되는 재현작품이 과연 저작물로서의 성립요건인 창작성을 갖추고 있는지 여부에 관하여 의문이 있을 수 있다.

사진저작물의 창작성 문제와 관련하여서는 저작물의 성립요건 중 창작성 부분에서 살펴본 오스카 와일드의 인물사진에 대한 미국 연방대법원의 Burrow-Giles 사건[139]이 이 문제를 다룬 효시라고 할 수 있다. 이 판례에서는 피사체를 단순히 기계적인 방법으로 촬영한 것이 아니라 촬영자가 스스로 피사체의 포즈와 의상, 배경이 되는 휘장이나 기타 여러 가지 장식물들, 조명의 방향과 세기 등을 연출하였다면 저작물로 되기 위한 창작성이 인정된다고 하였다. 유명 TV탤런트의 브로마이드 사진[140]의 저작물성이 문제로 된 일본의 하급심 판결

---

137) 半田正夫, 전게서, 101면.
138) 박익환, 사진의 저작권보호, 계간 저작권, 2002. 여름호, 저작권심의조정위원회, 67면.
139) Burrow-Giles Lithographic Co. v. Sarony, 111 U.S. 53(1884).
140) 브로마이드(bromide) 사진은 취화은(silver bromide)을 감광제로 사용한 사진용 인화지에 연예인, 가수 등의 모습을 담은 대형 사진을 말한다.

에서도, "브로마이드 사진은 그 성격상 주로 젊은 팬들을 대상으로 한다는 점 때문에, 피사체의 특징을 나타내기 위하여 그에 맞는 포즈와 표정을 취하게 하고, 배경과 조명의 배합을 보아가면서 셔터찬스를 기다리다가 최종적으로 팬들의 기호에 맞는 표현을 포착하여 촬영을 하는 것이므로, 이러한 조작을 거쳐 제작되는 사진에는 촬영자의 개성과 창조성이 나타나는 것이고, 단순한 기계적 작용에 의하여 표현되는 증명사진과 달리 사진저작물로 성립할 수 있다."고 판시한 것이 있다.[141]

이와 같이 사진저작물이 성립하기 위하여서는, 피사체의 선택·구도의 설정·빛의 방향과 양의 조절·카메라 앵글의 설정·셔터찬스의 포착 등에 개성과 창조성이 있어야 한다. 따라서 증명사진처럼 기계적 방법으로 피사체를 충실하게 복제하는 데 그치는 것은 사진저작물로 될 수 없다.

(2) 판 례

(가) 대법원 2001. 5. 8. 선고 98다43366 판결

이 판결은 광고용 사진에 관한 것이다. 원고가 촬영한 사진은 피고회사가 제작, 판매하는 햄 제품 자체를 촬영한 사진(제품사진)과, 이러한 햄 제품을 다른 장식물이나 과일, 술병 등과 조화롭게 배치하여 촬영함으로써 제품의 이미지를 부각시켜 광고의 효과를 극대화하기 위한 사진(이미지사진)으로 대별되는데, 그 중 제품사진은 비록 광고사진작가인 원고의 기술에 의하여 촬영되었다고 하더라도, 그 목적은 피사체인 햄 제품 자체만을 충실하게 표현하여 광고라는 실용적인 목적을 달성하기 위한 것이고, 다만 이때 그와 같은 목적에 부응하기 위하여 그 분야의 고도의 기술을 가지고 있는 원고의 사진기술을 이용한 것에 불과하며, 거기에 저작권법에 의하여 보호할 만한 원고의 어떤 창작적 노력 내지 개성을 인정하기 어렵다고 하였다. 또한 이와 같은 제품사진에 있어 중요한 것은 얼마나 피사체를 충실하게 표현하였나 하는 사진 기술적인 문제이고, 표현하는 방법이나 표현에 있어서의 창작성이 아니라고 할 것이니, 비록 거기에 원고의 창작이 전혀 개재되어 있지 않다고는 할 수 없을지 몰라도 그와 같은 창작의 정도가 저작권법에 의하여 보호할 만한 것으로는 볼 수 없다고 판단하였다.[142]

(나) 대법원 2010. 12. 23. 선고 2008다44542 판결

이 판결은 특정한 수술기를 이용한 수술장면을 그대로 촬영한 사진저작물의 창작성이 문제로 된 사건이다. 대법원은, 원고의 사진들은 원고가 생산한 고주파 수술기를 이용

---

141) 동경지방법원 1987. 7. 10. 선고 소화 57(ㄱ) 2997 판결; 著作權判例百選, 전게서, 56면에서 재인용.
142) 이 사안에서 '제품사진'이 아닌 '이미지 사진'에 대하여는 대법원이 그 창작성을 인정하였다.

하여 치핵절제시술을 하는 과정을 촬영한 것, 고주파 응고법에 의한 자궁질부미란 치료의 경과를 촬영한 것 등으로 모두 촬영 대상을 중앙 부분에 위치시킨 채 근접한 상태에서 촬영한 것이고, 이는 모두 고주파 수술기를 이용한 수술 장면 및 환자의 환부 모습과 치료 경과 등을 충실하게 표현하여 정확하고 명확한 정보를 전달한다는 실용적 목적을 위하여 촬영된 것이어서, 이 사진들은 저작권법상의 사진저작물로서 보호될 정도로 촬영자의 개성과 창조성이 인정되는 저작물에 해당한다고 보기는 어렵다고 하였다.[143]

(다) 기 타

① 'before/after 사진'

원고(성형외과 의사)의 홈페이지에 실린 모발이식수술 치료 전후의 사진과 온라인을 통한 환자에 대한 상담내용을 무단으로 자신이 치료한 환자의 임상사례인 것처럼 방송에서 그 사진을 제시하고, 또한 자신이 스스로 상담한 내용처럼 자신의 홈페이지 온라인 상담코너에 그대로 옮겨 싣는 방법으로 이용한 피고(의사)의 행위가 주위적으로 저작권침해행위에 해당하는지 여부와, 저작권을 침해하지 않는다 하더라도 예비적으로 일반불법행위책임이 성립할 여지는 없는지 여부가 다투어진 사건이 있었다. 이 사건에서 서울중앙지방법원 2007. 6. 21. 선고 2007가합16095 판결은, 모발이식 전후의 환자사진은 모발치료의 효과를 나타내고자 하는 실용적 목적으로 촬영된 것으로서 피사체의 선정, 촬영방법 등에서 촬영자의 개성과 창조성[144]이 인정되지 않으므로 사진저작물로 볼 수 없고, 홈페이지에서 온라인을 통한 환자에 대한 상담내용을 적은 글 역시 그 상담내용을 표현하는 방법이 한정되어 있어, 누구라도 그러한 내용을 표현할 경우 유사하게 표현할 수밖에 없으므로 저작자의 개성과 창조성이 드러난 어문저작물로 볼 수 없다고 하여 주위적 주장을 배척하였다.

그러나 일반 불법행위를 이유로 한 예비적 주장에 대하여는, "홈페이지를 통하여 인터넷에 공개된 정보는 저작권법에 따라 배타적인 권리로 인정되지 않는 한 제3자가 이를 이용하는 것은 원칙적으로 자유이지만, 부정하게 스스로의 이익을 꾀할 목적으로 이를 이용하거나 또는 정보제공자에게 손해를 줄 목적에 따라 이용하는 등의 특별한 사정이 있는 경우에는 불법행위가 성립할 수 있다"고 한 후, 피고의 위와 같은 행위는 경쟁관계에 있는 원고의 수년간의 연구 성과와 임상경험에 편승하여 부정하게 스스로의 이익을 꾀할 목적으로 이용한 것으로서, 공정하고 자유로운 경쟁원리에 의해 성립하는 거래사회에 있어서 현저하게 불공정한 수단을 사용함으로써 사회적으로 허용되는 한도를 넘어, 원고의 법적으로 보호할 가치 있는 영업활동상의 이익을 위법하게 침해하는 것으로서, 민법 제750조의 불법행위

---

143) 대법원 2010. 12. 23. 선고 2008다44542 판결.
144) 이 판결에서는 '창작성'이라는 일반적인 용어 대신에 '창조성'이라는 용어를 사용하고 있다.

를 구성한다고 하여 손해배상책임을 인정하였다.

② 파파라치 사진

연예인 등 유명인사를 쫓아다니며 개인의 사생활에 접근해서 특종이나 경제적 대가 등을 목적으로 촬영하는 사진을 '파파라치'(paparazzi) 사진이라고 한다. 이러한 사진들은 경우에 따라 매우 큰 경제적 가치를 가지기도 하지만, 반면에 그 창작성이 문제될 가능성이 적지 않다. 하급심 판결 중 서울남부지방법원 2014. 4. 24. 선고 2013가단215014 판결은 유명인 남녀가 사적으로 만나는 현장을 몰래 촬영한 사진의 창작성이 문제로 된 사건에서, "이 사진은 유명 남자 운동선수와 여자 아나운서가 공개적이지 않은 장소에서 사적인 만남을 가지고 있다는 사실을 전달하기 위한 목적으로 촬영된 점, 이 사진을 촬영하면서 사용된다는 사진 기술은 특정 남녀가 사적인 만남을 가지고 있다는 사실을 전달하기 위해 촬영 대상이 되는 사람이 누구인지와 그들이 어떠한 행동을 하고 있는지가 잘 식별되도록 함을 목적으로 하여 활용되는 것인 점, 이 사건 각 사진을 촬영하는 상황의 특성상 촬영 대상이 특정한 연예인으로서 비대체적이고 촬영자가 촬영 시간을 자유롭게 정할 수·없으며 연예인들이 촬영되지 않도록 드러나려고 하지 않기 때문에 촬영자가 사실 전달의 목적 달성을 넘어서서 자신의 개성을 표현하기 위해 구도를 설정하거나 빛의 방향과 양, 카메라 각도를 조절하는 등의 작업을 할 여지가 없어 보이는 점에 비추어 보면, 이 사건 각 사진은 저작권법에 의하여 보호할 만한 원고의 창작적 노력 내지 개성을 인정하기 어렵다 할 것이므로 저작권법에서 보호받는 저작물이라 할 수 없다"고 판시하였다.[145]

다. 유체물이나 동물 등의 소유권과 사진촬영

유체물 등의 소유자는 그 유체물을 사용, 수익할 수 있는 권리를 독점하므로 공개된 유체물을 사진으로 촬영하여 그 사진을 영리목적으로 복제, 발표하는 것을 금지할 수 있다. 따라서 진기한 물건을 사진제작하여 이용하려고 하는 자는 그 소유자의 허락을 얻어야 한다.[146] 물건에 대하여도 이른바 '퍼블리시티권'이 성립될 수 있는가에 대하여는 논란이 있다. 이러한 논점에 대한 검토는 제 4 장 저작자의 권리 중 '저작재산권과 소유권' 항목에서 하기로 한다.

---

145) 이 사건에서는 원고가 이 사건 사진이 저작물임을 전제로 저작권침해에 따른 청구만을 하고 있어 원고 청구가 기각되었다. 그러나 앞의 'before/after 사진'의 경우처럼 선택적 또는 예비적으로 일반 불법행위에 기한 청구도 하였더라면 그 부분 청구는 어떻게 되었을지 생각해 볼 필요가 있다.

146) 송영식 외 2인, 전게서, 434면.

라. 위탁에 의한 초상화·사진

인물에 대한 초상화나 사진작품의 저작권은 당연히 그 초상화를 그린 화가 또는 그 사진을 촬영한 사진사에게 귀속된다. 그러나 저작권이 화가나 사진사에게 있다고 하여 그 초상화나 사진의 작성을 위탁한 인물의 허락 없이 마음대로 초상화·사진을 복제하여 이용할 수 있다고 하면 곤란하다. 예를 들어 A라는 사람이 동네 사진관에서 사진사 B에게 의뢰(위탁)하여 사진촬영을 하였는데, A가 나중에 유명한 탤런트가 되자 B가 A의 허락 없이 A의 사진을 복제하여 상업적으로 이용하는 경우를 생각해 볼 수 있다. 이때 퍼블리시티권에 의한 해결을 도모할 수도 있겠지만 저작권법도 이러한 경우를 대비하여 특별한 규정을 두고 있다.

즉, 저작권법 제35조 제 4 항은, "위탁에 의한 초상화 또는 이와 유사한 사진저작물의 경우에는 위탁자의 동의가 없는 때에는 이를 이용할 수 없다"고 규정하고 있다. 초상 또는 사진 본인의 인격권 보호를 위하여 저작권을 제한하고 있는 것이다.

7. 영상저작물

가. 의   의

영상저작물은 연속적인 영상을 매개체로 하여 사람의 사상 또는 감정을 표현한 저작물이다. 저작권법 제 2 조 제13호는 영상저작물을, "연속적인 영상(음의 수반 여부는 가리지 아니한다)이 수록된 창작물로서 그 영상을 기계 또는 전자장치에 의하여 재생하여 볼 수 있거나 보고 들을 수 있는 것을 말한다."고 정의하고 있다. 통상 극장에서 상영하는 극영화를 생각할 수 있지만 그 외에 뉴스영화, 기록영화 등도 창작성 등 저작물로서의 요건을 갖추면 영상저작물로 성립할 수 있다. 또한 극장용 영화뿐만 아니라 TV용 영화도 영상저작물에 해당하며, 종래의 광학적 필름에 의한 영화는 물론이고 자기(磁氣)테이프를 사용한 비디오테이프나 레이저 광선을 이용하여 디스크에 연속적인 영상을 수록한 레이저디스크 등을 매체로 한 영화도 영상저작물이다. 이와 같이 종래의 전통적인 극장에서의 영화뿐만 아니라 모든 형태의 영상물을 포함하기 위하여 1957년 저작권법의 '영화저작물'이라는 용어를 1986년 개정 저작권법에서부터는 '영상저작물'이라는 용어로 바꾸었다.

나. 성립요건

저작물의 일반적인 성립요건 외에 저작권법 제 2 조 제13호의 정의규정에 따라 영상저작물로 성립하기 위한 특유한 요건 몇 가지를 생각해 볼 수 있다.

(1) 연속적인 영상

첫째로, 영상저작물은 서로 관련된 연속적인 영상으로 구성되어 있어야 한다. 이 점에서 단일한 영상으로 된 사진저작물과 구분된다. 영상저작물을 구성하는 연속적인 영상은 서로 관련되어 있어야 하지만 반드시 정해진 순서에 따라서 나타나는 것일 필요는 없다. 따라서 컴퓨터에서 작동되는 비디오게임은 그 영상이 정해진 순서에 의해서가 아니라 사용자의 조작에 반응하여 그때그때 무작위로 나타나는 것이지만 영상저작물에 해당할 수 있다고 본다. 서로 관련된 영상이 정해진 순서든 아니면 무작위에 의해서든 연속적으로 나타남으로써 그 영상작품은 저작물이 요구하는 창작성을 가지게 되는 것이다. 비디오게임의 화면을 구성하는 각각의 그래픽 요소가 그 자체로는 창작성을 가지지 못한다 하더라도, 그러한 요소들이 연속적으로 나타남으로써 전체적으로는 영상저작물로서의 창작성을 가질 수 있다.147)

(2) 기계 또는 전자장치에 의한 재생

둘째로, 영상저작물은 본질적으로 그 영상을 기계 또는 전자장치에 의하여 재생할 수 있는 것이어야 한다. 따라서 신문의 4컷 짜리 연재만화는 서로 관련되는 연속적인 영상으로 구성되어 있기는 하지만 기계 또는 전자장치에 의하여 재생하도록 된 것이 아니기 때문에 영상저작물이 아니다. 그러나 서로 관련된 연속적인 사진 슬라이드로 구성된 것으로서 슬라이드 프로젝터(기계 또는 전자장치)를 통하여 재생하도록 된 것은 창작성 등의 다른 일반요건을 갖추면 영상저작물이 될 수 있다.148)

(3) 고 정

영상저작물이 성립하기 위해서 '고정'(fixation)을 요구하는지 여부에 대하여는 학설상 다툼이 있다. 우리 저작권법상 저작물은 사상이나 감정을 표현한 것이면 되고, 그 표현이 일정한 매체에 고정되어 있을 것까지를 요구하는 것은 아니다. 이 점에서 고정을 저작물의 성립요건으로 하고 있는 미국 저작권법과 다르다. 그러나 다른 일반적인 저작물과는 달리 영상저작물의 경우에는 '고정'을 요건으로 한다는 견해가 다수설이다.149) 이는 우리 저작권법 제 2 조 제13호의 영상저작물에 대한 정의규정에서 "수록 및 재생"이라는 용어를 사용하고

---

147) Goldstein, *op. cit.*, p. 2: 139.
148) Goldstein, *op. cit.*, p. 2: 140.
149) 허희성, 2007 신저작권법 축조개설(상), 명문프리컴, 2007, 36면; 서울대학교 기술과법센터, 저작권법주해, 박영사, 2007, 80면.

있으며, 수록과 재생은 결국 '고정'을 전제로 하는 것이라고 이해되기 때문이다. 일본 저작권법은 우리의 영상저작물에 해당하는 영화저작물을 "영화의 효과에 유사한 시각적 또는 시청각적 효과를 생기게 하는 방법으로 표현되고 또한 물건에 고정되어 있는 저작물"이라고 정의함으로써, '고정'을 요건으로 함을 명문으로 규정하고 있다.[150)

고정되지 않은 스트리밍 기술에 의한 재생도 가능하지만, 우리 저작권법이 영상저작물의 정의규정에서 '재생'뿐만 아니라 '수록'된 창작물일 것을 요구하고 있다는 점에서 영상저작물의 경우에는 '고정'을 요건으로 한다는 다수설의 견해가 명문의 규정에 보다 부합하는 것으로 보인다.

영상저작물의 성립요건으로서 '고정'을 요구하는 것과 관련하여 비디오게임의 영상이 영상저작물로 성립할 수 있는지 여부가 다투어진 사례가 있다. 일본 동경지방법원 1984. 9. 28. 판결(일명, '팩맨' 사건)은 비디오게임의 경우에는 그 영상이 플레이어의 레버 조작에 의하여 다양하게 변화하므로 '고정'의 요건을 충족하지 못한다는 주장에 대하여 판단하고 있다. 이 판결에서는, 플레이어의 레버 조작에 따라 게임의 화면 영상에 어떠한 변화가 생긴다고 하더라도 그러한 변화 역시 프로그램에 의하여 이미 설정되어 있는 것으로서, 플레이어가 게임 영상의 그림이나 문자 등을 새롭게 변화시키는 것은 아니며, 그러한 변화는 단순히 프로그램에 내장된 그림 등 데이터의 화면 현시 순서에 제한적인 변화가 나타나는 것에 지나지 않고, 화면에 나타나는 움직임에 따라 보이는 영상은 고정매체인 컴퓨터의 ROM 안에 전기신호의 형태로 이미 고정되어 있는 것이라고 볼 수 있다고 하여, 비디오게임의 영상이 고정의 요건을 충족하는 것으로 판단하였다. 이 판결을 효시로 하여 지금은 비디오게임의 영상에 대하여 영상저작물의 성립을 긍정하는 것이 이론과 실무의 대세이다.

다. 영상저작물의 창작성

영상물도 다른 저작물과 마찬가지로 창작성을 갖추어야 저작물로 될 수 있다. 따라서 창작성이 없는 단순한 상(像)의 녹화물은 영상저작물이 아니다. 예를 들어, 길거리에 비디오 카메라를 설치하여 두고 아무런 조작 없이 그곳을 지나가는 사람들의 모습을 단순히 자동적으로 필름에 수록하였다면 창작성이 있다고 보기 어렵다. 이러한 영상물은 영상저작물이 아니라 단순한 녹화물에 지나지 않는다고 보아야 할 것이다. 영상저작물이 되기 위해서는 카메라 앵글과 구도의 선택, 몽타주 또는 커트 등의 기법, 필름 편집 따위의 지적 활동이 행하여지고 그러한 지적 활동에 창작성이 존재하여야 한다. 그러므로 여러 개의 유명한 그림들을 있는 그대로 비디오로 연속적으로 촬영한 것에 지나지 않는 것이라면 영화저작물로

---

150) 일본 저작권법 제2조 제3항.

서 필요한 창작성을 갖추었다고 말하기 어렵고,[151] 사진들의 기계적인 병렬(예컨대 연속된 슬라이드)이나 자연적인 사실의 경과를 재현하는 것도 원칙적으로 창작성이 없다. 그러나 소재의 선택·배열 및 제작기술에 있어서 제작자의 개성이 가미되었다면 창작성을 인정할 수 있을 것이다.[152]

연극과 같은 것을 그 상연하는 그대로 필름에 고정한 것은 연극의 녹화이며 각본의 복제에 해당한다. 종전 저작권법은 '복제'에 관한 정의인 제 2 조 제14호에서 그러한 취지를 반영하여 "각본·악보 그 밖의 이와 유사한 저작물의 경우에는 그 저작물의 공연·실연 또는 방송을 녹음하거나 녹화하는 것을 포함한다"고 규정하고 있었다. 그러나 개정된 저작권법은 이러한 행위는 이미 규정 전단의 복제의 정의 속에 포함되어 있는 것이라고 보아서 중복을 피하기 위하여 이 부분을 삭제함으로써 복제의 정의를 간명하게 하였다. 따라서 개정된 저작권법 아래에서도 연극의 녹화가 각본에 대한 복제가 되는 것에는 변함이 없다. 그러나 전문적인 영상기법을 바탕으로 창작적으로 이루어진 연극의 영상화는 영상저작물로서 인정될 수 있을 것이고, 연극저작물과는 별도로 보호되며 영상저작물의 특례조항의 적용도 받게 될 것이다.

스포츠 경기를 영상으로 편집하여 제작하는 경우에는 경기 중 가장 중요한 장면을 강조하는 등 여러 가지 기술과 기법을 창작적으로 사용하기 때문에 창작성을 인정할 수 있다고 본다. 마찬가지로 스포츠 경기를 생중계하는 TV방송은 편집과정은 없다고 하더라도, 경기의 순간순간을 어떻게 효과적으로 포착할 것인가를 고심하고, 여러 대의 카메라로 앵글이나 줌(zoom)을 사용해서 가장 극적인 경기 장면을 선택하며, 느린 동작(slow motion)에 의한 반복을 통하여 순간을 재현하는 등 경기를 흥미진진하게 볼 수 있게 하기 때문에, 방송 기술만이 아니라 프로듀서의 창작적 표현이 더하여진 것으로서 저작물의 성립요건인 창작성을 인정할 수 있을 것이다.[153]

라. 영상저작물에 대한 특례 규정

영상저작물은 대체로 소설이나 시나리오 등과 같은 원저작물을 토대로 한 2차적저작물로 만들어지는 경우가 많다. 이때 영상저작물의 저작권 속에는 원저작자의 저작권이 병존하고 있으며, 영화에 사용된 각종 음악이나 미술에 대한 저작자의 권리도 병존하고 있다. 이와 같이 영상저작물 속에는 그에 관련된 많은 사람들의 권리가 복합적으로 작용하고 있기

---

151) 內田 晉, 전게서, 71면.
152) 연극·영화관련 저작권 문답식 해설, 저작권심의조정위원회, 1991, 101면.
153) 상게서, 104면.

때문에, 이를 그대로 방치할 경우 관련자들의 다양한 이해관계의 대립으로 인하여 영상저작물의 이용이 원활하게 이루어지기 어렵고, 그 결과 막대한 자본을 들인 영상제작자는 이를 회수할 길이 막히게 된다. 이를 해소하기 위하여 저작권법은 제 5 장에서 영상저작물에 관한 특례규정을 두어 영상저작물의 원활한 이용을 도모하고 있다.

8. 도형저작물

가. 의   의

지도·도표·설계도·약도·모형 그 밖의 도형 등에 사람의 사상이나 감정이 표현된 저작물을 말한다. 평면적인 설계도·분석표·그래프·도해 등이라든가, 입체적인 지구본·인체모형·동물모형 등 여러 가지 종류가 있을 수 있다. 건축설계도는 제 5 호의 건축저작물과 제 8 호의 도형저작물 양쪽의 성질을 갖는다. 지도 중에서 관광지도 등과 같이 만화나 회화적 요소를 부가한 것은 제 4 호의 미술저작물과 제 8 호의 도형저작물 양쪽의 성질을 모두 갖게 된다.

나. 창작성과 보호범위

도형저작물 중에는 기능적 저작물에 해당하는 것이 많기 때문에 창작성 요건의 충족 여부가 문제되는 경우가 많다. 또한 저작물로 성립한다고 하더라도 표현 방법이 극히 제한되어 있어 아이디어와 표현의 합체(merger)가 일어나기 쉽기 때문에 보호범위가 다른 일반 저작물에 비하여 매우 좁아지게 된다. 도형저작물 중 특히 지도(地圖)와 설계도면에서 그러한 경향을 볼 수 있다.

(1) 지 도

지도는 지구상의 자연적 또는 인문적인 형상의 전부 또는 일부를 일정한 축척으로 미리 약속한 특정의 기호를 사용하여 객관적으로 표현하는 것이다. 따라서 지도상에 표현되는 육지·산맥·하천 등 자연현상과 국가·도시·철도·도로 등 인문적 현상은 사실(fact) 그 자체로서 저작권의 보호대상은 아니다. 또한 표현방식도 미리 약속된 특정의 기호를 사용하여야 하는 등 상당히 제한되어 있기 때문에 그 창작성을 일반적인 어문저작물이나 미술저작물의 창작성과 같이 볼 수 없는 면이 많다. 지도의 경우에는 창작성 유무의 판단에 있어서, 각각의 소재(예컨대 해류 또는 철도노선)를 종래의 지도와 다른 새로운 방식으로 표현하였는가를 고찰하고, 나아가 그 표현된 각종 소재의 취사선택에 창작성이 있는가를 종합적으

로 고려하여야 할 것이다.154)

대법원 2011. 2. 10. 선고 2009도291 판결은, 기능적 저작물의 성격이 강한 '지도'와 그러한 지도를 포함하는 여행책자와 같은 편집저작물이 저작물로 성립하기 위한 창작성 요건에 대하여 판시하고 있다. 이 판결은, 일반적으로 지도는 지표상의 산맥·하천 등의 자연적 현상과 도로·도시·건물 등의 인문적 현상을 일정한 축적으로 약속된 특정한 기호를 사용하여 객관적으로 표현한 것으로서, 지도상에 표현되는 자연적 현상과 인문적 현상은 사실 그 자체일 뿐 저작권의 보호대상은 아니므로, 지도의 창작성 유무를 판단함에 있어서는 지도의 내용이 되는 자연적 현상과 인문적 현상을 종래와 다른 새로운 방식으로 표현하였는지, 그 표현된 내용의 취사선택에 창작성이 있는지 등이 판단의 기준이 된다고 하였다.

이 판결에서 인용하고 있는 대법원 2003. 10. 9. 선고 2001다50586 판결(일명, '전국도로관광지도' 사건)은, 원고의 지도책이 채택하고 있는 표현방식과 그 표현된 내용의 취사선택, 예를 들어 전국을 권역으로 나누어 각 권역마다 다른 색상을 부여하고, 그 권역을 다시 구획으로 나누어 각 구획마다 다른 번호를 부여한 후 구획번호 순으로 각 구획에 대한 세부지도를 편제하고, 속표지 상반부에 천연색 고속도로 사진을 배경으로 제호와 출판사를 표시하고, 하반부에 지도에 사용된 기호를 설명하는 범례를 표시한 점, 권말에 찾아보기 면을 만들어 지명·관공서·대학·언론기관·금융기관·종합병원 등 주요 기관의 지도상의 위치와 전화번호를 수록하면서 '찾아보기' 다음에 전국의 호텔 목록과 유명 음식점 안내를 수록한 것 등은 원고의 지도책이 발행되기 이전에 국내 및 일본에서 발행되었던 지도책들이 채택하였던 표현방식과 그 표현된 내용의 취사선택에 있어 동일·유사하고, 이를 제외한 나머지 표현방식 및 표현내용의 취사선택도 국내외에서 보편적으로 통용되는 기호의 형태를 약간 변형시킨 것에 불과하므로 원고가 발행한 지도책들의 창작성을 인정할 수 없다고 하였다.

한편, 3D(Three Demension, 3차원) 형태의 지도에 대하여 창작성이 없다고 하여 저작물성을 부정한 판결도 있다. 서울중앙지방법원 2009. 5. 15. 선고 2008가합36201 판결은, 각 도시의 여러 구조물 중 주요 관광지나 구조물만을 선택하여 지도에 표시하거나, 전체 도시 중 주요 관광구역 내지 상업구역을 선택·구획하여 지도에 표시하는 방법 및 전체적으로는 평면으로 나타내고 주요 구조물만 3D 등의 입체적인 형태로 표시하며, 그 구조물 등을 실제 모습에 가까울 정도로 세밀하게 묘사하는 등의 표현방식은 이 사건 지도 서비스가 제공되기 이전에 이미 국내외의 디지털 지도에서 널리 사용되고 있던 표현방법이고, 원고가 작성한 지도에서 구체적으로 표현한 구조물들도 실제 건물의 모습을 기초로 이를 그대로 묘사한 것에 불과하여 독자적인 도형저작물 내지 미술저작물로서의 창작성을 인정할 수 없을

154) 內田 晉, 전게서, 55면.

뿐만 아니라, 3D 형태로 지도를 제작하는 방법은 아이디어에 불과하여 그 자체만으로는 독자적인 저작물이 될 수 없어, 피고가 그와 유사한 방법으로 다른 지역의 지도를 제작한 것만으로는 저작권을 침해하였다고 볼 수 없다고 하였다.

그러나 지표상의 자연적·인문적 현상을 사실 그대로 표현하는 지도가 아니라, 일정한 목적 아래 특정 부분을 왜곡하거나 과장 또는 축소하는 방법으로 개성적으로 표현한 지도는 보다 쉽게 창작성을 인정받을 수 있다. 서울중앙지방법원 2005. 8. 11. 선고 2005가단2610 판결(일명, '춘천시 관광지도' 사건)은, 춘천시의 전경을 입체적으로 표현하는 관광지도를 제작하면서, 의도적인 왜곡표현으로 다운타운 지역을 크게 나타내고, 다운타운 지역으로부터 원거리에 산재되어 있는 관광명소들, 예를 들어 남이섬과 같은 관광명소들을 실제보다 가까운 거리에 배치함으로써 관광객으로 하여금 한눈에 관광명소를 볼 수 있도록 제작한 관광지도에 대하여 기존의 관광지도와 구별되는 창작성이 있어 저작물로 보호받을 수 있다고 하였다.

(2) 설계도면

(가) 문제의 소재

설계도서나 모형 등은 기능적 저작물에 해당하므로 저작물로 성립한다고 하더라도 그 보호범위는 상당히 좁게 인정하여야 한다. 즉, 설계도서의 경우에는 그 용도에 따른 여러 가지 제약이 존재하므로 작성자의 사상이나 감정을 표현함에 있어서 자유롭지 못하고, 해당 기술분야의 상식이나 표준적인 규격을 무시하고 작성할 수도 없다. 따라서 기계설계도와 같은 도형저작물은 '합체의 원칙' 등을 적용하여 보호범위를 좁게 인정함으로써, 도면을 그대로 복사한 경우(dead copy) 또는 그것과 실질적으로 동일하게 볼 수 있을 정도로 복제의 정도가 심한 경우에 한하여 침해를 인정하여야 할 것이다.[155]

(나) 판 례

이러한 점을 잘 나타내 주고 있는 사례가 대법원 2005. 1. 27. 선고 2002도965 판결(일명, '설비제안서 도면' 사건)이다. 이 사건에서 대법원은, 저작권법 제 4 조 제 1 항 제 8 호에서 "지도·도표·설계도·약도·모형 그 밖의 도형저작물"을 저작물로 예시하고 있는데, 이와 같은 도형저작물은 예술성의 표현보다는 기능이나 실용적인 사상의 표현을 주된 목적으로 하는 이른바 기능적 저작물로서, 기능적 저작물은 그 표현하고자 하는 기능 또는 실용적인 사상이 속하는 분야에서의 일반적인 표현방법, 규격 또는 용도나 기능 자체, 저작물 이용자의 이해의 편의성 등에 의하여 표현이 제한되는 경우가 많으므로 작성자의 창조적 개성이 드러

---

155) 著作權判例百選, 전게서, 55면.

나지 않을 가능성이 크다고 전제하였다. 그리고 동일한 기능을 하는 기계장치나 시스템의 연결관계를 표현하는 기능적 저작물에 있어서 그 장치 등을 구성하는 장비 등이 달라지는 경우 그 표현이 달라지는 것은 당연한 것이고, 저작권법은 기능적 저작물이 담고 있는 사상을 보호하는 것이 아니라, 그 저작물의 창작성 있는 표현을 보호하는 것이므로, 기술 구성의 차이에 따라 달라진 표현에 대하여 동일한 기능을 달리 표현하였다는 사정만으로 창작성을 인정할 수는 없고, 창조적 개성이 드러나 있는지 여부를 별도로 판단해야 한다고 하였다.

다. 설계도에 따라 물건을 제작하는 행위

앞의 건축저작물에 대한 부분에서 살펴본 바와 같이, '복제'의 개념 정의에서 건축물의 경우에는 그 건축을 위한 모형 또는 설계도서에 따라 이를 시공하는 것까지 복제로 보고 있다(저작권법 제 2 조 제22호). 그러므로 건축설계도의 저작권자 허락 없이 그 설계도에 따라 건축물을 시공하게 되면 그 건축설계도에 대한 저작권, 즉 복제권을 침해하는 것이 된다. 그러나 이는 저작권법 제 4 조 제 1 항 제 5 호에서 규정하는 건축저작물인 건축설계도의 경우에만 해당될 뿐, 건축저작물이 아닌 같은 항 제 8 호에서 규정하고 있는 일반적인 설계도, 예를 들어 기계설계도나 각종 설비 설계도 같은 경우는 그렇지 않다. 제 8 호에서 규정하고 있는 일반적인 설계도면에 의하여 기계나 장치 또는 설비를 재현한다고 하더라도 설계도 자체를 복제하지 않는 이상 그것만으로는 복제권침해가 성립하지 않는다. 다만, 그러한 행위가 부정경쟁방지법상 영업비밀침해를 구성하거나(그 설계도면이 영업비밀인 경우) 일반 불법행위를 구성하는지 여부는 별도로 따져보아야 할 문제이다.

9. 컴퓨터프로그램저작물

컴퓨터프로그램저작물(이하 '프로그램저작물'이라고만 한다)은, 특정한 결과를 얻기 위하여 컴퓨터 등 정보처리능력을 가진 장치 내에서 직접 또는 간접으로 사용되는 일련의 지시·명령으로 표현된 창작물을 말한다.[156] 프로그램저작물에 대하여는 종래 컴퓨터프로그램보호법이라는 독자적인 법에서 보호를 하여 왔으나, 2009년 저작권법 개정에 의하여 컴퓨터프로그램보호법이 저작권법에 흡수통합 됨에 따라 현재에는 다른 저작물과 마찬가지로 저작권법에 의하여 보호를 받게 되었다. 다만, 프로그램저작물이 가지고 있는 일반 저작물과는 다른 특성을 감안하여, 저작권법에 프로그램저작물에 대한 특례(법 제101조의2부터 제101조의7까지) 규정을 신설하면서, 프로그램저작권의 제한, 프로그램코드 역분석, 프로그램배타적발행

---

156) 저작권법 제 2 조 제16호.

권 설정, 프로그램의 임치 등에 관한 별도의 규정을 두고 있다.

Ⅲ. 기타 방식에 따른 분류

1. 저작명의(著作名義)에 따른 분류

저작물은 저작명의에 따라 실명(實名)저작물·이명(異名)저작물·무명(無名)저작물로 나눌 수 있다. 실명저작물은 저작자의 실제 이름 또는 명칭이 저작물에 표시되어 있는 것을 말하고, 이명저작물은 아호(雅號), 필명, 약칭, 별명, 예명 등 실명 이외의 호칭이 저작자로서 저작물에 표시되어 있는 것을 말한다. 실명저작물과 이명저작물을 합쳐서 기명(記名)저작물이라고도 한다. 반면에 무명저작물은 저작물에 저작자의 표시가 없는 것이다.

이들을 구별하는 실익은, 저작자의 추정(저작권법 제8조 제1항 제1호), 보호기간의 기산점(저작권법 제40조), 실명의 등록(저작권법 제53조) 등의 적용에 있어서이다.

2. 성립순서에 따른 분류

저작물은 그 성립순서에 따라 원저작물과 2차적저작물로 나눌 수 있다. 기존의 저작물을 기초로 하여 번역·편곡·변형·각색·영상제작 및 그 밖의 방법으로 새로운 저작물을 창작한 경우 그 새로운 저작물을 2차적저작물이라고 하고, 이때 기초로 된 저작물을 원저작물이라고 한다.

원저작물과 2차적저작물을 구별하는 실익은, 2차적저작물도 독자적인 저작물로서 보호를 받으나 그 보호는 원저작물의 저작권자의 권리에 영향을 미치지 아니한다는 점에 있다 (법 제5조 제2항). 따라서 2차적저작물을 이용하려는 자는 2차적저작물의 저작자는 물론 원저작물 저작자의 허락도 받아야 한다. 또한 원저작자가 갖는 저작재산권 중에는 2차적저작물의 작성권도 포함되어 있으므로(법 제22조), 타인의 저작물을 원저작물로 이용하여 2차적저작물을 작성하려면 원저작물 저작자의 허락을 얻어야 한다.

3. 공표의 유무에 따른 분류

저작물은 공표의 유무에 따라 공표저작물과 미공표저작물로 나눌 수 있다. '공표'란 저작물을 공연, 공중송신 또는 전시 그 밖의 방법으로 공중에게 공개하는 경우와 저작물을 발행하는 경우를 말하며, 여기서 '발행'이란 저작물 또는 음반을 공중의 수요를 충족시키기 위하여 복제·배포하는 것을 말한다(법 제2조 제24, 25호).

구별의 실익은, 우선 저작인격권 중 공표권은 미공표저작물에 대하여서만 발생한다는 점에 있다(법 제11조). 그리고 저작재산권 제한규정 중 일부 규정은 공표저작물에 대하여만 적용된다. 학교교육목적 등에의 이용(법 제25조), 공표된 저작물의 인용(법 제28조), 비영리 목적의 공연·방송(법 제29조), 사적이용을 위한 복제(법 제30조), 도서관 등에서의 복제(법 제31조), 시험문제로서의 복제(법 제32조), 점자에 의한 복제(법 제33조)의 경우가 그것이다. 또 저작물이용에 관한 법정허락(법 제50 내지 52조)도 공표저작물에만 적용되며, 일부 저작물의 경우 공표시점이 저작재산권 보호기간 산정의 기산점이 된다(법 제39 내지 44조).

4. 저작자의 수에 따른 분류

분리하여 이용할 수 없는 하나의 단일저작물의 작성에 관여한 저작자가 한 사람인가 두 사람 이상인가에 따라 단독저작물과 공동저작물로 나누어진다.

구별의 실익은, 공동저작물의 경우 저작권 보호기간의 기산점이 맨 마지막으로 사망한 저작자의 사망시점이 되며(법 제39조 제2항), 저작인격권 및 저작재산권의 행사에 있어서 원칙적으로 공동저작권자 전원의 합의가 필요하다(법 제15조, 제48조)는 점이다.

5. 저작물의 결합방법에 따른 분류

공동저작물과 유사한 것으로 결합저작물이 있다. 결합저작물은 2인 이상의 저작자에 의하여 외관상 하나의 저작물이 작성된 경우를 말하는데, 이 점에서는 공동저작물과 같다. 그러나 그 작품 전체의 창작에 관여한 저작자 사이에 공동관계가 인정되지 않고, 단독저작물의 단순한 결합이라고 보아야 한다는 점에서 차이가 있다.

공동저작물과 결합저작물의 구별기준에 대해서는 분리가능성설과 개별적 이용가능성설이 있다. 분리가능성설은 하나의 저작물의 각 구성부분이 물리적으로 분리가능한지 여부를 기준으로 하는데 반하여, 개별적 이용가능성설은 분리된 것이 단독으로 이용가능한지 여부를 기준으로 한다. 따라서 일반적으로 전자보다도 후자 쪽이 공동저작물로 되는 범위가 넓게 되는 경향이 있다(예컨대, 좌담회에서의 개개의 발언은 물리적으로는 분리가능 하더라도 독자적으로 가치를 갖는 것이 아니기 때문에 분리가능성설의 입장에서는 결합저작물, 개별적 이용가능성설의 입장에서는 공동저작물로 된다).157) 우리나라 저작권법은 제 2 조 제21호에서 공동저작물을, "2인 이상이 공동으로 창작한 저작물로서 각자의 이바지한 부분을 분리하여 이용할 수 없는 것을 말한다"고 정의함으로써, 개별적 이용가능성설에 입각하고 있다.

공동저작물의 성립요건과 그 효과에 관하여서는 제 3 장 '저작자' 부분에서 검토하기로 한다.

6. 계속성의 유무에 따른 분류

저작물은 계속성의 유무에 따라서 일회적(一回的) 저작물과 계속적(繼續的) 저작물로 나눌 수 있다. 일회적 저작물은 단행본이라든가 회화, 조각 등과 같이 1회의 발행이나 공표에 의하여 종료되는 것을 말하고, 계속적 저작물은 신문이나 잡지 등과 같이 계속적으로 발행 또는 공표되는 것을 말한다.158)

구별을 하여야 하는 이유는, 계속적 저작물의 경우에는 보호기간의 기산점으로 되는 공표시기가 달라진다는 점에 있다. 계속적 저작물 중 축차간행물(잡지나 학술지와 같이 책·호 또는 회 등으로 공표하는 저작물)의 경우는 매책·매호 또는 매회의 공표시를 공표시기로 보며, 순차저작물(연속극이나 연재소설과 같이 일부분씩 순차적으로 공표하여 최종회로써 완성하는 저작물)의 경우에는 최종부분의 공표시점을 공표시기로 본다(법 제43조 제 1 항).159)

7. 문예적 저작물과 기능적 저작물

저작물은 그 목적에 따라 문예적 저작물과 기능적 저작물로 분류할 수 있다. 문예적 저작물은 소설·시·희곡이나 회화, 음악 등과 같이 주로 문학·예술적 표현을 목적으로 하는 저작물임에 반하여, 기능적 저작물은 예술성보다는 특별한 기능을 주된 목적으로 하는 저작물, 예컨대 설계도·각종 서식(書式)·규칙집 등과 같이 특정한 기술 또는 지식·개념을 전달하거나, 방법이나 해법, 작업과정 등을 설명한 것을 말한다. 따라서 기능적 저작물의 경우에는 자연히 예술적 표현(expression)보다는 그 저작물이 달성하고자 하는 기능과 목적을 위한 실용성에 초점을 맞추게 된다. 표현에 있어서 문예적 저작물과 기능적 저작물의 차이는, 전자의 표현은 독자나 보는 사람의 감성에 주로 호소하는 것을 목적으로 함에 대하여, 후자의

---

157) 송영식 외 2인, 전게서, 440면.
158) 半田正夫, 전게서, 90면.
159) 송영식 외 2인, 전게서, 441면.

표현은 그 저작물이 목적으로 하는 기능에 부수적으로 따르는 것으로서 그 표현 역시 기능적인 목적을 가지고 있다는 점이다.

이들 두 가지를 구별하는 이유는, 기능적 저작물의 경우 그 보호범위가 일반적인 문예저작물보다 좁아진다는 점 때문이다. 기능적 저작물은 그것이 목적으로 하는 기능을 수행하기 위하여 표준적인 용어와 개념을 사용하여야 하고 아울러 다른 사람들이 쉽고 정확하게 알 수 있는 해설방식을 사용하여야 한다. 따라서 그 표현방식은 상당히 제한될 수밖에 없고, 그에 내재된 보호받지 못하는 요소들, 예컨대 개념이나 방법·해법, 작업과정 등 아이디어(idea)와 표현(expression)이 밀접하게 연관되기 마련이다. 그 결과 보호받아서는 아니 되는 아이디어가 보호되는 일이 없도록 저작권의 보호범위를 제한적으로 해석하게 된다.

기능적 저작물의 보호범위를 결정함에 있어서 어려운 점은, 기능적 저작물의 표현을 보호하게 되면 그와 밀접하게 연관되어 있는 아이디어들—이들은 원래 저작권법이 아니라 특허법과 같은 다른 지적재산권법에 의한 보다 엄격한 심사를 거쳐 보호해야 하는 요소들이다—을 보호하는 결과로 되기 쉽고, 반대로 그 표현을 전혀 보호하지 않게 되면 기능적 저작물에 대한 창작의욕을 꺾는 결과로 된다는 것이다.[160] 또 기능적 저작물에 있어서는 아이디어와 표현이 밀접하게 연관되어 있으므로 그 경계를 명확히 하는 것도 상당히 어려운 작업이다. 따라서 기능적 저작물의 보호범위를 결정함에 있어서는 '합체의 원칙'(merger doctrine) 등을 적극적으로 적용하는 한편, 제3자가 다른 표현방법을 사용할 수 있었음에도 불구하고 저작자가 사용한 구체적인 표현과 굳이 동일한 표현을 사용한 경우에만 침해를 인정하는 등의 방법으로 보호범위를 제한하는 것이 필요하다.

다음에서는 대표적인 기능적 저작물인 '양식'(樣式)과 '규칙서'의 보호범위에 관하여 살펴보기로 한다. 설계도서와 지도 등의 보호범위에 대하여는 앞의 '도형저작물' 부분에서 언급하였다.

가. 양   식

다음에서 보는 바와 같이 각종 양식에 대하여는 창작성의 요건이 엄격하게 적용되고, 설사 저작물로 인정된다 하더라도 그 보호범위가 제한된다. 다만 이와 같은 양식을 종류에 따라 선별하여 적절하게 배열한 편집물(예컨대, 계약서식전집, 강제집행서식전서 등)은 그 소재로 된 양식의 선택, 배열 및 구성에 창작성이 있으면 편집저작물로 보호받을 수 있는데, 이는 양식 자체의 저작물성과는 별개의 문제이다.

---

160) Goldstein, *op. cit.*, p. 2: 177.

(1) 법률서식·상업용 서식 등

소장·신청서·계약서 양식과 같은 법률서식이나 주문서·신용장과 같은 상업용 서식 등 각종 서식은 공중의 영역(public domain)에 있는 판례나 법령, 거래관습 등을 요령있게 정리하여 놓은 것에 불과하므로 창작성 기준을 엄격하게 적용하여야 한다. 미국 제 2 항소법원은 Continental Casualty Co. v. Beardsley[161] 사건에서, 설사 서식이 저작권의 보호를 받는다 하더라도 저작자가 사용한 것과 동일한 표현을 사용한 경우에만 침해를 긍정할 수 있다고 하여 보호범위를 매우 좁게 제한한 바 있다. 나아가 서식의 표현방식이 극히 제한되어 있는 경우에는 합체의 원칙을 적용하여 저작권의 보호를 배제함으로써 공중이 자유롭게 그 서식을 사용할 수 있도록 보장하여야 한다.

(2) Blank forms

이런 저런 제목 아래 여러 개의 빈칸을 만들어 놓고 그 빈칸을 채워 넣기만 하면 되도록 한 양식을 blank form이라고 한다. blank form의 저작권 보호에 관한 선구적인 판례가 미국 연방대법원의 Baker v. Selden[162] 판결이다. 이 판결에서는, 새로운 부기방식을 설명하면서 부기장부 양식을 예시해 놓은 서적에 대한 저작권의 보호가 그 부기방식 자체 또는 그에 사용된 양식에까지 미치는 것은 아니라고 하였다. Baker 사건의 판시내용은 그 후 1982년 미국 저작권청 규정(Copyright Office Regulation 37 C.F.R.) §202. 1(c)로 입법화 되었는데 우리에게도 참고가 될 만하다. 이 규정은 일반적으로 빈칸을 채워 넣게 되어 있는 각종 양식(blank forms), 예컨대 시간표 양식이라든가 대차대조표 등 회계양식, 다이어리 양식, 이력서 양식, 은행의 수표양식, 경기 스코어 카드, 주소록 양식, 리포트 양식, 주문서 양식 등과 같이 빈 칸에 정보를 기록하도록 고안된 양식으로서, 그 자체로는 아무런 정보도 제공하지 않는 것은 저작권의 보호를 받을 수 없다고 규정하고 있다.

나. 규 칙 서

게임이나 각종 콘테스트 등의 규칙을 설명한 글 역시 기능적 저작물의 일종으로서 보호범위가 제한된다. 규칙서나 각종 매뉴얼은 그 성질상 설명하고자 하는 규칙이나 방법을 장식적인 묘사 없이 건조하고 간결한 문체로 서술하는 경우가 대부분이므로 제한된 전형적인 표현에 의존할 수밖에 없는 경우가 많다.[163] 미국의 판례는 이처럼 표현에 있어서 변형

---

161) 253 F.2d 702(2d Cir.) cert. denied, 358 U.S. 816(1958).

162) 101 U.S. 99(1879).

163) 물론 규칙서를 작성함에 있어서 건조체의 서술이 아닌 우화적인 또는 코믹한 표현 등을 사용함으로써 독창성을 갖춘다면, 그 부분은 창작성이 있어 저작권의 보호를 받을 수 있을 것이다.

의 여지가 적은 규칙서 등은 저작자가 사용한 표현 그대로를 모방하지 않는 한 약간의 변형이 있어도 침해를 인정하지 않음으로써 그 보호범위를 제한하는 해석을 해 왔다.[164] 매우 단순한 규칙으로서 그것을 설명함에 있어서 다양성을 발휘한다거나 변형의 여지가 거의 없는 극히 제한된 표현만이 가능한 경우에는 저작권의 보호를 부정하는 판례도 있다. 즉, 어떤 사실을 설명하는 표현이 극히 제한되어 있어서 그 표현을 저작권으로 보호할 경우 다른 사람들은 그 사실을 설명할 기회를 현실적으로 봉쇄해 버릴 우려가 있을 때에는 저작권의 보호가 배제되며, 제3자가 그 표현을 고의적으로 그대로 베꼈다고 하더라도 침해의 책임을 물을 수 없게 된다. 앞서 '아이디어 표현 이분법' 중 '합체의 원칙'을 검토하면서 보았던 Morrissey 판결[165]이 이에 해당한다.

일본에서도 게이트볼(gate-ball)경기 규칙서가 문제로 된 사건에서 동경지방법원은, 규칙서 자체의 저작물성은 인정을 하면서도 보호범위를 좁게 해석하여 표현이 일부 차이가 나는 것을 들어 침해를 부정하였다.[166]

제3절   2차적저작물과 편집저작물

I. 2차적저작물

1. 의   의

2차적저작물(secondary works, derivative works)이란 원저작물을 기초로 이를 변형하여 새로운 저작물이 창작된 경우에 그 새로운 저작물을 말한다. 저작권법은 제5조 제1항에서 "원저작물을 번역·편곡·변형·각색·영상제작 그 밖의 방법으로 작성한 창작물은 독자적인 저작물로서 보호된다"라고 2차적저작물을 규정하고 있다. 종전 저작권법에서는 편집저작물도 2차적저작물의 한 유형으로 분류하고 있었으나, 2006년 개정 저작권법 이후 이를 2차적저작물과 분리규정하고 있다. 2차적저작물을 원저작물로 하여 다시 번역, 편곡 등을 한 경우에도 2차적저작물이라고 부르며, 3차적저작물이라고는 하지 않는다. 그러나 설명의 편의를 위하여 드물게 3차적, 4차적저작물 등의 용어를 사용하는 경우도 있다.

---

164) Freedman v. Grolier Enters., Inc., 179 U.S.P.Q. 476, 479(S.D.N.Y. 1973); Goldstein, *op. cit.*, p. 2: 187에서 재인용.
165) Morrissey v. Procter & Gamble Co., 379 F.2d 675(1st Cir. 1967).
166) 동경지방법원 1984. 2. 10. 선고 昭和56(ワ)1486 판결(無體例集 16卷 1號 78).

2차적저작물은 독자적인 저작물이며 원저작물과는 별도의 보호를 받게 된다. 다만 2차적저작물은 원저작물을 이용하는 관계에 있기 때문에 저작권법 제 5 조 제 2 항에서 원저작자와 2차적저작물 저작자 사이의 이해관계를 조절하는 규정을 두고 있다.

2. 성립요건

가. 원저작물을 기초로 할 것 – 의거(依據)관계

2차적저작물은 기존의 저작물, 즉 원저작물을 토대로 거기에 새로운 창작성을 부가함으로써 만들어진 새로운 저작물을 말한다. 2차적저작물은 원저작물을 토대로 그에 '의거'하여 작성된 저작물이므로, 저작자가 기존의 저작물과 실질적으로 유사한 저작물을 작성한 경우에도 그것이 기존의 저작물에 의거한 것이 아니라, 단순히 우연의 일치 또는 공통의 소재를 이용한 데서 오는 자연적 귀결이라면 그것은 2차적저작물이 아니라 별개의 저작물이 된다. 또한 여기서 원저작물을 기초로 한다는 것은 원저작물의 창작적 표현 부분을 토대로 한다는 것을 의미한다. 따라서 원저작물을 토대로 한 저작물이라 하더라도 원저작물의 창작적 표현 부분이 아닌 단순히 아이디어나 주제, 소재 등만을 차용하여 작성된 것이라면 2차적저작물로 볼 수 없다. 2차적저작물의 성립요건 중 하나인 원저작물을 기초로 한다는 것은 저작재산권침해의 요건 중 주관적 요건인 '의거요건'과 직접 관련이 있는 부분이므로 이에 대하여는 '제 9 장 저작재산권 침해의 요건 및 판단 기준' 중 '의거요건' 부분에서 살펴보기로 한다.

나. 새로운 창작성의 부가 – 실질적인 개변

(1) 원 칙

2차적저작물은 독자적인 저작물이다. 따라서 2차적저작물이 성립하기 위하여서는 다른 저작물과 마찬가지로 창작성을 필요로 하며, 2차적저작물은 원저작물 자체가 가지고 있는 창작성에 2차적저작물 작성자가 스스로 부가한 새로운 창작성이 합쳐질 때 비로소 성립할 수 있다. 이때 원저작물의 저작권 보호기간이 경과하였는지 여부는 2차적저작물 성립에 영향이 없다. 즉, 원저작물의 저작권 보호기간이 만료되었다 하더라도 2차적저작물은 유효하게 성립할 수 있고 저작권의 보호를 받을 수 있다.

한편으로, 2차적저작물이 성립하기 위해서는 원저작물을 토대로 한 것만으로는 부족하고, 원저작물에 대한 '실질적 개변'(substantial variation)이 이루어져야 한다. 2차적저작물이 성립하기 위해서는 원저작물이 가지고 있는 원래의 창작성에 더하여 별도의 창작성이 요구된다는 것은 원저작물에 대한 사소한 개변을 넘어서는 '실질적 개변'이 있어야 함을 의미하는 것이기도 하다. 따라서 2차적저작물에는 원저작물이 가지고 있던 창작성과 2차적저작물 저작자가 개변을 통하여 새로 부가한 창작성이 함께 존재하게 된다. 그렇다면 어느 정도의 개변이 있어야 실질적 개변, 즉 새로운 창작성이 있는 것인지 문제로 된다. 이 문제는 결국 사안마다 개별적·구체적으로 판단할 수밖에 없을 것이다. 앞서 저작물의 성립요건 중 창작성 부분에서 살펴보았듯이, 저작권법이 요구하는 창작성은 기본적으로 남의 것을 베끼지 않고 스스로 저작하였다는 것을 말하며, 그 창작성의 정도도 저작자의 개성이 저작물 중에 어떠한 형태로든 나타나 있으면 그것으로 충분하다고 본다. 그러나 2차적저작물이 되기 위하여서는 보통의 저작물에서 요구하는 창작성보다는 '단순히 사소한 정도를 넘어서는 더 실질적인 창작성'(some substantial, not merely trivial originality)이 요구된다. 다시 말해서, 2차적저작물은 원저작물에 대하여 사회통념상 별개의 저작물이라고 할 정도의 '실질적인 개변'(substantial variation)을 한 것이어야 하며, 그렇지 않은 경우, 예를 들어 맞춤법에 맞게 구두점을 첨가한다든가 용어를 약간 변경하는 등 기존 저작물에 사소한 수정·증감을 한 데 불과한 경우에는 원저작물의 복제물에 불과할 뿐, 2차적저작물이 될 수 없다.

(2) 재현작품, 이종복제

원작을 그대로 재현(再現)한 작품, 특히 사진저작물을 그림으로 복제한다든가 조각저작물을 사진 또는 그림으로 그대로 묘사하여 복제하는 이른바 '이종복제'(異種複製) 작품이 원작과는 별도의 2차적저작물로서 성립할 수 있는지 여부가 종종 문제로 된다. 미국 제 2 항소법원의 Batlin & Son, Inc. v. Snyder 판결[167]이 이러한 문제를 다룬 바 있다. 이 사건에서는 항소인인 Snyder가 흔히 보는 기존 저금통을 약간 변형하여 제작한 저금통이 독립저작물인 2차적저작물로서 저작권의 보호를 받을 수 있는지 여부가 문제로 되었다. 법원은, Snyder가 부가한 변형은 재질을 금속에서 플라스틱으로 바꾼 것뿐이고, 그 밖에 모양에 있어서 약간 달라진 부분들은 위와 같이 재질을 변경함에 따른 제작기법상의 필요에 따른 것(예를 들어, 플라스틱 사출은 금속성형에 비하여 세밀한 표현이 어려우므로 우산을 몸체로부터 분리하여 제작하지 못하고 붙여서 제작한 것)이므로, 이는 2차적저작물의 성립요건인 '실질적인 개변'(substantial variation)에 미치지 못하는 '사소한 개변'(trivial variation)에 불과하다고 하면서 2차적저작물의 성립을 부정하였다.

반면에 Alva Studios, Inc. v. Winninger 사건에서 뉴욕지방법원은, 로댕의 유명한 조각

---

167) 536 F.2d 486(2d Cir. 1976). 이 사건은 작품의 재질을 금속에서 플라스틱으로 변환하였지만, 이종복제에 관한 것이라기보다는 순수한 재현작품에 관한 것이라고 보아야 할 것이다.

작품인 '신의 손'(Hand of God)을 정교하게 그대로 축소시킨 작품은 원작과는 별도로 독자적으로 보호받는 2차적저작물이 된다고 판시한 바 있다. 또한 Kuddle Toy, Inc. v. Pussycat-Toy, Inc.[168] 역시 재현작품(再現作品)의 창작성을 인정한 사례이다. 이 사건에서 원고는 보호기간이 만료되어 공중의 영역(public domain)에 있는 원작 그림을 동판기법(mezzotint)으로 그대로 복제한 작품을 제작하였고, 피고는 그런 원고의 작품을 일반적인 color printing 방법으로 복제하였다. 이 사건 역시 원고의 저작물이 2차적저작물, 즉 원작 그림에 대한 일종의 변형저작물로서 저작권법상 보호받을 수 있는 독자적인 창작성을 가지고 있는지의 여부가 쟁점이었다. 뉴욕지방법원은, 동판인쇄에는 독자적인 착상과 판단, 세심한 수공작업 등 창작적 재능의 발휘를 필요로 한다고 보아 원고 작품의 독자적인 저작물성을 인정하였다.

결국 재현작품이나 이종복제의 경우 독자적인 2차적저작물로 될 수 있는지는 실질적 개변의 존재, 즉 새로운 창작성이 부가되었는지 여부를 중심으로 개별 사안에 따라 구체적으로 결정하여야 한다. 다만, 순수한 재현작품, 예를 들어 기존의 회화를 회화 그대로 동일한 기법을 사용하여 원작과 구별할 수 없을 정도로 재현해 낸 작품의 경우는, 사실상 고품질의 컬러복사기를 사용하여 복제를 한 경우와 차이가 없을 것이고, 원작에 존재하지 않던 별도의 사상이나 감정이 표현된 것이라고는 볼 수 없을 것이므로 원칙적으로 2차적저작물이 아니라 복제물로 보는 것이 타당할 것이다.

대법원 2018. 5. 15. 선고 2016다227625 판결은, "실제 존재하는 건축물을 축소한 모형도 실제의 건축물을 축소하여 모형의 형태로 구현하는 과정에서 건축물의 형상, 모양, 비율, 색채 등에 관한 변형이 가능하고, 그 변형의 정도에 따라 실제의 건축물과 구별되는 특징이나 개성이 나타날 수 있다. 따라서 실제 존재하는 건축물을 축소한 모형이 실제의 건축물을 충실히 모방하면서 이를 단순히 축소한 것에 불과하거나 사소한 변형만을 가한 경우에는 창작성을 인정하기 어렵지만, 그러한 정도를 넘어서는 변형을 가하여 실제의 건축물과 구별되는 특징이나 개성이 나타난 경우라면, 창작성을 인정할 수 있어 저작물로서 보호를 받을 수 있다."고 판시하였다.

다. 실질적 유사성(직접 감득성)의 존재

이처럼 2차적저작물이 되기 위해서는 원저작물을 기초로 하되 그 원저작물에 대하여 사소한 개변을 넘어서는 실질적인 개변이 이루어져야 하지만, 반면에 그러한 실질적인 개변에도 불구하고 원저작물의 표현상의 창작성을 차용하고 있어야 하고, 그러한 차용으로 인하여 그 저작물(2차적저작물)로부터 원저작물의 표현상의 창작성을 직접 감득할 수 있어야 한

---

168) Kuddle Toy, Inc. v. Pussycat-Toy, Inc., 183 U.S.P.Q. 642(E.D.N.Y. 1974).

다. 즉, 원저작물을 기초로 하여 그 표현상의 창작성을 이용하였으나, 그에 가하여진 개변이 일정한 정도를 넘어서서 원저작물의 표현상의 창작성을 더 이상 느낄 수 없는 정도에 이른 경우에는 비록 원저작물에 기초한 것이라 하더라도 이는 2차적저작물이 아니라 원저작물과는 저작권법적으로 무관한 완전히 독립된 저작물이 된다. 어느 정도의 개변이 이루어지면 2차적저작물을 넘어서는 완전한 독립 저작물이 되는지 그 경계선을 획정하는 것은 매우 어려운 문제이다. 일반적으로 새로 만들어진 저작물로부터 원저작물의 표현상의 본질적인 특징을 직접 감득할 수 있는지 여부(직접감득성)를 기준으로 하여 직접 감득할 수 있으면 2차적저작물로, 그렇지 않으면 완전히 독립된 저작물로 보는 방법이 있고, 원저작물과 새로 만들어진 저작물 사이에 실질적 유사성이 있는지 여부를 기준으로 하여, 실질적 유사성이 존재하면 2차적저작물로, 실질적 유사성을 상실할 정도에 이르렀다면 완전히 독립된 저작물로 보는 방법 등 두 가지 접근방법이 있다.

원저작물 A에 개변을 가하여 B라는 2차적저작물을 작성하고, 다시 그 B에 기하여 C, C에 기하여 D라는 2차적저작물[169]을 순차적으로 작성하였다고 할 때, C와 D로부터 A의 표현상의 창작적 특징을 직접 감득할 수 있다면, 즉 C 및 D와 A 사이에 아직도 실질적 유사성이 존재하고 있다면 C와 D 모두 A의 2차적저작물이라고 할 수 있다. 그러나 C 및 D로부터 A의 표현상의 창작적 특징을 직접 감득할 수 없고 실질적 유사성이 상실되어 버렸다면 C와 D는 비록 순차적으로 거슬러 올라가면 A에서 그 뿌리를 찾을 수 있기는 하지만 A의 2차적저작물이 아니라 완전히 독립된 별개의 저작물이 된다. 다만, C 및 D에서 B의 표현상의 본질적인 특징을 직접 감득할 수 있고, 그들 사이에 실질적 유사성이 존재한다면 C와 D는 B의 2차적저작물이 될 수 있을 뿐이다. 결국 어떤 저작물을 원저작물의 2차적저작물로 볼 것이냐의 여부는 그 저작물로부터 원저작물의 표현상의 본질적인 특징을 직접 감득할 수 있느냐, 또는 실질적 유사성이 존재하느냐 여부에 달려 있다고 할 수 있다.

그러나 구체적으로 어떠한 경우가 표현상의 본질적인 특징을 직접 감득할 수 있는 경우인지 또는 실질적 유사성이 있는 경우인지에 대한 판단은 매우 어렵고도 미묘한 문제이다. 일본의 판례를 보면 주로 표현상의 본질적인 특징을 기준으로 판단하는 데 비하여, 미국의 판례들은 실질적 유사성을 기준으로 판단하고 있다. 이 문제는 결국 원저작물의 저작권자가 가지는 2차적저작물작성권의 침해 여부와 직접 관련되어 있으므로, 이에 대하여는 뒤의 "제 9 장 저작재산권 침해의 요건 및 판단기준" 부분에서 다시 살펴보기로 한다.

---

169) 이를 '3차적저작물', '4차적저작물'이라고도 할 수 있을 것이나, 그러한 용어를 사용하지 않고 모두 2차적저작물이라고 부른다.

라. 사상·감정(idea)을 차용한 경우

기존의 저작물을 기초로 하여 이를 개변하였으나 그 기초로 한 것이 기존 저작물의 아이디어일 뿐 표현이 아닌 경우에는 2차적저작물이 아니라 독립된 별개의 저작물이 된다. 따라서 원저작물의 표현 부분이 어떤 형태로든 차용되었어야 2차적저작물이 되는 것이다. 이렇게 보는 것이 저작권 보호범위에 관한 아이디어·표현 이분법 등 저작권법의 기본 원리에도 부합한다. 2차적저작물을 작성하기 위하여서는 원저작자의 허락을 받아야 한다. 그러므로 만약 아이디어만을 차용하여서도 2차적저작물이 작성될 수 있다고 한다면, 그러한 2차적저작물의 작성에도 원저작자의 허락을 받아야 하고, 결국 아이디어를 차용하는 데 대하여 원저작자의 허락을 받아야 하는 결과로 되어 아이디어·표현 이분법의 원리에 반하게 된다. 따라서 아이디어만을 차용하고 거기에 다른 요소를 부가하여 저작물을 창작한 경우에는 2차적저작물이 성립하는 것이 아니라 별개의 저작물이 성립하는 것이라고 보아야 한다. 그래야 원저작물의 저작자에게 2차적저작물작성권을 부여하는 저작권법의 기본원리와 부합하게 되는 것이다.

마. 원저작자의 동의 여부

2차적저작물의 작성에 있어서 원저작물 저작자의 허락이나 동의는 요건이 아니다. 원저작자의 허락이 있는 경우는 물론 원저작자의 허락 없이 작성된 2차적저작물이라 하더라도 2차적저작물로 성립하는데 아무런 지장이 없다. 다만, 원저작물의 저작권이 유효하게 살아 있음에도 원저작자의 동의 없이 2차적저작물을 작성하였다면, 원저작자가 가지는 저작재산권의 하나인 2차적저작물작성권[170]을 침해한 것이 되므로 2차적저작물의 작성자가 그에 대한 책임을 져야 하는 것뿐이다.

우리나라 최초의 저작권법인 1957년 저작권법 제 5 조 제 1 항은, "타인의 저작물을 그 창작자의 동의를 얻어 번역, 개작 또는 편집한 자는 원저작자의 권리를 해하지 않는 범위 내에 있어서 이를 본법에 의한 저작자로 본다"고 규정함으로써, 원저작자의 동의를 2차적저작물의 성립요건으로 파악하고 있었다. 그러나 1987년 저작권법의 개정에 따라 원저작물 저작자의 동의는 2차적저작물의 성립요건에서 제외되었고, 그것이 현행 저작권법에 이르기까지 이어지고 있다.[171] 따라서 원저작자의 동의가 없으면 2차적저작물로 성립할 수 없다거

---

170) 원저작물을 그대로 이용하면서 여기에 다른 요소를 추가하기만 한 경우에는 복제권의 침해가 될 수도 있을 것이다. 예컨대, 원저작물 A에 다른 요소 B를 단순히 추가하기만 하여 A+B를 만든 경우에 A에 대하여서는 복제권침해가 될 수도 있고 2차적저작물작성권 침해가 될 수도 있으며, 경우에 따라서는 양쪽 모두의 침해가 될 수도 있는 것이다.

나 그 저작권이 발생하지 않는 것은 아니다. 그러나 저작자는 2차적저작물작성권을 가지고 있기 때문에(저작권법 제22조), 예컨대 원저작자 A의 허락 없이 B가 무단으로 2차적저작물을 작성하면 A의 2차적저작물작성권을 침해하게 되는 것이다. B는 자신이 2차적저작물의 작성자라고 하더라도 그것을 이용하면 원저작물에 대한 저작권침해가 되기 때문에,[172] A가 이용행위 금지나 손해배상을 청구하면 이에 응하여야 한다. 따라서 B 스스로는 그 2차적저작물을 이용할 수 없지만, 다른 제3자 C가 B의 2차적저작물을 무단이용하는 경우에는 권리를 행사할 수 있다. 이때 C에 대하여는 원저작자인 A도 권리를 행사할 수 있는데, 이는 C의 2차적저작물 이용행위에 의하여 그에 내재된 원저작물의 창작적 표현 역시 무단이용 되기 때문이다.

한편, 제3자의 침해에 대한 손해배상청구에 관해서는 약간의 검토가 필요하다. 원저작자의 허락 없이 무단으로 2차적저작물을 창작한 자는 어차피 그것을 이용할 수 없기 때문에 침해되더라도 손해발생은 없다고 해석할 가능성이 있다. 그러나 허락을 받지 못한 2차적저작물의 창작자라도 원저작물의 저작자에 의하여 현실적으로 중지를 당하기 전까지는 사실상 이용할 수 있을 것이며 실제로 이익을 얻고 있는 경우도 있을 수 있기 때문에 손해배상청구는 인정하되, 그 후 처리는 원저작물의 권리자와 조정을 하면 된다고 해석할 수도 있다.[173] 저작권법이 원저작자의 동의를 2차적저작물의 성립요건에서 제외한 점, 구체적인 경우에 들어가면 원저작자의 동의가 있었는지 여부 및 동의가 있었다고 하더라도 그 범위 내에서의 2차적저작물 작성인지 여부가 다투어질 수 있다는 점, 무단으로 저작물을 이용한 제3자를 굳이 보호할 필요가 없다는 점 등을 고려하면 후자의 해석이 타당하다고 생각된다.

3. 2차적저작물 판단 기준의 역할과 보조적 판단 자료

가. 판단 기준의 역할

앞에서 본 바와 같이 2차적저작물이 되기 위해서는 원저작물에 대한 실질적인 개변(새

---

171) 원저작물 저작자의 동의를 2차적저작물의 성립요건에서 삭제한 것은 베른협약 등 국제협약과 독일 및 일본 등 각국의 입법례를 반영한 것이다. 베른협약 제2조 제3항은 "문학·예술저작물의 번역물·각색물·편곡물 기타 개작물은 원저작물의 저작권에 영향을 미치지 아니하고, 저작물로서 보호된다"고 규정하고 있다.

172) 우리 저작권법 제22조는, 저작자는 그의 저작물을 원저작물로 하는 2차적저작물을 '작성'하여 '이용'할 권리를 가진다고 규정하고 있다. 이에 비하여 일본 저작권법은 제27조(번역권, 번안권 등)와 제28조(2차적저작물의 이용에 관한 원저작자의 권리)로 구분함으로써, 2차적저작물을 '작성'하는 권리와 '이용'하는 권리를 별도로 구분하여 규정하고 있다.

173) 中山信弘, 著作權法(윤선희 편역), 법문사(2008), 114면.

로운 창작성의 부가)이 이루어져야 하며, 아울러 그러한 개변에도 불구하고 원저작물과의 사이에 실질적 유사성을 가지고 있어야 한다. 따라서 '실질적 개변'(새로운 창작성)과 '실질적 유사성'(또는 표현상의 본질적 특징의 직접감득성)이 2차적저작물을 원저작물 및 완전한 독립저작물과 구분하는 기준이다. 실질적 개변이 없으면 원저작물의 복제물에 불과하고, 실질적 유사성이 없으면 완전한 독립저작물이 된다. 그러나 기준이 되는 실질적 개변과 실질적 유사성에서 '실질적'이라는 말 자체가 '불확정개념'이어서 그 판단이 각자의 주관에 흐를 가능성이 많기 때문에 이들 기준 외에 보다 객관성을 담보할 수 있는 '시장적 경쟁관계의 유무' 등이 2차적저작물 여부를 판단하기 위한 보조적 기준으로서의 역할을 하고 있다.

A라는 기존의 저작물을 이용하되 여기에 변형을 가하거나 새로운 창작성을 가미하여 작품을 만들어 가는 과정을 그 변형 또는 새로운 창작성의 정도에 따라 분류하면 다음과 같이 나누어 볼 수 있다. ① 기존의 저작물(A)에 의거하여 A를 그대로 베낀 경우(이른바 'dead copy') ② A에 대하여 사소한 수정, 변경을 가하였지만 A와 실질적인 동일성을 인정할 수 있고 새로운 창작성이 부가되지는 아니한 경우, ③ A를 토대로 하여 거기에 새로운 창작성을 가미한 점이 인정되지만, 한편으로 아직도 A에 대한 종속적 관계(실질적 유사성의 존재)가 인정되는 경우, ④ A를 이용하였지만, 단순히 시사 받은 정도에 불과하거나 또는 그것을 완전히 소화하여 작품화함으로써 A와의 사이에 동일성이나 종속적 관계를 인정할 수 없는 경우[174]로 분류할 수 있다.[175] 이때 ① ②의 경우는 A의 복제물에,[176] ③의 경우는 2차적저작물에 각 해당한다. 그러나 마지막 ④의 경우는 비록 A에 의거하여 창작된 저작물이기는 하지만 2차적저작물이 아니라 A와는 저작권법적으로 무관한 완전히 독립된 저작물이 된다. 어느 정도의 개변이 이루어져야 실질적인 개변이고 따라서 2차적저작물이 될 수 있는지는 2차적저작물작성권 침해 여부를 결정하는 매우 중요한 사항이다.

나. 판례의 검토

판례는 비교적 초기 하급심 판결에서부터 원저작물과 2차적저작물의 관계를 인정하기

---

174) 대법원 1998. 7. 10. 선고 97다34839 판결. 이 판결은, "어떤 저작물이 기존의 저작물을 다소 이용하였더라도 기존의 저작물과 실질적인 유사성이 없는 별개의 독립적인 신 저작물이 되었다면, 이는 창작으로서 기존의 저작물의 저작권을 침해한 것이 되지 않는다"고 판시하였다.

175) 淸永利亮, 著作權侵害訴訟, 新·實務民事訴訟講座 Ⅴ, p. 453.

176) 대법원 1989. 10. 24. 선고 89다카12824 판결(저작권심의조정위원회, 「한국저작권판례집」, p. 183 이하)은, "다른 사람의 저작물을 원저작자의 이름으로 무단히 복제하게 되면 복제권의 침해가 되는 것이고, 이 경우 저작물을 원형 그대로 복제하지 아니하고 다소의 수정 증감이나 변경이 가하여진 것이라고 하더라도 원저작물의 재제 또는 동일성이 인식되거나 감지되는 정도이면 복제로 보아야 할 것이며, 원저작물의 일부분을 재제하는 경우에도 그것이 원저작물의 본질적인 부분을 재제하는 경우라면 그것 역시 복제에 해당한다고 보아야 한다"고 판시하였다.

위하여서는 양 저작물 사이에 실질적 유사성이 있어야 한다고 보고 있다. 서울민사지방법원 1990. 9. 20. 선고 89가합62247 판결(일명, '행복은 성적순이 아니잖아요' 사건)[177]은, "어떤 저작물이 원작에 대한 2차적저작물이 되기 위해서는 단순히 사상(idea), 주제(theme)나 소재가 같거나 비슷한 것만으로는 부족하고, 두 저작물간에 실질적 유사성(substantial similarity), 즉 사건의 구성(plot) 및 전개과정과 등장인물의 교차 등에 공통점이 있어야 한다 할 것인데, 원고가 주장하는 무용극과 영화 사이에 내재하는 예술의 존재양식 및 표현기법의 차이를 감안하더라도 양자 사이에 원작과 2차적저작물의 관계를 인정할 만한 실질적 유사성이 있다고 볼 수 없다"고 함으로써 실질적 유사성의 존재를 2차적저작물 해당 여부를 판단하는 기준으로 삼고 있음을 명확히 하였다.

이와 같이 실질적 유사성의 존재를 기준으로 하여 2차적저작물에 해당하는지 여부를 판단한 사례는 대법원 1999. 11. 26. 선고 98다46259 판결('수지요법 강좌 서적' 사건), 대법원 2000. 10. 24. 선고 99다10813 판결('까레이스키' 사건), 대법원 2009. 5. 28. 선고 2007다354 판결 등 2차적저작물 해당 여부가 문제로 된 다수의 대법원 판결로 이어져 사실상 우리 법원의 확립된 판례로 자리를 잡고 있다.

다. 보조적 판단 자료 – 시장적(市場的) 경쟁관계

엄격하게 본다면 과거 존재하였거나 현재 존재하고 있는 거의 모든 저작물들은 그보다 앞선 원저작물로부터 어느 정도 차용하였거나 그에 기초한 저작물이다. 이는 저작물의 창작이 선인(先人)들이 이루어 놓은 문화유산의 기초 위에서 이루어지며 어떤 문화적 유산과도 완전히 독립된 새로운 저작물은 상상하기 어렵기 때문이다.[178] 이처럼 거의 모든 저작물이

---

177) 하급심판결집 1990-3, 267면. 이 사건에서 모 대학 무용과 교수인 원고는 우리나라 청소년교육 및 입시제도의 문제점을 주제로 한 무용극 '행복은 성적순이 아니잖아요'를 창작하여 공연하여 왔는데, 그 후 영화제작자인 피고가 원고의 허락 없이 위 무용극과 동일한 제목의 영화를 제작하여 상영함으로써 수십만 명의 관객을 동원하는 등 흥행에 성공하였고, 다시 제 3 자로 하여금 위 영화 시나리오를 소설화한 같은 제목의 소설을 집필케 하여 출판하자 소송을 제기한 사례이다.

178) 미국의 Story 판사는 Emerson v. Davies 사건에서 다음과 같이 판시하였다.
"사실 문학이나 과학, 혹은 예술 분야에 있어서 엄격한 의미에서 완전히 새롭고 독창적인 사상이란 존재하기 어렵다. 모든 문학 작품이나 과학, 예술은 필연적으로 이전부터 존재하고 알려져 있던 것들을 차용하기 마련이다. … 따라서 완전히 독창적인 저작물에만 저작권을 부여한다면 현재의 모든 저작물들은 저작권의 보호를 받지 못하는 결과로 될 것이며, 그러한 저작물을 찾아보려면 우리는 멀리 고대로 거슬러 올라가지 않으면 아니 될 것이다. Virgil은 Homer의 저작으로부터 많은 것을 차용하였으며, Bacon도 당시의 저작물뿐만 아니라 그 이전의 저작물을 상당부분 차용하였다. 심지어는 Shakespeare와 Milton 역시 풍부한 기존의 저작물들을 차용한 것으로 알려지고 있다."; Emerson v. Davies, 8 F. Cas. 615, 619 No. 4436(C.C.D. Mass. 1845)－M. B. Nimmer, Nimmer on Copyright, Matthew & Bender, Vol. I , Chap. 3, pp. 3-2에서 재인용.

직접·간접적으로 이미 존재하는 저작물의 도움을 받아 작성되므로, 그 중에서 어느 범위까지를 2차적저작물로 인정하고 어느 범위부터를 독립저작물로 인정할 것인지가 문제로 된다.

원저작물에 대한 개변(variation)의 정도에 따라서 저작물을 분류해 보면, 원저작물 → 원저작물의 복제물(원저작물에 다소의 개변을 하였으나 그 개변이 실질적인 정도에 이르지 못하는 사소한 개변이어서 아직 원저작물과 실질적으로 동일하다고 보아야 할 복제물) → 2차적저작물(원저작물에 가해진 개변이 실질적 개변의 정도에 이르렀으나 아직 원저작물과 실질적 유사성을 가지고 있는 저작물) → 독립저작물(원저작물에 가해진 개변의 정도가 일정 수준을 넘어섬에 따라 원저작물과의 사이에 실질적 유사성을 상실한 저작물)로 된다.

이때 개변의 정도가 그 중 어느 것에 해당하는가의 판단은 판단자의 주관에 흐를 염려가 커서 법적 안정성을 해치는 요인이 되기도 한다. 이에 따라 좀더 객관적인 구별기준을 찾기 위한 시도가 있어왔는데, 특히 2차적저작물과 독립저작물을 구별하는 기준으로서 많은 도움을 주는 것이 '시장적(市場的) 경쟁관계', 즉 대체재(代替財)로서 같은 시장을 서로 분할하는 관계에 있는가의 여부에 따라 양자를 구별하는 방법이다. 시장적 경쟁관계에 있다는 것은 어떤 저작물이 소비자 또는 구매자에 대하여 원저작물의 수요를 일부라도 대체할 수 있는 기능을 가지고 있다는 것을 의미한다. 대부분의 경우에 있어서 2차적저작물은 원저작물과 시장적 경쟁관계에 있지만, 독립저작물은 원저작물과 시장적 경쟁관계에 있지 않으며, 같은 시장을 분할하는 것이 아니라 서로 독립된 시장을 형성하는 관계에 있다.

예를 들어, 춘향전이라는 소설이 저작권의 보호를 받고 있다고 가정한다면 그것을 영화화 한 것은 소설 춘향전의 2차적저작물이 된다. 이때 영화 춘향전은 소설 춘향전과 시장적 경쟁관계에 있게 된다. 영화 춘향전을 본 사람들 중 상당수는 소설 춘향전을 읽을 감상적 욕구를 상실하게 되기 때문이다. 그런데 소설 춘향전과 등장인물 및 시대배경, 기본적인 플롯, 일정부분의 표현은 동일하지만 그것을 패러디(parody)한 '외설(猥褻) 춘향전'은 소설 춘향전과 시장적 경쟁관계에 있지 않다. 이 두 가지는 독자에게 있어서 서로 다른 감상적 기능을 가지기 때문이다. 따라서 외설 춘향전은 소설 춘향전의 2차적저작물이 아니라 전혀 별개의 독립저작물이 되는 것이다.

그러나 2차적저작물이라고 하여 항상 원저작물과 시장적 경쟁관계에 있는 것은 아니다. 2차적저작물이지만 원저작물과 시장적 경쟁관계가 없는 저작물도 충분히 있을 수 있다. 예를 들어, 미키마우스 만화를 원작으로 한 미키마우스 캐릭터 인형은 그 만화의 2차적저작물이라고 볼 수 있지만 이때의 원저작물인 미키마우스 만화와 2차적저작물인 캐릭터 인형은 시장적 경쟁관계에 있지 않다. 따라서 시장적 경쟁관계의 존재 여부는 2차적저작물 해당 여부를 판단하기 위한 하나의 중요한 참고적 기준이 되는 것은 사실이지만, 2차적저작물 해당 여부가 반드시 시장적 경쟁관계의 존부에 달려 있는 것은 아니다. 이런 의미에서 시장적 경쟁관계는 2차적저작물 해당 여부를 판단함에 있어 하나의 보조적 판단 기준이라고 하겠다.

4. 2차적저작물의 종류

가. 번역저작물

번역이란 어문저작물을 체계가 다른 이종의 언어로 표현하는 것을 말한다. 맹인용의 점자역(點字譯)이나 암호문의 해독, 속기기호로 된 문서를 보통의 문자로 된 문서로 전환하는 것은 번역이라고 보지 않으며, 따라서 2차적저작물의 작성이 아니라고 본다. 고어(古語)로 된 시조나 소설을 현대어로 옮기는 것은 번역이라고 보는 견해도 있으나,[179] 뒤에서 보는 '각색' 내지는 넓은 의미에서의 '번안'에 속하는 것으로 보는 것이 보통이다.[180] 일본의 하급심 판결[181] 중에는 10세기경 한문으로 된 전기문학(戰記文學) 작품인 '장문기'(將門記)에 대하여 이미 종전의 훈독문이 나와 있으나 오자와 탈자가 많으며 잘못된 부분도 있으므로 이를 보완하는 훈독문을 작성한 것과 관련하여, "한문을 훈독할 때는 원전이 성립한 연대, 그 시대의 용어, 문법, 당시의 정치적, 경제적, 사회적 배경, 원저작자의 지위나 신분 등 원전의 문장의 의미 해석에 관한 여러 조건을 연구하여, 그 연구 결과로서 원전의 의미를 원전이 성립한 시대의 읽는 방법에 가장 가깝게 표현하고, 현대인이 이해할 수 있는 문장으로 다시 쓰는 것이 필요하며, 이러한 작업은 훈독자의 학식과 문장이해력, 표현력의 차이에 의하여 다른 결과가 나타나는 것이므로 2차적저작물이 된다"고 한 것이 있다.[182]

번역과 출판은 달리 취급되고 별개의 권리에 속하는 것이기 때문에 번역에 대한 허락을 출판에 대한 허락까지 포함하는 것이라고 볼 수는 없다. 따라서 번역한 것을 출판하기 위하여서는 원저작자로부터 번역에 관한 허락뿐만 아니라 출판허락까지 받아야 하는 것이 원칙이다.

대법원은 2007. 3. 29. 선고 2005다44138 판결에서, 번역저작물의 창작성은 원저작물을 언어체계가 다른 나라의 언어로 표현하기 위한 적절한 어휘와 구문의 선택 및 배열, 문장의 장단 및 서술의 순서, 원저작물에 대한 충실도, 문체, 어조 및 어감의 조절 등 번역자의 창

---

179) 허희성, 전게서, 56면.

180) 中山信弘, 전게서, 115면 참조. 다만 번역이든 번안이든 법적 효과에 차이가 없기 때문에 번역과 번안의 어느 쪽에 해당하는가를 논의할 실익은 적다고 하고 있다.

181) 동경지방법원 1982. 3. 8. 선고, 昭和 51년(ワ) 8446호 판결.

182) 田村善之, 著作權法槪說, 第 2 版, 有斐閣, 2003, 13면(허희성, 음악저작물의 창작성과 실질적 유사성 – 대법원 2004. 7. 8. 선고 2004다18736 판결, 계간 저작권, 68호, 저작권심의조정위원회, 47면에서 재인용).

의와 정신적 노력이 깃들은 부분에 있는 것이고, 그 번역저작물에 나타난 사건의 전개, 구체적인 줄거리, 등장인물의 성격과 상호관계, 배경설정 등은 경우에 따라 원저작물의 창작적 표현에 해당할 수 있음은 별론으로 하고 번역저작물의 창작적 표현이라 할 수 없다고 판시한 바 있다.[183]

나. 편곡저작물

편곡(編曲, arrangement)이란 음악저작물에서 악곡을 변조하여 원곡에 부가된 새로운 감상적 가치를 발생시키는 것이다. 원곡에는 없던 새로운 부가가치를 발생시켜야 하므로, 오선악보에 기록된 것을 하모니카용으로 1, 2, 3, 4와 같이 단순하게 수보화(數譜化)하거나, 민요를 있는 그대로 채보(採譜)만 하는 것과 같은 행위는 편곡에 해당하지 않는다고 보는 것이 일반적인 해석이다.[184] 이러한 경우는 음악저작물 자체에는 변함이 없이 다만 그 고정매체(악보)에의 기술방법이 바뀌었을 뿐이기 때문이다. 그러나 음악 자체에 변화를 가져오는 변경이 수반되었다면 달리 볼 수 있을 것이다.

대법원 2004. 7. 8. 선고 2004다18736 판결(일명, '사랑은 아무나 하나' 사건)은 구전가요를 기초로 작성한 '여자야'라는 가요에 대하여, 이 가요는 기존의 두 가지 구전가요의 리듬, 가락, 화성에 사소한 변형을 가하는 데 그치지 않고, 두 구전가요를 자연스럽게 연결될 수 있도록 적절히 배치하고, 여기에 디스코 풍의 경쾌한 템포를 적용함과 아울러 전주 및 간주 부분을 새로 추가함으로써 사회통념상 그 기초로 한 구전가요들과는 구분되는 새로운 저작물, 즉 2차적저작물에 해당한다고 판시하였다. 이는 구전가요를 원저작물로 하는 편곡저작물로서의 2차적저작물 성립을 인정한 사례이다.

또한 대법원 2002. 1. 25. 선고 99도863 판결에서는, 대중가요 184곡을 컴퓨터를 이용하여 연주할 수 있도록 컴퓨터용 음악으로 편곡[185]한 것에 대하여, 그러한 편곡을 위하여는

---

183) 이 판례는 프랑스어 원작 소설을 우리말로 번역한 원고의 소설과 피고의 동화 사이의 저작권침해 여부가 문제로 된 사건이다. 대법원은 위 판시와 같은 전제 아래에서, "번역저작물의 개개 번역 표현들을 구성하고 있는 어휘나 구문과 부분적으로 유사해 보이는 어휘나 구문이 대상 저작물에서 드문드문 발견된다는 사정만으로 바로 번역저작물과 대상 저작물 사이에 실질적 유사성이 있다거나 번역저작물에 대한 번역저작권이 침해되었다고 단정할 수는 없고, 그 실질적 유사성을 인정하기 위해서는 대상 저작물에서 유사 어휘나 구문이 사용된 결과 번역저작물이 갖는 창작적 특성이 대상 저작물에서 감지될 정도에 이르러야 한다. 대상 동화가 프랑스어 원작 소설을 우리말로 번역한 소설에서의 표현과 부분적으로 유사한 어휘나 구문을 사용하고 있으나, 위 소설이 번역저작물로서 갖는 창작적 특성이 대상 동화에서 감지된다고 보기 어려워 양자 사이에 실질적 유사성을 인정할 수 없다"고 하였다.

184) 허희성, 전게서, 57면.

185) 여기서 '편곡'은 컴퓨터를 이용하여 음악을 연주할 수 있도록 해 주는 컴퓨터프로그램이 작동될 때 그 프로그램에 입력 인자로 사용될 자료(data)를 미리 약속된 규칙 내에서 작성자의 취향에 따라 다양하게 배열하여 만드는 일련의 과정을 말하는 의미로 사용하였다.

컴퓨터음악과 관련 컴퓨터프로그램에 대한 높은 수준의 이해는 물론, 시간적으로도 상당한 노력이 요구되고, 편곡자의 독특한 방법과 취향이 그 편곡된 컴퓨터음악에 반영되어 편곡의 차별성과 독창성이 있어야 하므로, 그런 과정을 거쳐 편곡한 184곡은 원곡을 단순히 컴퓨터 음악용 곡으로 기술적으로 변환한 정도를 넘어 고도의 창작적 노력이 개입되어 작성된 것으로 저작권법에 의하여 보호될 가치가 있는 2차적저작물에 해당한다고 판시한 바 있다.

편곡과 관련하여 최근에 많이 문제가 되고 있는 것으로 이른바 '커버 음악'(cover music)이 있다. '나는 가수다' '미스 트롯' 등과 같은 오디션 프로그램이 인기를 얻고 있는데, 여기서 출연자들이 부르는 노래는 기존 악곡을 자신의 취향에 맞게 새로운 버전으로 편곡하여 부르는 경우가 많다. 이렇게 타인의 악곡을 자기 버전으로 편곡한 음악을 '커버 음악'이라고 한다. 작사, 작곡자들의 저작권을 신탁관리하고 있는 한국음악저작권협회에서는 이와 같이 커버 음악으로 편곡할 경우 기존 악곡의 작사, 작곡자로부터 편곡(2차적저작물 작성)에 대한 별도의 이용허락을 받도록 하고 있다.

커버 음악은 유튜브와 같은 개인미디어에서 많이 활용되고 있다. 허락을 받지 않고 만들어진 커버 음악은 원곡 저작권자의 2차적저작물작성권을 침해하는 것이 될 가능성이 높다. 특히 원곡의 녹음물(음원)까지 이용한 커버 뮤직의 경우에는 원곡의 작사, 작곡자뿐만 아니라, 해당 음원을 녹음한 음원제작자의 허락까지도 받아야 한다. 다만, 유튜브는 침해 저작물이라 하더라도 원저작자가 그 침해저작물을 유튜브 플랫폼에서 삭제하기보다는 그로부터 발생하는 수익을 공유하고자 하는 경우에 그렇게 할 수 있도록 하는 정책을 시행하고 있다. 그러나 이런 커버 음악을 가지고 음반을 제작하고자 할 경우에는 원칙적으로 원곡 저작권자로부터 2차적저작물 작성에 관한 허락을 받아야 한다.

또한 서로 다른 작사, 작곡가들의 곡 20개 정도를 한 앨범에 수록하게 되는 이른바 '메들리음반'의 경우에는, 그 음반이 전체적으로 통일적인 느낌이 나도록 각각의 수록 곡들에 약간의 편곡작업을 거치는 경우가 많다. 이런 경우에도 원곡 작사, 작곡자들로부터 별도의 허락을 받아야 하는 것인지에 관하여 음악계에 혼란이 있었는데, 서울북부지방법원 2019. 8. 23. 선고 2019노508호 판결(상고)에서는, 메들리음반의 경우에도 원곡 작사, 작곡자들의 허락 없이 편곡되었다면 2차적저작물작성권의 침해가 성립한다고 판시하였다.

다. 변형저작물

변형(變形, transformation)이란 미술저작물의 이종복제(異種複製), 즉 회화를 조각으로 복제한다거나 반대로 조각을 회화로 복제하는 것과 같이 원작을 제작할 때와는 전혀 다른 기법으로 제작하는 행위를 말한다. 미국에서는 기존의 회화를 동판화기법으로 제작한 것, 로댕의 조각품 '신의 손'을 크기만 축소하고 형상은 그대로 제작한 것이 2차적저작물로 성립한다는 판례가 있었다. 앞에서 재현작품(再現作品)과 관련하여 검토한 미국 제2항소법원의 Batlin & Son, Inc. v. Snyder 판결[186]과 Kuddle Toy, Inc. v. Pussycat-Toy, Inc.[187] 판결 등이 그러한 사례라고 볼 수 있다.

라. 각색·영상제작 및 그 밖의 방법

(1) 각색·영상제작

일반적으로 각색은 소설 등의 어문저작물을 희곡이나 시나리오 등의 대본으로 만드는 것을 말하고, 영상제작은 소설 등을 영화화하는 것을 말한다. 각색이나 영상제작을 넓게 번안(飜案)의 한 종류라고 보기도 한다. '번안'은 각색이나 영상제작뿐만 아니라, 예를 들어 줄거리에는 변경이 없이 소설의 배경만을 고대에서 현대로, 또는 미국에서 우리나라로 변경함으로써 독자들의 취향에 맞춘다거나, 어른들을 독자로 하여 써진 소설을 어린이용으로 쉽게 풀어 다시 쓴다거나 하는 경우를 모두 포함하며, 이렇게 하여 작성된 저작물 역시 특별한 사정이 없는 한 2차적저작물로 성립한다.

(2) 기타 – 요약과 다이제스트

소설이나 신문기사, 논설 등의 기존 어문저작물을 '요약' 또는 '다이제스트' 등의 이름으로 축약변형한 형태의 저작물(편의상 '요약물'이라 부르기로 한다)은 원저작물에 대한 인덱스 또는 원저작물 전체를 감상하는데 드는 시간을 절약하게 해 주는 역할을 한다. 그래서 소비자들의 수요가 있고 상업성도 높은 저작물이라고 할 수 있다. 이러한 기존 어문저작물을 요약한 요약물이 2차적저작물에 해당하는지 여부가 문제된다. 대법원 2013. 8. 22. 선고 2011도3599 판결이 이에 대한 판단기준을 설시하고 있는데, "2차적저작물이 되기 위해서는 원저작물을 기초로 수정·증감이 가해지되 원저작물과 실질적 유사성을 유지하여야 한다. 따라서 어문저작물인 원저작물을 기초로 하여 이를 요약한 요약물이 원저작물과 실질적인 유사성이 없는 별개의 독립적인 새로운 저작물이 된 경우에는 원저작물 저작권자의 2차적저작물작성권을 침해한 것으로 되지는 아니하는데, 여기서 요약물이 그 원저작물과 사이에 실질적인 유사성이 있는지 여부는, 요약물이 원저작물의 기본으로 되는 개요, 구조, 주된 구성 등을 그대로 유지하고 있는지 여부, 요약물이 원저작물을 이루는 문장들 중 일부만을 선택하여 발췌한 것이거나 발췌한 문장들의 표현을 단순히 단축한 정도에 불과한지 여부, 원저

---

186) 536 F.2d 486(2d Cir. 1976).
187) Kuddle Toy, Inc. v. Pussycat-Toy, Inc., 183 U.S.P.Q. 642(E.D.N.Y. 1974).

작물과 비교한 요약물의 상대적인 분량, 요약물의 원저작물에 대한 대체가능성 여부 등을 종합적으로 고려하여 판단해야 한다.”고 판시하고 있다.[188]

　　외국 사례를 보면, 경제신문을 발행하는 원고 회사의 신문기사를 수집하여 그 요약문을 유료로 제공한 Nihon Keizai Shimbun, Inc. v. Comline Business Data, Inc. 사건[189]에서 미국 제 2 항소법원은, 피고의 요약문과 원고의 신문기사를 대비하여 보면, 동일한 구조와 구성을 채택하고 있고, 동일한 어법과 단어를 사용한 경우까지 있는 점에 비추어 볼 때, 저작권으로 보호되는 표현에 실질적 유사성이 있어 저작권침해에 해당한다고 판시한 바 있다. 또한 이와 거의 동일한 사실관계에 대하여 일본 동경지방법원도 2차적저작물작성권 침해(번안권 침해)를 인정한 사례가 있다.[190]

II. 편집저작물

1. 개　　요

가. 의　　의

　　편집저작물이란 “편집물(저작물이나 부호·문자·음·영상 그 밖의 형태의 자료의 집합물을 말하며 데이터베이스를 포함한다)로서 그 소재의 선택·배열 또는 구성에 창작성이 있는 것”을 말하며, 독자적인 저작물로서 보호된다(저작권법 제 2 조 제17, 18호, 저작권법 제 6 조).[191] 이 중 괄호 안의 부분에서 언급된 ‘데이터베이스’는 “소재를 체계적으로 배열 또는 구성한 편집물로서 개별적으로 그 소재에 접근하거나 그 소재를 검색할 수 있도록 한 것”으로 정의된다(저작권법 제 2 조 제19호). “독자적인 저작물로서 보호된다”는 것은 여러 가지 소재를 모아서 편집저작물을 작성하였을 때 그 소재들이 저작물로서 보호를 받든지 받지 못하든지 묻지 아니하고, 그 모아 놓은 편집저작물 자체가 소재와는 별개로 전체로서 하나의 저작물로 보호된다는 의미이다. 예를 들어, 다수의 저작물(소설이나 수필 등)과 비저작물(각종의 단순한 정보)

---

188) 이 사건은 해외에서 발간된 비즈니스 서적의 영문 요약물을 제공받아 이를 국문으로 번역한 번역요약물을 인터넷을 통하여 유료로 제공한 것에 대하여 저작권법위반죄로 기소된 사안이다. 원심인 서울중앙지방법원 2011. 2. 23. 선고 2010노3247 판결은 피고인들의 번역요약물은 원저작물과 목차 및 주요 내용 등에 있어서 상당 부분 유사성을 지니고 있다는 점을 들어 2차적저작물작성권 침해를 인정하였고, 이에 피고인들이 상고하였으나 위 대법원 판결에 의하여 상고가 기각되었다.

189) 166. F.3d 65(2d Cir. 1999).

190) 일본 동경지방법원 1994. 2. 18. 선고 平成 4(ワ) 2085 판결.

191) 1994. 1. 7. 개정 저작권법 제 6 조 제 1 항 참조.

로 이루어진 잡지의 경우 그 소재가 된 소설, 수필, 단순한 정보들과는 별개로 잡지 전체가 하나의 저작물로 보호된다는 것이다.

1957년 저작권법에서는 편집저작물을 2차적저작물의 한 종류로서 열거하였으나, 편집 저작물은 원저작물을 개변함이 없이 소재 또는 자료의 선택과 배열 자체에 창작성을 갖는 것이어서 2차적저작물과는 개념을 달리하므로 1986년 개정법부터 분리하여 규정하고 있다. 즉, 2차적저작물은 기존의 저작물에 변형을 가하는 것이지만, 편집저작물은 그 소재가 되는 자료가 저작물이라 하더라도 그 저작물에는 변형을 가하지 않고 그대로 수록한다는 점에서 구별된다.

백과사전, 회화집, 사전, 캘린더, 문학전집, 판례집, 신문, 잡지, 영어단어장, 직업별 전화 번호부 등이 대표적인 편집저작물이라고 볼 수 있다.

나. 일반 저작물과의 구별

소재의 선택, 배열 또는 구성에 창작성이 있는 저작물을 편집저작물이라고 하지만, 사 실상 편집저작물뿐만 아니라 다른 대부분의 저작물도 여러 가지 소재를 선택하여 배열하고 구성함으로써 이루어진다는 점에서 어느 정도 편집저작물로서의 성격을 가진다고 볼 수 있 다. 예를 들어, 소설의 창작 과정에서는 주제를 중심으로 여러 가지 다양한 에피소드들을 취사선택하여 배열하는 작업이 이루어지게 되며, 지도를 작성하는 경우에도 지면상에 다수 의 각종 지리적 정보를 선택하여 배열하는 작업이 이루어지게 된다. 즉, 소재를 선택, 배열 또는 구성하는 작업은 편집저작물에서만 이루어지는 것이 아니라 다른 일반 저작물에서도 이루어지는 작업인 것이다.

그러나 일반 저작물과 편집저작물은 다음과 같이 구별할 수 있다. 일반 저작물에서는 소재의 선택이나 배열의 성과가 문장 등에 의하여 구체적으로 표현되면 그것이 전체로서 저작물을 구성하게 되는 반면에, 편집저작물에서는 소재의 선택이나 배열의 성과 자체가 직 접적으로 저작물을 구성하게 된다. 예를 들어, 저작권 판례집과 저작권법 개설서를 작성할 경우 양쪽 모두 저작권에 관한 여러 가지 판례를 선택하여 배열하는 작업이 이루어지게 되 지만, 판례집은 판례의 선택과 배열 그 자체가 완결되고 독립적인 창작적 가치를 가지는 것 임에 반하여, 개설서의 경우에는 선택된 판례가 개설서의 내용 중에 흡수되고, 판례의 선택 과 배열은 개설서의 서술을 구성하는 요소의 하나로서 기능할 뿐이어서, 개설서로부터 판례 의 선택 또는 배열을 따로 분리하여 그 자체로서 완결되고 독립적인 창작적 가치를 가지는 것이라고 평가하기는 어렵다.[192] 즉, 소재의 선택과 배열의 창작성이 일반 저작물에서는 전

---

192) 半田正夫·松田政行, 『著作權法コンメンタール』, 勁草書房(2008), 595, 596면.

체 저작물의 창작성에 흡수되지만, 편집저작물에서는 독립성을 유지한다는 점에서 차이가
있다.

다. 편집물, 데이터베이스, 편집저작물의 관계

편집물 중에서 창작성이 있는 것이 편집저작물이다. 즉, 편집저작물이 되기 위해서는
일반 저작물과 마찬가지로 창작성이 필요한데, 다만 그 창작성이 소재의 선택·배열 또는
구성에 있다는 점에서 일반 저작물과 구별된다. 이에 반하여 편집물 중 데이터베이스는 창
작성을 요건으로 하지 않는 대신, 소재의 배열 또는 구성이 '체계적'으로 되어 있을 것을 요
구한다. 창작성은 '독자적 작성과 최소한의 창조적 개성'을 의미하는 것인데 비하여, '체계
적'이라는 것은 소재에 대한 접근 및 검색의 편리성 또는 효율성을 의미하는 것이다. 따라
서 누가하더라도 동일한 방법으로 소재를 선택·배열 또는 구성하였다면 최소한의 창조적
개성이 결여되어 편집저작물의 요건인 창작성을 갖추지 못하였다고 할 것이지만, 그러한 배
열 또는 구성이 소재에 대한 접근 및 검색의 편리성을 위해서 반드시 필요한 방법이었다면
'체계적'이라고 볼 수 있고 따라서 데이터베이스로서는 성립할 수 있다. 그러므로 데이터베
이스가 그 소재의 선택·배열 또는 구성에 있어서의 창작성까지 인정된다면 그 데이터베이
스는 편집저작물로서도 성립할 수 있다. 그 경우에는 데이터베이스제작자의 권리와 더불어
편집저작물의 저작권에 의해서도 보호를 받을 수 있게 된다.

또한 편집저작물의 정의 개념 속에는 소재의 '선택'이라는 요소가 들어가 있지만 데이
터베이스의 정의 개념 속에는 그러한 요소가 없다. 따라서 소재의 선택에 창작성이 있으면
그것만으로도 편집저작물이 성립할 수 있지만, 소재의 선택이 체계적으로 되어 있다고 하더
라도 그것만으로는 데이터베이스로 성립할 수 없고 체계적 배열 또는 구성이라는 요소를
별도로 갖추고 있어야 데이터베이스로 성립할 수 있다.[193) 예를 들어, 2014년도에 발표된
수많은 저작권 관련 학술논문 중 10개의 논문을 선별하여 수록한 논문집은 그 선별에 창작
성만 있으면 편집저작물로 성립할 수 있지만, 그것이 곧 데이터베이스로서도 성립할 수 있
는 것은 아니다. 그 논문집이 데이터베이스로 성립하기 위해서는 논문의 선별과는 별도로
소재가 된 개별 논문의 배열 또는 구성이 체계적으로 이루어져야 한다.

데이터베이스는 저작권법의 틀 안에서 보호를 받고 있으며, 창작성을 갖출 경우 편집저
작물로서 중복하여 성립할 수 있다. 그러나 법적 성격에 있어서 편집저작물과는 달리 취급
되어야 할 것이므로 이에 관하여는 제 7 장에서 따로 살펴보기로 한다.

---

193) 이 점은 일본 저작권법이 정보의 선택 또는 체계적인 구성에 의해 창작성을 가지는 것을 데이터베이
스라고 정의함으로써 '선택'을 데이터베이스의 창작성의 요소로 하고 있는 것과 차이가 난다.

2. 성립요건

가. 소재(素材)

편집저작물을 구성하는 개별 소재는 저작물이거나 아니거나 상관이 없으며, 개별 소재가 저작물일 경우 그것이 저작권으로 보호받는 저작물인지 아니면 보호기간의 만료 등의 사유로 보호받지 못하는 저작물인지의 여부도 상관이 없다.

미국 저작권법 제101조의 정의규정은 'collective works'(개별소재가 저작물인 경우)[194]와 'compilations'(개별소재가 저작물인지 여부를 불문)[195]를 개념적으로 구별하고 있으며, 후자가 전자를 포함하는 것으로 규정하고 있다. 백과사전, 신문, 잡지나 문학전집 등은 전자의 예가 될 것이고, 영어단어집이나 전화번호부 등은 후자의 예가 될 것이다.

나. 소재의 선택·배열 또는 구성에 창작성이 있을 것

(1) 편집저작물의 창작성

편집저작물 역시 저작물이므로 그 성립요건으로 창작성이 필요하다. 또한 편집저작물의 창작성도 일반 저작물의 경우와 마찬가지로 '독자적 작성'과 '최소한의 창조적 개성'의 두 가지 요소가 있어야 충족되는 것이므로, 편집저작물이 되기 위해서는 편집자의 개성이 어떤 형태로든 나타나 있어야 한다. 또한 편집저작물의 창작성은 소재 자체에 있는 것이 아니라 그 소재를 선택하거나 배열 또는 구성하는 것에 있어야 한다. 소재 자체의 생성에 아무리 많은 노력과 창작성을 기울였다고 하더라도 그것으로 소재 자체의 저작물성의 요건충족은 될지언정, 편집저작물로서의 요건충족과는 상관이 없다. 판례도 "편집물이 저작물로서 보호를 받으려면 일정한 방침 혹은 목적을 가지고 소재를 수집·분류·선택하고 배열하여 편집물을 작성하는 행위에 창작성이 있어야 한다"고 판시하여 이 점을 분명히 하고 있다.[196]

단순히 자료를 수집해 놓은 것에 불과하여 누가 작성하더라도 비슷하게 될 수밖에 없는 편집물은 창작성의 요소인 최소한의 창조적 개성이 드러나지 않기 때문에 편집저작물로 성립할 수 없다.[197] 예를 들어, 단순하게 가나다순으로 성명, 주소 및 전화번호를 배열한 인

---

194) A "collective work" is a work, such as a periodical issue, anthology, or encyclopedia, in which a number of contributions, constituting separate and independent works in themselves, are assembled into a collective whole.

195) A "compilation" is a work formed by the collection and assembling of preexisting materials or of data that are selected, coordinated, or arranged in such a way that the resulting work as a whole constitutes an original work of authorship. The term 'compilation' includes collective works.

196) 대법원 2003. 11. 28. 선고 2001다9359 판결.

명편 전화번호부는 편집저작물로서의 창작성을 갖추고 있다고 보기 어렵다. 그러나 직업별 전화번호부는 어떤 업종을 어떤 분류에 넣을 것인가 하는 분류작업과 그와 같이 분류한 업종들을 어떤 순서로 어떻게 배열할 것인가 하는 배열작업을 통하여 제작이 이루어지게 되는데, 그 과정에서 개성이 발휘될 여지가 있으므로 편집저작물로서 성립할 가능성이 있다.[198] 본 장 제 1 절 '저작물의 성립요건과 보호범위' 부분에서 살펴본 미국 연방대법원의 Feist 판결은 이러한 점을 잘 지적하고 있다. 이처럼 단순히 소재를 무작위로 수집해 놓은 것이나 기계적으로 단순 배열한 것만으로는 편집저작물에 필요한 창작성을 갖추었다고 볼 수 없다. 그러한 수집 과정에 아무리 많은 비용과 노력이 들었다 하더라도 마찬가지이다.[199] 비용과 노력만으로는 창작성을 충족할 수 없는 것이다. 창작성과 무관하게 투자된 비용과 노력에 대하여는 수집된 자료가 데이터베이스로서의 요건을 갖추었을 경우 데이터베이스제작자의 권리로 보호를 받거나 아니면 일반 불법행위법에 의한 보호를 받는 방법이 있을 것이다.[200]

(2) '선택'에 있어서의 창작성

소재의 '선택'은 일정한 주제에 따라 편집물에 수록될 구성부분을 선별하는 행위를 말하며, 소재의 선택에 있어서의 창작성이란 소재로 수록될 기존의 저작물이나 각종 정보 등 소재를 수집하되 일정한 방침 혹은 목적을 가지고 선별함으로써 버릴 것은 버리고 택할 것은 택하는 판단에 창작성이 있음을 의미하는 것이다. 즉, 단순한 '수집'만으로는 창작성이 있다고 할 수 없으며, 수집에 이어지는 '선별'에 창작성이 있어야 한다. 관련 정보를 모두 수집하는 것만으로는 그러한 수집이 아무리 충실하게 되어 있다고 하더라도, 즉 '망라적 충실성'을 갖추었다고 하더라도 편집자의 개성이 발휘되는 선별 과정이 수반되지 않는 한 '선택'에 있어서의 창작성이 있다고 보기 어렵다. 다만, 망라적 충실성을 갖춘 편집물이 창작성은 없어도 데이터베이스로서의 요건을 갖추면 데이터베이스제작자의 권리에 의하여 보호될 수는 있다.

---

197) 단순히 소재를 잡다하게 집적해 놓은 것은 사상 또는 감정의 표현이라고 볼 수 없어서 창작성 유무를 떠나 아예 '편집물'에도 해당하지 않는다고 보는 견해도 있다. 이 견해에 의하면 '편집물'이 되기 위해서는 창작성의 유무를 떠나 적어도 일정한 편집방침이라고 볼 수 있는 분류기준에 기초하여 수집된 성과물이어야 한다. 半田正夫・松田政行, 『著作權法コンメンタール』, 勁草書房(2008), 591면.

198) 허희성, 전게서, 60면.

199) 그런 점에서 위 대법원 2001다9359 판결이 '수집'을 '선택'과 함께 나열한 것은 적절하지 않다는 비판이 있다. 이해완, 저작권법(제3판), 박영사(2015), 226면.

200) 최근 우리 하급심 판결에서도 저작권법 등 개별 지적재산권법에 의하여 보호받지 못하는 타인의 성과물에 대한 침해를 민법상의 일반 불법행위로 규제하는 흐름이 나타나고 있음을 유념할 필요가 있다.

편집저작물이 되기 위해서는 소재의 선택이나 배열 또는 구성 중 어느 하나에 창작성이 있으면 되고, 이들 각각에 창작성이 있을 필요는 없다.[201] 예를 들어, 건국 이후 한국 사회에 영향을 끼친 중요 정치인 100인을 선택하여 이름의 가나다 순으로 배열한 인명록의 경우 그 100인의 정치인을 '선택'하는 과정에서 창작성이 발휘되었다면 비록 '가나다 순'이라는 '배열' 자체에는 창작성이 없다고 하더라도 편집저작물로 성립할 수 있다.

(3) '배열'에 있어서의 창작성

소재의 '배열'은 단순히 선택된 소재 중 어느 소재를 앞에 두고 어느 소재를 뒤에 둘 것인지, 즉 소재들의 순서를 결정하는 것뿐만 아니라, 지면이나 공간 속에서 어느 소재를 어느 위치에 배치할 것인지를 결정하는 것도 포함한다. 일본의 경우를 보면 레이아웃 등 서적 편집상의 시각적 요소들은 편집물에 있어서 '본질적 소재'라고 볼 수 없다고 판시한 것이 있고, 그에 찬동하는 학설도 있다.[202] 그러나 이에 반대하여, 각종 정보지와 같이 지면의 구성(레이아웃)이 중요시 되는 편집물에서는 조판이나 여백의 처리 방법, 표제어의 위치 및 글자체 등의 결정과 같이 소재의 배치상의 특성도 배열의 창작성으로 고려될 수 있다고 하는 견해가 있고,[203] 같은 취지의 판례도 있어서,[204] 확립된 이론이나 판례는 아직 없는 것처럼 보인다.

생각건대 서적의 시각적 지면 구성이 반드시 저작권법의 보호대상이 될 수 없는 것은 아니며, 서적의 지면을 구성함에 있어서 어떤 소재를 어느 위치에 어떤 모양으로 배열할 것인지에 대하여 편집자의 창조적 개성이 발휘되었다면 그 부분도 편집저작물의 창작성을 이루는 하나의 요소로서 고려되어야 할 것이다. 뿐만 아니라 편집저작물의 레이아웃 자체가 독립된 창작성을 갖추고 있다면 이는 편집저작물과는 별도로 그 자체가 하나의 미술저작물(북 디자인)로서 보호받을 가능성이 있고, 이는 편집저작물의 성립 여부와는 별도로 판단되어야 할 부분이다.

홈페이지(웹사이트)의 레이아웃과 관련하여 우리나라 하급심 판결 중에는 구체적인 배열 형태에 따라 창작성을 인정한 것도 있고 부정한 것도 있다. 서울중앙지방법원 2006. 12. 14. 선고 2005가합101661 판결은 "레이아웃이나 메뉴구성, 콘텐츠 구성 등은 아이디어에 불과하거나 동종 업종의 다른 업체의 웹사이트에서도 유사한 형태로 구성되어 있는 것"이라고

---

201) 박성호, 전게서, 126면.
202) 『著作權判例百選, 別册, ジュリスト』, No.128., 75면.
203) 半田正夫·松田政行, 전게서, 592면.
204) 오오사카지방법원 1982. 3. 30. 판결(광고전화번호부 사건), 『판례타임즈』 474호, 234면. 동경고등법원 1995. 1. 31. 판결(永祿建設 사건), 『판례시보』 1525호, 150면.

하여 레이아웃의 창작성을 부정한 바 있으나, 서울지방법원 2003. 8. 19. 선고 2003카합1713 판결은 "인터넷 홈페이지도 그 구성형식, 소재의 선택이나 배열에 있어서 창작성이 있는 경우에는 편집저작물에 해당한다"고 판시하고 있다.[205]

(4) '구성'의 의미

소재의 배열은 인간이 직접적으로 지각할 수 있도록 소재의 전후, 상하, 좌우 등 '공간적 또는 물리적 순서'를 결정하는 것을 의미하는 것인데 비하여, 소재의 구성은 검색을 위한 '논리적 구조'를 말하는 것으로서, 그 차이점은 편집저작물과 데이터베이스의 구분에서 분명하게 나타난다. 특히 아날로그 형태가 아닌 컴퓨터로 검색하는 데이터베이스에 있어서 검색의 결과로 이용자가 지각하게 되는 소재의 배열은 데이터베이스 안에 축적된 소재의 배열과는 연관성이 없다. 데이터베이스 안에 정보가 어떻게 배열되어 있는가는 이용자가 지각할 수 없는 부분이다. 데이터베이스가 편집저작물로서의 요건도 아울러 갖추고 있다 하더라도 그때의 창작성은 검색의 결과로서 나타나는 소재의 외견상의 물리적 순서에 있는 것이 아니라, 검색이 효율적으로 용이하게 처리될 수 있도록 데이터베이스 안에 논리적 구조를 체계적으로 구성한 것에 있는 것이다.

(5) 요구되는 창작성의 정도

(가) 일반론

소재의 선택·배열이나 구성에 어느 정도의 창작성이 있으면 편집저작물로 인정할 것인지는 원저작물에 대하여 어느 정도의 개변이 있으면 2차적저작물로 인정할 수 있을 것인지의 경우와 마찬가지로 매우 판단이 어려운 문제이다. 예를 들어 아무런 선별작업을 거치지 않고 단순히 특정한 작가의 모든 작품을 모아 놓은 작품선집은 편집저작물로서의 창작성이 없다고 보아도 좋을 것이다. 그러나 그 작가의 작품 중에서 특별히 작품성이 높은 작품만을 선별하여 연대순으로 배열한 작품선집이라면 편집저작물이 될 수도 있다. 그런데 그 작가의 작품 중 일정한 시기에 발표된 작품만을 골라 단순히 연대순으로 배열한 정도의 것이라면 과연 창작성이 있다고 보아야 할 것인지 애매하다.

요컨대 소재의 '선택'에 창작성이 인정되기 위해서는 주관적 선택행위로서 편집자의 견해에 기초하여 선택 기준을 결정하고 그 기준에 따라 특정한 소재는 의식적으로 제외함으로써 수록해야 할 소재를 결정하는 것이 필요하다.[206] 그러나 단순히 여러 개의 저작물이

---

[205] 그러나 위 2003카합1713 판결에는 해당 홈페이지의 구성형식이나 소재의 선택, 배열이 어떤 점에서 창작성이 있는지에 대한 구체적인 설시가 나타나 있지 않고, 원론적인 언급만을 하고 있을 뿐이다.

함께 어울려 있다고 해서 편집저작물이 성립하는 것은 아니다. 예를 들어 노래와 가사가 함께 있는 악곡, 소설과 삽화가 함께 게재된 책 등은 결합저작물 또는 공동저작물이지 편집저작물은 아니다. 또 소재(자료)의 숫자가 아주 적은 것, 예를 들어 단막극 3개만을 모아 놓은 것 등은 선택과 배열에 있어서의 창작성의 정도가 너무 낮아서 편집저작물로 보기 어렵다.

최근 대법원은 편집저작물의 창작성 판단과 관련하여 기존 법리와 학설 등을 종합한 일반론을 제시한 바 있다. 대법원 2021. 8. 26. 선고 2020도13556 판결은, "편집물이 저작물로서 보호를 받으려면 일정한 방침 내지 목적을 가지고 소재를 수집·분류·선택하고 배열하여 편집물을 작성하는 행위에 창작성이 있어야 하는바, 그 창작성은 작품이 저자 자신의 작품으로서 남의 것을 복제한 것이 아니라는 것과 최소한도의 창작성이 있는 것을 의미하므로 반드시 작품의 수준이 높아야 하는 것은 아니지만 저작권법에 의한 보호를 받을 가치가 있는 정도의 최소한의 창작성은 있어야 한다. 편집물에 포함된 소재 자체의 창작성과는 별개로 해당 편집물을 작성한 목적, 의도에 따른 독창적인 편집방침 내지 편집자의 학식과 경험 등 창조적 개성에 따라 소재를 취사선택하였거나 그 취사선택된 구체적인 소재가 단순 나열이나 기계적 작업의 범주를 넘어 나름의 편집방식으로 배열·구성된 경우에는 편집저작물로서의 창작성이 인정된다. 편집방침은 독창적이라고 하더라도 그 독창성이 단순히 아이디어에 불과하거나 기능상의 유용성에 머무는 경우, 소재의 선택·배열·구성이 진부하거나 통상적인 편집방법에 의한 것이어서 최소한의 창작성이 드러나지 않는 경우, 동일 내지 유사한 목적의 편집물을 작성하고자 하는 자라면 누구나 같거나 유사한 자료를 선택할 수밖에 없고 편집방법에서도 개성이 드러나지 않는 경우 등에는 편집저작물로서의 창작성을 인정하기 어렵다."고 판시하였다.

(나) 편집방침의 창작성 또는 신규성의 고려 여부

편집저작물의 창작성을 판단함에 있어서도 아이디어·표현 이분법이 적용된다. 따라서 편집저작물의 창작성 역시 편집상의 아이디어가 아니라 표현에 존재하여야 한다. 편집저작물을 작성할 경우 먼저 '편집방침'을 수립하게 되는데, 기능적·실용적 요청에 따라 정해지는 편집방침이나 구체화 되지 않은 추상적 편집방침은 일반적으로 표현이 아니라 아이디어의 영역에 속하는 것으로 보아야 할 경우가 많을 것이다. 또한 '합체의 원칙'이 적용될 가능성도 높으므로 창조적 개성의 유무에 대하여 비교적 엄격한 심사가 이루어질 필요가 있다. 판례도 기본적으로 그러한 입장을 취하고 있는 것으로 보인다.207) 따라서 편집저작물의 창작성 유무를 판단하기 위해서는 먼저 그 편집저작물이 어떠한 편집방침에 의하여 작성되었

206) 박성호, 전게서, 126면.
207) 이해완, 전게서, 226면 참조.

는지를 확인하되 그 편집방법이 기능적·실용적 요청에 따른 것이라면 이를 창작성 판단에
서 제외하는 작업이 필요하다.

그러므로 흔한 편집방침에 의하여 작성한 편집물이라고 하더라도 구체적인 소재의 선
택, 배열 또는 구성에 편집자의 개성이 발휘되어 있다면 창작성을 인정할 수 있을 것이고,
반면에 편집방침은 독창적이라고 하더라도 구체적인 소재의 선택, 배열 또는 구성이 진부하
거나 누가 하더라도 동일 또는 유사하게 될 수밖에 없는 경우라면 창작성을 인정하기 어려
울 것이다.208) 그런데 일본에는, 편집방침이나 편집방법 중에는 상세하고 구체적인 내용을
가지고 있어서 소재의 선택, 배열 방법을 실질적으로 결정하는 것도 있는데, 이러한 편집방
침이나 편집방법은 소재의 선택, 배열의 구체적 결과와 밀접하게 결부되어 있으므로 편집저
작물의 창작성을 판단함에 있어서 그러한 편집방침이나 편집방법의 창작성(신규성 또는 독자
성)을 고려하여야 한다는 견해가 있다.209) 이 견해와 같은 취지의 판결로는 일본 동경지방
법원 2000. 3. 17. 판결210)을 들 수 있다.

그러나 편집방법에 있어서 '방법'(method)은 일종의 '해법'(solution)과 마찬가지로 원칙적
으로 아이디어의 영역에 속하는 것이며, 편집방법에 따라 소재의 선택과 배열 방법이 실질
적으로 결정될 정도라면 오히려 아이디어와 표현이 합체되는 경우로 보아야 할 것은 아닌
지 의문이다. 또한 신규성과 독창성은 창작성을 판단함에 있어서 보충적인 자료가 될 수는
있지만 개념적으로 창작성과는 성격과 차원이 다른 것이다.

● 편집저작물의 성립을 부정한 사례211)

① '법조수첩' 사건212)

원고가 제작한 '법조수첩'은 이를 이용하는 자가 법조 유관기관과 소송 등 업무처리에
필요한 사항 등을 손쉽게 찾아볼 수 있다고 보이기는 하지만, 유용한 기능 그 자체는 창작
적인 표현형식이 아니므로, 원고의 수첩에 이러한 기능이 있다고 하여 곧바로 편집저작물에
요구되는 최소한의 창작성이 있다고 할 수는 없는 것이고, 거기에 수록된 자료들은 법조 유
관기관이나 단체가 배포하는 자료 또는 종래 법전 등이나 일지 형식의 수첩형 책자에 수록
되어 있는 것이어서 누구나 손쉽게 그 자료를 구할 수 있을 뿐 아니라, 법률사무에 종사하

208) 半田正夫·松田政行, 전게서, 593, 594면.
209) 상게서, 594면 참조.
210) 동경지방법원 2000. 3. 17. 선고 平8(ワ)9325 판결,『판례시보』1714호, 128면. 이른바 'NTT 타운페이
지 데이터베이스' 사건.
211) 여기에 인용한 판결 외에도 대법원 1996. 6. 14. 선고 96다6264 판결(한글교재 사건), 서울고등법원
1996. 8. 21.자 96라95 결정(파트너 성경책 사건) 등이 편집저작물의 창작성을 부정한 대표적인 판결
들이다.
212) 대법원 2003. 11. 28. 선고 2001다9359 판결.

는 자를 대상으로 한 일지 형태의 수첩을 제작하는 자라면 누구나 원고의 수첩에 실린 자료와 동일 또는 유사한 자료를 선택하여 수첩을 편집할 것으로 보이고, 원고의 수첩에 나타난 조직과 기능별 자료배치 및 법률사무에 필요한 참고자료의 나열 정도는 그와 같은 종류의 자료의 편집에서 통상적으로 행하여지는 편집방법이며, 그러한 자료의 배열에 원고의 개성이 나타나 있지도 아니하므로 원고의 수첩은 그 소재의 선택 또는 배열에 창작성이 있는 편집물이라고 할 수 없다.

② Bellsouth Advertising & Publishing Co. v. Donnelley Information Publishing

앞서 창작성 부분에서 살펴본 Feist 판결213)이 전화번호부 인명편에 관한 판결인데 대하여 이 판결은 상호편에 관한 것이다. 전화번호부 인명편은 단순히 알파벳 순서에 따라 인명과 그 전화번호를 배열한 것에 불과하지만, 상호편은 우선 각 업종(business)을 선별하여 일정한 군(群, class)으로 나누고 알파벳 순서로 배열한 후 특정한 표제(heading)를 붙이며, 다시 각 업종군마다 개개의 상호를 알파벳 순서로 배열하는 식으로 작성하는 것이 일반적이다. 이와 같이 개별 업종의 선별과 그 업종들의 배열 및 통합적인 구성을 하는 작업을 거치므로 인명편에 비하여 어느 정도 창작성이 인정될 여지가 있다.

이 사건에서 미국 제11항소법원은 업종별 분류만으로는 소재의 선택 및 배열에 있어서의 창작성을 인정하기 어렵다고 하면서도, 다만 업종별 분류를 하면서 이용자가 빠르고 편리하게 원하는 업종의 전화번호를 찾아볼 수 있도록 나름대로의 표제어나 그림 등을 추가해 놓았다면 창작성을 인정할 수 있었을 것이라고 하였다. 전화번호 상호편은 인명편과 달리 대부분의 경우 표제어나 그림 등이 들어가고, 거기에 선전용 그림이나 포스터, 광고문구가 포함되어 있는 것이 일반적이므로, 이와 같은 것들을 허락 없이 복제하였다면 저작권의 침해가 성립될 수도 있었을 것이다.214)

● 편집저작물의 성립을 긍정한 판례215)

① '입찰경매정보지' 사건216)

'한국입찰경매정보지'는 법원게시판에 공고되거나 일간신문에 게재된 내용을 토대로 경매사건번호, 소재지, 종별, 면적, 최저경매가로 구분하여 수록하고 이에 덧붙여 피해자 직원

---

213) 499 U.S. 340, 348(1991).
214) 다만 판결의 결론에서는, 이 사건의 피고가 그와 같은 창작성이 있는 부분은 복제하지 아니하였고, 단지 원고가 한 업종별 분류와 그 업종 내에서의 상호명 및 전화번호만을 복제하였으므로 침해가 성립하지 않는다고 판시하였다.
215) 여기에 언급한 판례 외에도 대법원 1993. 1. 21.자 92마1081 결정(미술사 연표 사건), 서울민사지방법원 1995. 4. 7. 선고 94가합63879 판결(자동차운전면허 시험문제집 사건) 등이 편집저작물의 성립을 긍정한 대표적인 판례로 인용되고 있다.
216) 대법원 1996. 12. 6. 선고 96도2440 판결.

들이 직접 열람한 경매기록이나 등기부등본을 통하여 알게 된 목적물의 주요현황, 준공일자, 입주자, 임차금, 입주일 등의 임대차관계, 감정평가액 및 경매결과, 등기부상의 권리관계 등을 구독자가 알아보기 쉽게 필요한 부분만을 발췌·요약하여 수록한 것으로, 이러한 한국입찰경매정보지는 그 소재의 선택이나 배열에 창작성이 있어 독자적인 저작물로서 보호되는 편집저작물에 해당한다고 하였다.

② Roth Greeting Cards v. United Card Co.[217)

상투적인 인사문구("I miss you already even you haven't left" 따위)에 몇 가지 도안을 곁들인 인사용 카드를 제작한 후 이들을 소재로 하여 각각 다른 종류끼리 한 다발로 묶은 경우 각 소재 자체는 저작권성이 없으나, 그것들이 이리저리 선택되어 배열된 데에는 창작성이 있으므로 편집저작물로 보호된다고 하였다.

③ West Publishing Co. v. Mead Data Central, Inc.[218)

원고 West Publishing은 미국 연방법원과 주법원의 판례를 수집하여 West Report라는 판례집을 발간하고 있고, 피고 Mead Data Central 역시 미국 법원의 판례를 Lexis라는 이름으로 컴퓨터 on-line 시스템을 통하여 서비스하고 있는 회사이다. 원고는 이용자들의 편의를 위하여 판례의 명칭부여, 순서, 페이지 및 편별지정, 판결개요의 작성에 많은 노력을 기울여 왔는데, 피고는 자신이 on-line으로 제공하는 각 판례마다 원고가 구성한 페이지 및 편별지정(pagination)을 이용하였고, 여기에는 해당 판례가 West Report의 몇 페이지에 나오는지 뿐만 아니라 해당 판례가 여러 페이지로 구성되어 있을 경우 그 판결 이유 중 특정 부분이 West Report의 몇 페이지에 있는지도 알 수 있도록 되어 있었다. 그로 인하여 피고의 Lexis 서비스를 이용하는 사람은 굳이 원고의 판례집을 찾아보지 아니하고도 해당 판례의 인용각주(citation)를 정확하게 작성할 수 있게 되었다.

이 사건에서 미국 제8항소법원은, 피고의 on-line 서비스에서 제공하는 특정 판례가 원고의 West Report의 몇 페이지에서 시작하는가를 알려 주는 것은 '공정사용'(fair use)에 해당되어 저작권침해가 성립하지 않으나, 나아가 그 판례의 판결이유 중 특정 부분이 West Report의 몇 페이지에 나오는가까지를 알려 주는 것은 원고가 공들여 제작한 편집저작물인 페이지 및 편별지정을 그대로 이용하는 것으로서, 원고의 West Report에 대한 수요 및 경제적 가치를 현저하게 감소시키는 결과를 초래할 수 있다면서 편집저작권의 침해를 인정하였다.

---

217) 429 F.2d 1106(9th. Cir. 1970).
218) 799 F.2d 1219(8th. Cir. 1986), cert. denied, 479 U.S. 1070(1987).

(다) 기타 – 홈페이지의 편집저작물 해당 여부

대부분의 기업이나 단체, 또는 개인 사업자들의 홈페이지는 그 기업이나 단체 등에 대한 소개, 인사말, 연혁, 생산 및 판매하는 제품이나 서비스에 대한 설명, 연락처, 이용자들을 위한 게시판 등 다양한 항목으로 구성되는데, 이와 같은 홈페이지가 편집저작물로서의 창작성을 갖추고 있는지 여부가 종종 문제로 된다.

하급심 판결 중에는, 인터넷 홈페이지도 그 구성형식, 소재의 선택이나 배열에 있어서 창작성이 있는 경우에는 편집저작물에 해당하여 독자적인 저작물로 보호받을 수 있다는 전제 아래, 원고의 홈페이지에 게재된 상품정보 등의 구성형식이나 배열, 서비스 메뉴의 구성 등은 편집저작물로 볼 수 있고, 피고가 이를 무단으로 복제하여 피고의 사이트에 게재하거나 피고의 회원들에게 전자메일을 이용하여 전송한 것은 편집저작물인 원고의 홈페이지에 대한 저작권침해 행위가 된다고 한 사례가 있다.219) 반면에 원고가 저작권을 침해당하였다고 주장하는 원고 웹사이트의 각 부분 중 제휴사 소개 부분을 제외한 나머지 부분인 레이아웃이나 메뉴 구성, 콘텐츠 구성 등은 아이디어에 불과하거나 동종 업종의 다른 업체의 웹사이트에서도 유사한 형태로 구성되어 있는 것이라고 하여 편집저작물의 성립을 부정한 사례도 있다.220) 결국 홈페이지의 편집저작물성 역시 소재의 선택, 배열 또는 구성에 창작성이 있는지 여부를 개별 사안에 따라 구체적으로 판단하여야 할 것이다.

(라) 기타 – 게임과 방송포맷의 저작물성

최근 우리 대법원에서 아이디어를 비롯하여 저작권의 보호를 받지 못하는 이른바 '공중의 영역'(public domain)에 속하는 요소들로 이루어진 작품을 일종의 편집저작물로 보아서 저작물성을 인정하는 판례들이 나타나고 있음을 주목할 필요가 있다.

먼저 대법원 2019. 6. 27. 선고 2017다212095 판결을 들 수 있다. 이 판결은 매치-3-게임(match-3-game) 형식의 모바일 게임을 개발하여 출시한 甲 외국회사가 乙 주식회사를 상대로, 乙 회사가 출시한 모바일 게임이 甲 회사의 저작권을 침해한다는 이유로 침해행위 금지 등을 구한 사안에서, 甲 회사의 게임물은 개발자가 축적된 게임 개발 경험과 지식을 바탕으로 게임물의 성격에 비추어 필요하다고 판단된 요소들을 선택하여 나름대로의 제작 의도에 따라 배열·조합함으로써, 개별 구성요소의 창작성 인정 여부와 별개로 특정한 제작 의도와

---

219) 앞의 성립요건 부분에서 본 서울지방법원 2003. 8. 19. 선고 2003카합1713 판결.
220) 서울중앙지방법원 2006. 12. 14. 선고 2005가합101611 판결. 이 판결에서는 홈페이지의 편집저작물성과 아울러 개별 항목의 창작성도 다투어졌다. 법원은 문제가 된 홈페이지 개별 항목의 내용인 공인중개사 시험 출제경향 분석, 합격자 현황, 수험준비 전 유의사항, 일반적 학습순서, 객관식 문제풀이 요령, 검정고시 기간별·과목별 합격전략, 시험 직전 체크항목 기재 내용은, 관련기관에서 공개한 정보를 게재한 것이거나 동종 업종의 다른 업체의 웹사이트에 있는 내용과 유사하여 각 해당 항목 부분의 창작성 역시 인정할 수 없다고 판시하였다.

시나리오에 따라 기술적으로 구현된 주요한 구성요소들이 선택·배열되고 유기적인 조합을 이루어 선행 게임물과 확연히 구별되는 창작적 개성을 갖추고 있으므로 저작물로서 보호 대상이 될 수 있고, 乙회사의 게임물은 甲 회사의 게임물 제작 의도와 시나리오가 기술적으로 구현된 주요한 구성요소들의 선택과 배열 및 유기적인 조합에 따른 창작적인 표현형식을 그대로 포함하고 있으므로, 양 게임물은 실질적으로 유사하다고 볼 수 있다고 하여 저작권 침해를 인정하였다.

앞서 아이디어·표현 이분법과 관련하여 살펴본 대법원 2017. 11. 9. 선고 2014다49180 판결은 종래 아이디어의 영역에 속한다고 보아 저작물성을 부정하였던 방송포맷을 일종의 편집저작물로 보아 그 저작물성을 인정한 사례이다. 이 판결은, "리얼리티 방송 프로그램은 무대, 배경, 소품, 음악, 진행방법, 게임규칙 등 다양한 요소들로 구성되고, 이러한 요소들이 일정한 제작 의도나 방침에 따라 선택되고 배열됨으로써 다른 프로그램과 확연히 구별되는 특징이나 개성이 나타날 수 있다. 따라서 리얼리티 방송 프로그램의 창작성 여부를 판단할 때에는 그 프로그램을 구성하는 개별 요소들 각각의 창작성 외에도, 이러한 개별 요소들이 일정한 제작 의도나 방침에 따라 선택되고 배열됨에 따라 구체적으로 어우러져 그 프로그램 자체가 다른 프로그램과 구별되는 창작적 개성을 가지고 있어 저작물로서 보호를 받을 정도에 이르렀는지도 고려함이 타당하다."고 하였다.

다. 소재 저작물 저작자의 동의 여부

소재로 된 저작물이 독립된 저작물일 경우 그 저작자의 동의를 받는 것이 편집저작물의 성립요건인지 아니면 단순한 적법요건인지 여부가 문제로 된다. 동의가 없어도 편집저작물로서 성립하고 따라서 그 저작권 발생에는 영향이 없지만, 그 경우 소재 저작물 저작권자의 복제권(저작권법 제16조) 침해가 성립한다고 보는 것이 현행법의 해석상 타당하다. 즉, 소재저작물 저작자의 허락은 편집저작물의 적법요건이지 성립요건은 아니다. 이 점은 원저작물 저작자의 동의 없이 작성된 2차적저작물이라 하더라도 2차적저작물로서는 성립하고 따라서 저작권도 발생하지만, 원저작자가 가지는 2차적저작물작성권 침해에 대한 책임은 져야 하는 것과 마찬가지이다. 참고적으로 미국 저작권법은 2차적저작물과 편집저작물이 저작권의 보호대상임을 명백히 하면서도, 그에 대한 저작권의 보호는 기존 자료를 불법적으로 이용한 부분에 대하여는 미치지 않는다고 규정하고 있다.[221]

---

221) 미국 저작권법 제103조의 (a).

3. 편집방침을 결정한 자는 편집저작물의 저작자가 될 수 있는가

가. 문제의 소재

저작권법은 저작물을 창작한 자를 저작자라고 정의하고 있으므로(제2조 제2호) 편집저작물을 작성하는 과정에서 이루어진 여러 행위 중 어느 부분에서 창작성이 발휘되었느냐에 따라 누구를, 또는 누구까지를 편집저작물의 저작자로 볼 것인지 여부가 결정된다. 바꾸어 말하면, 편집저작물은 소재의 선택·배열 또는 구성에 창작성이 있는 저작물이므로, 소재를 선택하고 배열 또는 구성함에 있어서 창작성이 있는 행위를 한 자가 그 편집저작물의 저작자로서 저작권을 갖게 될 것이다. 쟁점이 되는 것은 편집방침을 결정한 자도 편집저작물의 저작자가 될 수 있는가 하는 문제이다.

나. 학 설

일본의 학설은, 편집방침이나 편집방법 중 소재의 선택, 배열에 관한 대강의 지침을 정한 것으로서 구체적인 소재의 선택, 배열과의 관련 정도가 약한 것은 편집저작물의 창작성을 구성하는 요소라고 볼 수 없으므로 그러한 편집방침이나 편집방법을 결정하였다고 하더라도 편집저작자가 될 수 없다고 한다. 예를 들어 전화번호부의 경우에 '전화번호를 직업별로 분류한다'는 정도의 편집방법을 결정한 것만으로는 전화번호부의 편집저작자로 될 수 없다는 것이다. 그러나 편집방침이나 편집방법 중에서 소재의 선택, 배열에 실질적인 영향을 주며, 그 결과와의 관련 정도가 강한 것은 편집저작물의 창작성을 구성하는 요소라고 볼 수 있고, 그러한 편집방침이나 편집방법을 결정한 자는 편집저작자로 될 수 있다는 것이 다수설의 입장이다. 예를 들어, 직업별 전화번호부를 제작함에 있어서 수립된 '직업분류 방침'이 전화번호의 배열을 사실상 결정할 정도로 세부적·구체적이어서 그 결과물과의 관련 정도가 강하다면, 그 직업분류 방침의 창작자는 편집저작자로 될 수 있다는 것이다.[222]

III. 2차적저작물과 편집저작물의 저작권

1. 독립된 저작권으로 보호

2차적저작물은 원저작물과 실질적으로 유사하지만 그 개변과정에서 원저작물이 가지는

---

222) 半田正夫·松田政行, 전게서, 613면.

창작성과는 별도의 새로운 창작성이 부가된 것이고, 편집저작물은 소재의 선택·배열 또는 구성에 창작성이 있는 것으로서 역시 소재 자체의 창작성과는 별도의 새로운 창작성을 가지고 있다. 따라서 2차적저작물과 편집저작물은 새로이 부가된 별도의 창작성으로 인하여 원저작물의 단순한 복제물과는 달리 독자적인 저작물로 보호를 받는 것이다. 이에 저작권법은 제 5 조 제 1 항에서, 2차적저작물은 독자적인 저작물로서 보호된다고 규정하고 있고, 제 6 조 제 1 항에서는 편집저작물 역시 독자적인 저작물로서 보호된다고 규정하고 있다. 따라서 2차적저작물과 편집저작물에게는 원저작물 또는 소재저작물과는 별도의 저작재산권(복제권, 공연권, 공중송신권, 전시권, 배포권, 대여권, 2차적저작물작성권)과 저작인격권(공표권, 성명표시권, 동일성유지권)이 부여된다.[223]

　　한편, 2차적저작물과 편집저작물은 원저작물 및 소재저작물 저작자권자의 허락이 성립요건이 아니므로 그러한 허락 없이 작성된 2차적저작물 또는 편집저작물도 독자적인 저작물로서 보호를 받게 된다. 예를 들어, 원저작자의 허락을 받지 않고 작성된 번역물도 이를 무단이용(무단출판)하면 원저작자에 대한 저작권침해는 물론 번역자에 대한 저작권침해도 성립한다.

　　공중의 영역에 있는 원저작물(예컨대 보호기간이 경과한 저작물)을 기초로 한 2차적저작물이나 그 원저작물을 소재로 한 편집저작물도 독자적인 저작물로서 저작권의 보호를 받는다. 또한 2차적저작물과 편집저작물에 대한 저작권은 원저작물 또는 소재로 된 저작물의 저작권을 해하지 않는 범위 내에서 원저작물 저작권과 서로 독립하여 존재한다. 이는 2차적저작물(또는 편집저작물) 작성 후에 원저작물(또는 소재 저작물)의 보호기간의 경과하였다 하더라도 마찬가지이다. 따라서 원저작물(또는 소재 저작물)의 저작권 보호기간이 경과한 후에 그 2차적저작물이나 편집저작물을 이용하고자 하는 제 3 자는 2차적저작물 또는 편집저작물 저작자의 허락만 얻으면 된다. 나아가 2차적저작물이나 편집저작물의 저작권은 그 2차적저작물이나 편집저작물 저작자가 창작적으로 기여한 부분에 한하여 미치고, 원저작물에 원래부터 존재하고 있던 부분에 대하여는 미치지 않는다. 따라서 제 3 자가 2차적저작물이나 편집저작물 중 원저작물 또는 소재저작물로부터 차용한 부분, 즉 원저작물 또는 소재저작물에 원래부터 존재하던 창작적 표현만을 이용하는 경우에는 2차적저작물이나 편집저작물 저작자

---

223) 미국 저작권법도 "편집저작물 또는 2차적저작물에 대한 저작권은, 그 저작물에 이용된 기존 자료와 구별되는, 그 저작물의 저작자가 기여한 자료에 대해서만 그 효력이 미치며, 기존 자료에 대해서는 아무런 배타적 권리도 의미하지 아니한다. 이 저작물의 저작권은 기존 자료에 대한 저작권의 보호와는 별개이며, 기존 자료에 대한 저작권 보호의 범위, 보호기간, 소유, 또는 존속에 영향을 미치거나 이를 확대하지 아니한다"라고 함으로써 2차적저작물 및 편집저작물에 대하여 원저작물 저작권과 구별되는 독자적인 권리를 인정하고 있다(미국 저작권법 제103조의 b.).

의 허락을 받을 필요가 없다.

2. 보호의 범위

가. 개   요

2차적저작물이나 편집저작물이 독자적인 저작물로 보호를 받는다고 하더라도 그 보호가 미치는 부분은 원저작물(또는 소재저작물)에는 없던 새로이 부가된 창작성이 존재하는 부분에 한정된다. 즉, 보호범위는 2차적저작물에 있어서는 2차적저작자에 의하여 창작적으로 추가 또는 변경된 부분만이고, 편집저작물에 있어서는 편집저작자의 독자적인 개성이 나타나 있는 부분인 소재의 선택, 배열 및 구성에 창작성이 있는 부분만이라는 점을 유의하여야 한다. 따라서 제3자가 2차적저작물 또는 편집저작물 중 그 기초로 된 원저작물 또는 소재저작물로부터 빌려온 부분만을 허락 없이 복제하였다면 원저작물 또는 소재저작물에 대한 저작권침해가 성립하는 것은 별론으로 하고 2차적저작물이나 편집저작물에 대한 저작권침해는 성립하지 않는다.

예컨대 甲이 소설 '나비부인'의 원작자이고 乙이 甲의 허락을 얻어 그 소설을 오페라로 개작하였는데, 그 후 제3자 丙이 甲의 허락 없이 소설 '나비부인'을 원작으로 한 영화를 제작하였다고 가정해 보자.224) 이때 丙을 상대로 하여 저작권침해를 주장할 수 있는 자는 甲이다. 乙은 자신의 오페라 중 甲의 소설로부터 빌려오지 않은 부분, 즉 乙 스스로 창작적으로 추가, 변경한 부분이 丙의 영화에 의하여 무단이용 된 경우에만 丙을 상대로 저작권침해를 주장할 수 있다. 만약 乙이 甲으로부터 소설 '나비부인'의 2차적저작물 작성에 대한 독점적(배타적) 이용허락을 받은 경우라면 어떻게 될 것인가? 그와 같은 독점적 이용허락계약은 甲과 乙 사이의 채권적 계약에 불과하므로 甲만이 丙을 상대로 저작권침해를 주장할 수 있고, 乙은 甲이 침해를 주장하지 않는 경우에 채권자대위의 법리(민법 제404조)에 따라 甲을 대위하여서만 丙에 대하여 저작권침해를 주장할 수 있다.225)

편집저작물의 경우를 예로 들면, 甲이 저작권법과 관련된 주요 논문을 선별하여 저작권법 조문순서대로 배열한 '최근 저작권법 주요논문집'이라는 편집저작물을 만들었다고 가정

---

224) 나비부인이라는 소설을 기초로 오페라가 제작되고, 다시 그 소설 및 오페라를 기초로 영화가 제작된 사례가 미국에서 실제 소송으로 된 바 있다. -G. Ricordi & Co. v. Paramount Pictures Inc., 189 F.2d 469(2d Cir. 1951).
225) 丙의 무단이용이 乙에 대한 채권침해가 되어 불법행위가 성립하고, 그로 인하여 乙이 丙을 상대로 민사상의 손해배상을 구할 수 있는 경우도 있을 수 있으나, 이는 민법상 불법행위의 일반이론에 의할 것이지 저작권법의 법리와는 관계가 없으므로 이곳에서는 설명을 생략하기로 한다.

할 때, 乙이 그 논문집에 게재된 丙이 저술한 논문 하나만을 복제하고자 하는 경우에는 丙의 허락만 받으면 족하고 편집저작자인 甲의 허락까지 받을 필요는 없다. 그러나 만약 乙이 논문집 전체를 편집된 형태 그대로 복제하고자 하는 경우에는 甲은 물론이고 丙을 포함한 논문집에 게재된 모든 논문저작자의 허락을 받아야 한다. 즉, 타인의 저작물을 소재로 하여 편집저작물을 작성하면 그 편집저작물이 독자적인 저작물로 보호를 받기는 하지만, 그 보호가 미치는 부분은 편집저작자의 독자적인 개성이 나타나 있는 부분, 즉 소재의 선택·배열 또는 구성에 창작성이 있는 부분만이다.

나. 편집저작물의 보호범위

편집저작물이 저작권으로 보호되는 것은 소재의 선택, 배열 또는 구성에 창작성이 있기 때문이다. 따라서 편집저작물의 저작권의 효력은 소재의 선택 또는 배열에 의하여 표현된 창작성이 인정되는 부분을 무단이용한 경우에 미치는 것이다. 이때 보호범위와 관련하여 특히 문제로 되는 것은 다음과 같은 경우들이다.

(1) 편집저작물의 일부분을 이용한 경우

편집저작물의 일부분을 이용하였는데, 그 일부분이 소재 자체인 경우에는 편집저작권의 침해가 되지 않는다. 예를 들어, 편집저작물인 논문집에서 그 소재가 된 논문들 중 하나의 논문만을 복제한 경우에는, 소재인 해당 논문 자체에 대한 저작권침해는 될 수 있을지언정 편집저작물인 논문집에 대한 편집저작권 침해는 성립하지 않는다. 반면에 편집저작물의 일부만을 이용한 경우라도 그 편집저작물의 창작성이 있는 부분이 무단이용 된 경우에는 편집저작권의 침해가 될 수 있다.

예를 들어, 신문이나 잡지와 같은 편집저작물의 전체가 아닌 어느 한 부분만을 무단복제한 경우, 그 무단복제된 부분 자체만으로도 소재의 선택 또는 배열의 창작성을 나타내고 있다면, 해당 신문이나 잡지에 대한 편집저작권의 침해를 긍정할 수 있다. 즉, 비록 편집저작물의 일부분에 불과하다고 하더라도, 그 부분에 소재의 선택 또는 배열의 창작성이 나타나 있어서 편집저작물의 일부라는 점이 연상 또는 감지될 정도라면 편집저작권이 미친다. 만약 그 일부분만으로는 편집저작물로서의 창작성이 감지되기 어렵다면 저작권침해는 부정될 것이다.[226] 다만, 이 경우에도 소재 저작물에 대한 저작권침해(복제권침해)가 성립할 수 있음은 물론이다. 따라서 신문이나 잡지의 지면 중 한 면에 해당하는 부분이라 하더라도, 그 부분에 해당 신문이나 잡지의 창작적 표현인 소재의 선택·배열 및 구성이 나타나 있다

---

226) 박성호, 편집저작물의 저작권 보호, 계간 저작권, 1995년 겨울, 저작권심의조정위원회, 84면 참조.

면 이를 동일 또는 실질적으로 유사한 모습으로 차용할 경우 편집저작물에 대한 저작권침
해가 된다.[227]

　　대법원도 "편집저작물을 전체로 이용(예를 들면 복제)하여야만 저작자의 권리를 침해하
는 것은 아니므로 편집저작물 중 소재의 선택이나 배열에 관하여 창작성이 있는 부분을 이
용하면 반드시 전부를 이용하지 아니하더라도 저작권을 침해한 것으로 인정될 수 있다"고
판시한 바 있다.[228] 나아가 최근 대법원은 편집저작물의 일부를 무단이용한 경우 편집저작
물 저작권 침해판단을 위한 구체적 방법을 제시하였다. 대법원 2021. 8. 26. 선고 2020도
13556 판결은, "저작권의 침해 여부를 가리기 위하여 두 저작물 사이에 실질적인 유사성이
있는지를 판단할 때에는 창작적인 표현형식에 해당하는 것만을 가지고 대비해 보아야 한다.
이는 편집저작물의 경우에도 같으므로, 저작권자의 저작물과 침해자의 저작물 사이에 실질
적 유사성이 있는지를 판단할 때에도, 소재의 선택·배열 또는 구성에 있어서 창작적 표현
에 해당하는 것만을 가지고 대비하여야 한다. 따라서 편집저작물에 관한 저작권 침해 여부
가 문제 된 사건에서 저작권자의 저작물 전체가 아니라 그중 일부에 대한 침해 여부가 다
투어지는 경우에는, 먼저 침해 여부가 다투어지는 부분을 특정한 뒤 저작물의 종류나 성격
등을 고려하여 저작권자의 저작물 중 침해 여부가 다투어지는 부분이 창작성 있는 표현에
해당하는지, 침해자의 저작물의 해당 부분이 저작권자의 저작물의 해당 부분에 의거하여 작
성된 것인지 및 그와 실질적으로 유사한지를 개별적으로 살펴야 하고, 나아가 이용된 창작
성 있는 표현 부분이 저작권자의 저작물 전체에서 차지하는 양적·질적 비중 등도 고려하
여 저작권 침해 여부를 판단하여야 한다."고 판시하였다.

(2) 편집상의 아이디어와 표현의 구분

　　편집저작물을 독자적인 저작물로 보호한다고 하더라도 그것은 '아이디어'에 해당하는 순
수한 편집방법 그 자체를 보호하는 것이 아니라, 그 아이디어가 구체적으로 구현된 편집상
의 '표현'을 보호하는 것이다. 이는 아이디어와 표현 이분법의 원칙상 당연한 것이다. 이와
관련하여, 동일한 편집방법을 채용하여도 그 소재가 다른 것이라면 편집저작권의 침해가 되
지 않는 것인지, 즉 별개의 편집저작물로서 성립하는지 여부가 쟁점으로 되는 경우가 많다.

　　예를 들어, 세계사 전체를 100개의 에피소드로 선별하여 배열, 구성한 「세계사 100장면
」이라는 책의 편집방법을 차용해서 「한국사 100장면」이라는 책을 만든 경우 후자의 책이

---

227) 이상경, 지적재산권소송법, 육법사, 1998, 696면.
228) 대법원 1993. 1. 21.자 92마1081 결정(일명 '미술사 연표' 사건). 다만 이 판결에서는, 피신청인의 책에
　　실려 있는 연표가 소재를 추가하고 배열을 달리함으로써 신청인의 책에 실려 있는 연표의 창작성 있는
　　부분을 그대로 모방한 것이라고 보기 어렵다고 하여 저작권침해의 책임은 부정하였다.

전자의 편집저작권을 침해하는 것이라고 볼 것인지의 문제이다. 이에 대하여는 소재가 다르더라도 편집저작물의 표현의 동일성이 인정되는 경우에는 저작권침해가 된다는 견해와[229] 동일한 편집방법을 채용하여도 그 소재가 전혀 다른 것이라면 별개의 편집저작물로 성립한다는 견해가 있다.[230] 그러나 이러한 두 견해는 일견 서로 대립되는 것처럼 보이지만 사실은 큰 차이가 없다. 앞의 견해는 소재가 다르더라도 편집저작물의 "표현의 동일성"이 인정되는 경우에는 저작권침해가 된다는 것이고, 뒤의 견해는 동일한 "편집방법"을 채용하여도 소재가 전혀 달라 그로 인하여 편집에 의한 표현이 달라진다면 저작권침해가 되지 않는다는 것이다. 결국 편집상의 '표현'을 동일 또는 유사하게 차용하였다면 저작권침해가 되고, '표현'이 아닌 편집상의 '아이디어'(이는 '편집방법'을 아이디어로 본다는 것을 전제로 한다)만을 동일 또는 유사하게 차용하였다면 저작권침해가 되지 않는다는 아이디어·표현 이분법의 일반적인 원리를 각각 한 쪽 면에서만 언급하였기 때문에 얼핏 서로 반대되는 견해처럼 보이는 것이다. 결국 이 문제는 세계사 전체를 100개의 에피소드로 선별하여 배열, 구성한 「세계사 100장면」이라는 책의 편집형식을 편집상의 '표현'으로 볼 것이냐, 아니면 '아이디어'로 볼 것이냐의 사실인정 또는 규범적·정책적 판단에 귀결될 문제라고 할 것이다. 이를 '표현'으로 본다면 그것을 흉내 낸 「한국사의 100장면」이라는 책은 저작권침해의 책임을 져야 할 것이고, '아이디어'로 본다면 저작권침해의 책임은 부정되어야 할 것이다.

다. 원저작물의 이용허락에 포함된 기간과 매체의 제한

원저작물의 저작자가 자신의 저작물을 기초로 2차적저작물을 작성할 것을 허락하면서 그 매체 또는 형식에 제한을 둔 경우(예컨대 오페라로 개작하는 것만을 허락한 경우)에 그 허락을 넘어서서 다른 매체 또는 형식(예컨대 영화로 개작하는 것)으로 2차적저작물을 작성하면 저작권침해 또는 계약위반의 책임을 지게 된다. 또한 2차적저작물로 이용할 수 있는 기간에 제한을 둔 경우에 그 제한을 넘어서서 이용하는 것도 허용되지 않는다.

그러나 이와 같은 경우라 하더라도 원저작물로부터 빌려오지 않은 부분, 즉 2차적저작물 작성자가 독자적으로 부가 및 수정한 부분에 대하여는 그러한 제한에 상관없이 이용하는 것이 가능하다.

라. 원저작물의 보호기간이 경과한 경우

甲이 저작한 소설 A에 기초하여 乙이 2차적저작물인 희곡 B를 작성하였는데 A의 저작

229) 여미숙, 전게논문, 868면; 박익환, 편집저작물의 저작물성, 계간 저작권 66호, 65면.
230) 박성호, 전게논문, 83면.

권 보호기간이 만료되어 공중의 영역에 들어가게 되면, A는 아무런 보호를 받지 못하고 희곡 B만이 저작권의 보호를 받게 된다. 물론 이때 보호를 받게 되는 부분은 乙이 독자적으로 부가·수정한 부분에 한정된다. 이것이 乙에게 유리한 듯 보이지만 반드시 그런 것은 아니다. 왜냐하면 원작 A의 저작권이 살아 있을 동안에는 그에 기초하여 다른 제3자가 별도의 희곡 C를 작성하는 것이 제한되겠지만, A의 보호기간이 만료되면 그 때부터는 누구라도 A에 기초하여 B와는 다른 희곡을 작성하는 것이 가능하게 되기 때문이다.

3. 원저작물 및 소재저작물 저작자와의 관계

원저작자 또는 소재저작물의 저작자가 갖는 저작재산권 중에는 복제권 및 2차적저작물작성권도 포함되어 있으므로(저작권법 제16조, 제22조), 타인의 저작물을 원저작물 또는 소재로 이용하여 2차적저작물 또는 편집저작물을 작성하려면 원저작자의 동의를 얻어야 한다. 2006년 개정 전 저작권법에서는 '2차적저작물 등의 작성권'이라고 하여 원저작물의 저작자는 그 원저작물을 기초로 하는 2차적저작물과 그 원저작물을 소재로 하는 편집저작물에 대한 작성권을 갖는 것으로 규정하고 있었다. 그러나 편집저작물의 작성은 결국 원저작물의 복제를 통하여 이루어지게 되는 것이어서, 굳이 편집저작물작성권을 따로 규정하지 않는다 하더라도 복제권의 행사를 통하여 그 소재로 되는 저작물의 저작자 보호에 부족함이 없으므로, 2006년 개정된 저작권법에서부터는 '2차적저작물작성권'만을 규정하고 편집저작물작성권은 독립된 지분권에서 삭제하였다.

따라서 원저작물(또는 소재저작물) 저작자의 동의를 얻지 않은 2차적저작물이나 편집저작물의 경우 원저작물 저작자가 가지는 2차적저작물작성권 또는 복제권을 침해한 것이 되나, 적법한 저작물만이 저작권의 보호를 받는 것은 아니므로, 원저작물 저작자의 동의가 없었더라도 2차적저작물 또는 편집저작물 자체의 성립 및 저작권 발생에는 영향이 없다.

중요한 것은 2차적저작물 또는 편집저작물의 보호는 그 원저작물 저작자의 권리에 영향을 미치지 않는다는 것이다(법 제5조 제2항, 제6조 제2항). 이는 2차적저작물이나 편집저작물이 작성되었다고 해서 원저작물에 대한 권리가 조금이라도 약화되는 것이 아니라, 2차적저작물 및 편집저작물의 보호와는 전혀 별개로 원저작물의 권리가 여전히 보호된다는 것을 의미한다. 대법원 2021. 12. 30. 선고 2020도18055 판결[231]로 확정된 서울남부지방법원 2020. 12. 10. 선고 2019노69, 357, 2022(병합) 판결은, 국정교과서에 수록된 저작물(동시)의 저작권은 국정교과서를 제작한 교육부가 아닌 그 동시의 창작자인 원저작자에게 있다고 하

---

231) 공보불게재.

였다. 즉, 편집저작물인 국정교과서 자체의 편집저작권은 교육부에 있다 하더라도, 그 편집저작물의 소재인 동시에 대한 저작권은 특별한 약정이 없는 한 여전히 해당 동시의 창작자에게 있다는 것이다.

따라서 2차적저작물 또는 편집저작물을 이용하면 간접적으로 그에 내재된 원저작물을 이용하게 되므로 2차적저작자 또는 편집저작자는 물론이고 원저작자에 대하여도 동의를 받아야 한다. 예를 들어, 영문으로 된 소설을 우리나라 말로 번역한 번역저작물을 출판하고자 하는 자는 그 번역저작물의 저작자(번역자)뿐만 아니라 원작인 영문소설의 저작자의 허락도 받아야 하고,[232] 논문집을 전체로 복제하려는 자는 그 논문집의 편집저작자뿐만 아니라 소재로 된 개개의 논문저작자들의 허락도 받아야 한다.

2차적저작물의 2차적저작물(3차적, 4차적 … 저작물) 작성 역시 그것이 원저작물과의 실질적인 유사성을 상실할 정도의 개변이 이루어져 전혀 독립된 저작물로 되는 것이 아닌 이상, 즉 원저작물과의 사이에 실질적 유사성이 유지되고 있는 이상 원저작자의 동의를 얻어야 한다. 예를 들어, 원작이 프랑스어로 된 소설이고 그것이 영어로 번역되었는데 그 영어 번역판을 기초로 하여 우리나라 말로 다시 번역을 하는 경우에는 영어번역자뿐만 아니라 프랑스어 원작자의 허락까지 얻어야 하는 것이다. 앞의 소설 나비부인의 예에서와 같이 소설을 오페라로 만들고 그 오페라를 기초로 하여 다시 영화를 만드는 경우에도, 그 영화가 원작인 소설과 실질적 유사성을 유지하고 있다면 그 영화를 제작하기 위해서는 오페라 저작권자뿐만 아니라 소설 저작권자의 동의까지도 받아야 하는 것이다. 2차적저작물이냐 아니면 독립저작물이냐의 구별은 실질적 유사성의 유무, 또는 원저작물의 본질적인 특징을 직접 감득할 수 있는지의 여부 등에 따라서 판단하여야 하며, 그 과정에서 시장적 경쟁관계 등의 존재여부가 참고적인 고려사항이 될 수 있다.

이러한 원리는 2차적저작물 또는 편집저작물이 원저작자의 동의를 받지 아니하고 무단으로 작성된 경우에도 동일하다. 예컨대 번역저작물이 원저작자의 동의를 받지 아니하고 작성되었다 하더라도 그 번역물을 출판하려면 원저작자의 동의까지 받아야 하는 것이다. 무단으로 2차적저작물이 작성되었다면 그에 대하여 원저작자는 아무런 통제력도 행사할 수 없었을 것인데, 자신의 통제 밖에서 제작된 2차적저작물로 인하여 자신의 저작재산권이 제한된다는 것은 부당하기 때문이다.

원저작물의 저작권과 2차적저작물 및 편집저작물의 저작권은 서로 독립하여 존재하므로, 설사 원저작물의 저작권 보호기간이 경과되어 저작재산권이 소멸되었다 하더라도 2차

---

232) 다만 다음에서 보는 바와 같이 거래관행 또는 일반적인 의사표시의 해석상 번역허락에는 번역물의 출판허락까지 포함된다고 보아야 할 경우가 많을 것이다.

적저작물 또는 편집저작물의 저작권은 이에 영향을 받지 아니한다. 이러한 경우 2차적저작물을 이용하고자 하는 자는 2차적저작물 저작권자의 허락만 얻으면 된다.

2차적저작물은 원저작물과는 별개의 저작물이므로 원칙적으로 원저작물의 저작자와 2차적저작물의 저작자는 공동저작자의 관계에 있는 것이 아니라 각자가 원저작물과 2차적저작물이라는 별개의 저작물의 저작자이고 양자의 저작권은 병존하는 관계에 있게 된다. 다만, 원저작물의 저작자가 단순히 원저작물의 창작자에만 머무르지 않고 2차적저작물의 저작에도 2차적저작물의 저작자와 공동하여 창작적으로 관여하였다는 등의 특별한 사정이 있으면 그 2차적저작물에 대하여는 원저작자가 공동저작자로 될 수 있다.[233]

4. 원저작물 저작자의 권리가 미치는 범위

가. 문제의 소재

원저작물 저작자가 2차적저작물에 대하여 어느 범위까지 권리를 주장할 수 있는가 하는 점에 대하여 구체적인 사례를 들어 검토해 보기로 한다. 스토리 작가가 창작한 이야기를 바탕으로 그림 작가가 그림을 그려 완성하는 만화저작물의 경우, 그 만화저작물은 그 이야기를 원작으로 한 2차적저작물이 되고, 스토리 작가는 원저작자, 그림 작가는 2차적저작물 저작자가 된다. 따라서 그 만화저작물을 작성하기 위하여 그림 작가는 스토리 작가의 허락을 받아야 하고, 그렇지 않을 경우 스토리 작가의 2차적저작물작성권을 침해하는 것이 된다.[234] 여기까지는 별다른 의문이 없다. 그런데 이와 같이 하여 작성된 2차적저작물인 만화에서 스토리적인 요소가 아니라 그림적인 요소만을 이용하고자 할 경우, 그림 작가의 허락뿐만 아니라 스토리 작가의 허락까지 받아야 할 것인지는 문제이다. 예를 들어, 만화저작물의 주인공 캐릭터를 이용하여 스토리는 전혀 나타나지 않는 1장짜리 그림카드 형태로 만들어 판매하고자 할 때에도 스토리 작가의 허락을 받아야 하는가. 일본에서는 유명한 만화저작물인 '캔디 캔디' 사건에서 이러한 점이 다투어졌다.

---

233) 이에 관한 상세한 논의는 "제3장 제3절 Ⅰ. 공동저작자" 부분 참조.
234) 한편, 만화 스토리 작가가 스토리를 창작하여 시나리오 또는 콘티의 형식으로 만화가에게 제공하고, 만화가는 이에 기초하여 그림작업을 하여 만화를 완성한 경우, 만화 스토리 작가와 만화가가 하나의 만화에 대한 공동창작의 의사를 가지고 각각 맡은 부분의 창작을 함으로써 주제, 스토리와 그 연출방법, 그림 등의 유기적인 결합으로 완성되어 각 기여부분을 분리하여 이용할 수 없게 되었다면, 2차적저작물이 아니라 공동저작물로 보아야 할 것이다.

나. 만화 '캔디 캔디' 사례

만화 '캔디 캔디'는 스토리 작가 A의 원작을 기초로 그림 작가 B가 만화를 그려 넣음으로써 작성된 만화저작물이다. '캔디 캔디' 사건 항소심 판결235)에서는, 만화의 스토리적 요소는 전혀 나타나 있지 않은 한 컷짜리 그림은 스토리에 대한 2차적저작물이 아니라는 그림작가 B의 주장에 대하여, "2차적저작물은 그 성질상 원저작물의 창작성에 의거하여 그것을 이어가는 요소와 2차적저작물 저작자의 독자적인 창작성만이 발휘된 요소의 양쪽 모두를 가진다. 그러나 저작권법이 이들 양 요소를 구별하지 않고 있는 것은 어떠한 저작물이 원저작물에 대한 2차적저작물인 이상, 엄밀히 말하면 그 2차적저작물을 형성하는 요소에 원저작물의 창작성에 의거하지 않은 것은 있을 수 없다는 취지라고 할 것이다"라고 하면서, "만화 자체와는 별도로 제작된 캐릭터 원화 및 표지화 역시 그것이 이 사건 만화의 주인공인 캔디를 묘사한 것인 이상, 이 사건 만화의 복제물(또는 2차적저작물)로서의 성질을 잃는 것은 아니다"라고 하였다. 이와 같은 항소심의 판단은 그 후 상고심인 최고법원 판결236)에서도 그대로 받아들여졌다.

다. 소   결

'캔디 캔디' 판결의 논리에 따르면 만화저작물에 있어서 스토리 작가와 그림 작가의 관계는 어떠한 경우에도 항상 원저작자와 2차적저작물 저작자의 관계에 있는 것이 되고, 그 만화저작물의 모든 구성요소 및 그로부터 파생되는 모든 저작물은 스토리(이야기)에 대한 2차적저작물이 되며 스토리 작가의 원저작권이 미치는 것이 되는데, 이는 다소 지나친 해석이다. 스토리와 그에 기초한 만화저작물의 구성요소나 그로부터 파생되는 저작물 사이에 원저작물과 2차적저작물의 관계를 인정할 수 있는지 여부를 각각의 구성요소 및 파생된 저작물별로 독자적으로 판단하여야 할 것인데, 만화저작물의 모든 구성요소나 그로부터 파생되는 저작물 모두를 스토리에 대한 2차적저작물로 보아야 한다는 획일적인 논리는 받아들이기 어렵다.

2차적저작물에는 어떤 형태로든 원저작물 저작자의 기여 부분이 있는 것이라고 하여 위 판결에 찬성하는 견해도 있지만 이는 창작에 있어서의 인과관계를 조건적 인과관계로까지 지나치게 넓게 인정하는 해석이어서 수긍하기 어렵다. 원저작물의 저작자가 2차적저작물에 관하여 행사할 수 있는 권리의 범위는 원저작물의 창작성이 나타나 있는 부분, 즉 원

---

235) 동경고등법원 2000. 3. 30. 판례시보 1726호 162면.
236) 일본 최고재판소 2001. 10. 25. 판례타임즈 1077호 174면.

저작물의 창작적 표현의 본질적 특징을 직접 감득할 수 있는 부분 또는 원저작물의 창작적 표현과 실질적 유사성이 있는 부분에 한정된다고 보아야 할 것이다.

5. 영상저작물의 특례

영상저작물은 대부분 2차적저작물인 경우가 많아[237] 그 제작을 위하여는 원저작자의 동의를 받아야 한다. 그러나 영상저작물의 제작은 주로 기업적인 형태로 이루어지며, 참여자의 인적구성이 복잡·다양하여 기존의 저작권 규정에만 의할 경우 권리관계가 매우 복잡해지는 불편이 발생하게 된다. 따라서 저작권법은 이를 단순화시키기 위한 특례규정을 제99조 제1항과 제100조 제1항에서 두고 있다. 이에 관하여는 제7장 제4절에서 따로 검토한다.

6. 기   타

가. 기타 저작권법상의 규정들

원저작자의 동의를 얻어 작성된 2차적저작물 또는 편집저작물이 공표된 경우에는 그 원저작물도 공표된 것으로 본다(법 제11조 제4항).

저작재산권의 전부를 양도하는 경우에 특약이 없는 때에는 2차적저작물을 작성하여 이용할 권리는 포함되지 아니한 것으로 추정한다(법 제45조 제2항 본문). 다만, 프로그램저작물의 경우에는 특약이 없는 한 2차적저작물작성권도 함께 양도된 것으로 추정한다(법 제45조 제2항 단서).

번역의 허락을 그 번역물의 출판허락까지 포함하는 것이라고는 볼 수 없다. 따라서 번역한 것을 출판하기 위하여서는 원칙적으로 별도의 허락을 받아야 할 것이나, 의사표시의 해석상 번역허락계약에는 번역물의 출판허락까지 포함된다고 보아야 할 경우가 있을 것이다.

법령·고시·공고·훈령·판결·결정·명령 등의 편집물 또는 번역물로서 국가 또는 지방자치단체가 작성한 것은 저작권법에 의한 보호를 받지 못한다(법 제7조 제4호).

저작재산권자는 배타적발행권 존속기간 중 그 배타적발행권의 목적인 저작물의 저작자가 사망한 때에는, 저작자를 위하여 저작물을 전집 그 밖의 편집물에 수록하거나, 전집 그 밖의 편집물의 일부인 저작물을 분리하여 이를 따로 발행할 수 있다(법 제59조 제2

---

237) 영상저작물이 모두 2차적저작물은 아니다. 본문에서 언급하는 것은 소설 등을 원작으로 하여 제작된 2차적저작물로서의 영상제작물의 경우이다.

항). 이는 배타적발행권에 대한 예외로서 법이 특별히 규정한 것인데 저작자의 유족이 사망한 저작자를 기념하는 유작집 등을 자유롭게 발행할 수 있도록 한 것이다.

나. 기타 쟁점이 된 사례들

(1) 샘플링 등의 음악적 기법

샘플링(sampling)은 기존의 음악저작물 중 일부를 각종 전자기기를 이용한 디지털화 등 다양한 방법을 이용하여 추출함으로써 새로운 음악저작물을 만들어 내는 기법이다. 예를 들어, 엘비스 프레슬리의 노래를 디지털화하여 그 중 일부를 기계적으로 변형시켜 녹음한다든가, 노래가 녹음된 테이프를 거꾸로 주행시켜 전혀 새로운 느낌의 음악을 얻는다든가 하는 것이다. 레코드판을 재생시키면서 손이나 다른 기구를 사용하여 회전하는 레코드판을 규칙적, 단속적으로 멈추었다 다시 회전하게 함으로써 새로운 느낌의 비트를 가미시키는 스크래칭(scratching) 기법도 있다. 샘플링과는 좀 다르지만 기존의 트로트 풍의 가요를 랩 형식으로 변형시키는 것도 생각해 볼 수 있다.

이러한 샘플링 기법에 대하여는 '창작성의 무덤'이라고 하여 음악 창작자들로부터 많은 비판이 있기도 하다. 그러나 작곡이 손쉽다는 점, 디지털 기술의 발달, 그리고 기존 음악저작물의 유명도에 편승하고자 하는 의도 때문에 이러한 기법이 많이 개발되고 있다.

디지털 음원의 샘플링과 관련하여 대법원 2006. 2. 10. 선고 2003다41555 판결은, 아날로그 방식으로 녹음된 음반을 디지털 샘플링의 기법을 이용하여 디지털화한 것이 2차적저작물로 인정되기 위해서는, 단지 아날로그 방식의 음반을 부호화하면서 잡음을 제거하는 등으로 실제 연주에 가깝게 하였다는 정도로는 부족하고, 이를 재구성하거나 새로운 내용을 첨삭하는 등의 방법으로 독자적인 표현을 부가하여야 한다고 판시하였다. 그러므로 원고가 복제하여 판매한 음악 CD 세트는 독일 그라모폰사가 외국에서 녹음한 아날로그 음원을 가지고 디지털 샘플링 작업을 하면서 실제 연주에 근사한 음질을 재현하기 위하여 여러 가지 기술을 이용하여 기존의 잡음을 제거하고, 일부 손상된 부분을 회복시키되 연주의 속도, 리듬, 가락 등에는 아무런 변화를 주지 않은 것으로서, 사회통념상 새로운 저작물을 생성할 수 있는 정도의 수정·증감을 한 것이라고 볼 수 없으며, 설령 그 작업의 결과로 음악의 재생시간이 다소 변화하였다고 하여도 마찬가지여서 2차적저작물에 해당하지 않는다고 하였다.

(2) UCC

UCC(user created contents)는 '이용자제작콘텐츠'라는 의미로서, 인터넷 등의 사용자가 직접 제작한 동영상, 글, 사진 등의 제작물(콘텐츠)을 말한다. 주로 방송사업자라든가 음반제작자, 영화제작자 등의 사업자 주체에 의하여 작성된 전통적인 콘텐츠에 비하여 UCC는 주로 개별 이용자들에 의하여 만들어진 콘텐츠라는 점에 특징이 있다. 오늘날 UCC는 인터넷과 디지털·정보통신기술의 발달에 따른 콘텐츠 유통 패러다임의 변화를 선도하며, 정치·경제· 사회·문화 등 모든 영역에 있어서 막대한 영향력을 발휘하고 있다. 그런데 실제로 인터넷 상에 유포되어 있는 UCC의 거의 80% 정도가 순수 창작물이 아닌 타인의 기존 콘텐츠를 수정·변형하거나 편집한 것이라고 한다.

UCC는 우리의 문화생활을 풍족하게 해 주는 중요한 콘텐츠이므로 마땅히 장려되어야 한다. 그러나 타인의 콘텐츠를 기초로 한 UCC는 필연적으로 복제권 또는 2차적저작물작성권 침해의 문제를 야기하게 된다. 물론 이미 보호기간이 만료되어 공중의 영역(public domain) 에 들어간 콘텐츠를 이용하거나, 저작재산권의 제한 규정에 의하여 저작권침해의 책임이 면제되는 방법으로 기존의 콘텐츠를 이용한 경우, 또는 패러디 방법을 통하여 완전히 별개의 저작물로 재창작한 경우처럼 저작권침해의 문제가 생기지 않는 경우도 있다. 그러나 그런 예외적인 경우를 제외하고는 어떤 형태로든 UCC의 기반이 된 기존 콘텐츠 제작자의 권리 가 작동을 하게 된다.

(3) 패러디

패러디(parody)란 표현형식을 불문하고 대중에게 널리 알려진 원작(原作)의 약점이나 진지함을 목표로 삼아, 이를 조롱하는 내용으로 흉내 내거나 과장 또는 왜곡시켜 표현함으로써 원작이나 사회적 상황에 대한 비평 또는 웃음을 이끌어내는 것을 말한다. 패러디라는 독특한 장르에 대한 가장 중요한 쟁점은 패러디가 2차적저작물에 해당하느냐의 문제이다. 만약 패러디가 2차적저작물에 해당한다면 어떤 저작물을 그 저작권자의 허락 없이 패러디하는 것은 2차적저작물작성권 침해가 될 수 있다.

결론적으로 2차적저작물과 패러디는 구분하여야 하며, 패러디는 원저작물과는 완전히 별개의 독립된 새로운 저작물로 보아야 한다. 다만, 이때 2차적저작물이 아닌 패러디로 성립하기 위해서는 반드시 서로 상반되는 두 가지 메시지를 전달하여야 한다. 첫째는 그것의 원작이 존재한다는 사실이고, 둘째는 그것이 원작 그 자체가 아닌 패러디(풍자)라는 사실이다. 즉, 패러디를 감상하는 사람의 입장에서 원작과 그에 대한 패러디를 함께 느낄 수 있어야 하는 것이다. 이때 전자만이 드러나게 되면 그것은 이른바 '실패한 패러디'로서 저작권 (예컨대 2차적저작물작성권 및 동일성유지권 등)의 침해가 성립할 수 있다. 그러나 일단 패러디로서 성공하게 되면, 즉 원작이 존재한다는 것과 그것을 패러디(풍자)한 것이라는 메시지를 성공적으로 전달하게 되면 이는 원작에 대한 2차적저작물이 아니라 완전히 독립된 저작물이 되는 것이고, 따라서 저작권침해의 문제는 발생하지 않는다. 완전히 독립된 저작물인 패러디와 비교하여 볼 때 2차적저작물은 원작에 대한 '파생적 저작물'(derivative works)로서 원작의 변형저작물에 해당한다. 또한 2차적저작물은 대부분의 경우 원작의 시장적 수요를 어느 정도 대체하는 효과를 가지고 있지만 패러디는 그렇지 않다는 점에서도 차이가 있다. 패러디에 대하여는 제 6 장의 '공표된 저작물의 인용' 항목에서 다시 살펴보기로 한다.

다. 디지털 시대와 2차적저작물·편집저작물

2차적저작물이나 편집저작물은 다양한 실용적·감상적 정보를 제공함으로써 우리의 문화생활을 풍요롭게 하고, 그 결과 저작권법의 근본 목적인 문화 및 관련 산업의 향상발전에 이바지하게 된다. 번역, 편곡, 변형, 각색, 영상제작 등을 통하여 이루어진 2차적저작물이나 신문, 잡지 등을 비롯한 각종 편집저작물은 과거 아날로그 시대 때부터 이미 우리의 문화생활에서 빼 놓을 수 없는 중요한 저작물이었다. 그런데 오늘날 디지털 기술과 네트워크 환경의 발달에 따라 2차적저작물이나 편집저작물이 가지는 가치와 의미는 더욱 현저하게 증대하고 있다. 디지털화된 저작물은 기존 아날로그 저작물에 비하여 변형 및 개변이 훨씬 더 용이할 뿐만 아니라, 관련 기술과 인터넷 등 네트워크의 발달에 따라 시간과 공간의 한계를 극복하여 이른바 '빅 데이터'라고 하는 광범위한 수집과 축적도 가능하게 되었다. 특별한 재능을 갖지 않는 일반 대중들도 원저작물을 개변하여 새로운 실용적·감상적 정보를 제공하는 저작물을 제작함으로써 자신의 사상이나 감정을 표현하거나 기존의 저작물들을 소재로 한 다양한 편집저작물을 제작하는 것이 가능해졌고, 또한 그러한 저작물을 널리 공중에게 전파할 수도 있게 되었다. 종전에는 저작물의 감상자 내지는 수신자의 지위에 머물러 있던 일반 공중이 그러한 지위로부터 벗어나서 창작자 및 발신자의 대열에 참여할 수 있게 된 것이다.

이와 같이 디지털 시대의 도래에 따라 2차적저작물이나 편집저작물의 가치가 새롭게 부각되고 있는 시점에서 2차적저작물 및 편집저작물에 대하여 어떠한 권리를 부여할 것인지, 그 저작자와 원저작물 저작자 또는 소재저작물 저작자 사이의 권리관계를 과거 아날로그 시대와 동일한 원리에 따라 규율하는 것이 과연 합당한 것인지에 대한 의문을 갖게 된다. 예를 들어, 우리 저작권법은 제 4 절 제 2 관 '저작재산권의 제한'에서 저작재산권을 제한하는 경우를 열거하고 있는데, 제36조 제 1 항에서 제25조(학교교육목적 등에의 이용), 제29조(영리를 목적으로 하지 아니하는 공연·방송), 제30조(사적이용을 위한 복제) 또는 제35조의3(저작물의 공정한 이용)에 따라 저작물을 이용하는 경우에는 그 저작물을 번역·편곡 또는 개작하여 이용할 수 있다고 하고 있으나, 제36조 제 2 항에서는 제23조(재판절차 등에서의 복제), 제24조

(정치적 연설 등의 이용), 제26조(시사보도를 위한 이용), 제27조(시사적인 기사 및 논설의 복제 등), 제28조(공표된 저작물의 인용), 제32조(시험문제로서의 복제) 또는 제33조(시각장애인 등을 위한 복제)에 따라 저작물을 이용하는 경우에는 그 저작물을 번역하여 이용할 수 있다고만 규정하고 있다. 즉, 원저작물 저작자의 저작재산권이 2차적저작물 작성을 위하여 제한되는 경우는 상당히 한정적이며, 그 범위도 번역과 같은 특정 행위 유형만으로 제한되는 경우가 많다. 또한 저작물 이용의 법정허락에 관한 저작권법 제50조 내지 제52조의 규정도 2차적저작물을 제작하기 위한 경우에는 해당이 없는 것으로 해석된다.

이와 같이 저작권법은 2차적저작물에 대한 창작의 자유를 그다지 넓게 인정하고 있지는 않다. 이러한 저작권법의 입장을 원저작물 저작자의 권리를 보호하기 위해서 어쩔 수 없는 것이라고 이해할 수도 있다. 그러나 원저작물 저작자에게 강력한 보호를 주는 것이 창작에 대한 인센티브가 될 수 있을지는 몰라도 개작을 비롯한 2차적저작물 창작에 대한 인센티브와 관련하여서는 오히려 그것을 감소시키는 방향으로 작용할 수 있다. 오늘날 문화 및 관련 산업에 있어서 2차적저작물과 편집저작물이 차지하는 역할과 비중에 걸맞게 원저작자와 2차적저작물 및 편집저작물 저작자의 권리 사이에서 조화와 균형을 꾀하는 한편, 아울러 공중의 이익을 고려하는 방향으로 입법이나 법해석이 이루어져야 할 것이다.

제 4 절 저작물성이 문제로 되는 창작물

I. 캐릭터(Character)

1. 개   요

캐릭터(character)는 그 자체의 고객흡인력으로 인하여 그것이 적용된 상품이나 서비스에 탁월한 경쟁력을 갖게 해 준다. 그로 인하여 캐릭터 산업이 하나의 커다란 시장을 형성하면서 개인이나 기업이 캐릭터의 개발과 대중매체를 통한 대중성 확보에 많은 투자를 하고 있다. 캐릭터는 다양하게 정의될 수 있으나 일반적으로, "만화, TV, 영화, 신문, 잡지, 소설, 연극 등 대중이 접하는 매체를 통하여 등장하는 인물, 동물, 물건의 특징, 성격, 생김새, 명칭, 도안, 특이한 동작 그리고 더 나아가서 작가나 배우가 특수한 성격을 부여하여 묘사한 인물을 포함하는 것"이라고 이해할 수 있다.[238] 캐릭터는 이러한 등장인물 등이 외모

---

238) 최연희, 캐릭터 보호에 관한 연구, 이화여대 석사학위 논문, 1990, 1, 4면.

나 이야기 내용에 의하여 가지고 있는 독창적인 개성·이미지와 그러한 것들이 합쳐진 '총체적인 아이덴티티(identity)'로 구성된다.

2. 캐릭터의 종류

캐릭터를 미키마우스 등 만화의 주인공과 같은 '시각적 캐릭터'(visual character)와 임꺽정 등 소설의 주인공과 같은 '어문적 캐릭터'(literary character)로 나누기도 하고, 실재하는 존재인지 여부에 따라 '실재캐릭터'(real character)와 '창작캐릭터'(invented character)로 나누기도 한다. 실재캐릭터의 예로서는 영화나 TV의 출연자, 가수, 스포츠 선수, 또는 그들이 사용하는 널리 알려진 물건 등을 들 수 있고, 창작캐릭터의 예로서는 미키마우스와 같은 만화영화 또는 연재만화의 주인공, 코난 도일의 추리소설에 나오는 셜록 홈즈나 007 영화의 제임스 본드와 같은 가상적 스토리의 주인공 등을 들 수 있다.

실재캐릭터, 그 중에서도 영화배우나 가수와 같은 실존인물의 캐릭터 보호는 이른바 '퍼블리시티(publicity)권'의 문제로서 이에 관하여는 뒤에서 따로 다루기로 한다. 저작권 실무상 주로 문제로 되는 것은 시각적 캐릭터 중에서도 창작캐릭터, 예컨대 미키마우스나 슈퍼맨과 같은 연재만화 또는 만화영화의 주인공 캐릭터이다. 이러한 캐릭터를 저작권법의 '저작물의 예시규정'(저작권법 제4조)에 따라 분류해 본다면, 영상저작물이나 미술저작물 또는 그것에 어문저작물의 성격이 가미된 형태의 저작물이라고 분류할 수 있을 것이다.

3. 캐릭터의 상품화와 그 보호

캐릭터를 문구류, 의류, 신발, 우산, 장식품 등의 모양 또는 그에 부착하는 도안으로 사용하거나, 과자, 식품 그 밖의 포장용품의 모양이나 그에 부착하는 도안으로 사용할 때 그 캐릭터를 '상품화'(merchandising)한다고 하고, 이렇게 상품의 판매나 서비스의 제공 등에 이용되는 캐릭터를 보유하고 처분하는 권리 내지 그 캐릭터를 상품이나 서비스에 이용하려는 자에게 이용허락 할 수 있는 권리를 '상품화권'(merchandising right)이라고 한다.[239] 캐릭터의 상품화는 현대 마케팅의 두드러진 특징 중 하나이며, 1930년대 이후 월트 디즈니의 미키마우스에 대한 상품화에서 시작되었다고 볼 수 있다.

상품화권은 상표권, 저작권 등과 같이 실정법이 인정하는 독자적인 권리는 아니며, 고객흡인력을 갖는 캐릭터가 영업적으로 이용되는 경우 그 캐릭터의 창작자나 제작자를 보호

---

239) 최연희, 전게논문, 7면.

하고 투하자본의 회수를 용이하게 하기 위하여 안출된 개념이므로, 권리의 내용, 범위 등이 확정되어 있지 않다. 상품화권은 각 캐릭터 등이 갖는 특성에 따라 저작권법, 상표법, 디자인보호법 등 각종 법률에 의하여 보호될 수 있다.[240]

캐릭터가 본격적으로 저작권법의 쟁점으로 등장하기 시작한 것은 캐릭터의 상품화가 발달한 것과 큰 관련이 있고, 이런 연유로 캐릭터의 보호는 상품화권과 관련하여 상표법 내지는 부정경쟁방지법의 영역에서 주로 이루어져 왔다. 즉, 특정상품을 지정상품으로 하여 캐릭터에 대한 상표등록을 받음으로써 상표법에 의한 보호를 받을 수도 있고, 설사 상표등록을 받지 아니한 캐릭터라고 하더라도 그 캐릭터가 국내에 널리 알려져서 주지성을 획득하고 그것을 통한 상품화 사업이 이루어지는 등의 사정이 있는 경우에는 부정경쟁방지법에 의한 보호를 받을 수도 있다.

그러나 저작권법을 제외한 다른 지적재산권법에 의한 보호는 캐릭터의 상품화권자에게 상당히 불만족스럽고 불편한 것이다. 상표법에 의한 보호를 받기 위해서는 지정상품마다 상표권으로 출원을 해서 등록을 받고, 등록 이후에도 상표권 연장등록이나 실제 사용 등 꾸준한 관리를 하여야 한다. 부정경쟁방지법에 의한 보호를 받기 위해서는 캐릭터 자체가 국내에서 주지성을 가지고 있어야 할 뿐만 아니라, 그에 대한 지속적인 상품화 사업이 이루어져 상품표지로서의 주지성까지 가지고 있어야 한다. 이런 이유로 캐릭터에 대한 상품화 권리자들은 간편하면서도 포괄적이고 또 보호기간도 상대적으로 장기간인 저작권법에 의한 보호를 추구하게 되었는데, 이때 문제로 되는 것은 과연 캐릭터가 그것이 등장하는 소설이나 만화, 또는 영화를 떠나 그것과는 별개의 독자적인 저작물로 성립할 수 있는가 하는 점이다. 캐릭터가 독자적인 저작물로 성립할 수 없다면 캐릭터는 그것이 등장하는 소설이나 만화, 또는 영화가 저작물로 보호받음에 따라 그 안에서 간접적으로 보호를 받을 수밖에 없다. 다음에서 보는 바와 같이 미키마우스를 비롯한 중요 캐릭터를 많이 가지고 있는 미국은 대체적으로 캐릭터의 독자적인 저작물성을 인정함으로써 저작권에 의한 보호를 긍정하는 분위기인 반면에[241] 일본은 부정설이 판례 및 다수설이다.

캐릭터를 독자적인 저작물로 보호하든 아니면 소설이나 영화 등 그 매체를 보호함으로써 간접적인 보호를 하든, 일반적으로는 캐릭터의 특징이 명확하게 드러나고 이미지 전달성이 강한 시각적 캐릭터의 경우가 어문적 캐릭터보다 저작권법의 보호를 받기 쉽다. 우리나라의 판례나 실무에서 어문적 캐릭터가 독자적으로 저작권법의 보호를 받은 경우는 아직까

---

240) 오세빈, 캐릭터의 부정사용과 부정경쟁방지법 위반죄의 성부, 형사재판의 제문제, 제1권, 박영사, 1997, 246면.

241) M. Nimmer, D. Nimmer, *Nimmer on Copyright*, Mattew Bender(1998), Vol. I, 2-173.33.

지 없는 것으로 보인다.

4. 캐릭터의 독자적인 저작물성

가. 서   설

캐릭터가 독자적인 저작물로 성립하기 위하여서는 다른 저작물과 마찬가지로 저작권법이 요구하는 성립요건을 갖추어야 한다. 즉, (1) 인간의 사상이나 감정을, (2) 표현한 것으로서, (3) 창작성이 있어야 한다. 이 중에서 가장 문제로 되는 것이 바로 (2) '표현'의 요건이다.

캐릭터의 저작물성을 부정하는 입장에서는, 캐릭터는 그것이 등장하는 소설이나 만화 또는 영화의 구체적 표현으로부터 승화된 등장인물의 총체적인 아이덴티티로서 추상적 개념에 불과할 뿐 그 자체가 구체적 표현이라고 볼 수는 없다고 한다.[242] 이에 반하여 긍정설의 입장에서는, 저작물의 성립요건인 표현은 반드시 구체적 표현을 요하는 것은 아니고 그 매체인 소설이나 만화 또는 영화를 통하여 전체적으로 감지할 수 있는 것이면 족하다고 한다.

나. 긍 정 설

긍정설의 입장에서는 캐릭터가 등장하는 소설은 어문저작물로, 만화는 미술저작물로, 만화영화는 영상저작물로 각각 보호를 받게 되겠지만 이와는 별도로 캐릭터 자체도 저작권법의 보호를 받는 것이며, 캐릭터에 대한 보호의 정도는 그 매체인 어문저작물이나 미술저작물 또는 영상저작물에 대한 보호보다 더 포괄적이라고 본다. 이에 따르면 캐릭터는 그 자체로서의 생명력을 가지고 있는 독립된 저작물로서, 저작자의 '원래의 표현'(original depiction)을 떠난 복제행위에 대하여도 이를 저작권의 침해라고 주장할 수 있다고 한다.[243]

예를 들어 월트 디즈니는 미키마우스가 물구나무 선 모습을 한 번도 그린 적이 없는데 제3자가 월트 디즈니의 허락 없이 미키마우스의 물구나무 선 모습을 그렸다고 한다면, 비록 이러한 제3자의 행위는 미키마우스가 등장하는 만화나 만화영화를 그대로 복제한 것은 아니라 해도 미키마우스의 총체적인 아이덴티티를 도용한 것이므로 그 캐릭터의 저작권(복제권)을 침해한 것이라고 본다.

그러나 캐릭터의 저작물성을 긍정하는 입장에서도 해당 캐릭터가 어문적 캐릭터인가 아니면 시각적 캐릭터인가에 따라 보호의 정도를 달리하며, 일반적으로 어문적 캐릭터의 경우에는 시각적 캐릭터에 비하여 저작물로 인정되는 경우를 훨씬 제한적으로 보고 있다.

---

242) 일본 최고재판소 1997. 7. 17. 선고 平成 4(オ) 1443호 판결 참조.
243) Goldstein, *Copyright*, Little Brown & Company(1996), p. 2: 130.

(1) 어문적 캐릭터(literary character)

(가) 구성요소

어문적 캐릭터를 구성하는 요소로는 캐릭터의 ① 이름(명칭), ②시각적 요소(외모, 복장 등 이야기 속에 서술된 캐릭터의 신체적 또는 시각적 특징), ③ 청각적 요소(캐릭터의 목소리, 말투, 자주 사용하는 단어나 어법 등),[244] ④ 성격적 요소(캐릭터의 성격적 특성, 습관, 행동양식 또는 초능력과 같은 특별한 능력 등)의 4가지를 들 수 있다.[245] 예를 들어 코난 도일(Conan Doyle)의 유명한 추리소설 시리즈의 주인공인 '셜록 홈즈'(Sherlock Holmes) 캐릭터를 이러한 구성요소에 따라 나누어 보면, 먼저 셜록 홈즈라는 이름, 185센티미터 정도의 키에 길고 날카로운 눈, 매부리 코에 약간 창백한 피부색 등을 특징으로 하는 시각적 요소, 사건조사를 진행할 때에는 단호 하면서도 극히 과묵하지만 일단 사건이 해결되면 명쾌하게 그 해결과정을 설명하는 어투 등을 특징으로 하는 청각적 요소, 사건해결을 위하여 사색에 잠겨 있을 때에는 의자에 깊숙 이 앉아 도자기로 된 파이프를 피우는 습관과 탁월한 분석력과 추리력을 특징으로 하는 성 격적 요소를 들 수 있다. 이 4가지 구성요소 중에서 어느 요소가 해당 캐릭터를 가장 특징 적으로 나타내는지는 각각의 캐릭터에 따라서 달라질 수 있다.

(나) 구성요소 각각의 보호 여부

어느 캐릭터를 다른 캐릭터와 구별하는 식별력의 관점에서 본다면 위 4가지 구성요소 중에서 가장 강력한 식별력을 갖는 것은 '이름'이라는 데 이론이 없다. 이름은 캐릭터를 구 성하는 다른 요소들과는 본질적으로 다른 특성을 가지고 있는데, 다른 구성요소들은 해당 캐릭터를 구체적으로 묘사하는 것임에 대하여, 이름은 그와 같이 하여 묘사된 캐릭터를 다 른 캐릭터와 식별케 하는 '표지'에 해당하기 때문이다. 이러한 의미에서 캐릭터의 이름은 저 작물의 제호와 유사한 기능을 한다. 그러나 저작물의 제호가 저작권법의 보호를 받지 못하 는 것처럼 캐릭터의 이름도 그 자체로는 보호를 받지 못한다고 보는 것이 일반적인 해석이 다.[246] 비록 셜록 홈즈가 코난 도일 추리소설에 등장하는 주인공의 이름으로서 다른 추리소 설에 등장하는 탐정과 구별되는 가장 강한 식별력을 갖는다 하더라도, 셜록(Sherlock)이나 홈 즈(Holmes)는 모두 앵글로 색슨족에게서 흔하게 찾아 볼 수 있는 이름과 성으로서 그 자체 로는 저작권법에 의한 보호를 받지 못한다는 것이다.[247]

나아가 이름 외의 어문적 캐릭터를 구성하는 나머지 3가지 요소도 저작권법에 의한 보

---

244) 어문적 캐릭터의 경우 이러한 시각적 요소나 청각적 요소를 우리가 직접 눈과 귀를 통하여 보고 들을 수는 없지만, 작품 속의 묘사를 통하여 이를 느끼고 파악할 수 있다.
245) 渡邊 修, 文學的 キャラクター の侵害, 裁判實務大系-知的財産權訴訟法(牧野利秋 외 1인 編), 150면 참조.
246) 상게서, 150면.
247) 상게서, 152면.

호를 받기는 쉽지 않다. 셜록 홈즈의 경우에서 보듯이 셜록 홈즈라는 캐릭터를 묘사하고 있는 시각적, 청각적, 성격적 특징들은 어느 것이나 모두 다른 추리소설의 주인공에서도 흔하게 나타날 수 있는 특징들이다. 이러한 묘사만으로 셜록 홈즈라는 캐릭터가 다른 캐릭터와 확연하게 구분될 수 있는 개성을 가지고 있다고 보기는 어려우며, 설사 코난 도일이 처음으로 이러한 특성의 캐릭터를 창작하였다 하더라도 이에 대하여 저작권법에 의한 독점권의 보호를 주게 되면, 다른 추리소설 창작자의 창작기회를 박탈하거나 창작의 자유를 심하게 제한하는 결과를 초래하므로 부당하다. 특히 기존의 다른 스토리에서도 흔히 등장하는 일반적이거나 표준적인 캐릭터는 이른바 '창작의 도구'(building blocks)로서, 아이디어·표현 이분법에 따를 때 저작권법에 의하여 보호받지 못하는 아이디어의 영역에 속하는 것으로 보거나, 아니면 설사 표현의 영역에 속하는 것이라 하더라도 '합체의 원칙' (merger doctrine) 또는 '필수장면의 원칙'(scènes à faire)을 적용하여 저작권에 의한 보호를 제한하여야 할 것이다.

이와 같이 어문적 캐릭터의 개별적인 구성요소가 저작권법에 의한 보호를 받기는 극히 어렵다. 그러므로 캐릭터가 독자적인 저작물로 성립한다고 하더라도 그 캐릭터가 도용당하였는지 여부는 그 캐릭터를 구성하고 있는 요소들을 전체적으로 살펴, 총체적인 아이덴티티(identity)가 도용되었는지, 즉 침해물로부터 해당 캐릭터의 총체적인 아이덴티티를 감지할 수 있는지의 여부에 따라 판단하여야 할 것이다.

(다) 집합적 캐릭터

어문적 캐릭터의 독자적인 저작물로서의 성립을 방해하는 또 다른 요소는, 어문적 캐릭터는 스토리 내에서 다른 캐릭터에 의존하는 정도가 시각적 캐릭터의 경우보다 훨씬 더 크다는 점이다. 이런 점에서 어문적 캐릭터는 설사 보호를 받는다 하더라도 개별적인 캐릭터로서가 아니라 다른 캐릭터들과 밀접하게 관련된 '집합적 캐릭터'(characters as a group)로서만 보호를 받을 수 있다는 견해도 있다.[248]

우리 하급심 판결 중에도 '집합적 캐릭터'의 보호를 인정한 것 같은 사례가 있다. 서울남부지방법원 2004. 3. 18. 선고 2002가합4017 판결(일명 '여우와 솜사탕' 사건)[249]은 드라마 대본 사이의 저작권침해여부가 다투어진 사건인데, 원고 대본에 등장하는 각각의 어문적 캐릭터는 저작권법의 보호를 받기 어려우나, 사건의 전개는 등장인물들 각자의 캐릭터 상호간의 갈등의 표출과 그 해소과정이라고 볼 수 있다는 점에서 그러한 캐릭터들의 조합은 저작권의 보호대상이 된다고 판시하였다.

---

248) 渡邊 修, 전게논문, 157면 참조.
249) 한국저작권판례집(10), 저작권심의조정위원회, 2006, 34면 이하.

(2) 시각적 캐릭터(visual character)

시각적 캐릭터는 미키마우스나 슈퍼맨과 같이 만화 또는 만화영화 등의 등장인물로 가공적으로 창작된 캐릭터로서, 그 용모, 행동거지, 명칭, 성격, 목소리, 말투 등을 모두 합한 총체적인 아이덴티티(identity)를 말한다. 따라서 캐릭터의 독자적인 저작물성을 긍정하는 입장에서 볼 때, 시각적 캐릭터는 만화나 만화영화 등의 구체적인 표현을 떠나 그 표현으로부터 승화되어 총체적으로 인식할 수 있는 하나의 관념적 실체라고 볼 수 있을 것이다. 시각적 캐릭터는 용모뿐만 아니라 행동거지나 성격 등도 그 아이덴티티를 이루는 요소의 하나가 되므로 순수하게 시각적인 것이라고만은 할 수 없다. 이런 이유로 만화의 주인공과 같은 시각적 캐릭터를 미술저작물, 또는 영상저작물과 어문저작물이 혼합된 형태의 특수한 저작물이라고 보는 견해도 있다.

시각적 캐릭터는 저작권법뿐만 아니라 일정한 요건을 갖추면 상표법, 디자인보호법 또는 부정경쟁방지법에 의하여서도 보호를 받을 수 있다. 시각적 캐릭터의 독자적인 저작물성을 긍정한 대표적인 판례로서는 미국 제9항소법원의 Walt Disney Production v. Air Pirates 판결250)과 일본 동경지방법원 1976. 5. 26. 판결(일명 '사자에 양' 사건 판결)251)을 들 수 있다. Walt Disney Production v. Air Pirates 사건에서 미국 제9항소법원은, 만화의 주인공과 같은 시각적 캐릭터는 '시각적 이미지'(visual image)가 덧붙여짐으로써 저작물의 성립요건인 창작적 표현이 훨씬 강하게 부각되므로 어문적 캐릭터보다 쉽게 저작권의 보호를 받을 수 있다고 하였다. 그 결과 원고는 자신이 제작한 만화 또는 만화영화에 대한 저작권과 더불어 그 주인공인 캐릭터 자체에 대한 저작권도 보호받을 수 있다고 하였다.

다. 부 정 설

이 견해는 캐릭터가 등장하는 소설이나 만화, 만화영화를 각각 어문저작물이나 미술저작물 또는 영상저작물로 보호하는 것으로 족하며, 별도로 캐릭터 자체를 독립된 보호대상으로 삼는 것은 불필요하다는 것이다. 저작물로 성립하기 위하여서는 사상이나 감정이 외부적으로 '표현'된 것이어야 하는데, 캐릭터란 그 주인공에게 일관되게 부여되어 있는 용모, 자태, 성격, 특징 등을 총칭하는 것으로서 구체적인 표현이 아니라 그 구체적인 표현으로부터 인식되는 추상적인 사상 또는 감정에 그치는 것이므로 저작물의 성립요건을 결하였다는 것이다.252)

---

250) 581 F. 2d 751(9th Cir. 1978).

251) 無體例集 8권, 1호, 219면; 著作權判例百選, 제2판, ジュリスト No. 128, 40면.

252) 龍村 全, "キヤラクタの侵害", 牧野利秋, 전게서, 165면; 加戸守行, 著作權法逐條講義, 社團法人 著作權 情報センタ' 改訂新版(1994), 20면 각 참조.

이 견해에 의하면, 월트 디즈니가 미키마우스의 물구나무 선 모습을 전혀 그린 바 없는데 제 3 자가 그런 모습을 그린 경우 이는 원작에 대하여 사회통념상 실질적인 개변(改變)을 가한 것이 아니라 '사소한 개변'(trivial variation)을 한 것에 불과하기 때문에 복제권의 침해로 주장할 수 있는 것이며, 설사 사소한 개변을 넘어서는 실질적인 개변이 이루어졌다고 하더라도 이는 허락 없이 원작에 대한 2차적저작물을 만들어 낸 것으로서 원저작자의 2차적저작물작성권을 침해한 것으로 규율할 수 있는 만큼 캐릭터 자체에 대한 독립적인 저작물성을 인정할 필요는 없다고 한다.

부정설에 입각한 대표적인 판결로 일본 최고재판소 1997. 7. 17. 선고 平成(オ) 1443호 판결이 있다. 이 판결은, "매회 이야기가 완결되는 형식의 연재만화는 등장인물이 묘사된 매회의 만화가 각각 하나의 저작물에 해당하고, 구체적인 만화를 떠나 그 등장인물인 캐릭터를 독자적인 저작물이라고는 볼 수 없다. 캐릭터는 만화의 구체적인 표현으로부터 승화된 등장인물의 인격으로서 추상적인 개념이지, 그 자체가 사상 또는 감정을 창작적으로 표현한 것이라고는 볼 수 없기 때문이다"라고 하였다.

라. 양설의 검토

우리나라는 하급심 판결에서 캐릭터의 저작물성을 긍정한 판결253)이 있는 반면에 명시적으로 이를 부정한 판례도 있다.254) 학설상으로는 긍정설이 통설처럼 되어 있으나255) 부정설도 있다.256)

긍정설의 장점은 무엇보다도 캐릭터에 대한 보호가 더 간편하고 철저하다는 점에 있다. 특히 캐릭터의 가장 중요한 경제적 가치는 그 상품화권에 있는데, 상품화권의 적절한 보호

---

253) 서울고등법원 1992. 12. 23. 선고 92나15668 판결(확정). "외국영화 닌자거북이의 캐릭터를 신발류의 상표 등으로 부착 판매 할 수 있는 소위 상품화권이라 함은 그 영화의 인기에 따라 일반에 널리 알려진 영화상의 의인화된 거북이의 형상을 영화흥행권과는 별도의 저작권으로 파악하여 원고가 제조하는 신발의 상표 등으로 사용할 수 있도록 그 사용권을 부여한 취지로 해석함이 상당하다." 서울고등법원 1999. 12. 21. 선고 99나23521 판결(일명 '헬로 키티' 사건). "이 사건 캐릭터는 고양이의 얼굴 부위를 단순화·의인화한 도안의 구성과 다양한 사용형태에 비추어 볼 때 그 자체가 상품과 물리적·개념적으로 분리되는 독립한 예술적 특성을 지니고 있다."

254) 부산지방법원 2005. 4. 12.자 2005카합77 결정. "이른바 캐릭터는 일정한 이름, 용모, 역할 등에서 특징을 가진 인물이 반복하여 묘사됨으로써 각자의 표현을 떠나 독자의 머리 속에 형성된 일종의 이미지에 해당하여 그 자체가 사상 또는 감정을 창작적으로 표현한 것이라고 할 수 없고, 따라서 캐릭터 그 자체가 저작권의 보호대상이 되는 저작물에 해당된다고 할 수 없으며, 그 캐릭터가 표현된 구체적 작품이 저작물이 된다고 보아야 한다."(박성호, 저작권법, 박영사(2014), 169면에서 재인용).

255) 김기섭, 외국 만화 캐릭터의 국내법적 보호에 관한 소고, 한국저작권논문선집(Ⅰ), 저작권심의조정위원회, 109면; 최연희, 전게논문, 40면도 긍정설의 입장에 있는 것으로 보인다.

256) 박성호, 미키마우스 저작권의 보호기간-판례평석, 1997. 7. 28.자 법률신문 제2618호, 14면.

를 위하여는 매체에 대한 보호 외에 캐릭터 자체에 대한 독자적인 보호를 해 주는 것이 거래의 안전과 활성화에 필요하다고 볼 수 있다.

또 하나, 캐릭터를 독자적인 저작물로 인정하지 않는다면 영상저작물의 저작자와 원화(原畫)의 저작자가 따로 있는 경우에 불합리한 결과가 발생한다. 보통 만화영화의 경우 등장인물의 용모를 원화를 통하여 미리 확정짓고 그 원화를 기초로 영화화 작업을 진행하는 것이 일반적이다. 만약 甲이 캐릭터의 원화를 그렸고 영화제작자는 甲으로부터 원화에 대한 이용허락을 얻어 만화영화를 제작하였다면, 그 캐릭터를 이용한 인형 상품을 무단으로 제작한 침해자에 대하여는 오히려 원화제작자인 甲만이, 아니면 적어도 원화제작자인 甲과 영화제작자가 공동으로 저작권침해를 주장할 수 있을 것이다. 이는 영화제작자에게 있어 심히 부당한 결과가 된다. 캐릭터는 하루아침에 이루어지는 것이 아니라 지속적인 공표와 홍보에 의하여 개발되며, 그 구성에 있어서도 외모뿐만 아니라 이야기 내용에 의하여 가지고 있는 독창적인 개성·이미지 등이 모두 합쳐진 등장인물의 총체적인 아이덴티티로서 이루어지는 것이다. 침해자는 이와 같이 복합적인 과정을 통하여 개발된 캐릭터의 저명성, 고객흡인력에 편승하여 부당한 이득을 보려는 자인데, 그러한 캐릭터의 개발을 주도적으로 이루어 낸 영화제작자보다 단순한 원화의 제작자가 더 큰 보호를 받는다는 것은 온당치 못하기 때문이다.

마. 소 결

여러 가지 점을 고려할 때 우리나라의 입장에서 캐릭터의 독자적인 저작물성을 긍정한다는 것은 신중해야 하지 않을까 생각한다. 그러나 우리 대법원의 입장은 적어도 시각적 캐릭터에 대하여는 독자적인 저작물성을 인정하는 긍정설의 입장에 선 것으로 보인다. 대법원 2010. 2. 11. 선고 2007다63409 판결은, "야구를 소재로 한 게임물인 '실황야구'에 등장하는 '실황야구' 캐릭터는 야구선수 또는 심판에게 만화 속 등장인물과 같은 귀여운 이미지를 느낄 수 있도록 인물의 모습을 개성적으로 도안함으로써 저작권법이 요구하는 창작성의 요건을 갖추었으므로, 이는 창작성이 있는 저작물로서 원저작물인 게임물과 별개로 저작권법의 보호대상이 될 수 있고, 한편 '실황야구' 캐릭터에 관하여 상품화가 이루어졌는지 여부는 저작권법에 의한 보호여부를 판단함에 있어서 고려할 사항이 아니다."라고 하였다.

이 대법원 판결의 원심인 서울고등법원 2007. 8. 22. 선고 2006나72392 판결에서는, "캐릭터란 그 각각의 장면의 구체적 표현으로부터 승화된 등장인물의 특징이라는 추상적 개념이지 구체적 표현이 아니며, 결국 그 자체가 사상 또는 감정을 창작적으로 표현한 것이라고 볼 수 없는 것이다"라고 판시하였다. 결국 고등법원의 판결은 '실황야구' 캐릭터가 등장하는 '실황야구' 자체를 영상저작물로 보호하는 것으로 족하고, 별도로 '실황야구' 캐릭터 자체를 독립된 저작권법의 보호대상으로 보기에는 부족하다는 취지로서, 캐릭터의 독자적인 저작물성을 부정하는 입장을 취한 것으로 이해되는데, 대법원이 이를 뒤집고 긍정설의 입장에 선 것이다.

그러나 이 대법원 판결을 가지고 우리 대법원이 어문적 캐릭터에 대하여서까지 독자적인 저작물성을 인정한 것이라고는 볼 수 없다. 서울고등법원 2010. 1. 14. 선고 2009나4116 판결[257])은, TV 드라마 '겨울연가', '황진이', '대장금', '주몽'에 등장하는 주인공의 특색을 반영한 캐리커처(caricature) 또는 일반적인 인형이나 완구에 이 드라마 주인공들을 연상시키는 의상을 결합한 상품 등을 제작한 것이 그 주인공 캐릭터에 대한 복제권 또는 2차적저작물작성권 침해라고 주장한 사안에서, 영화나 드라마의 캐릭터는 자신만의 독특한 외양을 가진 배우의 실연에 의하여 표현되며, 등장인물의 용모, 행동거지, 명칭, 성격, 목소리, 말투, 상황이나 대사 등을 모두 합한 총체적인 아이덴티티(identity)를 말하는 것이어서, 시각적 요소가 모두 창작에 의하여 만들어지는 만화나 만화영화의 캐릭터보다는 소설, 희곡 등 어문저작물의 캐릭터에 가깝다고 한 후, "드라마의 등장인물로부터 위와 같은 속성을 배제한 채 그 명칭이나 복장, 사용하는 소품만을 따로 떼어 낸 캐릭터가 원래의 저작물로부터 독립하여 별도로 저작권에 의하여 보호된다고는 보기 어렵다"고 판시하였다. 그러면서 이 판결에서는, 그 동안 일부 학설로부터 시각적 캐릭터의 독자적인 저작물성을 인정한 것이라는 평가를 받아 온 대법원 1999. 5. 14. 선고 99도115 판결[258]) 및 2005. 4. 29. 선고 2005도70 판결[259])은 시각적 요소가 모두 창작에 의하여 만들어진 만화 캐릭터에 관한 것으로서 본건과 같은 어문적 캐릭터에 관한 사안에는 부합하지 않는다고 하였다.

5. 구체적 문제

이하에서는 캐릭터의 독자적인 저작물성을 긍정하거나 또는 부정하는 입장에서 캐릭터와 관련된 개개의 구체적인 문제점들을 어떻게 파악하여야 할 것인지에 관하여 살펴보기로 한다.

---

257) 상고되었으나 대법원 2012. 3. 29. 선고 2010다20044 판결로 확정.
258) '리틀밥독' 캐릭터는 창작성이 있는 저작물로서 저작권법의 보호대상이라고 판시하였다.
259) A회사가 저작권을 갖고 있는 저작물인 '탑 블레이드'(Top Blade) 만화영화에 등장하는 캐릭터가 부착된 팽이를 국내에 배포할 목적으로 중국으로부터 수입함으로써 A회사의 저작권을 침해하였다는 공소사실에 대하여 유죄를 인정하였다.

가. 캐릭터의 보호

캐릭터 자체의 독자적인 저작물성을 긍정하는 입장에 선다면 특별한 문제가 없지만, 이를 부정하는 입장에 선다면 캐릭터는 그것이 등장하는 매체 저작물이 보호됨에 따라 간접적으로 보호될 수밖에 없다. 이 경우 캐릭터의 저작권법에 의한 보호는 캐릭터가 등장하는 저작물의 종류에 따라서 정해진다고 보는 것이 합리적일 것이다. 가령 캐릭터가 만화의 주인공인 경우는 미술저작물로서 보호되고, 만화영화의 등장인물인 경우에는 영상저작물로서 보호된다는 것이다.260)

나. 저작재산권의 보호기간

캐릭터의 보호기간 역시 그 매체 저작물의 종류에 따라 달라진다. 캐릭터가 등장하는 매체 저작물이 만화라면 미술저작물에 해당하여 일반 저작물과 같이 원칙적으로 저작자의 생존하는 동안 및 사망 후 70년간 존속하게 되겠지만(저작권법 제39조 제 1 항, 다만 업무상저작물이라면 같은 법 제41조에 의하여 공표한 때로부터 70년간 존속), 만화영화 또는 영화로서 영상저작물에 해당하거나 업무상저작물인 경우에는 공표 후 70년의 보호기간이 적용된다(저작권법 제41조, 제42조).

보호기간의 기산점이 되는 공표시점은 캐릭터가 등장하는 매체 저작물의 공표시점이다. 이때 짚고 넘어가야 하는 것이 신문의 연재만화나 TV의 연속방영 만화영화 같이 계속적으로 공표되는 저작물의 공표시점이다. 저작권법은 계속적 저작물 중 축차저작물(월간지나 정기적으로 발행되는 학술지와 같이 책, 호 또는 회 등으로 공표하는 저작물)의 경우에는 매책, 매호 또는 매회의 공표시를 공표시점으로 보며, 순차저작물(연속극이나 연재소설 같이 일부분씩 순차적으로 공표하여 최종회로써 완성되는 저작물)의 경우에는 최종 부분의 공표시를 공표시점으로 본다(저작권법 제43조 제 1 항).

문제가 되는 것은 매회 스토리가 완결되는 축차저작물의 경우이다. 캐릭터의 독자적인 저작물성을 부정하는 입장에서는 결국 저작권의 침해를 인정하기 위하여서는 그 캐릭터가 등장하는 저작물, 예컨대 매회 스토리가 완결되는 연작만화의 경우 그 중 어느 회의 만화저작물을 침해한 것인지를 밝혀야 한다. 이때 침해물에 무단사용 된 캐릭터가 연재만화 첫 회에 등장한 캐릭터와 실질적으로 동일한 것이라면, 첫 회에 공표된 만화저작권의 보호기간이 만료한 후부터는 저작권의 보호를 받을 수 없다. 즉, 업무상저작물이나 영상저작물의 경우에는 첫 회가 공표된 날로부터 70년이 지나면 저작권의 보호는 소멸한다.

---

260) 同旨, 박성호, 전게논문, 14면.

이 점에 대하여는 캐릭터의 독자적인 저작물성을 인정하는 미국에서도 동일한 해석을 하는 견해가 있다.261) 그리고 뽀빠이 캐릭터가 문제로 된 앞서 본 일본 최고재판소 1997. 7. 17. 판결에서도, 침해자가 제 1 회 발표된 뽀빠이 캐릭터와 실질적으로 동일한 캐릭터를 무단이용하고 있다면 설사 뽀빠이 만화가 현재까지 연재되고 있다 하더라도 최초 제 1 회의 작품이 발표된 날로부터 50년(당시 일본 저작권법상 저작재산권의 보호기간)이 경과한 1990년 5월 21일로 그 저작권은 소멸하였으므로,262) 그 이후의 뽀빠이 캐릭터의 사용금지 및 손해배상청구는 이유 없다고 판시하고 있다.

다. 캐릭터의 모습변화에 따른 문제점

미키마우스를 자세히 살펴보면 초기의 미키마우스와 오늘날의 미키마우스는 그 시각적 느낌이 상당히 다른 것을 알 수 있다. 보는 사람에 따라 다르겠지만 최근의 미키마우스가 초기, 예컨대 1928년 1월 21일 최초 상영된 「증기선 윌리」(Steamboat Willie)에 나온 미키마우스보다 훨씬 더 세련되고 깜찍한 모습을 하고 있다. 이처럼 오랜 기간에 걸쳐 사용되는 캐릭터가 세월이 흐름에 따라 제작자에 의하여 그때그때 소비자의 구미와 취향에 맞도록 조금씩 변화하는 것은 드문 일이 아니다.

만약 甲이 저작권을 갖는 만화영화의 캐릭터가 A라는 모습에서 점차 시간이 흐름에 따라 B라는 모습으로 변화하였는데, 초기의 A 공표시점으로부터는 저작권의 보호기간이 만료되었으나 B의 공표시점(이 시점은 명확히 알기 어려운 경우가 많을 것이다)으로부터는 아직 보호기간이 남아있는 경우에 제 3 자 乙이 甲의 허락 없이 B의 모습을 복제하였다고 한다면 저작권침해가 성립할 수 있을 것인지 문제이다.

이 점과 관련하여 고양이와 쥐를 의인화한 '톰'과 '제리'라는 캐릭터에 관한 대법원 1997. 4. 22. 선고 96도1727 판결(일명, '톰과 제리' 사건)263)은, 일련의 연속된 특정 만화영상저작물의 캐릭터가 어느 시점을 기준으로 하여 새로운 저작물로 인정되기 위하여서는 종전의 캐릭터와는 동일성이 인정되지 아니할 정도의 전혀 새로운 창작물이어야 할 것인데, 피고인이 사용한 톰과 제리 캐릭터가 저작권의 보호를 받지 못하는 1987. 10. 1. 이전의 캐릭터와

---

261) Nimmer, *op. cit.*, pp. 2: 177-78 참조: 동일한 캐릭터를 사용한 연재물에서 초기의 저작물이 '공중의 영역'(public domain)에 들어가면 나머지 부분의 보호기간이 남아 있다고 하더라도 캐릭터의 침해문제는 생기지 않는다고 하였다.

262) 뽀빠이 연재만화는 1929년 1월 17일 첫 회가 발표되었으므로 그 보호기간의 기산점은 다음 해인 1930년 1월 1일이 된다. 그런데 이러한 경우 일본에서는 보호기간을 계산함에 있어 공표 후 50년에 3,794일의 전시가산(戰時加算)을 하므로 1990년 5월 21일이 보호기간의 만료일이 된다(田村 善之, "連載漫畵의 保護期間-判例評釋", パテント 1997, Vol. 50, 53면 참조).

263) 법원공보 1997상, 1679면.

동일성이 유지되지 아니할 정도의 새로운 창작물이라는 점을 인정할 수 없다고 하여 저작권침해를 부정하였다. 이 판결은 시간의 흐름에 따라 모습이 변화하는 캐릭터의 경우, 그것이 어느 시점을 기준으로 하여 새로운 저작물로 되기 위해서는 종전 캐릭터와 동일성이 인정되지 않을 정도의 변화가 일어남으로써 완전히 새로운 창작물이 될 정도에 이르러야 한다고 본 것이다.

라. 속편의 문제

하나의 작품이 성공하면 그 작품의 스토리와 캐릭터에 기초하여 속편이 제작되는 것은 매우 흔한 일이다. 주인공을 비롯한 주요 등장인물을 그대로 등장시켜 소설이나 영화의 속편을 제작한 경우 그것이 저작권의 침해가 되는지 여부가 문제로 된다. 이때에는 원작과 속편이 동일하게 기초로 하고 있는 캐릭터가 어문적 캐릭터인가 아니면 시각적 캐릭터인가의 여부에 따라 경우를 나누어 판단해야 한다.

(1) 어문적 캐릭터의 경우

앞에서 본 바와 같이 캐릭터의 독자적인 저작물성을 부정하는 입장에서는 물론이고 이를 긍정하는 입장에서조차 어문적 캐릭터 자체에 대한 저작물성의 인정과 저작권 보호에 대하여는 지극히 제한적이다. 어문적 캐릭터는 대부분의 경우 보호받는 '표현'이라기보다는 보호받지 못하는 '아이디어'에 가깝기 때문이다. 따라서 아이디어에 해당하는 어문적 캐릭터를 무단이용하여 속편을 제작하였다 하더라도 저작권법상으로는 아무런 침해도 일어나지 않는다.

어문저작물의 경우에는 속편이 원작의 주제와 기본적 골격에 기초한 것이라 하더라도 그 이야기의 구성 자체는 원작과 다르게 진행되는 것이 대부분이고, 주제와 기본적 골격은 저작권법의 보호를 받는 창작적 표현이 아니므로, 이와 같은 경우 속편은 독립된 저작물로 보아야 할 것이지, 원작에 대한 2차적저작물로 볼 것은 아니다.

속편뿐만 아니라 캐릭터는 동일하지만 매회 매회 서로 독립된 스토리가 전개되는 연작소설이나 연작방송극 시나리오에 있어서도, 등장인물과 배경, 기본적 골격과 구성이 동일하기 때문에 매회 비슷한 '유형'(pattern)의 비슷한 스토리가 전개되는 것을 자주 볼 수 있다. 그러나 이때의 기본적 구성이나 유형은 저작권의 보호를 받지 못하는 부분이므로 매회 매회의 스토리가 각각 독립된 저작물이라고 보아야 할 것이다.[264]

---

264) 渡邊 修, 전게논문, 158면.

(2) 시각적 캐릭터의 경우

시각적 캐릭터는 어문적 캐릭터에 비하여 특징이 구체적이고 명확하게 표현되어 있으며 이미지 전달성도 강하다. 따라서 만화나 만화영화 같은 저작물의 경우 선행 만화에 캐릭터의 특징이 그대로 드러나 있는 이상, 그 캐릭터를 이용한 속편의 만화 또는 만화영화는 가장 큰 이미지 전달성을 가지는 캐릭터의 용모, 자태, 성격의 특징에는 변경이 없고, 다만 수족(手足)의 움직임이나 다른 등장인물과의 관계, 대화 등에 있어서 다소의 변경이 가해지는 것뿐이므로 적어도 일정 부분에 있어서는 선행만화의 2차적저작물이라고 평가될 가능성이 있다.

이 점은 속편뿐만 아니라 매회 매회 독립된 이야기가 전개되는 연작만화에 있어서도 마찬가지이다. 앞서 본 1997. 7. 17. 선고 일본의 최고재판소 판결도 동일한 법리를 판시하고 있다. 즉, 뽀빠이와 같이 1회마다 스토리가 완결되는 형식의 연작만화에 있어서, 첫 회에 이어지는 후속의 만화는 그 선행하는 만화와 기본적인 발상, 설정, 주인공을 비롯한 주요 등장인물의 용모, 성격 등의 특징을 같이 하되, 다만 거기에 새로운 이야기나 새로운 등장인물을 덧붙이는 것이 일반적이고, 이러한 경우 후속 만화는 선행 만화저작물을 원저작물로 하는 2차적저작물이라고 하였다.

마. 캐릭터의 이름(명칭)

캐릭터의 이름(명칭)이 독자적인 저작물로 보호될 수 있는가, 예를 들어 미키마우스 캐릭터와는 별도로 미키마우스라는 이름 자체가 저작물로 보호받을 수 있는가의 문제이다. 현재로서는 어문저작물의 제호와 마찬가지로 이를 부정하는 것이 통설이고 특별한 반대설이 없는 것으로 보인다. 판례도 이를 부정한다.[265]

6. 다른 지적재산법에 의한 캐릭터의 보호

가. 상표법에 의한 보호

저작권법 외에 다른 지적재산법에 의한 보호로서 먼저 캐릭터에 대하여 상표권 등록을 받아두는 방법을 생각해 볼 수 있다. 특히 상품화권의 대상으로서 중요한 역할을 하는 캐릭터의 명칭이나 제호 등이 저작권의 보호를 받지 못하므로, 이들을 상표등록하여 두는 것은

---

265) 대법원 1977. 7. 12. 선고 77다90 판결은, 원고의 만화제명 '또복이'는 사상 또는 감정의 표현이라고 보기 어려워 저작물로서 보호받을 수 없고, 따라서 피고가 자신이 제조하는 빵의 상품명을 '또복이'라고 하면서 같은 이름을 그 포장지에 인쇄하여 판매하였다 하더라도 저작권침해가 될 수 없다고 판시하였다.

상품화권의 보호를 위하여 중요한 수단이 된다. 그러나 캐릭터의 형상 또는 명칭을 상표등록하였다 하더라도 그 보호범위에는 상표법상의 제한이 따르게 된다.

우선 상표등록을 위하여서는 지정상품을 특정하여야 하며 포괄적인 상품지정은 허용되지 않는다. 그런데 상품화 사업자가 앞으로 그 캐릭터가 사용될 모든 상품군(商品群)을 예상하여 지정상품을 특정하는 것은 현실적으로 쉽지 않다.[266]

나아가 캐릭터가 상표등록 되었다 하더라도 침해물이 그 캐릭터를 '상표적 방법'(trademark manner)으로 사용하였어야 상표권침해를 주장할 수 있다는 견해가 있다. 상표의 기능은 출처표시 또는 자타상품식별에 있는데, 캐릭터를 제3자가 무단으로 지정상품에 사용하였다 하더라도 출처표시를 위하여 사용한 것이 아니라 단순히 장식적·디자인적으로 사용한 것이라면, 이를 상표적 사용이라고 할 수 없으므로 상표권침해가 될 수 없다는 것이다.[267] 그러나 이에 대하여는 상표권침해가 된다는 반대의 견해도 유력하다.[268]

상표법과 저작권법이 저촉되는 경우가 가끔 생기는데, 보통은 먼저 창작된 저작물을 제3자가 후에 상표등록하는 경우이다. 이에 대하여 상표법은, "등록상표의 사용이 상표등록 출원 전에 발생한 타인의 저작권과 저촉하는 경우에는 그 저작권자의 동의를 얻지 아니하고는 그 등록상표를 사용할 수 없다"고 규정하고 있다(상표법 제53조). 유명한 캐릭터를 그 저작권자의 허락을 받지 아니하고 상표등록을 하면 이는 정당한 상행위라고 볼 수 없고, 이러한 상표출원자에게 상표권이라는 독점배타권을 설정해 준다는 것은 경쟁질서의 공정을 꾀하려는 상표제도의 본래의 목적에 반하므로, 상표법상 상표부등록사유인 '공서양속에 위반되는 상표'(상표법 제7조 제1항 제4호) 또는 '수요자를 기만할 우려가 있는 상표'(같은 항 제11호)의 개념을 확장하여 등록을 거절함이 타당하다는 학설이 있다.[269]

---

266) 예상되는 모든 상품을 지정상품으로 하여 상표등록을 해 둔다 하여도, 상표법은 상표권자 등이 정당한 이유 없이 국내에서 등록상표를 그 지정상품에 대하여 계속하여 3년 이상 사용하지 아니하였을 경우에는 불사용취소심판에 의하여 등록이 취소되도록 규정하고 있다(상표법 제73조 제1항 3호 참조).

267) 오오사카지방법원 1976. 2. 24. 선고 昭和 49(ワ) 393호(無體集 8권 1호 102면): 이 사건에서 원고는 피복, 수건 등을 지정상품으로 하여 뽀빠이 상표를 등록한 상표권자로서, 뽀빠이 캐릭터를 셔츠 가슴 부분 전면에 인쇄하여 판매한 피고에 대하여 상표권침해를 주장하였다. 그러나 법원은, 피고의 행위는 만화 캐릭터를 상품의 구매의욕을 환기시키기 위하여 장식적·의장적인 목적으로 사용한 것에 지나지 않고, 상품의 출처를 표시하기 위하여 사용한 것은 아니므로 사회통념상 상표의 사용에 해당하지 않는다고 판시하였다.

268) 오오사카고등법원 1985. 9. 26. 선고 판결(判例時報 1182호 141면): 앞의 판결과 비슷한 사안이지만, 피고의 뽀빠이 캐릭터의 사용은 그 캐릭터의 외관, 호칭, 관념에 의하여 나타나는 상표에 대한 신뢰감을 이용하여 소비자로 하여금 자신의 상품을 선택하도록 유도하는 것이므로 단순한 의장적·장식적 사용이 아니라 상표적 사용을 겸비한 것이라고 판시하였다.

269) 송영식 외 2인, 지적소유권법(하), 제5 전정판, 육법사, 1998, 124면.

나. 디자인보호법에 의한 보호

캐릭터에 디자인등록을 받아 놓으면 디자인보호법에 의한 보호를 받을 수 있다. 그러나 디자인권의 경우 디자인등록의 요건을 만족시켜야 하며 그 권리의 존속기간도 설정등록이 있은 날로부터 발생하여 디자인등록출원일 후 20년(디자인보호법 제91조 제 1 항)으로 저작권에 비하여 상당히 단기간이다.

디자인은 원칙적으로 1디자인 1디자인등록출원에 의하여 물품별로 성립한다. 또한 디자인은 신규성이 있어야 등록을 받을 수 있다(디자인보호법 제33조 제 1 항).

다. 부정경쟁방지법에 의한 보호

부정경쟁방지법[270]은 국내에 널리 인식되어 주지성(周知性)을 가지는 타인의 성명, 상호, 상표, 상품의 용기, 포장 기타 타인의 상품 또는 영업임을 표시한 표지와 동일 또는 유사한 것을 사용하여 타인의 상품 또는 영업과 혼동을 일으키는 행위를 부정경쟁행위로 규정하고, 이러한 행위에 대한 금지청구 및 손해배상청구 등을 인정하고 있다(부정경쟁방지법 제 2 조 1호 참조).

캐릭터를 상품화하는 것과 관련하여 저작권법이나 상표법 또는 디자인보호법에 의한 보호를 구하기도 하지만, 특히 상표법이나 디자인보호법의 경우에는 등록이나 심사 등 절차상 다소의 제한이 따른다. 그리하여 보통의 경우 캐릭터의 상품화권에 대하여는 부정경쟁방지법에 의한 보호를 구하는 사례가 많다. 캐릭터가 부정경쟁방지법의 보호를 받기 위하여는 그것이 상품표지 또는 영업표지로서 주지성(周知性)을 가지고 있어야 한다.

대법원 2005. 4. 29. 선고 2005도70 판결(일명 – '탑 블레이드 팽이' 사건)[271]은, "캐릭터가 상품화되어 부정경쟁방지법 제 2 조 제 1 호 가목에 규정된 국내에 널리 인식된 타인의 상품임을 표시한 표지가 되기 위하여는 캐릭터 자체가 국내에 널리 알려져 있는 것만으로는 부족하고, 그 캐릭터에 대한 상품화 사업이 이루어지고 이에 대한 지속적인 선전, 광고 및 품질관리 등으로 그 캐릭터가 이를 상품화할 수 있는 권리를 가진 자의 상품표지이거나 상품화권자와 그로부터 상품화 계약에 따라 캐릭터 사용허락을 받은 사용권자 및 재사용권자

---

270) 정식 명칭은 '부정경쟁방지및영업비밀보호에관한법률'이다.
271) 대법원 1996. 9. 6. 선고 96도139 판결도 이와 동일한 판시를 하고 있다. 이 판례는 미키마우스에 관한 것인데, 비록 미키마우스 캐릭터 자체는 국내에 널리 알려져 주지성을 가지고 있지만, 사건 당시까지는 그 상품화 사업에 대한 지속적인 광고나 선전이 없었기 때문에 미키마우스 캐릭터가 월트 디즈니사 또는 그로부터 미키마우스 캐릭터의 사용허락을 받은 사람이 제조·판매하는 '상품의 표지'로서 국내에 널리 인식되었다고 보기 어렵다고 판시하였다.

등 그 캐릭터에 관한 상품화 사업을 영위하는 집단의 상품표지로서 수요자들에게 널리 인식되어 있을 것을 요한다."고 하였다. 또한 서울지방법원 1991. 1. 23. 선고 90가합31607 판결[272]은, 월트 디즈니사가 창작한 '미키마우스', '도날드 덕' 등과 같은 저명캐릭터가 신발, 의류, 과자, 문구 등 여러 종류의 상품에 동시에 사용되고 있는 경우에는 어느 특정상품(영업)의 표지라고 인식되기 어려우므로 부정경쟁방지법상의 혼동초래행위에 해당되지 않는다는 취지로 판시하였다.

II. 저작물의 제호

1. 제호의 저작물성

상품이나 서비스의 명칭, 표어, 슬로건 등과 같이 간단하고 짧은 문구는 창작성을 인정할 수 없어 저작물로 성립하지 않는다는 것이 통설적인 견해이다. 이와 마찬가지로 저작물의 제호 역시 독자적인 저작물로 보지 않는 것이 통설이다.[273]

제호를 부정경쟁방지법이나 아니면 다른 별도의 입법에 의하여 보호하는 것은 몰라도, 저작권법으로 보호하는 것은 입법론으로서도 바람직하지 못하다는 견해가 있다.[274] 그러나 아래에서 보는 바와 같이 하급심 판결 중에는 제호의 저작물성을 부정하면서도 충분한 창작성이 있을 경우 저작물성을 인정할 수 있다는 약간의 가능성을 열어놓은 사례가 있다. 캐릭터의 명칭도 저작물의 제호와 마찬가지로 독립된 저작물로 보호받지 못한다. 다만 저작물의 제호는 저작권법 제13조 제1항에서 규정하는 저작인격권의 하나인 동일성유지권에 의하여 보호를 받는다(저작물 제호의 동일성유지권에 대하여는 제4장 제2절에서 후술함).

2. 입법례 등

미국이나 영국, 일본, 독일 등은 저작권법에 제호에 대한 특별한 규정을 두고 있지 않다. 미국은 저작권청 규정에서 '이름, 제호, 슬로건' 등은 저작권의 보호대상이 아니라고 규정하고 있다.[275] 미국의 학설과 판례 역시 제호는 저작물의 구성요소이기는 하지만 저작권

---

272) 지적재산권판례집, 전게서, 1962면; 하급심판결집, 법원도서관 編, 1991-1, 259면.
273) 內田 晉, 전게서, 49면; 황적인·정순희·최현호, 저작권법, 법문사(1988), 142면; 송영식·이상정, 저작권법개설(제8판), 세창출판사(2012), 60, 61면, 이해완, 저작권법(제2판), 박영사(2012), 199, 200면 등.
274) 內田 晉, 전게서, 49면.

의 보호를 받을 수 없다고 보는 것이 일반적이다.[276] 다만, 미국의 판례는 저작물의 제호를 저작권법이 아닌 부정경쟁방지법(unfair competition law)이나 상표법 등의 법리에 의하여 보호하고 있다. 반면, 영국이나 일본, 독일의 경우에는 저작물성에 대한 일반적인 기준이 제호에 대해서도 적용된다는 것이 기본적인 입장이다. 그리하여 분량적으로도 충분히 길고 독창적 노력의 성과물이라고 인정할 수 있을 정도의 창작성이 있으면 제호라도 저작물성이 인정된다고 보고 있다. 그러나 실제로는 그 기준이 매우 높아서 제호가 이례적으로 길거나 매우 특별한 독창적인 노력의 성과물이라고 인정되는 경우가 아니면 좀처럼 저작물성을 인정하지 않는다. 예컨대 일본에서는 '뽀빠이'라는 특수한 로고타입으로 장식한 '뽀빠이' 넥타이 사건에서 '뽀빠이'라는 명칭 단지 그것만으로는 사상 또는 감정을 창작적으로 표현한 것으로 볼 수 없다고 하여 저작권법상의 보호가 부정된 바 있다.[277][278]

이에 비하여 프랑스나 이탈리아, 스위스 등의 국가는 창작성이 있거나 특징적인 제호는 저작물로서 보호한다는 별도의 명문의 규정을 두고 있는데, 그러나 이에 의하더라도 저작물의 제호나 캐릭터의 명칭에 대해서는 극히 예외적인 경우에만 좁게 창작성이 인정되고 있다고 한다.[279]

3. 판 례

저작물의 제호 중에는 제법 창작성이 돋보이는 특색 있는 것들도 있지만 대부분의 판례는 그렇더라도 제호만으로는 저작물성을 갖추지 못한다고 보고 있다. 대법원은 만화 제명 '또복이'가 빵 상품에 사용된 사례에서 저작물성을 부인하였으며,[280] 운전면허학과시험 문제집의 표지 하단에 인쇄된 '크라운출판사'와 같이 단순한 어문저작물의 제호나 저작자, 출판사의 상호 등은 저작물로서 보호받을 수 없다고 한 바 있다.[281] 하급심 판결로서는 '자유인'이라는 제호에 대한 저작물성을 부인한 것이 있고,[282] 무용극의 제목인 '행복은 성적순이 아니잖아요',[283] 소설 제목 '애마부인',[284] 연극 제목 '품바',[285] 등의 저작물성이 모두 부인된

---

275) 37 C.F.R. § 202. 1(a).

276) Nimmer, *op. cit.*, p. 2: 16; 다만, Goldstein, *op. cit.*, 2, 7.3.에서는 제호 역시 창작성 여부에 따라서 보호받을 수도 있다는 입장을 취하고 있다.

277) 동경지방법원 1990. 2. 19. 선고 昭和 59(ワ) 10103 판결(판례시보 1343호, 3면).

278) 이상, 최진원·이일호, 제호의 상품화와 지식재산적 보호, (미공간) 참조.

279) 박성호, 저작권법, 박영사(2014), 148면 참조.

280) 대법원 1977. 7. 12. 선고 77다90 판결.

281) 대법원 1996. 8. 23. 선고 96다273 판결.

282) 서울지방법원 1990. 9. 21.자 90카6150 결정.

283) 서울지방법원 1990. 9. 20. 선고 89가합62247 판결.

바 있다.

한편, 하급심 판결 중에는 '제호'가 저작물로서 보호받을 수 있는지 여부가 시험적으로 다투어진 사건이 있는데, 서울남부지방법원 2005. 3. 18. 선고 2004가단31955 판결(일명, '불타는 빙벽' 사건)이 그것이다. 이 사건에서는 '불타는 빙벽'이라는 소설의 제호가 문제로 되었다. 원고는 이 사건 제호가 비록 2개의 단어만으로 이루어져 있지만, 이들은 결합 불가능하고 모순관계에 있는 조합으로 누구도 쉽게 생각하지 못하는 원고만의 독창성과 문학적 개성이 집약된 것으로서, 작품내용 전체를 집약적으로 나타내는 독창성 있는 창작물이므로 '저작물'이라고 주장하였다. 이에 대하여 법원은, 그 동안 제호의 저작물성을 부정한 대법원 1996. 8. 23. 선고 96다273 판결,[286] 대법원 1977. 7. 12. 선고 77다90 판결 및 서울고등법원 1991. 9. 5.자 91라79 결정 등을 인용하면서, 어문저작물인 서적 중 제호 자체는 저작물의 표지에 불과하고 독립된 사상 또는 감정의 창작적 표현이라고 보기 어려워 저작물로서 보호받을 수 없다고 하였다. 그러면서도 방론으로, 설사 현대 사회에서 제호가 갖는 사회적·경제적 중요성 등을 고려하여 제호의 저작물성을 일률적으로 부인하지 않고 제호 중 창작적 사상 또는 감정을 충분히 표현한 것을 선별하여 독립된 저작물로 보호하는 입장에 선다고 하더라도, 완성된 문장의 형태가 아닌 불과 두 개의 단어로만 구성되어 있는 이 사건 제호가 독자적으로 특정한 사상이나 감정 혹은 기타의 정보를 충분히 표현한 것으로 보기 어렵다고 하여 저작물성을 부인하였다.

4. 제호의 상표등록에 따른 문제점

가. 문제의 소재

저작물의 제호를 상표등록하는 경우에 저작권법과 관련하여 약간의 문제가 생긴다. 저작권의 보호기간은 일반적으로 사후 70년까지로 제한되어 있지만 상표는 10년마다 갱신등록을 하면 영구히 독점배타권을 행사할 수 있다. 따라서 제호의 상표등록을 허용하게 되면 저작권의 보호기간 제도를 사실상 피해갈 수 있는 길을 제공하게 되므로 문제이다. 예를 들어, A라는 소설의 제호를 상표등록 해 두면 그 소설의 보호기간이 만료되더라도 다른 사람은 제호 A를 붙여 그 소설을 출판하는 것이 불가능하기 때문에 어느 정도 저작권이 상표권

---

284) 서울고등법원 1991. 9. 5.자 91라79 결정.
285) 서울고등법원 1989. 4. 11.자 89라28 결정.
286) 이 대법원 판결에서는, "어문저작물인 서적 중 저작자의 사상 또는 감정을 창작적으로 표현한 부분이라고 볼 수 없는 단순한 서적의 제호나 저작자 또는 출판사의 상호 등은 저작물로서 보호받을 수 없다"고 판시하고 있다.

처럼 영구존속하는 효과를 가져오게 된다. 즉, 소설 '토지'의 제호를 상표등록 해 두면, 그 저작권 보호기간이 만료되어 누구라도 자유롭게 출판할 수 있게 되더라도, 상표권자만이 그 출판물의 제호를 '토지' 그대로 사용할 수 있게 되는 것이다. 이는 저작권법이 저작물에 대하여 일정 기간 동안 배타적 권리로써 보호하고, 그 이후부터는 만인 공유의 영역에 속하게 함으로써 완전한 자유이용이 가능하도록 한 취지와 배치되어 부당하다.

나. 판 례

이러한 불합리를 판례는 상표법 제51조[287])를 적용하여 해결하고 있다. 즉, 서적류의 제호는 해당 저작물의 창작물로서의 명칭 내지 그 내용을 나타내는 것이고, 그러한 창작물을 출판하고 제조·판매하고자 하는 자는 저작권법에 저촉되지 않는 한 누구든지 그 제호를 사용할 수 있는 것이며, 이때의 제호는 품질을 나타내는 보통명칭 또는 관용상표와 같은 성격을 가지므로 상표법 제51조에 의하여 상표권의 효력이 미치지 아니한다고 판시하였다.[288])

다만, 서적의 제호가 단순히 창작물의 명칭 내지 그 내용을 나타내는 것이 아니라 특별히 상품의 식별표지로 사용되는 경우에는 상표권의 효력이 미치게 된다. 대법원 2005. 8. 25. 선고 2005다22770 판결(일명, '영절하' 사건)[289])이 그러한 법리를 판시한 사례이다. 이 사건 원고는 자신이 저술한 베스트셀러 '영어공부 절대로 하지 마라'(축약하여 '영절하')에 관하여 상표등록을 한 후, 같은 제목으로 영어공부 시리즈물을 출판하고 있는 출판사를 상대로 상표권 침해를 원인으로 한 소송을 제기하였다. 대법원은, 서적류의 제호는 특별한 사정이 없는 한 해당 저작물의 창작물로서의 명칭 내지는 그 내용을 함축적으로 나타내는 것이며, 그러한 창작물을 출판하고 제조·판매하고자 하는 자는 저작권법에 저촉되지 않는 한 누구든지 사용할 수 있는 것으로서 품질을 나타내는 보통명칭 또는 관용상표와 같은 성격을 가지는 것이므로, 제호로서의 사용에 대하여는 상표법 제51조의 규정에 의하여 상표권의 효력이 미치지 않는 것이 원칙이기는 하나(대법원 1995. 9. 26. 선고 95다3381 판결 참조), 타인의 등록상표를 정기간행물이나 시리즈물의 제호로 사용하는 등 특별한 경우에는 사용 태양, 사

---

287) 상표법 제51조 제 2 호는, 등록상표의 지정상품과 동일 또는 유사한 상품의 보통명칭·산지·품질·원재료·효능·용도·수량 … 등을 보통으로 사용하는 방법으로 표시하는 상표에는 상표권의 효력이 미치지 않는다고 규정한다.
288) 대법원 1995. 9. 26. 선고 95다3381 판결(법원공보 1995, 3520면).
　서적출판업을 하는 신청인은 중국 작가인 김용이 저작한 '녹정기'라는 제목의 서적 전 11권을 번역출판하면서 위 서적의 제호인 '녹정기'를 상품구분 052류 서적 외 1건으로 하여 특허청에 상표등록을 하였는데, 피신청인이 그 후 위 서적에 약간의 수정을 거쳐 같은 '녹정기'라는 제목으로 출판하자 피신청인을 상대로 주위적으로는 서적에 대한 저작권침해를, 예비적으로는 상표권침해를 주장한 사건이다.
289) 법원공보 2005. 10. 1.(235), 1,568면.

용자의 의도, 사용 경위 등 구체적 사정에 따라 실제 거래계에서 제호의 사용이 서적의 출처를 표시하는 식별표지로서 인식될 수도 있으므로, 그러한 경우까지 상표권의 효력이 미치지 않는 것으로 볼 수는 없다고 하였다. 그러면서 피고 출판사가 '영절하'를 제호의 일부로 하는 시리즈물의 형식으로 이 사건 서적을 제작·판매하고 있는 것은, 그 제호의 사용 태양, 사용 의도, 사용 경위 등에 비추어 원고의 등록상표를 시리즈물인 서적의 제호의 일부로 사용함으로써 시리즈물인 서적의 출처를 표시하고 있는 것으로 볼 여지가 있는바, 그러한 경우에는 원고의 상표권을 침해하는 상표적 사용으로 보아야 할 것이라고 하였다.

한편, 타인의 저작물의 제호라도 그 제호를 자기의 상표로 등록하거나 사용하는 것이 가능하며, 이는 허락이 있는 경우는 물론 허락이 없는 경우에도 마찬가지이다. 예를 들어 甲이 저작한 '태백산맥'이라는 단행본의 제호를 乙이 자신이 판매하는 다른 서적의 상표로 사용하는 것도 가능한 것이다.[290] 그러나 타인의 저작물이나 제호를 상표등록한 자가 역으로 자신의 상표권에 기초하여 저작권자에 대하여 그 저작물이나 제호를 사용하는 것을 막는 것은 권리남용에 해당하여 허용될 수 없다고 한 일본의 판례가 있다.[291]

Ⅲ. 글자체(typeface)

1. 의   의

글자체(typeface; typographical design)는 '서체도안', '디자인 서체', '활자용 서체', '인쇄용 서체', '자형'(字形), 또는 '글꼴' 등으로도 불리어 왔으며, "한 벌의 문자·서체 등에 대하여 독특한 형태의 디자인을 한 것"을 말한다. 즉, 글자체는 글자 하나하나를 가리키는 것이 아니라 "한 벌의 문자, 숫자, 그 밖의 상징적인 기호들로서(as a set of letters, numbers or other symbolic characters), 그 형태가 표기체제에 일관되게 적용되는 반복적인 디자인 요소들과 관련되어 있고, 문장을 구성하거나 그밖에 의미 있는 기호의 조합을 구성하는 실용적 기능을

---

290) 다만 이 경우 소비자로 하여금 乙의 서적이 마치 甲의 서적인 것처럼 오인, 혼동케 할 우려가 있다면 구체적인 사안에 따라 乙은 부정경쟁방지법에 의한 책임을 지게 될 것이다.

291) 일본 최고재판소 1990. 7. 20. 판결(判例時報 1356호, 132면); 만화주인공 '뽀빠이'의 관념 및 칭호를 떠올리게 하는 이 사건 등록상표는 그 출원 당시에도 이미 만화의 주인공과 불가분 일체의 것으로 일반인에게 친숙하게 되어 있었고, '뽀빠이'라는 용어는 해당 저작물 이외에 어떠한 것도 의미하지 않는다는 점을 고려하면, '뽀빠이' 명칭의 문자만으로 된 표장을 저작권자의 허락에 의해 상품에 부착·판매하고 있는 자에 대하여 이 사건 등록상표권자가 상표권침해를 주장하는 것은 권리의 남용에 해당한다고 판시하였다.

하는 물품에 형상화된 것"을 의미한다.[292]

최근에 개정된 디자인보호법(2013. 5. 28. 개정, 법률 제11848호)에서는 '글자체'라는 용어를 법령상의 용어로 채택하였다. 디자인보호법에서는 '글자체'란 "기록이나 표시 또는 인쇄 등에 사용하기 위하여 공통적인 특징을 가진 형태로 만들어진 한 벌의 글자꼴(숫자, 문장부호 및 기호 등의 형태를 포함한다)을 말한다"고 정의하고 있다(제2조 제2호). 이처럼 글자체는 글자 하나하나를 가리키는 것이 아니라 글자들 간에 통일과 조화를 이루도록 만들어진 한 벌의 글자들을 의미한다.[293]

2. 글자체의 보호

가. 보호의 필요성

최근 글자체의 수요는 출판뿐만 아니라 다른 업계에도 급격하게 확대되고 있다. 특히 전자산업의 발전에 따라 워드프로세서 등의 출력용 글자체의 디자인이 활발히 이루어지고 있다. 그 외에 텔레비전이나 팩시밀리용 글자체 디자인을 비롯하여, 인터넷 화면이나 휴대폰, 아이패드 등의 액정화면에 사용되는 글자체 디자인이 매우 중요한 분야로 등장하고 있다.[294] 이러한 글자체를 개발하는 데에는 많은 시간과 노력, 비용이 들어가는 것은 물론이고 글자체 디자이너의 창작성, 독창성이 크게 발휘된다. 따라서 이와 같이 하여 개발된 글자체를 다른 사람들이 아무런 대가를 지불하지 않고 무단사용 할 수 있도록 한다면 글자체의 개발자, 창작자에게 손해를 초래함은 물론 그 개발의욕은 크게 손상을 당하게 될 것이다.

따라서 창작자에 대한 일정한 보상을 통하여 창작의욕을 진작시키고자 하는 지적재산권제도의 취지에 비추어, 글자체 창작자에게도 법적으로 일정한 권리를 부여함으로써 보상이 이루어지도록 할 필요성이 제기되었다. 글자체의 지적재산권 보호를 위한 법규로서는 저작권법과 디자인보호법 및 부정경쟁방지법을 들 수 있고, 민법의 일반 불법행위법에 의한 보호도 생각해 볼 수 있을 것이다.

나. 글자체의 저작물성

글자체를 저작권법에 의하여 보호할 수 있는지 여부는 결국 글자체의 저작물성을 인정할 수 있는지의 문제로 귀결된다. 글자체의 저작물성에 대하여는 학설이 대립하고 있다.[295]

---

292) Melville B. Nimmer/David Nimmer, *Nimmers on Copyright*, Vol. 1, Matthew Bender, 2004, § 2.15. 박성호, 전게서, 98면에서 재인용.
293) 김성종, 타이프페이스의 법적 보호론, 계간 저작권, 저작권심의조정위원회, 1995년 가을, 12면.
294) 정진섭 외 1인, 전게서, 431면.

글자체의 저작물성을 인정하는 견해에 의하면, 우리 저작권법이 '응용미술'을 저작물의 하나로 예시하고 있는 만큼 글자체가 실용성을 가진다고 해서 저작물성을 부정하는 것은 타당하지 않으며, 이는 문자 자체가 아닌 글자체에 대한 미적 창작의 문제이므로 이를 보호하는 것은 당연하다고 한다. 이에 반하여 글자체의 저작물성을 부정하는 견해는, 글자체는 실용성을 본질로 하기 때문에 저작물성이 부정되어야 하며, 문자에 대하여 창작성 및 저작권을 인정하는 것은 만인공유의 영역에 속하여 자유롭게 이용되어야 할 문자에 대하여 독점권을 부여하는 결과를 초래하므로 부당하다고 한다.296)

다만 부정설의 입장에서도 서예라든가 꽃문자와 같은 것은 문자가 정보전달의 실용적 기능을 수행하는 것이 아니라 미적 감상의 대상이 되는 것이므로 미술저작물로서의 저작물성이 있다고 본다.297) 예를 들어, 서울고등법원 1997. 9. 24. 선고 97나15236 판결에서는, 궁체에 대비되는 서체로서 일반 백성들의 글씨체에 바탕을 둔 독특하고 개성있는 글씨체인 '민체'를 연구하여 그 민체로 작성한 '춘향가' 본문 글자 중 '축'자와 '제'자를 집자하여 '축제'라는 글자를 영화 포스터에 무단이용한 사건에서, "원고가 쓴 '춘향가' 서체는 원고의 사상 또는 감정을 창작적으로 표현한 지적·문화적 정신활동의 소산으로서 독립적인 예술적 특성과 가치를 지니는 창작물이라 할 것이므로, 원고는 이 사건 글자를 포함한 위 '춘향가'의 서체에 대하여 저작재산권과 저작인격권을 취득하였다고 할 것이다"라고 판시하여 서예와 같이 문자의 실용적 기능으로부터 독립한 미적 특성을 인정할 수 있는 디자인서체의 경우에는 저작물로 인정되어 보호받을 수 있다고 하였다.298)

다. 판 례

우리나라 판례는 글자체의 저작물성에 관하여 부정설에 입각하고 있다. 일본에서도 부정설이 다수설이다.299) 서울고등법원 1994. 4. 6. 선고 93구25075 판결(일명, '서체 도안' 사건)은,300) "원고들이 제작한 서체도안은 그 자체가 미적 감상의 대상으로 할 것을 주된 의도로

---

295) ① 저작물성을 인정하는 견해: 이상정, 응용미술의 보호, 계간저작권, 1995년 봄호, 9면 이하; 장인숙, 타이프페이스의 보호, 저작권학회보 30호, 1990. 5, 1면 이하; 한승헌, 정보화 시대의 저작권, 나남출판사, 1994, 273면 이하.
　　② 저작물성을 부정하는 견해: 박문석, 저작권과 글자꼴의 법적 보호(3), 인쇄신문, 1991. 11. 22, 4면; 이호흥, 타이프페이스의 법적 보호에 관한 연구보고서, 저작권심의조정위원회, 1991 – 이상 김성종, 전게논문, 14면 이하에서 재인용.

296) 김성종, 전게논문, 14면 참조.

297) 牧野利秋, 전게서, 97면.

298) 이 사건은 상고심인 대법원 1998. 1. 26. 선고 97다49565 판결에서 심리불속행에 의한 상고기각 판결로 확정되었다. 한국저작권판례집(5), 저작권심의조정위원회, 98면 이하 참조.

299) 상계서, 99면 참조.

하여 작성되었다고 보기는 어렵다(미적 감상을 주된 의도로 하여 작성되는 서체, 예컨대 서예와 같은 것은 달리 취급하여야 한다)"고 한 후, "서체도안은 일부 창작성이 포함되어 있고 문자의 실용성에 부수하여 미감을 불러일으킬 수 있는 점은 인정되나, 그 미적 요소 내지 창작성이 문자의 본래의 기능으로부터 분리, 독립되어 별도로 감상의 대상이 될 정도의 독자적 존재를 인정하기는 어렵다 할 것이어서, 그 자체가 예술에 관한 사상 또는 감정의 창작적 표현물이라고 인정하기에는 미흡하다고 보여지므로 이를 저작권법상 보호의 대상인 저작물 내지 미술저작물로 인정하기는 어렵다"고 하였다. 나아가 서체도안의 창작자에게 저작권법상의 모든 권리(저작인격권, 저작재산권 등)를 인정할 경우 종래의 문화유산으로서 만인공유의 대상이 되고 의사, 사상, 감정 등의 전달, 표현 등의 기본적 수단인 글자 내지 문자의 사용에 관하여 지나친 제약을 가하는 결과가 될 것이 명백하고, 결과적으로는 서체도안의 창작자에게 일종의 문자에 대한 독점권을 부여하는 효과를 가져올 우려가 있어 문화의 향상 발전에 이바지함을 목적으로 하는 저작권법의 입법취지에 오히려 반하게 될 것이라고 하였다.

이처럼 판례는 글자체 자체의 저작물성은 부인하고 있지만, 뒤에서 보는 바와 같이 글자체를 프로그램화 한 서체파일(font file) 프로그램에 대하여는 프로그램저작물로서 성립할 수 있다고 하였다.

3. 글자체 보호를 위한 국제적 노력

우리나라나 일본뿐만 아니라 미국과 같이 지적재산권 보호의 선두를 달리는 나라에서도 저작권등록관청의 실무나 법원의 판례상 글자체의 저작물성은 부정되어 왔다. 이에 따라 일찍이 글자체의 법적 보호 필요성을 느끼고 있던 유럽의 10개국[301]이 모여 1973년에 「글자체 보호 및 그 국제기탁에 관한 비인협약」(The Vienna Agreement for the Protection of Typefaces and their International Deposit)을 체결한 바 있다. 그러나 이 협정은 아직까지 비준서 등 발효조건이 충족되지 않아 발효되지 않고 있다.

4. 다른 법에 의한 보호

가. 민법에 의한 보호

민법상 일반 불법행위 이론에 의한 글자체 보호가 가능한지 여부이다. 고의 또는 과실

---

300) 이 판결은 상고심인 대법원 1996. 8. 23. 선고 94누5632 판결에서 상고기각으로 확정되었다.
301) 프랑스, 독일, 헝가리, 이탈리아, 룩셈부르크, 네덜란드, 산마리노, 스위스, 영국, 유고슬라비아의 10개국.

로 타인이 공들여 만들어 놓은 글자체를 복제하여 사용했다면 그의 영업상의 이익을 위법하게 침해한 것이라고 볼 여지도 있기 때문이다. 일본에서는 일반 불법행위에 의한 보호를 인정하는 견해가 학설로서는 유력하다. 그러나 일본 판례의 주된 흐름은 이를 인정하지 않고 있다.[302]

나. 디자인보호법에 의한 보호[303]

디자인보호법의 개정 전 법률인 구 의장법은 의장이란, "물품의 형상·모양·색채 또는 이들을 결합한 것으로서, 시각을 통하여 미감을 일으키게 하는 것을 말한다"고 규정하고 있었다(구 의장법 제2조 제1호). 따라서 구 의장법에서는 문자가 물품의 외관에 미적인 영향을 미칠 정도로 고도로 장식화되지 않으면 원칙적으로 문자에 대한 권리는 문자가 가지는 의미나 내용에까지 독점권이 미치는 것으로 오인될 우려가 있어 인정하지 않았다. 의장심사기준도 "도면 중에 음영·지시선 기타 의장을 구성하지 아니하는 선, 부호 또는 문자 등을 표시하는 경우"에는 의장등록출원을 거절하도록 하고 있었다.

그러나 2004. 12. 31. 의장법을 개정하여 디자인보호법으로 법률의 명칭이 바뀌면서 이 법에서 보호하는 '디자인'이라 함은 "물품(물품의 부분 및 글자체를 포함한다)의 형상·모양·색채 또는 이들을 결합한 것으로서, 시각을 통하여 미감을 일으키게 하는 것을 말한다."고 규정하여 '글자체'가 디자인보호법의 보호대상임을 명백히 하였다(디자인보호법 제2조 제1호). 따라서 디자인등록을 출원하여 디자인권으로 설정등록을 받게 되면 그에 따른 보호를 받게 된다. 다만, 타자·조판 또는 인쇄 등의 통상적인 과정에서 글자체를 사용하는 경우 및 그러한 사용으로 생산된 결과물에 대하여는 디자인권의 효력이 미치지 않는 것으로 하였다(디자인보호법 제94조 제2항).

다. 컴퓨터프로그램저작물로서의 보호 – 서체 프로그램의 보호

컴퓨터에서 사용되는 '컴퓨터 글자체'는 글자꼴을 화면에 출력하거나 인쇄출력하기 위한 컴퓨터프로그램의 일종으로 볼 수 있으므로, 일반적인 글자체에 대한 보호여부에 관계없이 컴퓨터프로그램으로서의 보호가 인정될 수 있다. 판례의 대체적인 경향에 따르면, 서체파일의 경우 프로그램저작물의 일부로서 취급될 수 있으며, 그 파일을 무단 복제하여 사용할 경우에는 복제권의 침해가 되고, 또 저작권자의 허락 없이 서체파일을 변경하여 자신의 프로그램에 이용하였을 경우 개작권(2차적저작물작성권)과 동일성유지권의 침해가 될 수 있다

---

302) 牧野利秋, 전게서, 102면.
303) 김성종, 전게논문, 13면.

고 한다.304)

서울고등법원 1999. 4. 7. 선고 98나23616 판결(일명, '서체 모음 CD-Rom' 사건)은, 단순히 서체도안을 처리하는 서체파일 자체와 서체파일 제작 및 구현 프로그램을 구분하여, 그 중 전자의 창작성은 부인하고 후자의 창작성은 인정하고 있다.

대법원 2001. 5. 15. 선고 98도732 판결은, 폰토그라퍼와 같은 서체파일 제작용 프로그램에서 하나의 글자를 제작하기 위한 서체 제작용 창의 좌표는 가로축 1,000, 세로축 1,000의 좌표로 세분되어 있어, 동일한 모양의 글자라 하더라도 윤곽선의 각 제어점들의 구체적 좌표 값이 일치할 가능성은 거의 없는바, 서체파일 프로그램의 창작성이 인정되는 것은 서체파일을 제작하는 과정에 있어서 글자의 윤곽선을 수정하거나 제작하기 위한 제어점들의 좌표 값과 그 지시·명령어를 선택하는 것에 서체파일 제작자의 정신적 노력의 산물인 창의적 개성이 표현되어 있기 때문이라고 하였다.

Ⅳ. 응용미술

1. 서   설

우리나라 저작권법 제 4 조 제 1 항은 저작물의 종류를 예시하면서 제 4 호에서 응용미술저작물을 미술저작물의 하나로 규정하고 있다. 응용미술(applied arts)이란 순수미술에 대립하는 개념으로서 현재는 널리 실용품에 응용된 미술을 가리키는 말로 사용되고 있다.305) 여기에는 ① 미술공예품, 장신구 등 실용품 자체인 미적 창작물, ② 가구에 응용된 조각 등과 같이 실용품과 결합된 미적 창작물, ③ 양산되는 실용품의 모형으로 사용되는 것을 목적으로 하는 미적 창작물, ④ 염색도안 등 실용품의 모양으로 이용되는 것을 목적으로 하는 미적 창작물 등이 속한다. 건축저작물도 용어의 의미에 비추어 본다면 응용미술저작물에 속하나, 일찍부터 별도의 유형으로 보호를 받고 있다.306)

304) 서울지방법원 동부지원 1997. 11. 28. 선고 95가합11403 판결(하급심판결집 1997-2, 384면)에서는, "전자출판용 에디터나 워드프로세서 등에서 사용되는 외곽선 폰트파일(scalable font-file)은 일반적인 프로그램에 비하여 다소 특수한 측면이 있으나 구성요소, 제작 및 출력과정에 비추어 볼 때 컴퓨터프로그램보호법상의 프로그램에 해당되고, 자신이 제작한 에디터에 사용하기 위하여 파일을 승낙 없이 전환하는 행위는 복제행위에 해당된다"고 판시하고 있다.
305) 베른협약 로마규정에서는 응용미술을 '산업에 응용된 미술적 저작물'이라고 규정하고 있고, 「WIPO 용어사전」에서는, '수공예품이건 공업적 생산품이건 묻지 않고 실용품에 응용된 미술저작물'이라고 정의하고 있다.

과거 우리나라에서는 양산되는 공업제품에 이용되는 응용미술의 경우에는 구 의장법(현 디자인보호법)에 의하여 보호하였고, 저작권법으로 보호되는 것은 원칙적으로 일품제작(一品製作)의 미술공예품에만 한정하였다. 그러나 1986년 개정법부터는 그와 같은 제한 없이 저작물의 예시 중에 응용미술저작물을 명시함으로써 응용미술작품을 저작권법에 의하여 보호하는 것으로 규정하고 있다. 이와 같이 법 규정만을 가지고 보면 우리나라는 응용미술에 관하여 한편으로는 의장법에 의한 보호를 하고, 다른 한편으로는 저작권법에 의한 보호를 하고 있어서, 적어도 실정법상으로는 중첩적인 보호가 가능한 것처럼 되어 있었다.307) 하지만 그로 인한 의장법과의 저촉 등에 대하여는 전혀 고려되지 아니하였다. 의장법은 보호요건으로서 신규성과 진보성을 요구하고 있고 보호기간도 설정등록일로부터 15년으로 제한되어 있었으므로, 종래 의장법으로 보호하여 오던 것을 저작권법에 의하여 중첩적으로 보호하게 되면, 의장법이 규정하고 있는 보호요건인 신규성이 없는 도안이나 모형이라고 하여 의장등록이 되지 않던 디자인 또는 의장권의 보호기간이 지나서 공중의 영역에 들어간 디자인에 대하여도 저작권을 주장할 수 있으므로, 의장법을 기초로 하였던 산업계의 거래질서에 커다란 혼란을 초래할 우려가 있게 된 것이다.

이에 2000. 1. 12. 저작권법 개정을 통하여 응용미술저작물이란 "물품에 동일한 형상으로 복제될 수 있는 미술저작물로서 그 이용된 물품과 구분되어 독자성을 인정할 수 있는 것을 말하며, 디자인 등을 포함한다"고 정의함으로써 구 의장법과 저작권법의 중복보호에 따른 문제점을 해결하고자 하였다.

2. 각국에 있어서 응용미술의 보호

가. 미 국

1976년 개정된 미국 저작권법 제102조의 (a)(5)는 "회화, 그래픽 및 조각저작물"(pictorial, graphic and sculptural works)을 저작물의 하나로 예시하면서 같은 법 제101조에서 이를 정의하기를, "순수미술, 그래픽, 응용미술, 사진 … 등의 2차원 또는 3차원적 작품을 포함한다"고 하였다. 아울러 저작권의 보호를 받을 수 있는 응용미술이 되기 위하여는 물품과의 분리가능성이 필요한데, 그 분리가능성은 '물리적'인 분리가능성(physical separability)은 물론이고 '관념적'인 분리가능성(conceptual separability)으로도 족하다고 하였다.308) 그러나 이때 관념적인

306) 이상정, 응용미술의 보호, 계간 저작권, 저작권심의조정위원회, 1995년 봄, 4면; 內田 晉, 전게서, 65면.
307) 이상정, 전게논문, 5-6면 참조.
308) H.R. Rep. No. 94-1476, 94th Cong., 2d Sess. 105(1976): Unless the shape of … industrial product contains some element that, *physically or conceptually*, can be identified as separable from the

분리가능성의 의미가 모호하여 혼란을 초래한다는 비판을 받게 되었고, 실제로 많은 사건에서 이 부분이 쟁점이 되기도 하였다.[309]

　이와 같이 미국에서 응용미술은 디자인특허와는 별도로 저작권법에 의하여도 보호받는 저작물이지만, 저작권법의 보호를 받기 위하여서는 그 미적인 요소가 그것이 적용된 제품의 실용적인 기능성과 물리적 또는 관념적으로 분리가능성이 있어야 한다. 그 중에서 물리적 분리가능성이 있는 것, 예를 들면 자동차 앞 보닛(bonnet) 위에 부착된 동물장식 같은 것은 분리가능성이 있다는 것을 쉽게 알 수 있으므로 큰 문제가 안 된다. 그러나 직물디자인이나 그래픽 디자인과 같이 물리적 분리가능성이 없는 경우, 관념적 분리가능성이 있는지는 상당히 판단이 어려운 문제이고, 해당 디자인이 저작권의 보호를 받느냐 여부를 결정하는데 있어서 가장 큰 쟁점이 되고 있다.

나. 일　본

　일본 저작권법은 미술저작물을 저작물의 하나로 예시하면서 거기에는 '미술공예품'이 포함된다고 규정하고 있다.[310] 그 취지에 대하여는 도자기 등과 같이 일품제작(一品製作)의 수공적인 것만을 저작권법상의 미술저작물에 포함시키고, 산업용으로 대량생산되는 공예품이나 그 밖의 실용품은 미술저작물의 개념에 포함되지 않는 것으로 보는 것이 통설이다.[311] 따라서 꽃병이나 찻잔, 직물 같은 실용품이라도 일품제작으로 만들어지는 것이기만 하면 미술공예품에 해당한다고 보지만, 그러한 실용품이 기계적인 방법에 따라 산업용으로 대량생산 되는 이상 그 모양이나 색채 등이 아무리 아름답다고 하더라도 미술저작물에는 해당하지 않는다고 본다. 결국 일품제작 여부에 따라 저작물성이 결정되는 것이다.

　이는 입법적으로 보호대상을 한정함으로써 의장법과 저작권법에 의한 중복보호를 가급적 피하고, 전통적으로 의장법을 기조로 하여 유지되어 온 기존의 산업질서에 혼란을 주지 않으려는 의도가 반영된 것으로 볼 수 있다. 그러나 저작물로 성립할 수 있는가의 여부는 저작권법이 정한 요건, 즉 창작성이나 표현 등의 요건을 구비하였는가의 여부에 따라 결정하여야지 단순히 대량생산성의 여부에 따라 결정한다는 것은 저작권법의 기본정신을 무시한 것이라는 비판도 강력하다. 이에 따라 대량생산품임에도 저작물성을 인정한 판례도 있다.[312]

utilitarian aspects of that article, the design would not be copyrighted under the bill.
309) D. Chisum, *op. cit.*, pp. 4-71 참조.
310) 일본 저작권법 제2조 제2항.
311) 加戸守行, 전게서, 39면; 內田 晉, 전게서, 67면.
312) 오오사카지방법원 1970. 12. 21. 결정; 나가사키지방법원 1973. 2. 7. 결정은, "미술적 작품이 양산되

3. 우리나라 법 규정과 이론의 변천

가. 1987년 저작권법 개정 이전

1957년에 제정된 우리나라 저작권법(구 저작권법)은 저작물로서 '공예'만을 예시하고 있었을 뿐 응용미술작품은 예시하고 있지 않았다. 이와 관련하여 구 저작권법은 일품제작의 수공예품만을 보호대상으로 하는 것이고, 대량생산되는 물품에 이용된 응용미술의 보호는 구 의장법에 맡기고 있는 것이라고 보는 것이 통설적인 해석이었다.[313] 이는 구 저작권법이 일품제작의 수공예품만을 보호하는 일본 저작권법과 같은 태도를 취한 것이라고 이해하는 입장이다. 이러한 해석에 따르면 응용미술저작물에 대하여 저작권법과 의장법의 중복보호라는 문제점이 드러날 여지는 별로 없었다.

나. 1987년 저작권법 개정 이후 2000년 개정 저작권법 이전

(1) 학 설

1986년 12월 31일 개정된 저작권법(1987년 7월 1일 시행)에서 응용미술저작물이 법 제 4조 제 1 항 제 4 호의 미술저작물 중 하나로 명시됨으로써 모든 응용미술저작물이 전면적으로 저작권법에 의한 보호를 받을 수 있게 되었다.

그러나 수공예품과 대량생산되는 물품에 적용되는 디자인을 포함하는 모든 응용미술저작물을 전면적으로 보호하는 1987년 저작권법의 입법태도에 대하여는, 저작권법과 의장법에 의한 중복보호를 허용함으로 인하여 당시까지 의장법에 기초하여 형성되어 온 산업질서에 큰 혼란을 초래할 수 있다는 등 비판적 견해가 많았다.[314]

(2) 판 례

이러한 와중에 1987년 저작권법 아래에서 응용미술의 저작물성과 관련된 최초의 대법원 판결이 1996. 2. 23. 선고되었다.[315] 이른바 '대한방직' 사건이라고 불리는 이 사건은 민

어 산업상 이용될 것을 목적으로 제작되고 또 실제로 양산되고 있다는 점을 이유로 저작물성을 부인할 수는 없는 것이고, 나아가 이 사건 인형이 한편으로는 의장법의 대상으로서 의장법에 의한 보호가 가능하다고 하더라도 의장과 미술저작물의 한계는 확정하기 어려운 것이어서 의장법과 저작권법의 중복적인 보호는 가능한 것이라고 보아야 한다"고 판시하였다.

313) 이상정, 산업디자인과 지적소유권법, 세창출판사, 1995, 89면 이하; 이상정, 전게논문, 60면; 오승종·이해완, 저작권법, 제 4 판, 박영사, 2005, 174면.

314) 한승헌, 저작권의 법제와 실무, 삼민사, 1988, 308면; 황적인·정순희·최연호, 저작권법, 법문사, 1988, 195면 등.

315) 대법원 1996. 2. 23. 선고 94도3266 판결.

사소송과 형사소송이 맞물려 1, 2심과 대법원을 거치면서 저작권법 학계와 실무계의 뜨거운 관심의 대상이 되었다. 이 사건에서 대법원은, "저작권법 제 4 조 제 1 항 제 4 호에 의하면 저작물의 예시로서 '응용미술작품'을 들고 있으나, 본래 산업상의 대량생산에의 이용을 목적으로 하여 창작되는 응용미술품 등에 대하여 의장법 외에 저작권법에 의한 중첩적 보호가 일반적으로 인정되게 되면 신규성 요건이나 등록 요건, 단기의 존속기간 등 의장법의 여러 가지 제한 규정의 취지가 몰각되고 기본적으로 의장법에 의한 보호에 익숙한 산업계에 많은 혼란이 우려되는 점 등을 고려하면, 이러한 응용미술작품에 대하여는 원칙적으로 의장법에 의한 보호로써 충분하고 예외적으로 저작권법에 의한 보호가 중첩적으로 주어진다고 보는 것이 의장법 및 저작권법의 입법취지라 할 것이므로, 산업상의 대량생산에의 이용을 목적으로 하여 창작되는 모든 응용미술작품이 곧바로 저작권법상의 저작물로 보호된다고 할 수는 없고, 그 중에서도 그 자체가 하나의 독립적인 예술적 특성이나 가치를 가지고 있어 예술의 범위에 속하는 창작물에 해당하여야만 저작물로서 보호된다"라고 판시하였다.

다. 2000년 저작권법의 개정 이후

(1) 응용미술저작물에 대한 정의 규정 신설

2000년 개정된 저작권법은 제 2 조 제11의2호(현행 저작권법 제 2 조 제15호)에서 응용미술저작물이라 함은 "물품에 동일한 형상으로 복제될 수 있는 미술저작물로서 그 이용된 물품과 구분되어 독자성을 인정할 수 있는 것을 말하며, 디자인 등을 포함한다."고 정의하였다. 따라서 응용미술작품이 저작권법에 의한 보호를 받기 위해서는 물품과 '구분되는 독자성'이 있어야 한다. 이는 응용미술작품에 대하여 물품의 실용적인 면으로부터 분리하여 인식할 수 있고 나아가 독립적으로 존재할 수 있는 (이를 포괄하여 '분리가능성'이라고 부르기로 한다) 형상을 포함할 것의 요건을 부가하여 한정적으로 저작물성을 인정하는 미국 판례이론과 거의 같은 것으로, 사실상 미국의 분리가능성 이론을 우리 저작권법에 받아들인 것이라고 볼 수 있다.

(2) 대법원 2004. 7. 22. 선고 2003도7572 판결(일명, '히딩크 넥타이' 사건)

이 판결은 2000년 개정 저작권법에서 응용미술저작물에 관한 정의규정이 새로 신설된 이후에 처음으로 나온 대법원 판결로서 응용미술작품에 대한 대법원의 입장을 가늠해 볼 수 있는 의미있는 판결이다.

이 사건에서 대법원은, 문제가 된 '히딩크 넥타이' 도안은 개정 저작권법이 시행된 2000. 7. 1. 이후에 창작한 것인데, 우리 민족 전래의 태극문양 및 팔괘문양을 상하 좌우 연속 반복한 넥타이 도안으로서 응용미술작품의 일종이고, "물품에 동일한 형상으로 복제될 수 있는 미술저작물"에 해당한다고 할 것이며, 또한 그 이용된 물품(이 사건의 경우에는 넥타이)과 구분되어 독자성을 인정할 수 있는 것이라면 저작권법 제 2 조 제11의2호에서 정하는 응용미술저작물에 해당한다고 하였다. 이 사건의 파기환송심인 서울지방법원 2005. 2. 4. 선고 2004노2851 판결에서는 '히딩크 넥타이' 디자인의 저작물성을 인정하였다.[316]

이 판결 이후에 서울중앙지방법원 2007. 4. 11. 선고 2005가합102770 판결(일명, '팻 독' 사건)에서는, 강아지의 형상을 개성있게 표현한 디자인에 대하여, 이는 물품에 동일한 형상으로 복제될 수 있는 미술저작물이면서 그 이용된 물품과 구분되어 독자성을 인정할 수 있는 것이므로 저작권법이 정한 응용미술저작물에 해당한다고 판시하였다.

또한 특허법원 2020. 1. 7. 선고 2018나2407 판결은, "당해 도안은 매화 문양이 얼음 결정을 이루듯이 서로 선 또는 점으로 연결되어 있는데 이는 다른 레이스 제품이나 도안들과는 명확히 구분되는 것으로서, 단순한 사상 또는 감정 그 자체에 그치는 것이 아니라 선, 면 등에 의해 구체적으로 외부에 표현한 창작적인 표현형식으로 보이는 점, 레이스 원단이나 의류뿐만 아니라 다른 물품에도 동일한 형상으로 복제될 수 있는 점, 표현 방식이 원단이나 의류 등 물품이 가지는 기능적 요소와 불가분적으로 연결되어 있지 않아 쉽게 분리가 가능한 것으로 보이는 점 등에 비추어 보면, 당해 도안은 창작성을 가진 응용미술저작물로서 저작권법의 보호대상인 저작물에 해당한다…저작물과 디자인은 배타적 · 택일적인 관계에 있지 아니하여 디자인보호법상 디자인을 구성할 수 있는 도안이라도 저작권법에 의하여 보호되는 저작물의 요건을 갖춘 경우에는 저작물로 보호받을 수 있다."고 하였다.

V. 신문기사

신문은 통상 기자가 정보를 수집하여 기사원고를 작성하고, 편집담당자가 그 기사원고 등을 취사선택하여 지면에 배열하는 방식으로 제작된다. 따라서 신문과 관련된 저작물로서는 그 신문을 구성하는 개개의 기사뿐만 아니라 편집저작물로서의 신문지면 전체를 검토해 볼 필요가 있다.[317]

---

316) 조원희, 응용미술저작물의 보호기준에 관한 소고, 계간 저작권, 2005년 여름호, 저작권심의조정위원회, 20면; 이상정, 판례평석 – 이른바 '히딩크 넥타이'의 도안의 저작물성, 창작과 권리, 2006년 봄호, 제42호, 세창출판사, 66면.

317) 茶園成樹, 新聞記事의 要約, 裁判實務大系 – 知的財産權關係訴訟法(牧野利秋 외 1인 編), 靑林書院, 174면.

1. 신문기사의 보호

가. 저작권에 의한 보호

저작권법 제 7 조 제 5 호는 보호받지 못하는 저작물로서 '사실의 전달에 불과한 시사보도'를 들고 있다. 그러나 이 규정에서 말하는 '사실의 전달에 불과한 시사보도'는 인사발령이라든가 부고(訃告)기사, 간단한 사건사고 기사 등과 같이 그야말로 '단순한' 사실의 전달에 불과한 보도를 의미하는 것이며, 신문에 게재된 사설이나 각종 칼럼, 기고문은 물론 기자의 사상이나 감정이 표현된 보도기사는 창작성 등 성립요건을 갖추면 당연히 저작물로 성립할 수 있고 저작권법의 보호를 받는다.[318]

다만, 대부분의 신문기사는 수집된 정보를 기초로 육하원칙에 의하여 간결하고도 건조한 문체로 작성된다. 따라서 그 표현방식에 상당한 제한이 따르고 동일한 사실을 전달하는 신문기사는 거의 동일한 표현으로 작성되는 경향이 있으며, 이는 아이디어와 표현이 합체되는 경우라고도 볼 수 있다. 그러므로 신문기사도 저작물로 성립할 수 있지만, 그 보호범위는 상당히 제한된다.

이와 관련하여 대법원 2009. 5. 28. 선고 2007다354 판결은, "저작권법 제 7 조는 '다음 각 호의 1에 해당하는 것은 이 법에 의한 보호를 받지 못한다'라고 규정하여 일정한 창작물을 저작권법에 의한 보호대상에서 제외하면서 제 5 호에 '사실의 전달에 불과한 시사보도'를 열거하고 있는바, 이는 원래 저작권법의 보호대상이 되는 것은 외부로 표현된 창작적인 표현형식일 뿐 그 표현의 내용이 된 사상이나 사실 자체가 아니고, 시사보도는 여러 가지 정보를 정확하고 신속하게 전달하기 위하여 간결하고 정형적인 표현을 사용하는 것이 보통이어서 창작적인 요소가 개입될 여지가 적다는 점 등을 고려하여, 독창적이고 개성 있는 표현 수준에 이르지 않고 단순히 '사실의 전달에 불과한 시사보도'의 정도에 그친 것은 저작권법에 의한 보호대상에서 제외하는 취지"라고 하였다. 그러면서 "이 사건 보도기사들 중 일부

---

318) 서울중앙지방법원 2014. 4. 24. 선고 2013가소6000300 판결은 "(저작권법 제 7 조 제 5 호의) 사실의 전달에 불과한 시사보도라 함은 (저작권법 제 2 조 제 1 호의) 창작성의 의미에 비추어 볼 때 저작권법에 의한 보호를 받을 가치가 없을 정도로 최소한도의 창작성조차 인정되지 않는 경우, 누가 하더라도 같거나 비슷할 수밖에 없는 표현, 즉 저작물 작성자의 창조적 개성이 드러나지 않는 표현을 담고 있는 것을 의미하는 것으로서 인사발령기사, 부고기사, 주식시세, '누가·언제·어디서·무엇을·어떻게·왜하였는가'라는 육하원칙에 해당하는 기본적인 사실로만 구성된 간단한 사건·사고기사(화재·교통사고 등)와 같이 단일한 사항에 대하여 객관적인 사실만을 전하고 있어 그 자체로서 저작물성을 인정할 수 없는 것에 한한다고 할 것이고, 사실을 전달하기 위한 보도기사라고 하더라도 소재의 선택과 배열, 구체적인 용어 선택, 어투, 문장 표현 등에 창작성이 있거나 작성자의 평가, 비판 등이 반영되어 있는 경우에는 저작권법이 보호하는 저작물에 해당한다고 보아야 할 것"이라고 판시하였다.

기사들은 스포츠 소식을 비롯하여 각종 사건이나 사고, 수사나 재판 상황, 판결 내용 등 여러 가지 사실이나 정보들을 언론매체의 정형적이고 간결한 문체와 표현 형식을 통하여 있는 그대로 전달하는 정도에 그치는 것임을 알 수 있어, 저작권법에 의하여 보호되는 저작물이라고 할 수 없다"고 판시하고 있다.

나. 기타 민법 등에 의한 보호

이처럼 단순히 사실의 전달에 불과한 시사보도는 저작권법에 의하여서는 보호를 받기 어렵고, 다소의 창작성이 있어 저작물로 성립한다고 하더라도 그 보호범위가 크게 제한된다. 그런데 그러한 기사도 취재와 보도를 위해서 신문사는 막대한 비용과 노력, 인원을 투입한다. 따라서 이러한 신문사의 투자와 노력을 지적재산권법의 체계 내에서 또는 일반 불법행위 법리를 적용하여 어떠한 형태로든 보상해 주어야 하는 것이 아닌가 하는 논의가 있어 왔다.

미국 연방대법원의 International News Service(INS) v. Associated Press(AP)[319] 판결이 이 문제를 정면으로 다룬 것으로 유명하다. 이 사건의 원고인 Associated Press는 흔히 AP 통신이라고 불리는 연합통신사로서 기사의 수집을 공동으로 할 목적으로 미국을 비롯한 각국의 950여 개 언론사가 공동출자하여 설립되었다. AP는 제 1 차 세계대전 당시 AP의 통신원이 유럽에서 취재한 기사를 가맹언론사가 아닌 피고 INS가 무단으로 이용하여 신문에 게재하자 피고의 그러한 행위에 대한 금지청구소송을 법원에 제기하였다. 미국 연방대법원은 이 사건에서 피고의 행위는 부정경쟁행위의 한 유형인 부당이용(misappropriation)행위에 해당한다고 보아 원고의 금지청구를 인용하였다. 특히 피고가 그 기사의 출처가 AP라는 사실을 밝히지 아니함으로써 마치 그 기사를 피고가 독립적으로 취재한 듯한 외관을 만들어 낸 것은 위법이라고 하였다.

그러나 이에 대해서는 Holmes 대법관의 유명한 반대의견이 있다. Holmes 대법관은 저작권법에 의하여 보호받을 수 없는 기사는 결국 공중의 영역에 들어가 만인이 자유롭게 사용할 수 있는 것이며, 이러한 법리는 설사 그 기사를 취재하는 데 많은 비용과 노력이 들었고 그 기사가 커다란 경제적 가치를 가지고 있다고 해도 마찬가지라고 하였다.

이처럼 미국의 연방대법원은 타인이 작성한 신문기사를 상업적으로 이용하는 행위를 부정경쟁행위의 한 유형인 부당이용(misappropriation)으로 보아 금지하였다. 우리나라에서라면 신문기사의 무단이용이 상대방의 고의 또는 과실에 기인한 것으로서 위법성이 있고 그로 인하여 자신의 영업상 손실이 발생한 경우에 일반 불법행위 또는 부정경쟁방지법 제 2

---

319) 248 U.S. 215(1918).

조 제 1 호 차목에 따른 책임을 묻거나, 원고와 피고 사이에 어떤 계약관계가 있고[320] 그 계약내용을 위반한 경우에는 계약책임을 물을 수 있을 것이다.

2. 편집저작물로서의 신문

신문은 기자가 작성한 기사 원고를 편집담당자가 선택·배열하여 제작되므로, 그 선택·배열에 창작성이 있으면 편집저작물로 성립하게 된다. 일본에서는, "신문은 보도기사, 사설, 평론 등이 주요한 부분을 점하고, 그 밖에 각종 상황란(예컨대 주식시세표 등), 광고 등에 의하여 구성되는바, 신문사의 종업원인 편집담당자는 이와 같이 모여진 다수의 소재 중에서 사용자인 신문사의 편집방침과 뉴스성을 고려하여 정보로서 제공할 것을 취사선택하며, 나아가 각 기사의 중요도와 성격·내용 등을 분석하고 분류하여 지면에 배열하는 것이므로 그 지면구성은 편집담당자의 정신적 활동의 소산이고, 그것이 신문의 개성을 형성하는 것인바, 특정한 날짜의 신문지면 전체는 소재의 선택 및 배열에 창작성이 있는 편집저작물이라고 인정된다"고 한 동경고등법원의 판례가 자주 인용되고 있다.[321]

VI. 기타 – 광고문구, 슬로건, 짧은 대사, 무대장치, 화풍, 서풍

그 밖에 저작물성이 있는지 여부가 문제로 되는 경우로는 다음과 같은 것들이 있다. 우선 악보가 없는 악곡에 독자적인 악보를 만든 경우 이때 제작된 악보는 음악저작물의 고정수단에 불과하고 악곡을 떠나 독자적인 음악저작물로 성립할 수 없다는 것은 앞서 음악저작물 부분에서 언급한 바와 같다. 다만, 그 악보의 표현 자체가 창작성이 있어서 일종의 도형저작물로 성립하는 경우는 있을 수 있다.

표어나 슬로건 같은 것들은 저작물성을 일률적으로 말하기 어렵다. 단순한 단어 몇 개를 조합한 것은 일반적으로 저작물성을 인정하기 곤란할 것이다. 표어·슬로건의 경우에는 결국 저작권법의 일반이론으로 돌아가 그것이 사상이나 감정을 창작적으로 표현하고 있는

---

320) 우리나라에서도 최근 연합통신사와 계약을 맺어 그로부터 기사를 받아 사용하는 가맹 언론사가 해당 기사를 계약내용에 들어 있지 않은 인터넷 신문기사로 만들어 인터넷 상에서 제공한 사례가 문제로 된 바 있다. 연합통신사로서는 구체적인 계약의 위반책임을 물을 수 있을 것도 같으나 그 결과는 속단하기 어렵고 계약법이나 일반 저작권법뿐만 아니라 정보의 공중전달권 등 정보저작권적인 관점에서 좀 더 연구검토를 요한다고 할 것이다.
321) 동경고등법원 1994. 10. 27. 판결; 茶園成樹, 전게논문, 178면에서 재인용.

지 여부에 따라서 저작물성을 판단하여야 할 것이다.[322]

하급심판결 중에는 짧은 광고문구에 대한 저작물성을 부정한 사례가 있다. 서울고등법원 1998. 7. 7. 선고 97나15229 판결(일명 '○○ 맥주 광고' 사건)은, 맥주회사인 피고회사가 온도감응 잉크로 인쇄된 상표를 부착한 맥주를 생산하여 이를 광고함에 있어 그 사용한 문구 중 "가장 맛있는 온도가 되면 암반천연수 마크가 나타나는 ○○, 눈으로 확인하세요."라는 부분이 원고가 피고회사에 제안한 바 있었던 광고 문구 중 "최상의 맛을 유지하는 온도, 눈으로 확인하십시오"라는 부분의 저작권을 침해하였는지 여부가 문제로 된 사건이다. 이 사건에서 법원은, 이와 유사한 문구들이 다른 맥주의 광고문안에도 사용된 사실이 있다는 점[323] 및 원고가 제안서에 예시한 광고문구와 피고가 사용한 광고문구는 모두 "맛있는 온도를 눈으로 알 수 있다"는 단순한 내용을 표현한 것으로서, 문구가 짧고 의미도 단순하여 그 표현형식에 내용 외에 어떤 보호할 만한 독창적인 표현형식이 포함되어 있다고 볼 여지도 없다고 하였다.

또한 희곡의 짤막한 대사(臺詞)의 저작물성을 부정한 서울고등법원 2006. 11. 14.자 2006라503 결정(일명, '왕의 남자' 영화상영금지가처분 사건)도 있다. 이 사건의 신청인은 '키스'라는 제호의 희곡의 저작자이고, 피신청인들은 영화 '왕의 남자'의 제작사, 영화감독 및 배급사이다. 희곡 '키스'의 제1부에는 주인공 남녀가 서로 떨어져 서 있는 가운데 "나 여기 있고 너 거기 있어"라는 대사가 나오는데, 희곡 '키스'는 '소통의 부재'라는 주제를 효과적으로 나타내기 위하여 이 대사와 그것을 변주한 표현들을 치밀하게 배열하여 반복 사용하고 있다. 한편, 영화 '왕의 남자'의 초반부와 마지막 부분에는 조선시대의 광대인 두 주인공 장생과 공길의 장님놀이 장면이 나오는데, 그 장면에서 같은 대사가 사용되고 있다. 법원은, 일부 네티즌들이 이 사건 대사를 명대사로 뽑고 있고, 이 사건 대사가 신문만평에도 한 번 등장한 것은 사실이나, 이는 일상생활에서 흔히 쓰이는 표현으로서 저작권법에 의하여 보호받을 수 있는 창작성 있는 표현이라고 볼 수 없고, 또한 기존의 시(詩) 등 다른 작품에서도 이 사건 대사와 유사한 표현들이 자주 사용되고 있다고 하여 저작물성을 부정하였다.

무대장치는 앞서 연극저작물 부분에서 언급하였듯이 그것 자체로 미술의 범위에 속하는 경우에는 독립된 저작물로서 보호를 받을 수 있다. 이때 보호의 대상으로 되는 것은 무

---

322) 內田 昇, 전게서, 48면.

323) 일본의 삿포로맥주 주식회사도 온도감응 잉크를 사용한 상표를 사용한 제품의 광고에서 "맛있음을 알려줍니다. 보십시오. 삿포로의 잔은 차가운지 차갑지 않은지 문자가 알려주고 눈으로 알 수 있습니다. 지금이 마실 때입니다"라는 문구를 사용한 사실 및 1989. 8. 21. 발행된 일본발명협회 공개공보에서도 최적온도를 눈으로 볼 수 있는 등의 표현이 고안의 설명 중에 사용된 사실을 각 인정할 수 있다고 하였다.

대에 조립된 무대장치이지, 거기에 의상이나 조명 등을 포함한 무대효과 전체는 아니다. 무대효과라는 것은 상연되는 희곡이나 각본, 배우의 연기, 반주되는 음악, 의상, 조명 등이 혼연일체가 되어 형성되는 것이어서 무대효과 전체를 하나의 저작물로 보게 되면 거기에 관련된 많은 사람들, 예컨대 희곡이나 각본의 저작자, 반주된 음악의 작곡자, 배우, 연출가, 조명기사, 의상감독 등의 권리관계가 복잡해지기 때문이다.

소설이나 악곡이 아직 미완성 상태라고 하여도 창작성의 요건만 갖추면 저작물로 될 수 있는 것과 마찬가지로, 어떤 그림을 그리기 위한 밑그림, 예컨대 데생이나 스케치와 같은 것도 그 자체로서 창작성을 가지면 저작물로 될 수 있다. 다만 미완성의 정도에 따라서는 창작적인 표현을 찾기 힘든 것도 있을 것이고, 그 경우에는 저작물성이 인정되기 어려울 것이다.

창작의 스타일, 예컨대 서풍(書風)이나 화풍(畵風) 그 자체는 저작물이 아니다. 다른 사람의 서풍이나 화풍을 모방하여 서화를 창작한 경우에 특정한 작품을 복제한 것이 아닌 이상 저작권의 침해로 볼 수 없다고 한 일본의 판례가 있다.324)

제 5 절 보호받지 못하는 저작물

I. 서 설

저작권법은 사회공공의 이익을 위한 정책적 고려에서 일정한 저작물을 저작권법의 보호를 받지 못하는 저작물로 규정하고 있다. 이러한 저작물로서 저작권법이 규정하고 있는 것은, (1) 헌법·법률·조약·명령·조례 및 규칙, (2) 국가 또는 지방자치단체의 고시·공고·훈령 그 밖에 이와 유사한 것, (3) 법원의 판결·결정·명령 및 심판이나 행정심판절차 그 밖에 이와 유사한 절차에 의한 의결·결정 등, (4) 국가 또는 지방자치단체가 작성한 것으로서 제 1 호 내지 제 3 호에 규정된 것의 편집물 또는 번역물, (5) 사실의 전달에 불과한 시사보도 등이다(저작권법 제 7 조).

이러한 저작물들은 국민에게 널리 알리고 또한 자유롭게 이용하게 하여야 할 것들로서, 저작권에 의한 보호를 주게 되면 자칫 그 원활한 이용이 저해되는 결과를 초래할 우려가 있으므로 공익적 견지에서 저작권의 보호를 제한하고 있는 것이다.

---

324) 일본 대심원 1937. 9. 16. 판결-內田 晉, 전게서, 61면에서 재인용.

제 7 조에서 열거하고 있는 보호받지 못하는 저작물들은 (5)의 경우를 제외하고는 대부분 국가의 작용과 관련되어 있는 저작물들이다. 이와 관련하여 미국 저작권법은 정부저작물은 일괄하여 저작권법에 의한 보호로부터 배제하고 있다. 미국 저작권법 제101조는 미국 정부의 관리나 근로자가 그의 직무의 일부로서 작성한 저작물을 '미국 정부저작물'이라고 정의하면서, 제105조에서 어떠한 '미국 정부저작물'도 저작권법에 의한 보호를 받지 못한다고 명문으로 규정하고 있다. 그러나 우리나라는 제 7 조에 해당되지 않는 이상 정부의 관리나 근로자가 그의 직무상 작성한 저작물도 일단은 저작권법에 의한 보호를 받는다. 다만, 제24조의2에서 "국가 또는 지방자치단체가 업무상 작성하여 공표한 저작물이나 계약에 따라 저작재산권의 전부를 보유한 저작물은 허락 없이 이용할 수 있다"고 하여 공공저작물의 자유이용에 관한 규정을 두고 있다.

II. 구체적 검토

1. 제 1 호

저작권법 제 7 조 제 1 호는 '법령'을 보호받지 못하는 저작물로 규정하고 있는데, 법령에는 헌법과 법률, 대통령령, 총리령, 부령뿐만 아니라 법률과 동일한 효력을 가지는 조약과 국제법규도 포함된다. 그리고 우리나라가 아직 가입 또는 비준하지 않은 조약이나 국제법규는 물론 외국 법령도 이에 포함된다. 법령에는 현재 유효하게 시행 중인 법령만이 아니라 제정 또는 개정을 위한 법령의 초안과 이미 효력을 상실한 폐지 법령도 포함된다.[325]

2. 제 2 호

제 2 호에서는 국가 또는 지방공공단체가 국민에게 널리 알리기 위하여 작성한 고시·공고·훈령 그 밖의 이와 유사한 것을 들고 있다. 고시, 공고, 훈령 등은 엄격히 행정학상의 의미로만 제한할 것이 아니라, 넓은 의미에서 국가기관이나 지방공공단체가 국민이나 지역주민에게 알리기 위한 것이라면 본 호에 해당하는 것으로 볼 수 있을 것이다. 그러나 국가 내지 지방공공단체가 작성한 것이라도 학술적인 가치가 있는 연감이나 교육백서 또는 국정 교과서 등과 문화예술적인 가치가 있는 그림, 그림엽서 등은 본 호에 해당하지 않는다.[326]

---

325) 허희성, 전게서, 62면.

3. 제 3 호

본 호는 법원의 판결 등과 준사법적인 절차를 행하는 행정청의 결정 등을 들고 있다. 다만 판결문과 같은 문서 중에 감정인의 의견서가 포함되어 있는 경우 그 부분은 감정인의 저작물에 해당할 수 있는바, 판결문이 저작권의 보호를 받지 못한다고 하여 그에 포함되어 있는 감정저작물에 대한 권리까지 부정되는 것은 아니다.[327]

4. 제 4 호

본 호는 제 1 호에서 제 3 호까지의 저작물이 저작권의 보호대상이 되지 않는 것과 마찬가지로, 그러한 저작물의 편집물이나 번역물로서 국가 또는 지방공공단체가 작성한 것 역시 저작권의 보호를 받지 못하는 저작물로 규정하고 있다. 편집물이나 번역물은 편집저작물 또는 번역저작물로서 별도의 보호를 받아야 하지만, 그렇게 할 경우 법원이나 행정관청에서 작성한 법령집 또는 판례집 등의 자유로운 이용이 제한되어 제 1 호에서 제 3 호까지 저작권 제한규정을 둔 취지가 몰각되기 때문이다.

그러나 국가 또는 지방자치단체가 아닌 개인이나 단체가 작성한 제 1 호 내지 제 3 호의 저작물에 대한 편집물이나 번역물은 당연히 저작권의 보호를 받는다.

5. 제 5 호

대부분의 신문기사는 수집된 정보를 바탕으로 육하원칙에 따라 간결하고도 건조한 문체로 작성된다. 그러므로 그 표현방식에 있어서는 상당한 제한이 따르고 동일한 사실을 전달하는 신문기사는 거의 동일한 표현으로 작성되는 경향이 있다. 이는 아이디어와 표현이 합체되는 경우라고도 볼 수 있으므로, 일반적으로 신문기사에 대한 저작권의 보호범위는 상당히 제한을 받게 된다.

그러나 저작권법 제 7 조 제 5 호에서 말하는 '사실의 전달에 불과한 시사보도'는 인사발령이라든가 부고(訃告)기사, 화재나 교통사고 등의 간단한 사건사고 기사 등과 같이 단순한 사실의 전달에 불과한 보도를 의미한다. 이와 같은 시사보도는 신속하고 광범위하게 일반 국민들에게 알릴 필요가 있기 때문에 저작권법의 보호로부터 제외되는 것이다. 사실의 전달

---

326) 상게서, 62면.
327) 상게서, 63면.

에 불과한 시사보도기사는 사상이나 감정의 창작적 표현이라고 보기 어려워 저작물로 성립하지 못하는 경우도 많을 것인데, 저작권법은 아예 이러한 기사를 저작권의 보호대상에서 제외하는 명문의 규정을 둠으로써 의문의 여지를 없애고 있다.

다만 단순한 사실의 전달이 아닌 신문에 게재된 사설이나 각종 칼럼, 기고문 등이나, 기자 또는 저자의 사상이나 감정이 표현된 보도기사, 신문에 게재된 소설이나 만화 등은 창작성 등 요건을 갖추면 당연히 저작물로 성립할 수 있고 저작권의 보호를 받는다. 따라서 신문기사라고 하여 모두 저작물성이 부정되는 것도 아니므로, 문제가 된 신문기사의 창작성 또는 저작물성 여부를 개개의 기사별로 구체적으로 판단하여야 할 것이다. 이 점을 명확히 한 대법원 2006. 9. 14. 선고 2004도5350 판결(일명 '연합뉴스' 사건)에서는, 피고인이 일간신문을 제작하는 과정에서 복제한 연합뉴스사의 기사 및 사진 중에는 단순한 사실의 전달에 불과한 시사보도의 수준을 넘어선 것도 일부 포함되어 있기는 하나, 상당수의 기사 및 사진은 정치계나 경제계의 동향, 연예·스포츠 소식을 비롯하여 각종 사건이나 사고, 수사나 재판 상황, 판결 내용, 기상 정보 등 여러 가지 사실이나 정보들을 언론매체의 정형적이고 간결한 문체와 표현형식을 통하여 있는 그대로 전달하는 정도에 그치는 것임을 알 수 있어, 설사 피고인이 이러한 기사 및 사진을 그대로 복제하여 신문에 게재하였다고 하더라도 이를 저작재산권자의 복제권을 침해하는 행위로서 저작권법위반죄를 구성한다고 볼 수는 없다고 판시하였다.

6. 2006년 개정 전 저작권법 제 6 호

2006년 개정되기 전 저작권법 제 6 호는 "공개한 법정·국회 또는 지방의회에서의 연술"도 보호받지 못하는 저작물의 하나로서 규정하고 있었다. 여기서 법정에서 한 연술이란 소송당사자 즉 법관, 원고, 피고 및 검사는 물론 변호사, 보조인, 증인, 감정인 등이 발언한 연술, 신청, 선고 등 모든 것을 포함하며, 의회에서의 연술은 국회나 지방의회에서 행한 의원의 연술, 발언 등을 말한다.

그러나 2006년 개정된 저작권법은 제 6 호의 규정을 삭제하였다. 따라서 개정된 저작권법에 의하면 공개한 법정·국회 또는 지방의회에서의 연술이라 하더라도 창작성 등 다른 요건을 갖추면 저작물로 성립할 수 있게 되었다. 다만, 개정된 저작권법은 저작재산권의 제한 규정에서 제24조를 신설하여 "공개적으로 행한 정치적 연설 및 법정·국회 또는 지방의회에서 공개적으로 행한 진술은 어떠한 방법으로도 이용할 수 있다. 다만, 동일한 저작자의 연설이나 진술을 편집하여 이용하는 경우에는 그러하지 아니하다"라는 규정을 두었다. 따라서 개정된 저작권법 아래에서 공개한 법정·국회 또는 지방의회에서의 연술은 저작물로서 보호를 받는다고 하더라도 그 보호범위는 제24조에 의하여 크게 제한을 받는다.

7. 음란물·이적표현물 등 불법 저작물의 보호 여부

음란물이나 이적표현물 등 관련법에 의하여 용인되지 못하는 저작물도 저작권법에 의한 보호를 받을 수 있는지의 문제이다. 이와 관련한 우리 법원 판례의 입장은, 저작권법의 보호대상인 저작물이라 함은 사상 또는 감정을 창작적으로 표현한 것으로서 인간의 사상이나 감정을 표현한 것이면 되고, 윤리성 여하는 문제되지 아니하므로 설사 그 내용 중에 부도덕하거나 위법한 부분이 포함되어 있다 하더라도 저작권법상 저작물로 보호된다는 것이다.[328] 서울고등법원 2016. 11. 29.자 2015라1490 결정은, 음란 영상물을 불법복제·전송하는 웹사이트를 상대로 한 영상물 전송 등 금지 가처분 사건에서, "영상물이 음란물에 해당되어 형법과 정보통신망이용촉진 및 정보보호 등에 관한 법률 등에 의해 배포·판매·전시 등의 행위가 처벌되고 배포권과 판매권, 전시권 등 권리행사에 제한을 받을 수 있지만 저작권자의 의사에 반해 저작물이 유통되는 것을 막아달라는 청구까지 제한되는 것은 아니다"라고 판시하였다.

특허법은 공공의 질서 또는 선량한 풍속을 문란하게 하거나 공중의 위생을 해할 염려가 있는 발명에 대하여는 특허를 받을 수 없다고 규정하고 있고,[329] 상표법은 일반인의 통상적인 도덕관념인 선량한 풍속에 어긋나거나 공공의 질서를 해칠 우려가 있는 상표에 대하여 상표등록을 받을 수 없다고 규정하고 있다.[330] 그러나 저작권법은 이와 같은 규정을 두고 있지 않다. 따라서 저작권법이 아닌 다른 관련법에 의하여 제조, 배포, 열람, 소지 등이 금지되는 저작물이라 하더라도 저작권법에 의한 보호를 받을 수 있다고 해석된다. 다만, 그러한 저작물이 저작권법에 의한 보호는 받는다고 하더라도 그 권리를 실제로 행사함에 있어서는 해당 관련법에 의한 제한을 받게 될 것인바, 이는 저작권법과는 별개의 문제이다. 예를 들어, 음란물인 서적에 대하여도 저작재산권인 복제권과 배포권이 주어지지만, 그 음란서적을 실제로 인쇄(복제)하여 배포하게 되면 저작권법과는 관계없이 형법 제243조, 제244조의 '음서제조 및 반포죄'에 해당하여 처벌받게 되는 것이다.

---

328) 대법원 1990. 10. 23. 선고 90다카8845 판결; 대법원 2015. 6. 11. 선고 2011도10872 판결; 서울고등법원 2017. 1. 6.자 2015라1516 결정; 서울고등법원 2017. 12. 5.자 2015라1508 결정 등 참조.
329) 특허법 제32조.
330) 상표법 제7조 제1항 제4호.

Chapter 03

저 작 자

저 작 자

제 1 절 개   설

I. 저작자의 의의

저작자란 저작물을 창작한 자를 말한다(저작권법 제 2 조 제 2 호).[1] '창작'이란 사상이나 감정을 창작성 있는 외부적 표현으로 구체화 하는 행위를 말한다.[2] 따라서 저작물을 실지로 창작한 자, 즉 특정한 사상 또는 감정을 창작성 있는 표현으로 구체화 한 자가 저작자이다. '창작'은 법률상으로 '사실행위'이기 때문에 창작의 행위자, 즉 창작자가 특정한 법률효과를 발생시키려는 의사가 있었는지 또는 어떤 법률효과가 발생하는지에 대한 인식이 있었는지 여부와 무관하게 오직 '창작'이라는 사실적 결과의 발생만을 목적으로 하는 행위를 하였으면 그에 따른 법률적 효과로서 저작자의 지위가 부여되고, 그 지위에 대하여 저작권이 원시적으로 주어진다. 창작자, 즉 저작자가 중요한 의미를 가지는 것은 이처럼 저작자에게 그 저작물에 대한 저작권이 원시적으로 귀속하기 때문이다. 저작권을 취득하는 경로로는 원시적 취득과 승계적 취득(이전적 취득)을 생각해 볼 수 있는데, 저작자는 저작권을 원시적으로

---

1) 베른협약이나 세계저작권협약은 '저작자'에 관한 별도의 정의규정을 두고 있지 않으며 각 회원국의 국내법이 정하는 바에 따르도록 맡겨 두고 있다.

2) 민법상으로 볼 때 창작행위는 의사표시를 요소로 하는 법률행위가 아니라 의사의 표현을 본질로 하지 않는 '사실행위'이다. 따라서 창작행위를 하기 위해서 행위자에게 따로 행위능력이 요구되는 것은 아니고 권리능력만 있으면 되므로, 미성년자나 피성년후견인, 피한정후견인 등 행위능력이 제한된 자라도 저작물의 창작행위를 할 수 있다. 사실행위의 예로서는 특허법상 '발명', 저작권법상 저작물의 '창작', 민법상 '가공'이나 '유실물 습득', '무주물 선점', '매장물의 발견' 등이 있는데, 각 법률은 이러한 사실행위에 대하여 행위자의 목적적 의욕과는 관계없이 일정한 법률효과를 부여한다. 이에 따라 사실행위로서 저작물의 창작행위를 한 자에게는 그 법률효과로서 저작권법상 저작자의 지위가 부여되고, 이러한 지위로부터 저작권이 원시적으로 발생한다(박성호, 저작권법, 박영사, 189, 190면).

취득하며, 그 이후에 일어나는 승계적 취득은 제 5 장에서 살펴보는 '저작재산권의 변동'의 문제이다. 저작물이 완성된 경우는 물론이고, 아직 미완성 상태에 있는 것이라도 독자적인 창작성과 형태를 갖추어 저작물로 인정될 수 있을 정도에 도달하였다면 그 미완성 작품의 창작자도 저작자로 될 수 있다. 이에 반하여 창작의 예정을 하고 있지만 아직 창작에 착수하지 않았거나, 창작에는 착수하였지만 아직 저작물이라고 인정될 정도의 창작적인 부분이 나타나지 못한 경우에는 저작자라고 할 수 없다.[3]

저작자로서 저작권법이 규정하고 있는 여러 가지 권리를 갖기 위하여서는 단순히 창작이라고 하는 사실이 있으면 족하고, 그 밖에 등록이라든가 납본 따위의 형식이 요구되는 것은 아니다(무방식주의). 국회도서관법은 도서 등의 발행 시에 일정 부수를 국회도서관에 납본할 것을 요구하고 있지만 이는 저작권법과는 무관하다.[4] 저작권의 등록 역시 주로 저작권이나 배타적발행권 또는 출판권변동에 있어서 제 3 자에 대한 대항요건에 지나지 않으며, 등록을 하여야만 저작자로서 권리를 갖는 것은 아니다.[5]

II. 대륙법계와 영미법계

저작자의 개념을 둘러싸고 각국의 입법례는 유럽의 여러 나라를 비롯한 대륙법계 국가의 입법례와 미국을 비롯한 영미법계 국가의 입법례로 크게 나누어 볼 수 있다. 대륙법계에서는 전통적으로 저작자는 정신적 창작을 한 자연인에 한정된다는 입장을 기본으로 하고 있다. 이에 반하여 영미법계에서는 저작자는 창작을 한 자연인에 한정되지 않고 창작을 기획하고 투자를 한 제작자도 저작자에 포함될 수 있는 경우를 상대적으로 넓게 인정하는 입장을 취하고 있다.

대륙법계에서는 문자 그대로 저자(author), 즉 현실적으로 창작행위를 한 창작자(creator)가 저작자로 되고 따라서 저작자는 자연인일 것을 전제로 하는 반면에, 영미법계에서는 녹음물을 비롯한 각종 제작물 등 복제의 대상으로 되는 것을 널리 저작권의 객체로 보며, 그 결과 최초 창작자라기보다는 저작물 이용자로서의 성격이 짙은 음반제작자나 방송사업자까지 저작자에 포함시키고 있고, 반드시 자연인뿐만 아니라 법인이나 단체 등을 포함하는 제작자 등도 저작자의 범주에 들어가는 경우를 널리 인정하고 있다.

---

3) 半田正夫, 著作權法槪說, 12版, 法學書院, 2005, 59면.
4) 국회도서관법 제 7 조.
5) 半田正夫, 전게서, 59-60면.

그러나 근래에 와서는 국제적으로 이와 같은 차이를 가급적 해소하고자 하는 통일화의 노력이 일어나고 있다. 특히 저작인격권과 업무상저작물에 대하여 그러한 통일화의 요청이 강하다고 할 수 있다. 그리하여 영미법계인 영국은 1988년 저작권법에서 저작인격권 보호에 관한 규정을 두었으며, 미국은 1990년 저작권법 일부 개정을 통하여 시각적 미술저작물(works of visual arts)에 대하여 일정한 범위 내에서 저작인격권을 부여하는 규정(제106조의 A)을 신설하였다. 또한 우리나라와 일본은 대륙법계 국가에 속하면서도 업무상저작물과 관련하여서는 영미법계적인 내용을 가지고 있다.

제 2 절 저작자의 결정

I. 문제로 되는 경우

저작물을 창작한 자는 누구라도 저작자로 될 수 있고, 반면에 스스로 저작물을 창작하지 않은 사람은 저작자로 될 수 없다. 그러나 구체적인 경우, 특히 저작물의 작성에 참여한 사람들이 여러 명 있는 경우에 그 중 누가 그 저작물을 창작한 자인가를 결정하는 것은 쉬운 일이 아니다.

1. 창작의 동인(動因)을 제공한 자

창작의 동인(動因)을 준 데 지나지 않는 자는 저작자가 아니다. 따라서 소설가나 화가 또는 작곡가에게 창작의 힌트나 테마를 제공하기만 한 자는 저작자로 볼 수 없다.

2. 조수(助手)

저작자의 조수는 저작자가 아니다. 조수는 저작자의 지휘감독 하에 그의 손발이 되어 단순작업에 종사한 자로서, 저작자의 창작활동을 돕는데 불과하고 스스로의 창의에 기해서 제작을 하는 자가 아니기 때문이다.[6] 그러므로 소설가의 의뢰에 따라 그의 구술을 필기하여 원고를 작성하거나 집필에 필요한 자료를 수집, 정리한 자는 저작자로 볼 수 없다.

---

6) 송영식·이상정, 저작권법개설, 화산문화, 1987, 93면.

예를 들어, 甲이 10여 년 전부터 길거리에서 각설이 실연행위를 해 왔는데, 乙은 甲이 실연 중인 각설이의 캐릭터에 흥미를 느껴 각설이를 주인공으로 한 본격적인 무대극을 만들기로 작정하고 甲의 도움을 구하였다. 甲은 乙에게 자신이 알고 있는 각설이의 캐릭터에 관하여 이야기 해 주었고, 문헌을 통하여 상세한 정보를 조사하여 乙에게 제공하였다. 乙은 甲으로부터 들은 이야기와 제공받은 정보를 토대로 하여 '각설이'라는 희곡을 집필하였다. 이 경우 甲은 그 희곡의 공동저작자임을 주장할 수 있을 것인가? 단순한 힌트나 테마를 제공하기만 한 자, 그리고 자료조사를 도운 자(조수)는 저작자로 될 수 없으므로 일반적으로 이와 같은 사례에서라면 甲은 자신이 공동저작자임을 주장하기 어려울 것이다.

3. 창작의 의뢰자

창작을 의뢰한 자, 즉 위임이나 도급계약 등에 의하여 타인에게 창작을 맡긴 자 역시 원칙적으로 저작자가 아니다. 위임이나 도급계약에 있어서 수임인이나 수급인은 위임인 또는 도급인과의 관계에 있어서 독립적인 지위에 있고 지휘감독이 아니라 자기재량에 의하여 활동을 하기 때문이다. 따라서 그림의 주문자, 건축주 등 제작기회를 제공하기만 한 자는 저작자로 볼 수 없다. 종업원 등이 자신이 종사하는 업무과정에서 저작한 경우에도 저작자는 종업원이며 그가 원시적으로 저작권을 가지는 것이 원칙이다. 따라서 번역사무실을 차려 놓고 어학에 능통한 자들을 고용하여 번역한 경우에 저작자는 번역을 실제로 한 번역자이지 번역사무실의 운영자가 아니다.[7] 다만 법인이나 단체 그 밖의 사용자의 기획 하에 법인 등의 업무에 종사하는 자가 피용자의 지위에서 업무상 작성하는 저작물(업무상저작물)로서 법인 등의 명의로 공표되는 저작물의 저작자는 계약 또는 근무규칙 등에 다른 정함이 없는 때에는 그 법인 등이 된다(저작권법 제 2 조 제31호, 제 9 조). 구체적인 경우에 제작자에게 단순히 창작을 의뢰한 것인지(이때에는 제작자가 저작자로 된다) 아니면 사용자와 피용자의 관계에 있는 것인지(이때에는 저작권법 제 9 조에 의하여 사용자가 저작자로 될 수 있다)는 판단이 어려운 부분이다. 이 점에 관하여는 뒤의 업무상저작물 부분에서 검토한다.

또 한 가지 창작의 의뢰와 관련하여 문제로 되는 것은, 의뢰자가 스스로 저작물의 작성을 기획하고 저작자에게 필요한 자료를 제공할 뿐만 아니라 창작에 있어서 저작자에게 자세한 주문이나 구체적인 지시를 하고 자기의 의도대로 저작물을 작성케 하는 경우에 그와 같은 의뢰자가 저작자로 될 수 있는지 여부이다. 그 지시의 정도 및 구체성에 따라서 달라지겠지만, 이 경우에도 일반적으로는 실제 저작물을 작성한 자를 저작자로 보아야 할 것이

---

7) 상게서, 94면.

다. 일본 동경지방법원 1964. 12. 26. 판결(일명 '파노라마 지도' 사건)에서는, 원고가 파노라마 형식의 동경 지도를 제작할 것을 기획하여, 편집부원으로 하여금 일일이 현지를 답사하게 하고 도로의 주요부분을 공중촬영하는 등 자료를 수집한 후, 이러한 자료를 화가 A에게 제공하여 지도를 제작하도록 의뢰하면서, 지도의 도안·도형·색채는 물론이고 지도에 들어갈 주요도로나 건물, 시설 등에 이르기까지 상세한 지시를 하였고, 화가 A도 그러한 지시에 따라 지도를 작성한 사안에서, 비록 화가 A가 지도를 제작함에 있어서 원고로부터 제공받은 자료와 답사결과에 기초하였고 또 원고의 지시를 가능한 한 화면에 담고자 노력하였지만, 그것을 도형이나 그림에 의하여 구체적으로 표현함에 있어서는 그의 화가로서의 예술적인 감각과 기술이 구사되었고, 스스로의 창의와 수단에 따라 원고로부터 의뢰받은 지도의 원화(原畵)를 제작한 것이므로, 지도의 저작자는 화가 A라고 보아야 한다고 하였다. 또한 일본 동경지방법원 1961. 10. 25. 판결은, 과학잡지에 게재할 목적으로 동물의 생태를 묘사한 원화(原畵)를 출판사의 편집방침에 따른 세부적인 지시에 의하여 사실적으로 그렸다 하더라도 그것은 미술화가로서의 감각과 기술에 의거하여 창조적인 정신적 노력으로 작성된 것이므로 출판사가 아니라 화가가 원화의 저작자라고 하였다.

이와 같이 저작물을 기획하고 저작자에게 지시나 주문을 하며 자료를 제공하였다 하더라도 그것만으로는 저작자로 될 수 없다고 보는 것이 일반적이다. 그러나 타인에게 저작물을 작성케 한 경우라도 실제로 그 작성에 종사하는 자를 자신의 뜻대로 움직이게 하고 마치 자신의 수족처럼 사용하여 저작물을 완성한 경우라면, 그 지시에 의하여 저작물의 작성에 종사한 자는 저작자라기보다는 오히려 저작자의 보조자에 지나지 않는다고 보아야 할 것이다. 즉, 위탁자가 구체적이고 상세한 지시를 하고 수탁자는 단순히 위탁자의 수족으로 기계적인 작업을 한 것에 지나지 않는 경우에는 위탁자가 저작자로 평가될 수 있다. 일본 하급심 판결 중에는 발주자가 지엽말단에 이르기까지 상세하게 구체적인 지시를 하고 또한 정형적 사항에 이르기까지 모두 직접 교정을 보는 등 최종 마무리를 한 점, 수탁자 측이 직업적으로 궁리하고 노력한 점은 인정되지만 창작적인 요소는 인정되지 않는다는 점을 들어 발주자를 창작자로 인정한 사례가 있다.[8] 또 의뢰자의 지시 내용이나 구체성의 정도에 따라서는 의뢰자와 수탁자를 공동저작자로 보아야 할 경우도 있다. 결국 저작물의 작성을 의뢰한 자를 저작자로 볼 것인지의 여부는 각각의 경우에 있어서 개별적으로 결정할 수밖에 없다.[9]

---

8) 동경지방법원 1979. 3. 30. 昭和47(ワ) 3400号 判決, 박성호, 전게서, 194면에서 재인용.
9) 內田 晉, 전게서, 96-97면.

4. 감수·교열자

감수(監修) 또는 교열(校閱)을 한 자가 저작자로 될 수 있는가. 출판물 중에는 저명인사의 이름을 감수자로 표시하는 경우가 많은데, "저작물을 창작한 자를 저작자로 한다"는 저작권법의 일반원칙에 의하여 이들의 저작자여부를 가리는 수밖에 없다.

감수자 등이 단순히 이름만 빌려주고 직접 저작물의 내용에까지는 관여하지 않은 경우에 이들을 저작자로 볼 수 없는 것은 당연하다. 또 원고의 내용에 어느 정도 관여하더라도 단순히 오기(誤記)를 지적하거나 중요한 부분에 대하여 조언을 주는 정도로는 저작자로 볼 수 없을 것이다. 그러나 감수자나 교열자가 스스로 내용을 검토하고 상당부분에 걸쳐 보정 가필을 하거나 내용 편집을 실제 담당한 경우에는 창작에 상당하는 행위가 있었다고 볼 수도 있다. 이러한 경우에는 감수자나 교열자를 공동저작자 또는 편집저작자로 인정할 수 있다. 그러므로 타인에게 감수나 교열을 의뢰할 때에는 훗날 저작권을 둘러싸고 분쟁의 소지가 없도록 명시적인 계약 등을 통하여 서로의 지위를 명확하게 해 놓는 것이 바람직하다.[10]

5. 저작자의 귀속에 관한 합의

저작자의 귀속에 관하여 당사자 사이의 합의가 있는 경우는 어떻게 볼 것인가. 이러한 합의는 투하자금 회수의 편의를 도모하거나 영업상의 이익 내지 편의를 도모하는 경우, 당사자 사이의 분쟁을 방지하기 위한 경우 또는 자신의 자서전을 타인과 함께 저작하면서 그 저작자를 자신으로 하는 경우(이때에는 뒤에서 보는 代作의 문제도 생길 수 있다) 등 여러 가지 경우에 나타날 수 있다.

첫 번째는 저작자 또는 저작권의 '귀속'에 관하여 당사자 사이에 합의가 있는 경우, 예컨대 A의 의뢰로 B가 저작물을 창작하면서 당사자 사이에 A를 저작자로 하는 합의가 있는 경우를 생각해 볼 수 있다. 이러한 경우에도 결국은 창작자를 저작자로 한다는 저작권법의 기본원칙에 따라 해결하여야 한다. 즉, 그러한 합의가 있었다 하더라도 A가 실제로 창작활동을 하지 아니하였다면 A는 원시적인 저작자로는 될 수 없고, 다만 그 합의의 효력에 따라 후발적으로 저작권을 양도받아 취득하는데 불과하다. A가 원시적인 저작권자로 되는가 아니면 후발적인 저작권자로 되는가는 제3자와의 관계에 있어서 대항요건의 요부와 관련하여 커다란 차이가 생긴다. 저작재산권의 양도는 등록하지 아니하면 제3자에게 대항할 수 없는데(저작권법 제54조 참조), A가 저작권을 후발적으로 양도받은 것이라면 이를 등록하

---

10) 상게서, 97-98면.

지 않은 경우 제 3 자에게 그 양도받았다는 사실을 가지고 대항할 수 없기 때문이다.

두 번째는 저작자 '명의의 표시'에 관하여 당사자 사이에 합의가 있는 경우, 예컨대 A 와 B 사이에서 A의 명의로 저작물을 발표하기로 하는 합의가 있는 경우이다. 이러한 경우에도 일반원칙에 따라 발표명의에 관계없이 실제로 창작을 한 자를 저작자로 보아야 한다. 다만 실제 소송에 있어서는 저작권법 제 8 조의 '저작자의 추정' 규정의 적용을 받아 발표명의자인 A가 저작자로 추정을 받게 되고, 따라서 B가 자신이 저작자라고 주장하려면 그러한 추정을 번복시키기 위한 입증책임을 부담하게 된다.11) 대작(代作) 역시 당사자 사이에 저작자의 귀속에 관하여 합의가 있는 경우에 해당한다.

이상에서 저작자의 인정여부가 문제로 되는 몇 가지 경우를 살펴보았다. 결국은 획일적인 기준을 세우기는 불가능하고 구체적인 경우에 따라 판단하여야 할 것이지만, 창작에 관여한 행위의 태양에 따라서 판단하되, 그 행위의 내용이 자신의 사상이나 감정의 표현이라고 할 수 있는 정도에 이른 경우에는 저작자라고 할 수 있고, 그렇지 않은 경우에는 저작자라고 할 수 없다. 요컨대 저작물을 창작함에 있어서 사상이나 감정의 창작적 표현이라고 하는 지적 정신활동의 측면에서 기여한 바가 있었는가, 즉 창작적 기여가 있었는가를 기준으로 삼아야 할 것이고, 창작환경의 조성, 예컨대 자금을 원조한다든가 기획을 한다든가 하는 것은 창작에 아무리 중요한 영향을 미쳤다 하더라도 그 자체가 창작행위라고는 볼 수 없다.

Ⅱ. 저작자의 추정

1. 의 의

구체적인 경우에 어느 저작물의 저작자가 누구인가를 다른 사람은 알기 어렵고, 또 누가 저작자인지를 둘러싸고 분쟁이 일어난 경우에 설사 저작자 자신이라도 그가 진정한 저작자임을 입증하는 것은 상당히 곤란한 문제이다. 저작권법은 제 8 조에서 이러한 입증상의 곤란을 구제하기 위하여 저작자의 추정규정을 두고 있다. 즉,

(1) 저작물의 원본이나 그 복제물에 저작자로서 실명(實名) 또는 이명(異名: 예명·아호·약칭 등을 말한다)으로서 널리 알려진 것이 일반적인 방법으로 표시된 자,
(2) 저작물을 공연 또는 공중송신하는 경우에 저작자로서의 실명 또는 저작자의 널리

11) 飯村敏明, 著作者의 認定, 裁判實務大系－知的財産關係訴訟法, 靑林書院, 牧野利秋 編, 1997, 232-233면.

알려진 이명으로서 표시된 자를 저작자로 추정한다.

종전 저작권법에서는 단순히 "저작자로 추정한다"라고 되어 있었는데, 2011년 개정된 현행 저작권법에서는 "저작자로서 그 저작물에 대한 저작권을 가지는 것으로 추정한다"로 개정되었다. 따라서 해당 저작물의 창작 주체로서의 추정을 받을 뿐만 아니라, 그 저작물에 대한 권리 주체로서의 추정까지 받을 수 있게 된 것이다.

이와 같은 저작자 및 저작권 추정규정은 증거법상 이른바 '사실상의 추정'이다. 따라서 상대방은 반대되는 사실, 예컨대 저작자로 표시된 자가 아닌 다른 사람이 창작하였거나, 다른 사람이 그 저작물에 대한 저작권을 양도 받았다는 사실 등을 반증을 통하여 적극적으로 입증함으로써 추정의 효과를 번복시킬 수 있다.[12] 예를 들어, 어느 서적 출판물에 저작자로서 그 이름이 표시되어 있으면 그가 그 저작물의 저작자이자 저작권자라고 추정되고, 이러한 사실을 부정하는 측이 그가 저작자가 아니라는 사실을 입증하여야 하는 책임을 부담한다.

저작자명의 표시가 경합된 경우, 즉 동일한 저작물에 관하여 서로 다른 저작자명이 때를 달리하여 표시된 경우에는 선행표시자가 추정에 있어서의 우선권을 갖는다고 보아야 할 것이다. 그렇게 보지 않는다면, 선행표시자 이외의 제3자는 뒤늦게라도 저작물의 원본이나 복제물에 자신의 명의를 표시함으로써 간단하게 선행표시자가 주장할 수 있었던 추정력의 효력을 부정할 수 있고, 이는 저작자 등의 추정규정을 둔 저작권법의 취지를 몰각시키는 결과를 가져오기 때문이다. 따라서 선행표시자와 다른 저작자명을 표시한 후행표시자는 저작권법 제8조의 저작자 추정규정을 항변으로 제기할 수 없다고 보는 것이 타당하다. 이때 후행표시자가 먼저 선행표시자를 상대로 성명표시권 침해를 주장하는 소송을 제기한 경우라 하더라도 선행표시자에게 추정에 있어서의 우선권을 주어야 할 것이다.[13]

한편, 저작권법 제53조는 저작자로 실명이 등록된 자를 그 등록저작물의 저작자로 추정하는 규정을 두고 있는데, 이 규정과 저작권법 제8조의 추정규정이 충돌하는 경우에는 어떻게 처리하여야 할 것인지도 문제가 된다. 이때에는 어느 쪽의 추정력이 법률상 우위에 있다고 할 수 없고, 사실인정의 기본원칙으로 돌아가 입증책임의 일반원칙 및 법관의 자유심증에 따라 누가 진정한 저작자인지에 관하여 판단해야 할 것이다.

본 조에서 '널리 알려진 이명'이라 함은 이명이 저작자 자신의 호칭이라는 것이 일반인에게 명백하고, 그 실재인물을 사회적으로 특정할 수 있을 정도의 것임을 요한다. 단체가

---

12) 상계논문, 226면.
13) 半田正夫·松田政行, 著作權法コンメンタール, 勁草書房(1), 663면.

저작자인 업무상저작물의 경우에는 그 단체의 명칭을 저작자로 표시하여도 저작자 추정규정의 적용을 받을 수 있다.

2. 대작(代作)

가. 의   의

자기의 저작물에 유명한 다른 사람의 이름을 저작자로 표시하는 것을 보통 대작이라고 부른다. 이름 없는 작가가 자신의 이름으로는 출판이 어려운 경우에 유명한 다른 사람에게 의뢰하여 그의 이름으로 출판하는 것이 대작의 전형적인 경우이다. 대작에 있어서는 실제 창작을 한 사람과 명의를 빌려 준 사람 사이에 서로 대작에 관한 양해가 되어 있는 것이 보통이지만 외부에서는 그러한 사정을 알기 어렵다. 따라서 이 경우에도 저작자의 추정에 관한 저작권법 제 8 조가 적용되어 저작자로서 이름이 표시된 사람이 저작자로 추정을 받으며 저작권도 그에게 귀속하는 것으로 추정을 받게 된다.

문제는 나중에 가서 대작을 한 자가 자신이 저작자라는 것을 주장할 수 있는지 여부인데, 대작을 한 자가 실제로는 자신이 그 저작물의 창작자라는 사실을 반증을 들어 입증하면 가능하다고 보아야 할 것이다. 그 입증에 성공하면 그 때부터는 대작자가 저작자로 취급되는 것이다. 그러나 그 경우 저작권이 누구에게 귀속하는가의 문제는 결국 대작을 함에 있어서 양 당사자의 의사가 어떠한 것이었는가에 따라 결정하여야 할 것이다. 즉, 대작을 한 자가 자신이 창작하였다는 사실을 입증하여 저작자로 인정을 받는다고 하더라도, 대작계약의 내용에 따라서는 저작권을 대작을 의뢰한 자에게 양도하는 것으로 보아야 할 경우가 있기 때문이다.

학술논문의 대작과 관련하여서는 대법원 1996. 7. 30. 선고 94도2708 판결이 있다. 이 판결에서는, 일반적으로 석사학위논문 정도의 학술적 저작물을 작성함에 있어서는 논문작성 과정에서 타인으로부터 외국서적의 번역이나 자료의 통계처리 등 단순하고 기술적인 조력을 받는 것은 허용된다고 보아야 할 것이나, 그 작성자로서는 학위논문의 작성을 통하여 논문의 체제나 분류방법 등 논문 작성방법을 배우고, 지도교수가 중점적으로 지도하여 정립한 논문의 틀에 따라 필요한 문헌이나 자료를 수집하여 분석, 정리한 다음 이를 논문의 내용으로 완성하는 것이 가장 중요한 일이라 할 것이므로, 비록 논문작성자가 지도교수의 지도에 따라 논문의 제목, 주제, 목차 등을 직접 작성하였다고 하더라도 단순히 통계처리와 분석, 또는 외국자료의 번역과 타자만을 타인에게 의뢰한 것이 아니라 전체 논문의 초안작성을 의뢰하고, 그에 따라 작성된 논문의 내용에 약간의 수정만을 가하여 제출하는 등 자료를 분석, 정리하여 논문의 내용을 완성하는 일의 대부분을 타인에게 의존하였다면 그 논문은 논문작성자가 주체적으로 작성한 논문이 아니라 타인에 의하여 대작된 것이라고 보아야 한다고 하였다.[14]

나. 대작과 형사처벌

(1) 저작권법 제137조 제 1 호(허위공표죄) 해당 여부

대작의 경우 저작권법 제137조 제 1 호에서 규정하는 "저작자 아닌 자를 저작자로 하여 실명·이명을 표시하여 저작물을 공표한 자"에 해당하여 형사처벌의 대상이 되는가. 다른 사람의 명의를 허락 받지 않고 도용한 경우에는 당연히 이 규정의 적용대상이 될 것이지만, 저작자의 동의를 받아 상호 합의 하에 자신의 이름으로 저작물을 공표한 대작의 경우에도 이 규정의 적용대상이 될 것인지의 문제이다. 이에 대하여는 이 규정의 보호법익을 저작자의 명의에 대한 인격적 이익으로만 본다면 부정설이 타당하지만, 저작자의 인격적 이익 외에 사회 일반의 신용도 보호법익이라고 보면 이 규정 위반죄의 성립을 인정하여야 할 것인 바, 저작권법 제137조 제 1 호에서 저작자의 동의가 없을 것을 요건으로 규정하고 있지 않고, 문화계의 잘못된 관행을 바로잡아 사회 일반의 신용을 보호하는 것이 바람직하다는 입장에서 형사처벌을 긍정함이 타당하다는 견해가 있다.[15]

저작권법 제140조가 제137조 제 1 호의 경우를 친고죄의 대상에서 제외하고 있는 것을 보면, 위 규정에 의하여 보호하고자 하는 법익은 단순히 저작자의 개인적인 인격권만이 아니라 저작물에 대한 사회 일반의 신용도 보호법익이라는 점에 수긍이 간다. 이 규정은 일반 공중에 대한 기망행위를 금지한다는 측면에서 부정경쟁방지법 제 2 조 제 1 호 가목에서 상품의 출처혼동행위를 부정경쟁행위로서 금지하는 것과 그 취지가 같다. 그러나 모든 경우의 대작을 본 규정 위반죄에 해당한다고 해석하는 것은 대작이 상당히 일반화 되어 있는 사회적인 실태에 비추어 무리가 아닌가 생각한다. 대작에 있어서 저작명의자가 반드시 일반 수요자나 독자를 기망할 의도로 대작을 의뢰한다기보다는, 오히려 업무상저작물과 유사한 의미에서 대작집필자를 피용자처럼 사용하여 창작행위를 행하게 하는 경우도 많을 것이다. 따라서 대작에 대하여 일률적으로 본 규정의 위반죄가 성립한다고 볼 것이 아니라 경우를 나누어 결론을 내리는 것이 타당하다. 즉, 대작명의자와 대작집필자 사이에 대작명의자의 실명 또는 이명으로 표시하여 공표하기로 하는 합의가 있었고, 그러한 합의에 따라 대작명의자의 실명 또는 이명으로 표시하여 공표함으로써 공중에 대한 신용 보호에 위해를 가져온

---

14) 이러한 판단에 따라 대법원은, 타인이 대작한 논문을 마치 자신이 작성한 논문인 것처럼 석사학위 논문으로 제출한 행위를 해당 대학의 학사업무를 방해한 행위로서 형법상 업무방해죄에 해당한다고 하였다.

15) 이해완, 저작권법, 박영사, 2007, 205-206면.

다거나 혼동의 우려가 발생하는 등 부정경쟁의 결과를 초래하지 않는 경우에는, 본 규정의 구성요건을 충족한다고 하더라도 위법성이 없어 범죄가 성립하지 않는다고 해석하는 것이다. 이에 반하여 대작명의자와 대작집필자 사이에 합의가 있었다고 하더라도 공중에 대한 신용 보호에 위해를 가져온다거나 혼동의 우려가 발생하는 경우 등에는 본 규정의 죄가 성립하는 것으로 본다. 따라서 자기의 저작물에 타인의 성명을 저작자로 표시하는 것이 자신의 저작 명의로는 사회적 평판이나 그에 따른 판매를 기대하기 어렵기 때문에 저명 작가나 그 분야의 명성이 높은 사람의 성명을 저작자로 표시하는 경우에는 설사 그 저작명의자와 실제 집필자 사이에 합의(즉, 저작명의자의 승낙)가 있었다고 하더라도 본 규정 위반죄가 성립한다고 보아야 할 것이다.[16)]

  대법원 2017. 10. 26. 선고 2016도16031 판결은, "저작권법 제137조 제 1 항 제 1 호는 저작자 아닌 자를 저작자로 하여 실명·이명을 표시하여 저작물을 공표한 자를 형사처벌한다고 규정하고 있다. 위 규정은 자신의 의사에 반하여 타인의 저작물에 저작자로 표시된 저작자 아닌 자와 자신의 의사에 반하여 자신의 저작물에 저작자 아닌 자가 저작자로 표시된 실제 저작자의 인격적 권리뿐만 아니라 저작자 명의에 관한 사회 일반의 신뢰도 보호하려는 데 목적이 있다. 이와 같은 입법 취지 등을 고려하면, 저작자 아닌 자를 저작자로 표시하여 저작물을 공표한 이상 위 규정에 따른 범죄는 성립하고, 사회 통념에 비추어 사회 일반의 신뢰가 손상되지 않는다고 인정되는 특별한 사정이 있는 경우가 아닌 한 그러한 공표에 저작자 아닌 자와 실제 저작자의 동의가 있었더라도 달리 볼 것은 아니다."라고 판시하였다. 대법원 2021. 7. 15. 선고 2018도144 판결(일명, '표지갈이' 사건)도 같은 취지인데 이 판결에서는, "실제 저작자가 저작자 아닌 자를 저작자로 표시하여 저작물을 공표하는 범행에 가담하였다면 위 범죄의 공범으로 처벌할 수 있고, 저작자를 허위로 표시하는 대상이 되는 저작물이 이전에 공표된 적이 있다고 하더라도 위 규정에 따른 범죄의 성립에는 영향이 없다고 판시하였다.

  저작권법 제137조 제1항 제1호의 문제는 아니지만, 대작과 관련하여 형사처벌이 문제로 된 사건으로 대법원 2020. 6. 25. 선고 2018도13696 판결(일명 '조영남 대작' 사건)이 있다.[17)]

(2) 저작권법 제136조 제 2 항 제 2 호(허위등록죄) 해당 여부

  한편, 저작권법 제136조 제 2 항 제 2 호는 "저작권법 제53조 및 제54조(제90조 및 제98조

---

16) 서울지방법원 1992. 2. 11. 선고 91노4388 판결도 이러한 취지로 판결하고 있다.
17) 이 사건에서 대법원은, 사기죄로만 기소되고 저작권법위반죄로 기소되지 아니하였고, 공소사실에도 저작자가 누구인지 기재되어 있지 않다는 이유로 저작자가 누구인지에 대한 사법적 판단은 내리지 않았다. 아울러 기망에 대한 입증이 부족하다고 하여 무죄를 선고하였다.

에 따라 준용되는 경우를 포함한다)에 따른 등록을 거짓으로 한 자는 3년 이하의 징역 또는 3천만 원 이하의 벌금에 처하거나 이를 병과할 수 있다'고 규정하고 있다. 이와 관련하여 대작의 경우에 대작명의자가 대작집필자의 동의를 얻어 대작명의자를 저작자로 하여 저작권등록을 한 경우 이 조항에 따른 허위등록죄로 처벌할 수 있는지 여부가 문제로 된다. 대법원 2008. 9. 11. 선고 2006도4806 판결은 "저작권등록부 허위등록죄는 저작권등록부의 기재 내용에 대한 공공의 신용을 주된 보호법익으로 하며, 단순히 저작자 개인의 인격적, 재산적 이익만을 보호하는 규정은 아니다. 한편, 저작물의 저작자가 누구인지에 따라서 저작재산권의 보호기간이 달라져 저작물에 대한 공중의 자유로운 이용이 제한될 수 있으므로, 저작자의 성명 등에 관한 사항은 저작권등록부의 중요한 기재 사항으로서 그에 대한 사회적 신뢰를 보호할 필요성이 크다. 따라서 저작자의 성명 등의 허위등록에 있어서 진정한 저작자로부터 동의를 받았는지 여부는 허위등록죄의 성립 여부에 영향이 없다."고 판시하였다.

저작권법 제136조 제 2 항 제 2 호의 허위등록은 권리관계에 직접 영향을 미칠 수 있고 법률상으로 대외적 공시력을 갖는 공부상의 명의를 허위로 한 것으로서 단순한 명의사칭의 경우와는 차원을 달리한다. 그런 점에서 법정형도 허위등록죄는 징역 3년으로 되어 있어 징역 1년으로 되어 있는 저작자 명의사칭죄보다 무겁다. 따라서 허위등록의 경우에는 진정한 저작자로부터 동의를 받았는지 여부와 상관없이 허위등록죄의 성립을 인정하는 것이 타당할 것이다.

제 3 절   공동저작자와 결합저작물의 저작자

I. 공동저작물의 저작자

1. 의   의

2인 이상이 공동으로 창작한 저작물로서 각자의 이바지한 부분을 분리하여 이용할 수 없는 것을 '공동저작물'이라고 한다(저작권법 제 2 조 제21호). 일반적으로 하나의 저작물을 1인의 저작자가 창작한 것을 '단독저작물', 하나의 저작물을 복수의 저작자가 관여하여 창작하였을 때, 그 각자의 이바지한 부분을 분리하여 이용할 수 없으면 '공동저작물', 분리하여 이용할 수 있으면 '결합저작물'이라고 부른다. '결합저작물'이라는 용어는 엄밀히 말해서 법률 규정상의 용어는 아니다. '결합저작물'은 복수의 창작자가 관여하여 창작한 저작물로서 각자의 이바지한 부분을 분리하여 이용하는 것이 가능하기 때문에 공동저작물은 아니고 각 저작자가 창작한 각각의 저작물의 단순 집합체라고 보아야 할 것이지만, 외형상으로는 하나의 저작물처럼 보이고 또 이용에 있어서도 흔히 하나의 저작물로 취급되는 복수의 저작물을 일컫는 강학상의 용어이다. 노래에 있어서 악곡과 가사(노랫말) 같은 경우가 대표적인 결합저작물이라고 볼 수 있다.

공동저작물의 저작자를 '공동저작자'라고 부른다. 공동저작자도 저작자로서 저작권법상 보호되는 권리를 향유하지만, 저작자 상호간에 밀접한 결합관계가 존재하기 때문에 저작재산권이나 저작인격권의 행사에 있어서 통상의 저작자와는 다른 일정한 제약을 받게 된다.

2. 공동저작물과 결합저작물의 구별

가. 학   설

공동저작물과 결합저작물의 구별기준에 대하여는 '분리가능성설'과 '개별적 이용가능성설'이 있다. 분리가능성설은 저작물의 각 구성부분이 물리적으로 분리가능한가 여부를 기준으로 하여, 분리가 가능하면 결합저작물로, 불가능하면 공동저작물로 본다. 이에 반하여, 개별적 이용가능성설은 분리된 것이 단독으로 이용가능하면 결합저작물로, 불가능하면 공동저작물로 본다. 따라서 일반적으로 전자보다도 후자 쪽이 공동저작물로 되는 범위가 넓어지는 경향이 있다. 예컨대, 좌담회에서 나온 개개의 발언이 물리적으로는 분리가능하더라도 독자적으로 이용할 수 있는 가치를 갖는 것이 아닌 경우, 분리가능성설에서는 결합저작물로 되고 개별적 이용가능성설에서는 공동저작물로 된다.[18]

바꾸어 말하면, 복수의 사람이 창작에 관여한 저작물은 그 성격에 따라서 각자의 기여분을 (1) 분리할 수 없는 것, (2) 분리할 수는 있으나 독자적으로 이용할 수 없는 것, (3) 분리할 수도 있고 독자적으로 이용할 수도 있는 것 등 세 가지 부류로 나눌 수 있을 것인데, 이 중 (1)과 (3)은 분리가능성설에 의하든 개별적 이용가능성설에 의하든 (1)은 공동저작물이 되고, (3)은 결합저작물이 될 것이다. 따라서 양 설의 차이점이 발생하는 것은 (2)의 경우로서, 분리가능성설에 의하면 결합저작물로, 개별적 이용가능성설에 의하면 공동저작물로 된다.

나. 공동저작물과 결합저작물의 구별

예를 들어, A·B·C 3인의 공저로 된 유럽의 정당에 관한 책의 영국 부분은 A가, 독일

---

18) 송영식 외 2인, 전게서, 440면.

부분은 B가, 프랑스 부분은 C가 저술한 것이 명확하고, 각자의 저술부분을 분리하여 이용할 수 있는 경우 이는 공동저작물이 아니라 결합저작물이다. 그러나 A·B·C 3인이 집필 전에 그 내용에 관하여 충분한 토의를 하고 각자가 집필한 부분을 공동으로 검토하여 공동으로 수정·가필함으로써 각자의 기여분이 완전하게 합체된 경우에는 공동저작물이 된다.[19]

좌담회나 토론회 등은 그 형식, 발언하는 방식, 사회자의 유무, 사후정리의 유무 등에 따라서 공동저작물이 될 수도 있고 결합저작물이 될 수도 있다. 예를 들어, 좌담회가 甲의 발언에 乙이 응답하고, 그 乙의 발언을 들은 후 다시 甲이 발언하는 것과 같은 형식으로 진행됨으로써 출석한 사람들의 발언이 서로 얽혀 하나의 내용물을 이루며, 각자의 발언이 상호 의존적이어서 하나하나의 발언은 독자적인 가치를 가지지 않을 뿐만 아니라 분리하여 이용하기도 어렵다면 공동저작물로 보아야 할 것이다. 따라서 이와 같은 좌담회의 2차적 사용, 예를 들어 잡지에 게재된 좌담회 기사를 단행본으로 만드는 경우에는 저작권법 제48조 제1항에 따라 발언자들 전원의 동의가 필요하다.[20] 그러나 출석자들이 순서에 따라 돌아가면서 각자 자신의 의견을 피력하는 형식으로 진행되는 좌담회라면, 각 출석자의 발언이 서로 약간의 영향을 미치고 있고 그로 인하여 좌담회가 통일된 분위기를 만들어 내고 있다고 하더라도, 그것은 추상적인 아이디어 단계에서의 관여에 지나지 않아 각 출석자에 의한 발언의 창작적 표현은 기본적으로 그 발언자 만에 의한 것이라고 보아야 하며, 특정 출석자의 발언 부분만을 분리하여 웹사이트에 게재하는 등 독자적인 이용도 가능하므로 이러한 좌담회에서의 발언은 공동저작물에 해당하지 않는 것으로 보아야 할 것이다.

특히 학술적 심포지엄과 같이 1인의 발언자의 발언내용만을 모으더라도 하나의 저작물이 되는 경우에는 결합저작물이 되고, 따라서 그 발언의 2차적 사용에는 해당 발언자의 허락만 얻으면 된다. 이 경우 사회자를 비롯한 각 발언자의 발언 내용에는 해당 발언자의 저작권이 각각 발생하게 된다.[21]

3. 요 건

이상에서 본 공동저작물의 의의로부터 공동저작자의 성립요건을 추출해 보면 다음과 같다.[22]

---

19) 內田 晉, 전게서, 101면.
20) 상계서, 102면; 半田正夫, 전게서, 60면 참조.
21) 하용득, 전게서, 121면.
22) 半田正夫, 전게서, 62면.

가. 객관적 요건 – 2인 이상이 공동으로 창작

(1) 2인 이상의 관여

공동저작물이 되기 위해서는 그 창작에 2인 이상이 관여하여야 한다. 1인의 구상과 지휘감독 하에 다른 사람은 보조자로서만 작성에 관여하였다면, 구상과 지휘감독을 한 사람만이 저작자이고 보조자인 다른 사람은 저작자가 될 수 없으므로 공동저작물이 아니다.

2인 이상이라는 것은 자연인에 한하지 않으며 자연인과 법인이 함께 하는 경우나 복수의 법인 간이어도 무방하다. 예를 들어, 법인 A의 업무에 종사하는 피용자와 독자적으로 활동하는 프리랜서 프로그래머 B가 공동으로 컴퓨터프로그램을 창작하고 전자에 대하여 저작권법 제 9 조의 업무상저작물의 저작자 요건이 충족되는 경우는 법인 A와 개인 B가 그 컴퓨터프로그램의 공동저작자가 될 것이다.[23]

(2) 관여의 정도

(가) 각자의 '창작적 기여'

복수의 사람 각자가 각각 창작에 기여하여야 한다. 즉, 2인 이상이 관여하여 완성한 저작물 모두가 공동저작물이 되는 것은 아니며, 공동저작물이 되기 위해서는 2인 이상의 사람이 각자 '창작적으로 기여'하여야 한다. 비록 영화처럼 문학이나 미술, 음악 등의 여러 장르로 구성된 종합저작물이라 하더라도 완전히 1인에 의하여 창작되었다면 공동저작물이라고 할 수 없다. 창작에 관여한 것이 되기 위해서는 저작물의 창작성 있는 표현자체에 기여를 하여야 하고, 저작물의 제작을 기획하거나 창작활동의 동기를 부여한데 불과한 자, 창작에 따르는 비용이나 자금을 제공만 한 자는 저작자로 될 수 없다. 그러한 기획이나 동기 부여, 자금 제공이 없었다면 저작물이 창작되지 못하였을 경우라도 마찬가지이다. 다만, 영화나 음반 등의 경우 그 제작 전체를 기획하고 책임을 지는 자는 이른바 '제작자'로서 일정한 지위와 법적 보호를 부여받는 경우가 있다(법 제 2 조 제 6 호, 제14호).

그렇다면 과연 어느 정도의 '창작적 기여'를 하여야 공동저작자로 될 수 있는지에 관하여 살펴볼 필요가 있다. 이에 대하여는 제 2 절 '저작자의 결정' 부분에서 검토한 기준이 적용될 수 있다. 따라서 (1) 저작물의 창작을 의뢰하고 그 대가를 지급하는 경우에도 그것만으로는 공동저작자로 인정될 수 없으며, (2) 사실 행위로서의 창작 행위를 하는 자에게 힌트나 아이디어의 제공, 추상적인 지시를 한 것에 지나지 않는 사람도 공동저작자로 인정될 수 없다. (3) 저작자의 지휘·감독 아래 그의 수족으로서 작업에 종사한 자는 창작활동에 도

---

23) 박성호, 전게서, 235면.

움을 준 자에 불과하고, 그의 사상과 감정을 독자적으로 표현한 자가 아니므로 공동저작자로 될 수 없으며(다만, 보조 작가의 지위에 있더라도 단순히 자료 수집이나 조언의 단계를 넘어 작가와 대등한 입장에서 적극적으로 창의성을 발휘한 경우에는 공동저작자에 해당할 수 있을 것이다), (4) 창작 행위를 하는 저작자에게 자료나 기록의 제공, 장소의 준비, 자금의 원조 등 물리적인 협력을 제공하였을 뿐인 사람도 공동저작자로 인정될 수 없다.24)

학설로는 공동저작자에게는 저작자로서의 지위와 보호가 부여되므로, 어떤 사람이 공동저작물의 저작자가 되기 위해서는 어느 정도의 수준을 넘어서는 기여를 할 필요가 있고, 그 이바지한 부분만으로도 하나의 저작물로서 존재하는데 충분한 정도의 기여를 해야 한다는 견해가 다수설이다.25) 공동저작물에 있어서 각자의 기여분의 고저(高低)나 다과(多寡)는 문제되지 않으므로 각자의 기여가 공동저작권을 발생시키는 데에 있어 질적, 양적으로 동등할 필요는 없지만, 각자의 기여부분이 독립된 저작물로서의 성립요건을 갖추고 있을 것, 다시 말해서 아이디어나 보호되지 못하는 요소가 아닌 독립적으로 저작권 획득이 가능한 요소의 기여를 필요로 한다고 보는 것이다. 이러한 다수설의 견해에 따르면, 자연과학 논문의 경우 일반적으로 논문 작성에 기여한 사람 모두를 공동저자로 기록하는 관행이 있지만, 그 경우에도 논문의 작성에 창작적으로 기여하지 아니한, 단지 아이디어를 제공했거나 실험만을 진행한 연구자 등은 특허 등의 권리자가 될 수는 있을지언정 공동저작자는 될 수 없다고 한다.26)

(나) 판 례

우리 판례도 다수설의 입장에 서 있는 것으로 보인다. 대법원 2009. 12. 10. 선고 2007도7181 판결은, "2인 이상이 저작물의 작성에 관여한 경우 그 중에서 창작적인 표현형식 자체에 기여한 자만이 그 저작물의 저작자가 되는 것이고, 창작적인 표현 형식에 기여하지 아니한 자는 비록 저작물의 작성 과정에서 아이디어나 소재 또는 필요한 자료를 제공하는 등의 관여를 하였다고 하더라도 그 저작물의 저작자가 되는 것은 아니며, 가사 저작자로 인정되는 자와 공동저작자로 표시할 것을 합의하였다고 하더라도 달리 볼 것이 아니다"라고 하였다.27)

---

24) 김원오, 공동저작물의 성립요건을 둘러싼 쟁점과 과제, 계간 저작권, 한국저작권위원회, 2011년 여름, 11-12면.

25) 임원선, 실무자를 위한 저작권법, 개정판, 한국저작권위원회, 2009, 73면; 김원오, 상계논문, 10면.

26) 임원선, 전게서, 74면. 그러나 일본 하급심 판결 중에는 실제로 논문의 집필을 담당하지 않았다고 하더라도, 그 내용을 이루는 연구에 공헌한 자를 공동저작자로 인정한 사례가 있다(京都地判 平成 2. 11. 28. 判決, 半田正夫・松田政行, 著作權法コンメンタール, 勁草書房(1), 233면에서 재인용).

27) 서울고등법원 2004. 7. 5.자 2004라246 결정(일명, 뮤지컬 '사랑은 비를 타고' 사건, 대법원 2005. 10. 4. 선고 2004마639 재항고 기각으로 확정)에서는, "신청인들이 이 사건 초연 뮤지컬의 제작자 및 연출자로

(3) '공동'의 창작행위

공동저작물이 되기 위해서는 참가자들 각자의 행위가 '창작적 기여'에 해당하여야 할 뿐만 아니라, 각각의 참가자들이 전체적인 공동의 창작계획을 실현하기 위하여 분업적 공동작업의 원리에 따라 상호간의 역할을 분담하여, 각각 창작의 실행단계에서 본질적인 기능을 수행하여야 한다. 즉, 공동의 창작행위는 창작의 '실행단계'에서 분업적 공동작업을 할 것을 필요로 한다. 따라서 이러한 실행단계 이전의 준비·계획 단계에서 기여한 행위는 공동창작의 객관적 요건인 실행행위로는 미흡하다. 단순히 창작의 준비나 기획 단계에서의 기여자는 그 기여가 본질적인 것이든 비본질적인 것이든 불문하고, 아직 창작의 실행에 대한 지배를 하고 있는 것이 아니기 때문에 그것만으로는 창작행위를 공동으로 하였다고 보기 어렵다.

나. 주관적 요건 – '공동창작 의사'의 존재

공동저작물이 되기 위해서는 그 창작에 관여한 저작자들 사이에 그 저작물을 공동으로 창작한다고 하는 의사가 존재하여야 한다. 우리 저작권법은 공동저작물의 성립요건으로 공동창작의 의사를 명문으로 요구하고 있지는 않다. 미국 저작권법 제101조는 '공동저작물'(joint works)이란 "2인 이상의 저작자가 자기들의 기여분이 단일한 전체의 분리될 수 없거나 상호 의존적인 부분이 될 것이라는 의사(intent)를 가지고 작성한 저작물을 말한다"고 정의하고 있어, 공동창작의 의사가 있어야 함을 명문으로 규정하고 있다. 그렇다면 과연 어떠한 경우에 공동창작의 의사가 존재한다고 볼 것인가. 이는 2차적저작물과 공동저작물의 구분과도 깊은 관련이 있다. 예를 들어, 학술서적 저작자의 사후에 그의 제자 등에 의하여 그 학술서적의 개정판이 제작된 경우에, 이를 원저작자와 후저작자의 공동저작물로 볼 것인지 아니면 2차적저작물로 볼 것인지와 관련하여 객관설과 주관설(의사설)이 대립하고 있다.

서 초연 뮤지컬의 제작과 공연에 참여하고, 외국 영화로부터 초연 뮤지컬의 기본설정을 착안해 내어 이를 대본작가와 작곡가에게 제공하였으며, 신청인 중 1인이 일부 대본의 수정이나 가사 작성에 관여함과 아울러 초연 뮤지컬의 제작과정 및 공연에 이르기까지 전체적인 조율과 지휘·감독을 한 바 있기는 하지만, 초연 뮤지컬의 대본을 실제로 완성한 A나 그 대본에 따라 곡을 붙인 B는 신청인들의 피용자가 아니라 독자적인 활동을 하면서 각자 스스로의 재량에 따라 예술적인 감각과 기술을 토대로 뮤지컬의 대본과 악곡을 작성할 능력이 있는 희곡작가 또는 작곡가로서, 신청인들로부터 대본작성 및 작곡에 대한 대가로 월급 형태의 급여가 아닌 완성된 작업의 대가를 지급받았으며, A나 B가 초연 뮤지컬의 대본과 악곡에 관한 저작권을 신청인들에게 양도하였다고 볼 만한 아무런 자료가 없으므로, 초연 뮤지컬의 제작자로서 그 완성에 창작적으로 기여한 바 없는 신청인들은 초연 뮤지컬에 대한 저작권이나 저작인접권을 주장하여 피신청인들의 공연의 금지를 구할 수 없다"고 판단하였다.

(1) 객관설

객관설은 공동저작물의 경우 공동으로 저작물을 작성한다는 '의사(意思)의 연락'이 당사자 사이에 있는 경우가 보통이나, 공동의사의 존재를 외부에서 식별하는 것은 곤란하므로 이러한 주관적 요건을 지나치게 엄격하게 요구할 것은 아니라고 보는 견해로서, 공동저작물의 성립을 비교적 넓게 인정하고자 하는 입장이다.28) 이 견해에 따르면, 공동저작물이 성립하기 위한 '공동창작 의사'의 존재란 객관적으로 보아 참가자 상호간에 상대방의 의사에 반하지 않는다고 하는 정도의 관계가 있으면 되고, 요컨대 공동저작물에서는 복수의 행위주체가 사실행위로서의 창작행위를 공동으로 한다는 행위의 공동이 중요한 판단 요소이므로 당사자 간에 공동의사의 존재를 추단할 수 있다면 그것으로 족하다고 해석한다.29) 나아가 참가자들 사이의 의사의 연락, 특히 쌍방향적인 의사의 연락이 있을 것까지 요구하는 것은 아니며, 복수의 참가자들 사이에 하나의 저작물을 작성한다는 의사가 있음을 외부로부터 추단할 수 있으면 그것만으로 공동창작의 의사는 존재하는 것으로 볼 수 있다고 한다.30) 그렇다면 객관설에 있어서 '공동창작의 의사'는 사실상 거의 유명무실한 것이라고도 볼 수 있으므로 학설에 따라서는 객관설을 공동창작의 의사를 요하지 않는 입장이라고 이해하는 견해도 있다.31)

객관설에 의하면 복수의 저작자 각자의 창작에 대한 기여 시점이 다른 경우에도 공동저작물이 성립할 수 있다. 예컨대, 甲의 학술적 저작물을 그의 사후에 乙이 수정·보충을 함으로써 개작물이 저술된 경우에는 그 개작물에 대하여 甲과 乙은 함께 공동저작자가 된다.32)33) 다만, 객관설의 입장을 취하면서도 사후 개작물, 예를 들어 스승의 사후에 제자가 저작물을 정정하거나 보충하는 경우(遺著 補訂版)는 설령 스승이 생전에 제자에게 자신의 저작물을 개정하도록 승낙하였거나 아니면 그 저작권을 상속한 유족이 개정을 허락하였더라도, 스승의 사후 제자에 의해서만 이루어진 개정작업에는 스승과 제자 간에 창작행위를 함께 한다는 의미에서의 '행위의 공동'(객관적 공동) 자체가 존재하지 않으므로 공동저작물이 성립할 수 없다는 견해도 있다.34)

---

28) 박성호, 전게서, 238, 239면.
29) 이러한 의미에서 이 견해는 공동저작물의 성립요건으로 공동창작의 의사가 필요 없다는 것이라기보다는 외부의 제3자가 판단하기 어려운 당사자 간의 공동창작의 의사를 그다지 중시할 것은 아니며, 당사자 간에 실제 이루어진 사실행위로서의 창작행위를 공동으로 한다는 행위의 공동을 중시하는 것이 타당하다는 입장이다(상게서, 238면).
30) 半田正夫, 著作權法槪說, 12版, 法學書院, 2005, 57면.
31) 최경수, 전게서, 176면; 이해완, 전게서, 210면 각 참조.
32) 半田正夫, 전게서, 62면.
33) 半田正夫·松田政行, 전게서, 236면 참조.
34) 박성호, 전게서, 239, 240면.

(2) 주관설(의사설)

이에 대하여 주관설(의사설)은 공동저작물이 되기 위해서는 공동저작의 참가자들 사이에 주관적으로도 공동창작의 의사가 있어야 한다는 입장이다. 공동창작의 의사가 존재하지 않는 경우에는 공동저작물이 아니라 2차적저작물이 성립할 뿐이라고 한다.

이 견해는, 공동저작자에게는 저작권법상 특별한 취급, 즉 저작인격권 및 저작재산권의 행사 등에 있어서 '전원의 합의'에 의하여야 한다는 특별한 제한이 가해지고 있는데(법 제15조 제1항, 제48조 제1항), 원저작자의 사후에 공동창작의 의사가 없는 후행 저작자가 수정·보완을 하여 개정판을 작성한 경우에, 이를 공동저작물로 보면 후행 저작자는 개정판에 대한 권리행사를 위하여 원저작자의 상속인들과 반드시 전원합의를 이루어야 하는바, 후행 저작자가 개정판에 관하여 그러한 제약을 부담하여야 하는 것은 부당하다는 것을 이유로 든다. 따라서 주관설은 공동저작물로 되기 위해서는 원저작자가 생전에 후행 저작자와 함께 개정판을 작성하고자 하는 의사를 가지고 개정 작업을 어느 정도 진행한 경우라야 한다고 본다.[35)]

또한 주관설은 객관설에 의할 경우 저작재산권의 보호기간과 관련하여서도 문제가 있다고 한다. 즉, 저작자 사후 개정판을 공동저작물로 인정하게 되면 선행 저작자의 저작재산권의 존속기간은 선행 저작자가 아니라 후행 저작자의 사망시점을 기준으로 산정하게 되는데, 이에 따라 선행 저작자는 개정 작업에 대하여는 아무런 관여행위가 없었음에도 불구하고 후행 저작자의 개정행위로 인하여 원 저작물의 저작재산권이 소멸한 후에도 해당 개정판에 대한 저작재산권을 가지게 되는 점(이 점에 있어서 후행 저작물이 단순히 2차적저작물이 되는 경우와 다르다)이 불합리하다는 것이다. 특히 선행 저작물의 저작재산권이 소멸한 이후에 그러한 개정이 이루어진 경우에는 그 개정판에 대한 선행 저작자의 저작재산권이 소멸하였다가 새롭게 발생하는 셈이 되는데, 이는 제3자의 공정한 이용에 장애가 될 우려가 있다고 한다.[36)]

(3) 소 결

결론적으로는 주관설(의사설)이 타당하다고 생각한다. 공동창작의 의사를 요건으로 보지 않을 경우 사실상 거의 모든 2차적저작물은 공동저작물이 될 가능성이 높은데, 2차적저작물에 대하여 공동저작물에서와 같은 권리행사에 있어서의 제한을 부과할 필요는 없을 것이다. 또한 객관설에 의할 경우 앞에서 본 바와 같이 저작재산권 보호기간의 연장 또는 부활

---

35) 半田正夫·松田政行, 전게서, 236면; 김원오, 전게논문, 22면.
36) 김원오, 전게논문, 23면.

이라는 부작용을 가져올 수 있다는 점 등의 불합리한 면이 있다.

서울고등법원 2014. 1. 9. 선고 2012나104825(본소), 2012나104832(반소) 판결도, "어떤 저작물이 공동저작물에 해당하기 위해서는 2인 이상의 복수의 사람이 모두 창작이라고 평가하기에 충분한 정신적 활동에 관여하는 것이 필요하고, 또 저작물을 작성함에 창작적 행위를 행한 사람들 사이에 공동으로 저작물을 작성하려고 하는 공통의 의사가 있어야 한다"고 판시하여 주관설의 입장을 취하고 있다. 학설로서도 주관설이 다수설이다.[37] 최근 대법원은 "2인 이상이 공동창작의 의사를 가지고 창작적인 표현형식 자체에 공동의 기여를 함으로써 각자의 이바지한 부분을 분리하여 이용할 수 없는 단일한 저작물을 창작한 경우 이들은 그 저작물의 공동저작자가 된다"고 하고, 나아가 이때의 공동창작의 의사는 "법적으로 공동저작자가 되려는 의사를 뜻하는 것이 아니라, 공동의 창작행위에 의하여 각자의 이바지한 부분을 분리하여 이용할 수 없는 단일한 저작물을 만들어 내려는 의사를 뜻하는 것이라고 보아야 한다"고 판시하였는데 이는 주관설의 입장을 취한 것으로 평가된다.[38]

다만, 공동창작의 의사는 반드시 시간적 동시성과 장소적 밀접성을 요구하는 것은 아니다. 상이한 시간과 장소에서도 공동저작자들이 공동창작의 의사를 가지고 각자 맡은 부분의 창작을 함으로써 각자의 기여부분을 분리하여 이용할 수 없는 저작물이 창작되면 족하다.[39][40]

다. 분리이용이 불가능할 것

공동저작물이 되기 위해서는 복수의 참가자에 의하여 단일한 저작물이 창작되고 이때 각자의 기여분을 분리하여 개별적으로 이용하는 것이 불가능하여야 한다. 그러므로 주관적

---

37) 최경수, 전게서, 176면; 이해완, 전게서, 210면.

38) 대법원 2014. 12. 11. 선고 2012도16066 판결.

39) 서울북부지방법원 2008. 12. 30. 선고 2007가합5940 판결.

40) 대법원 2016. 7. 29. 선고 2014도16517 판결은, "2인 이상이 시기를 달리하여 순차적으로 창작에 기여함으로써 단일한 저작물이 만들어지는 경우에, 선행 저작자에게 자신의 창작 부분이 하나의 저작물로 완성되지는 아니한 상태로서 후행 저작자의 수정·증감 등을 통하여 분리이용이 불가능한 하나의 완결된 저작물을 완성한다는 의사가 있고, 후행 저작자에게도 선행 저작자의 창작 부분을 기초로 하여 이에 대한 수정·증감 등을 통하여 분리이용이 불가능한 하나의 완결된 저작물을 완성한다는 의사가 있다면, 이들에게는 각 창작 부분의 상호 보완에 의하여 단일한 저작물을 완성하려는 공동창작의 의사가 있는 것으로 인정할 수 있다. 반면에 선행 저작자에게 위와 같은 의사가 있는 것이 아니라 자신의 창작으로 하나의 완결된 저작물을 만들려는 의사가 있을 뿐이라면 설령 선행 저작자의 창작 부분이 하나의 저작물로 완성되지 아니한 상태에서 후행 저작자의 수정·증감 등에 의하여 분리이용이 불가능한 하나의 저작물이 완성되었더라도 선행 저작자와 후행 저작자 사이에 공동창작의 의사가 있다고 인정할 수 없다. 따라서 이때 후행 저작자에 의하여 완성된 저작물은 선행 저작자의 창작 부분을 원저작물로 하는 2차적 저작물로 볼 수 있을지언정 선행 저작자와 후행 저작자의 공동저작물로 볼 수 없다."고 판시하였다. 그 후, 서울고등법원 2022. 6. 9. 선고 2021나2046460(본소), 2046477(반소) 판결도 같은 취지로 판결.

요건(공동창작의 의사) 유무에 따라 공동저작물과 2차적저작물로 구분되고, 분리이용 가능 여부에 따라 공동저작물과 결합저작물로 구분된다.

여기서 분리이용이 불가능하다는 것이 어떤 경우를 의미하는 것인지에 관하여 좀더 구체적으로 살펴본다.

기여분이 하나의 저작물 속에 흡수되어 그 저작물과 일체(一體)를 이룸으로써만 비로소 의미를 가지게 된다면, 이는 통상적으로 볼 때 분리이용이 불가능하다고 보아야 할 것이다. 그러나 기존의 저작물 중의 어떤 부분이 이용가능한 것인지는 저작물의 창작과 동시에 결정되는 것이 아니라, 그 이후에도 상황에 따라서 얼마든지 달라질 수 있다. 예를 들어, 5명의 조각가가 하나의 인체 조각상을 창작하면서 공동작업을 통하여 한 사람은 머리 부분을, 한 사람은 팔 부분을, 나머지 사람들은 몸체와 다리 부분을 각각 작업하였다면 그 창작 당시에는 통상적으로 분리이용이 불가능하다고 할 것이다. 그러나 나중에 특별한 사정이 있어서 그 조각의 머리 부분만을 사진으로 복제하여 이용하는 것도 충분히 예상할 수 있다. 특히 디지털 저작물의 경우에는 이러한 경우가 발생할 가능성이 높다. 따라서 분리이용이 불가능하다는 것은 단순히 경제적인 의미에서 판단할 것이 아니라 사회통념에 따라 법적·규범적 의미에서 판단하여야 한다. 경제적인 측면에서 분리이용이 완전히 불가능한 경우란 사실상 생각하기 어렵기 때문이다.

다른 면으로 생각해 보면, 복수의 참가자가 창작한 하나의 저작물 중에서 어느 한 참가자가 작업한 특정 부분을 이용하고자 할 경우 필연적으로 다른 참가자의 창작적 기여 부분을 이용하는 결과를 가져온다면 그 특정 부분은 분리하여 이용할 수 없는 부분이라고 볼 수 있을 것이다.[41] 결국 공동저작물에 있어서 '분리이용의 불가능'이라는 성립요건은 해당 부분에 현실적으로 복수의 참가자가 창작적 기여를 하고 있는지 여부와, 기여분이 하나의 저작물 속에 흡수되어 그 저작물과 일체(一體)를 이룸으로써만 비로소 의미를 가지게 되는지 여부 및 어느 한 참가자가 작업한 특정 부분을 이용하고자 할 경우 필연적으로 다른 참가자의 창작적 기여를 이용하는 결과를 가져오는지 여부를 사회통념에 따라 종합적으로 고려하여 판단해야 할 것이다.

라. 2차적저작물과의 구별

2인 이상이 관여하여 하나의 저작물을 작성하는 경우 그 저작물이 2차적저작물이 될 것인지, 아니면 공동저작물이 될 것인지는 공동저작물의 성립요건들, 즉 참가자들 각자의 의사, 각자의 창작적 기여 유무, 공동의 창작행위 여부 등을 종합적으로 살펴 판단하여야

---

41) 半田正夫·松田政行, 전게서, 238-239면.

한다. 이 점과 관련하여 상세한 언급을 하고 있는 하급심 판결이 있는데, 미리 작성된 스토리에 기초하여 그림을 그려 넣음으로써 작성된 만화의 공동저작물성에 대한 서울북부지방법원 2008. 12. 30. 선고 2007가합5940 판결이 그것이다.

이 판결에서는 먼저 공동저작물의 성립과 관련하여, "공동저작물에서의 '공동의 창작행위'는 공동창작의 의사를 가지고 공동저작자 모두 창작에 참여하는 것을 의미하지만, 시간과 장소를 같이 해야만 하는 것은 아니고 상이한 시간과 상이한 장소에서도 공동저작자들이 공동창작의 의사를 가지고 각각 맡은 부분의 창작을 하여 각 기여부분을 분리하여 이용할 수 없는 저작물이 되면 족하며, 각 기여부분을 분리하여 이용할 수 없는 것은 그 분리가 불가능한 경우뿐만 아니라 분리할 수는 있지만 현실적으로 그 분리이용이 불가능한 경우도 포함한다"고 하였다. 나아가 문제가 된 만화가 공동저작물이 아닌 2차적저작물로 성립할 가능성여부에 관하여도 검토하고 있는데, "만화저작물의 경우 만화스토리 작가가 만화가와 사이에 기획의도·전개방향 등에 대한 구체적인 협의 없이 단순히 만화의 줄거리로 사용하기 위해 독자적인 시나리오 내지 소설 형식으로 만화스토리를 작성하고, 이를 제공받은 만화가가 만화스토리의 구체적인 표현방식을 글(언어)에서 그림으로 변경하면서 만화적 표현방식에 맞게 수정·보완하고 그 만화스토리의 기본적인 전개에 근본적인 변경이 없는 경우에는, 만화스토리를 원저작물, 만화를 2차적저작물로 볼 여지가 있다"고 하였다. 그러나 이 사건에서 원고와 피고는 최종적으로 만화작품의 완성이라는 공동창작의 의사를 가지고 있었던 점, 원고의 만화스토리는 피고에게만 제공된 점, 이 사건 만화는 원고의 만화스토리와 피고의 그림, 장면 설정, 배치 등이 결합하여 만들어지는 저작물인 점 등에 비추어 보면 이 사건 만화는 피고가 원고의 스토리를 변형, 각색 등의 방법으로 작성한 2차적저작물이라기보다 원고가 창작하여 제공한 만화스토리와 피고의 독자적인 그림 등이 유기적으로 어우러져 창작된 원고와 피고의 공동저작물이라고 봄이 상당하다고 하였다.

마. 공동저작물과 2차적저작물의 동시 성립 여부

甲이 창작한 원저작물인 소설(A)을 기초로 하여 乙이 2차적저작물인 영화(B)를 창작한 경우에 공동저작물의 성립요건, 즉 甲과 乙 사이에 주관적으로 '공동 창작의 의사'와 객관적으로 '공동의 창작행위'가 있었으면 영화(B)는 원저작물인 소설(A)의 2차적저작물인 동시에 甲과 乙을 공동저작자로 하는 공동저작물이 될 것이다. 즉, 甲이 乙에게 자신의 소설(A)을 단순히 원저작물로 제공하는 데 그쳤다면 2차적저작물인 영화(B)는 乙의 단독저작물로 될 것이지만, 甲이 소설(A)을 단순히 원저작물로 제공하는데 그치지 아니하고 乙과 함께 공동 감독을 하는 등 영화(B)의 창작에 적극적으로 참여하였다면 영화(B)는 소설(A)에 대한 2차적

저작물인 동시에 甲과 乙의 공동저작물이 되는 것이다. 이때 甲은 소설에 대한 원작자로서의 지위를 가지는 것과 동시에 2차적저작물인 영화에 대하여는 공동저작자로서의 지위를 가지게 된다.

4. 공동저작물의 권리행사

가. 공동저작물의 저작재산권 행사

(1) 개 요

공동저작자 상호간에는 공동창작의 의사가 존재하고, 그로 인하여 단일한 저작물이 창작되며 각자의 기여분을 분리하여 개별적으로 이용하는 것이 불가능하고 각 공동저작자의 인격이 투영되어 있다는 점 등, 일반 결합저작물 저작자에서 볼 수 없는 밀접한 결합관계가 존재한다. 따라서 그 저작재산권의 행사나 지분의 처분에 있어서 민법의 협의의 공유 규정에는 없는 일정한 제약이 있다. 즉, 저작권법은 공동저작물의 저작재산권은 저작재산권자 전원의 합의에 의하지 아니하고는 이를 행사할 수 없고, 다른 저작재산권자의 동의가 없으면 그 지분을 양도하거나 질권의 목적으로 할 수 없다고 규정하고 있다(같은 법 제48조 제1항). 저작재산권의 행사는 물론이고, 그 지분의 양도나 입질 등 처분행위에도 다른 저작재산권자들의 동의를 요하도록 한 것이다.

여기서 저작재산권의 행사라 함은 저작물의 이용허락 또는 출판권의 설정 등과 같이 저작권의 내용을 구체적으로 실현하는 적극적 행위를 의미한다. 따라서 소극적 행위인 저작재산권 침해행위에 대한 정지청구 등은 여기에 포함되지 않으므로 저작재산권자 전원의 합의 없이 각자가 단독으로 행할 수 있고, 저작재산권 침해로 인한 손해배상도 각자의 지분에 따라 단독으로 청구할 수 있다(저작권법 제129조). 지분의 처분에 있어서 다른 저작재산권자의 동의를 얻도록 한 것은 공동저작자의 연대성을 확보·유지하기 위한 정책적인 고려이다.[42] 제3자가 아니라 공동저작자 중의 1인이 스스로 복제, 출판 등의 이용행위를 하는 경우에는 어떻게 취급할 것인가? 그 경우도 저작재산권의 행사에 해당하고, 저작권법이 특별히 공동저작자 중 1인의 이용행위를 달리 취급하고 있지 아니하므로 역시 나머지 공동저작자 전원의 합의가 필요하다고 보는 것이 통설이며,[43] 같은 취지의 하급심 판결도 있다.[44]

---

42) 加戶守行, 전게서, 327면.

43) 古城春實, 전게논문, 248면.

44) 서울고등법원 2014. 1. 16. 선고 2013나35025 판결. 이 판결에서는, "따라서 공동저작물의 저작재산권에 관한 이용허락은 공동저작권자인 수인에게 귀속하는 권리로서 모든 수인이 공동하여 행사할 것이 요구되고 있으므로 제3자가 공동저작자를 상대로 공동저작물에 관한 이용권의 내용과 그 귀속관계의

한편, 공동저작자가 다른 공동저작자와의 합의 없이 공동저작물을 이용하는 것이 공동저작물에 관한 저작재산권을 침해하는 것인지 여부는 또 다른 문제이다. 이에 관하여는 뒤의 (3)에서 살펴보기로 한다.

다만 저작물의 원활한 이용을 도모하기 위하여 저작인격권이나 저작재산권을 행사함에 있어서 각 저작자는 신의(信義)에 반하여 합의의 성립을 방해할 수 없고, 지분을 처분함에 있어서도 신의에 반하여 동의를 거부할 수 없다(저작권법 제15조 제1항 및 제48조 제1항 각 후문). 여기서 "신의에 반하여"라고 함은 사전에 뚜렷이 합의하지는 않았더라도 공동저작물의 작성 목적, 저작재산권 행사 또는 지분 처분의 구체적 내용이나 방법, 상대방 등에 비추어 합의의 성립을 방해하거나 동의를 거부하여 그러한 행사 또는 처분을 불가능하게 하는 것이 신의성실의 원칙 및 금반언의 원칙 등에 비추어 부당하다고 여길 만한 상황을 뜻한다고 해석된다.[45]

공동저작물의 이용에 따른 이익은 공동저작자간에 특약이 없는 때에는 그 저작물의 창작에 이바지한 정도에 따라 각자에게 배분되며, 이 경우 각자의 이바지한 정도가 명확하지 아니한 때에는 균등한 것으로 추정한다(저작권법 제48조 제2항). 공동저작물의 저작재산권자는 그 공동저작물에 대한 자신의 지분을 포기할 수 있으며, 포기하거나 상속인 없이 사망한 경우에 그 지분은 다른 저작재산권자에게 그 지분의 비율에 따라 배분된다(같은 조 제3항).

(2) 공동저작자가 아니면서 저작권을 공유하는 경우

저작권법은 위에서 본 바와 같이 공동저작자의 저작재산권 행사에 대한 특별규정을 두고 있지만, 공동저작자가 아니면서 저작권을 공유하게 된 경우에 대하여는 아무런 규정을 두고 있지 않다. 저작권은 공동저작물의 경우뿐만 아니라, 상속이나 지분의 양도 등 후발적인 사유에 의하여 공동으로 보유하게 될 수도 있으며, 이는 그 저작물이 공동저작물이든 단독저작물이든 어느 경우에나 나타날 수 있다. 이와 같이 공동저작자가 아니면서 저작권을 공동보유하게 된 저작재산권자들 사이에서도 공동저작물의 저작재산권 행사에 관한 저작권법 제48조의 제한규정이 적용 또는 유추적용되어야 하는 것인지, 아니면 일반적인 민법상 협의의 공유와 같이 다른 공유자의 동의나 허락 없이 자유롭게 저작재산권의 행사나 처분

확인을 구하는 소송은 공동저작물의 저작재산권 행사인 이용허락의 효력을 둘러싼 분쟁으로서 그 소송의 목적이 공동저작자 전원에 관하여 합일적으로만 확정되어야 하는 필수적 공동소송에 해당한다"고 한 후, 그러므로 원고가 다수인 경우에는 공동소송인 전원이 공동하여서만 소 전부를 취하할 수 있을 뿐이고 피고의 동의를 얻는다고 하여도 단독으로 자기의 소를 취하할 수 없으며, 마찬가지로 피고가 다수인 경우에 그 일부 피고에 대한 소 취하는 허용되지 아니한다고 판시하고 있다.

45) 이해완, 저작권법, 제2판, 박영사, 2012, 239면.

을 할 수 있는 것인지 문제이다. 일본 저작권법은 공동저작물에 관한 규정이 기타의 저작권
및 저작인접권의 공유에도 적용됨을 명백히 하고 있어서, 공동저작물 이외의 사유로 저작권
을 공유하게 된 저작재산권자의 저작권도 저작자 또는 저작재산권자 전원의 합의에 의해서
만 행사할 수 있다.[46] 한편, 특허법과 상표법은 특허권 또는 상표권을 공유하는 경우 그 공
유관계의 발생이 원시적인지(공동발명의 경우) 후발적인지(지분의 양도 등의 경우)를 묻지 아니
하고 권리의 행사 및 지분 양도 제한에 관한 규정을 두고 있다.[47] 나아가 저작권법 제48조
제 1 항은 공동저작물의 저작재산권은 그 지분 등의 양도에 있어서 '다른 저작자' 전원의 합
의가 아니라 '다른 저작재산권자' 전원의 합의를 얻도록 규정하고 있으므로, 이 규정 자체가
공동저작자가 아닌 다른 자가 공동저작물의 저작재산권을 보유하게 되는 경우를 상정하고
있는 것이라고 볼 수도 있다. 이러한 점에 비추어 볼 때 공동저작물의 저작재산권 행사 및
처분제한에 관한 저작권법 제48조는 공동저작이 아닌 기타 사유로 저작권을 공동보유하게
된 경우에도 원칙적으로 유추적용하는 것이 타당하다고 생각된다.[48]

　　학설 중에는, 공동저작자 이외의 저작권 공동보유관계를 ① 공동저작물에 있어서 공동
저작자 이외의 제 3 자에게 지분이 이전된 경우와 ② 단독저작물의 저작권이 공동소유로 된
경우로 나누어, 전자는 공동저작물의 성질에는 변화가 없으므로 지분을 양도받은 제 3 자도
공동저작자와 동일한 인적 결합관계에 놓이게 되고, 저작권법상 저작권행사 및 지분처분에
관한 제한이 그대로 적용되지만, 후자는 저작권의 공동보유자 사이에 별도의 계약이 존재하
면 그 내용에 따라 저작물의 이용 및 저작재산권의 행사 등이 이루어지고, 계약상의 구체적
약정이 없으면 그 인적 결합관계에 따라 민법상 공유규정 또는 합유규정이 준용된다고 보
는 견해가 있다.[49]

---

46) 일본 저작권법 제65조 ① 공동저작물의 저작권 기타 공유와 관련된 저작권(이하 '공유저작권')에 대하여
　　는 각 공유자는 다른 공유자의 동의를 얻지 않으면 그 지분을 양도 또는 질권의 목적으로 할 수 없다.
　　② 공유저작권은 그 공유자 전원의 합의에 의하지 않으면 행사할 수 없다.
47) 특허법 제99조 ② 특허권이 공유인 경우에는 각 공유자는 다른 공유자 모두의 동의를 받아야만 그 지
　　분을 양도하거나 그 지분을 목적으로 하는 질권을 설정할 수 있다. ④ 특허권이 공유인 경우에는 각 공
　　유자는 다른 공유자 모두의 동의를 받아야만 그 특허권에 대하여 전용실시권을 설정하거나 통상실시권
　　을 허락할 수 있다.
　　상표법 제54조 ⑤ 상표권이 공유인 경우에는 각 공유자는 다른 공유자 전원의 동의를 얻지 아니하면
　　그 지분을 양도하거나 그 지분을 목적으로 하는 질권을 설정할 수 없다. ⑥ 상표권이 공유인 경우에는
　　각 공유자는 다른 공유자 전원의 동의를 얻지 아니하면 그 상표권에 대하여 전용사용권 또는 통상사용
　　권을 설정할 수 없다.
48) 이숙연, 영상저작물에 대한 저작재산권의 귀속 및 저작권의 공동보유, Law & Technology 제 5 권 제 3
　　호, 서울대학교 기술과법센터, 2009, 13면.
49) 정상조, 저작권의 공동보유, 법학 40권 2호(통권 111호), 서울대학교 법학연구소, 235-236면. 이숙연, 전
　　게논문, 14면. 박성호, 전게서, 242면.

서울고등법원 2008. 7. 22. 선고 2007나67809 판결(일명, '두사부일체' 사건)은, 저작재산권을 후발적 사유에 의하여 공동보유하는 경우 특약에 의하여 배제하거나 공동보유자 상호간에 저작물의 행사 등에 관하여 협의할 만한 인적결합관계가 없는 특별한 경우가 아닌 한 저작재산권의 공동보유자 사이의 저작재산권의 행사 등에 관하여는 구 저작권법 제45조(현행 저작권법 제48조)를 유추적용함이 상당하다고 판시하였다.[50]

(3) 합의 없는 행사·동의 없는 처분의 효력

저작자 전원의 합의가 없는 상태에서 이루어진 이용허락이나 출판권의 설정 등 저작권의 행사와 다른 저작자의 동의가 없는 지분의 처분은 효력을 발생하지 않는다고 해석하는 것이 통설이다.[51] 예를 들어 공동저작재산권자 중 일부가 반대하거나 전원의 합의가 없는 상태에서 공동저작재산권자 중 일부만의 이용허락을 받아 저작물을 복제한 제3자는 그 이용허락이 무효이므로 결국 복제권침해의 책임을 져야 할 것이고, 전원의 동의가 없는 지분이전을 받은 제3자는 그 지분을 다른 저작자는 물론이고 어느 누구에게도 주장할 수 없음이 원칙이다. 다만, 제48조 제1항 후문, 즉 일부 공동저작재산권자가 합의의 성립을 방해하거나 동의를 거부하는 것이 신의에 반하는 경우에는 사전에 전원 합의 또는 동의가 없었다 하더라도 그 이용허락이나 지분의 양도는 유효하다고 보는 것이 타당하다.

따라서 저작권의 행사나 지분의 처분에 있어서 합의 또는 동의가 성립되지 않는 경우, 합의 또는 동의를 바라는 저작자는 이에 응하지 않는 다른 저작자를 상대로 소송을 제기하여 의사표시에 갈음하는 판결을 받아 합의 또는 동의에 갈음할 수 있을 것이다(민법 제389조 제2항, 민사집행법 제263조 제1항). 그러나 항상 이와 같이 번잡한 절차를 거쳐야만 하는 것은 아니라고 본다.

예를 들어 A, B, C 3인의 공동저작물에 있어서 A와 B가 甲에게 이용허락을 하기 위하여 C와 협의를 하였는데 C가 반대를 한 경우, 그 반대에도 불구하고 A와 B가 甲에게 이용허락을 하여 甲이 복제행위를 하였다면, 甲의 행위는 권한 없는 복제행위로 되고 따라서 저작권침해의 책임을 져야 한다. 그러므로 원칙적으로 A와 B는 먼저 C를 상대로 소송을 제기하여 합의에 갈음하는 의사표시를 명하는 판결을 받은 후에 甲에게 이용허락을 하여야만

---

50) 이 사건은 '두사부일체'라는 영화 제작을 함에 있어서 A는 투자금을, B는 영화의 제작이라는 노무를 각 출자한 사례이다. 이 판결에서는 A와 B를 공동저작자의 관계에 준하는 긴밀한 인적결합관계에 있다고 한 후, B의 동의를 받지 않고 A가 '두사부일체'에 관한 자신의 저작재산권의 지분 일체를 피고에게 양도한 것은 다른 저작재산권자인 B에게는 물론 그로부터 그 지분 일체를 승계한 피고에 대하여도 효력이 없다고 판시하였다.

51) 加戸守行, 전게서, 328면; 古城春實, 전게논문, 247면.

침해의 책임을 면할 수 있다. 그러나 의사표시를 명하는 판결이 확정되기까지는 오랜 시간을 기다려야 하고 저작물의 이용은 일정한 시기를 놓치면 그 후에는 효용이 없어지거나 크게 떨어지게 되는 경우가 대부분인데, 판결을 먼저 받아야만 이용허락이나 지분양도를 할 수 있다고 한다면 제48조 제1항 후문과 같은 규정을 둔 취지가 크게 훼손될 것이다.

이러한 불편을 피하기 위하여서는 C의 동의나 허락을 받지 않은 A와 B의 이용허락은 원칙적으로 무효라고 할 것이나, C의 반대가 신의에 반하는 것이면 곧바로 A와 B의 이용허락은 유효하고 따라서 침해의 책임도 없는 것으로 해석하는 것이 타당할 것이다.[52] 그렇게 되면 A와 B는 C의 반대가 신의에 반하는 것이라고 스스로 판단할 경우 일단 甲에게 이용허락을 해 주게 된다. 그리고 자신의 반대가 신의에 반하는 것이 아니라고 주장하는 C가 오히려 甲을 상대로 저작권침해소송을 제기하여야 하고(따라서 甲이나 A, B가 먼저 C를 상대로 의사표시에 갈음하는 판결을 재판으로 구할 필요는 없다) 그 소송에서 C의 반대가 신의에 반하는 것이었는지 여부가 판단된다. 결국 소송을 제기하여야 할 부담이 甲(또는 A, B)에게 있는 것이 아니라 C에게 있게 된다. 다만 이와 같은 해석은 저작재산권의 행사와 지분의 처분의 경우에만 허용될 수 있는 것이고, 인격적 요소가 강한 저작인격권의 행사에 있어서는 여전히 원칙에 따라 C의 허락 없는 행사는 무효로 보아야 한다는 견해가 있다.[53]

서울민사지방법원 1995. 4. 28. 선고 94가합50354 판결(확정)은 이러한 입장에서 판단을 하고 있는데, 결론적으로 사건의 간명한 처리를 도출해 낼 수 있어 주목된다. 이 판결은 합의에 반대한 공동저작자가 제기한 저작권침해소송 속에서 그의 반대가 신의칙에 위배된 것인지 여부를 판단하고 있다.

서울고등법원 2019. 6. 13. 선고 2018나2059206, 2018나2059213(병합) 판결은, "여기에서 합의의 성립 방해가 신의에 반하는 것인지를 판단함에 있어서는, ① 해당 공동저작물의 목적, 성질 및 내용, ② 공동저작권자들 사이의 관계와 각자가 공동저작물의 창작에 기여한 정도, ③ 저작재산권 행사에 관한 합의가 성립되지 못한 경위, ④ 저작재산권 행사의 성질, 내용, 시기 등의 구체적 태양, ⑤ 저작재산권의 행사나 불행사로 인하여 공동저작권자들이 얻을 이익이나 입게 될 불이익의 내용ㆍ정도 및 그와 같은 불이익을 조정ㆍ완화해 줄 수 있는 수단이나 장치의 존재 여부, ⑥ 저작재산권 행사에 협력할 것이라는 신의를 상대방에게 주었거나, 상대방이 그러한 신의를 형성할 만한 특별한 사정이 존재하는지 여부 등 제반 사정을 종합적으로 고려하여, 저작재산권 행사를 반대하는 공동저작권자가 합의의 성립을 방해함으로써 저작재산권을 행사하려는 공동저작권자의 저작재산권 행사를 불가능하게 하는

---

52) 古城春實, 전게논문, 248면.
53) 상게논문, 248면.

것이 신의성실의 원칙 또는 금반언의 원칙에 위배되는지를 판단하여야 할 것이다."라고 판시하였다.

한편, 공동저작자가 저작권법 제48조의 저작재산권 행사 방법에 관한 규정을 위반하여 다른 공동저작자와의 합의 없이 공동저작물의 이용행위를 한 경우에 그것을 단순히 제48조의 저작재산권 행사방법에 관한 규정을 위반한 것으로 그에 따라 민사책임을 지는 것으로 족하다고 보아야 할 것인지, 아니면 공동저작물에 대한 저작재산권을 침해한 것으로 보아 저작재산권 침해에 따르는 민사상·형사상의 구제 수단을 모두 인정할 것인지도 문제가 되는데, 최근 판례는 전자의 입장을 취하고 있어 주목된다.

대법원 2014. 12. 11. 선고 2012도16066 판결은 "공동저작물의 저작재산권은 그 저작재산권자 전원의 합의에 의하지 아니하고는 이를 행사할 수 없다는 저작권법의 규정은 어디까지나 공동저작자들 사이에서 각자의 이바지한 부분을 분리하여 이용할 수 없는 단일한 공동저작물에 관한 저작재산권을 행사하는 방법을 정하고 있는 것일 뿐이므로, 공동저작자가 다른 공동저작자와의 합의 없이 공동저작물을 이용한다고 하더라도 그것은 공동저작자들 사이에서 위 규정이 정하고 있는 공동저작물에 관한 저작재산권의 행사방법을 위반한 행위가 되는 것에 그칠 뿐 다른 공동저작자의 공동저작물에 관한 저작재산권을 침해하는 행위까지 된다고 볼 수는 없다"고 판시하였다.[54]

그러나 이러한 대법원 판결에 대하여는 반대하는 학설도 유력하다. 반대설은, 대법원 판결과 같이 해석할 경우 저작권 보호에 중대한 공백이 발생한다는 점,[55] 특허권이 공유인 경우에 특별히 계약으로 약정한 경우를 제외하고는 각 공유자는 다른 공유자의 동의 없이 실시할 수 있다는 명문의 규정을 두고 있는 점에 비추어 볼 때, 그러한 명문규정을 두고 있지 않은 저작권법의 경우에는 침해로 보아야 한다는 점[56] 등을 근거로 들고 있다.

나. 공동저작물의 저작인격권 행사

공동저작물의 저작인격권 역시 저작자 전원의 합의에 의하지 아니하고는 이를 행사할 수

---

54) 그리하여 다른 공동저작자와의 합의 없이 공동저작물을 이용하였다고 하더라도 저작권법 제136조 제1항의 저작재산권침해에 따른 형사책임은 지지 않는다고 하였다.

55) 이해완, 저작권법, 제3판, 박영사(2015), 350-352면. 예를 들어 10명의 공동저작자가 100억 원 정도가 투자된 프로젝트를 통해 공동저작물을 만들었는데, 마침 그 10명의 공동저작자 중에 1%의 실질적 기여를 한 사람이 포함되어 있고, 그가 다른 공동저작자의 동의 없이 그 저작물 전체를 단독으로 이용함으로써 그 투자가치가 모두 소진되어 버리게 된 경우에도 그것은 '권리행사 방법'의 문제일 뿐 저작권침해가 아니라고 하여 저작권법상의 구제수단을 무력화시키는 결론을 내리게 되어 타당성이 없다고 한다.

56) 김병일, "공동저작과 저작물의 공유 - 대법원 2014. 12. 11. 선고 2012도16066 판결의 평석을 중심으로", (사)한국저작권법학회 2015 상반기 학술세미나 자료집, 89면.

없다. 다만 이 경우 각 저작자는 신의에 반하여 합의의 성립을 방해할 수 없다(저작권법 제15조 제 1 항). 공동저작자 각자의 의사를 존중하면서도 합의의 성립을 촉구하여 저작물의 원활한 이용을 도모하고자 한 것이다. 공동저작물의 저작자는 그들 중에서 저작인격권을 대표하여 행사할 수 있는 자를 정할 수 있고, 이때 그 권리를 대표하여 행사하는 자의 대표권에 가하여진 제한이 있을 때에 그 제한은 선의의 제 3 자에게 대항할 수 없다(같은 조 제 2, 3 항).

여기서의 "신의에 반하여"라고 하는 것은 사전에 뚜렷이 합의하지는 않았더라도 공동저작물의 작성 목적, 저작인격권 행사의 구체적 내용이나 방법 등에 비추어 공동저작물에 대한 저작인격권의 행사를 할 수 없도록 하는 것이 신의성실의 원칙 및 금반언의 원칙에 비추어 부당하다고 여길 만한 상황을 말한다.[57)]

다. 보호기간

일반 저작물의 저작재산권 보호기간은 원칙적으로 저작자의 사망 후 70년간이지만(저작권법 제39조 제 1 항), 공동저작물의 경우에는 사망시점이 저작자마다 달라질 수 있으므로 공동저작물의 저작재산권은 맨 마지막으로 사망한 저작자의 사후 70년간 존속하는 것으로 규정하고 있다(같은 조 제 2 항).

공동저작자가 모두 법인인 경우, 예를 들어 법인A와 법인B가 공동저작자인 공동저작물의 경우에는 업무상저작물에 관한 보호기간 규정이 적용되어야 하므로 그 저작재산권의 보호기간은 원칙적으로 공표한 때로부터 70년이라고 보아야 할 것이다(저작권법 제41조 본문). 한편, 법인과 자연인인 개인 간의 공동저작물인 경우 업무상저작물에 관한 규정을 적용하여 공표한 때로부터 70년으로 볼 것인지, 자연인에 관한 규정을 적용하여 그 개인의 사후 70년으로 볼 것인지 불분명하다. 공동저작물의 경우 맨 마지막으로 사망한 저작자의 사후 70년으로 규정하고 있는 저작권법의 규정 취지를 고려할 때, 더 긴 쪽을 보호기간으로 산정하는 것이 타당하다고 본다.[58)]

라. 침해에 대한 구제

공동저작물의 각 저작자 또는 각 저작재산권자는 다른 저작자 또는 다른 저작재산권자의 동의 없이 저작권법 제123조에 따라 저작권을 침해하는 자에 대하여 침해의 정지를 청구할 수 있으며, 침해할 우려가 있는 자에 대하여 침해의 예방 또는 손해배상의 담보를 청구할 수 있고, 나아가 그 침해행위에 의하여 만들어진 물건의 폐기나 그 밖의 필요한 조치

---

57) 이해완, 전게서, 238-239면.
58) 박성호, 전게서, 243면.

를 청구할 수 있다. 또한 공동저작물의 각 저작재산권자는 그 저작재산권의 침해에 대하여 자신의 지분비율에 따라 저작권법 제125조에 의한 손해배상의 청구를 할 수 있다(저작권법 제129조).

공동저작물의 저작인격권 행사 및 그 구제방법 등에 대하여는 제 4 장 제 2 절 '저작인격권' 부분과 제10장 '저작권침해에 대한 구제' 부분에서 다시 한 번 살펴보기로 한다.

II. 결합저작물의 저작자

1. 의　의

결합저작물은 복수의 저작자가 창작에 관여한다는 점에서는 공동저작물과 같지만, 그 작품 전체의 창작에 관여한 저작자 사이에 공동관계가 인정되지 않고, 각자의 기여분이 분리이용 될 수 있는 것으로 결과적으로는 단독저작물의 결합이라고 보아야 할 저작물이다. A, B, C, D 4인의 저자가 각각 민법총칙, 물권법, 채권법, 친족상속법 부분을 독자적으로 집필하고 이들을 하나로 묶어 출판한 민법개론 단행본, 가사에 악곡을 붙인 노래, 삽화가 수록된 신문의 연재소설 등이 이에 해당한다.[59]

저작권법은 결합저작물에 대한 정의규정은 두고 있지 않다. 결합저작물은 복수의 저작물을 단순히 모아 놓은 것에 지나지 않기 때문이다. 따라서 결합저작물은 일종의 강학상의 개념이며, 그 중에는 소재의 선택이나 배열 및 구성에 창작성이 있는 편집저작물도 있고, 그렇지 못한 단순수집물도 있다. 편집저작물 이외의 단순수집물인 결합저작물은 저작권법상 일반 저작물과 별도로 논할 실익은 없다. '결합저작물의 저작자'라는 개념도 없으며, 그에 수록된 개별저작물의 개별저작자들만이 존재할 뿐이다. 그렇기 때문에 공동저작물과 대립되는 개념으로서 결합저작물을 굳이 저작권법에 별도로 규정할 필요도 없는 것이다. 다만, 이하에서는 논의의 편의를 위하여 강학상 결합저작물의 개념에 입각하여 검토를 해 보기로 한다.

2. 공동저작물과의 차이

공동저작물에 관한 저작권법 제15조, 제48조 등의 특칙이 결합저작물에 대하여는 적용되지 않는다. 그 결과, 예를 들어 A와 B가 창작한 외형상 1개의 저작물이 결합저작물이라

---

59) 허희성, 전게서, 33면 참조.

고 할 때,

(1) A가 작성한 부분을 이용하고자 하는 자는 A의 허락만 얻으면 되고 B의 허락을 받을 필요는 없다.
(2) A는 자기가 작성한 부분을 B의 동의를 얻지 아니하고 자유롭게 제3자에게 양도 또는 이용허락을 해 줄 수 있다.
(3) A의 사후 70년이 경과하였지만 B의 사후 70년은 아직 경과하지 않았을 경우, A의 작성부분은 누구라도 자유롭게 이용할 수 있지만, B의 작성부분은 B의 허락을 받지 않으면 이용할 수 없다.

반대로 A와 B가 창작한 외형상 1개의 저작물이 공동저작물에 해당한다면,

(1) A의 분담부분을 이용하고자 하는 자는 A와 B의 허락을 모두 얻어야 한다.
(2) A는 B의 동의를 조건으로 자기의 지분을 제3자에게 양도할 수 있지만, 자기의 분담부분이라고 생각되는 부분을 분리하여 양도할 수는 없다.
(3) A의 사후 70년을 경과하였지만 B의 사후 70년은 아직 경과하지 않은 경우, B의 허락이 없으면 저작물 전체는 물론이고 A의 분담부분만을 이용하는 것도 불가능하다.[60]

3. 가사와 악곡의 결합

우리 저작권법이 취하고 있는 개별적 이용가능성설에 의하면 노래의 가사와 악곡이 결합한 것은 특별한 사정이 없는 한 결합저작물이라고 보는 것이 합당하다. 음악저작물은 가사와 악곡이 일체로 되어 이용되는 것이 보통이지만 가사만을 출판한다거나 악곡만을 연주하는 것처럼 가사와 악곡을 분리하여 이용하는 것도 가능하기 때문이다. 따라서 가요곡이나 오페라곡, 뮤지컬곡 등과 같이 가사와 악곡으로 구성되어 있는 음악저작물은 결합저작물이 되며, 이때 가사만을 이용하는 경우에는 작사자의 허락만 받으면 되고 악곡만을 이용하는 경우에는 작곡자의 허락만 받으면 된다.

작사가와 작곡가가 창작에 있어서 서로 영향을 준 경우에는 그 영향의 정도에 따라서 나누어 보아야 한다. 먼저, 가사와 악곡을 모두 합작한 경우, 즉 가사의 창작이나 악곡의 창작 모두 甲과 乙이 공동으로 한 경우에는 가사도 甲과 乙의 공동저작물이 되고 악곡도 甲과

---

60) 半田正夫, 전게서, 64면. 공동저작물이므로 A의 분담부분만을 이용한다는 것 자체가 사회통념상 불가능할 것이지만, 굳이 가능하다 하더라도 B의 허락 없이는 이용할 수 없다는 의미이다.

乙의 공동저작물이 된다. 그리고 그 가사와 악곡으로 성립된 가요곡 저작물은 이 두 개의 저작물로 이루어진 결합저작물이 된다. 두 번째로, 甲이 가사를 작성함에 있어 乙이 조언을 주고, 乙이 악곡을 작성함에 있어 甲이 조언을 준 경우에는 조언을 준 것만으로는 저작자로 될 수 없으므로, 가사는 甲의, 악곡은 乙의 단독저작물이 되고, 이러한 가사와 악곡으로 성립된 가요곡은 이 두 개의 저작물로 이루어진 결합저작물이 된다.[61]

가사와 악곡이 결합한 음악저작물을 결합저작물로 보게 되면 가사와 악곡의 보호기간이 달라지기 때문에 권리의 획일적 처리가 곤란해진다. 그런 이유로 프랑스와 이탈리아에서는 오페라 등을 공동저작물로 규정하고 있으며,[62] 우리나라의 음악 관련 신탁관리단체에서도 법리적인 타당성을 떠나 편의상 악곡과 가사를 공동저작물처럼 취급하는 경우가 있다.

4. 본문과 삽화의 결합

하급심 판결 중 서울민사지방법원 1992. 6. 5. 선고 91가합39509 판결(일명, '표준전과' 사건)[63]은 교과서 본문과 삽화를 결합저작물로 보고 있다. 이 사건 원고는 삽화가로서 초등학교 국어교과서의 삽화 119점을 제작하여 주었고, 이에 따라 제작된 초등학교 국어교과서의 뒷 표지에는 '삽화가 A'로 원고의 이름이 표시되어 있었다. 피고는 초등학교용 전과 등을 전문으로 출판하는 회사로서 원고가 제작한 삽화를 사용하여 '표준전과'라는 초등학교용 전과를 제작판매 하였는데 표준전과에 원고를 삽화의 저작자로 표시하지 아니하였다. 법원은, 교과서는 그 내용인 글과 원고가 제작한 삽화를 배열하여 이루어진 저작물로서 삽화가 글과 분리되어 이용될 수 있어 공동저작물이 아니고 편집저작물[64]이라 할 것이므로, 피고가 주장하는 바와 같이 설사 교과서의 저작권은 교육부에 있더라도 이에 수록된 삽화에 대한 저작권은 원저작자인 원고에게 있다고 할 것이니 피고가 원고의 허락 없이 이를 표준전과에 사용하고 원고의 성명을 표시하지 아니한 것은 원고의 저작권을 침해한 것이라고 하였다.[65]

---

61) 상계서, 67면.
62) 內田 晉, 전계서, 103면.
63) 하급심판결집, 1992-2, 290면(확정).
64) 판결이유에서 '편집저작물'이라고 하고 있으나, 문맥상 정확하게는 '결합저작물'을 의미하는 것으로 이해하여야 할 것이다.
65) 한편 이 사건에서 피고의 주장처럼 이 사건 교과서가 공동저작물이라면 삽화가인 원고는 저작권을 주장할 수 없는 것일까? 그것은 그렇지 않다. 물론 삽화 자체에 대한 개별적인 저작권을 주장할 수는 없겠지만, 이 사건 교과서가 공동저작물이라면 그 저작인격권과 저작재산권은 저작자 전원의 합의에 의하지 않고는 행사할 수 없는 것이므로(저작권법 제15조, 제48조), 피고가 표준전과를 제작하면서 삽화가로서 공동저작자인 원고의 허락을 받지 아니하였다면 원고는 다른 저작자의 동의가 없더라도 저작권법 제123조에 의한 침해의 정지, 침해행위에 의하여 만들어진 물건의 폐기나 기타 필요한 조치를 청구할 수 있는

5. 뮤 지 컬

대법원 2005. 10. 4.자 2004마639 결정[66]은, 뮤지컬은 음악과 춤이 극의 구성·전개에 긴밀하게 짜 맞추어진 연극으로서, 각본, 악곡, 가사, 안무, 무대미술 등이 결합된 종합예술에 속하고 복수의 저작자에 의하여 외관상 하나의 저작물이 작성된 경우이기는 하나, 그 창작에 관여한 복수의 저작자들 각자의 이바지한 부분이 분리되어 이용될 수도 있다는 점에서 공동저작물이 아닌 단독저작물의 결합에 불과한 이른바 '결합저작물'이라고 봄이 상당하고, 한편 뮤지컬 자체는 연극저작물의 일종으로서 영상저작물과는 그 성격을 근본적으로 달리하기 때문에 영상제작자에 관한 저작권법상의 특례규정이 뮤지컬제작자에게 적용될 여지가 없으므로, 뮤지컬의 제작 전체를 기획하고 책임지는 뮤지컬제작자라도 그가 뮤지컬의 완성에 창작적으로 기여한 바가 없는 이상 독자적인 저작권자라고 볼 수 없으며, 뮤지컬의 연기자, 연출자 등은 해당 뮤지컬에 관여한 실연자로서 그의 실연 자체에 대한 복제권 및 방송권 등 저작인접권을 가질 뿐이라고 하였다.

그러나 이 대법원 결정에 대하여는, 일부 저작물이 분리이용이 가능하다고 하여 그것만으로 뮤지컬을 '결합저작물'이라고 결론을 내리는 것은 타당하지 않다는 비판이 있다. 전체로서의 뮤지컬 저작물 중에는 '분리할 수 없는 부분'(integral part)이 상당수 존재하고 그러한 기여분이 상호간에 밀접한 관련 속에 종합예술로서 뮤지컬을 구성하기 때문이라고 한다.[67]

제 4 절   업무상저작물의 저작자

I. 서   설

1. 의   의

저작물은 인간의 사상이나 감정을 표현한 창작물이므로 저작자는 원래 창작자, 그 중에서도 실제로 정신적 창작활동을 하는 자연인만이 될 수 있다는 것이 대륙법계의 기본적인

것은 물론, 같은 법 제125조, 제129조에 따라 저작재산권의 침해에 관하여 자신의 지분에 기한 손해배상의 청구를 할 수도 있다. 즉, 이 사건에서 피고는 주장 자체에서 이유가 없는 항변을 하고 있는 셈이다.

66) 일명, '뮤지컬 사랑은 비를 타고' 사건으로, 서울고등법원 2004. 7. 5.자 2004라246 결정에 대한 재항고심 판결.

67) 최경수, 전게서, 178면.

시각이다. 이와 같이 창작은 자연인만이 할 수 있고, 자연인 중에서도 실제로 창작행위를 한 자연인만이 저작자가 되어 저작권을 원시적으로 취득한다는 것을 '창작자원칙'이라고 한다. 창작행위는 의사표시를 요소로 하는 법률행위가 아니라 사실행위이기 때문에 민법상 대리가 성립할 여지가 없고, 따라서 대리인으로 하여금 창작하게 하고 그 법률효과인 저작권을 본인이 직접 원시적으로 취득할 수도 없다.[68] 그렇다면 실제로 정신적 활동을 할 수 없는 법인이나 단체는 그 자체로서는 창작행위를 할 수 없고 저작자가 될 수도 없어야 하는 것이 원칙이다. 그런데 저작권법은 창작자원칙에 대한 중대한 예외로서, 법인·단체 기타 사용자와 일정한 관계에 있는 자연인이 창작한 저작물의 저작자를 그 법인 등이 되는 경우를 인정하고 있다. 즉, 저작권법 제2조 제31호는 "법인·단체 그 밖의 사용자(이하 '법인 등'이라 한다)의 기획 하에 법인 등의 업무에 종사하는 자가 업무상 작성하는 저작물"을 '업무상저작물'로 정의하면서, 제9조에서 "법인 등의 명의로 공표되는 업무상저작물의 저작자는 계약 또는 근무규칙 등에 다른 정함이 없는 때에는 그 법인 등이 된다"고 규정하고 있다.

이와 같이 피용자 등 사용자와 일정한 관계에 있는 자가 그 사용자에 대한 업무로서 작성하는 저작물을 업무상저작물이라고 하며, 업무상저작물이 저작권법 제9조에서 정한 요건을 충족하게 되면 그 사용자 등이 저작자가 되는 특별한 취급을 받게 된다. 제9조의 요건을 충족하는 업무상저작물의 한 종류로서 사용자가 법인 또는 단체인 경우를 특히 법인저작물(또는 단체명의저작물)이라고 부르기도 하였으나, 현행 저작권법에서는 '업무상저작물'로 명칭을 통일하였다.[69]

2. 취   지

오늘날 저작물 창작이 이루어지는 현장의 실제를 보면, 법인 등 단체의 내부에서 여러 사람의 협동작업에 의하여 이루어지는 경우가 많다. 이러한 경우에 그 여러 사람의 관여의 정도라든가 태양이 각양각색이어서 구체적으로 누가 창작자인지를 찾아내는 것이 매우 어렵고 현실에도 부합하지 않는 사례가 많다는 점과, 권리관계를 단순화하여 저작물의 이용을 원활하게 할 수 있다는 점에서 아예 법인이나 단체 등 그 사용자에게 원시적으로 저작자의

---

68) 민법주해(Ⅲ), 박영사(1992), 4면(손지열 집필 부분); 박성호, 전게서, 190면.

69) 업무상저작물 규정에 대하여는, 정당한 보상이나 정보 이용에 관한 예외 없이 업무상 저작한 저작물의 저작자를 사용자로 정하고, 피용자가 퇴직 후 동종업계에서 취업하거나 창업하지 못하게 하므로 저작자·발명가·과학기술자와 예술자의 권리를 보호하는 헌법 제22조 제2항, 직업선택의 자유를 보장하는 헌법 제15조, 개인과 기업의 경제상의 자유와 창의를 존중함을 기본으로 하는 경제질서를 규정한 헌법 제119조 제1항에 위반된다는 이유로 위헌심판이 제기된 바 있었다. 그러나 헌법재판소 2018. 8. 30.자 2016헌가12 결정으로 합헌판정이 내려진 바 있다.

권리를 부여하고자 한 것이 저작권법이 특별히 업무상저작물에 관한 규정을 두고 있는 취지이다.[70]

이와 같이 법인 등에게 저작자로서의 지위를 부여하는 저작권법 제 9 조의 규정은 저작권법 제 2 조 제 2 호의 "저작자란 저작물을 창작한 자를 말한다"는 대원칙(창작자원칙)에 대하여 중대한 예외를 인정하는 것이 된다. 여기에다가 저작권법이 저작자에게 저작인격권을 부여하고 있는 취지 등을 고려하여 볼 때 제 9 조는 가능한 한 제한적으로 적용하고 축소해석되어야 한다는 견해가 유력하다.[71] 대법원 1992. 12. 24. 선고 92다31309 판결(일명, '롯티' 사건)은, 상업적 성격이 강하고 주문자의 의도에 맞추어야 할 필요성이 큰 저작물의 경우에도 업무상저작물에 관한 규정은 예외적으로 적용되어야 한다고 판시하였다.

Ⅱ. 요   건

업무상저작물이 저작권법 제 9 조에서 정하는 요건을 갖추면 실제 창작을 한 자가 아닌 법인 등 사용자가 저작자가 된다. 아래에서 그 요건을 살펴본다.

1. 법인·단체 그 밖의 사용자가 저작물의 작성에 관하여 기획할 것

가. 사용자의 의의

저작권법 제 9 조에서 말하는 '법인·단체 그 밖의 사용자'라 함은 법인격의 유무를 묻지 아니하고 국가나 지방자치단체, 회사, 학교 기타 모든 단체를 포함한다. 법인격이 없는 사단이나 재단도 대표자 또는 관리인이 정해져 있으면 이에 포함된다. 개인인 사용자도 포함하는가에 관하여는 법문상 이를 특별히 제한하고 있지 않으므로 포함된다고 해석하여야 할 것이다.[72]

나. 저작물의 종류

저작권법 제 9 조는 저작물의 종류에 대하여 명백하게 규정하고 있지 않지만, 2차적저작물을 포함하여 모든 저작물에 적용이 있는 것으로 해석된다. 다만, 영상저작물에도 그 적용

---

70) 半田正夫, 전게서, 69면.
71) 박성호, 전게논문, 123면.
72) 齊藤 博, 職務著作, 裁判實務大系-知的財産關係訴訟法, 전게논문, 236면; 半田正夫, 전게서, 70면.

이 있는가에 관하여는 다소 의문이 있다. 그러나 영상저작물에도 제 9 조가 당연히 적용되는 것이며, 저작권법 제 5 장(제99조 내지 제101조)의 '영상저작물에 대한 특례'는 제 9 조의 요건을 갖추지 못하여 업무상저작물이 될 수 없는 영상저작물의 경우에만 적용되는 것이라고 해석함이 타당하다.[73] 하급심 판결 중에도 같은 취지에서 "이 사건 영상시연물은 신청인 회사의 직원이던 피신청인들이 신청인의 총괄적 기획 및 지휘·감독 하에 창작한 작품으로서 신청인 명의로 외부에 공표되었으므로 그 저작권은 영상제작자에 대한 특칙과 관계없이 바로 법인인 신청인에게 귀속된다"고 한 것이 있다.[74] 그러므로 영상저작물이 저작권법 제 9 조의 요건을 갖추어 법인 등 사용자가 영상저작물의 저작자로 되는 경우에는, 영상저작물을 이용하는 데에 필요한 복제권이나 배포권 등은 당연히 그 저작자인 법인 등 사용자에게 원시적으로 귀속되므로, 영상저작물에 대한 특례규정인 제100조 제 1 항은 적용될 여지가 없다.[75]

다. 법인 등 사용자의 기획

법인 등 사용자가 일정한 의도에 기초하여 저작물의 작성을 구상하고, 그 구체적인 제작을 피용자에게 명하는 것을 말한다. 사용자가 법인이나 단체인 경우에는 법인의 의사결정기관(주주총회 또는 이사회 등), 집행기관(대표이사 등)이 기획하는 경우는 물론, 피용자에 대하여 지휘·감독의 권한을 갖는 상사의 기획이나 동료들 사이의 의견교환의 결과 확정한 기획도 포함하는 것으로 해석된다.[76]

여기서 사용자의 기획에 의하여야 한다는 요건을 지나치게 엄격하게 해석할 것은 아니고, 피용자가 임의로 작성한 것이라 하더라도 사용자에 의하여 사후승낙을 얻은 경우라든지, 나아가서는 널리 사용자의 의사에 반하지 않는 경우에는 이 요건을 충족하는 것으로 해석하여야 한다는 견해가 있다.[77]

그러나 이 견해처럼 넓게 해석할 경우 '기획'을 독립된 요건으로 둔 저작권법의 취지가 훼손되므로, 법인 등 사용자의 기획은 그 저작물 작성의 전단계에 이미 존재하고 있어야 한다는 견해도 있다.[78] 이에 따르면 동료들 간의 의견교환의 결과 확정한 기획안은 아

---

73) 장인숙, 저작권법원론, 보진재출판사, 1989, 210면; 박성호, 전게논문, 125면에서 재인용.
74) 서울고등법원 2000. 9. 26.자 99라319 결정. 박성호, 전게서, 202면에서 재인용.
75) 박성호, 전게서, 203면. 이에 따르면 영상저작물 중 방송사업자가 영상제작자를 명기하는 'ㅇㅇㅇ기획·제작' 또는 '△△△제작·저작'이라는 표시는 업무상저작물의 저작자 명의를 나타낸 것으로서 저작권법 제 9 조의 법인 등 사용자 명의의 공표요건에 해당하고, 반면에 영화감독, 출연자 등의 성명 표시는 영상저작물의 제작에 관여한 업무분담 표시를 한 것에 불과한 것으로 해석하는 것이 일반적이라고 한다.
76) 半田正夫, 전게서, 70면.
77) 상게서, 71면.
78) 齊藤 博, 전게논문, 237면. 박성호, 전게서, 204면.

직 법인의 기획이라고 할 수 없고, 기획안을 실시하고자 할 때 법인이 승인하는 단계에서, 즉 법인의 의사결정기관이나 집행기관의 승인 또는 담당부서 책임자의 승인이 있는 단계에서 비로소 '기획'이 인정된다고 한다.[79] 저작권법 제 9 조는 창작자를 저작자로 하는 저작권법의 대원칙에 대한 예외규정으로서 가급적 제한적으로 적용하고 축소해석하여야 한다는 점에서 보면 이 견해가 타당하다고 해석된다.[80]

대법원도 그러한 입장에 서 있는 것으로 보인다. 대법원 2021. 9. 9. 선고 2021다236111 판결은, "(업무상저작물의 성립요건인) '법인 등의 기획'이라 함은 법인 등이 일정한 의도에 기초하여 저작물의 작성을 구상하고 그 구체적인 제작을 업무에 종사하는 자에게 명하는 것을 말한다. 이러한 '법인 등의 기획'은 명시적은 물론 묵시적으로도 이루어질 수 있는 것이기는 하지만, 묵시적인 기획이 있었다고 하기 위해서는 위 법 규정이 실제로 저작물을 창작한 자를 저작자로 하는 같은 법 제2조 제2호의 예외규정인 만큼 법인 등의 의사가 명시적으로 현출된 경우와 동일시할 수 있을 정도로 그 의사를 추단할 만한 사정이 있는 경우에 한정된다고 보아야 한다."고 하였다.[81]

2. 법인 등의 업무에 종사하는 자에 의하여 작성될 것(사용관계)

가. 사용관계의 의미

사용관계의 의미에 관하여는 두 가지 견해가 대립한다. 사용관계를 넓게 해석하는 견해에서는, 사용관계란 사용자와 피용자 사이에 실질적인 지휘·감독관계가 있는 것을 말하며, 이러한 관계는 법률적으로는 고용계약에 기하여 발생하는 경우가 많을 것이지만 거기에 한정되지 않고, 위임계약이나 조합계약에 기초한 경우라도 사용자의 지휘감독에 복종하는 관계에 있다면 사용관계가 있다고 본다.[82]

이에 반하여 사용관계를 좁게 해석하는 견해는, 실질적인 지휘·감독관계에 있어야 하는 것은 물론이고 법인 등과 고용관계에 있는 경우에만 사용관계가 있는 것이라고 본다. 저

---

79) 상게서, 204면.

80) 대법원 2010. 1. 14. 선고 2007다61168 판결은 "법인 등의 '기획'이라 함은 법인 등이 일정한 의도에 기초하여 컴퓨터프로그램저작물의 작성을 구상하고, 그 구체적인 제작을 업무에 종사하는 자에게 명하는 것을 말하는 것으로 명시적은 물론 묵시적으로도 이루어질 수 있는 것이지만, 묵시적인 기획이 있었다고 하기 위해서는 위 법 규정이 실제로 프로그램을 창작한 자를 프로그램저작자로 하는 법 제 2 조 제 2 호의 예외규정인 만큼 법인 등의 의사가 명시적으로 현출된 경우와 동일시할 수 있을 정도로 그 의사를 추단할 만한 사정이 있는 경우에 한정된다"고 판시하였다.

81) 대법원 2010. 1. 14. 선고 2007다61168 판결도 같은 취지이다.

82) 半田正夫, 전게서, 70면; 박성호, 전게논문, 125면.

작권법 제 9 조는 가능한 한 제한적으로 해석하여야 한다는 점을 이유로 든다.[83]

양설의 차이점은 피용자가 파견근무 중인 경우에 잘 나타난다. 피용자가 원래의 사용자로부터 파견처로 파견된 경우에 고용관계는 원래의 사용자와의 사이에 여전히 존재하지만 실질적인 지휘·감독관계는 파견처에서 행사하게 된다. 따라서 전자의 견해에 의하면 파견처가 사용자로 되고 피용자가 작성한 저작물도 파견처가 저작자로 된다. 그러나 후자의 견해에 의하면 피용자와의 사이에 파견처는 고용관계가 없기 때문에, 그리고 원래의 사용자는 실질적인 지휘·감독관계가 없기 때문에 제 9 조의 사용자가 될 수 없고, 따라서 이 경우 업무상 작성된 저작물의 저작자는 결국 저작권법 원래의 원칙으로 돌아가 피용자가 될 수밖에 없다고 본다.

저작권법 제 9 조는 단순히 '업무에 종사하는 자'라고만 규정하고 있을 뿐 반드시 고용관계에 있을 것을 요구하고 있지 않다. 또한 파견의 경우 파견처의 기획 하에 작성된 저작물의 실제 작성자가 자신의 직원인지 아니면 파견된 직원인지의 여부에 따라서 파견처가 저작자로 될 수 있는지 여부가 달라진다는 것은 현실에 비추어 합리적이지 않다. 그러므로 전자의 견해와 같이 해석하는 것이 옳다고 본다. 다만 실질적인 지휘·감독관계의 유무가 사용관계를 판단하는 관건이 되므로, 설사 법률적으로는 고용관계에 있다 하더라도 실질적인 지휘·감독관계가 없다면 사용관계를 인정할 수 없을 것이다. 따라서 고용관계에 있는 피용자가 장기간 요양 중이거나 군입대 등 기타 사정으로 장기간 휴직 중일 때에는 사용자와 법률적인 고용관계는 계속되고 있지만 업무면에서는 실질적인 지휘·감독관계가 단절되어 있기 때문에 저작권법 제 9 조의 사용관계는 없다고 보아야 한다.[84]

그리고 저작권법 제 9 조는 실제 창작한 자를 저작자로 한다는 저작권법의 대원칙에 대한 예외규정이므로 실질적인 지휘·감독관계의 존재여부도 가급적 엄격하게 해석하여야 할 것이다. 특히 문제로 되는 것이 위임과 도급계약의 경우이다.

나. 위탁(위임·도급계약)의 경우

사용관계를 넓게 해석하는 입장에 선다 하더라도, 위탁(촉탁), 즉 위임이나 도급계약에 있어서 수임인이나 수급인은 위임인이나 도급인에 대하여 독립된 지위에 서게 되고 자신의 재량에 의하여 활동을 하는 것이 원칙이므로, 통상의 위임인·도급인은 저작권법 제 9 조에서 말하는 사용자에 포함되지 않는다.[85] 뿐만 아니라 저작물의 작성을 도급인이 계획하고

---

83) 齊藤 博, 전게논문, 237면.
84) 하용득, 전게서, 118면.
85) 半田正夫, 전게서, 70면.

도급인이 수급인에게 자료를 제공하며 도급인의 지시 또는 주문사항을 작품 중에 나타냈다 하더라도 "작성자인 수급인이 예술적인 감각과 기술을 구사하고 스스로의 창의와 기법에 의하여"[86] 저작물을 작성함으로써, 위탁을 받은 수급인의 정신적 작업이 작품의 결정적인 요소로 되었다면 도급인이 아니라 수급인이 저작자로 된다.[87]

물론 위탁을 한 자가 문자 그대로 수탁자를 완전히 자기 손발과 같이 이용하여 저작물을 작성케 한 경우라면 사용관계의 존재가 인정되고, 따라서 실제 작업을 한 자가 아닌 위탁을 한 도급인이나 위임인이 저작자로 되는 사례도 있을 수 있다. 그러나 이런 경우 도급인과 수급인의 관계는 저작물의 완성을 목적으로 하는 도급계약 관계라기보다는 오히려 노무제공계약 관계라고 보는 편이 합리적일 것이다.

이와 관련된 판례를 살펴보면, 대법원 1992. 12. 24. 선고 92다31309 판결은, "단체명의 저작물(업무상저작물)의 저작권에 관한 저작권법 제 9 조를 해석함에 있어서도 이 규정이 예외규정인 만큼 제한적으로 해석하여야 하지 확대 내지 유추해석하여 저작물의 제작에 관한 도급계약에까지 적용할 수는 없다. … 제작자가 롯데월드의 상징도형을 제작하는 목적과 소재 선정에 있어서 주문자의 요구사항을 따르기로 하고, 제작물에 관한 모든 권리를 주문자 측에 귀속시키며, 주문자 측에서 제작물에 대한 수정 요구를 하면 제작자가 이에 응할 의무가 있다는 약정을 하였으나, 그 소재 선정이나 너구리 도안의 작성은 전적으로 제작자인 신청인의 재량과 예술적인 감각 및 기술에 의하였음을 인정할 수 있으므로 위 너구리 도안의 저작자는 제작자인 신청인이다"라고 판시하였다.

반면에 대법원 2000. 11. 10. 선고 98다60590 판결은 위탁에 의하여 개발된 컴퓨터프로그램의 저작권이 위탁자와 수탁자 누구에게 귀속하느냐가 문제로 된 사안에서, "업무상 창작한 프로그램의 저작자에 관한 구 컴퓨터프로그램보호법 제 7 조(현행 저작권법 제 9 조에 해당)의 규정은 프로그램 제작에 관한 도급계약에는 적용되지 않는 것이 원칙이나, 주문자가 전적으로 프로그램에 대한 기획을 하고 자금을 투자하면서 개발업자의 인력만을 빌어 그에게 개발을 위탁하고 이를 위탁받은 개발업자는 해당 프로그램을 오로지 주문자만을 위해서 개발·납품하여 결국 주문자의 명의로 공표하는 것과 같은 예외적인 경우에는 법인 등의 업무에 종사하는 자가 업무상 창작한 프로그램에 준하는 것으로 보아 제 7 조를 준용하여 주문자를 프로그램 저작자로 볼 수 있다"고 판시한 바 있다. 이와 같이 판례의 입장은 일관되지 않은 것처럼 보이는데, 후자의 판결의 취지는 그 이후에 나온 대법원 2013. 5. 9. 선고 2011다69725 판결에서도 반복되고 있다.

---

86) 앞서 제 2 절 '저작자의 결정' 부분에서 본 일본 동경지방법원의 이른바 '파노라마 지도' 사건의 판시이다.
87) 박성호, 전게논문, 133면.

위탁관계냐 고용관계냐의 문제는 결국 해당 저작물의 저작자를 누구로 볼 것이냐의 문제이므로, 계약의 명칭에 따라 형식적으로 판단할 것이 아니라 계약의 내용 및 그 계약에 기초하여 당사자들이 해당 저작물을 창작함에 있어서 실제로 수행한 역할이 어떤 것이었느냐에 따라 구체적, 실질적으로 판단할 문제이다. 기본적으로는 위탁자의 창작적인 판단과 그에 따른 구체적 지휘감독 아래에서 작성된 것이냐, 수탁자의 독자적인 창작적 판단에 의하여 작성된 것이냐에 의하여 결정하여야 한다. 그 결과 구체적인 사안에 따라 결론도 달라질 수밖에 없기 때문에 판례의 입장이 일관되지 않는 것처럼 보이는 것도 그러한 점에서 이해할 수 있을 것이다.

사안에 따라서는 위탁자가 단순한 창작의 위탁을 넘어서서 수탁자의 창작 작업에 실질적으로 창작적인 기여를 하는 경우가 있는데, 그런 경우에는 위탁자와 수탁자가 공동저작자로 될 수 있을 것이다.

3. 업무상 작성하는 저작물일 것

업무상 작성하는 저작물이어야 한다. 저작물의 작성 자체가 업무가 되어야 하므로, 단지 업무수행에 있어 파생적으로 또는 업무와 단지 간접적으로만 관련하여 작성되는 것에 불과할 때에는 법인 등 사용자가 아닌 저작물의 작성자 자신이 저작자가 된다. 예컨대 공무원이 업무상 얻은 지식·경험에 기하여 창작하거나, 피용자가 자기가 담당하고 있는 업무를 효율적으로 처리하기 위하여 자신의 계획 하에 여가시간을 이용하여 저작물을 작성하는 경우에는 실제 작성자가 저작자로 된다.[88]

대학교수의 강의안이 업무상저작물이 되는지도 문제이다. 대학당국과 교수들 사이에 강의안을 둘러싼 저작권귀속 분쟁에 대한 미국의 판례를 살펴보면, 일반적으로 대학당국이 아니라 교수에게 강의안에 대한 '보통법상의 저작권'(the common law copyright)이 귀속된다고 한다.[89] 그 근거로서는 대학교수의 강의안은 독자적인 것이고, 대학당국이 교수의 강의내용을 이루는 사상의 표현방식을 지시·규율할 수 없다는 점을 들고 있다. 만일 교수의 강의안 작성이 업무범위에 속하고 강의안에 대한 저작권이 교수가 아니라 대학당국에 귀속된다고 하면 바람직하지 못한 결론이 초래될 수 있다. 예컨대, 어느 대학의 교수가 다른 대학으로 옮겨 강의하는 것이 강의안에 대한 저작권 문제로 인하여 방해를 받게 될 수 있다는 것이다. 이러한 판례의 해석은 고등학교나 초등학교 교사들에게도 마찬가지로 적용된다고 한다.[90]

---

88) 하용득, 전게서, 118면.
89) Williams v. Weisser, 273 Cal. App.2d 726(1969).

우리나라의 경우에도 대학교수 또는 교사의 강의안을 일괄적으로 업무상저작물로 보거나 반대로 업무상저작물에서 제외하는 것은 타당하지 않고, 업무상저작물의 성립요건에 따라 개별적인 사안에서 구체적으로 판단하여야 할 것이다. 다만, 대학교수나 교사의 직무 성격상 다른 피고용인의 저작물보다는 업무상저작물로 성립하는 범위가 넓지 않을 것이다. 학설도 이 문제와 관련하여, 업무상저작물이 되기 위해서는 저작물의 작성 자체가 업무가 되어야 하므로 단지 업무수행에 있어서 파생적으로 또는 그 업무와 관련하여 작성되는 경우에 불과할 때는 법인 등 사용자가 아닌 저작물의 작성자 자신이 저작자로 되고, 따라서 대학교수가 강의를 위한 강의안을 작성하는 경우나 피용자가 자기가 담당하고 있는 업무를 효율적으로 처리하기 위하여 자신의 계획 하에 여가시간을 이용하여 저작물을 작성하는 경우는 업무상저작물이 되지 않고 작성자가 저작자가 된다고 보고 있다.[91]

4. 법인 등의 명의로 공표되는 것

가. 의   의

피용자가 업무상 작성한 저작물이라 하더라도 법인 등의 명의로 공표되지 아니하고 피용자의 명의로 공표되면 저작권법 제 9 조는 적용되지 아니한다.

2006년 개정되기 전 저작권법 제 9 조는 그 단서에서 "기명저작물의 경우에는 그러하지 아니하다"라고 규정하고 있었다. 그러나 이 단서는 실제 운용상 법인 등이 저작권을 빼앗길 것을 우려하여 저작물에 근로자의 이름을 넣어주려는 작은 배려마저 차단하는 역효과를 가져온다고 평가되었다. 이에 따라 2006년 개정 이후 저작권법은 이 단서규정을 삭제하여 법인 등의 기획 하에 법인 등의 업무에 종사하는 자가 업무상 작성하는 저작물은 특약이 없는 한 기명저작물이라 하더라도 법인이 저작자가 되도록 하였다.[92]

한편, 지금은 저작권법에 통합되어 사라졌지만, 종전 컴퓨터프로그램보호법에서는 업무상저작물이 되기 위한 요건 중에서 기명저작물과 관련된 제 9 조 단서와 같은 규정이 원래부터 존재하지 않았다(구 컴퓨터프로그램보호법 제 5 조).

여기서 말하는 "법인 등의 명의로 공표되는 것"에서의 '공표'는 단순히 그 저작물을 특정하기 위하여 하는 명칭 표시를 의미하는 것이 아니라 저작권의 귀속주체를 표시한 것이라야 한다고 본 판례가 있다.[93]

---

90) 박성호, 전게논문, 127, 128면.
91) 하용득, 전게서, 118면; 박성호, 전게서, 217면.
92) 심동섭, 개정 저작권법 해설, 계간 저작권, 2006년 겨울, 저작권심의조정위원회, 51면.
93) 서울중앙지방법원 2006. 10. 18. 선고 2005가합73377 판결(항소).

나. 미공표 저작물의 경우

개정 전 저작권법은 법인 등의 명의로 '공표된' 저작물에 한정하여 업무상저작물로 인정하고 있었고, 이에 따라 아직 공표되지 않은 저작물은 누구의 저작물인지가 불분명하였다. 그래서 저작권법 제9조가 미공표 저작물에도 적용되는지에 대하여 긍정설과 부정설의 두 가지 견해가 있었다. 개정된 저작권법은 이러한 학설상의 대립을 해소하기 위하여 '공표된'을 '공표되는'으로 문구를 수정하였다. 즉, 개정된 저작권법은 미공표 상태에 있다고 하더라도 법인 등의 명의로 공표할 것을 예정하고 있는 것이라면 그 역시 법인 등을 저작자로 본다는 취지에서 '공표된'을 '공표되는'으로 변경하였고, 이로써 권리관계가 명확해졌다.[94]

한편, 프로그램저작물의 경우에는 업무상저작물이 성립하는데 있어서 아예 법인 등의 명의로 공표될 것을 요하지 않는다(저작권법 제9조 단서). 이는 프로그램의 경우, 개발 과정에서 공표를 예정하고 있지 않은 많은 시험용 버전들이 만들어질 수 있는데 이러한 프로그램에 대하여 업무상저작물의 성립을 인정하지 않게 되면 결국 이를 종업원의 저작물로 볼 수밖에 없게 되고, 그 경우 최종적으로 완성되어 공표된 프로그램과 중간 프로그램 사이에서 저작권 상호간의 충돌이 일어나는 등 혼란이 발생할 수 있을 뿐만 아니라, 실제로 공표하지 않고 다른 프로그램의 일부로 사용하거나 또는 영업비밀로서 보호받기를 원하는 경우도 많으므로 프로그램저작물은 '공표'를 업무상저작물의 성립요건으로 하는 것이 적절하지 않다는 점을 고려한 것이다.

5. 계약 또는 근무규칙 등에 다른 정함이 없을 것

이상의 요건들을 충족하더라도, 법인 등 사용자와 저작물 작성자 사이에 저작물 작성자를 저작자로 하기로 하는 특약이 있다면 그 특약에 따르게 되므로, 업무상저작물이 성립하기 위해서는 그러한 특약이 없어야 된다는 것이다. 그러나 실제로 회사와 피용자 사이에 그러한 특약을 하는 경우는 거의 없을 것으로 보인다.

---

94) 심동섭, 전게논문, 51면.

Ⅲ. 업무상저작물의 효력

1. 저작자 지위의 취득

이상의 요건을 모두 충족하면 그 효과로서 법인 등 사용자가 저작자의 지위를 취득하게 되고, 법인 등 사용자에게 저작재산권은 물론이고 저작인격권까지 원시적으로 귀속하게 된다.[95] 저작자에게 저작물의 작성과 동시에 저작권이 발생하기 때문이다.[96] 따라서 저작물의 이용허락을 할 권한과 저작권의 전부 또는 일부의 양도·질권의 설정 등 처분권도 모두 사용자인 법인 등이 갖게 된다. 저작재산권이 법인 등에게 귀속되므로 그 지분권인 복제권, 공연권, 공중송신권, 전시권, 배포권, 대여권 및 2차적저작물작성권(저작권법 제16 내지 제22조)도 당연히 법인 등이 갖는다. 공표권, 성명표시권, 동일성유지권(저작권법 제11 내지 제13조)을 포함한 저작인격권 역시 법인 등이 모두 원시적으로 취득한다. 그런데 저작인격권과 관련하여서는 약간의 문제가 있다.

먼저, 개정 전 저작권법에 의하면 법인 등이 저작자로 되기 위하여서는 법인 등의 저작명의로 공표된 것을 전제로 하기 때문에 저작물을 공표하거나 공표하지 아니할 것을 결정할 수 있는 권리인 공표권은 업무상저작물의 경우에는 행사될 여지가 없었다.[97] 그러나 개정 된 저작권법은 '공표된'을 '공표되는'으로 변경하였으므로, 아직 공표되지 않은 미공표 저작물도 업무상저작물이 될 수 있는 것이고, 그 경우에는 법인의 공표권이 행사될 수 있을 것이다.

동일성유지권과 관련하여서도 문제가 생긴다. 예컨대 법인 乙의 종업원 甲은 자본주의를 찬양하고 공산주의를 증오하는 자로서 乙 법인의 업무상 작업의 일환으로 자본주의를 옹호하는 글을 써서 乙 명의로 공표하였는데, 나중에 법인 乙이 글의 내용을 자본주의를 비방하는 방향으로 수정하였다고 할 때, 저작인격권까지 乙에게 속한다고 한다면 甲은 저작권법상 자신의 양심에 반하는 乙의 내용 변경을 통제할 수단이 없게 된다.

---

95) 齊藤 博, 전게논문, 242면.

96) 그러나 이에 대하여는 저작자라고 하여 반드시 저작권을 원시취득하는 것은 아니라고 하는 견해도 있다. 즉, 영상저작물에 있어서 실제 창작을 한 자가 아닌 제작자에게 저작권이 양도되도록 하는 것처럼, 업무상저작물에 있어서도 실제 창작을 한 자가 가지는 저작권이 사용자에게 법정양도되는 것으로 보아야 한다는 것이다. 이는 실제 창작을 한 자연인만을 저작자로 보고자 하는 대륙법계에 충실한 해석이다 (齊藤 博, 전게논문, 244면 참조). 그러나 우리나라 저작권법(일본법도 마찬가지이다)은 다른 대륙법계 저작권법과는 달리 제 9 조에서 " … 법인 등이 저작자로 된다"라고 규정하고 있으므로 법인 등 사용자에게 저작권의 원시취득을 인정하는 것이 타당하다.

97) 다만 미공표저작물에 대하여도 업무상저작물의 성립을 인정하는 긍정설의 입장에서 본다면, 공표예정인 법인저작물의 경우에도 공표권이 행사될 여지가 있었다; 박성호, 전게논문, 131면.

그러나 이러한 결론은 부득이한 것이며, 저작권법이 업무상저작물의 경우 법인 등 사용자가 저작자로 된다고 규정하고 있는 이상, 저작재산권이든 저작인격권이든 모든 저작권이 법인 등에게 원시적으로 귀속되는 것은 논리적 필연이라고 보아야 할 것이다.

2. 보호기간

업무상저작물의 저작재산권은 공표한 때로부터 70년간 존속한다. 다만 창작한 때로부터 50년 이내에 공표되지 아니한 경우에는 창작한 때로부터 70년간 존속한다(저작권법 제41조). 업무상저작물 중 법인 또는 단체가 저작자인 경우는 자연인의 사망에 해당하는 해산·소멸 등을 기준으로 보호기간을 기산하는 것이 불명확하고 적절치 못하므로 공표시 기산주의를 채택한 것이다. 여러 단체가 공동으로 저작한 경우에도 공동저작물에 관한 제39조 제2항이 적용되는 것이 아니라 제41조의 규정이 적용된다.[98]

그런데 업무상저작물의 보호기간을 정한 저작권법 제41조에서는 단순히 '업무상저작물'이라고만 하고 있으므로, 이 규정이 적용되기 위해서는 저작권법 제2조 제31호의 정의규정의 요건만 갖추면 되는 것인지, 아니면 제9조의 추가적인 요건까지 갖추어야 하는 것인지 해석상 의문이 있을 수 있다. 법문상으로만 본다면 전자와 같은 해석도 가능하나, 업무상저작물에 대하여 보호기간을 자연인의 경우와 달리 공표시를 기준으로 하여 정한 것은 법인의 경우 사망이라는 개념이 있을 수 없고, 그렇다고 하여 자연인의 사망에 해당하는 해산이나 소멸 등을 기준으로 정하는 것도 적절하지 않다는 고려에서 부득이하게 나온 것인 만큼, 법인 등이 저작자로 될 수 있는 모든 요건, 즉 저작권법 제9조의 요건까지 충족시키는 경우에만 제41조의 보호기간을 적용하고, 그렇지 않은 경우에는 원칙으로 돌아가 자연인에 관한 보호기간 규정인 제39조를 적용하는 것이 타당하다.[99]

한편 법인 또는 단체가 저작자인 업무상저작물의 저작인격권은 자연인의 경우와 마찬가지로 자연인의 사망에 해당하는 해산이나 소멸 등으로 그 단체가 존속하지 아니하게 된 때에 소멸하는 것으로 새겨야 할 것이다. 왜냐하면 업무상저작물의 저작재산권의 보호기간이 만료되어 공중의 영역에 들어갔다 하더라도 저작자인 단체가 존속하고 있는 한 제3자가 그 저작물을 마음대로 변경(저작인격권인 동일성유지권을 침해하는 행위)함으로써 단체의 사회적인 평가에 영향을 주는 것은 제한할 필요가 있기 때문이다.

---

98) 박성호, 전게논문, 131면.

99) 이해완, 저작권법, 박영사, 2007, 229면.

3. 업무상 작성된 저작인접물·데이터베이스

업무상저작물에 관한 규정이 저작인접물이나 데이터베이스에 대하여 준용될 수 있는지 여부도 문제로 될 수 있다. 예를 들어, 국립발레단의 무용수의 실연에 대하여 업무상저작물에 관한 저작권법 규정이 준용될 수 없다면 그 무용수의 실연은 결국 개인 실연으로 볼 수밖에 없고, 따라서 그 무용수의 사용자인 국가라 하더라도 해당 실연자의 저작인접권을 보호하여 주어야 할 의무가 있게 된다. 물론 저작인접권 중 재산적 성질을 가진 것에 대하여는 이를 국가가 양도받는 것으로 근무규칙이나 고용계약 등에 따로 정함을 두면 되겠지만, 성명표시권이나 동일성유지권과 같은 인격적 권리는 실연자의 일신에 전속하여 양도가 불가능하고, 국가는 이러한 권리를 보장해 주어야 하므로 그 결과 저작인접물의 이용에 많은 제약을 받게 될 가능성이 있다. 데이터베이스의 경우에도 국가가 피용자인 공무원 등을 통하여 제작한 데이터베이스에 대하여 국가가 권리를 행사하지 못하게 될 가능성이 있다. 이러한 문제점을 해결하기 위한 방안으로 저작권법상 업무상저작물에 관한 규정이 저작인접물이나 데이터베이스에도 준용되는 것으로 해석하는 방안을 생각해 볼 수도 있으나, 현행 저작권법상 명문의 준용규정이 존재하지 않는 이상, 해석론만으로는 한계가 있다. 추후 입법을 할 때 고려하여야 할 부분이다.

Chapter 04

저작자의 권리

저작자의 권리

제1절　저작권 일반론

I. 서　설

1. 저작권의 의의

저작권법은 저작자의 권리와 이에 인접하는 권리를 보호하고 저작물의 공정한 이용을 도모함으로써 문화 및 관련 산업의 향상발전에 이바지함을 목적으로 한다(저작권법 제1조). 따라서 저작권법이 보호하고 있는 권리는 저작자의 권리(저작권)와 이에 인접하는 권리(저작인접권) 크게 두 가지라고 볼 수 있다. 그 중에서 저작자의 권리, 즉 저작권은 다시 저작재산권과 저작인격권으로 나누어진다.

저작권법의 규정에 따르면, 저작권(copyright)은 인간의 사상 또는 감정을 표현한 창작물(저작물)에 대하여 그 창작자(저작자)가 취득하는 권리를 말하고, 저작인접권(neighbouring right)은 실연자가 실연을 한 때, 음반제작자가 음을 맨 처음 유형물(음반)에 고정한 때, 그리고 방송사업자가 방송을 한 때 각각 취득하는 권리를 말한다.

저작권이라는 용어는 좁은 의미로는 저작재산권만을 의미하는 경우도 있으며, 넓은 의미로는 저작재산권과 저작인격권이 포함되는 개념으로, 그리고 가장 넓은 의미로는 저작재산권, 저작인격권에다가 저작인접권과 출판권 등 저작권법에 규정되어 있는 모든 권리를 포함하는 개념으로 사용되고 있다.

우리나라의 현행 저작권법은 제10조에서 '저작권'이라는 제목으로, "저작자는 저작인격권과 저작재산권을 가진다"고 규정하고 있으므로, 저작권이라는 용어를 이 두 가지 권리를 포괄하는 넓은 의미의 개념으로 사용하고 있다고 볼 수 있다. 그리고 제2장 '저작권' 중 제

3 절에서 저작인격권의 종류와 성질·행사를, 제 4 절에서 저작재산권을 규정하고 있으며, 제 7 절에서 '배타적발행권'을, 제 3 장에서 '저작인접권'을, 제 4 장에서 '데이터베이스제작자의 보호'를 각각 규정하고 있다.

2. 조약과의 관계

베른협약은 제 5 조(1)에서 "저작자는 이 협약에 따라 보호되는 저작물에 관하여, 본국 이외의 동맹국에서 각 법률이 현재 또는 장래에 자국민에게 부여하는 권리 및 이 협약이 특별히 부여하는 권리를 향유한다"고 규정하면서, 구체적으로 "이 협약에서 특별히 부여하는 권리"로서 제 6 조의2(저작인격권으로 성명표시권, 동일성유지권),[1] 제 8 조(번역권), 제 9 조(복제권), 제11조(상연권, 연주권 등),[2] 제11조의2(방송권 등),[3] 제11조의3(낭독권 등), 제12조(번안권, 편곡권 등),[4] 제14조(영화화권, 상영권),[5] 제14조의2(영상저작물의 저작권자의 권리),[6] 제14조의3(추급권, 다만 추급권을 규정할 것인지 여부는 동맹국이 임의로 정할 수 있음)[7]을 규정하고 있다. 우

---

[1] 베른협약 제 6 조의2 (1): 저작자의 재산권과 독립하여, 그리고 이 권리의 양도 후에도, 저작자는 저작물의 저작자라고 주장할 권리 및 이 저작물과 관련하여 그의 명예나 명성을 해치는 왜곡·절단·기타 변경 또는 기타 훼손행위에 대하여 이의를 제기할 권리를 가진다.

[2] 베른협약 제11조 (1): 연극·악극 및 음악 저작물의 저작자는 다음을 허락할 배타적 권리를 향유한다. (i) 어떠한 방법이나 절차에 의한 경우를 포함하는, 그의 저작물의 공개 실연, (ii) 그의 저작물의 실연의 공중에의 전달.

[3] 베른협약 제11조의2 (1): 문학·예술 저작물의 저작자는 다음을 허락할 배타적 권리를 향유한다. (i) 그의 저작물을 방송하거나 또는 기타 무선송신의 방법으로 기호, 소리 또는 영상을 공중에 전달하는 것, (ii) 원사업자 이외의 사업자가 유선이나 재방송에 의하여 저작물의 방송물을 공중에 전달하는 것, (iii) 확성기나 기타 유사한 송신 장치에 의하여 저작물의 방송물을 기호·소리 또는 영상으로 저작물의 방송물을 공중 전달하는 것.

[4] 베른협약 제12조: 문학·예술 저작물의 저작자는 그의 저작물의 각색·편곡, 기타 개작을 허락할 배타적 권리를 향유한다.

[5] 베른협약 제14조 (1): 문학·예술 저작물의 저작자는 다음을 허락할 배타적 권리를 가진다. (i) 그 저작물의 영상적 각색과 복제 및 그와 같이 각색되거나 복제된 저작물의 배포, (ii) 그와 같이 각색되거나 복제된 저작물의 공개 실연 및 유선에 의한 공중에의 전달. (2) 문학·예술 저작물로부터 파생된 영상 저작물을 기타 다른 예술적 형태로 각색하는 것은 영상저작물의 저작자가 허락하는 것에 영향을 미치지 아니하고, 원저작물의 저작자의 허락을 받아야 한다.

[6] 베른협약 제14조2 (1): 각색되거나 복제된 저작물에 대한 저작권에 영향을 미치지 아니하고, 영상저작물은 원저작물로서 보호된다. 영상저작물의 저작권자는 전 조에서 언급한 권리를 포함하는, 원저작물의 저작자와 같은 권리를 향유한다.

[7] 베른협약 제14조의3 (1): 저작자 또는 그의 사망 후에 국내 입법으로 권한을 받은 자연인이나 단체는 원미술저작물 및 작사자와 작곡자의 원고에 관하여, 저작자가 저작물을 최초로 이전한 후에 그 저작물의 매매에 있어서의 이익에 대하여 양도할 수 없는 권리를 향유한다. (2) 전항에서 규정한 보호는, 저작자가 속한 국가의 입법으로 그와 같이 허용한 경우에, 그리고 이 보호가 주장되는 국가가 허용하는 범위 내에서만 각 동맹국에서 주장될 수 있다. (3) 징수의 절차와 금액은 국내 입법에 맡겨 결정한다.

리나라 저작권법은 이러한 권리들 중 추급권을 제외한 모든 권리를 저작권의 지분권으로서 인정하고 있다.

한편 TRIPs 협정은 제11조에서 컴퓨터프로그램 및 영상저작물에 대하여는 대여권이 보호되어야 한다는 것을 규정하고 있다. WIPO저작권조약은 제 6 조에서 모든 저작물에 관하여 양도권을, 제 7 조에서 컴퓨터프로그램과 영상저작물 및 음반에 수록된 저작물에 관하여 대여권을, 제 8 조에서 모든 저작물에 관하여 공중전달권을 보호하도록 규정하고 있다.

II. 저작권의 발생 – 무방식주의

1. 의   의

베른협약 제 5 조(2)는 본국 이외의 동맹국에서의 권리의 향유와 행사는 어떠한 방식에 따를 것을 조건으로 하지 아니하며, 그러한 향유와 행사는 저작물의 본국에서 보호가 존재하는지 여부와 관계가 없다는 점을 규정하고 있다. 이는 저작물의 본국 이외에서의 보호에 관하여 무방식주의를 채용한 것임을 명백히 한 것이다. 베른협약이 이와 같이 완전한 무방식주의를 채택한 것은 1908년 베를린 개정에서이다.

이러한 베른협약의 정신에 따라 우리나라 저작권법 제10조 제 2 항은, "저작권은 저작물을 창작한 때부터 발생하며 어떠한 절차나 형식의 이행을 필요로 하지 않는다"라고 규정하여 저작권의 발생에 있어서 '무방식주의'(無方式主義)를 취하고 있음을 명백히 하고 있다.

무방식주의에 반대되는 것이 '방식주의'(方式主義)로서, 저작권의 발생에 등록이나 납본, 또는 ⓒ 표시 등을 요건으로 하는 입법례를 말한다. 과거 방식주의의 대표적인 국가는 미국이었지만, 미국도 1976년의 저작권법 전면개정을 통하여 방식주의를 대폭 완화함으로써 현재에는 다른 나라와 마찬가지로 저작물의 완성만으로 저작권이 발생하는 것으로 하고 있다. 또한 미국은 베른협약 가입 전에는 저작권등록을 저작권침해소송을 제기하기 위한 소송요건으로 하고 있었지만, 베른협약에 가입한 후 그러한 소송요건을 미국 저작물, 즉 미국을 본국으로 하는 저작물에 대해서만 적용하는 것으로 완화하였다.[8]

우리나라 저작권법은 우리나라를 본국으로 하는 저작물에 대하여도 무방식주의를 취하고 있다. 무방식주의 하에서 저작권등록은 저작권의 발생요건이 아니라 제 3 자에 대한 대항요건에 불과하다. 방식주의를 취하는 거의 유일한 국가였던 미국이 방식주의를 대폭 완화하

---

8) 미국 저작권법 제411조(a).

면서 종전에 방식주의의 대표적인 형태인 ⓒ 표시 또는 ⓒ 표시와 함께 많이 사용되던 'all rights reserved'[9] 라는 문구는 이제 법적인 효력이 거의 없는 상징적인 의미만 남게 되었다.

베른협약 제 2 조(2)는 "일반적인 저작물이나 특정한 범주의 저작물이 유형적인 형태로 고정되어 있지 아니하는 한 보호되지 아니한다고 규정하는 것은 동맹국의 입법에 맡긴다"고 규정하고 있으므로, 베른협약의 동맹국은 무방식주의를 채택하면서도 '고정'을 저작권 보호의 요건으로 할 수 있다. 고정을 보호의 요건으로 하는 대표적인 입법례로서는 미국 저작권법을 들 수 있다.

2. 고아저작물

무방식주의는 세계 대부분의 국가가 채택하고 있는 제도이지만, 이 제도가 이른바 '고아저작물'(orphan works)을 증가시키는 주요 원인으로 지적되고 있다. 고아저작물은 누가 저작자인지, 또는 누가 저작권자인지를 알 수 없는 저작물을 말한다. 저작권은 배타적 권리로서 저작물을 이용하기 위해서는 사전에 저작권자의 허락을 얻어야 하기 때문에 저작자 또는 저작권자가 누구인지, 그리고 저작물의 이용에 관하여 협의를 하기 위해서는 어떻게 연락을 하여야 하는지가 확인되지 않으면 저작물의 이용은 크게 제한될 수밖에 없다. 이에 대처하기 위하여 저작권법은 상당한 노력을 기울였어도 권리자를 알 수 없거나 권리자의 소재를 알 수 없는 경우에 일정한 절차를 밟아 저작물을 이용할 수 있도록 하는 강제허락제도를 마련하고 있다(저작권법 제50조).[10]

Ⅲ. 저작권의 주체 및 객체

1. 저작권의 주체

가. 저작인격권의 주체

저작인격권은 저작자의 일신에 전속한다(저작권법 제14조 제 1 항). 따라서 저작자만이 저작인격권의 주체가 될 수 있으며, 다만 저작자가 사망한 경우에는 일정 범위 내의 유족이나

---

9) 이 문구는 1910년 미국과 중남미 각국 사이에 마련된 저작권 보호를 위한 국제조약인 부에노스아이레스 협약에서 기원한 것이라고 한다. 임원선, 실무자를 위한 저작권법(개정), 한국저작권위원회, 2009, 96면 참조.

10) 임원선, 전게서, 98면.

유언집행자 등이 저작인격권의 침해에 대하여 침해의 정지 등 일정한 행위를 할 수 있다(저작권법 제128조).

나. 저작재산권의 주체

저작재산권은 일신에 전속하지 않고 양도성 및 상속성을 가진다. 따라서 저작물을 창작한 자(저작자)뿐만 아니라 그로부터 저작재산권을 양도받거나 상속한 자도 저작재산권의 주체가 될 수 있다. 그리고 영상저작물의 제작에 협력할 것을 약정한 자가 그 영상저작물에 대하여 저작권을 취득한 경우 특약이 없는 한 그 영상저작물의 이용을 위하여 필요한 권리는 영상제작자가 이를 양도받은 것으로 추정하므로(저작권법 제100조 제 1 항), 이때에는 영상제작자가 영상저작물의 저작재산권자로 된다. 자연인은 물론이고 법인 등 단체도 저작자로 될 수 있다(저작권법 제 9 조).

2. 저작권의 객체

저작권의 객체로 되는 것은 저작자의 창작행위의 결과로 발생한 저작물이다. 저작물은 인간의 사상 또는 감정을 표현한 창작물을 말하며(저작권법 제 2 조 제 1 호), 외부에 표현되지 아니한 내심적인 사상이나 감정은 저작물이 아니다. 그리고 저작물은 반드시 완성된 것일 필요는 없으며, 예컨대 미완성 교향곡과 같이 완성에까지는 이르지 못하였으나 나름대로 저작자의 사상이나 감정이 구체적·창작적으로 표현된 것이라면 저작물로 된다.

저작물로 보호받기 위하여서는 사상이나 감정이 어떠한 형식으로든 외부에 표현되어야 하고, 구체적으로는 문자나 음 등의 매체에 의하여 객관적으로 표현되어야 한다. 그러나 유형적으로 고정되어야 하는 것은 아니므로 원고 없는 강연이나 즉흥극 등도 저작물이 될 수 있다.

Ⅳ. 저작권의 본질

1. 저작권의 권리구성

가. 저작권 일원론(一元論)과 이원론(二元論)

저작권은 기본적으로 저작인격권과 저작재산권으로 구성된다. 이때 이들 두 권리의 상호관계를 어떻게 파악하느냐에 따라서 저작권 일원론과 이원론의 대립하는 두 가지 입법례가 존재한다.

(1) 저작권 일원론

먼저 저작권 일원론은 저작권을 재산권적 요소와 인격권적 요소가 유기적으로 결합한 단일의 권리이고, 저작인격권과 저작재산권 양자의 상위에 있는 특수한 권리로서 이들 권리를 발생시키는 근원적 권리라고 한다. 즉, 저작권을 일원적으로 구성하는 입장이다. 이 입장은 저작인격권과 저작재산권은 그 근원이 같으므로 이들 양자를 완전히 구분하는 것은 불가능하다고 본다.11)

그러므로 저작물을 창작한 때로부터 저작재산권과 저작인격권이 유기적으로 결합된 하나의 단일·불가분의 모권(母權)이 발생한다고 본다. 그리고 저작권의 양도에 관하여는, 저작인격권이 일신전속적인 성격을 가지고 있으므로 이것과 불가분의 관계로 결합되어 있는 저작재산권의 양도 역시 불가능하다고 파악한다. 따라서 저작자 아닌 제3자가 저작물을 이용하는 것은 저작재산권의 '승계적 이전'에 의한 것이 아니라 '설정적 이전'에 의한 것이라고 설명한다. 즉, 건물에 비유하여 말하자면, 제3자에게 그 소유권을 양도하는 것이 아니라 전세권을 설정해 줌으로써 전세권 설정을 받은 자가 배타적으로 그 건물을 사용수익 할 수 있도록 해 주는 것처럼, 저작자 아닌 제3자의 저작물 이용도 이와 같은 사용수익권의 설정에 따른 것이라고 파악한다.

그리고 저작권의 상속에 관하여는 저작인격권과 저작재산권이 합체된 하나의 저작권이 그대로 상속인에게 상속된다고 해석한다. 저작권의 소멸에 관하여는 저작권의 보호기간 경과에 의하여 저작재산권뿐만 아니라 저작인격권도 함께 소멸한다고 본다.

(2) 저작권 이원론

이 학설은 저작권을 저작인격권과 저작재산권이라는 서로 별개의 독립된 권리가 합쳐진 '복합적 권리'(droit double)로 본다. 따라서 저작물을 창작한 때로부터 저작인격권과 저작재산권이라는 상호 독립된 2종의 권리가 발생한다고 한다.

저작권의 양도에 관하여서도 두 개의 권리가 각각 독립적이므로, 저작인격권은 일신전속성에 의하여 양도가 불가능한 반면에 저작재산권은 자유롭게 양도될 수 있다. 따라서 저작재산권의 양도는 '설정적 이전'이 아니라 '승계적 이전'이다. 그리고 저작자가 사망하면 저작재산권은 당연히 그 상속인에게 승계되지만, 저작인격권은 일신전속성으로 인하여 상속

---

11) 상계서, 134면.

되지 않고 저작자의 사망과 동시에 소멸한다. 다만 저작자 사후의 인격적 이익을 보호하기 위하여 유족 등 저작자와 일정한 관계에 있는 자에게 저작자 사후의 인격적 이익을 침해하는 행위 등에 대한 정지청구권 등을 인정한다.

(3) 입법례

우리나라는 1957년 제정된 저작권법 제 7 조에서 저작권의 개념과 관련하여, "본 법에서 저작권이라 함은 저작자가 그 저작물 위에 가지고 있는 일체의 인격적·재산적 권리를 말한다"고 규정하면서, 제 2 장에서는 저작권의 내용으로서 저작인격권에 해당하는 권리들과 저작재산권에 해당하는 권리들을 특별한 구별 없이 열거하고 있었다. 그러다가 1986년 저작권법 전면 개정 당시 현재와 같이 저작권이 저작인격권과 저작재산권으로 구성되는 것으로 양자를 구분하여 규정하였다. 현행 저작권법은 제10조 제 1 항에서, "저작자는 제 11조 내지 제13조의 규정에 따른 권리(이하 "저작인격권"이라 한다)와 제16조 내지 제22조의 규정에 따른 권리(이하 "저작재산권"이라 한다)를 가진다"라고 규정하고 있고, 저작인격권과 저작재산권을 각각 서로 다른 절(節)로 구분하여 열거하는 방식을 취하고 있다. 구법에서는 '저작권'을 '저작재산권'과 동일한 의미로 사용하는 부분도 있었는데, 현행 저작권법은 이를 수정하여 저작권은 저작재산권과 저작인격권을 포함하는 상위 개념으로만 사용하고 있다. 우리 저작권법은 제14조에서 저작인격권의 일신전속성을 규정하고 있는데 반하여 제45조 제 1 항에서는 저작재산권의 양도성에 관하여 규정하고 있으며, 보호기간, 상속 등에 있어서도 저작인격권과 저작재산권을 달리 취급하고 있다. 또한 제38조에서 저작재산권에 관한 제한규정은 저작인격권에 영향을 미치지 않는 것으로 규정하고 있다.

이러한 여러 가지 규정들에 비추어 볼 때 우리 저작권법은 저작권 이원론에 입각하고 있는 것으로 해석된다. 우리 저작권법제와 유사한 구성으로 되어 있는 일본의 경우도 다수설은 일본 저작권법이 저작권 이원론을 취하고 있는 것으로 해석하고 있다.[12] 우리나라나 일본, 프랑스 등 대부분의 대륙법계의 국가는 저작권 이원론에 입각한 저작권법을 가지고 있다. 그러나 독일은 독특하게 저작권 일원론의 저작권법을 채택하고 있다고 평가된다.

우리나라와 같이 이원론적인 권리구성을 취하고 있는 저작권법 아래에서는 저작인격권과 저작재산권은 각각 보호법익 및 보호의 태양이 다르고, 저작재산권의 침해로 인한 손해배상청구와 저작인격권의 침해로 인한 손해배상청구는 소송물을 달리하므로 이들 청구를 병합할 수 있다. 따라서 어떤 저작물에 대한 동일한 행위에 의하여 저작인격권과 저작재산권이 함께 침해된 경우에도 저작인격권 침해에 의한 정신적 손해와 저작재산권 침해에 의

---

12) 半田正夫·松田政行, 『著作權法コンメンタール』(1), 勁草書房(2008), 1, 702면.

한 손해는 서로 양립할 수 있고, 양자의 배상을 소송상 함께 청구하는 때에는 소송물을 달리하는 2개의 청구가 병합된 것으로 되어 저작인격권 침해에 기한 위자료액과 저작재산권 침해에 기한 손해액을 각각 특정하여 청구하여야 하며, 법원도 그 배상금액을 각각 따로 산정하여야 한다.13)

나. 저작권 보호의 헌법적 근거

우리나라 헌법 제22조 제 2 항은 "저작자, 발명가, 과학기술자와 예술가의 권리는 법률로써 보호한다"고 규정함으로써 저작권을 포함한 지적재산권 보호에 관한 헌법적 근거를 명시하고 있다. 헌법 제23조 제 1 항은 "모든 국민의 재산권은 보장된다. 그 내용과 한계는 법률로 정한다"고 규정하고 있는데, 이 규정에 의하여 보장되는 재산권에는 저작권을 비롯한 지적재산권이 당연히 포함된다.

다. 저작권을 구성하는 지분권 등

저작인격권과 저작재산권, 저작인접권은 모두 이른바 '권리의 다발'(bundle of rights)로서, 그 속에는 여러 종류의 지분적 권리가 내포되어 있다. 그 내용은 각국의 실정법에 따라 차이가 있다. 우리나라 현행 저작권법은 저작인격권으로 공표권(제11조), 성명표시권(제12조), 동일성유지권(제13조)과 배타적 발행과 출판에 있어서 수정증감권(제59조)을 열거하고 있고, 간접적으로 명예권을 보호하고 있다(제124조 제 4 항). 저작재산권으로는 저작물의 이용방법 내지 태양에 따라 복제권(제16조), 공연권(제17조), 공중송신권(제18조), 전시권(제19조), 배포권(제20조), 대여권(제21조), 2차적저작물작성권(제22조)을 열거하고 있다. 그리고 저작인접권으로 실연자에 대하여 성명표시권(제66조), 동일성유지권(제67조), 복제권(제69조), 배포권(제70조), 대여권(제71조), 공연권(제72조), 방송권(제73조), 전송권(제74조), 보상금청구권(제75조, 제76조, 제76조의2)을, 음반제작자에 대하여 복제권(제78조), 배포권(제79조), 대여권(제80조), 전송권(제81조), 보상금청구권(제82조, 제83조, 제83조의2)을, 방송사업자에 대하여 복제권(제84조), 동시중계방송권(제85조), 공연권(제85조의2)을 열거적으로 규정하고 있다.

저작권법은 제 4 절 제 2 관에서 일정한 경우에 저작재산권이 제한되는 경우를 규정하고 있는데, 그 중 제25조(학교교육목적 등에의 이용) 제 4 항, 제31조(도서관 등에서의 복제) 제 5 항의 경우에는 이용자에게 보상금지급의무를 부과하고 있으며, 그에 따라 저작재산권자는 보상금의 지급을 청구할 권리(보상금청구권)만을 갖는다. 저작인접권자는 제75조 및 제82조(방송사

---

13) 김정술, 저작권과 저작인접권의 내용, 지적소유권에 관한 제문제(下), 재판자료 57집, 법원행정처, 1992, 279면; 半田正夫·松田政行, 전게서, 703면.

업자의 실연자 및 음반제작자에 대한 보상), 제76조 및 제83조(디지털음성송신사업자의 실연자 및 음반제작자에 대한 보상), 제76조의2 및 제83조의2(판매용 음반을 사용하여 공연하는 자의 실연자 및 음반제작자에 대한 보상) 등 일정한 경우에 보상금청구권을 갖는다. 이러한 보상금청구권은 금전을 청구할 수 있는 채권적 권리로서 준물권인 저작권 그 자체에는 해당하지 않는다. 따라서 이용자가 보상금을 지급하지 않는다 하더라도 저작재산권의 침해로 되는 것은 아니며, 권리침해에 대한 정지청구 규정이나 벌칙규정은 적용되지 않는다. 저작권법 제123조 제1항(침해의 정지 등 청구)은 명문으로 보상금청구권을 침해의 정지 등을 청구할 수 있는 권리에서 제외함으로써 이러한 점을 분명히 하고 있다. 벌칙규정인 저작권법 제136조 제1항 제1호는 형벌 부과의 대상을 "저작재산권, 그 밖에 이 법에 따라 보호되는 재산적 권리"라고 하고 있어 보상금청구권을 명시적으로 제외하고 있지는 않으나, 보상금청구권이 채권적 권리인 이상 벌칙규정의 적용은 당연히 배제되는 것으로 해석하여야 할 것이다.

한편 저작권법 제124조는 일정한 행위를 저작권 그 밖에 저작권법에 따라 보호되는 권리의 침해로 본다고 규정하고 있으므로, 반사적 효과로 그러한 범위 내에서 저작재산권이나 저작인격권 등 저작권법이 보호하는 권리의 내용이 확장되어 있다고 할 수 있다.

이와 같이 우리나라 저작권법은 저작권의 지분적 권리들을 제한적으로 열거하는 열거주의(列擧主義)를 채택하고 있다. 열거주의는 급속히 발전하는 저작물 이용기술의 변천에 신속히 대응하는 데에는 어려운 점이 있으나 저작재산권의 내용이 한정적으로 열거되어 있으므로 그 내용이 명확해지는 장점도 크다. 다만, 장래에 저작권법이 미처 예상하지 못한 저작물 이용기술이 발달하게 되고 저작권법이 이에 적절하게 대응할 수 없는 상황이 되면, 저작권법의 개정을 통하여 새로운 권리를 창설하는 등의 방법으로 해결하여야 한다. 그러나 법의 개정에는 많은 시간이 걸리는 것이 보통이며 그 과정에서 그만큼 저작권의 전체적인 보호가 지연되고 소홀해지게 된다. 따라서 열거주의를 채택하고 있는 경우에는 저작물의 새로운 이용형태를 만들어 내는 기술의 개발·보급에 더욱 주의를 기울일 필요가 있다.14)

이와 같은 기본적인 권리 외에도 프랑스와 독일, 이탈리아 등에서는 미술저작물의 양도 후에도 그 작품이 다시 팔려 이득을 남길 때에 저작자가 일정비율의 보상금을 청구할 수 있는 '추급권'(追及權)이라는 권리를 인정하고 있다. 또한 저작인격권에 있어서 독일, 프랑스, 이탈리아 등은 저작물의 양도 후에도 원래의 저작권자가 그 저작물에 접촉할 수 있는 '접촉권'(接觸權)과 저작물의 유통단계에서 이를 회수할 수 있는 '철회권'(撤回權) 등을 인정하고 있다.15)

---

14) 하용득, 전게서, 152면.
15) 허희성, 전게서, 71면. 접촉권과 철회권에 대하여는 본 장 '저작인격권'의 마지막 부분에서 간략하게 살펴보기로 한다.

2. 저작권의 일반적 성질

가. 배타적 지배권성(排他的 支配權性)

저작권은 저작권자가 자신의 저작물을, 저작인접권은 저작인접권자가 자신의 실연, 음반 또는 방송 등 저작인접물을 직접 이용하거나 타인에게 이용을 허락할 수 있는 물권에 준하는 배타적인 지배권이다. 따라서 저작권은 계약 당사자 등 특정인에 대하여서만 주장할 수 있는 채권적 권리가 아니라, 저작권자 이외의 모든 제3자에게 주장할 수 있는 대세적(對世的) 효력, 즉 제3자적 효력을 갖는 준물권(準物權)적 권리이다. 타인이 저작권자의 허락 없이 저작물을 이용하면 이를 금지시킬 수 있으며, 이러한 점에서 허락 없이 저작물을 이용하더라도 단지 보상금의 지급 등 채권적인 책임만 지게 되는 보상청구권과 구별된다. 그러나 특허권 등 산업재산권과는 달리 기존의 다른 저작물을 모방하지 않았음에도 불구하고 같은 내용의 저작물이 우연히 작성된 경우에, 작성의 선후에 관계없이 선·후 저작물은 모두 각각의 배타적인 저작권을 향유한다. 즉, 저작권의 배타적 지배권성은 다른 산업재산권과는 달리 상대적인 것이며, 그래서 저작권은 타인이 자신의 저작물을 모방하는 것을 금지하는 배타적 권리이지 자신의 저작물과 동일한 모든 저작물의 작성을 금지하는 배타적 권리는 아니다. 이러한 점에서 저작권을 '모방금지권'이라고 부르기도 한다.

저작권의 속성인 배타적 권리는 저작자가 그 저작물의 창작에 기여한 범위, 즉 저작자가 독자적으로 부여한 창작성의 범위 내에서만 미친다. 저작자가 자기 아닌 다른 사람이 기존에 창작한 부분에 자신의 창작을 더하여 저작물을 제작한 경우, 저작자는 그 저작물 중 자신이 덧붙인 창작적 부분에 한하여 배타적 권리를 가지게 된다.

나. 공공성(公共性)

저작권법은 저작자의 권리를 보호하는 한편 그 공정한 이용을 도모함으로써 문화의 향상발전에 이바지함을 궁극적인 목적으로 한다. 저작물은 모든 인류를 위한 문화적 소산으로서 공공재(公共財)의 성격을 갖기 때문이다. 저작물을 이루는 핵심 요체인 정보는 원래 공공재의 성격을 갖고 있어서 만인이 이용 가능한 재화이지만, 창작에 대한 인센티브를 주고 그것을 통하여 문화 및 관련 산업의 발전을 도모하기 위하여 그 창작물에 대한 일종의 독점적 이용을 인정한 것이 저작권법이다. 따라서 저작권은 저작물의 공정한 이용을 위하여 일정한 범위 내에서 그 배타적 권리의 내용이 제한을 받게 된다. 저작권법은 제2장 제4절 제2관에서 저작재산권이 제한되는 여러 가지 경우에 대하여 상세한 규정을 두고 있으며, 제87조에서 저작인접권에 대하여도 그 제한규정을 대부분 준용하고 있다.

다. 유한성(有限性)

저작권은 소유권 등 다른 절대적인 재산권과는 달리 그 존속기간이 법정되어 있다. 이 것도 저작권의 공공성에 의한 제한의 한 형태에 해당한다고 볼 수 있다. 존속기간은 나라마 다 달리 규정되고 있으며, 존속기간이 경과하게 되면 저작물은 이른바 '공중의 영역'(public domain)에 들어가 누구라도 자유롭게 이용할 수 있게 된다. 저작인격권은 일신전속성에 따라 저작자의 사망과 동시에 소멸한다.

라. 가분성(可分性)

저작재산권은 내용적으로 각종의 이용권능으로 나누어진다. 각 이용권능은 모권(母權)인 저작권을 이루는 부분적 기능으로서 저작권자는 각 이용권능에 대하여 분리하여 이용허락을 할 수 있고, 또한 분리하여 양도 기타의 처분을 할 수도 있다(저작권법 제45조, 제46조). 즉 복 제권, 공연권 등 각각의 지분권은 그 기초가 된 저작권으로부터 독립하여 양도할 수 있다. 예를 들면, 저작권자 A가 복제권만 B에게 양도하고, 공연권은 C에게 양도할 수 있으며, 이 때 B와 C에게는 각자 취득한 지분적 권리의 범위 내에서 저작물의 독점적 이용이 인정된 다.16) 그리고 침해에 있어서도 각 지분권이 한꺼번에 또는 일부씩 동시에 침해될 수 있다.

지분권은 그 기초가 되는 모권, 즉 저작권이 소멸하면 자동적으로 함께 소멸한다.

마. 무체재산권성(無體財産權性)

일반적인 재산권인 물권(物權)이 동산 또는 부동산과 같은 유형물에 대한 권리인 것과 는 달리, 저작권은 정신적 산물로서 감각기관에 의하여 감상될 수는 있으나 형체를 가지지 는 않는 무체물인 저작물에 대한 권리이다.17) 저작물은 보통 책이나 음반과 같은 유형물에 수록되기 때문에 그 매체와 혼동하기 쉽고, 미술작품처럼 저작물과 그 저작물이 수록된 매 체를 분리하기 어려운 경우도 있지만, 개념적으로 저작물과 그것이 수록된 매체는 구별된 다. 저작권은 저작물이라는 무형적 재산에 대한 지배권이므로 소비에 있어서도 비경합성(非 競合性)과 비배제성(非排除性)이 특징으로 나타난다. 즉, 부동산이나 동산과 같은 유형물은 공 간적으로 제한되어 있어서 일정한 시점에서는 특정인만이 이를 이용하고 소비할 수 있지만, 저작물과 같은 무체물은 그러한 제한이 없다. 따라서 하나의 드라마를 모든 국민이 동시에

---

16) 하용득, 전게서, 136면.
17) 물론 영상저작물과 같이 일정한 매체에 수록되어야만 하는 저작물의 경우에는 유형물로서의 형체를 가 질 수도 있다.

시청할 수 있는 것처럼 무수히 많은 공중이 동시에 이용하고 소비할 수 있다. 한편, 비배제성이란 특정인을 소비에서 제외시킬 수 없는 성질을 말한다. 저작물은 무체물로서 어느 한 사람이 이용하는 것이 다른 사람의 이용에 장애가 되지 않는다. 이러한 저작물의 비경합성과 비배제성은 저작물의 공공재(公共財)적 성격을 나타낸다. 그리고 디지털·네트워크 환경에서 그러한 공공재적 성격은 더욱 짙어지게 된다.

V. 저작권과 다른 권리와의 관계

1. 저작재산권과 소유권

가. 저작재산권과 소유권의 구별

소유권은 물건을 배타적으로 사용·수익·처분할 수 있는 권리이다. 그런데 저작재산권도 저작물을 배타적으로 이용하여 그로부터 수익을 얻을 수 있고 또 양도 등 처분행위를 할 수 있다는 점에서 소유권과 상당히 유사한 면이 있다.

그러나 저작권은 저작자의 정신적 창작활동의 산물인 무형의 저작물에 대한 권리라는 점에서 유형의 물건에 대한 권리인 소유권과 구별된다. 예를 들어 작가의 소설이 기재된 원고용지는 유체물이고 소유권의 대상이 되지만, 그 원고용지에 기재된 소설의 내용(작가의 사상이나 감정의 표현)은 무체물인 저작물로서 저작권의 대상이 된다. 따라서 소설이 집필된 원고용지에 대한 소유권을 취득하더라도 그것이 그 원고지에 기재된 소설에 대한 저작권을 취득하는 것은 전혀 아니다. 소유권의 경우에는 객체가 유체물이기 때문에 이용방법이 비교적 제한되어 있고, 하나의 물건을 동시에 여러 장소에서 사용한다는 것이 물리적으로 불가능하다. 그러나 저작권의 경우에는 객체인 저작물의 이용방법이 훨씬 다양하며, 여러 사람이 서로 다른 장소에서 동시에 이용하는 것도 가능하다. 예컨대 소설은 출판을 통하여 책으로 이용할 수도 있고, 동시에 영화화하여 상영한다든가 방송도 할 수 있다. 또 이를 각색하여 연극으로 상연할 수도 있다. 한편, 소유권은 객체인 유체물이 존속하는 한 영구히 존속하는 권리이지만, 저작권은 법에서 정한 보호기간이 경과하면 소멸하여 누구라도 그 저작물을 자유롭게 이용할 수 있게 된다. 저작물은 문화유산으로서 널리 이용되어야 할 필요성이 있으므로 저작권의 행사를 제한할 수 있는 경우는 소유권보다 광범위하게 인정되고 있다.[18)]

편지를 발송하여 수신자에게 도달하면, 편지라는 유체물에 대한 소유권은 수신인이 갖

---

18) 內田 晉, 전게서, 29, 30면.

게 되겠지만, 그 편지에 담겨 있는 내용, 즉 발신인의 사상이나 감정의 표현인 창작물에 대한 저작권은 여전히 발신인에게 남아 있다. 따라서 그 편지에 대한 소유권과 편지 내용에 대한 저작권의 귀속주체가 달라지게 된다. 서울지방법원 1995. 6. 23. 선고 94카합9230 판결 (일명, '이휘소' 사건)[19]에서는, 자신의 사상이나 감정을 표현한 편지는 저작권의 보호대상이 되고, 그 경우 편지 자체의 소유권은 수신인에게 있지만 편지의 저작권은 통상 편지를 쓴 발신인에게 남아 있게 된다고 하였다.

나. 미술저작물의 경우

이처럼 무체물에 대한 권리인 저작권과 유체물에 대한 권리인 소유권은 명확하게 구분되어야 한다. 그런데 저작물이 특별히 한정된 매체(예컨대 원본)에만 수록되어 있는 경우에는 저작물에 대한 저작권과 그 저작물이 수록된 매체에 대한 소유권 두 가지 권리가 하나의 대상(매체)에 화체되어 있기 때문에 혼동이 일어나기 쉽다. 저작물과 그 저작물이 수록된 원본[20] 매체가 분리되기 어려운 미술저작물이나 사진저작물의 경우가 그러하다. 예를 들어, 그림이 그려진 캔버스나 인물이 조각된 석고상과 같은 '일품제작'(一品製作)의 저작물의 경우에는 저작물과 그것이 수록된 매체를 분리하는 것이 사실상 곤란하다. 그러나 화랑에서 그림이나 조각 작품을 구입한 사람은 유체물인 캔버스나 석고상에 대한 소유권을 취득하는 것일 뿐, 그 작품에 대한 저작권까지 취득하는 것은 아니다. 따라서 그림 또는 조각을 구입한 사람은 소유권에 기하여 그 작품(유체물인 캔버스나 석고상)에 대한 사용, 수익, 처분을 자유롭게 할 수 있지만, 저작권은 특별히 따로 저작자(화가 또는 조각가)로부터 양도를 받지 않는 한 여전히 저작자에게 남아 있는 것이므로, 그 작품에 대하여 저작재산권의 내용인 복제, 공연, 공중송신, 전시, 배포, 2차적저작물작성 등의 이용행위는 할 수 없다. 이러한 이용행위를 하기 위해서는 원칙적으로 저작자로부터 별도의 허락을 받아야하며, 나아가 성명표시권이나 동일성유지권 등 저작인격권의 침해행위도 할 수 없음은 물론이다.

예를 들어, 甲의 그림을 구입하여 보유하고 있는 乙이 그 그림을 丙에게 잠시 보관만 시켰는데, 丙이 甲과 乙 어느 누구의 허락도 받지 않고 달력 제조회사에게 그림을 무단으로 촬영하여 달력 배경으로 사용하게 해 줌으로써 이익을 얻었다면 甲과 乙 중에서 누가 丙에게 손해배상의 청구 등 권리를 행사할 수 있을 것인가. 甲과 乙 모두 권리를 행사할 수 있다고 보아야 할 것이다. 甲은 그 그림에 대한 저작재산권자로서 가지는 복제권 및 배포권

---

19) 하급심판결집 1995-1, 323면.
20) 보통 '원본'이라고 하면 인간의 사상이나 감정의 표현이 최초로 유형물에 고정된 것을 말하며, 그 원본을 인쇄, 사진촬영, 복사, 녹음, 녹화 등의 방법으로 유형물로 다시 제작한 것을 '복제물'이라고 한다.

침해를 이유로 권리를 행사할 수 있고, 乙은 소유권자로서 사용 및 수익권(여기에는 그 그림을 활용하여 이익을 얻을 수 있는 권능도 포함된다)의 침해를 이유로 손해배상청구 등의 권리를 행사할 수 있다. 따라서 丙으로서는 甲과 乙 두 사람의 허락을 모두 받아야 저작권 및 소유권 침해에 대한 책임으로부터 자유로울 수 있다. 마찬가지로 A가 소유하고 있는 레오나르도 다빈치의 유명 그림을 전시를 목적으로 잠시 빌려 보관하게 되었음을 기화로 무단 복제하여 이용하였다면 비록 다빈치는 사망한 지 70년이 훨씬 경과하여 저작권은 소멸되었다고 할 것이지만, A의 소유권을 침해한 것이 되고 그에 대한 책임을 져야 한다.

다. 저작재산권과 소유권의 조정

(1) 전시권과 소유권

저작재산권과 소유권은 완전히 별개의 권리이므로 각자 독립하여 양도될 수 있음은 당연하다. 그런데 이와 같이 소유권과 저작권이 분리됨으로 말미암아 미술저작물(또는 사진저작물이나 건축저작물)의 경우에는 원본의 정당한 소유권자라 하더라도 그 저작물을 전시할 수 없는 불합리한 상황이 발생하게 된다. 즉, 화가 甲의 그림을 화랑으로부터 구입하여 정당하게 소유권을 취득한 乙이 그 그림을 자기가 근무하는 직장 건물 복도에 전시하기 위해서는 저작권자로서 전시권을 가지고 있는 화가 甲의 허락을 별도로 받아야 한다. 만약 허락을 받지 못한다면 乙은 애써 구입한 그림을 공개된 장소에 걸어놓지는 못하고 자기 집과 같은 개인적인 장소에 두고 혼자서만 보아야 하는 셈이 된다. 이는 불합리할 뿐만 아니라, 그렇게 되면 그림을 구입하고자 하는 수요가 대폭 줄어들게 되어 창작자인 화가에게도 바람직하지 못한 결과를 가져오게 된다. 이처럼 화가가 그림을 그려 저작재산권을 수반하지 않고 그림의 소유권만을 양도하게 되면 그 그림에 대한 저작재산권자와 소유권자가 서로 분리되는데, 이는 특히 미술저작물과 같은 일품제작(一品製作)의 저작물에 있어서는 매우 흔하게 발생하는 현상이다.

이와 같이 미술저작물의 경우 유체물인 원작품(원본)이 동시에 무체물인 저작물을 체현(體現)하고 있는 관계상 그 이용을 둘러싸고 소유권자와 저작권자의 이해관계가 대립하는 경우가 발생한다. 이에 저작권법은 일정한 조건 하에 소유권자의 권능을 보장함으로써 저작권자와 소유권자 사이의 이해를 조정하고 있다.

먼저 저작권법은 미술저작물 등의 원본 소유자나 그의 동의를 얻은 자는 그 저작물을 원본에 의하여 전시할 수 있다고 규정한다(제35조 제1항). 그리고 이 규정에 의하여 전시를 하는 자 또는 원본을 판매하고자 하는 자는 그 저작물의 해설이나 소개를 목적으로 하는 목록형태의 책자에 이를 복제하여 배포할 수 있다(같은 조 제3항). 이러한 규정을 통하여 저작재산권자의 전시권 및 복제권·배포권을 일정한 범위 내에서 제한하는 한편, 소유권자의 원작품에 대한 원활한 이용을 보장하여 주고 있는 것이다. 그리고 저작인격권인 공표권에 관하여, 저작자가 공표되지 아니한 미술저작물·건축저작물 또는 사진저작물의 원본을 양도한 경우에는 그 상대방에게 저작물의 원본의 전시방식에 의한 공표를 동의한 것으로 추정한다(제11조 제3항).

(2) 복제권과 소유권

한편 원본 소유자의 입장에서 제3자가 그 원본을 유체물로서가 아닌 저작물로서 복제하여 이용하는 것을 금지할 수 있는지, 금지할 수 있다면 그 권리의 내용은 무엇인지가 문제로 된다. 우리나라와 법체계가 비슷한 일본에서는 이 점을 다룬 몇 개의 판례가 있어 살펴보기로 한다.

(가) '안진경 신첩' 사건

원고는 중국 당나라 시대의 서예가인 안진경의 친필 신첩(원본)을 소장하게 되었는데, 피고가 원고에 앞서 신첩을 소유하고 있던 사람으로부터 허락을 받아 촬영하여 두었던 신첩의 사진판을 사용하여 복제물을 출판·판매하자 그러한 행위가 소유권자인 원고의 사용수익권을 침해한다는 이유로 법원에 출판금지 등을 청구한 사안이다. 이 사건에서 일본 최고재판소 1959. 1. 20. 선고 昭和58(オ) 171호 판결(일명, '안진경 신첩'(顔眞卿 身帖) 사건)은, "미술저작물의 원작품은 그 자체가 유체물이지만 동시에 무체물인 미술저작물을 체현하고 있는데, 소유권은 유체물을 객체로 하는 권리로서 그 유체물을 배타적으로 지배할 수 있는 권능에 그치고, 무체물인 미술저작물 자체를 배타적으로 지배할 수 있는 권능은 아니다"라고 한 후, "저작권의 보호기간이 만료된 후에는 저작권자가 가지고 있던 저작물에 대한 복제권 등이 소유권자에게 복귀하는 것이 아니며, 그 저작물은 공중의 영역(public domain)에 들어가 누구라도 저작자의 인격적 이익을 침해하지 않는 한 자유로이 이용할 수 있는 것이다"라고 하여 원고의 청구를 기각하였다.

(나) '광고용 애드벌룬' 사건

그러나 위 판결과는 달리 소유자의 권리를 인정한 판결도 상당수 있다. 일본 동경지방법원 1977. 3. 17. 선고 昭和48(ワ) 7540호 판결('광고용 애드벌룬' 사건)은, 광고선전 회사인 원고는 각종 광고의 선전매체로 사용하고자 독일에 주문하여 아주 독특한 모양의 기구(애드벌룬)를 제작하였고, 이를 A 단체가 주관하는 행사장에 선전용으로 임대하여 주었는데, A가 이 기구를 공개한 직후 직업사진가인 B가 이를 촬영하여 그 사진을 피고에게 광고용 포스터로 제작·사용하게 해 주었고, 이에 원고는 소유권에 기한 사용수익권이 침해되었음을 이

유로 손해배상청구소송을 제기한 사안이다. 이 사건에서 일본 동경지방법원은, "일반적으로 물건의 소유권자는 그 소유권의 범위를 일탈하거나 혹은 타인의 권리를 침해하지 않는 범위 내에서 그 소유물을 모든 수단과 방법으로 사용수익 할 수 있는 것이고, 제3자는 소유자로부터 승낙을 받은 경우를 제외하고는 직접 또는 간접적으로 타인의 소유물을 이용함으로써 소유권자의 사용수익을 저해할 수 없는 것이다"라고 한 후, "이 사건에서 원고가 광고매체로 사용하여 이익을 얻고자 했던 기구를 원고의 허락 없이 특정회사의 선전용으로 사용한 것은 원고의 소유권자로서의 사용수익권을 침해한 것이다"라고 하였다.[21]

(다) 기 타

그 외에도 다른 하급심 판결인 일명 '꼬리긴닭' 사건[22]에서는, 국가의 천연기념물인 꼬리긴닭의 소유자가 그 꼬리긴닭을 사진 촬영하여 그림엽서 등에 복제 판매한 자를 상대로 권리를 주장한 사안에서, 꼬리긴닭을 사진으로 촬영하여 그림엽서 등에 복제하여 판매하는 행위는 꼬리긴닭 소유자의 권리를 침해하는 것이라고 판시하였다. 또한 역시 하급심 판결인 일명 '크루저 사진' 사건[23]에서는, 크루저의 소유권자는 그 선박의 사진 등이 제3자에 의하여 무단으로 선전광고 등에 사용되지 않도록 할 권리를 갖고 있다고 하여 손해배상 청구를 인용하였다.

(라) 소 결

이처럼 일본에서는 판례의 입장이 갈리는 것처럼 보이지만, '안진경 신첩 사건'에서 법원은 저작물에 대한 이용이 유체물로서의 원작품에 대한 배타적 지배를 침해하여 이루어진 경우에는 법적 책임을 물을 수 있다는 여지를 남겨두고 있다. 예를 들어 자물쇠로 시정장치를 하여 둔 미술작품을 소유자의 허락 없이 개봉하여 사진촬영을 하였다면 소유자의 사용수익권에 대한 침해가 성립될 수도 있다는 것이다. '안진경 신첩 사건'은 현재의 신첩 소유권자인 원고가 그 소유권을 취득하기 전에 그 전 소유자로부터 피고가 이미 허락을 받아 촬영하여 두었던 사진판을 사용하여 복제한 경우이다. 따라서 원고가 소유권을 가지게 된 이후에 원고의 허락 없이 신첩을 촬영한 경우라면 결론이 달라졌을 가능성이 높다. 그렇다면 이 판결만 가지고 소유권은 물건의 유형적 측면에 대한 사용·수익권한일 뿐이고, 그 물건을 촬영하거나 그림을 그려 이용하는 무형적 이용행위에는 미치지 않는다고 일률적으로

---

21) 다만, 위 광고용 애드벌룬 사건에서 법원은, 피고가 소유권자인 원고의 사용수익권을 침해한 것은 인정이 되지만 피고로서는 원고의 손해발생에 대한 예견가능성이 없었다는 이유로 결론적으로는 손해배상책임의 성립을 부정하였고, 그 항소심에서도 비슷한 이유(피고의 침해행위와 원고의 손해발생 사이에 인과관계가 있음을 입증할 증거가 없다는 이유)로 손해배상책임을 부정하였다.

22) 고치지방법원 1984. 10. 29. 판결, 판례타임즈 599호 291면.

23) 고베지방법원 이타미지원 1991. 11. 28. 판결, 판례시보 1412호 136면.

해석할 것은 아니다.

오히려 이러한 판례들을 종합할 때 일본 판례의 입장은, 원칙적으로 소유권자는 배타적 사용수익권에 기초하여 제3자가 사진촬영 등을 통하여 해당 유체물을 이용하는 것을 금지하거나 허락할 권리를 가진다고 보는 것으로 이해된다. 학설로도, 타인의 소유물을 사진 촬영하는 것은 소유자의 명시 또는 묵시적 허락이 없는 한 소유권의 침해에 해당하고, 이 경우 소유자는 불법행위에 기한 손해배상 청구뿐만 아니라 소유권에 기한 방해배제 내지 방해예방청구로서 복제행위의 금지나 복제물의 폐기도 청구할 수 있다는 견해가 유력하다.[24]

저작권법을 비롯한 지적재산권법에 의하여 보호되지 않는 콘텐츠라 하더라도 경우에 따라서는 그것을 허락 없이 이용하는 것이 일반 불법행위를 구성할 수 있다. 물론 개별 지적재산권법에서 보호를 하지 않는 콘텐츠는 기본적으로 자유이용의 영역에 속한다. 또한 법적 안정성의 관점에서도 단순히 그러한 콘텐츠를 사용하였다는 것만으로 섣불리 불법행위의 성립을 인정해서는 아니 될 것이다. 그러나 콘텐츠의 소유자가 그 콘텐츠를 취득하고 관리하여 온 경위, 피고가 그 콘텐츠를 입수한 방법, 사용의 태양, 경쟁 행위의 전체적인 부당성, 그로 인하여 콘텐츠의 소유자가 받게 되는 피해 등을 종합적으로 검토하여 위법성이 인정되는 경우에는 불법행위의 성립을 인정할 수 있을 것이다.

(3) 배포권과 소유권

저작물에 대한 저작권과 그 저작물이 수록된 매체의 소유권이 서로 충돌하는 또 다른 경우로서 '배포'를 들 수 있다. 저작권 중에서 배포권, 즉 저작물이 수록된 유형적 매체를 공중에게 보급하는 것을 의미하는 '배포'를 통제할 수 있는 권리는 자칫 그 매체에 대한 소유권을 심각하게 제약할 수 있다. 예를 들어, 수업용 교재를 구입하여 사용한 학생이 학기가 끝나 필요 없게 된 교재를 학교의 자치공간에 내 놓아 다른 학생들에게 판매하고자 할 때, 그것이 배포권의 침해가 된다고 하여 교재 저작자를 찾아가 허락을 받아야 한다면 이는 우리의 거래 현실에도 맞지 않을 뿐만 아니라 소유권을 지나치게 제약하는 것이 되어 불합리하다. 이러한 불합리한 결과를 피하기 위하여 저작권법은 그 책을 처음으로 판매 등의 방법으로 배포하는 것에 대해서만 저작권자의 배포권이 미치도록 하고, 그 이후에 이루어지는 배포행위에 대하여는 저작권자의 배포권이 미치지 않도록 하는 규정을 두고 있다.[25]

---

24) 辻正美, 所有權と著作權, 裁判實務大系: 知的財産關係訴訟法, 靑林書院(1997), 400면.
25) 저작권법 제20조 단서. 이에 관하여는 제6장 "저작물의 자유이용과 저작재산권의 제한" 부분에서 '최초판매의 원칙'이라는 항목으로 살펴보기로 한다.

2. 저작권과 헌법상 기본권

저작권의 보호대상인 저작물은 인간의 사상이나 감정을 표현한 것이므로 저작권 제도는 필연적으로 헌법상 보장되고 있는 기본권인 표현의 자유, 프라이버시권, 알 권리 등과 밀접한 관련을 맺게 된다.

헌법상 기본권은 저작권보다 상위에 있는 권리로서 저작권에 우선하여 보장되어야 하는 권리이다. 따라서 표현의 자유를 보장하기 위하여 저작권법은 저작재산권을 제한하는 상세한 규정을 두고 있다. '공표된 저작물의 인용' 규정(법 제28조)은 그 대표적인 예이다. 표현의 자유는 특히 저작권침해에 대한 항변으로서의 역할을 하는 경우가 많다. 프라이버시권과 관련하여 저작권법은 공표권(법 제11조), 성명표시권(법 제12조), 동일성유지권(법 제13조) 등의 저작인격권을 보호하고 있고, 이러한 권리를 일신전속적인 권리로 함으로써 저작재산권이 양도되더라도 저작자는 계속하여 이 권리를 행사할 수 있도록 하고 있다. 또한 알 권리의 보장을 위하여 저작권법은 특히 공공성이 강한 저작물이나 공익상 널리 알려야 할 필요가 있는 저작물에 대하여는 저작재산권이 제한되도록 하는 여러 가지 규정을 두고 있다. 재판절차 등에서의 복제(법 제23조), 시사보도를 위한 이용(법 제26조), 도서관 등에서의 복제(법 제31조), 시각장애인과 청각장애인 등을 위한 복제(법 제33조, 제33조의2) 등이 그것이다.

3. 저작권과 산업재산권

가. 중복 보호

저작권과 산업재산권은 보호요건에서부터 차이가 있다. 예를 들어 저작권은 창작성을 요건으로 하는데 대하여 특허권은 신규성과 진보성을, 상표권은 식별력을 요건으로 한다. 또한 특허권이나 실용신안권, 상표권, 디자인권 등의 산업재산권은 등록이 권리발생의 요건인 반면에, 저작권은 등록 여부와 상관없이 창작과 동시에 권리가 발생하는 무방식주의이다. 보호대상에 있어서도 저작권은 인간의 사상이나 감정을 표현한 창작물을 대상으로 하나, 특허권은 자연법칙을 이용한 기술적 사상의 창작인 '발명'을 대상으로 한다. 이와 같은 본질적인 차이가 있음에도 불구하고 하나의 창작물이 저작권과 산업재산권 양쪽의 보호요건을 충족하는 경우가 종종 있고, 그로 인하여 중복보호의 문제가 발생한다. 특히 디자인의 경우 산업재산권법인 디자인보호법에서 보호를 받는 동시에 저작권법에서는 미술저작물의 일종인 응용미술저작물로도 보호됨으로써 중복보호의 문제가 생길 가능성이 매우 높다. 이에 대하여는 '제 2 장 제 4 절 Ⅳ. 응용미술'에서 살펴본 바와 같다. 또한 상표는 일반적으로 기호, 문자, 도형, 슬로건, 색채 및 입체적 형상이나 이들의 결합으로 이루어지는데, 이러한 표장들이 저작물의 성립요건을 충족하면 저작권에 의한 보호를 중복하여 받을 수 있다.

나. 산업재산권과 저작권의 저촉

따라서 산업재산권과 저작권 사이에 저촉의 문제가 발생할 수 있는데, 산업재산권 중 특히 저작권과 저촉이 발생할 가능성이 큰 디자인권과 상표권에서는 이러한 문제를 해결하기 위한 특별규정을 두고 있다. 디자인보호법 제95조 제 3 항은, "디자인권자·전용실시권자·통상실시권자는 등록디자인 또는 이와 유사한 디자인이 그 디자인등록출원일 전에 발생한 타인의 저작물을 이용하거나 그 저작권에 저촉되는 경우에는 저작권자의 허락을 받지 아니하고는 자기의 등록디자인 또는 이와 유사한 디자인을 업으로서 실시할 수 없다"고 규정하고 있으며, 상표법도 제53조 제 1 항에서 "상표권자·전용사용권자 또는 통상사용권자는 그 등록상표를 사용할 경우에 그 사용상태에 따라 그 상표등록출원일 전에 출원된 타인의 특허권·실용신안권·디자인권 또는 그 상표등록출원일 전에 발생한 타인의 저작권과 저촉되는 경우에는 지정상품 중 저촉되는 지정상품에 대한 상표의 사용은 특허권자·실용신안권자·디자인권자 또는 저작권자의 동의를 얻지 아니하고는 그 등록상표를 사용할 수 없다"고 규정하고 있다.

이러한 규정들이 있음에도 불구하고 타인의 저작물을 상표로 출원하여 등록을 받거나, 상표등록이 거절된 표장을 저작물로 등록을 시도하는 경우가 종종 발생한다. 특허법원 2003. 5. 1. 선고 2002허6671 판결은, "상표법은 타인의 저작권의 목적이 되는 도형을 포함하는 표장의 등록을 금지하는 규정이 없고, 저작권은 상표와는 달리 그 발생에 있어서 무방식주의를 채택하고 있어 상표 심사단계에서 그 출원상표가 이미 발생한 저작권과 저촉되는지 여부를 심사하기가 현실적으로 곤란하며, 상표법 제53조가 상표권과 저작권의 저촉관계에 관하여 별도로 규정하고 있는 점 등에 비추어 볼 때, 타인의 저작권의 목적인 도형 등을 상표로서 등록하는 것 자체를 공공의 질서나 선량한 풍속을 문란케 하는 것으로서 곧바로 상표법 제 7 조 제 1 항 제 4 호의 부등록사유에 해당한다고 하기는 어렵다."고 판시하고 있다.

그러나 등록된 상표라도 그보다 먼저 발생한 저작권에 저촉되는 것이라면 그 범위 내에서 등록상표의 사용이 제한된다. 대법원 2014. 12. 11. 선고 2012다76829 판결은 저작물과 상표는 배타적·택일적인 관계에 있지 아니 하므로, 상표법상 상표를 구성할 수 있는 도형 등이라도 저작권법에 의하여 보호되는 저작물의 요건을 갖춘 경우에는 저작권법상의 저작물로 보호받을 수 있고, 그것이 상품의 출처표시를 위하여 사용되고 있거나 사용될 수 있다는 사정이 있다고 하여 저작권법에 의한 보호 여부가 달라진다고 할 수는 없다고 판시하였다. 이 판결의 원심인 서울고등법원 2012. 7. 25. 선고 2011나70802 판결은, "어느 행위가 저작권법을 위반한 침해행위의 요건을 갖추었다면 저작권법에 따른 금지 등 청구를 할 수 있고, 상표법에 따라 등록된 상표를 사용한다는 사유만으로 저작권법에 따른 금지 등 청구를 거절할 수는 없다. 또한 저작권법과 상표법은 그 보호목적과 보호요건이 다르므로 한쪽의 법률효과를 다른 법률이 저지할 수 없고, 선행 저작물과 동일 유사한 상표가 출원되어 등록될 수도 있다"고 판시하였다. 이 판결이 위 대법원 판결로 상고기각 되어 확정된 것이다.

또한 서적의 제호를 상표등록하는 경우에도 여러 가지 문제점이 발생하는데, 이에 관하여는 제2장 제4절의 Ⅱ. 중 "제호의 상표등록에 따른 문제점" 부분에서 살펴본 바 있다.

제2절   저작인격권

Ⅰ. 개   설

1. 의   의

저작인격권은 저작자가 자기의 저작물에 대하여 가지는 인격적·정신적 권리를 말한다. 일반적으로 공표권, 성명표시권 및 동일성유지권 등이 저작인격권에 포함된다고 이해되고 있으며, 우리나라 저작권법도 제11조 내지 제13조에서 이들 세 가지 권리를 규정하고 있다. 또한 저작권법은 배타적 발행과 출판의 경우에 저작물의 수정증감을 할 수 있는 권리를 규정하고 있는데[26] 이러한 권리도 넓게는 저작인격권에 포함되는 것으로 보고 있다. 그 외에도 우리나라 저작권법에서는 인정되고 있지 않는 원작철회권이나 원작접촉권 등이 저작인격권에 포함된다고 보는 견해나 입법례도 있다.

이상의 권리들 중에서 성명표시권과 동일성유지권은 베른협약에서도 명문으로 규정하고 있으므로 저작인격권을 승인하는 모든 나라에서 거의 예외 없이 보호하고 있다. 그러나 그 보호의 태양 및 범위에 있어서는 반드시 일치하지 않는다.

종래 저작인접권 분야의 국제협약에서는 인격권이 부여되지 않았으나, 세계지적재산권기구 실연·음반조약(WPPT) 제5조는 실연자에 대하여 저작자가 가지는 것과 유사한 인격권을 부여하고 있다. 실연자의 인격권은 실연이 그 실연자의 인격의 반영물이라는 사실에 기초하고 있다.

---

26) 저작권법 제58조의2.

우리나라 저작권법은 저작인격권의 보호에 있어서 거의 세계 최고수준의 강력한 보호를 부여하고 있다. 베른협약 제 6 조의2 제 1 항에서는 재산적 권리가 이전된 후에도 "저작물의 창작자임을 주장할 권리"(성명표시권에 해당)와 그 저작물에 관련하여 "저작자의 명예나 성망을 해치는 변경 등의 행위에 대하여 이의를 제기할 권리(동일성유지권에 해당)"를 부여하고 있는 수준이지만, 우리 저작권법은 동일성유지권과 관련하여 아무런 전제 조건 없이 단순히 "저작자는 그의 저작물의 내용·형식 및 제호의 동일성을 유지할 권리를 가진다"라고만 규정하고 있다.

2. 저작인격권의 특질

일반적인 인격권과 비교할 때 저작인격권은 다음과 같은 특질을 가지고 있다.

첫째로, 일반적인 인격권이 인간인 이상 당연히 모든 사람에게 보장되는 권리인데 대하여, 저작인격권은 저작자에게만 보장되는 권리라는 점에서 차이가 있다(권리주체의 특질).

둘째로, 일반적인 인격권의 보호대상이 인격 그 자체인데 대하여, 저작인격권의 보호대상은 저작자의 인격으로부터 독립한 저작물이라는 점에서 차이가 있다(권리객체의 특질).

셋째로, 일반적인 인격권은 권리주체의 인격에 대한 관계가 보호되는 권리임에 대하여, 저작인격권은 저작자의 저작물에 대한 관계가 보호되는 권리라는 점에서 차이가 있다.

Ⅱ. 공 표 권

1. 의   의

저작자는 공표권, 즉 저작물을 공표할 것인가 공표하지 아니할 것인가를 결정할 수 있는 권리를 가진다(저작권법 제11조 제 1 항). 따라서 저작물을 공표할 것인지 여부는 저작자만이 결정할 수 있다. 여기에서 '공표'라 함은, 저작물을 공연·공중송신 또는 전시 그 밖의 방법으로 공중에게 공개하는 경우와 저작물을 발행하는 경우 즉, 저작물을 공중의 수요를 충족시키기 위하여 복제·배포하는 것을 말한다(저작권법 제 2 조 제24, 25호).

저작물은 저작자의 사상이나 감정을 구체적으로 표현한 것이므로 저작물이 일단 공표되어 세상에 나오게 되면 그 가치가 사회적인 평가를 받게 된다. 따라서 저작자로서는 비록 자신이 창작을 한 저작물이라 하더라도 그것이 공표되는 것을 바라지 않는 경우가 있을 수 있고, 이러한 저작자의 기대에 반하여 저작물이 공표된다는 것은 저작자의 인격적 이익을 해치는 결과를 초래하기 때문에 공표권을 저작인격권의 한 종류로서 규정하게 된 것이다.

2. 공표권의 내용

가. 공표 여부, 공표의 방법 등

공표권의 구체적인 내용에 관하여 살펴본다. 첫째로, 공표권이 저작자가 미공표의 저작물을 공표할 것인지 아니할 것인지를 결정할 권리를 포함한다는 점에는 다툼이 없다. 둘째로, 공표권에 공표의 시기와 방법을 결정할 권리도 포함되는지에 관하여는 약간의 의문이 있지만 포함된다고 보는 것이 통설이다.[27] 통설은 저작자가 그의 미공표 저작물의 공표 여부를 결정함에 있어서는 공표가 초래하는 사회적 평가와 영향을 미리 예측하고 판단한 후에 가장 적합한 시기나 방법 및 조건을 선택하여 결정하는 것이 일반적이므로, 이러한 내용들도 공표권이 미친다고 보는 것이 타당하다고 한다.

따라서 저작자는 저작물을 어떠한 형태로 공표할 것인지, 예컨대 책으로 출판할 것인지 무대에서 상연을 할 것인지 아니면 영화로 상영할 것인지 등 최초의 공표방법을 결정할 권리가 있고, 공표시기도 결정할 권리가 있다. 당사자 사이에 합의된 공표의 방법이나 시기 등에 위반하여 공표가 이루어진 경우에는, 단순히 계약위반에 대한 책임을 물을 수 있는 것에 그치지 않고, 공표권 침해에 따른 금지청구 등 필요한 조치를 청구할 수 있는 효과도 발생한다.[28]

다만 이와 같은 공표권은 제 3 자에 대하여 자기의 미공표 저작물을 공표하도록 적극적인 청구를 할 수 있는 권리가 아니라, 무단공표를 금지하고 공표하고자 하는 자에게 공표허락을 하거나 공표의 조건을 부가하는 권리이므로, 제 3 자의 적극적인 행위를 규제하는 소극적인 권리라고 하겠다.[29]

나. 의사에 반한 공표

공표권은 어디까지나 '미공표' 상태의 저작물에 대하여 가지는 권리이므로 일단 한 번 공표가 된 이상 저작자가 공표권을 주장할 수는 없다. 예를 들어, 어떤 강의장 내에서 수강생들을 대상으로 강의안을 만들어 배포한 것을 누군가 책자 형태로 출판한 경우에, 그 수강

---

27) 半田正夫, 전게서, 129면; 하용득, 전게서, 138면; 半田正夫·松田政行, 著作權法コンメンタール, 勁草書房 (1), 710면; 이해완, 저작권법, 박영사, 2007, 249면.

28) 半田正夫·松田政行, 전게서, 710면.

29) 허희성, 전게서, 74면.

생들이 사회통념상 '특정 다수인'으로서 '공중'에 해당한다면 그 저작물은 그들을 대상으로 한 배포시점에 이미 '공표'된 것으로 보게 될 것이므로, 설사 나중에 이루어진 출판행위가 저작자의 뜻에 반하여 이루어졌다고 하더라도 그것은 저작재산권(복제권 및 배포권)의 침해가 됨은 별론으로 하고 공표권의 침해를 구성하지는 않는다.[30]

그렇다면 저작자의 의사에 반하여 저작물의 공표가 이루어진 경우에도 더 이상 공표권을 행사할 수 없는 것으로 볼 것인지 검토해 볼 필요가 있다. 일본 저작권법은 공표권에 관한 제18조 제 1 항에서, "저작자는 그의 저작물로서 아직 공표되지 아니한 것(그의 동의를 얻지 아니하고 공표된 저작물을 포함한다)"라고 규정함으로써, 저작자의 의사에 반하여 공표된 저작물에 대하여도 공표권을 인정하는 명문의 규정을 두고 있다. 그러나 저작물의 공표가 저작자의 동의를 받은 것인지 아니면 의사에 반하는 것이었는지를 제 3 자가 판단하는 것은 사실상 어려운 일이므로, 일본 저작권법과 같은 명문의 규정을 두고 있지 않은 우리 저작권법 아래에서는 저작자의 의사에 반하는 공표라 하더라도 일단 공표가 이루어진 바에는 더 이상 공표권을 행사할 수 없다고 보는 것이 법적 안정성 측면에서 타당하다고 생각된다.[31]

다. 2차적저작물의 공표

저작자는 자신의 저작물을 원저작물로 하는 2차적저작물에 대하여도 공표권을 행사할 수 있는지 의문이 있을 수 있으나, 공표권을 행사할 수 있다고 보아야 할 것이다. 2차적저작물은 원저작물과 실질적 유사성을 가지는 저작물로서 원저작물의 본질적 특징을 직접 감득할 수 있는 저작물이므로, 2차적저작물의 공표에 의하여 받게 되는 사회적 평가는 원저작물에도 미치게 되기 때문이다. 예를 들어, 甲이 자신의 개인 노트에 써 놓고 사회적 평가 등을 고려하여 아직 공표하고 있지 않은 습작소설을 乙이 甲의 허락 없이 영화화 한 경우, 甲은 저작재산권의 행사와 별개로 저작인격권인 공표권에 기하여 그 영화의 상영을 금지시킬 권한이 있다고 보아야 한다. 그렇게 보지 않으면 타인이 저작자의 저작물을 그대로 공표하지 아니하고 일부 개변하여 공표하는 방법으로 얼마든지 저작자의 공표권을 피해 나갈 수 있는 길이 생기게 되기 때문이다. 일본 저작권법은 제18조 제 1 항에서 저작자의 공표권을 규정하면서, "당해 저작물을 원저작물로 하는 2차적저작물에 대하여도 동일하다"고 규정함으로써 이 점을 분명히 하고 있다.

---

30) 이해완, 저작권법, 박영사, 2007, 250면.
31) 상게서, 250면.

3. 공표권의 기능

제3자가 저작자의 허락을 받지 아니하고 저작물을 공표하였다면 필연적으로 저작재산권의 내용이 되는 복제권이나 공연권, 공중송신권, 전시권 등의 침해를 수반하게 되므로 저작자로서는 공표권을 원용할 필요 없이 곧바로 저작재산권의 침해를 주장하는 것이 가능하다. 따라서 공표권이 독자적인 기능을 할 수 있는 영역은 그다지 넓지 않다. 다만, ① 저작재산권을 양도한 후에 제3자가 아무런 권한이 없이 무단으로 저작물을 공표·이용하고 있음에도 불구하고 그 저작재산권의 양수인이 적절하게 권리를 행사하고 있지 않는 경우와, ② 기술의 발달에 따라 기존의 저작권법이 예정하지 못한 새로운 저작물의 이용방법이 등장하고 그 방법에 의하여 제3자가 무단으로 저작물을 이용하는 경우에는 공표권이 기능을 발휘할 수 있을 것이다.[32]

한편 저작자가 가지는 공표권을 보호하기 위하여 민사집행법 제195조 제12호에서는 공표되지 아니한 저작에 관한 물건은 압류가 금지되는 물건으로 규정하고 있으며, 국세징수법 제31조 제10호에서도 저작에 관한 재산으로서 아직 공표되지 아니한 재산은 압류금지 재산으로 규정하고 있다.

4. 공표권의 제한

가. 의   의

저작자가 미공표 저작물의 저작재산권을 타인에게 양도하였음에도 불구하고, 저작자가 공표권에 기하여 그 저작물의 공표를 금지한다면 저작재산권의 양수인은 저작물을 이용할 수 없게 되어 불합리한 결과가 발생한다. 이에 저작권법은 저작물의 원활한 이용을 도모하기 위하여 일정한 경우에는 저작자가 저작물의 공표를 동의한 것으로 추정하는 규정을 두고 있다.

나. 공표동의의 추정·의제

(1) 저작재산권의 양도 등

저작자가 공표되지 아니한 저작물의 저작재산권을 제45조에 따른 양도, 제46조에 따른 이용허락, 제57조에 따른 배타적발행권의 설정 또는 제63조에 따른 출판권의 설정을 한 경우에는 그 상대방에게 저작물의 공표를 동의한 것으로 추정한다(저작권법 제11조 제2항).

저작재산권의 전부가 아니라 그 중 일부만 양도한 경우에는 양도된 범위 내에서만 공

---

32) 상게서, 139면.

표에 동의를 한 것으로 추정한다. 예를 들어, 공연권만 양도한 경우에는 공연에 의한 공표에만 동의한 것으로 추정되므로, 공연 이외의 방법으로 공표할 경우 공표권 침해가 될 수 있다. 이용허락의 경우도 마찬가지이다. 저작물의 복제만 허락한 경우에는 공표에 대한 동의가 있는 것으로 추정할 수 없고, 저작물의 방송만을 허락한 경우에 공연의 방식으로 공표하는 데 대한 동의가 있었다고 추정할 수는 없다.[33] 이러한 경우에는 입증책임의 일반원칙으로 돌아가, 저작자의 공표 동의 또는 당사자 사이에 공표에 대한 합의가 있었음을 이용자가 입증하여야 할 것이다.

공표동의가 추정되므로 반증, 예컨대 저작자가 공표권을 유보한다는 취지의 특약이 있었다는 사실을 입증하여 추정의 효과를 번복시킬 수 있다. 저작자가 미공표 저작물을 양도하면서 향후 10년간은 공표하지 않기로 한다는 특약을 한다거나, 화가가 자신의 미공표 그림을 양도하면서 공개전시는 하지 않는다는 특약을 붙이는 것도 가능하다. 이러한 특약에 반하여 공표 또는 공개전시를 하게 되면 저작자의 공표권을 침해하게 된다.[34]

(2) 미술저작물 등의 경우

저작자가 공표되지 아니한 미술저작물·건축저작물 또는 사진저작물의 원본을 양도한 경우에는 그 상대방에게 저작물의 원본의 전시방식에 의한 공표를 동의한 것으로 추정한다(저작권법 제11조 제3항). 이 규정의 취지나 동의추정의 효과도 앞의 저작재산권의 양도 등의 경우와 같다. 다만 다른 점은 저작재산권의 양도나 저작물의 이용허락이 아니라 미술저작물 등의 원본을 양도한 경우에만 해당되며, 동의가 추정되는 공표의 방법도 원본의 '전시'방식에 한정된다는 점이다. 따라서 화가가 자신의 미공표 그림을 제3자에게 판매한 경우 제3자가 그 그림을 전시하는데 대하여는 동의를 한 것으로 추정되지만, 전시 이외의 방법으로 공표하는 것, 예컨대 인쇄된 화집에 게재하여 공표하는 것은 동의가 추정되지 않는다.

(3) 2차적저작물 등의 경우

원저작자의 동의를 얻어 작성된 2차적저작물 또는 편집저작물이 공표된 경우에는 그 원저작물도 공표된 것으로 본다(저작권법 제11조 제4항). 2차적저작물 또는 편집저작물은 원저작물의 바탕 위에서 또는 원저작물을 소재로 하여서 작성된다. 따라서 2차적저작물이나 편집저작물이 공표되면 그 기초가 되는 원저작물의 내용도 공표되는 것으로 볼 수 있으므로, 처음 원저작자가 자신의 저작물을 기초로 하는 2차적저작물 또는 편집저작물의 작성을

---

33) 이해완, 전게서, 251면; 半田正夫·松田政行, 著作權法コンメンタール, 勁草書房(1), 711면.
34) 內田 晉, 전게서, 137면.

허락하였다면 거기에는 2차적저작물 등의 공표에 의하여 원저작물도 공표될 것이라는 인식을 당연히 포함하고 있다고 보아야 한다. 그렇기 때문에 이 경우에 저작권법은 앞서 두 가지 경우와는 달리 공표동의를 '추정'하는 것이 아니라 아예 '의제'(간주)하는 것으로 규정하고 있다. 따라서 공표동의를 하지 아니하였다는 반증을 들어 의제의 효과를 번복할 수 없다.

만약 미공표 저작물을 원작으로 하여 허락을 받지 아니하고 2차적저작물을 작성·공표하였다면 2차적저작물작성권을 침해한 것과는 별도로 원작에 대한 공표권의 침해가 된다.

(4) 공표동의의 철회 가능 여부

저작자가 저작물의 공표를 동의하였다가 그 저작물이 공표되기 전에 동의를 철회하는 것이 가능할 것인가. 대법원 2000. 6. 14.자 99마7466 결정[35]은, 저작권법 제11조 제 2 항에는 저작자가 미공표 저작물의 저작재산권을 양도하거나 저작물의 이용 허락을 한 경우에는 그 상대방에게 저작물의 공표를 동의한 것으로 추정한다고 규정하고 있는바, 저작자가 일단 저작물의 공표에 동의하였거나 동의한 것으로 추정되는 이상 비록 그 저작물이 완전히 공표되지 않았다 하더라도 그 동의를 철회할 수는 없다고 하였다.

5. 다른 법과의 관계

'공공기관의 정보공개에 관한 법률' 제 2 조에 의하면 "공공기관은 보유·관리하는 정보를 이 법이 정하는 바에 따라 공개하여야 한다"고 규정하여 정보공개의 원칙을 천명하고 있다. 그런데 공공기관이 보유·관리하는 정보가 미공표 저작물인 경우에도 정보공개의 청구가 있을 경우 이 원칙에 따라 공개(공표)하여야 하는 것인지 문제가 될 수 있다. 이 법률 제 9 조 제 1 항(비공개대상정보)은 "공공기관이 보유·관리하는 정보는 공개대상이 된다. 다만, 다음 각호의 1에 해당하는 정보에 대하여는 이를 공개하지 아니할 수 있다"고 하면서, 그 제 1 호에서, "다른 법률 또는 법률이 위임한 명령(국회규칙·대법원규칙·헌법재판소규칙·중앙선거관리위원회규칙·대통령령 및 조례에 한한다)에 의하여 비밀 또는 비공개 사항으로 규정된 정보"를 들고 있다. 따라서 이 문제는 미공표 저작물이 제 1 호에서 말하는 다른 법률에 의하여 비밀 또는 비공개 사항으로 규정된 정보에 해당하느냐 여부에 따라 결정될 것이다. 결론적으로 이에 해당한다고 해석하는 것이 타당하다고 본다.

또한 미공표 저작물의 압류를 금지한 앞에서 본 민사집행법 제195조 제12호와 국세징수법 제31조 제10호 규정에 비추어 볼 때 미공표 저작물은 강제집행의 대상이 되지 않는

---

35) 판례공보 2000. 9. 1. 제113호, 1817면.

것으로 해석된다.36)

Ⅲ. 성명표시권

1. 의　의

성명표시권은 저작자가 자신이 그 저작물의 창작자임을 주장할 수 있는 권리, 즉 저작물의 원본이나 그 복제물에 또는 저작물의 공표 매체에 그의 실명이나 이명을 표시할 권리를 말한다(저작권법 제12조 제1항). 실명이나 이명을 표시할 권리뿐만 아니라 무명(無名)으로 할 권리도 포함한다고 해석된다.37)

저작물의 원본이나 복제물에 또는 저작물의 공표 매체에 저작자명을 표시하는 것은 저작물의 내용에 대하여 책임의 귀속을 명백히 함과 동시에, 저작물에 대하여 주어지는 사회적 평가를 저작자에게 귀속시키려는 의도도 포함되어 있다고 볼 수 있으므로, 이는 저작자의 인격적 이익과 관련하여 매우 중요한 의미를 지닌다. 따라서 저작자명의 표시여부 또는 표시한다면 실명을 표시할 것인가 아니면 이명을 표시할 것인가의 결정은 저작자만이 할 수 있도록 한 것이 성명표시권이다.

성명표시권은 공표권과는 달리 최초의 공표시만이 아니라 이미 공표된 저작물에 대하여서도 계속 적용되는 권리이다. 따라서 저작자가 실명으로 공표를 하고 있는데 이용자가 그것을 이명 또는 무명으로 공표한다거나, 이명(필명 등)으로 공표된 저작물에 임의로 실명을 표기한다거나, 저작자에 의하여 표시된 저작자의 성명 또는 칭호를 삭제한다거나, 무기명저작물에 저작자의 실명 또는 이명을 표시하는 것 등은 모두 성명표시권의 침해가 된다.38)

2. 성명표시의 방법

저작자는 자연인인 경우 자신의 성명을, 국가·지방자치단체나 법인인 경우에는 그 명칭을 실명으로 표시할 수 있고, 예명(藝名)·아명(雅名)·펜네임·아호(雅號)·약칭 등 이명이나 저작자 자신만이 아는 독특한 명칭 또는 무명으로도 표시할 수 있다. 그리고 표시하는 방법

---

36) 이해완, 전게서, 249면.
37) 日本 저작권법은 저작자명을 표시하지 않을 권리를 명문으로 규정하고 있다(제19조 제1항).
38) 하용득, 전게서, 141면.

에 있어서도 회화의 낙관과 같이 원본에 표시하거나 인쇄·출판에 있어서와 같이 복제물에 표시하거나 혹은 연주회에서 사회자가 청중에게 발표를 하는 것 등이 모두 성명의 표시에 해당한다.

저작물을 이용하는 자는 그 저작자의 특별한 의사표시가 없는 때에는 저작자가 그의 실명 또는 이명을 표시한 바에 따라 이를 표시하여야 한다(저작권법 제12조 제2항). 따라서 예컨대 '김소월'이라는 이름으로 발표된 시 '진달래꽃'을 출판하는 경우에는 저작자에게 상의할 필요 없이 '김소월'이라는 저작자명(아호)을 표시하면 되는 것이지, 굳이 그의 본명인 '김정식'을 찾아 밝힐 필요는 없는 것이고, 오히려 본명을 밝히는 것이 성명표시권 침해가 될 수 있다. 여기서 "저작자의 특별한 의사표시가 없는 때"라고 함은, 저작물을 이용함에 있어서 미리 성명을 어떻게 할 것인지 문의할 필요는 없고, 저작물을 이용하는 단계에서 저작자의 적극적인 의사표시가 있는 경우, 예컨대 이번 개정판부터는 '김소월' 대신 '김정식'으로 표시해 달라는 요청이 있는 경우를 제외하고는 종전과 같은 성명의 표시를 하면 된다는 것을 의미한다.[39] 무명의 저작물은 저작자가 성명을 표시하지 않을 권리를 행사한 것이므로 그러한 저작물을 이용할 때에는 저작자가 누구인지를 조사하거나 저작자의 의사를 탐구할 필요 없이 무명의 저작물로 이용하여야 하고, 그것으로 족하다.

3. 성명표시의 대상

저작자가 자신의 실명 또는 이명을 표시할 대상은 저작물의 원본이나 그 복제물 또는 저작물의 공표 매체이다. 따라서 이 3가지 중 어느 하나에 해당하지 아니하는 것, 예를 들어 저작물에 대한 설명이나 광고 내용만을 담고 있는 선전광고물에 저작자의 성명표시를 하지 않았다 하더라도 성명표시권의 침해로 되지 않는다. 서울남부지방법원 2014. 1. 23. 선고 2013노122 판결은 드라마 감독인 피고인이 A가 단독 창작한 드라마 극본을 드라마로 제작한 후, 그 드라마를 방영하면서 A, B, C의 공동저작인 것으로 엔딩크레딧에 표시하여 올렸다면 잘못된 성명표시로 극본을 공표한 것에 해당하여 성명표시권 침해가 된다고 판시하였다.[40]

저작자는 자신의 저작물을 원저작물로 하는 2차적저작물에 대하여도 공표권을 주장할

---

39) 허희성, 전게서, 77면.
40) 이 판결에서는, 드라마 극본은 통상적으로 극본 자체로 공중에게 공개되는 경우보다는 드라마 방영을 통하여 공중에게 공개되는 점, 이 사건의 경우 드라마 방영을 위한 극본 집필계약을 체결하였으므로 드라마 방영을 통하여 극본이 공개되는 것을 당연히 전제로 하고 있었던 점에 비추어 보면, 이 사건 드라마를 방영함으로써 저작물인 극본이 공표된 것으로 보아야 한다고 판시하였다.

수 있는지 하는 것과 동일한 문제가 성명표시권과 관련하여서도 생길 수 있다. 즉, 저작자는 자신의 저작물을 원저작물로 하는 2차적저작물에 대하여도 성명표시권을 주장할 수 있는지 여부이다. 하급심 판결 중에는 이러한 경우 원저작물의 저작자는 특별한 사정이 없는 한 성명표시권을 주장할 수 없다고 한 것이 있다. 서울서부지방법원 2006. 3. 17. 선고 2004가합4676 판결은, 가요 '돌아와요 부산항에'는 그 선행 가요인 '돌아와요 충무항에'의 2차적저작물이라고 함으로써 2차적저작물작성권의 침해를 인정하면서도, 2차적저작물인 가사를 발표함에 있어 원저작물의 작사자를 표시하지 않았다는 사정만으로 원저작자의 성명표시권·동일성유지권 등의 저작인격권이 침해되었다고 볼 수는 없다고 판시하였다.

그러나 이 판례의 입장에는 선뜻 동의하기 어렵다. 앞서 공표권에서와 같은 이유로 저작자는 자신의 저작물을 원저작물로 하는 2차적저작물에 대하여 원저작자로서의 성명표시권을 행사할 수 있다고 보는 것이 타당하다고 본다. 2차적저작물은 원저작물과 실질적 유사성을 가지는 저작물로서 원저작물의 본질적 특징을 직접 감득할 수 있는 저작물이므로 2차적저작물에 의한 사회적·인격적 평가는 원저작물에도 미치게 되기 때문이다.[41] 하급심 판결 중에는 이러한 입장에 선 것으로 보이는 것도 있다. 서울민사지방법원 1990. 9. 20. 선고 89가합62247 판결(일명, '행복은 성적순이 아니잖아요' 사건)은, "저작인격권(성명표시권) 침해 … 부분에 관하여 살피건대, 이는 피고가 제작상영 및 판매한 이 사건 영화 및 소설이 원고의 이 사건 무용극을 원작으로 한 소위 2차적저작물에 해당한다는 점을 전제로 한다 할 것이고(피고의 이건 영화 및 소설이 원고의 이건 무용극과 다른 독창적 내용이라면 피고는 이건 영화 및 소설에 원고의 성명을 표시하거나 이건 소설의 집필에 원고의 동의를 받을 필요가 없다 할 것이다)"라고 하여 2차적저작물에는 원저작자의 성명표시권이 미친다는 것을 전제로 판단하고 있다. 참고로 일본 저작권법은 공표권과 마찬가지로 성명표시권에 관한 제19조 제1항에서, "그의 저작물을 원저작물로 하는 2차적저작물의 공중에의 제공 또는 제시에 즈음하여 원저작물의 저작자명의 표시에 대하여도 동일하다"고 규정함으로써 이 점을 분명히 하고 있다.

4. 성명표시권의 제한

이와 같이 저작물의 이용자는 저작자의 특별한 의사표시가 없는 때에는 저작자가 그의 실명 또는 이명을 표시한 바에 따라 이를 표시하여야 한다. 그러나 저작물 이용의 목적이나 태양에 비추어 저작자명을 표시하는 것이 곤란하거나 적절하지 아니한 경우도 있으므로 저작권법 제12조 제2항 단서에서는, "다만, 저작물의 성질이나 그 이용의 목적 및 형태 등에

---

41) 同旨, 이해완, 전게서, 254-255면.

비추어 부득이하다고 인정되는 경우에는 그러하지 아니하다"고 규정하고 있다. 따라서 첫째, 저작물 이용의 목적 및 태양에 비추어 저작자가 창작자인 것을 주장하는 이익을 해칠 염려가 없고, 둘째, 성명표시의 생략이 공정한 관행에 합치하는 경우에는 저작자명의 표시를 저작자의 동의 없이 생략할 수 있다.[42]

호텔의 로비나 백화점 등의 매장에서는 분위기의 조성을 위하여 배경음악을 방송으로 내보내는 경우가 흔히 있는데, 이때에는 저작자 성명의 표시를 생략할 수 있다고 해석되고 있다. 이러한 경우 악곡을 방송할 때마다 일일이 작곡가의 이름을 방송 멘트로 알려주어야 한다면 매우 불편하고 분위기를 해칠 뿐만 아니라, 성명의 표시를 생략하여도 의도적으로 저작자명을 은닉하고자 한 것은 아니기 때문이다.[43]

그러나 성명표시의 생략은 공정한 관행에 합치하여야 하므로 위와 같은 경우에도 적당한 방법으로 저작자명을 표시하는 것이 가능하고, 그러한 표시방법이 공정한 관행으로 확립되어져 있다면, 그 방법에 따라 저작자명을 표시하여야 한다. 예를 들어 TV 연속극에 삽입된 가요곡의 작사자와 작곡자명은 방영 후 자막에서 표시할 수 있고, 또 그렇게 표시하는 것이 관행적으로 널리 행하여지고 있으므로 이러한 경우에는 저작자명의 표시를 생략할 수 없다고 보아야 한다.

저작인격권은 저작자의 인격과 사회적 평판, 명성 등에 직접적으로 관련되는 중요한 권리이므로 함부로 제한되어서는 아니 된다. 현행 저작권법이 종전 저작권법에서 저작인격권 침해의 요건으로서 요구하고 있던 '명예나 성망'에 대한 위해를 삭제한 것도 저작인격권을 가급적 강하게 보호하고자 하는 취지에서이다. 그러나 성명표시권이나 동일성유지권의 제한 규정을 지나치게 엄격하게 해석하여 그 적용범위를 좁히게 되면, 반대로 저작물 이용자들의 이용행위를 과도하게 제한하는 결과를 초래하게 되고, 이는 결국 저작물의 원활한 유통에 방해를 가져올 수 있다. 또한 성명표시권이나 동일성유지권의 지나친 행사는 권리남용에 해당할 수도 있을 것이다. 따라서 성명표시권 등 저작인격권 제한규정은 저작물의 성질이나 이용의 목적 및 태양(예를 들어, 다수의 저작자를 일일이 다 표시할 수 없어서 일부 저작자를 누락한 경우인지 등), 성명표시 의무를 준수하지 못한 사유(예를 들어, 성명표시를 의도적으로 누락한 경우인지, 타인의 성명을 참칭한 경우인지, 아니면 단순 누락인지 등)를 종합적으로 고려하되, 저작자와 이용자의 이익을 비교형량하는 방법으로 해석운용 하여야 할 것이다.

---

42) 하용득, 전게서, 142면.
43) 內田 晉, 전게서, 138면.

5. 성명표시권 불행사특약의 효력

저작자와 그 저작물의 이용자 사이에 성명표시권을 행사하지 않겠다는 특약을 하는 경우가 종종 있는데, 그 유효성을 검토해 볼 필요가 있다. 학설은 유효성을 인정하는 것이 대세인 것 같다.

성명표시권이나 동일성유지권과 같은 저작인격권의 불행사특약은 업계에서 실무상으로도 많이 사용되고 있다. 결국 이와 같은 불행사특약은 내용이 명확하고 당사자의 특약 체결에 대한 의사가 분명한 경우임을 전제로 효력을 인정하는 것이 현실에 맞는 해석이라고 생각된다.

6. 성명표시권 침해의 태양

첫째, 저작자의 의사에 반하는 성명의 표시 또는 불표시를 들 수 있다. 성명표시권 침해의 태양 중 가장 대표적인 것이다. 저작자의 의사에 반하는 성명의 표시는 저작물을 이용하는 자가 저작자의 특별한 의사표시에 반하여 그의 실명 또는 이명을 표시하거나, 특별한 의사표시가 없는데 저작자가 그의 실명 또는 이명을 표시한 바에 따라 표시하지 아니하고 다른 방법으로 표시한 경우 등을 들 수 있다. 여기에는 무명으로 이용할 의사를 밝히거나 무명으로 공표된 저작물에 그 저작자의 실명이나 이명을 표시하는 경우도 포함된다. 저작자의 의사에 반하는 성명의 불표시는, 저작자가 그의 실명 또는 이명을 표시할 의사를 특별히 표시하였거나, 저작자가 그의 저작물에 자신의 실명 또는 이명을 표시하였음에도 이를 이용하는 자가 성명표시를 하지 않고 이용한 경우를 들 수 있다.

둘째, 저작자의 성명을 참칭(僭稱)하는 경우이다. 저작물의 원본이나 복제물 또는 저작물의 공표 매체에 저작자가 아닌 다른 사람의 이름을 표시함으로써 성명표시권을 침해하는 것이다.

셋째, 출처를 명시하지 않는 경우이다. 저작권법이 정하는 저작재산권의 제한규정(예를 들어, 저작권법 제28조의 공표된 저작물의 인용)에 따라 저작물을 이용하는 자는 그 출처를 명시하여야 한다. 출처의 명시는 저작물의 이용 상황에 따라 합리적이라고 인정되는 방법으로 하여야 하며, 저작자의 실명 또는 이명이 표시된 저작물인 경우에는 그 실명 또는 이명을 표시하여야 한다(저작권법 제37조). 이러한 출처명시의무를 위반하여 출처를 명시하지 않으면 성명표시권의 침해가 되며, 아울러 벌칙규정이 적용되어 형사책임까지 지게 된다(저작권법 제138조 제2호). 그러나 저작재산권의 제한규정은 저작인격권과 관련이 없다는 것을 근거로,

출처의 명시를 하지 않은 것만으로는 성명표시권의 침해가 되지 않는다는 소수설도 있다.[44] 출처명시의무를 위반한 행위가 곧바로 성명표시권 침해가 된다는 논리적 필연성이 있는 것은 아니지만, 출처명시의무 위반이 성명표시권 침해에 결부되기 쉽다는 것은 부정할 수 없을 것이다.

넷째, 저작권법상 다른 권리의 침해에 수반하는 경우이다. 저작물의 무단복제 및 무단 개작을 하거나, 동일성유지권을 침해하는 과정에서 저작자의 성명을 표시하지 않는 경우로서 실무상 가장 많이 나타나는 사례이기도 하다.

7. 판 례

(1) 대법원 1989. 10. 24. 선고 88다카29269 판결(일명, '윤정아' 사건)[45]은, 피고 대한민국 산하 관청인 문교부가 초등학교 6학년 재학 중인 원고가 창작한 "내가 찾을 할아버지의 고향"이라는 제목의 산문 중 제목을 "찾아야 할 고향"으로 고치고 지은이를 "3학년 4반 황정아"라고 새로이 써 넣었으며(실제 원고의 이름은 '윤정아'이다), '매년'을 '해마다'로 고치는 등 내용 중 일부문구를 수정하여 초등학교 3학년 2학기 국어교과서에 싣고 이를 인쇄하여 배포한 사건에서, 구 저작권법 제14조(현행 저작권법 제12조)에 의하면, 저작자는 저작물에 관한 재산적 권리에 관계없이 또한 그 권리의 이전 후에도 그 저작물의 창작자임을 주장할 권리가 있고, 이는 저작자가 저작자로서의 인격권에 터잡아 저작물의 원작품이나 그 복제물에 또는 저작물의 공표에 있어서 그의 실명 또는 이명을 표시할 권리가 있다는 것이므로, 저작자의 동의나 승낙 없이 그 성명을 표시하지 않았거나 가공의 이름을 표시하여 그 저작물을 무단복제하는 것은 귀속권(성명표시권) 침해에 해당한다고 하였다. 나아가 설사 가공의 이름인 황정아로 표시한 이유가 교육정책상의 목적에 있었다 하더라도 그러한 사정만으로는 저작자에게 전속되는 창작자임을 주장할 수 있는 귀속권을 침해하는 정당한 사유가 되지는 않는다고 하였다.

(2) 대법원 1991. 8. 27. 선고 89도702 판결[46]은, 피고인이 민중의 현실과 의식을 그들이 부르는 노래를 통하여 연구할 목적으로, 노동자들이 노동쟁의 때 투쟁의식을 고취하기 위하여 가사를 바꾸어 부르는 곡들, 예컨대 "전우가 남긴 한마디"라는 가요를, 그 곡명은 "정의를 부르짖는 동지, 단결로 맺어진 동지"로, "생사를 같이 했던 전우야 정말 그립구나

---

44) 半田正夫·松田政行, 전게서, 732면에 인용된 茶園成樹의 견해 참조.
45) 법원공보 1989, 1759면.
46) 법원공보 1991, 2461면.

그리워" 등으로 된 가사는 "단결로 맺어진 동지야 윙윙 돌아가는 기계 속에서" 등으로 바꾸어 부르고 있는 32곡의 가요를 수집한 다음, 이를 그 저작권자들의 승낙 없이 작곡자의 성명을 기재하지 않고 '노동과 노래'라는 제목의 책자로 100부 가량 인쇄하여 배포한 사례에서 성명표시권 침해를 인정하였다.

Ⅳ. 동일성유지권

1. 의   의

저작자는 그의 저작물의 내용·형식 및 제호의 동일성을 유지할 권리를 가진다(저작권법 제13조 제1항). 이에 따라 저작물은 원형 그대로 존재하여야 하고 제3자에 의한 무단 변경·삭제·개변 등에 의해서 손상되지 않도록 이의를 할 권리가 저작자에게 보장되어 있다. 이를 '동일성유지권'(right to the integrity of the work) 또는 '저작물존중권'(right to respect for the work), '저작물의 불가침권'(right to inviolability of the work)이라고 한다. 고쳐진 내용·형식·제호가 설사 원래의 것보다 좋게 되었다 하더라도 저작자의 동의 없는 개변은 인정되지 아니한다. 저작물이란 저작자의 사상·감정을 표현한 것이므로 저작물의 수정·개변은 저작자만이 할 수 있는 것이기 때문이다.[47] 동일성유지권의 침해 역시 공표권이나 성명표시권의 경우와 마찬가지로 저작물의 무단이용에 수반하여 문제로 되는 경우가 대부분이다.

2. 침해의 요건

가. 기본적 요건

(1) 개변에 의한 동일성의 손상

첫째로, 저작물의 내용이나 형식 또는 제호에 개변이 이루어지고 그로 인하여 원래의 저작물의 동일성에 손상이 가해져야 한다. 여기에서 내용이나 형식에 개변이 이루어져야 한다고 하지만 저작물 중에서 보호를 받는 것은 사상이나 감정이 아니라 그에 대한 구체적인 표현이므로, 결국 외부적으로 나타난 표현에 개변이 이루어져야 한다. 그리고 개변의 결과 동일성에 손상이 가해져야 하므로 비록 세부적인 표현에 개변이 이루어졌다고 하더라도, 예컨대 단순한 오자나 탈자를 수정한다거나 문법적으로 맞지 않는 부분을 맞도록 고친 정도

---

47) 송영식 외 1인, 전게서, 131면.

로는 동일성에 손상이 없다고 할 것이므로 동일성유지권의 침해가 되지 않는다. 저작물의 제호 자체는 저작물성을 갖고 있지 않으므로(제 2 장 제 4 절 '저작물성이 문제로 되는 창작물' 부분 참조) 독자적으로는 저작권법의 보호를 받지 못하지만, 제호는 작품의 내용과 관련하여 매우 중요한 일부분을 이루는 것이므로 이를 개변하는 것은 동일성유지권의 침해로 된다.

(2) 개변 전 저작물의 본질적 특징 유지

둘째로, 그와 같은 개변에도 불구하고 개변 전 저작물의 표현형식상의 본질적인 특징을 유지하고 있어야 한다. 개변의 정도가 일정한 한도를 넘어서서 그 저작물의 본질적인 특징을 직접적으로는 감득할 수 없을 정도가 된 경우, 예컨대 그림이나 사진저작물을 완전히 훼손하여 원래의 형태를 알아 볼 수 없게 만든 경우에는 그 자체로 새로운 저작물이 생기는 것일 뿐, 원작에 대한 동일성유지권 침해는 아니다.

즉, 원작에 대한 개변이 어느 한도를 넘어서게 되면 그것은 원저작물에 대한 복제물 또는 2차적저작물이라고 할 수 없고 전혀 새로운 독립된 저작물로 성립하며, 그렇게 되면 오히려 동일성유지권 침해의 문제도 생길 여지가 없어진다. 서울민사지방법원 1990. 9. 20. 선고 89가합62247 판결(일명, '행복은 성적순이 아니잖아요' 사건)이 이와 같은 법리를 설시하고 있다. 이 사건에서 원고는 자신이 제작한 무용극을 토대로 피고가 원고의 동의를 받지 아니하고 영화 및 소설을 작성하였다고 하여 동일성유지권 침해 주장을 하였으나 법원은, "저작권법상 동일성유지권이란 저작물의 내용, 형식 및 제호(題號)의 동일성을 유지할 권리 즉 무단히 이들의 변경, 절제(切除) 기타 개변을 당하지 아니할 저작자의 권리로서 이는 원저작물 자체에 어떤 변경을 가하는 것을 금지하는 내용의 권리라 할 것인데, 피고의 이 사건 영화와 소설은 원고의 이건 무용극과는 다른 독창적 내용의 저작물이라 할 것이므로 원고의 이 사건 무용극에 어떤 변경을 가하였던 것이 아닌 만큼 이를 전제로 한 원고의 주장은 이유 없다"고 하였다.

(3) 소 결

그렇다면 과연 어느 정도의 개변이 가해져야 동일성유지권의 침해가 되는가. 단순한 오자나 탈자를 수정한 것만으로는 동일성유지권의 침해가 되지 않고 어느 정도 이상의 개변이 있어야 동일성유지권의 침해가 성립되지만, 반대로 개변의 정도가 지나치게 커지면 원작과는 별개의 독립된 저작물로 되어 버리고 오히려 동일성유지권 침해는 성립하지 않는다.

어느 정도의 변경이 있는 경우에 동일성유지권의 침해를 인정할 것인지에 대하여는 뒤에서 보는 동일성유지권이 제한되는 경우에 관한 저작권법 제13조 제 2 항의 규정이 하나의 기준이 될 수 있을 것이고, 그 기준을 가지고 구체적인 사례에 따라서 합리적으로 결정할 수밖에 없을 것이다.

구 저작권법(1986. 12. 31. 법률 제3916호로 개정되기 전의 것)은 "저작자의 명예와 성망을 해"할 것을 동일성유지권 침해의 요건으로 하고 있었다.[48] 현행 저작권법은 이러한 요건을 삭제하였으므로 명예와 성망을 해할 것은 더 이상 동일성유지권 침해의 요건이 아니다. 그러므로 개변으로 인하여 저작물의 가치가 한층 높아졌다 하더라도 동일성유지권의 침해가 성립되는 데에는 지장이 없다. 예를 들어 어린이가 그린 그림에 유명한 화가가 수정을 가하여 예술적 가치가 높아졌다 하더라도 동일성유지권 침해가 된다.[49]

나. 침해물과 피침해물 사이의 동일성 문제

우리나라의 실무와 판례를 살펴보면, 동일성유지권의 침해 역시 공표권이나 성명표시권의 경우와 마찬가지로 해당 저작물의 무단이용에 수반하여 발생하는 경우가 대부분이다. 그 과정에서 원저작물을 원형 그대로 복제하지 아니하고 다소의 변경을 가한 것이라 하여도 원저작물의 동일성이 감지되는 정도이면 복제가 되는 것이고, 이와 같은 복제물이 타인의 저작물로 공표되면 원저작자의 성명표시권의 침해가 있었다고 본다. 아울러 원저작물을 복제하면서 함부로 그 내용이나 형식, 제호의 변경을 가한 경우에는 원저작자의 동일성유지권을 침해하는 것이 된다.

그러나 이에 대하여는 강력한 반대설이 있다. 이 견해는, 예를 들어, a + b + c + d로 이루어진 저작물(저작물 1)에서 b + c 부분을 도용하고 거기에 e + f를 덧붙여 다른 저작물 b + c + e + f(저작물 2)를 만들었다면 저작물 2는 저작물 1에서 b + c 부분을 도용한 것이지만, 그렇다고 하여 저작물 2가 저작물 1의 동일성을 변경한 것은 아니라고 한다. 저작물 1은 도용된 후에도 전혀 변경됨이 없이 그대로 존재하고 있고, 도용당했다고 해서 도용된 저작물이 변경되는 것은 아니라는 것이다. 따라서 우리 저작권법상 동일성유지권의 침해를 주장할 수 있는 경우는 특정한 유체물에 화체되어 있는 것(예컨대 순수미술저작물)에 변경

---

48) 구 저작권법 제16조는, "저작자는 저작물에 관한 재산적 권리에 관계없이 또한 그 권리의 이전 후에 있어서도 그 저작물의 내용 또는 제호에 변경을 가하여 그 명예와 성망을 해한 자에 대하여 이의를 주장할 권리가 있다"고 규정하고 있었다.

49) 대법원 1962. 10. 29.자 62마12 결정: 신청인(甲)은 '필승 일반사회'의 저작자로서 출판사인 피신청인(乙)에게 그 저작권을 양도하고 그 후 피신청인에 의하여 판을 거듭 출판하던 중 피신청인이 이 사건 개정판을 출판함에 있어서 저자표시를 '저자 乙 출판사 편집부, 발행자 甲'으로 표시하여 허위의 표시를 하고, 위 서적 중 70여 장에 걸쳐 무단 수정 또는 증보 등을 하여 발행하였다. 이 사건에서 대법원은, 저작물의 가치를 일층 높이게 되는 경우라 하여도 저작자의 동의 없이는 저작물의 외형 및 내용을 수정 증감하거나 그 표현 형식을 변경할 수 없는 것이라고 하여 동일성유지권의 침해를 인정하였다.

을 가하거나 또는 침해자가 변경된 저작물을 침해당한 저작자의 것으로 표시하고 있는 경우, 즉 침해물과 침해당한 저작자 사이에 어떠한 형태로든 연결고리를 만들어 놓은 경우로 한정하는 것이 타당하다고 한다. 그리고 저작권법이 동일성유지권에 관한 제13조 제1항에서, "저작자는 '그'의 저작물의 내용·형식 및 제호의 동일성을 유지할 권리를 가진다"고 표현한 것은 바로 이 점을 나타낸다고 본다.[50]

이러한 반대설의 입장에 서 있는 판례들도 있다. 서울지방법원 1998. 5. 29. 선고 96가합48355 판결[51](일명, '야록 통일교회사' 사건)은, 동일성유지권은 원저작물 자체에 어떠한 변경을 가하는 것을 금지하는 내용의 권리이므로 원저작물 자체에 변경을 가하는 것이 아니라 원저작물로부터 2차적저작물을 작성하는 경우에는 동일성유지권의 효력이 미친다고 볼 수 없는바, 더구나 무단 번역의 경우에는 저작재산권인 2차적저작물작성권을 침해하는 행위에 해당할 뿐 동일성유지권의 침해 여부는 거론될 여지가 없다고 판시하였다. 또한 서울서부지방법원 2006. 3. 17. 선고 2004가합4676 판결(일명, '돌아와요 부산항에' 사건)도, "2차적저작물인 개편된 노래가사를 발표함에 있어 원저작물인 노래 가사의 작사자를 표시하지 않았다는 사정만으로는 원저작자의 저작인격권인 성명표시권을 침해하였다고 할 수 없고, 새로운 독창성을 갖는 2차적저작물로 인정된 이상 원저작자에 대한 2차적저작물작성권 침해가 성립되는 외에 저작인격권인 동일성유지권도 덧붙여 침해된다고 할 수는 없다"고 하였다.

그러나 반대설의 입장에 따르면 2차적저작물을 작성한 경우에는 동일성유지권의 침해가 성립하지 않는 것으로 보아야 할 것인데, 뒤에서 보는 바와 같이 허락을 받지 아니하고 작성된 2차적저작물의 경우 2차적저작물작성권 침해와 별도로 동일성유지권 침해가 성립할 수 있다고 보아야 하는 것과 같은 맥락에서 앞의 견해, 즉 침해긍정설에 찬동하고자 한다.[52]

3. 침해의 태양

가. 내용·형식의 동일성유지권 침해

저작권자는 저작물의 내용·형식의 동일성을 유지할 권리를 가지므로, 저작권자 아닌 자가 저작물의 내용이나 형식을 변경하고자 할 경우에는 단순한 오자나 탈자를 수정하는 경우와 같이 인격권이 전혀 문제가 되지 아니하는 경우를 제외하고는 저작자의 동의를 받아야 한다. 내용·형식의 동일성유지권 침해가 문제로 되는 것은 다음과 같은 경우들이다.

---

50) 송영식·이상정, 저작권법개설, 제7판, 세창출판사, 2011, 170면.
51) 저작권심의조정위원회, 한국저작권판례집(5), 195면 이하.
52) 同旨, 이해완, 전게서, 262면.

(1) 어문저작물의 경우

대학 신문사나 출판부가 학생들을 대상으로 공모하는 현상논문과 같이 응모상의 제한이나 지면의 제약, 또는 예산상의 고려에 의하여 당선작의 원고 중 일부분을 삭제하고 출판물이나 신문에 게재하는 행위는 동일성유지권의 침해로 될 수 있다. 따라서 이러한 경우에는 신문사나 출판부가 미리 응모자에게 양해를 구해놓을 필요가 있다. 원고를 모집하면서 매수를 한정하였는데 그 매수를 넘는 원고가 제출된 경우라 할지라도, 편집자가 임의로 한정된 매수범위 내로 원고를 축소 또는 축약하는 것은 허용되지 않는다.

특히 신문사나 잡지사의 독자투고란 등에서는 독자들이 투고한 원고를 임의로 축약하거나 내용의 일부를 삭제하는 등 수정을 가하는 경우가 많은데, 이러한 것도 동일성유지권의 침해가 되는 것은 물론이다. 따라서 신문사 측으로서는 미리 그와 같은 수정이 가해질 수 있다는 점을 고지해 두는 편이 안전할 것이다. 그러한 고지 내용을 인식하고 원고를 투고한 독자는 신문사 측이 투고된 원고에 대하여 어느 정도의 개변은 할 수 있다는 점을 사전에 동의한 것이라고 볼 여지가 있을 것이고, 따라서 저작물의 본질적인 개변이 아닌 한 저작인격권인 동일성유지권의 침해가 인정될 가능성이 그 만큼 적어지게 된다. 다만, 사전에 고지를 해 두었다고 하더라도 본질적인 개변을 하거나 저작자의 명예를 훼손하는 방법으로 저작물을 이용하는 행위는 저작인격권의 침해로 된다는 점을 유의하여야 한다(저작권법 제124조 제 2 항).

그리고 잡지와 같은 편집물에 있어서 기고된 원고에 편집자가 임의로 밑줄이나 방점을 부가한다거나 구두점의 사용형식 등 표기방법을 변경하는 것은, 그것이 비록 잡지의 외견상 형식의 통일을 기하기 위한 목적에 따른 것이라 하더라도 동일성유지권의 침해가 될 수 있다. 따라서 그러한 변경이 필요한 경우에는 미리 저작자의 양해를 구한다거나, 사소한 것이라면 그와 같은 변경이 저작자가 아닌 편집자에 의하여 부가된 것이라는 점을 밝혀 두는 것이 좋을 것이다.

(2) 미술·사진저작물의 경우

(가) 표현형식의 변경

미술이나 사진저작물에 있어서도 그 외부적 표현형식에 변경을 가하면 동일성유지권의 침해가 성립한다. 예를 들어 편집에 편리한 크기로 맞추기 위하여 회화저작물의 일부 면 또는 모서리를 잘라낸다거나(trimming) 삭제하는 행위 또는 인쇄상에 특별한 제약요건이 없음에도 불구하고 색을 임의로 변경하는 행위는 모두 동일성유지권의 침해를 구성한다.[53] 다만

---

53) 일본 동경지방법원 1973. 7. 27. 선고 昭和47(ワ) 7736호 판결(無體例集, 5권 2호, 243면): 원고가 제작

인쇄상의 제약에 따라 불가피하게 색을 변경하는 행위, 예를 들어 칼라사진을 흑백으로 제작하는 책자에 게재하면서 어쩔 수 없이 흑백으로만 인쇄한 경우는 다음에서 보는 동일성유지권이 제한되는 부득이한 변경에 해당할 수 있다.

서적이나 포스터 등을 인쇄하면서 제한된 스페이스에 맞추기 위하여 가로·세로의 비율을 변경한다든가 트리밍하는 행위, 미술·사진저작물 위에 다른 문자 등을 겹쳐서 인쇄하는 행위도 동일성유지권의 침해로 된다. 일본에는 사진저작물에 사실과 다른 설명을 붙여 게재한 행위도 동일성유지권의 침해가 된다고 한 판례가 있다.[54] 우리나라의 경우에도 저작자의 동의나 승낙을 받지 아니하고 미술작품들을 원화로 사용하여 지하철역 장식벽의 벽화를 만들면서, 작가란에 '작가미상'이라고 표시하거나 아예 작가표시란을 두지 않고, 또한 저작자의 연작 작품 중 일부만을 벽화로 만들거나 원작자가 의도하지 않은 방식으로 제작하고 작품의 위·아래를 거꾸로 설계·시공하는 등 저작자의 작품의도를 훼손하여 설치하거나 전시한 사안에서, 그 작품들을 지하철 역사 설계도면에 베껴 그려 넣은 설계업체와 역사를 관리·운영하고 있는 서울특별시 도시철도공사에게 성명표시권과 동일성유지권 침해를 원인으로 한 손해배상책임이 있다고 판시한 사례가 있다.[55]

(나) 미술저작물 등의 수선·위치변경, 철거

① 미술저작물 등의 수선

먼저 미술저작물을 수선하는 경우에 동일성유지권의 침해가 성립할 수 있는지 살펴본다. 옥외에 설치된 조각품 등은 특히 수선의 필요성이 자주 생기게 되는데, 이때 수선을 하면서 원저작자의 협력을 받을 수 있음에도 그러한 협력을 의뢰하지 않은 채 다른 미술가의 자문을 받아 수선한다거나, 아니면 그러한 자문도 받음이 없이 임의로 수선을 함으로써 수선 후에 원작품과 다른 변경이 생긴 경우를 들 수 있다. 이때 원저작자의 입장에서 본다면 자기의 표현과는 다른 표현이 나타나게 되어 표현의 완전성을 해치게 됨은 물론이고, 감상자의 입장에서도 변경된 표현이 원래 저작물의 표현이라는 오해를 하게 되므로 이래저래 원저작자의 인격적 이익은 침해를 받게 된다. 그러나 비용이라든가 시간 등 수선에 따르는 여러 가지 현실적인 제약으로 인하여 원저작자의 협력이나 감수를 부득이하게 받지 못하는 경우도 있을 수 있다. 따라서 이러한 경우에는 저작자와 저작물의 이용자 또는 소유자의 이

한 레저시설 홍보용 일러스트레이션을, 그 의뢰인 피고가 컬러잉크로 채색된 바다색깔을 포스터칼라로 다시 채색하여 색조에 변화를 주고, 아울러 일부 건물의 모양과 색채를 변경하거나 새로운 그림을 추가하는 등 임의로 수정작업을 한 사안에서 동일성유지권 침해를 인정하였다.

54) 센다이고등법원 1997. 1. 30. 판결: 熊野 지방에 있는 돌담을 찍은 사진을 게재하면서 邪馬台城의 사진이라고 잘못된 설명을 붙인 사건에서 동일성유지권의 침해를 인정하였다-伊藤 眞, 著作人格權の侵害行爲, 裁判實務大系, 知的財産關係訴訟法, 牧野利秋 編, 靑林書院, 1997, 302면에서 재인용.
55) 서울중앙지방법원 2006. 5. 10. 선고 2004가합67627 판결.

익을 균형있게 고려하여 동일성유지권이 제한되는 '부득이한 변경'(저작권법 제13조 제 2 항 제 3 호)에 해당하는지 여부를 판단하여야 한다.[56]

② 미술저작물 등의 위치변경

조각과 같은 미술저작물의 경우에는 수선뿐만 아니라 위치변경에 의하여서도 동일성유지권 침해의 문제가 생길 수 있다. 법령상 일정규모 이상의 건축물에는 도시미관을 고려하여 일정한 규모 이상의 조각 등 미술품을 설치하도록 되어 있다. 그런데 이와 같은 조각품은 그것이 설치되는 건축물의 구조나 크기, 모양, 위치는 물론이고 주변 공간이나 배경 등과의 관계를 고려하여 적절한 위치에 설치되므로, 나중에 가서 그 위치를 변경하면 동일성유지권의 침해가 될 가능성이 있다. 그러나 조각품이 설치되어 있는 건축물을 철거한다든가 증·개축 및 용도변경 등으로 인하여 설치된 조각품의 위치를 변경할 필요는 언제든지 생길 수 있는 것이고, 이때 조각품의 원저작자가 그와 같은 위치변경에 동의를 해 주지 아니한다고 하여 증·개축을 하지 못하는 등 건축물의 원활한 이용에 지장을 받는다면 부당하다고 하지 않을 수 없다. 따라서 이러한 경우에도 동일성유지권이 제한되는 '부득이한 변경'에 해당하는지 여부를 적절하게 판단하여야 할 것이지만, 조각품을 발주하여 설치하는 건축주는 필요한 경우 조각품의 위치를 변경하여도 좋다는 동의를 저작자로부터 미리 받아놓는 것이 향후 분쟁을 예방하는 길이 될 것이다.

③ 미술저작물 등의 철거, 파괴, 폐기 등

건축저작물의 소유자가 자기의 소유물인 건축저작물을 완전히 파괴하는 것은 소유권의 한 권능인 처분권에 기초한 것으로서, 그 건축저작물 저작자의 동일성유지권 침해를 구성하지 않는다고 보는 것이 일반적인 해석이다. 이는 건축저작물이 가지는 실용적인 목적과 기능을 고려한 해석이다. 그러나 실용적인 성격과는 관계가 먼 미술저작물이나 사진저작물의 원본 소유자가 소각이나 철거, 파괴 등으로 그 저작물을 완전히 훼손하는 경우에도 건축저작물의 경우와 같이 동일성유지권 침해가 성립하지 않는다고 볼 것인지에 대하여는 논란이 있다.

학설로는 자기 소유인 미술품을 저작자의 동의 없이 철거한 경우에도 건축저작물의 경우와 마찬가지로 동일성유지권 침해는 되지 않는다는 견해가 통설이다. 미술저작물의 원본을 훼손하는 것은 동일성유지권 침해가 될 수 있으나, 미술품을 완전히 폐기하거나 파괴하는 것(total destruction)을 막을 수는 없다는 것이다.[57] 그러나 저작물의 일부 변경은 동일성유지권 침해라고 하면서 완전 파괴의 경우에는 동일성유지권 침해가 성립하지 않는다면 저작

---

56) 伊藤 眞, 전게논문, 303면.
57) 이상정, 법적 측면에서 본 도라산역 벽화 철거, 저작권문화, 2010. 12, 196호, 한국저작권위원회, 14-15면.

인격권 보호에 충분하지 못한 것이라는 반대견해도 유력하다.[58] 같은 취지에서 "사전에 저작자에게 되돌려 받을 수 있는 기회를 제공하지 않으면 파괴할 수 없다"는 스위스 저작권법의 태도가 옳다고 주장하는 견해도 있다.[59]

일본의 경우를 보면 저작권법은 저작물이라고 하는 무형의 콘텐츠에 관한 법이므로, 유체물인 원작품이나 복제물의 파기 자체는 동일성유지권 침해가 되지 않는다는 견해가 다수설인 것으로 보인다.[60]

결론적으로 미술품의 소유권자가 그 미술품을 완전 폐기하거나 파괴하는 경우에 동일성유지권 침해가 성립하고 따라서 저작자의 허락을 받아야 한다는 것은 우리의 일반적인 사회통념에 비추어 볼 때 아직은 받아들이기 어려운 것이 아닌가 생각된다. 또한 완전 폐기나 파괴의 경우에 저작자를 찾아가서 허락을 받아야 한다면 그것은 미술저작물을 보유하는 것에 따른 불편함을 가중시키고 미술저작물의 재산적 가치에 부정적 요인으로 작용함으로써 오히려 미술저작물의 시장을 위축시킬 우려가 있다. 선물을 받든 구입을 하든 이런저런 경위로 가치가 높거나 낮은 미술품들을 소유하게 되는 경우가 많은데, 살아가면서 그러한 미술품들을 마음대로 폐기 또는 파괴할 수 없고 그때마다 원저작자의 허락을 받아야 한다면 생활에 큰 불편을 겪게 될 것이다. 이러한 현실적인 점을 고려할 때 미술품의 완전 폐기나 파기의 경우에는 동일성유지권 침해를 부정하는 견해가 타당하다. 다만, 미술품의 폐기나 파괴가 동일성유지권 침해에는 해당하지 않는다고 하더라도 그 미술품 저작자의 인격적 법익에 대한 부당한 침해로서 불법행위가 성립하는 경우는 있을 수 있다. 그러나 어떤 경우에도 미술저작물이 화체된 유체물 소유자에게 지나친 생활상의 간섭이 되거나 불편함을 초래하는 일이 없도록 적절한 고려가 있어야 할 것이다.

판결 중에는 벽화의 소유자가 그 벽화를 저작자인 화가의 동의를 받지 않고 임의로 철거하여 폐기한 사건에서 저작권법상 동일성유지권 침해에는 해당하지 않지만 민법상 불법행위에는 해당한다고 판시한 사례가 있다.[61]

---

58) 위 각주 1번 참조.

59) 홍승기, 공공예술품의 설치와 철거, 저작권문화, 2010. 12, 196호, 한국저작권위원회, 17면.

60) 齊藤博, 著作權法(第 3 版), 有斐閣(2007), 149면; 加戶守行, 『著作權法 逐條講義』, 四訂新版, 社團法人 著作權情報センター, 173면; 作花文雄, 『詳解 著作權法』, 제 3 판, ぎょうせい, 242면; 中山信弘, 著作權法, 법문사(2008), 358면.

61) 서울고등법원 2012. 11. 29. 선고 2012나31842 판결(이른바 '도라산역 벽화 철거' 사건). 이 판결은 동일성유지권으로서 미술품 소유권자의 처분행위에 대항할 수 없고, 현행 저작권법상 장소 특정적 미술에 대한 특별한 보호는 인정되지 않으므로, 피고(대한민국)의 의뢰에 따라 미술가인 원고가 창작하여 역 구내에 설치한 벽화를 피고가 임의로 떼어낸 후 폐기한 행위는 원고의 동일성유지권을 침해하였다고 보기 어렵다고 판시하였다. 다만, "국민에 대하여 예술의 자유를 보장하여야 할 뿐만 아니라 적극적으로 예술을 보호하고 장려할 책무를 부담하는 국가가 물품관리법 시행령의 관련 규정을 위반하여 이 사건 벽화

(다) 콜라주·몽타주

캔버스와는 전혀 이질적인 재료나 잡지의 삽화, 기사 등을 오려 붙여 보는 사람들에게 이미지의 연쇄반응을 일으키게 하는 새로운 저작물을 작성하는 미술적 기법을 '콜라주'(collage)라고 한다. 이때 그 재료로서 타인의 저작물의 전부 또는 일부를 이용하게 되면 그 저작물은 대부분의 경우 절단되거나 변형되어 사용되므로 동일성유지권과 관련하여 문제가 될 수 있다. 또한 저작물이 절단되지 아니하고 전부가 원형 그대로 사용되었다 하더라도 그 것이 다른 작품 속에 재료로 삽입됨으로써 원래의 작품이 전하고자 하였던 사상이나 감정과는 다른 표현을 가지게 된다면 역시 동일성유지권의 침해가 될 수 있다. 그러나 콜라주의 재료로 이용하더라도 원작의 본질적인 특징을 감득할 수 없을 정도로 세분하여 절단·이용하게 되면 이는 동일성유지권 침해의 요건을 결하는 것으로서 아예 침해의 문제가 생기지 않는다.

몽타주(montage) 사진과 같이 여러 개의 사진을 조합하여 하나의 사진으로 합성하는 기법에 있어서의 동일성유지권 침해 문제도 콜라주의 경우와 마찬가지로 생각하면 될 것이다. 즉, 원래의 사진이 가지고 있던 본질적인 특징을 직접 감득할 수 있는 형태로 몽타주에 사용한 경우에는 동일성유지권의 침해가 될 수 있다.[62][63]

(3) 영상저작물의 경우

극장용 영화를 브라운관 TV로 방영할 때 화면의 네 귀퉁이가 둥글게 잘리는 경우가 있는데 이러한 현상은 화면의 사이즈 차이에 의한 어쩔 수 없는 것이므로 동일성유지권이 제한되는 '부득이한 변경'이라고 보아야 한다. 그러나 극장용 영화를 TV용으로 재편성하면서 방영시간의 제한 때문에 일부 내용을 삭제하는 것은 동일성유지권의 침해가 되므로 영화저작자의 동의를 받아야 한다.

TV 방송국의 편성권과 저작자의 동일성유지권이 충돌하는 경우의 처리방법에 관하여 상세하게 판시한 주목할 만한 판결이 있다. 서울고등법원 1994. 9. 27. 선고 92나35846 판결[64]이 그것인데, 사안은 강연자가 방송사와의 방송출연계약에 따라 60분 간 방송하기로 한

를 폐기하였고 그 절차가 공론의 장을 충분히 거쳤다고 볼 수도 없으며, 원고는 작품의 보존에 대하여 상당한 이익을 가지고 있음에도 원고에게 알리지도 않고 소각한 피고의 이 사건 벽화 폐기행위는 원고의 인격권을 침해하는 불법행위를 구성한다"고 하여 피고는 원고에게 1천만 원의 위자료를 지급하라고 판시하였다(대법원 2015. 8. 27. 선고 2012다204587 판결로 확정).

62) 伊藤 眞, 전계논문, 303면.
63) 일본 최고재판소 1980. 3. 28. 선고 昭和51(オ) 923호 판결은 몽타주 기법에 의한 합성사진이 그에 사용된 원래의 사진저작물에 대한 동일성유지권 침해가 된다고 판단하고 있다.
64) 하급심판결집 1994-2, 1면; 지적재산권판례집(下), 대한변리사회 편, 전게서, 2650면.

프로그램을 위해 63분에 걸쳐 강연을 녹화하였으나, 강연자가 연술한 내용 중 23분에 해당하는 중요 부분의 내용을 방송사가 임의로 삭제·수정하여 40분 간만 방송함으로써 동일성유지권 등의 침해가 문제로 된 것이다. 법원은, "방송사는 강연의 중요 부분의 내용을 임의로 삭제수정하여 방송함으로써 강연자와의 출연계약을 적극적으로 침해함과 동시에 강연자의 저작인격권(동일성유지권)을 침해한 것이므로 방송사는 그 고의에 의한 불완전이행이나 불법행위로 인하여 강연자가 입은 손해를 전보할 의무가 있다"고 하였다. 나아가 동일성유지권과 편성권의 관계에 대하여, "방송사가 국가 이외의 제3자에 대해서도 방송의 자유(편성권)를 주장할 수 있다 하더라도, 그 편성권을 행사하여 특정 프로그램을 제작하기로 내부적 계획을 세운 후 방송사의 소속원이 아닌 제3자와 출연계약을 맺게 된 경우에는, 그 당사자의 일방인 방송사는 그 사법상의 출연계약에 특별히 약정한 바가 없다면 계약의 내용에 따라 제작하고 방송할 의무를 부담할 뿐, 방송사가 갖는 편성권이 제3자인 출연자의 저작권을 임의로 침해할 수 있는 근거가 된다고 할 수는 없다"고 하였다.[65]

(4) 음악저작물의 경우

개사(改詞)는 그 바뀐 가사가 원래의 가사의 본질적인 특징을 감득할 수 있는 내용이라면 동일성유지권의 침해로 된다. 그러나 전혀 별개의 가사를 붙임으로써 원래의 가사를 직접적으로는 감득할 수 없게 한 경우에는 아예 새로운 저작물이 되고 동일성유지권의 침해가 성립하지 않는다. 악곡과 가사는 일반적으로 공동저작물이 아니라 결합저작물이므로 기존의 악곡에 가사만 다르게 붙여 가창하는 것은 원칙적으로 그 악곡에 대한 동일성유지권의 침해로는 되지 않는다고 본다.

서울중앙지방법원 2007. 7. 23. 선고 판결은,[66] 일명 '올챙이송'의 창작자와 계약을 맺고 동요 비디오테이프를 만들면서 창작자의 성명을 표시하지 않고, 그의 다른 동요 '손발 체조'를 비디오테이프와 CD에 수록하면서 원곡에는 '미'로 되어 있는 8분음표 하나를 '라'로 바꾼 사건에서, "음표 하나가 바뀐 동요 '손발 체조'는 가사가 있는 부분이 12마디 밖에 되지 않는 아주 짧은 곡일뿐만 아니라, 음 하나만 바뀐다고 해도 곡 전체 분위기에 상당한 영향을 미칠 수 있는 점을 고려할 때 원고의 저작물에 관한 동일성유지권이 침해된 것이다"라고 판시하였다.[67]

---

65) 사실상 이 판결은 영상저작물에 대한 동일성유지권 침해에 대한 사례라기보다는 강연, 즉 어문저작물에 대한 동일성유지권 침해 사례라고 보는 것이 적절할 것이다.
66) 중앙일보 2007. 7. 24.자 인터넷 기사 https://news.joins.com/article/2802554
67) 이 사건에서 피고는, 일반적으로 유아용 비디오테이프에는 원저작자의 성명을 표시하지 않는 것이 업계의 관행이라고 주장하였는데, 법원은 그것이 업계의 공정한 관행이라고 보기는 어렵다고 하여 성명표시

최근에는 컴퓨터 기술의 발달에 따라 가창이나 연주의 실연을 녹음하여 디지털 처리를 하고 그 데이터를 이용하여 새로운 가창이나 연주를 합성하는 이른바 '샘플링'(sampling) 기법이 유행하고 있다. 이때 기존 악곡을 직접 감득할 수 없을 정도로 세분화하여 처리하는 경우에는 동일성유지권의 침해는 생기지 않는다고 보아야 할 것이다. 그러나 여러 개의 악곡을 각각 작은 악절로 나누어 다시 결합하는 것처럼 원래 악곡의 본질적 특성을 직접 감득할 수 있는 때에는 미술저작물에 있어서 몽타주 기법의 경우처럼 동일성유지권 침해가 성립할 수 있을 것이다.[68]

서울고등법원 2008. 9. 23. 선고 2007나70720 판결은, 음악저작물을 디지털압축파일로 변환하여 서버에 저장한 다음, 인터넷 이용자에게 전체 듣기, 미리 듣기, 휴대폰 벨소리 서비스 등을 제공하는 과정에서, 원곡이 약 3분 내지 5분 정도 됨에도 불구하고 원고의 의사에 반하여 인터넷 이용자에게 약 1분 내지 1분 30초 정도로 원고 저작물의 표현형식을 절단하여 전송하는 '미리 듣기 서비스'와, 원고의 원곡 일부를 그 의사에 반하여 부분적으로 발췌하여 음악파일로 변환, 저장시킨 다음 전송하는 '휴대폰 벨소리 서비스'는 동일성유지권 침해에 해당한다고 판시하였다.

이 판결에 대하여는, 원곡의 일부 이용을 동일성유지권 침해라고 보는 것은 문제가 있다고 하여 반대하는 견해가 있다.[69] 유사한 사안에서 최근 대법원은 동일성유지권 침해를 부정하는 판결을 하여 주목된다. 대법원 2015. 4. 9. 선고 2011다101148 판결은 음악저작물을 노래반주기용 반주곡으로 제작하면서 일부분의 선율을 변경하고, 원곡과 다른 코러스, 랩, 의성어 등을 삽입하였으나, 그러한 변경만으로는 음악저작물을 노래반주기에 이용할 때 일반적으로 통용되는 범위를 초과하여 변경하였다고 보기 어려워 동일성유지권 침해가 되지 않는다고 하였다. 나아가 어문저작물이나 음악저작물, 영상저작물 등의 일부만을 이용하더라도 그 부분적 이용이 저작물 중 일부를 발췌하여 그대로 이용하는 것이어서 이용되는 부분 자체에는 아무런 변경이 없고, 이용방법도 그 저작물의 통상적 이용방법에 따른 것이며, 그 저작물의 이용 관행에 비추어 일반 대중이나 그 저작물의 수요자가 그 부분적 이용이 전체 저작물의 일부를 이용한 것임을 쉽게 알 수 있어 저작물 중 부분적으로 이용된 부분이 그 저작물의 전부인 것으로 오인되거나, 부분적 이용으로 그 저작물에 표현된 저작자의 사상, 감정이 왜곡되거나 저작물의 내용이나 형식이 오인될 우려가 없는 경우에는 그러한 부분적 이용은 저작물의 전부를 이용하는 것과 이용하는 분량 면에서만 차이가 있을 뿐

권의 침해 역시 인정하였다.
68) 伊藤 眞, 전게논문, 304면.
69) 송영식·이상정, 전게서, 175면.

이어서 동일성유지권 침해가 아니라고 하였다.[70]

(5) 2차적저작물 작성의 경우

(가) 허락을 받은 2차적저작물의 작성

2차적저작물은 원저작물에 수정·개변을 가하여 작성되는 새로운 저작물이므로 통상 원저작물에 대한 동일성유지권 침해를 수반하게 된다. 소설을 각색하여 영화로 만드는 경우에는 원작소설에 어떠한 형태로든 변경을 가할 필요가 생기게 되며, 저작물을 번역, 편곡, 개작하는 경우에는 당연히 원작의 표현을 대폭적으로 변경하는 결과를 가져온다. 이와 같은 2차적저작물의 창작행위는 원저작물에서 표현된 내용·형식을 변경하는 것이며 이들은 번역, 편곡, 개작 등에 따른 필연적인 개변이다. 원작의 본질에 관한 것이 아닌 비본질적이거나 세부적인 것의 변경은 번역, 편곡, 개작 등의 과정에서 당연히 있을 수 있는 것이며, 또한 그렇게 하지 않으면 2차적저작물작성권의 내용인 번역권, 편곡권, 개작권 등을 인정할 의미가 없게 된다. 따라서 허락을 받은 2차적저작물 작성의 경우에는 본질적 개변이 아닌 한 동일성유지권의 침해가 되지 않는다고 새겨야 할 것이다. 그리고 의사표시의 해석상으로도 2차적저작물작성권을 양도하거나 2차적저작물의 작성을 허락하였다면 그 의사표시에는 원저작물의 비본질적인 개변에 대한 동의까지 포함된 것이라고 봄이 상당할 것이다.

그러나 내용이나 형식의 본질적인 변경, 예컨대 비극(悲劇)을 희극(喜劇)으로 하거나, 해피엔드(happy end)를 불행한 결말로 하거나, 원작에서 매우 비중이 높은 중요 장면을 삭제하고 그와는 전혀 다른 장면을 추가하거나, 혹은 이야기의 주인공을 원작과 달리 마음대로 살리거나 죽게 하는 것 등은 원저작물의 본질에 관한 개변이므로, 설사 2차적저작물 작성에 대한 허락을 받았다 하더라도 동일성유지권의 침해로 되고 따라서 저작자의 별도의 동의를 필요로 한다. 비본질적이고 세부적인 사항이라도 번역을 함에 있어서 심한 오역을 하는 것 등은 번역에 따른 필연적인 개변이라고 할 수 없으므로 동일성유지권 침해가 문제로 될 수 있다.[71]

---

70) 대법원은, 피고의 음악저작물 미리듣기 서비스는 음원 중 30초 내지 1분 정도의 분량을 스트리밍 방식으로 전송하여 듣게 하는 일종의 음원 샘플 제공행위로서 음악저작물 이용거래에서 음악저작물의 홍보나 유료 이용에 도움을 주기 위하여 널리 행해지는 음악저작물의 이용 행태 중 하나이고, 음악저작물의 음원을 그대로 전송, 재생하되 한정된 시간 동안 그 일부만 재생하도록 제한하고 있을 뿐이어서 미리듣기 서비스에 이용되는 부분 자체는 아무런 변경이 없다는 점을 근거로 들고 있다. 이 사건 원심인 서울고등법원 2011. 10. 27. 선고 2011나6870 판결은, 피고의 행위는 의도적으로 한정된 시간 동안 원곡의 일부만을 실시간으로 재생되도록 한 것인바, 이러한 행위는 이 사건 음악저작물에 대한 표현방식의 변경에 해당하고, 이러한 변경은 저작물의 성질이나 그 이용의 목적 및 형태에 비추어 부득이하다고 인정되는 범위 안에서의 변경에 해당하지 아니한다고 하여 동일성유지권 침해를 인정하였다.
71) 허희성, 전게서, 80-81면; 內田 晉, 전게서, 133면.

결론적으로 원저작자로부터 2차적저작물 작성에 관한 동의를 받았다면 2차적저작물 작성에 당연히 수반되는 개변에 대하여는 원저작자의 동일성유지권이 미치지 아니하므로 일일이 원저작자의 동의를 받을 필요는 없다. 그러나 원저작물의 본질을 개변하는 경우에는 원저작자의 동일성유지권이 미치므로 설사 2차적저작물 작성에 관한 동의를 받았다 하더라도 본질적 개변에 대한 별도의 동의를 받을 필요가 있다.

다만 이때 원작에 대한 본질적인 개변이 어느 한도를 넘어서게 되면 원저작물에 대한 2차적저작물이라고 할 수 없고 전혀 새로운 독립된 저작물이 성립하게 되며, 그렇게 되면 오히려 동일성유지권 침해의 문제도 생길 여지가 없어진다.

(나) 허락을 받지 아니한 2차적저작물의 작성

① 문제의 소재 – 허락 없는 2차적저작물 작성은 곧 동일성유지권 침해인가?

그렇다면 원저작자의 동의를 받지 아니하고 2차적저작물을 작성하는 경우는 어떻게 보아야 할 것인가? 원저작자의 동의를 받지 아니하고 2차적저작물을 작성하면 원저작자가 가지고 있는 저작재산권의 하나인 '2차적저작물작성권'(저작권법 제22조)을 침해하게 된다. 그런데 이때에도 당연히 원저작물에 개변을 가져오게 되므로 2차적저작물작성권 침해와는 별도로 동일성유지권의 침해도 성립하는가 하는 의문이 제기될 수 있다. 이 점을 직접적으로 다룬 학설은 얼마 전까지만 해도 그다지 많지 않았고, 일본의 학설[72]과 우리나라 하급심 판결들은 '가요 고독' 사건 판결[73]에서 보는 바와 같이 동일성유지권의 침해가 별도로 성립하는 것처럼 본 사례가 비교적 다수였다. 그러나 앞에서 본 서울서부지방법원 1998. 5. 29. 선고 96가합48355 판결(일명, '야록 통일교회사' 사건)[74]이나 서울서부지방법원 2006. 3. 17. 선고 2004가합4676 판결(일명, '돌아와요 부산항에' 사건)[75]처럼 2차적저작물로 인정되는 이상 원저작

---

72) 光石俊郎, 2次的著作物の作成とその原著作物の著作者の同一性保持權について, 知的財産權をめぐる諸問題, 社團法人 發明協會, 1996, 455면 이하.
73) 서울남부지방법원 1989. 12. 8. 선고 88가합2442 판결(일명, '가요 고독' 사건, 또는 '테레사의 연인' 사건): 원고는 '고독'이라는 가요곡의 작사·작곡자인데, 피고 방송사가 '가요드라마'라는 연속 프로그램에서 단막극을 방영하면서 원고의 승낙이나 동의 없이 그 작사·작곡자의 성명도 밝히지 아니한 채 '고독'을 원곡 그대로 또는 이를 편곡하여 아코디언이나 전자오르간 등의 악기나 남자의 휘파람, 콧노래 등으로 부르거나 연주하게 하여 위 가요드라마의 주제음악 및 배경음악으로 이용하였다. 이 사안에서 법원은, 피고는 원고가 그의 저작물인 가요 '고독'에 대하여 가지는 방송권 및 위 가요를 원저작물 또는 구성부분으로 하는 2차적저작물의 작성·이용권 등의 저작재산권과 그 내용 및 형식의 동일성을 유지할 권리인 동일성유지권 등의 저작인격권을 침해하였다고 판시하였다.
74) "동일성유지권은 원저작물 자체에 어떠한 변경을 가하는 것을 금지하는 내용의 권리이므로 원저작물 자체에 변경을 가하는 것이 아니라 원저작물로부터 2차적저작물을 작성하는 경우에는 동일성유지권의 효력이 미친다고 볼 수 없고, 더구나 무단 번역의 경우에는 저작재산권인 2차적저작물작성권을 침해하는 행위에 해당할 뿐 동일성유지권의 침해 여부는 거론될 여지가 없다"고 판시하였다. 이 사건의 항소심인 서울고등법원 1998. 9. 25. 선고 98나35459 판결도 같은 취지로 판결.
75) 새로운 독창성을 갖는 2차적저작물로 인정된 이상 원저작자에 대한 2차적저작물작성권 침해가 성립되는

자에 대한 2차적저작물작성권 침해가 성립하는 외에 동일성유지권의 침해여부는 거론될 여지가 없다고 한 판결도 있어, 판례의 입장은 일관되고 있지 않다.

② 검 토

현재 이 문제에 대하여는 2차적저작물작성권의 침해와는 별도로 동일성유지권의 침해가 성립할 수 있다고 보는 것이 다수설이며 그러한 다수설의 입장이 옳다고 생각한다. 다만, 여기서 유의할 것은 2차적저작물작성권과 동일성유지권이 '별도로' 성립할 수 있다는 것이지, 2차적저작물작성권이 침해된 경우에는 '필연적으로' 동일성유지권 침해가 성립한다는 의미는 아니라는 것이다. 이들 두 개의 권리는 하나는 저작재산권이고 하나는 저작인격권으로서 취지와 내용, 효과 등이 전혀 다른 별개의 권리이기 때문이다. 어느 하나에 대한 권리가 침해되었다고 하여 다른 권리의 침해는 별도로 성립하지 않는다고 볼 논리적 근거는 없고, 마찬가지로 어느 하나의 권리가 침해되었다고 하여 필연적으로 다른 권리도 침해된다고 볼 근거도 없다. 앞의 "침해물과 피침해물 사이의 동일성 문제" 부분에서 본 반대설의 견해, 즉 우리 저작권법상 동일성유지권 침해를 주장하기 위해서는 특정한 유체물에 화체되어 있는 것에 변경을 가하거나 또는 침해자가 변경된 저작물을 변경 전 저작자의 것으로 표시하고 있는 경우 등 침해물과 원저작자의 연결고리를 만들어 놓은 경우로 한정하는 것이 타당하다는 견해에 의하면, 2차적저작물작성권 침해가 성립할 경우 별도로 동일성유지권 침해는 성립할 수 없다고 하여야 할 것이나, 반드시 그렇게 제한적으로만 보아야 할 이유가 있는지 의문이다.

반대설에 의하면 자연히 2차적저작물에 대하여는 그것이 원저작자의 허락을 받고 만들어진 것인지 아닌지를 불문하고 동일성유지권이 미치지 않는 것으로 보게 된다. 그러나 2차적저작물에는 원저작물의 창작적 표현이 포함되어 있을 수밖에 없으며, 2차적저작물은 그러한 원저작물을 '개변'하여 작성한 것이다. 따라서 허락을 받지 아니한 2차적저작물이 작성된 경우에는 반대설이 주장하는 것처럼 원저작물에는 아무런 변화가 없는 것이 아니라, 2차적저작물의 범위 내에서 원저작자의 의사에 반하는 원저작물에 대한 개변이 이루어진 것으로 볼 수 있다. 따라서 원저작물을 무단 이용하였으나 새로운 창작성이 부가되지 아니하여 원저작물과 실질적으로 동일한 것은 원저작물의 복제물에 지나지 않는데, 이때에도 복제권 침해와는 별개로, 그 내용, 형식 및 제호에 변경이 생기면 그것으로 동일성유지권 침해가 된다. 또한 그 변경으로 인하여 원저작물에 새로운 창작성이 부가됨으로써 2차적저작물이 되는 경우에는 2차적저작물작성권 침해와는 별개로 동일성유지권 침해가 될 수 있다고 보아야 할 것이다.[76]

외에 저작인격권인 동일성유지권도 덧붙여 침해된다고 할 수는 없다고 판시.

한편, 이때 복제물은 원저작물과 실질적 동일성이 있는 것인데, 그렇다면 복제물이라고 인정되는 이상 동일성유지권의 침해는 그 자체가 문제로 될 여지가 없는 것 아닌가 하는 의문이 있을 수 있다. 그러나 원저작물과 실질적 동일성이 있는 복제물이라고 하여도 그 내용이나 형식 및 제호에 변경이 있게 되면 동일성유지권 침해가 된다고 보는 것이 타당하다. 복제물에 해당하는지 여부를 가리는 기준으로서의 실질적 동일성과 동일성유지권 침해의 기준으로서의 동일성은 서로 다른 의미라고 보아야 하기 때문이다. 동일성유지권에 관한 저작권법 제13조 제 1 항이 단순히 '저작물의 동일성'이라고 하지 않고, 굳이 "저작물의 내용·형식 및 제호의 동일성"이라고 규정하고 있는 것도 이러한 취지를 반영한 것으로 이해된다. 따라서 동일성유지권 침해여부와 관련하여서는 개변의 결과물로 나타난 것이 원저작물에 대한 복제물이냐 2차적저작물이냐가 중요한 것이 아니라, 저작물의 내용·형식 및 제호의 동일성에 변경이 있었느냐 여부가 중요한 것이다.

나아가 만약 2차적저작물작성권 침해가 성립할 경우 별도로 동일성유지권의 침해는 성립하지 않는다고 해석하게 되면. 2차적저작물작성권을 포함한 저작재산권이 양도된 경우에 문제가 발생하게 된다. 예컨대 甲이 창작한 저작물 X에 대한 저작재산권을 2차적저작물작성권을 포함하여 모두 乙에게 양도하였는데 제 3 자 丙이 甲이나 乙의 허락 없이 X를 원작으로 하여 새로운 2차적저작물 Y를 작성한 경우에, 甲으로서는 Y가 X의 동일성을 침해하여 자신의 인격적 이익을 훼손하는 것이라 하더라도 그에 대하여 아무런 조치를 취할 방법이 없게 되며, 다만 乙이 甲으로부터 양도받은 2차적저작물작성권에 기하여 丙을 상대로 침해를 주장하는 것을 기다릴 수밖에는 없다. 이는 저작인격권을 일신전속적 권리로 규정함으로써 저작재산권이 양도된 경우에도 저작자가 인격적 이익의 침해행위를 저지할 수 있도록 한 저작권법의 입법취지에 어긋나는 결과라고 아니할 수 없다.

(6) 디지털저작물의 경우

(가) '대체광고' 사건

디지털저작물의 동일성유지권과 관련하여서는, 인터넷 포털이 제공하는 광고를 임의로 대체하는 광고 서비스 문제를 다룬 대법원 2010. 8. 25.자 2008마1541 결정에 유의할 필요가 있다. 이 사건에서 피신청인이 개발한 이 사건 프로그램은 신청인이 운영하는 포털 사이트에서 광고를 검색하면 나타나는 화면의 여백을 찾아내어, 신청인이 제공하는 광고와 함께 피신청인이 선택한 광고가 삽입되어 노출되도록 하는 방식('삽입광고 방식'), 포털이 제공하는 광고 대신 피신청인이 선택한 광고로 덮어쓰는 방식('대체광고 방식'), 포털의 검색창 하단과

---

76) 同旨, 이해완, 저작권법, 박영사, 2007, 262면; 최경수, 저작권법개론, 한올아카데미, 2010, 222면.

포털이 제공하는 키워드 광고 사이에 피신청인이 제공하는 키워드 광고를 삽입하는 방식('키워드광고 방식') 등 세 가지 방식으로 작동한다.

이 사건 프로그램의 작동원리는, 이용자가 신청인 포털 사이트의 검색창에 검색어를 입력하면, 신청인 사이트로부터 검색결과 화면의 HTML 파일이 이용자의 컴퓨터로 전송되고, 그 HTML 파일은 그대로 이용자의 컴퓨터 메모리에 올려지는데, 그 올려진 상태 그대로의 HTML 파일에 피신청인 프로그램이 자신의 광고용 HTML 코드를 일시적으로 삽입한 후 이들을 이용자 컴퓨터 디스플레이에 함께 출력하는 방식이다. 따라서 신청인이 전송한 HTML 소스코드는 단지 이용자의 메모리상에서 일시적으로 피신청인의 HTML 코드와 합쳐질 뿐, 신청인 서버의 HTML 파일 원본에 어떠한 수정이 일어나는 것은 아니다.

대법원은 신청인이 사용자의 컴퓨터로 보낸 검색 결과의 HTML 파일은 그 내용이 화면에 나타나기 위하여 일시적으로 램(Random Access Memory)상으로 복제되게 되는데, 이때 이 사건 프로그램에 의한 피신청인의 HTML 코드 역시 램에 올라오지만, 그것이 신청인의 HTML 코드에 삽입되어 신청인의 HTML 코드 자체를 변경시킨다는 점은 이를 소명할 자료가 부족하므로, 피신청인의 이 사건 프로그램에 의한 광고행위로 인해 신청인의 HTML 코드에 대한 동일성유지권이 침해되었다고 볼 수 없다고 판시하였다.[77]

이러한 대법원 판결에 대하여는, 소스코드는 프로그래밍 단계에서의 표현일 뿐 인간이 그 소스코드 자체를 인지하는 것은 아니며, 오히려 인간은 소스코드의 실행결과인 화면이나 프린터상의 출력결과를 인지하게 되는 만큼, 소스코드가 아니라 화면 표시를 동일성유지권의 보호대상으로 보아야 한다는 이유로 의문을 제기하는 견해가 있다.[78]

(나) 게임프로그램의 개변

일본 최고재판소 판결 중에는 컴퓨터 게임 사용자의 능력치(파워)를 높일 수 있도록 프로그램을 임의로 개변하는 메모리 카드를 수입·판매한 사건에서, 게임 프로그램에 대한 동일성유지권 침해를 인정한 사례가 있다.[79] 문제로 된 메모리 카드는 게임 프로그램 자체에

---

77) 본 사안과 유사한 사안으로서, 최근 개별 사용자로 하여금 '네이버·다음·네이트·구글'의 4대 포털사이트가 제공하는 화면에서 원하는 콘텐츠의 추가·삭제·위치 변경 및 스킨과 색상을 포함한 전체 디자인의 변경을 가능하게 해 주는 개인화 툴 프로그램을 배포한 사안에서, 대법원 2016. 4. 29. 선고 2013다42953 판결은, "이 사건 프로그램을 개별 인터넷 사용자들에게 제공·배포하여 그 개별 사용자들이 사용자 화면을 일부 변화시켜서 본다고 하더라도, 그로써 개별 사용자의 컴퓨터에 전송되는 HTML 코드가 변경되지는 않는다고 보이므로, 원고의 위와 같은 프로그램 제공·배포행위로 인하여 피고의 포털사이트 웹페이지의 동일성이 손상된다고 볼 수는 없다"고 판시하였다(뒤의 "개인적 영역에서의 저작물 변형 문제" 항목 참조).

78) 오병철, "3D 변환 TV의 저작권침해여부", 정보법학, 14권 3호, 37면.

79) 일본 최고재판소 2001. 2. 13. 판례시보 1740호 78면(일명, ときめきメモリアル 사건 판결). 다만, 이 사건은 금지청구와 형사책임에 대한 것이 아니라 불법행위에 근거한 손해배상청구 사건으로서, 메모리

제 4 장 저작자의 권리

는 개변을 가하지 않지만 게임의 전개를 바꾸거나 주인공의 의상을 바꿀 수 있는 기능을 제공한다. 이것은 동일성유지권 침해가 인정되어 왔던 종래의 전형적인 개변과는 달리 저작물인 프로그램 자체에는 개변을 가하고 있지 않지만, 게임 영상의 스토리 전개 내지 게임의 전개 등에 변화를 일으킨다는 점에 특색이 있다. 예를 들어, 비극인 영화를 희극 영화로 개변하는 경우에는 영화 필름 그 자체에 개변을 가하기 때문에 동일성유지권 침해에 해당하는 것이 분명하지만, 게임의 경우에는 플레이어가 스스로의 기량이나 취미에 따라 게임을 전개시켜 나가는 것이고, 원래 일정한 고정적인 내용의 게임 전개가 존재하는 것은 아니다. 이 사례에서 동일성유지권 침해를 인정한 것은 그 개변이 게임 개발자에 의하여 당초 예정되어 있던 스토리 전개의 범위 내에 있는 것인지 여부를 지표로 하여 판단한 것이라고 해석된다.

(다) 검 토

최근 들어 디지털 시대에 있어서 동일성유지권의 의미를 다시 한 번 생각해 보아야 한다는 견해가 유력하게 제기되고 있다. 디지털정보의 최대의 특질은 개변용이성에 있는데, 이것은 문화의 창작자가 종래의 일부 특출한 창작적 재능을 가진 자뿐만 아니라, 일반인도 창작자가 되는 이른바 '개작문화'(改作文化)가 발달하고 있음을 의미한다. 정보의 발신자(창작자)와 수신자(이용자, 감상자)의 경계가 없어지고 모든 이용자가 창작자가 될 수 있는 시대가 열렸으며, 자기의 작품을 인터넷을 통하여 용이하게 발신할 수 있고, 일반 공중이 그 콘텐츠를 받아 그것을 다시 가공하고 자기 나름대로의 창작성을 가미하여 다시 인터넷으로 발신하는 일이 일상적으로 행하여지게 되었다. 따라서 현실적으로 개작문화의 대중화 흐름을 막는 것은 불가능하며, 공중이 개작행위를 통하여 자기실현을 도모하는 것은 앞으로도 증가할 것이다. 이와 같은 상황에서 동일성유지권을 엄격하고 강력하게 적용하는 것은 이러한 흐름과 충돌하여 정보의 풍부화에 이바지한다는 동일성유지권의 정당성의 근거[80]를 잃어버릴 가능성이 있다. 21세기 중요 산업인 디지털콘텐츠 산업의 발전에 있어서 지나치게 강한 동일성유지권은 오히려 족쇄가 될 수도 있기 때문에 적절하게 그 범위를 한정할 필요가 있다는 점을 생각해 보아야 한다는 것이다.[81]

카드를 수입하여 판매한 자가 직접 침해를 하고 있는 것인지, 아니면 방조책임을 부담하는 것인지 분명하지는 않다. 이에 대하여 中山信弘, 著作權法, 법문사(2008), 327면은 "이 게임은 어린이가 가정 내에서 사용하는 것이며, 실제로 동일성유지권을 침해하고 있는 자는 사용자인 어린이라고 할 것이지만, 그 사용행위를 동일성유지권 침해라고 보고 그에 대한 방조에 의한 공동불법행위로서 업자의 손해배상 의무를 인정한 것"이라고 해석하고 있다.

80) 저작자에게 경제적 권리(저작재산권)와 정신적 권리(저작인격권)가 보장되지 않는다면 좋은 작품이 생기지 않고 시장도 잃어버리기 때문에 동일성유지권을 강력하게 보호하여야 하고, 그 적용 범위를 명예, 성망을 훼손시킨 경우로 한정해서는 안 된다는 것이다.

81) 中山信弘, 著作權法, 법문사(2008), 344-345면.

나. 제호의 동일성유지권 침해

제호에 대한 보호는 외적인 보호와 내적인 보호의 두 가지로 나눌 수 있다. 외적인 보호는 저작물의 제호를 다른 사람이 무단으로 이용하는 것으로부터의 보호를 말한다. 제호에 외적인 보호가 주어지면, 예를 들어 甲이 '짝사랑'이라는 제목의 악곡을 작곡하였는데 제 3 자 乙이 전혀 다른 악곡을 작곡하면서 제목만 甲의 곡과 같은 '짝사랑'이라는 제목을 붙일 경우 이를 막을 수 있게 된다. 그러나 판례나 다수설은 제호가 사상이나 감정의 표현이라고 볼 수 없다고 하여 외적 보호를 인정하지 않고 있다. 따라서 이미 '짝사랑'이라는 제목의 노래가 존재하고 있다고 하더라도 악곡의 표현이 다르다면 누구나 자유롭게 '짝사랑'이라는 제목을 붙일 수 있다.[82] 다만 기존의 '짝사랑'이라는 제호가 주지성(周知性)이나 상표등록 등 일정한 요건을 갖추고 있을 때 부정경쟁방지법이나 상표법에 의한 보호를 받는 것은 다른 문제이다.

반면에 저작권법은 동일성유지권을 통하여 제호의 내적 보호를 인정하고 있다. 제호에 대한 내적 보호에 따라, 위의 사례에서 甲이 작곡한 '짝사랑'이라는 곡을 이용하는 자는 그 제목의 동일성을 침해하지 않는 범위 내에서 이용하여야 하며, 임의로 제목을 변경하여 이용하면 제호의 동일성유지권을 침해하게 된다. 제호는 저작물의 내용을 집약하여 표현한 것으로서 제호의 무단변경은 저작물 자체의 변경은 아니라 하더라도 저작자의 인격적 이익을 해칠 우려가 크기 때문이다.

여기서 동일성유지권으로 보호받는 제호는 저작자 자신이 붙인 제호만을 의미한다. 따라서 저작자에 의하여 붙여진 것이 아니라 사후에 제 3 자에 의하여 붙여진 호칭이나 별칭에는 이러한 보호가 주어지지 않는다. 예컨대 베토벤의 교향곡 제 5 번이 '운명'이라는 이름으로 일반적으로 호칭되고 있지만, 이것은 베토벤이 붙인 저작물의 제호가 아니라 다른 경위로 현실적으로 그렇게 불리고 있을 뿐이므로 '운명'이란 호칭을 변경하거나 삭제하는 것은 동일성유지권 침해의 문제가 아니다.[83] 그러나 다른 사람이 지어 준 제호라 하더라도 이

---

82) 서울민사지방법원 1991. 4. 26. 선고 90카98799 판결(확정, 하급심판결집 1991-1, 304): 원고가 창작한 "가자! 장미여관으로"라는 시나리오에 기초하여 영화를 제작하던 피고가 원고와 견해차이가 생겨 원고와의 계약을 파기하고 스스로 전혀 다른 내용의 시나리오를 작성하여 영화를 만들면서 그 제목만은 원고의 위 제목을 그대로 사용한 사안에서, "저작권법상 동일성유지권이란 저작물의 내용, 형식 및 제호의 동일성을 유지할 권리, 즉 무단히 변경, 절제, 기타 개변을 당하지 아니할 저작자의 권리로서 이는 원저작물 자체에 어떤 변경을 가하는 것을 금지하는 내용의 권리라 할 것이므로, 원저작물에 변경을 가하는 것이 아니고 원저작물과 동일성의 범위를 벗어나 전혀 별개의 저작물을 창작하는 경우에는 비록 그 제호가 동일하다 하더라도 원저작물에 대한 동일성유지권을 침해하는 것으로 볼 수는 없다"고 판시하였다.

83) 허희성, 전게서, 80면.

를 저작자가 채택하여 적극적으로 자신의 저작물의 제호로 삼은 경우에는 저작자가 스스로 붙인 제목과 동일한 보호를 받아야 할 것이다.

제호의 동일성 문제로서 많이 발생하는 것은 영화의 제호 변경이다. 특히 극장용 영화를 TV로 방송하면서 원래의 제목을 다른 제목으로 표시하여 별개의 작품인 것처럼 착각을 일으키게 하는 경우가 종종 있어 왔으며, 또한 외국에서 제작된 영화제목을 우리말로 번역하면서 아주 다르게 의역하거나 상업적인 선전효과를 위하여 원제목과 유사하기는 하지만 다른 제목으로 하는 경우도 있다. 그러나 영화 제목에도 동일성유지권이 미치므로 계약당사자 사이에 영화 제목을 상업적인 의도로 변경하는 것이 업계의 관행으로서 이해되고 있거나 당사자 사이에 계약에 의하여 처리하고 있는 경우는 별문제이지만, 그렇지 않을 경우에는 동일성유지권 문제가 발생할 수 있다.[84]

4. 동일성유지권의 제한

가. 의   의

동일성유지권은 근본적으로 저작자의 인격적 이익을 보호하기 위한 것이므로, 저작물의 개변이 저작자의 인격적 이익을 전혀 해하지 않는 경우에도 엄격하게 동일성유지권 침해를 인정하게 되면, 오히려 저작물의 이용을 저해하게 될 뿐만 아니라, 우리의 생활에 불편을 가져올 가능성이 높다. 이에 저작권법은 저작자에게 저작물의 동일성을 유지할 권리를 인정하면서도 일정한 경우에는 사회적 관행에 따라 예외를 규정함으로써 동일성유지권 침해에 대한 면책을 인정하고 있다.[85]

다만 이러한 동일성유지권 제한 규정은 사회통념상 부득이하다고 인정되는 변경을 필요한 최소한의 범위에서 허용하고 있는 것이므로 엄격하게 해석·운용하여야 하며 확대해석이 되지 않도록 주의를 기울여야 한다는 것이 종래의 통설이다. 이런 취지에서 저작권법은 동일성유지권의 제한에 대한 제13조 제2항 단서에서, 설사 변경의 필요성이 인정되는 경우라 할지라도 저작물의 본질적인 내용의 변경은 이를 할 수 없는 것으로 규정하고 있다.

그러나 동일성유지권을 엄격하게 관철시켜 운용하게 되면 오히려 저작물의 이용 및 유통을 저해시키는 요인이 될 수 있다고 하는 견해가 점차 설득력을 얻어가고 있다. 저작권법은 저작물의 공정한 이용에 유의하면서 저작자 등의 권리 보호를 도모함으로써 문화 및 관련 산업의 발전에 이바지하는 것을 목적으로 하고 있는데, 저작인격권을 지나치게 중시하게

---

84) 內田 晉, 전게서, 145면; 허희성, 전게서, 80면.
85) 하용득, 전게서, 144면.

되면 오히려 저작권법의 목적에 부합하지 않는 경우가 발생할 수도 있다는 것이다.[86]

나. 제한되는 경우(저작권법 제13조 제2항)

(1) 학교교육목적상 부득이한 경우(제1호)

저작권법 제25조는, 고등학교 및 이에 준하는 학교 이하의 학교의 교육목적상 필요한 교과용 도서에는 공표된 저작물을 게재할 수 있고, 특별법에 의하여 설립되었거나 각종 교육법에 의한 교육기관 또는 국가나 지방자치단체가 운영하는 교육기관은 그 수업목적상 필요하다고 인정되는 경우에는 공표된 저작물의 일부분을 복제·공연·방송 또는 전송할 수 있다고 규정하고 있다. 이때에는 저작재산권이 제한되므로 저작권자의 허락을 받을 필요 없이 저작물을 이용할 수 있다. 그리고 이 규정에 의하여 저작물을 이용하는 경우에 학교 교육목적상 부득이하다고 인정되는 범위 안에서는 그 표현의 변경을 할 수 있고, 동일성유지권이 제한되어 침해의 문제가 발생하지 않게 된다.

이것은 어려운 한자(漢字)를 대상 학생의 수준에 맞게 쉬운 우리말로 고치거나 영어 교과서에 수록된 예문에서 학년에 따라 어려운 단어를 쉬운 단어로 바꾸는 것, 문법상의 오류를 고치거나 교과서에 그대로 게재하기에 적절하지 않은 비속어, 차별적 언어 따위를 순화된 언어로 바꾸는 것 등 학교교육의 목적상 필요한 경우에 한정된다. 법문상 "부득이하다고 인정되는 범위" 안에서의 변경만이 허용되고 있고, 그것도 저작물의 본질적인 내용을 변경하여서는 아니 된다는 점을 주의하여야 한다.

(2) 건축물의 변형(제2호)

(가) 의 의

제2호는 건축물의 증축·개축 그 밖의 변형의 경우 동일성유지권이 제한된다고 규정하고 있다. 건축물은 순수하게 예술적 목적보다는 주로 인간의 거주 혹은 사용 등 실용적 목적으로 건축되는 것이 많다. 따라서 건축물을 사용하면서 파손된 곳을 수리하지 않으면 안 되는 경우도 생기고 이용상 불편한 곳을 개축하여야 할 경우도 생긴다. 그런데, 이와 같이 건축물을 증축·개축할 때마다 저작자를 찾아가서 그의 동의를 받아야 한다면 이는 건축물의 경제적·실용적 효용을 해치게 되므로, 본질적인 변경이 아닌 한 실용적인 이유로 건축물이 변형되는 것은 허용할 필요가 있는 것이다.

---

86) 中山信弘, 著作權法, 법문사(2008), 352면 참조.

(나) 적용 범위

완전철거와 같이 건축물을 전부 파괴하는 것은 오히려 동일성유지권이 문제되지 않는다. 1960년대 초반에 일본 동경에 있는 제국호텔 전면개축에 대하여 구 건물 설계도에 대한 저작권 문제가 제기되었지만, 건물을 완전히 파괴하는 것에 대하여는 동일성유지권 침해의 문제로 다루어질 것이 아니라는 결론이 내려졌다고 한다.[87]

우리 저작권법상 건축저작물에는 건축물만이 아니라 건축을 위한 모형 또는 설계도서도 포함되지만, 본 호는 유체물인 건축물을 증축하거나 개축하는 경우만을 규율하는 것이므로, 설계도면이나 모형을 개변하는 것은 본 호의 적용대상이 되지 않는 것으로 해석된다.

(다) 성명표시의 삭제 문제

한편, 건축물의 개변 후에 건축물 저작자의 성명표시를 삭제하여야 하는지(또는 저작자가 자신의 성명표시를 삭제하여 줄 것을 요구할 수 있는지), 그 표시를 변경하여야 하는지(또는 저작자가 변경청구권을 행사할 수 있는지) 여부가 문제로 될 수 있다. 이는 건축저작물의 개변에 관하여서만이 아니라, 개변이 허용되는 다른 일반적인 경우에도 그러하며, 나아가서는 개변이 허용되는 경우뿐만 아니라 위법한 개변이 이루어진 경우에도 동일한 문제가 생길 수 있다. 이에 대하여 저작권법상 성명표시권 조항에서는 아무런 규정을 두고 있지 않다. 그러나 저작권법 제12조 제 2 항의 성명표시권의 제한규정에서 "다만, 저작물의 성질이나 그 이용의 목적 및 형태 등에 비추어 부득이하다고 인정되는 경우에는 그러하지 아니하다"고 규정하고 있음에 비추어 볼 때, 본 호에 따라 적법하게 허용되는 범위 내에서의 건축물의 증·개축인 경우에는 특별한 사정이 없는 한 증·개축에 따른 건축물의 개변 후에도 건축주는 개변 전의 건축저작자의 성명표시를 그대로 유지할 수 있다고 해석된다. 그러나 본 호의 범위를 넘어서는 위법한 증·개축의 경우에는 저작자가 해당 건축저작물에 되어 있는 자신의 성명표시의 삭제 또는 변경을 요구할 권리가 있다고 보아야 한다. 그 근거는 저작권법 제124조 제 2 항의 "저작자의 명예를 훼손하는 방법으로 저작물을 이용하는 행위는 저작인격권의 침해로 본다"는 규정과, 같은 제123조(침해의 정지 등 청구) 제 1 항 및 2항이 될 수 있다. 이 경우 성명표시의 삭제 청구는 제123조 제 1 항의 침해의 정지 청구 규정에 근거하여 "○○○ 건축물에 '저작자(설계자) A'의 표시를 하여서는 아니 된다"는 주문례를 사용할 수 있을 것이고, 성명표시의 변경 청구는 같은 조 제 2 항의 침해행위에 의하여 만들어진 물건의 폐기나 그 밖의 필요한 조치 청구권에 근거하여 "○○○ 건축물 초석의 표시를 '원설계 ○○년 ○○월 설계자 A, 개축 ◇◇년 ◇◇월 설계자 B'의 표시로 변경하라"는 주문례를 사용할 수 있을 것이다.[88]

---

87) 허희성, 전게서, 84면.

(3) 프로그램의 이용을 위한 변경(제3호, 제4호)

(가) 의 의

저작권법 제13조 제2항은, 특정한 컴퓨터 외에는 이용할 수 없는 프로그램을 다른 컴퓨터에 이용할 수 있도록 하기 위하여 필요한 범위에서의 변경(제3호) 및 프로그램을 특정한 컴퓨터에 보다 효과적으로 이용할 수 있도록 하기 위하여 필요한 범위에서의 변경(제4호)을 동일성유지권의 제한사유로 들고 있다. 프로그램을 사용하다 보면 버그를 제거·수정한다든가 기능향상(version up)을 위하여 프로그램을 변경하여야 할 필요성이 있는 경우가 발생한다. 이러한 경우에 저작인격권자의 허락 없이도 프로그램을 변경할 수 있도록 허용하고자 한 것이 이 규정의 취지이다. 특정한 컴퓨터 외에는 이용할 수 없는 프로그램을 다른 컴퓨터에 이용할 수 있도록 변경하는 경우로서는 사용기종의 교체에 수반되는 변경 등이 있고, 프로그램을 특정한 컴퓨터에 보다 효과적으로 이용할 수 있도록 하기 위한 변경에는 처리속도의 향상이라든가 새로운 기능의 추가 또는 버그의 제거·수정에 수반되는 변경 등이 있다.

(나) 적용 범위

우리 저작권법에서 '이용'이라는 용어는 흔히 저작재산권의 각 지분권이 미치는 행위를 의미하는 것으로 사용되고 있다. 따라서 저작권법 제13조 제2항 제3, 4호에서 '이용할 수 있도록'이라고 규정하고 있는 것이 자칫 저작재산권이 미치는 이용행위에 대하여서만 제3, 4호가 적용된다는 의미로 오해될 여지도 있다. 그러나 여기서의 '이용'이라는 용어는 복제나 전송 등과 같이 저작재산권이 미치는 이용행위를 의미하는 것이 아니라, 프로그램을 그 기능에 따라 사용하는 것, 즉 일반적인 용어로서 '실행' 또는 '가동'과 같은 의미로 이해되어야 할 것이다. 물론 프로그램을 사용하기 위하여 인스톨하는 경우에는 '복제'행위도 일어나게 되는데, 이때의 복제행위는 제3, 4호에서 말하는 '이용'에 포함된다고 볼 수 있을 것이다.

다음으로 제4호에서 '효과적으로 이용'할 수 있도록 한다는 것은 컴퓨터상에서 프로그램의 기능을 향상시키기 위한 것을 말한다. 따라서 미리 특정한 하나의 결과를 얻는 것을 목적으로 작성된 프로그램을 그 목적과는 전혀 다른 새로운 목적이나 기능을 얻는 프로그램으로 변경하는 것은 여기에 포함되지 않는다. 그러나 범용성을 가진 프로그램을 특정한 목적의 프로그램으로 개별화(customizing)하는 것은 그 프로그램 자체가 원래 범용성을 가진 것이었으므로 본 호에 해당할 수 있다고 해석된다. 기존의 급여계산 프로그램에 각종 수당까지도 포함시켜 계산이 가능하도록 기능을 확대하기 위한 변경도 본 호에 의하여 가능하다. 그러나 처음부터 특정한 목적을 위한 업무용으로 개발된 프로그램을 그 목적 업무 외의

---

88) 半田正夫·松田政行, 著作權法コンメンタール, 勁草書房(1), 787-788면.

다른 목적으로 사용하기 위하여 변경하는 것은 '효과적 이용'을 위한 변경에 해당하지 않는다고 본다.[89]

프로그램의 실용적인 기능을 효과적으로 이용하기 위한 변경이 아닌 프로그램의 변경, 예를 들어 특정한 게임을 실행하는 프로그램을 변경하여 그 게임의 스토리를 변경시키는 것과 같은 변경은 본 호에 의하여 허용된다고 볼 수 없다.[90]

동일성유지권을 제한하는 다른 규정들인 저작권법 제13조 제 2 항 제 1 호나 제 5 호가 "부득이하다고 인정되는 범위"라고 제한하고 있음에 반하여, 제 3 호와 제 4 호에서는 "필요한 범위"라고 용어를 달리하여 규정하고 있다. '부득이'하다고 하는 것은 그러한 변경 외에는 달리 방법이 없다는 정도의 것임을 요구하는데 비하여, '필요한 범위'는 문언상 그러한 정도까지를 요구하는 것은 아니라고 이해된다. 그렇게 해석하는 것이 프로그램저작물은 다른 일반적인 저작물에 비하여 산업재산적 성질을 강하게 가지고 있으므로 가급적 인격적인 요소를 배제하여 이용을 촉진하여야 한다는 현실적 요청과도 부합하게 되며, 이것이 굳이 '부득이'라는 문구 대신 '필요한 범위'라는 완화된 문구를 사용한 입법자의 의도라고 할 것이다.[91]

(4) 그 밖에 저작물의 성질 등에 비추어 부득이한 경우(제 5 호)

그 밖에도 저작물의 성질이나 그 이용의 목적 및 형태 등에 비추어 부득이하다고 인정되는 범위 안에서의 변경에 대하여는 동일성유지권이 제한된다. 이 규정은 제 1 호 내지 제 4 호의 정형적인 예외 사유에는 해당하지 않지만 동일성유지권 침해를 묻는 것이 적절하지 않은 경우를 구제하기 위한 규정이다. 어떠한 행위를 제 5 호의 부득이한 개변으로 볼 것인가 하는 점에 대해서는 구체적인 사례별로 판단할 수밖에 없다. 이 규정은 다의적(多義的)·불확정적인 표현으로 되어 있으나 앞의 경우, 즉 제 1 호 내지 제 4 호의 경우와 동등하다고 볼 수 있을 정도의 변경은 저작자가 이를 감내하여야 한다는 의미이다. 따라서 이 규정의 해석과 운용에는 신중을 기하여 확대해석이 되지 않도록 하여야 한다.[92][93]

---

89) 半田正夫·松田政行, 전게서, 790-791면.
90) 상게서, 791면.
91) 상게서, 792면.
92) 하용득, 전게서, 144면; 內田 쯤, 전게서, 146면.
93) 서울지방법원 2000. 1. 21. 선고 99가합52003 판결: "피고가 발췌하여 게재한 글 내용은 원고의 표현을 그대로 옮긴 것으로서 비록 생략된 부분들이 많으나, 이는 위 저작물을 담보에 게재하기 위해 필요한 범위 내로 축약하는 과정에서 발생한 것으로서 이러한 생략이 위 저작물 본래의 취지를 바꾸거나 왜곡할 정도라고 보기 어려운바, 이러한 사정을 종합해 보면 피고의 위 저작물 이용은 그 동일성을 침해하는 방법으로 행해짐으로써 원고의 인격적 이익이 침해되었다고 보기 어렵고, 오히려 공표된 저작물을 정당한 범위 안에서 공정한 관행에 합치되게 인용한 것이라 할 것이다."

구체적인 예로서는 첫째로, 복제의 기술적인 수단에 따른 부득이한 개변의 경우를 들 수 있다. 예컨대 칼라 인쇄물의 경우에 3색인쇄로서는 원작의 색채가 충분히 나오지 않는 인쇄기술의 문제에 의한 경우도 있을 수 있고, 음악 작품을 녹음하면서 아주 높은 고음이나 아주 낮은 저음은 녹음하기 어렵다는 녹음 기술상의 문제에 의한 경우도 있을 것이며, 또한 조각과 같은 입체적인 작품을 평면적으로 인쇄하는 경우에는 아무리 해도 입체감을 완벽하게 나타낼 수 없다는 보다 본질적인 제약에 따른 경우도 있을 것이다.

두 번째는 연주·가창 기술 등의 미숙으로 인하여 부득이한 경우이다. 가창 기술의 미숙으로 본래 저작자가 의도한 음악적 표현을 충분히 나타내지 못하거나 연습부족으로 조화를 이루지 못하는 경우 등이 이에 해당한다. 분명한 오자(誤字)를 정정하는 것도 이 규정에 의하여 가능하다고 해석된다.[94] 그러나 저작자가 의도적으로 오자를 사용한 경우에 이를 정정하는 것은 동일성유지권 침해가 될 수 있다.[95]

세 번째는 방송 등의 기술적 수단으로 인하여 부득이한 경우이다. 예컨대 극장용 영화를 TV로 방송함에 있어서 브라운관의 구조상 네 모서리가 둥글게 굴곡된 형태로 절단되거나,[96] 회화나 영화 등이 원래의 완전한 형태로 방영될 수 없는 경우 등을 들 수 있다. 다만 앞서 침해의 태양 부분에서 본 바와 같이 극장용 영화를 TV로 방영하면서 시간적 또는 윤리적 문제로 일부내용을 삭제하는 것은 동일성유지권의 침해가 성립할 수 있기 때문에 저작자의 동의를 얻을 필요가 있다.

그리고 저작물에 따라서는 관행상 어느 정도의 변경이 허용되는 경우가 있다. 예컨대 대중가요 곡은 공연 시 클래식 음악과 같은 엄격성이 요구되지 않고, 가수나 밴드의 기호 및 성격에 따라 독특한 바이브레이션을 가미하거나 편곡의 정도에는 이르지 않는 변화된 리듬감을 나타내기도 하는데, 이러한 것은 청중에 대한 음악 전달의 방법으로서 어느 정도 관행화되어 있고 또한 공연자의 특징을 살린다는 의미에서 부득이한 변경이라고 취급할 수 있을 것이다.[97]

---

94) 동경고등법원 1991. 12. 19. 판례시보 1422호 123면(法政大學 懸賞論文 사건) 판결은, 동일성유지권 침해를 인정한 판결이지만, 명백한 오자의 정정 부분에 대하여는 침해를 부정하였다.

95) 이른바 '인터넷 소설'과 같은 경우에는 저작자가 일부러 오자나 맞춤법에 어긋나는 독자적인 표기를 하는 경우가 많은데, 이러한 부분을 함부로 수정하는 것은 동일성유지권 침해가 될 것이다.

96) 동경지방법원 1995. 7. 31. 판례시보 1543호 161면(스위트홈 사건) 판결은, 텔레비전 방송을 위하여 부득이하게 영화를 트리밍한 경우 '부득이한 개변'에 해당한다고 하였다.

97) 內田 晉, 전게서, 145-146면; 허희성, 전게서, 84-85면.

다. 기타 문제

(1) 저작재산권 제한규정과의 충돌

동일성유지권의 제한과 관련하여 저작재산권의 제한 규정 중 저작권법 제28조의 '공표된 저작물의 인용' 규정과의 충돌 문제가 있다. 저작권법 제36조 제 1 항에서는 저작재산권 제한 규정에 따라 저작물을 이용하는 경우에 그 저작물을 번역·편곡 또는 개작하여 이용할 수 있는 경우를 규정하고 있는데, 여기에 제28조에 의한 이용은 제외되어 있다. 즉, 저작권법 제28조에 따라 저작물을 이용하는 경우에 그 저작물을 번역하여 이용할 수는 있지만, 편곡 또는 개작하여 이용할 수는 없도록 되어 있다. 그런데 현실적으로 '인용'을 하는 경우를 보면, 저작물 전체를 있는 그대로 인용하는 경우는 드물고, 오히려 저작물의 일부를 인용하거나 또는 요약이나 약간의 변형을 가하여 인용을 하는 경우가 많다. 이러한 인용 행위가 저작물의 변경에 해당한다고 하여 모두 동일성유지권의 침해라고 한다면 인용 자체가 어려워지고 타인의 저작물을 인용한 창작활동이 크게 제한을 받게 될 우려가 있다.

이 문제 역시 저작권법 제13조 제 2 항 제 5 호에서 규정하고 있는 "부득이하다고 인정되는 범위 안에서의 변경"의 유연한 해석을 통하여 해결하는 것이 가능할 것이다.[98] 더 나아가 저작권법이 동일성유지권과 함께 2차적저작물의 작성 및 공표된 저작물의 인용 등의 제도를 규정하고 있는 이상, 이들 제도가 양립할 수 있는 해석을 하여야 하고, 따라서 2차적저작물의 작성 및 공표된 저작물의 인용 등에 수반되는 개변은 이들 제도에 당연히 내재하는 동일성유지권의 제한이라고 보아야 한다는 해석론도 있다. 다만, 그렇다고 하여 2차적저작물의 작성이나 공표된 저작물의 인용의 경우에는 반드시 동일성유지권 침해의 책임이 면제되는 것은 아니고, 통상적인 범위를 초과하여 저작자의 명예나 성망을 해치는 경우라면 침해가 된다.[99]

한편, 2012년 개정 저작권법은 저작재산권을 제한하는 일반조항으로서 제35조의3(저작물의 공정한 이용) 규정을 신설하였다. 이 규정은 제28조와 중복되는 규정이라는 지적이 있기

---

98) 동경지방법원 1998. 10. 30. 판례시보 1674호 132면('혈액형과 성격' 사건) 판결은, 요약인용을 인정한 다음 인용에 있어서 요약에 의한 개변은 '부득이하다고 인정되는 개변'에 해당한다고 판시하였다. 그러나 이에 대하여 동경지방법원 2004. 5. 31. 판례시보 1936호 40면('남국대학 노트' 사건) 판결은, 소설 속에서 타인의 시(詩)를 이용한 것은 '인용'이 아니라고 한 다음, 본 호는 동일성유지권에 의한 저작자의 인격적 이익의 보호를 예외적으로 제한한 규정으로, 본 호에서 말하는 '부득이하다고 인정되는 개변'에 해당하기 위해서는 저작물의 성질, 이용의 목적 및 태양에 비추어 당해 저작물의 개변에 관하여 본 항의 다른 호에 열거된 예외적인 경우와 동일한 정도의 필요성이 존재할 것을 요구한다고 하여 부득이한 개변은 아니라고 하였다. 中山信弘, 著作權法, 법문사(2008), 356면에서 재인용.

99) 中山信弘, 전게서, 356-357면.

도 하지만, 제36조에서 제35조의3에 따라 저작물을 이용하는 경우에는 제28조와는 달리 그 저작물을 번역·편곡 또는 개작하여 이용할 수도 있는 것으로 되어 있다. 따라서 저작권법 제28조에 해당하면서 아울러 제35조의3의 요건을 충족하는 '인용'의 경우에는[100] 개작하여 이용하는 것이 허용된다는 점에서 동일성유지권 제한과 관련된 보다 유연하고 폭넓은 해석이 가능하여졌다고 볼 수 있다.

'패러디'(parody) 역시 동일성유지권과 관련하여 논란이 된다. 뒤의 패러디와 관련된 부분에서 다시 살펴볼 것이지만, 일정한 요건을 갖춘 이른바 '성공한' 패러디의 경우 저작재산권이 제한되어 저작재산권침해가 되지 않는다는 것이 일반적인 해석인데, 그와 같이 저작재산권 침해로부터 면책되는 패러디는 동일성유지권의 침해도 되지 않는 것으로 새겨야 할 것이다.

(2) 동일성유지권 제한규정의 해석

일본의 종래 학설은, 동일성유지권의 제한규정은 엄격하게 해석·운용되어야 하며 확대해석되는 일이 없도록 주의하여야 한다는 견해가 다수설이었다.[101] 그러나 종전 저작권법 입법 당시와 현재의 저작권법이 놓여 있는 시대적 상황은 매우 달라졌으므로, 동일성유지권 제한규정, 특히 제13조 제 2 항 제 5 호(일본 저작권법 제20조 제 4 호)의 일반조항으로서의 성격에 주목하여 정보화 시대에 유연하게 대응하여야 한다는 견해도 강력하게 제기되고 있다. 조문 형식상으로 볼 때 일본보다도 더 강한 동일성유지권 규정을 두고 있고, 디지털·네트워크가 빠르게 진행되고 있는 우리나라의 입장에서도 검토해 볼 필요가 있는 견해라고 생각된다.

(3) 개인적 영역에서의 저작물 변형 문제

개인적 영역에서 일어나는 저작물의 변형을 동일성유지권 침해로 볼 것인지 여부에 대한 문제이다. 저작인격권은 저작자가 자기의 저작물에 대하여 가지는 인격적·정신적 권리를 말하는데, 우리 저작권법은 저작인격권 침해에 있어서 명예의 손상 등을 요건으로 하고 있지 않기 때문에 공표를 전제로 하지 않는 개인적·사적 영역에서 일어나는 타인의 저작물에 대한 변형행위까지도 동일성유지권 침해로 볼 것이냐 여부가 문제로 될 수 있는 것이다. 그러나 순수하게 개인적 영역에서 일어나는 저작물의 변형행위를 동일성유지권 침해로 보는

---

100) 사실상 저작권법 제28조의 요건을 충족하는 '인용'의 경우에는 대부분 제35조의3의 요건도 충족할 수 있을 것으로 보인다.

101) 加戶守行, 『著作權法 逐條講義』, 四訂新版, 社團法人 著作權情報センター, 173면; 齊藤博, 著作者人格權の理論的課題, 民商 116권 6호 834면(1997) 등.

것은 저작인격권의 보호범위를 지나치게 확대하는 것이 되고, 보호를 통하여 얻는 이익보다는 오히려 우리의 일상 생활을 불편하게 하는 부정적 효과가 큰 것으로 생각된다. 이와 관련하여 대법원 2016. 4. 29. 선고 2013다42953 판결은, 개별 인터넷 사용자들에게 포털사이트가 제공하는 화면, 특히 키워드 검색광고 화면에서 원하는 광고 등 콘텐츠의 추가, 삭제, 위치 변경 및 스킨과 색상을 포함한 전체 디자인이 변형되어 보이도록 해 주는 프로그램을 제공·배포한 사안에서, 그러한 프로그램 제공·배포행위로 포털사이트의 광고수익이 감소하는 결과가 발생할 수 있으나 포털사이트 웹페이지의 동일성이 손상된다고는 볼 수 없고, 부당한 수단을 사용하여 개별 인터넷 사용자와 포털사이트 운영회사 사이 또는 광고주들과 포털사이트 운영회사 사이에 존재하는 계약의 이행을 방해하거나 권리를 침해하는 등 불법행위가 성립한다고 볼 수도 없다고 판시하였다.

V. 저작인격권의 성질 및 행사

1. 저작인격권의 일신전속성

가. 의 의

저작인격권은 저작자의 일신에 전속한다(저작권법 제14조 제 1 항). 따라서 저작인격권은 타인에게 양도 또는 상속할 수 없고, 저작자가 사망(법인 등 단체가 저작자인 경우 그 단체가 해산)하면 그와 동시에 소멸하게 된다. 다만 저작권법은 저작자가 사망하더라도 일정한 경우에는 그 인격적 이익을 보호하고 있다(같은 조 제 2 항). 양도와 상속이 불가능하고 저작자의 사망과 동시에 소멸하는 성질을 '귀속상의 일신전속성'이라고 한다.

또한 저작인격권은 타인이 그 권리를 행사할 수 없고 오직 저작자의 의사에 행사의 여부가 맡겨져 있는데, 이러한 성질을 '행사상의 일신전속성'이라고 한다. 따라서 저작인격권은 민법상 채권자대위권의 대상이 될 수 없다.[102] 다만, 저작인격권의 본질을 해하지 않는 범위 내에서 저작인격권을 위임하거나 대리행사 하는 것은 가능하다고 본다. 판례는 저작인격권의 일신전속성에 따라 양도성을 부정할 뿐만 아니라, 저작인격권의 행사를 위임하는 것에도 일정한 한계가 있다고 보고 있다. 대법원 1995. 10. 2.자 94마2217 결정은, 저작인격권은 저작재산권과는 달리 일신전속적인 권리로서 이를 양도하거나 이전할 수 없는 것이므로, 비록 그 권한행사 있어서는 이를 대리하거나 위임하는 것이 가능하다 할지라도 이는 어디

---

102) 민법 제404조 제 1 항 단서.

까지나 저작인격권의 본질을 해하지 아니하는 한도 내에서만 가능하고, 저작인격권 자체는 저작자에게 여전히 귀속되어 있는 것이라고 하였다.[103]

저작인격권의 일신전속성은 자연인뿐만 아니라 법인 등의 단체에도 적용되므로, 법인 등이 동일성을 상실하지 않고 존속하는 한 저작인격권을 행사할 수 있다. 합병의 경우에도 합병 후의 법인이 합병 전의 법인과 동일성을 가지고 존속하는 경우에는 그 법인은 저작인격권을 상실하지 않는다.[104]

나. 프로그램 저작인격권의 일신전속성

이와 같이 저작권법 제14조 제1항은 저작인격권의 일신전속성에 관하여 규정하고 있는데, 현행 저작권법에 흡수통합 된 구 컴퓨터프로그램보호법에서는 이러한 규정을 두고 있지 않았다. 그런데 저작권법은 구 컴퓨터프로그램보호법을 흡수통합하면서, 저작인격권의 일신전속성을 규정한 제14조에서 프로그램저작물을 제외하지 않고 있다. 또한 프로그램저작물에 관한 특례 규정 부분에서도 저작인격권에 관한 특별한 규정을 두고 있지 않다. 이는 결국 프로그램저작물의 경우에도 다른 일반저작물과 마찬가지로 그 저작인격권은 일신전속성을 가짐을 명백히 한 것이라고 이해된다.

다. 저작인격권의 포기 또는 불행사 특약(합의)

(1) 문제의 소재

저작물을 도급의 형태로 주문하여 저작자로 하여금 창작하도록 하는 경우, 향후 저작물의 변경 등이 필요한 경우를 대비하여 그 주문에 의하여 창작되는 저작물에 대한 2차적저작물작성권을 포함한 일체의 권리를 주문자가 양도받는 계약을 체결하는 사례가 많다. 이때 저작인격권, 특히 동일성유지권은 일신전속성으로 인하여 양도를 받을 수 없기 때문에, 그 대안으로 저작인격권의 행사를 미리 불행사(또는 포기) 하도록 하는 합의 또는 계약을 하는 경우가 있다. 예를 들어, 서울특별시가 광화문 광장에 설치할 미술조형물을 A라는 조각가에게 주문제작을 의뢰하면서, 향후 그 미술조형물의 형태 변경이라든가 수선, 위치변경 하여야 할 경우를 대비하여 주문계약서에 2차적저작물작성권을 포함한 일체의 권리를 A로부터 양

---

103) 이러한 법리를 바탕으로 대법원은, 신청인이 이 사건 저작물의 공동저작자로 인정됨에도 그에 대한 저작인격권마저 제3자에게 포괄적으로 위임되었다는 것을 전제로 이 사건 저작물의 저작자 표시 변경이 신청인의 저작인격권 침해로 되지 않는다고 한다면, 이는 실질상 저작인격권의 양도를 인정하는 결과로 되어 저작인격권의 본질을 벗어나는 것이 되므로 허용되어서는 아니 되고, 이 사건 저작물에 대한 신청인의 저작인격권 자체는 여전히 신청인에게 귀속되어 있는 것이라고 하였다.

104) 허희성, 전게서, 86면.

도받는 조항과 아울러 동일성유지권 등 저작인격권을 행사하지 않기로 하는 조항까지 삽입하는 경우이다. 이때 그러한 저작인격권의 불행사 합의 조항이 유효한지 여부가 문제이다.

　　저작인격권은 인격권으로서의 성질을 가지기 때문에 포기할 수 없으며 따라서 원칙적으로 저작인격권 포기 합의는 무효라고 해석하여야 한다. 이와 같이 '인격권의 포기'는 인격권의 본질에 부합하지 않는다는 인식 때문에 실무적으로는 저작인격권의 '포기'라는 용어 대신 '불행사 특약' 또는 '개변의 동의' 등의 용어를 사용하기도 하지만 그 실체는 크게 다르지 않은 것 같다. 다만, '인격권의 포기'라고 하면 저작자가 저작인격권을 어느 누구에 대하여서도 주장하지 않겠다는 의사표시로 이해되는 반면에, '불행사 특약이나 '개변의 동의'라고 하면 저작자가 그 특약 또는 동의의 상대방에 대하여서만 저작인격권을 행사하지 않을 의사를 표시한 것으로 해석될 수 있다는 점에서 차이가 있다. 그러나 합의서에 '저작인격권의 포기'라고 되어 있더라도 이는 원래의 의미에서의 '포기'라기보다는 '불행사'의 취지로 이해하는 것이 타당하다고 본다.

　　저작인격권 불행사 합의 조항은 일반적으로 주문자와의 관계에서 낮은 협상력을 가질 수밖에 없는 저작자들로 하여금 저작인격권을 어쩔 수 없이 사실상 포기하도록 하는 바람직스럽지 못한 결과를 가져올 수 있다. 그러나 그렇다고 해서 저작인격권 불행사 합의를 전혀 금지하거나 효력이 없다고 하는 것은 저작물 수요자들로 하여금 저작물의 주문제작 자체를 꺼리게 만들 우려가 있고, 오히려 저작자들의 자율성을 지나치게 제약함으로써 그 지위를 개선하는데 도움이 되지 않을 수도 있음을 유의하여야 한다.

(2) 학 설

　　저작권법은 저작인격권의 일신전속성에 대한 규정만을 두고 있을 뿐 포기나 불행사 합의에 관한 직접적인 규정을 두고 있지는 않다. 따라서 저작인격권 포기나 불행사 합의의 유효성 여부는 해석에 맡겨져 있다. 학설을 보면, 먼저 저작인격권은 본질적으로 포기할 수 없는 권리이므로 사전에 포기합의를 한 경우에도 무효로 보아야 한다는 견해가 있다.[105] 이에 반하여 저작인격권 행사를 전혀 포기할 수 없도록 금지하는 것은 저작물의 수요를 감소시키는 등 저작자의 지위를 오히려 약화시킬 우려가 있으므로 포기 조항의 유효성은 인정하면서도, 저작인격권 포기에 대한 부당한 압력으로부터 저작자를 보호하기 위해서는 저작물과 그 저작물의 이용행위를 구체적으로 정하도록 하고, 그러한 경우에 한하여 저작인격권

---

105) 이해완, 저작권법, 박영사(2012, 제 2 판), 316면. 다만, 이 견해는 저작인격권의 포기에 관하여 언급하고 있을 뿐, 불행사 합의의 효력에 관하여는 특별히 언급하고 있지 않아서, 이 부분에 대하여도 유효성을 부정하는 것인지는 확실하지 않다.

을 포기할 수 있도록 하는 것이 합리적이라는 견해가 있다.106)

또한 학설 중에는, 저작인격권(동일성유지권)의 포기는 허용될 수 없으며 포기하는 합의는 무효라고 하면서, 그러나 불행사 합의는 경우를 나누어, 동일성유지권의 보호범위 중 일반적 인격권에 해당하는 사회적 명예·명성의 보호를 넘어서는 부분에 대해서는 어느 정도 임의규정으로서의 성질을 긍정할 수 있다(따라서 동일성유지권 불행사 합의가 유효하다)는 견해도 있다.107)

(3) 소 결

오늘날 저작권이 문화기본권적인 본래의 영역을 넘어서서 산업재산권적인 색채가 점차 강하여져 가고 있고, 소프트웨어 및 디지털 콘텐츠의 발달에 따라 저작권법의 목적도 '문화의 향상발전'으로부터 '문화 및 관련 산업의 향상발전'으로 수정된 점 등에 비추어 보면, 저작인격권도 기존 아날로그 시대의 것에서 벗어나서 그 현대적 의미를 검토해 볼 필요가 있다. 컴퓨터프로그램이나 설계도면과 같이 기능적 성격이 강하고 인격적 색채가 약한 저작물에 관하여서는 물론이고, 종래의 아날로그 저작물에 대하여서도 유통 및 거래안전의 확보를 위하여 필요하거나 또는 공익적 필요성이 있는 일정한 경우에는 저작인격권을 유연하게 해석하거나 사전 불행사 합의계약의 효력을 보다 강하게 인정할 필요가 있을 것이다. 그것이 오히려 저작물의 수요를 증가시키고 저작자의 자율성을 보장함으로써 저작자에게도 나쁘지 않은 결과를 가져올 수 있다. 만약 저작인격권의 불행사 합의가 절대로 인정될 수 없다고 한다면 저작물은 시장에서 그로 인한 리스크만큼 낮은 평가를 받게 된다.108)

따라서 저작인격권의 사전 포기나 불행사 합의를 모두 무효라고 보거나, 저작인격권의 사전 포기나 불행사 합의는 어떠한 경우에도 인정될 수 없다고 단정할 것은 아니다. 저작인격권의 사전 포기나 불행사 합의가 불공정행위에 해당하는 등의 사정이 없는 한 '일정한 경우'에는 그 유효성을 인정할 수 있다고 보는 것이 타당하다.109) 여기서 저작인격권의 사전 포기 또는 불행사를 인정할 수 있는 '일정한 경우'에 해당하려면 일단 저작자의 명예와 명성을 해하지 않는 경우라야 한다. 저작인격권에는 일반적 인격권인 명예나 명성에 관한 권

---

106) 임원선, 실무자를 위한 저작권법, 개정판, 한국저작권위원회, 2009, 103면.
107) 박성호, 전게서, 296면. 부연하여 저작자의 사회적 명예·명성을 해할 우려가 있는 변경은 저작권법 제13조 제2항 단서의 '본질적인 내용의 변경'을 의미하는 것이므로 동일성유지권의 불행사 합의가 본질적인 내용의 변경에 관한 것이 아니라면 그 불행사 합의는 유효하게 성립한다고 한다.
108) 中山信弘, 전게서, 322면.
109) 일본의 中山信弘 교수는, 저작인격권이라고 하더라도 절대로 포기가 인정되지 않는 것은 아니며, 요컨대 어떤 경우에 포기가 인정되는가라는 구체적인 문제로 귀착될 것이라고 하여 저작인격권도 일정한 경우에는 포기할 수 있다는 취지의 견해를 밝히고 있다(中山信弘, 전게서, 323면).

리도 포함되어 있는데, 이러한 일반적 인격권에 대하여는 원칙적으로 사전 포기가 인정되지 않기 때문이다.

2. 공동저작물의 저작인격권 행사

공동저작물의 저작인격권은 저작자 전원의 합의에 의하지 아니하고는 이를 행사할 수 없다. 다만 이 경우 각 저작자는 신의에 반하여 합의의 성립을 방해할 수 없다(저작권법 제15조 제1항). 이 규정은 공동저작자 각자의 의사를 존중하면서도 합의의 성립을 촉구하여 저작물의 원활한 이용을 도모하고자 하는 취지에서 마련된 것이다.

공동저작물의 저작자는 그들 중에서 저작인격권을 대표하여 행사할 수 있는 자를 정할 수 있고, 이때 그 권리를 대표하여 행사하는 자의 대표권에 가하여진 제한이 있을 때에 그 제한은 선의의 제3자에게 대항할 수 없다(같은 조 제2, 3항). 여기에서 말하는 저작인격권의 행사는 적극적인 행사, 즉 미공표저작물의 공표행위, 성명표시의 변경 또는 삭제행위, 저작물의 내용·형식·제호의 변경(개변) 행위 등을 의미한다.

저작인격권의 소극적 행사, 즉 저작인격권 침해에 대한 방어적 행사 방법에 대하여는 해석상 의문스러운 부분들이 있다. 저작권법 제129조는 "공동저작물의 각 저작자 또는 각 저작재산권자는 다른 저작자 또는 다른 저작재산권자의 동의 없이 제123조의 규정에 따른 청구를 할 수 있으며, 그 저작재산권의 침해에 관하여 자신의 지분에 관한 제125조의 규정에 따른 손해배상의 청구를 할 수 있다"고 규정하고 있다. 여기서 말하는 제123조의 규정에 따른 청구(침해의 정지 등 청구)에 저작인격권 침해에 대한 정지 등의 청구도 포함된다는 것에 대해서는 특별한 의문이 없다.

문제는 저작권법 제127조에 의한 명예회복 등의 청구를 단독으로 할 수 있는지 여부이다. 제129조에서는 제127조에 의한 저작인격권 또는 실연자의 인격권을 침해한 자에 대한 손해배상청구 및 명예회복을 위하여 필요한 조치의 청구권에 관하여는 언급하고 있지 않기 때문이다. 따라서 공동저작물의 저작인격권이 침해된 경우 그에 대한 손해배상 및 명예회복을 위하여 필요한 조치의 청구는 각 공동저작자 전원이 행사하여야 하는 것인지 아니면 각자가 단독으로 할 수 있는 것인지에 대한 의문이 생긴다.

이에 대한 결론은 해석과 판례에 맡겨져 있다고 할 것이다. 다만 여기서는 대법원 1999. 5. 25. 선고 98다41216 판결이, 공동저작물에 관한 권리가 침해된 경우에 제127조에 의한 저작인격권의 침해에 대한 손해배상이나 명예회복 등 조치청구는 저작인격권의 침해가 저작자 전원의 이해관계와 관련이 있는 경우에는 전원이 행사하여야 하지만, 1인의 인격적 이익이 침해된 경우에는 단독으로 손해배상 및 명예회복조치 등을 청구할 수 있고, 특히 저작인격권 침해를 이유로 한 정신적 손해배상을 구하는 경우에는 공동저작자 각자가 단독으로 자신의 손해배상을 청구할 수 있다고 판시하였음을 언급해 두기로 한다.

3. 사적 영역에서의 행위와 저작인격권

가. 문제의 소재

사적 영역에서 이루어지는 행위를 저작인격권 침해로 인정할 수 있을 것인가. 이 문제는 '사적 영역'이라는 성격상 공표권을 제외한 성명표시권과 동일성유지권에 관련하여 발생한다. 예를 들어 공개하지 않고 개인적으로만 소장하고 있는 미술작품의 원작 또는 그 복제물의 저작자 성명표시를 임의로 변경한다든가, 내용이나 형식을 개변하는 행위가 저작인격권의 침해가 되는지 여부이다. 저작권법은 성명표시권과 동일성유지권 규정에서 '공중에의 제공·제시'를 요건으로 하고 있지 않다. 이를 성명표시권과 동일성유지권은 조리상 당연히 공중에의 제공·제시와의 관계에서 보호되어야 하는 것이므로 굳이 그러한 요건을 명시하지 않은 것이라고 볼 것인지, 아니면 성명표시권과 동일성유지권은 공중에의 제공·제시 여부와 관계없이 보호되어야 하는 규정이기 때문에 그러한 요건을 의도적으로 배제한 것인지 의문이다.

나. 판 례

하급심 판결 중에 사적 영역에서의 저작물의 개변이 저작인격권, 특히 동일성유지권 침해가 되는지 여부가 다투어진 사례가 있다. 서울중앙지방법원 2011. 8. 11. 선고 2010가합 111327 판결은 검색 포털사이트인 다음, 네이버, 네이트, 구글 등에서 제공되는 검색화면 콘텐츠의 구성을 이를 받아보는 사용자가 임의로 추가, 삭제 혹은 순서를 변경하거나 해당 포털사이트의 전체 디자인, 스킨, 글꼴 들을 변경할 수 있는 기능을 제공하는 프로그램이 포털사이트의 검색화면에 대한 동일성유지권을 침해하는 것인지 여부에 관하여, 이 프로그램이 포털사이트의 디자인을 사용자의 개인 모니터상에서 변경하는 기능을 가지고 있다는 사실만으로는 포털사이트의 제작·운영자의 어떠한 권리를 침해한 것이라고 보기 어렵다고 판시하였다.[110]

---

110) 이 사건의 가처분사건인 서울중앙지방법원 2012. 1. 3.자 2011카합738 결정에서는, "인터넷 관련 기술의 발전, 다양한 웹브라우저 환경의 이용가능성 등을 감안할 때 인터넷 사용자들은 자신의 컴퓨터 내에서 그 기호에 따라 포털사이트가 제공하는 정보 및 이미지를 변경하여 열람할 권리를 가진다고 보아야 하고, 포털사이트 제작자의 저작권을 이유로 개별 사용자들의 선택에 따른 개인적 화면 변경의 행

다. 소   결

사적 영역에서 일어나는 행위를 문제시 하여 저작인격권 침해의 민·형사 책임을 지우는 것은 불합리하다고 생각된다. 그러한 행위를 일일이 규제할 수도 없을 뿐만 아니라 성명표시권이나 동일성유지권도 그것이 인격권인 이상 어느 정도 저작자에 대한 사회적이고 대외적인 평가와 관련되는 것인데, 순수하게 사적인 영역에서 일어나는 행위는 저작자에 대한 사회적·대외적 평가와 실질적 관련이 없고, 그러한 행위를 저작자의 인격권에 기초하여 규제한다는 것은 개인의 행동에 대한 지나친 간섭이 될 것이기 때문이다. 원작품의 소유자가 사적 영역에서 그 원작품의 성명표시나 내용·형식 등에 개변을 가한다고 하더라도 이는 그와 같이 개변된 원작품이 공중에 공개될 개연성이 높다는 등의 특별한 사정이 없는 한 소유권자로서의 권능에 의한 것으로서 허용되어야 하며, 그러한 범위 내에서 저작인격권의 행사는 한계를 가질 수밖에 없다고 본다.

VI. 기타 저작자의 인격적 이익 보호를 위한 권리

1. 저작자 사후의 인격권

가. 의   의

저작자의 사망 후에 그의 저작물을 이용하는 자는 저작자가 생존하였더라면 그 저작인격권의 침해가 될 행위를 하여서는 아니 된다. 다만, 그 행위의 성질 및 정도에 비추어 사회통념상 그 저작자의 명예를 훼손하는 것이 아니라고 인정되는 경우에는 그러하지 아니하다(저작권법 제14조 제2항).

저작자의 사망과 동시에 저작인격권이 완전히 소멸한다고 하면 저작자의 사망 후 저작자명이나 저작물의 내용을 멋대로 변경하는 것을 통제할 수 없게 되어, 저작물의 완전성은 상실되고 저작자의 사후에 그의 인격적 이익이 침해되는 불합리한 결과를 초래한다. 이에 따라 베른협약(Berne Convention) 제6조의2 제2항은, "저작인격권은 저작자의 사후에 있어서도 적어도 저작재산권이 소멸하기까지 존속하고, 이 권리는 각국의 법률이 정하는 자격을

태까지 규제할 수는 없다"고 하여 가처분신청을 기각하였다. 이 사건과 관련하여서는, 앞에서 본 디지털저작물인 인터넷 포털이 제공하는 광고 화면을 임으로 대체하는 광고 서비스에 관한 동일성유지권 침해여부를 다룬 대법원 2010. 8. 25.자 2008마1541 결정에서 동일성유지권 침해 주장은 인정되지 아니하고 업무방해의 점만 인정된 것도 참고할 필요가 있다.

가진 사람이나 단체에 의하여 행사되어야 한다"는 것을 명시하고 있다.

나. 저작자 사후 인격권의 행사

저작자가 사망한 후에 그 유족(사망한 저작자의 배우자·자(子)·부모·손(孫)·조부모 또는 형제자매를 말한다)[111]이나 유언집행자는 당해 저작물에 대하여 법 제14조 제 2 항의 규정에 위반하거나 위반할 우려가 있는 자에 대하여 제123조의 규정에 의한 침해의 정지 등의 청구를 할 수 있으며, 고의 또는 과실로 저작인격권을 침해하거나 제14조 제 2 항의 규정에 위반한 자에 대하여는 제127조에 의한 명예회복 등의 청구를 할 수 있다고 규정한다(저작권법 제128조).

이와 같이 본 조에 의하여 유족이나 유언집행자가 청구할 수 있는 것은 침해 등의 정지나 명예회복을 위한 조치뿐이고 나아가 손해배상을 구할 권리까지는 인정되지 않는 것으로 해석된다.

그리고 유족 등이 행사할 수 있는 권리는 저작자 사후의 인격권이 침해되는 경우에 그 예방이나 정지를 위하여 부여된 소극적 권리일 뿐이지 적극적으로 인격권의 침해에 대하여 동의를 해 줄 권한을 부여하는 것은 아니다. 따라서 설사 유족 등으로부터 저작자의 사후 인격권을 침해해도 좋다는 허락을 받았다 하더라도 저작권법 제14조 제 2 항의 침해행위를 할 경우에는 사후 인격권 침해에 대한 책임을 질 수 있다.

저작자 사후에 인격권을 행사할 수 있는 자가 유족이나 유언집행자로 한정되어 있기 때문에 위와 같은 사람들도 모두 사망하여 존재하지 않게 되면 저작권법 제128조에 의한 권리는 행사할 수 없게 되고, 결국 이때에는 제137조의 벌칙규정에 의한 보호만이 가능하게 된다.

다. 저작자 사후 인격권의 한계

(1) 내용적 한계

저작권법은, 저작자의 사후 인격권의 침해행위를 금지하면서도, "그 행위의 성질 및 정도에 비추어 사회통념상 그 저작자의 명예를 훼손하는 것이 아니라고 인정되는 경우에는 그러하지 아니하다"라고 하여 제한을 하고 있다(법 제14조 제 2 항 단서). 동일성유지권의 경우에도 저작물의 성질이나 그 이용의 목적 및 형태 등에 비추어 부득이하다고 인정되는 범위 안에서의 변경은 허용이 되고 있는데(법 제13조 제 2 항 제 3 호), 저작자가 사망한 후에는 더

---

111) 이 규정에서 보는 것처럼 저작자가 자연인인 경우 사후 저작인격권을 청구할 수 있는 친족의 범위는 2촌까지로 한정되어 있다. 이것은 사후 저작인격권은 저작자의 유족이 저작인격권에 대한 청구권을 상속하는 것이 아니라, 유족의 지위에서 갖는 고유한 청구권이기 때문이다. 따라서 사후 저작인격권의 청구권자와 저작자의 상속인이 반드시 일치하는 것은 아니다.

나아가 사회통념상 그 저작자의 명예를 훼손하는 것이 아닌 한 인격권의 행사를 제한하고 있는 것이다. 저작자의 사망 후에는 그 저작물의 변경에 관하여 저작자의 동의를 얻는다는 것이 불가능한데, 그렇다고 하여 모든 변경행위를 일체 금지시키는 것은 현실에 반하기 때문에 둔 규정이다.

구체적으로는 저작자의 사후에도 명백한 사실의 오기(誤記)를 정정하거나 색인 또는 저작자의 약력 따위를 첨가하는 것, 적절한 참고도나 사진 등을 삽입하는 것은 저작자의 명예를 훼손하지 않는 것으로서 허용된다고 보는 것이 일반적이다.112) 그리고 저작물에 새로운 주석이나 해설을 부가하는 것도 원저작물과 확실히 구분될 수 있는 형태를 취한다면 허용된다고 보아야 할 것이다. 예컨대 법률서적에 있어서 저작자의 사후 새로 나온 판례나 법령이 개정된 부분을 수정·보완하는 경우 등을 들 수 있다.

저작자의 생전에 공표되지 않았던 저작물이라 하더라도 저작자가 생전에 이미 공표를 결정하였던 경우에는 사후에 이를 공표하더라도 문제가 없다. 그러나 그 밖의 경우에는 미공표 저작물을 저작자의 사후에 공표하는 것은 원칙적으로 허용되지 않는다. 공표 여부는 저작자만이 결정할 수 있기 때문이다(저작권법 제11조 제 1 항). 다만 이 경우에도 공표가 저작자의 명예를 해치는 것이라고 볼 수 없는 때에는 허용된다고 본다. 편지라든가 일기 등 은밀한 성격을 가지는 저작물은 저작자가 그 공표를 거부할 것이라고 볼 여지도 많을 것이다. 그러나 그러한 저작물이라도 수십 년 이상의 오랜 세월이 흐르게 되면 은밀성이 사라져서 공표하더라도 저작자의 명예를 훼손하지 않게 되는 경우가 있을 것이다.

저작자 사후 인격권의 한계와 관련한 사례로서는 서울민사지방법원 1995. 6. 23. 선고 94카합9230 판결(일명, '이휘소' 사건)이 있다. 이 사건의 피고는 사망한 유명한 핵물리학자 '이휘소'를 모델로 '소설 이휘소'라는 책을 저술하여 발간하면서, 이휘소가 그의 어머니에게 보낸 편지를 그 어머니의 허락을 받고 입수한 후 일부내용을 변경하여 게재하였다. 이에 대하여 법원은, 피고의 소설에서 편지를 일부 변경하였다고 하더라도 이는 이휘소의 사망 후에 행해진 것으로 그 행위의 성질 및 정도에 비추어 사회통념상 그 저작자인 이휘소의 명예를 훼손하는 것이라고 인정되지 않는다고 하여 사후 인격권의 침해를 부정하였다.

---

112) 대법원 1994. 9. 30. 선고 94다7980 판결 – '이광수' 사건: 피고들이 망인인 이광수의 허락을 받지 아니하고 그의 소설을 다소 수정한 내용을 실은 도서를 출판, 판매하기는 하였으나, 그 수정한 내용이 주로 해방 후 맞춤법표기법이 바뀜에 따라 오기를 고치거나 일본식 표현을 우리말 표현으로 고친 것으로서, 이광수 스스로 또는 위 작품의 출판권을 가진 출판사에서 원작을 수정한 내용과 별로 다르지 않다면, 그 수정행위의 성질 및 정도로 보아 사회통념상 저작자인 이광수의 명예를 훼손한 것으로 볼 수 없어 저작자 사망 후의 저작인격권 침해가 되지 아니한다고 판시하였다.

(2) 시간적 한계

사후 인격권의 시간적 한계에 대하여도 문제가 있다. 사후의 저작인격권의 보호 기간에 제한은 없으며 따라서 이론상으로는 영구히 존속한다고 할 수 있지만, 저작권법 제123조의 규정에 의한 금지청구나 제127조의 명예회복조치 등의 청구는 제128조의 규정에 정해진 유족 또는 유언집행자 등이 모두 사망하면 행사할 수 없게 되므로 그 범위 내에서는 시간적 한계가 있다고 볼 수 있다. 그러나 벌칙규정인 저작권법 제137조 제3호에는 그러한 시간적 한계가 없고 더구나 이 벌칙규정은 비친고죄로 되어 있기 때문에 문제이다. 극단적으로 말하여 '삼국사기'(三國史記)의 작가인 '김부식'(金富軾)의 저작인격권도 현존하는 저작자의 저작인격권처럼 보호하여야 하는 결과로 된다. 따라서 사회통념상 저작자의 명예를 훼손하는 경우에만 사후 인격권의 침해로 인정하는 저작권법 제14조 제2항 단서 규정을 더욱 넓게 해석하여 사후 인격권의 무한한 확장을 제한하여야 할 것이다. 특히 일기나 편지와 같은 개인적인 저작물의 경우 그 저작 당시 또는 저작자의 생전에는 공표의 의사가 없었다고 하더라도 오랜 세월이 경과하게 되면 그러한 저작물의 공표가 사회통념상 그 저작자의 명예를 훼손하는 것이 아니라고 인정되는 경우도 많을 것이다. 그러한 경우에는 저작권법 제14조 제2항 단서의 규정을 유연하고 폭넓게 해석할 필요가 있다.

2. 저작물의 수정증감권

배타적발행권자가 배타적발행권의 목적인 저작물을 발행 등의 방법으로 다시 이용하는 경우에 저작자는 정당한 범위 안에서 그 저작물의 내용을 수정하거나 증감할 수 있다(저작권법 제58조의2 제1항). 저작자는 배타적발행권자에 의하여 저작물이 세상에 발행된 후에도 생각의 변화에 따라 저작물의 내용을 수정하거나, 부정확한 표현과 용어 등을 바로잡거나 삭제할 필요를 느끼기도 한다. 이는 저작자의 인격적 이익과도 관련이 있으므로 이를 보호하기 위하여 발행 등의 경우에 있어서 저작물의 수정증감권을 인정하고 있는 것이다. 출판의 경우도 같다(법 제63조의2).

또한 저작자가 자신의 저작물에 수정증감을 할 필요를 느끼고 있다 하더라도, 배타적발행권자가 배타적발행권의 목적인 저작물을 다시 발행한다는 사실을 사전에 알지 못하면 저작물에 수정증감을 할 기회를 잃을 염려가 있다. 이에 따라 저작권법은 저작자의 수정증감권을 인정하면서 이를 현실적으로 보장하기 위하여 배타적발행권자의 통지의무를 규정하고 있다. 즉, 배타적발행권자는 배타적발행권의 목적인 저작물을 다시 발행하고자 하는 경우에 특약이 없는 때에는 그때마다 미리 저작자에게 그 사실을 알려야 한다(저작권법 제58조의2 제

2항).113) 출판의 경우도 같다.

이와 같은 수정증감권은 인격적 권리인 까닭에 저작자에게만 인정되고 있다. 따라서 저작재산권을 양수받은 복제권자 등 저작자가 아닌 자에게는 이 권리가 인정되지 아니한다.

3. 명 예 권

저작인격권을 직접적으로 침해하는 행위는 아니라 하더라도 저작자의 명예를 훼손하는 방법으로 저작물을 이용하는 행위에 대하여는 저작권법이 이를 저작인격권의 침해로 보고 있다(저작권법 제124조 제4항). 저작물을 창작한 저작자의 창작의도에 어긋난 이용으로 그의 창작의도에 의심을 가지게 하거나, 혹은 저작물에 표현된 예술적 가치를 손상시키는 형태로 저작물이 이용되는 것을 방지하고자 하는 것이다.

구체적으로는 저작자가 바라지 않을 것으로 생각되는 장소에 저작물을 설치하는 경우, 예컨대 예술작품인 누드 회화를 복제하여 도색영화 상영관의 입간판에 사용하는 것과 같이 저작자가 본래 의도하지 않았던 용도로 저작물을 사용하는 경우이다. 또 예술적인 가치가 높은 미술작품을 그 예술성을 전혀 느낄 수 없는 하찮은 물품의 포장지에 복제하여 사용함으로써, 그 미술작품이 마치 그러한 물품 포장지의 디자인 용도로만 창작된 것 같은 인상을 주는 경우, 장엄한 종교음악을 희극용의 악곡과 합체하여 연주함으로써 저작자가 의도하였던 종교적 영감이나 감흥을 전혀 느낄 수 없도록 하는 경우를 들 수 있다.

4. 기타 우리 법이 인정하고 있지 않은 저작인격권

독일, 프랑스, 이탈리아 등에서는 저작물의 양도 후에도 원래의 저작권자가 그 저작물에 접촉할 수 있는 '접촉권'(接觸權)과 저작물의 유통단계에서 이를 회수할 수 있는 '철회권'(撤回權) 등을 인정하고 있다.114)

접촉권 또는 원작접촉권(原作接觸權)이란, 특히 미술저작물에 있어서 저작자가 유형적 저작물(예컨대 회화 또는 건축물)의 소유권 또는 점유권을 타인에게 이전한 후에라도 그 저작물에 접촉하여 촬영, 스케치, 메모의 작성 등을 할 수 있는 기회를 제공하도록 현재의 점유자에게 요구할 수 있는 권리를 말한다. 오스트리아 저작권법 제22조는 명문으로 이 권리를 인정하여, "유형적 저작물의 점유자는 저작자의 복제가 필요한 경우에 한하여 저작자에 대

---

113) 하용득, 전게서, 147면.
114) 허희성, 전게서, 71면.

한 저작물의 접촉을 허용하여야 한다. 이 경우 저작자는 점유자의 이익을 고려하여야 한다"
고 규정하고 있다.[115]

　　한편 철회권 또는 원작철회권(原作撤回權)이란, 저작자가 저작물 이용자에게 저작재산권
(예컨대 복제권 또는 전시권)을 이전하거나 이용허락을 한 후에라도 저작자의 정신적 이익을
침해하는 것과 같은 '일정한 사유'가 발생한 경우에는 저작자에게 철회할 권리를 허용하는
것이다. 그 '일정한 사유'에는 저작물 이용자가 자신이 취득한 권능을 행사하지 아니하여 저
작자의 공표에 대한 기대가 충족될 수 없게 된 경우라든가, 계약체결 후에 저작자의 견해가
변경되어 그대로 이용하는 것이 저작자의 인격적 이익에 반하는 경우가 포함된다. 전자의
경우를 이용권 불행사에 의한 철회권, 후자의 경우를 확신변경에 의한 철회권이라고 부르기
도 한다.[116]

제 3 절　저작재산권

I. 서　설

　　저작재산권은 저작물의 이용에 관한 권리로서, 여러 가지 지분권들로 구성되어 있는
'권리의 다발'(bundle of rights)이다. 저작재산권을 이루는 지분권으로는 복제권(법 제16조), 공
연권(법 제17조), 공중송신권(법 제18조), 전시권(법 제19조), 배포권(법 제20조), 대여권(법 제21조),
2차적저작물작성권(법 제22조)이 있다. 저작재산권자는 이러한 7가지 지분권을 전유하여[117]
그 배타적 지배권을 가지며, 그에 기초하여 타인으로 하여금 그 저작물을 이용할 수 있도록
허락하고 대가를 받는 방법으로 경제적 이익을 취하게 된다. 저작재산권은 배타적 지배권이
므로 소유권과 유사한 물권적 권리이고, 그래서 준물권(準物權)이라고도 한다. 그러나 사용,
수익, 처분을 내용으로 하는 소유권과는 달리 저작재산권의 대상인 콘텐츠는 이용형태가 다
양하기 때문에 외연이 불명확하여 권리행사가 가능한 범위를 일률적으로 정할 수 없다. 예
컨대 요리책이 저작물인 경우 그 책 자체를 복제하는 것이 저작물의 이용에 해당한다는 것
은 명백하지만, 그 요리책을 보고 요리를 만드는 것, 요리학원에서 그 책에 따라 요리법을

---

115) 하용득, 전게서, 137면.
116) 半田正夫, 전게서, 116면.
117) 일본 저작권법은 저작지분권 규정에서 " … 권리를 전유(專有)한다"라는 표현을 쓰고 있다.

가르치는 것, 나아가 그 요리를 먹는 것이 이용에 해당하는지는 의문을 가질 수 있다. 그렇기 때문에 저작재산권의 내용은 법으로 명확하게 규정될 필요가 있으며,[118] 이에 저작권법은 저작재산권을 구성하는 7가지 지분권에 관한 명문의 규정을 두고 있는 것이다. 이러한 지분권이 배타적 권리라는 것은 그 권리의 대상이 되는 행위들, 즉 복제, 공연, 공중송신, 전시, 배포, 대여, 2차적저작물작성 행위는 저작재산권자 또는 그로부터 허락을 받은 자만이 할 수 있다는 취지이다.

그러나 저작물 이용에 관한 모든 행위태양이 위 7가지 지분권에 포함되어 있는 것은 아니다. 우리 저작권법의 경우 추급권[119]이라든가 접근권[120]과 같은 권리들은 지분권에 포함되어 있지 않다. 우리 저작권법은 저작재산권을 구성하는 지분권에 관하여 '열거주의'를 취하고 있기 때문에 저작재산권에는 저작권법에서 규정하고 있는 7가지 지분권만이 존재하며, 그 밖에 저작물 이용에 관한 다른 배타적 권리를 인정하기 위해서는 법 개정을 통하여 새로운 권리를 창설하는 수밖에 없다. 다만, 저작재산권자의 실질적 권리는 저작권법 제124조의 '침해로 보는 행위'에도 미치게 된다. 이러한 면에서 저작권법 제124조는 저작재산권의 내용을 확충하는 역할을 한다.

---

118) 中山信弘, 著作權法, 법문사(2008), 177면.

119) '추구권'(Droit de suite)이라고도 한다. 미술저작물의 원작품과 작가 및 작곡가의 원고(原稿)에 대하여 그 저작자는 저작자가 그 원작품 및 원고를 양도한 후에 행하여지는 원작품 및 원고의 매매이익에 관하여 양도불능의 일정한 권리를 갖는데 이것이 추급권 또는 추구권이다. 예를 들어, 미술저작물의 경우 저작자인 화가는 복제물이 아니라 원본의 판매에 의하여 수익을 얻게 되는데 그 원본이 전전양도되고 세월이 흐르면서 가격이 최초 판매 당시보다 훨씬 상승하는 경우가 많다. 그런데 그러한 전매 과정에서 발생하는 이익에 대하여 화가는 아무런 보상을 받지 못한다. 이러한 불합리를 방지하기 위하여 원작품의 최초 판매 이후에 발생하는 수익에 대하여 저작자가 참여할 수 있도록 한 것이 추급권 또는 추구권이다. 베른협약에서 그 인정여부를 동맹국의 법령으로 정할 수 있도록 규정하고 있는데, 프랑스, 독일, 이탈리아 등에서 이러한 권리를 인정하고 있다(송영식 외 2인, 지적소유권법(상), 제 9 판, 육법사, 2005, 133면 참조).

120) 역시 독일, 프랑스, 이탈리아 등에서 인정되는 권리로서 저작물의 양도 후에도 원래의 저작자가 그 저작물에 접근 또는 접촉할 수 있는 권리이다. 접촉권이라고도 하며, 저작인격권으로서의 성질이 더 크다고도 할 수 있다. 한편, 접근권은 저작물에 접근(access)하는 행위를 통제하고 배타적으로 지배할 수 있는 권리를 의미하는 용어로 사용되기도 한다. 이러한 접근권은 우리 저작권법상 인정되지 않는 것으로 보는 것이 일반적인 해석인데, 기술적 보호조치의 보호가 사실상 접근권을 인정하는 것 아니냐는 논의가 있다.

II. 복 제 권

1. 의   의

저작권법은 "저작자는 그의 저작물을 복제할 권리를 가진다"(법 제16조)고 하여 복제권을 저작재산권의 하나로서 규정하고 있다. 이 규정에 따라 저작자는 자신의 저작물을 스스로 복제할 수도 있고, 타인으로 하여금 복제를 하도록 허락하거나 하지 못하도록 금지할 배타적 권리를 가진다. 따라서 타인이 저작재산권자(복제권자)의 허락 없이 저작물을 복제할 경우 저작재산권 중 복제권을 침해하는 것이 된다. 이 복제권은 모든 종류의 저작물에 대하여 적용되는 권리로서 저작재산권 중 가장 기본이 되는 권리이다. 저작권을 copyright라고 하는 것에서 알 수 있는 것처럼 복제는 저작물의 가장 전형적인 이용형태이고, 복제권은 저작재산권의 기초를 이루는 지분권이다.

2. 복제의 유형

가. 인쇄·사진촬영·복사·녹음·녹화 그 밖의 방법

'복제'의 개념에 관하여 저작권법 제 2 조 제22호는 "인쇄·사진촬영·복사·녹음·녹화 그 밖의 방법으로 일시적 또는 영구적으로 유형물에 고정하거나 유형물로 다시 제작하는 것을 말하며, 건축물의 경우에는 그 건축을 위한 모형 또는 설계도서에 따라 이를 시공하는 것을 포함한다"고 정의하고 있다. 구체적으로는 소설을 출판하기 위하여 인쇄하는 것, 그림을 복사하는 것, 강연을 녹음하는 것, CD나 DVD 등으로부터 음악이나 영상을 다른 매체에 더빙하는 것, 사진이나 문서를 스캔하는 것 등의 여러 가지 태양이 있을 수 있다. 종이 매체에 인쇄된 어문저작물이나 만화, 사진 등을 디지털화하는 것 또는 극장용 영화를 비디오테이프에 수록하는 것도 관련 업계에서 여러 가지 명칭으로 부를 수 있지만 원칙적으로 모두 복제에 해당한다. 2007년 개정 전 저작권법에서는 "각본·악보 그 밖의 이와 유사한 저작물의 경우에는 그 저작물의 공연·실연 또는 방송을 녹음하거나 녹화하는 것"을 복제에 포함되는 것으로 규정하고 있었다. 개정 전 저작권법이 이와 같이 규정하고 있었던 것은, 예를 들어 연극이 무대에서 상연되거나 방송되고 있는 경우에 그러한 상연이나 방송을 녹음·녹화하는 것은 연극저작물을 무형적으로 재현하는 것을 다시 유형적으로 복제하는 것으로서, 연극저작물 자체를 유형적으로 복제하는 경우에는 해당하지 않는 것으로 해석될 여지가 있었기 때문에, 그러한 해석상의 의문을 해소하기 위한 것이었다.[121] 그러나 이러한 행위는 복제의 정의 규정 전단 문구 속에 이미 포함되어 있는 것이므로, 2006년 개정 저작권법에서는 중복을 피하기 위하여 이 부분을 삭제함으로써 복제의 정의를 간명하게 하였다.[122] 어찌되었든 저작물이 무형적으로 재현되는 것을 다시 유형적으로 복제하는 것은 개정 저작권법 아래에서도 당연히 복제의 범위에 포함된다. 즉, 복제는 유형적 재제(再製)를 의미하지만, 복제의 대상은 고정된 저작물일 필요는 없고 고정되어 있지 아니한 생연주 등의 녹음·녹화도 복제가 된다. 따라서 예를 들어 작가 甲이 창작한 각본 A를 乙이 상연하고, 이를 丙이 비디오테이프로 녹화한 경우, 乙의 상연 행위는 무형적 재생으로서 '공연'에 해당하고, 乙의 상연을 고정한 丙의 행위는 각본 A 자체를 유형적으로 복사한 것은 아니지만 그것 역시 A에 대한 복제에 해당하며 따라서 甲의 복제권이 미치게 된다. 마찬가지로 악보에 의하여 연주하는 것을 녹음한 경우에도 그 악보에 수록된 음악저작물의 복제에 해당한다.[123]

'녹음'은 음을 유형물에 고정하거나 그 고정물을 증제(增製)하는 것을 말한다.[124] 여기서 '음'이란 사람이 청각적으로 지각할 수 있는 공기의 진동을 의미하며, 그것이 반드시 저작물이거나 실연일 필요는 없다. 기계음과 같이 인위적으로 생성된 소리나 새소리, 파도소리 등과 같은 자연의 소리도 포함된다. 또한 '고정'이라는 용어의 의미는, 로마협약 제32조에 기초한 '실연자·음반제작자 및 방송사업자의 보호에 관한 모델법'에 의하면 "순간적인 기간 이상의 기간 동안 지각, 복제, 기타 전달하는 것이 가능할 정도로 충분히 영속적이거나 또는 안정적으로 음, 영상 또는 그 양자를 유형물에 수록하는 것"으로 정의되고 있다.[125] 녹음은 증제를 포함하므로 단순히 음을 고정하는 것뿐만 아니라, 그 고정물을 다시 증제하는 것도 녹음에 포함된다.

'녹화'는 영상을 연속하여 유형물에 고정하거나 그 고정물을 증제하는 것을 말한다.[126] 영상은 사람의 모습이라든가 자연현상 등 인간이 시각적으로 지각할 수 있는 모든 형태의 것을 포함한다. 여기서 '연속하여'라고 하고 있는데, 이는 설사 연속되는 동작이라고 하더라도 그 중 한 순간을 포착하여 사진촬영하는 것은 앞의 '사진촬영'에 해당하지 '녹화'에 해당하는 것은 아니라는 의미이다. 일반적으로 녹화라고 하기 위해서는 다수의 정지화면을 짧은 시간에 연속적으로 촬영함으로써 그 정지화면들을 연속하여 투사할 경우 연속동작인 것 같

---

121) 오승종·이해완, 저작권법, 제 4 판, 박영사, 2005, 286면.
122) 문화관광부, 2007 - 개정저작권법 설명자료, 15면.
123) 이에 대하여 각본을 공연하는 것을 녹음 또는 녹화하는 것은 그 공연 자체의 복제이지 각본의 복제라고 볼 수 없다는 견해가 있다. 허희성, 2007 신저작권법 축조개설(상), 명문프리컴(2007), 49-50면.
124) 일본 저작권법 제 2 조 제13호 참조.
125) 한편 '고정물'에 대하여는 WIPO 실연자조약 제 2 조(c)가 "음 또는 음을 표현한 것의 수록물로서 장치를 사용하여 지각, 재생 또는 전달하는 것이 가능한 것"이라고 정의하고 있음을 참조할 필요가 있다.
126) 일본 저작권법 제 2 조 제14호 참조.

은 시각적 효과를 가져오는 경우를 말한다. 따라서 '사진촬영'과 '녹화'는 연속촬영의 정도, 즉 연속동작으로서의 시각적 효과의 정도를 기준으로 구분할 수 있을 것이다.

나. 유형물에 고정 또는 유형물로 재제

복제는 "유형물에 고정하거나 유형물로 다시 제작하는 것"을 말하는데, 유형물로 다시 제작하는 경우에도 '유형물에의 고정'이 수반되어야 하는 것이므로 저작권법상 복제로 인정되기 위해서는 반드시 '유형물에의 고정(fixation)'이 있어야 한다. 이 점에서 고정을 성립요건으로 하지 않는 '저작물'의 경우와 다르다.

저작권법은 복제권이 미치는 범위를 저작물의 유형적 이용에 한정하고 있기 때문에, '무형복제'에 해당하는 공연, 실연, 방송 등은 복제권의 대상이 아니다. 예를 들어 가수가 무대에서 음악저작물을 노래하는 것이나 배우가 무대에서 무언극을 하거나 무용수가 춤을 추는 것 등은 복제권이 아니라 공연권 등 다른 권리의 대상이 된다.

여기서 다시 제작하는 것, 즉 재제(再製)라고 함은 동일한 것을 만드는 것인데, 완전히 동일할 필요는 없고 또한 같은 표현형식일 필요도 없다. 즉, 실질적으로 동일하면 되고, 매체나 표현형식 또는 수단이 다르더라도 원작품에 창작적 부가가 되어 있지 않으면 재제가 된다. 예컨대, 암호문을 보통 문장으로 고친 경우, 즉흥곡의 연주를 채보한 경우, 강연을 원고로 옮긴 경우, 소스 코드를 기계적으로 오브젝트 코드로 변환한 경우 등도 복제가 된다. 또한 평면적 표현을 입체적 표현으로 변경한 경우, 예를 들어 만화영화에 등장하는 주인공 캐릭터가 표현된 원화(原畵)를 가지고 입체적인 봉제인형을 제작하는 경우에도 거기에 새로운 창작적 행위가 더해지지 않으면 복제가 된다. 즉, 변경 부분에 창작적 표현이 존재하면 그때 비로소 복제물을 넘어 2차적저작물이 되고, 그 변경을 가한 자에게는 그 2차적저작물에 대한 저작권이 새로 발생한다. 예컨대 고(古)미술저작물을 모사한 경우 기계적인 모사는 복제에 해당하지만, 창작적 행위가 부가되어 있으면 2차적저작물이 된다.[127] 복제물과 2차적저작물의 구분은 결국 창작적 부가가 있는지 여부가 기준이 될 것이나 그 경계는 매우 애매하다.[128]

복제의 정의규정에서 "유형물에 고정하거나 유형물로 다시 제작하는 것" 중 앞의 "유

---

[127] 中山信弘, 著作權法, 법문사(2008), 184면.
[128] 서울중앙지방법원 2008. 8. 28. 선고 2007가합113644 판결은, "원고의 일본 연예인 모바일 화보집은 A회사 등의 일본 연예인 화보집과 비교하여 볼 때 그 저장매체 내지 저작물이 고정된 유형물이 필름과 전자기록매체로서 서로 차이가 있고, 그 크기에 다소의 수정, 변경이 있을 뿐이며, A회사 등의 일본 연예인 화보집에 더하여 새롭게 사상 또는 감정이 창작적으로 표현되었다고 보기 어렵다. 따라서 원고의 일본 연예인 모바일 화보집은 A회사 등의 일본 연예인 화보집과 실질적으로 동일하여 그 복제물에 불과하고, 2차적저작물에 해당하지는 않는다"고 판시하였다.

형물에 고정하거나" 부분은 2000년 저작권법 개정 당시에 새로 추가된 부분이다. 원래의 정의규정에는 "유형물로 다시 제작하는 것"이라고만 되어 있었던 것을 이에 추가하여 "유형물에 고정하거나"를 포함시킨 것이다. 이는 디지털 복제를 저작권법상 복제의 개념에 명확하게 포함시켰다는 의미가 있다. 그러나 이에 대하여는 "재생 가능한 복제인 녹음·녹화가 유형물에의 고정을 의미하는 것이고 디지털화의 고정도 재생 가능한 복제이므로 불필요한 이중적 정의"라는 비판이 제기되었고,[129] 그러한 비판에 찬동하는 견해도 있다.[130]

3. 복제권의 내용

가. 복제의 방법

저작권법 제 2 조 제22호는 복제행위의 유형으로 "인쇄·사진촬영·복사·녹음·녹화" 등을 들고 있지만 이는 예시적 규정으로서, 복제의 방법이나 수단에는 제한이 없다. 기계적·전자적·화학적 방법에 의하여 하는 것 외에 손으로 베끼는 것도 포함된다. 소설이나 논문을 인쇄하거나 회화나 조각을 사진촬영하는 것 또는 음악저작물을 음반에 취입하는 것 등은 복제의 대표적인 예라고 할 수 있다. 이에 따라 저작권 업계의 실무현장에서는 녹음권, 녹화권, 비디오화권 등 여러 가지 권리개념이 사용되고 있지만, 법률적으로 이들은 모두 복제권의 범위에 속하는 것이다. 유형물이기만 하면 종이·나무·플라스틱·강철·고무·유리·석고·옷감·완구 등 어느 것에 수록하더라도 모두 복제로 된다. 컴퓨터파일 형태로 된 저작물을 컴퓨터의 하드디스크나 CD-Rom 등 전자적 기록매체에 저장하는 것도 복제에 해당한다. 따라서 눈에 보이는 가시적 형태의 것뿐만 아니라 전자적 신호로서 고정되는 불가시적 형태의 것도 복제에 해당한다. 나아가 원본을 복제하는 직접복제뿐만 아니라, 복제물을 복제하는 간접복제도 복제에 포함된다.[131]

인터넷상의 링크(link)가 복제에 해당하는지 여부에 대하여 논란이 있을 수 있는데, 우리 대법원 판례는 이를 부정하고 있다. 대법원 2009. 11. 26. 선고 2008다77405 판결과 대법원 2010. 3. 11. 선고 2009다4343 판결은, 인터넷에서 이용자들이 접속하고자 하는 웹페이지로의 이동을 쉽게 해 주는 기술을 의미하는 인터넷 링크는 링크하고자 하는 저작물의 웹위치 정보 내지 경로를 나타낸 것에 불과하여, 이는 '유형물에 고정하거나 유형물로 다시 제작하는 것'이 아니므로 복제에 해당하지 않는다고 판시하였다.[132]

---

129) 허희성, 2000 신저작권법 축조개설(상), 저작권아카데미, 2000, 78면.
130) 박성호, 전게서, 313면.
131) 오승종·이해완, 전게서, 286면.
132) 인터넷 링크에 대한 논의는 제 6 장 Ⅵ. 공표된 저작물의 인용 중 6.항 참조.

저작권법 제 2 조 제22호의 복제의 정의규정 중 "건축을 위한 모형 또는 설계도서에 따라 이를 시공하는 것을 포함한다"고 한 것의 의미에 관하여는 제 2 장 제 2 절의 건축저작물 부분에서 검토한 바 있으므로 여기서는 생략하기로 한다.

나. 복제의 인정범위

저작권법 제16조의 복제권은 저작물을 전체적으로 복제하는 경우뿐만 아니라, 일부분이라 하더라도 그것이 저작물로서의 가치를 가지는 것인 이상 부분복제에도 미친다. 바꾸어 말하면, 저작물의 일부분을 복제하는 경우에도 그것이 그 저작물의 창작성이 있는 표현 부분을 복제한 것으로서, 양적 또는 질적으로 '실질성'(substantiality)을 갖춘 경우에는 복제에 해당한다고 보아야 할 것이다. 여기서 '실질성'이라고 함은 '사소함'을 넘어서는 정도에 이른 상태를 말하는 것이라고 이해하면 편할 것이다. 이와 같이 부분적 이용에 대하여 권리가 미치는 것은 복제권만이 아니라 저작권법 제17조 내지 제22조의 그 밖의 지분권에 있어서도 마찬가지이다.

복제의 부수에도 제한이 없다. 저작물을 1부만 인쇄한다든가 1부만 복사하는 경우에도 모두 복제에 해당한다. 다만, 그러한 경우 저작권법 제30조의 '사적이용을 위한 복제'의 요건을 갖춘다면 그에 대하여는 저작재산권이 제한될 수 있다.

복제권이 미치는 복제물이 되기 위해서는 기존 저작물과 완전히 동일할 필요까지는 없고, 실질적 동일성만 가지고 있으면 족하다. 따라서 기존 저작물에 일부 수정·변경을 가하였으나 그 수정·변경된 부분이 사소한 정도에 불과하고 새로운 창작성이 부가된 것이라고 볼 수 없는 경우에는 여전히 복제권이 미치는 복제물이라고 할 수 있다. 예를 들어, 원래의 저작물에서 약간의 오·탈자만을 바로 잡은 것은 원저작물에 대하여 일부 수정·변경이 가해진 것이지만 여전히 원저작물의 복제물이다.

또한 저작권은 '모방금지권'이므로 복제권이 미치는 복제물이 되기 위해서는 그것이 원저작물(또는 그 복제물)에 '의거'(依據)하여 제작된 것이어야 한다. 원저작물에 의거하지 아니하고 작성하였는데 우연히 원저작물과 동일한 것이 제작되었다면 이는 복제물이 아니며, 따라서 원저작물 저작자의 복제권도 미치지 아니한다.

4. 배타적발행권과의 관계

'발행'이라 함은 저작물 또는 음반을 공중의 수요를 충족시키기 위하여 복제·배포하는 것을 말한다. 따라서 발행을 함에 있어서는 기본적으로 저작재산권의 지분권 중 복제권과 배포권이 작용하게 된다. 종전 저작권법은 문서 또는 도화의 출판의 경우에 다른 이용형태와는 달리 타인에게 준물권인 출판권을 설정할 수 있도록 허용하고 있었는데, 현행 저작권법은 모든 저작물과 음반에 대하여 준물권인 배타적발행권을 설정할 수 있도록 하였다(법 제57조). 저작재산권자가 배타적발행권자(또는 출판권자)에게 저작물에 관한 배타적발행권(또는 출판권)을 설정하여 준 경우에는 마치 소유물에 관하여 전세권과 같은 제한물권을 설정한 것과 마찬가지의 효과가 인정되고, 저작권자의 복제권은 그 범위 내에서 제한된다. 그러나 그 때에도 저작재산권자의 복제권은 잠재적인 권리로서 존재하게 되므로 제3자가 배타적 발행권을 침해하는 경우에는 배타적발행권자는 물론 저작재산권자도 방해배제 등을 청구할 권리를 가진다.[133]

5. 2차적저작물의 복제

원저작물을 번역·편곡·변형·각색·영상제작 등의 방법에 의하여 작성한 2차적저작물을 복제하는 행위에 대하여 원저작물의 저작자는 저작권법 제22조의 2차적저작물작성권을 통하여 배타적 권리를 행사할 수 있다. 제22조는 "저작자는 그의 저작물을 원저작물로 하는 2차적저작물을 작성하여 이용할 권리를 가진다"고 하고 있는데, 여기서 '이용'하는 행위에는 복제행위도 포함되기 때문이다. 한편, 2차적저작물을 작성한 자와 원작자가 따로 존재하는 경우에는 2차적저작물 작성자 역시 그 2차적저작물의 복제행위에 대하여 제16조에 의한 복제권을 자신의 권리로서 행사할 수 있다.

6. 일시적 저장에 관한 문제

가. 일시적 저장의 의의

'일시적 저장'은 디지털화 된 저작물을 컴퓨터 등 정보처리장치를 활용하여 사용 또는 접근하거나, 통신망을 통하여 전송하고자 할 때 그 저작물이 컴퓨터의 주기억장치인 램 (RAM)에 일시적으로 저장되는 것을 말하며, '일시적 복제'(temporary reproduction)라고 부르기도 한다. 이러한 저장은 디지털저작물을 사용하고자 할 경우 반드시 일어나는 현상으로 현재의 기술로는 피할 수 없는 것으로 이해되고 있다. 한편, 램은 반도체로 만들어진 기억장치로서 컴퓨터의 전원이 켜져 있는 동안에만 저장기능을 발휘하며, 전원이 꺼지면 다른 영구적인 저장장치에 저장해 두지 않는 한 저장된 자료가 모두 사라져 버리는 임시적·일시

---

133) 오승종·이해완, 전게서, 287-288면.

적 속성을 가지고 있다. 그렇기 때문에 램에 저장되는 것을 '일시적 저장'이라고 부르는 것이다.

나. 일시적 저장이 복제에 해당함을 명문화

(1) 입법의 경위

일시적 저장은 온라인이나 오프라인을 가리지 않고 컴퓨터를 이용하는 경우에는 언제든 나타날 수 있는 것이다. 그 동안 일시적 저장을 복제로 인정할 것인지 여부에 대하여는 학계와 실무계에서 찬반 양론이 팽팽하게 대립하고 있었다. 그러나 한·미 FTA 협정에서 일시적 저장을 복제의 개념에 포함시키기로 하였고, 이에 따라 저작권법 제2조 제22호의 '복제'에 대한 정의규정을, "…일시적 또는 영구적으로 유형물에 고정하거나 다시 제작하는 것을 말하며…"라고 하여 '일시적'이라는 문구를 추가하는 것으로 수정하였다.

(2) 일시적 저장에 대한 면책 규정

일시적 저장을 복제로 인정할 경우에는 인터넷을 통한 통상적인 자료 검색 행위마저 복제권의 규율 대상이 되어 정보 접근의 자유가 심각하게 제한을 받게 될 우려가 크다. 현재의 정보통신기술 아래에서는 컴퓨터를 통하여 저작물을 이용하는 경우 반드시 일시적 저장이 일어나게 된다. 그러므로 일시적 저장을 복제로 보는 정의규정을 두는 이상, 그와 더불어 통상적인 저작물 이용과 관련하여 발생하는 일시적 저장을 복제권 침해로부터 면책하는 제한 규정을 적절하게 두는 것이 필요하다.

그리하여 저작권법은 제35조의2(저작물 이용과정에서의 일시적 복제) 규정을 신설하여, "컴퓨터에서 저작물을 이용하는 경우에는 원활하고 효율적인 정보처리를 위하여 필요하다고 인정되는 범위 안에서 그 저작물을 그 컴퓨터에 일시적으로 복제할 수 있다. 다만, 그 저작물의 이용이 저작권을 침해하는 경우에는 그러하지 아니하다"는 규정을 두었다. 이와 관련하여 대법원 2017. 11. 23. 선고 2015다1017 판결은, "입법 취지 등에 비추어 볼 때 여기에서 말하는 '원활하고 효율적인 정보처리를 위하여 필요하다고 인정되는 범위'에는 일시적 복제가 저작물의 이용 등에 불가피하게 수반되는 경우는 물론 안정성이나 효율성을 높이기 위해 이루어지는 경우도 포함된다고 볼 것이지만, 일시적 복제 자체가 독립한 경제적 가치를 가지는 경우는 제외되어야 한다."고 판시하였다.

Ⅲ. 공 연 권

1. 개 념

가. 의 의

저작자는 그의 저작물을 공연할 권리를 가진다(저작권법 제17조). 이에 따라 저작자는 자신의 저작물을 스스로 공연할 수도 있고, 타인으로 하여금 공연을 하도록 허락하거나 하지 못하도록 금지할 배타적 권리를 가진다. 저작권법 제 2 조 제 3 호는 '공연'을 "저작물 또는 실연·음반·방송을 상연·연주·가창·구연·낭독·상영·재생 그 밖의 방법으로 공중에게 공개하는 것을 말하며, 동일인의 점유에 속하는 연결된 장소 안에서 이루어지는 송신(전송을 제외한다)을 포함한다"고 정의하고 있다.

참고로 미국 저작권법 제106조 제 4 호, 제 6 호에서 규정하고 있는 "the right to perform publicly"(또는 "the right of public performance")을 '공연권'이라고 번역하여 부르고 있는데, 이는 우리 저작권법의 공연권과는 권리의 범위나 내용이 다소 다르므로 주의할 필요가 있다. 우리나라 저작권법상 상연, 연주, 상영 또는 공중송신 중의 방송의 범주에 속하는 것은 미국 저작권법상 'to perform publicly'에 해당하여 제106조 제 4 호 또는 제 6 호의 "the right to perform publicly"의 대상이 된다. 즉, 우리 저작권법상 공중송신에 해당하는 유선방송이나 무선방송 모두 미국 저작권법에서는 "the right to perform publicly"에 해당한다.[134]

나. 행위 유형

공연에 해당하는 행위유형을 살펴보면, 우선 각본이나 무보(舞譜) 기타 연극적 저작물을 무대 위에서 실현하는 것이 '상연'이며,[135] 음악저작물을 악기로써 실연하는 것이 '연주', 음

---

134) "public perform"에 관하여, 호텔 프런트가 비디오를 대여하여 호텔의 객실에 설치된 VTR을 통해 고객에게 이를 감상하게 한 경우, 호텔의 객실이 공개된 장소 또는 반공개(semi-public)된 장소인지가 문제된 사례에서, 미국 판례는, "호텔 자체는 공중에게 개방되어 있는 것이 분명하지만, 호텔의 객실에 일단 투숙하면 공개된 장소라고 할 수 없다"고 하여 공개적 실연, 즉 공연을 부정하였다(Columbia Pictures Indus., Inc. v. Professional Real Estate Investors, Inc., 866. F.2d 278(9th Cir. 1989)). 한편, 비디오 대여점에서 대여한 비디오를 대여점 내에 설치된 별도의 방에서 대여점 측이 일괄 관리·조작하는 VTR로부터 수신하여 감상하는 경우에 대하여는, 비디오를 시청할 수 있도록 별도의 방(room)을 제공하는 경우 개개의 방에 있는 시청자는 특정인이라 하더라도 그 방의 장소적 성격이 공중에게 개방된 장소에 해당하므로 그 비디오의 재생은 공중에게 실연한 것, 즉 공연에 해당한다고 판시한 것이 있다(Columbia Pictures Indus., Inc. v. Redd Home, Inc., 749 F.2d 154(3d Cir. 1984)). 이상 박성호, 전게서, 333면에서 재인용.

135) 일본 저작권법 제 2 조 제16호는 '상연'에 대하여, "연주(가창을 포함한다) 이외의 방법으로 저작물을

성으로 실연하는 것이 '가창'이다. 또한 '구연'과 '낭독'은 시·소설·논문 등 주로 어문저작물을 구두로 표현하는 것으로써 만담 같은 것도 여기에 포함된다.[136] 연극적인 저작물을 구연하는 것은 상연에도 해당할 수 있을 것이나, 어차피 양쪽 모두 공연의 개념에 포함되는 것이므로 이를 구별할 실익은 크지 않을 것으로 보인다.[137] '상영'은 일반적으로 영화나 사진과 같이 영상화된 저작물을 영사막이나 기타의 물체에 영사하는 것을 의미한다.[138][139] '기타의 물체에 영사'하는 것에는 컴퓨터 모니터의 스크린이나 텔레비전 수상기, 건물의 벽체에 저작물 등을 현시하는 것도 포함된다. 즉, '상영'은 공중이 시각적 또는 시청각적으로 느낄 수 있도록 저작물을 모든 종류의 화면에 현시하는 행위 일체를 포함하는 개념이다. 그러나 상영이 반드시 영상저작물에만 해당되는 것은 아니다. 사진이나 회화 같은 정지화면으로 이루어진 저작물이나 도표·문자로 표시된 저작물도 상영에 의하여 공중에게 현시할 수 있다. 따라서 강의나 강연회 등에서 OHP를 이용하여 저작물을 현시하는 것도 상영에 해당한다.

공연에는 '재생'도 포함되므로 상연이나 연주 등을 녹음 또는 녹화한 복제물을 재생하여 공중에게 공개하는 것도 공연에 포함된다. 따라서 판매용 음반이나 비디오테이프를 구입하여 음악감상실, 커피점, 호프집, 백화점, 체육시설, 유흥장, 음식점 등에서 기계적 또는 전자적으로 재생하는 방법으로 고객들에게 들려주거나 보여주는 것도 공연에 해당한다.

일반적으로 미술저작물이나 사진저작물 또는 건축저작물(이들을 보통 '미술저작물 등'이라고 한다)의 원본이나 복제물을 공중에게 공개하는 것은 공연이 아니라 전시에 해당한다고 볼 것이다. 그런데 최근에는 디지털 기술이 발달하면서 이른바 '미디어 아트'(media art)[140]라고 하는 새로운 미술형식이 나타나고 있는데, 그 중에는 종래의 회화나 조각처럼 원본이나 복제물의 개념이 아니라 시시각각으로 변화하는 영상 등으로 표현되는 것들도 있다. 이러한

연기하는 것"이라고 정의하고 있다.

136) 일본 저작권법은 '구술'이라는 용어를 사용하고 있는데, 동법 제 2 조 제18호에서 '구술'은 "낭독 기타의 방법으로 저작물을 구두로 전달하는 것(실연에 해당하는 것을 제외한다)"이라고 정의하고 있다.

137) 일본 저작권법은 상연권(제22조)과 구술권(제24조)을 구분하고 있는데, 이런 법제에서는 구술과 상연을 구분하는 것이 필요할 것이다. 따라서 일본에서는 소설이나 시가(詩歌), 논문 등을 공중에게 구술하는 행위가 구술권의 대상으로 되고, 연극저작물을 구연하는 것은 상연권의 대상이 된다고 한다(作花文雄, 전게서, 277면).

138) 오승종·이해완, 전게서, 293면.

139) 일본 저작권법 제 2 조 제17호는 '상영'에 대하여, "저작물(공중송신되는 것을 제외한다)을 영사막, 기타의 물체에 영사하는 것을 말하며, 이에 수반하여 영화저작물에 고정되어 있는 음을 재생하는 것을 포함한다"고 정의하고 있다. 이와 같이 상영이란 영사막 기타의 '물체'에 영사하는 것이라고 정의되고 있기 때문에, 홀로그램과 같이 영사막 등의 물체가 없는 곳에 상(像)을 맺는 것은 상영이라고 보지 않을 가능성이 있다고 한다. 中山信弘, 著作權法, 법문사(2008), 191면 참조.

140) 미디어 아트는 인터넷, 웹사이트, 컴퓨터를 이용한 멀티미디어, CD-ROM, DVD, 가상현실 등의 대중매체를 미술에 도입한 것으로 매체예술이라고도 불린다(위키백과사전 참조).

작품의 공개는 결국 그것이 원본이나 복제물, 즉 유형물을 통하여 공개되는 것이냐, 아니면 무형적으로 공개되는 것이냐에 따라서 전자는 '전시'로 후자는 '공연'으로 보아야 할 것이다.

2. 공연권의 성질

공연권은 방송 및 전송과 함께 저작물을 공중에게 전달하는 공중전달권의 한 종류이다. 저작재산권을 유형적 권리, 무형적 권리, 변형권으로 나눌 때 공연권은 저작물을 무형적 방법으로 이용하는 것에 해당하므로 무형적 권리에 속한다.

공연은 '실연'과 구별되어야 한다. 실연이라 함은 "저작물을 연기·무용·연주·가창·구연·낭독 그 밖의 예능적 방법으로 표현하거나 저작물이 아닌 것을 이와 유사한 방법으로 표현"하는 것을 말한다(저작권법 제 2 조 제 4 호). 실연은 상영과 재생을 제외하고는 공연의 개념과 일부 같은 부분이 있지만, 공중에게 공개한다는 요건이 없다는 점에서 공연과 구별된다. 또한 공연은 저작물 또는 저작인접물을 공개하는 것이지만, 실연은 저작물이 아닌 것을 연기·무용·연주·가창·구연·낭독하는 것도 포함한다. 따라서 마술, 곡예, 서커스, 복화술과 같이 저작물이 아닌 것을 예능적 방법으로 표현하는 것도 실연에 해당한다. 공연은 그 구성개념에 실연이라는 요소 이외에 실연의 복제물을 재생하여 전달하는 것도 포함하고 있다. 그러나 복제물을 재생하는 것은 실연이 아니다.[141]

'공연'과 '복제'는 원저작물을 그대로 재현한다는 점에서는 유사하나, 복제는 유형적인 형태로 이루어진다는 점에서 무형적인 형태로 이루어지는 공연과 구별된다. 따라서 공연권과 복제권 역시 구분되는 권리이므로, 저작재산권자가 저작물의 복제를 허락한 경우에 허락을 받은 사람이 그 저작물을 공연하기 위해서는 다시 저작권자의 허락을 받아야 한다. 예컨대 노래반주용 기계의 제작업자에게 사용료를 받고 가사와 악곡 등 음악저작물의 이용을 허락한 경우에 그 허락의 범위는 일반적으로 노래반주용 기계에 그것을 수록하여 복제하는 데 한하는 것이다. 따라서 저작재산권자의 별도의 허락 없이 노래방에서 위와 같이 복제된 노래반주용 기계를 설치하여 복제된 가사와 악곡을 재생하는 방식으로 공중을 상대로 영업하는 행위는 공연권을 침해하는 것이 된다.[142]

또한 '공연'은 '방송'이나 '전송'과도 구별된다. 공연과 방송 및 전송은 모두 무형적인 형태로 이루어지나, 방송과 전송은 무선 또는 유선 통신방법에 의하여 송신하거나 이용에 제공하는 것이라는 점에서, 기본적으로 무선 또는 유선 통신방법에 의한 송신 개념이 아니라

---

141) 하동철, 공연권에 관한 연구, 서강대학교 박사학위 논문(2005), 38-39면.
142) 대법원 1994. 5. 10. 선고 94도690 판결; 오승종·이해완, 전게서, 294면.

실연이나 전자장치를 통한 직접 이용에 해당하는 공연과 구별된다.

3. 공개요건

공연은 저작물 등을 '공중에게 공개'하는 것을 말하는데, 여기서 '공중'이라 함은 "불특정 다수인(특정 다수인을 포함한다)"으로 정의된다(저작권법 제2조 제32호). 개정 전 저작권법 아래에서 (일반)공중의 개념에 대한 정의 규정이 없어 법원의 해석에 맡겨져 있었으나, 다른 법률에서 일반적으로 사용되고 있는 개념과의 관계상 불특정다수인을 의미하는 것으로 이해될 소지가 높았다. 그러나 특정다수인의 경우를 '공중'으로 보지 않는다면 예를 들어 어떤 단체의 행사에 참가할 수 있는 자가 일정한 자격을 갖춘 회원에게만 한정되면 그 회원의 숫자가 수만 명인 경우라도 특정다수인에 해당하고 따라서 공중이 아니기 때문에 저작권자의 권리행사로부터 배제되는 결과를 가져오는 불합리한 점이 있었다. 이에 2006년 개정 저작권법에서는 특정다수인을 공중의 개념 속에 포섭될 수 있도록 명문으로 규정함으로써 이 부분 해석의 여지를 없앴다.[143]

이러한 정의 규정으로부터 '공연'은 공개된 장소에서 누구에게나 공개하는 경우는 물론이고, 특정된 사람이라 하더라도 통상적인 가족이나 친지 등 개인적인 관계에 의하여 서로 연결되는 범위를 넘어서는 다수인에게 공개하는 경우를 포함하며, 그와 같은 공개가 반드시 같은 시간, 같은 장소에서 이루어지지 않더라도 기술적인 장치나 설비를 통하여 널리 전파되는 것을 포함하는 개념으로 이해할 수 있다.[144]

정당의 집회, 단체의 회원대회와 같은 경우는 특정다수인의 모임이지만 공중에 해당한다. 그러나 가족·친지 등으로 참석범위가 한정되는 통상의 결혼식이나 피로연에서의 연주, 오케스트라 단원들의 연습을 위한 연주, 가정에서의 수인의 동호인을 위한 연주나 상영 등은 공중을 대상으로 한 것이 아니어서 공연권이 미치지 아니한다. 일반인의 접근이 다소 제한되어 있는 반공개적인 장소(semipublic area)라도 일반인이 접할 수 있는 잠재성이 있다면 그러한 장소에서의 실연은 공연으로 볼 수 있다.[145] 따라서 일반에 공개된

---

143) 공중의 개념 정의에 관한 외국의 입법례를 보면, 일본 저작권법(제2조 제5항)은 "이 법률에서 말하는 공중에는 특정 및 다수의 자를 포함하는 것으로 한다"고 규정하고 있고, 독일 저작권법(제15조 제3항)은, "저작물의 공개재현이란 그 재현이 다수의 공중을 위한 경우이다. 저작물을 이용하는 자, 혹은 저작물을 무형적인 형태로 감지하거나 접근하는 사람들과 개인적으로 상호간에 연결되지 않는 모든 자는 공중에 속한다"고 규정하고 있다. 미국, 영국, 프랑스는 별도의 규정을 두고 있지 않다고 한다.

144) 이성호, 저작권법상 공연의 의미와 노래방 업주의 책임, 대법원판례해설 제25호, 1996. 11월, 법원도서관, 599면.

145) 오승종·이해완, 전게서, 293-294면.

음악회에 단 한 명의 관객만 입장하였더라도 그를 대상으로 음악저작물을 연주하였다면 공연에 해당한다.[146]

4. 동일인의 점유에 속하는 연결된 장소에서의 송신

가. 개 요

공연에 관한 정의규정인 제 2 조 제 3 호 후단에서 보는 바와 같이 '공연'에는 "동일인의 점유에 속하는 연결된 장소 안에서 이루어지는 송신(전송을 제외한다)"이 포함된다. 동일인의 점유에 속하는 연결된 장소에서 이루어지는 송신의 예로서는 모텔과 같은 곳에서 자가 유선을 이용하여 비디오물을 방영하는 것을 들 수 있다. 이때 일반 비디오물을 투숙객들이 동시에 수신하게 할 목적으로 방영하는 것은 '공연'에 해당하나, VOD와 같이 투숙객이 원하는 시간에 원하는 프로그램을 선별하여 시청하게 한다면 전송에 해당하여 공연의 개념에서는 제외된다.[147] 제 2 조 제 3 호 후단의 문구는 공연의 개념을 인접개념인 '방송'이나 '전송' 등과의 관계에서 보다 명확하게 규정하기 위한 것이다. 이 문구에 따라 공연의 상대방인 공중이 반드시 동일한 장소에 있어야 하는 것은 아니지만, '동일인의 점유에 속하는 연결된 장소 안'에 있어야만 공연의 개념을 충족하게 된다.[148]

또한 회사의 각 사무실이나 학교의 각 교실에 설치된 확성기나 수상기 또는 백화점의 각 매장에 설치된 확성기 등을 통하여 음악을 들려주거나 영상을 보여주는 것을 일반적으로 '사내방송' 혹은 '교내방송'이라 부르는데, 이러한 사내방송 등이 공연에 해당하는지가 문제될 수 있다. 저작권법 제 2 조 제 3 호의 '공연'의 정의에는 "동일인의 점유에 속하는 연결된 장소 안에서 이루어지는 송신(전송을 제외한다)을 포함한다"고 규정하고 있으므로 사무실이나 교실 또는 매장에 설치된 확성기나 수상기를 통하여 음악이나 영상을 송신하는 경우, 즉 음악을 들려주거나 영상을 보여주는 경우는 모두 저작권법상 공연에 해당한다고 할 것이다. 다만, 사내방송 등이 공연에 해당하기 위해서는 '동일인의 점유'와 '연결된 장소'라는 요건을 충족해야 한다. 만일 동일 건물에 여러 점포가 입주한 경우 입주자가 각 건물의 일부씩을 점유하고 있다면 그곳에서 이루어지는 송신은 공연이 아니라 방송이 될 것이다.[149]

---

146) 박성호, 전게서, 330면; 최경수, 저작권법개론, 한울아카데미(2010), 241면; 임원선, 「실무자를 위한 저작권법」, 제 3 판, 한국저작권위원회(2012), 135, 136면.
147) 문화관광부, 2005 - 개정저작권법 설명자료, 4-5면.
148) 오승종·이해완, 전게서, 294면.
149) 박성호, 전게서, 331면; 최경수, 전게서, 259면.

나. 해석상 문제점 – 공연과 방송의 구별

(1) "동일인의 점유에 속하는"

먼저 "동일인의 점유에 속하는"이라는 부분과 관련하여서는, 사업주체의 동일성 여부를 중시하여 가령 같은 동의 건물 중 다른 층 또는 같은 담장 안의 다른 건물이라도 같은 사업자에 의하여 점유되고 있는 곳이라면 외부와 차단되어 있는 동일구역이므로 그 사이에 유선 또는 무선통신에 의한 송신을 하더라도 방송이 아니라 공연으로 보아야 하지만, 1·2·3층이 각각 다른 사업주체이고 그 각각의 사업소에 유선으로 송신한다면 이는 유선방송으로 보아야 한다는 것이 통설적 견해였다.[150] 유사한 규정을 두고 있는 일본[151]의 해석론도 같다.[152]

이와 같은 통설적 견해에 의하면, 예를 들어, 백화점의 방송실에서 판매용 음반을 재생하여 각층의 매장에 음악을 들려줄 경우 백화점 건물의 점유자는 그 백화점의 사업주체로서 각층마다 다르지 않으므로 동일인의 점유에 속하는 연결된 장소에서의 송신으로 공연이라고 할 수 있다. 그러나 동일인의 점유에 속하지 않는 복합상가 건물은 각층 또는 각 구역마다 사업주체인 점유자가 다를 수 있는데, 그 경우 음악을 각층 매장 또는 복도 등에서 들려주는 것은 공연이 아니라 방송에 해당한다고 해석된다.[153] 판매용 음반의 공연권에 관한 제한규정인 저작권법 제29조 제2항은 '공연'의 경우에만 해당되고 방송의 경우에는 해당이 없으므로, 위와 같은 경우가 공연에 해당하느냐 방송에 해당하느냐에 따라서 권리자와 이용자의 이해관계가 크게 영향을 받게 된다. 해석상 애매한 점이 있지만 결국 통설과 같이 해석할 수밖에 없을 것이다.

(2) "연결된 장소"

다음으로 "연결된 장소" 부분과 관련하여서도 해석상 문제가 있다. 건물과 건물이 독립된 경우에도 연결된 장소로 볼 수 있느냐 하는 점이다. 예컨대, 대학의 학생회관에 위치한 학교 방송국에서 독립된 건물인 대학 강의실로 유선으로 연결하거나, 쌍둥이 빌딩의 한 건물에서 다른 건물로 음악저작물을 들려주는 경우를 상정해 볼 수 있다. 이 경우에 비록 독립된 건물이지만 사업주체인 점유자가 동일하다면 공연으로 보아야 한다는 견해가 있다.[154]

---

150) 허희성, 전게서, 42면; 김정술, 저작권과 저작인접권의 내용, 대법원재판자료집(57집), 법원도서관, 303면.
151) 일본 저작권법의 경우에는 동일인의 점유에 속하는 장소 안에서의 유선전기통신 설비에 따른 송신만이 공연(상연, 연주, 가창, 상영, 구술 등)에 해당하고, 나머지는 공중송신에 속하는 것으로 본다(일본 저작권법 제2조 제1항 제7-2호).
152) 加戶守行, 전게서, 31면.
153) 하동철, 전게논문, 91면.
154) 채명기, 저작권법상 비영리목적의 공연에 관한 연구, 저작권심의조정위원회, 1999, 38면.

그러나 그렇게 공연의 개념을 확대하면 방송법상의 방송의 개념 안에 포함되지 않는 것은 모두 공연으로 보게 되는 문제점이 있다고 하여 반대하는 견해도 있다.[155] 우리 저작권법이 일본 저작권법에는 없는 "연결된 장소"라는 한정적인 문구를 굳이 삽입하고 있는 점을 고려하면, 위와 같이 독립된 건물에 있어서의 저작물의 송신은 공연에서 제외하고자 하는 것이 입법자의 의사가 아니었을까 생각된다. 따라서 후자의 견해에 찬성하되, '연결된 장소'라는 것은 통상 하나의 건물을 상정한 것이지만, 여러 건물이더라도 서로 장소적으로 밀접한 연관성이 있다면 이에 해당한다고 볼 수 있을 것이다. 여러 건물이 연결통로와 계단 및 복도로 이어진 학교의 각 교실이나 백화점의 각 매장이 이에 해당한다. 그러나 만일 물리적인 연결성이 존재하지 않는다면 '연결된 장소'라고 말하기 어려울 것이다. 예를 들어, 건물이 여러 곳에 흩어져 있는 대학 캠퍼스를 전체적으로 '연결된 장소'라고 하기는 어렵다. 따라서 이러한 곳에서 이루어지는 저작물의 송신(교내방송)은 저작권법상 공연이 아니라 방송이 될 것이다.[156]

Ⅳ. 공중송신권

1. 의　　의

저작자는 그의 저작물을 공중송신할 권리를 가진다(법 제18조). '공중송신'이라 함은, "저작물, 실연·음반·방송 또는 데이터베이스(이하 '저작물 등'이라 한다)를 공중이 수신하거나 접근하게 할 목적으로 무선 또는 유선통신의 방법에 의하여 송신하거나 이용에 제공하는 것을 말한다(법 제2조 제7호). 공중송신은 공중이 수신하거나 접근하게 하는 것이어야 하므로 공중에 해당하지 않는 특정소수인에 대한 전화나 팩스, 이메일에 의한 이른바 '포인트 투 포인트'(point-to-point) 송신은 공중송신에 해당하지 않는다.

2. 입법 경위

공중송신권은 2006년에 저작권법을 개정하면서 새로이 신설된 권리로서, 개정 전 저작권법에서의 방송 및 전송과 개정 후 저작권법에서의 디지털음성송신을 포괄하는 상위개념

---

155) 하동철, 전게논문, 89면.
156) 박성호, 전게서, 331면; 최경수, 전게서, 259면.

의 권리이다.

종래 무형적 형태로 저작물을 이용자에게 전달하는 방법 중 대표적인 것이 '방송'이었고, 디지털 환경 아래에서 새롭게 등장한 무형적 형태의 전달방법이 '전송'이었기 때문에 이에 상응하여 2000년 저작권법은 기존의 방송권과는 별도로 저작자에게 전송권을 새로이 부여하였다.[157] 그 후 2006년 저작권법은 '디지털음성송신'이란 무형적 형태의 전달방법을 새롭게 추가하였다. 그리고 그때까지의 전달방법인 '방송'과 '전송'에 더하여 새로운 전달방법인 '디지털음성송신'을 포괄하는 상위 개념으로 '공중송신'이라는 개념을 신설하였고, 이에 상응하여 저작자에게 공중송신권을 부여하였다. 공중송신이라는 상위개념을 신설한 취지는, '방송'과 '전송', '디지털음성송신'의 세 가지 하위개념만을 포함하는 데 그치는 것이 아니라, 그 밖에 향후 기술발전에 따라 새롭게 등장할 공중에 대한 다양한 송신형태도 포괄하는 열린 개념을 상정한 것이다.[158]

3. 공중송신 개념의 도입에 따른 기존 방송, 전송 개념의 변화

이처럼 송신을 방송과 전송의 이원적인 권리로만 제한하여 규정한 것으로는 디지털 기술과 네트워크의 발달에 따라 속속 등장하는 새로운 이용형태의 송신을 포섭하기 어렵다는 지적이 제기되어, 방송과 전송 및 디지털음성송신 등 공중에 대한 송신행위를 포괄하는 상위개념으로 '공중송신'이라는 새로운 개념을 도입하게 된 것이다.

그 결과 현행 저작권법에서 '방송'에 대한 개념정의는, "공중이 동시에 수신하게 할 목적으로 음·영상 또는 음과 영상 등을 송신하는 것을 말한다"고 수정되었다(제2조 제8호). 즉, 음성·음향을 포괄하는 의미에서 '음'이라 하고, 방법적으로는 유·무선 통신에 의한 것인지 여부를 불문하는데, 이 부분은 상위개념인 공중송신권에 이미 포함되어 있으므로 종전의 유·무선 통신에 의한다는 문구는 삭제한 것이다. 또한 '전송'은 "공중송신 중 공중의 구성원이 개별적으로 선택한 시간과 장소에서 접근할 수 있도록 저작물 등을 이용에 제공하는 것을 말하며, 그에 따라 이루어지는 송신을 포함한다"라고 정의(제2조 제10호)함으로써, '이용제공'을 전송의 주개념으로 하고 그에 따라 이루어지는 송신, 즉 기계적 전송은 부개념으로 전송의 정의에 포함시키는 것으로 하였다. 한편, 디지털음성송신은 이른바 웹캐스팅을 포함하는 개념으로서, "공중송신 중 공중으로 하여금 동시에 수신하게 할 목적으로 공중의

---

157) 2000년 개정된 저작권법은 저작자에게 전송권을 부여하는 규정을 신설하면서도 저작인접권자인 실연자와 음반제작자에게는 전송권을 인정하지 않았다. 실연자와 음반제작자에게 전송권이 부여된 것은 2004. 10. 16. 개정된 저작권법(2005. 1. 17. 시행)에서부터이다.

158) 박성호, 전게서, 334면 참조.

구성원의 요청에 의하여 개시되는 디지털 방식의 음의 송신을 말하며, 전송을 제외한다"고 정의하고 있다(제 2 조 제11호). 이는 방송은 아니지만 방송과 유사하게 공중이 동시에 수신할 수 있도록 정보통신망을 통해 디지털 방식의 음성 또는 음향을 송신하는 것을 지칭하는 것이다. 이러한 디지털음성송신은 디지털음성송신사업자만이 서비스되는 콘텐츠를 선택할 수 있고, 특정 콘텐츠의 이용에 대해 이용자는 이용시간을 선택할 수 없는 송신행위를 그 개념으로 규정하고자 한 것이다. 나아가 "디지털음성송신을 업으로 하는 자"를 디지털음성송신사업자로 정의하는 규정을 신설하였다(제 2 조 제12호).

4. 공중송신권을 구성하는 권리들의 관계[159]

가. 공중송신 개념의 다이어그램

나. 방송, 전송 및 디지털음성송신의 구별

이용형태	특 징			비 고
	동시성	쌍방향성	주문형	
방 송	O	X	X	
전 송	X	O	O	
디지털 음성송신	O	O	X	*음성·음향에 한정

---

159) 이 부분 내용과 도표는 문화관광부, 2005 – 개정저작권법 설명자료, 10면 이하에서 인용함.

5. 방　　송

가. 의　　의

저작권법은 '방송'을 "공중송신 중 공중이 동시에 수신하게 할 목적으로 음·영상 또는 음과 영상 등을 송신하는 것을 말한다"고 정의하고 있다(제 2 조 제 8 호). 우리 저작권법은 유선방송과 무선방송 모두가 방송에 포함되는 것으로 보고 있다.

무선방송이란 일반적으로 음(音)만의 방송(라디오 방송)과 음 및 영상의 방송(텔레비전 방송)이 그 주된 형태이지만, 반드시 이에 한정되는 것은 아니다. 음성·음향·영상의 송신이 아닌 단순한 부호의 송신은 방송이라고 할 수 없다는 견해도 있지만,160) 모르스 신호에 의한 방송이나 문자방송 등도 저작권법상 방송에 포함된다고 보는 것이 타당할 것이다. 저작권법의 정의규정에서도 문언상 '음·영상 또는 음과 영상 '등"이라고 하여 방송에 있어서의 송신의 대상을 음과 영상으로만 엄격하게 한정하고 있지 않다.161)

유선방송이란 유선통신에 의한 방송을 말하며, 여기에는 영업소에 대한 유선음악방송이나 케이블TV에 의한 방송 등이 포함된다.

나. 다른 개념과의 구별

저작권법에서는 저작자 외에 저작인접권자에게도 방송권을 부여하고 있다. 그런데 저작자와 실연자 및 음반제작자의 권리가 미치는 '방송'과 방송사업자의 권리의 객체(대상)로서의 '방송'은 개념상 다른 것으로 보아야 한다. 전자는 이용행위로서 '방송'(행위)을 말하는 것이고, 후자는 '방송물'을 의미한다고 할 수 있다.162)

저작권법상 방송은 방송법상의 방송과도 구별하여야 한다. 방송법에서의 '방송'은, "방송프로그램을 기획·편성 또는 제작하여 이를 공중(시청자)에게 전기통신설비에 의하여 송신하는 것으로서 다음 각목의 것을 말한다"고 하면서 그 각목으로서, (1) 텔레비전방송, (2) 라디오방송, (3) 데이터방송, (4) 이동멀티미디어방송을 들고 있다.163) 저작권법상 방송의 정의를 충족하는 사업을 영위하는 모든 사업자가 방송법상 방송사업자가 되는 것은 아니다. 또한 방송법상 '방송'의 하나로 생각할 수 있는 중계유선방송은 저작권법상 방송의 요건을 충족하지 못하는가 하면, 저작권법상 '방송'을 하지 않는 방송채널사용사업자가 방송법상 방송사업자의 한 형태로 존재한다.164)

160) 김정술, 전게논문, 303면.
161) 오승종·이해완, 전게서, 295면.
162) 최경수·오기석, 전게서, 5면 참조.
163) 방송법 제 2 조 제 1 호.

2006년 저작권법 개정에 의하여 저작재산권 중 방송권과 전송권은 형식상으로는 독립된 지분권으로서 지위를 상실하고 '공중송신권'이라는 상위개념에 포섭되었지만, 저작재산권의 제한규정이나 저작인접권자의 권리에서와 같이 방송과 전송을 엄밀하게 구분하여 취급하는 경우가 여전히 존재하며, 또 저작권 실무 현장에서도 방송과 전송은 독립하여 이용허락 등 거래의 객체가 되고 있는 것이 현실이므로, 방송과 전송을 구별할 실익은 현행 저작권법 아래에서도 엄연히 존재한다.

6. 전   송

가. 의   의

저작권법은 '전송'의 개념을 "공중송신 중 공중의 구성원이 개별적으로 선택한 시간과 장소에서 접근할 수 있도록 저작물 등을 이용에 제공하는 것을 말하며, 그에 따라 이루어지는 송신을 포함한다"고 규정하고 있다(법 제2조 제10호).

나. 전송의 유형

전송의 유형은 다양하게 나타날 수 있다. 특히 정보통신기술이 급속도로 발전함에 따라 종전에는 생각하지 못하였던 저작물의 공중전달 방식이 새로 생겨나는 경우가 많은데, 이러한 경우에 그것이 전송에 해당되는지 여부가 불분명하여 문제가 된다. 이러한 문제는 개정 전 저작권법이 저작물의 공중전달 행위를 방송과 전송 두 가지 개념으로만 이분법적으로 규정하고 있었기에 특히 심각하였다고 볼 수 있다. 그리하여 웹캐스팅 서비스와 같은 유형이 방송에 해당하느냐 아니면 전송에 해당하느냐를 놓고 이해관계인들 사이에 해석이 분분하였다. 웹캐스팅 서비스가 전송에 해당한다면 음반제작자의 경우 자신의 음반이 웹캐스팅에 사용되는 것에 대하여 배타적 권리인 전송권을 행사할 수 있지만(개정 전 저작권법 제67조의3), 방송에 해당한다면 방송보상금청구권만을 가질 수 있을 뿐이었다(개정 전 저작권법 제68조).

이에 개정된 저작권법은 방송과 전송을 포괄하는 상위개념으로서 '공중송신권'을 신설하고 저작자가 기존에 독립된 지분권으로 가지고 있었던 방송권과 전송권을 폐지하였다. 그러나 실연자와 음반제작자, 그리고 데이터베이스제작자의 경우에는 여전히 방송권(음반제작자의 경우는 방송보상청구권)과 전송권을 별도로 가지고 있으므로 전송과 방송을 구분할 실익은 지금도 있는 것이다.

---

164) 최경수·오기석, 전게서, 10면.

7. 방송과 전송의 구별

가. 수신에 있어서의 동시성과 이시성

위에서 본 바와 같이 저작권법 제2조 제8호는 '방송'의 개념을 "공중송신 중 공중이 동시에 수신하게 할 목적으로 음·영상 또는 음과 영상 등을 송신하는 것"으로 규정하고 있다. 이와 같이 방송의 개념에 '동시성'(同時性)을 포함하도록 한 것은 2000년 1월의 저작권법 개정에 의한 것인데, 그 취지는 '전송'의 개념과 방송의 개념을 명확하게 구분하기 위한 것이었다. 따라서 인터넷을 통한 이른바 '인터넷 방송' 중 'VOD'(video on demand) 또는 'AOD'(audio on demand) 방식에 의한 서비스는 위와 같은 동시성을 결한 것이므로 저작권법상 방송이 아니라 전송 또는 디지털음성송신(예컨대 웹캐스팅) 등 다른 개념에 해당하게 된다. 이처럼 방송이냐 전송이냐를 구분하는 것은 '동시성'과 '이시성'(또는 주문형)에 달려 있는 것이지 콘텐츠를 송출하는 수단이 전파냐 인터넷이냐에 달려 있는 것은 아니다.

나. 일방향성과 쌍방향성

송신이 이루어지는 형태와 관련하여 '일방향 송신'(one-way communication)이란 정보(신호)를 보내는 쪽에서 받는 쪽으로 일방적으로 송신하는 형태를 말한다. 지상파 방송을 비롯하여 유선방송, 위성방송, DMB 등이 이에 해당한다. 이에 반하여 '쌍방향 송신'(interactive communication)이란 전화와 같이 쌍방이 서로 정보를 교환할 수 있는 송·수신 시스템 형태를 말한다. 음악콘텐츠를 인터넷을 통하여 주문하고 그에 따라 다운로드가 이루어지는 것과 같은 주문형(on-demand) 서비스나 지상파 방송의 인터넷 다시보기(video on-demand) 서비스 같은 것이 이에 해당한다. 방송은 일방향 송신에 해당하고 전송은 쌍방향 송신에 해당한다.

'방송'은 저작권법에서 "공중이 동시에 수신하게 할 목적으로 …"라고 규정하고 있으므로, 예를 들면, 방송국(key국)과 방송국(net국) 사이를 연결하는 마이크로웨이브나 통신위성을 사용한 CATV국에 대한 프로그램의 배급과 같은 이른바 point to point 송신은 '공중'에 대한 송신이 아니므로 '방송'으로 볼 수 없다. 또한 쌍방향(interactive) 송신은 '공중'에 대한 송신이기는 하지만 "동일내용의 송신이 동시에 수신될 것을 목적"으로 하고 있지 않으므로 '방송'에 해당하지 않으며, 이는 우리 저작권법 제2조 제9호의2의 '전송'에 해당하게 된다.[165]

'방송'의 구체적인 예로서는 KBS나 MBC, SBS 등의 방송사업자가 행하는 지상파 TV 방송 또는 라디오 방송이나 방송위성에 의한 위성방송이 전형적이다. 통신위성을 이용하는 경우도 일반가정에 대하여 프로그램 송신 서비스를 행하는 경우는 "공중에 대하여 동일한

---

165) 상게서, 34면.

내용의 송신을 동시에 수신하게 할 것"을 목적으로 한 것이므로 '방송'에 해당한다. 또한 '방송'의 정의규정에서 말하는 '공중'은 불특정다수인만을 의미하는 것이 아니라 특정다수인까지도 포함하는 개념이므로(저작권법 제2조 제32호), 불특정인에 대한 송신만이 아니라 특정다수인에 대한 송신도 방송의 개념에 들어가게 된다.

'전송' 중에는 '쌍방향 송신'으로서 이른바 'On demand 송신'이라고 불리는 것이 많다. '쌍방향 송신' 서비스는 공중으로부터의 요구에 응하여 이루어지는 것이므로, 공중으로부터의 요구, 즉 접속(access)이 없어도 송신이 이루어지는 형태의 서비스는 이에 해당하지 않는다. 따라서 '전송'을 쌍방향 송신만을 의미한다고 해석한다면 사전에 일정한 분야를 지정하여 그에 해당하는 기사를 팩시밀리로 송부하는 이른바 '클리핑 서비스'와 같은 것은 '전송'에 해당하지 않는다고 해석될 것이다.

8. 디지털음성송신

가. 의   의

'디지털음성송신'이란 공중송신 중 공중으로 하여금 동시에 수신하게 할 목적으로 공중의 구성원의 요청에 의하여 개시되는 디지털 방식의 음의 송신을 말하며 전송을 제외하는 개념이다(저작권법 제2조 제11호). 여기서 "동시에 수신하게 할 목적으로"는 수신의 동시성을 요건으로 한다는 것을 의미하고, "공중의 구성원의 요청에 의하여 개시되는" 부분은 쌍방향 송신의 특성을 가진다는 것을 의미한다. 예를 들어, 인터넷상에서 실시간으로 음악을 청취할 수 있게 제공하는 비주문형 웹캐스팅의 경우를 보면, 일반적으로 이용자(수신자)가 해당 사이트에 접속하거나 특정한 서비스 메뉴 등을 클릭함으로써 수신자의 수신정보(IP) 및 송신요청 신호가 서비스 제공자 측의 서버에 전달되어야만 서버로부터 수신자의 PC를 향한 스트리밍 방식의 송신이 개시되는 점에서 '공중의 구성원의 요청에 의하여 개시되는' 것이라고 할 수 있다.[166]

나. 방송 및 전송과의 구별

(1) 개념적 구별

디지털음성송신은 수신의 동시성과 쌍방향적 특성을 가진다는 점에서 방송(동시성, 일방향성) 및 전송(이시성, 쌍방향성)과 구별된다. 이를 다른 각도에서 살펴보면, 공중송신 중 전송과 나머지 기타 송신은 주문형인지 여부에 따라 구별된다. 즉, 전송은 주문형이고 나머지

---

166) 이해완, 저작권법, 박영사(2013), 342면.

송신은 비주문형이다. 또한 방송은 아날로그 방식은 물론이고 설사 디지털 방식이라 하더라도 컴퓨터 네트워크(정보통신망)에 의하지 않고, 방송신호를 공중의 요청 여부와 관계없이 일방적으로 송출한다는 점에서, 컴퓨터 네트워크를 통하여 공중의 요청에 의하여 비로소 송신이 시작되는 전송 및 디지털음성송신 등 다른 송신형태와 구별된다. 정리하면, 디지털음성송신은 비주문형이라는 점에서 전송과 구별되고, 컴퓨터 네트워크(정보통신망)를 통한 쌍방향 송신이라는 점에서 방송과 구별된다.[167]

디지털음성송신 :　　　 수신의 동시성, 쌍방향성, 비주문형
전송 :　　　 수신의 이시성, 쌍방향성, 주문형
방송 :　　　 수신의 동시성, 일방향성, 비주문형

(2) 문제의 소재

'디지털음성송신'은 개정 저작권법에서 신설된 개념으로서, 기존의 음악 웹캐스팅이 방송인지, 전송인지 의견이 분분했던 점을 감안하여 음(음성·음향)에 한정한 것이기는 하지만 이른바 웹캐스팅을 포함하는 개념으로서 신설된 것이다. 디지털음성송신은 방송 및 전송과 함께 상위개념인 공중송신권이 미치는 행위유형이다. 디지털음성송신은 온라인을 통해 실시간으로 음(음성·음향)을 서비스하고, 이용자는 흘러나오는 음악(음성)을 실시간으로 듣는 것을 기본 개념으로 한다. 예를 들어, 개인 인터넷 방송(Winamp 방송), 지상파 방송사의 방송물을 동시에 웹캐스팅(simulcast) 하는 것 등이 이에 해당한다고 할 수 있다.

특히 실무에서 문제로 되는 것은 디지털음성송신과 전송의 구별이다. 음원 서비스사업자가 음원의 디지털음성송신 서비스를 하기 위해서는 저작인접권자(실연자 및 음반제작자)에게 보상금만 지급하면 되지만(저작권법 제76조, 제83조), 전송 서비스를 하기 위해서는 사전허락을 받아야 한다(저작권법 제74조, 제81조). 따라서 음원 서비스사업자의 입장에서는 자신의 서비스가 디지털음성송신으로 취급되는 것이 전송으로 취급되는 것보다 훨씬 유리하다. 그런데 디지털, 네트워크 기술의 발달에 따라 외형상으로는 디지털음성송신인 것처럼 보이지만, 실질적으로 이용자의 입장에서 볼 때 전송과 다를 바 없거나 거의 유사한 효과를 발휘하는 서비스들이 가능해지고 있다. 이런 서비스들을 디지털음성송신과 전송 중 어느 쪽 범주에 속하는 것으로 파악할 것인지와 관련하여 저작인접권자들과 음원 서비스사업자들 사이에 다툼이 발생하는 경우가 자주 나타나고 있다.

---

167) 박성호, 전게 논문, 432면.

(3) 판 례

이에 대하여 판례는 명확하지 않다. 하급심 판결 중에는, 피고인들이 운영하는 사이트를 통하여 이용자인 공중이 '방송하기'와 '방송듣기'의 두 가지 방식으로 음원 청취가 가능한데, '방송하기'는 회원으로 가입한 후 피고인들의 사이트에 업로드 된 음원을 포함한 수많은 음원들 중에서 듣고 싶은(방송하고 싶은) 곡을 2곡 이상 선택하여 '방송하기' 버튼을 클릭하면 선택한 곡으로 이루어진 방송채널을 생성할 수 있는 창이 뜨고, 채널명 입력 후 확인 버튼을 클릭하면 바로 듣는 것이 가능해지며, '방송듣기'는 그와 같이 생성된 수많은 '방송하기' 채널 중 특정 채널을 선택한 후 '방송듣기' 버튼을 클릭하면 바로 방송 중인 음악을 듣는 것이 가능한 서비스를 제공하는 경우, 이 중에서 '방송하기'는 음원을 듣고 싶은 사람이 자신이 선택한 시간과 장소에서 자신이 선택한 음원을 처음부터 들을 수 있는 것(수신의 이시성, 주문형)이어서 스트리밍 방식에 의한 주문형 VOD 서비스와 실질적 차이가 없는 점(다만, 반드시 2곡 이상을 선택하여야 하고 1곡을 반복해서 듣거나 듣고 있던 도중에 이를 중지하고 바로 다른 음원을 들을 수 없다는 한계가 있기는 하나, 듣고 싶은 2곡을 선택하고 '방송하기' 버튼을 클릭한 다음 반복재생버튼을 클릭하면 반복적으로 2곡을 계속 들을 수 있으므로, 그러한 한계는 제한적이다)에서 전송으로 보아야 한다고 판시한 사례가 있다.[168]

(4) 소 결

어떠한 송신서비스가 디지털음성송신에 해당하는지는 해당 서비스의 여러 가지 다양한 기능을 종합적으로 고려하여 판단하여야 한다. (1) 동시수신 여부와 관련하여, 청취하는 음원에 대한 일시정지 기능이 있는지, 곡 넘기기 기능(송신 중인 곡을 듣지 않고 다음 곡으로 강제적으로 이동시키는 기능)이 있는지, 송신되는 특정 곡을 처음부터 들을 수 있는 기능이 있는지, (2) 채널의 편성 및 선곡 등과 관련하여, 생성된 특정 채널에 수록된 전체 곡의 편성시간의 길이, 특정 가수 또는 특정 앨범 위주로 채널을 편성하여 이용자가 사실상 특정 가수 또는 특정 앨범을 선택하여 청취하는 것과 동일한 효과를 갖는지, (3) 특정 가수 또는 특정 곡을 검색하여 그 특정곡만을 선택하여 청취할 수 있는지, (4) 이용자 스스로 자신이 선호하는 음악만을 모아 채널을 구성하는 것이 가능한지 등을 종합적으로 고려하여, 실질적으로 전송

168) 서울남부지방법원 2013. 9. 26. 선고 2012노1559 판결. 또한 서울중앙지방법원 2017. 9. 27. 선고 2016가합558355 판결('DJ FEED' 사건)에서도 "DJ FEED 서비스는 이용자 요청에 의해 개시되기는 하나 이용자는 어디까지나 개별적으로 선택한 시간과 장소에서 음원을 청취할 수 있는 것"이라며 "DJ FEED 서비스는 상충되는 여러 특성들이 혼재되어 있기는 하지만 그 주된 기능으로 볼 때 '동시성'을 결여한 것으로서 디지털음성송신이 아닌 전송에 해당한다"고 판시하였고, 이 판결은 서울고등법원 2018. 5. 3. 선고 2017나2058510 판결에서 항소기각 되었다(상고).

과 동일하거나 사실상 전송에 준하는 효과, 즉 원하는 시간에 원하는 곡을 선택하여 들을 수 있는 효과를 가져오는 것인지 여부를 검토하고 이를 종합적으로 고려하여 전송과 디지털음성송신 중 어느 쪽에 해당하는지를 결정하여야 할 것이다.

다. 영상이 포함된 경우의 취급

따라서 실시간 음(음성·음향)의 웹캐스팅은 디지털음성송신의 범주에 속하게 되는데, 그렇다면 영상물을 포함하는 실시간 웹캐스팅(예를 들어, On Air TV, 아프리카 TV)은 방송·전송·디지털음성송신·그 밖의 공중송신 중 어느 범주에 해당할 것인지가 문제된다. 이에 대하여는 "영상물을 포함하는 웹캐스팅은 방송의 범주에 포함시켜 보호받을 수 있다"는 방송설,169) "개정법은 디지털음성송신이라는 개념을 방송과 분리하여 정의함으로써 웹캐스팅이 방송에 포함되지 않음을 명백히 하였으므로, 음성이 아닌 영상의 웹캐스팅도 이를 방송에 포함시킬 여지가 없어졌다는 견해,"170) 그래서 "그 밖의 공중송신으로 보아야 한다"는 견해171)가 있다.

우리나라의 경우 방송과 전송 어느 쪽에도 속하지 않는 디지털음성송신이라는 개념을 도입하였다. 그 도입이 합리적이었는지 여부에 대한 비판은 있으나, 일단 디지털음성송신의 개념을 도입한 이상 영상과 음성이 함께 수반된 웹캐스팅이라고 하여 음성만의 웹캐스팅과 달리 방송으로 보아야 한다는 것은 설득력이 떨어진다. 또한 웹캐스팅의 서비스 방식에도 여러 가지가 있고 그에 따른 이용자의 효용도 차이가 나타나므로, 그러한 서비스 방식에 따라 보호의 성격을 구체적으로 살펴볼 필요가 있다.

우선 디지털음성송신의 유형 중, ① 전통적인 방송사업자가 방송프로그램을 동시에 웹캐스팅하는 이른바 사이멀 캐스팅의 경우는 이를 방송으로 보아도 무방할 것이다. 그 서비스 방식이나 이용자가 느끼는 효용의 면에 있어서 기존의 방송과 크게 다르지 않기 때문이다. 전통적인 공중파를 이용하느냐 인터넷을 이용하느냐의 기술적인 차이점은 있지만, 그러한 차이점은 외부적으로는 거의 드러나지 않고 이용자들도 그 차이점을 사실상 느낄

---

169) 심동섭, "개정 저작권법 해설", 계간 저작권 I(2006년 겨울호), 49면. 임원선, 전게서, 132면.
170) 윤종수, "저작권법상 방송 및 웹캐스팅의 지위에 관한 고찰", 정보법학(제11권 제 1 호), 한국정보법학회(2007), 79, 80면. 박성호, 전게서, 339, 340면에서 재인용.
171) 이해완, "저작권법상 공중송신의 유형 및 그 법적 취급에 관한 연구", 성균관법학(제24권 제 4 호, 2012), 400, 401면; 이해완, 저작권법, 박영사(2013), 343면. 이 견해는 현행법이 '디지털음성송신'을 방송으로 보지 않고 별개의 개념으로 파악하고 있으므로, 영상의 송신을 포함하는 비주문형의 웹캐스팅도 현행법상 방송에 포함시키지 않고자 한 것이 입법자의 의사인 것으로 추정된다고 한다. 특히 2005년 저작권법 개정 당시 문화체육관광부의 개정 저작권법 설명자료에 의하면, 방송의 특징은 동시성, 비쌍방향성, 비주문형으로 설명되고 있는데, 실시간 웹캐스팅의 경우에는 쌍방향성이 있으므로 방송에 포함되지 않는다고 해석하고 있다.

수 없다.

이에 반하여 ② 방송프로그램의 이시(異時) 웹캐스팅, ③ 방송프로그램의 주문형 송신, ④ 인터넷상에서 독자적으로 편성한 프로그램의 송신의 경우는 그 서비스 방식이나 이용자의 효용의 면에 있어서 방송으로 보기에는 이용자의 자유로운 통제가능성(선택가능성)이 현저히 높다. 이러한 서비스는 저작권법상 방송과는 구분되며, 전송의 성격을 많이 포함하고 있다고 보인다. 따라서 이러한 서비스에 대하여는 우리 저작권법이 전송과 방송의 중간적 개념으로 디지털음성송신을 도입한 이상 넓은 의미에서의 디지털음성송신의 개념으로 보호하는 것이 타당하다고 생각된다. 다만, 저작권법상 디지털음성송신은 음성의 경우에 한정되는 것으로 정의되어 있는 만큼, 입법적으로 해결이 이루어지 전까지는 영상이 포함된 디지털 송신의 경우 이를 '기타 유형의 공중송신'에 해당하는 것으로 해석하되, 그 보호의 수준은 디지털음성송신과 같은 수준에서 이루어지도록 운용해 나가는 것이 타당할 것이다.

9. 결 어

이상에서 살펴본 바를 종합하면, 공중송신 중 방송은 '수신의 동시성'과 '일방향 송신', '비주문형'을 특징으로 하며, 주로 '1 대 다수'의 형태로 이루어지는 송신인 반면에, 전송은 '수신의 이시성'과 '쌍방향 송신', '주문형'을 특징으로 하면서 '1 대 다수' 또는 '다수 대 다수'의 형태로 이루어지는 송신이다.[172] 한편, 디지털음성송신은 '수신의 동시성'과 '쌍방향 송신', '비주문형'을 그 특징으로 한다. 공중송신에는 이러한 세 가지 하위개념, 즉 방송, 전송, 디지털음성송신 외에 그에 포섭되지 않는 기타 유형의 공중송신이 있다.

흔히 인터넷에서 음성이나 영상을 실시간으로 송신하여 재생할 수 있도록 하는 인터넷 스트리밍 방식에 의한 송신을 통칭하여 '인터넷 방송'이라고 부르는 경우가 많다. 그러나 그러한 서비스 중에서도 매체가 인터넷일 뿐 일반 방송처럼 듣거나 보는 이가 선택의 여지없이 일방적으로 동시에 수신만 할 수 있는 경우는, 그 송신되는 내용이 음성(음악)이냐 영상물(음성을 포함)이냐에 따라 전자는 디지털음성송신으로, 후자는 학설에 따라 방송이나 디지털음성송신, 또는 기타 유형의 밖의 공중송신으로 보게 된다. 그러나 서비스의 실질적인 형태가 이용자가 원하는 정보를 선택해서 개별적으로 선택한 시간과 장소에서 이용할 수 있어서 전송과 가까운 효용을 제공한다면, 이는 그 효용의 정도에 따라 전송으로 보거나, 또는 전송과 디지털음성송신의 중간 형태의 것으로 취급하는 것이 타당할 것이다.

---

172) 특정 P2P 서비스를 통하여 해당 P2P 서비스의 회원들과 회원들 사이에 이루어지는 콘텐츠의 송신이 다수 대 다수의 전송이라고 볼 수 있다.

V. 전 시 권

1. 의   의

저작자는 미술저작물 등의 원본이나 그 복제물을 전시할 권리를 가진다(법 제19조). 따라서 저작자는 미술저작물 등의 원작품이나 그 복제물을 스스로 전시할 수도 있고, 타인으로 하여금 전시하도록 허락하거나 허락하지 않은 타인의 전시행위를 금지시킬 수 있는 배타적 권리를 가진다. 여기서 '미술저작물 등'이라 함은 저작권법 제 4 조 제 1 항에서 예시하고 있는 저작물 중 "미술저작물·건축저작물 또는 사진저작물"을 말한다(법 제11조 제 3 항).

'전시'는 저작물이 화체되어 있는 유형물을 일반인이 자유로이 관람할 수 있도록 진열하거나 게시하는 것을 말한다. 판례도 "(저작권법은) '전시'에 관하여는 별도의 정의 규정을 두고 있지 않지만, 그 입법취지 등을 고려하면 '전시'는 미술저작물·건축저작물 또는 사진저작물의 원작품이나 그 복제물 등의 유형물을 일반인이 자유로이 관람할 수 있도록 진열하거나 게시하는 것을 말한다"고 판시하고 있다.[173] 전시의 장소는 화랑·도서관·상점의 진열대·진열장 등과 같이 전시를 위하여 마련된 장소뿐만 아니라, 가로, 공원, 건축물의 외벽, 호텔의 로비, 극장의 복도, 그 밖의 공중에게 개방된 모든 장소가 포함된다. 통상적인 의미에서의 전시는 일반인에 대한 공개를 전제로 하는 것을 말한다. 공개적인 이상 전시의 방법, 관람료의 징수 여부는 묻지 아니한다.[174] 전시의 방법이나 관람료의 징수 여부에 따라 일반인의 접근이 일정한 범위 내에서 제한되는 부분이 있다고 하더라도 전시에 해당한다.

2. 공   개

우리 저작권법은 '공표'의 정의규정(법 제 2 조 제25호)에서 공연, 공중송신 외에 전시를 열거함으로써 전시가 공중에 대한 공개수단임을 명시하고 있다. 따라서 '공연' 부분에서 본 '공개'에 관한 해석이 특별히 그 성질에 반하지 않는 한 전시의 경우에도 그대로 적용될 수 있다고 본다.

---

173) 대법원 2010. 3. 11. 선고 2009다4343 판결. 다만, 여기서 '일반인'이 공중을 의미하는 것인지, 그리고 어느 정도를 '자유로이' 관람하는 것이라고 할 수 있는지 다소 애매하다는 주장도 있다(김형렬, "저작권법상의 전시권 관련 규정의 문제점과 개선방안", 정보법학 제18권 제 3 호, 한국정보법학회, 150면).
174) 김정술, 전게논문, 306면; 오승종·이해완, 전게서, 309-310면.

3. 원본의 소유자와의 관계

미술저작물 등에 있어서 저작자와 그 원본의 소유자가 일치하지 않을 경우 전시권과 소유권의 충돌이 일어날 수 있다. 이러한 충돌은 저작권과 소유권이 엄격하게 구별되는 권리이기 때문에 특히 미술저작물 등과 같이 원본이 존재하고 주로 일품제작(一品製作)의 형태로 작성되는 저작물의 경우에 나타나는 현상이다. '원본'(original work)이란 첫째로는 저작자의 사상이나 감정이 표현되어 직접 제작된 유체물을 의미하고, 둘째로는 복제물이 아닌 것을 말한다.175) 또한 원본을 저작자의 사상이나 감정의 표현을 최초로 유체물에 고정한 것이라고 정의하기도 한다.176) 미술저작물 등의 원본을 구입하여 그 소유자가 된 사람이 이를 자기 의사대로 전시할 수 없고, 전시를 할 때마다 항상 저작자의 허락을 받아야 한다면 이는 소유자의 이익을 크게 해치는 결과로 될 것이며, 나아가서는 미술저작물 등의 시장적 가치를 떨어뜨림으로써 오히려 미술저작물 등의 저작자의 이익에도 부합하지 않는 결과를 초래할 수 있다.

이에 저작권법은 저작자가 가지는 배타적 권리인 전시권에 대하여 일정한 제한을 둠으로써 이 문제를 해결하고 있다. 즉, 저작권법 제35조 제 1 항에서 "미술저작물 등의 원본의 소유자나 그의 동의를 얻은 자는 그 저작물을 원본에 의하여 전시할 수 있다. 다만, 가로·공원·건축물의 외벽 그 밖에 공중에게 개방된 장소에 항시 전시하는 경우에는 그러하지 아니하다"라고 규정함으로써, 일정한 예외적인 경우를 제외하고는 소유자에게 저작물을 원본에 의하여 전시할 수 있도록 허용하고, 그 범위 내에서 저작자의 전시권을 제한함으로써 양자의 이해관계를 조정하고 있다. 또한 저작권법 제35조 제 4 항은, 위탁에 의한 초상화 또는 이와 유사한 사진저작물의 경우에는 위탁자의 동의가 없는 때에는 이를 이용할 수 없다고 규정하고 있는데, 이것 역시 전시권을 제한하는 규정에 해당한다.

4. 컴퓨터모니터 등을 통한 공개의 경우

오늘날 인터넷을 비롯한 디지털, 전자 기술의 발달로 인하여 미술저작물 등을 원본이나 복제물을 통하지 아니하고 디지털 자료의 형태로 컴퓨터모니터나 여러 가지 다양한 형태의 스크린, 심지어는 아무런 스크린도 없는 허공에 공개적으로 현시(顯示)하는 방법의 예

---

175) 加戶守行, 전게서, 297면.
176) 木村 豊, 美術の著作物等に關する著作權の制限, 著作權法の權利制限規定をめぐる諸問題, 權利制限委員會, 社團法人 著作權情報センター, 2004. 3, 112면. 원본의 의미에 대하여는 제 6 장의 저작재산권의 제한 규정 중 제35조 제 1 항 부분 참조.

술형태가 많이 나타나고 있다. 이러한 예술형태에 있어서의 공개 행위가 저작권법상 전시에 해당하는 것인지, 아니면 다른 권리의 대상이 되는 행위인지 여부가 문제로 될 수 있다. 물론 우리 저작권법상 '전시'는 미술저작물 등만을 대상으로 하고 있으므로 현시되는 작품이 미술저작물 등이 아니라면 그것은 전시에 해당할 여지가 없을 것이다. 또한 미술저작물인 경우에 그 저작물이 먼저 컴퓨터의 저장 장치에 복제된 후에 그 복제물을 통하여 현시된다면 전시권에 해당하는지 여부는 별론으로 하고 그에 앞서 복제권이 우선적으로 작용하게 된다.

인터넷상에서 미술저작물 등을 감상한다는 것은 최소한 미술저작물 등의 복제물을 RAM에 일시적으로 복제하는 것을 필요로 하고, 그러한 방법에 의한 미술저작물 등의 이용은 미술저작물 등을 고정시킨 복제물인 필름 등을 이용하여 슬라이드에 의하여 전시하거나, 필름이나 테이프 등을 이용하여 TV 화면으로 전시하는 것과 비교하여 간접적으로 전시하는 면에 있어서 아무런 차이가 없으므로, 인터넷상으로 화면을 전송하는 경우 전시권의 문제가 발생할 수 있다는 견해가 있다.[177]

저작권법상 '전시'는 원본이나 복제물, 즉 유형물을 전제로 하여 그 유형물을 공중에게 공개하는 것을 말하므로, 이러한 행위가 전시냐 아니면 공연과 같은 무형적 이용에 해당하느냐 하는 점은 결국 그 공개하는 행위가 유형물을 통하여 이루어지느냐 여부에 달려 있다고 보아야 할 것이다. 저작권법상 '전시'는 미술저작물이나 건축저작물 또는 사진저작물의 원본이나 복제물 등의 유형물을 공중이 아무런 매개체도 거치지 않고 자유롭게 직접 관람할 수 있도록 진열하거나 게시하는 것을 의미하고, 이른바 '간접전시', 즉 미술·건축·사진저작물을 필름, 슬라이드, TV 영상, 또는 그 밖의 다른 장치나 공정에 의하여 그 복제물을 보여주는 것은 공연의 행위유형 중 상영에, 인터넷을 통해 전송하여 감상하도록 모니터에 현시하는 '인터넷 전시'와 같이 유체물의 존재를 전제로 하지 않는 무형적 전달행위는 상영이나 전송 등에 해당한다고 볼 것이다.[178] 결국 미술저작물 등의 영상을 인터넷을 통하여 송신하거나 TV로 방송한다면, '전송' 또는 '방송'에 해당하여 '공중송신권'의 적용대상이 된다.

---

177) 서울대학교 기술과법센터, 저작권법주해, 박영사, 2007, 417면.
178) 같은 취지로는 박성호, 전게서, 342, 343면.

Ⅵ. 배 포 권

1. 의   의

저작자는 저작물의 원본이나 그 복제물을 배포할 권리를 가진다(저작권법 제20조 본문). 여기서 '배포'라 함은 "저작물 등의 원본 또는 그 복제물을 공중에게 대가를 받거나 받지 아니하고 양도 또는 대여하는 것"을 말한다(저작권법 제 2 조 제23호). 따라서 배포권이란 저작자가 자신의 저작물이 화체된 물품의 공중에 대한 제공을 통제할 수 있는 배타적 권리라고 할 수 있다.

저작물은 보통 복제물을 통하여 공중의 이용에 제공된다. 그런데 이때 저작자에게 복제권을 주는 것만으로는 저작자의 보호에 충분하지 못하다. 저작물을 공중의 이용에 제공함에 있어서 복제를 하는 업자와 배포를 하는 업자가 서로 다른 경우가 많기 때문이다. 마찬가지로 저작권을 침해하는 경우에도 복제를 통하여 침해하는 주체와 그 복제물의 배포행위를 통하여 침해하는 주체가 다를 수 있다. 이러한 이유에서 저작자에게 복제권과는 별도로 배포권을 부여하는 것이다.

배포권은 저작물의 원본 또는 복제물을 보호대상으로 한다는 점에서, 저작물의 복제물(상업용 음반과 상업용 프로그램)만을 보호대상으로 하는 대여권과 구별된다.

2. 인터넷상에서의 저작물의 유통과 배포권

저작권법은 저작물을 공중의 이용에 제공하는 것과 관련하여 공중송신권과 배포권 두 가지 권리를 규정하고 있다. 이때 인터넷상에서 저작물을 공중에게 제공하는 것에 대하여도 배포권이 작용할 수 있을 것인지 문제가 된 사례가 있다. 인터넷상에서 주로 음악저작물 파일을 공유할 수 있도록 해 주는 P2P 프로그램이 해당 음악저작물의 저작권을 침해하는 것인지 여부가 문제로 된 이른바 '소리바다' 사건이 바로 그 사례이다. 이 사건의 항소심 판결[179]에서는, '배포'는 '전송'의 개념에 대비되어 유체물의 형태로서 저작물이나 복제물이 이동하는 것을 의미하는 것인데, 이용자가 특정 MP3 파일을 공유폴더에 저장한 채로 소리바다 서버에 접속함으로써 다른 이용자가 이를 다운로드 받을 수 있게 한 행위는, '전송'에 해당함은 논외로 하고, 그 자체만으로 그 MP3 파일의 양도나 대여가 있었다고 볼 수는 없어 '배포'에 해당하지 않는다고 하였다.

---

179) 서울고등법원 2005. 1. 12. 선고 2003나21140 판결.

배포의 정의규정에 비추어 볼 때, 그리고 2000년 1월 12일 저작권법의 개정에 의하여 '전송'의 개념이 저작권법에 확실하게 규정된 점으로 볼 때 인터넷상에서의 저작물의 이용 제공과 같이 유형물을 전제로 하지 않은 공중에 대한 제공은 배포의 개념에 포함되지 않는 것으로 보는 것이 옳다.

3. 권리소진의 원칙

가. 의   의

저작권법 제20조는 저작자에게 배포권을 부여하면서, 그 단서에서 "다만, 저작물의 원본이나 그 복제물이 당해 저작재산권자의 허락을 받아 판매 등의 방법으로 거래에 제공된 경우에는 그러하지 아니하다"라고 규정하여 배포권을 제한하고 있다. 저작권에 있어서 이른바 '권리소진의 원칙'(exhaustion of right) 또는 '최초판매의 원칙'(first sale doctrine)을 규정한 것이다.

배포권자의 허락을 받아 어떤 저작물이 양도 등의 방법으로 공중에게 배포되었는데, 그와 같이 배포된 저작물을 다시 배포하고자 할 경우 또다시 배포권이 작용하고 허락을 새로 받아야 한다면, 이는 보통 불편한 일이 아니며 우리의 거래 현실과도 맞지 않는다. 예를 들어, 서점에서 책을 구입하여 다 읽은 후에 더 이상 소장할 필요가 없어져서 그 책을 되팔고자 할 때 그 되파는 행위가 저작권법상 배포에 해당한다고 하여 저작재산권자의 허락을 다시 받아야 한다면 중고서적의 자유로운 거래와 유통은 크게 곤란을 받게 될 것이다. 서점이나 음반매장에서 구입한 책이나 음반을 저작권자의 허락을 받지 않고는 다시 양도할 수 없게 되어, 중고서적이나 중고음반의 시장은 그 존립기반을 거의 상실하게 될 것이다. 이러한 점을 고려하여 저작권은 물론이고 특허권이나 상표권을 비롯한 대부분의 지적재산권에 대하여 권리소진의 원칙 또는 최초판매의 원칙이 적용되고 있다. 그리하여 지적재산권이 화체된 유체물이 일단 적법하게 거래에 제공된 이상 그 최초의 거래 제공 당시에 지적재산권이 행사되어 소진된 것으로 보고, 그 후에 일어나는 그 유체물의 전전유통에 대하여는 다시 지적재산권을 행사할 수 없도록 하고 있다. 다만, 특허권이나 상표권을 비롯한 다른 지적재산권에 있어서의 권리소진의 원칙과 저작권에 있어서의 권리소진의 원칙이 차이가 나는 점은, 특허권자나 상표권자의 경우 권리소진의 원칙에 의하여 권리 전체를 잃게 되지만, 저작권자의 경우에는 배포권 이외의 다른 저작재산권이나 저작인격권은 소진되지 않는다는 것이다.

나. 요 건

(1) 원본이나 그 복제물

권리소진의 원칙이 적용되기 위해서는 우선 저작물의 '원본이나 그 복제물'이 거래에 제공되어야 한다. 앞의 배포권 부분에서 본 바와 같이 원본이나 그 복제물은 유형물을 말한다. 이와 같이 권리소진의 원칙이 유형물에 대해서만 적용되는 것은 이 원칙이 저작물에 대한 저작권과 그 저작물이 수록된 매체에 대한 소유권 사이의 충돌을 조율하기 위한 것이기 때문이다. 따라서 전송이나 방송, 공연 등과 같이 무형적으로 거래에 제공되는 경우에는 배포권이 적용되지 않고 권리소진의 원칙 역시 적용되지 않는다고 본다. 그러므로 저작재산권자의 허락을 받아 최초의 전송이나 방송, 공연 등이 이루어졌다고 하더라도 이는 배포된 것이 아니므로 그 이후에 다시 전송이나 방송, 공연 등을 하기 위해서는 새로 저작재산권자의 허락을 받아야 한다. 마찬가지로 저작재산권자가 인터넷으로 전송한 저작물을 수신한 사람이 저작재산권자의 허락을 받지 않고 그 저작물을 유형적인 매체, 예를 들어 CD Rom과 같은 매체에 고정하게 되면 이는 복제권의 침해가 된다.

(2) 저작재산권자의 허락을 받을 것

권리소진의 원칙이 적용되기 위해서는 그 저작물이 해당 저작재산권자의 허락을 받아 거래에 제공되어야 한다. 여기서의 '허락'은 순차적으로 또는 단계를 거쳐 이루어질 수도 있다. 예를 들어 저작재산권자로부터 출판권을 설정 받거나 출판허락계약을 체결한 출판사가 도서를 출판하여 서점 등을 통하여 유통시킨 경우를 생각해 본다. 이때 그 도서를 직접적으로 거래에 제공한 사람은 출판사이지만, 출판사는 저작재산권자로부터 복제 및 배포에 대한 허락을 받은 것이므로 그 거래의 제공에는 결국 저작재산권자의 허락이 있다고 보아야 할 것이고, 따라서 이 경우에도 권리소진의 원칙이 적용될 수 있다.

불법 복제물이 배포된 경우에는 저작재산권자의 허락을 받지 않은 것이므로 배포권이 소진되지 않는다. 다만, 불법 복제물을 제3자가 선의·무과실로 취득하여 이른바 '선의취득'이 인정되는 경우에 배포권이 소진된다고 볼 것인지 여부가 문제로 된다. 비록 선의취득이 인정되는 경우라 하더라도 저작재산권자의 허락이 없이 거래에 제공된 것이므로 배포권이 소진되지 않는다고 보아야 할 것이다.[180) 따라서 불법 복제물을 선의취득한 제3자라 하더라도 그 취득한 복제물의 배포를 금지 당할 수 있으며, 그 복제물이 저작재산권자의 허락 없이 거래에 제공된 것이라는 점을 알거나 알 수 있게 되고 난 이후에 이를 배포하게 되면

---

180) 같은 취지로 박성호, 전게서, 349면.

배포권 침해에 대한 과실이 인정되어 손해배상 책임까지 질 수 있다고 본다.

저작재산권자의 허락은 거래의 제공이 일어난 지역에 대하여 부여되어야 한다. 예를 들어, 대한민국에서의 판매에 대하여만 허락을 받은 자가 일본 지역에서도 판매를 하였다면 일본 지역에서의 배포권은 소진되지 않는다. 따라서 이 경우에 일본에서 판매된 저작물은 저작재산권자의 동의 없이는 거래에 제공되거나 다른 국가에서 계속 배포되어서는 아니 된다.[181]

(3) 판매 등의 방법으로 거래에 제공

권리소진의 원칙이 적용되기 위해서는 저작물이 판매 등의 방법으로 거래에 제공되어야 한다. 거래에 제공되는 형태로는 판매가 가장 대표적인 것이겠지만, 그 외에 교환이나 증여, 소유권의 포기 등에 의하여도 이루어질 수 있다. 이처럼 거래에 제공되는 형태로는 판매 이외에도 여러 가지 형태가 있을 수 있기 때문에 종전 저작권법에서 '판매'라고만 제한적으로 되어 있던 것을 2006년 개정 저작권법에서는 '판매 등'이라고 수정하였다.

그런데 이와 같이 '판매 등'이라고 문구를 수정함으로써 다음과 같은 문제가 생긴다. 즉, 대여나 대출과 같은 형태로 거래에 제공된 경우에도 권리소진의 원칙이 적용될 것인지 여부이다. '거래에 제공'은 결국 배포행위의 한 내용이라고 할 수 있는데, 우리 저작권법상 '배포'라 함은 양도는 물론이고 대여까지를 포함하는 개념이기 때문이다(저작권법 제 2 조 제23호). 그러나 대여나 대출의 경우에 권리소진의 원칙이 적용된다고 하면 뒤에서 보는 대여권은 사실상 아무런 의미가 없어지게 된다. 권리소진의 원칙 규정에서 "판매 등"이라고 하는 것은 처분권이 최종적으로 이전되는 것을 의미하고, 따라서 판매 또는 교환이나 증여를 비롯하여 상속 등의 방법으로 저작물의 원본이나 복제물의 처분권이 이전되는 경우가 이에 해당한다고 볼 수 있다.

판매가 아니라 공중 이외의 특정한 개인이나 소수인에게 양도 또는 증여된 경우에도 권리소진의 원칙이 적용될 것인지 의문이 있을 수 있다. 예를 들어 책의 저자가 자신의 지인들에게 증정본을 보낸 경우처럼 특정 소수인에게 증여된 경우에는 '거래에 제공'된 것이라고 보기 어렵기 때문이다. 그러나 '거래의 안전'이라는 점을 고려할 때 이러한 경우에도 권리소진의 원칙이 적용되어야 할 것으로 본다.

(4) 이용허락(라이선스)과 권리소진의 원칙 적용 여부

이처럼 권리소진의 원칙은 판매 등의 방법으로 처분권이 최종적으로 이전된 경우에 적용되는 원칙이다. 그런데 예를 들어, 어느 프로그램의 저작권자가 그 프로그램의 이용을 허

---

181) 계승균, 권리소진이론에 관한 연구, 부산대학교 박사학위 논문, 2003, 48-49면.

락하는 라이선스만을 부여한다는 취지의 이용허락계약[182] 아래 그 프로그램이 수록된 CD
를 판매하였는데, 그 CD를 구입한 이용자가 그 후 해당 CD를 중고 판매의 방법으로 거래
에 제공한 경우에 최초판매의 원칙이 적용되는지 여부가 문제될 수 있다. 이때의 CD 판매
를 프로그램 복제물의 판매라고 본다면 최초판매의 원칙에 의하여 배포권이 소진되므로 배
포권 침해가 성립하지 않을 것이고, 이를 판매가 아니라 이용허락만을 부여한 것이라고 본
다면 배포권 침해가 성립하게 될 것이다.

최초판매의 원칙은 저작권자와 그 저작물의 복제물에 대한 소유권자 사이의 균형을 도
모하기 위한 원칙으로서 복제물의 거래안전을 보호하기 위한 원칙이라는 점을 고려한다면,
위와 같은 경우에도 최초판매의 원칙이 적용되고 따라서 배포권은 소진된다고 보는 것이
타당하다고 본다.

다. 권리소진의 효과

(1) 개 요

권리소진의 원칙이 적용되면 배포권이 소진되고 그에 이어지는 저작물의 원본 또는
복제물의 계속되는 배포는 저작재산권자의 허락을 받지 않더라도 모두 적법하게 된다.
권리소진의 원칙에 의하여 소진되는 권리는 저작재산권 중 배포권에 한정된다. 따라서
복제권이나 공중송신권, 공연권 등의 다른 저작재산권은 권리소진의 원칙의 적용여부에
관계없이 계속 유효하다. 예를 들어 영상저작물을 녹화한 비디오테이프가 저작재산권자
의 허락을 받아 판매의 방법으로 거래에 제공되었다 하더라도 그 비디오테이프를 공중
에게 상영하는 것에 대하여는 공연권이 여전히 미치므로 저작재산권자의 허락을 받아야
한다.

(2) 국제적 권리소진 – 병행수입

(가) 문제의 소재

권리소진의 효과와 관련하여 중요한 쟁점이 되는 것이 '국제적 권리소진'을 인정할 것
이냐의 문제이다. 이는 이른바 저작물의 '병행수입'(parallel importation)을 인정할 것이냐의 문
제이기도 하다. 일반적으로 '병행수입' 또는 '진정상품의 병행수입'이라고 하면 권리자가 해
외에서만 판매하기를 의도한 상품이 그 의도와는 달리 정상적인 유통경로를 통하지 않고

182) 보통 '수축포장형 이용허락계약'(shrink wrap license)이나 온라인상 이용허락계약(click wrap license)
등의 형태로 체결되는 이용허락계약으로서, CD를 구입하는 소비자는 CD에 저장된 프로그램을 비독점
적이고 양도불가능한 조건 아래 사용할 수 있는 권한만을 갖게 되고, 프로그램 저작권자가 CD의 복제
물에 대한 처분권을 비롯한 모든 권리를 여전히 보유한다는 내용이 명시된다.

이를 우회하여 권리자의 동의 없이 수입되는 것을 말한다.

권리소진의 원칙의 적용 범위와 관련하여서는 '국내 소진'과 '국제 소진' 두 가지 입장이 있다. '국내 소진'의 입장에 따르면 저작물의 원본이나 복제물이 해외에서 적법하게 판매된 것이라 하더라도, 그것을 병행수입 행위 등을 통하여 국내로 수입하여 공중에게 다시 판매의 방법으로 거래에 제공하고자 할 경우에는 배포권이 소진되지 않으므로, 새로 저작재산권자의 허락을 받아야만 한다. 따라서 국내에서 판매에 제공된 경우에만 배포권이 소진되며, 이는 저작재산권자에게 이른바 '수입권'을 부여하는 결과가 된다. 예를 들어, 대한민국국내에서 제작된 마이클 잭슨의 음반은 비록 합법적으로 허락을 받아 제작되었다고 하더라도 음반에 대한 수입권을 인정하고 있는 일본[183]이나 국내 소진의 입장을 취하고 있는 국가에 수출하기 위해서는 그곳에서 그 음반에 대한 배포권을 가지고 있는 권리자의 허락을 받아야 한다.[184] 이에 반하여 '국제 소진'의 입장에 의하면 저작물의 원본 또는 복제물이 세계 어느 나라에서든지 일단 적법하게 판매 등의 방법으로 거래에 제공된 이상 배포권은 소진되고, 그 후 그것을 국내에 수입하여 다시 거래에 제공하는 경우에도 배포권을 행사할 수 없게 된다.

우리 저작권법이 권리소진의 원칙과 관련하여 국내 소진과 국제 소진 중 어느 입장을 취하고 있는지는 명문의 규정이 없어서 분명하지 않다. 해석론으로는 저작권법의 속지주의 원칙상 국내 소진의 입장을 취하고 있는 것이라고 보아야 한다는 견해와,[185] 국제 소진의 입장을 취하고 있는 것이라고 보아야 한다는 견해가 있다.[186]

(나) 소 결

권리소진의 원칙의 효력 범위를 국내로 제한할 것인지 혹은 국제적으로 소진되는 것으로 할 것인지는, 저작권자에게 수입권을 허용할 것인지의 문제와 맞물려 있다. 즉, 저작권 관련 시장의 세계화 현상에 부응하여 저작권자에게 국가별 또는 지역별로 시장을 관리할 수 있도록 해 줌으로써 창작에 대한 보다 강력한 보호를 해 줄 것인지, 아니면 상품의 자유로운 이동을 보장해 줌으로써 저작물의 원활한 이용을 도모할 것인지는 결국 정책적인 판단의 문제라고 할 것이다. 그러나 시장의 세계화에 따라 저작물이 수록된 상품들이 국경을 넘어 광범위하게 유통되고 있다는 점에 비추어 볼 때 국제거래의 안전을 고려하고 상품의

---

183) 일본의 경우 일반적인 저작물에 대해서는 뒤에서 보는 바와 같이 국제적 권리소진을 명문으로 규정하고 있지만, 다만 상업용 음반에 대하여서만은 '수입권'(일본 저작권법 제113조 제5항)이라는 형태의 권리를 부여함으로써 사실상 국내적 권리소진의 효력만이 있게 된다.

184) 임원선, 전게서, 197면.

185) 계승균, 전게논문, 93면.

186) 배금자, 저작권에 있어서의 병행수입의 문제, 창작과 권리, 2003년 봄호, 제30호, 세창출판사, 168면.

원활한 유통을 보장하여야 한다는 측면과, 우리 저작권법 제124조의 '침해로 보는 행위'에 진정상품의 병행수입을 침해로 보는 명문의 규정이 없다는 점 및 저작자에게 수입권을 인정하는 규정도 없다는 점 등을 종합하여 볼 때, 해석론으로서는 국제 소진을 인정하는 입장을 취하는 것이 타당하지 않을까 생각한다. 향후 입법이나 판례를 통하여 해결되어야 할 문제이다.

라. 저작인접권과 권리소진의 원칙

한편 저작권법은 저작인접권자인 실연자 및 음반제작자에 대하여도 배포권을 부여하고 있는데, 권리소진의 원칙은 이들 실연자 및 음반제작자의 배포권에 대하여도 적용된다(법 제70조 및 제79조의 각 단서).

마. 디지털 저작물의 전송과 권리소진의 원칙

오늘날 인터넷을 비롯한 네트워크와 디지털 기술의 발달로 인하여 많은 저작물들이 오프라인보다 온라인상에서 유통되고 있음을 볼 수 있다. 이러한 온라인상에서의 저작물의 유통은 기존의 서적이라든가 신문, CD, 음반 등과 같은 유형물이 아니라 일반적으로 디지털콘텐츠의 형태인 무형물의 모습으로 이루어지게 된다. 그런데 권리소진의 원칙은 원본 또는 복제물, 즉 유형물이 판매 등의 방법으로 거래에 제공된 경우에만 적용이 되므로, 무형물로 제공된 저작물에 대하여서는 권리소진의 원칙이 적용되지 못하는 결과를 가져온다. 이는 기존의 유형물 형태에 담긴 저작물을 구입한 소비자에 비하여 무형물인 디지털콘텐츠 형태로 저작물을 구입한 소비자를 상대적으로 불리한 입장에 처하게 만든다. 예를 들어 서점에서 기존의 서책형 소설책을 구입한 소비자는 그 소설책이 필요 없어진 경우에 권리소진의 원칙에 따라 이를 자유롭게 공중에게 처분할 수 있지만, 디지털콘텐츠인 전자책(e-book)으로 구입한 소비자는 권리소진의 원칙이 적용되지 않는 관계상 그 소설에 대한 효용이 없어진 이후에도 이를 처분할 수 없게 된다.

디지털 형태로 유통되는 저작물에 대하여도 권리소진의 원칙이 담당하여 온 기능과 역할은 손상됨이 없이 그대로 유지되어야 한다는 주장은 전자출판 시장의 확대와 그로 인한 전자책의 유통이 크게 늘어남에 따라 더욱 설득력을 얻어가고 있다. 그러나 배포와 전송을 엄격하게 구분하고 있는 현행 저작권법의 해석으로는 디지털 저작물 및 그 전송에 대하여는 권리소진의 원칙이 적용되지 않는다고 보는 것이 타당하다고 생각된다.[187]

이에 관한 논의는 저작물의 유통 매체로서 유형물에 대한 매매계약과 무형물에 대한

---

187) 박성호, 전게서, 353면.

이용허락계약의 차이점, 저작물의 유형적 이용과 무형적 이용의 차이점과 시장 상황을 지켜 보면서 합리적인 결론을 이끌어 낼 수 있도록 이루어져 나가야 할 것이다.

Ⅶ. 대 여 권

1. 의 의

이처럼 배포권은 권리소진의 원칙에 의하여 대폭적으로 제한을 받게 되며, 일단 저작물 의 원본이나 복제물이 당해 저작재산권자의 허락을 받아 판매 등의 방법으로 거래에 제공 된 이상 그 후에 발생하는 양도나 대여에 관하여 저작재산권자는 배포권으로 이를 통제할 수 없게 된다. 그런데 도서나 DVD, 음반, 컴퓨터프로그램 등 각종 저작물의 복제물을 대량 으로 비치하여 두고 공중을 상대로 빌려주는 대여업이 발전하면서 이러한 대여업이 전체 저작권 산업 전반을 위협할 수 있다는 우려가 제기되었다. 이에 대처하기 위하여 세계 각국 은 음반이나 컴퓨터프로그램, 서적, 비디오테이프나 DVD 같은 영상저작물 등 그러한 대여 업이 크게 성행할 수 있는 분야를 중심으로 최초판매의 원칙을 제한하거나 대여권이라는 새로운 권리를 신설함으로써 저작자의 이익을 보호하는 방향으로 입법을 하게 되었다.

우리 저작권법도 이러한 관점에서 제21조에서 "제20조 단서의 규정(최초판매의 원칙)에 불구하고 저작자는 상업적 목적으로 공표된 음반('상업용 음반')이나 상업적 목적으로 공표된 프로그램을 영리를 목적으로 대여할 권리를 가진다"고 규정[188]함으로써, 상업용 음반이나 상업적 목적으로 공표된 프로그램의 영리목적 대여행위에 대하여는 최초판매의 원칙이 적 용되지 않고 저작자가 배타적 권리인 대여권을 행사할 수 있도록 하고 있다. 대여권은 저작 물의 복제물만을 대상으로 한다는 점에서 저작물의 원본 또는 복제물을 보호대상으로 하는 배포권과 구별된다.

2. 대여권의 주체

대여권을 가지는 주체는 저작자이다. 또한 저작인접권자 중 실연자는 그의 실연이 녹음

---

188) 종전 저작권법에서는 '판매용 음반이나 판매용 프로그램'이라고 되어 있었는데, 대상이 되는 음반의 개 념을 명확하게 한다는 취지에서 2016. 3. 22. 공표된 개정 저작권법에서 '상업용 음반이나 상업적 목적 으로 공표된 프로그램'으로 문구를 수정하였다.

된 상업용 음반에 대하여, 음반제작자는 그가 제작한 상업용 음반에 대하여 각각 대여권을 가진다. 구 컴퓨터프로그램보호법에서는 프로그램저작권자와 프로그램배타적발행권자가 대여권을 갖는 것으로 되어 있었다.

3. 대여권의 대상이 되는 저작물

저작권법상 대여권의 대상이 되는 저작물은 상업용 음반과 상업적 목적으로 공표된 프로그램에 한정된다(저작권법 제21조). 현재 대여업이 크게 성행하고 있는 저작물 분야로서는 상업용 음반이나 상업적 목적으로 공표된 프로그램보다는 오히려 만화, 소설, 잡지와 같은 도서 분야와 비디오테이프, DVD와 같은 영상저작물 분야를 들 수 있다. 그러나 이들 분야는 저작자의 허락을 받지 않은 상태에서 이미 그러한 대여업이 널리 성행함으로써 사회적 현실로 굳어진 면도 있고, 또 대부분 영세업자들인 이들 저작물 대여업자들의 경제적인 부담도 고려하여야 하는 등 저작자와의 이해관계가 갈려 아직 대여권이 인정되지 않고 있다.

4. 영리를 목적으로 한 대여

대여권이 미치는 것은 상업용 음반이나 상업적 목적으로 공표된 프로그램의 "영리를 목적으로 하는 대여"에 한정된다. 따라서 영리를 목적으로 하지 않는 대여에 대하여는 대여권이 미치지 않는다. 어떤 경우가 "영리목적의 대여"에 해당하느냐 하는 점에 대하여는 독일 저작권법이 명문의 규정을 두고 있어서 해석의 참고가 된다. 독일 저작권법 제17조 제3항은 '대여'란 제한된 시간 동안 영리목적으로 사용권한을 넘겨주는 것을 의미하며, 여기서 영리목적이라 함은 직접 또는 간접적으로 영리의 목적이 있는 경우를 포함한다고 규정하고 있다.

대여권과 유사하지만 구별하여야 할 개념으로 '공공대출권'(public lending rights)이 있다. 공공대출권이란 도서관에서 소장하고 있는 도서나 음반을 공중에게 대출하는 경우에는 그 도서나 음반이 이용되는 만큼 저작자로서는 판매의 기회를 잃어 재산적 손실을 보게 되므로 보상금을 지급하여야 한다는 취지에서 인정되는 권리이다. 공공대출권 제도는 1946년에 덴마크에서 최초로 시작된 이래 영국·독일·네덜란드·오스트레일리아 등에서 시행되고 있다고 하나, 우리나라는 아직 도입하지 않고 있다.[189]

대여권은 컴퓨터프로그램에도 미치기 때문에, 예를 들어 렌터카의 엔진에 포함되어 있

---

189) 오승종·이해완, 전게서, 313면.

는 프로그램저작물의 복제물에 대하여도 대여권이 미치는가 하는 점이 문제로 될 수 있다. 오늘날 첨단 공업제품의 대부분에는 다양한 형태의 프로그램이 포함되어 있기 때문에 그에 대하여 대여권이 미치게 된다면 거래계에 큰 혼란을 가져올 우려가 있다. 따라서 그러한 경우에는 대여권이 미치지 않는 것으로 해석함이 타당하다.[190]

Ⅷ. 2차적저작물작성권

저작자는 그의 저작물을 원저작물로 하는 2차적저작물을 작성하여 이용할 권리를 가진다(저작권법 제22조). 여기서 '2차적저작물'이라 함은 원저작물을 번역·편곡·변형·각색·영상제작 그 밖의 방법으로 작성한 창작물을 말한다(저작권법 제5조 제1항).

2차적저작물작성권은 복제권과 함께 저작권침해 사건에 있어서 가장 큰 쟁점을 야기하는 중요한 권리이다. 이들 두 가지 권리는 원저작물을 기초로 하여 그와 동일한 유형물을 작성하거나(복제) 또는 동일하지는 않지만 실질적으로 유사한 새로운 저작물을 작성하는 행위(2차적저작물작성)를 통제할 수 있는 배타적 권리이다. 따라서 이미 작성된 저작물 또는 그 복제물을 단순히 이용하는 형태로서 새로운 작성행위를 수반하지 않는 공중송신권, 공연권, 전시권, 배포권 등과는 그 성격이 다르다. 그리하여 저작권침해 사건, 특히 표절과 관련된 사건들은 거의 대부분이 피고의 저작물이 원고의 저작물과 실질적으로 유사하여 2차적저작물에 해당하느냐, 즉 2차적저작물작성권의 침해가 있느냐 여부가 쟁점이 된다.

Ⅸ. 기   타

위에서 본 권리들 외에 우리나라 저작권법이 수용하고 있지는 않지만, 국제협약이나 다른 나라의 저작권법에서 보호하고 있는 권리들로서 다음과 같은 것들이 있다.

1. 수입권(right of importation)

수입권은 저작물의 원본이나 합법적으로 제작된 복제물이 판매 등의 방법으로 거래에 제공된 이후에도 이를 자국 내에 수입하는 것에 대하여 통제할 수 있도록 하는 권리이다.

---

190) 中山信弘, 著作權法, 법문사(2008), 209면.

앞에서도 본 바와 같이 수입권은 권리소진의 원칙의 국제적 적용범위와 깊은 관련이 있다. 권리소진의 원칙의 적용 범위와 관련한 '국내 소진'과 '국제 소진'의 두 가지 입장 중 '국내 소진'의 입장에 따르면 일단 저작물의 원본이나 복제물이 해외에서 적법하게 판매된 것이라 하더라도, 그것을 병행수입 행위 등을 통하여 국내로 수입하여 공중에게 다시 판매의 방법으로 거래에 제공하고자 할 경우에는, 배포권이 소진되지 않으므로 새로 저작재산권자의 허락을 받아야만 한다. 그리고 이는 저작재산권자에게 '수입권'을 부여하는 것과 같은 결과가 된다.

현재에는 미국과 유럽연합 등이 이 권리를 채택하고 있고, 일본은 권리소진의 원칙과 관련하여 '국제 소진'의 원칙을 취하고 있으나 2004년 저작권법 개정(2005. 1. 1. 시행)을 통하여 음반에 대하여만 제한적으로 수입권을 인정하고 있다.

2. 미술저작물의 재판매 보상청구권(droit de suite)

추급권(追及權)이라고도 한다. 미술가가 자신의 미술저작물을 판매한 이후에도, 그것이 경매 또는 화랑 등 공개시장을 통하여 계속하여 판매되는 경우에 그 매매가격의 일부를 보상금으로 청구할 수 있는 권리를 말한다. 베른협약 제14조의3에서 이 권리를 회원국들이 선택적으로 수용할 수 있도록 규정하고 있으며, 유럽연합 국가들과 브라질, 우루과이, 모로코, 필리핀, 뉴질랜드 등의 국가들 및 미국에서는 캘리포니아 주가 이 권리를 도입하고 있다고 한다.[191]

---

191) 임원선, 전게서, 140면 참조.

저작재산권의 변동과 저작물의 이용

Chapter 05

저작재산권의 변동과 저작물의 이용

제 1 절   저작재산권의 양도

I. 저작재산권 양도의 의의

저작인격권은 저작자의 인격적 이익을 보호하는 권리로서 일신에 전속하지만, 저작재산권은 경제적 이익을 보호하는 권리로서 타인에게 양도할 수 있다. 저작권법 제45조 제1항은 "저작재산권은 전부 또는 일부를 양도할 수 있다"고 규정하고 있는데, 이는 저작재산권의 양도성을 명문으로 인정한 것이다.

다른 사람이 창작한 저작물을 이용하는 방법으로서는 크게 저작재산권을 양도받는 방법과 이용허락을 받는 방법의 두 가지가 있다. 저작재산권의 양도는 당사자의 의사표시만으로 그 효력이 발생한다. 저작권법 제54조에서 저작재산권의 양도는 이를 등록하지 아니하면 제3자에게 대항할 수 없다고 규정하고 있지만, 그 규정 자체에서 알 수 있듯이 저작재산권 양도에 있어서 등록은 효력발생요건이 아니라 대항요건에 해당한다. 따라서 별도로 저작재산권 양도 사실을 등록하지 않는다 하더라도 양도의 효력은 발생하고, 다만 그 양도사실을 제3자에게 대항할 수 없을 뿐이다. 저작재산권을 양도하는 계약은 저작재산권의 이전을 직접적인 목적으로 하는 이른바 '준물권행위'(準物權行爲) 또는 '준물권계약'(準物權契約)으로서의 성질을 가진다고 볼 수 있다.[1] 저작재산권의 이전을 직접적인 목적으로 하는 계약이 체결되면 특별한 절차 없이 저작재산권이 양수인에게 이전되는 것이고, 그 계약이 무효이면 저작재산권은 처음부터 이전되지 않았다고 보아야 한다.[2]

---

[1] 다만, 뒤에서 살펴보는 "장래 발생할 저작재산권을 양도하기로 하는 계약"은 채권적 계약으로 보아야 한다는 해석이 있다. 오승종·이해완, 저작권법, 제4판, 박영사, 2005, 314면.

II. 저작재산권의 일부양도, 제한적 양도

1. 의 의

저작권법 제45조 제1항은 저작재산권은 그 '일부'를 양도할 수 있음을 규정하고 있다. 저작재산권은 저작물의 이용에 관한 각종의 권리를 포괄적으로 말하는 것이므로 그 전부를 양도할 수도 있지만, 그 저작재산권을 각각의 지분권으로 분리하여 양도하거나 또는 권리의 내용 및 이용형태에 따라 임의로 분할하여 양도하거나, 아니면 저작재산권을 행사할 지역이나 장소, 기한 등에 관하여 일정한 제한을 붙여 양도하는 것도 가능하다. 저작권법 제45조 제1항은 이를 명문으로 인정하고 있는 것이다. 사실 저작재산권은 경제적 권리이므로 당연히 양도성을 갖는다. 따라서 저작재산권을 양도할 수 있다는 것은 이러한 당연한 법리를 선언한 것에 다름 아니므로, 법 제45조는 결국 저작재산권의 '일부'를 양도할 수 있다는 점을 규정하였다는 점에서 보다 큰 의미를 갖는다고 할 것이다.

2. 지분권의 양도

가. 지분권의 분리 양도

그렇다면 저작재산권의 일부를 양도할 수 있다고 할 때 어떤 형태로 분리하여 양도할 수 있는 것인지를 검토해 보아야 한다. 우선 저작재산권을 이루는 각각의 지분권들로 나누어 양도하는 것을 생각해 볼 수 있다. 저작권법은 저작재산권의 내용을 제16조 내지 제22조(복제권 내지 2차적저작물작성권)로 나누어 규정하고 있으므로 이들 각각의 권리(지분권)를 분리하여 그 분리된 지분권을 양도하는 것은 당연히 가능하다. 이러한 지분권들은 모두 별개의 권리로서 독자적인 사회적 기능을 수행하고 있고, 실제에 있어서도 독립하여 거래의 대상으로 되고 있다.

저작권법 제18조의 공중송신권은 다시 방송권, 전송권, 디지털음성송신권 등의 권리로 나누어지는데, 이들 각각의 권리도 분리하여 양도하는 것이 가능하고 거래의 실제에 있어서도 이들은 독립된 권리로서 기능하고 있다. 저작권법 제22조의 2차적저작물작성권은 저작자가 "그의 저작물을 원저작물로 하는 2차적저작물을 작성하여 이용할 권리"이므로, 2차적저작물을 작성할 권리와 그것을 이용할 권리도 분리하여 양도하는 것이 가능하다.

---

2) 대법원 2003. 4. 22. 선고 2003다2390 판결.

나. 양도의 세분화와 그 한계

그런데 여기서 더 나아가 개별적인 지분권을 더 세분하여 양도하거나 이용의 태양을 더욱 세분하여 양도하는 것이 무한정 허용될 수 있는지는 검토해 볼 필요가 있다. 원칙적으로는 독립된 경제적 효용을 기대할 수 있는 부분마다 그에 대한 권리를 나누어 양도할 수 있다고 볼 수 있다. 또한 개별적인 권리로서 구별될 수 있고 사회적으로도 그렇게 구별하여 취급할 필요성이 있는 경우라면 이를 분리하여 양도하는 것이 가능하다고 보아야 할 것이다. 예를 들면, 같은 복제권이라고 하더라도 인쇄·출판을 내용으로 하는 복제권과 녹음 또는 녹화를 내용으로 하는 복제권은 각각 분리독립된 사회적 기능을 수행한다. 따라서 저작권 실무처리에서도 이들은 별개의 권리로 취급되고 있다. 그렇다면 이러한 권리들은 각각 독립된 권리로서 구별될 수 있고 또한 사회적으로도 그렇게 구별하여야 할 필요성이 높은 권리라고 할 것이므로, 각각 분리하여 양도하는 것이 가능하다고 보아야 한다.[3]

마찬가지로 같은 2차적저작물작성권이라 하더라도 그 이용되는 태양이나 목적물에 따라서 완전히 독립된 기능을 수행하는 경우가 있다. 예를 들어, A라는 소설을 원저작물로 하여 B, C, D라는 별개의 영화들이 만들어진다든가, 또는 A라는 소설을 원작으로 하여 서로 다른 언어로 번역된 E, F, G라는 번역저작물이 작성되는 경우를 들 수 있다. 이들 B 내지 G의 저작물들은 모두 A라는 소설을 원저작물로 하는 2차적저작물이지만 경제적으로 각각 독립되어 거래의 대상이 될 수 있고 독자적인 역할을 수행한다. 그리고 저작권 실무처리에서도 별개의 권리로 취급되는 것이 보통이다.[4] 따라서 이때 A 소설의 원저작자가 가지는 저작재산권 중 B 내지 G에 대한 각각의 2차적저작물작성권들은 개별적으로 구분되어야 할 필요성이 있으며, 각각의 분리양도 역시 가능하다고 보아야 할 것이다.

그런데 이와 같이 저작재산권의 분리양도가 가능하다고 하더라도 무한정 세분하여 양도하는 것을 모두 허용한다면 오히려 거래의 안전을 해치고 혼란을 가져올 우려가 있다.[5] 예를 들어, 저작재산권의 지분권 중 하나인 복제권을 다시 세분하여 서적 출판을 위한 복제권, 그 중에서도 문고본(文庫本)을 제작하기 위한 복제권과 호화본(豪華本)을 제작하기 위한 복제권으로 나누는 경우를 생각해 보자. 복제권을 이용허락의 대상으로 세분화하는 경우라면 몰라도, 이용허락이 아닌 양도의 목적으로 복제권을 이와 같이 세분화하는 것은 오히려

3) 加戶守行, 著作權法 逐條講義四訂新版, 社團法人 著作權情報センター, 362면.
4) 문예작품이나 학술논문과 같은 어문저작물의 번역에 있어서는 출판계의 실무상으로도 번역되는 언어마다 번역출판권이 구별되고 있다.
5) 오승종·이해완, 전게서, 315면; 足立謙三, "著作權の移轉と登錄", 裁判實務大系: 知的財産關係訴訟法, 青林書院, 1997, 268면; 加戶守行, 著作權法 逐條講義, 四訂新版, 社團法人 著作權情報センター, 363면.

거래의 혼란만 가져오기 때문에 허용되지 않는다고 보아야 한다는 견해가 유력하다.[6] 복제권을 문고본에 대한 권리와 호화본에 대한 권리로 세분하여 양도하였는데, 제3자가 동일한 책을 새로운 판형(版型)으로 무단출판을 하였을 경우 양수인들 중 누구의 권리를 침해하는 것인지 여부가 불분명하게 되어 혼란이 발생할 수 있다. 따라서 저작재산권의 일부를 양도하는 것이 가능하다고 하더라도 이러한 정도까지 세분하여 양도하는 것은 허용되지 않는다고 해석하여야 할 것이다.

저작재산권을 어느 정도까지 세분하여 양도하는 것이 허용될 것인가는, 저작물의 성질, 세분화된 권리의 이용태양, 세분화를 하여야 할 합리적 이유, 독립하여 취급하여야 할 사회적 필요성의 유무, 실무관행, 같은 목적을 달성하기 위한 다른 수단의 존재, 세분화된 양도를 인정할 경우 권리관계가 불명확하게 되거나 복잡하여짐으로써 발생하는 불이익 등의 제반사정을 종합적으로 고려하여 판단하여야 할 것이다.[7]

3. 장소적 제한이 붙은 양도

다음으로는 저작재산권을 장소적으로 분할하거나 장소적 제한을 가하여 양도하는 것이 가능한지 여부이다. 통설은 이러한 양도를 인정한다. 특히 국가 단위로 제한하여 양도하는 것, 예를 들어 대한민국에서의 공연권과 미국에서의 공연권을 분리하여 양도하는 것이 가능하다고 보는 데에는 국내외의 학설이 대부분 일치하고 있다.[8] 그러나 여기서 더 세분하여 예를 들어, 대한민국 중에서도 서울에서만 출판할 권리, 미국 중에서도 뉴욕에서만 공연할 권리 등으로 나누어 저작재산권을 양도하는 것이 가능한지 여부에 대하여는 견해의 대립이 있다. 이를 부정하는 견해에서는 그렇게 세분하여 양도할 경우 저작재산권이 하나의 독립적인 권리로서의 존재가치를 상실하게 된다는 점, 누가 권리자인지를 외부에서 쉽게 알 수 없게 되어 거래의 안전을 해칠 우려가 있다는 점을 근거로 든다.[9] 실제로 저작재산권을 장소적으로 제한하여 양도하는 것을 인정할 경우 극단적인 예를 들면, A라는 무용극을 서울 내에서도 세종문화회관에서 공연할 권리만을 양도하는 것도 가능하게 되고, 그렇게 되면 권리의 지나친 세분화가 이루어져 저작재산권의 재산권으로서의 독립적인 가치나 저작재산권자

---

6) 加戶守行, 전게서, 363면.
7) 足立謙三, 전게서, 268면.
8) 허희성, 신저작권법 축조해설, 범우사, 1988, 175면; 內田 晉, 問答式 入門 著作權法, 新日本法規出版 株式會社, 2000, 291면; 足立謙三, 전게서, 269면; 加戶守行, 전게서, 364면; 송영식·이상정, 저작권법개설, 전정판, 세창출판사, 2000, 180면 등.
9) 內田 晉, 전게서, 291면 참조.

의 확정성이 흔들릴 위험성이 있다. 이 문제에 대하여도 지분권 세분화의 한계를 그을 때 고려해야 할 앞에서 든 제반 사정을 종합적으로 고려하여, 그와 같이 장소적으로 세분하여 양도하여야 할 사회적 타당성이 있는지 여부에 따라 한계를 결정하는 것이 바람직하다.[10)]

4. 기한부 양도

다음으로는 저작재산권을 시간적으로 분할하거나 시간적 제한을 부가하여 양도하는 것, 즉 기한을 정하여 양도하는 경우를 생각해 볼 수 있다. 이러한 양도도 유효하다고 보는 것이 통설이다.[11)] 예를 들어, 2007년 3월 1일부터 3년간 저작재산권을 양도하는 경우이다. 통설에 의하면 이 경우에는 저작재산권 양도의 효과는 완전히 발생하지만, 3년의 기간이 경과함과 동시에 저작재산권은 '자동적'으로 다시 원래의 권리자에게 환원된다고 한다. 따라서 실질적으로는 저작재산권의 양수인이 3년간 독점적 이용허락을 받는 것과 동일하지만, 그 기간 중에 제3자의 저작재산권 침해행위가 있을 경우에는 양도인(원래의 저작재산권자)이 아니라 양수인이 그 제3자에 대하여 직접 저작재산권의 침해를 주장할 수 있다는 점에서 큰 차이가 있다.[12)]

그러나 기한을 정한 저작재산권의 양도를 유효하다고 하면서 그 기한이 도래하면 저작재산권은 원래의 양도인에게 자동적으로 환원된다고 보는 통설의 입장에는 의문스러운 점이 있다.

저작재산권자가 기한을 정하여 저작재산권을 양도하는 계약을 체결한 경우에는 그 계약서의 형식이 '저작재산권 양도계약' 등 무엇으로 되어 있든지 간에 계약 내용의 실질을 따져 보아서 그 정해진 기간 동안 저작재산권의 독점적 이용허락을 부여한 계약으로 해석하든가, 아니면 저작재산권을 완전히 양도하되 일정 기간이 경과하면 원래의 권리자가 환매를 할 수 있는 환매권을 보류한 양도계약으로 해석하는 것이 옳다고 생각한다.[13)]

---

10) 오승종·이해완, 전게서, 316면.
11) 足立謙三, 전게서, 269면.
12) 加戸守行, 전게서, 363면.
13) 상세한 내용은 오승종, 저작권법 제4판, 박영사(2016), 596, 597면 참조.

Ⅲ. 2차적저작물작성권 양도에 관한 특례 규정

1. 의 의

저작권법은 저작재산권의 전부를 양도하는 경우에 특약이 없는 때에는 제22조의 규정에 의한 2차적저작물을 작성하여 이용할 권리, 즉 원저작물을 기초로 번역·편곡·변형·각색·영상제작 그 밖의 방법으로 작성하여 이용할 권리는 포함되지 아니한 것으로 추정한다(저작권법 제45조 제 2 항).

이러한 추정규정을 두고 있는 것은, 저작자가 자신의 창작물에 대한 저작재산권을 양도한다 하더라도, 동일한 작품이 아니라 그 창작물을 변형하여 실질적으로 유사하지만 사실상 별개인 작품을 창작하는 것은 당사자 사이에 특별한 의사표시가 없는 한 저작자의 권리로 남겨두어야 할 필요가 있기 때문이다. 그렇게 하지 않을 경우 저작자의 창작의 자유와 경제적 권리가 큰 지장을 받게 된다. 왜냐하면 대부분의 저작자들은 작품을 창작함에 있어서 일정한 작풍(作風)을 가지는 경향이 있고, 따라서 동일한 저작자가 창작한 작품들은 일견 유사성을 가질 수도 있어서, 2차적저작물작성권까지 양도하게 되면 자신의 작풍을 유지하는데 곤란을 받을 가능성을 배제할 수 없기 때문이다.

또한 통상적으로 저작재산권을 양도하는 경우에 양도인의 의사는 자신의 저작물을 원작 그대로의 형태로 이용할 권리를 양도하는 것이고, 그 저작물이 향후 어떠한 형태로 변형이용 되어 어떠한 부가가치(附加價値)를 가질 것인지에 대하여는 쉽게 예상하기 어려운 것이므로, 그러한 변형된 부가가치를 가지는 이용행위에 대한 권리까지 양도하는 것으로 보는 것은 타당하지 않다는 점도 본 항의 근거가 될 수 있다.

2. 2차적저작물작성권 양도에 관한 약정과 그 해석

따라서 저작재산권의 양수인이 저작권법 제22조의 2차적저작물작성권까지 양도를 받기 위해서는 양도계약서에 그러한 점을 분명히 해 둘 필요가 있다. 예를 들어, "번역권, 각색권, 영화화권 등 2차적저작물작성권을 포함하는 일체의 저작재산권"을 양도한다고 분명히 기재함으로써 본 항에 의한 추정의 효과가 발생하는 것을 막을 수 있을 것이다. 단순히 '모든 저작권' 또는 '저작재산권 일체'라고 하는 것만으로는 다른 사정이 없는 한 2차적저작물작성권까지 양도하는 특약을 한 것이라고 볼 수 없고, 따라서 그 경우에는 본 항의 적용을 막을 수 없다고 보아야 한다.[14] 2차적저작물작성권까지 양도하기로 하는 특약은 명시적으로뿐만 아니라 묵시적으로도 가능하다고 본다. 따라서 양도계약에 이르게 된 당사자의 의사와 양도 대가의 액수를 비롯한 계약 당시의 제반 상황을 종합적으로 고려하여 2차적저작물작성권까지 양도하기로 하는 특약이 있었는지 여부를 판단하여야 할 것이다.

오늘날 소프트웨어나 응용시스템 위탁개발이 활발하게 이루어지고 있는데, 이때 자주 문제로 되는 것이 개발자와 위탁자 중 결과물에 대한 2차적저작물작성권을 누가 갖느냐 하는 부분이다. 이 부분을 가지고 계약 당사자 사이에서 다툼이 자주 일어나기 때문에, 실무상 위탁개발계약 체결 시 계약서 문구의 작성에 어려움이 많다.

대법원 2016. 8. 17. 선고 2014다5333 판결은, "2차적저작물은 원저작물과는 별개의 저작물이므로, 어떤 저작물을 원저작물로 하는 2차적저작물의 저작재산권이 양도되는 경우, 원저작물의 저작재산권에 관한 별도의 양도 의사표시가 없다면 원저작물이 2차적저작물에 포함되어 있다는 이유만으로 원저작물의 저작재산권이 2차적저작물의 저작재산권 양도에 수반하여 당연히 함께 양도되는 것은 아니다. 그리고 양수인이 취득한 2차적저작물의 저작재산권에 2차적저작물에 관한 2차적저작물작성권이 포함되어 있는 경우, 2차적저작물작성권의 행사가 원저작물의 이용을 수반한다면 양수인은 원저작물의 저작권자로부터 원저작물에 관한 저작재산권을 함께 양수하거나 원저작물 이용에 관한 허락을 받아야 한다. 한편 원저작물과 2차적저작물에 관한 저작재산권을 모두 보유한 자가 그중 2차적저작물의 저작재산권을 양도하는 경우, 양도의 의사표시에 원저작물 이용에 관한 허락도 포함되어 있는지는 양도계약에 관한 의사표시 해석의 문제로서 계약의 내용, 계약이 이루어진 동기와 경위, 당사자가 계약에 의하여 달성하려고 하는 목적, 거래의 관행 등을 종합적으로 고찰하여 논리와 경험의 법칙에 따라 합리적으로 해석하여야 한다."고 판시하였다.

3. 프로그램저작물에 대한 예외

프로그램저작물의 경우에는 저작재산권의 전부를 양도하는 경우에 특약이 없는 한 2차적저작물작성권도 함께 양도된 것으로 추정한다(저작권법 제45조 제 2 항 단서). 이처럼 프로그램저작물에 대하여 일반 저작물과 정반대 취지의 규정을 두고 있는 것은 실용적·기능적 저작물인 프로그램저작물의 특성상 업그레이드나 이용환경에 적합하도록 변형하는 과정에서 2차적저작물작성 행위가 빈번하게 일어날 수밖에 없다는 점을 고려한 것이다.

---

14) 加戸守行, 전게서, 367면.

Ⅳ. 장래 발생할 저작재산권의 양도

장래 발생할 저작재산권을 양도하기로 하는 계약, 예를 들어 저작자가 아직 창작하지 아니하여 저작재산권이 발생하지 않은 저작물의 장래 발생할 저작재산권을 양도하기로 하는 계약상의 의무를 부담하고, 저작재산권이 발생함과 동시에 그 저작재산권을 양수인에게 이전하기로 하는 계약에 관하여 현행법은 명문의 규정을 두고 있지 않다. 그렇지만 계약자유의 원칙상 이러한 계약을 특별히 무효로 보아야 할 이유는 없을 것이다.[15] 장래 저작재산권이 발생하면 양수인에게 양도하기로 하는 채권계약은 물론이고, 장래 저작재산권이 발생함과 동시에 저작재산권이 양수인에게 이전되도록 하는 조건부 준물권계약도 유효한 것으로 해석된다.[16]

다만, 저작자가 장차 저작할 모든 저작물의 장래 발생할 저작재산권을 일괄적으로 양도하는 것을 내용으로 하는 계약의 경우에 계약기간의 정함이 없고 저작자가 평생 그 계약에 구속되도록 하는 내용을 가지고 있다면, 민법상 일반원칙인 공서양속위반 금지에 반하므로 무효라고 보아야 할 경우가 있을 것이다.[17]

일부 신탁관리단체가 사용하고 있는 신탁약관 내용 중에는, 회원인 권리자는 자신이 창작한 모든 저작물은 물론이고 장차 창작할 저작물의 권리에 대해서도 신탁을 하는 것으로 규정하는 경우가 있다. 이를 이른바 '인별신탁'(人別信託)이라고 하는데, 이 제도가 공서양속에 위반하거나 신탁관리단체의 독점적 지위를 남용하는 것은 아닌지 의문이 있다. 이에 최근에는 상당수의 신탁관리단체가 권리자의 선택에 의하여 자신의 창작물 중 일부분을 신탁관리 범위에서 제외시킬 수 있도록 약관을 개정하고 있다.

제 2 절　저작물의 이용허락

Ⅰ. 의　　의

저작재산권자는 다른 사람에게 그 저작물의 이용을 허락할 수 있다(저작권법 제46조 제 1

---

15) 足立謙三, 전게서, 265-266면.
16) 足立謙三, 전게서, 265-266면; 오승종·이해완, 전게서, 316-317면.
17) 內田 晉, 전게서, 295면; 오승종·이해완, 전게서, 317면.

항). 저작물의 이용허락은 저작재산권을 행사하는 가장 기본적인 방법이라고 할 수 있다. 저작재산권자는 저작권법 제16조 내지 제22조의 권리를 가지며, 이들은 배타적 권리로서의 성질을 갖는다. 이는 저작재산권자가 그 권리의 내용이 되는 저작물의 이용행위를 할 수 있다는 적극적인 의미와, 다른 사람이 저작재산권자의 허락 없이 그러한 행위를 하는 것을 금지할 수 있다는 소극적인 의미를 갖는다. 그러나 대부분의 이용행위는 저작재산권자 스스로 행하기보다는 이용행위에 필요한 인적·물적 설비를 갖추고 있는 제 3 자에 의하여 이루어지는 경우가 많다. 따라서 타인의 이용행위에 대하여 승인을 해 주는 행위를 '허락'이라고 하고, 이를 저작재산권자의 권능으로 정하고 있는 것이 저작권법 제46조 제 1 항의 취지라고 볼 수 있다.

이때의 '허락'은 저작재산권 양도와는 달리 저작재산권자가 자신의 저작재산권을 그대로 보유하면서, 단지 허락을 받은 타인이 그 저작물을 이용하는 행위를 정당화시켜 주는 의사표시에 불과하다. 따라서 허락을 받은 이용자가 저작재산권자와의 이용허락계약에 의하여 취득하는 '이용권'은 준물권(準物權)이 아니라, 저작재산권자에 대한 관계에서 자신의 저작물 이용행위를 정당화할 수 있는 채권(債權)으로서의 성질을 가진다.[18]

II. 이용허락의 범위와 이용권의 양도

1. 이용허락의 범위

저작권법 제46조 제 2 항은 저작물의 이용허락을 받은 자는 그 허락받은 이용 방법 및 조건의 범위 안에서 그 저작물을 이용할 수 있다고 규정하고 있는바, 이는 허락을 받은 자는 허락된 저작물의 이용에 관하여 저작재산권자로부터 저작권으로써 대항을 받지 않을 채권적 권리를 갖는다는 것을 의미한다. "허락받은 이용 방법 및 조건"이라 함은 출판·녹음·연주·방송 등 이용태양, 출판부수, 방송횟수, 방송시간과 같은 이용시간, 공연장소와 같은 이용장소를 비롯하여, 문고본으로서의 출판이라든가 카세트테이프에 녹음 등과 같은 세부적인 이용방법에 대한 제한을 의미한다.

---

18) 오승종·이해완, 전게서, 317면.

2. 이용허락 범위를 넘어선 이용행위

가. 문제의 소재

이처럼 이용허락을 받은 자는 그 허락받은 이용방법 및 조건의 범위 안에서 저작물을 이용할 수 있는데, 그렇다면 그러한 이용방법이나 조건에 위반하여 이용한 경우 단순한 채무불이행에 해당하는지, 아니면 채무불이행뿐만 아니라 더 나아가 불법행위인 저작권침해에도 해당되는지 여부를 살펴볼 필요가 있다. 이에 대하여는 그러한 이용방법이나 조건이 저작권의 본래적 내용에 관한 것인가 아니면 저작권의 행사와 관련하여 저작재산권자가 부가한 채권·채무관계에 불과한 것인가를 먼저 검토하여야 한다. 그리하여 전자의 이용방법이나 조건을 위반한 경우에는 저작권침해가 되고, 후자의 것을 위반한 경우에는 단순한 채무불이행 책임만이 성립할 뿐, 따로 저작권침해까지 성립하는 것은 아니라고 본다.[19] 예를 들어, 출판물의 판매 장소를 한정하여 이용허락을 해 주었는데, 그 한정된 장소를 위반하여 판매를 한 경우에는 특단의 사정이 없는 한 단순한 채무불이행에 불과하고 저작권침해의 책임까지 물을 수 있는 것은 아니다. 또한 저작물을 출판할 수 있는 이용허락을 해 주면서 그에 대한 인세를 지급받기로 하였음에도 인세를 지급하지 않는 것 역시 단순한 채무불이행에 불과하다고 볼 것이다. 그러나 제한된 이용기한을 넘어서서 저작물을 이용하는 것은 단순한 채무불이행이 아니라 저작권침해까지 성립한다고 볼 수 있을 것이다. 또한 허락된 복제부수를 초과하여 발행한 경우 그 초과된 부수에 대하여는 저작권침해가 성립한다고 해석된다.[20]

요컨대 허락받은 이용의 방법 및 조건을 저작권의 본질적 내용에 관계되는 것, 즉 저작물의 이용을 적법하게 해 주는 방법 및 조건과, 기타 저작권의 비본질적 내용에 관계되는 방법 및 조건으로 나누어, 전자를 위반한 경우에는 채무불이행은 물론이고 저작권침해의 책임까지 부담하지만, 후자를 위반한 경우에는 단순한 채무불이행의 책임만을 질 뿐 저작권침해의 책임까지 지는 것은 아니라고 해석된다. 그러나 이는 획일적인 기준은 아니고, 후자를 위반한 경우에도 그것이 다른 여러 가지 사정과 합쳐져서 저작권의 본질적 내용에 대한 위반으로 평가할 수 있을 정도가 된다면, 그 경우에는 저작권침해의 책임까지도 물을 수 있을

---

19) 加戸守行, 전게서, 376면, 作花文雄, 詳解 著作權法, 제3판, ぎょうせい, 415면도 같은 취지라고 보여진다. 다만, 加戸守行은 이용방법과 조건을 구분하여 이용방법을 위반한 경우에는 보통 저작권침해가 되지만, 조건을 위반한 경우에는 대부분 단순한 채무불이행에 그치는 경우가 많을 것이라고 한다. 그러나 이용방법과 조건을 명확하게 구분하는 것은 쉽지 않다. 加戸守行의 견해에 의하더라도 이용기간이 이용방법과 이용조건 중 어느 것에 속하는지 불분명하고, 양쪽에서 혼용되고 있는 것을 볼 수 있다(加戸守行, 전게서, 376면 참조).

20) 作花文雄, 전게서, 414면.

것이다. 또한 후자의 이용방법 및 조건의 경우도 그것을 위반하였음을 이유로 하여 이용허락계약이 해제 또는 해지된다면, 해제 또는 해지의 효력이 생기는 때로부터 그 이용행위는 저작권침해로 될 것이다.

그런데 이러한 해석론에 대하여는 문제가 된 이용방법 및 조건이 저작권의 본질적 내용에 관한 것인지 비본질적 내용에 관한 것인지 그 기준이 애매하여 자의적이 될 수밖에 없다는 단점을 지적하는 견해가 있다. 그리하여 이 견해에서는, 이용권자가 부담하는 의무관계를 그 발생근거에 따라서 저작권법에 의해 설정된 의무(저작권의 효력에 의해 부여된 의무)와 당사자의 합의에 의해 비로소 발생한 의무(계약의 효력에 의해 부여된 의무)로 구별한 다음, 전자의 위반은 저작권침해에 이르지만 후자의 위반은 채무불이행에 그친다고 해석한다.[21]

나. 이용과 사용을 구별한 사례

이용허락계약의 위반이 단순 채무불이행으로 되는데 그치는가, 아니면 나아가 저작권침해로도 되는가 여부와 관련하여 판결 중에는 이용허락과 사용허락을 구분하여 법적 취급을 달리한 것이 있어 주목된다. 서울고등법원은 일명 '오픈캡처' 사건 판결에서, 저작권법 제46조 제 1, 2 항에서의 저작물의 '이용'이라고 함은, 저작권법에 저작재산권의 내용으로 되어 있는 행위에 해당하는 복제, 공연, 공중송신, 전시, 배포, 대여, 2차적저작물작성 등 저작권의 지분권에 관한 행위를 말하고, 이러한 '이용'은 저작물이 화체된 매체를 매개로 저작물을 지각하는 행위 등 제 3 자에 대하여 저작권법에서 금지의 효력이 미치지 아니하는 형태로 저작물의 내용을 향수하는 행위를 가리키는 저작물의 '사용'과 구별된다고 전제하였다.

그리하여 "컴퓨터프로그램 저작자가 작성하는 사용허락계약에 들어 있는 여러 가지 내용의 조항 중에는 일반적으로 저작권법 제46조 제 2 항에 정해진 이용방법이나 조건에 해당하는 것과 해당하지 아니하는 것이 혼재되어 있어 계약으로 저작권제한규정이나 저작물의 소유자에게 당연하게 허용되는 저작물의 '사용'을 사실상 무력화하는 약정도 포함될 수 있는바, 따라서 저작물의 이용허락을 받은 자가 이용방법이나 조건을 위반하여 저작물을 이용한 경우에 이용방법이나 조건이 저작권의 본래적 내용에 해당하는 저작물의 이용을 적법하게 해 주는 방법이나 조건이라면 채무불이행뿐만 아니라 저작권침해의 불법행위도 성립하지만, 이용방법이나 조건이 저작권의 행사에 있어서 저작권자가 부가한 채권채무관계에 불과하다면 채무불이행만이 성립하고 저작권침해로는 되지 않는다"고 판시하고 있다.[22][23]

---

21) 島並良, "著作權ライセンシーの法的地位", コピライト No. 569, 2008. 9, 12면; 박성호, 전게서, 435면.

22) 서울고등법원 2014. 11. 20. 선고 2014나19891(본소), 19907(병합), 19914(병합), 19921(반소) 판결(상고). 그리하여 "컴퓨터프로그램 저작권자는 그 프로그램을 실행하는 것에 대하여 배타적 권리를 가지는 것은 아니므로 프로그램의 실행은 저작권법 제46조 제 1, 2 항의 저작물의 '이용'에 해당하지 아니하고,

3. 이용권의 양도

가. 저작재산권자의 동의

허락에 의하여 저작물을 이용할 수 있는 권리는 저작재산권자의 동의 없이 제3자에게 이를 양도할 수 없다(법 제46조 제3항). 여기서 '권리'라고 하고 있지만 이는 복제권이나 공연권 등 저작재산권의 지분권과 같이 준물권적 권리가 아니라, 단순히 저작물의 이용과 관련하여 저작재산권자로부터 대항을 받지 않을 채권적 권리 또는 지위이다.[24]

채권은 원칙적으로 양도성을 가지며 채무자에 대한 통지로써 그 양도사실을 채무자에게 대항할 수 있다.[25] 저작물의 이용허락에 따른 권리, 즉 이용권 역시 일종의 채권적 권리이므로 이용허락을 받은 자는 그 이용권을 제3자에게 양도할 수 있음은 당연하다. 이용허락에는 비독점적인 단순이용허락과 독점적 이용허락이 있는데, 이들은 모두 양도의 대상이 된다. 그러나 저작자(또는 저작재산권자)와 그 저작물을 이용하는 자 사이에는 특수한 신뢰관계가 바탕이 되는 경우가 많고, 저작물은 재산적 권리의 대상이 될 뿐만 아니라 인격적 권리의 대상이 되기도 하므로, 권리자의 입장에서는 자신의 저작물을 이용하는 자가 누구냐 하는 것에 대하여 특별한 이해관계를 가지지 않을 수 없다. 이러한 점을 고려하여 저작권법은 이용허락에 따른 이용권의 양도를 원칙적으로 인정하되, 그 양도에는 저작재산권자의 동의를 받도록 한 것이다. 따라서 일반적인 채권양도에서와 같이 단순히 채무자(저작재산권자)에게 통지하는 것만으로는 이용권을 제3자에게 양도할 수 없다.

나. 이용권 양도의 법적 성질

저작권법 제46조 제3항은 채무자에 대한 통지만으로 채무자에 대항할 수 있도록 한

따라서 컴퓨터프로그램 사용과 관련하여 컴퓨터프로그램 저작권자와 그 사용자 사이에 사용허락계약이 체결된 경우에 그 사용자는 사용허락계약에 정해진 바에 따라 그 프로그램을 실행하여야 할 채무를 부담할 뿐이고, 그 사용자가 '이용'과 관련 없는 사용허락계약에 정해진 조건에 위반한 방법으로 프로그램을 실행하였다고 하더라도 사용허락계약 위반이 성립하는 것은 별도로 하고 저작권 침해행위로 되지는 아니한다"고 판시하였다.

23) 관련 사건의 상고심 판결인 대법원 2017. 11. 23. 선고 2015다1017 판결은, "저작재산권자로부터 컴퓨터프로그램의 설치에 의한 복제를 허락받은 자가 위 프로그램을 컴퓨터 하드디스크 드라이브(HDD) 등 보조기억장치에 설치하여 사용하는 것은 저작물의 이용을 허락받은 자가 허락받은 이용 방법 및 조건의 범위 안에서 그 저작물을 이용하는 것에 해당한다. 위와 같이 복제를 허락받은 사용자가 저작재산권자와 계약으로 정한 프로그램의 사용 방법이나 조건을 위반하였다고 하더라도, 위 사용자가 그 계약 위반에 따른 채무불이행책임을 지는 것은 별론으로 하고 저작재산권자의 복제권을 침해하였다고 볼 수는 없다."고 하여 위 원심판결과 같은 취지로 판시하였다.

24) 加戸守行, 전게서, 377면.

25) 민법 제450조 제1항.

민법상 채권양도 규정에 대한 특별규정이라고 볼 수 있다. 그러나 이용권의 양도를 채권양도의 특별규정이 아닌 민법상 '계약인수'의 일종이라고 해석할 수도 있다.26) 계약인수는 원래의 계약 당사자와 인수인 사이의 3자 계약에 의하여 이루어진다. 따라서 이용권의 양도를 계약인수로 본다면 이용권의 양도는 원래의 당사자인 저작재산권자와 이용허락을 받은 자, 그리고 인수인 사이의 3자 계약에 의하여 이루어져야 하므로 그 경우 저작재산권자의 동의는 당연한 것이 되고, 그렇다면 저작권법 제46조 제3항은 그러한 당연한 사항을 명문화한 것이 된다.

결론적으로 이용권의 양도는 채권양도가 아니라 계약인수로 보는 것이 타당하다고 생각한다. 그 이유는 다음과 같다. 우선 이용권의 양도가 있게 되면 종전 이용권자는 계약관계에서 벗어나고 새로운 이용권자와 저작재산권자 사이에 이용허락관계가 계속된다고 보는 것이 합리적이다. 나아가 이용권의 양도를 민법상 채권양도의 성질을 가지는 것이라고 본다면, 저작재산권자가 이의를 보류하지 않고 이용권의 양도를 승낙(동의)한 경우에는 양도인(원래의 이용권자)에게 대항할 수 있었던 사유, 즉 각종 항변이나 이의할 수 있는 권리로써 양수인(새로운 이용권자)에게 대항할 수 없게 된다.27) 그런데 저작물의 이용허락과 관련하여서는 이용방법이나 조건 등 각종 제한이 부가되는 경우가 많기 때문에 단순히 이의를 보류하지 않고 이용권 양도를 동의하였다고 하여 그러한 제한에 따른 항변이나 이의를 할 수 있는 권리를 상실하게 된다는 것은 적절치 않고, 당사자 사이의 법률관계를 복잡하게 만들 우려도 있다.

이러한 점에 비추어 본다면 이용권의 양도는 당사자 일방이 계약관계로부터 탈퇴하고 대신 제3자가 계약관계의 당사자로 들어서는 계약인수로 보는 것이 타당할 것이다. 따라서 탈퇴하는 당사자(원래의 이용권자)가 가지고 있던 계약상의 모든 권리·의무를 계약인수인(새로운 이용권자)이 인수하며, 별도로 저작재산권자가 이의를 보류하지 아니하더라도 저작물 이용허락에 부가된 이용 방법 및 조건 등은 당연히 새로운 이용권자에게도 구속력을 갖는다고 할 것이다.

다. 저작재산권자의 동의 없이 한 이용권의 양도

이용권의 양도를 계약인수로 본다면 저작권법 제46조 제3항의 규정을 위반하여 저작재산권자의 동의 없이 양도를 한 경우의 효력은 다음과 같이 해석할 수 있다. 우선 원래의

---

26) 예를 들어 "임차인은 임대인의 동의 없이 그 권리(임차권)를 양도하지 못한다"고 규정한 민법 제629조 제1항의 임차권의 양도를 채권양도로 보는 것이 통설이기는 하지만, 이를 계약인수로 보는 견해도 유력하다(지원림, 전게서, 1147면 등).

27) 민법 제451조 제1항 본문.

이용권자가 저작재산권자의 동의 없이 제 3 자에게 이용권을 양도하여 그로 하여금 저작물을 이용하도록 한 경우에 그 제 3 자는 이용권의 양수를 가지고 저작재산권자에게 대항하지 못한다. 즉, 양도인과 양수인 사이에는 양도에 따른 채권적 효력이 발생하지만, 저작재산권자에 대한 관계에서는 양도의 효력이 발생하지 않는다. 따라서 저작재산권자는 그러한 제 3 자에 대하여 저작재산권 침해의 책임을 물을 수 있다. 나아가 저작재산권자는 원래의 이용권자에 대하여 이용허락계약 위반을 이유로 이용허락계약을 해지(또는 해제)할 수도 있다. 한편, 이용권 양도의 채권적 효력으로 인하여 양도인은 양수인을 위하여 저작재산권자의 동의를 받아줄 의무를 부담한다.[28] 그리고 권한 없이 타인의 저작물에 대한 권리를 양도하였으므로 양도인은 양수인에 대하여 담보책임을 지게 된다.[29]

III. 이용허락계약의 종류와 효력

1. 단순이용허락과 독점적 이용허락

이용허락은 양 당사자 사이에 다른 제3자에 대한 이용허락을 하지 않는다는 특약이 포함되어 있는지 여부에 따라 단순이용허락과 독점적 이용허락의 두 가지 종류로 나눌 수 있다.

단순이용허락의 경우 저작재산권자는 복수의 사람들에 대하여 중첩적으로 이용허락을 해 줄 수 있다. 따라서 단순이용허락계약에 의하여 이용허락을 받은 자는 그 저작물을 이용할 수 있음에 그치고 독점적·배타적으로 이용할 수는 없으므로, 저작재산권자로부터 동일한 이용허락을 받은 제 3 자가 있어도 이를 배제할 권리가 없다. 단순이용허락을 받은 자가 가지는 권리는 저작재산권자에 대하여 자신의 이용행위를 용인할 것을 요구할 수 있는 일종의 부작위청구권(不作爲請求權)으로서의 성질을 가질 뿐이다.

이에 반하여 독점적 이용허락을 받은 자는 저작재산권자로부터 저작물을 독점적으로 이용할 수 있는 권리를 부여받게 된다. 독점적 이용허락은 이용자가 저작재산권자와의 사이에 일정한 범위 내에서 독점적인 이용을 인정하거나, 이용자 이외의 다른 사람에게는 이용허락을 하지 않기로 하는 특약을 체결한 경우이다.

영미법상 '배타적 이용허락'(exclusive license)의 경우에는 이용권자가 다른 제 3 자의 이용

---

28) 대법원 1986. 2. 25. 선고 85다카1812 판결 참조.
29) 민법 제567조, 제570조 참조.

행위에 대하여 금지청구를 할 수 있는 등 배타적 권리를 가지게 되어 사실상 저작재산권을 양도받은 것과 유사한 지위를 가진다. 그러나 우리 저작권법상으로는 배타적발행권이나 출판권과 같이 특별히 법에서 명문의 규정으로 배타적 권리임을 인정하고 있는 경우가 아닌 이상 영미법에서와 같은 배타적 이용허락은 인정되지 아니한다.[30] 따라서 우리 저작권법이 인정하는 독점적 이용허락은 영미법상의 배타적 이용허락과는 다르다.

2. 단순이용허락과 독점적 이용허락의 효력상의 차이

가. 중첩적 이용허락에 대한 효력

저작재산권자 A가 B에게 이용허락을 해 준 후 다시 다른 제 3 자 C에게 중첩적으로 이용허락을 해 준 경우 B에 대한 이용허락이 단순이용허락이든 독점적 이용허락이든 B는 제 3 자 C에 대하여 금지청구나 손해배상청구 등을 할 수 없다. 이용허락은 설사 그것이 독점적 이용허락이라 하더라도 배타성이 없기 때문이다. 그러나 독점적 이용허락의 경우 B는 저작재산권자 A를 상대로 독점적 이용허락계약 위반에 따른 손해배상을 청구할 수 있다는 점에서 단순이용허락과 다르다.

나. 제 3 자의 무단이용 행위에 대한 효력

(1) 단순이용허락의 효력

한편, 저작재산권자 A로부터 B가 이용허락을 받았는데 제 3 자 C가 저작재산권자의 허락을 받지 아니하고 무단으로 그 이용허락계약의 내용으로 되어 있는 저작물 이용행위를 하는 경우에 B는 C에 대하여 어떠한 권리를 행사할 수 있을 것인지는 다소 검토를 요한다.

우선 B가 받은 이용허락이 단순이용허락인 경우에는 B는 단순히 저작재산권자 A에 대하여 자신의 이용행위를 용인하여 줄 것을 요구할 수 있는 권리만을 부여받고 있을 뿐이므로, 무단이용행위를 하는 제 3 자 C에 대하여 금지청구나 손해배상청구를 비롯한 어떠한 권리도 행사할 수 없다. 그러나 B가 받은 이용허락이 독점적 이용허락인 경우에는 문제가 달라진다.

(2) 독점적 이용허락의 효력

(가) 제 3 자의 무단이용 행위에 대한 금지청구

우선 B가 제 3 자 C를 상대로 무단이용행위의 금지청구를 할 수 있는지 여부를 살펴본

---

30) 오승종·이해완, 전게서, 318면.

다. 이 경우 B는 독점적 이용권을 가지고 있지만 그 권리 역시 배타성이 있는 준물권이 아니라 채권적 권리에 불과하므로 제3자의 무단이용행위에 대하여 직접 고유의 금지청구권을 행사할 수 있는 근거는 없다.[31] 문제는 저작재산권자 A가 적극적으로 C의 무단이용행위를 중지시키고자 하는 조치를 취하지 아니하고 그의 무단이용행위를 방임하고 있는 경우에, B가 자신의 채권인 독점적 이용권을 보전하기 위하여 민법 제404조의 규정에 의한 채권자대위권을 행사하여 A의 권리에 속하는 금지청구권을 행사할 수 있는지 여부이다. 이에 대하여는 긍정설도 있고,[32] 신중론도 있다.[33]

긍정하는 것이 타당하다고 생각된다. 왜냐하면 채무자의 자력과 관계가 없는 특정채권의 보전을 위한 채권자대위권의 전용(轉用)을 널리 인정하는 것이 대법원의 확립된 입장이고,[34] 무단이용을 하는 제3자를 특별히 보호해 줄 이유도 없기 때문이다.

대법원은 소리바다 관련 가처분이의 상고심 판결인 대법원 2007. 1. 25. 선고 2005다11626 판결에서, "이용허락의 목적이 된 저작권법이 보호하는 재산권의 침해가 발생하는 경우에 그 권리자가 스스로 침해정지청구권을 행사하지 아니하는 때에는 독점적인 이용권자로서는 이를 대위하여 행사하지 아니하면 달리 자신의 권리를 보전할 방법이 없을 뿐만 아니라, 저작권법이 보호하는 이용허락의 대상이 되는 권리들은 일신전속적인 권리도 아니므로 독점적인 이용권자는 자신의 권리를 보전하기 위하여 필요한 범위 내에서 권리자를 대위하여 저작권법 제91조에 기한 침해정지청구권을 행사할 수 있다"고 하여 독점적 이용권자의 침해정지청구권 대위행사를 인정하였다.

(나) 제3자의 무단이용 행위에 대한 손해배상청구

다음으로 독점적 이용허락을 받은 B가 무단이용하는 제3자를 상대로 손해배상청구를 할 수 있는지 살펴본다. 일본의 경우 학설이 나뉘어져 있다. 이 경우에 독점적 이용허락을 받은 자는 저작물의 독점적 이용에 관하여 밀접한 이해관계를 가지고 있어서, 적어도 독점적 허락이 있다는 것을 인식하면서 저작물의 무단이용을 한 침해자의 행위를 감수하여야 할 이유는 없다고 할 것이다. 따라서 그러한 제3자에 대하여는 손해배상청구권을 가지는

---

31) 足立謙三, 전게서, 265면.

32) 加戶守行, 전게서, 375면.

33) 足立謙三, 전게서, 265면. 作花文雄, 전게서, 412면은, 금지청구권의 대위행사가 가능할 것인지 의문이며, 설사 가능하다고 하더라도 어떠한 경우에 허용할 것인지는 검증을 요하는 문제라고 하여 다소 부정적인 견해를 표명하고 있다.

34) 우리 대법원은 특정채권의 보전을 위하여 채권자대위권을 전용하는 유형으로서 임차인에 의한 임대인의 임차목적물 침해자에 대한 방해제거 또는 예방청구권의 대위행사를 인정하고 있다. 예를 들어, 토지소유자 D가 E에게 토지를 임대해 주었는데, F가 이 토지의 이용을 방해하고 있는 경우에, E는 D가 F에 대하여 가지는 소유물방해제거청구권(민법 제214조)을 대위행사하여 F에게 방해의 제거(및 자기에게로의 인도)를 청구할 수 있다고 한다(지원림, 민법강의, 제3판, 홍문사, 2004, 890면).

것으로 해석함이 타당하다고 생각되는데,[35] 이는 결국 제 3 자의 무단이용 행위가 독점적 이용허락을 받은 자에 대한 채권침해로서 불법행위가 성립하는가의 문제라고 할 수 있다.

(다) 중복하여 이용허락을 받은 제 3 자에 대한 청구

한편, 독점적 이용허락을 받은 저작물에 대한 무단이용 행위가 아니라, 그러한 독점적 이용허락계약의 존재를 알면서도 저작자와의 별도의 계약을 체결하여 이용행위를 하는 제 3 자에 대한 청구가 가능한지, 즉 독립한 경제주체간의 경쟁적 계약관계에 있어서의 채권침해가 성립할 수 있는지 여부도 의문이다. 이 경우에는 단순히 제 3 자가 저작자와 독점적 이용허락권자 사이의 계약내용을 알면서 그러한 계약에 위반되는 내용의 계약을 체결한 것만으로는 제 3 자의 고의·과실 및 위법성을 인정하기에 부족하고, 제 3 자가 채무자와 적극 공모하였다거나 또는 제 3 자가 기망·협박 등 사회상규에 반하는 수단을 사용하거나 채권자를 해할 의사로 채무자와 계약을 체결하였다는 등의 특별한 사정이 있는 경우에 한하여 제 3 자의 고의·과실 및 위법성을 인정하여야 할 것이다.

제 3 절 저작권 양도 및 이용허락과 관련된 계약의 해석

I. 서 설

저작재산권의 양도 및 이용허락은 일반적으로 계약과 같은 법률행위에 의하여 이루어지게 된다. 이때 당사자는 법률행위에 담겨진 의사표시에 의하여 일정한 법적 효과를 의도한다. 그러나 법률행위가 이루어지는 과정을 보면 일정한 법적 효과를 의도하는 의사표시가 존재하는지, 나아가 의사표시가 존재한다고 하더라도 그 의사표시가 정확히 어떠한 내용을 가지는 것인지 하는 점이 반드시 명확하지 않은 경우가 많이 발생한다. 계약체결 당시에 당사자의 모든 의사를 완벽하게 계약서에 담아내는 것은 사실상 불가능하기 때문이다. 그러나 의사표시의 존재 및 내용이 명확하게 되어야 그 의사표시의 합치에 의하여 성립된 계약의 내용과 효력을 확정할 수 있게 된다. 따라서 계약서 문구의 흠결과 현실과의 간극을 보충하여 계약의 내용을 확정하기 위한 수단으로서 계약의 해석은 매우 중요한 의미를 가진다. 다른 사법(私法) 분야에서도 마찬가지이지만, 저작권관련 분야에서도 계약의 해석과 관련된 분쟁이 상당한 다수를 차지한다.

---

35) 足立謙三, 전게서, 264면; 오승종·이해완, 전게서, 318면.

계약의 해석(법률행위의 해석)은 계약의 내용을 확정하는 것이라고 할 수 있다. 통설은 일반적으로 '법률행위의 해석'이란 당사자의 숨은 진의(眞意) 내지 내심적 의사를 탐구하는 것이 아니라, 당사자의 의사의 객관적 표현이라고 볼 수 있는 것, 즉 표시행위가 가지는 객관적 의미를 밝히는 것이라고 보고 있다. 판례도 통설과 같은 입장에 있는 것으로 이해된다.[36]

Ⅱ. 저작권관련 계약의 해석

1. 서   설

계약(법률행위) 해석의 표준에 관한 명문의 규정은 없지만 학설은 일반적으로 민법 제106조를 근거로 하여, ① 당사자가 기도한 목적, ② (사실인) 관습, ③ 임의규정, ④ 신의성실의 원칙을 법률행위 해석의 표준으로 들고 있으며, 판례도 이와 비슷한 입장이다.[37] 계약의 해석과 관련한 일반원칙은 주로 민법 분야에서 발전하여 왔다. 그런데 이와 같은 일반 민법상의 해석론이 저작권과 관련된 계약에도 그대로 적용될 것인지는 검토를 해 보아야 한다. 일반 민법상의 해석론을 저작물 이용허락계약이나 저작재산권 양도계약 등 저작권관련 계약에 그대로 적용하게 되면 이용자 또는 양수인보다 저작자에게 불리한 결과로 나타날 가능성이 많기 때문이다. 그 대표적인 이유로는 다음과 같은 것들을 들 수 있다.

첫째, 여기서 이용자라 함은 단순한 최종 소비자가 아니라 저작물을 이용하여 사업을 하는 사업자 또는 유통업자들인데, 이러한 이용자와 저작자 사이에는 역학적·구조적인 불

---

36) 대법원 2002. 6. 28. 선고 2002다23842 판결은, "의사표시 해석에 있어서 당사자의 진정한 의사를 알 수 없다면, 의사표시의 요소가 되는 것은 표시행위로부터 추단되는 효과의사, 즉 표시상의 효과의사이고 표의자가 가지고 있던 내심적 효과의사는 아니므로, 당사자의 내심의 의사보다는 외부로 표시된 행위에 의하여 추단되는 의사를 가지고 해석함이 상당하다"고 판시하고 있다. 그러나 이러한 통설과 판례의 입장에 대하여, 사적자치가 허용되는 범위에서 당사자의 의사를 실현하는 수단이 바로 법률행위라는 점 등을 고려하면, 해석이란 당연히 당사자의 내심의 효과의사, 즉 진의(眞意)가 무엇인가를 밝히는 것이어야 한다는 반대설이 있다(지원림, 전게서, 166-167면).

37) 대법원 2001. 3. 23. 선고 2000다40858 판결: "법률행위의 해석은 당사자가 그 표시행위에 부여한 객관적인 의미를 명백하게 확정하는 것으로서, 사용된 문언에만 구애받는 것은 아니지만, 어디까지나 당사자의 내심의 의사가 어떤지에 관계없이 그 문언의 내용에 의하여 당사자가 그 표시행위에 부여한 객관적인 의미를 합리적으로 해석하여야 하는 것이고, 당사자가 표시한 문언에 의하여 그 객관적인 의미가 명확하게 드러나지 않는 경우에는 그 문언의 형식과 내용, 그 법률행위가 이루어진 동기 및 경위, 당사자가 그 법률행위에 의하여 달성하려는 목적과 진정한 의사, 거래의 관행 등을 종합적으로 고려하여 사회정의와 형평의 이념에 맞도록 논리와 경험의 법칙, 그리고 사회 일반의 상식과 거래의 통념에 따라 합리적으로 해석하여야 한다."

균형이 존재하는 경우가 많다. 저작자는 자신의 저작물을 자체적으로 활용할 수 있는 수단을 가지지 않는 경우가 대부분이고, 그래서 저작물을 활용할 자본과 설비, 인력, 유통망 등을 가지고 있는 저작물 이용자와의 사이에 이용허락계약을 체결하거나 저작재산권 양도계약을 체결할 수밖에 없는 구조이다. 그런데 그 저작물을 활용하기 위하여 들어가는 투하자본의 회수 여부는 불투명하고 그에 대한 위험은 대부분 저작물 이용자가 지게 되기 때문에, 자연히 투자 여부에 대한 결정권도 이용자가 가지게 된다. 이러한 구조로 인하여 저작물 이용자는 가급적 자신에게 유리한 계약을 체결하고자 하고, 저작자의 입장에서는 그러한 계약을 받아들일 수밖에 없게 된다.

둘째, 저작물의 장래 이용상황 및 수익성에 관한 예측이 곤란하다는 점이 저작자에게 불리한 요소로 작용한다. 저작물은 무체물이기 때문에 과학기술과 매체의 발달에 의하여 이용상황이나 이용방법이 달라질 수 있으며, 그에 따라 새로운 시장이 형성되고 추가적인 수익이 발생할 수도 있다. 그러나 일반적으로 저작자들은 그러한 상황을 예측하기 어렵고, 또 설사 예측한다고 하더라도 저작물 이용자에 비하여 상대적으로 열등한 지위에 있는 관계상 그러한 장래 상황에 대하여 계약 당시부터 확실한 권리를 주장하기 어려운 면이 있다. 또한 저작물은 무체물이기 때문에 저작물관련 계약의 내용이 이용허락의 범위나 양도의 범위 등에 있어서 포괄적으로 규정되기 마련이다. 그리고 이와 같은 포괄적 규정의 특성에서 생기는 불이익은 저작자의 부담이 될 가능성이 높다. 뿐만 아니라 최초에 이용허락계약이나 양도계약을 체결할 당시의 기초적 사정이 변동한다든가, 계약 당시에는 예상하지 못하였던 상황이 계약기간 중에 발생할 수도 있다. 예를 들어, 어떤 소설이 당초 예상을 훨씬 뛰어넘는 베스트셀러가 됨으로써 저작자와 이용자(출판사) 사이에 체결한 계약서의 인세 약정이 현저하게 균형을 잃게 되는 경우를 생각해 볼 수 있다. 나아가 저작자의 입장에서는 이용자가 양적 또는 질적 측면에서 어느 정도의 규모로 자신의 저작물을 이용할 것인지를 알기 어렵고, 설사 그 부분을 예측한다고 하더라도 그러한 점을 반영한 계약을 체결하기가 쉽지 않다. 또 계약 이후의 상황변화에 따라 당초 예측하였던 이용규모가 훨씬 늘어나는 경우도 있다. 이러한 사정변경에 대하여 저작자는 자신의 권리를 주장하기 어려운 경우가 많다.

이와 같은 이유 때문에 저작권관련 계약을 해석함에 있어서는 민법상 일반계약의 해석론을 그대로 적용하는 것은 합리적이지 않다는 지적이 있다. 독일이나 미국의 경우를 보면 이러한 문제점을 입법을 통하여 해결하거나, 법원의 해석을 통하여 해결하고자 하는 경향을 보이고 있다. 이하에서 간략히 살펴보기로 한다.[38]

---

38) 이에 대한 상세한 설명은 오승종, 전게서, 621-629면 참조.

2. 저작권관련 계약 해석에 있어서 각국의 입법과 해석론

가. 독   일

독일 저작권법은 철저하게 저작자 보호 위주로 규정되어 있다. 유증(遺贈)이나 상속의 경우를 제외하고는 저작재산권의 양도는 아예 허용되지 아니하며, 저작자가 이용권을 부여한 경우에도 계약 당시 알려지지 않은 방법에 의한 이용권의 부여는 무효이기 때문에, 예를 들어 새로운 매체를 통한 저작물 이용권은 언제나 저작자에게 유보되어 있다. 또한 저작물의 이용대가가 현저하게 불균형하게 된 때에는 저작자가 이용권자에게 계약변경을 요구할 권리가 있고, 이용권 부여계약의 해석에 관하여도 의심스러운 때에는 저작자에게 유리하게 해석하도록 하는 등의 여러 규정을 아예 저작권법에서 명문화하고 있다.[39]

특히 독일은 저작권 관련 계약에 있어서 이른바 '목적양도론'(目的讓渡論)이라고 하는 독특한 해석론을 통하여 저작자의 지위를 보호하고 있다. 목적양도론은 요컨대 저작물 이용허락계약에 있어서 이용이 허락된 범위는 그 허락의 '목적'에 따라 제한되어 결정된다는 것이다.

나. 미   국

(1) 서   설

독일이 일반 민법상 해석론과는 다른 특수한 해석론을 적용하여 저작자의 지위를 보호하는 후견적 역할을 하고 있음에 대하여, 미국은 그러한 특수한 해석론을 채택하고 있지는 않다. 그러나 특정한 이용방법이나 매체에 관하여 당사자들의 의사가 불분명한 경우에는 그러한 한도에서 이용허락이 없다고 보거나, 저작자에게 유리한 추정의 원칙 또는 계약문언 작성자에게 불리한 추정의 원칙 등을 적용하여 이용자가 주장하는 방법은 이용허락의 범위에 들어가지 않는 것으로 해석하는 등 나름대로 저작자를 보호하는 입장을 취하고 있다.[40]

(2) 저작자에게 유리한 추정(presumption for author)

양도 또는 이용허락 되었음이 외부적으로 표현되지 아니한 것은 저작자에게 그 권리가 유보된 것으로 추정하는 원칙으로, 연방 제 9 항소법원을 중심으로 형성된 판례의 입장이라고 한다. 계약서에 명시적으로 기재되지 않아 분쟁의 대상이 되고 있는 권리는 저작자에게 유보된 것으로 해석한다. 저작자로부터 그의 노력의 산물을 이전받기 위해서는 그에 관한

---

39) 이성호, 저작물 이용허락의 범위와 새로운 매체-미국 저작권법을 중심으로, 판례월보, 311호, 52면; 서달주, 2002 독일 개정저작권법과 저작자의 지위 강화, 저작권심의조정위원회, 2003 참조.
40) 박범석, "저작권계약의 해석방법론에 관한 연구 - 저작자와 저작권이용자 사이의 계약해석에 있어서 -", 서울대학교 법학석사 논문(2000. 8.), 45-46면.

분명한 언어가 필요하므로 "의심스러울 때에는 저작자에게 유리하게" 해석하여야 한다는 것이다.[41]

(3) 계약문안 작성자에게 불리한 추정(presumption against drafter)

저작권관련 계약서의 내용 중에 애매한 부분이 있을 경우 그 계약서 문안을 작성한 자에게 불리하게 추정한다는 것이다. 쌍방 당사자 중 계약서 문안을 직접 작성한 자가 자신의 의도를 가장 분명하게 표현할 수 있는 지위에 있는 것이므로, 문안에 분명하게 표현되지 아니한 것은 문안작성자에게 불리하게 추정하는 것이 타당하며, 저작권관련 계약에 있어서 일반적으로 문안을 작성하는 자가 그러한 계약과 관련하여 상대방보다 더 경험이 많거나 전문적 지식을 가진 당사자이므로 정확한 문안작성의 실패에 따른 부담도 그에게 지우는 것이 공평하다는 것을 논리적 근거로 한다.[42]

이러한 추정을 채택한 대표적인 판결로서 워너브라더스 영화사가 당사자인 'Maltese Falcon 판결'이 있다.[43] 이 판결은 'Maltese Falcon'이라는 유명한 탐정소설을 원작으로 하는 영화화 권리에 대한 양도계약을 체결하였는데, 양도된 권리 속에 원작 소설에 등장하는 캐릭터에 관한 권리까지 포함된 것인지 여부가 다투어진 사례이다. 연방 제9 항소법원은, 워너브라더스사와 같이 저작권을 전문으로 다루는 대형 영화사는 당연히 저작권 관련 계약 실무에 있어서도 상당한 전문성을 가지고 있다고 보아야 할 것인데, 그런 영화사가 원작 소설가로부터 원작에 대한 영화화 권리를 양도받으면서 작성한 계약서에 '캐릭터'에 관한 언급이 전혀 없다는 것은 캐릭터에 관한 권리는 양도되지 않았다고 추정하는 근거가 된다고 판시하였다.[44]

(4) 부수적 증거

계약에서 규정하고 있는 용어가 분명하지 아니하거나 개괄적인 내용일 경우에는 그 구체적 의미를 해석함에 있어서 산업상의 거래관행이나 용례, 계약 당시의 당사자의 지식, 계

---

41) 이성호, 전게논문, 54면.
42) 이성호, 전게논문, 55면.
43) Warner Bros., Inc. v. Columbia Broadcasting System, 216 F.2d 945(9th Cir. 1954), cert. denied, 348 U.S. 971(1955).
44) 이 판결은 그 외에도, 당시 워너브라더스사가 원작 저작자에 대하여 영화화권 양수의 대가로 지급한 금액이 'Maltese Falcon'과 같이 유명한 작품의 캐릭터까지를 포함한 모든 권리의 양수대금으로서는 지나치게 적었다는 점, 양도계약 이후에도 원작 저작자가 'Maltese Falcon'에 등장하는 캐릭터를 사용하여 3개의 스토리를 저작하였지만, 이에 대하여 워너브라더스사가 아무런 이의도 제기하지 않았다는 점 등을 추정의 근거로 들고 있다.

약 후의 당사자의 행동 등 부수적인 정황증거들이 활용된다.

예를 들어, '거래상의 관행 및 용례'(trade custom and usage)를 증거로 받아들인 사례로서, 저작자에게 지급하여야 할 이용료를 특별히 정하지 아니한 음반계약에 관하여, 원음반 (master recording)을 제3자에게 이용허락할 경우 저작자에게 순이익의 50%를 이용료로 지급하는 것이 거래상의 관행이라고 한 사례가 있다. 또한 '당사자의 지식'(parties' knowledge) 및 '당사자의 행동'(parties' conduct)을 증거로 채택한 사례로는 위의 'Maltese Falcon' 판결을 예로 들 수 있다. '당사자의 행동'이란 당사자의 일방이나 쌍방이 그 동안 문제가 된 계약조항을 어느 특정한 의미로 이해하고 이에 순응하여 행동하여 왔다는 점을 계약해석을 위한 정황증거로 채택하는 것을 말한다.[45]

다. 일   본

일본의 판례는 저작권 계약의 해석에 관하여도 기본적으로는 일반 민법상의 계약해석의 원리에 입각하고 있는 것으로 보인다. 계약 내용에 구체적 명시가 없는 경우에 이용대가의 액수를 검토하여, 그 액수의 많고 적음에 따라 저작권양도 여부 및 이용범위를 결정한 판결이 있다.[46] 또한 보충적으로 당사자의 계약 체결 전후의 거동과 업계에 존재하였던 거래관행 등을 고려한 판결이 있다.[47] 하급심 판결 중에서는 일반적으로 저작권의 양도인지, 출판권설정 내지 출판허락인지 분명하지 아니한 경우에는 후자의 취지로 합의가 이루어졌다고 보는 것이 상당하다고 하거나, 의심스러운 경우에는 저작자에게 유리하게 해석하여야 한다는 등 저작자에게 유리한 해석방법론을 받아들인 것 같은 판결도 있다. 그러나 이러한 해석론은 일반 민법상의 해석론에 의하여도 가능한 것이고, 통상의 당사자의 의사를 추정하는 것 이상으로 일반 민법과 다른 특별한 해석원칙을 적용한 것은 아니라는 견해가 있다.[48]

---

45) 이성호, 전게논문, 56면.

46) 동경지방법원이 1975. 2. 24. 선고한 이른바 '秘錄大東亞戰史 事件' 판결에서는, 원고에게 지급된 원고료가 인세 상당액을 훨씬 상회하는 것으로 보이고, 원고 외의 '비록대동아전사' 책자의 다른 집필자들로부터 현재에 이르기까지 인세청구가 없었다는 점 등에 비추어 볼 때, 원고로부터 출판사에 대하여 이 사건 책자에 관하여 복제할 수 있는 권리의 양도가 이루어졌다고 인정하는 것이 상당하다고 판결하였다.

47) 동경고등법원이 1989. 6. 20. 선고한 이른바 '原色動物大圖鑑 事件' 판결에서는, 그 동안 원고가 저작물의 저작권을 주장한다든가 사용료(인세)의 지급과 이 사건 원화(原畵)의 반환을 청구한 적이 전혀 없다는 점 및 당시 출판사가 화가에게 도서의 삽화를 그려 줄 것을 의뢰하는 경우 출판사가 화가로부터 삽화의 저작권 및 소유권을 양수하는 관행이 있었고, 당시의 물가 수준에 비하여 원고에게 지급된 인세가 원고가 생물화가라는 사회적 지위와 각 원화가 극명하게 사실적으로 그려져 있다는 점을 고려해 보더라도 상당한 고액이라는 점에 비추어 보면, 이 사건 저작물의 저작권을 양도하기로 하는 매절(買切)의 합의가 있었다고 인정하였다.

48) 박범석, 전게논문, 58-59면.

3. 우리나라 판례의 검토

가. 양도계약과 이용허락계약의 구별

(1) 해석론

저작권 양도계약은 준물권계약이고 저작물 이용허락계약은 채권적 계약이다. 따라서 이용자의 입장에서 본다면 저작권 양도계약을 체결하는 것이 제 3 자에 대한 배타적 효력을 가질 수 있고 이용의 범위도 넓어서 저작물 이용허락계약을 체결하는 경우보다 그 지위가 강하다고 볼 수 있다. 반면에 저작권자의 입장은 그 만큼 약화된다. 저작권과 관련된 계약이 체결되었는데 그것이 저작권 양도계약인지 이용허락계약인지 불분명한 경우에 어떻게 해석할 것인지에 관하여 대법원 1996. 7. 30. 선고 95다29130 판결은, "일반적으로 법률행위의 해석은 당사자가 그 표시행위에 부여한 객관적인 의미를 명백하게 확정하는 것으로서, 당사자가 표시한 문언에 의하여 그 객관적인 의미가 명확하게 드러나지 않는 경우에는 그 문언의 내용과 그 법률행위가 이루어진 동기 및 경위, 당사자가 그 법률행위에 의하여 달성하려고 하는 목적과 진정한 의사, 거래의 관행 등을 종합적으로 고찰하여 사회정의와 형평의 이념에 맞도록 논리와 경험의 법칙, 그리고 사회 일반의 상식과 거래의 통념에 따라 합리적으로 해석하여야 한다"고 하면서, "저작권에 관한 계약을 해석함에 있어 과연 그것이 저작권 양도계약인지 이용허락계약인지 명백하지 아니한 경우, 저작권 양도 또는 이용허락되었음이 외부적으로 표현되지 아니한 경우에는 저작자에게 권리가 유보된 것으로 유리하게 추정함이 상당하며, 계약내용이 불분명한 경우 구체적인 의미를 해석함에 있어 거래관행이나 당사자의 지식, 행동 등을 종합하여 해석함이 상당하다"고 하였다.

(2) 매절계약

주로 출판계에서 저작권을 양도한다는 의미로 '원고의 매절(買切)' 또는 '매절계약'이라는 용어가 사용되고 있는 것을 볼 수 있는데, 하급심 판결 중에는 "저작물 이용대가를 판매부수에 따라 지급하는 것이 아니라 미리 일괄지급하는 형태의 이른바 '매절'(買切)계약의 경우, 그 원고료로 지급한 대가가 인세를 훨씬 상회하는 고액이라는 등의 입증이 없는 한 이는 출판권설정계약 또는 독점적 출판계약(즉, 이용허락계약)으로 볼 것이지 저작재산권 양도계약으로 볼 수는 없다"고 한 것이 있고,[49] 그와 유사한 취지의 판결들도 여럿 있다.

대법원 1985. 5. 28.자 84다카2514 결정은 방송사인 피고가 방영이 끝난 TV 드라마의

---

49) 서울민사지방법원 1994. 6. 1. 선고 94카합3724 판결(하급심판결집 94.1, 435면). 이른바 '녹정기' 사건 판결.

녹화작품을 TV 방송이 아닌 VTR 테이프에 복사하여 판매한 것이 드라마 대본 작가들인 원고들의 극본사용승낙의 범위를 넘는 2차적저작물 이용으로서 원고들의 저작권을 침해한 것인지 여부가 다투어진 사건에서, "원고들이 피고 방송사로부터 대가를 받고 그들이 저작한 극본을 피고에게 제공하였다 하더라도, 다른 특별한 사정이 없는 한 이는 저작권자인 원고들이 피고 방송사에게 저작물인 위 극본의 이용권을 설정해 준 데 불과할 뿐, 이로써 원고들의 극본에 대한 저작권을 상실시키기로 한 것이라고는 볼 수 없으므로 위 극본 저작자인 원고들은 위 극본에 대한 저작권을 그대로 보유한다. 원고들과 피고 사이에 체결된 극본공급계약에는 원고들이 피고 방송사로 하여금 그 극본을 토대로 2차적저작물인 TV 드라마 녹화작품을 제작하여 TV 방송을 통하여 방영하는 것(개작 및 방송)을 승낙하는 의사가 당연히 포함되어 있다고 할 것이나, 그렇다고 하여 원고들이 피고 방송사에게 원고들로부터 별도의 동의를 받지 않고 위 극본을 토대로 제작된 녹화작품을 VTR 테이프로 이용하는 것까지를 승낙하였다고 볼 수는 없다"고 하였다.

또한 서울지방법원 남부지원 1992. 6. 19. 판결은, "원고가 피고(한국교육개발원)에게 매절의 형식으로 TV 방송교재 원고 일부를 넘겨주었다고 하더라도 그 원고료 액수가 인세 상당액을 대폭 상회하는 등의 특별한 사정이 없고, TV 방송교재가 1989년도에 사용하기 위한 1회용 교재라는 점에 비추어 볼 때, 피고가 그 저작권까지 양도받을 필요는 없었다고 할 것이므로, 그 기간이 경과되면 위 교재에 관한 저작권 등 권리가 다시 원고에게 환원되었다고 보아야 한다"고 하였다.

(3) 기타 판례

다른 하급심 판결 중에는 양도계약인지 이용허락계약인지 여부가 문제로 된 사건에서 당사자의 관계, 저작물의 창작과정, 계약에 이르게 된 경위 등을 종합적으로 고려하여 저작물 이용허락계약이 아니라 저작재산권 중 일부 지분권에 대한 제한적인 양도계약으로 해석한 것이 있다. 서울고등법원 1997. 11. 28. 선고 96나5256 판결[50]은, "이 사건 가요에 대한 이용허락계약 당시 우리나라 음반업계의 관행은 음반제작자가 제작비용 전부를 부담하고 제작 후의 홍보도 주도적으로 하였으며, 작사·작곡자 또는 가수들은 곡을 제공하거나 가창만을 할 뿐, 비용을 부담하지는 않았던 사실, 따라서 음반제작자가 투자된 비용을 회수하고 이윤을 얻을 수 있는지 불확실하여 작사·작곡자 또는 가수의 경우 1회의 사용료를 받거나 무명의 경우에는 보수도 받지 않은 채 음반취입의 기회만을 가진 것에 만족하고 음반제작자에게 그가 제작하는 음반에 관한 복제권을 수량·횟수·기간 및 종류 등의 제한 없이 부

---

50) 저작권심의조정위원회, 한국저작권판례집(5), 57면.

여하였고, 그러한 경우에도 작사·작곡자 등이 음반의 판매량에 따른 별도의 인세지급 등을 주장하는 일은 없었으며, 오히려 음반제작자로서의 권리를 보호해 주기 위하여 일정기간 다른 음반제작자에게 이중으로 권리를 부여하는 일이 없도록 제한을 두었던 사실, 한편 음반제작자 중에는 제작된 원반을 이용하여 음반을 판매목적으로 제조할 수 있는 시설을 갖춘 자가 많지 않았고, 따라서 음반제작자가 음반제조시설을 갖춘 다른 사업자와 공동으로 음반을 제조·판매하거나 그 음반에 관한 권리를 양도하는 일이 흔히 있었던 사실 등"을 인정한 후, 이러한 여러 사정을 종합하여 보면, 원고(작사·작곡자)와 甲(음반제작자) 사이에서 이 사건 가요를 녹음물 일체에 사용하는 것을 원고가 승낙한다고 약정한 것은 甲이 원고가 작사·작곡한 가요를 이용하여 단순히 음반을 제작하는 행위를 승낙한다는 뜻을 넘어 그 음반에 대한 원고의 저작재산권 중 복제·배포권을 甲에게 양도하고 그가 이를 처분할 수 있는 권한까지 부여한 것으로 해석함이 상당하다고 하였다.

그러나 편집앨범의 제작과 저작물 이용허락과 관련하여서는 다음과 같은 대법원 판결도 있음에 유의하여야 한다. 대법원 2006. 7. 13. 선고 2004다10756 판결은, "저작권자가 자신의 저작재산권 중 복제·배포권의 처분권한까지 음반제작자에게 부여하였다거나, 또는 음반제작자로 하여금 저작인접물인 음반 이외에 저작물에 대하여서까지 이용허락을 할 수 있는 권한 내지 저작물의 이용권을 제 3 자에게 양도할 수 있는 권한을 부여하였다는 등의 특별한 사정이 인정되지 않는 한, 음반제작자에 의하여 제작된 원반(原盤) 등 저작인접물에 수록된 내용 중 일부씩을 발췌하여 이른바 '편집앨범'을 제작하고자 하는 자는 해당 음반제작자의 저작인접물에 대한 이용허락 이외에 저작권자로부터도 음악저작물에 대한 이용허락을 얻어야 한다"고 하였다.

역시 편집앨범의 제작과 저작물 이용허락에 관하여 대법원 2007. 2. 22. 선고 2005다74894 판결은, "피고들이 이 사건 15개 음악저작물의 저작자들로부터 이용허락을 받아 그에 관한 원반을 제작하였던 자로서 그 원반의 복제·배포권을 갖게 되었다 하더라도, 그 저작자들이 이용허락을 한 구체적인 범위가 어디까지인지를 심리하지 아니하고서는, 곧바로 피고들이 이 사건 15개 음악저작물의 원반을 복제하여 편집음반을 제작·판매한 행위가 이 사건 15개 음악저작물에 대한 저작재산권의 침해에 해당하지 않는다고 단정할 수 없다"고 하였다.

한편, 서울고등법원 2002. 7. 24. 선고 2001나5755 판결(일명, '이상문학상 수상작품집' 사건)[51]에서는, 문학잡지가 제정한 문학상 수상작품들을 당사자 간의 특별한 약정이 없는 상

---

51) 이 판결은 대법원 2004. 8. 16. 선고 2002다47792 판결에서 상고기각으로 확정되었다. 이 사건에서 원고(사단법인 한국문예학술저작권협회)의 주장은, 피고(문학사상사)가 제정한 문학상의 수상작가들인 저

태에서 그 문학잡지가 출간하는 '수상작품집'에 계속하여 수록하는 행위의 적법성 여부가 다투어졌는데, 수상자들의 문학잡지사에 대한 출판허락은 이 사건 저작물에 대한 출판권 설정계약이나 저작권 또는 복제·배포권의 양도라고 보기는 어렵고, 다만 수상자들에게 수여한 상금에 이용대가가 포함되어 있는 저작권법 제42조(현행 저작권법 제46조)가 규정하는 저작물 이용허락이라고 봄이 상당하다고 하여 저작권침해를 인정하였다.

나. 새로운 매체의 등장과 저작물 이용허락계약의 해석

(1) 문제의 소재

저작물 이용허락계약을 체결하면서 그 계약의 대상으로 되는 매체의 범위에 관하여 특별한 약정을 하지 않은 경우에, 계약 당시에 존재하지 않았던 새로운 매체가 등장하였다면 그 이용허락 된 매체의 범위에 새로운 매체까지 포함되는 것으로 볼 것이냐 여부가 쟁점으로 되는 경우가 종종 발생한다. 특히 저작물은 무체물이라는 특성상 과학기술의 발달에 따라 그것을 이용하는 방법이 날로 다양해지는데, 계약 당시에 당사자가 예정하지 않았던 방법에 의한 이용까지 허락한 것이라고 볼 것인지 문제로 된다. 이것 역시 저작물 이용허락계약의 해석에 관한 문제로서 획일적인 기준은 존재하지 않고, 사안에 따라서 구체적으로 판단하여야 할 것이다.

(2) 판 례

이와 관련하여서는 대법원 1996. 7. 30. 선고 95다29130 판결이 중요한 시사점을 제공하고 있다. 음반회사인 피고는 원고들(작사·작곡자, 가수 등)과 1984. 4월 경 음반제작계약을 체결하고 원반을 제작하여 이를 LP 음반으로 복제·판매하였다. 그런데 그 후 CD라는 매체가 등장하였고, 이에 피고는 원고들의 허락 없이 1992년경부터 LP 음반에 수록된 원고들의 가요에다가 일부 다른 가요를 추가한 재편집 원반을 제작한 다음 이를 CD로 복제하여 판매하였다.

이에 대하여 대법원은 먼저 해석론으로서, "새로운 매체에 관한 이용허락에 대한 명시적인 약정이 없는 경우 과연 당사자 사이에 새로운 매체에 관하여도 이용을 허락한 것으로

자들이 그 문학상 수상작품들을 수록한 수상작품집을 피고가 3년 동안 출판하는 것에는 묵시적으로나마 동의하였다고 할 것이나, 그 밖에 저자들과 피고 사이에 이 사건 저작물에 관한 출판권설정계약이나 저작권양도계약을 체결한 사실이 없으므로, 피고는 3년이 경과한 때부터 저작자들에게 인세 등 이용대가를 지급할 의무가 있다는 것이었다. 이에 대하여 피고는, 저자들과 피고 사이에는 계약 또는 민법 제678조의 '우수현상광고'의 법리 및 출판계의 관습 등에 의하여 이 사건 저작물에 관한 저작권 또는 복제·배포권에 대한 양도계약이 있었다고 보아야 할 것이므로, 그러한 권리를 양도받은 피고의 수상작품집 발간행위는 적법하다고 다투었다.

볼 것인지에 관한 의사해석의 원칙은, ① 계약 당시 새로운 매체가 알려지지 아니한 경우인 지 여부, 당사자가 계약의 구체적 의미를 제대로 이해한 경우인지 여부, 포괄적 이용허락에 비하여 현저히 균형을 잃은 대가만을 지급 받았다고 보여지는 경우로서 저작자의 보호와 공평의 견지에서 새로운 매체에 대한 예외조항을 명시하지 아니하였다고 하여 그 책임을 저작자에게 돌리는 것이 바람직하지 않은 경우인지 여부 등 당사자의 새로운 매체에 대한 지식, 경험, 경제적 지위, 진정한 의사, 관행 등을 고려하고, ② 이용허락계약 조건이 저작물 이용에 따른 수익과 비교하여 지나치게 적은 대가만을 지급하는 조건으로 되어 있어 중대 한 불균형이 있는 경우인지 여부, 이용을 허락 받은 자는 계약서에서 기술하고 있는 매체의 범위 내에 들어간다고 봄이 합리적이라고 판단되는 어떠한 사용도 가능하다고 해석할 수 있는 경우인지 여부 등 사회일반의 상식과 거래의 통념에 따른 계약의 합리적이고 공평한 해석의 필요성을 참작하며, ③ 새로운 매체를 통한 저작물의 이용이 기존의 매체를 통한 저 작물의 이용에 미치는 경제적 영향, 만일 계약 당시 당사자들이 새로운 매체의 등장을 알았 더라면 당사자들이 다른 내용의 약정을 하였으리라고 예상되는 경우인지 여부, 새로운 매체 가 기존의 매체와 사용, 소비방법에 있어 유사하여 기존 매체시장을 잠식, 대체하는 측면이 강한 경우이어서 이용자에게 새로운 매체에 대한 이용권이 허락된 것으로 볼 수 있는지 아 니면 그와 달리 새로운 매체가 기술혁신을 통해 기존의 매체시장에 별다른 영향을 미치지 않으면서 새로운 시장을 창출하는 측면이 강한 경우이어서 새로운 매체에 대한 이용권이 저작자에게 유보된 것으로 볼 수 있는지 여부 등 새로운 매체로 인한 경제적 이익의 적절 한 안배의 필요성 등을 종합적으로 고려하여 사회정의와 형평의 이념에 맞도록 해석하여야 한다"고 하였다.

이 판결은 이와 같은 해석론을 전개한 후에, 계약 전후의 여러 가지 사정과 특히 CD음 반이 LP음반과 소비, 사용기능에 있어 유사하여 LP음반 시장을 대체, 잠식하는 성격이 강 한 점 등을 종합하여 볼 때 이 사건 계약에는 새로운 매체인 CD음반에 대한 이용허락까지 도 포함되어 있는 것이라고 봄이 상당하다고 판시하였다.

이 판결에 대하여는 찬성론과 비판론이 모두 존재하는데, 비판하는 견해가 조금 더 많 은 것 같다. 그러나 대법원이 종래의 판결에서 찾기 어려웠던 요소들, 즉 판시 부분 중 "③ 새로운 매체를 통한 저작물의 이용이 기존의 매체를 통한 저작물의 이용에 미치는 경제적 영향, … 새로운 매체가 기존의 매체와 사용, 소비 방법에 있어 유사하여 기존 매체시장을 잠식, 대체하는 측면이 강한 경우인지 여부"를 판단의 요소로 삼고 있는 것은 일종의 '경제 적 접근방법'에 의하여 정의와 형평의 이념에 부합하는 결론을 도출하고자 시도한 것이라는 점에서 평가받을 만하다고 생각한다.

4. 결　　어

저작물은 무체물이기 때문에 그에 대한 권리의 양도나 이용허락의 범위에 관하여 명확하게 특정하기 어려운 점이 많다. 또한 저작물의 이용방법은 과학과 기술의 진보에 따라 나날이 발전하면서 새롭고 다양한 이용방법이 속속 등장한다. 그렇기 때문에 저작권관련 계약에 있어서 권리의 양도 및 이용허락의 범위와 관련된 조항 역시 추상적이거나 포괄적인 문언으로 작성되는 경우가 비일비재하다. 예를 들어, 일반적으로 사용되는 저작권 관련 계약서 조항 중 이른바 '미래기술에 관한 조항'이라고 부르는 " … 기타 본 저작물에 관한 일체의 이용행위(기술 등의 진보에 의하여 생길 수 있는 이용형태를 포함한다)를 할 수 있다 … "와 같은 규정, 반대로 '권리유보조항'이라고 부르는 " … 위의 규정에도 불구하고 ○○○에 대한 권리는 저작권자가 여전히 이를 보유한다 … "52) 또는 " … 기타 이 계약에 명시되지 아니한 권리는 저작권자에게 유보된다 … "53)와 같은 규정들을 들 수 있다. 이와 같은 포괄적인 규정들은 그 해석을 둘러싸고 다툼이 일어날 소지가 많고, 그런 이유로 인하여 저작권관련 계약의 해석은 실무상 매우 중요한 쟁점이 되고 있다.

저작권 계약의 해석과 관련하여서는 민법상의 일반 계약에 관한 해석원리를 그대로 적용할 것이냐, 아니면 저작물의 특수성을 고려하여 일반 계약의 해석원리와는 다른 특수한 해석원리를 적용할 것이냐 여부를 결정하여야 한다. 학설 중에는 저작권법에 특수한 해석원리를 적용하여야 한다는 견해도 있다.54) 그러나 민법상 일반 계약에 관한 해석원리를 적용한다고 하더라도 저작물의 특수성을 고려하여 구체적 사안에 따라 합리적이고 공평한 결론을 도출하는 것은 가능하다. 앞에서 본 "불분명한 경우에는 저작자에게 유리하게 추정한다"고 표명한 대법원 1996. 7. 30. 선고 95다29130 판결이 이러한 점을 잘 보여주고 있다.

결국 구체적인 사안에 들어가서는, 저작물관련 계약의 문언의 내용과 계약체결의 목적 및 의도, 계약서 문안의 직접적인 작성자, 당사자들의 전문적인 지식이나 경험 및 경제적 우열관계, 계약 후 당사자들이 취하여 온 행동, 경제적 영향 등을 종합적으로 고려하여 저작권법의 목적과 공평의 관념에 부합하는 합리적인 결론을 도출하는 것이 필요할 것이다.

다만, 한 가지 지적하고 싶은 것은 종전 판례를 보면 '관련 업계의 관행'을 해석의 기준으로 참작하는 경우가 많은데,55) 이는 다소 주의를 요한다는 점이다. 민법 제106조는 당사

---

52) 이를 '특별 권리유보조항'이라고 한다.
53) 이를 '일반 권리유보조항'이라고 한다.
54) 박범석, 전게논문이 그러한 입장을 취하고 있는 것으로 보인다.
55) 본문의 대법원 1996. 7. 30. 선고 95다29130 판결이 그러하고, 앞에서 본 서울고등법원 1997. 11. 28. 선고 96나5256 판결 등이 그러하다.

자의 의사가 명확하지 않은 경우에 사실인 관습에 의한다고 함으로써 이른바 '사실인 관습'을 법률행위 해석의 기준으로 규정하고 있으나, 관습과 관행은 엄격하게 구별되어야 할 것이다. 그리고 업계의 관행 중에는 무명가수나 무명작곡가들이 얼마 되지 않는 대가를 받고 포괄적인 이용허락 또는 아예 저작권을 양도해 주는 것과 같이, 경제적 약자의 지위에 있는 저작권자들이 자신의 권리를 적극적으로 주장하지 못하고 침묵함으로써 유지되어 온 관행들도 많다. 이러한 관행은 사실상 선량한 풍속이나 사회질서에 위반된다는 의문이 제기될 수도 있다.[56] 이러한 관행을 저작권 계약의 해석기준으로 참작할 경우에는 당사자들의 경제적 지위 등 다른 구체적 사정을 함께 고려함으로써 공평한 결론이 도출될 수 있도록 주의를 기울여야 할 것이다.

제 4 절 저작재산권을 목적으로 하는 담보권

I. 저작재산권을 목적으로 하는 질권

1. 성 질

질권(質權)이란 채권자가 채무의 변제를 받을 때까지 그 채권의 담보로 채무자 또는 제3자(물상보증인)로부터 인도받은 물건 또는 재산권을 유치(留置)함으로써 채무의 변제를 간접적으로 강제하는 동시에, 변제가 없으면 그 매각대금으로부터 우선적으로 변제를 받을 수 있는 담보물권을 말한다.[57]

저작권법 제47조는 저작재산권을 목적으로 하는 질권의 행사방법에 관하여 규정하고 있다. 민법 제345조는 "질권은 재산권을 그 목적으로 할 수 있다"라고 규정함으로써 이른바 '권리질권'을 인정하고 있는데, 여기서 권리질권은 동산 외에 재산권을 목적으로 하는 질권을 말한다. 저작재산권을 목적으로 하는 질권 역시 권리질권으로 보는 것이 통설적인 견해이다.[58]

---

56) 정상조, 전게논문, 56면.
57) 민법 제329조, 제345조.
58) 오승종·이해완, 전게서, 324면; 송영식·이상정, 전게서, 182면; 지원림, 전게서, 593면; 加戶守行, 전게서, 388면 등.

2. 질권의 설정과 등록

권리질권의 설정은 법률에 다른 규정이 없으면 그 권리의 양도에 관한 방법에 의하여야 한다.[59] 저작재산권을 목적으로 하는 질권의 설정은 당사자 사이의 질권설정계약에 의하여 성립한다.

저작재산권을 목적으로 하는 질권의 경우도 따로 등록을 하여야만 성립하는 것은 아니라는 점은 저작재산권 양도의 경우와 같다. 그러나 저작재산권을 목적으로 하는 질권의 설정·이전·변경·소멸 또는 처분제한은 이를 저작권등록부에 등록할 수 있으며, 등록을 하지 아니하면 제3자에게 대항할 수 없다(저작권법 제54조 제2호). 따라서 질권이 설정된 저작재산권을 저작재산권자로부터 양수한 양수인도 질권자가 대항요건을 갖추기 전에 먼저 대항요건을 갖추면 질권의 부담이 없는 완전한 저작재산권을 취득하게 된다. 반대로 질권설정 이전에 저작재산권을 양수한 양수인이라도 그 후에 질권을 취득한 질권자가 먼저 대항요건을 갖추면 그 질권자에게 대항할 수 없다.[60]

3. 질권설정자의 권한과 의무

가. 권   한

저작권법 제47조 제1항은 "저작재산권을 목적으로 하는 질권은 그 저작재산권의 양도 또는 그 저작물의 이용에 따라 저작재산권자가 받을 금전 그 밖의 물건(배타적밸행권 및 출판권 설정의 대가를 포함한다)에 대하여도 행사할 수 있다. 다만, 이들의 지급 또는 인도 전에 이를 압류하여야 한다"고 규정하고 있다. 이 규정은 해석상 저작재산권을 목적으로 하는 질권을 설정한 이후에도 저작재산권자가 여전히 저작재산권을 행사할 수 있음을 전제로 하고 있는 것으로 이해되어 왔다. 2009년 개정된 저작권법 제47조 제2항에서는, "질권의 목적으로 된 저작재산권은 설정행위에 특약이 없는 한 저작재산권자가 이를 행사한다"라고 명문의 규정을 둠으로써 다른 해석의 여지를 없애버렸다.

나. 의   무

질권설정자는 질권자의 동의 없이 질권의 목적이 된 권리를 소멸하게 하거나 질권자의 이익을 해하는 변경을 할 수 없다.[61] 그러나 저작재산권을 양도하거나 저작물 이용허락을

---

59) 민법 제346조.
60) 오승종·이해완, 전게서, 325면.

하는 행위는 이에 해당하지 않는 것으로 본다. 다만 질권을 등록함으로써 대항요건을 갖춘 경우 그 이후에 저작재산권을 양도하게 되면 양수인은 질권의 부담이 있는 저작재산권을 취득하게 될 뿐이다.

4. 질권의 효력이 미치는 범위

저작재산권을 목적으로 하는 질권은 그 저작재산권의 양도 또는 그 저작물의 이용에 따라 저작재산권자가 받을 금전 그 밖의 물건(배타적발행권 및 출판권 설정의 대가를 포함한다)에 대하여도 행사할 수 있다(저작권법 제47조 본문). 질권이 설정되어 있는 저작재산권이라 하더라도 이를 양도할 수 있고, 또 그 저작물에 대하여 배타적발행권이나 출판권을 설정하거나 이용허락을 할 수도 있으므로, 저작재산권을 목적으로 한 질권의 실효성을 확보하기 위하여 이와 같은 규정을 둔 것이다.

한편, 저작재산권의 침해로 인하여 질권설정자인 저작재산권자가 받을 손해배상금이나 부당이득반환금 등이 여기에 해당할 것인지에 대하여는 의문이 있을 수 있으나, 그러한 금원에도 질권을 행사할 수 있는 것으로 보는 것이 타당하다고 본다.

Ⅲ. 저작재산권을 목적으로 하는 양도담보 등

저작재산권을 목적으로 하는 양도담보가 가능한지 여부에 관하여 저작권법은 명문의 규정을 두고 있지 않다. 그러나 이를 부정할 이유는 없다고 생각한다. 일본에서는 저작재산권을 목적으로 하는 양도담보가 실제 실무상으로도 행하여지고 있다고 하며, 그 형식은 저작재산권을 양도하는 방법 또는 피담보채권의 담보목적으로 양도하고 그 피담보채권의 변제가 있으면 원래의 권리자에게 저작재산권을 환원케 하는 계약을 체결하는 방법 등이 사용되고 있다고 한다.[62]

저작권을 비롯한 지적재산권은 담보로서 활용되는 경우가 그다지 많지 않았던 것이 종래의 현실이다. 그 주된 이유는 담보물인 지적재산권을 처분할 수 있는 시장이 활성화되어 있지 않았고, 그 교환가치의 평가도 곤란하였으며, 장래에 있어서의 가치의 변동을 예측하기 어렵다는 점 때문이었다. 그러나 최근 정보산업을 비롯한 벤처기업 등의 육성을 위하여

---

61) 민법 제352조.
62) 作花文雄, 전게서, 422면.

부동산이나 기타 자산을 담보로 제공하기 곤란한 경우에는 지적재산권을 담보로 하여 융자를 하여 주는 시스템을 확립하는 것이 산업정책상 중요한 과제로 되고 있으며, 지적재산권의 평가방법 개발도 이루어지고 있다. 특히 저작권 분야에서는 프로그램저작물과 관련하여 그 필요성이 높은 것으로 인식되고 있는데, 영상저작물이나 게임저작물 등에 있어서도 그러할 것으로 예상된다.

제 5 절　저작재산권의 소멸과 시효

I. 저작권법상 소멸사유

저작재산권은 첫째, 저작재산권자가 상속인 없이 사망하여 그 권리가 민법 기타 법률의 규정에 의하여 국가에 귀속되는 경우, 둘째, 저작재산권자인 법인 또는 단체가 해산되어 그 권리가 민법 기타 법률의 규정에 의하여 국가에 귀속되는 경우에 소멸한다(저작권법 제49조). 저작물은 문화적 소산으로서 그 이익을 향유하여야 할 사적 주체가 없는 한 일반국민이 널리 이용하도록 하는 것이 바람직하며, 국유재산으로서 국가가 저작재산권을 행사하는 것은 적당하지 않기 때문에 민법 규정에 의하면 국유로 되는 경우라도 이를 사회적 공유로 하는 것이 문화정책적으로 바람직하다는 취지에서 나온 규정이다.[63]

이 규정에 의하여 소멸하는 저작재산권은 저작재산권 전부인 경우뿐만 아니라, 복제권 또는 공연권과 같은 지분권인 경우도 있다. 예를 들어, 저작재산권 중 복제권만을 양도받은 자가 상속인 없이 사망한 경우에는 그 복제권은 원래의 저작재산권자에게 복귀하는 것이 아니라 이 규정에 의하여 소멸하는 것이다.[64]

II. 저작재산권의 포기

저작권법은 특별히 저작재산권의 포기에 관하여 규정을 두고 있지 않다. 그러나 저작재산권 역시 재산권인 이상, 권리주체의 의사에 의하여 포기하는 것은 저작재산권에 대한 담

---

63) 오승종·이해완, 전게서, 326면; 加戸守行, 전게서, 368면.
64) 오승종·이해완, 전게서, 326면; 加戸守行, 전게서, 368면.

보권자 등의 이익을 해하지 않는 한 금지할 이유가 없다. 특허법 제119조는, 특허권자는 전용실시권자, 질권자 또는 통상실시권자의 동의를 얻지 아니하면 특허권을 포기할 수 없다고 규정하고 있는데, 이는 특허권을 포기할 수 있음을 당연한 전제로 한 규정이다. 따라서 저작재산권의 경우에도 이를 포기할 수 있다고 볼 것이며, 그 형식은 저작재산권자의 의사표시만으로 가능하고 특별한 방식을 필요로 하지 않는다.

그러나 포기의 의사표시는 저작재산권을 포기한다는 '적극적 의사표시'여야 하며, 단순히 저작권을 행사하지 않겠다는 취지의 소극적 의사표시만으로는 저작재산권의 포기가 있었다고 볼 수 없다. 저작재산권을 목적으로 한 질권이 설정되어 있다든가, 저작재산권자가 배타적발행권을 설정한 경우 등에는 저작재산권의 임의적인 포기는 인정되지 않는다.

Ⅲ. 저작재산권의 시효소멸

민법 제162조 제 2 항은 "채권 및 소유권 이외의 재산권은 20년간 행사하지 아니하면 소멸시효가 완성한다"고 규정하고 있다. 이와 관련하여 저작재산권도 이러한 시효에 걸려 소멸하는가 하는 점이 문제로 될 수 있다. 그러나 저작재산권을 비롯한 대부분의 지적재산권은 보호기간이 존재하고 있는바, 이는 그 기간이 경과하기 전까지는 권리의 행사 여부에 관계없이 권리의 시효소멸을 인정하지 않는 취지라고 보아야 할 것이다. 이에 대하여는 학설상 이론(異論)이 없는 것으로 보인다. 다만, 저작재산권 등의 침해에 의하여 발생한 손해배상청구권은 불법행위에 관한 민법 제766조의 규정에 따라 그 손해 및 가해자를 안 날로부터 3년 또는 그 침해행위가 있은 날로부터 10년을 경과하면 소멸하고, 부당이득반환청구권은 민법 제162조 제 1 항에 의하여 10년간 행사하지 않으면 소멸하는데, 이는 저작재산권 자체의 시효소멸과는 전혀 별개의 문제이다.

Ⅳ. 저작재산권의 시효취득

민법 제245조 제 1 항은 "20년간 소유의 의사로 평온·공연하게 부동산을 점유하는 자는 등기함으로써 그 소유권을 취득한다"고 하여 점유로 인한 부동산소유권의 시효취득을 규정하고 있으며, 민법 제248조에서 취득시효에 관한 민법 제245조 내지 제247조의 규정은 "소유권 이외의 재산권의 취득에 준용한다"고 규정하고 있다. 이와 관련하여 저작재산권도

시효취득의 대상이 될 수 있는지 여부가 문제로 된다. 저작재산권 등 지적재산권에 관하여
취득시효의 적용을 인정하는 학설도 있고,[65] 권리자가 알 수 없는 상황에서 무권리자가 권
리행사를 할 경우 권리자가 그 시효취득을 막을 수단이 없다는 점을 들어 부정하는 학설도
있다.[66][67]

---

[65] 半田正夫, 著作權の準占有, 取得時效, 裁判實務大系－知的財産關係訴訟法, 靑林書院, 294면 참조. 일본
구 저작권법 시대에는 저작재산권의 시효취득을 인정하는 것이 다수설이었다고 한다(加戶守行, 전게서,
369면 참조). 일본 최고재판소 1997. 7. 17. 판결(이른바 '뽀빠이 넥타이 사건' 판결)은 저작재산권의 시
효취득 가능성을 일반론으로서 인정하면서, 다만 문제가 된 사안의 경우에는 시효취득의 요건을 갖추지
못하였다고 판결하였다.
[66] 加戶守行, 369면.
[67] 저작재산권의 시효취득에 관한 상세한 내용은 오승종, 전게서, 649, 650면 참조.

Chapter 06

저작물의 자유이용과 저작재산권의 제한

저작물의 자유이용과 저작재산권의 제한

제 1 절   서   설

I. 의   의

저작권법 제 1 조는, "이 법은 저작자의 권리와 이에 인접하는 권리를 보호하고 저작물의 공정한 이용을 도모함으로써 문화 및 관련 산업의 향상발전에 이바지함을 목적으로 한다"라고 규정하고 있다. 저작권법은 기본적으로 저작자의 권리를 보호하는 법이지만 저작물의 모든 이용형태에 있어서 무제한으로 저작자의 권리만이 보호된다고 하면, 저작물의 원활한 이용을 방해하여 결과적으로는 문화 및 관련 산업의 발전에 지장을 초래하게 되고 저작권법의 목적에 반하게 된다. 저작자가 창작한 저작물도 따지고 보면 선인들이 이루어 놓은 문화유산의 토대 위에서 창작된 것이니만큼 저작물은 문화적 재산으로서 가능한 한 많은 사람에 의하여 널리 이용되는 것이 문화발전을 위하여 필요하다.

여기서 저작권법은 일정한 경우 저작물의 자유이용을 허용하거나 저작재산권을 제한하여 저작물을 이용하는 공중의 이익을 도모함으로써 저작자와 이용자 양자의 이익의 균형을 꾀하고 있다.

일정한 경우에 저작물의 자유이용 및 저작재산권의 제한을 인정하는 것은 대부분의 국가가 취하고 있는 제도이다. 그러나 그 구체적인 방법은 나라에 따라서 다르다. 영미법계 국가인 영국과 미국에서는 판례법을 중심으로 '공정이용'(fair use 또는 fair dealing)이라는 개념이 발달하였다. 즉, 실정법에서 저작물의 자유이용이나 저작재산권이 제한되는 상세한 규정을 두기보다는 구체적인 사례에서 판례나 거래실무를 통하여 그러한 법리를 구축하고 있다.[1]

---

1) 다만 1976년 개정된 미국 저작권법 제107조는 그동안 판례를 통하여 구축된 법이론을 집약하여 공정이

이에 반하여 대륙법계인 독일이나 일본, 그리고 우리나라의 저작권법은 저작물의 자유이용 및 저작재산권이 제한되는 경우에 관하여 비교적 상세한 명문의 규정을 두고 있다.

널리 저작물의 자유이용 및 저작재산권의 제한이라 함은 저작권이 보호되는 저작물을 무상으로 또는 일정한 보상금을 지급하고 자유로이 이용할 수 있는 경우를 말하는데, 이는 다음과 같이 여러 가지 의미로 사용된다.

(1) 최광의(最廣義): 타인의 저작물을 그것이 저작권의 보호를 받는 저작물인지 여부를 불문하고 자유로이 이용할 수 있는 모든 경우를 말한다. 저작권법 제7조의 "보호받지 못하는 저작물", 조약상 보호의무를 지지 아니하는 외국인의 저작물, 저작권보호기간이 지난 저작물 등의 자유이용을 포함한다.

(2) 광의(廣義): 저작권이 보호되는 타인의 저작물을 저작권자의 허락 없이 이용할 수 있는 모든 경우를 말한다. 여기에는 강제허락제도에 의한 저작물이용(저작권법 제50조 내지 제52조)이 포함된다.

(3) 협의(狹義): 광의의 자유이용 중 강제허락제도에 의한 저작물 이용을 제외한 것, 즉 저작재산권의 제한으로서 저작권법 제23조 내지 제37조에 규정된 경우를 말한다. 저작권법상 자유이용이라고 하면 대개 이러한 협의로 이해되고 있다.[2]

이상과 같이 저작물의 자유이용 및 저작재산권의 제한 중에는 여러 가지 제도나 규정 등이 포함되어 있는데, 이들을 체계적으로 살펴보면 다음과 같다.

먼저 저작물의 자유이용에는 저작권법 제7조에서 규정하고 있는 '보호받지 못하는 저작물'과 여러 가지 사유로 '공중의 영역'(public domain)에 속하게 된 저작물, 즉 공유 저작물이 있다. 다음으로 넓은 의미에서의 저작재산권의 제한은 첫째, 저작권법 제23조 내지 제37조(단, 법정허락에 해당하는 제25조 제4항과 제31조 제5항은 제외), 제101조의3 내지 제101조의5에서 규정하고 있는 이른바 '좁은 의미에서의 저작재산권의 제한'과, 둘째, 비자발적 허락(non-voluntary license)으로 나눌 수 있다. 그 중 비자발적 허락을 넓은 의미에서의 강제허락이라고도 하며, 여기에는 법률에서 정하는 일정한 요건이 충족되면 이용자가 저작재산권자와 사전 협의를 거치지 않고 소정의 보상금을 지급하고 저작물을 이용할 수 있는 '법정허락'(statutory license, 저작권법 제25조 제4항과 제31조 제5항)과 저작재산권자와 협의를 하고자 하나 그 협의가 불가능한 때 또는 협의가 성립되지 않았을 때 권한 있는 기관의 승인을 받은 후

용이 되기 위한 요건 4가지를 명문화하였다.
2) 이형하, 저작권법상의 자유이용, 지적소유권에 관한 제문제(下), 재판자료 57집, 법원행정처, 1992, 339-340면.

일정한 보상금을 지급하거나 공탁을 한 후 저작물을 이용할 수 있는 좁은 의미에서의 '강제허락'(저작권법 제50조 내지 제52조, compulsory license)의 두 가지가 있다. 우리 저작권법은 statutory license와 compulsory license를 구별하지 않고 이 두 가지를 모두 '법정허락'이라고 부르고 있는데, 이 두 가지는 원래 서로 구별되는 개념임을 유의할 필요가 있다.

II. 공유 저작물

저작물을 자유이용할 수 있는 경우로는 첫째로, 저작권법 제7조의 '보호받지 못하는 저작물', 둘째로, 저작재산권 보호기간의 만료 등 여러 가지 사유로 '공유' 또는 '공중의 영역'(public domain)에 속하게 된 저작물의 경우를 들 수 있다. 그 중에서 '보호받지 못하는 저작물'에 대하여는 앞서 제2장 제5절에서, 보호기간의 만료에 관하여는 제5장 제5절에서 각각 살펴본 바 있다.

한편, 저작권법 제49조는 ① 저작재산권자가 상속인 없이 사망한 경우에 그 권리가 민법 그 밖의 법률의 규정에 따라 국가에 귀속되는 경우와, ② 저작재산권자인 법인 또는 단체가 해산되어 그 권리가 민법 그 밖의 법률의 규정에 따라 국가에 귀속되는 경우에는 저작재산권이 소멸한다고 규정하고 있으므로, 이러한 경우에도 해당 저작물은 공중의 영역에 들어가 자유이용이 가능하게 된다. 저작재산권자가 저작재산권을 포기한 경우에도 그 저작물은 자유이용 저작물이 될 수 있다.

이와 구분하여야 할 것 중에 이른바 '크리에이티브 커먼스 라이선스'(Creative Commons License, CCL)와 저작재산권의 '기증'이 있다. '크리에이티브 커먼스'는 창작자가 자신의 저작물에 관하여 창작과 동시에 부여되는 저작권을 스스로 포기 또는 최소화하고 그것을 외부적으로 표시하는 자발적 공유 표시방식인 이른바 CCL 표시를 통해 그 창작물을 인류의 공동자산화 하는 개념이다. CCL은 저작자가 자신의 저작물에 대한 이용방법과 조건을 표기하는 일종의 표준약관이자 저작물 이용허락 표시를 말한다. 이용자로 하여금 저작자 표시를 하도록 할 것인지, 영리적 이용을 허용할 것인지, 개작을 허용할 것인지 여부 등 일반적으로 많이 문제되는 저작물의 이용방법 및 조건을 규격화해 몇 가지 표준 라이선스를 정한 것으로, 저작자가 이 중에서 자신이 원하는 라이선스 유형을 선택해 저작물에 표시하는 방식이다. 현재 사용되고 있는 CCL 라이선스 유형에는 크게 '저작자 표시'(Attribution), '비영리'(Noncommercial), '변경금지'(No Derivative), '동일조건변경허락'(Share Alike) 등 네 가지가 있다. 저작자 표시는 저작자의 이름, 출처 등 저작자를 표시해야 한다는 조건, 비영리는 저작물을 영리목적으로 이용할 수 없으며 영리목적의 이용을 위해서는 별도의 계약이 필요하다는 조건, 변경금지는 저작물을 변경하거나 저작물을 이용한 2차적저작물의 작성을 금지한다는 조건, 동일조건변경허락은 2차적저작물의 작성을 허용하되, 그렇게 작성된 2차적저작물은 원저작물과 동일한 이용허락조건을 적용해야 한다는 조건을 말한다. CCL은 보통이러한 네 가지 유형을 조합해서 이용조건을 설정한다. CCL을 통하여 저작자는 자신의저작물에 대하여 일정한 조건 아래 다른 사람의 자유로운 이용을 허락하게 된다.

한편, 저작권법 제135조는 저작재산권의 기증이 원활하게 이루어지고 기증된 저작재산권을 통하여 그 저작물이 공적 목적에 사용될 수 있도록 저작재산권 등의 기증에 관하여규정하고 있다. 이에 따라 저작재산권자는 자신의 권리를 문화체육관광부 장관에게 기증할수 있고, 문화체육관광부 장관은 저작재산권자 등으로부터 기증된 저작물 등의 권리를 공정하게 관리할 수 있는 단체를 지정할 수 있다. 그 지정된 단체는 영리를 목적으로 또는 저작재산권자 등의 의사에 반하여 저작물 등을 이용할 수 없다.

CCL이나 저작재산권의 기증을 통하여 저작물이 완전한 공중의 영역에 들어가게 되는것은 아니지만, 일정한 조건 아래 자유로운 이용이 가능하게 된다든가, 저작재산권자의 허락 없이 널리 공익적 목적에 사용될 수 있다는 점에서 저작자의 자발적인 의사에 따른 저작물의 공유화라고 볼 수 있다.

또한 저작권법 제24조의2 제1항은 국가 또는 지방자치단체가 업무상 작성하여 공표한저작물이나 계약에 따라 저작재산권의 전부를 보유한 저작물은 허락 없이 이용할 수 있다고 규정하고 있다. 이 규정은 2013년 저작권법(2013. 12. 30. 법률 제12137호, 2014. 7. 1. 시행)일부 개정에 의하여 신설된 것이다. 국가나 지방자치단체가 업무상 작성하거나 계약에 따라저작재산권의 전부를 보유한 저작물은 공공저작물로서 공익적인 관점에서 원칙적으로 공중이 자유롭게 접근하고 자유롭게 이용할 수 있도록 하는 것이 바람직하다는 취지에서 둔 규정이다. 이에 따라 자유이용이 허용되는 저작물을 '공공저작물'이라고 하며 이에 대하여는뒤에서 다시 살펴보기로 한다.

공유저작물이나 공공저작물은 '공유마당'[3]이나 '공공누리'[4] 등 공공기관 포털서비스의검색서비스를 통하여 공중의 이용에 제공되고 있다. 공공저작물에 대하여는 CCL의 4가지라이선스 유형과 거의 유사한 라이선스 유형[5]이 적용되고 있다.

---

3) 한국저작권위원회 www.gongu.copyright.or.kr
4) 한국문화정보원 www.kogl.or.kr
5) 제1유형(출처표시 조건부), 제2유형(출처표시 + 상업적 이용금지 조건부), 제3유형(출처표시 + 변경금지 조건부), 제4유형(출처표시 + 상업적 이용금지 + 변경금지 조건부).

Ⅲ. 저작재산권의 제한

1. 제한규정의 해석·운용

저작권법상 저작재산권 제한규정을 해석함에 있어서는 '엄격성'과 '한정성'을 요한다는 것이 통설적인 견해이다. 즉, 권리제한 규정은 권리자가 가지고 있는 본래의 권리내용을 공익성 등 특별한 요청에 따라 예외적으로 제한하는 것이므로, 그 규정을 해석함에 있어서는 '엄격성'(권리제한이 허용되는 조건을 엄격하게 해석하여야 한다는 것)이 요구되고, 본래 권리가 인정되어야 하는 저작물의 이용행위에 대한 제한은 '한정적'(권리제한은 법문에 구체적으로 열거되어 있는 경우에 한정된다는 것)이어야 한다는 것이다.

그러나 저작권과 관련된 사회상황이 급변하여 법 제정 당시에는 미처 예상하지 못하였던 권리자와 이용자 사이의 불균형이 나타날 가능성이 더욱 높아지고 있는 오늘날에 있어서도 반드시 저작재산권 제한규정의 해석과 관련하여 엄격성과 한정성의 태도를 굳건히 견지하여야 하는 것인지는 생각해 볼 문제이다.

저작권법의 규정만으로는 실제로 발생하는 다양한 형태의 이용행위가 구체적으로 저작재산권 제한규정의 적용대상이 되는지 여부를 판단하기 쉽지 않으므로, 제한규정의 해석을 위한 일반적인 기준이 다시 필요할 수 있다. 그러한 일반적 기준의 역할을 할 수 있는 것으로서 베른협약 등 국제조약상의 기준을 들 수 있고, 또한 미국에서 판례법을 통하여 구축된 '공정사용의 법리'도 일정한 범위 내에서 해석상의 기준으로서의 역할을 할 수 있을 것으로 생각된다. 또한 저작재산권 역시 사유재산권의 하나이므로 재산권 보장 및 한계를 규정하고 있는 헌법의 규정에 의하여 제한을 받게 된다.

가. 베른협약과 WTO/TRIPs 협정의 3단계 테스트

베른협약 제 9 조는 제 1 항에서 ① 일정한 특별한 경우에, ② 저작물의 통상적인 이용과 저촉되지 않고, ③ 권리자의 정당한 이익을 해치지 않을 것을 복제권 제한의 일반적인 기준으로 제시하고 있다.

베른협약의 이러한 세 가지 기준을 이른바 '3단계 테스트'(three-step test)라고 하는데, 이 기준은 WTO/TRIPs 협정 제13조에 의하여 복제권을 넘어서서 저작재산권 일반에 관한 제한 기준으로 확대되고 있다. 따라서 3단계 테스트는 WTO 회원국들이 배타적 권리인 저작재산권에 대한 제한 또는 예외 규정을 제정하거나 이를 적용할 때 지켜야 할 기준이 된다.

먼저 첫 번째 기준인 "① 일정한(certain) 특별한(special) 경우"란 그 적용 범위가 명확히 정의되어 있어야 하며, 좁게 제한되어 있어야 함을 의미하는 것으로 해석한다. 즉, 저작재산권을 제한하는 범위가 명확하게 정의되고, 그에 따른 저작물의 이용은 '특정한 목적'에 한정되어야 하다는 것이다. 여기서 '특별한'이란 '공공정책적인 명확한 이유'(clear reason of public policy) 또는 '그 밖의 예외적 상황'에 의해 정당화되어야 한다는 것을 의미한다.6)

다음으로 두 번째 기준의 "② 저작물의 통상적인 이용(normal exploitation)과 저촉되지 않는다"에서 '통상적인 이용'이란 그 저작물이 일반적으로 지향하고 있는 시장에서의 이용을 의미한다. 단순히 경험적인 의미에서 '통상적인' 이용방법을 가리키는 용어가 아니라 "상당한 경제적 또는 실용적 중요성을 가지고 있거나, 그러한 중요성을 취득할 가능성이 있는 모든 형태의 저작물 이용행위"를 의미하는 규범적 성질을 가지는 문구라고 이해되고 있다.7) 예를 들어, 학습보조교재의 경우라면 학교 수업시간에서의 복제나 공연 등을 통하여 활용되는 것이 일반적이고 그러한 이용이 상당한 경제적 또는 실용적 중요성을 가지고 있으므로 그러한 이용을 통상적인 이용이라고 할 수 있다. 따라서 학습보조교재를 수업시간에 자유롭게 복제하여 사용하도록 저작재산권을 제한한다면 이는 그 교재의 통상적인 이용과 저촉하게 된다. 여기서의 '통상적인 이용'은 '잠재적인 이용' 즉, 현재 실제적으로 이용되고 있는 분야는 아니지만 저작재산권자가 향후 수익을 창출할 수 있는 잠재적 시장에서의 이용까지도 포함하는 것으로 이해된다.

마지막으로 세 번째 기준의 "③ 권리자의 정당한 이익을 해치지 않을 것"이란 저작재산권에 대한 제한이나 예외에 따라 행하여지는 행위가 일반적인 저작권의 목적으로부터 얻어지는 그에 상응하는 권리자의 이익을 부당하게 저해하지 않아야 한다는 것을 의미한다. 여기서 '정당한 이익'이란 권리자의 법적 이익 중 사회규범이나 공공정책에 의해 뒷받침 될 수 있는 이익을 가리키는 것으로 이해할 수 있다.8) 저작재산권 제한을 하더라도 그에 상응하여 권리자에게 정당한 보상이 주어지는지 여부 등이 이 단계에서 고려될 수 있을 것이다.

나. 헌법에 따른 제한

헌법 제22조 제 2 항은 "저작자·발명가·과학기술자와 예술가의 권리는 법률로써 보호한다"고 규정하고 있다. 이 규정은 저작권을 포함한 지적재산권의 헌법적 보장을 명시한 규정으로 이해되고 있다. 또한 헌법 제23조 제 1 항은 "모든 국민의 재산권은 보장된다. 그 내

---

6) 박성호, 전게서, 607면.
7) 상게서, 608면 참조.
8) 상게서, 608면.

용과 한계는 법률로 정한다"고 하여 일반적인 재산권 보장을 규정하고 있다. 이러한 재산권에는 저작재산권도 당연히 포함되는 것이므로 그 내용과 한계는 법률에 의하여 정해진다. 따라서 저작재산권의 행사는 법률에 의하여 일정한 제약을 받는다. 아울러 헌법 제23조 제2항은 "재산권의 행사는 공공복리에 적합하도록 하여야 한다"고 규정하고 있으므로 그러한 점에서도 저작재산권의 행사는 일정한 내재적 한계를 갖게 된다.

하급심 판결 중에는 저작재산권 제한규정과 관련하여 헌법적인 관점에서 해석론을 전개하여 관심을 끈 것이 있다. 유명 가수의 가창을 흉내 낸 동영상이 저작권침해에 해당하는지 여부가 다투어진 서울남부지방법원 2010. 2. 18. 선고 2009가합18800 판결로서, 이른바 '가수 손담비 동영상 사건'으로 알려진 판결이다. 이 사건에서 법원은, 어떠한 경우에 저작재산권이 제한될 수 있는지를 모두 법으로 규정하는 것은 입법기술상 불가능하므로, 우리 저작권법상의 제한규정에서도 불가피하게 추상적인 개념들이 사용되고 있는바, 그러한 추상적 개념들을 구체적인 사안에서 해석함에 있어서는 우리 헌법의 이념, 저작권법의 목적 및 입법취지를 고려하여 당사자들의 충돌하는 기본권 사이에 세밀한 이익형량과 상위규범과의 조화로운 해석이 요구된다고 판시하고 있다.

제 2 절 저작재산권 제한규정의 개별적 검토

I. 재판 등에서의 복제

1. 의   의

저작권법 제23조는, "다음 각 호의 어느 하나에 해당하는 경우에는 그 한도 안에서 저작물을 복제할 수 있다. 다만, 그 저작물의 종류와 복제의 부수 및 형태 등에 비추어 해당 저작재산권자의 이익을 부당하게 침해하는 경우에는 그러하지 아니하다."라고 규정하면서, 그 각 호로서 "1. 재판 또는 수사를 위하여 필요한 경우, 2. 입법·행정 목적을 위한 내부자료로서 필요한 경우"를 들고 있다.

이 규정에서는 특별히 공표된 저작물에 한하여 복제할 수 있는 것으로 제한하고 있지 않으므로 미공표저작물이라 하더라도 재판 또는 수사를 위하여, 그리고 입법·행정의 목적을 위한 내부자료로서 필요한 경우에는 복제할 수 있다. 그러나 이 규정에 의하여 제한되는 것은 저작재산권뿐이고 저작인격권이 제한되는 것은 아니다. 따라서 이 규정에도 불구하고 저작자의 공표권은 여전히 작용하게 된다. 따라서 미공표 저작물을 재판 또는 수사, 입법·행정의 목적을 위한 자료로 이용하는 경우에도 이를 비공개·내부자료로서가 아니라 외부에 공표하는 경우에는 저작자의 허락을 받을 필요가 있다. 그런데 소송당사자가 자신의 주장·입증을 위하여 제출한 미공표 저작물의 복제물이 재판부에 의하여 증거로 채택되어 판결문 중에 사용되면 그 한도 내에서는 저작물의 내용이 공중에 알려지는 셈이 된다. 이러한 경우에 저작자의 공표권 침해가 된다면 재판절차를 위한 복제권의 제한을 둔 저작권법의 취지가 상실된다. 따라서 이와 같은 경우에는 공표권의 침해가 성립하지 않는다고 해석하여야 할 것이다.[9]

2. 허용되는 유형

가. 재판 또는 수사를 위하여 필요한 경우

판결문 중에 저작권으로 보호되는 저작물을 인용의 정도를 넘어서 차용할 필요가 있는 경우, 또는 소송자료 예컨대 증거서류나 변론, 혹은 준비서면의 자료로서 제출할 필요가 있는 경우 등이 이에 해당한다. 여기서 재판이라 함은 법원의 재판절차만이 아니라 행정청의 준사법절차, 예컨대 특허심판원, 해난심판원, 공정거래위원회, 노동위원회 등이 행하는 각종 심판이나 조정, 중재, 행정심판법에 의한 행정심판위원회의 재결절차도 포함한다는 견해가 있다.[10] 그러나 이러한 견해에 대하여는 명문의 규정에 비추어 선뜻 찬성하기가 조심스럽다. 법원의 재판절차가 아닌 준사법절차에서 타인의 저작물을 이용하여야 할 필요성이 있는 경우에는 공정이용에 관한 일반 조항인 저작권법 제35조의3을 탄력적으로 적용하거나 제28조(공표된 저작물의 인용)의 규정을 적용함으로써 구체적 타당성을 기할 수도 있을 것이다.

재판을 위하여 필요한 경우에 해당하면 법원이나 검찰청과 같은 국가기관만이 아니라 사건의 당사자인 원고, 피고 및 변호사, 감정인 등도 저작물을 복제할 수 있다.

나. 입법·행정목적을 위한 내부자료로서의 복제

입법목적을 위한 복제라 함은 국회 또는 지방자치단체 의회에서 법안 기타 안건을 심의하는 경우 일정한 요건 아래 타인의 저작물을 복제하는 것을 말한다. 여기에서의 입법은 국회의 법률안 심의만이 아니라 지방자치단체의 의회가 행하는 조례제정이나 대법원의 규칙제정, 정부의 조약체결, 행정각부의 부령(部令)도 해당한다고 본다. 행정목적을 위한 복제

---

9) 內田 晉, 問答式 入門 著作權法, 新日本法規出版 株式會社, 2000, 255면.
10) 허희성, 신저작권법 축조해설, 범우사, 1988, 110면; 이해완, 저작권법, 박영사(2012), 391면.

는 행정청이 소관사무를 수행하기 위하여 필요한 경우 일정한 요건 하에 타인의 저작물을 복제하는 것을 말한다. 복제의 주체와 관련하여 재판절차에서의 복제의 경우에는 법원이나 검찰청과 같은 국가기관만이 아니라 원고, 피고 등 당사자도 그 주체가 될 수 있지만, 입법·행정목적을 위한 복제를 할 수 있는 주체는 입법 또는 행정기관이나 그 구성원인 직원에 한정된다고 보아야 할 것이다.11) 또한 입법·행정목적으로 작성된 복제물을 다른 목적으로 이용해서는 안 된다.12) 내부자료로서 복제하는 것만이 허용되므로 예컨대 타인의 저작물을 무단복제하여 행정기관의 홍보용 자료와 함께 외부에 배포하는 것은 허용되지 않는다.

3. 한   계

제23조 본문과 각 호에서 정하는 바와 같이 이 규정은 "필요한 경우 그 한도 안에서" 복제하는 것만이 허용된다. 따라서 저작물의 일부만이 필요한 데도 불구하고 저작물 전체를 복제하거나 필요한 부수를 초과하여 복제하는 것은 허용되지 아니한다. 또한 비록 행정기관의 내부자료라 하더라도 전체 직원에게 배포하기 위하여 복제하는 것, 예컨대 국세청에서 직원의 교육용이나 내부적인 업무참고용으로 세법학자가 저술한 세법학개론 전체를 복제하여 배포하는 것은 허용되지 않는다.

그리고 제23조 단서는, 저작물의 종류와 복제의 부수 및 형태 등에 비추어 저작재산권자의 이익을 부당하게 침해하는 경우에는 이를 할 수 없음을 규정하고 있다. 즉, 저작물의 경제적 이익이나 잠재적 시장에 부당하게 큰 영향을 미치는 경우에는 제23조 본문이 적용되지 않는다.

제23조의 규정에 따라 타인의 저작물을 이용하는 자는 그 저작물을 번역하여 이용할 수도 있다(제36조 제 2 항). 또한 그 이용을 하는 자는 저작물의 이용 상황에 따라 합리적이라고 인정되는 방법으로 출처를 명시하여야 하며, 저작자의 실명(實名) 또는 이명(異名)이 표시된 저작물의 경우에는 그 실명 또는 이명을 명시하여야 한다(제37조).

4. 컴퓨터프로그램저작물의 경우

저작권법 제23조는 컴퓨터프로그램저작물에 대하여는 적용되지 않는다(저작권법 제37조의2). 대신에 저작권법 제101조의3 제 1 항 제 1 호에서, 재판 또는 수사를 위하여 복제하는

---

11) 加戸守行, 著作權法 逐條講義, 4訂新版, 社團法人 著作權情報センター, 282면.
12) 하용득, 전게서, 177면.

경우 그 목적상 필요한 범위에서 공표된 프로그램을 복제 또는 배포할 수 있다고 규정하고 있다. 이 규정은 제23조와 비교하여 볼 때 다음과 같은 점에서 그 적용 범위가 좁다는 점을 유의하여야 한다.

첫째, 제23조는 미공표 저작물에 대하여도 적용되지만, 제101조의3 제1항 제1호는 미공표 프로그램저작물에 대하여는 아예 적용이 되지 않는다.

둘째, 법문상 '재판 또는 수사'로 한정되어 있기 때문에 입법·행정의 목적을 위한 내부 자료로서 필요한 경우라도 자유이용이 허용되지 않는다. 여기서의 '수사'는 수사기관에 의하여 법에 따라 이루어지는 것이면 강제수사인지 임의수사인지 묻지 않고 적용대상이 되는 것으로 해석한다.[13]

셋째, 제101조의3 제1항 단서에 "프로그램의 종류·용도, 프로그램에서 복제된 부분이 차지하는 비중 및 복제의 부수 등에 비추어 프로그램의 저작재산권자의 이익을 부당하게 해치는 경우에는 그러하지 아니하다"라는 제한이 부가되어 있다. 다만, 이러한 단서 규정은 베른협약상의 3단계 테스트에 해당하기 때문에 명문의 규정이 없는 다른 저작물의 경우에도 일반적으로 적용될 수 있는 내용이고,[14] 굳이 일반 저작물과 프로그램저작물 사이의 차이점이라고 볼 것은 아니다. 프로그램저작물에 관하여 특별히 주의를 환기시킨 주의적 규정으로 보인다.

II. 정치적 연설 등의 이용

1. 의   의

공개적으로 행한 정치적 연설 및 법정·국회 또는 지방의회에서 공개적으로 행한 진술은 어떠한 방법으로도 이용할 수 있다. 다만, 동일한 저작자의 것을 편집하여 이용하는 경우에는 그러하지 아니하다(저작권법 제24조).

정치적 연설 등은 국민의 알권리 충족을 위하여 널리 공중에게 전달되고 자유롭게 이용되어야 할 필요가 있으므로, 원칙적으로 자유롭게 이용할 수 있어야 한다는 취지에서 2006년 개정 저작권법이 새로이 신설한 규정이다.

---

13) 서울대학교 기술과법센터, 저작권법주해(김기영 집필 부분), 박영사(2007), 476면; 이해완, 전게서, 393면.
14) 이는 베른협약 및 WTO/TRIPs 협정의 3단계 테스트가 법의 제정은 물론이고 개별 저작재산권 제한규정의 해석에도 적용되어야 한다는 입장에 따른 것이다.

다만, 베른협약 제 2 조의2 제 3 항은 재판절차에서의 진술 및 정치적 연설 등의 저작자는 편집저작물을 작성할 권리를 갖도록 하고 있다.[15] 따라서 "동일한 저작자의 것을 편집하여 이용하는 경우에는 그러하지 아니하다"는 단서규정을 두어 베른협약과의 조화를 도모하였다.

2. 요   건

'공개적'으로 행한 정치적 연설 등이어야 한다. 비밀회의에서의 연설이라든가 비공개심리에서 한 진술 등은 외부에 발표할 것을 전제로 하지 않은 상태에서 행하여진 것으로서 내밀성(內密性)을 가진다. 그러한 연술은 자유이용의 대상으로 하는 것이 부적절하기 때문에 '공개적'으로 할 것을 본 조의 요건으로 한 것이다.

여기서 정치적 연설이라 함은 단순히 정치에 관한 연설이나 진술을 말하는 것이 아니라, 정치적 영향을 주기 위한 의도를 가지고 자신의 의견을 진술하는 것을 말한다. 즉, 연설의 '정치성'이 인정되어야 한다. 정치적 영향을 주는 연설로서는 선거연설회, 정당연설회 등에서 행하여지는 연설을 생각해 볼 수 있다. 또한 국제정치 문제에 관한 토론집회에서의 발언과 같은 것도 정치적 연설이라고 볼 수 있을 것이다. 정치에 관한 진술이라 하더라도 정치문제에 관한 해설 같은 것은 여기서 말하는 정치적 연설 등에는 해당하지 않는다는 견해가 있으나,[16] 실제로 정치적 연설과 정치적 해설을 구별하기는 쉽지 않을 것으로 생각된다.

다음으로 법정에서 공개적으로 행한 진술이라 함은 법정에서 검사, 변호사, 원고 및 피고 등이 행한 변론, 참고인이나 감정인 등의 의견진술과 같이 공개된 법정에서 이루어진 심리에서 행하여진 것을 말한다. 이러한 진술의 경우에는 '정치성'을 요구하지 않는다.

본 조의 적용대상이 되는 국회 또는 지방의회에서 공개적으로 행한 진술은 그 성질상 정치성을 갖는 경우가 많을 것이나, 반드시 그에 한정할 것은 아니다.

3. 효   과

이상의 요건을 갖춘 정치적 연설이나 법정 등에서의 진술은 어떠한 방법으로든지 이를

---

15) 베른협약 제 2 조의2는, "① 정치적 연술 및 재판절차에서의 연술을 전조에서 규정한 보호로부터 전부 또는 일부 배제하는 것은 동맹국의 입법에 맡긴다. ② 또한 강의, 강연 및 기타 공중에 전하는 성격의 저작물이 언론에 의하여 복제·방송되고 … 전달이 될 수 있는 조건은 그러한 사용이 보도의 목적에 의하여 정당화되는 경우에 동맹국의 입법에 맡겨 결정한다. ③ 다만, 저작자는 전항들에서 말한 저작물의 수집물을 만들 배타적 권리를 가진다"고 규정하고 있다.
16) 상게서, 276면.

이용할 수 있다. 따라서 저작권법 제36조의 규정을 적용할 필요도 없이 연술 및 진술의 동일성유지권을 침해하지 않는 한도 내에서 번역이나 요약을 하는 따위의 일체의 행위가 허용되며, 인쇄출판, 녹음 등의 복제를 비롯하여 방송, 상영 등 무형적 이용행위 등 이용방법의 태양을 묻지 않는다.[17] 다만, 이 규정에 의하여 저작물을 이용하는 자는 출처를 명시하여야 한다. 출처의 명시는 저작물의 이용 상황에 따라 합리적이라고 인정되는 방법으로 하여야 하며, 저작자의 실명 또는 이명이 표시된 저작물인 경우에는 그 실명 또는 이명을 명시하여야 한다(저작권법 제37조).

동일한 저작자의 것을 편집하여 이용하는 것은 본 조에 의한 허용대상이 아니다(제24조 단서). 따라서 A라는 특정한 정치인의 연설을 따로 모아 '정치인 A 연설집'과 같은 편집저작물을 작성하고자 한다면 그 정치인의 허락을 받아야 한다. 단서는 '동일한 저작자'의 연설이나 진술로 한정하고 있으므로, '역대 대통령 연설집'과 같이 특정한 한 사람, 즉 동일한 저작자가 아닌 다수인의 연설을 편집하여 수록하는 것이 허용될 것인지 여부는 의문이다. 이 단서조항의 반대해석으로서 그러한 경우에는 법률상 허용된다고 보는 견해가 있다.[18] 그러나 단서의 취지에 비추어 볼 때 한 권의 연설집에 여러 명의 연설문이 포함되어 있지만 그 중 한 사람의 연설문만 따로 분리하여 보더라도 그 한 사람의 연설을 편집하여 이용하는 것으로 볼 수 있을 정도에 이른 경우에는 단서가 적용되어 허용되지 않는 것으로 새겨야 할 것이다.

Ⅲ. 공공저작물의 자유이용

1. 의   의

국가 또는 지방자치단체가 업무상 작성하여 공표한 저작물이나 계약에 따라 저작재산권의 전부를 보유한 저작물은 허락 없이 이용할 수 있다(저작권법 제24조의2 제1항). 이 규정은 2013년 저작권법(2013. 12. 30. 법률 제12137호, 2014. 7. 1. 시행) 일부 개정에 의하여 신설된 것이다.

국가나 지방자치단체가 업무상 작성하거나 계약에 따라 저작재산권의 전부를 보유한 저작물은 공공저작물로서 공익적인 관점에서 원칙적으로 공중이 자유롭게 접근하고 자유롭

---

17) 加戶守行, 전게서, 277면.
18) 상게서, 277면.

게 이용할 수 있도록 하는 것이 바람직하다. 이러한 공공저작물의 자유로운 이용을 활성화하는 것은 세계적인 추세이다. 미국 저작권법 제105조는 "미국 정부의 어떠한 저작물도 저작권의 보호를 받지 못한다. 다만, 미국 정부가 양도, 유증 또는 그 밖의 방법에 의하여 이전된 저작권을 인수 또는 보유하는 것은 금지되지 않는다"라고 규정하고 있어서, 정부 저작물을 저작권 보호에서 배제하는 방식을 취하고 있다. 이때 '정부 저작물'은 그 작성 주체가 '미국 정부의 관리나 근로자'이고 그 직무의 일부로서 작성된 저작물을 말한다.

국가나 지방자치단체가 공중에게 알릴 목적으로 공표하는 각종 홍보자료나 통계자료, 보고서 등은 저작권을 주장할 실익이 적다. 그 밖의 다른 공공저작물도 대부분 국민의 세금이나 각종 준조세 등을 재원으로 하여 작성되는 것들이므로 자유로운 이용이 확대되어야 할 필요가 있다. 이러한 필요성과 공공저작물 이용확대의 세계적 추세에 부응하는 한편, 공공저작물을 새로운 창작의 기반으로서 공중이 자유롭게 활용하도록 한다는 취지에서 본 규정을 둔 것이다.

2. 요   건

가. 국가 또는 지방자치단체가 업무상 작성하여 공표한 저작물이거나 계약에 따라 저작재산권의 전부를 보유한 저작물일 것

국가 또는 지방자치단체가 업무상 작성하여 공표한 저작물은 저작권법 제 9 조에 따라 국가 또는 지방자치단체가 저작자로 인정되므로 국가나 지방자치단체에게 저작재산권과 저작인격권이 원시적으로 귀속된다. 각종 연감이나 백서 등을 예로 들 수 있다. 한편, 국가나 지방자치단체가 계약에 따라 저작물에 대한 저작재산권 전부를 보유하는 경우는 국가 등이 연구용역계약을 체결하여 그 성과물에 대한 저작재산권 전부를 양수할 때에 발생한다.[19] 국가나 지방자치단체가 저작물에 대한 저작재산권 전부를 취득하여 보유하여야 하므로 저작재산권 중 일부 지분권(가령, 복제권)만을 취득한 경우는 여기에 해당하지 않는다.[20] 이 규정에 따라 공공저작물을 이용하는 경우에는 그 저작물을 번역, 편곡 또는 개작하여 이용할 수

---

[19] 그러나 과학기술기본법 제11조의 관련 시행령인 '국가연구개발사업의 관리 등에 관한 규정' 제20조(연구개발 결과물의 소유) 제 2 항은 "국가연구개발사업의 수행 과정에서 얻어지는 지식재산권, 연구보고서의 판권 등 무형적 결과물은 협약으로 정하는 바에 따라 주관연구기관(세부과제의 경우에는 협동연구기관을 말한다)의 소유로 한다"고 규정되어 있다. 따라서 연구 성과물에 대해 국가재원이나 공공기금이 지원되었다고 하더라도 그 성과물에 대한 저작재산권은 국가나 지방자치단체가 아니라 협약으로 정하는 바에 따라 개별 연구기관에게 귀속된다고 규정하고 있다는 점에 유의할 필요가 있다. 박성호, 저작권법, 박영사(2014), 516면.
[20] 박성호, 전게서, 516면.

있다(저작권법 제36조 제1항). 이때 이용자는 출처를 명시하여야 한다(제37조).

나. 1항 단서 각호에 해당하지 아니할 것

공공저작물이라 하더라도 저작권법 제24조의2 제1항 단서의 각호, 즉 (1) 국가안전보장에 관련되는 정보를 포함하는 경우, (2) 개인의 사생활 또는 사업상 비밀에 해당하는 경우, (3) 다른 법률에 따라 공개가 제한되는 정보를 포함하는 경우, (4) 저작권법 제112조에 따른 한국저작권위원회에 등록된 저작물로서 「국유재산법」에 따른 국유재산 또는 「공유재산 및 물품 관리법」에 따른 공유재산으로 관리되는 경우에는 제24조의2가 적용되지 않으므로 자유이용의 대상에서 제외된다.

다. 기타 공공저작물 이용활성화를 위한 경우 등

본 조가 적용되기 위해서는 그 저작물의 작성 주체가 국가 또는 지방자치단체여야 한다. 따라서 '공공기관의 운영에 관한 법률' 제4조에서 정하는 공공기관이 업무상 작성하여 공표한 저작물이나 계약에 따라 저작재산권의 전부를 보유한 저작물에 대해서는 본 조가 적용되지 않는다. 공공기관까지 포함할 경우 이용가능한 저작물의 수가 늘어나게 되지만, 공공기관의 개념 자체가 명확하지 않을 뿐만 아니라, 위탁 등 창작형식이 다양하고 복잡하여 이용에 있어서 불명확성이 높아진다는 점을 고려한 것이다. 그러나 공공기관의 저작물이라고 하더라도 공중의 자유이용의 필요성이 높다는 점에서는 국가나 지방자치단체의 공공저작물과 다를 바 없으므로, 본 조 제2항은 "국가는 「공공기관의 운영에 관한 법률」 제4조에 따른 공공기관이 업무상 작성하여 공표한 저작물이나 계약에 따라 저작재산권의 전부를 보유한 저작물의 이용을 활성화하기 위하여 대통령령으로 정하는 바에 따라 공공저작물 이용활성화 시책을 수립·시행할 수 있다"고 규정하고 있다.

제1항과 제2항을 비교하면, 저작권법 제24조의2 제1항에 따르면 국가 또는 지방자치단체가 저작재산권을 모두 보유하는 저작물은 '허락 없이 이용할 수 있는' 저작물로서, 저작재산권자의 권리행사가 제한된다. 그러므로 제24조의2 제1항에 따른 자유이용은 저작권자의 허락 없이 어떤 방법으로든 이용할 수 있음을 의미하며, 법 제36조 제1항에 따라 번역·편곡 또는 개작도 가능하다. 이용계약이나 이용료 등도 적용되지 않는다. 이에 비하여 제24조의2 제2항에 의하면 「공공기관의 운영에 관한 법률」에서 정한 공공기관이 저작재산권을 모두 보유하는 저작물은 정부의 '공공저작물 이용활성화 시책'의 대상이 되는데, 이 경우에는 법률에 의해 저작재산권이 제한되는 것이 아니라 저작물에 대한 저작재산권을 보유하는 기관의 결정을 매개로 하여 자유이용이 가능해지므로, 여기서의 자유이용은 제1항과 같은 무

제한적 자유이용이 아니라, 저작권자의 의사에 따라 변경금지, 비영리 등의 제한을 받을 수 있다.[21]

아울러 제24조의2 제 1 항 제 4 호에 따라 자유이용이 제한되는 공공저작물에 대하여도 같은 조 제 3 항에서 "국가 또는 지방자치단체는 제 1 항 제 4 호의 공공저작물 중 자유로운 이용을 위하여 필요하다고 인정하는 경우 「국유재산법」 또는 「공유재산 및 물품 관리법」에도 불구하고 대통령령으로 정하는 바에 따라 사용하게 할 수 있다"고 규정함으로써, 한국저작권위원회에 등록된 저작물로서 공유재산으로 관리되는 저작물의 경우에도 저작권법 시행령으로 자유이용이 가능하도록 하는 규정을 마련할 수 있도록 하고 있다. 이에 따라 저작권법 시행령 제 1 조의3 제 2 항은 국유재산 또는 공유재산으로 관리되는 공공저작물이라 하더라도 문화체육관광부장관이 정한 기준에 따른 표시(공공누리 유형 표시)를 하여 국민이 개별적으로 이용허락을 받을 필요 없이 자유롭게 이용하도록 할 수 있다고 규정하고 있다.

이용행위의 범위와 관련하여서는 일본의 경우와 같이 '전재' 등의 경우에만 자유이용이 가능하고 '공중송신' 등의 경우에는 자유이용에서 제외하는 입법례도 있다. 그러나 공공저작물의 폭넓은 이용을 가능하게 하고자 한다는 취지에서 본 조에서는 이용행위의 범위를 전재나 복제 등으로 제한하지 않고 모든 이용이 가능하도록 하고 있으며, 제36조 제 1 항에 의하여 번역, 편곡 또는 개작을 통한 이용까지 가능하다.

독일이나 일본의 경우에는 자유이용이 가능한 공공저작물의 성격을 '홍보자료' 등에 한정하고 있고, 미국의 경우에는 업무상저작물에 한정하고 있다. 그러나 우리 저작권법은 본 조의 적용대상을 홍보자료 또는 업무상저작물 등으로 한정할 경우 창작기반으로서 공공저작물을 활용하도록 한다는 입법 목적에 부합하지 않는다는 점을 고려하여 그러한 제한을 두지 않고 있다. 다만, 국가나 지방자치단체가 양수 계약 등을 통하여 저작재산권의 전부를 보유한 저작물인 경우에는, 저작인격권과 저작재산권의 보유주체가 분리되어 별도의 저작인격권자가 존재할 수 있고 본 조의 규정은 저작인격권에 영향을 미치는 것은 아니므로, 그러한 저작물을 이용함에 있어서는 저작인격권자로부터 별도의 허락이 필요한 경우가 있을 수 있다.

---

21) 유지혜, "공공기관이 보유하는 저작물의 자유이용에 관한 연구", 계간 저작권, 한국저작권위원회, 2023 봄호, 제36권 제1호(통권 제141호), 207면.

Ⅳ. 학교교육목적 등에의 이용

1. 개 설

학교나 기타 교육기관의 교육과정에서는 필연적으로 기존의 저작물들이 교재나 기타 자료로 사용될 수밖에 없다. 저작권법은 교육의 공공성을 고려하여 학교나 기타 교육기관의 교육과정에서 사용되는 저작물의 저작재산권을 그 교육목적상 필요한 경우에 한하여 제한하고 있는데, 공표된 저작물을 교과용 도서에 게재하는 경우(제25조 제1항)와 공표된 저작물을 교육기관에서 복제·배포·공연·전시 또는 공중송신하는 경우(제25조 제2항)가 그것이다.[22] 또한 종전 저작권법에서는 교육기관만이 저작재산권이 제한되는 대상으로 되어 있어서 교육을 받는 자는 이에 해당이 되지 않는 것으로 볼 수밖에 없었다. 그러나 인터넷을 이용한 원격 교육이 널리 보급되면서 쌍방향 교육이 활성화되었고, 그에 따라 교육을 받는 자도 본 조의 적용을 받도록 할 필요가 있다는 주장이 강력하였다. 이에 2006년 개정법에서는 교육을 받는 자 역시 수업목적상 필요하다고 인정되는 경우에는 공표된 저작물을 복제하거나 전송할 수 있는 것으로 하였다(법 제25조 제3항).

2006년 개정 저작권법부터는 제25조 제1항 내지 제3항의 규정이 모두 저작인접권에도 준용됨으로써 이들 경우에도 저작인접권이 제한되는 것으로 범위가 넓어졌다(제87조).[23]

2. 허용되는 유형

가. 교과용 도서에의 게재

고등학교 및 이에 준하는 학교 이하의 학교의 교육목적상 필요한 교과용 도서에는 공표된 저작물을 게재할 수 있다(저작권법 제25조 제1항). 고등학교 및 이에 준하는 학교 이하의 학교의 종류와 내용에 관하여는 초·중등교육법(법률 제5438호)이 규정하고 있다. 유아교육을 위한 학교, 즉 유치원도 포함하는 것으로 해석된다.[24]

---

[22] 종전 저작권법에서는 저작물의 일부분을 "복제·배포·공연·방송 또는 전송"할 수 있도록 규정하고 있었으나, 오늘날 교육현장의 수업방식이 다양화되고 있는 현실을 고려하여 현행 저작권법(법률 제12137호, 2013. 12. 30. 일부 개정, 2014. 7. 1 시행)에서 저작권자의 이용허락 없이 저작물을 이용할 수 있는 학교교육목적의 저작물 이용형태에 '전시'를 추가하고 '방송 또는 전송'을 상위개념인 '공중송신'으로 변경하였다.

[23] 일본 저작권법에서는 교과용 도서에의 게재(제33조) 및 학교 교육프로그램의 방송 등(제34조)의 규정은 저작인접권에는 준용되지 않는 것으로 되어 있다(제102조).

[24] 유아교육법 제2조 제2호에서는 '유치원'이란 "유아의 교육을 위하여 이 법에 따라 설립·운영되는 학교

초·중등교육법에서 정하는 학교에서는 국가가 저작권을 가지고 있거나 교육부장관이 검정 또는 인정한 교과용 도서를 사용하여야 하는데(위 같은 법 제29조), 교과용 도서에는 교과서와 지도서가 포함된다(교과용도서에관한규정 제2조 제1호). 그 중 '교과서'는 학교에서 학생들의 교육을 위하여 사용되는 학생용의 서책·음반·영상 및 전자저작물 등을 말하며, '지도서'는 학교에서 학생들의 교육을 위하여 사용되는 교사용의 서책·음반·영상 및 전자저작물 등을 말한다. 따라서 시중에서 판매되고 있는 학습참고서는 교과용 도서가 아니다.[25]

교과용 도서에 자유롭게 게재할 수 있는 저작물은 문학·음악·미술저작물 등 그 종류를 가리지 아니하나 공표된 저작물에 한한다. 여기에서 '게재'한다는 것에는 복제 및 배포가 포함된다. 사이버 강의와 같은 원격교육을 위한 전송도 '게재'에 포함되는지 여부에 대하여는 의문이 있지만, 전송이 포함되지 않는다고 하더라도 저작권법 제25조 제2항의 요건을 갖춘 경우에는 학교의 수업목적을 위하여 '전자저작물'인 교과용 도서를 전송하는 것이 가능하다고 해석된다.[26]

이 규정은 학교교육의 공공성을 고려하여 교과용 도서에 게재할 저작물의 저작재산권을 제한하는 취지이지, 교과용 도서 자체의 저작권을 제한하는 것은 아니다. 따라서 교과용 도서의 내용을 저작권자의 허락 없이 학습용 참고서 등에 이용하는 것은 저작권침해가 될 수 있다. 교과용 도서를 기본교재로 하여 그 내용을 가지고 인터넷 강의를 제공하는 것이 공표된 저작물의 인용으로서의 범위를 초과한 경우에는 저작재산권 중 복제권 및 공중송신권(전송권)을 침해한 것이라고 인정한 판례도 있다.[27]

교과용도서를 발행한 자는 교과용 도서를 본래의 목적으로 이용하기 위하여 필요한 한도 내에서 제1항에 따라 교과용 도서에 게재한 저작물을 복제·배포·공중송신할 수 있다(제25조 제2항). 2020. 2. 4. 개정 저작권법에 새로 신설된 규정이다. 온라인 등을 통한 다양한 교육 콘텐츠 제공이 가능하도록 교과용 도서에 게재된 공표된 저작물을 복제·배포·공중송

를 말한다"고 정의하고 있고, 같은 법 제13조 제3항에서는 "교육부장관은 유치원의 교육과정 운영을 위한 프로그램 및 교재를 개발하여 보급할 수 있다"고 규정하고 있다.

25) 앞서 '제3장 저작자' 중 결합저작물 부분에서 본 이른바 '표준전과' 사건(서울민사지방법원 1992. 6. 5. 선고 91가합39509 판결)이 이러한 취지를 판시하고 있다. 즉, 원고가 제작한 초등학교 국어 교과서의 삽화를 표준전과라는 학습용 참고서에 무단게재한 사건에서, 피고가 위 표준전과는 교과용 도서에 속하므로 보상금지급의무가 없다고 항변한 데 대하여 법원은, 참고서는 교과용 도서에 해당되지 않는다고 판시하였다.

26) 임원선, 실무자를 위한 저작권법, 한국저작권위원회(2009), 212면; 이해완, 전게서, 398면.

27) 서울중앙지방법원 2005. 11. 9. 선고 2004노732 판결(상고취하로 확정). "문제되고 있는 저작물이 교과용 도서라는 사유는 저작권법 제6절에 규정된 저작재산권의 제한규정, 특히 제25조(현행 저작권법 제28조, 공표된 저작물의 인용 규정)에 해당하는지 여부를 판단하는 하나의 참작사유에 불과할 뿐, 그것이 교과용 도서라는 이유만으로 저작권의 범위가 제한되거나 그 저작권에 내재적 한계가 있다고는 볼 수 없다"고 판시하였다(서울대학교 기술과법센터, 전게서, 하상익 집필 부분, 487면).

신할 수 있도록 근거규정을 둔 것이다.

(1) 법률 규정

저작권법 제25조 제3항은, "다음 각 호의 어느 하나에 해당하는 학교 또는 교육기관이 수업 목적으로 이용하는 경우에는 공표된 저작물의 일부분을 복제·배포·공연·전시 또는 공중송신(이하 이 조에서 '복제 등'이라 한다)할 수 있다. 다만, 공표된 저작물의 성질이나 그 이용의 목적 및 형태 등에 비추어 해당 저작물의 전부를 복제 등을 하는 것이 부득이한 경우에는 전부 복제 등을 할 수 있다."고 규정하면서, 그 각 호로서, "1. 특별법에 따라 설립된 학교, 2.「유아교육법」,「초·중등교육법」또는「고등교육법」에 따른 학교, 3. 국가나 지방자치단체가 운영하는 교육기관"을 열거하고 있다. 또한 같은 조 제4항은, "국가나 지방자치단체에 소속되어 제3항 각 호의 학교 또는 교육기관의 수업을 지원하는 기관(이하 "수업지원기관"이라 한다)은 수업 지원을 위하여 필요한 경우에는 공표된 저작물의 일부분을 복제 등을 할 수 있다. 다만, 공표된 저작물의 성질이나 그 이용의 목적 및 형태 등에 비추어 해당 저작물의 전부를 복제 등을 하는 것이 부득이한 경우에는 전부 복제 등을 할 수 있다."고 규정하고 있다.

(2) 이용 주체

(가) 학교, 교육기관, 교육지원기관

여기서 말하는 특별법에 의하여 설립된 교육기관에는 평생교육법(법률 제10915호)에 의하여 설치·운영되고 있는 각종의 평생교육기관,[28] 직업교육훈련촉진법(법률 제10776호)에 의하여 설치된 직업교육훈련기관, 산업교육진흥및산학협력촉진에관한법률(법률 제10907호)에 의한 산업교육기관, 장애인등에대한특수교육법(법률 제10876호)에 의한 특수교육기관, 유아교육법(법률 제10854호)에 의한 유치원 등이 있다. 또한 초·중등교육법에 의한 교육기관으로서는 초등학교, 공민학교, 중학교, 고등공민학교, 고등학교, 고등기술학교, 특수학교, 각종학교(이상 초·중등교육법 제2조) 등이 있으며, 고등교육법에 의한 교육기관으로서는 대학, 산업대학, 교육대학, 전문대학, 방송대학·통신대학·방송통신대학, 사이버대학(원격대학), 기술대학, 각종학교(이상 고등교육법 제2조) 등이 있다.

법에 특별한 근거가 없더라도 국가나 지방자치단체가 운영하는 교육기관이면 이 조항

---

28) 평생교육법 제2조 제2호에 의하면, '평생교육기관'이란, "가. 평생교육법에 따라 인가·등록·신고된 시설·법인 또는 단체, 나. 학원의 설립·운영 및 과외교습에 관한 법률에 따른 학원 중 학교교과교습학원을 제외한 평생직업교육을 실시하는 학원, 다. 그 밖에 다른 법령에 따라 평생교육을 주된 목적으로 하는 시설·법인 또는 단체"를 말한다.

의 적용을 받는 교육기관에 포함되는 것으로 규정하고 있다. 그러한 교육기관으로서는 공무원의 각종 교육·연수·훈련 등을 위한 교육기관(중앙 및 지방공무원연수원, 각 시도 교육연수원 등)만이 아니라, 국가나 지방자치단체가 특수한 목적을 위하여 운영하는 교육기관도 포함되는 것으로 해석된다.[29]

그러나 학원의설립·운영및과외교습에관한법률(구 사설강습소에관한법률)의 적용대상이 되는 학교교과 교습학원, 즉 학원이나 교습소는 영리를 목적으로 하여 설립된 시설이므로 본조에서 정하는 교육기관에 해당하지 않는 것으로 보아야 한다.[30] 또한 회사 등이 개설한 직원연수시설과 같은 것도 이에 해당하지 않는다.[31]

한편 종전 저작권법 제25조 제 2 항에서는 학교, 국가나 지방자치단체가 운영하는 교육기관 외에 이들 교육기관의 수업을 지원하기 위하여 국가나 지방자치단체에 소속된 교육지원기관도 본 조의 적용을 받을 수 있다고 규정하고 있었다. 그런데 이 조항에서 규정하고 있는 '이들 교육기관'에 그 앞에서 언급된 '학교'가 포함되느냐 여부가 문맥상 명확하지 않아 논란의 소지가 있었다. 이러한 논란을 해소하기 위하여 2020. 2. 4. 개정법은 종전 저작권법 제25조 제 2 항 중에서 교육지원기관 관련 내용을 제 4 항으로 신설하여 분리독립 시키면서, 그 조문을 "국가나 지방자치단체에 소속되어 제 3 항 각 호의 학교 또는 교육기관의 수업을 지원하는 기관"이라고 규정한 것이다. 따라서 '학교'의 수업을 지원하는 기관은 제 4 항에 포함되며, 해당 교육지원기관 구성원의 신분은 국가공무원법 또는 지방공무원법상의 공무원에 해당하여야 한다.

(나) 교 원

교육기관은 물론이고 그 교육기관에서 직접 교육업무를 담당하고 있는 교원도 본 조에 의하여 타인의 저작물을 복제·배포·공연·전시 또는 공중송신할 수 있다. 이 규정에 따라 교사는 수업시간에 학생들에게 나누어 줄 수업용 자료로서 타인의 저작물을 복제한 유인물을 제작할 수 있다. 본 항에 의한 이용행위의 주체가 교육기관으로 되어 있지만 실제로는 교사나 교수가 스스로 또는 조교나 직원 등의 보조를 받아서 이용행위를 하는 경우가 대부분일 것이다. 교원이 복제의 주체인 한 실제의 복제행위를 학생에게 시키더라도 무방하다. 그러나 교육을 담당하지 않는 교육위원회 등이 복제물을 제작하여 관내 학교에 배포하는

---

29) 허희성, 신저작권법 축조개설(상), 명문프리컴(2007), 194면; 이해완, 저작권법, 제 2 판, 박영사(2012), 399면.

30) 일본 저작권법 제35조(학교 기타 교육기관에서의 복제)에서는 "학교 기타의 교육기관(영리를 목적으로 설치되어 있는 것은 제외한다) … "라고 하여 영리를 목적으로 설치된 교육기관은 본 조의 적용대상에서 제외된다는 취지를 명문으로 밝히고 있다.

31) 加戶守行, 전게서, 253면.

것은 허용되지 않는다고 본다.[32]

(3) 이용 방법 및 대상

본 항에 의하여 허용되는 이용의 방법은 복제·배포·공연·전시 또는 공중송신이다. 2000년 저작권법 개정 이전에는 '방송'과 '복제'만 허용하였다가 2000년 개정으로 '공연'이 추가되고, 2006년 개정에서 '전송'이 추가되었으며, 2009년 4월 22일 개정에 의하여 '배포'가 추가되었고, 2020년 2월 4일 개정법에서 복제·배포·공연·전시 또는 공중송신('복제 등')으로 확대되었다.

복제물의 사용목적이 그 수업 과정에서의 사용을 위한 것이어야 하므로 교원이 자신이 담임하고 있는 반의 학생에게 배포하기 위한 것이라면 관계없지만, 전교생을 위한 인쇄물을 작성하는 것은 허용되지 않는다고 본다. 마찬가지로 전교생을 대상으로 하는 방송을 하기 위하여 교육방송 프로그램을 비디오테이프에 녹화하는 것도 그 교원이 전교생에 대한 시청각교육을 담당하고 있다는 등의 특별한 사정이 없는 한 허용되지 않는다.[33][34]

본 조에 의하여 자유롭게 복제·배포·공연·방송하거나 전송할 수 있는 저작물은 문학·음악·미술저작물 등 그 종류를 가리지 아니하나 공표된 저작물의 일부분에 한한다. 다만, 짧은 시조나 사진, 회화 등과 같이 저작물의 성질이나 그 이용의 목적 및 형태 등에 비추어 저작물의 전부를 이용하는 것이 부득이한 경우에는 전부를 이용할 수 있도록 하였다(제25조 제3, 4항 단서).

우리나라가 다른 국가들보다 앞서서 '전송'의 경우도 교육목적상 저작재산권이 제한되는 것으로 규정한 것은 원격교육과 관련하여 상당히 중요한 의미를 가진다.

(4) 이용의 목적과 한계

종전 저작권법에서는 특별히 목적을 제한하지 않았었는데, 현행법에서는 교육기관이 하는 복제·배포·공연·전시·공중송신이라 하더라도 "수업 목적으로 이용하는 경우"와 "수업 지원을 위하여 필요한 경우"에만 저작재산권이 제한되는 것으로 명확히 하였다. 그러나 여기서 말하는 '수업목적'이 어느 범위까지를 의미하는 것인지는 여전히 불명확하다. '수업

---

32) 이형하, 전게논문, 343면; 加戸守行, 전게서, 254면.
33) 加戸守行, 전게서, 254면.
34) 일본 저작권법에서는 "수업과정에서 사용할 것을 목적으로"라고 규정하고 있다. 이때 일정한 계획에 따라 교육을 실시하는 것이 '수업과정'에 해당하는 것이며, 초·중등교육을 예로 들면 학습지도 요령에 기초하여 교육과정을 실시하는 것이 이에 해당한다고 한다. 교육과정의 영역을 넘어서는 학습자들의 임의적인 활동까지를 포함하는 것은 아니라고 해석하고 있다. 田中重憲, 전게서, 77면.

목적'을 좁게 해석하면 교육과정을 실시하는 수업에 직접적으로 사용할 것을 목적으로 하는 경우로 한정될 것이고, 넓게 해석하면 널리 수업을 위하여 필요한 준비과정에서의 이용행위까지를 포함하게 된다.

개정된 저작권법에서는 종전에 허용되던 복제·공연·방송은 물론이고 전파력이 훨씬 커서 저작재산권자의 이익을 침해할 우려가 그만큼 크다고 할 수 있는 공중송신까지 허용하고 있는 점과 개정 저작권법이 특별히 '수업목적'이라는 제한을 두고 있는 취지 등을 고려하면 '수업목적'의 범위를 지나치게 넓게 해석하는 것은 바람직하지 않다. '수업 목적'이란 "해당 수업에서의 직접적인 교수행위"를 위한 것임을 의미한다고 해석함이 타당하다. 따라서 수업의 목적을 벗어나 포괄적으로 이용될 수 있는 교육 관련 자료집을 제작하거나, 학생의 수보다 더 많은 수의 복제물을 제작하여 비치하고 향후의 수요에 대비하는 행위는 이 규정의 적용을 받기 어렵다.

다만, 여기서 말하는 '수업'이란 교과로서의 수업만이 포함되는 것으로 아주 좁게 해석할 것은 아니라는 것이 일반적인 견해이다. 초·중등교육에 있어서는 특별교육활동인 학교행사(운동회, 수학여행 등), 세미나, 실험·실습, 필수과목으로 되어 있고 교사의 지도를 받는 동아리활동 등도 포함될 수 있고, 대학 등의 고등교육에 있어서는 학점취득이 인정되는 교육활동이 여기에 포함될 수 있으며,[35] 원격수업도 포함된다고 본다. '창의적 체험활동'이나 '방과 후 학습'도 학교 교육과정에 따라 학교장의 지휘, 감독 아래 학교 안 또는 밖에서 교수 및 교사에 준하는 지위에 있는 사람에 의하여 수행되는 것이라면 수업의 범위에 포함되는 것으로 해석한다.[36]

여기서 수업이라 함은 현재 진행되고 있거나 구체적인 수업일시·내용이 정해져 있는 수업만을 의미하는 것이므로, 장차 수업에 사용하려 한다는 등의 추상적인 목적의 경우는 본 조항의 적용범위에서 제외된다. 그리고 학생들이 자율적으로 수행하는 과외활동도 수업의 범위에 포함되지 않는다.[37] 학교건물의 건립이나 환경미화 같은 교육환경의 조성이나 개선을 위한 행위도 이에 포함되지 않으며, 따라서 학교조경을 위해 미술저작물을 복제하는 것은 이 규정에 의하여 허용되는 행위가 아니다.[38] 그 외에 ① 학교의 교육계획에 근거하지 않은 자주적인 활동으로서의 동아리, 동호회, 연구회 등, ② 수업과 관계없는 참고자료의 사용, ③ 학급통신·학교소식 등에의 게재, ④ 학교 홈페이지에의 게재 등의 행위들도 수업목적의 이용행위라고 보기 어렵다.[39]

---

35) 오승종, 저작권법, 박영사(2007), 568면.
36) 이해완, 전게서, 402면.
37) 서울대학교 기술과법센터, 전게서, 490면; 오승종, 전게서, 568면; 이해완, 전게서, 402면.
38) 이해완, 전게서, 402면; 임원선, 전게서, 215면.

교육기관에서의 수업목적을 위한 이용이 광범위하게 허용될 경우 저작자, 특히 교육용 교재를 제작하여 판매하는 사업자들의 이해관계에 큰 영향을 미칠 수 있다. 예를 들어, 학습보조교재 전문 출판사가 중학교 생물수업에 활용될 수 있을 것으로 예상하여 많은 시간과 비용, 인원을 투자하여 '우리나라의 민물고기'라는 비디오테이프, 또는 도감(圖鑑)을 제작하였는데, 생물 교사가 수업에 사용하기 위한 목적으로 저작권자의 허락 없이 그 비디오테이프나 도감을 복제하여 학생들에게 재생한다든가 배포하게 되면 그 출판사는 영업에 큰 타격을 받게 될 것이다. 또한 학습장(學習帳)이나 연습장(練習帳)처럼 수업과정에서 활용 및 소비되기 위하여 제작되는 워크북과 같은 부교재들을 수업목적을 위한 것이라고 하여 교사들이 저작권자의 허락 없이 학생들에게 복제·배포한다면, 그 부교재들의 제작·판매업자들은 큰 타격을 입게 될 것이다. 따라서 본 조항을 해석·운용함에 있어서는 저작물의 '통상적인 이용'과 정면으로 충돌하는 일이 없도록 주의를 기울여야 할 것이다.

(5) 복제방지조치

저작권법 제25조 제 2 내지 제 4 항의 규정에 따라 교과용 도서를 발행한 자, 학교, 교육기관 및 수업지원기관이 저작물을 공중송신을 하는 경우에는 저작권 그 밖에 이 법에 의하여 보호되는 권리의 침해를 방지하기 위하여 복제방지조치 등 대통령령이 정하는 필요한 조치를 하여야 한다(저작권법 제25조 제12항). 이는 다른 이용행위와는 달리 특히 '전송'을 비롯한 '공중송신'의 경우에 복제방지의 기술적 조치가 없는 상태에서 무제한 허용하게 되면, 저작물이 쉽게 유출되어 인터넷 등을 통해 널리 유포됨으로써 저작권자의 정당한 이익을 크게 훼손할 가능성이 높다는 점을 고려하여 두게 된 규정이다.[40]

나. 교육받는 자의 복제·전송

저작권법 제25조 제 3 항 각 호의 학교 또는 교육기관에서 교육을 받는 자는 수업목적상 필요하다고 인정되는 경우에는 제 3 항의 범위 내에서 공표된 저작물을 복제하거나 공중송신할 수 있다(저작권법 제25조 제 5 항). 이용의 방법과 관련하여 교육기관 및 교육지원기관

---

39) 이해완, 전게서, 402면.
40) 이 규정에서 말하는 '대통령령이 정하는 필요한 조치'는 다음과 같은 조치들을 의미한다(저작권법 시행령 제 9 조).
 ① 불법 이용을 방지하기 위하여 필요한 다음 각 목에 해당하는 기술적 조치.
  가. 전송하는 저작물을 수업을 받는 자 외에는 이용할 수 없도록 하는 접근제한조치.
  나. 전송하는 저작물을 수업을 받는 자 외에는 복제할 수 없도록 하는 복제방지조치.
 ② 저작물에 저작권 보호 관련 경고문구의 표시.
 ③ 전송과 관련한 보상금을 산정하기 위한 장치의 설치.

이 주체가 된 경우(저작권법 제25조 제3, 4항)에는 복제, 배포, 공연, 전시 또는 공중송신을 할 수 있는 것으로 규정되어 있으나, 교육을 받는 자가 주체가 된 경우(같은 조 제3항)는 복제 또는 공중송신만 할 수 있는 것으로 규정되어 있다.

본 항에 의하여 허용되는 이용행위의 주체는 교육을 받는 자, 즉 학생 개인이다. 이 점을 감안하여 저작권법 제25조 제12항의 '복제방지조치' 등의 의무규정은 본 항에 의한 이용행위에는 적용하지 않는 것으로 되어 있으나, 저작재산권자의 권리가 부당하게 침해되지 않도록 교육기관이 접근통제를 위하여 필요한 조치를 취한 사이버 공간(예를 들어, 특정 학급 학생만 들어오도록 제한된 학교 홈페이지 내 게시판 혹은 자료실) 내에서 전송하는 것만 허용되는 것으로 보는 것이 '수업목적상 필요한' 범위 내에서 복제 및 전송을 허용한 본 항의 입법취지에 부합한다는 견해가 있다.[41]

본 항에 의하여 허용되는 이용행위는 "제3항의 범위 내에서"의 이용행위라는 점을 유념하여야 한다. 이는 학교나 교육기관에서의 이용을 전제로 그것과 연관하여 이루어지는 이용행위의 범위 내에서 교육을 받는 자의 복제·전송행위가 허용된다는 의미이다.

3. 보상금의 지급

저작권법 제25조 제1항부터 제4항의 규정에 따라 저작물을 이용하려는 자는 문화체육관광부장관이 정하여 고시하는 기준에 따른 보상금을 해당 저작재산권자에게 지급하여야 한다. 다만, 고등학교 및 이에 준하는 학교 이하의 학교에서 복제 등을 하는 경우에는 보상금을 지급하지 아니 한다(제25조 제6항). 이것은 저작재산권자와 이용허락에 관한 사전 협의를 거치지 않더라도 일정한 금액의 보상금을 저작재산권자에게 지급한다는 것을 전제로 저작물을 이용할 수 있는 '법정허락'(statutory license) 제도이다.

이 규정에 의하여 저작재산권자가 갖게 되는 보상금청구권은 물권적 권리가 아닌 채권적 권리이다. 따라서 이 규정에 의하여 저작물을 이용한 자가 보상금을 지급하지 않았다고 하여 그 이용행위가 저작재산권 침해행위로 되는 것은 아니며, 다만 보상금지급채무 불이행에 따른 채권적 책임만을 지게 될 뿐이다. 또한 저작재산권자의 입장에서 이용자가 보상금의 지급의무를 불이행하였을 경우 민사상 구제로서 보상금지급 청구를 할 수 있으나, 물권적 청구인 침해의 정지청구 등을 할 수는 없다. 침해의 정지 등 청구에 관한 저작권법 제123조 제1항은 제25조의 규정에 따른 보상을 받을 권리를 제외한다고 명시함으로써 이러한 점을 분명히 하고 있다.

---

41) 이해완, 전게서, 401면.

4. 한계와 범위

가. 제25조 제1항

교과용 도서에의 게재를 허용하는 저작권법 제25조 제1항은 "학교교육목적상 필요"하다고 인정되는 한도에서 자유이용이 허용되는 것이므로,[42] 교과서 편집자가 주관적으로 필요하다고 생각하는 한도가 아니라 객관적으로 필요하다고 판단되는 정당한 범위 내를 그 한도로 한다. 따라서 그 한도라고 하는 것은 결국 학교교육의 목적을 달성하기 위하여 유효적절한 범위를 넘어서지 않아야 하며, 그 판단은 주무관청이나 학교 당국 등에서 제공하는 학습지도요령이나 기타 기준에 따라 좌우되는 부분이 많을 것이다. 원칙적으로 동일한 저작자의 저작물을 대량으로 게재하거나 소설 전체를 게재하는 것은 허용되지 않는다. 그러나 시가·시조·회화·사진과 같은 저작물의 경우에는 성질상 전체를 게재하는 것도 가능하다고 보아야 할 것이다.[43]

나. 제25조 제3, 4, 5항

앞에서도 본 바와 같이 저작권법 제25조 제3 내지 5항에 의하여 교육기관 및 교육지원기관의 복제·배포·공연·전시 또는 공중송신 및 교육을 받는 자의 복제와 전송이 허용되는 것은 수업 또는 지원 목적상 필요한 경우로 한정된다. 이 규정에 의하여 자유롭게 이용할 수 있는 저작물은 그 종류를 가리지 아니하나 공표된 저작물의 일부분에 한한다. 예컨대 학생 1인당 1부씩 돌아가는 수만큼만 복제하여야 하며, 저작물을 교육상 필요하지 않은 부분까지 통째로 복제하거나 여러 개의 저작물을 복제하여 하나의 작품집 등 편집물을 만들어서는 안 된다.[44] 2006년 개정되기 전 저작권법에서는 단순히 "공표된 저작물을 … "이라고 되어 있었는데, 개정된 저작권법에서 "공표된 저작물의 일부분을 … "이라고 한 것은 저작재산권자의 피해를 최소화하려는 취지에서라고 할 수 있다. 다만, 짧은 시조나 사진, 회화 등과 같이 저작물의 성질이나 그 이용의 목적 및 형태 등에 비추어 저작물의 전부를 이용

---

42) 다만, 저작권법 제25조 제1항은 "학교교육목적상 필요한 교과용 도서에는 공표된 저작물을 게재할 수 있다"라고 규정하고 있어서 "학교교육목적상 필요한"이라는 문구가 "교과용 도서"를 수식하는 것처럼 되어 있다. 그러나 '교과용 도서'라 함은 학교에서 학생들의 교육을 위하여 사용되는 학생용 또는 교사용의 서책·음반·영상 및 전자저작물 등을 말하는 것이고(교과용 도서에 관한 규정 제2조 제2호, 제3호), 따라서 교과용 도서가 학교교육목적상 필요한 것이라는 점은 굳이 법문상으로 규정할 것까지도 없이 당연한 것이므로, 저작권법 제25조 제1항에서 "학교교육목적상 필요한"이라는 문구는 교과용 도서를 수식하는 문구가 아니라 교과용 도서에 게재할 수 있는 범위를 제한하는 문구로 이해하여야 할 것이라고 본다. 추후 저작권법을 개정할 경우 이 조항의 문구를 정리할 필요가 있다고 생각한다.
43) 加戶守行, 전게서, 248면.
44) 이형하, 전게논문, 346면.

하는 것이 부득이한 경우에는 전부를 이용할 수 있다(제25조 제 3, 4 항 각 단서).

본 조와 관련하여 특례규정을 두고 있는 컴퓨터프로그램저작물의 경우에는 '저작물의 일부분'을 복제 또는 배포할 수 있다는 명시적 규정은 두지 않는 대신에, "프로그램의 종류·용도, 프로그램에서 복제된 부분이 차지하는 비중 및 복제의 부수 등에 비추어 프로그램 저작재산권자의 이익을 부당하게 해치는 경우에는 그러하지 아니하다"고 하는 제한을 두고 있다(저작권법 제101조의3 제 1 항 단서, 제 2 호).

이러한 관점에서 구체적으로 다음과 같은 경우에는 수업목적을 위한 정당한 이용으로 보기 어려울 것으로 보인다.[45] ① 교사 또는 학생들이 구입하거나 빌려서 이용할 것을 상정하여 시장에 제공되고 있는 것(참고서, 문제집, 대학 교과서 또는 보조교재, 연습서, 교육기관에서의 상영을 목적으로 판매 또는 대여되는 영상물 등)을 구입하는 대신에 그것을 대체할 목적으로 복제하는 경우, ② 원격 수업에 이용할 수 있도록 하기 위한 목적으로 판매되고 있는 저작물을 허락 없이 복제, 전송하는 경우, ③ 본래의 수업목적을 넘는 이용으로서, 예컨대 필요한 기간을 넘어 교실 내 혹은 학교 내의 벽면에 미술저작물을 게시하는 등의 경우, ④ 학생 1 인당 1부를 초과하여 복제하는 경우, ⑤ 복제 후 제본까지 함으로써 시판되는 책과 동일하게 만들거나 미술, 사진 등 저작물을 감상용이 될 정도의 화질로 인쇄하는 경우 등이다.

다. 개작 이용과 출처 명시

본 조에 의하여 저작물을 자유이용하는 경우에는 그 저작물을 번역·편곡 또는 개작하여 이용할 수 있다(법 제36조). 그리고 출처를 명시하여야 하고, 그 출처의 명시는 저작물의 이용상황에 따라 합리적이라고 인정되는 방법으로 하여야 하며, 저작자의 실명 또는 이명이 표시된 저작물인 경우에는 그 실명 또는 이명을 명시하여야 한다(법 제37조).

5. 컴퓨터프로그램저작물에 대한 특례

일반 저작물과는 달리 컴퓨터프로그램저작물에 대하여는 저작권법 제25조의 규정이 적용되지 않고, 제101조의3에서 특례규정을 두고 있다. 이에 따라 학교교육목적을 위한 이용에 있어서 프로그램저작물의 경우에는 저작권법 제25조 제 2 항 및 제 3 항이 적용되는 일반 저작물과 비교하여 볼 때 다음과 같은 점에서 차이가 생기게 된다.

첫째, 수업목적을 위한 이용에 있어서의 이용주체인 교육기관은 상급학교 입학을 위한 학력이 인정되거나 학위를 수여하는 교육기관으로 한정된다.

---

45) 이해완, 전게서, 403면.

둘째, 일반 저작물에 있어서는 교육기관뿐만 아니라 교육지원기관도 이용행위의 주체가 될 수 있으나, 프로그램저작물의 경우에는 교육기관이 아닌 교육지원기관은 이용행위의 주체가 될 수 없다.

셋째, 일반 저작물의 경우에는 교육을 받는 자도 이용행위의 주체가 될 수 있으나, 프로그램저작물의 경우에는 교육을 받는 자는 이용행위의 주체가 될 수 없다.

넷째, 일반 저작물의 경우에 교육기관 또는 교육지원기관이 할 수 있는 이용행위의 태양에는 복제·배포·공연·방송 및 전송이 포함되나, 프로그램저작물의 경우에는 복제 또는 배포의 이용행위만이 허용되고 있다.

다섯째, 일반 저작물의 경우에는 교과용 도서에의 게재뿐만 아니라 교육기관 및 교육지원기관에서의 이용에 대하여도 예외적인 경우를 제외하고는 보상금지급의무가 규정되어 있으나, 프로그램저작물의 경우에는 교과용 도서에의 게재를 위한 복제의 경우를 제외하고 제 2 호의 경우에 대하여는 보상금지급의무를 규정하고 있지 않다.

여섯째, 일반 저작물의 경우에는 공표된 저작물의 '일부분'만을 이용할 수 있다는 명시적 규정이 있는데, 프로그램저작물의 경우에는 그러한 제한은 없는 대신 "프로그램의 종류·용도, 프로그램에서 복제된 부분이 차지하는 비중 및 복제의 부수 등에 비추어 프로그램 저작재산권자의 이익을 부당하게 해치는 경우에는 그러하지 아니하다"고 하는 제한을 두고 있다. 그러나 프로그램저작물에 대한 이러한 제한은 일반 저작물의 경우에도 적용되는 것으로 해석할 수 있다.

V. 시사보도를 위한 이용

1. 의   의

방송·신문 그 밖의 방법에 의하여 시사보도를 하는 경우에 그 과정에서 보이거나 들리는 저작물은 보도를 위한 정당한 범위 안에서 복제·배포·공연 또는 공중송신할 수 있다(저작권법 제26조). 뉴스 시간에 축제행사의 퍼레이드를 방송하는 경우 음악대가 연주하는 행진곡이 방송을 타고 흘러나온다거나, 미술관에서 발생한 폭력사건을 TV 뉴스로 방영하는 과정에서 그 미술관에 전시되어 있는 그림들이 배경화면에 나오는 것은 어쩔 수 없는 일이다. 이처럼 언론이 시사보도를 하는 과정에서 부득이하게 또는 우발적으로 타인의 저작물을 이용하는 것이 저작권침해의 책임을 져야 한다면 언론의 자유를 심하게 제한하게 되므로 이런 경우 언론을 보호하기 위한 취지에서 두게 된 것이 이 규정이다.

한편 저작권법 제28조는, "공표된 저작물은 보도·비평·교육·연구 등을 위하여는 정당한 범위 안에서 공정한 관행에 합치되게 이를 인용할 수 있다"고 규정하고 있다. 즉 제28조에서도 '보도'를 위한 저작물의 인용을 인정하고 있는 것이다. 제26조와 제28조의 차이는, 제26조는 보도의 과정에서 우발적으로 저작물이 이용되는 경우에 관한 것이고, 제28조는 적극적으로 그 저작물을 보도를 위하여 인용하는 경우에 관한 것이라는 점이다. 따라서 제28조는 제26조에 비하여 훨씬 더 엄격한 요건(정당한 범위와 공정한 관행에 합치될 것)을 갖추어야 자유이용이 가능한 것으로 되어 있다.

2. 요 건

가. 객 체

이용되는 저작물은 시사보도를 하는 과정에서 보이거나 들리는 저작물, 즉 부득이하게 우발적으로 복제되는 저작물이다. 따라서 특정 저작물을 적극적으로 보도를 위하여 인용하는 것이 아니며, 이 점에서 제28조의 제한규정과 구별된다.

전형적인 예로는 회화·조각 전시회장에서 발생한 미술품 도난사건을 보도하는 과정에서 회화·조각 등 저작물이 보이는 경우 또는 대통령이 어떤 미술전람회를 방문한 것을 TV 방송으로 보도하면서 전람회의 장면 중 그 전람회에 출품 전시된 회화작품이 불가피하게 보이는 경우, 스포츠 행사를 보도하면서 입장행진곡이나 응원가 등의 연주음이 불가피하게 들리는 경우를 들 수 있다.[46] 그러나 사건현장을 촬영한 보도용 사진은 사건보도의 과정에서 보이는 저작물이 아니므로 본 조에 의하여 이용할 수 있는 저작물이 아니다.[47] 객관적으로 판단하여 시사적인 사건이라고 인정될 수 있어야 하므로, 보도가 아니라 특정 저작물을 이용하는 것에 주안점을 두고 의도적으로 시사사건임을 빙자하여 저작물을 이용하는 것은 본 조에 의하여 허용되지 않는다.

특정한 '사건을 구성하는 저작물' 자체도 본 조에 의하여 자유이용 되는 객체로 될 수 있는지 여부에 관하여는 학설상 다툼이 있다. "사건을 구성하는 저작물"이란 특정한 사건의 주제로 되어 있는 저작물을 말하는 것으로서, 예컨대 어떤 미술관에서 유명작가의 그림이 도난당했을 경우에, 그 사건을 공중에게 알리기 위하여 바로 그 그림의 복제사진을 신문에 게재하거나 방송으로 내보내는 것을 말한다. 긍정설은 위와 같은 경우에도 본 조가 적용될 수

---

46) 허희성, 전게서, 118면.
47) 이형하, 전게논문, 347면.

있다고 한다.[48] 부정설은 위 사례의 경우는 해당 저작물을 보도를 위하여 적극적으로 인용하는 것에 해당하므로 제28조가 적용되는 것은 별론으로 하고 제26조가 적용되는 경우는 아니라고 한다.[49] 우리 저작권법의 해석으로서는 "사건을 구성하는 저작물"에 대하여 저작권법 제26조를 적용하는 것은 적절하지 않고, 다만 저작권법 제28조의 요건을 갖추었을 때 "공표된 저작물의 인용"으로서 허용될 수는 있을 것이다.

나. 이용의 태양

본 조에 의한 이용의 태양으로는 복제·배포·공연 또는 공중송신이 포함된다. 따라서 보도를 위한 재료로서 사진촬영을 하거나 테이프에 녹음하는 것, 필름에 녹화하는 것 등이 가능하며, 그 밖에 보도에 수반하여 신문 등의 인쇄물에 게재하거나, TV 또는 라디오로 방송하는 것, 영화 상영, 인터넷 언론매체를 통해 전송을 하는 것, 디지털음성송신(웹캐스팅) 등의 이용이 가능하다.[50]

본 조는 "방송·신문 그 밖의 방법에 의하여 시사보도를 하는 경우"에 적용되는데, 이때 "그 밖의 방법"으로는 방송과 신문 외에 영화나 사진, 인터넷을 이용한 시사보도를 들 수 있다.

다. 정당한 범위

정당한 범위 내의 이용이어야 하므로 보도를 위하여 필요한 것이어야 하고, 저작물의 본래적 이용과 충돌하지 않아야 한다. 따라서 시사보도에 사용하는 경우라도 취재를 기화로 의도적으로 취재대상의 배경에 등장하는 저작물에 초점을 맞추었다면 보도를 위한 정당한 범위 안에서의 이용이라고 할 수 없다. 예를 들어, 도난 당한 미술작품을 보도하는 경우에 그 미술작품을 고급 종이에 컬러로 크게 인쇄하여 감상용으로도 사용할 수 있도록 이용하는 것은 허용되지 않는다. 또한 보도 이외의 목적을 위하여 저작물을 이용하여서는 아니 되므로, 가령 타인의 저작물이 포함된 장면을 보도가 끝난 뒤 비디오테이프에 수록하거나 또는 화집(畵集) 등으로 만들어 시판하는 것은 허용되지 않는다.[51] 본 조의 객체가 되는 저작물에는 미공표된 저작물도 포함되는데, 미공표저작물이 보도과정에서 보이거나 들리는 경우에는 저작자의 저작인격권인 공표권이 문제로 된다.[52] 본 조에 의하여 저작재산

---

48) 허희성, 전게서, 117면.
49) 이형하, 전게논문, 349면.
50) 加戸守行, 전게서, 280면.
51) 이형하, 전게논문, 349-350면.
52) 이형하, 전게논문, 350면.

권이 제한되더라도 저작인격권에는 아무런 영향을 미치지 않기 때문이다(저작권법 제38조). 따라서 미공표저작물의 본 조에 의한 이용은 저작인격권에 의하여 상당히 제한을 받게 될 것이다.

또 이용되는 저작물의 양에 있어서도 정당한 범위를 초과하여서는 안 된다. 예를 들어 미술전람회를 방문한 유명인사의 동정을 보도하면서 그 전람회에 전시된 모든 작품을 방송한다거나, 한 작품만을 계속적으로 장시간 동안 방송한다면 정당한 범위를 초과하는 것이라고 보아야 한다. 이러한 의미에서 본 조에 해당하지 않는 예로서는, 자선 음악회를 보도하면서 연주된 음악을 전부 들려주는 것과 같이 단순한 보도의 목적을 넘어서서 장시간에 걸쳐서 감상적인 목적으로 방송하는 것 등을 들 수 있다.[53]

라. 기   타

본 조에 의하여 저작물을 이용하는 경우에는 그 저작물을 번역하여 이용할 수 있으며 (저작권법 제36조 제 2 항), 출처명시의 의무는 없다(제37조 제 1 항 단서).[54]

VI. 시사적인 기사 및 논설의 복제 등

1. 의   의

정치·경제·사회·문화·종교에 관하여 「신문 등의 진흥에 관한 법률」 제 2 조의 규정에 따른 신문 및 인터넷신문 또는 「뉴스통신진흥에 관한 법률」 제 2 조의 규정에 따른 뉴스통신에 게재된 시사적인 기사나 논설은 다른 언론기관이 복제·배포 또는 방송할 수 있다. 다만, 이용을 금지하는 표시가 있는 경우에는 그러하지 아니하다(저작권법 제27조).

시사적인 기사나 논설은 널리 국민에게 배포되어 국민의 여론형성에 기여할 필요성을 가지고 있고, 또한 그 원활한 흐름은 국민의 알권리를 충족시킨다고도 할 수 있다. 따라서 시사정보는 원활히 국민에게 전달될 수 있어야 한다. 베른협약 제10조의2 제 1 항에서도 명시적인 이용금지가 없는 한 시사기사 등의 전재는 동맹국의 입법에 따른다고 규정하고 있으며,[55] 일본 및 독일도 이와 유사한 규정을 두고 있다. 이러한 국제적인 경향을 반영하여

---

53) 加戸守行, 著作權法 逐條講義, 四訂新版, 社團法人 著作權情報センター, 279면.
54) 일본 저작권법의 경우에는, 시사보도를 위한 이용에 있어서 출처를 명시하는 관행이 있는 때에는 그 출처를 명시하여야 한다고 규정하고 있다(일본 저작권법 제48조 제 1 항 제 3 호).
55) 베른협약 제10조의2 제 1 항은, "경제·정치 또는 종교적인 시사문제에 관하여 신문이나 정기간행물에 발

2006년 개정 저작권법에서 본 조를 신설하였다.

2. 요 건

가. 대상 저작물

(1) 신문, 인터넷신문, 뉴스통신 등에 게재된 기사 및 논설

본 조에 의하여 이용대상이 되는 저작물은 신문 등의 진흥에 관한 법률, 뉴스통신진흥에 관한 법률에서 규정하고 있는 신문, 인터넷신문 또는 뉴스통신에 게재된 것만 포함되며, 잡지에 게재된 저작물이나 방송된 저작물은 제외된다. '잡지'란, 정치·경제·사회·문화·시사·산업·과학·종교·교육·체육 등 전체분야 또는 특정분야에 관한 보도·논평·여론 및 정보 등을 전파하기 위하여 동일한 제호로 월 1회 이하 정기적으로 발행하는 책자 형태의 간행물을 말한다.56) 신문과 잡지를 구별하는 가장 기본적인 기준은 월 1회 이하 발행되는 것인지, 월 2회 이상 발행되는 것인지에 달려 있다고 할 수 있다.

본 조에 의하여 자유이용할 수 있는 기사나 논설은 신문 등 정기간행물, 인터넷 신문 또는 뉴스통신에 '게재'(揭載)된 것이어야 한다. 따라서 유선이나 무선으로 '방송'된 기사나 논설은 본 조에서 허용하는 대상이 아니다. 방송의 경우 매 프로그램마다 이용을 금지하는 표시를 나타내기 어렵고, 정확히 동일한 내용으로 복제하는 것도 어렵다는 현실적인 이유 때문에 일단 2006년 개정법에서는 방송의 시사보도 내용에 대한 전재규정의 도입은 유보한 것이다.

한편, 저작권법 제36조 제 2 항에서 본 조에 따라 저작물을 이용하는 경우에는 그 저작물을 번역하여 이용할 수 있다고 규정하고 있는 점에 비추어 볼 때 외국 언론사의 기사나 논설도 번역하여 전재할 수 있다고 해석된다.57)

(2) 시사적인 기사 및 논설

본 조에 의하여 복제·배포 또는 방송에 의한 이용이 허용되는 기사 및 논설은 정치·경제·사회·문화·종교에 관한 시사적인 것이어야 한다. 그러나 대부분의 시사문제는 넓게

행된 기사 및 같은 성격의 방송저작물이 언론에 의하여 복제되거나, 방송되거나, 유선으로 공중에 전달되는 것을 허용하는 것은 그 복제, 방송 또는 전달이 명시적으로 유보되지 아니한 경우에 동맹국의 입법에 맡긴다. 다만, 출처는 항상 분명히 표시되어야 한다. 이 의무의 위반에 따른 법적 효과는 보호가 주장되는 국가의 입법에 따라 결정한다"고 규정하고 있다.
56) 잡지 등 정기간행물의 진흥에 관한 법률 제 2 조 제 1 호 가목.
57) 심동섭, "개정 저작권법 해설", 계간 저작권, 저작권심의조정위원회, 2006년 겨울호, 53면.

보면 정치·경제·사회·문화·종교의 어느 하나에 걸리지 않는 것이 거의 없을 것이기 때문에, 이 요건을 엄격한 의미로 해석할 것은 아니다. 규정 자체만 보아서는 명백하지 않지만, 언론기관 상호간의 전재(轉載)를 허용하고자 한 규정 취지에 비추어 볼 때, 언론사 내부인이 아니라 외부의 기고자(寄稿者)가 작성한 저작물은 본 조의 적용대상에서 제외되는 것으로 보아야 한다는 것이 다수설이다.[58]

나. 이용의 주체

본 조에 의한 자유이용을 할 수 있는 주체는 다른 언론기관이다. 언론기관만이 주체로 규정되어 있으므로 일반 국민들이 개인적으로 전재하는 것은 여기에 해당되지 않는다. 법률상 '언론기관'에 포함되는 것에는 텔레비전 및 라디오 방송사, 신문사업자, 잡지 등 정기간행물 사업자, 뉴스통신사업자, 인터넷언론사 등이 있다. 일반 출판사는 포함되지 않으므로 출판사가 특정한 목적으로 기사나 논설을 편집하여 책으로 출판하는 것은 본 조의 적용대상이 아니다.[59]

다. 이용금지의 표시가 없을 것

이용하고자 하는 기사 및 논설에 이용을 금지하는 표시가 있는 경우에는 본 조가 적용되지 않는다(저작권법 제27조 단서). "이용을 금지하는 표시"라고 하고 있으므로, 기사나 논설에 '전재금지'(轉載禁止)와 같은 표시가 붙어 있다면 이에 해당한다고 보아야 할 것이다. '전재금지'의 표시가 있으면 신문이나 잡지에 게재하는 것뿐만 아니라 방송도 금지하는 것으로 해석함이 상당할 것이다.[60]

금지의 표시가 저작물의 어느 장소에 되어 있어야 하는지도 문제로 될 수 있다. 신문의 1면 첫머리나 잡지의 권말에 일괄하여 전재금지의 표시를 하는 것만으로는 그러한 표시가 신문이나 잡지 전체에 대한 저작권을 주장하고 있는 취지인지, 아니면 그 신문이나 잡지 전체에 실린 기사 또는 논설의 전재를 금지하는 표시인지가 불명확하므로, 그러한 표시만으로는 본 조의 이용금지 표시라고 보기 어렵다고 한다. 따라서 각각의 기사나 논설마다 이용금지의 표시를 하는 것이 필요하다는 견해가 있다.[61] 그러나 그렇게 될 경우 성명표시권을 지나치게 강조할 때 생길 수 있는 폐해와 유사한 문제가 발생할 가능성이 있으므로 향후의 관행 등을 고려하여 신중하게 판단해야 할 것이라는 취지의 견해가 설득력을 얻고 있다.[62]

---

58) 서달주, 한국저작권법, 박문각(2007), 283면; 이해완, 전게서, 411면.
59) 이해완, 전게서, 411-412면.
60) 상게서, 274면.
61) 상게서, 274면.

저작물의 속표지 등에 흔히 표시되는 ©표시 또는 '모든 권리 유보'(all rights reserved) 표시는 이 규정에서 말하는 이용을 금지하는 표시에 해당하지 않는다. 본 조에서 이용을 금지하는 표시란 일반적인 의미에서의 이용을 말하는 것이 아니라, 본 조 규정에 의한 이용의 금지를 뜻하는 것으로 보아야 하기 때문이다.

3. 효　　과

이상의 요건을 충족하면 신문 등 정기간행물, 인터넷 신문 또는 뉴스통신에 게재된 시사적인 기사나 논설을 다른 언론기관이 복제·배포 또는 방송할 수 있다. 본 조에 의하여 허용되는 행위에서 전송은 제외되고 있다. 전송까지 허용하게 되면 시사적인 기사나 논설의 보도적 이용행위뿐만 아니라 정보제공 서비스적인 행위까지 허용될 우려가 있기 때문이다.

본 조는 외국의 시사적인 기사 및 논설에 대하여도 이용이 담보되어야 그 실효성이 있으므로 개정법 제36조 제 2 항에서 본 조의 규정에 의하여 저작물을 이용하는 경우에는 그 저작물을 번역하여 이용할 수 있다고 규정하고 있다. 아울러 베른협약 제10조의2 제 1 항에서 전재기사에 대한 출처표시 의무를 강제하고 있으므로 저작권법은 본 조에 의하여 저작물을 이용하는 자는 그 출처를 명시하여야 함을 규정하고 있다(제37조 제 1 항).

Ⅶ. 공표된 저작물의 인용

1. 의　　의

공표된 저작물은 보도·비평·교육·연구 등을 위하여는 정당한 범위 안에서 공정한 관행에 합치되게 이를 인용할 수 있다(저작권법 제28조). 인용이란 자기의 논문 중에 자기가 주장하는 학설을 뒷받침하기 위하여 타인의 논문 일부를 빌려 온다든가, 소설 작품 속에 타인의 시문(詩文)을 이용하는 것과 같이 자기의 저작물 중에 타인의 저작물을 "끌어다가 이용"하는 것을 말한다. 그런 의미에서 특별히 '이용'(利用)이라는 용어 대신 '인용'(引用)이라는 용어를 사용한 것이다.

학문과 예술을 비롯한 문화 및 관련 산업의 발전이라고 하는 저작권법의 근본 목적은 타인이 앞서 이루어 놓은 학문과 예술 등의 문화유산을 바탕으로 이를 끊임없이 비교·검토

---

62) 임원선, 전게서, 196면; 이해완, 전게서, 412면.

하고 비평함으로써 이루어질 수 있는 것이고, 이를 위해서는 타인의 선행 저작물을 일정한 요건 아래 인용하는 것을 허용할 필요가 있기 때문에 본 조와 같은 규정을 두게 된 것이다.

　여기서 '인용'(引用)이라고 하는 것은 타인이 자신의 사상이나 감정을 표현한 저작물을 그 표현 그대로 끌어다 쓰는 것을 말한다. 인용을 하면서 약간의 수정이나 변경을 하였다 하더라도 인용되는 저작물의 기본적 동일성에 변함이 없고, 표현의 본질적 특성을 그대로 감득할 수 있다면 역시 인용이라고 보아야 할 것이다. 저작권법 제28조의 인용규정이 적용되는 것은 타인의 저작물의 '표현'을 인용한 경우이다. 타인의 사상이나 감정 그 자체는 저작권법의 보호를 받지 못하는 아이디어에 해당하므로, 저작자가 독점·배타권을 행사할 수 없고 굳이 본 조와 같은 권리제한규정이 없더라도 누구나 자유로이 이용할 수 있기 때문이다.63) 따라서 타인의 저작물을 보고 거기에 나타난 사상과 감정을 소화하여 자신의 표현으로 나타내었다면 이는 인용이 아니라 독자적인 저작이다.

　제28조에 의하여 자유이용이 허용되는 것은 정당한 범위 안에서 공정한 관행에 합치되는 경우에 한정된다. 인용은 문학, 학술, 예술 등 모든 문화 분야에 걸쳐 널리 행하여지는 행위로서 저작재산권자의 이익을 해칠 우려가 크므로 저작권법이 특별히 그 허용요건을 엄격하게 정하고 있는 것이다. 그러나 그 요건이 상당히 추상적인 문구로 되어 있어 명백한 기준을 제공하고 있다고는 볼 수 없고, 결국은 구체적인 사례가 문제로 되었을 때 그 해석은 법원의 판단에 최종적으로 맡겨져 있다.

2. 요　　건

가. 공표된 저작물

　제28조에 의하여 인용할 수 있는 것은 공표된 저작물에 한한다.64) 공표된 저작물이라

---

63) 다만, 그러한 아이디어가 특허법이나 부정경쟁방지법 등에 의하여 보호를 받는 것은 별개의 문제이다.
64) 서울고등법원 1995. 5. 4. 선고 93나47372 판결(확정): 이미 실시된 토플시험문제를 입수하여 피고가 토플시험 대비용 문제집을 발간한 사안에 관한 판결이다. 피고는 이 문제집이 공표된 시험문제를 인용한 것이라고 항변하였으나 법원은, "공표란 저작물을 공연, 방송 또는 전시 그 밖의 방법으로 일반 공중에게 공개하는 경우와 저작물을 발행하는 경우를 말하는데(개정 전 저작권법 제 2 조 제17호), 원고는 토플시험 응시생들에게 문제지의 소지, 유출을 허용하지 아니하고 그대로 회수함으로써 시험문제들이 공중에게 공개되는 것을 방지하고 있고, 시험이 시행된 후에 원고 자체의 판단에 따라 재사용여부나 공개여부, 공개 시기 등을 별도로 결정하고 있으므로, 이러한 사정 아래에서 제한된 범위의 응시생들이 토플 시험을 치르는 행위만으로는 이를 공표라 할 수 없다"라고 하여 피고의 항변을 배척하였다. 이 판결에 대하여는, 시험 시행기관의 입장에서 볼 때 응시생들에게 시험문제지를 나누어 준 것은 응시생들이 최소한 특정다수인이라고 볼 경우 공중에게 저작물의 복제물을 대여한 것에 해당하므로 '배포'의 개념에 해당하고(저작권법 제 2 조 제23호), 나아가 저작물을 공중의 수요를 충족시키기 위하여 공중에게 배포하는 행

면 반드시 어문저작물에만 한정되지 않고 영상저작물이나 음악, 미술, 사진, 도형저작물 등 저작물의 종류에 관계없이 제28조의 적용대상이 된다.

나. 보도·비평·교육·연구 등을 위한 인용일 것

(1) 보도·비평·교육·연구 등의 목적

인용하는 목적이 보도·비평·교육·연구 등을 위한 것이어야 한다. 여기서 '등'이라고 하고 있으므로 이는 제한적이 아니라 예시적 규정이다. 따라서 여기에 나열된 네 가지 목적에 한정되지 아니하고 다른 목적도 포함될 수 있겠지만, 본 조의 취지가 새로운 문화발전이라는 공익을 위하여 사익을 제한한다는 관점에서 자유로운 이용을 허용하는 것이므로, 새로운 문화발전과 무관하거나 그에 비추어 정당화될 수 없는 것이라면 본 조에 의한 공정이용으로 인정되기 어려울 것이다. 즉, 본 조에 나열된 네 가지 목적과 전혀 취지와 성질을 달리 하는 것, 예를 들어 단순히 창작에 소요되는 시간과 노력을 절약하기 위하여 타인의 저작물을 이용하거나, 타인의 저작물을 마치 자신의 저작물인 것처럼 혼동을 줄 목적으로 이용하거나, 대중에게 잘 알려진 타인의 저작물을 이용하여 자신의 저작물의 상품가치를 높이려는 것은 본 조가 허용하는 인용의 목적이라고 할 수 없다. 영리를 위한 상품광고에 특별한 관련성도 없는 타인의 저작물을 이용하는 것이 그 전형적인 사례가 될 수 있다.[65] 여행알선업을 하는 자가 다른 여행안내서에 기재되어 있는 내용을 자신의 인터넷 홈페이지에 그대로 베껴 게재하는 한편, 이를 다른 여행사의 인터넷 사이트에도 제공한 사건에서 법원은, "피고가 여행안내서의 일부를 베낀 목적은 홈페이지 게재 자료를 작성하는 시간과 노력을 절약하기 위한 것으로 봄이 상당하여 보도, 비평 등과 상관없다 할 것이고, 출처가 원저작물(인용된 저작물)이라는 것을 명시하지 않아 인용방법도 공정한 관행에 합치되지 않는다고 할 것이므로, 저작권법상 허용되는 인용이라고 볼 수 없다"고 판시하였다.[66]

즉, 본 조에 해당하는 인용의 목적을 예시적으로 규정하고 있지만, 그렇다고 하여 인용하는 목적은 어떤 경우라도 상관이 없다고 해석할 수는 없다. 보도·비평·교육·연구의 분야는 전통적 일반관념에 비추어 볼 때 다른 분야에 비하여 상대적으로 영리성이 낮고 공익적 성격이 강한 분야로서, 저작권법의 궁극적인 목적인 문화의 향상발전에 기초적이고도 필

위, 즉 '발행'에도 해당하는 것으로 보아야 할 것인데(저작권법 제 2 조 제24호), 이는 결국 저작물을 발행하는 경우로서 '공표'의 개념에 해당하는 것으로 보아야 할 것(저작권법 제 2 조 제25호)이므로, 법적인 관점에서 보면 공표한 것에 해당한다고 보는 것이 타당하다는 견해가 있다(이해완, 전게서, 414-415면).

65) 이형하, 전게논문, 354면.
66) 서울중앙지방법원 2003. 5. 30. 선고 2001가합64030 판결; 서울대학교 기술과법센터, 저작권법주해, 박영사, 2007, 511면에서 재인용.

수적인 역할을 하는 분야라고 할 수 있다. 따라서 본 조에서 '등'이라고 하고 있는 것은 적어도 그 앞에 나오는 보도·비평·교육·연구 목적과 성격적으로 대등하거나 적어도 어느 정도의 관련성 또는 유사성을 가질 수 있는 목적을 지칭하는 것으로 해석함이 타당할 것이다.

(2) 비영리성을 요하는가

그러나 그렇다고 하여 본 조의 인용이 반드시 비영리적인 목적을 위한 것이어야 함을 의미하는 것은 아니다. 저작권법상 저작재산권에 대한 제한규정 중 '비영리'를 요건으로 하는 경우에는 반드시 '비영리'를 요건으로 한다는 점을 법문에서 명시하고 있다. 예를 들어, 저작권법 제29조의 "영리를 목적으로 하지 아니하는 공연·방송", 제30조(사적이용을 위한 복제)의 "영리를 목적으로 하지 아니하고 개인적으로 … "라는 규정, 제32조(시험문제로서의 복제)의 "다만, 영리를 목적으로 하는 경우에는 … "라는 규정, 제33조(시각장애인 등을 위한 복제 등)의 "영리를 목적으로 하지 아니하고 시각장애인 등의 이용에 … "라는 규정 등이 그러하다.

이에 비하여 제28조는 '영리목적' 여부를 명시적으로 언급함이 없이 '보도·비평·교육·연구 등'이라고만 행위 유형을 예시하고 있을 뿐이다. 사실상 오늘날에 있어서 보도·비평·교육·연구 등의 행위 유형도 대부분 어느 정도 영리성을 가지지 않을 수 없으므로(예를 들어, 각종 신문사나 방송사를 비롯한 언론사, 직업적인 비평가들, 사설 교육기관이나 연구기관 등), 영리목적의 인용이 인용의 목적상 정당한 범위에 속하지 않는다고 한다면 저작권법 제28조는 순수 학술논문에서의 인용 외에는 거의 적용될 여지가 없어질 것이다.

따라서 저작권법 제28조의 인용에 해당하기 위해서 반드시 비영리 목적을 위한 인용이라야 하는 것은 아니므로 상업적인 광고에 타인의 저작물을 인용하는 것도 경우에 따라서는 본 조에 의한 공정이용으로 허용될 가능성을 배제할 수 없다. 특히 '비평'의 요소를 포함한 '비교광고' 또는 '패러디 광고'의 경우에는 다른 조건을 충족할 경우에 이 규정에 의한 자유이용이 인정될 가능성이 상대적으로 많을 것이다.[67] 그러나 일반적으로 인용의 목적이 영리성을 추구하는 것인 때에는 비영리 목적을 위한 인용의 경우에 비하여 자유이용이 허용되는 범위를 좁게 해석한다.

대법원 1997. 11. 25. 선고 97도2227 판결('대입 본고사 입시문제' 사건 판결)은 출판사가 "95년 대학별 고사 국어"라는 제목의 대학입시용 문제집을 제작하면서, 학교 법인이 저작권을 가지는 대학입시 문제의 질문과 제시된 답안을 그대로 베낀 사건에서, "반드시 비영리적인 이용이어야만 교육을 위한 것으로 인정될 수 있는 것은 아니지만, 영리적인 교육목적을 위한 이용은 비영리적 교육목적을 위한 이용의 경우에 비하여 자유이용이 허용되는 범위가

---

67) 서울대학교 기술과법센터, 전게서, 511면(김기영 집필 부분); 임원선, 전게서, 226면; 이해완, 전게서, 416면.

상당히 좁아진다"고 판시하였다.[68] 이와 같이 영리적 이용의 경우에는 비영리적 이용의 경우에 비하여 자유이용이 허용되는 범위가 상당히 좁아진다는 취지는 대법원 2014. 8. 26. 선고 2012도10786 판결에서도 이어지고 있다.

다. 정당한 범위 내일 것

(1) 개 관

정당한 범위 내인가 아닌가 하는 것은 사실문제로서 사안에 따라 적절히 결정하여야 할 것이다. 사회통념에 기초하여 인용되는 분량, 내용상의 주종(主從)의 구분, 저작물의 형태, 이용목적 등에 따라 개별적·구체적으로 판단하여야 한다. 종래 우리 법원 판례는, 적법한 인용이 되기 위하여서는 이용자의 저작물(인용저작물) 중에서 저작재산권자의 저작물(피인용저작물)이 분명하게 구별되어 인식될 수 있어야 하되,[69] 양 저작물 사이에 전자가 주된 것이고 후자가 이에 종속된다고 하는 주종관계가 있어야 한다는 것을 들고 있다. 이러한 주종관계는 단순히 양적(量的)인 면에서만 판단할 것이 아니라 내용상의 주종관계, 즉 질적(質的)인 면에서의 주종관계도 아울러 검토하여야 한다. 주종관계는 양 저작물의 관계를 인용의 목적, 양 저작물 각각의 성질, 내용 및 분량, 피인용저작물의 인용 방법 및 태양 등의 여러 가지 점에 기초하여 고려하고, 여기에 그 저작물이 예정하고 있는 감상자(수요자)의 일반적 관념에 비추어 볼 때 인용저작물이 전체 저작물 중에서 주체성을 보유하고 있고, 피인용저작물이 인용저작물의 내용을 보충설명하거나 인용저작물에 대한 예증 또는 참고자료를 제공하는 등 인용저작물에 대하여 부종적(附從的) 성격을 가지는 것인지 여부에 따라 결정한다.

유의하여야 할 것은, 정당한 범위 안에서 이루어진 인용인지 여부를 판단함에 있어서는 원칙적으로 첫 번째 요건인 '인용의 목적'과 연결하여 검토하여야 한다는 점이다. 즉, 인용의 정도는 인용 목적에 의하여 정당화 될 수 있는 정도를 한도로 한다는 것이다. 이는 베른협약 제10조 제1항이 공표된 저작물의 인용은 "목적상 정당한 범위 안에서"(extent does not exceed that justified by purpose) 이루어져야 한다는 것을 명시하고 있는 점에 비추어 보더라도

---

68) 서울남부지방법원 2008. 6. 5. 선고 2007가합18479 판결은, 피고 방송사가 오락 프로그램 중 스타의 숨은 이야기를 발굴하는 코너인 '스타 UCC' 편에서 연기자 A가 영화 '대괴수 용가리'라는 영화에 출연한 사실이 있는지를 확인하는 내용을 방송하는 과정에서, 원고가 저작권을 가지는 그 영화 중 일부 장면을 3분 정도 방영한 것이 저작권법 제28조의 '인용'에 해당할 수 있는지 여부가 문제로 된 사건이다. 법원은, 제28조의 적용여부는 인용의 목적, 저작물의 성질, 인용된 내용과 분량, 피인용저작물을 수록한 방법과 형태, 독자의 일반적 관념, 원저작물에 대한 수요를 대체하는지 여부 등을 종합적으로 고려하여 판단하여야 할 것이고, 이 경우 반드시 비영리적인 목적을 위한 이용만이 인정될 수 있는 것은 아니라 할 것이지만, 영리적인 목적을 위한 이용은 비영리적 목적을 위한 이용의 경우에 비하여 자유이용이 허용되는 범위가 상당히 좁아진다고 판시하였다.

69) 이 부분은 엄밀히 말하면 뒤에서 보는 "공정한 관행에 합치" 요건에 해당한다.

그러하다.

(2) 양적(量的) 주종관계

(가) 개 요

자기의 저작물에 타인의 저작물을 인용하는 것이므로 우선 양적인 면에서 볼 때 인용하고자 하는 자기의 저작물이 주체가 되어야 하고, 인용되는 타인의 저작물은 어디까지나 종적인 존재라야 한다. 따라서 타인의 저작물만 있고 자신의 저작부분은 없다면 이것은 정당한 범위 내의 인용이라고 볼 수 없다. 뿐만 아니라 타인의 저작물이 대부분을 차지하고 자기의 창작부분은 인용부분보다 적은 경우에도 일반적으로 정당한 인용의 범위를 초과한 것이라고 할 수 있다. 예를 들어 다른 사람들의 수필이나 소설을 수집하여 놓고 거기에 자신의 비평이나 해설을 약간씩 덧붙여 하나의 저작물을 만든 경우에, 전체 저작물에서 차지하는 분량의 비율이 자신의 비평이나 해설 쪽보다 타인의 저작물 쪽이 훨씬 더 크다면 비록 타인의 저작물이 비평 또는 해설의 자료로서 사용된 것이라 하더라도 정당한 범위 내라고 볼 수 없을 것이다. 즉, 인용된 저작물이 인용하는 저작물 중에 흡수되는 것이 필요하다.

다만 인용되는 저작물의 성질상 미술작품이나 사진 혹은 시조와 같은 짧은 문예작품인 경우에는 일부인용을 생각하기 어려우므로 이들은 전부인용이 가능하다고 보아야 할 것이다.[70] 예를 들어 미술사(美術史)에 관한 책을 저술하면서 내용에 대한 자료로서 필요한 특정 회화작품 전체를 인용한다거나, 미술평론서에 비판의 대상으로 된 특정 미술작품 전체를 인용하는 것, 어느 시인에 대한 문학평론을 저술하면서 그 시인의 시 중 몇 편을 전부 인용하는 것은 모두 가능하다. 그러나 미술사 저서의 본문에 기재된 내용과 관련이 없는 작품을 다수 게재하는 것은 정당한 범위를 일탈하는 것이 된다.[71] 따라서 이러한 경우에는 다음에서 보는 질적인 주종관계를 검토해 보아야 한다.

보도의 경우에 정당한 범위를 판단하기란 쉽지 않다. 회화 또는 조각의 전시회나 음악 연주회 소식을 보도·방영하면서 전체 회화나 조각을 모두 녹화하거나 전체 연주를 모두 녹음하여 방영하는 경우에는 정당한 범위 내라고 볼 수 없을 것이다.[72]

---

70) 구 저작권법 제64조 제 2 호는, "자기의 저작물 중에 정당한 범위 내에서 절록인용(節錄引用)하는 것"이라고 하여 저작물 중 일부를 인용하는 경우에만 자유이용이 가능하고, 전부인용의 경우에는 그렇지 않은 것으로 규정하고 있었다.

71) 일본의 경우에는 음악저작물을 소설에 인용하는 경우 사단법인 일본음악저작권협회와 사단법인 일본문예협회 사이에 합의가 체결되어 있어서, 예를 들어 가사 1절 이내라면 허락을 받을 필요가 없는 것으로 되어 있다. 그러나 이는 실무적인 처리에 관하여 이해 당사자들 사이에 합의를 하여 둔 것에 불과하고, 공표된 저작물의 인용 규정에 대한 해석을 좌우하는 것은 아니라고 보고 있다. 加戸守行, 전게서, 245면.

72) Zacchini v. Scripps-Howard Broadcasting Co., 47 Ohio St. 2d 224, 351 454(1976), rev'd, 433 U.S.

(나) 판례 – '소설마당' 사건

출판사가 저작권자들의 허락을 받지 않고, 개화기부터 1960년대까지의 국내 소설 가운데 고등학교용 교과서에 수록된 작품 또는 비교적 문학성이 뛰어나다고 생각되는 작품들을 선정하여 단편소설은 그 전문을, 장편소설은 그 일부를 발췌하여 수록한 편집물을 작성한 사례에서 서울지방법원 1994. 7. 29.자 94카합6025 결정(일명, '소설마당' 사건)은, "이 사건 저작물이 대학입시 준비를 하는 학생들을 위하여 소설 감상능력을 키워주기 위한 목적상 우리나라의 대표적인 소설들을 선정하여 수록하면서 각 작품마다 그 작가를 소개하고, 작품의 주제, 줄거리, 단락, 플롯, 시점, 등장인물과 인물의 묘사방법, 배경, 문학사적 의의 등을 간략하게 기술한 작품해설을 싣고는 있으나, 그 작품에 대한 해설은 작품을 감상하기 위해 필요한 최소한의 분량에 그치고 있으면서, 실제로 각 작품 자체를 읽을 수 있도록 단편의 경우에는 그 전문을, 중·장편의 경우에도 상당한 분량을 인용하고 있어서 전체적으로 인용 부분이 주가 되고 있는 사실을 인정할 수 있는바, 이는 정당한 인용의 범위를 넘어 원저작물의 시장수요를 대체할 수 있는 정도라고 판단되므로, 인용저작물과 피인용 저작물이 부종적 관계에 있다거나 정당한 관행에 합치된 인용이라고 보기 어렵다"고 하였다.

(다) 편집물에 수록하는 경우

위 사례에서 문제가 된 '소설마당'이라는 책자는 편집물에 해당한다. 그런데 편집물의 소재로서 타인의 저작물을 수록하는 행위에 대하여는 아예 공표된 저작물의 인용 규정이 적용될 수 없다는 견해가 있다. 일본의 학설에서도 편집저작물이나 데이터베이스에 그 소재 또는 정보로서 타인의 저작물을 수록하는 행위는 인용의 목적을 운운할 것까지도 없이 그 자체로 공표된 저작물의 인용에 해당하지 않는다고 하거나, 타인의 저작물을 수집하여 하나의 편집물을 창작(제작)하는 경우는 편집물 속에 타인의 저작물이 인용되는 것이라기보다는, 타인의 저작물에 의하여 해당 저작물(편집물)이 구성되는 것에 지나지 않는다고 하여 공표된 저작물의 인용 개념에 아예 해당하지 않는다고 보는 견해가 통설의 입장이다.[73]

편집물을 제작함에 있어서 공표된 저작물의 인용이 허용되는지 여부는 이른바 '전유형' 인용을 허용할 것인지 여부와 관련이 있다. 인용에는 자기의 저작물 중에 타인의 저작물을 끌어들여 종된 부분으로 인용하는 '삽입형(insert)' 인용과, 자기의 저작물이 존재하지 않거나

562, 205 U.S.P.Q. 741(1977): 이 사건의 원고인 Zacchini는 스스로 대포 속에 들어가 발사되는 인간대포알의 실연행위를 하는 것으로 유명한 사람이었다. 원고의 실연행위는 시작부터 발사, 목표지점 도착에 이르기까지 불과 15초 정도가 소요되는데, 피고 방송사가 원고의 허락을 받지 아니하고 원고의 실연행위 전체를 뉴스시간에 방영한 것이 문제로 되었다. 이 사건에서 법원은 피고가 원고의 실연행위 전체를 방영한 것은 원고가 실연자로서 가지는 경제적 이익을 침해할 우려가 큰 것으로서 정당한 범위를 초과하는 것이라고 하여 피고의 공정사용 및 표현의 자유에 기한 항변을 배척하였다.

73) 半田正夫·松田政行, 著作權法コンメンタール, 勁草書房(2), 205-206면 참조.

설사 존재한다고 하더라도 사소한 부분에 불과하고 타인의 저작물을 전부 인용하는 '전유형 (appropriation)' 인용 두 가지가 있을 수 있는데,[74] 저작권법 제28조에 의하여 전유형 인용도 허용될 수 있는지 여부가 문제로 된다. 일본의 통설은 전유형 인용은 허용되지 않는다는 입장이라고 볼 수 있다. 그런데 우리나라의 경우에는 2006년 대법원에서 전유형 인용을 인정하는 취지의 판결(이른바 '썸네일 이미지' 사건 판결)이 내려진 바 있어 검토를 요한다.

(3) 질적·내용적(質的·內容的) 주종관계

(가) 의 의

질적 주종관계는 양적 주종관계보다 오히려 중요하다. 피인용저작물이 인용저작물보다 질적으로 월등히 높은 존재가치를 가지는 경우에는 정당한 범위 내의 인용이라고 할 수 없다.[75] 인용저작물이 주(主)가 되려면 먼저 피인용부분을 제외하더라도 인용저작물이 저작물로서의 독자적인 존재의의를 가지는 창작적 부분이 존재하여야 한다. 또한 원칙적으로 피인용저작물이 그 인용된 부분만으로는 독자적인 존재의의를 갖지 못하고 인용저작물과 관련이 될 때에 비로소 그 존재이유를 갖는 경우라야 한다.

자신이 저작한 부분의 분량이 인용된 부분보다 많더라도 내용면에서는 피인용부분이 월등한 가치를 가질 수 있는 것이다. 인용저작물이 주가 되려면 피인용부분을 제외한다고 가정하더라도 저작물로서의 독자적인 존재의의를 가지는 창작부분이 존재하여야 한다. 피인용저작물이 종된 관계에 있다고 하는 것은 피인용부분만으로는 독자적인 존재의의를 갖지 못하고 오히려 인용저작물과 연관이 될 때에 비로소 그 존재이유를 갖게 되는 것을 의미한다. 예컨대, 타인이 저술한 논문을 자기의 저서 중에 그대로 '전재하는 행위'는 공정한 인용으로서의 자유이용 또는 공정이용에 해당하지 않는다. 이러한 전재행위는 자기의 이론을 뒷받침하기 위하여 또는 타인의 주장을 반박하기 위한 것이 아니고, 저작에 소요되는 시간과 노력을 절약하거나 자기 저작물의 가치나 시장성을 높이기 위하여 피인용저작물을 이용하는 것이기 때문이다.[76]

질적 주종관계를 판단하기 위한 중요한 기준의 하나로서 작용하는 것이 인용저작물이 피인용저작물의 시장수요를 대체할 성격의 것이냐 하는 것이다. 이는 저작권법 제35조의3

---

74) 박성호, 전게서, 537면.
75) 이형하, 전게논문, 368면에서는, 미술이나 사진저작물의 경우에는 성질상 일부인용이라는 것을 생각하기 어렵지만, 미술저작물이라도 조각·공예와 같은 입체적인 작품의 경우 이를 촬영한 사진이나 묘사한 그림의 형태로 인용하는 것은 전부인용이 아니라 일부인용에 해당한다고 보아야 하고, 감상용으로 제작된 칼라사진을 그보다 화질이 떨어지는 흑백사진으로 복제하여 시사보도에 사용하였다면 이는 질적으로 전부인용이라고 볼 수 없다고 한다.
76) 상게논문, 366면.

제2항 및 미국 저작권법 제107조가 공정이용의 판단기준으로서 제시하고 있는 4가지 기준 중 하나이기도 하다. 인용저작물이 배포됨으로 인하여 피인용저작물에 대한 시장수요가 상당한 정도로 감소된다거나, 인용저작물이 시중에서 팔리는 주된 이유가 저작자 자신의 저술 부분 때문이 아니라 그 저작물 중에 인용된 타인의 저작부분 때문이라면 인용저작물이 주된 것이고 피인용저작물이 종된 것이라고 볼 수 없을 것이다.

(나) 판 례

질적 주종관계에 관하여 해석의 기준을 제공해 주고 있는 대표적 판례로서 대법원 1990. 10. 23. 선고 90다카8845 판결이 있다. 이 판결은, 피고의 잡지에 게재된 원고의 사진이 칼라로 된 양질의 사진으로서 그 크기나 배치가 전체적으로 3면의 기사 중 비평기사보다는 사진이 절대적 비중을 차지하는 화보형식으로 구성되어 있어서, 보도의 목적이라기보다는 감상용으로 인용되었다고 보이므로 보도를 위한 정당한 범위 안에서 이용되었다고 볼 수 없다고 하였다.[77]

(다) 특정 교재를 기본교재로 하는 강의

서울지방법원 2003. 3. 29. 선고 99카합3667호 판결은, '회계원리'라는 교재를 기본교재로 하여 학원 수강생들을 대상으로 하는 강의가 그 교재에 대한 저작권을 침해한다는 이유로 금지청구를 하였다가 기각된 사례이다. 이 결정에서는, "피신청인의 강의가 신청인의 교재를 기본교재로 채택하고 있는 사실은 인정되나, 피신청인이 신청인의 저작물 자체를 구두 표현하고 있다고 보기는 어렵고, 오히려 피신청인의 강의는 그 나름대로의 창작에 의한 구술 저작물의 일종으로 파악하여야 할 것이며, 비록 그 강의 중에 신청인 교재의 일부 내용이 거론되는 일이 있다 하더라도 이는 저작권법 제28조에서 인정하는 정당하고 합리적인 범위 내에서의 인용의 정도에 불과하다"고 판시하였다.

그러나 만약 동영상 강의와 별도로 그 교재에 들어있는 지문이나 내용들이 이용자의 모니터 화면에 그대로 현시되도록 서비스한다거나, 교재를 인용하는 부분이 나머지 다른 부분에 비하여 훨씬 중요한 의의와 역할을 하는 경우라면 그 교재에 대한 저작재산권 중 복제권, 공중송신권(전송권 및 방송권), 또는 2차적저작물작성권 등을 침해하는 것이 될 수 있다. 서울중앙지방법원 2008. 1. 14.자 2007카합3701 결정[78]은, 동영상 강의에 영어교과서 지문을 그대로 이용하는 것은 저작권법 제28조가 적용될 수 없다고 하였다.

---

77) 이 사건에서는 문제된 저작물이 비윤리적이어서 저작권법의 보호대상이 될 수 없다는 주장도 있었으나, 법원은 저작권법의 보호대상인 저작물이라 함은 사상 또는 감정을 창작적으로 표현한 것으로서 문학, 학술 또는 예술의 범위에 속하는 것이면 되고 윤리성 여하는 문제되지 아니하므로 설사 그 내용 중에 부도덕하거나 위법한 부분이 포함되어 있다 하더라도 저작권법상 저작물로 보호된다고 판시하였다.
78) 일명, '메가스터디 사건' 판결로서 영어교과서를 기본 교재로 한 동영상 강의가 문제로 된 사건이다.

한편, 특정 출판사의 국어 교과서와 문제집을 기본교재로 동영상 강의를 제작하여 서비스한 사례에서 서울중앙지방법원 2011. 9. 14.자 2011카합683 결정은, 이 사건 동영상 강의에서 강사들은 신청인(출판사)의 교과서 및 문제집의 내용을 그대로 판서, 영사하거나 낭독하면서 그 내용을 나름의 요령과 방식으로 설명하고 있고, 피신청인(동영상 강의 업체)은 그러한 강의를 녹화하여 동영상으로 제작함으로써 추가적인 변경을 가하였지만, 그러한 부가 및 변형 부분을 모두 감안하더라도 국어 교과서 및 문제집의 기본 틀과 지문이 강의에서 그대로 사용될 것인 점 등을 고려하면, 이 사건 동영상은 교과서 및 문제집과 별개의 저작물이 아니라 그 2차적저작물에 해당할 여지가 많다고 판단하였다. 나아가 반드시 비영리적인 이용이어야만 저작권법 제28조의 교육을 위한 인용으로 인정될 수 있는 것은 아니지만, 영리적인 교육목적을 위한 이용은 비영리적 교육목적을 위한 이용의 경우에 비하여 자유이용이 허용되는 범위가 상당히 좁아진다고 하였다.[79)]

(4) 주종관계론에 대한 보완이론 – '썸네일 이미지' 사건 판결

우리나라의 종전 판례는 '주종관계론'을 기초로 하여 정당한 범위 요건을 판단하고 있었다. 그러다가 최근에 이르러서는 주종관계론을 보완한 판례가 나오고 있다. 이는 앞에서 언급한 '전유형 인용'과 관련된 사례이기도 한데, 저작권법 제28조의 적용 여부를 판단함에 있어 '주종관계'를 주된 판단기준으로 삼았던 위 대법원 1990. 10. 23. 선고 90다카8845 판결(일명 'FLASH 잡지' 사건)과는 달리, '주종관계'를 요건의 전면에 내세우지 않고 보다 종합적인 관점에서 여러 가지 요소들을 고려하여 판단하고 있다. 이른바 '썸네일 이미지'에 관한 대법원 2006. 2. 9. 선고 2005도7793 판결이 대표적이다. 이 판결에서는 저작권법 제28조의 정당한 범위 안에서 공정한 관행에 합치되게 인용한 것인지 여부는 ① 인용의 목적, ② 저작물의 성질, ③ 인용된 내용과 분량, ④ 피인용저작물을 수록한 방법과 형태, ⑤ 독자의 일반적 관념, ⑥ 원저작물에 대한 수요를 대체하는 것인지 여부 등을 종합적으로 고려해서 판단하여야 한다고 판시하고 있다. 이 사건에서 대법원은 이러한 6가지 요소를 종합적으로 고려해야 한다는 점을 강조하면서도 피인용저작물의 '부종적 성질'에 대하여는 언급하지 않음으로써, '공표된 저작물의 인용' 요건의 해석과 관련하여 새로운 국면에 접어드는 계기, 즉 '전유형'(appropriation) 인용도 제28조의 적용범위에 포함시킬 수 있는 계기를 마련하였다는 평가를 받고 있다.[80)]

---

79) 이 결정에서는 이와 같이 피신청인의 이용행위가 저작권법 제28조에 따른 자유이용에 해당하지 않는다고 하면서도, 결론에 있어서는 피신청인의 권리남용의 항변을 받아들여 신청인의 신청을 기각하였다.
80) 박성호, 전게서, 537면.

(5) 소 결

저작권법 제28조는 그 표제가 "공표된 저작물의 인용"이라고 되어 있는 점에서 알 수 있듯이 '인용' 즉, 자신의 저작물(인용 저작물)에 타인의 저작물(피인용 저작물)을 '끌어다 쓰는' 것을 말한다. 따라서 인용의 주체인 자기 저작물의 존재를 전제로 허용 여부를 판단할 수 있는 것이므로, 원칙적으로 '전유형 인용'이 아니라 '삽입형 인용'에 적용되는 규정이다. 전유형 인용 내지 일반적인 이용 형태에 관하여는 현행 저작권법에 새로 들어 온 제35조의3 규정을 적용하는 것이 가능할 것이다.

그러므로 제28조의 공표된 저작물의 인용이 되기 위한 인용저작물과 피인용저작물 사이의 주종관계는 양적으로 인정되어야 할 뿐만 아니라, 질적으로도 인용저작물(인용하여 이용하는 쪽의 저작물)이 주체성을 보유하고 있어야 한다. 그리고 주종관계의 판단은 인용저작물이 상정하고 있는 독자나 감상자 기타 사용자의 일반적인 관념에 비추어 이루어져야 한다. 또한 주종관계는 단순히 분량적인 면만이 아니라, 작품 전체에서 차지하고 있는 인용부분의 중요도를 개별적·구체적으로 검토하여 결정하여야 할 문제이다. 따라서 인용된 부분의 분량의 많고 적음이 판단의 기준으로서 상당한 의미를 가지는 것은 부인할 수 없지만, 그 의미 역시 저작물의 성격에 따라서 달라질 수 있는 것이다. 예를 들어, 일반적으로 학술연구나 비평을 위한 인용의 경우에는 저작물의 인용이 상당히 광범위하게 인정될 수 있을 것이고, 이에 비하여 소설이나 희곡 등에 인용되는 경우에는 그 인정되는 범위가 좁게 한정되어야 할 것이다.[81]

결론적으로 저작권법 제28조의 '정당한 범위 안에서'라는 요건을 판단함에 있어서는 주종관계의 존재 여부를 기본으로 하되, 썸네일 이미지 대법원 판결에서 언급하고 있는 6가지 요소들을 종합적으로 고려하여 판단하는 것이 바람직하다고 생각된다.

라. 공정한 관행에 합치

(1) 의 의

적법한 인용이라고 인정되기 위하여서는 그 목적과 방법이 공정한 관행에 합치되어야 한다. 대법원 판례는 "정당한 범위 안에서 공정한 관행에 합치되게 인용한 것인가의 여부는 인용의 목적, 저작물의 성질, 인용된 내용과 분량, 피인용 저작물을 수록한 방법과 형태, 독자의 일반적 관념, 원저작물에 대한 수요를 대체하는지 여부 등을 종합적으로 고려하여 판단하여야 한다"라고 하여 '공정한 관행의 합치' 요건을 '정당한 범위 안에서' 요건과 특별히 구분하지 않고 종합적으로 함께 판단하고 있다.[82] 그러나 개념적으로 '정당한 범위 안에서'

---

81) 半田正夫·松田政行, 著作權法コンメンタール, 勁草書房(2), 197면.

가 인용의 '범위'에 관한 것이라면 '공정한 관행에 합치'는 인용의 '방법'에 관한 것이라고
볼 수 있다.[83]

공정한 관행에 합치되는지 여부를 판단하기 위해서는 먼저 그러한 관행이 실제로 존재
하고 있는지, 예컨대 저작권자와 이용자가 소속된 학계·언론계·교육계·예술계 등 관련 집
단 내에서 일반적으로 통용되는 합의지침 또는 신사협정(紳士協定) 같은 것이 있는지를 살펴
보아야 한다.[84]

(2) 인용하는 방법 – 개작인용, 요약인용의 허용 여부

인용하는 방법이 공정한 관행에 합치되어야 한다. 논문이라면 인용부분에 각주를 달아
서 그 부분이 자신의 저작물이 아니라 타인의 저작물이라는 점을 분명히 하고 그 출처를
명시하여야 한다(저작권법 제37조). 이를 '명료구별성' 또는 '명료구분성'의 요건이라고도 한다.
또 인용되는 저작물을 함부로 수정 또는 개작하는 것은 공정한 관행에 합치되지 않을 뿐만
아니라 저작인격권인 동일성유지권의 침해 문제를 야기할 수도 있다. 타인의 저작물을 인용
할 때는 원문 그대로 또는 원형 그대로 인용하여야 하는 것이 원칙이다. 저작권법 제36조는
제25조, 제29조, 제30조의 경우에는 번역, 편곡 또는 개작에 의한 이용도 가능하다고 하고
있으나, 제28조에 대하여는 번역하여 이용하는 것만을 허용하고 있고 개작에 의한 인용은
허용하지 않고 있다는 점을 주의하여야 한다. 따라서 어문저작물을 다이제스트하여 인용하
는 것은 허용되지 않는다고 할 것이고, 그 경우에는 저작권이 미치지 않을 정도로 저작물의
요지만 인용하는 것에 그쳐야 한다.

그러나 비평이나 연구를 위하여 타인의 저작물을 인용할 때 그 내용이 장황하여 요약
할 필요가 있는 경우는 흔히 발생하며, 이때 전혀 요약을 해서는 아니 된다고 한다면 매우
불편하고 현실에도 맞지 않는다. 따라서 그것이 인용이라는 사실만 명백히 밝힌다면 요약에
의한 인용도 가능하다고 보아야 할 것이다. 다만, 요약의 정도가 지나쳐서 원작에 대한 개
작의 수준에 이르게 된다거나 그러한 요약으로 인하여 원작의 시장적 수요에 감소를 가져
올 정도가 된다면 그것은 공정한 관행에 합치되는 인용이라고 보기 어려울 것이다.

(3) 선의(善意)에 기한 인용

셋째, 인용이 선의(善意)에 기한 것이어야 한다. 타인의 저작물을 인용하면서 감상자로

---

82) 대법원 2013. 2. 15. 선고 2011도5835 판결; 대법원 2014. 8. 26. 선고 2012도10786 판결 등.
83) 박성호, 전게서, 541면.
84) 이형하, 전게논문, 370면.

하여금 그것이 자신의 저작물인 것으로 오해할 수 있는 형태로 인용하거나, 인용에 이르게 된 경위에 있어서 피인용저작물의 저작권자를 기망하거나 그 신뢰에 반하여 인용하는 등 신의성실의 원칙에 반하는 행동을 하여서는 아니 된다. 또 인용저작물의 내용과 직접 관련이 없거나, 관련이 있더라도 이미 공중의 영역(public domain)에 있는 인용 가능한 저작물이 얼마든지 있음에도 굳이 저작권의 보호를 받는 저작물을 인용한다거나, 일부인용으로 충분함에도 전부인용을 한 경우에는 인용행위가 선의에 기한 것이 아니라고 판단될 여지가 많다.[85]

마. 출처명시의무

저작권법 제37조 제 1 항은 제28조에 의한 공표된 저작물의 인용의 경우 그 출처를 명시할 의무를 규정하고 있으며, 저작권법 제138조 제 2 호는 이 규정을 위반하여 출처를 명시하지 아니한 자에 대한 형사처벌을 규정하고 있다. 이러한 출처명시의무를 지키지 않은 경우에 공표된 저작물의 인용이 위법하게 되는 것인지, 즉 출처명시가 제28조를 적용하기 위한 요건인지 여부가 문제로 된다.

만약 출처명시가 공표된 저작물 인용 규정의 적용 요건에 해당한다면 출처명시의무를 위반한 경우 저작권침해의 책임을 지게 된다고 할 것인데, 저작권법은 제136조에서 저작권침해죄에 대한 벌칙을 규정하면서 5년 이하의 징역이나 5천만 원 이하의 벌금 또는 그 병과에 처하도록 하고 있는 한편, 출처명시의무위반죄에 대하여는 이와는 별도로 제138조 제 2 호에서 500만 원 이하의 벌금에 처하도록 하고 있다. 이처럼 별개의 규정으로 형량에 있어서도 큰 차이를 두고 있는 것은 출처명시의무를 위반하였다고 하여 그것이 저작권 등 권리의 침해가 되는 것은 아니며, 이는 결국 출처명시의무의 이행이 제28조 적용의 요건은 아니고, 타인의 저작물을 이용함에 있어서 이용자에게 부과되는 의무에 해당할 뿐임을 의미하는 것이라고 이해된다. 따라서 출처를 명시하였는지의 여부가 "공정한 관행에 합치" 요건의 충족 여부를 판단하는 하나의 요소가 될 수는 있겠지만, 출처를 명시하지 아니하였다고 하여 반드시 공표된 저작물 인용의 요건을 충족하지 못하는 것은 아니다.

3. 인용의 효과

저작권법 제28조 규정에 따른 요건들을 갖추게 되면 그 인용은 적법한 것이 되고, 저작재산권자의 허락 없이 무상으로 그 인용된 부분을 이용할 수 있다. 저작권법 제28조에서는 단순히 "인용할 수 있다"고 규정하고 있는데, 다른 대부분의 저작재산권 제한규정은 "복제할

---

85) 이형하, 전게논문, 372면.

수 있다" 또는 "복제·배포·공연 또는 공중송신할 수 있다"라고 적용 범위를 특정한 이용행위로 한정하고 있다. 이는 제28조가 다른 저작재산권 제한규정과 비교하여 보다 광범위한 적용범위를 가지고 있는 것이라고 이해된다. 따라서 제28조에 의하여 복제행위는 말할 것도 없고, 공연, 공중송신 등 모든 형태의 저작물의 이용행위가 허용된다고 볼 수 있다.[86]

4. 패러디(parody)

가. 패러디의 의의

넓은 의미의 패러디란 표현형식을 불문하고 대중에게 널리 알려진 원작(原作)의 약점이나 진지함을 목표로 삼아 이를 흉내 내거나 과장하여 왜곡시킨 다음 그 결과를 알림으로써 원작이나 사회적 상황에 대하여 비평 또는 웃음을 이끌어내는 것을 말한다. 패러디에는 원작 자체를 비평의 대상으로 삼는 '직접적 패러디'(direct parody)와, 원작을 비평의 수단으로 이용하지만 원작의 내용과는 무관한 사회에 대한 일반적인 비평을 하는 '매개적(媒介的) 패러디'(vehicle parody)의 두 가지 종류가 있다.[87] 직접적 패러디에서 인용되는 저작물은 그 자체가 비평의 '대상'이 되는데 비하여, 매개적 패러디에서 인용되는 저작물은 비평의 대상이 아니라 비평을 위한 '수단'이 된다.

패러디가 예술적 표현양식으로서 나름대로의 존재 의미와 가치를 가지는 이상, 문화의 향상발전이라고 하는 저작권법의 근본 목적을 달성하고 표현의 자유를 실질적으로 보장한다는 차원에서 일정한 요건을 갖춘 패러디의 경우에는 그 패러디에 이용된 원저작물에 대한 저작권침해 책임으로부터 면제되어야 한다는 인식은 널리 공유되고 있다. 그러나 법률적으로 어떤 근거에 의하여 면책된다고 볼 것인지에 대하여는 일치된 결론이 나오지 않고 있다. 대부분의 나라에서도 저작권과 관련하여 패러디는 명문의 규정을 두기보다는 해석상의 문제로 논의되고 있을 뿐이고, 저작권법에서 직접 패러디를 명문의 규정으로 다루고 있는 입법례는 드물다고 한다.[88]

---

86) 상게서, 193면.
87) 정재훈, "패러디 廣告와 著作權 侵害", 광고연구, 한국방송광고공사, 1998년 여름, 39호, 11면.
88) 이해완, 전게서, 443면. 다만, 프랑스 저작권법은 제122조의5 제4호에서 '표현양식의 규칙'을 준수할 것을 전제로 풍자적으로 표현하는 자유, 즉 패러디, 파스티슈, 캐리커처의 자유를 허용하고 있다. 이때 중요한 기준이 되는 '표현양식의 규칙'에 대하여 판례를 중심으로 해석론이 전개되고 있다고 한다. 상게서, 443면; 서달주, 전게서, 286-287면. 여기서 '파스티슈'(pastiche)는 원래 '합성작품'(合成作品) 또는 혼성작품을 지칭하는 미술용어인데, 패러디와 마찬가지로 모방을 의미하는 용어이지만 패러디가 어떤 진지한 작품을 해학적으로 개작한 것이라면, 파스티슈는 유명한 대가의 기법과 양식을 모방한 것을 말한다. '캐리커처'(caricature)는 어떤 사람의 특징을 과장하여 우스꽝스럽게 묘사한 그림이나 사진을 말한다. 또한 '오마주'(hommage)라고 하는 것도 있는데, 이는 원작자에 대한 존경의 뜻으로 그 원작자의 작품 중 감

패러디를 그에 이용된 저작물(원작)에 대한 저작재산권 침해의 책임으로부터 면제하여야 하는 이유로는 보통 세 가지를 든다. 첫째, 패러디는 기존의 작품에 비평이나 논평, 풍자 등 새로운 창작을 가미함으로써 인류의 문화유산을 풍부하게 하고, 문화 및 관련 산업의 향상발전이라는 저작권법의 목적달성에 기여한다. 둘째, 패러디에 그와 같은 이로운 점이 있음에도 불구하고 보통 패러디라는 것은 엄숙하고 진지한 작품에 대한 풍자, 비평, 비꼼 등에서 시작하므로, 원저작자로서는 자신의 저작물에 대하여 스스로 패러디를 작성한다거나 아니면 다른 사람에게 자신의 저작물에 대한 패러디를 작성하도록 허락을 해 줄 가능성이 희박하다. 셋째, 패러디는 원작의 시장적 가치를 침해할 가능성이 거의 없다. 원작과 패러디는 전혀 다른 효용가치를 가지는 것이므로 패러디 작품을 감상하였다고 해서 원작에 대한 수요가 감소되지는 않기 때문이다.[89]

나. 저작권법상 의미

패러디라는 독특한 장르는 저작권법의 여러 영역에서 문제점을 야기한다. 첫째로, 패러디가 2차적저작물이냐의 문제이다. 둘째, 패러디가 원작의 저작자에 대한 저작인격권, 특히 동일성유지권을 침해하는 것이냐의 문제이다. 이러한 문제들은 패러디가 원작에 대한 수정·개변을 필연적으로 수반하기 때문에 발생한다. 그러나 패러디의 존재가치를 인정하는 한 이러한 문제점들은 모두 부정적으로 새길 수밖에 없을 것이다. 패러디가 원작에 대한 2차적저작물이라면 패러디를 작성함에 있어 저작재산권자의 동의를 얻어야 하고, 패러디가 원작에 대한 동일성유지권의 침해가 된다면 저작인격권자인 저작자의 동의를 얻어야 하는데 그러한 동의를 받을 가능성은 거의 희박하므로, 패러디를 원작에 대한 2차적저작물로 보거나 동일성유지권을 침해하는 것으로 본다는 것은 결국 패러디라는 독특한 장르의 존재를 인정하지 않겠다는 것과 마찬가지이기 때문이다. 그렇다고 하여 패러디라는 이름만 붙이면 어떠한 경우에도 그에 이용된 원저작물에 대한 저작권침해의 책임으로부터 면제된다고 하는 것도 타당하지 않다. 결국 패러디라는 표현양식도 일정한 요건을 갖춘 경우에만 저작권침해의 책임을 면제해 주어야 할 것이므로, 문제는 그 요건을 어떻게 설정할 것인가 하는 점이다. 그리고 그 요건의 충족 여부에 따라 저작권침해의 책임이 면제되는 패러디('성공한 패러디')와

명 깊은 주요 대사나 장면 등 일부를 따오는 행위이다. 브라이언 드 팔마 감독이 자신의 영화 'Dressed to Kill'을 제작하면서 유명한 알프레드 히치콕 감독의 스릴러 영화 '사이코'(Psycho) 작품에서 욕실의 샤워 살인 장면을 따오면서 존경을 표시한 것이 대표적이라고 한다.

89) 예컨대 자유를 향한 인간의 의지를 주제로 한 '빠삐용'이라는 소설 또는 영화를 원작으로 한 바퀴벌레약 광고 패러디를 보았다고 해서 소설 또는 영화 '빠삐용'에 대한 소비자의 수요가 감소되는 것은 아니다. 마찬가지로 '원본 춘향전'을 패러디한 '외설 춘향전'을 읽었다고 해서 '원본 춘향전'에 대한 독자들의 수요가 감소되는 것은 아니다.

그렇지 못한 패러디('실패한 패러디')가 구분될 것이다.

성공한 패러디(이하에서 단순히 '패러디'라고 하면 '성공한 패러디'를 의미하는 것으로 한다)가 되려면 반드시 서로 상반되는 두 가지 메시지를 전달하여야 하는데, 첫째는 그것의 원작이 존재한다는 사실과, 둘째는 그것이 원작 자체가 아닌 패러디라는 사실이다. 즉 패러디를 감상하는 사람의 입장에서 원작과 그에 대한 패러디를 함께 느낄 수 있어야 한다. 이때 전자만이 드러나게 되면 그것은 '실패한 패러디'로서 저작권(예컨대 복제권·2차적저작물작성권 및 동일성유지권 등) 침해가 성립할 수 있다. 실패한 패러디는 대부분 거기에 이용된 원저작물에 대한 2차적저작물이 될 가능성이 높다. 그러나 일단 패러디로서 성공하게 되면 그것은 원작에 대한 2차적저작물이 아니라 완전히 독립된 저작물이 되는 것이고, 따라서 저작권침해의 문제는 처음부터 발생하지 않는다. 2차적저작물은 대부분의 경우 원작의 시장적 수요를 어느 정도 대체하는 효과를 가지고 있지만 패러디는 그렇지 않다는 점에서도 차이가 있다.

다. 패러디의 근거와 기준

(1) 패러디의 저작권법상 근거

그렇다면 패러디가 원작에 대한 2차적저작물작성권이나 동일성유지권의 침해를 구성하지 않는다는 근거와 요건을 저작권법 어디에선가 찾을 수 있어야 한다. 이때 그 근거로서 일반적으로 거론되어 온 것이 제28조의 '공표된 저작물의 인용'이다. 따라서 저작권법 제28조의 적용 요건, 즉 공표된 저작물일 것, 보도·비평·교육·연구 등의 목적을 위한 것일 것, 정당한 범위 내의 인용일 것, 공정한 관행에 합치될 것 등은 패러디의 경우에 있어서도 적용되어야 한다. 인용의 목적과 관련하여 패러디는 보통 '비평'의 목적으로 작성되는 경우가 많을 것이다. 그러나 현행 저작권법에서는 저작재산권 제한에 관한 일반조항인 제35조의3 규정이 신설되었고, 이 규정이 패러디 인정의 근거로서 제28조보다 더 적합하다고 볼 수 있다.

(2) 패러디의 면책 기준

패러디는 그 패러디를 감상하는 사람이 원작을 즉시 떠올릴 수 있어야 하므로 원작으로부터 양적으로나 질적으로 비중이 큰 부분을 이용하여 작성되는 경우가 대부분이다. 그 결과 저작권법 제28조나 제35조의3 규정에서 정하고 있는 요건들을 다른 일반적인 저작물을 인용 또는 이용하는 경우처럼 엄격하게 적용하게 되면 사실상 패러디는 존립하기 어려운 상황에 처할 가능성이 높다. 따라서 패러디와 같이 사회적·문화적으로 필요성과 유용성이 인정된 예술장르에 대하여는 저작권법 제28조나 제35조의3의 요건들을 보다 유연하게 적용할 필요가 있다. 이와 관련하여서는 저작권법 제35조의3 규정의 모태가 된 미국 저작권법 제107조(fair use 규정) 및 그에 따른 해석 기준이 패러디의 면책, 즉 패러디로서의 허용 여부를 판단함에 있어서 중요한 참고자료가 될 수 있을 것이다.

(3) 패러디의 대상

(가) 직접적 패러디와 매개적 패러디

패러디는 원작을 이용하여 대상을 비평(批評) 또는 풍자(諷刺)하여야 한다. 그리고 그 비평 또는 풍자에 원작이 이용되었다는 사실을 패러디 자체에서 감상자가 알 수 있어야 한다. 그렇기 때문에 패러디는 일반적으로 잘 알려진 원작을 패러디하는 것이 보통이다. 만약 감상자 입장에서 그것이 원작에 대한 비평 또는 풍자라는 사실을 알기 어렵고 오히려 패러디를 원작 그 자체로 오인한다거나, 아니면 패러디를 통하여 원작이 원래 그러한 것이었나 하는 사실과 다른 오해를 불러일으키게 된다면 그러한 패러디는 '실패한 패러디'로서 저작권 침해가 성립할 수 있다.

그리고 비평 또는 풍자의 직접적인 대상이 반드시 원작 그 자체여야 하는가 아니면 원작을 수단(매개)으로 하여 원작과 무관한 사회현실을 풍자의 대상으로 삼는 것도 패러디로서 허용이 되는가 하는 문제가 있다. 즉, 직접적 패러디의 경우에만 원작의 자유이용이 가능한 것인지, 아니면 매개적 패러디의 경우에도 가능한 것인지의 문제이다.[90] 이에 대하여는 직접적 패러디의 경우에만 자유이용이 허용된다고 하는 견해가 있다.[91] 그 이유는 원작을 직접적인 비평의 대상으로 삼지 않고 일반적인 사회현실을 비평·풍자한다거나 그 밖의 다른 목적을 위하여 원작을 수단으로 이용하는 매개 패러디의 경우에는 원작의 저작권자가 그 사용허락을 꺼릴 이유가 없고, 따라서 기꺼이 사용료를 받고 이용허락을 할 것이므로 굳이 그러한 패러디에 자유이용을 인정해서 저작권을 제한할 이유가 없다는 것이다. 더구나 매개 패러디를 하는 사람의 입장에서는 일반 사회현상에 대한 비평이 목적이라면 굳이 그 원작 이외에도 다양한 소재나 수단을 선택할 수 있었을 것인데, 그런데도 저작권자와 협의를 하지 않고 무단으로 타인의 저작물을 이용한 것이므로 이를 패러디라는 범주에 넣어 보호하기에는 근거가 박약하다고 한다.[92][93]

---

[90] 원작을 직접 비평의 대상으로 하는 직접적 패러디만을 패러디라고 하고, 원작을 수단으로 하여 원작이 아닌 다른 대상을 비평하는 것을 '풍자'(諷刺)라고 하여 패러디와 용어 자체부터 구분하기도 한다.

[91] 정재훈, 전게논문, 11면.

[92] 상게논문, 13면.

[93] 이 견해에 따르면, 영화 '빠삐용'을 패러디한 바퀴벌레약 광고에 대하여는 영화를 직접적으로 풍자하거나 비꼰 것이 아닌 이른바 매개 패러디로서 그 영화의 저작권자와 협의를 하였다면 그로부터 이용허락을 받을 수 있었을 것이므로, 이러한 경우에 영화 저작권자의 동의 없이 광고를 제작하였다면 패러디라는

(나) 판 례

하급심 판결 중에는 서울지방법원 2001. 11. 1.자 2001카합1837 결정(일명, 서태지 'Come Back Home 패러디' 사건)처럼 패러디의 성립 요건을 상세하게 언급하면서 매개 패러디의 경우에는 저작권침해의 책임이 면제되지 않는다는 취지로 판시한 것이 있다. 이 사건에서 법원은, "패러디는 저작자의 동일성유지권과 필연적으로 충돌할 수밖에 없는 이상, 동일성유지권의 본질적인 부분을 침해하지 않는 범위 내에서 예외적으로만 허용되는 것으로 보아야 할 것이고, 이러한 관점에서 패러디로서 저작물의 변형적 이용이 허용되는 경우인지 여부는 저작권법 제25조(현행법 제28조) 및 제13조 제 2 항의 규정취지에 비추어 원저작물에 대한 비평·풍자여부, 원저작물의 이용 목적과 성격, 이용된 부분의 분량과 질, 이용된 방법과 형태, 소비자들의 일반적인 관념, 원저작물에 대한 시장수요 내지 가치에 미치는 영향 등을 종합적으로 고려하여 신중하게 판단하여야 할 것이다"라고 한 후, "이 사건 개사곡은 이 사건 원곡에 나타난 독특한 음악적 특징을 흉내내어 단순히 웃음을 자아내는 정도에 그치는 것일 뿐 원곡에 대한 비평적 내용을 부가하여 새로운 가치를 창출한 것으로 보이지 아니하고(피신청인들은 자신들의 노래에 음치가 놀림 받는 우리사회의 현실을 비판하거나 대중적으로 우상화된 신청인도 한 인간에 불과하다는 등의 비평과 풍자가 담겨있다고 주장하나, 패러디로서 보호되는 것은 해당 저작물에 대한 비평이나 풍자인 경우라 할 것이고 해당 저작물이 아닌 사회현실에 대한 것까지 패러디로서 허용된다고 보기 어려우며, 여러 가지 제반사정들에 비추어 이 사건 개사곡에 피신청인들 주장과 같은 비평과 풍자가 담겨있다고 보기도 어렵다), 피신청인들이 상업적인 목적으로 이 사건 원곡을 이용하였으며, 그 원곡을 인용한 정도가 피신청인들이 패러디로서 의도하는 바를 넘는 것으로 보이고, 이 사건 개사곡으로 인하여 이 사건 원곡에 대한 사회적 가치의 저하나 잠재적 수요의 하락이 전혀 없다고는 보기 어려운 점 등을 종합하여 보면, 결국 피신청인들의 이 사건 개사곡은 패러디로서 보호받을 수 없다"고 하였다.

이 판결은 패러디의 성립을 매우 예외적인 경우에만 좁은 범위 내에서 인정하는 입장에 서있는 것으로 보인다. 미국 연방대법원도 Campbell v. Acuff-Rose 사건에서, 저작권법이 추구하는 목적에 비추어 볼 때 패러디는 적어도 부분적으로는 원저작물에 대한 비평을 담은 새로운 저작물을 만들어내기 위하여 원저작물의 어떤 요소들을 사용하는 것이라고 하여, 적어도 부분적으로는 직접적 패러디의 성격을 가질 것이 패러디의 요건임을 판시한 바 있다.[94]

이름으로 면책되어서는 안 된다는 결론에 이르게 된다.
94) Campbell v. Acuff-Rose Music, Inc., 114 S.ct. 1164, 1176(1994). 이 판결은 Roy Orbison의 노래 "Oh, Pretty Woman"을 패러디하여 랩버전의 노래로 음반에 수록하여 판매함으로써 상업적으로 크게 성공을 거둔 사안에 대한 것이다.

(다) 소 결

현재까지 우리 법원의 입장은 위에서 본 하급심 판결에서 보는 것처럼 패러디의 면책에 대하여 상당히 인색한 편이다. 대법원은 아직 명확한 입장을 밝히고 있지 않지만, 대법원 2020. 6. 25. 선고 2017도5797 판결에서도 패러디로서 공정이용 규정에 따른 면책항변을 배척한 하급심 판결[95]을 그대로 확정하였다. 그러나 판례의 이러한 소극적 태도에 대하여는, 직접적 패러디인지 매개적 패러디인지를 구별하는 것 자체가 쉬운 일이 아닐 뿐만 아니라, 설령 구별이 가능하더라도 권리자로부터 이용허락을 받기 어려운 것은 직접적 패러디에 국한된다고 할 수 없으며, 매개적 패러디의 경우에도 허락을 받기 어려운 것은 마찬가지라고 할 것이므로, 패러디라는 예술장르의 존립을 보호하기 위해서는 직접적 패러디인지 매개적 패러디인지를 준별할 필요 없이 창작의 자유와 표현의 자유를 보장해줄 실익이 존재한다는 비판론이 있다.[96]

미국에서도 Campbell 사건 이후에 나온 제2 항소법원의 Blanch v. Koons 사건에서 유명 패션잡지의 사진을 원작으로 하여 사회적, 문화적 현상을 비평한 패러디의 면책을 인정함으로써 매개적 패러디를 허용하는 등 패러디의 인정 범위를 넓혀가고 있다.[97]

(4) 이용행위의 목적과 성격

원작을 이용하여 패러디를 만드는 행위가 상업적 성격을 가지는 것인지 아니면 비상업적인 성격을 가지는 것인지 여부가 하나의 기준이 된다. 그러나 이 기준은 결정적인 것은 아니며 상업적 성격을 가진 이용행위에 있어서도 패러디가 인정된 사례가 다수 있다.[98] Campbell 사건에서 미국 연방대법원은 설사 상업적 성격을 가지는 이용행위라고 하더라도 패러디가 원저작물과 다른 기능을 하는 '변형적 이용'(transformative use)으로서의 성격이 강하다면 공정이용에 해당할 수 있다고 하였다.

---

95) 서울남부지방법원 2017. 4. 13. 선고 2016노1019 판결 : 이 판결에 대한 평석으로, 계승균, "패러디와 저작권침해", 한국저작권위원회, 저작권문화(2020. 10. vol. 314) 참조.

96) 박성호, 전게서, 545면.

97) Blanch v. Koons, 467 F.3d 244(2d Cir. 2006). 이 사건에서 피고는 패션잡지에 실린 유명 브랜드 샌들을 신은 여성의 다리 사진을 잘라내어 나이아가라 폭포를 배경으로 다른 세 쌍의 다리 사진과 함께 배치하는 방식으로 콜라주를 완성하였다. 원저작물의 창작 목적은 유명 브랜드 상품의 판매를 위한 광고 목적이었으나, 피고의 후속 저작물의 창작 목적은 패션 사진에 드러난 매스미디어의 사회적, 미학적 결과를 비평하고 풍자하기 위함이었다. 제2 항소법원은 이 콜라주가 매개적 패러디이지만 '변형적 이용'에 해당한다고 하여 공정이용을 긍정하였다. 박유선, "미국 판례상의 변형적 이용에 대한 연구", 계간 저작권, 한국저작권위원회, 2015년 여름호, 80, 81면.

98) Eveready Battery Co. v. Adolph Coors Co., 765 F.Supp. 440(N.D. Ill. 1991) 등.

(5) 이용된 분량

이는 원작으로부터 어느 정도의 분량을 차용하였는가를 살펴보는 기준으로, 보통 'conjure up test'라고 불린다. 패러디를 작성하기 위해서는 어차피 원작을 차용할 수밖에 없는데, 이때 그 차용의 정도는 '원작을 떠올리는 정도'(conjuring up)여야 한다는 기준이다. 다만 그것이 차용할 수 있는 최소한의 분량을 의미하는 것인지 아니면 최대한의 분량을 의미하는 것인지에 대하여는 견해가 나뉘었는데, 미국 초기의 판결에서는 원작을 떠올리기에 '필요한' 분량까지만 차용할 수 있다고 판시하였으나,[99] 점차 패러디의 목적을 달성하기 위해서라면 원작을 떠올리는 것 이상의 차용, 즉 '충분한' 분량까지의 차용도 허용될 수 있다고 판시하기 시작하였다.[100]

(6) 패러디가 원작의 시장적 수요에 미치는 영향

이는 패러디가 원작의 시장적·경제적 가치에 미치는 효과를 분석하여, 원작의 현재 또는 잠재적인 시장적·경제적 가치를 감소시키거나 그러한 수요를 대체하는 효과를 가져오는 패러디에 대하여는 자유이용을 허용하지 않는다는 것이다. 그러한 패러디는 실패한 패러디일 가능성이 높고, 또한 패러디를 저작권침해의 책임으로부터 면제하는 이유가 성공한 패러디의 경우 원저작물과는 다른 기능을 수행함으로써 원저작물의 시장적 수요에 영향을 미치지 않는다는 것에 있기 때문이다. 대체적으로 패러디로서 성공하게 되면 원저작물과는 전혀 다른 감상적 기능을 수행하게 될 것이므로, 성공한 패러디가 원작의 시장적 수요에 미치는 영향은 거의 없을 것이다.

라. 동일성유지권과의 관계

패러디는 필연적으로 원작에 대한 변형을 동반하게 된다. 그러나 그렇다고 해서 패러디

---

99) 앞서 제 2 장 제 4 절 중 '캐릭터' 부분에서 살펴본 바 있는 Walt Disney Production v. Air Pirates, 581 F. 2d 751(9th Cir. 1978) 판결에서는, 원고가 저작권을 가지는 미키마우스 등 캐릭터의 시각적 표현을 그대로 차용하되 다만 그 성격적 이미지만은 반항적이면서 반문화적인 인물로 묘사하여 성인용 만화를 제작한 피고에 대하여, 피고의 위와 같은 차용행위는 패러디로서 원작을 떠올리기에 '필요한 분량'을 초과한다는 이유로 패러디의 성립을 부정하였다.

100) Berlin v. E.C. Publication, 329 F.2d 541, 545(2d Cir.) cert. denied, 379 U.S. 822(1964) (conjuring up은 패러디스트에게 부여된 최소한의 분량이라고 판시); 앞의 주 Eveready Battery 판결(conjure up은 패러디가 원작으로부터 차용할 수 있는 최상한을 정한 것이 아니라고 판시). 그 후 Campbell v. Acuff-Rose Music, Inc., 114 S.ct. 1164, 1176(1994) 판결은, "특정원작을 대상으로 할 경우 패러디는 비평의 목적을 달성하기 위해 원작을 떠올리기에 '충분한 분량'을 차용하는 것이 허용되어야 한다. 일단 떠올리기에 충분한 분량이 차용된 이후에는 그 이상 어디까지의 차용이 적당한가는 패러디의 목적과 성격에 따라서 달라진다"고 판시하였다. 정재훈, 전게논문, 19면에서 재인용.

가 저작인격권인 동일성유지권을 침해하는 것이라고 본다면 패러디 작성자는 항상 원작의 저작자로부터 패러디 작성에 대한 허락을 받아야 하는 결과로 되어 패러디를 인정하고자 하는 취지에 어긋나게 된다.

패러디는 원작을 변경하는 것이지만, 저작자가 저작물에 대하여 가지는 인격적 이익의 보호라는 동일성유지권의 취지를 해할 목적으로 시도되는 것은 아니며 대중들도 그러한 사실을 충분히 알 수 있으므로, 저작인격권을 내세워 패러디 창작의 자유를 제한하는 것은 부당하다. 따라서 저작인격권이 발동될 수 있는 경우는 실패한 패러디, 즉 패러디로서 성공하지 못하고 원작에 대한 단순한 변형에 그침으로써 원작과의 구별이 어려워진다거나 아니면 대중으로 하여금 원작이 원래 패러디와 같은 것이었나 하는 오해를 불러일으킴으로 인하여 저작자의 인격적 이익이 훼손될 우려가 있는 경우로만 제한되어야 할 것이다.[101] 저작권법 제13조 제 2 항 제 3 호에서 규정하는 동일성유지권이 제한되는 경우, 즉 "그 밖에 저작물의 성질이나 그 이용의 목적 및 형태에 비추어 부득이하다고 인정되는 범위 안에서의 변경"에 패러디가 해당된다고 보아야 한다는 견해도 있다.[102]

마. 출처명시의무 및 성명표시권과의 관계

저작권법 제37조는 제28조의 "공표된 저작물의 인용"이 허용되는 경우에 그 저작물 이용자는 출처를 명시하여야 한다고 규정하고 있다. 그러나 패러디에 원작의 출처를 명시한다는 것은 아무래도 자연스럽지 못하다. 따라서 특별히 패러디를 인정하는 명문의 규정을 두고 있지 않은 현행법상 패러디 인정의 근거를 저작권법 제28조에서 찾는다 하더라도, 출처의 명시의무까지 적용된다고 해석할 것은 아니라고 본다. 또한 패러디의 경우에는 일반적으로 누구라도 알 수 있을 정도의 유명한 작품이 원작으로 차용되므로 특별히 출처를 명시할 의무까지는 없다고 해석하여도 무리는 아닐 것이다. 같은 의미에서 저작권법 제28조 또는 제35조의3 규정 등에 의하여 저작재산권 침해의 책임이 면제되는 패러디에 대하여는 성명표시권 침해의 문제도 생기지 않는 것으로 해석하는 것이 타당할 것이다.

---

101) 박성호, 포스트모던 시대의 예술과 저작권, 한국저작권논문선집(Ⅱ), 저작권심의조정위원회, 1995, 222면; 허희성, 전게서, 81면; 정재훈, 전게논문, 26면.
102) 정재훈, 전게논문, 27면; 이해완, 전게서, 450면.

5. 정보통신기술과 관련된 몇 가지 문제점

가. 링크(link)

(1) 링크의 의의 및 종류

'링크'란 인터넷 이용자가 웹상의 일정한 사이트에 접속하는 방법 중 하나로서, 웹의 이용자가 링크[103]를 마우스로 클릭하면 이용자의 검색프로그램은 링크에 의하여 연결되는 자료를 자동으로 검색한 후 이를 복제하여 이용자의 컴퓨터 화면에 나타나도록 한다. 링크에는 다음과 같은 몇 가지 종류가 있는데, 다른 방식에 의한 분류도 가능하다.

(1) Surface link: 다른 웹사이트의 홈페이지(프론트페이지)로 연결시켜 주는 일반적인 링크. '외부링크'라고 한다.

(2) Deep link: 다른 웹사이트의 홈페이지보다 한 단계 또는 여러 단계 심층에 존재하는 내부 페이지(internal page) 또는 부속 페이지(subsidiary page)로 연결시켜 주는 링크. '내부링크'라고도 한다.

(3) Frame link: 검색을 행하고 있는 사용자 화면상의 링크하는 페이지 프레임 내에 링크될 페이지의 콘텐츠를 표시하게 하는 형태의 링크.

(4) Image link: 검색을 행하고 있는 사용자의 화면상에 링크될 페이지의 화상 이미지를 자동표시하게 하는 링크.

링크는 다른 사람의 인터넷상 웹페이지에 '연결'을 함으로써 그 웹페이지를 용이하게 참조할 수 있도록 하는 것인데, 그것이 복제권이나 전송권 등 저작권침해가 되는 것은 아닌지, 그 경우에 공표된 저작물의 인용규정이 적용될 수 있는지 여부가 문제로 된다.

(2) 저작권 침해 여부

(가) 직접침해 – 복제권 및 전송권 침해 여부

링크의 저작권 침해문제는 복제권 및 전송권과 관련하여 나타난다. 일반적인 견해는 링크 자체는 저작권침해가 아니고 원칙적으로 자유롭게 할 수 있는 행위라고 본다. 그 이유로는 ① 링크에서 이용하고 있는 것은 URL(인터넷 주소)뿐인데, URL 자체는 창작성이 없어 저작물이 될 수 없다는 점, ② 링크는 웹페이지의 소재 또는 장소를 지시할 뿐이고 웹페이지 그 자체를 복제한다거나 복제물을 송신하는 것은 아니라는 점, ③ 링크는 단지 저작물의 전송의뢰를 하는 지시 또는 의뢰의 준비에 해당할 뿐이므로 원칙적으로 저작권법상 전송에

---

103) 보통 색채를 본문과 다르게 하거나 밑줄을 쳐 놓음으로써 눈에 띄게 구성된다.

해당하지 않는다는 점104) 등을 들고 있다.

대법원 2009. 11. 26. 선고 2008다77405 판결은, 인터넷 링크 중 이른바 '심층링크' 내지 '직접링크'를 하는 행위가 저작권법상 복제나 전송에 해당하는지 여부에 대해 이를 부정하였다. 이 판결은, "인터넷 링크 가운데 이른바 심층링크(deep link) 또는 직접링크(direct link)는 웹사이트의 서버에 저장된 저작물의 인터넷 주소(URL)와 하이퍼텍스트 태그(tag) 정보를 복사하여 이용자가 이를 자신의 블로그 게시물 등에 붙여두고 여기를 클릭함으로써 웹사이트 서버에 저장된 저작물을 직접 보거나 들을 수 있게 하는 것으로서, 인터넷에서 링크하고자 하는 저작물의 웹 위치 정보 내지 경로를 나타낸 것에 불과하다"고 판시하였다. 데스크톱(PC) 환경에서 뿐만 아니라 모바일 기기에서 실행되는 응용프로그램인 애플리케이션, 즉 일명 '앱'(app)의 경우도 마찬가지이다. 대법원 2016. 5. 26. 선고 2015도16701 판결은, 인터넷 링크를 하는 행위는 저작권법상 복제, 전시 또는 2차적저작물 작성에 해당하지 않으며, 이러한 법리는 모바일 애플리케이션(Mobile application)에서 인터넷 링크와 유사하게 제3자가 관리·운영하는 모바일 웹페이지로 이동하도록 연결하는 경우에도 마찬가지라고 판시하였다.

(나) 방조책임 여부

이와 같이 링크 행위에 대하여 복제권 및 전송권 침해를 부정하는 것이 지금까지의 판례의 입장이다. 그런데 저작권침해의 방조책임도 물을 수 없는 것인지 여부에 대하여는 논란이 있다. 최근 대법원은 링크의 방조책임도 부정하는 판결을 선고하여 주목을 끌고 있다. 사안은 피고인이 관리·운영하는 사이트의 일부 회원들이 그 사이트의 게시판에, 저작권자로부터 이용 허락을 받지 아니한 일본 만화 등 디지털 콘텐츠를 게시하여 인터넷 이용자가 이를 열람 또는 다운로드할 수 있도록 하는 외국 블로그에 연결되는 링크를 게재하였음에도 이를 삭제하지 않고 방치한 사례이다.

이 사건에서 대법원 2015. 3. 12. 선고 2012도13748 판결은 방조책임의 성립 여부와 관련하여, "형법상 방조행위는 정범의 실행을 용이하게 하는 직접, 간접의 모든 행위를 가리키는 것인데, 링크를 하는 행위 자체는 인터넷에서 링크하고자 하는 웹페이지 등의 위치 정보나 경로를 나타낸 것에 불과하여, 인터넷 이용자가 링크 부분을 클릭함으로써 저작권자로부터 이용허락을 받지 아니한 저작물을 게시하거나 인터넷 이용자에게 그러한 저작물을 송신하는 등의 방법으로 저작권자의 복제권이나 공중송신권을 침해하는 웹페이지 등에 직접 연결된다고 하더라도 그 침해행위의 실행 자체를 용이하게 한다고 할 수는 없으므로, 이러한 링크 행위만으로는 저작재산권 침해행위의 방조행위에 해당한다고 볼 수 없다"고 하였다.

그러나 이러한 대법원 판결에 대하여는 저작권 보호에 큰 공백을 초래하며, 링크에 대

---

104) 오승종·이해완, 저작권법, 박영사, 제4판, 2005, 299면.

하여 직접책임은 부정하지만 간접침해의 책임 가능성을 열어 두고 있는 미국이나 일본의 입장과 우리나라의 입장은 다르다는 이유로 반대하는 견해가 있다. 이 견해는, 피고인이 불법저작물의 업로드 행위(복제권침해 행위)에 대하여 공동정범 내지 방조범이 되지 않는다는 점은 납득할 수 있지만, 더 나아가 그러한 업로드 행위 이후에 일어나는 사후적 침해행위, 즉 업로드 된 불법저작물이 링크를 통해 제 3 자에게 전송되어 그 제 3 자의 컴퓨터에 일시적 저장(복제)되면 이는 불법저작물의 업로드 행위를 한 자가 전송행위를 하고, 이를 제 3 자가 수신하여 복제행위를 한 것이 되어 사후적 침해행위의 정범이 성립하게 되는데, 그에 대하여서까지 방조범이 되지 않는다는 것은 불합리하다고 주장한다.[105]

한편, 서울고등법원 2017. 3. 30. 선고 2016나2087313 판결(상고)은, 甲이 인터넷 사이트를 개설한 후 해외 동영상 공유 사이트에 저작권자인 乙 방송사 등의 허락을 받지 않고 게시된 방송 프로그램에 대한 임베디드 링크[106]를 게재하여 이용자들이 무료로 시청할 수 있도록 한 사안에서, "甲의 링크행위는 乙 방송사 등의 전송권을 직접 침해하는 행위로는 보기 어려우나, … 링크행위는 침해된 저작물에 대하여 실질적으로 접근가능성을 증대시켜 이용에 제공하는 행위를 용이하게 하므로 다른 이용자에 의하여 실제 당해 링크를 통한 송신이 이루어지는지에 관계없이 이용자의 전송권 침해행위에 대한 방조가 성립할 수 있는 점, 링크행위를 전송권 침해행위에 대한 방조로 보지 않는다면 침해 저작물임을 명백히 알고 있는 정보로의 링크행위가 증가될 가능성이 높은 점, 링크행위를 전송권 침해행위에 대한 방조로 본다 하더라도 링크행위의 자유를 심각하게 제한하는 것은 아닌 점, 甲의 링크행위는 이용자들로 하여금 편리하게 해외 동영상 공유 사이트에 게시된 방송 프로그램의 복제물을 전송받을 수 있도록 함으로써 해외 동영상 공유 사이트 게시자의 이용에 제공하는 행위를 용이하게 하는 행위를 하였다고 평가하기에 충분한 점 등을 종합하면, 甲의 링크행위는 실질적으로 해외 동영상 공유 사이트 게시자의 공중에의 이용제공의 여지를 더욱 확대시키는 행위로서 해외 동영상 공유 사이트 게시자의 공중송신권(전송권) 침해행위에 대한 방조에는 해당한다"고 판시하였다.[107][108]

---

105) 이해완, "인터넷 링크와 저작권침해 책임", (사)한국저작권법학회 2015 상반기 학술세미나 자료집, 65-68면.

106) embedded link, 링크된 정보를 호출하기 위해 이용자가 클릭을 할 필요 없이 링크제공 정보를 포함한 웹페이지에 접속하면 자동으로 링크된 정보가 바로 재생되는 방식의 링크.

107) 더 나아가 이 판결에서는, 이러한 판시와 일부 배치되는 대법원 2015. 3. 12. 선고 2012도13748 판결 등의 견해는 변경되어야 하고, 설령 그 판례의 취지에 따라 이 사건 링크행위를 전송권 침해행위에 대한 방조로 볼 수 없다고 하더라도, 甲의 이 사건 링크행위는 부정하게 스스로의 이익을 꾀할 목적으로 타인의 시간과 노력 및 자본을 투입하여 이룩한 성과물의 명성 등에 편승하는 행위로서 법적으로 보호할 가치가 있는 원고들의 이익을 침해한 위법한 행위에 해당하므로 민법상의 일반 불법행위가 성립한다고 하여, 하급심판결로는 이례적으로 기존 대법원 판례가 변경되어야 한다는 점까지 적극적으로 표

마침내 대법원은 2021. 9. 9. 선고 2017도19025 전원합의체 판결에서, 링크 행위자는 침해 게시물을 공중의 이용에 제공하는 정범의 범죄를 용이하게 하므로 공중송신권 침해의 방조범이 성립할 수 있다고 판시함으로써 링크의 방조책임을 부정하던 종전 대법원 판결을 변경하였다. 즉, 링크 행위자가 정범이 공중송신권을 침해한다는 사실을 충분히 인식하면서 그러한 침해 게시물 등에 연결되는 링크를 인터넷 사이트에 영리적·계속적으로 게시하는 등으로 공중의 구성원이 개별적으로 선택한 시간과 장소에서 침해 게시물에 쉽게 접근할 수 있도록 하는 정도의 링크 행위를 한 경우에는, 침해 게시물을 공중의 이용에 제공하는 정범의 범죄를 용이하게 하므로 공중송신권 침해의 방조범이 성립할 수 있다고 하였다. 링크를 하는 행위 자체는 저작재산권 침해행위의 방조행위에 해당한다고 볼 수 없다는 위 대법원 2015. 3. 12. 선고 2012도13748 판결 등을 변경한 것이다. 그러면서도 이 판결에서는 "다만 행위자가 링크 대상이 침해 게시물 등이라는 점을 명확하게 인식하지 못한 경우에는 방조가 성립하지 않고, 침해 게시물 등에 연결되는 링크를 영리적·계속적으로 제공한 정도에 이르지 않은 경우 등과 같이 방조범의 고의 또는 링크 행위와 정범의 범죄 실현 사이의 인과관계가 부정될 수 있거나 법질서 전체의 관점에서 살펴볼 때 사회적 상당성을 갖추었다고 볼 수 있는 경우에는 공중송신권 침해에 대한 방조가 성립하지 않을 수 있다."고 하여 방조범 성립이 부정될 여지를 두고 있다.

특히 위 전원합의체 판결은 링크 행위의 형사적 방조책임을 인정하였다는 점에 유의할 필요가 있다. 일찍이 대법원 1998. 12. 23. 선고 98다31264 판결은, "민법 제760조 제3항은 교사자나 방조자는 공동행위자로 본다고 규정하여 교사자나 방조자에게 공동불법행위자로서 책임을 부담시키고 있는바, 이러한 불법행위의 방조는 형법과 달리 손해의 전보를 목적으로 하여 과실을 원칙적으로 고의와 동일시하는 민법의 해석으로서는 과실에 의한 방조도 가능하다"고 판시하였다. 민사 방조책임은 고의에 의한 경우뿐만 아니라 과실에 의한 경우에도 성립할 수 있다고 하여 형사 방조책임과 구별한 것이다.

나. 검색 서비스

검색엔진을 통하여 다른 사람의 웹페이지에 게재되어 있는 저작물, 특히 이미지나 동영상을 수집하여 보여주는 것이 저작권침해가 되는지에 대하여 검색서비스 사업자측에서 제기할 수 있는 항변으로서 우선 생각할 수 있는 것이 "공표된 저작물의 인용"이다. 이 문제

명하고 있다.
108) 이 판결에 대하여는 원고들만이 전송권 직접침해를 인정하지 않은 부분에 대하여 상고를 하였기 때문에 그 상고심인 대법원 2017. 9. 7. 선고 2017다222757 판결에서 상고기각으로 원 판결이 확정되었으나, 전송권침해 방조책임의 성립 여부에 대하여는 직접적으로 판단이 이루어지지 않았다.

역시 공표된 저작물의 인용에 관한 요건 충족 여부에 따라 판단되어야 할 것이다.

인터넷 포털사이트에서 제공하는 이미지 검색 서비스와 관련하여서는, 해당 이미지의 위치정보를 제공하는 것을 주된 목적으로 하는 이른바 '썸네일 이미지 검색 서비스'는 공표된 저작물의 인용에 해당할 수 있다고 한 서울중앙지방법원 2005. 9. 23. 선고 2004노1342 판결[109]이 있고, 이에 반하여 위치정보뿐만 아니라 어느 정도의 심미감을 줄 수 있는 이미지까지 제공하는 이른바 '상세보기 이미지 검색 서비스'는 공표된 저작물의 인용에 해당하지 않는다고 한 서울중앙지방법원 2006. 9. 29. 선고 2006가합19486 판결이 있다.

Ⅷ. 영리를 목적으로 하지 않는 공연·방송

1. 의   의

영리를 목적으로 하지 않는 공연·방송에 대한 저작재산권 제한 규정은 두 가지로 나누어 볼 수 있다.

첫째, 영리를 목적으로 하지 아니하고 또한 청중이나 관중 또는 제 3 자로부터 어떤 명목으로든지 반대급부를 받지 아니하는 경우에는 공표된 저작물을 공연(상업용 음반 또는 상업적 목적으로 공표된 영상저작물을 재생하는 경우를 제외한다) 또는 방송할 수 있다. 다만 실연자에게 통상의 보수를 지급하는 경우에는 그러하지 아니하다(저작권법 제29조 제 1 항).[110] 이는 비영리 목적의 공연·방송에 대한 저작재산권의 제한규정이다.

둘째, 청중이나 관중으로부터 당해 공연에 대한 반대급부, 예컨대 입장료 등을 받지 아니하는 경우에는 상업용 음반 또는 상업적 목적으로 공표된 영상저작물을 재생하여 공중에게 공연할 수 있다. 다만, 대통령령으로 정하는 경우에는 그러하지 아니하다(같은 조 제 2 항). 이는 상업용 음반 또는 상업적 목적으로 공표된 영상저작물의 재생에 대한 저작재산권의 제한규정이다.

이상의 두 규정에 의하여 저작물을 이용하는 경우에는 이용하는 저작물에 대한 출처명시의 의무가 없다(저작권법 제37조 제 1 항 단서).

---

109) 이 판결은 대법원 2006. 2. 9. 선고 2005도7793 판결로 그대로 확정되었다.

110) 2016. 3. 22. 개정 저작권법 이전에는 괄호 안의 부분이 없었고, 그로 인하여 상업용 음반이나 상업적 목적으로 공표된 영상저작물이 제 1 항의 적용 대상에 포함되는지 여부를 두고 견해의 대립이 있었다.

2. 비영리 목적의 공연·방송(제29조 제 1 항)

가. 요   건

(1) 공표된 저작물일 것

저작권법 제29조 제 1 항이 적용되는 것은 공표된 저작물에 한한다. '공표'의 개념에 관하여는 저작권법 제 2 조 제25호에서 정의규정을 두고 있다.

(2) 영리를 목적으로 하지 않는 공연 또는 방송일 것

본 항에 의하여 자유이용이 허용되는 이용행위는 공연 또는 방송에 한정된다. 따라서 전송이나 전시의 경우에는 본 항의 적용대상이 될 수 없다. 그리고 영리를 목적으로 하지 않아야 하는데, 직접적으로는 물론 간접적으로라도 영리를 목적으로 하는 경우에는 본 항의 적용이 없다.111) 간접적인 영리 목적의 공연이나 방송은 공연이나 방송을 하는 주체가 그 공연이나 방송으로부터 직접적인 대가를 받는 것은 아니지만 그로 인하여 경제적인 이익을 얻거나 경제적 이익이 증대되는 경우를 말한다. 따라서 청중이나 관중으로부터 입장료를 받지 않는다고 하더라도 기업이 자기 회사나 상품의 선전을 위하여 하는 시사회나 연주회 등은 영리를 목적으로 하는 것에 해당한다. 공영방송도 그 방송 중에 선전광고가 삽입되어 있거나 공영방송사가 시청료를 받는다면 영리목적의 방송이라고 보아야 하며, 선전광고도 없고 시청료도 받지 않는 경우라도 방송의 주체가 상법상의 회사라면 역시 영리목적의 방송이다.112) 그러나 수신료를 받는 공영방송사라 하더라도 사회교육방송이나 국군방송과 같이 오직 비영리목적의 채널만을 운영하는 경우에는 비영리 요건을 충족한다고 보는 견해가 있다.113) 반면에, 제29조 제 1 항에서 방송이라 함은 그 비영리성 요건과 관련하여 볼 때에 각급 학교의 교내 방송국에서 라이브로 실연하거나 판매용 음반 등을 재생함으로써 이루어지는 이른바 교내방송이 이에 해당한다는 견해도 있다.114)

다방 같은 업소에서 분위기를 위하여 또는 손님을 끌기 위하여 음악을 들려주는 것은 영리목적의 공연 또는 방송이다. 그 음악이 상업용 음반에 수록된 것을 재생하는 것이라면 제 1 항 괄호 부분에 해당하여 제 1 항의 적용 대상에서 제외된다. 따라서 이 경우에는 제29

---

111) 김병일, 음악공연권과 그 제한에 관한 고찰, 산업재산권 제17호, 2005, 249면은 "영리개념은 '직접적인 영리'와 '간접적인 영리'로 구분할 수 있지만, 이들 영리는 수단에서 차이가 있을 뿐 이익을 얻는다는 점에서는 본질적인 차이가 없으므로 차별적으로 적용을 하여서는 아니 된다고 하였다.
112) 허희성, 전게서, 123면.
113) 하동철, 공연권에 관한 연구-재구성과 제한을 중심으로, 서강대학교 박사학위 논문, 2005, 295면.
114) 박성호, 전게서, 554면.

조 제 1 항이 아니라 다음에서 보는 같은 조 제 2 항의 적용 여부를 따져 보아야 할 것이다. 그러나 회사의 경우라도 직원 체육대회나 회식과 같이 순수하게 친목을 목적으로 하는 모임에서 음악을 공연하거나 방송하는 것은 비영리 목적으로 보아도 좋을 것이다.115) 자선공연, 위문공연, 종교행사, 군악대의 연주, 국경일 행사를 위한 공연 등도 비영리 목적의 공연·방송으로 보는 견해가 있다.116) 그러나 이 경우에는 다음에서 보는 '반대급부를 받지 아니할 것'의 요건의 충족 여부를 따져보아야 한다.

한편, 개정 전 저작권법 제29조 제1항에서는 현행법의 괄호 부분 기재, 즉 "상업용 음반 또는 상업적 목적으로 공표된 영상저작물을 재생하는 경우를 제외한다"는 기재가 없어서 재생 공연의 경우도 제29조 제1항이 적용되는지 여부에 관하여 해석상 이견이 있을 수 있었다. 현행법에서는 괄호 부분 기재를 추가함으로써 논란의 여지를 없앴다.

(3) 반대급부를 받지 아니할 것

공연 또는 방송과 관련하여 청중이나 관중으로부터 또는 제 3 자로부터 어떤 명목이든 반대급부를 받지 아니하여야 한다. 여기서 반대급부란 공연과 관련된 경제적 이익을 말한다. 음악회를 개최하여 입장수입의 전부를 자선사업에 기부하고 출연자가 보수를 받지 아니하는 경우에도, 비록 목적 자체는 비영리일지 모르나 청중으로부터 반대급부를 받는 것이므로 이 요건을 충족하지 못하게 된다.117) 비영리 목적과 반대급부를 받지 아니할 것의 요건은 서로 독립된 요건에 해당하므로 각각 개별적으로 해석하여야 한다. 그러므로 비영리 목적이라 하더라도 어떤 형식으로든 반대급부를 받는다면 본 항에 해당하지 않는다. 자선기금 모금, 재난구조기금 모금 등을 위해 반대급부(기부금 등)를 받고 공연하는 경우에는 저작권 침해의 책임이 면제되지 않는다.118)

입장료는 무료이지만 공연장에 입장할 수 있는 자는 일정한 회비를 납부한 회원으로만 한정된다면 그 회비의 일부가 반대급부에 해당할 수 있다. 공연장에서 회장정리비 또는 청소비 등의 명목으로 금품을 받는 경우도 있다고 하는데, 저작권법은 "명목 여하를 묻지 아니하고"(따라서 저작물의 제공 또는 제시에 대한 대가인지 여부도 불문한다) 반대급부를 받지 않을 것을 요건으로 하고 있으므로 공연장 입장시 그런 명목으로 금품을 받는다면 본 조의 적용

---

115) 加戸守行, 전게서, 177면; 內田 晉, 전게서, 234면.
116) 하동철, 전게논문, 293면.
117) 외국의 입법례 중에는 자선음악회에 대하여는 입장료를 받더라도 저작물의 자유이용을 허용하는 것도 있으나, 일본과 우리나라는 이와 같은 규정을 두면 자선음악회라는 이름 아래 사실은 영리를 목적으로 하는 것과 같이 남용될 우려가 있으므로 그러한 규정을 두지 않았다고 한다(內田 晉, 전게서, 236면; 하용득, 전게서, 188면).
118) 하동철, 전게논문, 297면.

대상이 되지 않는다고 보아야 할 것이다.[119]

(4) 실연자에게 통상의 보수를 지급하지 아니할 것

'보수'라 함은 명목 여하를 불문하고 실연자에게 실연의 대가로 지급되는 반대급부를 의미한다. 통상의 보수가 지급되지 않으면 되므로, 출연자 등 실연자에게 교통비나 식비 등의 실비를 지급하는 것은 상관이 없다고 본다.[120] 다만 그것이 명목만 교통비 또는 식비일 뿐 실제로 교통비나 식비에 소요되는 정도를 초과하는 금액으로서 사실상 출연에 대한 대가의 성질을 가지는 것이라면 이는 보수를 지급한 것으로 보아야 할 것이다. 따라서 그 경우에는 지급된 금액이 통상의 교통비 정도의 금액인지 아니면 그것을 초과하는 액수인지를 살펴보아야 할 것이다. 월급을 받는 직업 연주악단 단원의 경우에는 악단의 연주에 따라 포괄적으로 지불되는 보수를 수령하는 것이므로 이 요건을 충족하지 못한다고 해석된다.[121]

나. 비영리 목적의 공연·방송의 예

위의 요건을 모두 충족하여 저작재산권자의 허락 없이 저작물을 공연할 수 있는 경우로는 다음과 같은 것들이 있다.[122] 다만, 이 경우에도 실연자에게 통상의 보수가 지급되지 않아야 함은 물론이다.

(1) 군경 음악대의 야외행진 연주
(2) 학교의 학예회
(3) 동호인의 야외음악회
(4) 입장료 등을 전혀 받지 않는 순수한 자선 또는 친선 목적의 음악회

---

119) 同旨, 하동철, 전게논문, 297면.
120) 하용득, 전게서, 188면; 內田 晉, 전게서, 236면.
121) 加戶守行, 전게서, 266면.
122) 채명기, 저작권법상 비영리목적의 공연에 관한 연구, 저작권심의조정위원회, 1999, 42면; 하동철, 전게논문, 298-299면.

3. 반대급부 없는 상업용 음반 등의 재생 공연(제29조 제 2 항)[123]

가. 의의 및 요건

(1) 당해 공연에 대한 반대급부를 받지 아니할 것

청중이나 관중으로부터 당해 공연에 대한 반대급부를 받지 아니하는 경우에는 상업용 음반 또는 상업적 목적으로 공표된 영상저작물을 재생하여 공중에게 공연할 수 있다.

제 1 항의 비영리 공연·방송과의 차이점은, 먼저 반대급부를 받지 아니하기만 하면 되고 비영리의 목적은 요건이 아니라는 점이다. 따라서 영리를 목적으로 하거나 영리법인이 주체가 된 경우라 하더라도 당해 공연에 대한 반대급부를 받지 아니한다면 제 2 항의 적용을 받을 수 있다. 공항휴게실이나 대중음식점, 다방 등의 업소, 고속버스, 슈퍼마켓 등의 매장에서 노래테이프나 비디오테이프를 공연하는 것은 영리성을 가지고 있지만, 당해 공연에 대한 반대급부를 받는 것은 아니므로 제 2 항에 의한 자유이용이 가능하다.

두 번째 차이점은, 제 1 항에서는 '어떤 명목으로든지' 반대급부를 받지 아니하여야 하지만 제 2 항에서는 '당해 공연에 대한' 반대급부를 받지 않으면 된다. 따라서 공연장 입장시 회장정리비나 청소비를 받더라도 그것이 사실상 당해 공연에 대한 대가인 경우가 아니라면 제 2 항의 적용은 가능하다. 입장료 등 직접적인 반대급부를 받지 않는다면, 광고를 삽입함으로써 광고주로부터 간접적인 대가나 수익을 얻는다 하더라도 상관이 없다.[124] 하급심 판결 중에는 무도장에서 판매용 음반을 틀어 춤을 추게 하고 입장료를 1,000원씩 받은 사건에서, "무도장 입장료는 무도 공간의 사용 대가일 뿐만 아니라 무도곡에 대한 반대급부의 성질도 아울러 가진다"고 하여 본 항의 적용을 부정한 사례가 있다.[125]

(2) 상업용 음반 또는 상업적 목적으로 공표된 영상저작물을 재생하여 하는 공연일 것

(가) 상업용 음반 또는 상업적 목적으로 공표된 영상저작물

본 항은 상업용 음반 또는 상업적 목적으로 공표된 영상저작물을 재생하여 공연하는

---

123) 이 규정의 규정형식을 보면, 본문에서 원칙적으로 저작재산권을 제한하되 단서에서 그 예외를 규정하고 있다. 이 규정에 관하여, 영리목적의 공연인 경우에도 원칙적으로 재산권을 제한하고 있다는 점에서 저작물의 공정한 이용이라는 목적에 기여하는 적합한 수단이 될 수 없고, 이 규정 형식과 반대로 예외적으로만 재산권을 제한하도록 하는 방안, 영리목적이 없는 경우를 저작재산권 제한의 요건으로 하는 방안, 저작재산권 제한을 하더라도 그에 대한 정당한 보상을 제공하는 방안 등 저작재산권자에게 덜 침해적인 수단을 채택할 수 있었다는 점에서 헌법상 비례의 원칙 등에 위반된다는 이유로 위헌심판이 제기된 바 있다. 그러나 헌법재판소 2019. 11. 28.자 2016헌마1115, 2019헌가18(병합) 결정으로 합헌 결정이 내려졌다.

124) 同旨 김병일, 전게논문, 224면; 하동철, 전게논문, 303면.

125) 전주지방법원 1998. 12. 7. 선고 88가소16095 판결(하동철, 전게논문, 303면에서 재인용).

경우에만 적용된다. 상업용 음반 또는 상업적 목적으로 공표된 영상저작물은 보통 개인적으로 감상하는 용도로 제작되어 공중을 대상으로 판매되는 음반이나 영상저작물을 말한다. 2016. 3. 22. 개정 전 저작권법에서는 본 항의 대상을 '판매용 음반 또는 판매용 영상저작물'이라고 하고 있었는데, 이때 '판매용'이라는 용어의 의미가 '시판용'만을 의미하는 것인지 아니면 널리 상업적 목적으로 제작된 것까지를 포함하는 것인지 여부에 관하여 논란이 있었다. 일명 '스타벅스' 사건이라고 하는 사례인데 이 사례에서는, 처음부터 공연에 사용할 목적으로 특별히 제작된 음반(일반인을 대상으로 한 시중 판매는 하지 않는다), 예를 들어 커피숍과 같은 매장 등에 전문적으로 배경음악(백그라운드 음악)을 제공하는 업체에 의하여 그러한 목적으로 제작된 음반이 종전 저작권법 제29조 제 2 항의 '판매용 음반'에 해당하는지 여부가 문제로 되었다. 이 사건의 항소심인 서울고등법원 2010. 9. 9. 선고 2009나53224 판결에서는, "저작권법 제52조를 비롯하여 저작권법상 각 조항에 규정된 '판매용 음반'은 모두 '시판을 목적으로 제작된 음반'으로 해석되는데, 이들 각 조항과 저작권법 제29조 제 2 항의 '판매용 음반'을 달리 해석할 합리적인 이유가 없는 점을 고려하면, 제29조 제 2 항의 '판매용 음반'은 '시판용 음반'으로 해석하여야 할 것"이라고 한 후 이 사건 CD는 '판매용 음반'에 해당한다고 보기 어렵다고 하였다. 이 판결은 대법원 2012. 5. 10. 선고 2010다87474 판결로 상고기각 되어 확정되었다.[126)]

한편, 위 스타벅스 사건 대법원 판결 이후에 대법원 2015. 12. 10. 선고 2013다219616 판결(일명 '현대백화점' 사건)은, 제29조 제 2 항의 경우와는 달리 저작권법 제76조의2, 제82조의2가 규정하는 '판매용 음반'은 반드시 일반 공중을 대상으로 판매될 것을 예정한 '시판용 음반'에 국한된다고 할 수 없고, 특정 대상 또는 범위를 한정하여 판매된 음반을 비롯하여 어떠한 형태이든 판매를 통해 거래에 제공된 음반은 모두 이에 포함된다고 판시하였음을

---

126) 이 대법원 판결에서는, "(저작권법 제29조 제 2 항의) 규정은, 공연권의 제한에 관한 저작권법 제29조 제 1 항이 영리를 목적으로 하지 않고 청중이나 관중 또는 제 3 자로부터 어떤 명목으로든지 반대급부를 받지 않으며 또 실연자에게 통상의 보수를 지급하지 않는 경우에 한하여 공표된 저작물을 공연 또는 방송할 수 있도록 규정하고 있는 것과는 달리, 당해 공연에 대한 반대급부를 받지 않는 경우라면 비영리 목적을 요건으로 하지 않고 있어, 비록 공중이 저작물의 이용을 통해 문화적 혜택을 향수하도록 할 공공의 필요가 있는 경우라도 자칫 저작권자의 정당한 이익을 부당하게 해할 염려가 있으므로, 위 제 2 항의 규정에 따라 저작물의 자유이용이 허용되는 조건은 엄격하게 해석할 필요가 있다. 한편, 저작권법 제29조 제 2 항이 위와 같이 '판매용 음반'을 재생하여 공중에게 공연하는 행위에 관하여 아무런 보상 없이 저작권자의 공연권을 제한하는 취지의 근거에는 음반의 재생에 의한 공연으로 그 음반이 시중의 소비자들에게 널리 알려짐으로써 당해 음반의 판매량이 증가하게 되고 그에 따라 음반제작자는 물론 음반의 복제·배포에 필연적으로 수반되는 당해 음반에 수록된 저작물의 이용을 허락할 권능을 가지는 저작권자 또한 간접적인 이익을 얻게 된다는 점도 고려되었을 것이므로, 이러한 규정의 내용과 취지 등에 비추어 보면 위 규정에서 말하는 '판매용 음반'이라 함은 그와 같이 시중에 판매할 목적으로 제작된 음반을 의미하는 것으로 제한하여 해석함이 상당하다"고 판시하였다.

유념할 필요가 있다. 이 판결은 디지털 음원도 하드디스크와 같은 저장 매체에 저장되는 방식으로 고정되면 저작권법상 음반으로 볼 수 있다고 하였다.[127)]

이와 같이 '스타벅스 사건'에서 판시한 구 저작권법 제29조 제2항에서의 '판매용 음반'에 대한 해석과 '현대백화점 사건'에서 판시한 구 저작권법 제76조의2 및 제83조의2에서의 '판매용 음반'에 대한 해석은 서로 어긋나고 있다. 전자에서는 판매용 음반을 좁게 해석하고 후자에서는 넓게 해석하고 있는 것이다. 이러한 엇갈린 것처럼 보이는 판결들이 시중의 혼란을 불러오고 있다는 점에서 이들 판결에서 각 판시한 '판매용 음반'에 관한 해석이 상호 모순되지 않고 정합적으로 이해될 수 있는 방안을 강구할 필요가 있다는 주장이 강하였다.

이러한 필요에 부응하기 위하여 2016년 개정된 현행 저작권법은 종전 저작권법에서 사용하던 '판매용 음반'이라는 용어를 '상업용 음반'으로 개정하였다. 그러나 그 개정된 규정과 관련하여 학계와 실무계의 논란이 더 뜨거워지는 등 혼란은 계속되었고, 마침내 이 규정에 대한 위헌소송이 제기되기에 이르렀다. 그 배경에는 근본적으로 우리 저작권법 제29조 제2항의 적용 범위가 지나치게 넓어 국제조약의 위반 소지가 있을 뿐만 아니라, 다른 나라의 상황과 비교해 보더라도 저작재산권자의 정당한 이익을 해하는 정도가 불합리하게 크다고 하는 저작재산권자 측의 주장이 강력하였던 사정이 있다.

저작권법 개정의 주무부처인 문화체육관광부는, 상업용 음반이란 상업적 목적으로 공표된 음반으로, 이때 '상업적 목적'이란 공중에게 음반을 판매의 방법으로 거래에 제공하거나, 해당 음반의 판매와 관련된 간접적인 이익을 얻고자 하는 것을 말하며, 이때 '간접적인 이익'이란 해당 음반의 광고 및 홍보 등을 통해 음반 자체의 판매를 촉진시켜 얻을 수 있는 이익을 말한다고 해석하고 있다. 예를 들면, 음반의 홍보를 위해 무료로 CD를 배포하는 경우는 음반 자체의 판매 촉진을 통한 간접적인 이익을 추구하고 있어서 상업적 목적이 있는 것으로 해석되지만, 기업의 홍보나 상품 판매 촉진을 위해 자체 제작한 음반을 매장에서 재생하는 것은 음반 자체에 대한 이익을 얻을 목적은 없기 때문에 상업적 목적에 해당하지 않는다고 한다.[128)] 또한 음반은 CD 등 유형의 매체가 아니라 디지털 음원을 포함한 음 그 자체이며, 따라서 상업용 음반을 구입해서 이를 디지털 파일로 변환하거나 편집하여 다른

---

127) 2016. 3. 22. 개정된 저작권법에서는 제2조 제5호의 음반의 정의규정에서 "음을 디지털화 한 것을 포함한다"고 규정함으로써, 디지털 음원이 음반에 해당한다는 것을 명확히 하였다.

128) 문화체육관광부·한국저작권위원회, 「개정 저작권법에 따른 상업용 음반 바로알기」, 2016.에서는 상업용 음반의 유형에 대하여 상세하게 설명하고 있다. 특히 상업용 음반의 의미에 대해서는 박영규, "개정 저작권법상 공연권 제한과 상업용 음반의 의미", 계간저작권, 2016년 가을호 통권 115권, 100면 이하 참조.

매체에 고정한 경우에도 역시 상업용 음반으로 해석될 수 있다고 한다.[129]

(나) 재생하는 공연

제29조 제1항과 제2항의 세 번째 차이점은 제1항은 공연과 방송이 모두 가능하지만, 제2항은 공연, 그 중에서도 재생공연에만 해당된다는 것이다. 이것은 제2항이 제1항에 비하여 훨씬 광범위하게 저작재산권자의 이익을 침해할 소지가 있기 때문에 법이 그 범위를 스스로 제한하고 있는 것이다. 방송이 제외되므로 예컨대 백화점 내에서 고객들을 위하여 상업용 음반을 자체 방송하는 것이나, 호텔의 객실에 상업적 목적으로 공표된 영상저작물(비디오테이프)을 자체 방송하는 것은 그것이 저작권법 제2조 제8호의 방송의 개념(공중송신 중 공중이 동시에 수신하게 할 목적으로 음·영상 또는 음과 영상 등을 송신하는 것)에 들어간다면 본 항은 적용되지 않는다.

나. 예   외

제2항은 자유이용의 범위가 넓어 저작재산권자의 경제적 이익을 심각하게 훼손할 염려가 있으므로 단서에서 그 예외를 대통령령에 위임하여 규정하고 있다. 이에 저작권법 시행령 제11조는 다음과 같은 경우에는 저작재산권이 미치는 것으로 하고 있다.

첫째, 식품위생법 시행령 제21조 제8호 다목의 규정에 의한 단란주점과 라목의 규정에 의한 유흥주점에서 하는 공연이다. '단란주점'은 주로 주류를 조리·판매하는 영업으로서 손님이 노래를 부르는 행위가 허용되는 영업이고, '유흥주점'은 주로 주류를 조리·판매하는 영업으로서 유흥종사자를 두거나 유흥시설을 설치할 수 있고 손님이 노래를 부르거나 춤을 추는 행위가 허용되는 영업을 말한다.[130]

둘째, 위 첫째 규정에 해당하지 아니하는 영업소에서 하는 공연으로서 음악 또는 영상저작물을 감상하는 설비를 갖추고 음악이나 영상저작물을 감상하게 하는 것을 영업의 주요 내용의 일부로 하는 공연이다. 앞의 첫째 경우에는 감상 설비나 감상을 영업의 주요 내용으로 할 것을 요하지 않는 반면에, 이 둘째 경우에는 그러한 요건을 갖춘 경우에만 제29조 제2항의 적용 제외 사유에 해당한다.

셋째, 다음과 같은 경우들이 제29조 제2항의 예외에 해당한다.[131]

---

129) 한지영, "개정 저작권법에 의한 상업용 음반의 의의와 실연자의 보상청구권에 관한 고찰", 한국재산법학회, 재산법연구 제33권 제4호(2017), 77면.

130) 식품위생법 시행령 제21조 제8호 다목, 라목.

131) 저작권법 시행령 제11조 제2 내지 제7호.

가. 「한국마사회법」에 따른 경마장, 「경륜·경정법」에 따른 경륜장 또는 경정장에서 하
는 공연

나. 「체육시설의 설치·이용에 관한 법률」에 따른 골프장·스키장·에어로빅장·무도장·
무도학원 또는 전문체육시설 중 문화체육관광부령으로 정하는 전문체육시설에서 하
는 공연

다. 「항공사업법」에 따른 항공운송사업용 여객용 항공기, 「해운법」에 따른 해상여객운송
사업용 선박 또는 「철도사업법」에 따른 여객용 열차에서 하는 공연

라. 「관광진흥법」에 따른 호텔·휴양콘도미니엄·카지노 또는 유원시설에서 하는 공연

마. 「유통산업발전법」 별표에 따른 대형마트·전문점·백화점 또는 쇼핑센터에서 하는
공연

바. 「공중위생관리법」 제2조 제1항 제2호 숙박업 및 같은 항 제3호 나목의 목욕장
에서 영상저작물을 감상하게 하기 위한 설비를 갖추고 하는 상업적 목적으로 공표
된 영상저작물의 공연

넷째, 아래의 어느 하나에 해당하는 시설에서 영상저작물을 감상하게 하기 위한 설비를
갖추고 발행일로부터 6개월이 지나지 아니한 상업적 목적으로 공표된 영상저작물을 재생하
는 형태의 공연이 본 항의 예외로 된다.[132]

가. 국가·지방자치단체(그 소속기관을 포함한다)의 청사 및 그 부속시설
나. 「공연법」에 따른 공연장
다. 「박물관 및 미술관 진흥법」에 따른 박물관·미술관
라. 「도서관법」에 따른 도서관
마. 「지방문화원진흥법」에 따른 지방문화원
바. 「사회복지사업법」에 따른 사회복지관
사. 「양성평등기본법」 제47조 및 제50조에 따른 여성인력개발센터 및 여성사박물관
아. 「청소년활동진흥법」 제10조 제1호 가목에 따른 청소년수련관
자. 「지방자치법」 제144조에 따른 공공시설 중 시·군·구민회관

이와 같은 영업소들은 개별적인 작곡가나 작사가로부터 각각의 음악저작물 등에 대한
이용허락을 얻는 것이 아니라 저작권의 신탁·대리·중개를 업으로 하는 저작권위탁관리단
체와 협의하여 사용료를 일괄지불하고 저작물을 이용하는 경우가 많을 것이다.

---

132) 저작권법 시행령 제11조 제8호.

4. 상업용 음반의 개념

저작권법 개정의 주무부처인 문화체육관광부와 한국저작권위원회가 발간한 '개정 저작권법에 따른 상업용 음반 바로알기'라는 소책자에 의하면, 상업용 음반이란 상업적 목적으로 공표된 음반으로, 이때 '상업적 목적'이란 공중에게 음반을 판매의 방법으로 거래에 제공하거나, 해당 음반의 판매와 관련된 간접적인 이익을 얻고자 하는 것을 말하며, 이때 '간접적인 이익'이란 해당 음반의 광고 및 홍보 등을 통해 음반 자체의 판매를 촉진시켜 얻을 수 있는 이익을 말한다고 해석하고 있다. 예를 들면, 음반의 홍보를 위해 무료로 CD를 배포하는 경우는 음반 자체의 판매 촉진을 통한 간접적인 이익을 추구하고 있어서 상업적 목적이 있는 것으로 해석되지만, 기업의 홍보나 상품 판매 촉진을 위해 자체 제작한 음반을 매장에서 재생하는 것은 음반 자체에 대한 이익을 얻을 목적은 없기 때문에 상업적 목적에 해당하지 않는다고 한다.[133] 또한 음반은 CD 등 유형의 매체가 아니라 디지털 음원을 포함한 음 그 자체이며, 따라서 상업용 음반을 구입해서 이를 디지털 파일로 변환하거나 편집하여 다른 매체에 고정한 경우에도 역시 상업용 음반으로 해석될 수 있다고 한다.[134]

[상업용·비상업용 음반의 구체적 예시][135]

항목	분류	구분	비고
일반 음반	정규/싱글 앨범의 경우	상업용 음반	가수 ○○○ 3집 앨범, 가수 △△△ 디지털 싱글 등
	영화/드라마의 OST의 경우	상업용 음반	드라마 ○○ OST 음악, 영화 △△ OST 음악
	방송 프로그램에서 제작한 경우	상업용 음반	슈퍼스타K, 복면가왕, 불후의 명곡, K-POP STAR 등의 방송 프로그램에서 제작된 음악
	음반 홍보를 위해 무료로 배부된 경우	상업용 음반	가수 ○○○의 앨범을 홍보하기 위하여 비매·홍보용으로 나눠주는 CD등
	공연 실황을 녹음한 경우	상업용 음반	가수 ○○○ 25주년 기념 Live 앨범, 가수 △△△ 콘서트라이브 CD 등

---

133) 문화체육관광부·한국저작권위원회, 「개정 저작권법에 따른 상업용 음반 바로알기」, 2016.에서는 상업용 음반의 유형에 대하여 상세하게 설명하고 있다. 특히 상업용 음반의 의미에 대해서는 박영규, "개정 저작권법상 공연권 제한과 상업용 음반의 의미", 계간저작권, 2016년 가을호 통권 115권, 100면 이하 참조.

134) 한지영, 전게논문, 77면.

135) 전게 「개정 저작권법에 따른 상업용 음반 바로알기」, 9면.

주제 · 배경 · 시그널 음반	①	기존 상업용 음반을 주제·배경·시그널 음악으로 사용하는 경우	상업용 음반	대중가수의 정규/싱글, OST 등의 음반을 활용하기 때문에 상업적 목적으로 공표된 음반의 성격이 변하는 것은 아님
	②	음반 제작 업체가 사전에 제작한 주제·배경·시그널 음악을 방송국 또는 영상제작자 등이 선택하여 사용하는 경우	상업용 음반	다수의 주문자가 선택할 수 있도록 사전에 제작하여 제공하는 경우에는 상업적 목적에 해당함
	③	방송사업자가 자기의 방송을 위하여 주제·배경·시그널 음악을 자체 제작 또는 주문 제작하여 사용하는 경우	비상업용 음반	프로그램 홍보·진행 등의 목적으로 만들어졌기 때문에 음반 자체의 상업적 목적이 없음

Ⅸ. 사적이용을 위한 복제

1. 의   의

공표된 저작물을 영리를 목적으로 하지 아니하고 개인적으로 이용하거나 가정 및 이에 준하는 한정된 범위 안에서 이용하는 경우에는 그 이용자는 이를 복제할 수 있다(저작권법 제30조 본문). 이 규정은 타인의 저작물을 개인적으로 또는 가정이나 그에 준하는 소수의 한정된 범위 안에서 이용하는 것은 저작재산권자의 경제적 이익을 크게 손상할 우려가 없고, 또 그것을 일일이 규제하여 저작재산권자의 이용허락을 얻게 한다는 것도 현실적이지 못하다는 고려 하에 두게 된 것이다. 그러나 이 규정은 저작재산권의 제한규정 중 저작재산권자의 이익을 가장 포괄적으로 제한할 소지가 있는 규정인 만큼 해석·운용에 신중함이 요구된다.[136][137]

본 조는 복제의 수단과 방법을 묻지 아니한다. 그런데 오늘날 복제기술이 급속도로 발전하여 과거에는 전문가나 영업소에서만 사용되던 복사용 기계도 각 가정마다 상당수 보급되어 있는 실정이기 때문에 사적이용을 위한 복제를 자유롭게 허용하는 이 규정에 따라 저작재산권자의 이익이 침해될 여지는 훨씬 더 커지고 있다.

이 규정에 의하여 타인의 저작물을 자유이용하는 자는 그 저작물을 번역·편곡 또는 개

---

[136] 베른협약 제 9 조 제 2 항은, "일정한 특별한 경우에 있어서 저작물의 복제를 허용하는 것은 동맹국의 입법에 맡긴다. 그러나 그러한 복제는 저작물의 통상적인 이용과 충돌하지 않아야 하며, 저작자의 합법적인 이익을 불합리하게 해치지 않아야 한다"라고 규정하고 있는데, 이러한 규정이 하나의 해석기준이 될 수 있을 것이다.

[137] 미국 저작권법은 사적이용에 대한 규정을 따로 두고 있지 않고 공정이용(fair use)에 관한 일반규정인 제107조에 의하여 사적이용의 허용 여부를 결정하도록 하고 있다.

작하여 이용할 수도 있으며(저작권법 제36조 제1항), 출처의 명시의무도 면제된다(제37조 제1항). 출처명시의무를 면제한 것은 본 조에 의한 저작물의 이용이 개인적 또는 가정과 같은 한정된 범위에서만 이루어지는 것을 요건으로 하고 있고 대외적인 이용을 전제로 한 것이 아니며, 현실적으로도 출처명시의무를 부과하는 것이 실효성이나 타당성이 없기 때문이다.

2. 요   건

가. 비영리 목적

영리의 목적이라 함은 소극적으로 저작물의 구입비용을 절감한다는 의미가 아니라, 복제물을 타인에게 판매하거나 타인으로부터 복제의 의뢰를 받아 유상으로 복제를 대행하는 등 복제행위를 통하여 직접 이득을 취할 목적을 말한다.[138] 따라서 개인사업자 또는 영리법인이 타인에게 판매할 의사 없이 사업체 내부에서 이용하기 위하여 저작물을 복제하는 것은 영리를 목적으로 하는 것이 아니다. 그러나 이러한 복제행위는 가정 및 이에 준하는 범위 내에서의 이용을 넘어서기 때문에 허용되지 않을 수 있다.[139] 변호사나 의사 등 전문적 지식을 가지는 직업에 종사하는 사람이 현재의 구체적인 업무와는 관계없이 자신의 지식을 넓히기 위하여 사적이용의 목적으로 복제하는 경우에는 그것이 결국 자신의 영리적 업무에 기여하게 되더라도 비영리성에 반하는 것은 아니라고 해석된다.[140]

그러나 법무법인이나 종합병원이 다수의 소속 변호사들 및 의사들로 하여금 업무상 이용하게 하기 위하여 복제하는 것은, 비록 그 복제물이 외부에 유출되지 않고 내부적으로만 이용되는 것이어서 직접 영리를 목적으로 한 것으로는 볼 수 없다 하더라도, 가정 및 이에 준하는 범위 내에서의 이용이라고는 보기 어렵다. 교사가 학생들에게 배포할 것을 전제로 하지 않고 개인적으로 수업을 준비하기 위한 자료로서 타인의 저작물을 복제하는 행위는 본 조의 "사적이용을 위한 복제"에 해당한다. 그러나 이러한 목적으로 제작된 복제물을 다

---

138) 同旨, 박성호, 전게서, 562면. 반대 취지로, 최경수, 전게서, 418면은, 영리 목적이란 경제적 이익을 얻기 위한 목적을 말하며, 경제적 직접적인 영리 목적뿐만 아니라 간접적인 영리 목적을 포함한다고 한다. 한편, 하급심 판결 중에는 "일반적으로 소극적으로 저작물의 구입비용을 절감하는 정도만으로는 영리의 목적을 인정하기에 부족하다 할 것이나, 시판되는 게임프로그램 등을 다른 사람이 구입한 게임 CD로부터 복제하는 경우와 마찬가지로 통상 대가를 지급하고 구입해야 하는 것을 무상으로 얻는 행위에는 영리의 목적이 인정된다"고 한 사례가 있다(수원지방법원 성남지원 2003. 2. 14. 선고 2002카합 284 판결). 그러나 이와 같이 영리 목적을 너무 넓게 인정한 판결을 그대로 수용하면 저작권법 제30조에서 허용하는 사적 복제는 부분 복제의 경우만이 해당되므로 사적 복제 규정의 존립을 위태롭게 할 우려가 있다고 하여, 위 반대 취지의 견해로부터도 비판을 받고 있다.
139) 이형하, 전게논문, 376면.
140) 하용득, 전게서, 192면.

수의 학생들에게 나누어 준다면 그것은 가정 및 이에 준하는 범위 내에 속하는 것으로 볼 수 없다. 다만 학교 기타 교육기관이나 교사의 경우에는 저작권법 제25조 제2항에 따라 교육목적을 위하여 학생들에게 복제물을 배포하는 것이 허용된다.[141)

나. 개인적으로 이용하거나

'개인적'이라고 함은 '혼자서'라는 취지이다. 조직적인 활동의 일환으로서 행하는 복제는 '개인적'이라고 할 수 없다. 따라서 기업이나 기타 단체 내에서 종업원 또는 그 구성원이 해당 단체의 이용에 제공하기 위하여 저작물을 복제하는 것은 '개인적' 이용이 아니라고 해석된다.

다. 가정 및 이에 준하는 한정된 범위

(1) 인적(人的) 범위

가정 또는 이에 준하는 한정된 범위라는 것은 극히 한정된 소수의 그룹(동아리)으로서 그 구성원 사이에 강한 개인적 결합관계가 존재하는 경우를 말한다. 즉, 소수의 친한 친구들이나 10인 이하 정도의 인원으로 구성된 동호회원 사이에서 저작물이 사용되는 경우라야 이에 해당한다.

강의실에서 교사의 강의내용을 테이프레코더로 녹음하는 것도 이를 복습에 활용하는 등 개인적인 이용을 위한 것이라면 저작권법 제30조가 적용되어 자유롭게 할 수 있다고 본다. 그러나 녹음된 내용을 일반 학생들에게 공표한다든가 판매한다면 이는 개인적인 이용을 위한 것이 아니므로 제30조가 적용될 여지는 없게 된다. 음악회 등에서 개인적인 감상을 목적으로 연주되는 음악을 녹음하는 것도 본 조에 의하여 가능하다. 그러나 교사나 강사 또는 음악회장의 관리책임자는 학생 또는 청중의 개인적인 녹음을 프라이버시권 등 저작권법과는 다른 차원에서 금지할 수 있을 것이다.[142)

본 조는 폐쇄적인 사적 영역에서의 소규모적인 영세한 복제행위를 허용하고자 하는 것인데, 기업이나 단체 조직의 일원으로서의 활동은 폐쇄된 사적 영역 내에서의 활동이라고 보기 어렵고, 더 나아가 조직적으로 복제가 행하여지는 경우에는 이를 소규모의 영세적인 복제라고 볼 수 없는 경우가 많을 것이다.[143) 다만 기업 내부에 사적으로 조직된 동아리에

---

141) 이형하, 전게논문, 377면.
142) 內田 晉, 전게서, 195면.
143) 서울중앙지방법원 2014. 2. 11. 선고 2013나36100 판결은, 피고가 원고의 동의나 승낙을 받지 않은 채 피고 회사의 홈페이지 중 주류 관련 뉴스 코너에 원고가 저작권을 가진 인터넷 기사 중 69건의 기사를 게시한 사례에서, 피고 회사의 홈페이지 중 주류 관련 뉴스 코너의 경우 일반인이 접근할 수 없도록

서 소수의 구성원들이 복제를 행하는 것에는 제30조가 적용될 수 있다.

인터넷상의 개인적인 공간인 블로그(blog)에 타인의 저작물을 허락 없이 게시(업로드)하는 것이 사적복제로서 허용될 수 있을 것인지 문제로 된다. 그 블로그가 비록 개인적인 관심사를 올리는 사적인 영역이라고 하더라도 공중, 즉 불특정 다수인 또는 특정 다수인이 접근 및 이용할 수 있는 형태로 운영되고 있다면 이는 가정 또는 그에 준하는 한정된 범위에서의 이용이라고 할 수 없으므로 사적복제에 해당하지 않는다고 보아야 할 것이다.[144]

(2) 양적(量的) 범위

사적인 이용이라 하더라도 이용에 있어서 합리적으로 필요한 범위를 넘는 과도한 복제행위는 허용되어서는 아니 된다. 현행법의 해석상으로는 필요하다면 하나의 저작물의 전부를 복제하는 것도 허용된다고 할 수 있다. 그러나 저작물의 일부만을 사용하면 될 경우에 그 저작물 전부를 복제한다거나, 한 부만을 복제하면 될 경우에 3, 4부를 복제하는 것은 사적이용을 위한 복제의 자유를 인정한 저작권법의 취지에 어긋나는 것이다.

라. 이용자에 의한 복제

사적이용을 하는 이용자 본인이 스스로 복제하여야 한다. 회사의 사장이 비서에게 복사를 시키는 것과 같이 복제물을 이용하는 사람의 수족처럼 사용하는 사람이나 보조적 입장에 있는 사람에게 구체적인 복제행위를 하게 하는 것도 이용자 본인의 복제행위라고 보아 허용된다. 그러나 이용자가 복제업자(예컨대 복사전문점)에게 복제를 위탁하여 복제하는 경우에는, 복제업자는 위탁계약에 기하여 독립된 복제주체로서 복제를 행하는 것이므로 의뢰자의 수족과 같다고는 볼 수 없고, 또한 복제업자의 사적이용으로도 볼 수 없으므로 제30조의 요건을 충족하지 못한다고 보아야 한다.[145]

마. 제30조 단서 - 공중용 복사기기에 의한 복제가 아닐 것

최근 복사기기의 발달에 의하여 매우 간편하게 복제를 할 수 있게 됨에 따라 대량으로

폐쇄적으로 운영하면서 소수의 사원에게 엄격한 로그인 절차를 거쳐서만 게시물을 볼 수 있도록 하였지만, 영리 목적으로 설립된 기업의 경우 설령 내부적 이용이라 하더라도 '기업'을 '비영리의 개인, 가정 및 이에 준하는' 것으로 볼 수 없으므로 사적 이용을 위한 복제에 해당하지 않는다고 판시하였다.

144) 이해완, 전게서, 465면.
145) 허희성, 전게서, 130면; 이형하, 전게논문, 384면; 加戸守行, 전게서, 227면; 이해완, 전게서, 467면. 그러나 이렇게 되면, 복사기와 같은 고가의 기계를 구입할 수 있는 자에 대하여는 제30조에 의한 자유이용이 허용되고, 그렇지 못하고 복제업자에게 위탁을 하여야 하는 자는 제30조의 적용을 받지 못하는 부당한 결과를 초래하므로 운용상 문제가 있다는 견해가 있다(하용득, 전게서, 197면).

저작물 등의 복제가 이루어짐으로써 저작자를 비롯한 권리자들의 이익을 현저하게 저해하는 상황이 발생하고 있다. 비록 개인이나 가정 및 그에 준하는 한정된 범위에서 일어나는 복제라고 하더라도 이와 같이 대량으로 이루어지는 복제행위를 사적복제로 허용하는 것은 저작재산권자의 권리를 지나치게 제한하는 것이 될 수 있다.

이에 따라 권리자의 적정한 보호를 도모하기 위하여 "공중의 사용에 제공하기 위하여 설치된 복사기기"를 사용한 복제의 경우에는 본 조에서 허용하는 복제로부터 제외하도록 한 것이 제30조 단서 규정이다. 따라서 개인이 소유하고 있든, 다른 사람으로부터 빌린 것이든 묻지 않고 가정 내에서 사용하는 복사기기는 저작권법 제30조 단서의 복사기기에 해당하지 않지만, 업자들이 고객으로 하여금 사용하게 할 목적으로 영업소에 설치하여 둔 복사기기는 물론이고, 관공서나 주민을 위한 공공시설 등에서 주민들이 사용할 수 있도록 설치한 복사기기는 제30조 단서에서 말하는 복사기기에 해당한다.146)

바. 컴퓨터프로그램의 경우

컴퓨터프로그램에 대하여는 사적복제에 관한 저작권법 제30조 규정이 적용되지 아니하고(저작권법 제37조의2), 대신 저작권법 제101조의3 제 1 항 제 4 호가 적용된다. 이 규정은 "가정과 같은 한정된 장소에서 개인적인 목적(영리를 목적으로 하는 경우를 제외한다)으로 복제하는 경우 그 목적상 필요한 범위에서 공표된 프로그램을 복제 또는 배포할 수 있다. 다만, 프로그램의 종류·용도, 프로그램에서 복제된 부분이 차지하는 비중 및 복제의 부수 등에 비추어 프로그램의 저작재산권자의 이익을 부당하게 해치는 경우에는 그러하지 아니하다."라고 되어 있다.

이 규정에서 말하는 "가정과 같은 한정된 장소에서 개인적인 목적"으로 이용하는 경우와 저작권법 제30조의 "개인적으로 이용하거나 가정 및 이에 준하는 한정된 범위 안에서"는 그 내용이 다르다. 저작권법 제30조에는 복제하는 사람 자신이 개인적으로 이용하는 경우뿐만 아니라 가정이나 그에 준하는 한정된 범위 안에 있는 소수의 사람들이 함께 이용하는 경우도 포함될 수 있지만, 프로그램에 대한 저작권법 제101조의3 제 1 항 제 4 호는 복제하는 사람 자신이 개인적으로 이용하는 경우만을 대상으로 한다. 또한 "가정과 같은 한정된 장소에서"라고 하는 것은 이용자의 범위를 넓히는 것이 아니라 오히려 복제의 장소를 가정 안이나 혹은 그에 준하는 한정된 장소로 제한하는 의미로 해석된다. 즉, 가정과 같은 한정된 장소에서 복제한 경우에만 본 조에 의한 자유이용이 가능하다는 의미이다. 이러한 해석에 의하면, 공공장소에 설치된 PC 등에 의한 복제는 개인적인 목적이라 하더라도 자유이용

---

146) 加戸守行, 전게서, 228면.

의 범위에서 제외된다.[147]

3. 복제보상금제도와 복사권센터제도

저작권법 제30조 단서규정은 공중용 복사기기에 의한 복제로부터 저작재산권자의 이익을 보호하기 위하여 공중용 복사기기에 의한 복제에 대하여는 보상금을 지급하거나 저작자의 이용허락을 받은 후 복제를 할 수 있도록 하는 근거규정을 마련한 것이다. 이 규정의 취지를 살릴 수 있는 실효성 있는 방안으로 제시되고 있는 것은 다음의 두 가지이다. 첫째는 복제보상금제도인데, 독일에서 처음 도입한 이래[148] 2001년까지 42개국 이상이 이 제도를 받아들였다고 한다. 둘째는 당사자 간의 계약을 통하여 권리처리를 하는 제도이다. 이를 위해서는 복제권(복사권) 센터를 설립하여 권리자와 이용자들 사이의 계약체결을 중개 또는 대리하도록 하는 것이 보통이다. 현재 우리나라와 미국이 이러한 제도를 채택하고 있다.

우리나라에는 이러한 업무를 수행할 단체로 사단법인 한국복제전송저작권협회가 설립되어 있다. 이 협회는 2000. 7. 1. 설립되어[149] 저작권신탁관리업무 허가를 받은 단체로서, 저작권자와 출판권자로부터 저작물의 복사와 전송에 관한 권리위탁을 받아 이를 관리한다. 그리고 이용자와 복사·전송에 관한 이용허락계약을 체결하여 저작권 사용료를 징수하며, 이용자로부터 징수한 사용료를 회원단체를 통하여 저작권자 및 출판권자에게 분배하는 역할을 수행한다. 보통의 경우 협회는 저작자와 출판권자를 대표하는 단체 등과의 계약을 통하여 저작자 및 출판권자의 복사·전송권에 관한 권리위탁을 받고, 그 위탁계약에 기하여 협회가 개인 등 개별이용자 또는 행정기관, 대학, 도서관, 기업, 복사점 등과 이용허락계약을 체결한 후 그에 따라 징수된 사용료를 저작자 단체 또는 출판권자 단체에게 지급하면, 그 단체로부터 개별 저작권자나 출판권자가 사용료를 분배받는 구조를 취하고 있다.

---

147) 이해완, 전게서, 472면; 임원선, 실무자를 위한 저작권법(제4판), 한국저작권위원회(2014), 276면(이 견해에서는, 이 규정이 구 컴퓨터프로그램보호법에 있던 내용을 옮긴 것인데, 사적복제에 관하여 보다 엄격한 기준이 필요하다는 점은 이해되지만 일반 저작물과 이렇듯 차이를 두어야 할 이유를 찾기 어렵다고 비판하고 있다).

148) 독일 저작권법 제53조(사적이용 및 기타 개인적 이용을 위한 복제), 제54조(보상의무)로서, 1965년 법에 도입되었는데 그 기본적인 내용은 다음과 같다.
(1) 녹음물·녹화물의 경우 권리자에게 귀속되는 보상액: 녹음기 1대당 2.5 DM, 녹화기 1대당 18 DM, 1시간분의 녹음테이프당 0.12 DM, 1시간분의 녹화테이프당 0.17 DM, (2) 문헌복사기의 경우 권리자에게 귀속되는 보상액: 분당 2 내지 12장을 복사하는 복사기 1대당 75 DM, 분당 13 내지 35장을 복사하는 복사기 1대당 100 DM, 분당 36 내지 70장을 복사하는 복사기 1대당 150 DM, 분당 70장 이상을 복사하는 복사기 1대당 600 DM(이상의 경우 컬러복사기인 경우에는 보상액은 2배)-송영식 외 1인, 전게서, 186면에서 재인용.

149) 설립 당시의 명칭은 '사단법인 한국복사전송권관리센터'였다.

4. 정보통신 발달에 따른 사적복제 규정의 문제점

가. 서   설

저작권법이 사적복제에 관한 규정을 두어 저작재산권을 제한하고 있는 것은, 첫째로, 타인의 저작물을 개인적으로 또는 가정이나 그에 준하는 소수의 한정된 범위 안에서 이용하는 것은 저작재산권자의 경제적 이익을 크게 손상할 우려가 없고, 둘째로, 그것을 일일이 규제하여 저작재산권자의 이용허락을 얻게 하는 것도 현실적이지 못하다는 두 가지 점을 근거로 한 것이다. 그러나 이 규정은 저작재산권 제한규정 중 저작재산권자의 이익을 가장 포괄적으로 제한할 소지가 있는 규정인 만큼 그 해석·운영에는 신중함이 요구된다.

디지털·네트워크 환경의 발달에 따라, (1) 복제에 소요되는 노력과 시간은 대폭 줄어들어 더 이상 대량복제를 방지하는 요인이 되지 못하게 되었고, (2) 복제를 거듭하여도 원본과 복제물의 질적 차이가 없으며, (3) 원본에 대한 조작이나 변경이 쉽고 그 흔적 또한 거의 남지 않으며, (4) 문자·음성·음향 및 영상 등 존재의 태양이 다른 여러 저작물이 하나의 매체에 상호 연결되어 이용될 수 있고, (5) 디지털화 된 저작물이 인터넷과 같은 통신망을 통하여 순식간에 전 세계에 송신될 수 있게 되었다. 따라서 타인의 저작물을 개인적으로 또는 가정이나 그에 준하는 소수의 한정된 범위 안에서 이용하는 것은 저작재산권자의 경제적 이익을 크게 손상할 우려가 없다는 사적복제 규정의 첫 번째 근거가 디지털·네트워크 환경 아래에서도 타당할 수 있는 것인지 검토해 보아야 한다.

반면에 디지털·네트워크 기술의 발달이 저작권 환경에 미치는 긍정적인 효과도 크다. 저작물의 권리관리가 용이해지고, 이용허락 또한 온라인 시스템을 통하여 손쉽게 받을 수 있는 환경이 도래하고 있다. 아날로그 환경에서는 저작권자들과 이용자들이 일일이 이용허락계약을 체결하는 것이 현실적으로 어려웠지만, 디지털·네트워크 환경 아래에서는 손쉽게 개별적인 이용허락이 가능하게 되었다. 따라서 사적복제 규정을 둔 두 번째 근거도 다시 검토해 보아야 할 필요가 생겼다.

나. 불법 복제물을 복제한 것이 사적복제에 해당하는지 여부

하급심판결이지만 서울중앙지방법원 2008. 8. 5.자 2008카합968 결정에서는 불법 저작물을 다시 복제하는 것을 사적이용을 위한 복제로 적법하다고 하는 것은 저작권침해의 상태가 영구히 유지되는 부당한 결과를 초래하므로 허용할 수 없다고 하였다.

이 판결은, "업로드 되어 있는 영화 파일이 명백히 저작권을 침해한 파일인 경우에까지 이를 원본으로 하여 사적이용을 위한 복제가 허용된다고 보게 되면 저작권침해의 상태가 영구히 유지되는 부당한 결과가 생길 수 있으므로, 다운로더 입장에서 복제의 대상이 되는 파일이 저작권을 침해한 불법파일인 것을 미필적으로나마 알고 있었다면 그 다운로드 행위를 사적이용을 위한 복제로서 적법하다고 할 수는 없다"고 하였다.150)

　　일본이나 독일의 경우와 달리 불법복제물을 복제한 경우 사적복제에 의한 허용범위에서 제외하는 명문규정을 두고 있지 않는 우리나라의 입장에서, 이 판결과 같이 해석하는 것은 상당한 무리가 있다.151) 그러나 정보통신과 디지털 기술의 발달에 따라 사적복제 규정이 권리자 및 이용자에게 미치는 영향이 매우 크다는 점을 고려할 때 연구·검토해 볼 만한 의미가 있는 판결이다.

다. 새로운 기술의 등장과 사적복제- '소리바다' 판결

　　소리바다 서비스는 이용자(접속자)들의 개인 컴퓨터들이 서로 연결되어 직접 파일을 주고받는 통신방식인 이른바 'P2P'(peer to peer) 방식의 MP3 음악파일 공유서비스이다. 소리바다에서는 중앙서버가 이용자들의 IP주소와 같이 연결에 필요한 정보만 보관하여 다른 이용자들의 로그인 상태를 알려줄 뿐, 파일명, 파일크기 등의 리스트가 보관되지 않는다. 소리바다 시스템에서는 다른 이용자의 검색요구가 있으면 그 명령이 중앙서버를 통하기는 하지만 중앙서버가 검색을 수행하는 것이 아니라, 중앙서버를 통하여 검색요청을 전달받은 다른 이용자의 컴퓨터에 설치된 소리바다 소프트웨어가 검색기능을 수행하여 다시 중앙서버를 통하여 전달하게 된다.

　　소리바다와 관련한 제 1 심 가처분 이의사건 판결은,152) "사적복제에 해당하여 복제가 허용되기 위해서는, (i) 영리의 목적이 없어야 하고, (ii) 이용범위가 개인적 이용이나 가정 및 이에 준하는 한정된 범위로 국한되어야 한다"고 전제하였다. 그리고 (ii)의 요건에 관하여, "한정된 범위에서의 이용이 되려면 이용인원이 소수이고, 이용인원들 사이에 강한 인

---

150) 아울러 이 판결에서는 개인용 하드디스크에 저장된 영화 파일을 '비공개' 상태로 업로드하여 웹스토리지에 저장하는 행위에 관하여도, "해당 파일이 예컨대 DVD를 합법적으로 구매하여 이를 개인적으로 이용할 목적으로 파일로 변환한 것과 같이 적법한 파일인 경우라면, 이를 다시 웹스토리지에 비공개 상태로 저장하는 행위도 사적이용을 위한 복제로서 적법하다고 할 것이나, 해당 파일이 불법 파일인 경우라면 이를 웹스토리지에 비공개 상태로 저장하더라도 그것이 사적이용을 위한 복제로서 적법하다고 할 수는 없다"고 하였다.

151) 독일의 경우에는 명문 규정이 도입되기 전에도 이미 항소심 및 대법원(BGH) 판결로, 사적복제를 위해서 피고가 원본을 적법하게 취득해야 한다는 것은 비록 명시적 요건은 아니지만, 사적 이용을 위한 복제를 규정한 독일 저작권법 제53조의 불문의 구성요건에 해당한다고 판시한 사례가 있다고 한다. 이러한 판결의 영향으로 2004년 독일 저작권법 제53조 제 1 항이 개정되었다는 것이다(박성호, 전게서, 569면 참조).

152) 수원지방법원 성남지원 2003. 2. 14. 선고 2002카합284 판결.

적결합이 존재할 것이 요구되는데, 소리바다 서비스는 약 450만 명 이상의 회원 수, 5,000
명 이상의 동시접속이용자 수, P2P 네트워크의 특성상 공유폴더에 MP3 파일이 위치하기
만 하면 불특정다수의 소리바다 이용자들 사이에 MP3 파일의 교환행위가 연쇄적이고 동
시다발적으로 이루어지는 점 등에 비추어 보면, 이를 개인, 가정 또는 이에 준하는 한정된
범위에서의 이용이라고 볼 수 없다"고 하여 사적복제의 항변을 배척하였다.

X. 도서관 등에서의 복제

1. 의   의

도서관법에 의한 도서관 및 도서·문서·기록 그 밖의 자료를 공중의 이용에 제공하
는 시설 중 대통령령이 정하는 시설에서는 다음과 같은 경우에 보관된 자료를 사용하여
저작물을 복제할 수 있다. 첫째, 조사·연구를 목적으로 하는 이용자의 요구에 따라 공표
된 저작물의 일부분의 복제물을 1인 1부에 한하여 제공하는 경우, 둘째, 도서관 등이 자
료의 자체보존을 위하여 필요한 경우, 셋째, 다른 도서관 등의 요구에 따라 절판 그 밖에
이에 준하는 사유로 구하기 어려운 저작물의 복제물을 보존용으로 제공하는 경우이다(저
작권법 제31조 제1항). 다만, 첫째와 셋째의 경우에는 디지털 형태로 복제할 수는 없다(같은
항 단서).

정보사회의 진전에 따라 이제 도서관은 자료를 수집·정리·보존하여 열람·대출의 방법
으로 이용에 제공하는 것만으로는 이용자의 요구를 만족시킬 수 없으며, 보다 원활한 복제
서비스 제공 등 이용자에 대한 적극적인 역할이 요구되고 있다. 이에 따라 저작권법은 도서
관 등에서 저작물의 복제가 이용자의 조사·연구를 통하여 학술문화발전에 유익하게 기능할
수 있도록 일정한 경우에 저작권을 제한하여 저작물을 자유롭게 복제하는 것을 인정함으로
써 사익과 공익의 조화를 도모하고 있다.153)

2. 요   건

가. 도서관 등이 복제의 주체일 것

저작권법 제31조에 의한 자유이용이 허용되는 것은 도서관 등이 복제의 주체로 된 경

---

153) 하용득, 전게서, 202면.

우에 한한다. 이는 복제장소가 도서관 등 시설 내인 것을 의미하는 것이 아니라, 복제행위의 주체가 도서관이라는 것, 즉 도서관 직원의 관리 아래에서 이루어지는 복제행위일 것을 요구하는 것으로 본다.[154] 따라서 도서관 직원의 지시감독 하에 이용자가 복제를 하는 경우에도 본 조의 적용이 있다. 그러나 전문 복사업자가 도서관 구내에 복사기를 설치하여 도서관 이용자 등의 요청에 따라 복제서비스를 제공하는 것은 도서관 등이 주체적으로 복제 업무를 행하는 것으로 볼 수 없다.

나. 복제의 대상 및 태양

도서관 등에 보관된 도서 등을 저작권법 제31조에 의하여 복제할 수 있다. 여기서 '도서 등'이라 함은 도서·문서·기록 그 밖의 자료를 말하는 것으로 넓게 규정하고 있으므로 (저작권법 제31조 제1항 본문), 서적이나 잡지, 간행물과 같은 문서 형태의 자료는 물론이고, 도서 이외의 지도, 모형, 사진, LP, 비디오테이프를 비롯하여 CD나 DVD 등 디지털 형태의 저작물도 이에 포함되는 것으로 해석된다.[155] 그 자료의 소유권이 도서관에 있는지 아니면 다른 도서관으로부터 일시적으로 빌려온 것인지 여부는 불문한다.[156] 그러나 이용자가 스스로 외부에서 가지고 온 자료는 여기에 해당하지 않는다.

본 조에서는 '복제'할 수 있다고 하고 있으므로, 인쇄에 한정되지 않고 복사, 사진촬영, 녹음, 녹화 또는 마이크로 필름화 하는 행위도 모두 포함되며, 디지털 형태로 복제하는 것도 가능하다. 다만, 디지털 형태로 복제하는 경우에는 제31조 제1항 단서에 의한 제한이 있어서 도서 등의 자체보존을 위하여 필요한 경우에만 허용된다.

다. 유형별 요건

(1) 이용자의 요구에 의한 복제(제1호)

저작권법 제31조 제1항 제1호는 조사·연구를 목적으로 하는 이용자의 요구에 따라 공표된 도서 등의 일부분의 복제물을 1인 1부에 한하여 제공하는 경우이다. 이 규정에 따라 복제가 허용되기 위하여는 다음과 같은 몇 가지 요건의 충족이 필요하다.

(가) 첫째, 이용자의 복제요구가 조사·연구를 목적으로 하는 것이어야 한다. 따라서 이

---

154) 早稻田祐美子, 圖書館をめぐる權利制限の問題, 著作權法の權利制限規定をめぐる諸問題, 權利制限委員會, 社團法人 著作權情報センター, 2004. 3, 52면.

155) 早稻田祐美子, 전게논문, 54면.

156) 하용득, 전게서, 203면에서는, 도서관 등이 그 자료의 소유권을 가지고 있을 필요는 없으나 상당한 기간에 걸쳐 관리하고 있는 등 보관하고 있지 않으면 안 되므로 도서관 등 사이에서 단기간의 상호대출에 의한 것은 일반적으로 여기에 해당하지 않는다고 하여 보관의 개념을 좁게 해석하고 있다.

용자의 목적이 단순한 개인적인 취미나 오락용에만 그치는 것인 경우에는 이에 해당하지 않는다고 보아야 한다. 그러나 단순한 취미·오락과 조사·연구를 구분한다는 것이 쉽지 않을 뿐만 아니라, 복제요구를 받은 도서관의 입장에서 이용자의 주관적인 목적이 그 중 어느 것인지를 판단하거나 추궁한다는 것도 현실성이 없으므로 결국 이 요건은 선언적인 의미 이상의 별다른 중요성은 갖고 있지 못하다는 견해가 있다.[157] 그러나 예를 들어, 소설이나 시, 악보, 회화, 영화, 사진 등을 조사 및 연구의 목적이 아닌 감상용으로 복제하는 것은 이 요건을 충족하지 못한다고 보아야 할 것이며, 그러한 점에 있어서는 이 요건이 반드시 선언적 의미에만 그치는 것은 아니다. 조사·연구는 반드시 학문적으로 수준이 높은 것만을 의미하는 것은 아니므로 예를 들어 초등학생이 학교 숙제를 하기 위하여 조사·연구를 하는 것도 여기에 해당된다고 볼 수 있다. 또한 비영리 목적의 조사·연구일 것을 요구하지도 않으므로 조사·연구 목적이기만 하면 영리 목적이라도 상관이 없다.

(나) 둘째, 복제의 대상은 공표된 저작물이어야 한다. 따라서 유명 작가의 유고 또는 일기와 같은 것으로서 미공표 된 저작물은 도서관에 소장되어 있다고 하더라도 이를 복제하여 이용자에게 제공하여서는 아니 된다.

(다) 셋째, 도서 등의 일부분만을 복제하여야 한다. 도서 등의 '일부분'이 어느 정도를 의미하는지에 대하여 일정한 기준이 정해져 있는 것은 아니지만, 현재 사단법인 한국복제전송권협회는 이를 10퍼센트로 정하고 있고, 호주 저작권법도 일반적으로 10퍼센트를 기준으로 정하고 있다고 한다(호주 저작권법 제10조).[158]

그러나 이 요건의 취지는 예컨대 낱권으로 되어 있는 저작물을 통째로 복제하는 것을 막기 위한 것일 뿐, 논문 중 주요부분을 전부 복제한다고 하더라도 이는 일부복제로서 허용된다고 보아야 한다는 견해도 있다.[159] 회화 등 미술저작물이나 사진저작물과 같이 하나의 저작물로서 불가분성을 갖는 것은 그 일부분을 복제하는 것만으로는 의미가 없을 뿐만 아니라, 동일성유지권 침해의 문제도 야기할 우려가 있으므로 현실적으로는 저작물 전체를 복제의 대상으로 허용하는 것이 부득이하다.[160] 요컨대 여기서 '일부분'이라는 문구를 지나치게 엄격하게 해석하는 것은 입법취지와도 맞지 않고 현재의 도서관 이용 실태와도 부합하지 않는다. 따라서 학술지나 논문집에 실린 논문들 중 논문 한 편을 전부 복제하는 것도 허용된다고 보아야 할 것이다.

---

157) 이형하, 전게논문, 388면.
158) 임원선, 전게서, 272면. 하지만 악보나 시처럼 분량이 적은 저작물의 경우에는 이를 일률적으로 적용하기 어려운 점이 있다고 서술하고 있다.
159) 하용득, 전게서, 204면; 이형하, 전게논문, 389면.
160) 加戸守行, 전게서, 239면.

(라) 넷째, 이용자의 요구에 따라 복제하여야 한다. 따라서 미리 수요를 예측하여 복제물을 작성·비치해 놓고 이용자에게 판매하는 형태는 이에 해당하지 않는다.[161]

(마) 다섯째, 1인 1부에 한하여 제공하여야 한다. 복수인으로 구성된 단체(예컨대 동호인들의 모임)가 그 명의로 도서관에 대하여 여러 부의 복제를 요구한 경우 또는 한 사람의 대표자가 여러 사람을 위하여 여러 부의 복제를 요구한 경우에도 도서관으로서는 1인 1부의 원칙에 따라 1부만을 제공하여야 하며 요구한 대로 여러 부를 제공하여서는 안 된다고 보아야 할 것이다.[162]

(바) 여섯째, 디지털 형태의 복제가 아니어야 한다. 문서와 같은 아날로그 자료를 스캐닝 등의 작업을 통하여 디지털 자료로 변환하는 것도 일종의 복제에 해당하지만, 그러한 복제를 자유롭게 허용하여 이용자에게 전달할 경우 온라인을 통하여 쉽게 유통될 가능성이 있어 저작권자의 정당한 이익에 부정적인 영향을 미칠 수 있다는 점을 고려한 규정이다. 반대로 디지털 형태의 자료를 아날로그 형태로 복제하는 것은 이 규정에 의하여 허용되는 범위 안에 있다. 즉, 전자책이나 디지털 형태의 학술논문 자료 등을 프린터로 인쇄용지에 출력하여 제공하는 것은 가능하다. 다만, 그 경우에는 뒤에서 보는 바와 같은 보상금 지급의무가 따른다.[163]

(2) 도서관 등의 자체보존을 위한 복제(제2호)

저작권법 제31조 제1항 제2호는 도서 등의 자체보존을 위하여 필요한 경우 저작물의 복제를 허용하고 있다. 이 규정의 적용을 받기 위해서는 다음과 같은 요건이 충족되어야 한다.

첫째, 자료의 자체보존을 위한 필요성이 있어야 한다. 예를 들어 소장공간의 협소로 말미암아 자료를 마이크로필름 등의 형태로 축소복제를 한 후 보존하는 경우 또는 소장하는 자료의 손상으로 말미암아 이를 보완하기 위하여 복제하는 경우 등을 들 수 있다.[164]

둘째로 복제할 수 있는 범위가 문제로 되는데, 보존의 필요성이 있는 이상 저작물 전체를 복제하는 것도 가능하지만, 그 부수는 통상 1부에 한정된다.

마이크로필름 또는 디지털화 된 형태로 자료를 보존하고 있는 경우에 그 자료를 열람할 수 있는 기기 등이 소용없게 되거나 입수곤란하게 된 경우에, 그 자료를 열람할 수 있는 새로운 매체의 형태로 복제하는 행위는 본 조에 의하여 허용된다고 볼 수 있다.[165]

---

161) 허희성, 전게서, 135면; 加戶守行, 전게서, 238면.
162) 허희성, 전게서, 135면; 이형하, 전게논문, 390면; 加戶守行, 전게서, 240면.
163) 이해완, 전게서, 478면.
164) 이해완, 전게서, 479면. 박성호, 전게서, 575면.
165) 早稻田祐美子, "圖書館をめぐる權利制限の問題", 著作權法の權利制限規定をめぐる諸問題, 權利制限委員

본 호의 경우에는 제 1 호 및 제 3 호의 경우와 달리 '디지털 형태의 복제'도 허용된다. 다만, 본 조 제 4 항 및 제 7 항에 의한 제한이 있다. 즉, 도서관 등은 본 호의 규정에 따라 도서 등의 복제를 할 경우에 그 도서 등이 디지털 형태로 판매되고 있는 때에는 그 도서 등을 디지털 형태로 복제할 수 없다. 이러한 경우에는 판매되는 도서 등을 구입하거나 따로 이용허락을 받아서 하여야 한다. 그리고 본 호에 의하여 디지털 형태로 복제하는 경우에 도서관 등은 저작권 등 권리의 침해를 방지하기 위한 복제방지조치 등의 필요한 조치를 취할 의무를 부담한다.

(3) 다른 도서관 등의 요구에 따른 복제(제 3 호)

저작권법 제31조 제 1 항 제 3 호는 "다른 도서관 등의 요구에 따라 절판 그 밖에 이에 준하는 사유로 구하기 어려운 도서 등의 복제물을 보존용으로 제공하는 경우"이다.

3. 전자도서관 관련 규정(제31조 제 2 항 내지 제 8 항)

도서관은 국민의 알권리를 비롯한 문화적 기본권을 충족시키고 정보의 유통과 확산에 기여함으로써 문화의 향상발전에 이바지하는 공익적 기능을 수행하고 있다. 오늘날 도서관은 정보화 시대를 맞이하여 종이로 된 책뿐 아니라 디지털 형태의 정보와 자료를 구축하여 컴퓨터 등 정보통신매체를 통해 이용자들에게 제공하는 이른바 '전자도서관'을 지향하고 있다. 정보화 사회가 도래함에 따라 정보 유통의 한 축을 담당하는 도서관 역시 디지털 기술을 이용한 정보 서비스를 고려하지 않을 수 없게 된 것이다.

이에 따라 저작권법 제31조 제 1 항에서 도서관 등이 이용자의 요구 또는 다른 도서관의 요구에 따라 복제하는 경우에는 디지털 형태로 복제할 수 없도록 제한함과 동시에(법 제31조 제 1 항 단서), 전자도서관과 관련하여 제31조 제 2 항에서 제 8 항까지의 자세한 규정을 통해 전자도서관 구축을 위한 복제, 전송 등을 제한적으로 허용함으로써 저작권자의 권익보호와 균형을 이루기 위한 상세한 규정들을 마련하였다. 현재 도서관은 도서 등의 자체보존을 위하여 필요한 경우(법 제31조 제 1 항 제 2 호)와 관내 전송 및 관간 전송의 경우에 제한적으로 디지털 형태의 복제 또는 전송이 가능하다.

가. 도서관 내 디지털 복제·전송의 경우

도서관 등은 컴퓨터를 이용하여 이용자가 그 도서관 안에서 열람할 수 있도록 보관된

會, 社團法人 著作權情報センター(2004. 3), 56면.

도서 등을 복제하거나 전송할 수 있다. 이 경우 동시에 열람할 수 있는 이용자의 수는 그 도서관에서 보관하고 있거나 저작권 등 권리를 가진 자로부터 이용허락을 받은 그 도서 등의 부수를 초과할 수 없다(제31조 제 2 항).

이 규정으로 인하여 도서관에서 보다 많은 이용자들에게 디지털 형태의 정보를 제공하고자 할 경우에는 그 만큼 더 많은 부수의 도서 등을 구입하거나 이용허락을 받아야만 하게 되었고, 결과적으로 저작권자의 이익을 보호할 수 있게 된 것이다.

여기서의 복제는 전송을 위한 디지털 형태의 복제를 뜻한다. 이용자가 열람을 넘어 복제를 할 수 있도록 제공하는 것은 이 규정에 의한 자유이용의 범위를 넘어선 것으로 보아야 한다. 따라서 이용자로 하여금 디지털 형태의 도서 등을 디지털 형태로 복제(다운로드, USB로의 파일복제 등)하도록 하는 것이 허용되지 않음은 물론이고, 아날로그 형태로 복제, 즉 출력(프린트 아웃)을 할 수 있도록 하는 것도 제31조 제 1 항 제 1 호에 따라서 저작물의 일부분을 복제(프린트 아웃)하는 경우를 제외하고는 이 규정(제 2 항)에 의하여 허용되지는 않는다.166)

본 항의 규정에 따라 도서 등을 디지털 형태로 복제하거나 전송하는 경우에 도서관은 저작권 등 권리침해를 방지하기 위하여 복제방지조치 등 필요한 조치를 취하여야 하며(제31조 제 7 항), 그 도서 등이 디지털 형태로 판매되고 있는 때에는 그 도서 등을 디지털 형태로 복제할 수 없다(제31조 제 4 항).

나. 도서관 간 디지털 복제 · 전송의 경우

도서관은 컴퓨터를 이용하여 이용자가 다른 도서관 안에서 열람할 수 있도록 보관된 도서 등을 복제하거나 전송할 수 있다. 다만, 그 전부 또는 일부가 판매용으로 발행된 도서 등은 그 발행일로부터 5년이 경과하지 아니한 경우에는 그러하지 아니 하다(제31조 제 3 항). 제31조 제 2 항의 경우와 마찬가지로, 본 항의 규정에 따라 도서 등을 디지털 형태로 복제하거나 전송하는 경우에 도서관은 저작권 등 권리침해를 방지하기 위하여 복제방지조치 등 필요한 조치를 취하여야 하며(제31조 제 7 항), 그 도서 등이 디지털 형태로 판매되고 있는 때에는 그 도서 등을 디지털 형태로 복제할 수 없다(제31조 제 4 항).

다. 도서 등이 디지털 형태로 판매되고 있는 경우 – 디지털 형태의 복제 제한

앞에서 언급한 바와 같이, 도서관은 도서 등의 자체 보존을 위하여 필요한 복제 및 위 관내 전송과 관간 전송에 관한 규정에 의하여 도서 등의 복제를 함에 있어서 그 도서 등이

---

166) 이해완, 전게서, 480-481면.

디지털 형태로 판매되고 있는 경우에는 그 도서 등을 디지털 형태로 복제할 수 없다(제31조 제 4 항). 본 항은 어떤 서적이 전자책(e-book)의 형태로 제작되어 판매되고 있는 경우에 그러한 전자책을 보유하게 된 도서관이 이용자들에게 디지털 형태의 복제를 해 주는 것을 허용하게 되면 그 서적 저작권자의 경제적 권리를 심하게 훼손할 수 있기 때문에 두게 된 규정이다. 다만, 본 항에 의하여 제한되는 것은 디지털 형태의 복제행위만이고 전송행위는 금지하고 있지 않다. 이는 기왕에 도서관이 디지털화하여 데이터베이스를 구축해 놓은 것은 그대로 전자도서관으로 활용할 수 있도록 한 취지라고 한다. 따라서 도서관이 그 소장 도서 등을 이미 디지털 형태로 복제하였다면 이를 본 조 제 2 항(도서관 등 안에서의 전자적 열람을 위한 전송)과 제 3 항(다른 도서관 등 안에서의 전자적 열람을 위한 전송)의 규정에 의하여 전송할 수는 있다.[167]

라. 보상금의 지급

도서관은 저작권법 제31조 제 1 항 제 1 호의 규정에 의하여 디지털 형태의 도서 등을 복제하는 경우(조사·연구를 목적으로 하는 이용자의 요구에 따라 공표된 도서 등의 일부분의 복제물을 1인 1부에 한하여 제공하는 경우)[168] 및 제 3 항의 규정에 의하여 도서 등을 다른 도서관 안에서 열람할 수 있도록 복제하거나 전송하는 경우(관간 복제 및 전송의 경우)에는 문화체육관광부장관이 정하여 고시하는 기준에 의한 보상금을 당해 저작재산권자에게 지급하여야 한다. 다만, 국가, 지방자치단체 또는 고등교육법 제 2 조의 규정에 의한 학교를 저작재산권자로 하는 도서 등은 그 전부 또는 일부가 판매용으로 발행된 도서 등이 아닌 한 보상금 지급의무가 면제된다(제31조 제 5 항).

마. 권리보호에 필요한 조치(복제방지조치 등)

저작권법 제31조의 각 규정에 의하여 도서 등을 디지털 형태로 복제하거나 전송하는 경우에, 도서관은 저작권 그 밖에 저작권법에 의하여 보호되는 권리의 침해를 방지하기 위하여 복제방지조치 등 저작권법 시행령 제13조가 정하는 필요한 조치를 취하여야 한다(저작권법 제31조 제 7 항).

---

167) 서울대학교 기술과법센터, 전게서(임원선 집필 부분), 572면; 이해완, 전게서, 483면.
168) 본 조 제 1 항 제 1 호는 '복제물'을 제공하는 경우로 되어 있으므로, 보상금을 지급하여야 하는 것은 디지털 형태의 도서 등을 아날로그 형태로 복제하는 경우를 말한다.

바. 개작 이용 금지 등

본 조의 규정에 따른 자유이용에 있어서는 그 저작물을 번역하거나 편곡 또는 개작하여 이용할 수 없으며(저작권법 제36조), 출처의 명시의무는 면제된다(저작권법 제37조 제 1 항 단서).

XI. 시험문제로서의 복제

1. 의   의

학교의 입학시험이나 그 밖에 학식 및 기능에 관한 시험 또는 검정을 위하여 필요한 경우에는 그 목적을 위하여 정당한 범위에서 공표된 저작물을 복제·배포 또는 공중송신할 수 있다. 다만, 영리를 목적으로 하는 경우에는 그러하지 아니하다(저작권법 제32조). 예를 들어 국어시험 문제를 출제하면서 소설이나 시조를 복제하여 이용한다든가 음악시험에서 악보를 복제하여 이용하는 경우를 들 수 있다. 시험문제라는 것 자체가 성질상 비밀리에 작성될 것이 요구되므로 사전에 저작권자의 허락을 얻는다는 것이 곤란하며, 특히 비영리적인 목적으로 만들어지는 시험문제에 타인의 저작물을 이용하는 것은 저작권자의 통상적인 사용수익권을 해칠 가능성도 별로 없기 때문에 자유이용을 허용하는 것이다.

2. 요   건

첫째, 공표된 저작물이어야 한다. 공표된 저작물인 이상 저작물의 종류는 묻지 아니한다.

둘째, 시험의 목적을 위하여 필요한 경우 그 정당한 범위 내에서의 이용이어야 한다. 예를 들면, 입학시험에서 국어문제로서 소설이나 시조 등의 문예작품이나 수필, 평론을 지문으로 출제한다거나, 영어문장을 국어로 번역하는 문제로 영미작가의 문장을 지문으로 출제한다거나, 음악시험에서 악보를 출제하는 경우 등을 생각할 수 있다. 학식이나 기능에 관한 시험 또는 검정을 위한 경우에 본 조가 적용되는데, 여기에는 입학시험, 입사시험 등의 선발시험, 모의시험 등의 학력평가시험, 운전면허와 같은 기능검정시험 등 여러 가지 경우가 있을 수 있다. 학교와 같은 교육기관에서의 학기말 시험 등 정기적인 시험도 본 조에 해당하는데, 수업 과정에서 실시하는 시험이라면 저작권법 제25조의 학교교육목적을 위한 이용의 면책규정도 중복적으로 적용될 수 있을 것이다.[169] 주의할 것은 시험문제 출제의 목적을 위한 것이어야 하므로, 이미 출제된 시험문제를 수집하여 예상문제집 등의 참고서로 복제하는 행위에 대하여는 본 조의 적용이 없다는 것이다. 또 시험문제 제작에 필요한 범위를 넘어서서 저작물 전체를 복제하여 이용하는 등의 행위는 허용되지 않는다.

셋째, 영리를 목적으로 하지 않는 것이어야 한다. 따라서 시험문제의 제작을 영업으로 하는 자가 외부의 의뢰를 받아 대가를 받고 시험문제를 제작하는 경우는 본 조에 해당하지 않는다. 학습지 회사나 수험문제집 회사에서 예상문제집 등을 발간하기 위하여 공표된 저작물을 복제하거나, 각급 학교에서 출제된 중간고사나 기말고사 등의 시험문제를 사설학원에서 임의로 수집하여 문제집 형태로 발간하는 것 역시 본 조의 적용을 받을 수 없다.[170] 그러나 공공기관이나 비영리단체가 자체적인 직원의 충원이나 채용을 위하여 시행하는 시험문제의 출제에 사용하는 것은 비영리적인 것이므로 본 조가 적용될 수 있다. 주식회사의 입사시험은 영리를 목적으로 하는 것인지 의문이 있다. 그러나 본 조에서 말하는 영리성이란 저작물의 복제행위 자체가 직접 영리와 관련되는지 여부에 따라 판단하여야 하므로 주식회사와 같은 영리단체의 입사시험도 문제 작성 자체를 회사가 직접하는 경우에는 영리목적이라고 볼 수 없다.[171]

시험문제로서 저작물을 복제하는 경우에는 동일성유지권을 침해하지 않도록 유의할 필요가 있다. 원문 중 일부를 공란으로 해 놓고 그 부분을 채워 넣도록 하는 것은 큰 문제가 없을 것이지만, 어느 문장의 틀린 부분을 올바로 고치라는 문제를 출제하면서 원작의 문장을 지나치게 개변하여 출제하는 것은 동일성유지권의 침해가 될 여지가 있다는 견해가 있다.[172]

---

169) 加戸守行, 著作權法 逐條講義, 四訂新版, 社團法人 著作權情報センター, 257면.
170) 일본 저작권법 제36조 제 2 항은 "영리를 목적으로 전항(시험문제로서)의 복제 또는 공중송신을 하는 자는 통상의 사용료액에 상당하는 액의 보상금을 저작권자에게 지불하여야 한다"고 규정하고 있다. 즉, 보상을 전제로 하여 영리를 목적으로 하는 경우에도 시험문제로서의 복제 등을 허용하고 있는 것이다. 시험문제의 경우에는 비밀성을 요하므로 저작물을 사용하기 위해 사전에 저작권자의 허락을 받기가 곤란한 반면, 시험문제로 이용되는 것만으로는 저작권자의 이익을 해할 우려가 크지 않다는 특성이 있는바, 그러한 특성은 영리목적이 있는 경우에도 크게 다를 바는 없는 것이므로, 영리목적이라고 하여 아무런 제한규정을 두지 않는 것보다는 일본 저작권법과 같이 보상을 전제로 한 제한규정을 두는 것이 입법론적으로는 바람직하다는 견해가 있다(이해완, 전게서, 487면).
171) 허희성, 전게서, 139면.
172) 加戸守行, 전게서, 257면.

3. 허용되는 행위

본 조에 의하여 허용되는 행위는 복제·배포 또는 공중송신이다.

종전 저작권법에서는 '복제·배포'라고만 되어 있었다. 따라서 '전송'을 하는 것은 본 조에 의하여 허용되는 행위라고 보기 어려웠다. 일본 저작권법은 2003년 저작권법 개정으로 저작물을 '공중송신'(방송 또는 유선방송을 제외하며, 자동공중송신의 경우에 있어서는 송신가능화를 포함한다)하는 경우에도 시험문제로서의 복제 규정의 적용을 받을 수 있도록 하였으나,173) 종전 우리 저작권법은 아직 그러한 규정을 두고 있지 않았던 것이다. 이에 온라인상의 시험 등을 위하여 우리 저작권법에서도 그러한 규정을 두는 것이 입법론적으로 타당할 것이라는 견해가 있었다.174)

인터넷과 정보통신기술의 발달에 따라 원격교육이 활성화되고 있으며, 이러한 원격교육에서는 수업뿐만 아니라 시험을 비롯한 각종 평가 역시 인터넷 등 통신기술을 이용하여 행하여지는 경우가 많다. 원격지에 있는 학습자를 대상으로 시험을 행하기 위해서는 시험문제를 단순히 복제하는 것만으로는 부족하고 이를 전송하는 것까지도 할 수 있어야 한다. 현행 저작권법은 이러한 견해를 받아들여 이용행위의 범위를 '공중송신'까지 확대한 것이다.

본 조에 따라 자유이용을 하는 경우 그 저작물을 번역하여 이용할 수 있지만, 편곡이나 개작하여 이용하는 것은 허용되지 않는다(저작권법 제36조 제1항, 제2항). 출처의 명시의무는 면제된다(저작권법 제37조 제1항 단서).

서울고등법원 2021. 8. 19. 선고 2020나2045644 판결은, "시험문제에 저작물을 자유이용할 수 있는 범위는 응시자의 학습능력과 지식 등에 대한 객관적이고 공정한 평가를 하기 위한 시험의 목적에 필요한 범위에 한정된다고 보아야 하므로, 해당 시험이 종료된 후에 저작권자의 동의 없이 시험문제를 공개하는 것도 해당 시험의 목적에 필요한 범위 즉, 해당 시험문제에 대한 이의신청 등 검증 과정을 거쳐 정당한 채점과 성적을 제공하는 데 필요한, 제한적 범위 내에서만 허용되어야 한다."고 하였다.175)

---

173) 일본 저작권법 제36조 제1항.

174) 이해완, 전게서, 486면.

175) 그런데 해당 시험의 출제와 성적 제공까지 전체적인 과정이 완료된 후에 수년 동안 기간의 제한 없이 불특정 다수인에게 시험에 이용된 저작물을 저작권자의 허락 없이 인터넷에 게시하는 것은, 시험의 목적에 필요한 정당한 범위에 포함되지 않는다 할 것이어서, 공중송신이 추가된 현행 저작권법 제32조에 의하더라도 허용되는 행위라고 볼 수 없다고 하였다.

4. 컴퓨터프로그램저작물의 경우

프로그램에 관한 특례규정에 의하여 컴퓨터프로그램저작물에 대하여는 저작권법 제32조가 적용되지 않고(저작권법 제37조의2), 저작권법 제101조의3 제 1 항 제 5 호가 적용된다. 따라서 "「초·중등교육법」, 「고등교육법」에 따른 학교 및 이에 준하는 학교의 입학시험이나 그 밖의 학식 및 기능에 관한 시험 또는 검정을 목적(영리를 목적으로 하는 경우를 제외한다)으로 복제 또는 배포하는 경우"에는 그 목적상 필요한 범위에서 공표된 프로그램을 복제 또는 배포할 수 있다. 다만, 프로그램의 종류·용도, 프로그램에서 복제된 부분이 차지하는 비중 및 복제의 부수 등에 비추어 프로그램 저작재산권자의 이익을 부당하게 해치는 경우에는 그러하지 아니하다.

XII. 시각장애인 등을 위한 복제 등

1. 의   의

공표된 저작물은 시각장애인 등을 위하여 점자(點字)로 복제·배포할 수 있다(저작권법 제33조 제 1 항). 또한 시각장애인 등의 복리증진을 목적으로 하는 시설 중 저작권법 시행령 제14조가 정하는 시설(당해 시설의 장을 포함한다)은 영리를 목적으로 하지 아니하고, 시각장애인 등의 이용에 제공하기 위하여 공표된 어문저작물을 녹음하거나 시각장애인 등을 위한 전용 기록방식으로 복제·배포 또는 전송할 수 있다(저작권법 제33조 제 2 항).

시각장애인 등을 위한 복제나 녹음은 복지정책상 공공성이 큰 부분이며, 이러한 복제나 녹음을 허용한다 하더라도 저작권자가 통상적으로 예정하고 있는 저작물의 이용행위가 아니어서 저작권자의 경제적 이익을 해할 우려가 거의 없기 때문에 두고 있는 규정이다.

2. 요   건

가. 시각장애인 등을 위한 것일 것

제33조는 시각장애인 등을 위한 목적일 것을 요건으로 한다. 2003년 개정되기 전 저작권법에서는 단순히 '시각장애인'이라고만 규정하고 있어서 본 조의 대상범위가 제한적이었는데, 2003년 저작권법을 개정하면서부터 '시각장애인 등'이라고 함으로써 대상범위를 보다

폭넓게 인정하고 있다. 저작권법 시행령 제15조에서 '시각장애인 등'의 범위에 관하여 규정하고 있다.

본 조 제1항의 경우는 점자를 위한 복제이어야 하므로 점자와 함께 정상인도 읽을 수 있는 형태를 부가하여 복제하는 것은 허용되지 아니한다. 제2항의 경우에도 시각장애인 등을 위한 녹음이어야 하므로 정상인도 함께 대상으로 할 목적으로 녹음을 하는 것은 본 조에 해당하지 않는다.[176] 즉, 본 조는 오로지 시각장애인 등을 위한 것이어야 하므로 정상인들도 포함한 사람들을 대상으로 하여 제공하고자 하는 경우라면 본 조의 적용을 받을 수 없다.

나. 영리성 및 비영리성

제33조 제1항에 의한 복제나 배포(점자로 복제·배포하는 것)는 비영리성을 요건으로 하지 아니하므로 영리적인 목적으로 복제·배포하더라도 자유이용이 허용된다. 그러나 제2항에 의한 녹음 및 복제·배포 또는 전송의 경우에는 비영리성을 요건으로 한다.

다. 공표된 저작물일 것

본 조에 의하여 이용의 대상이 되는 저작물은 공표된 저작물이어야 한다. 제1항의 경우는 공표된 이상 저작물의 종류를 묻지 아니하나, 제2항의 경우는 어문저작물만을 대상으로 한다. 제2항의 대상을 어문저작물로 한정한 것은, 음악저작물과 같은 경우에는 복제 등의 행위를 통하여 정상인 등에 의하여 무단으로 이용될 가능성이 높아 저작권자의 정당한 권리를 부당하게 해할 우려가 있고, 실제 시각장애인 등의 복리증진을 위하여 필요한 것은 주로 어문저작물이며, 미술저작물이나 사진저작물, 건축저작물과 같은 시각적 저작물은 시각장애인 등에게 별다른 의미가 없기 때문이다.

라. 제2항의 경우 법령이 정하는 시설에서 행할 것

제2항이 적용되기 위해서는 시각장애인 등의 복리증진을 목적으로 하는 시설 중 대통령령이 정하는 시설(당해 시설의 장을 포함한다)에서 행하는 녹음 또는 복제·배포 또는 전송이

---

176) 이와 관련하여 일본에서는, 점자로 복제하는 것 외에 녹음까지 허용이 된다면 시각장애자뿐만 아니라 정상인의 사용에도 제공되지 않을까 하는 우려, 그리고 현재 성장해 나가고 있는 녹음도서(음성도서)의 출판시장에 부정적인 영향을 끼칠 수 있다는 우려 및 그로 인하여 저작권자의 경제적 이익을 부당하게 침해할 수 있다는 우려 등이 제기되고 있다. 또한 그 제작과정에서 음독과 입력이 부정확하게 행하여질 가능성도 있고 그럴 경우 저작인격권 침해의 문제가 발생할 수 있다는 주장도 있다. 著作權法の權利制限規定をめぐる諸問題, 權利制限委員會, 社團法人 著作權情報センター, 2004. 3, 90면.

어야 한다.

마. 행위의 태양

제 1 항에 의하여 허용되는 행위는 '점자'로 '복제·배포'하는 것에 한정된다. 이에 비하여 제 2 항에 의하여 허용되는 행위는 '녹음'하거나 시각장애인 등을 위한 전용 기록방식으로 '복제·배포 또는 전송'하는 것에 한정된다. 제 2 항의 경우 2003년 개정되기 전 저작권법에서는 '녹음' 행위만을 그 대상으로 규정하고 있었으나, 2003년 저작권법을 개정하면서 시각장애인 등을 위한 전용 기록방식으로 복제·배포 또는 전송할 수 있도록 함으로써 그 대상 범위를 대폭 확대하였다.

바. 출처명시의무 등

본 조의 규정에 의하여 저작물을 이용하는 경우에는 그 저작물을 번역하여 이용할 수 있으며(제36조 제 2 항), 출처를 명시하여야 한다(제37조 제 1 항 본문).

XIII. 청각장애인 등을 위한 복제 등

1. 입법 취지

2013. 7. 16. 법률 제11903호(2013. 10. 17. 시행) 저작권법 일부 개정에 의하여 청각장애인 등을 위한 저작재산권 제한규정이 신설되었다. 그 이전의 저작권법에서는 시각장애인을 위한 저작재산권 제한규정만을 두고 있었고, 청각장애인에 대하여는 아무런 규정도 없었다. 이 규정은 청각장애인의 경우에도 일반인과 동등하게 공표된 저작물을 적극적으로 향유할 수 있도록 공표된 저작물 등을 수화 또는 자막으로 변환할 수 있고, 이러한 수화 또는 자막을 복제·배포·공연 또는 공중송신할 수 있도록 허용함으로써 청각장애인이 저작물 등에 보다 손쉽게 접근할 수 있도록 배려한 규정이다.

2. 내   용

누구든지 청각장애인 등을 위하여 공표된 저작물을 수화로 변환할 수 있고, 이러한 수화를 복제·배포·공연 또는 공중송신할 수 있다(저작권법 제33조의2 제 1 항).

청각장애인 등의 복리증진을 목적으로 하는 시설 중 대통령령으로 정하는 시설(해당 시설의 장을 포함한다)은 영리를 목적으로 하지 아니하고 청각장애인 등의 이용에 제공하기 위하여 필요한 범위에서 공표된 저작물 등에 포함된 음성 및 음향 등을 자막 등 청각장애인이 인지할 수 있는 방식으로 변환할 수 있고, 이러한 자막 등을 청각장애인 등이 이용할 수 있도록 복제·배포·공연 또는 공중송신할 수 있다(같은 조 제2항). 유의할 것은 시각장애인 등을 위한 저작재산권 제한의 경우와는 달리 청각장애인 등을 위한 제한의 경우에는 허용되는 행위태양에 복제·배포·전송 외에 공연과 공중송신이 포함되어 있다는 점이다. 이러한 행위를 통하여 이용할 때 번역을 하여 이용할 수도 있지만(저작권법 제36조 제2항), 그 출처를 명시하여야 한다(제37조).

XIV. 방송사업자의 일시적 녹음·녹화

1. 의   의

저작물을 방송할 권한을 가지는 방송사업자는 자신의 방송을 위하여 자체의 수단으로 저작물을 일시적으로 녹음하거나 녹화할 수 있다(저작권법 제34조 제1항). 이 규정에 의하여 만들어진 녹음물 또는 녹화물은 녹음일 또는 녹화일로부터 1년을 초과하여 보존할 수 없다. 다만 그 녹음물 또는 녹화물이 기록의 자료로서 대통령령이 정하는 장소에 보존되는 경우에는 그러하지 아니하다(같은 조 제2항).

저작재산권으로서 복제권은 저작물을 녹음·녹화하는 권리를 포함한다. 그런데 대부분의 방송은 사전 녹화·녹음에 의하여 이루어지므로, 저작물을 방송하는 경우에는 생방송이 아닌 한 그 전제로서 저작물을 녹음·녹화하는 것이 필요하다. 따라서 저작물을 방송하고자 하는 자는 방송에 관한 허락뿐만 아니라 녹음·녹화에 관한 허락까지 아울러 받아야 하는 것이 원칙이라 하겠지만, 이러한 원칙을 고집하여 저작물을 방송하는 것에 대한 사용료와 별도로 복제에 대한 사용료를 지급하도록 방송사업자에게 요구하는 것은 방송의 현실과 맞지 않는다. 이것이 방송사업자의 일시적 녹음·녹화를 허용하는 이유이다.

2. 요   건

(1) 녹음·녹화의 주체는 방송사업자여야 한다. 방송사업자는 방송을 업으로 하는 자를

말한다(저작권법 제 2 조 제 9 호). 따라서 방송이 아닌 '전송'이나 '디지털음성송신'을 비롯한 비주문형 웹캐스팅을 업으로 하는 자는 방송사업자가 아니라고 해석된다.

(2) "저작물을 방송할 권한을 가지는" 방송사업자여야 한다. 방송사업자가 "방송할 권한을 가지는" 경우로는 방송사업자가 저작재산권자로부터 방송을 할 수 있는 허락을 받은 경우, 저작권법상 저작재산권 제한규정에 의하여 저작물을 방송할 수 있는 경우, 저작권법 제50조 및 제51조의 규정에 의하여 저작물 이용에 관한 법정허락을 받은 경우, 저작재산권 중 방송권을 양도받은 경우 등을 생각해 볼 수 있을 것이다.

(3) 방송사업자 자신의 방송을 위한 것이어야 한다. 우선 「방송」을 위한 것이어야 하므로 다른 용도, 즉 시청이나 보관, 감상, 판매 등을 위한 녹음·녹화는 이에 해당하지 않는다. 그리고 '자신'의 방송을 위한 것이어야 하므로 타인의 방송을 위해서나 타인으로 하여금 방송하게 하기 위한 녹음·녹화 역시 이에 해당하지 않는다.[177] KBS와 같은 공영 방송에서는 서울 본사가 지방 네트워크의 방송을 위하여 본 규정에 따른 녹음·녹화를 하는 것이 가능하겠지만, MBC와 같이 서울 본사와 지방 방송사가 서로 독립된 법인체인 경우에는 서울 본사가 지방 방송사를 위하여 본 규정에 의하여 녹음·녹화할 수 있는지 문제로 된다. 현실적으로는 이와 같은 일이 사실상 행하여지고 있지만 법문을 엄격히 해석하면 이는 본 조에 해당하지 않으므로 저작권자의 별도의 동의가 없는 한 불가능하다는 견해가 있다.[178]

(4) 방송사업자의 자체수단으로 녹음·녹화하여야 한다. 즉, 방송사업자 자신의 시설 및 설비를 사용하여 자신의 직원에 의하여 녹음·녹화하는 것을 말한다. 다만 방송사업자가 타인의 스튜디오를 빌려 녹음·녹화하는 것은 자체수단에 의한 녹음·녹화라고 볼 수 있을 것이다. 따라서 방송사업자가 외부의 녹음·녹화업자인 제작자(프로덕션) 등에게 위탁하여 녹음·녹화물을 작성하도록 하거나 혹은 방송사업자와 외부 제작자의 공동사업으로 녹음·녹화물을 작성하는 경우에는 본 조의 '자체수단'에 해당하지 않게 된다.[179]

(5) 일시적인 녹음·녹화여야 한다. 본 조는 방송사업자의 방송을 위한 편의를 고려한 것이지 장기적인 보관이나 판매, 감상 등을 목적으로 한 것이 아니므로 일시적이 아닌 계속 보존을 위한 녹음·녹화는 이에 해당하지 않는다. 본 조의 규정에 의하여 작성된 녹음물 또

---

177) 허희성, 전게서, 143면.

178) 加戶守行, 著作權法 逐條講義, 四訂新版, 社團法人 著作權情報センター, 289면; 이해완, 전게서, 492면. 그러나 우리 저작권법 제34조에 해당하는 일본 저작권법 제44조는, "자기의 방송을 위하여 자기의 수단 또는 당해 저작물을 동일하게 방송할 수 있는 다른 방송사업자의 수단에 의하여 일시적으로 녹음·녹화할 수 있다"라고 규정하고 있으므로, 위의 MBC의 경우에 있어서 서울 본사는 이를 동일하게 방송하는 지방 MBC 방송사업자를 위하여 녹음·녹화를 할 수 있는 것으로 된다.

179) 허희성, 전게서, 143면; 加戶守行, 전게서, 290면.

는 녹화물을 당초의 목적인 저작물의 방영에 사용한 후에도 계속하여 여러 차례 방송하는 것은 본 조의 취지를 훼손하는 것으로서 허용되지 않는다.[180)

저작권법은 본 조에 따라 방송사업자에 의하여 만들어진 녹음물 또는 녹화물은 녹음일 또는 녹화일로부터 1년을 초과하여 보존할 수 없도록 하고 있다(제34조 제2항 본문).[181)] 따라서 이 기간을 경과하여 녹음물·녹화물을 보존하는 경우에는 본 조가 적용되지 않으므로 방송사업자는 저작권자로부터 복제에 관한 허락을 받아야 한다.[182)

다만, 본 조 제2항 단서는 녹음·녹화물이 기록의 자료로서 대통령령이 정하는 장소에 보존되는 경우에는 1년을 초과하여 보존할 수 있다고 규정하고 있다.

3. 기   타

이 규정에 의하여 저작물을 일시적으로 녹음 또는 녹화하는 경우 번역이나 편곡, 개작을 할 수 없으며(저작권법 제36조), 출처 명시의무가 없다(같은 법 제37조 제1항).

4. 방송기술 발달에 따른 일시적 녹음·녹화의 문제점

최근 기술의 진전에 따라 종래 아날로그 방송 시대에 만들어진 본 조의 규정이 시대의 흐름을 제대로 반영할 수 있는지 여부에 대하여 의문이 제기되고 있다. 예를 들어, 방송의 제작 및 서비스 과정이 디지털화 하면서 방송사가 음악 등 콘텐츠를 디지털 파일 형태로 전환하여 서버에 저장한 후, 매 방송 때마다 반복하여 활용하는 사례가 늘어나고 있다. 이렇게 서버에 저장된 음악파일은 기간과 횟수에 관계없이 보존 및 활용되거나, 다른 방송사에 무상 또는 유상으로 제공되는 사례도 있다고 하는데, 이러한 경우는 본 조의 취지를 벗어난 것으로 볼 수 있다.

이와 관련하여 일본에서는 통신위성을 통한 디지털방송에서의 음원 사용이 음반제작자의 저작인접권을 침해한 것인지 여부와 관련하여 다양한 시사점을 제공한 이른바 '스타디지오 판결'[183)]이 선고된 바 있다. 이 판결은, 여러 번 방송에 사용할 것을 예정한 녹음은 "방송을 위한 일시적 녹음"에 해당하지 않는다고 하면, 음반의 불법복제 책임을 면하기 위해서는 매번 방송이 종료할 때마다 이를 삭제하고 다음 방송을 위하여 다시 녹음을 해야 해서

---

180) 內田 晉, 전게서, 248면.
181) 저작권법 시행령 제16조.
182) 하용득, 전게서, 211면.
183) 일본 동경지방법원 2000. 5. 16. 선고 17018, 19566 판결.

번잡할 뿐만 아니라, 그로 인하여 음반제작자에게 특별한 이익을 가져다주지도 않으므로 사회적으로나 경제적으로나 불합리하다고 하였다.

XV. 미술저작물 등의 전시 또는 복제

1. 서 설

저작권법 제35조는 미술저작물 등의 전시 또는 복제와 관련된 저작재산권 제한규정이다. 제35조에서 '미술저작물 등'이라고 규정하고 있는데, 이는 미술저작물, 건축저작물 또는 사진저작물을 말한다(저작권법 제11조 제 3 항). 이러한 미술저작물 등은 일반적으로 일품제작(一品製作)의 형태로 만들어진다는 점에 특징이 있다. 그로 인하여 미술저작물 등은 다른 저작물과는 달리 그 표현이 화체된 유체물이 주된 거래의 대상이 되며, 그 유체물을 공중이 볼 수 있도록 공개하는 '전시'라는 이용형태가 특별히 중요한 의미를 가진다. 따라서 양도 등의 사유로 저작자와 유체물인 원작품의 소유자가 달라지는 경우에 양쪽의 이해관계를 어떻게 조절할 것인지, 저작권자가 가지는 전시권을 비롯한 저작재산권과 원작품의 소유자가 가지는 소유권의 충돌, 개방된 장소에 항상 전시되어 있는 미술저작물의 복제 및 그 이용행위를 어떻게 규율할 것인지 등 저작재산권과 공중의 이익 간의 조화, 초상화나 인물사진 저작물 등의 경우에 저작자와 위탁자 사이의 이해관계는 어떻게 조율하여야 할 것인지 등 여러 가지 문제가 발생한다. 이에 저작권법은 제35조에서 미술저작물 등에 대한 특별규정을 두어 저작자의 전시권이나 복제권 등을 제한하고 있다.

2. 원본의 소유자에 의한 전시

가. 의 의

저작물의 원본 소유자 등의 전시행위에 관하여 저작권법은, "미술저작물 등의 원본의 소유자나 그의 동의를 얻은 자는 그 저작물을 원본에 의하여 전시할 수 있다. 다만, 가로·공원·건축물의 외벽 그 밖에 공중에게 개방된 장소에 항시 전시하는 경우에는 그러하지 아니하다"(저작권법 제35조 제 1 항)라고 규정하고 있다.

원래 전시권은 저작재산권의 지분권 중 하나로서 특단의 사정이 없는 한 저작자가 전시권을 가지며(저작권법 제19조), 이러한 저작자의 전시권은 그 저작물의 원본이나 복제물이 양도되었다고 하더라도 그 소유권과 함께 이전되는 것이 아니다. 그런데 화가(저작권자)로부터 미술작품을 구입하여 원본의 소유권을 취득하였음에도 불구하고 그 미술품을 화랑 등에 전시할 때마다 저작권자인 화가의 허락을 받아야 한다면 이는 불합리하며 우리의 사회통념과도 맞지 않는다. 그렇게 되면 오히려 미술작품의 유통성이나 상품가치를 떨어뜨리게 될 것이다. 따라서 본 규정은 미술, 사진 또는 건축저작물의 원본이 양도된 경우에 저작권자의 전시권과 원본 소유자의 소유권 사이의 이해관계 조정을 위하여 원본의 소유자에 의한 자유로운 전시를 허용함과 동시에, 단서에서 이들 작품이 공중에게 개방된 장소에 항상 전시되는 경우에는 그 파급효과가 크다는 점을 고려하여 예외적으로 저작권자의 동의를 받도록 한 것이다. 원본 소유자의 동의를 얻은 자도 전시를 할 수 있으므로, 화랑(畵廊)이나 백화점 등이 주체가 되어 전시회를 할 때에도 원본 소유자의 동의만 얻으면 전시가 가능하다.

이 규정의 취지는 저작자의 저작재산권(전시권)을 제한함으로써 원본 소유자의 자유로운 전시, 즉 자유이용을 허용한다는 취지이지, 원본 소유자에게 새로운 전시권을 창설하는 것은 아니다. 따라서 저작재산권이 보호기간의 만료로 소멸하게 되면 그 미술저작물은 누구라도 자유로이 전시할 수 있는 것이며 원본 소유자의 전시권만이 남아있게 되는 것은 아니다.

나. 요   건

(1) 주 체

미술저작물 등의 원본의 소유자 또는 그의 동의를 얻은 자에 의한 전시여야 한다.

(2) 객 체

미술저작물 등의 원본에 의하여 전시하여야 한다. 여기서 '미술저작물 등'이라고 하고 있지만, 건축저작물 중 건축물에 대하여는 본 항이 적용될 여지가 별로 없을 것이다. 왜냐하면 건축저작물 중 건축을 위한 모형 및 설계도서를 제외한 건축물은 대부분 공중에게 개방된 장소에 항시 전시되어 있어서 본 항 단서의 적용을 받을 수밖에 없기 때문이다.

'원본'(original work)이란 첫째로는 저작자의 사상이나 감정이 표현되어 직접 제작된 유체물을 의미하고, 둘째로는 복제물이 아닌 것을 말한다.[184] 원본은 저작자의 사상이나 감정의 표현을 최초로 유체물에 고정한 것이라고 정의하기도 한다.[185] 따라서 원본은 일품

---

184) 加戶守行, 전게서, 297면.

185) 木村 豊, 美術の著作物等に關する著作權の制限, 著作權法の權利制限規定をめぐる諸問題, 權利制限委員會, 社團法人 著作權情報センター, 2004. 3, 112면.

(一品)에 한정되지 않고, 복제물이라고 하더라도 주형(鑄型, 거푸집)에 의하여 제작된 조각 작품이나 판화와 같이 저작자에 의하여 직접 제작된 것은 그것들이 원본으로서 작성된 것인 이상 모두 원본으로 본다. 다만, 이러한 작품들 중 특별히 저작자가 원본 인정의 의사를 나타내는 서명이나 한정 번호 등의 일정한 표시를 한 경우에는 그러한 표시를 갖춘 유체물(오리지널 카피)에 한하여 원본으로 인정한다. 사진저작물의 경우에는 필름이 원본이 아니라 인화지에 프린트된 것을 원본으로 보아야 하므로 원본과 복제물과의 구별이 더욱 어려울 것이다. 그러나 어쨌든 복제물을 전시하는 경우에는 본 조의 적용을 받을 수 없고 저작권자의 동의를 받아야 한다. 하급심 판결 중에는 달력에 있는 사진(복제물)을 오려 내서 액자에 넣어 허락 없이 병원 복도에 걸어놓은 것은 저작권자의 전시권을 침해하는 행위라고 본 사례가 있다.[186]

이 규정은 원본 소유자에게 전시권을 창설하는 것은 아니므로, 회화나 조각과 같이 원본이 하나인 경우에는 문제가 없으나 판화와 같이 동일한 원본이 여러 개인 경우에는 자기가 소유하는 원본 이외의 것은 전시할 수 없다.[187]

원본은 유체물에 고정된 것을 말하므로 미술저작물 중에는 원본이 없는 것도 있을 수 있다. 즉, 컴퓨터 화면에서 보여주는 것만을 목적으로 하여 제작된 컴퓨터그래픽 미술저작물, 컴퓨터프로그램을 이용하여 모니터상에 그림을 그렸으나 아직 출력을 하지 않은 그림이나 디지털 카메라로 촬영을 하였지만 아직 인화를 하지 않은 영상과 같이 유형물로 고정되지 아니한 작품에는 원본이 존재하지 않는 것으로 보아야 할 것이다. 이러한 경우 그 과정에서 작성된 컴퓨터파일이나 디지털파일이 메모리에 저장되어 있으므로 그것을 유형물로 볼 수 있는 것이 아닌가 생각할 수도 있으나, 이때의 컴퓨터파일이나 디지털파일은 그것을 프로그램저작물이라고 볼 수 있는지는 별론으로 하고, 그 자체가 미술저작물이라고 할 수는 없는 것이므로 미술저작물로서의 유형물, 즉 원본이 제작된 것은 아니라고 보는 것이 타당할 것이다. 한편, 우리 저작권법상 '전시'는 미술저작물 등의 원본이나 그 복제물을 공개하는 것을 의미하는데(제19조), 그렇다면 저작권법상 전시는 어느 경우에나 유체물을 전제로 하는 것이라고 볼 수 있다.[188] 따라서 유체물인 원본이 없는 컴퓨터그래픽 미술저작물의 경우에는 '전시'라는 것을 관념하기 곤란하여 본 조의 적용 역시 없다고 보아야 하며, 그러한

---

186) 서울중앙지방법원 2004. 11. 11. 선고 2003나51230 판결. 이 판결에 대하여는 찬성하는 취지의 견해도 있고, 저작권남용이라고 하여 비판하는 견해도 있다. 다만, 이 사례의 경우에 사용된 사진은 원본이 아니라 복제물이므로 어떻든 본 조의 적용을 받지 못한다는 점에는 차이가 없다.

187) 허희성, 전게서, 148면; 加戶守行, 전게서, 297면.

188) 저작권법상 '복제'를 유형복제(가시적 복제)와 무형복제(재생가능한 복제)로 나누는 견해가 있으나, '복제물'이라고 하면 유체물로 고정된 것만 의미한다고 보아야 할 것이다.

미술저작물을 공중에게 공개하는 것은 '상영' 또는 '재생'에 해당하여 저작권법 제2조 제3
호의 '공연'으로 보거나 아니면 제10호의 '전송' 등에 해당한다고 보아야 할 것이다.[189]

(3) 공중에게 개방된 장소에 항시 전시하는 것이 아닐 것

'전시'란 저작물이 화체되어 있는 유형물을 일반 공중이 관람할 수 있도록 진열하거나
게시하는 것을 말한다.[190] 그런데 공중에게 개방된 장소에서 저작물을 항시 전시하게 되면
저작물에 대한 이용이 대폭적으로 허용되는 결과로 되어 저작재산권자의 이익을 심하게 해
칠 우려가 있기 때문에 본 항 단서에서 이와 같은 요건을 두게 된 것이다. 따라서 미술저작
물 등의 원본을 옥외의 장소에 항시적으로 설치하기 위해서는 저작재산권자의 허락을 별도
로 받아야 한다. 다만, 원래부터 옥외의 장소에 항시적으로 설치하기 위하여 제작된 미술저
작물 등의 경우, 특히 건축저작물의 경우에는 저작자가 개방된 장소에서의 항시적 전시를
적어도 묵시적으로는 허용한 것으로 볼 수 있는 경우가 많을 것이다.

공중에게 개방된 장소의 예로서 저작권법은 가로(街路)·공원(公園)·건축물의 외벽 등을
들고 있다. 공유지뿐만 아니라 사유지라 하더라도 공중에게 개방되어 있는 옥외의 장소라면
이에 해당할 것이지만, 일반인의 출입이 제한된 장소는 해당하지 않는다. 그러나 유료공원이
나 유료유원지 등과 같이 입장료를 징수한다고 하더라도 입장객의 자격을 특별히 한정하지
않고, 그 지역 내에서 사진촬영 등이 자유롭게 인정되는 장소라면 이에 해당한다고 보는 견
해가 통설이다.[191] 상점의 내부를 들여다 볼 수 있는 쇼윈도(show window) 안에 전시된 것은
건축물의 외벽이 아니라 내부에 전시된 것이므로 공중에게 개방된 장소에 전시된 것으로
볼 수 없다고 해석된다.[192] 한편, 우리 저작권법은 "가로·공원·건축물의 외벽 그 밖에 공
중에게 개방된 장소에 항시 전시"라고만 되어 있을 뿐, 일본 저작권법 제46조 제1항과 달
리 그 장소가 '옥외', 즉 '건물 밖'일 것을 명시적으로 요구하고 있지는 않다. 그러나 하급심
판결 중에는 우리 저작권법의 해석상으로도 이 규정의 의미는 '옥외'에 설치되어 전시되는
것을 요구한다고 하여, 호텔 로비 라운지 한쪽 벽면에 미술저작물이 걸려 있는 것은 공중에
게 개방된 장소에 전시된 것으로 볼 수 없다고 한 사례가 있다.[193] 학설도 '공중에게 개방

189) 이와 관련하여서는 제4장 저작자의 권리 중 '전시권' 부분을 참조.
190) '전시'의 개념과 관련하여서도 제4장의 '전시권' 부분 참조.
191) 허희성, 전게서, 149면; 박성호, 전게서, 588면.
192) 加戶守行, 전게서, 297-298면.
193) 서울중앙지방법원 2007. 5. 17. 선고 2006가합104292 판결은, 호텔 로비 라운지의 한쪽 벽면에 미술저
작물이 설치된 것도 공중에게 개방된 장소에 전시된 것이므로 저작권법 제35조 제2항 규정에 의하여
자유이용이 가능한지 여부가 문제로 된 사례에서, "구 저작권법 제32조 제2항(현행 저작권법 제35조
제2항)에서 정해진 '일반 공중에게 개방된 장소'라고 함은 도로나 공원 기타 일반 공중이 자유롭게 출

된 장소'의 예로서 가로·공원·건축물의 외벽을 예시하고 있는 것에서 알 수 있듯이 이는 '옥외 장소'를 의미하는 것이고 건물 안의 '실내 장소'를 의미하는 것은 아니라고 한다.[194]

"항시 전시하는 경우"라 함은 항상 계속하여 공중의 관람에 제공하는 경우를 말한다. '항시' 전시하는 경우만이 해당되므로, 임시로 공개적인 장소에 설치하였다가 오래지 않아 철거하는 경우는 이 단서조항에 해당하지 않는다.[195] 따라서 세종로에 있는 이순신 장군 동상과 같이 용이하게 분리할 수 없는 상태로 토지상의 좌대에 고정되어 있는 경우라든가, 벽화와 같이 건축물과 일체로 되어 있는 경우라든가, 건축물의 외벽에 고정·부착되어 있는 경우 등이 전형적으로 "항시 전시하는 경우"에 해당한다. 이처럼 토지나 건물과 같은 부동산에 고정적으로 부착되어 있는 경우가 대부분일 것이나, 버스의 차체와 같은 곳에 미술저작물 등을 묘사한 경우도 공중에게 개방된 장소에 항시 전시한 것이라고 볼 수 있을 것이다.[196] 그러나 계절에 따라 작품이 바뀌어 걸리는 경우는 이에 해당하지 않는다고 해석된다. 또한 예를 들어 미술관 내부가 아닌 미술관 정원에 조각 작품이 전시되어 있는 경우는 외부에서 보고자 하면 볼 수 있기는 하지만 본 조 단서에서 말하는 공중에게 개방된 장소는 아니라고 본다. 미술관 정원은 원래 미술관 외부로부터 관람하도록 예정되어 있는 것이 아니라 미술관 내부와 일체를 이루는 장소로 보아야 하기 때문이다.[197]

다. 공표권과의 관계

저작재산권의 제한규정은 저작인격권의 행사에 영향을 미치지 아니한다(저작권법 제38조). 따라서 본 조에 의하여 원본 소유자에게 자유로운 전시가 허용된다고 하더라도 그 원본이 미공표저작물인 경우 이를 전시하면 공표권 침해의 문제가 야기될 수 있다. 이러한 점을 고려하여 저작권법은, 저작자가 공표되지 아니한 미술저작물·건축저작물 또는 사진저작

입할 수 있는 '옥외의 장소'와 건조물의 외벽 기타 일반 공중이 보기 쉬운 '옥외의 장소'를 말하는 것이고, '옥내의 장소'는 비록 일반 공중이 자유롭게 출입할 수 있다고 하더라도 일반 공중이 쉽게 볼 수 있는 곳이라고 볼 수 없으므로 이에 해당하지 않는다고 봄이 상당하다. 이와 달리 옥내의 장소도 일반 공중이 자유롭게 출입할 수 있으면 개방된 장소에 포함된다고 해석하게 되면 미술저작물의 소유자가 일반 공중의 출입이 자유로운 건축물 내부의 장소에서 그 미술저작물을 전시하는 경우에도 항상 저작권자의 동의가 필요하다는 불합리한 결과가 초래된다. 이 사건에서 보면 A호텔 1층 라운지는 일반 공중의 출입이 제한되지 아니하여 누구든지 자유롭게 출입할 수 있는 장소에 해당하지만 호텔 라운지는 호텔 내부공간으로서 구 저작권법 제32조 제 2 항의 '일반 공중에게 개방된 장소'에 해당하지 않는다'고 하면서, 호텔 1층 로비 라운지에 전시된 원고 저작물을 배경으로 허락 없이 동영상광고를 제작하여 TV와 인터넷을 통해 광고한 피고들에 대하여 복제권 및 방송권, 전송권 침해의 책임을 인정하였다.

194) 박성호, 전게서, 587면.
195) 장인숙, 전게서, 103면.
196) 일본 동경지방법원 2001. 7. 25. 판결, 판례시보 1758호 137면; 판례타임즈 1067호 297면.
197) 加戶守行, 전게서, 298면.

물의 원본을 양도한 경우에는 그 상대방에게 저작물의 원본의 전시방식에 의한 공표를 동의한 것으로 추정하고 있다(제11조 제3항). 그러나 이와 같은 추정이 반증에 의하여 번복될 수 있음은 물론이고 그렇게 되면 공표권의 침해가 성립될 수 있다.

3. 개방된 장소에 항시 전시된 미술저작물 등의 복제 및 이용

가. 원   칙

저작권법은, "가로·공원·건축물의 외벽 그 밖에 공중에게 개방된 장소에 항시 전시되어 있는 미술저작물 등은 어떠한 방법으로든지 이를 복제하여 이용할 수 있다. 다만, (1) 건축물을 건축물로 복제하는 경우, (2) 조각 또는 회화를 조각 또는 회화로 복제하는 경우, (3) 개방된 장소 등에 항시 전시하기 위하여 복제하는 경우, (4) 판매의 목적으로 복제하는 경우에는 그러하지 아니하다"라고 규정한다(제35조 제2항). 예를 들어 세종로에 세워져 있는 충무공의 동상을 거리를 산책하는 시민들이나 관광객들이 사진촬영 하는 것은 매우 자연스럽게 일어나는 행위들인데, 이와 같은 사진촬영을 할 때마다 충무공 동상 저작권자의 동의를 얻어야 한다면 사회통념에 맞지 않고 공중의 이익에도 배치될 뿐만 아니라 이러한 경우에 저작재산권을 제한한다고 하더라도 저작자의 경제적 이익을 크게 해치는 것은 아니므로 두게 된 규정이다.

여기서 "개방된 장소에 항시 전시"의 의미는 앞의 제1항 단서 규정에서의 의미와 동일하다.

'복제'할 수 있다고 규정하고 있으므로 인쇄·사진촬영·복사·녹음·녹화 그 밖의 방법에 의하여 유형물로 다시 제작하는 것이 이에 해당한다(저작권법 제2조 제22호). 그러나 제35조에서 말하는 복제는 이와 같은 유형적 복제만이 아니라 무형적 복제까지를 포함하는 광의의 복제를 의미하며 여기에는 방송이나 전송과 같은 공중송신도 포함된다고 해석하는 것이 통설이었다. 그 이유는 충무공의 동상을 촬영할 수는 있지만 이를 방송하거나 인터넷상에 전송할 수 없다고 한다면 입법취지나 형평에 맞지 않기 때문이라고 한다.[198] 이러한 통설 중에도 본 조의 복제개념에 배포하는 것까지는 포함되지 않는다는 견해가 있다.[199] 그러나 현행 저작권법에서는 " … 어떠한 방법으로든지 이를 복제하여 이용할 수 있다"고 규정함으로써 해석상 오해의 소지를 아예 없앴다. 따라서 공중에게 개방된 장소에 항시 전시되어 있는 미술저작물 등은 아래의 네 가지 예외 규정에 해당되지 않는 한 모든 방법에 의한

198) 허희성, 전게서, 150면; 박성호, 전게서, 589면.
199) 허희성, 전게서, 150면.

이용행위가 허용되므로, 사진촬영, 녹화, 복제물의 배포, TV 방송, 유선방송, 인터넷 전송, 상영 등의 방법으로 이용하는 것이 모두 가능하다고 볼 수 있다.[200]

다만, 여기서 복제하여 이용할 수 있다는 것이 적극적인 개작행위, 즉 2차적저작물작성 행위까지를 허용하는 것인지에 대하여는 의문이 있다. 저작권법상 '이용'이라고 하면 저작재산권의 지분권이 적용되는 모든 행위, 즉 '2차적저작물작성'의 행위까지를 포함하는 것으로 이해할 수 있으나, 본 항에서 말하는 "복제하여 이용할 수 있다"는 것은 그 입법취지에 비추어, 적극적인 2차적저작물의 작성행위까지 허용하는 것은 아니라고 해석하는 것이 타당하다. 만약 2차적저작물 작성행위까지 허용하는 것이라면 본 항 예외사유에 의하여 건축물을 건축물로 복제하는 것은 허용되지 않는데, 건축물을 그와 실질적으로 유사한 건축물(2차적저작물)로 개작하여 건축하는 것은 허용하는 것이 되어 부당하기 때문이다.

이 규정에 의하여 저작물을 이용하는 자는 그 출처를 명시하여야 한다(저작권법 제37조 제1항).[201]

나. 예   외

(1) 건축물을 건축물로 복제하는 경우(제1호)

건축물을 건축물로 복제하는 것을 제외하는 것은 모방건축을 허용하지 않겠다는 취지이다. 만약 모방건축을 자유로이 허용하게 되면 건축저작물의 저작권은 거의 사문화될 수밖에 없기 때문이다. 본 호에서는 건축물을 건축물로 복제하는 것만을 예외로 규정하고 있으므로, 그 반대해석상 건축물을 건축을 위한 모형이나 설계도서로 복제하는 것은 본 호의 예외규정에 해당하지 않는다고 해석하는 것이 명문의 규정에 비추어 부득이하다고 보인다. 그러나 우리 저작권법이 건축물은 물론이고 건축을 위한 모형 및 설계도서를 모두 건축저작물에 포함시키고 있는 점을 고려하면, 본 호의 예외범위에 건축물을 건축을 위한 모형이나 설계도서로 복제하는 경우까지 포함시키는 것으로 규정하는 것이 타당하지 않았을까 생각한다. 물론, 건축물을 복제한 모형이나 설계도에 따라서 건축물을 시공하게 되면 이는 당연히 건축저작물에 대한 복제가 되어 저작재산권자의 복제권이 미치게 된다. 건축저작물을 "건축을 위한" 모형이 아니라 단순히 장식을 위한 모형, 즉 미니어처(miniature)로 제작하는

---

200) 본 항과 관련하여 우리나라 개정 저작권법과 유사하게 " … 어떠한 방법으로든 이를 이용할 수 있다"고 규정하고 있는 일본 저작권법에 대한 加戶守行의 해석론이 이와 같다. 加戶守行, 전게서, 299면.

201) 일본 저작권법에서는 본 항에 의한 이용의 모든 경우에 출처명시 의무가 있는 것이 아니라 "출처를 명시하는 관행이 있을 경우에는 그 관행에 따라 출처를 명시하여야 한다"고 규정하고 있다. 공중에게 개방된 장소에 항시 전시되어 있는 미술저작물 등을 복제하여 이용함에 있어서는 출처를 명시하기 곤란하거나 불필요한 경우도 있을 수 있으므로 입법론으로서는 일본 저작권법과 같이 규정하는 것이 더 나았을 것이라고 생각된다.

것은 본 호의 예외규정에 해당하지 아니하여 허용된다고 볼 것이다. 다만, 그러한 미니어처를 개방된 장소에 항시 전시하거나 판매의 목적으로 제작하는 경우에는 아래 제3호 및 제4호에 해당하여 규제될 수 있다.

(2) 조각 또는 회화를 같은 형태로 복제하는 경우(제2호)

이것은 조각을 조각으로 복제하거나 회화를 회화로 복제하는 것(동형복제)을 금하는 취지이다.202) 이러한 '동형복제'를 허용하면 저작권자의 가장 중요한 권리인 복제권이 자칫 형해화 될 우려가 있기 때문이다. 따라서 개방된 장소에 항시 전시된 조각을 회화로 복제하거나 회화를 조각으로 복제하는 것(이형복제)은 가능하며, 사진촬영이나 영상에 수록하는 것도 가능하다.203) 다만, 여기서 '이형복제'는 가능하다고 하더라도 그것은 어디까지나 '복제'여야 하므로, 만약 개방된 장소에 항시 전시된 조각작품을 회화로 제작하거나 회화작품을 조각으로 제작하면서 단순한 복제를 넘어 새로운 창작성을 부가함으로써 2차적저작물로 보아야 할 정도에 이르렀다면 이는 제35조 제2항에 의하여 허용되는 자유이용의 범위를 넘어서는 것으로 보아야 할 것이다. 원작품과 완전히 동일한 작품으로 복제하는 경우뿐만 아니라, 환조조각(丸彫彫刻) 작품을 부조조각(浮彫彫刻)204) 작품과 같은 형태로 복제하는 등 표현 방식만을 달리한 형태로 복제하는 것도 본 예외규정에 해당하여 금지되는 것으로 해석하여야 할 것이다.205)

(3) 개방된 장소 등에 항시 전시하기 위하여 복제하는 경우(제3호)

이와 같은 복제를 허용하게 되면 저작물에 대한 대폭적인 자유이용이 허용되게 되어 저작권자의 경제적 이익이 크게 손상될 위험이 있고, 특히 이미 개방된 장소에 항시 전시되고 있는 미술저작물 등의 '원본'과 그 복제물이 경합하게 되어 미술저작물 등의 저작자의 전시권은 물론이고 그 원본 소유자의 이익과도 상충하게 되므로 이를 규제하기 위하여 본 호의 예외를 둔 것이다.206) 주의할 것은 이때의 복제에는 원작품의 이형복제(변형복제)도 포

---

202) 좁은 의미에서 조각(彫刻)은 재료를 새기거나 깎아서 입체 형상을 만드는 것을 말하고, 소조(塑造)는 찰흙, 석고 따위의 재료를 빚거나 덧붙여서 만드는 것을 말하는데, 본 호에서 '조각'은 좁은 의미의 조각과 소조를 모두 포함하는 의미, 즉 조각과 소조를 모두 포함하는 이른바 '조소'(彫塑)의 의미로 이해할 것이다.

203) 허희성, 전게서, 150면.

204) 환조는 한 덩어리의 재료에서 물체의 모양 전부를 조각해 내는 것을 말하며, 부조는 돋을새김(평평한 면에 글자나 그림 따위를 도드라지게 새기는 것)을 말한다.

205) 加戸守行, 전게서, 300면.

206) 박성호, 전게서, 590면.

함된다는 점이다. 따라서 예컨대 조각을 회화로 복제하거나 회화를 조각으로 복제하는 경우에도 그 복제물을 공개된 장소에 항시 전시하기 위한 것이라면 본 예외규정이 적용되어 자유로운 복제는 허용되지 않는다.[207] 또한 건축물을 복제한 건축물은 제 1 호의 예외에 해당하지만, 개방된 장소에 항시 전시하기 위하여 건축저작물의 미니어처(miniature)를 작성하는 것은 제 3 호의 예외에 해당하여 역시 저작재산권이 미치게 된다.

(4) 판매를 목적으로 복제하는 경우(제 4 호)

예를 들어 판매의 목적으로 그림엽서, 연하장, 캘린더, 포스터 등의 형태로 복제하는 것은 허용되지 않는다. 1장짜리 형태로 된 복제물뿐만 아니라 화집(畵集)이나 도록(圖錄)과 같은 경우도 이에 해당한다. 문제로 되는 것은 판매되는 잡지 등의 표지에 개방된 장소에 전시된 미술저작물, 예컨대 충무공 동상의 사진을 게재하는 것이 판매의 목적으로 복제한 것에 해당되느냐의 여부이다. 이에 대하여는 잡지에 그러한 사진 등을 게재하는 것이 독자의 눈을 끌게 하기 위한 목적에 의한 것으로 그것이 잡지판매에 큰 비중을 차지하고 있는지 여부에 따라 판단하여야 한다는 견해가 있다.[208] 한편, 판매를 목적으로 복제하는 경우만이 본 예외규정에 해당하게 되므로, 선전 등 영리를 목적으로 하는 것이라도 무료로 배포되는 것이라면 이에 해당하지 않는다. 따라서 무료로 배포되는 기업의 홍보용 캘린더에 복제하는 것은 본 예외규정의 적용이 없고 제35조 제 2 항 본문에 따라 자유이용이 허용된다고 본다.[209]

그림엽서에 사용할 목적으로 풍경사진을 촬영할 때 그 배경에 개방된 장소에 항시 설치되어 있는 미술저작물 등이 들어가게 되는 경우가 있는데, 이때에는 그 그림엽서에서 해당 미술저작물이 주된 존재인가 종된 존재인가 여부에 따라 본 예외규정의 적용 여부를 결정하여야 한다. 따라서 풍경은 단순히 부수적인 것이고 미술저작물을 주된 소재로 하여 촬영한 것이라면 본 예외규정이 적용될 것이지만, 반대로 풍경이 주된 소재이고 그 배경에 멀리 미술작품이 촬영되어 있음에 지나지 않는 경우라면 본 예외규정은 적용되지

---

207) 허희성, 전게서, 151면.

208) 상게서, 150면. 한편, 일본 저작권법은 본 예외규정에 해당하는 제46조 제 4 호에서 "오로지 미술저작물의 복제물의 판매를 목적으로 복제하거나 … "라고 규정하고 있다. 따라서 그 자체가 독립하여 감상의 목적이 될 수 있는 미술저작물의 복제물로서 잡지게재의 형식만을 취하고 있을 뿐 실질적으로는 판매를 목적으로 한 것이라고 평가되는 경우가 아닌 한, 일반적으로 잡지의 표지에 게재하는 것은 본 예외규정에 해당하지 않는다고 해석하고 있다. 加戸守行, 전게서, 301면.

209) 일본에서는 기업의 홍보용으로 무상 배포되는 캘린더와 같은 경우에는 저작재산권자의 허락을 받도록 하는 것이 타당하므로, 본 예외규정에서 "판매를 목적으로 … "라고 하는 부분을 삭제하고, 대신 "오로지 미술저작물의 복제물의 배포를 목적으로 복제하는 경우"로 개정하는 것이 타당하다는 주장이 있다. 木村 豊, 전게논문, 116면.

않는다.[210]

다. 물건에 대한 퍼블리시티권 또는 소유권과의 관계

예를 들어 88 올림픽을 기념하여 서울 송파구에 설치된 '빛의 세계'라는 조형물은 매우 특징적인 작품인데, 이 조형물을 T셔츠 디자인으로 제작하여 판매하는 경우를 생각할 수 있다. 또는 서울 광화문에 있는 '이순신 장군 동상'의 형상을 그대로 모방한 가장무도회 복장을 제작하여 판매하는 경우도 생각해 볼 수 있다. 이러한 경우가 저작권법 제35조 제 2 항 제 4 호의 "판매의 목적으로 복제하는 경우"에 해당할 것인지는 의문이다. 어쨌든 그 조형물이 가지고 있는 고객흡인력에 착안하여 이용을 하는 것이므로 물건에 대한 퍼블리시티권 또는 그 소유자의 사용수익권이 작용될 여지가 있을 것이다. 그러나 물건에 대한 퍼블리시티권이나 사용수익권은 그 물건의 소유권자에게 귀속되는 것이지 저작자에게 귀속되는 것은 아니므로, 저작자의 입장에서는 저작권법 제35조 제 2 항 제 4 호의 예외규정에 해당하지 않는 한 그러한 행위에 대하여 저작재산권을 주장할 수 없게 될 것이다. 해석론으로서는 그러한 행위들은 모두 저작권법 제35조 제 2 항 제 4 호의 예외규정에 해당하여, 저작재산권이 미친다고 보는 것이 타당하다고 생각된다.

4. 미술저작물 등의 전시·판매에 수반되는 복제 및 배포

저작권법 제35조 제 1 항의 규정에 의하여 전시를 하는 자 또는 미술저작물 등의 원본을 판매하고자 하는 자는 그 저작물의 해설이나 소개를 목적으로 하는 목록형태의 책자에 이를 복제하여 배포할 수 있다(제35조 제 3 항). 화랑에서 미술품을 전시하거나 판매하고자 할 때 그 미술품을 복제한 사진 등을 게재하여 이를 소개하는 목록 등 소책자를 제작·배포하는 것은 통상적으로 행하여지는 일이다. 이에 저작권법은 본 항과 같은 규정을 두어 그러한 목록제작을 위하여 미술품 등을 사진 등으로 복제·배포하는 경우에는 일일이 원본 저작자의 동의를 받을 필요가 없도록 하였다. 제35조 제 1 항에 의한 전시를 하는 자 또는 원본을 판매하고자 하는 자만이 본 항의 주체가 되므로, 미술저작물 등의 원본이 아니라 복제물을 판매하고자 하는 자는 이 규정에 의한 자유이용의 주체가 될 수 없다.

이 규정에서 "판매를 하고자 하는 자"라 함은 원본의 소유자가 직접 판매를 하고자 하는 경우 그 소유자는 물론이고 그의 의뢰에 의하여 판매를 위탁받은 화랑(畵廊) 등도 포함된다. 화랑에서 열리는 전람회의 경우에는 그 전람회에 출품되어 진열된 작품을 복제하여

---

210) 加戸守行, 전게서, 301-302면.

게재하는 것이 허용되지만, 미술관과 같은 상설적인 시설에서는 목록작성 시점에 진열되어 있는 작품뿐만 아니라 교체진열이 예정되어 있는 소장작품 전체를 소장목록 형태의 책자로 복제하는 것도 허용된다고 해석된다.211)

저작권법이 그 저작물의 해설이나 소개를 목적으로 하는 목록형태의 책자라고 규정하고 있으므로, 단순한 소개의 목적이 아니라 사실상 감상을 목적으로 하는 호화판 책자라든가, 목록이 아닌 하나의 작품마다 제작된 복제화(複製畵)나 포스터 같은 것은 본 항의 적용을 받을 수 없다.212) 종종 미술전시회 등을 하면서 매우 호화스러운 화보 형태의 카탈로그를 제작하는 경우가 있고, 이러한 책자들은 지질(紙質)이나 인쇄태양, 작품의 복제규모에 따라서는 목록이나 도록이라기보다는 사실상 화집(畵集)에 해당한다고 보아야 할 것들이 있다. 이러한 책자는 원작품 저작자의 경제적 이익(예컨대 그 미술작품에 대한 화보집 등 2차적저작물이나 편집저작물을 제작할 이익)을 현저하게 해치게 되므로 본 항의 적용이 없다고 해석하여야 할 것이다.

본 항의 규정에 의하여 작성된 카탈로그나 목록 등이 제작 실비 가격으로 판매되는 경우는 물론이고 전시회 등의 수익을 위하여 실비 이상의 가격으로 판매되는 경우도 있을 수 있는데, 그러한 경우라고 하여 본 항이 적용되지 않는다고 볼 것은 아니다. 그러나 그러한 카탈로그나 목록은 해당 미술저작물 등의 시장적 가치를 저해하는 결과를 초래할 우려가 크므로 본 항의 적용 여부를 해석함에 있어서는 더욱 엄격하게 볼 필요가 있다. 예를 들면, 관람 예정인원을 훨씬 상회하는 부수를 작성하여 일반인들에게도 판매하는 것은 허용되지 않는다. 또한 목록형태의 책자가 아니라 그림엽서나 1장짜리 복제화를 작성하는 것도 본 항이 적용되지 않고, 따라서 그 경우에는 저작재산권자의 허락 없이는 작성할 수 없다.213)

본 항에서는 원본을 전시 또는 판매하고자 하는 자가 그 주체가 될 수 있으며 목록형태의 책자에 복제하여 배포할 수 있다고 규정하고 있으므로, 본 항의 규정은 오프라인 인쇄물 형태로 제작하여 배포하는 것만 자유이용을 허용하는 것이고, CD-Rom 등의 전자기록매체에 수록하여 배포하거나 인터넷을 통하여 전시작품을 소개하는 것(이 경우에는 복제권뿐만 아니라 공중송신권까지 작용하게 된다)은 본 항에 의한 자유이용의 대상이 아니라고 해석될 수 있다.214) 그러나 전자상거래가 활성화된 오늘날의 디지털 환경 아래에서는 인터넷 상으로 미술저작물을 경매하는 경우도 많아져서 그 미술저작물의 축소 이미지를 경매 사이트에 올

211) 加戶守行, 전게서, 302면.
212) 허희성, 전게서, 152면; 하용득, 전게서, 215면; 內田 晉, 전게서, 251면.
213) 加戶守行, 전게서, 303면.
214) 半田正夫·松田政行, 『著作權法コンメンタール』, 勁草書房(2008), 2권 411-412면.

려서 구매희망자들이 볼 수 있게 할 필요성이 크게 부각되고 있다.[215] 판매하는 그림 등이 어떤 것인지를 구매희망자들이 알 수 있도록 축소이미지의 목록을 경매사이트 등에 올려 '전송'하는 것은 그 축소 이미지의 해상도가 높지 않아 저작권자의 이익을 부당하게 해치지 않을 때에는 본 항 규정을 유추적용하지 않더라도 공표된 저작물의 인용에 관한 저작권법 제28조 또는 공정이용에 관한 일반조항인 제35조의3의 규정에 따라 자유이용이 허용된다고 볼 가능성이 높을 것이다.[216]

5. 위탁에 의한 초상화 등

위탁에 의한 초상화 또는 이와 유사한 사진저작물의 경우에는 위탁자의 동의가 없는 때에는 이를 이용할 수 없다(저작권법 제35조 제4항). 사진사에게 위탁하여 사진을 찍었을 때 그 사진저작물의 저작권은 사진을 찍은 사진사에게 귀속된다. 그러나 그 경우 사진사 마음 대로 그 사진을 전시하거나 복제할 수 있다고 하게 되면 사진의 모델이 된 위탁자의 프라이버시 등 인격적 이익을 해치는 결과를 초래하게 된다. 따라서 저작권법은 이러한 특별규정을 두어 저작권자의 이용행위를 제한하고 있는 것이다.

참고로 소비자피해보상규정(재정경제부 고시 제2006-36호)[217]에서는, 사진현상 및 촬영업을 하는 사업자가 소비자의 촉탁에 의해 대가를 받고 촬영한 증명사진 및 기념사진의 원판 소유권의 귀속에 관하여 규정하고 있다. 이에 따르면 원판 소유권의 귀속은 사업자와 소비자 사이의 사전 계약에 의하되, 사전 계약이 없는 경우에는 ① 광학 방식의 필름원판은 소비자에게 인도하고, ② 디지털 방식의 사진 파일은 소비자에게 인도하되, 인도에 소요되는 비용 (디스켓 등) 등 실비는 소비자의 부담으로 할 수 있는 것으로 규정하고 있다. 또한 사진의 원판을 인도하더라도 저작권은 양도되지 않고, 사업자가 사진원판을 보관하는 경우 그 보관기간은 1년으로 정하고 있다. 이러한 규정은 민법과 저작권법의 내용을 절충하여 반영한 것이라고 이해할 수 있다.

---

215) 이러한 점을 고려하여 일본은 2009년 저작권법 개정에 의하여 제47조의2(미술저작물 등의 양도 등의 신청에 수반하는 복제) 규정을 신설하였다.

216) 이해완, 전게서, 502-503면.

217) 이 규정은 소비자보호법 제12조 제2항에 의하여 소비자와 사업자간의 분쟁의 원활한 해결을 위하여 소비자보호법 시행령 제10조 규정에 의한 일반적 소비자피해보상기준에 따라 품목별로 소비자피해를 보상할 수 있는 기준을 정한 것이다.

6. 출처의 명시 등

본 조에 의하여 미술저작물 등을 이용하는 경우에는 그 출처를 명시하여야 한다(저작권법 제37조 제1항). 개작에 의한 이용은 허용되지 않는다(저작권법 제36조).

XVI. 일시적 복제에 대한 면책

1. 의   의

현행 저작권법은 제2조 제22호의 '복제'에 대한 정의규정에서, "인쇄·사진촬영·복사·녹음·녹화 그 밖의 방법으로 일시적 또는 영구적으로 유형물에 고정하거나 다시 제작하는 것을 말하며,…"라고 '일시적'이라는 문구를 추가하는 내용으로 수정함으로써, 일시적 저장이 복제의 범위에 포함된다는 점을 명문으로 규정하였다. 따라서 일시적 저장에 대하여도 복제권자의 권리가 미치게 되었다. 그러나 일시적 저장을 복제로 인정할 경우에는 인터넷을 통한 일상적인 자료 검색 행위마저 복제권의 규율 대상이 되어 정보 접근의 자유가 심각하게 제한을 받게 될 우려가 크다. 현재의 정보통신기술 아래에서는 컴퓨터를 통하여 저작물을 이용하는 경우 필수적으로 일시적 저장이 일어나게 된다. 그러므로 일시적 저장을 복제로 보는 정의규정을 두는 이상, 그와 더불어 일상적이고 통상적인 저작물 이용에 따라 발생하는 일시적 저장을 복제권 침해로부터 면책하는 제한 규정을 적절하게 두는 것이 필요하다.

그리하여 현행 저작권법은 일시적 저장을 복제의 개념에 포함시키는 한편, 기존 저작재산권의 제한 규정에 제35조의2(저작물 이용과정에서의 일시적 복제) 규정을 신설하여, "컴퓨터에서 저작물을 이용하는 경우에는 원활하고 효율적인 정보처리를 위하여 필요하다고 인정되는 범위 안에서 그 저작물을 그 컴퓨터에 일시적으로 복제할 수 있다. 다만, 그 저작물의 이용이 저작권을 침해하는 경우에는 그러하지 아니하다"는 규정을 두었다. 저작권법 제35조의2 본문은 일시적 저장의 발생이 기술적 측면에서 필수적으로 요청되는 경우에만 면책이 된다는 점을 분명히 한 것이고, 단서 부분은 합법적 이용에 부수하는 일시적 저장만이 면책이 된다는 점을 규정한 것이다. 따라서 불법저작물을 이용하는 과정에서 발생하는 일시적 저장이나 이용행위 자체가 저작권침해가 되는 경우에 발생하는 일시적 저장은 면책이 되지 않는다.

2. 요   건

가. 컴퓨터에서의 저작물 이용에 따른 부수적 이용일 것

컴퓨터에서 저작물을 이용하는 것이 "주된 이용"이고, 컴퓨터에 일시적으로 복제하는 것은 그에 따라 이루어지는 "부수적 이용"일 것을 요건으로 한다. 예를 들어, DVD를 구입하여 컴퓨터에서 시청하기 위해 재생을 시키는 과정에서 DVD에 수록된 파일의 내용이 컴퓨터의 램(RAM)에 일시적으로 저장되는 것, 인터넷상의 정보를 검색하고 이용하는 과정에서 그 정보의 내용이 램에 저장되거나 일부 내용이 캐시파일로 하드디스크에 일시적으로 복제되는 것 등이 그러한 경우에 해당한다. 이때 컴퓨터에서 DVD를 재생하여 시청하는 것이 주된 이용이라면 그 과정에서 램에 일시적 복제가 일어나는 것은 부수적 이용의 성격을 가지는 것이며, 인터넷상의 정보를 검색 또는 열람하는 것과 그 과정에서 램이나 캐싱을 위해 지정된 폴더에 저작물이 일시적으로 복제되는 것의 관계도 마찬가지이다.[218]

대법원 2017. 11. 23. 선고 2015다1017 판결(일명 '오픈캡처' 사건)은, "(일시적 복제에 대한 면책규정) 그 취지는 새로운 저작물 이용환경에 맞추어 저작권자의 권리보호를 충실하게 만드는 한편, 이로 인하여 컴퓨터에서의 저작물 이용과 유통이 과도하게 제한되는 것을 방지함으로써 저작권의 보호와 저작물의 원활한 이용의 적절한 균형을 도모하는 데 있다. 이와 같은 입법 취지 등에 비추어 볼 때 여기에서 말하는 '원활하고 효율적인 정보처리를 위하여 필요하다고 인정되는 범위'에는 일시적 복제가 저작물의 이용 등에 불가피하게 수반되는 경우는 물론 안정성이나 효율성을 높이기 위해 이루어지는 경우도 포함된다고 볼 것이지만, 일시적 복제 자체가 독립한 경제적 가치를 가지는 경우는 제외되어야 한다."고 판시하였다.[219]

나. 원활하고 효율적인 정보처리를 위하여 필요하다고 인정되는 범위 안에서 이루어질 것

"원활하고 효율적인 정보처리를 위하여 필요하다"는 것은 DVD의 원활한 재생을 위해 그 안에 수록된 정보를 램에 일시적으로 저장하는 것 또는 정보검색의 속도를 향상시키기 위해 캐시파일을 컴퓨터 하드디스크의 임시폴더에 저장해 두는 것과 같이, 원활하고 효율적인 정보처리를 위한 기술적 필요에 의하여 일시적 복제가 필요한 경우를 말한다. 따라서 이

---

218) 이해완, 전게서, 512-513면.
219) 대법원 2018. 11. 15. 선고 2016다20916 판결도 일시적 복제 자체가 독립한 경제적 가치를 가지는 경우는 본 조의 면책 대상에서 제외된다고 판시하였다.

러한 경우가 아니라 사용자가 특별히 하드디스크에 저장한 후 일정한 기간만 사용하는 것 등의 경우에는 그 사용기간이 비록 짧다고 하더라도 이 요건을 충족하는 것으로 볼 수 없다. 캐싱 등의 기술적 과정에서 하드디스크에 저장된 파일이라 하더라도 그것을 다른 저장공간으로 복사하여 사용하는 등의 2차적인 사용행위를 할 경우에는 "원활하고 효율적인 정보처리"를 위해 필요한 범위 내의 이용이라고 할 수 없으므로, 역시 이 요건을 충족하지 못하게 된다.220)

다. 일시적으로 복제하는 경우일 것

복제의 성격이 '일시적'이라야 한다. 여기서 '일시적'은 시간적으로 짧은 기간을 의미하는 것으로, 일반적으로 컴퓨터에서 저작물을 이용하는 경우에 그 저작물이 컴퓨터의 램에 저장되는 것과 같은 경우는 특별한 사정이 없는 한 그 저장이 임시성 또는 휘발성을 가지므로 '일시적' 저장이라고 볼 수 있을 것이다. 저장되는 기간이 다소 길다고 하더라도 그 저장이 일정한 시간의 경과에 따라 기술적으로 삭제 또는 갱신되도록 되어 있다면 '일시적' 복제의 성격을 가진다고 볼 수 있을 것이다.221)

라. 그 저작물의 이용이 저작권을 침해하는 경우가 아닐 것

저작권법 제35조의2 단서 규정은 일시적 복제의 주체가 행하는 저작물의 '주된 이용'이 저작권법상의 복제권이나 공중송신권 등의 저작재산권의 지분을 침해하는 경우에는 그에 부수하여 이루어지는 일시적 복제 역시 같은 조 본문의 자유이용으로부터 제외하겠다는 취지의 규정이다.

예를 들어 컴퓨터를 이용하여 DVD에 수록된 영상저작물 또는 인터넷상에서 스트리밍 방식으로 제공되는 영상저작물을 재생하여 공중이 시청할 수 있도록 보여주는 공연행위를 저작권자의 허락 없이 저작재산권 제한사유에도 해당하지 않는 상태에서 할 경우, 그 영상저작물을 컴퓨터의 램에 일시적으로 저장하는 것은 비록 공연행위의 과정에서 부수적으로 행하여지는 것으로서 제35조의2 본문의 요건을 모두 충족하는 것이라 하더라도 그 주된 이용행위인 공연이 저작권침해를 구성하는 이상 그 일시적 저장도 복제권침해에 해당하는 것으로 보겠다는 것이 본 조 단서의 의미이다.222) 또한, 저작물의 이용행위가 저작권법이 특별히 저작권침해로 간주하는 경우에도 해당하지 않아야 한다.223)

---

220) 상게서, 513면.
221) 상게서, 514면.
222) 상게서, 515면.
223) 한미 FTA 이행을 위한 개정 저작권법 설명자료, 문화체육관광부·한국저작권위원회 편(2011. 12. 14.),

3. 프로그램에 대한 특례

일시적 저장의 면책이 적용되는 가장 대표적인 경우로서는 컴퓨터 유지보수를 위한 경우를 들 수 있다. 그런데 우리 저작권법은 제5장의2에서 프로그램에 관한 특례 규정을 두어 일반 저작물과 달리 특별한 취급을 하고 있다. 이에 현행 저작권법에서는 제35조의2를 신설하는 것과 아울러 프로그램에 관한 특례 규정 중 제101조의3(프로그램의 저작재산권의 제한) 규정에 제2항을 신설함으로써, "컴퓨터의 유지·보수를 위하여 그 컴퓨터를 이용하는 과정에서 프로그램(정당하게 취득한 경우에 한한다)을 일시적으로 복제할 수 있다"는 규정을 별도로 두는 것으로 하였다.

XVII. 부수적 복제 등

1. 규정의 형식과 취지

사진촬영, 녹음 또는 녹화(이하 '촬영 등'이라 한다)를 하는 과정에서 보이거나 들리는 저작물이 촬영 등의 주된 대상에 부수적으로 포함되는 경우에는 이를 복제·배포·공연·전시 또는 공중송신 할 수 있다. 다만, 그 이용된 저작물의 종류 및 용도, 이용의 목적 및 성격 등에 비추어 저작재산권자의 이익을 부당하게 해치는 경우에는 그러하지 아니하다(저작권법 제35조의2). 2019년 11월 26일 개정된 저작권법에 신설된 저작재산권 제한규정이다.

이 규정의 취지는 가상·증강 현실 기술을 이용한 산업의 발전을 뒷받침하기 위하여 촬영 등의 주된 대상에 부수적으로 다른 저작물이 포함되는 경우 저작권 침해를 면책할 수 있는 근거를 마련한 것이라고 한다. 사진이나 영상을 촬영할 때 주된 피사체 배경에 있는 그림이나 캐릭터가 부수적으로 촬영되는 경우, 또는 길거리에서 영상을 녹화하는데, 그 거리에 울려 퍼지고 있는 음악이 부수적으로 녹음되는 경우는 흔히 있을 수 있다. 이때 이와 같이 부수적으로 촬영 또는 녹음된 저작물을 저작권침해라고 한다면 우리의 일상생활은 불편해질 수밖에 없다. 본 조는 이러한 행위를 저작권침해의 책임으로부터 면책시켜 주기 위한 규정이다. 이 규정에 따라 위와 같이 촬영된 사진이나 영상 등을 블로그나 유튜브에 올리는 것도 가능해졌다.

7면. 박성호, 전게서, 599면.

2. 요   건

가. '부수적'으로 포함되는 저작물

본 조의 적용대상이 되는 것은 본래 의도했던 주된 피사체에 부수적으로 포함되는 저작물이다. '부수적'이라는 것은 그 저작물의 이용을 주된 목적으로 하지 않았던 행위에 수반되어 발생하는 것을 의미하며, 그 이용이 주된 이용에 비하여 질적으로나 양적으로나 사회통념상 경미하다고 평가될 수 있는 것을 말한다. 예를 들면, 유명 배우를 모델로 사진을 촬영하는데, 그 배경에 벽에 붙어 있던 포스터 그림이 함께 촬영된 경우, 거리의 풍경을 비디오로 촬영하였는데, 본래 의도했던 거리의 풍경과 함께 그 거리 건물 벽에 붙어 있는 포스터 그림이 함께 촬영되거나, 길거리 점포에서 흘러나오는 음악이 함께 녹음된 경우 등을 들 수 있다. 본 조에서 "복제·배포·공연·전시 또는 공중송신 할 수 있다"라고 되어 있으므로, 이렇게 촬영된 사진이나 녹화된 영상 등을 그 부수적으로 포함된 저작물의 저작재산권자의 동의 없이, 포함된 형태 그대로 출력하여 배포하거나, 인터넷 블로그나 유튜브에 올릴 수 있다.

그러나 그 포스터 그림을 주된 대상으로 하여 사진을 촬영하거나, 점포에서 흘러나오는 음악을 주된 대상으로 하여 녹화를 한 경우에는 '부수적' 이용행위라고 볼 수 없고 따라서 본 조가 적용되지 않는다. 예를 들어, TV 드라마를 촬영하면서 시청자에게 적극적으로 보여줄 의도로 벽에 부착되어 있는 그림을 촬영하는 행위, 유명한 만화 캐릭터가 가지고 있는 고객흡인력을 이용하기 위하여 주된 피사체와 함께 그 캐릭터가 들어간 그림을 촬영하여 스티커 등으로 판매하는 행위 등에는 본 조가 적용되지 않는다.

나. '사진촬영, 녹음 또는 녹화'

본 조가 적용되는 것은 '사진촬영, 녹음 또는 녹화'의 경우이다. 사진촬영, 녹음 또는 녹화 이외의 경우, 예를 들어 거리의 풍경을 스케치 하는 경우 또는 녹음이나 녹화를 하지 않고 생방송이나 생전송을 하는 경우에 본 조가 적용될 수 있는지에 관하여 의문이 있다. 우리와 유사한 조문을 두고 있는 일본 저작권법의 해석론으로는, 스케치의 경우에는 본 조가 적용되지 않지만, 생방송이나 생전송의 경우에는 녹화와 실질적으로 다르지 않다고 보아 본 조를 확장 내지 유추적용하여야 한다는 견해가 다수설인 것으로 보인다.224)

다. '복제·배포·공연·전시 또는 공중송신' 할 수 있다

본 조에 의하여 허용되는 이용행위는 '복제·배포·공연·전시 또는 공중송신'이다. 비영

---

224) 半田正夫·松田政行, 『著作權法コンメンタール, 第2版』, 勁草書房(2015), 2卷, 186면.

리 목적인 경우로 제한되어 있지 않으므로, 영리적 목적을 위하여 '복제·배포·공연·전시 또는 공중송신'하는 경우에도 본 조가 적용될 수 있다. 2차적저작물작성 행위는 제외되어 있다. 따라서 길거리 풍경을 3D 카메라로 촬영할 때 벽에 붙어 있는 포스터 그림이 부수적으로 촬영되어 그 2D 그림이 3D의 입체적 표현으로 녹화된 경우[225] 본 조의 적용대상이 되지 않는다. 다만, 2차원의 포스터 그림이 3D 카메라 촬영에 의하여 입체적 형태로 된 것을 새로운 창작성이 들어가지 않은 형태만의 변화로 본다면, 그것은 2차적저작물 작성이라고 볼 수 없고, 여전히 원래 포스터 그림의 복제물이라고 보아야 할 것이므로, 그런 경우라면 본 조가 적용될 수 있을 것이다.

부수적으로 포함된 저작물만 분리하여 '복제·배포·공연·전시 또는 공중송신'하는 것도 본 조에 의하여 허용될 수 있는 것인지 생각해 볼 필요가 있다. 예를 들어, 길거리 풍경을 촬영하면서 부수적으로 건물 벽에 붙어 있는 포스터 그림이 포함되어 촬영되었는데, 나중에 그 포스터 그림 부분만을 분리하여 이용하는 것이 본 조에 의하여 허용될 것인지의 문제이다. 본 조의 입법 취지는 저작재산권자의 이익을 부당하게 해칠 우려가 없는 통상적으로 행하여지는 이용행위에 대하여 적법성을 확인해 주는 것에 있다는 점에 비추어 볼 때, 부수적으로 포함된 저작물을 나중에 분리하여 이용하거나 그 부분만을 확대하여 이용함으로써 그 이용행위가 부수적 이용이 아닌 주된 이용이 되는 경우에는 본 조의 적용을 받을 수 없다고 보는 것이 타당하다.

라. '저작재산권자의 이익을 부당하게 해치는 경우'가 아니어야 한다

본 조가 적용되기 위해서는 '그 이용된 저작물의 종류 및 용도, 이용의 목적 및 성격 등에 비추어 저작재산권자의 이익을 부당하게 해치는 경우'가 아니어야 한다. 저작재산권자의 이익을 부당하게 해치는 경우에 해당하는지 여부는 부수적으로 포함된 저작물의 현재 또는 잠재적 시장과 충돌할 우려가 있는지, 즉 현재 또는 잠재적 수요를 침해할 우려가 있는지 여부의 관점에서 판단할 수 있다. 예를 들어, 길거리 풍경을 촬영하는데, 거리 공연을 하고 있는 악사의 특정 악곡에 대한 가창과 연주가 감상이 가능할 정도의 고음질로 충분한 시간에 걸쳐 녹음되어, 그 영상을 방송하거나 전송할 경우 해당 악곡에 대한 감상적 수요를 대체할 우려가 있는 경우에는 본 조가 적용되지 않는다.

---

225) 길거리 풍경을 촬영하면서 화면을 암갈색 톤으로 바꾸어주는 특수 필터를 장착하여 촬영하는 경우도 동일하게 생각해 볼 수 있다.

XVⅢ. 문화시설에 의한 복제 등

국가나 지방자치단체가 운영하는 문화예술 활동에 지속적으로 이용되는 시설 중 대통령령으로 정하는 문화시설(해당 시설의 장을 포함한다. 이하 '문화시설')은 대통령령으로 정하는 기준에 해당하는 상당한 조사를 하였어도 공표된 저작물(저작권법 제 3 조에 따른 외국인의 저작물을 제외한다. 이하 같다)의 저작재산권자나 그의 거소를 알 수 없는 경우 그 문화시설에 보관된 자료를 수집·정리·분석·보존하여 공중에게 제공하기 위한 목적(영리를 목적으로 하는 경우를 제외한다)으로 그 자료를 사용하여 저작물을 복제·배포·공연·전시 또는 공중송신할 수 있다(저작권법 제35조의4 제 1 항).

저작재산권자는 제 1 항에 따른 문화시설의 이용에 대하여 해당 저작물의 이용을 중단할 것을 요구할 수 있으며, 요구를 받은 문화시설은 지체 없이 해당 저작물의 이용을 중단하여야 한다(같은 조 제 2 항).

저작재산권자는 제 1 항에 따른 이용에 대하여 보상금을 청구할 수 있으며, 문화시설은 저작재산권자와 협의한 보상금을 지급하여야 한다(같은 조 제 3 항).

제 3 항에 따라 보상금 협의절차를 거쳤으나 협의가 성립되지 아니한 경우에는 문화시설 또는 저작재산권자는 문화체육관광부장관에게 보상금 결정을 신청하여야 한다(같은 조 제 4 항).

제 4 항에 따른 보상금 결정 신청이 있는 경우에 문화체육관광부장관은 저작물의 이용 목적·이용 형태·이용 범위 등을 고려하여 보상금 규모 및 지급 시기를 정한 후 이를 문화시설 및 저작재산권자에게 통보하여야 한다(같은 조 제 5 항).

제 1 항에 따라 문화시설이 저작물을 이용하고자 하는 경우에는 대통령령으로 정하는 바에 따라 이용되는 저작물의 목록·내용 등과 관련된 정보의 게시, 저작권 및 그 밖에 이 법에 따라 보호되는 권리의 침해를 방지하기 위한 복제방지조치 등 필요한 조치를 하여야 한다(같은 조 제 6 항).

제 2 항부터 제 5 항까지의 규정에 따른 이용 중단 요구 절차와 방법, 보상금 결정 신청 및 결정 절차 등에 관하여 필요한 사항은 대통령령으로 정한다(같은 조 제 7 항).

이 규정 역시 2019. 11. 26. 개정된 저작권법에 새로 신설된 규정이다. 공공문화시설이 저작자불명저작물을 활용하여 문화향상 발전에 이바지할 수 있도록 저작자불명저작물을 이용할 수 있는 근거를 마련한 것이다.

XIX. 저작물의 공정한 이용

1. 배   경

개정 전 우리 저작권법은 제23조(재판절차 등에서의 복제)에서부터 제35조(미술저작물 등의 전시 또는 복제)에 걸쳐 개별적인 저작재산권 제한 사유만을 열거적으로 규정하고 있을 뿐, 포괄적인 일반조항 형태의 이른바 '공정이용'(fair use)에 대한 규정은 두고 있지 않았다. 그러나 디지털·네트워크 시대의 급변하는 기술적 환경에 적절하고 탄력적으로 대처하기 위해서는 우리 저작권법에 저작재산권을 제한하는 일반조항으로서의 '공정이용'에 관한 규정을 도입할 필요가 있다는 주장이 점차 설득력을 얻어 가고 있었다.

저작재산권의 제한사유로서 일반적·포괄적 조항인 공정이용 규정을 도입하는 경우에는 첫째, 기술 발전으로 등장하는 새로운 저작물 이용 문제를 신속하게 해결할 수 있다는 점, 둘째, 성문 규정의 개념적 한계를 넘는 무리한 해석을 줄일 수 있다는 점, 셋째, 저작권이 가지는 '시장 실패'(market failure)를 보완할 수 있다는 점, 넷째, 빈번한 법률 개정 작업에 따르는 노력과 비용을 줄일 수 있다는 점 등의 장점이 있는 것으로 평가되고 있다. 그러나 반면에 첫째, 법적 불확실성이 증대한다는 점, 둘째, 공정이용의 항변이 남용되어 법원의 부담이 증가한다는 점, 셋째, 저작권 보호가 위축될 수 있다는 점 등이 단점으로 지적되고 있다.226)

2011년 개정 저작권법은 저작물의 디지털화와 유통환경의 변화에 따라 기존 저작권법상의 열거적인 저작재산권 제한규정으로는 제한규정이 필요한 다양한 상황을 모두 아우르기 어려운 한계가 있다는 점 및 제한적으로 열거되어 있는 저작재산권 제한사유 이외에도 환경 변화에 대응하여 적용될 수 있는 포괄적인 저작재산권 제한규정이 필요하다는 점 등을 고려하여, 한·미 FTA 협정 이행에 따라 저작권법을 개정하는 마당에 저작재산권을 제한하는 일반적·포괄적 사유로서 공정이용 규정을 도입하였다.

2. 규정의 형식과 취지

가. 규정의 형식

이와 같은 배경에 따라 개정된 현행 저작권법은 종전 저작권법상의 저작재산권 제한규정(제23조부터 제35조의4까지, 제101조의3부터 제101조의5까지) 이외에 포괄적 공정이용 조항을 신설하고, 특정한 이용이 공정한 이용에 해당하는지를 판단할 때에 고려될 수 있는 기준을

---

226) 저작권위원회, 전게서, 274-275면.

예시하는 규정을 두었다.

그 내용을 보면 제35조의5(저작물의 공정한 이용)를 신설하여 제 1 항에서, "제23조부터 제35조의2까지, 제101조의3부터 제101조의5까지의 경우 외에 저작물의 통상적인 이용 방법과 충돌하지 아니하고 저작자의 정당한 이익을 부당하게 해치지 아니하는 경우에는 저작물을 이용할 수 있다"고 규정하였다.

이 규정은 베른협약과 TRIPs 협정의 3단계 테스트 내용을 도입한 것이다. 2016. 3. 22. 개정되기 전 저작권법에서는 본 조의 적용 대상이 되는 이용의 목적과 관련하여 "보도·비평·교육·연구 등을 위하여"라는 제한적 문구를 두고 있었다. 이에 이 규정은 3단계 테스트 중 "일정한 특별한 경우에"라는 첫 번째 요건을 생략하고 그 대신에 "보도·비평·교육·연구 등을 위하여"라는 예시적 열거 문구를 추가한 것으로서, 실질적으로는 '2단계 테스트'라는 평가를 받았다.[227] 그러나 2016. 3. 22. 저작권법을 개정하면서 위와 같은 예시적 문구를 삭제함으로써 그 적용범위를 크게 확대하였다.

나. 의   미

개정 전 규정에서 언급하고 있었던 "보도·비평·교육·연구 등"이라는 이용목적은 저작권법 제28조(공표된 저작물의 인용) 규정에서 인용의 목적으로 규정하고 있는 부분과 사실상 동일하였다. 따라서 그 의미와 내용 역시 제28조에서 정하고 있는 인용의 목적 부분과 같다고 해석되었다. 문화체육관광부의 설명자료에 의하면, 이 규정에서의 "보도·비평·교육·연구"는 저작물 이용행위의 목적을 예시한 것으로서 반드시 이에 국한되는 것은 아니라고 한 바 있다.[228] 그러나 공정이용 제도는 개별적 저작재산권 제한 사유를 적용하기 어려운 상황에 포괄적으로 대응하기 위한 것으로, 목적을 예시하는 것이 오히려 부자연스럽다는 지적이 있었다. 이에 개정법은 공정이용의 범위가 한정적으로 해석되지 않도록 위 제한적 예시문구를 삭제한 것이다.[229]

한편, 저작권법은 제35조의5 제 2 항에서, "저작물 이용 행위가 제 1 항에 해당하는지를 판단할 때에는 다음 각 호의 사항 등을 고려하여야 한다"고 하면서, 그 각 호로서, "1. 이용

---

227) 이와 같이 최종적으로 3단계 테스트 중 첫 번째 단계를 생략한 것은 아마도 미국 저작권법 제107조의 공정이용 조항은 3단계 테스트 중 "일부 특별한 경우"라는 첫 번째 요건을 충족시키지 못하는 것이 아닌가 하는 이론적 문제에 마주서게 되었고, 나아가 공정이용 조항 자체가 애당초 3단계 테스트에 부합하지 못하는 것이 아닌가 하는 본질적 문제 제기를 의식하였기 때문일 것이라고 한다(박성호, 전게서, 608면 참조).

228) 문화체육관광부, 전게서, 10면 참조.

229) 장석인, 디지털 시대 저작권 보호 및 이용활성화를 위한 저작권법 개정, 저작권 문화(2016. 4. Vol. 260), 한국저작권위원회, 32면.

의 목적 및 성격,[230] 2. 저작물의 종류 및 용도, 3. 이용된 부분이 저작물 전체에서 차지하는 비중과 그 중요성, 4. 저작물의 이용이 그 저작물의 현재 시장 또는 가치나 잠재적인 시장 또는 가치에 미치는 영향"을 들고 있다. 이는 미국 저작권법상 공정이용에 관한 성문법 규정인 제107조의 내용을 거의 그대로 가져온 것으로 보인다.

다. 다른 저작재산권 제한규정과의 관계

제35조의5 공정이용 규정과 기존의 저작재산권 제한규정과의 관계가 문제로 된다. 이에 관하여는 제35조의5 공정이용 규정은 그 기준을 충족하는 한 기존의 저작재산권 제한규정이 존재하는 영역(예를 들면, 교육목적의 이용, 도서관에서의 복제 등)에도 중첩적으로 적용될 수 있다고 본다. 기존 저작재산권 제한규정(제23조 내지 제35조의4, 제101조의3 내지 101조의5)에 해당하면 당연히 권리제한이 되는 것이고, 그에 해당하지 않는 경우에도 제35조의3에 해당하는 경우에는 추가적·보충적으로 권리제한이 된다.

특히 제35조의5 규정과 내용이 거의 유사한 제28조 공표된 저작물의 인용 규정과의 관계가 문제로 되는데, 제28조의 공표된 저작물의 인용 규정과 제35조의5가 직접적으로 중첩될 여지가 있는 것은 사실이다. 그러나 기존의 제28조는 기본적으로 '인용'(引用)에 관한 조항으로서, 저작물의 '이용'(利用) 일반에 확대하여 적용하는 데에는 한계가 있었으므로 제35조의5와 상호 보완적인 의미가 있을 것이다.[231] 즉, 제28조는 어디까지나 공표된 저작물의 '인용'에 관한 조항이므로 원칙적으로 자신의 저작물인 인용저작물의 존재를 전제로 하여 거기에 피인용저작물인 타인의 공표된 저작물을 '끌어다' 사용하는, 이른바 '삽입형'(insert) 인용의 경우를 위한 규정이다. 따라서 제28조를 미공표 저작물이나 인용저작물의 존재를 전제로 하지 않는 이른바 '전유형'(appropriation) 인용을 비롯한 저작물의 '이용' 일반에 무작정 확대 적용하는 것은 바람직하지 않고 또한 형식적으로도 타당하지 않다.[232] 종전에도 저작권법 제28조가 사실상 일반조항으로서의 공정이용 조항으로 운영되고 있었던 것이 현실이고, 그래서 전유형 인용의 경우에도 제28조를 적용한 사례가 없었던 것은 아니다. 그러나

---

230) 종전 저작권법 제1호는 "영리성 또는 비영리성 등 이용의 목적 및 성격"이라고 되어 있었는데, 2016. 3. 22. 개정법(법률 제14083호)에서 "영리성 또는 비영리성 등" 부분을 삭제하였다. 영리성 있는 이용에 대해서도 더 넓게 공정이용을 인정해 주기 위한 취지라고 생각된다. 그러나 이러한 법 개정 이후에도 영리성 여부는 공정이용 여부를 판단함에 있어 상당히 중요한 역할을 하고 있는 것으로 보인다. 이일호, "우리 저작권법상 공정이용의 운영 현황과 과제", 한국저작권위원회, 계간 저작권 2023년 봄호, 제36권 제1호(통권 제141호), 165면.

231) 상게서, 11면.

232) 제28조는 공표된 저작물일 것을 요건으로 하지만, 제35조의5에서 저작물의 공표 여부는 하나의 고려요소에 불과하다.

일반조항이 아닌 것을 일반조항으로 해석하여 운영하는 상황을 방치하기보다는 정면으로 일반조항을 잘 구성하여 규정하고, 인용에 관한 규정은 개별조항으로서의 의미를 살리는 것이 입법정책상으로도 타당하다.[233] 그러한 점에서 현행법에서 제35조의5 공정이용 규정을 도입한 것은 타당성이 있는 입법이라고 생각된다. 또한 제28조에는 그 이용 목적과 관련하여 "보도·비평·교육·연구 등"이라는 예시적이지만 제한적인 문구가 부가되어 있는 반면에, 제35조의5 규정에는 그러한 제한적인 문구마저 삭제되었고, 따라서 그 적용범위가 제28조의 경우보다 넓어졌다는 점에서도 의미가 있을 것이다.

저작재산권 제한의 일반규정으로서의 성격을 가지는 제35조의5 공정이용 규정의 구체적 적용 및 해석에 관하여 미국과 일본의 해석론에 비추어 검토해 본다.

3. 미국법상 공정이용(Fair Use)의 법리

가. 의   의

공정이용의 법리는 보통법상 형평의 원리로부터 발전해 왔다. 공정이용의 법리는 법원으로 하여금 저작권법의 엄격한 적용이 오히려 불공정한 결과를 초래하는 경우, 예를 들어 타인의 창작의 자유를 부당하게 제한하거나 유용한 창작물의 공중에 대한 생산 및 배포에 바람직스럽지 못한 장애가 될 수 있는 경우에 그러한 결과를 피할 수 있는 융통성 있는 장치를 제공한다. 따라서 공정이용의 법리는 그 내용이 객관적이고 명확한 기준을 제공하기보다는 추상적이고 불명확할 수밖에 없으며, 각 사건마다 구체적인 사실관계와 상황에 따라 case-by-case로 적용되는 성질을 가진다.

나. 판단 기준

공정이용에 관하여 미국 저작권법 제107조는 다음과 같이 규정하고 있다.

제107조(배타적 권리에 대한 제한: 공정이용). 제106조 및 제106조의 A의 규정에도 불구하고 비평, 논평, 시사보도, 교수(학습용으로 다수 복제하는 경우를 포함), 학문 또는 연구 등과 같은 목적을 위하여 저작권으로 보호되는 저작물을 복제물이나 음반으로 제작하거나 기타 제106조 및 제106조의 A에서 규정한 방법으로 사용하는 경우를 포함하여 공정이용하는 행위는 저작권침해가 되지 아니한다. 구체적인 경우에 저작물의 이용이 공정이용에 해당하느냐 여부를 판단함에 있어서는 다음과 같은 사항을 참작하여야 한다.

---

233) 이해완, 전게서, 388면 참조.

① 이용의 목적 및 성격 : 그 이용이 상업적 성질의 것인지 또는 비영리적 교육목적을 위한 것인지 등(The purpose and character of the use, including whether such use is of a commercial nature or is for nonprofit educational purposes.)

② 저작권으로 보호되는 저작물의 성격(The nature of the copyrighted work.)

③ 이용된 부분이 저작권으로 보호되는 저작물 전체에서 차지하는 양과 상당성(The amount and substantiality of the portion used in relation to the copyrighted work as a whole.)

④ 그 이용이 해당 저작물의 잠재적 시장이나 가치에 미치는 영향(The effect of the use upon the potential market for or value of the copyrighted work.)

위의 모든 사항을 참작하여 결정하되 그 경우 저작물이 미발행 상태라는 점은 공정이용의 결정을 방해하지 아니한다.

(1) 이용행위의 태양

미국 저작권법 제107조는 비평, 논평, 시사보도, 교수, 학문 또는 연구 등을 위하여 저작물을 이용하는 행위를 공정이용에 해당하는 행위로 예시하고 있다. 이러한 행위들은 이른바 '생산적인 이용'(productive uses)으로서 저작권법이 추구하고자 하는 목적에 부합하기 때문에 저작권을 제한하고 자유이용을 허용하는 것이다. 그러나 이러한 행위태양은 예시적인 것이므로 여기에 해당하지 않는 것이라 하더라도 공정이용에 해당하는 경우가 있을 수 있다.

(2) 4가지 판단요소

(가) 이용의 목적 및 성격

① 상업적 이용과 비상업적 이용

우선 그 저작물을 이용하는 목적이 상업적인 것인지 아니면 비영리적인 것인지를 고려한다. 미국 연방대법원은 Harper & Row Publishers 사건[234]에서 저작물을 이용하는 목적이 상업적인 것이라면 비상업적인 경우보다 공정이용으로 판단될 여지가 더 적어진다고 하였다. 이 사건에서 연방대법원은 통상적으로 지급하여야 할 저작물 사용료를 지급하지 아니하고 그 저작물의 이용으로부터 경제적 이익을 얻는다면 이는 상업적 이용이라고 하면서, 피고의 뉴스 잡지가 포드 전 미국 대통령이 저술한 회고록 일부분을 게재하여 보도한 것에 대하여 공정이용에 해당하지 않는다고 하였다. 이 사건에서 피고의 행위는 일종의 '시사보도'(news reporting) 행위이고 이는 앞에서 본 공정이용에 해당하는 행위태양에 속한다. 그럼에도 법원은 이용행위의 목적이 상업적이라는 점을 고려하여 공정이용에 해당하지 않는다고 판

---

234) Harper & Row Publishers, Inc. v. Nation Enterprises, 471 U.S. 539(1985).

단한 것이다.

그러나 공정이용 여부를 결정하기 위한 요소로서의 상업적·비상업적의 구별 실익이나 중요성은 오늘날에 이르러서는 많이 희박해졌다고 할 수 있다. 그리하여 미국 연방대법원도 1994년의 Campbell 사건235)에서 저작물의 이용이 상업적인 성격을 갖는다는 것만으로 공정이용이 성립하지 않는다고 추정할 수는 없다고 판시하기에 이르렀다. 이 사건에서는 'Oh, Pretty Women'이라는 노래 가사를 패러디하여 랩 음악 형태로 발표한 피고의 행위는 명백히 상업적 목적을 위한 것이지만, 변형적 이용으로서의 성격이 크다는 점을 들어 공정이용에 해당한다고 하였다.

② 변형적 이용(transformative use)

피고의 이용행위가 '생산적'(productive) 또는 '변형적'(transformative)236) 이용행위인지 여부는 중요한 고려요소이다. 변형적 이용이란 원저작물을 이용한 결과물이 단순히 원저작물을 대체하는 수준을 넘어 원저작물에 없거나 또는 원저작물과는 다른 사상이나 감정을 전달함으로써 원저작물과는 별개의 목적이나 성격을 갖게 되는 경우를 말한다. 미국의 법원은, 변형적 이용은 원저작물을 소재로 사용하면서도 그것에 변형을 가하여 새로운 사상이나 감정 또는 새로운 정보, 미적 느낌, 통찰, 이해 등을 갖도록 함으로써 궁극적으로 문화의 향상발전을 도모할 수 있다는 점에서 공정이용의 성립을 인정하는 핵심적인 요소라고 해석하는 경향이 강하다.237)

③ 부수적·우발적 이용과 고의적·비윤리적 이용

이용행위가 '부수적'(subordinate) 또는 '우발적'(incidental)인 것인지 여부도 고려의 대상이 된다. 부수적 또는 우발적 이용행위라면 공정이용에 해당할 여지가 커진다. 시사보도의 과정에서 저작물이 우연히 들리거나 보이게 되는 경우가 그 대표적인 사례이다.

또한 이용행위가 윤리적 관점에서 볼 때 적절한 것인지 여부도 고려의 대상이 된다. Harper 사건에서 미국 연방대법원은 공정이용의 항변은 형평법상의 법원리에 기초한 것이므로 이용행위의 윤리적 적합성 또는 선의(good faith) 여부가 고려되어야 한다고 판시하였다. 이 사건에서는 피고 뉴스 잡지사가 아직 출판되지 않은 회고록 원고(原稿)를 불법적인 수단으로 입수한 것에 주목하면서, 이러한 정황은 공정이용의 항변을 배척하는 이유가 된다

---

235) Campbell v. Acuff-Rose Music, 510 U.S. 569(1994).

236) 여기서 transformative use를 '변형적(變形的) 이용'이라고 직역하고 있지만, 이와 같은 직역은 적절하지 않고 그보다는 '창작부가적'(創作附加的) 이용이라고 하는 것이 좋다는 견해가 있다. 作花文雄, 詳解 著作權法, 제3판, ぎょうせい, 310면.

237) 예를 들어, Elvis Presley Enterprises, Inc. v. Passport Video, 349 F.3d 622(9th Cir. 2003) 판결에서 제9 항소법원은 "변형적 이용은 연방저작권법 제107조의 공정이용을 판단하는 제1 요소에 있어서 가장 중요하게 고려하여야 할 사항"이라고 하고 있다.

고 하였다.

그러나 원저작물에 대한 이용이 고의적인 이용행위인지 여부가 고려의 대상이 될 수 있는지에 대하여는 판례가 갈리고 있다. 실제로 공정이용 성립 여부가 문제로 되는 대부분의 사건들은 고의적 또는 의도적으로 원저작물을 사용하는 경우일 것이므로 고의적·의도적 이용이라고 하여 공정이용을 부정한다면 공정이용의 항변이 받아들여질 여지는 거의 사라지게 될 것이다.

(나) 이용되는 저작물의 성격

Harper 사건에서 미국 연방대법원은 이용되는 저작물이 공표(발행)된 저작물인지 미공표(미발행) 저작물인지는 공정이용 여부를 판단함에 있어서 매우 중요한 요소라고 판시하였다. 미공표된 저작물을 허락을 받지 아니하고 미리 이용하여 공표하는 것은, 공표의 시점을 결정하고 최초 공표자가 되고자 하는 저작자의 권리를 심각하게 훼손하는 것이 되어 대부분의 경우 공정이용으로 보기 어렵다는 것이다. 그러나 그렇게 될 경우 예를 들어 유명 인물의 전기나 평전을 작성하면서 일반 대중에게 알려지지 아니한 미공개 자료의 내용을 인용하는 경우에 공정이용이 성립할 여지가 크게 줄어들 수 있고 이는 표현의 자유를 제한할 우려가 있다는 점이 지적되었다. 이에 미국 의회는 1992년 저작권법 제107조를 개정하면서, 제107조의 4가지 요소를 모두 고려하여 결정하되 그 경우 저작물이 발행되지 않았다는 사정은 공정이용의 성립을 인정하는 데 장애가 되어서는 안 된다는 점을 명문으로 추가하기에 이르렀다.[238]

저작물의 성격과 관련하여 또 한 가지 중요한 고려요소는 이용되는 저작물이 '사실적 저작물'(factual work)이냐 '허구적 저작물'(fictional work)이냐 하는 점이다. 역사저작물이나 전기(傳記)저작물과 같은 사실적 저작물의 경우에는 공정이용이 허용되어야 할 여지가 높아진다. 역사적 사실이나 전기적 사실은 특정인에게 독점되어서는 안 되고, 누구든지 그러한 사실을 인용하거나 활용하여 자신의 창작을 할 수 있어야 하기 때문이다. 이에 반하여 허구적 저작물의 경우에는 다른 사람들이 반드시 그 저작물을 인용하여야 할 필요성이 그다지 크지 않으므로 공정이용을 허용하여야 할 필요성도 그만큼 적어진다.

(다) 이용된 부분이 원고 저작물 전체에서 차지하는 양과 상당성

Harper 판결에서는 원고의 저작물 중에서 클라이맥스 또는 핵심에 해당하는 실질적으로 중요한 표현을 차용하였다면 그 부분이 비록 양적으로는 얼마 되지 않는다고 하더라도 공정이용을 부정하는 요소로 작용한다고 판시하고 있다. 그리하여 200,000 단어 분량의 원

---

238) 미국 저작권법 제107조 후문: 17 U.S.C. § 107 " … The fact that a work is unpublished shall not itself bar a finding of fair use if such finding is made upon consideration of all the above factors."

저작물 중에서 300 단어 정도를 인용하여 양적으로는 얼마 되지 않지만, 그 부분이 질적으로 핵심적인 내용을 이루고 있다는 점을 공정이용의 성립을 부정하는 요소로 판단하였다.

또 한 가지 중요한 것은 피고가 자신의 저작물을 작성하기 위하여 필요한 범위 내에서 이용을 하였느냐 아니면 그 범위 이상의 것을 이용하였느냐 하는 점이다. 필요한 범위 이상으로 원고 저작물을 차용하였다면 이는 공정이용을 부정하는 근거가 될 수 있다.

(라) 이용행위가 원고 저작물의 잠재적 시장이나 가치에 미치는 영향

Harper 사건에서 미국 연방대법원은 이 4번째 고려 요소가 전체 4가지 고려 요소 중에서 가장 중요한 것이라고 하였다. 피고의 이용행위가 원고 저작물 또는 그것을 원작으로 하는 2차적저작물의 시장적 가치를 그다지 훼손하지 않는다면 이는 공정이용이 될 가능성이 높아진다. 이 4번째 요소는 원고 저작물에 대한 '잠재적' 가치의 훼손 여부를 판단하는 것이므로 현실적인 훼손이 있다고 입증된 경우는 물론이고 훼손의 우려가 있다는 점만이라도 입증이 되면 공정이용을 부정하는 요소로 작용한다.

'잠재적 시장'이라 함은 원저작물의 2차적저작물 또는 대체저작물에 대한 시장, 원저작물의 저작자가 스스로 또는 제3자로 하여금 향후 개발하는 것이 일반적·관행적이거나 합리적 가능성이 있는 시장, 원저작물의 저작권자가 이용허락을 할 가능성이 있는 시장 등을 의미한다.

4. 소 결

시간의 흐름에 따라 사회는 변동하고 새로운 저작물이나 새로운 이용방법들이 등장하고 있으며, 그 변화의 속도는 점점 빨라지고 있다. 그리하여 문화 및 관련 산업의 향상발달이라고 하는 저작권법의 목적에 비추어 저작권자의 권리를 제한하고 공정이용을 허용하여야 할 필요성이 있는 새로운 분야들도 속속 생겨나고 있다. 그런데 이러한 필요성이 나타날 때마다 일일이 입법적으로 대응을 하는 것에는 한계가 있다. 그리하여 저작재산권 제한규정에 열거되어 있지 않더라도 일반 법리로서 공정이용의 법리를 적용할 수는 없는 것인가 하는 의문은 계속 제기되어 왔다. 일반 법리로서 공정이용의 법리를 적용한다면 매번 번거로운 입법 절차를 거치지 않더라도 그때그때의 새로운 이용의 필요성에 탄력적인 대응을 할 수 있기 때문이다. 이러한 점에서 저작권법이 제35조의5 규정을 도입한 것은 매우 큰 의미를 가진다.

그러나 공정이용 규정이 우리 저작권법에 도입된 지 상당한 기간이 흘렀음에도 우리 법원이 이 규정을 직접적으로 다룬 사례는 많지 않다. 그나마 하급심 판결에서 찾아볼 수 있을 뿐, 아직 대법원 판례는 나오지 않고 있다. 그런 중에 서울중앙지방법원 2017. 6. 15. 선고 2016가합534984 판결은 제35조의5 제2항의 4가지 기준을 모두 고려하여 종합적인 판단을 내리고 있어서 참고가 될 만하다. 이 판결에서는, "저작물의 이용의 목적이 원저작물의 시장 또는 가치에 미치는 영향을 중심으로 검토하는데, 저작물 이용의 목적이 원저작물과는 다른 변형적 방법이나 변형적 목적으로 이용되어 원저작물을 단순히 대체하는 것이 아니라 새로운 가치를 부여하였다면 공정이용으로 인정하기 용이하고, 저작물을 이용한 이후에 원저작물을 이용할 동기가 상당 부분 감소하여 '원저작물의 수요대체성'이 인정된다면 공정이용으로 인정하기 어렵다. 이에 관한 원저작물의 시장 또는 가치의 범위는 저작물 그 자체뿐만 아니라 그 저작권의 효력이 미치는 2차적 저작물의 시장범위를 포함하나, 저작권 자체(표현)로 인한 시장범위에 한정되고 그 저작물에 포함된 내용(아이디어)으로 인한 시장범위까지 확장되는 것은 아니다. 한편 영리성은 이용자의 동기가 금전적인 이득을 얻기 위한 것인지 여부가 아니라 이용자가 일반적인 대가를 지불하지 아니하고 저작물을 이용하여 이익을 취하였는지 여부를 의미하는 것으로 이용하는 저작물 자체에 대한 영리성에 한정하여야 하는데, 현대 사회에서는 언론, 교육, 연구 등을 위한 목적이라고 하더라도 그 영리적 동기를 완전히 배제하기 어렵고, 위 개정 취지도 고려하면, 영리성 그 자체를 중요한 요소로 판단하기 어렵다. 따라서 단순히 이용자에게 영리적인 동기나 목적이 있다고 하여 공정이용으로 인정할 수 없는 것이 아니고, 그 영리성이나 이용의 목적이 충분히 변형적으로 인정되어 원저작물의 현재 또는 잠재적인 시장 또는 가치에 부정적 영향을 미치지 않는다면 공정이용으로 인정할 수 있다."고 하였다.[239]

XX. 프로그램에 대한 적용 제외

프로그램저작물에 대하여는 저작재산권 제한 규정 중 저작권법 제23조(재판절차 등에서의 복제) · 제25조(학교교육목적 등에의 이용) · 제30조(사적이용을 위한 복제) 및 제32조(시험문제로서의 복제) 규정을 적용하지 아니한다. 다만, 프로그램저작물에 대하여는 2009. 4. 22. 법 개정

---

239) 사안은 건강보험심사평가원 비급여대상 심사를 위해 타인의 논문을 복제하여 첨부서류로 제출한 것이다. 위 1심 판결은 위와 같은 법리 설시 아래 공정이용 항변을 인정하였으나, 항소심인 서울고등법원 2019. 9. 26. 선고 2017나2034378 판결에서는, 피고의 행위로 피고는 상당한 이익을 얻을 것으로 예상되고, 저작물 전체를 그대로 사본하여 첨부한 점에 비추어 공정이용에 해당하지 않는다고 판단하였다. 이일호, 전게 논문, 부록 제21면에서는, 위 1심 판결은 '영리성'의 의미를 좁게 해석한 것인데, 이러한 입장은 비교적 소수에 속하고, 항소심이 이를 받아들이지 않은 것으로 보인다고 하였다.

에 따라 저작권법이 종전의 구 컴퓨터프로그램보호법을 흡수통합하면서 "저작권법 제 5 장 의2 프로그램에 관한 특례" 부분(제101조의2부터 제101조의7)이 신설되었는데, 그 중 제101조 의3(프로그램의 저작재산권의 제한), 제101조의4(프로그램코드 역분석), 제101조의5(정당한 이용자에 의한 보존을 위한 복제 등) 부분이 프로그램 저작재산권의 제한 규정으로서의 역할을 하고 있 다. 이에 관하여는 뒤의 제 7 장 제 7 절 '프로그램에 관한 특례' 부분에서 살펴보기로 한다.

제 3 절 저작재산권 제한규정의 관련 문제

I. 출처의 명시

1. 의 의

저작재산권 제한 규정에 따라 저작물을 이용하는 자는 그 출처를 명시하여야 한다. 다 만, 제26조(시사보도를 위한 이용), 제29조부터 제32조까지(비영리 공연·방송, 사적복제, 도서관 등 에서의 복제, 시험문제로서의 복제), 제34조(방송사업자의 일시적 녹음·녹화) 및 제35조의2(일시적 복 제)의 경우에는 그러하지 아니하다(저작권법 제37조 제 1 항). 출처의 명시는 저작물의 이용 상 황에 따라 합리적이라고 인정되는 방법으로 하여야 하며, 저작자의 실명 또는 이명이 표시 된 저작물인 경우에는 그 실명 또는 이명을 명시하여야 한다(같은 조 제 2 항).

저작권법 제138조 제 2 호는 이와 같은 규정을 위반하여 출처를 명시하지 아니한 자에 대한 형사처벌을 규정하고 있다. 여기서 이러한 출처명시의무를 지키지 않은 경우에 저작물 의 이용도 위법하게 되는 것인지, 즉 출처명시가 저작재산권 제한규정에 해당하기 위한 또 하나의 요건인지 여부가 문제로 된다. 만약 출처명시의무가 저작재산권 제한 규정을 적용받 기 위한 요건에 해당한다면 출처명시의무를 위반한 경우 결국 저작권침해의 책임을 지게 된다고 할 것이다. 그런데 저작권법은 벌칙 규정과 관련하여 제136조에서 저작권침해죄에 대한 벌칙을 규정하면서 5년 이하의 징역이나 5천만 원 이하의 벌금 또는 그 병과에 처하 도록 하고 있는 한편, 출처명시의무위반죄에 대하여는 제138조 제 2 호에서 500만 원 이하 의 벌금에 처하도록 하고 있다. 이처럼 별개의 규정으로 형량에 있어서도 큰 차이를 두고 있는 것은 출처명시의무를 위반하였다고 하여 그것이 곧 저작권 등 권리의 침해가 되지는 않는다는 것이며, 이는 결국 출처명시의무의 이행이 저작재산권 제한규정을 적용하기 위한 요건은 아니고, 타인의 저작물을 이용함에 있어서 이용자에게 부과되는 의무에 해당할 뿐임을 의미하는 것이라고 이해된다.

따라서 예컨대 출처를 명시하였는지의 여부가 제28조 공표된 저작물의 인용 규정의 요건 중 하나인 "공정한 관행에 합치" 요건의 충족 여부를 판단하는 하나의 기준이 될 수는 있겠지만, 출처를 명시하지 아니하였다고 하여 반드시 공표된 저작물 인용의 요건을 충족하지 못한 것이고, 따라서 저작권침해의 책임을 부담하여야 한다는 결론으로 이어지는 것은 아니다.

2. 출처명시의 방법

저작권법은 출처의 명시는 저작물의 이용 상황에 따라 합리적이라고 인정되는 방법으로 하여야 한다고 규정한다. 이용 상황에 따라 합리적인 방법이란, 예를 들어 학술논문의 경우에는 저작물의 제호와 저작자명을 표시하고, 이에 덧붙여 해당 저작물이 게재된 서적, 잡지, 논문집 등의 서적명, 출판사명, 판수 또는 권호수, 발행연월일, 게재된 페이지를 밝혀 주는 것을 의미한다. 신문이나 잡지 등 정기간행물의 기사나 논설 등에서는 학술논문의 경우보다는 간략한 방법으로 표시하더라도 어느 정도 용인될 수 있을 것이다. 연설이나 강연 등의 저작물로부터 이용하는 경우에는 해당 연설이나 강연 등의 시기와 장소 등을 명시한다. 미술저작물이나 건축저작물을 이용하는 경우에는 그 소유자나 소장자, 설치 및 전시 장소 등을 표시하고, 영화의 경우에는 영화제작자를 명시하는 등의 표시방법을 생각해 볼 수 있다. 번역물과 같은 2차적저작물을 이용하는 경우에는 2차적저작물 자체의 표시에 덧붙여 원저작물의 제호나 원저작자명까지 표시하는 것이 합당하다.

출처를 명시하는 위치는 일반적으로 이용된 저작물과 가장 가까운 곳으로 하는 것이 원칙이다. 학술논문의 경우에는 본문 속의 주나 각주(脚註) 또는 후주(後註) 등의 방법을 사용하는 것을 의미한다. 소설과 같은 교양서적 등의 경우에는 문장의 흐름에 비추어 해당 본문 중에서 출처를 명시하는 것이 부적당한 경우도 있어 어느 정도의 융통성은 허용되지만, 그렇다고 하여 책의 머리말이나 끝머리에 참고문헌을 일괄적으로 기재하는 것만으로는 어느 저작물이 어디에서 어떻게 이용되고 있는지를 확인할 수 없으므로 적절한 출처명시 방법으로는 부족하다.

대법원 2016. 10. 27. 선고 2015다5170 판결은, "저술의 성격 내지 학문 분야에 따라 요구되는 출처표시의 정도에 차이가 있을 수는 있으나, 출처의 표시는 저작물의 이용 상황에 따라 합리적이라고 인정되는 방법으로 하여야 한다(저작권법 제37조 참조). 외국 문헌을 직접 번역하여 자기 저술에 인용하는 경우에는 외국 문헌을 출처로 표시하여야 하고, 외국 문헌의 번역물을 인용하는 경우에는 합리적인 방식에 의하여 외국 문헌을 원출처로, 번역물을 2차 출처로 표시하여야 한다. 타인과의 공저인 선행 저술 중 일부를 인용하여 단독 저술을 할 때는 원칙적으로 출처표시의무를 부담하고, 공저가 편집저작물이나 결합저작물에 해당하는 경우라도 자신의 집필 부분을 넘어 다른 공저자의 집필 부분을 인용하는 경우에는 출처표시의무를 부담한다."고 판시하였다.

Ⅱ. 저작인격권과의 관계

저작재산권 제한에 관한 규정은 저작인격권에 영향을 미치는 것으로 해석되어서는 아니 된다(저작권법 제38조). 저작재산권과 저작인격권은 서로 구분되는 별개의 권리이므로 저작재산권에 관한 제한규정이 저작인격권까지 제한하는 등 영향을 미쳐서는 아니 된다는 것이다.

저작재산권과 저작인격권이 서로 별개의 권리라고 하여도 저작물을 이용할 때 저작재산권과 저작인격권은 상호 연동하여 작용하는 경우가 많다. 따라서 저작재산권의 제한규정에 근거하여 저작물을 이용함으로써 저작재산권은 침해되지 않는 경우에도 저작인격권의 침해가 발생할 수 있다. 이때 저작인격권의 침해가 성립하는지 여부는 저작권법이 저작재산권을 제한하는 취지와 저작인격권을 보호하는 취지 및 그 상호관계에 비추어 개별적으로 판단하여야 할 것이다. 그 중에서 특별히 문제가 될 만한 것들에 관하여 아래에서 검토해 보기로 한다.

1. 저작재산권의 제한규정과 공표권의 관계

저작물을 이용하게 되면 통상 그 저작물의 공표를 수반하게 되는 경우가 많다. 이때 그 저작물의 이용이 저작재산권의 제한규정에 따른 것이어서 저작재산권의 침해는 성립하지 않더라도, 저작인격권인 공표권의 침해는 성립하는 경우가 있다. 다만, 공표권의 침해 문제는 '미공표' 저작물에 대하여만 발생할 수 있는데, 상당수의 저작재산권 제한규정은 '공표된 저작물'을 대상으로 한다는 점을 명문으로 규정하고 있기 때문에, 그러한 경우에는 공표권 침해의 문제는 발생할 여지가 없다.

시사보도를 하는 과정에서 보이거나 들리는 저작물이 아직 공표되지 않은 저작물인 경우에는 공표권 침해가 문제로 될 수 있다. 예를 들어, 화가의 집에서 발생한 미술품 도난사건을 방송으로 보도하는 과정에서 그 화가가 창작하였지만 아직 공표하지 아니한 상태로 보관하고 있던 그림이 우발적으로 보이게 되는 경우를 생각해 볼 수 있다. 이 경우에는 시사보도의 공공적 사명 또는 언론의 자유 등과의 관계를 고려해야 할 것이다. 그러나 미공표 저작물이라 하더라도 일단 방송에 의하여 공표가 된 이후에는 더 이상 공표권을 행사할 여지가 없어지는 것이므로 민사적 구제방법으로서 공표권 침해를 이유로 한 저작권법 제123조의 침해의 정지를 청구할 실익은 거의 없을 것이다. 나아가 저작권법 제125조의 손해배상을 청구하기 위해서는 침해자의 고의 또는 과실을 요구하는데, 미공표 저작물이라는 정을 모르고 시사보도를 하는 과정에서 우발적으로 보이거나 들리게 된 것을 가지고 고의나 과실이 있다고 볼 수 있는지는 의문이며, 구체적인 경우에 들어가면 공표권 침해자의 고의나 과실에 대한 입증이 어려운 경우가 많을 것이다.

미술저작물 등(사진저작물과 건축저작물을 포함한다)의 원본의 소유자나 그의 동의를 얻은 자가 그 저작물을 원본에 의하여 전시하는 경우, 전시는 공표를 수반하게 되므로 공표권 침해가 문제로 될 수 있다. 그러나 저작자가 공표되지 아니한 미술저작물 등의 원본을 양도한 경우에는 그 상대방에게 저작물의 원본의 전시방식에 의한 공표를 동의한 것으로 추정되므로(저작권법 제11조 제3항) 그러한 공표 동의가 없었다는 점에 관하여는 저작자 측에서 이를 입증하여야 할 것이다.

2. 저작재산권의 제한규정과 성명표시권의 관계

저작권법 제37조의 규정에 따라 출처를 명시한 경우에는 일반적으로 저작자의 의사에 합치되는 방법으로 성명표시를 한 것으로 볼 것이므로, 특별히 성명표시권의 침해가 되지는 않는다. 따라서 저작권법상 출처명시의무와 성명표시권은 원칙적으로 충돌할 여지가 없고, 오히려 출처명시의무를 준수한 경우에는 통상적으로 성명표시권의 보호도 이루어진 것이라고 볼 수 있다.

그러나 출처명시의무와 성명표시권은 그 취지와 성격이 엄연히 다르다. 출처명시의무가 저작재산권 제한규정에 의하여 저작물을 이용하게 될 때에 저작재산권자가 받을 수 있는 피해나 불이익을 방지하기 위한 규정이라고 한다면, 성명표시권은 저작자의 인격적 이익을 보호하기 위한 규정이다. 따라서 출처명시의무를 이행하였다고 하여 반드시 성명표시권의 침해가 성립하지 않는다거나, 반대로 출처명시의무를 불이행하였다고 하여 곧바로 성명표시권의 침해가 되는 것은 아니다. 예를 들어, 무명저작물에 저작자의 실명을 표시하여 이용하는 것은 출처명시의무의 위반은 되지 않지만 성명표시권의 침해는 될 수 있다.[240]

3. 저작재산권의 제한규정과 동일성유지권의 관계

저작재산권의 제한규정에 따라 저작물을 이용하는 경우에도 함부로 저작물의 내용이나 형식, 제호 등을 개변하는 것은 동일성유지권의 침해로 된다. 또한 동일성유지권이 제한되는 경우에 관한 저작권법 제13조 제 2 항은 저작재산권 제한규정에 의하여 저작물을 이용하는 경우에도 마찬가지로 적용되어야 한다. 예를 들어, 학교 교육목적을 위하여 부득이한 경우로서, 소설 중 일부분을 초등학교 교과서에 게재하면서 소설에 나오는 어려운 한자 용어를 그 교육대상인 초등학생에게 적합한 쉬운 우리말로 개변하여 이용하는 것에 대하여는 저작자가 동일성유지권에 기초하여 이의를 제기할 수 없을 것이다.

한편, 저작재산권 제한규정의 적용을 받아 저작물을 이용하는 경우에 그 규정에서 저작물의 전체가 아닌 일정한 범위로 제한된 이용만을 허용하고 있는 경우는 다소 문제가 될 수 있다. 예를 들어 저작권법 제28조의 "공표된 저작물의 인용" 규정이나 제32조의 "시험문제로서의 복제" 규정에서는 "정당한 범위"로 이용범위가 제한되어 있고, 제25조 제 2 항의 "수업 목적을 위한 이용" 규정에서는 "공표된 저작물의 일부분"으로 이용범위가 제한되어 있다. 그런데 이러한 규정에 따라 저작물의 일부분만을 이용하는 경우 그것이 오히려 저작물의 내용이나 형식을 임의로 개변하는 것이 되어 동일성유지권 침해가 될 수 있어 문제인 것이다. 그러나 그렇게 되면 저작재산권 제한규정에서 정하고 있는 제한된 범위를 넘어서서 이용을 한 경우에는 동일성유지권 침해의 책임을 지지 않아도 되고, 오히려 저작재산권 제한규정에 따라 충실하게 범위를 제한하여 이용한 행위가 동일성유지권 침해가 된다는 불합리한 결론에 이르게 된다. 따라서 이러한 경우에는 어떻든 동일성유지권의 침해가 되지 않는다고 보아야 한다.

마찬가지로 저작권법 제36조에서는 저작재산권 제한규정에 따라 저작물을 이용함에 있어서 일정한 경우에는 그 저작물을 번역하거나, 또는 편곡, 개작하여 이용할 수 있다고 규정하고 있다. 이러한 규정에 따라 저작물을 번역, 편곡 또는 개작하여 이용하는 경우 역시 동일성유지권의 침해가 되지 않는다고 보아야 한다. 이는 2차적저작물작성권을 가지는 자가 그 권리의 범위 내에서 저작물에 새로운 창작성을 부가하는 변경행위가 동일성유지권의 침해가 되지 않는 것과 마찬가지이다. 다만, 그러한 경우에도 저작물의 본질적인 내용을 변경하는 것은 저작권법 제13조 제 2 항 단서의 규정 취지에 비추어 허용되지 않는다고 보아야 한다. 예를 들어, 번역을 하면서 저작물의 본질적인 내용을 변경할 정도의 오역(誤譯)을 한다면 이는 동일성유지권의 침해가 될 수 있다.[241]

---

240) 半田正夫·松田政行, 전게서, 470면.

Ⅲ. 저작권의 남용

1. 민법상 권리남용 법리의 적용

우리나라는 저작권 남용의 항변을 민법상 권리남용 금지의 원칙 테두리 내에서 파악하고 있다. 그런데 민법의 일반원칙인 권리남용 금지의 원칙은 기본적으로 사권(私權)을 대상으로 한 것이어서 그 적용요건이 매우 엄격하고, 따라서 실제 사건에서 권리남용이라고 판단되는 경우는 매우 드물다. 민법상 권리남용이 성립하기 위해서는 첫째, 주관적 요건으로서 가해의사 내지 목적이 필요하고, 둘째, 객관적 요건으로서 권리의 행사가 신의성실의 원칙, 공공복리, 공평의 이념, 사회 윤리관념, 공서양속과 도의, 사회질서, 정의 등에 위반될 것을 요구한다. 이 중 주관적 요건이 권리남용 금지의 항변을 쉽게 받아들일 수 없도록 하는 장애물로 작용한다. 대법원 판결도 민법상 권리가 남용되었는지 여부를 판단함에 있어서 주관적 요건이 필요하다는 취지로 판시하고 있다.[242]

일본의 경우 저작권 침해소송에서 권리남용의 항변이 제기된 사례가 몇 건 있었으나 실제 권리남용으로 인정된 사례는 거의 찾아볼 수 없다.[243] 우리나라의 경우에도 그렇다. 저작권 남용의 항변이 제기된 최초의 사례라고 알려지고 있는 하급심 판결[244]에서는 저작권자의 가해의사 내지 목적이라고 하는 주관적 요건을 저작권 남용의 성립 요건으로 보아 저작권 남용의 항변을 배척하였다. 그 외에 같은 취지에서 피고의 권리남용 항변을 배척한 하급심 판결이 다수 존재한다.[245]

그러나 저작권법 제1조의 목적 규정에서 '저작권의 보호'와 아울러 '공정한 이용'을 강

---

241) 加戸守行, 전게서, 164면.

242) 대법원 2003. 11. 27. 선고 2003다40422 판결. 대법원 2005. 3. 24. 선고 2004다71522, 71539 판결(다만, 그 권리의 행사가 상대방에게 고통이나 손해를 주기 위한 것이라는 주관적 요건은 권리자의 정당한 이익을 결여한 권리행사로 보여지는 객관적인 사정에 의하여 추인할 수 있다고 판시하고 있다) 등.

243) 동경지방법원 1996. 2. 23. 평성 5(7) 8372 "충격의 시리즈, 역시 추녀를 좋아해" 사건에서 피고의 권리남용 항변이 받아들여진 사례가 있으나, 이 사건은 원고와 피고 사이에 작품 수정에 대한 합의가 있었음에도 그 합의에 위반하여 수정 작업을 이행하지 않은 원고가 부득이하게 스스로 수정작업을 거쳐 원고 저작물을 출판한 피고에 대하여 복제권 및 동일성유지권 침해의 책임을 묻는 것은 권리남용에 해당한다고 한 것이다. 따라서 당사자 사이에 계약관계가 존재하였고, 원고 스스로 그 계약을 위반한 사례라는 점에서 순수한 저작재산권 제한에 관한 사례라고는 보기 어렵다. 그 외 권리남용 항변이 제기된 동경고등법원 1983. 4. 22. 昭和 52(ネ) 827 '龍溪書舍' 판결 및 동경고등법원 1986. 10. 17. 昭和 59(ネ) 2293 '藤田 畵伯' 판결에서는 모두 권리남용 항변이 배척되었다.

244) 수원지방법원 성남지원 2003. 6. 25.자 2002카합280 음반복제금지등 가처분 사건(일명 '벅스뮤직' 사건).

245) 수원지방법원 성남지원 2004. 7. 22.자 2004카합125 결정; 서울지방법원 2003. 9. 30.자 2003카합2114 결정 등.

조하고 있는 점에 비추어 볼 때 주관적 요건을 엄격하게 요구하는 것은 문제가 있다. 저작권법의 목적과 법률체계, 사회질서 및 사회적 후생, 공공복리 등의 구체적인 상황을 종합적으로 고려한 '객관적 사정'이 저작권의 남용 여부를 판단하는 중요한 기준이 되어야 할 것이다. 대법원도 특허권이나 상표권과 같은 지적재산권이 관련된 경우에는 권리남용을 판단함에 있어 권리자의 '가해의사 내지 목적'보다는 특허의 진보성이 결여되어 특허무효임이 명백한 경우,[246] 상표등록이 무효임이 명백한 경우[247] 등의 '객관적 사정'을 핵심적인 요건사실로 다루고 있음을 볼 수 있다.

2. 독점규제법의 적용

민법상 권리남용의 법리 외에 독점규제법상 불공정 거래행위나 시장지배적 지위 남용 등의 법리를 적용하여 저작권 남용 여부를 판단할 수 있다. 이 경우 민법상 권리남용 법리의 적용요건인 주관적 요건을 따질 필요가 없어서 저작권을 제한할 수 있는 범위가 더 넓어지거나 탄력적 적용이 가능하다. 예를 들어, 저작권자가 이용허락을 하면서 이용권자에게 저작권으로 보호되지 않는 비보호저작물을 끼워팔기를 하거나, 이용허락된 저작물을 이용권자가 복제 배포하려고 할 때에 배포 장소나 판매가격을 제한하는 경우 불공정거래행위에 해당할 수 있다. 이때 민법상 권리남용의 법리가 적용되기는 어렵다 하더라도 독점규제법에 따라 저작권자에게 시정조치, 과징금 부과, 형사벌 등의 제재를 가할 수 있고, 저작권자의 민사적 청구에 있어서도 그 권리행사를 제한할 수 있다.

실제로 서울중앙지방법원 2011. 9. 14.자 2011카합683 결정은 특정 출판사의 국어 교과서와 문제집을 기본교재로 한 동영상 강의를 제작하고자 하는 동영상 강의업체가 해당 교과서와 문제집의 저작권자인 출판사와의 사이에 저작물 이용허락계약을 체결하고자 하였으나 거부당하여 결국 이용허락 없이 동영상 강의를 제작하여 서비스한 사례에서 독점규제법의 법리를 적용하여 피신청인(동영상 강의업체)의 권리남용 항변을 받아들인 바 있다.

---

246) 대법원 2012. 1. 19. 선고2010다95390 전원합의체 판결. 진보성이 결여되었음이 명백하여 결국 특허발명이 무효임이 명백한 경우에 특허권을 행사하면서 특허권침해금지소송을 제기하는 것은 특허권 남용에 해당하여 허용되지 않는다고 판시하였다.

247) 대법원 2007. 1. 25. 선고 2005다67223 판결. 상표등록이 무효임이 명백한 경우에 상표권을 행사하면서 상표권침해금지소송을 제기하는 것은 상표권 남용에 해당하여 허용되지 않는다고 판시하였다.

Ⅳ. 저작재산권 제한규정의 성질 – 강행규정과 임의규정

1. 서   설

저작재산권의 제한규정이 강행규정과 임의규정 중 어느 것에 해당하느냐에 따라서 저작재산권자와 이용자 사이의 이용허락계약 또는 특약으로 동 규정의 적용을 배제할 수 있는지 여부가 달라질 수 있다. 최근 저작물, 특히 그 중에서도 컴퓨터프로그램저작물과 관련하여 저작재산권자가 유통업자를 통하여 이용자와 shrink wrap license[248])를 체결하는 경우가 늘어나고 있으며, 더 나아가 인터넷 환경 아래에서는 저작재산권자가 유통업자를 중간에 게재시키지 않고 최종 이용자와 click on license를 통하여 직접 이용허락계약을 체결하는 경우도 많다. 이러한 과정에서 저작재산권자들은 이용허락계약에 특약 조항을 두어 저작권법이 규정하고 있는 저작재산권 제한규정을 배제하고자 하는 시도를 하고 있다.

이에 저작자의 권리를 제한하는 저작재산권 제한규정이 당사자 사이의 특약에 의하여 배제될 수 있는 것인지 여부가 문제로 된다. 이는 결국 저작재산권 제한규정이 강행규정이냐 아니면 임의규정이냐 여부와 관련이 깊다.

2. 강행규정과 임의규정

가. 의   의

사법상의 법률효과를 중심으로 볼 때 법규는 강행법규와 임의법규로 구별된다. 당사자의 의사에 의하여 그 규정의 적용을 배제할 수 있는 규정을 '임의규정'(任意規定) 또는 '임의법규', 당사자의 의사에 의하여 그 규정의 적용을 배제할 수 없는 규정을 '강행규정'(强行規定) 또는 '강행법규'라고 한다.

나. 개별 저작재산권 제한규정의 성질

공익상의 이유에서 인정되는 권리제한규정이라면 이는 그 규정을 배제하는 특약의 유

---

248) shrink wrap license는 패키지 소프트웨어의 대표적인 이용허락계약 형태이다. 소프트웨어 이용허락에 관한 계약조항을 패키지의 외부 상자에 인쇄하여 두고, 사용자가 사전에 계약조항을 검토한 후 그 패키지를 뜯으면 그와 동시에 그 조항에 기재된 내용대로 계약이 체결된 것으로 보는 형태의 계약방식이다. 이와 유사한 것으로서 click on license가 있는데, 이는 소프트웨어에 대하여 온라인상으로 이용허락을 해 줄 때 소프트웨어 업자가 온라인상에 계약조항을 올려놓고 이용자가 그 계약조항에 동의한다는 버튼을 클릭하면 계약이 체결된 것으로 보는 형태의 계약방식이다.

효성을 엄격하게 보아야 할 매우 결정적인 사유가 된다. 따라서 그러한 경우에는 권리제한 규정의 적용을 배제하는 특약의 유효성을 인정하기 어려워진다. 예를 들면, 표현의 자유 등 정신적 자유권에 속하는 보호법익이나 국민의 알 권리의 실질적 확보를 위하여 필요한 보도의 자유와 관련된 권리제한규정 등은 당사자 간의 특약으로 배제할 수 없다고 보아야 할 것이다. 저작권법 제24조의 "정치적 연설 등의 이용"이나 제26조의 "시사보도를 위한 이용", 제31조의 "도서관 등에서의 복제", 제33조의 "시각장애인 등을 위한 복제" 규정 등이 이에 해당한다고 할 수 있다. 또한 국가권력을 행사하는 기관들에게 부여된 임무인 국정 실현을 위해 두어진 권리제한규정도 이에 준한다고 할 것이다. 우리 저작권법상 제7조의 "보호받지 못하는 저작물" 규정, 제23조의 "재판절차 등에서의 복제" 등이 이에 해당할 수 있다. 나아가 저작권법의 궁극적 목적인 문화의 향상발전에 필요한 학문적 목적을 위한 이용행위 등과 관련된 제한규정도 당사자 사이의 특약으로 배제할 수 없다고 본다. 저작권법 제28조의 "공표된 저작물의 인용"이 이에 속한다.

이러한 경우에 해당하지 않는 것으로서, 예컨대 단순히 개인적인 흥미를 만족시키고자 하는 개인적 보호법익에 대해서는 당사자 사이의 특약으로 배제하는 것이 가능한 경우가 상대적으로 많을 것이다. 예를 들어, 저작권법 제30조의 "사적이용을 위한 복제" 규정은 계약 당사자의 합의에 의하여 그 적용을 배제하는 것을 굳이 무효로 할 이유가 없다고 보며, 그런 점에서 이 규정은 임의규정이라고 해석된다.[249] 다만, 학문연구를 위한 사적복제를 허용하지 않는 특약은 무효라고 볼 것이다. 또한 권리제한 규정을 배제하는 특약에 의하여 이용자가 2중으로 대가를 지불하게 된다면 그러한 배제 특약은 효력을 인정할 수 없다고 보아야 할 것이다.[250]

3. 소　결

권리제한규정의 성질을 판단함에 있어서는 우선 저작권자의 이익을 제한하면서까지 실현하고자 하는 이익과 그로 인하여 제한되는 저작권자의 이익을 비교교량하는 것이 기본적인 방법이 될 것이다. 이때에는 제한규정에 의하여 자유롭게 인정되는 이용행위가 저작물의 통상적인 이용행위에 미치는 영향과 저작권자의 정당한 이익을 부당하게 해치는 상황이 발생할 우려는 없는가 하는 점을 고려하여야 한다. 나아가 제한규정의 적용 배제로 인하여 이용이 가능하게 된 저작물의 종류는 어떠한 것인가, 허용되는 이용행위의 태양은 어떠한 것

---

249) 作花文雄, 詳解 著作權法, 제3판, ぎょうせい, 314면.
250) 土肥一史, 전게서, 28면.

인가, 기술적 제한수단을 두는 것은 가능한가, 보상금청구권 등을 통하여 대가가 지불되는 이용행위인가 등의 여러 가지 요인을 고려하여 종합적인 이익교량 아래에서 해당 제한규정의 배제를 허용할 것인지 여부를 판단하여야 할 것이다.251)

또한 제한규정이 임의규정이라고 해석되는 경우에도 그 배제특약이 경제적인 역학관계로 말미암아 이용자에게 부당하게 불이익을 강요하는 결과로 된다면, 이는 민법상 공서양속에 위반되어 무효로 될 수 있을 것이다.

제 4 절 저작물이용의 법정허락

I. 서   설

저작물의 이용이 공중의 입장에서 필요불가결한 경우에 저작권자의 허락을 받지 못하였다고 하더라도 적정한 대가를 지급하거나 공탁하고 이용할 수 있도록 한 제도가 '법정허락' 또는 '강제허락'(non-voluntary licenses) 제도이다. 저작물이 어떠한 이유에서인지 사용되고 있지 않다든가 저작권자와의 협의가 잘 성립되지 아니하여 허락을 받을 수 없는 경우에라도 그 저작물의 사회적 이용을 가능하게 함으로써 저작물의 문화적 가치를 일반 국민이 향유하도록 하는 것에 이 제도의 취지가 있다. 강학상으로는 법에서 정한 사유가 있으면 저작권자와의 협의를 거치지 아니하고 소정의 보상금을 지급 또는 공탁하고 그대로 이용할 수 있는 경우를 '법정허락'(statutory license)이라고 하고, 저작권자에게 이용조건을 협상할 수 있도록 보장하고 그것이 잘 안 되는 경우에 소정의 보상금을 지급 또는 공탁함을 조건으로 저작물을 이용할 수 있도록 한 것을 '강제허락'(compulsory license)이라고 한다. 그러나 우리 저작권법은 이를 구별하지 아니하고 법정허락이라는 용어를 사용하고 있다.252)

강학상 의미에서 우리 저작권법이 채택하고 있는 '강제허락' 제도는 세 가지 경우에 적용되고 있다. 첫째는, 상당한 노력을 기울였어도 저작재산권자가 누구인지 알지 못하거나 그의 거소를 알 수 없어서 저작물의 이용허락을 받을 수 없는 경우(제50조), 둘째, 공표된 저작물을 공익상 필요에 의하여 방송하고자 협의하였으나 협의가 성립되지 않은 경우(제51조), 셋째, 판매용 음반이 우리나라에서 처음으로 판매되어 3년이 경과하고 그 음반에 녹음된 저

---

251) 상게서, 33면.
252) 송영식 외 1인, 전게서, 190면.

작물을 녹음하여 다른 판매용 음반을 제작하고자 협의하였으나 협의가 성립되지 않은 경우
(제52조)이다. 저작권법은 저작인접물에 대하여도 이들 규정을 준용하고 있다.

　따라서 우리 저작권법이 제50조 내지 제52조에서 '법정허락'이라는 항목으로 규정하고
있는 내용들은 강학상으로는 '법정허락'이 아니라 '강제허락'이라고 보아야 한다. 그러나 저
작권법이 제50조 내지 제52조 규정에 대하여 '법정허락'이라는 제목을 붙이고 있으므로 아
래에서도 이 규정들에 대하여 '법정허락'이라는 제목으로 검토해 보기로 한다.

Ⅱ. 법정허락의 유형

1. 저작재산권자 불명(不明)의 경우

가. 의　　의

　누구든지 대통령령이 정하는 기준에 해당하는 상당한 노력을 기울였어도 공표된 저작물
(외국인의 저작물을 제외한다)의 저작재산권자나 그의 거소(居所)를 알 수 없어 그 저작물의 이
용허락을 받을 수 없는 경우에는 대통령령이 정하는 바에 의하여 문화체육관광부장관의 승
인을 얻은 후 문화체육관광부장관이 정하는 기준에 의한 보상금을 공탁하고 이를 이용할
수 있다(저작권법 제50조 제1항).

　종전 저작권법에서는 저작재산권자 불명인 경우의 법정허락과 관련하여 외국인의 저작
물을 특별히 제외하고 있지 않았다. 그러나 국내법에 의해 외국인의 저작물까지 거소불명이
라는 이유로 법정허락의 행정명령을 통해 자유로이 사용하게 하는 것은 국제조약 위반의
문제가 있으므로 외국인의 저작물은 제외하는 것으로 개정하였다. 저작재산권자가 불명인
경우의 전형적인 사례로서는, 저작재산권자가 누구인지 알 수 없는 경우, 저작자가 누구인
지는 알 수 있지만 그가 사망하여 저작재산권을 상속한 사람이 누구인지 알 수 없는 경우,
또는 저작재산권자가 누구인지는 알지만 그의 소재를 알 수 없는 경우 등이 있을 것이다.
이러한 저작물을 흔히 '고아저작물'(orphan works)이라고 부르기도 한다.

　한편, 저작재산권자가 스스로 자신의 저작물에 대한 이용을 더 이상 하지 않겠다는 의
사, 예를 들어 '절판'을 선언한 이후에 소재불명이 된 경우는 법정허락 제도의 전체적인 취
지에 비추어 볼 때 설사 그 소재를 알 수 없다고 하더라도 법정허락이 허용되지 않는다고
보는 것이 타당할 것이다.[253]

---

253) 박성호, 전게서, 439면. 저작권법 시행령 제22조 제1항 제3호가 "저작재산권자가 저작물의 출판이나

나. 절   차

저작권법 제50조 제1항에서 상당한 노력을 기울였어도 저작재산권자나 그의 거소를 알 수 없는 경우라 함은, 단순히 저작재산권자와 연락이 되지 않는다거나 저작재산권자가 외국에 거주하고 있어 연락을 취하는데 시간이나 경비가 많이 소요된다는 사정만으로는 부족하고, 대통령령이 정하는 기준에 해당하는 상당한 노력을 기울인 경우를 말한다. 대통령령인 저작권법 시행령에서는 상당한 노력의 기준을 제18조에서 상세하게 규정하고 있다. 저작권법 시행령은 본 항에 의한 문화체육관광부장관의 승인 및 보상금 공탁 절차에 관하여 제18조 내지 제23조에서 상세한 규정을 두고 있다.

2. 공표된 저작물의 방송

공표된 저작물을 공익상 필요에 의하여 방송하고자 하는 방송사업자가 그 저작재산권자와 협의하였으나 협의가 성립되지 아니하는 경우에는 대통령령이 정하는 바에 의하여 문화체육관광부장관의 승인을 얻은 후, 문화체육관광부장관이 정하는 기준에 의한 보상금을 당해 저작재산권자에게 지급하거나 공탁하고 이를 방송할 수 있다(저작권법 제51조).

3. 상업용 음반의 제작

상업용 음반이 우리나라에서 처음으로 판매되어 3년이 경과한 경우, 그 음반에 녹음된 저작물을 녹음하여 다른 상업용 음반을 제작하고자 하는 자가 그 저작재산권자와 협의하였으나 협의가 성립되지 아니하는 때에는, 대통령령이 정하는 바에 의하여 문화체육관광부장관의 승인을 얻은 후, 문화체육관광부장관이 정하는 기준에 의한 보상금을 당해 저작재산권자에 지급하거나 공탁하고 다른 상업용 음반을 제작할 수 있다(저작권법 제52조). 이 규정은 음반제작자가 작곡가나 작사가와의 전속계약을 통해서 장기간에 걸쳐 녹음권을 독점하는 것을 방지하여 음악의 유통을 촉진하고 음악문화의 향상을 도모하기 위한 취지에서 두게 된 것이다.

본 조의 음반에는 어문저작물이 내재된 영화필름의 사운드 트랙이나 비디오테이프의

그 밖의 이용에 제공되지 아니하도록 저작물의 모든 복제물을 회수할 경우" 문화체육관광부장관은 법정허락의 승인신청을 기각한다고 규정되어 있는 것이 그러한 취지를 고려한 것이라고 한다. 다만, 그 취지를 보다 명확히 하기 위하여 위 제3호를 "이용에 제공하지 않을 의사를 명백히 한 경우까지 포함하도록 개정할 필요가 있다고 한다.

음성부분은 제외되며, 오페라나 뮤지컬과 같은 '악극적 저작물'(dramatic musical works)도 제외된다고 본다. 단, 우리나라 판소리의 경우에는 의문이 있다. 판소리의 경우에는 거기에 어문저작물이 내재되어 있다고 하더라도 이미 그 보호기간이 경과한 경우가 대부분일 것이므로 본 조의 음반에 해당하는 것으로 보아도 좋다고 생각된다. 다만, 전승되는 설화 등 고전 어문저작물을 현대적으로 재해석하거나 풍자한 마당극과 같은 것은 새로운 어문저작물이 내재된 것으로 보아야 할 것이므로, 그 경우에는 본 조의 음반에 해당하지 않는 것으로 볼 것이다. 그리고 악극적 저작물이라 하더라도 아리아, 간주곡, 서곡 등과 같이 그 일부분만을 분리해 놓음으로써 어문저작물로서의 성격을 상실한 경우에는 음악저작물로서 본 조의 법정허락의 대상이 될 수 있다. 본 조의 음반에는 디스크·테이프·컴팩트디스크·쥬크박스 등이 포함된다.

우리나라에서 처음으로 판매된 상업용 음반으로부터의 녹음만이 본 조에 해당하므로, 외국에서 처음으로 판매된 상업용 음반의 원판에 의한 국내 리프레스 음반은 이에 포함되지 않는다. 그러나 외국음반과 같은 가사·작곡이라 하더라도 국내에서 새로운 가수나 밴드에 의하여 새롭게 제작된 음반이면 본 조에 포함된다.[254] 또한 상업용 음반만이 대상이므로 비매품인 선전용 음반은 그 대상이 아니다.

4. 실연·음반 및 방송이용의 법정허락

2000년 개정된 저작권법은 제72조의2 규정을 신설하여 법정허락에 관한 규정은 실연·음반 및 방송의 이용에 관하여 이를 준용한다는 규정을 두었다. 즉, 저작물뿐만 아니라 실연·음반 및 방송 등의 저작인접물 역시 법정허락의 대상으로 된 것이다. 이 규정은 2011년 개정된 현행법에도 그대로 유지되어, 제89조(실연·음반 및 방송의 법정허락)에서 "제50조 내지 제52조의 규정은 실연·음반 및 방송의 이용에 관하여 준용한다"고 규정하고 있다.

Ⅲ. 법정허락의 효과

저작권법 제25조나 제31조 제5항과 같은 강학상 법정허락은 저작권의 성격을 배타적 권리에서 보상금청구권으로 사실상 변화시키는 효력을 갖는다. 그러나 저작권법 제50조 내지 제52조의 법정허락, 즉 강학상 강제허락은 단지 권리의 행사방법에 일부 제약을 가할 뿐

---

254) 하용득, 전게서, 243-244면; 加戶守行, 전게서, 399면.

배타적 권리 자체의 성격을 변화시키는 것은 아니다. 따라서 저작권법 제50조 내지 제52조에서 정한 절차에 따라 저작물을 이용하고자 한국저작권위원회에 저작물 이용신청서를 제출하여 승인을 받았으나, 그 보상금을 지급하거나 공탁하지 않고 이용하는 경우에, 저작물 이용에 대한 대가로 지급하여야 하는 보상금의 지급은 같은 조에서 정한 강제허락의 요건이므로 이를 이행하지 않고 저작물을 이용하였다면 저작권침해가 된다. 따라서 이 경우 저작재산권자는 뒤늦게라도 배타적 권리인 저작권에 기초하여 침해의 정지청구를 하거나 침해행위로 인한 손해배상 등의 청구를 할 수 있다.

이에 반하여 강학상 법정허락의 경우, 예를 들어 공표된 저작물을 교과용 도서에 게재하거나 수업목적을 위해 공표된 저작물을 복제, 공연, 방송 또는 전송하는 등으로 이용하는 경우(저작권법 제25조)에는 설사 같은 조 제4항에서 정한 보상금을 지급하지 않고 이용하였다 하더라도 저작권침해가 되는 것은 아니고, 다만 저작재산권자가 보상금청구권 등 채권적 권리만 행사할 수 있을 뿐이다. 따라서 이 경우에 저작재산권자는 저작권침해에 대한 정지청구나 손해배상 등의 청구를 할 수 없다.

제 5 절　저작재산권의 보호기간

I. 보호기간의 원칙

1. 일반원칙

저작재산권은 저작권법에 다른 특별한 규정이 있는 경우를 제외하고는 저작자가 생존하는 동안과 사망한 후 70년간 존속한다(저작권법 제39조 제1항). 우리나라 최초의 저작권법인 1957년 저작권법에서는 보호기간을 원칙적으로 저작자의 생존하는 동안과 사망 후 30년으로 규정하고 있었다. 그러다가 1987년 개정 저작권법에서부터 베른협약 및 세계 여러 나라의 일반적인 추세를 반영하여 생존하는 동안과 사망 후 50년으로 20년 연장하였고, 2011년 개정법에 의하여 다시 사망 후 70년으로 보호기간이 연장되었다.

1987년 개정 저작권법에 의하여 1957년 저작권법 당시의 모든 저작물에 대하여 저작재산권의 보호기간이 사후 50년으로 연장된 것은 아니고, 당시 부칙 제2조의 규정에 따라 1987년 저작권법 시행일인 1987년 7월 1일 이전에 저작권의 전부 또는 일부가 소멸한 저작물이나 보호를 받지 못한 저작물에 대하여는 그 부분에 대하여 1987년 법이 적용되지 않으므로 보호기간 연장의 혜택이 없다. 즉, 1987년 법 시행일에 저작권의 일부 또는 전부가 잔존한 저작물과 1987년 법 시행 후에 창작된 저작물에 한하여 보호기간이 사망 후 50년간으로 연장된 것이다.

또한 1957년 저작권법상 저작물로서 다른 저작물과 마찬가지로 사후 30년간 보호되었던 연주·가창·연출·음반·녹음필름 등은 1987년 법에서 저작인접권제도를 신설함에 따라 저작인접권으로 보호를 받게 되었다. 1987년 법은 저작인접권을 20년간 보호하는 것으로 규정하였으므로 1987년 법 시행 후에 공표된 위와 같은 저작인접물은 보호기간이 20년이다. 다만 저작권법 부칙 제 2 조 제 2 항 제 1 호에 의하여, 1987년 법 시행일(1987. 7. 1.) 이전에 1957년 법의 규정에 의하여 공표된 저작물의 보호기간은 종전 규정에 따라 사망 후 30년간 보호를 받는다. 그 후 1994년 저작권법을 다시 개정하면서 저작인접권의 보호기간이 저작물과 같은 50년으로 연장되었다. 저작인접권의 보호기간에 대하여는 저작인접권 부분에서 다시 살펴보기로 한다.

현행 저작권법(2011. 7. 1. 시행)은 저작재산권의 보호기간을 저작자가 생존하는 동안과 사망한 후 70년간 존속하는 것으로 연장하였고, 저작물의 공표를 기준으로 하는 무명·이명 저작물, 업무상저작물, 영상저작물의 보호기간도 공표된 때로부터 70년간 존속하는 것으로 개정하였다. 아울러 프로그램의 경우도 국제기준에 맞추어 원칙적으로 일반저작물과 동일하게 저작자가 생존하는 동안과 사망한 후 70년간 존속하는 것으로 변경하였다. 물론 그 프로그램이 업무상저작물인 경우에는 공표된 때로부터 70년간 존속하게 된다.

저작권법 제39조는 저작재산권의 종기(終期)만을 규정하고 있다. 저작재산권의 시기(始期), 즉 기산점에 관하여는 저작권법 제10조 제 2 항이 규정하고 있는데, "저작권은 저작물을 창작한 때부터 발생하며 어떠한 절차나 형식의 이행을 필요로 하지 아니 한다"라고 규정하고 있다. 여기서 '창작한 때'라 함은 저작자가 그의 사상 또는 감정을 표현수단을 통하여 외부로 구체화한 시점을 말한다.[255] 저작권의 발생에 어떠한 절차나 형식의 이행을 필요로 하지 않는다는 것은 무방식주의(無方式主義)를 채택함을 명백히 한 것이다.

2. 공동저작물

공동저작물의 저작재산권은 맨 마지막으로 사망한 저작자가 사망한 후 70년간 존속한다(저작권법 제39조 제 2 항). 예컨대 甲과 乙 두 사람이 공동으로 작성한 저작물에 있어서 甲은 1990년에 사망하고 乙은 2000년에 사망하였다면 그 저작물의 저작재산권은 2001. 1. 1.부터

---

255) 하용득, 전게서, 218면.

70년 후인 2070. 12. 31.까지 존속하게 되고, 따라서 甲과 乙의 유족은 다같이 그 때까지 저작재산권을 주장할 수 있다.[256]

3. 외국인 저작물의 보호기간

외국인의 저작물이 국내에서 보호될 때에는 내국민대우의 원칙에 따라 국내 저작물과 동일하게 보호되며, 보호기간 역시 동일하다. 다만 다음과 같은 두 가지 점에 유의할 필요가 있다.

첫째, 저작물의 본국에서 보호기간이 만료된 경우에는 비록 우리 저작권법에서 정한 보호기간이 만료되지 않았더라도 우리나라에서의 보호는 종료된다. 이는 베른협약의 보호기간의 비교 원칙에 따른 것이다. 베른협약은 보호기간은 보호가 주장되는 국가의 입법의 지배를 받으며, 그 국가의 입법으로 다르게 규정하지 않는 한, 그 기간은 저작물의 본국에서 정한 기간을 초과할 수 없다고 규정하고 있다. 둘째, 저작물의 보호기간은 우리나라 저작권법에 의하여 정해진다. 예를 들어, 1928년에 처음 공표된 월트 디즈니의 미키마우스의 경우에 이 저작물이 업무상저작물이라면 미국 저작권법에 의할 경우 공표한 때로부터 95년간 보호되나,[257] 우리나라에서의 보호기간은 공표한 때로부터 70년이 경과하면 만료된다.[258]

1987년 저작권법에서는 우리나라가 가입 또는 체결한 조약에 따라 외국인의 저작물을 보호하되(동법 제3조 제1항 본문), 그 조약이 우리나라에 시행(세계저작권협약의 경우 1987. 10. 1.)되기 전에 발행된 외국인의 저작물은 소급해서 보호하지 않았다(같은 조 단서). 이는 당시 우리나라가 가입하고 있던 세계저작권협약(UCC)상 불소급원칙을 원용한 결과이다. 그러나 1995. 12. 6. 개정되어 1996. 7. 1. 시행된 저작권법(이하 '1996년 법')은 TRIPs협정의 체결에 따라 외국인 저작물의 소급보호를 원칙으로 하는 베른협약을 수용하게 되었다. 이에 따라 1987년 저작권법 제3조 제1항 단서를 삭제하였고, 부칙 제1조에서 그 효력은 1996. 7. 1.부터 적용되는 것으로 규정하였다. 그 결과 그 전까지는 자유이용이 가능했던 외국인의 저작물도 1996. 7. 1.부터는 새로이 소급보호 되게 되었다(이와 같이 소급보호 되는 저작물을 저작권법은 '회복저작물'이라는 용어로 부르고 있다).

대법원 2020. 12. 10. 선고 2020도6425 판결('소설 대망' 사건)은, "1995. 12. 6. 법률 제5015호로 개정된 저작권법은 국제적인 기준에 따라 외국인의 저작권을 소급적으로 보호하

---

256) 상게서, 163면.
257) 미국 저작권법 제302조(c). 무명저작물, 이명저작물, 업무상저작물의 경우에 저작권은 그 저작물이 최초로 발행된 해로부터 95년 또는 창작된 해로부터 120년 중에서 먼저 종료되는 기간 동안 존속한다.
258) 임원선, 전게서, 184면 참조.

면서, 부칙 제4조를 통하여 위 법 시행 전의 적법한 이용행위로 제작된 복제물이나 2차적저작물 등을 법 시행 이후에도 일정기간 이용할 수 있게 함으로써 1995년 개정 저작권법으로 소급적으로 저작권법의 보호를 받게 된 외국인의 저작물('회복저작물')을 1995년 개정 저작권법 시행 전에 적법하게 이용하여 온 자의 신뢰를 보호하는 한편 그동안 들인 노력과 비용을 회수할 수 있는 기회도 부여하였다. 특히 2차적저작물의 작성자는 단순한 복제와 달리 상당한 투자를 하는 경우가 많으므로, 부칙 제4조 제3항을 통해 회복저작물의 2차적저작물 작성자의 이용행위를 기간의 제한 없이 허용하면서, 저작권의 배타적 허락권의 성격을 보상청구권으로 완화함으로써 회복저작물의 원저작자와 2차적저작물 작성자 사이의 이해관계를 합리적으로 조정하고자 하였다. 위 부칙 제4조 제3항은 회복저작물을 원저작물로 하는 2차적저작물로서 1995. 1. 1. 전에 작성된 것을 계속 이용하는 행위에 대한 규정으로 새로운 저작물을 창작하는 것을 허용하는 규정으로 보기 어렵고, 위 부칙 제4조 제3항이 허용하는 2차적저작물의 이용행위를 지나치게 넓게 인정하게 되면 회복저작물의 저작자 보호가 형해화되거나 회복저작물 저작자의 2차적저작물 작성권을 침해할 수 있다. 따라서 회복저작물을 원저작물로 하는 2차적저작물과 이를 이용한 저작물이 실질적으로 유사하더라도, 위 2차적저작물을 수정·변경하면서 부가한 새로운 창작성이 양적·질적으로 상당하여 사회통념상 새로운 저작물로 볼 정도에 이르렀다면, 위 부칙 제4조 제3항이 규정하는 2차적저작물의 이용행위에는 포함되지 않는다고 보아야 한다."고 판시하였다.

II. 공표시를 기준으로 하는 저작물

1. 무명(無名) 또는 이명(異名) 저작물

가. 원   칙

무명 또는 널리 알려지지 아니한 이명이 표시된 저작물의 저작재산권은 공표된 때부터 70년간 존속한다. 다만, 이 기간 내에 저작자가 사망한지 70년이 지났다고 인정할 만한 정당한 사유가 발생한 경우에는 그 저작재산권은 저작자가 사망한 후 70년이 지났다고 인정되는 때에 소멸한 것으로 본다(저작권법 제40조 제1항). 무명 또는 널리 알려지지 아니한 이명으로 표시된 저작물은 저작자의 사망 시점을 객관적으로 확정하기 어려워 저작권법 제39조 제1항이 규정하고 있는 보호기간의 일반원칙을 적용하기 어렵다. 따라서 사망시점이 확인되는 경우를 제외하고는 객관적 확정이 용이한 저작물의 공표시점을 기준으로 하여 그로부터 70년간 저작재산권이 존속하는 것으로 정한 것이다.

나. 예   외

무명 또는 이명저작물이라 하더라도 (1) 공표 후 70년의 기간 이내에 저작자의 실명 또는 널리 알려진 이명이 밝혀진 경우, (2) 공표 후 70년의 기간 내에 저작권법 제53조 제1항의 규정에 따른 저작자의 실명등록(實名登錄)이 있는 경우에는 제40조 제1항의 규정은 적용되지 아니하고, 이때에는 원칙으로 돌아가 실명 또는 널리 알려진 이명이 밝혀진 저작자의 사후 70년간 저작재산권이 존속하는 것으로 된다(제40조 제2항). 본 항은 무명 또는 이명저작물이라 하더라도 그 보호기간 중에 저작자가 확인이 되고 따라서 그 사망시점을 확정할 수 있게 된 경우에는 보호기간의 원칙으로 돌아가야 한다는 것을 의미한다.

2. 업무상저작물

업무상저작물의 저작재산권은 공표한 때로부터 70년간 존속한다. 다만, 창작한 때부터 50년 이내에 공표되지 아니한 경우에는 창작한 때부터 70년간 존속한다(저작권법 제41조). 법인이나 단체 등의 경우에는 자연인의 사망에 해당하는 해산(解散) 또는 소멸의 시점을 보호기간의 기산점으로 할 수도 있지만, 그렇게 할 경우 단체가 영원히 해산 또는 소멸하지 않고 존속한다면 자연인이 저작권자인 저작물보다 보호기간이 훨씬 길어지게 되어 불합리하므로 위와 같은 규정을 두게 된 것이다. 그리고 본 조 단서규정을 두게 된 것은, 단체 등이 저작물을 공표하지 아니한 상태로 보존하고 있는 경우에 그 저작재산권이 언제까지나 살아 있다고 하는 것은 불합리하기 때문이다.

3. 영상저작물

영상저작물의 저작재산권은 저작권법 제39조와 제40조의 규정에 불구하고 공표한 때부터 70년간 존속한다. 다만, 창작한 때부터 50년 이내에 공표되지 아니한 경우에는 창작한 때부터 70년간 존속한다(저작권법 제42조). 따라서 영상저작물은 업무상저작물과 보호기간이 동일하다. 그러나 이 규정은 영상저작물 자체에 한정되는 것이며 그 바탕이 된 소설·각본·미술저작물·음악저작물 등은 별도로 저작권법의 일반규정(원칙적으로 저작자의 사망 후 70년까지)에 따라 보호기간이 결정된다.[259]

---

259) 하용득, 전게서, 221면.

4. 계속적 간행물 등의 공표시기

가. 의   의

저작물은 계속성의 유무에 따라서 일회적(一回的) 저작물과 계속적(繼續的) 저작물로 나눌 수 있는데, 일회적 저작물은 단행본이라든가 회화(繪畵), 조각 등과 같이 1회의 발행이나 공표에 의하여 창작이 종료되는 저작물을 말하고, 계속적 저작물은 신문이나 잡지 등과 같이 계속적으로 발행 또는 공표되는 저작물을 말한다.[260] 여기서 공표시 기산주의가 적용되는 저작물이 계속적 저작물인 경우에는 그 공표시기를 명확히 할 필요가 생긴다. 이러한 필요에 따라 저작권법은 제43조에서 계속적 저작물의 공표시점을 정하는 규정을 두고 있다. 계속적 저작물에는 다음에서 보는 바와 같이 축차저작물(逐次著作物)과 순차저작물(順次著作物)이 있고, 저작권법은 이들의 공표시점을 각각 달리 규정하고 있다.

나. 축차저작물

축차저작물이라 함은 책(册)·호(號) 또는 회(回) 등으로 공표하는 저작물을 말한다. 이와 같은 저작물의 공표시기는 매책(每册)·매호(每號) 또는 매회(每回) 등의 공표시로 한다(저작권법 제43조 제1항 전단). 일간·주간·월간·계간 등의 신문이나 잡지 등 간행물을 비롯하여 각종 연감(年鑑) 등과 같이 종기를 예정하지 않고 속간되는 저작물, 매회의 줄거리가 독립된 TV 연속드라마 등이 이에 해당한다. 이러한 저작물에 대하여는 매책·매호 또는 매회 등의 공표시, 즉 각각으로 공표된 때가 공표시로 된다. 따라서 잡지라면 2007년 8월호는 그 8월호가 공표된 때를 공표시로 하게 된다.

다. 순차저작물

순차저작물은 일부분씩 순차로 공표하여 최종회로써 완성되는 저작물을 말한다. 이러한 저작물의 경우에는 최종부분의 공표시를 공표시로 한다(저작권법 제43조 제1항 후단). 신문의 연재소설, 스토리가 계속 연결되어 마지막 회로써 완결되는 TV 연속극 등이 이에 해당한다. 이러한 저작물은 최종부분의 공표시, 즉 작품을 완결한 시점이 공표시로 되며, 전부의 공표가 되기 전에는 보호기간이 진행하지 아니한다.

그러나 순차저작물의 계속되어야 할 부분이 최근의 공표시기로부터 3년이 경과되어도 공표되지 아니하는 경우에는 이미 공표된 맨 뒤의 부분을 위 규정에 의한 최종부분으로 본다(같은 조 제2항). 예를 들어 영상저작물인 TV연속극이 5회까지만 방영을 하고 아직 마지

---

260) 半田正夫, 전게서, 90면.

막 회가 방영되지 아니하였음에도 그 후 3년이 경과되도록 제 6 회가 방영되지 않고 있다면 5회가 방영된 시점을 전체 연속극의 공표시점으로 보게 된다는 의미이다.

이처럼 순차저작물에 있어서는 그 순차저작물 전체를 하나의 독립된 저작물로 보아 최종적인 완성시점을 공표시점으로 본다. 그러나 이러한 취급이 저작인격권인 공표권에 영향을 미치는 것은 아니다. 따라서 위의 예에 있어서 제 5 회까지 이미 공표되었다고 해서 나머지 부분에 대한 공표권이 소멸된다거나, 반대로 이미 공표된 제 5 회까지의 방송분에 대한 공표권이 아직 남아 있다고 볼 것은 아니다.

Ⅲ. 보호기간의 기산점

저작권법은, "저작재산권의 보호기간을 계산하는 경우에는 저작자가 사망하거나 저작물을 창작 또는 공표한 다음 해부터 기산한다"라고 규정하고 있다(법 제44조).

저작권법이 정하고 있는 보호기간의 기산점에는 사망시점, 창작시점, 공표시점의 세 가지가 있다. 이때 보호기간의 계산을 엄밀하게 하기 위해서는 사망일, 창작일, 공표일인 특정 날짜로부터 기산하는 것이 가장 정확할 것이지만, 그렇게 되면 저작자나 저작물마다 보호기간의 종기(終期)가 달라지게 되고 계산도 번잡하다. 또한 사망의 경우는 물론이고 창작 또는 공표의 시점을 기준으로 하는 경우에 긴 세월이 흐른 후에는 그 날짜가 분명하지 않게 되는 경우가 많으므로 보호기간의 계산에 혼란이 올 우려가 있다. 이에 저작권법은 보호기간의 계산을 명확하고 획일적으로 하기 위하여, 보호기간의 계산은 저작자의 사망, 저작물의 창작 또는 공표한 해의 다음 해부터 기산하는 것으로 정하고 있는 것이다. 따라서 예컨대 저작자가 2000년 중 어느 날인가에 사망하였다면 그 날이 어느 날이든 그 다음 해 1월 1일부터 기산하여 70년이 되는 2070년 12월 31일에 저작재산권이 소멸하게 된다. 창작시점이나 공표시점을 기준으로 하여야 하는 경우도 마찬가지이다.

Ⅳ. 1957년 저작권법상 저작물의 보호기간

1. 서 설

1957년 저작권법상 저작재산권의 보호기간은 원칙적으로 저작자의 생존기간과 사망 후

30년으로 되어 있었으나, 1986년에 개정되어 1987년 7월 1일 시행된 저작권법(이하 '1987년 저작권법'이라고 한다)에서는 생존기간과 사망 후 50년 동안 존속하는 것으로 하고 있다. 이에 따라 1987년 저작권법은 부칙에서 경과조치를 두고 있는데, 먼저 부칙 제 2 조 제 1 항은 보호기간과 관련한 1987년 법의 적용범위를 규정하고 있고, 부칙 제 3 조는 1987년 법의 적용으로 인하여 보호기간이 오히려 짧아지는 경우에는 1957년 법의 규정에 따른다는 규정을 두어 신법이든 구법이든 보호기간이 장기(長期)인 쪽이 적용된다는 점을 명백히 하였다.

2. 1987년 법의 적용범위

먼저 부칙 제 2 조 제 1 항은, "1987년 법 시행 전에 1957년 법의 규정에 의하여 저작권의 전부 또는 일부가 소멸하였거나 보호를 받지 못한 저작물에 대하여는 그 부분에 대하여는 1987년 법을 적용하지 아니한다"고 규정하고 있다. 1957년 법보다 1987년 법의 보호기간이 연장되었다고 하여 구법상 이미 저작재산권의 보호기간이 경과한 저작물의 저작재산권까지 부활한다면, 공중의 영역에 들어갔던 저작물에 대하여 다시 저작권자의 배타적 지배권을 인정하는 셈이 되어 법적안정성을 해치게 될 뿐만 아니라 법률효과 불소급의 원칙에도 반하므로 이러한 규정을 두게 된 것이다.

가. 저작재산권이 전부 소멸한 경우

부칙 제 2 조 제 1 항은 저작권의 전부 또는 일부가 소멸하였거나 보호를 받지 못한 저작물이라고 하고 있는데, 먼저 저작권의 전부가 소멸된 경우를 본다. 1957년 법상 보호기간은 원칙적으로 저작자의 사후 30년, 사후에 공표된 저작물과 무명, 이명저작물 또는 단체명의저작물에 있어서는 공표 후 30년, 사진저작물과 독창성이 없는 영상저작물은 최초발행(공연)일로부터 10년간 존속하는 것으로 규정하고 있었다. 따라서 1957년 법상 30년의 보호기간이 적용되는 저작물에 있어서는 1957. 1. 1. 이전에 저작자가 사망하였거나 그 저작물이 공표된 경우, 그리고 10년의 보호기간이 적용되는 저작물에 있어서는 1977. 1. 1. 이전에 발행된 경우라면 그 저작물의 저작재산권은 1987년 법 시행일인 1987. 7. 1. 이전에 전부 소멸하는 것이 된다. 이와 같이 1987년 법 시행일 이전에 저작재산권이 전부 소멸한 저작물은 1987년 개정 저작권법의 발효에도 불구하고 그 소멸된 저작권이 다시 부활하지 않는다는 것이다.

나. 저작재산권의 일부가 소멸한 경우

1957년 저작권법 제34조는, "저작권자가 원저작물 발행일로부터 5년 내에 그 번역물을 발행하지 않을 때에는 그 번역권은 소멸한다."라고 규정하고 있었다. 따라서 1957년 법 시대에 작성된 저작물로서 발행일로부터 5년 내에 번역물이 발행되지 않아 번역권이 소멸된 저작물은 1987년 법이 시행된 이후에 저작재산권 중 복제권을 비롯한 다른 권리는 존속한다고 하더라도 이미 구법에 의하여 소멸한 번역권(신법에서는 2차적저작물작성권)은 부활하지 않는다.

다. 1957년 법상 보호를 받지 못하던 저작물

1957년 저작권법에 의하여 보호를 받지 못하던 저작물은 1987년 법에 의하여도 보호를 받지 못한다. 1957년 저작권법상의 음반과 녹음필름은 동법 제 2 조에서 저작물로 열거되어 있기는 하지만 같은 법 제64조 제 1 항 제 8 호에서 음반, 녹음필름을 공연 또는 방송에 제공하는 것은 저작권의 비침해행위라고 규정하고 있었으므로, 1957년 법 아래에서 음반과 녹음필름은 저작물이면서도 공연과 방송에 대하여는 사실상 보호를 받지 못하였다. 따라서 1987년 법 아래에서도 구 저작권법 시대에 제작된 음반과 녹음필름(녹음물)은 계속 공연이나 방송에 제공하여도 1987년 법 부칙 제 2 조 제 1 항의 규정에 의하여 보호를 받지 못한다. 음반과 녹음필름이 공연과 방송에 있어서 보호를 받지 못하는 결과 그 음반과 녹음필름에 수록된 악곡과 가사의 저작권도 해당 음반과 녹음필름의 공연 및 방송과 관련하여서는 보호를 받지 못하는 것으로 해석된다.[261]

---

261) 상게서, 456면.

저작인접권과 기타 권리 및 영상저작물의 특례 등

저작인접권과 기타 권리 및 영상저작물의 특례 등

I. 서   설

1. 개   념

저작인접권(neighboring rights)은 실연자, 음반제작자 및 방송사업자에게 부여되는 저작권에 유사한 권리이다. 실연자, 음반제작자, 방송사업자는 저작물의 직접적인 창작자는 아니지만 저작물의 해석자 내지는 전달자로서 창작에 준하는 활동을 통해 저작물의 가치를 증진시킨다는 점에서 저작권법이 저작권에 준하는 권리를 부여하고 있다.

'실연자'(實演者)란 "저작물을 연기·무용·연주·가창·구연·낭독 그 밖의 예능적 방법으로 표현하거나 저작물이 아닌 것을 이와 유사한 방법으로 표현하는 실연을 하는 자를 말하며, 실연을 지휘, 연출 또는 감독하는 자"를 포함한다(제 2 조 제 4 호). '음반제작자'(音盤製作者)는 "음을 음반에 고정하는데 있어 전체적으로 기획하고 책임을 지는 자"를 말하며(제 2 조 제 6 호), '방송사업자'(放送事業者)는 "방송을 업으로 하는 자"를 말한다(같은 조 제 9 호).

2. 저작인접권의 형성

과학기술이 발전하기 전에는 저작인접권이라는 개념이 특별히 필요하지 않았다. 실연자의 실연행위는 이를 복제해 둘 수단이 없었기 때문에 실연을 감상하고자 하는 자는 극장 등 실연이 이루어지는 장소에 찾아가야만 했고, 실연자는 그 입장료 수입으로부터 실연에 대한 대가를 얻으면 되었다. 그러나 녹음이나 녹화 등 과학기술의 발전에 따라 대중들은 굳이 실연자가 직접 출연하는 실연장소를 찾지 않아도 가정이나 감상실에서 얼마든지 좋은 품질의 실연을 감상할 수 있게 되어, 실연자의 연주기회는 줄어들고 경제적 지위는 크게 약화되기 시작하였다. 또 실연은 단순히 저작물을 있는 그대로 공중에게 전달하는 것이 아니라 실연자 나름대로의 저작물에 대한 해석과 기예가 발휘되는 것이므로 저작자에 준하는 창작성이 있다는 점도 인식되기 시작하였다.

음반제작에 있어서는 종래의 단순한 기계적 녹음작업에서 벗어나 고도의 기술과 창의성이 발휘되기에 이르렀고,[1] 방송에 있어서도 1950년대 TV 방송이 시작된 이후 방송이 저작물에 대한 최대의 유통자 및 이용자의 지위를 점하게 되면서 그 후에 이루어진 기술적·사회적 변화에 따라 방송사업자의 역할에 대한 보호의 필요성이 제기되었다.[2] 특히 음반을 제작하여 유통시키거나 방송프로그램을 제작하여 송출하기 위해서는 많은 노력과 비용 및 인원의 투자가 이루어져야 한다. 그런데 기술의 발전과 디지털 네트워크 환경의 비약적인 성장으로 말미암아 그러한 노력과 비용의 투자에 무임승차하여 그 결과물을 가로채서 활용하는 것은 매우 쉬워졌다. 따라서 음반제작자나 방송사업자가 투자한 비용을 회수할 수 있는 장치를 법적·제도적으로 보장해 주지 않는다면, 음반이나 방송사업에 대한 투자 의욕을 상실케 함으로써 결과적으로 관련시장을 무너뜨리고 문화 및 관련 산업의 발달에 역기능을 초래하게 된다. 이러한 점을 고려하여 저작인접권자로서 음반제작자 및 방송사업자에 대한 보호가 요청되었으며, 이는 실연의 경우와 비교하여 볼 때 상대적으로 투자에 대한 보호라는 측면이 강하다.

이와 같은 사회적 공감대의 형성을 바탕으로, 저작인접권의 개념은 1928년 베른협약 개정 로마회의를 거쳐 1961년 로마협약(실연자·음반제작자 및 방송사업자의 보호를 위한 국제협약)[3]에서 구체적으로 성립하였다.

3. 저작권과 저작인접권의 관계

저작권법은 저작인접권을 보호하는 한편 저작권과 저작인접권의 관계에 대하여, "저작인접권에 관한 규정이 저작권에 영향을 미치는 것으로 해석되어서는 아니 된다"(제65조)고

---

1) 독일과 같이 클래식 음악에 관한 음반산업이 발달한 나라에서는 음반제작에 '톤 마에스터'라고 하는 전문적인 음반제작 기술자가 창조적으로 관여를 하는데, 현재 세계적으로도 극소수 존재하는 이들은 음악은 물론 전기·전자·음향분야에 대한 엄격하고도 장기적인 훈련과정을 거쳐 양성된다고 한다.

2) 곽경직, 저작인접권의 보호, 계간 저작권, 1995년 겨울, 68면.

3) International Convention for the Protection of Performers, Producers of Phonograms and Broadcasting Organization, 흔히 약칭하여 '로마협약'이라고 부른다.

규정하고 있다. 이 규정은 저작인접물인 실연, 음반, 방송의 이용은 대부분 저작물의 이용을 수반하게 되는데, 이때 저작인접권자의 허락뿐만 아니라 저작권자의 허락도 필요하다는 것을 주의적으로 규정한 것이다. 예를 들어 가수 甲(실연자)이 부른 노래를 乙(음반제작자)이 음반으로 제작하고 그 음반을 丙(방송사업자) 방송국이 방송·녹음하는 경우에는 저작인접권으로서 甲·乙·丙 3자의 권리가 발생하는데, 이때 그 노래의 저작권자인 작곡자 및 작사가의 권리도 그에 영향을 받지 않고 여전히 작용한다는 것을 의미한다.[4] 따라서 실연이 녹음된 음악CD를 복제하여 사용하는 경우에는 ① 작사가와 작곡가의 음악저작권, ② 음반제작자의 저작인접권, ③ 실연자의 저작인접권에 대한 처리가 필요하다. 또한 실연이 녹음된 판매용 음반을 방송에 사용하는 경우에는 작사·작곡가의 저작권과 음반제작자 및 실연자의 보상금청구권(2차사용료 청구권)이 작용한다.

Ⅱ. 실연자의 권리

1. 실연의 의의

실연은 저작물을 연기·무용·연주·가창·구연·낭독 그 밖의 예능적 방법으로 표현하거나 저작물이 아닌 것을 이와 유사한 방법으로 표현하는 것을 말한다(저작권법 제 2 조 제 4 호).

저작물이 아닌 것의 실연도 실연에 해당한다. 따라서 마술이나 서커스와 같이 저작물이 아닌 것을 실연하는 자도 실연자의 권리에 의하여 보호를 받는다. 보호대상이 되는지 여부는 예능적 방법으로 표현을 한 것인지의 여부에 달려 있다. 야구나 체조 같은 운동경기는 여기서 제외된다고 보는 것이 일반적이지만, 스포츠라 하더라도 예능적 성질을 가진 것, 예컨대 리듬체조나 수중발레, 피겨스케이팅 등과 같은 것은 실연에 해당할 수 있다. 학설로서는, 프로야구 등의 스포츠는 일반적으로 그 성격상 실연에 해당하지 않지만, 원래 스포츠 종목에 포함되는 것이라 하더라도 예능적인 성격을 가지는 리듬체조, 수중체조, 피겨스케이팅 등의 경우 이를 스포츠의 일부로서가 아니라 일종의 '쇼'로서 수행할 경우에는 실연에 해당한다고 보는 견해가 있다.[5] 일본에서는 스포츠에 있어서 경기자의 행위는 저작물을 표현하는 것이 아니고 예능적인 성질을 가지는 것도 아니며, 경쟁의 원리가 작동하는 행위로서 실연에 해당하지 않는다고 보는 것이 종래 주류적인 견해이다. 다만, 피겨스케이팅과 같

---

4) 허희성, 신저작권법 축조해설, 범우사, 1988, 281면.
5) 이해완, 전게서, 634-635면.

은 경우 경쟁의 정신에 지배되는 행위이기는 하지만, 무용저작물을 표현하는 것으로 볼 수 있다면 실연의 범주에 들어갈 수는 있다고 한다. 그러나 실연은 실연자가 실연자로서의 자격에서 행하는 활동을 의미한다고 하면서 원칙적으로 스포츠 선수의 활동은 실연으로부터 제외된다고 보고 있다.[6]

2. 실 연 자

실연자는 실연을 하는 자 및 실연을 지휘, 연출 또는 감독하는 자를 말한다(저작권법 제2조 제4호). 배우·가수·연주가·무용가 등이 여기에 해당하며 마술이나 서커스도 실연행위로서 보호를 받으므로 이러한 것의 실연을 행하는 자도 실연자이다. 실연자로서 보호를 받기 위해서는 그의 직업이 배우나 가수라는 것이 중요한 것이 아니라 구체적인 경우에 있어서 그의 행위 자체가 실연에 해당하는가를 보아야 한다. 따라서 배우가 연기를 한 것이 아니고 단순히 소설을 낭독하였을 뿐 예능적 방법으로 표현한 것이 아니라면 그 행위에 있어서는 실연자라고 볼 수 없다.

그리고 실연을 지휘·연출 또는 감독하는 자도 실연자에 포함되는데, 이들의 행위는 실연 자체를 하는 것과 동일한 평가를 할 수 있기 때문이다. 교향악단·합창단의 지휘자나 무대의 연출가와 같이 실연자를 지도하고 스스로 실연의 주체로서 실연을 행하게 하는 자, 또는 실연을 행하고 있는 것과 같은 상태에 있는 자를 말한다.

3. 실연자의 추정

실연자로서의 실명 또는 널리 알려진 이명이 일반적인 방법으로 표시된 자는 실연자로서 그 실연에 대하여 실연자의 권리를 가지는 것으로 추정한다(저작권법 제64조의2).

4. 보호받는 실연

저작권법이 보호하는 실연은 ① 대한민국 국민(대한민국 법률에 따라 설립된 법인 및 대한민국 내에 주된 사무소가 있는 외국법인 포함)이 행하는 실연, ② 대한민국이 가입 또는 체결한 조약에 따라 보호되는 실연, ③ 저작권법으로 보호받는 음반에 고정된 실연, ④ 저작권법으로 보호받는 방송에 의하여 송신되는 실연(송신 전에 녹음 또는 녹화되어 있는 실연을 제외)의 네 가

---

6) 半田正夫·松田政行, 『著作權法コンメンタール』 1권, 勁草書房(2008), 70-71면.

지이다. ②와 관련하여 대한민국이 가입 또는 체결한 조약으로는 제네바음반협약, WTO/TRIPs 협정, 로마협약, WIPO실연음반조약 및 위성협약이 있다. 이러한 조약에 의하여 대한민국이 보호의무를 지는 실연이나 그러한 음반에 수록된 실연은 우리나라에서 보호된다. ④와 관련하여 송신 전에 녹음 또는 녹화되어 있는 실연을 제외하는 것은 송신, 즉 방송 전에 실연자의 승낙을 얻어 녹음 또는 녹화가 되었다면 그 과정에서 이미 실연자가 권리를 행사한 것이므로 이중으로 권리를 행사하는 것은 타당하지 않다는 취지이다. 또한 송신 전의 녹음은 음반에 해당되므로 이를 방송하는 것은 저작권법 제75조에 의한 보상금청구권으로 보호를 받게 되고, 송신 전의 녹화는 영상저작물에 해당되므로 이를 방송하는 것에 대하여는 영상저작물에 관한 특례규정인 저작권법 제100조 제 3 항이 적용되게 되어 각각 그 보호의 방법과 정도에 있어서 차이가 난다는 점도 고려하였다. 따라서 방송과 관련하여 실연자가 권리를 가지는 것은 생실연(live performance)이 방송되는 경우이다.[7]

5. 실연자의 권리(1) – 인격권

가. 실연자 인격권 신설의 배경

2006년 개정된 저작권법은 실연자에게 인격적 권리로서 성명표시권과 동일성유지권을 새로이 부여하였다. 이는 실연이 사회적으로 또는 산업적으로 많이 이용됨에 따라 실연의 주체가 누구인지를 밝힐 필요가 있고(성명표시권), 실연은 실연자의 인격의 반영이라는 측면이 강하므로 자신의 실연내용과 형식이 변형되지 않을 동일성유지권을 부여할 필요가 있다는 정책적 고려에 따른 것이다. 우리 저작권법은 청각실연자와 시각실연자 모두에게 실연자 인격권을 부여하고 있다. 하지만 실연자의 인격권을 지나치게 보호할 경우 나타날 수 있는 부작용을 고려하여, 실연의 성질이나 그 이용의 목적 및 형태 등에 비추어 부득이하다고 인정되는 경우에는 실연을 이용하려는 사람은 성명을 표시하지 않거나 동일성을 유지하지 않아도 되도록 하였다.

저작자의 경우와는 달리 실연자에게는 공표권이 인정되지 않고 있다. 이는 대부분의 실연이 처음부터 공표를 전제로 이루어지거나 또는 실연과 동시에 공표 그 자체를 겸하게 되는 경우가 많고, 실연자에게 공표권을 부여할 경우 저작물의 공표와 직결되어 저작권의 행사를 심각하게 제한할 우려가 있다는 점을 고려한 것이다.[8]

---

7) 임원선, 「실무자를 위한 저작권법」, 제 3 판, 한국저작권위원회(2012), 310, 311면; 박성호, 전게서, 371면.
8) 저작권심의조정위원회, 저작권법 전면 개정을 위한 조사연구 보고서(1), 2002, 199-200면 참조. 이처럼 저작권법이 실연자의 공표권을 직접 인정하고 있지는 않지만, 공표되지 않은 실연자의 리허설 연주나 연기를 녹음 또는 녹화하여 허락 없이 공표하는 것은 실연자의 일반적 인격권을 침해하는 것이 될 수 있다

나. 성명표시권

실연자는 그의 실연 또는 실연의 복제물에 그의 실명 또는 이명을 표시할 권리를 가진다(저작권법 제66조 제1항). 노래나 연주, 연기 등과 관련하여 실연자가 그것이 자신의 실연이라는 점을 대외적으로 표시할 것인지, 또 표시한다면 어떤 이름으로 표시할 것인지는 실연자의 인격적 이익에 관계되는 것이므로, 실연자의 인격권으로서 '성명표시권'을 규정한 것이다. "실연 또는 실연의 복제물"이라고 규정하고 있으므로 CD 등 유형적 매체를 통한 전달뿐만 아니라 실연 자체의 공개 및 방송 등 무형적인 전달도 포함하는 취지라고 이해된다. 따라서 공중에 대하여 실연을 제공하는 행위, 즉 실연을 전송하거나 방송하는 경우, 실연이 녹음 또는 녹화된 음악CD나 DVD 등을 판매할 경우 제품의 포장이나 노래가사 카드 등에 실연자의 성명 등을 표시할 필요가 있다. 또한 공중에 대한 실연의 제시, 즉 음악이나 영화를 방송하거나 극장에서 영화를 상영하는 경우에도 적절한 방법으로 연주자나 배우의 성명 등을 표시하여야 한다.[9]

실연을 이용하는 자는 그 실연자의 특별한 의사표시가 없는 때에는 실연자가 그의 실명 또는 이명을 표시한 바에 따라 이를 표시하여야 한다. 다만, 실연의 성질이나 그 이용의 목적 및 형태 등에 비추어 부득이하다고 인정되는 경우에는 그러하지 아니하다(저작권법 제66조 제2항). 따라서 실연자가 그의 실명 또는 이명을 표시한 경우에는 일일이 실연자의 의사를 물을 것 없이 그 표시된 바에 따라 표시하여야 하고, 그렇게 함으로써 성명표시권을 침해하지 않은 것으로 인정될 수 있다.

또한 단서규정에 따라 실연자의 성명표시권은 일정한 경우에 그 적용이 제한된다. 예를 들어, 일반 음식점에서 배경음악으로 음악CD를 재생하는 경우에 가수나 연주가의 성명을 일일이 표시하지 않아도 무방하다. 백화점 매장이나 호텔 로비 등에서 분위기를 위해 배경음악을 방송으로 내보내는 경우에도 일일이 곡마다 실연자의 성명을 알려주어야 한다면 매우 불편할 뿐만 아니라 오히려 분위기를 해치게 된다. 그러한 경우에는 실연자의 성명을 알리지 않는다고 하더라도 의도적으로 실연자의 성명을 은닉한 것은 아니므로 성명표시를 생략할 수 있다고 본다. 영화에 엑스트라로 출연한 배우라든가 가수가 노래를 부를 때 뒤에서 백코러스나 반주를 한 연주자 등의 경우에도 그들의 성명표시를 일일이 하지 않아도 된다. 각종 콘서트나 오페라 공연의 경우에도 막이 내리기 전에 그날 무대에 등장한 연주가나 가수 전원의 성명을 장내에 방송하거나 사회자가 일일이 호명하지 않고, 공연 내용을 소개하

(中山信弘, 「著作權法」, 有斐閣(2007), 440면; 박성호, 전게서, 373면 참조).

9) 作花文雄, 詳解 著作權法, 제3판, ぎょうせい, 447면.

는 목록(팸플릿) 또는 포스터 등에 그 이름을 소개하는 정도에 그치는 것이 오늘날 공연 현장의 일반적인 관행으로 정착되어 있는 것으로 보인다. TV에서 음악관련 방송을 하는 경우에도 방송 마지막에 자막으로 실연자의 성명을 표시해 주는 정도가 공정한 관행이라고 할 수 있다.

다. 동일성유지권

실연자는 그의 실연의 내용과 형식의 동일성을 유지할 권리를 가진다(저작권법 제67조 본문). 유명 배우가 출연하는 영화의 한 장면을 이용하여 광고용 영상을 제작하거나 노래방 기기의 배경화면으로 사용하는 행위, 또는 그 영상을 다른 영상과 합성하는 등의 이용행위는 매우 빈번하게 행하여지고 있다. 디지털 기기를 사용하여 인위적으로 가수의 노래 중 일부분을 변형시키는 경우도 있다. 최근의 디지털 기술의 발달에 따라 이러한 개변행위는 보다 용이해졌고 더욱 다양한 형태로 발전하고 있으며, 그에 따라 실연자의 인격적 이익의 확보가 중요한 과제로 인식되기에 이르렀다. 이에 종래 저작자에게만 주어지던 동일성유지권을 2006년 저작권법 개정에 의하여 실연자에게도 부여하게 되었다. WPPT와 일본 저작권법에서는 "명예 또는 성망을 해하는" 것을 실연자의 동일성유지권 침해의 요건으로 규정하고 있으나, 우리 저작권법은 그러한 제한을 두지 않고 있으므로 보호범위가 WPPT나 일본 저작권법의 경우보다 넓다고 할 수 있다.[10]

실연자의 동일성유지권의 경우에도 성명표시권의 경우와 같이 일정한 제한이 따른다. 즉 실연의 성질이나 그 이용의 목적 및 형태 등에 비추어 부득이하다고 인정되는 경우에는 동일성유지권이 적용되지 아니한다(제67조 단서). 예를 들면 녹화나 녹음기술의 제약으로 인하여 색채나 음질 등을 실연의 원래 모습 그대로 재현하는 것이 불가능하여 실연자가 요구하는 수준의 예술성을 유지할 수 없는 경우를 들 수 있다. 또한 시사보도나 기타 방송프로그램 등에서 작품의 소개를 위하여 부분적 이용을 하는 경우라든가, 방송시간의 제약으로 인하여 재편집하거나 해외 방송을 위하여 더빙을 하는 경우 등에는 원래의 실연의 동일성을 유지하기 어렵고 부득이하게 수정·변경을 하여야 하는 경우가 있다.

---

10) WPPT 제 5 조는 "실연자의 명성을 해할 수 있는 실연의 왜곡, 훼손 기타 변경"(any distortion, mutilation or other modification of his performances that would be prejudicial to his reputation)이라고 하고 있고, 일본 저작권법 제90조의3 제 1 항은 "실연자의 명예 또는 성망을 해하는 그 실연의 변경, 절제 기타의 개변"이라고 하고 있다. 즉, WPPT는 실연자의 명성을 해할 '우려'가 있는 경우를 포함하는 것으로 되어 있는 데 비하여, 일본 저작권법은 단순히 실연자의 명성을 해하는 경우라고 하고 있어 현실적으로 명성을 해하는 경우일 것을 요건으로 하는 것처럼 이해된다.

라. 실연자 인격권의 일신전속성 등

이처럼 2006년 개정법에 의하여 실연자에게도 인격권이 부여되었으므로 실연자는 인격권을 침해한 자에 대하여 손해배상에 갈음하거나 손해배상과 함께 명예회복을 위하여 필요한 조치를 청구할 수 있다(저작권법 제127조).

한편, 저작권법 제14조 제 2 항은 저작인격권의 일신전속성과 관련하여 "저작자의 사망후에 그의 저작물을 이용하는 자는 저작자가 생존하였더라면 그 저작인격권의 침해가 될 행위를 하여서는 아니 된다"고 규정하고 있고, 제128조에서 저작자 사망 후 그 인격적 보호를 위하여 유족이나 유언집행자가 침해의 정지, 손해배상 및 명예회복에 필요한 조치 등의 청구를 할 수 있도록 규정하고 있다. 그런데 저작인접권의 경우에는 이러한 규정이 없고, 위 조항들을 준용하고 있지도 않다. 따라서 우리 저작권법은 저작자에 대하여는 사망 후에도 그 인격적 이익을 보호하지만, 실연자에 대하여는 그러한 보호를 부여하지 않는 것으로 해석된다.[11]

6. 실연자의 권리(2) – 재산권

가. 복 제 권

실연자는 그의 실연을 복제할 권리를 갖는다(저작권법 제69조). 1987년 저작권법에서는 실연자에게 자신의 실연을 녹음·녹화하거나 또는 사진으로 촬영할 권리만을 인정하고 있었다.[12] 그러나 1995년 법 개정을 통하여 폭넓게 복제할 권리를 가진다고 규정함으로써 종전의 권리 외에 실연의 고정물, 즉 녹음·녹화 및 사진촬영된 자신의 실연을 복제하는 권리까지 가지게 되었다. 따라서 실연을 맨 처음 녹음·녹화하는 것은 물론, 실연을 고정한 음반, 녹음테이프, 녹화테이프, 영화필름 등을 다시 복제하는 것도 이 권리의 내용에 해당한다. 뿐만 아니라 실연의 고정물을 사용한 방송, 공연 등의 음이나 영상을 테이프 등에 녹음·녹화하는 것도 실연의 녹음·녹화로서 본 조가 적용된다. 또한 CD나 DVD에 수록되어 있는 실연을 디지털 형식의 데이터로 추출하여 컴퓨터 등에서 처리할 수 있는 파일로 변환하거나 다른 폴더에 복제하는 등의 '디지털 복제'도 실연자가 가지는 복제권의 범위에 속한다.

다만, 실연자를 비롯한 저작인접권자에게는 '복제권'만 있을 뿐, 저작자에게 주어지는

---

11) 임원선, 실무자를 위한 저작권법, 개정판, 한국저작권위원회, 2009, 274면 참조.
12) 1987년 저작권법 제63조(녹음·녹화권) "실연자는 그의 실연을 녹음 또는 녹화하거나 사진으로 촬영할 권리를 가진다."

2차적저작물작성권과 같은 권리는 없다. 따라서 실제로 실연자가 행한 실연 자체를 복제하는 데에만 실연자의 권리가 미치고 그 실연과 유사한 다른 실연을 녹음·녹화하는 것에는 권리가 미치지 아니한다. 즉, 유명 가수의 실연행위를 모창하는 행위에 대하여는 실연자의 권리가 미치지 아니하며, 다만 이때 그 가수의 퍼블리시티권이 미치는지의 여부는 별개의 문제이다. 이 점에 있어서 저작물의 경우 그 저작물과 실질적으로 유사한 다른 저작물을 녹음·녹화하는 것에도 저작자의 권리(2차적저작물작성권)가 미치는 것과 다르다.

실연자의 복제권도 영상저작물과의 관계에서는 제약을 받는다. 즉, 실연자가 일단 영상저작물에 출연하여 그의 실연이 영상저작물 중에 녹음 또는 녹화된 경우에는 그 영상저작물의 이용에 대한 복제권, 배포권, 방송권 및 전송권은 특약이 없는 한 영상제작자에게 양도된 것으로 추정된다(저작권법 제100조 제 3 항). 그러나 이 경우 양도된 것으로 추정되는 복제권과 방송권은 그 영상저작물을 본래의 창작물로서 이용하는데 필요한 복제권 내지 방송권으로만 한정된다. 대법원 1997. 6. 10. 선고 96도2856 판결은, "영상제작자에게 양도된 것으로 간주[13]되는 '영상저작물의 이용에 관한 실연자의 녹음·녹화권'이란 그 영상저작물을 본래의 창작물로서 이용하는데 필요한 녹음·녹화권을 말한다고 보아야 할 것이다. 따라서 영화상영을 목적으로 제작된 영상저작물 중에서 특정 배우들의 실연장면만을 모아 가라오케용 LD음반을 제작하는 것은, 그 영상저작물을 본래의 창작물로서 이용하는 것이 아니라 별개의 새로운 영상저작물을 제작하는데 이용하는 것에 해당하므로, 영화배우들의 실연을 이와 같은 방법으로 LD음반에 녹화하는 권리는 영상제작자에게 양도되는 권리의 범위에 속하지 아니한다"고 판시하였다.

나. 배 포 권

실연자는 그의 실연의 복제물을 배포할 권리를 가진다. 다만, 실연의 복제물이 실연자의 허락을 받아 판매 등의 방법으로 거래에 제공된 경우에는 그러하지 아니하다(저작권법 제70조). 저작자의 배포권과 마찬가지로 실연자의 배포권도 한번 거래에 제공됨으로써 소진되도록 하는 권리소진의 원칙(최초판매의 원칙)을 단서 규정으로 둔 것이다.

실연자의 배포권도 특약이 없는 한 영상제작자가 이를 양도받은 것으로 추정된다(제100조 제 3 항).

---

13) 영상저작물의 특례에 관한 종전 저작권법 제75조 제 3 항은 실연자의 권리가 영상제작자에게 양도된 것으로 '간주'한다고 규정하고 있었다. 그러다가 2003년 저작권법 개정에 의하여 '간주'가 아니라 '추정'하는 것으로 변경되었다.

다. 대 여 권

실연자는 제70조 단서의 규정에 불구하고 그의 실연이 녹음된 상업용 음반을 영리를 목적으로 대여할 권리를 가진다(제71조). 2006년 저작권법을 개정하면서 실연자의 음반 대여에 대한 보상청구권을 삭제하고 완전한 배타적 권리로 인정한 것이다. 아울러 음반제작자에 대한 상업용 음반의 대여권도 배타적 권리로 확실히 규정하였다.14)

라. 공연권(생실연 공연권)

실연자는 그의 고정되지 아니한 실연을 공연할 권리를 가진다. 다만, 그 실연이 방송되는 실연인 경우에는 그러하지 아니하다(저작권법 제72조). 방송되는 실연을 제외한 것은 실연자에게 공연권과 별도로 방송권이 부여되어 있기 때문이다.

이 규정은 2006년 저작권법을 개정하면서 실연자에게 고정되지 않은 생실연(生實演, Live 공연)에 대한 공연권을 새로이 부여한 것이다. 따라서 예를 들어 세종문화회관에서 유명가수의 라이브 공연을 회관 밖에서 멀티비전을 통해 볼 수 있도록 하는 경우, 종전에는 이를 통제할 규정이 없었으나 2006년 개정 저작권법 이후부터 그 가수는 이 조항을 들어 자신의 권리를 주장할 수 있게 되었다.15)

마. 방 송 권

실연자는 그의 실연을 방송할 권리를 가진다. 다만, 실연자의 허락을 받아 녹음된 실연에 대하여는 그러하지 아니하다(저작권법 제73조). 여기서 단서규정은 이미 실연자로부터 그의 실연을 녹음하는 것에 대한 허락을 받은 경우에는 이를 방송하기 위하여 다시 실연자의 허락을 받을 필요가 없다는 것을 의미한다. 따라서 그 실연의 녹음이 판매용 음반에 이루어진 경우에 그 판매용 음반을 방송하게 되면 실연자는 저작권법 제75조의 규정에 따라 해당 방송사업자에게 보상금을 청구할 수 있을 뿐이다. 그리고 단서에서 녹음의 경우만을 규정하고 있고 녹화에 대한 규정을 두고 있지 않은 것은, 실연자의 허락을 받아 녹화된 영상저작물에 대하여는 제100조 제3항의 영상저작물에 관한 특례규정이 적용되므로 이를 통하여 제한이 가능하기 때문이다. 즉, 영상저작물의 제작에 협력할 것을 약정한 실연자의 그 영상저작물의 이용에 관한 실연방송권은 특약이 없는 한 영상제작자에게 양도된 것으로 추정한다. 그러므로 청각 실연자의 방송권은 그 실연이 실연자의 허락을 받아 녹음된 경우에는 제

---

14) 심동섭, 전게논문, 56면.
15) 상게논문, 56-57면.

한되고, 시청각 실연자의 방송권은 그 실연이 영상저작물로 녹화된 경우에는 제한된다. 따라서 실연자는 음반제작계약을 체결하거나 영상저작물 출연계약을 체결할 때 자신의 이익을 충분히 반영할 수 있도록 계약 체결 단계에서부터 주의할 필요가 있다. 이것은 실연자의 저작인접권과 관련하여서는 전통적으로 이른바 'One Chance 주의',16) 즉 실연자에게는 최초 계약에서 자신의 권리를 보장받을 수 있는 기회가 한 번 주어지며 그 단계에서 자신의 이익을 반영하지 않으면 그 이후에는 실연자의 권리가 작동하지 않도록 하는 입장이 바탕에 깔려 있기 때문이다.

이와 같이 실연자의 실연방송권은 저작권법 제73조 단서 및 제100조 제 3 항의 제한을 받게 되므로 결국 실연의 방송에 관하여 실연자의 권리가 미치는 범위는, ① '직접' 실연의 생방송, ② '직접' 실연의 방송을 수신하여 행하는 재방송, ③ 실연자의 허락 없이 녹음·녹화한 고정물을 이용한 방송 등이라고 할 수 있다.17)

한편, 저작재산권의 경우에는 2006년 개정법에서부터 '전송'과 '방송' 및 '디지털음성송신'을 포괄하는 상위개념으로서 '공중송신권'(저작권법 제18조)을 신설하고 있으나, 실연자 및 음반제작자의 권리의 경우에는 여전히 '방송'과 '전송'을 구별하여 독립적으로 규정하고 있음을 주의할 필요가 있다. 이는 저작재산권과는 달리 저작인접권의 경우에는 위와 같이 허락을 받아 녹음된 실연의 방송에 대하여 권리를 제한하고, 판매용 음반의 방송사용과 실연이 녹음된 음반의 디지털음성송신에 대하여는 배타적 권리가 아닌 채권적 청구권인 보상금청구권만 인정하는 등 '전송'과 '방송' 및 '디지털음성송신'에 대하여 각각 차별적인 취급을 하기 위한 것이다.

바. 전 송 권

실연자는 그의 실연을 전송할 권리를 가진다(저작권법 제74조). 2004년 저작권법 개정 당시 실연자에게 새로이 부여된 권리이다. 이에 따라 실연자는 자신의 실연의 고정물인 음반이나 영상 등을 다른 사람이 온라인상에서 파일 형태로 업로드하거나 AOD 또는 VOD 형식으로 스트리밍 서비스를 하는 등의 전송행위를 하는 것을 허락하거나 금지할 수 있는 배타적 권리를 가지게 되었다.

최근 디지털 기술의 발달에 따라 인터넷을 기반으로 하는 다양한 형태의 저작물 송신

---

16) 로마협약(제 7 조, 제19조)에서 실연자의 권리는 그 실연이 이용될 때마다 작동되는 것이 아니라 실연의 이용을 허락하는 최초 계약을 체결할 때에 그 이후 실연의 이용 상황까지 감안하여 이익 확보를 도모하는 길이 남아 있을 뿐이다. 'One Chance 주의'라는 용어는 이러한 로마협약상 실연자의 권리의 성격을 설명하기 위하여 일본 학자들이 편의상 사용한 용어라고 한다(박성호, 전게서, 378면).

17) 허희성, 전게서, 285면.

서비스가 나타나고 있다. 그 중에는 이른바 '인터넷 방송'이라는 이름으로 제공되는 것이 상당한 부분을 차지하고 있는데, 이러한 '인터넷 방송'은 그 서비스가 이루어지는 구체적인 형태에 따라서 '방송', '전송', '디지털음성송신' 및 기타 그 밖의 것들로 구분해 볼 수 있다. 일단 그러한 인터넷 방송이라고 통칭되는 서비스 중에서 이용자가 개별적으로 선택한 시간과 장소에서 접근할 수 있도록 제공되는 것, 즉 이시성(異時性)을 가지는 주문형(on demand) 방식의 서비스는 저작권법상 '전송'에 해당한다고 보아야 할 것이고, 그 경우 실연자 및 음반제작자에게는 채권적 권리인 보상금청구권이 아니라 물권적 권리인 배타적 금지권이 주어지게 된다. 방송, 전송, 디지털음성송신의 구별에 관하여는 제4장에서 살펴본 바와 같다.

사. 실연자의 보상청구권

저작권법은 실연자에 대하여 실연이 녹음된 상업용 음반을 방송에 사용하는 경우에 방송사업자를 상대로 상당한 보상금을 청구할 권리(제75조), 실연이 녹음된 음반을 사용하여 디지털음성송신사업자가 송신하는 경우에 상당한 보상금을 청구할 권리(제76조), 실연이 녹음된 상업용 음반을 사용하여 공연을 하는 자에 대하여 상당한 보상금을 청구할 권리(제76조의2) 등 세 가지 경우에 대하여 상당한 보상금을 청구할 권리를 부여하고 있다. 이러한 권리를 총칭하여 실연자의 보상청구권이라고 한다. 실연자의 복제권이나 방송권, 전송권 등의 저작인접권이 배타적 권리로서 준물권적(準物權的) 권리인 것에 대하여, 보상청구권은 배타적 효력이 없는 채권적 권리라는 점에 차이가 있다. 따라서 보상청구권은 '先 허락, 後 사용'이 아니라 '先 사용, 後 보상'의 개념을 가지는 권리라고 할 수 있다. 예를 들어 상업용 음반을 방송에 사용하고자 하는 방송사업자는 실연자나 음반제작자의 허락 여부와 관계없이 일단 음반을 방송에 사용할 수 있고, 나중에 그 사용료 상당액을 실연자 또는 음반제작자에게 보상금으로 지급하기만 하면 된다. 그렇기 때문에 방송사업자가 보상금을 지급하지 아니하여도 제123조의 침해정지청구권은 인정되지 않는다.

(1) 상업용 음반 방송사용 보상청구권

방송사업자가 실연이 녹음된 상업용 음반을 사용하여 방송하는 경우에는 상당한 보상금을 그 실연자에게 지급하여야 한다. 다만, 실연자가 외국인인 경우에 그 외국에서 대한민국 국민인 실연자에게 이 항의 규정에 의한 보상금을 인정하지 아니하는 때에는 그러하지 아니하다(저작권법 제75조 제1항).

상업용 음반은 보통 개인용이나 가정용으로 사용될 것을 예정하고 있는 것이다. 그런데 상업용 음반이 방송을 통하여 전파되게 되면 그러한 예정을 뛰어넘는 현저한 이용이 이루어지게 되며 그로 인하여 실연자는 실연의 기회를 상실하는 셈이 되므로, 이에 대하여는 별도의 보상을 해 줄 필요가 있다. 본 항은 이러한 취지에서 상업용 음반의 연주라는 1차적 사용의 범위를 벗어나 다시 방송으로 사용하는데 대한 사용료청구권을 인정하는 것이므로 이를 '2차적 사용료청구권'이라고 한다.[18] 실연자로서는 자신의 허락을 받아 녹음된 실연의 방송에 대하여는 이를 허락하고 말고 할 권리가 없지만(저작권법 제73조 단서), 그런 경우라도 상업용 음반이 방송에 사용된 경우에 대하여는 실연자에게 일정한 보상을 받을 권리를 부여함으로써 실연자와 방송사업자의 이해관계를 조절한 것이다.

한편, 수많은 음악을 방송하여야 하는 방송사업자가 그 모든 실연자와 접촉하여 보상금을 협의한다는 것은 실연자의 입장에서나 방송사업자의 입장에서나 현실적으로 어렵고 불편하다. 이에 저작권법은 본 항에 의한 보상금의 지급 등과 관련하여 저작권법 제25조 제 5 항 내지 제 9 항의 규정을 준용하도록 하고 있다(제75조 제 2 항). 따라서 실연자의 보상금청구권은 제25조 제 5 항 각호의 요건을 갖춘 단체로서 문화체육관광부장관이 지정하는 단체를 통하여 행사되어야 한다.[19] 이러한 단체가 보상권리자를 위하여 청구할 수 있는 보상금의 금액은 매년 그 단체와 방송사업자가 협의하여 정하며(제75조 제 3 항), 그 협의가 성립되지 아니하는 경우에 그 단체 또는 방송사업자는 대통령령이 정하는 바에 의하여 한국저작권위원회에 조정을 신청할 수 있다(제75조 제 4 항). 그러나 한국저작권위원회의 조정절차는 강제성이 없는 임의조정의 성격을 가지므로 당사자 사이의 의견의 합치를 이루어내지 못하면 조정은 불성립하게 되며, 보상금 수령단체는 법원에 보상금 청구소송을 제기할 수 있다. 보상금액을 결정하는 기준과 관련한 판결의 경향을 보면 방송사업자의 매출액을 기준으로 하여 보상금액을 결정한 판결[20]도 있는 반면에, 직접 보상금액을 산출하지 않고 음악저작권자

---

18) 그런데 음악 저작권 실무계에서는 일반적으로 한국음악저작권협회에 지급되는 음악저작물 사용료를 '1차 사용료'라고 지칭하고, 상업용 음반의 방송이나 공연에 따른 보상금을 '2차 사용료'라고 지칭하고 있음을 유의할 필요가 있다. 이는 그러한 보상금을 수령하는 권한을 가진 저작인접권자 단체와 보상금 지급의무자(주로 방송사들) 사이에 보상금 액수를 협의·결정함에 있어서 한국음악저작권협회, 즉 저작자에게 지급하는 저작물 사용료를 기준으로 하여 저작물 사용료의 몇 % 하는 식으로 결정하는 경우가 많기 때문에, 저작물 사용료를 1차 사용료, 상업용 음반에 대한 보상금을 2차 사용료라고 지칭하는 것이다.

19) 현재로서는 사단법인 한국음악실연자연합회가 보상금에 관한 업무를 수행하는 단체로 지정되어 있다.

20) 서울중앙지방법원 2011. 9. 16. 선고 2009가합123027 판결은, "① 피고 방송사업자들은 각 기존 방송사용 보상금계약에서 방송사용 보상금으로 1차 사용료의 47%를 지급하고 있었고, 이는 전년도 매출액의 약 0.182%에 해당하는 점, ② 공중파 라디오 방송사의 경우 2009년 이전에 전년도 매출액 대비 약 0.11% 내지 0.39% 사이의 수준으로 방송사용 보상금을 지급하도록 되어 있는 점, ③ 음악방송을 전문으로 하는 케이엠티브이 주식회사도 2004년도에는 전년도 매출액 대비 0.075%, 2010년도에는 전년도 매출액 대비 0.504%의 방송사용 보상금을 지급하기로 합의한 점, ④ 피고들은 종교방송사로서 다른 방송사와 달리 방송시간의 60% 이상을 선교 프로그램으로 편성하여야 하는 점(방송법 제69조 제 4 항, 방송법 시행령 제50조 제 4 항 제 1 호 참조), ⑤ 원고는 이 사건에서 2007년도 방송사용 보상금만 청구하

에게 지급하는 저작물 사용료(이른바, '1차 사용료')의 일정 비율(%)을 보상금액으로 본 판결도 있다.[21]

이와 같이 실연자의 보상금청구권을 문화체육관광부장관이 지정하는 단체가 독점적으로 행사할 수 있도록 한 결과 그 지정단체에 가입하지 아니한 실연자의 보상금청구권 행사가 문제로 된다. 이에 저작권법 제75조 제 2 항이 준용하는 법 제25조 제 6 항은, 보상금청구권의 행사자로 지정된 단체는 그 구성원이 아니라도 보상금을 받을 권리를 가진 자로부터 신청이 있을 때에는 그 자를 위하여 그 권리행사를 거부할 수 없으며, 이 경우에 그 단체는 자기의 명의로 그 권리에 관한 재판상 또는 재판 외의 행위를 할 권한을 가진다고 규정하고 있다.

현행 저작권법은 외국인의 실연을 방송하는 경우에도 외국에서 우리나라 국민에게 보상금을 지급하는 것을 전제로(상호주의) 그 외국인에게 방송보상청구권을 인정한다. 이는 비록 상호주의이긴 하지만 우리나라 실연자가 외국 방송사업자로부터 보상금을 받을 수 있는 길을 열어주고, 외국과의 불필요한 지적재산권 분쟁을 방지하기 위하여 마련한 조항이다.

미국은 내외국인을 불문하고 공중파 방송에서 사용한 음반에 대한 실연자의 방송보상청구권을 인정하지 않고 있다. 그러므로 상호주의에 따라 우리나라 공중파 방송사는 일단 미국인 실연자의 상업용 음반에 대한 방송보상청구권을 인정할 필요가 없다. 다만, 방송의 형태는 종류가 다양하므로 상세한 내용과 관련하여서는 미국 저작권법에 대한 보다 면밀한 검토가 필요할 것이다. 일본과 독일은 상호주의에 따라 공중파 방송에 사용한 음반에 대한 실연자의 방송보상청구권을 인정하므로 우리나라 방송사도 그들의 방송보상청구권을 인정하여야 한다.[22]

실연의 경우와 마찬가지로 외국인 음반제작자의 방송보상청구권도 상호주의에 따라 인정하도록 되어 있다.

고 있으므로 이 사건에서 정할 보상금의 수준에 비추어 그 이후의 보상금은 앞으로의 협의에 따라 더 상향될 여지가 있는 점 등을 고려해 보면, 피고들이 원고에게 지급할 2007년도 보상금의 수준은 전년도인 2006년도 매출액의 0.23%로 정함이 상당하다"고 판시하였다.

21) 서울지방법원 1999. 7. 30. 선고 97가합44527 판결은, "원고들(사단법인 한국예술실연자단체연합회, 사단법인 영상음반협회)과 피고가 1990년경 이래로 수차례의 협의 등을 거쳐 결정하여 온 보상금 지급 수준은 향후 보상금의 수액을 결정함에 있어서 유력한 자료가 된다고 할 것인바, 종래의 경과에 의하면 원고와 피고는 보상청구권이 인정되는 취지, 보상금액 산출의 현실적인 어려움, 피고에 의하여 1차 사용료가 지급되는 한국음악저작권협회의 관리곡 중에서 국내곡이 차지하는 비율 및 국내곡 중에서 원고들의 관리곡이 차지하는 비율 등 제반 사정을 고려해야 한다는 공통의 이해 하에 피고가 지급하여야 할 보상금을 1차 사용료의 70% 수준으로 정한다는 내용의 협의가 이루어져 왔다고 봄이 상당하다"고 판시하고 있다.
22) 심동섭, 전게논문, 57면.

(2) 디지털음성송신 보상청구권

디지털음성송신사업자가 실연이 녹음된 음반을 사용하여 송신하는 경우에는 상당한 보상금을 그 실연자에게 지급하여야 한다(저작권법 제76조 제 1 항).

'디지털음성송신'은 공중송신 중 공중으로 하여금 동시에 수신하게 할 목적으로 공중의 구성원의 요청에 의하여 개시되는 디지털 방식의 음의 송신을 말하며, 전송을 제외한다(저작권법 제 2 조 제11호). '음'(音)만이 아니라 '영상'의 송신까지 포함된 경우에 대하여는 이를 '방송'으로 볼 것인지 아니면 그러한 경우는 디지털음성송신은 물론이고 방송이나 전송의 개념 어디에도 해당하지 않아 실연자의 권리의 대상에서 제외된다고 볼 것인지에 대하여는 제4장에서 살펴본 바와 같다.

방송의 경우와 다른 점은 방송의 경우에는 실연이 녹음된 음반을 사용하여 방송하는 경우를 제외하고는 실연자의 배타적 방송권의 대상이 되도록 규정하고 있음에 반하여, 디지털음성송신에 대하여는 실연자의 배타적 권리가 전혀 미치지 않도록 되어 있다는 점과, 방송사업자에 대한 보상금청구권은 '상업용 음반'을 사용하여 방송하는 경우에 한정됨에 반하여, 디지털음성송신사업자에 대한 보상금청구권은 상업용 음반뿐만 아니라 어떤 형태로든 실연이 녹음된 음반을 사용하여 송신하는 경우를 널리 포함한다는 점이다. 또한, 외국인 실연자의 방송보상청구권은 상호주의에 따라 인정하도록 하였으나, 디지털음성송신은 인터넷을 기반으로 하고 국경을 초월하여 송신된다는 점을 감안하여 상호주의 적용을 배제하고 내국민대우(national treatment) 원칙을 적용하여 내외국인을 불문하고 보상하도록 하였다.[23]

보상금의 지급과 관련하여서는 방송보상금청구권과 마찬가지로 저작권법 제25조 제 5 항 내지 제 9 항의 규정을 준용하고 있다(저작권법 제76조 제 2 항). 이 규정에 의하여 보상을 받을 권리를 행사하는 단체가 보상권리자를 위하여 청구할 수 있는 보상금의 금액은 매년 그 단체와 디지털음성송신사업자가 대통령령이 정하는 기간 내에 협의하여 정한다(제76조 제 3 항). 그러나 방송보상금의 지급의무자인 방송사업자와는 달리 본 조의 보상금의 지급의무자인 디지털음성송신사업자(보통 음악 웹캐스팅업체라고 부른다)들은 현실적으로 수백, 수천, 수만에 이를 수 있고, 그 보상금액도 방송사업자가 지급할 보상금 액수와는 비교되지 않을 정도로 소액인 경우가 많을 것이므로 실연자 단체와 이들 디지털음성송신사업자 사이에서 보상금액을 협상하여 결정한다는 것은 지극히 어려울 수밖에 없다. 이에 따라 당사자 사이에 협의가 성립하지 않을 경우 한국저작권위원회에 조정신청을 할 수 있도록 규정하고 있는 방송보상금 청구권의 경우와는 달리 디지털음성송신사업자에 대한 보상금 청구권에 대하여는 대통령령이 정한 기간 내에 협의를 끝내지 못할 경우에는 문화체육관광부장관이 정하여

---

23) 상게논문, 57면.

고시하는 금액을 지급하도록 하였다(제76조 제 4 항). 이는 주무관청인 문화체육관광부가 다소 강제성을 갖는 일종의 중재적인 역할을 수행하도록 한 것이라는 점에 특색이 있다. 2006년 개정 저작권법은 음반제작자에 대해서도 같은 취지에서 디지털음성송신보상청구권을 인정하였다.

(3) 상업용 음반 공연사용 보상청구권

실연이 녹음된 상업용 음반을 사용하여 공연을 하는 자는 상당한 보상금을 해당 실연자에게 지급하여야 한다(저작권법 제76조의2 제 1 항). 앞에서 본 바와 같이 실연자에게는 법 제72조에 의하여 자신의 실연을 공중에게 공개할 권리인 공연권이 부여되어 있는데, 이때의 공연권은 고정되지 아니한 실연, 즉 생실연에만 국한하도록 되어 있다. 고정된 실연에 대하여는 별도로 본 항에 의한 보상청구권을 부여한 것이다. 즉, 고정되지 않은 실연의 공연에 대하여는 공연권을, 고정된 실연인 상업용 음반의 공연에 대하여는 보상청구권을 부여하고 있는 것이다.

보상금의 지급과 관련하여서는 방송 및 디지털음성송신에 대한 보상금청구권과 마찬가지로 저작권법 제25조 제 5 항 내지 제 9 항 및 제76조 제 3, 4 항의 규정을 준용하고 있다(제76조의2 제 2 항).

상업용 음반의 공연사용에 대한 보상청구권 역시 상업용 음반의 방송사용에 대한 보상금청구권의 경우와 마찬가지로 외국인 실연자에 대하여는 상호주의의 전제 아래에서 이를 인정하고 있다. 즉, 실연자가 외국인인 경우에 그 외국에서 대한민국 국민인 실연자에게 상업용 음반의 공연에 대한 보상청구권을 인정하지 않는 경우에는 우리나라도 그 외국인 실연자에게 보상청구권을 인정하지 않는다(제72조의2 제 1 항, 단서).

Ⅲ. 공동실연자의 권리행사

1. 재산권의 행사

가. 행사 방법과 관련된 논의

2인 이상이 공동으로 합창·합주 또는 연극 등을 실연하는 경우에 실연자의 권리(실연자의 인격권은 제외한다)는 공동으로 실연하는 자가 선출하는 대표자가 이를 행사한다. 다만, 대표자의 선출이 없는 경우에는 지휘자 또는 연출자 등이 이를 행사한다(저작권법 제77조 제 1 항).

공동저작물의 저작재산권은 저작재산권자 전원의 합의에 의하여 행하여야 하지만, 실연을 공동으로 한 경우, 즉 공동저작인접권자의 경우에 그 실연행위를 이용하고자 하는 자가 실연자 전원의 허락을 얻어야 한다면 매우 불편하다(대규모 합창단원 전원의 허락을 얻어야 하는 경우를 생각해 보면 된다). 따라서 저작권법은 공동실연자의 경우 반드시 선출된 대표자가 실연자의 권리를 행사하는 것으로 규정하였다.

이는 2인 이상이 공동으로 행하는 합창, 합주, 연극이나 이와 실질적으로 균등한 것으로 볼 수 있는 실연의 경우에는 공동저작물의 저작권행사에 관하여 전원의 합의에 의하도록 한 저작권법 제48조를 유추적용할 것이 아니라, 공동으로 실연하는 자가 선출하는 대표자가 행사하도록 특별규정을 둔 것으로 이해할 수 있다.

그렇다면 2인 이상이 공동으로 행한 실연 가운데 합창, 합주, 연극 또는 이와 균등하게 볼 수 있는 실연에 해당하지 않는 경우, 즉 2인 이상의 실연이지만 저작권법 제77조 제 1 항에는 해당하지 않는 실연의 경우에는 그 권리를 어떻게 행사하여야 할 것인지의 문제가 남게 된다. 이러한 경우에 대하여는 우리 저작권법이 공동저작물의 권리행사에 관한 규정을 준용하고 있지 않는 이상, 공동실연자들은 각자 자신의 실연행위에 대하여 개별적인 권리를 가지고 있을 뿐이며, 다른 공동실연자에 대하여서까지 내부적으로 지분을 갖거나 자신의 권리를 주장할 수는 없다고 해석함이 타당하다고 생각된다. 그렇다면 결국 그들 사이의 권리관계는 결합저작물에 있어서의 각 저작자들의 권리관계와 유사하다고 볼 수 있을 것이다.

한편, 저작권법 제75조 제 2 항 및 제76조 제 2 항이 보상금청구와 관련된 실연자의 권리는 지정단체만이 이를 행사할 수 있도록 하였으므로 본 조에서 대표자가 실연자의 권리를 행사한다는 규정과 충돌이 발생하게 된다. 이에 대하여는 공동실연자의 경우에도 지정단체만이 권리를 행사할 수 있다고 보아야 할 것이다. 지정단체로 하여금 일괄적으로 권리행사를 하도록 한 저작권법의 취지는 공동실연자라고 해서 예외가 아니기 때문이다.[24]

나. 독창 또는 독주의 경우

본 항의 규정에 의하여 실연자의 권리를 행사하는 경우에 독창 또는 독주가 함께 실연된 때에는 독창자 또는 독주자의 동의를 얻어야 한다(제77조 제 2 항). 이는 독창이나 독주는 일반적인 공동실연보다 그 실연에서 차지하는 비중이 훨씬 크기 때문에 둔 규정이다.

---

24) 상게서, 297면.

2. 공동실연자의 인격권 행사

공동실연자의 인격권 행사에 관하여는 저작권법 제15조(공동저작물의 저작인격권) 규정이 준용된다(저작권법 제77조 제3항). 따라서 공동실연자의 인격권은 실연자 전원의 합의에 의하지 아니하고는 이를 행사할 수 없다. 이 경우 각 실연자는 신의에 반하여 합의의 성립을 방해할 수 없다(제15조 제1항). 또한 공동실연자는 그들 중에서 인격권을 대표하여 행사할 수 있는 자를 정할 수 있으며(제15조 제2항), 이 규정에 의하여 권리를 대표하여 행사하는 자의 대표권에 가하여진 제한이 있을 때에 그 제한은 선의의 제3자에게 대항할 수 없다(제15조 제3항).

이와 같이 공동실연자의 인격권은 원칙적으로 실연자 전원의 합의에 의하여 행사하여야 하며, 다만 '필요한 경우' 공동실연자들이 임의로 대표자를 선임하여 인격권을 행사할 수 있다. 이는 공동실연자의 재산권의 경우 처음부터 전원의 합의가 아닌 대표자를 선임하여 권리를 행사할 수 있도록 한 것과 대비된다.

Ⅳ. 음반제작자의 권리

1. 음반 및 음반제작자의 의의

가. 음반의 의의

'음반'은 음(음성·음향을 말한다)이 유형물에 고정된 것(음을 디지털화한 것을 포함한다), 다만, 음이 영상과 함께 고정된 것을 제외한다(저작권법 제2조 제5호). 일반적으로 '음반'이라고 하면 디스크나 레코드 등을 의미하지만, 저작권법상 '음반'은 그러한 일반적인 의미를 포함하여 널리 유체물에 수록되어 있는 음의 존재 자체를 지칭하는 개념이다. 즉, 음이 고정되어 있는 매체인 유체물 그 자체가 아니라 그러한 유체물에 음이 고정되어 있는 추상적 존재가 저작권법에서 말하는 음반인 것이다. 음반에 대한 정의규정인 위 제2조 제5호에서 "음이 고정된 유형물"이라고 하지 않고 "음이 유형물에 고정된 것"이라고 정의하고 있는 것도 그러한 취지를 표명한 것이라고 할 수 있다.[25] 즉, 유형물인 녹음매체가 음반이 아니

---

25) '음반'을 "축음기용 음반, 녹음테이프 그 밖의 물(物)에 음을 고정한 것"이라고 정의하고 있는 일본 저작권법 제2조 제1항 제5호에 대한 일본의 해석론도 같다(半田正夫·松田政行, 『著作權法コンメンタール』 1권, 勁草書房, 2008, 87면).

라 유형물인 매체에 고정되어 있는 무형물로서의 음의 존재가 음반인 것이다.

　　음반은 반드시 그 고정된 음이 음악이거나 다른 저작물일 필요는 없다. 새소리나 물소리 등 자연의 소리이거나, 시를 낭송하는 것을 녹음한 것 등도 음반에 해당한다. 음반을 정의하면서 음이 유형물에 고정될 것을 요구할 뿐 청각적으로만 고정될 것을 요구하고 있지 않으므로, 소리가 디지털데이터의 형태로 고정된 것도 음반에 해당한다. 서울지방법원 1995. 6. 23. 선고 93가합47184 판결은, "음이 저장된 메모리칩은 음을 전자적 방법으로 유형물에 고정시킨 것으로서 저작권법상의 음반에 해당된다"고 하였다.26) 다만, 이 판결에서 음악이 내장된 메모리칩 자체를 음반에 해당하는 것처럼 판시한 것은, 유형물인 녹음매체가 음반이 아니라 유형물인 매체에 고정되어 있는 무형물로서의 음의 존재가 음반이라는 점에 비추어 다소 정확하지 못한 점이 있다. 2016년 3월 22일 개정된 저작권법 제 2 조 제 5 호는 '음반'의 정의에 음을 디지털화한 것을 포함한다는 명문의 규정을 두었다.

　　그러나 음이 영상과 함께 고정된 것은 음반에서 제외된다. 예를 들어, 음이 영상과 함께 고정됨으로써 영상과 함께 재생되어야 하는 뮤직비디오, 영화필름의 사운드트랙 등은 음반이 아니라 저작권법 제 2 조 제13호의 '영상저작물'에 해당되어 별도 규정의 적용을 받게 된다. 다만, 뮤직비디오나 영화필름 등에서 소리부분만을 따로 분리하여 녹음한 사운드트랙 앨범은 음이 영상과 함께 고정된 것이 아니므로 음반에 해당한다.

나. 보호받는 음반

　　저작인접권의 보호를 받는 음반은, ① 대한민국 국민을 음반제작자로 하는 음반, ② 음이 맨 처음 대한민국 내에서 고정된 음반, ③ 대한민국이 가입 또는 체결한 조약에 따라 보호되는 음반으로서 체약국 내에서 최초로 고정된 음반, ④ 대한민국이 가입 또는 체결한 조약에 따라 보호되는 음반으로서 체약국의 국민(당해 체약국의 법률에 의하여 설립된 법인 및 당해 체약국 내에 주된 사무소가 있는 법인을 포함한다)을 음반제작자로 하는 음반 등이다(저작권법 제64조 제 2 호).

다. 음반제작자

　　음반제작자는 음반을 최초로 제작하는 데 있어 전체적으로 기획하고 책임을 지는 자를

---

26) 이 판결에서는 음악이 내장된 컴퓨터칩을 음반으로 보아 그 제작자를 저작권법상 저작인접권자인 음반제작자로 인정을 하였다. 그러나 더 나아가 그 컴퓨터칩에 음악을 입력하는 작업에 있어서 고도의 창작적 노력이 개입되어 컴퓨터칩에 입력된 음악이 원래의 편곡용 음악과 구별되는 독창성을 가졌음의 입증이 없는 한 원고는 음반에 해당하는 위 컴퓨터칩의 제작자에 불과하여 저작인접권을 갖는데 그치고 저작자는 될 수 없다고 하였다.

말한다(저작권법 제2조 제6호). 유형물에 이미 고정되어 있는 음을 재고정한 자, 혹은 음반의 복제자는 음반제작자가 아니다.

실연의 경우와 마찬가지로 음반의 '복제'에도 '모방'의 개념은 포함되지 않는다. 즉, 유형물에 고정된 음 자체를 그대로 이용하여 다른 매체 등에 재고정하는 등의 행위만 복제에 해당하며, 그렇지 않고 예를 들어 기존 음반과 동일한 가수 또는 동일한 연주자로 하여금 다시 음을 생성하게 하여 고정한 경우에는 설사 그와 같이 고정된 음이 기존에 고정된 음과 매우 흡사하다고 할지라도 음반의 복제에는 해당하지 않는다. 그 경우에는 뒤의 새로운 고정을 함에 있어서 기획하고 책임을 진 자가 그 새로운 음반제작자로 인정될 수 있다.[27) 음반제작사가 제작한 판매용 음반이라도 반드시 그 음반을 CD 등으로 제작한 회사가 음반제작자가 되는 것은 아니고, 음을 최초로 고정한 원반(原盤)을 만들어 제작사에 제공한 자가 있으면 그를 음반제작자로 보아야 한다.[28)

음반제작자가 누구인지는 음반 제작과 동시에 원시적으로 결정되는 것으로서, 당사자 사이의 계약에 의하여 후발적으로 음반제작자의 지위를 결정하는 것은 허용되지 않는다. 이 점은 저작자가 누구인지 여부는 창작과 동시에 원시적으로 결정되는 것과 마찬가지이다. 따라서 실제 음반을 기획하고 책임을 진 제작자가 아닌 다른 사람, 예를 들어 원반(原盤) 제작 이후에 후발적으로 투자비용 상당액을 보상해 준 사람을 음반제작자로 하기로 하는 약정을 체결하였다고 하더라도, 실제 음반을 기획하고 책임을 진 원반제작자가 음반제작자가 된다. 다만 그와 같은 약정을 음반제작자의 권리와 지위를 양도하는 취지라고 해석할 수는 있을 것이다.

업계의 실태를 보면 음반의 제조 및 유통은 보통 음반제작을 위한 제반 시설을 보유한 음반제작사와 음반제작에 대한 기획 및 홍보를 담당하는 음반기획사에 의해 이루어지고 있다. 과거에는 음반제작사가 음반의 기획·제작·유통을 모두 담당하는 방식으로 음반의 제작 및 유통이 이루어졌으나, 점차 음반기획사들이 가수들을 발굴한 후 이들을 전속시켜 음반제작을 기획하고, 음반제작사에게 음반제작을 의뢰하여 그에 따라 생산된 음반의 판매로부터 나오는 이익을 음반제작사와의 계약에 의하여 분배하는 형태로 이루어지고 있다. 또한 가수들이 직접 자신의 음반기획사를 설립하여 음반제작사와 음반제작계약을 체결하기도 한다.[29)

이러한 환경 아래에서 제작된 음반의 음반제작자가 누구인지를 확정하기 위해서는 단지 음을 음반에 최초로 고정하는 행위를 한 자가 누구인지를 가리는 것에서 그치지 않고,

---

27) 이해완, 전게서, 654면.
28) 加戶守行, 전게서, 544면; 아래 '가수 김광석 음반 사건 판결 등.
29) 서울대학교 기술과법센터, 저작권법주해, 박영사, 2007, 44면.

가수와 음반기획사, 음반제작사 사이에 체결된 구체적인 계약 내용, 실제 음반의 기획과 제작과정에서 담당한 역할과 그 정도 등을 고려하여 누가 음반을 최초로 제작함에 있어 전체적으로 기획하고 책임을 지는 역할을 하였는지를 판단하여야 한다. 예를 들어, 가수가 스스로 작사, 작곡을 하거나 저작권자로부터 이용허락을 얻은 후 노래와 연주를 하여 카세트테이프에 녹음하고 이를 단지 대량생산하기 위하여 음반제작사에 제공하였을 뿐이라면 그 가수가 음반제작자가 된다. 단순히 CD나 테이프와 같은 판매용 음반을 기계적으로 리프레스 (repress)하여 제작하는 음반회사는 음반제작자가 아니다. 음반기획사가 가수와 전속계약을 체결하고, 곡의 선정, 반주, 편곡 등을 준비하여 원반(master tape)을 제작한 후 이를 이용하여 음반제작사와 음반의 대량 제작·판매 계약을 체결하였다면 음반기획사가 음반제작자가 되고, 음반제작사가 음반을 기획한 후 사실상 음반기획사를 고용하여 제작하게 한 경우에는 음반제작사가 음반제작자로 된다.[30]

　　서울중앙지방법원 2006. 10. 10. 선고 2003가합66177 판결(일명 '김광석 음반' 사건)은 사망한 가수 김광석의 4개 음반의 음반제작자가 누구인지가 문제로 된 사건에서, "가수 김광석이 이 사건 음반에 수록된 곡을 가창하는 외에도, 직접 이 사건 음반에 수록될 곡을 선정하여 그 작사자, 작곡자로부터 이용허락을 받고, 연주자와 작업실을 섭외하여 녹음 작업을 진행하며, 연주 악기별 연주와 자신의 가창을 트랙을 나누어 녹음한 멀티테이프를 제작하고, 그 멀티테이프에 녹음된 음원 중 일부를 골라 가창과 연주의 음의 강약이나 소리의 조화를 꾀하는 편집 과정을 통해 이 사건 음반의 마스터테이프를 제작하는 등 이 사건 음반의 음원을 유형물에 고정하는 주된 작업을 직접 담당하였던 점 등에 비추어 보면 가수 김광석을 음반제작자로 인정할 수 있다"고 판시하였다.[31]

　　한편, 우리나라 최초의 저작권법인 구 저작권법(1986. 12. 31. 법률 제3916호로 전부 개정되기 전의 것)은 음반을 저작물의 하나로 보고 '원저작물을 음반에 녹음하는 것'을 변형복제의 일종으로서 원저작물에 관한 저작권과는 별개의 새로운 저작권의 발생요건인 개작에 해당한다고 간주하고 있었다.[32] 따라서 구 저작권법상으로 '원저작물을 음반에 녹음한 자'는 작

---

30) 상게서, 44-45면.
31) 음반업계에서 일반적으로 통용되는 용어를 정리하면 다음과 같다.
　　멀티테이프(multi tape) : 다수의 트랙(track, 저장공간)으로 이루어진 저장매체(테이프 등)에 악기별 연주와 가창, 코러스 등의 개별 음원 소스(source)들을 트랙을 나누어 녹음한 테이프.
　　마스터테이프(master tape) : 멀티테이프에 녹음된 음원 중 전부 또는 일부를 선택하여 믹싱(mixing)한 후 가창과 연주의 음의 강약이나 소리를 조화시키는 편집과정을 거쳐 통상 스테레오 2 채널(channel)로 제작된 테이프. 원반(原盤)이라고도 하며, CD 등 상업용 음반으로 복제할 수 있는 최종 산출물.
　　MR(music recorded) : 가수의 가창이 없고, 반주와 코러스만 녹음된 음반. 가수들이 공연이나 방송 무대 등 현장에서 실연을 할 때 반주용으로 사용.
　　AR(all recorded) : MR에 가수의 가창이 함께 녹음된 음반. CD 등 상업용 음반을 제작하기 위해 사용.

사 작곡자 등 원저작자와는 별개로 새로운 저작자(음반의 저작자)가 된다. 이러한 구 저작권법이 적용되어 저작물로 취급되는 음반에 대하여 누구를 저작자로 볼 것인지에 관하여, 대법원 2016. 4. 28. 선고 2013다56167 판결은 구 저작권법상 음반에 관한 저작자의 결정에서 현행 저작권법상 음반제작자의 결정과 통일적인 기준을 적용할 필요가 있다고 하였다. 따라서 구 저작권법상 음반에 관한 저작자는 음반의 저작권을 자신에게 귀속시킬 의사로 원저작물을 음반에 녹음하는 과정을 전체적으로 기획하고 책임을 지는 법률상의 주체를 뜻하고, 법률상의 주체로서의 행위가 아닌 한 음반의 제작에 연주·가창 등의 실연이나 이에 대한 연출·지휘 등으로 사실적·기능적 기여를 하는 것만으로는 음반에 관한 저작자가 될 수 없다고 판시하였다.

2. 복 제 권

가. 의　　의

음반제작자는 그의 음반을 복제할 권리를 가진다(저작권법 제78조). 음반의 복제에는 녹음물에 수록되어 있는 음을 다른 고정물에 녹음하는 행위와 음반 그 자체를 리프레스(repress) 등의 방법으로 증제하는 행위가 모두 포함된다. 따라서 녹음물을 재생시키면서 이를 다른 일회용 테이프에 녹음하거나, 음반을 방송에 사용하여 그 방송음을 테이프에 녹음하는 것도 복제에 해당하여 음반제작자의 복제권이 미친다. 음반에 고정된 음원을 디지털파일로 변환하는 것도 그 과정에서 유형물인 컴퓨터 하드디스크 등 전자적 기록매체에 저장이 수반되므로 유형물에의 고정인 복제에 해당한다.[33]

이때 이러한 변환행위가 2차적저작물작성 행위에 해당하는지 의문이 있을 수 있다. 그러나 음반제작자와의 관계에서 보면 변환에 이용된 음반이나 변환 후의 디지털파일 모두

---

32) 구 저작권법 제2조, 제5조 제1항, 제2항.

33) 대법원 2021. 6. 3. 선고 2020다244672 판결 : 이 사건 MR파일은 이 사건 각 음반과 마찬가지로 음이 유형물에 고정된 것으로서 저작권법이 정한 음반에 해당하고, 이에 대한 음반제작자의 저작인접권은 그 음을 맨 처음 음반에 고정한 때부터 발생한다. 따라서 피고가 이 사건 각 음반과 이 사건 MR파일에 수록된 음악저작물에 대하여 저작자로서 저작권을 가지는 것과 별개로, 원고는 이 사건 각 음반과 이 사건 MR파일의 제작을 전체적으로 기획하고 책임진 음반제작자로서 그 음반에 대하여 복제권 등의 저작인접권을 가진다. 그리고 피고가 비록 이 사건 MR파일에 수록된 음악저작물의 저작재산권자이기는 하지만, 이와 같이 이 사건 MR파일의 음반제작자로서 저작인접권자인 원고의 허락 없이 그의 음반을 복제한 이상, 이 사건 MR파일에 대한 원고의 복제권을 침해하였다고 볼 수 있다. 나아가 피고가 원고에게 이 사건 MR파일에 대한 정당한 대가를 지급하지 않고 위와 같은 행위를 함으로써 원고에게 적어도 위 금액 상당의 손해가 발생하였다고 볼 여지가 있고, 이는 이 사건 MR파일의 원본을 원고가 그대로 보유하고 있었다고 하더라도 마찬가지이다.

저작물이 아닌 이상(그 안에 있는 음악이 저작물이다) 이를 음반 자체의 2차적저작물작성 행위라고는 인정하기 어렵다. 이러한 변환행위는 음반의 복제에 해당할 뿐이다. 또한 음악저작권자와의 관계에서 보더라도 이는 음악의 고정매체 또는 고정방식을 달리하는 것일 뿐, 변환된 디지털파일에 고정된 음악이 원래 음반에 고정되어 있던 음악과 다른 새로운 창작성을 가지는 것은 아니므로 역시 2차적저작물작성 행위라고 보기는 어렵다.[34]

한편, 디지털 음악의 일부만을 발췌하여 편집하거나 발췌한 디지털 음악을 컴퓨터로 변형하여 이용하는 행위가 음반의 일부복제로서 음반제작자의 복제권 등 기타 권리를 침해하는 것인지 여부가 문제로 될 수 있다. 음반의 일부만을 발췌하여 그대로 편집에 이용한다면, 그 과정에서 해당 부분에 대한 복제가 일어날 것이기 때문에 그 부분에 대한 음반제작자의 복제권을 침해하는 것으로 볼 수 있다. 그러나 음반제작자에게는 저작자와 같은 2차적저작물작성권이 없기 때문에 음반의 일부를 그대로 복제하는 것이 아니라, 음반에 수록된 음악을 컴퓨터로 변형하여 이용하는 행위의 경우에는 그것이 음반제작자의 어떤 권리를 침해하는 것인지 불분명하다. 미국 저작권법은 녹음물(음반)에 고정된 실제음을 재배열 또는 재혼합하거나 그 밖의 방법으로 그 순서나 음질을 변경시키는 것은 녹음물에 대한 저작권자의 배타적 권리인 2차적저작물작성권의 침해에 해당된다는 것을 명시적으로 규정하고 있다.[35] 그러나 이는 기본적으로 저작인접권에 관한 개념이 없는 미국 저작권법이 우리 저작권법과는 달리 녹음물(음반, sound recording)을 저작인접물이 아닌 저작물로 보호하고 있기에 가능한 규정이다. 음반을 저작인접물의 개념으로 보고 저작물과 달리 취급하고 있는 우리 법에서 해석론으로 원용하기는 어렵다. 우리 저작권법의 해석으로는 음반에 수록된 음의 실질적 동일성이 상실될 정도로 변형되었다면 음반 자체에 대한 침해는 성립하지 않는 것으로 볼 수밖에 없을 것으로 생각된다. 다만, 그 음반에 수록된 음악저작물에 대한 2차적저작물작성권 침해는 성립할 수 있을 것이다.

나. 디지털 기술의 발달과 복제 개념의 확대

디지털 기술의 발달과 네트워크 환경의 확대는 음반의 복제와 관련하여 큰 변화를 가져왔다. 이러한 변화에 따라 전통적인 '복제'의 개념도 변화하였다. 정보통신망을 통하여 송신되거나 검색된 디지털 형태의 저작물 등을 다시 디지털 형태로 전자적 기록매체 등에 저장하는 행위도 복제의 개념에 포함시킬 수 있게 되었고, 이른바 '디지털 복제'의 개념이 등장하게 되었다. 이러한 변화를 가져온 현상 중 대표적인 것이 디지털콘텐츠에 대한 스트리

---

34) 서울대학교 기술과법센터, 저작권법주해, 박영사, 2007, 830면.
35) 미국 저작권법 제114조(b).

밍 서비스의 보급과 다운로드의 확산이다.

먼저 스트리밍 서비스가 음반의 복제에 해당하는지에 관하여, 서울지방법원 2003. 9. 30.자 2003카합2114 결정(이른바 '벅스뮤직' 사건)은, 약 150,000개의 음반을 ASF, OGG 등의 컴퓨터 압축파일형태로 변환하여 피고가 운영하는 사이트 서버의 보조기억장치에 저장한 후, 그와 같이 변환시킨 컴퓨터 압축파일들 중 이용자들이 선택한 컴퓨터 압축파일을 스트리밍 방식에 의하여 전송함으로써 실시간으로 음악을 청취할 수 있도록 하는 서비스를 제공한 것에 대하여 음반제작자의 복제권을 침해한 것이라고 판시하였다. 이 판결은 스트리밍 서비스를 하기 위하여 음원을 컴퓨터 압축파일 형태로 변환하여 서버에 저장하는 행위를 음반의 복제에 해당한다고 본 것이다.[36]

이처럼 음반을 인터넷 접속자들로 하여금 다운로드 받을 수 있도록 디지털파일로 변환하여 서버에 저장하는 행위는 물론이고, 음반을 복제한 음악파일을 다운로드 받아 자신의 컴퓨터 등에 저장하는 행위도 음반의 복제에 해당한다. MP3 파일을 P2P 방식에 의하여 다운로드 받을 수 있게 하는 프로그램인 소리바다 사건에서 법원은, 인터넷 이용자가 타인에게 파일을 제공하기 위하여 원시적으로 음반이나 CD로부터 음원을 추출하여 MP3 형식의 파일로 매체에 저장하거나 다른 이용자의 컴퓨터에 접속하여 MP3 파일 등을 다운로드 받아 자신의 컴퓨터 내 하드디스크에 저장하는 행위, 이와 같이 저장된 MP3 파일을 다시 MP3 플레이어칩이나 CD에 저장하는 행위 등은 모두 음을 유형물에 고정하는 것으로서 복제에 해당한다고 판시하였다.[37]

다. 싱크권(Sync권, Syncronization Right)

싱크로나이제이션(synchronization. 약칭하여 "싱크")은 '동시에 하기', '동기화' 등의 의미를 가지고 있으며, 영화 등 시청각 저작물의 화면과 음향, 배경음악 등을 조화롭게 일치시키는 것을 말한다. 음악을 영화, 비디오, 텔레비전 프로그램 또는 비디오 게임 등 시청각 저작물에 배경음악으로 수록하기 위해서는 일반적으로 음악저작물을 녹음한 음반(sound recording)을 이용하는데, 이때 그 시청각 저작물에 "타이밍을 맞춰" 음악을 적용하는 것을 업계에서 싱크로나이제이션, 약칭하여 싱크라고 부르고 있다. 우리 저작권법상 싱크 행위는 복제 행위의 한 종류로 이해되고 있으며, 따라서 복제권과 별도로 싱크권이라는 독자적인 권리는 인정되지 않는다고 해석된다. 싱크를 하기 위해서는 이용되는 음악저작물의 작사가와 작곡

---

36) 수원지방법원 성남지원 2003. 6. 25.자 2002카합280 결정 등 같은 취지의 판결이 다수 있다.

37) 서울고등법원 2005. 1. 12. 선고 2003나21140 판결 등; 서울대학교 기술과법센터, 저작권법주해, 박영사, 2007, 832면 참조.

가, 음반에 대한 실연자와 음반제작자에게 복제권에 대한 이용허락을 받아야 한다.

서울중앙지방법원 2020. 12. 3.자 2020카합21242 결정은, "이른바 싱크권(Synchronization License)은, 영화나 드라마와 같은 영상저작물에 음악저작물을 삽입, 재생할 수 있는 권리로서 일부 국가에서 저작재산권의 일종으로 인정되고 있음은 신청인의 주장과 같으나, 이에 관한 별도의 규정을 두고 있지 아니한 우리 저작권법상으로는 이를 복제권의 일부로 해석할 여지가 있을 뿐 다른 저작재산권과 구별되는 별개의 권리로 인정할 수는 없고, 위와 같은 권리를 별개의 저작재산권으로 인정하는 관습법이 존재한다고 볼 수도 없다. 설령 싱크권을 독립한 저작재산권으로 인정하는 일부 거래관행이 존재한다고 하더라도 이는 거래당사자들 사이의 계약에 의하여 인정되는 채권적 권리에 불과하다"고 판시하였다.

3. 배 포 권

음반제작자는 그의 음반을 배포할 권리를 가진다(저작권법 제79조 본문). 음반의 배포라 함은 음반을 공중에게 대가를 받거나 받지 아니하고 양도 또는 대여하는 것을 말한다(저작권법 제 2 조 제23호). 다만, 음반의 복제물이 음반제작자의 허락을 받아 판매 등의 방법으로 거래에 제공된 경우에는 배포권이 미치지 아니한다(저작권법 제79조 단서).

'배포'는 저작물의 "원본 또는 그 복제물"을 공중에게 대가를 받거나 받지 아니하고 양도 또는 대여하는 것을 말하므로(저작권법 제 2 조 제23호), 유형물을 전제로 하는 개념이다. 따라서 카세트테이프나 CD와 같은 유형물에 대하여만 배포권이 미치고, 유형물이 아닌 디지털파일 등의 형태로 제공되는 음원에 대하여는 배포권이 미치지 아니하며, 이는 전송이나 방송, 디지털음성송신 등 공중송신권이 적용될 부분이다.

음반제작자의 배포권은 일반 이용자의 실연에의 접근과 음반의 소유권을 제한하는 측면이 있으므로, 저작자의 배포권과 마찬가지로 음반제작자의 배포권도 한번 거래에 제공됨으로써 소진되도록 하는 단서 규정을 두었다. 이로써 음반제작자의 배포권도 최초판매의 원칙에 의하여 제한된다는 점을 명백히 하였다.

4. 대 여 권

음반제작자는 저작권법 제79조의 단서의 규정에 불구하고 상업용 음반을 영리를 목적으로 대여할 권리를 가진다(저작권법 제80조).

2006년 개정 전 저작권법은 음반제작자에게 상업용 음반에 대한 대여허락권을 부여하

고 있었다. 현행 저작권법의 대여권은 종전 법의 대여허락권을 보다 확실하게 하여 완전한
배타적 권리로 인정한 것이다.

5. 전 송 권

음반제작자는 그의 음반을 전송할 권리를 가진다(저작권법 제81조). 전송권은 2004년 저
작권법 개정 당시 음반제작자에게 새로 부여된 권리이다.

이 규정에 따라 음반제작자는 자신이 제작한 음반을 다른 사람이 온라인상에서 파일
형태로 업로드하거나 AOD 또는 VOD 형식으로 스트리밍 서비스를 하는 등의 전송행위를
하는 것을 허락하거나 금지할 수 있는 배타적 권리를 가지게 되었다. 이전에도 음반제작자
의 허락 없이 음악 파일이 온라인상에 업로드 되는 과정에서 디지털 복제행위가 수반됨을
들어 복제권 침해를 주장할 수는 있었으나, 전송권의 신설로 업로드 등 전송행위 자체에 대
하여 권리를 행사할 수 있게 되어 음반제작자의 온라인상의 권리가 보다 확고해졌다고 할
수 있다.[38]

6. 음반의 방송사용 보상청구권

음반제작자에게는 실연자와 달리 배타적 권리로서의 방송권은 없다. 그 대신 방송사업
자가 상업용 음반을 사용하여 방송하는 경우에는 그 음반제작자에게 상당한 보상금을 지급
하여야 한다(저작권법 제82조 제 1 항 본문). 음반제작자는 많은 노력과 시간, 경비를 들여 음반
을 제작·판매하게 되는데, 방송에서 이를 사용함에 따라 어느 정도는 그 판매량이 향상되
는 면도 있으나 일반적인 사용의 범위를 초과할 경우 그 매상고가 줄어들 우려가 있고, 방
송사업자는 음반을 사용하여 이익을 얻게 되기 때문에 음반제작자에게 이와 같은 채권적인
청구권을 인정함으로써 음반제작자와 상업용 음반의 사용자인 방송사업자 사이에 이익의
균형을 도모하고 있는 것이다.[39]

음반제작자의 방송사용에 대한 보상금청구권 역시 실연자의 방송사업자에 대한 보상금
청구권과 같이 2차적 사용료청구권의 성질을 갖는다. 음반제작자에게 인정되는 2차적 사용
료청구권은 실연자의 그것과 병존하는 것으로, 방송사업자가 방송하고자 하는 상업용 음반
이 실연자의 실연을 담은 것일 경우에는 실연자와 음반제작자 모두에게 별개의 보상을 하

---

38) 오승종·이해완, 전게서, 404면.
39) 김정술, 전게논문, 327면.

여야 한다. 음반제작자의 2차적 사용료청구권에 대하여도 문화체육관광부장관의 지정을 받은 단체를 통하여 집중행사 하도록 하고 있다(제82조 제 2 항).[40] 지정 단체는 그 구성원이 아니라도 하더라도 보상권리자로부터 신청이 있을 때에는 그자를 위하여 그 권리행사를 거부할 수 없다. 이 경우에 그 단체는 자기의 명의로 그 권리에 관한 재판상 또는 재판 외의 행위를 할 권한을 가진다(저작권법 제75조 제 2 항에 의하여 준용되는 제25조 제 6 항).

음반제작자가 외국인인 경우에 그 외국에서 대한민국 국민인 음반제작자에게 방송보상금을 인정하지 아니하는 때에는 그 외국인에 대하여 음반의 방송사용에 따른 보상금을 지급할 의무가 없다(제82조 제 1 항 단서). 2006년 개정 전 저작권법은 음반제작자의 방송보상청구권을 인정하면서도 "다만, 음반제작자가 외국인인 경우에는 그러하지 아니하다"라고 하여(2006년 개정 전 저작권법 제68조 제 1 항 단서) 외국인 음반제작자가 제작한 상업용 음반을 방송하는 경우에는 우리나라 음반제작자와 차별하여 보상을 하지 않았다. 그러나 2006년 개정된 이후 저작권법은 외국인의 음반을 방송하는 경우에도 외국에서 우리나라 국민에게 보상금을 지급하는 것을 전제로(상호주의) 그 외국인에게 방송보상청구권을 인정하였다. 그 취지와 내용 역시 실연자의 경우와 같다.

7. 디지털음성송신 보상청구권

디지털음성송신사업자가 음반을 사용하여 송신하는 경우에는 상당한 보상금을 그 음반제작자에게 지급하여야 한다(저작권법 제83조 제 1 항). 디지털음성송신권이 신설됨에 따라 2006년 개정 저작권법에서 음반제작자에게 디지털음성송신에 대한 보상청구권을 새로이 부여한 것이다.[41] 보상금의 지급 및 금액 등에 관한 내용은 실연자의 디지털음성송신보상청구권의 경우와 같다(저작권법 제83조 제 2 항).

8. 상업용 음반 공연사용 보상청구권

상업용 음반을 사용하여 공연을 하는 자는 상당한 보상금을 그 음반제작자에게 지급하여야 한다(저작권법 제83조의2 제 1 항). 실연자가 그의 실연이 고정된 음반에 대하여 공연사용 보상청구권을 갖게 됨에 따라 그에 상응하는 권리로서 2009년 저작권법 개정에 의하여 음반제작자에게 새로 부여된 권리이다.

---

40) 현재로는 사단법인 한국음반산업협회가 보상금업무 수행단체로 지정되어 있다.
41) 심동섭, 전게논문, 57면.

보상금의 지급과 관련하여서는 역시 방송 및 디지털음성송신에 대한 보상금청구권과 마찬가지로 저작권법 제25조 제5항 내지 제9항 및 제76조 제3, 4항의 규정을 준용하고 있다(제83조의2 제2항).

V. 방송사업자의 권리

1. 방송사업자의 의의

방송은 공중송신 중 공중이 동시에 수신하게 할 목적으로 음·영상 또는 음과 영상 등을 송신하는 것을 말하고(저작권법 제2조 제8호), 방송사업자는 이러한 방송을 업으로서 하는 자를 말한다(제2조 제9호). 방송의 객체는 반드시 저작물일 필요가 없으므로 예컨대 뉴스나 일기예보, 스포츠 중계 등도 방송에 포함된다.

저작인접권의 보호를 받는 방송은, ① 대한민국 국민인 방송사업자의 방송, ② 대한민국 내에 있는 방송설비로부터 행하여지는 방송, ③ 대한민국이 가입 또는 체결한 조약에 따라 보호되는 방송으로서 체약국의 국민인 방송사업자가 당해 체약국 내에 있는 방송설비로부터 행하는 방송이다(저작권법 제64조 제3호).

웹캐스팅사업자가 방송사업자에 해당하는지 여부에 대하여는 논란이 있다. '방송' 및 '방송사업자'의 정의규정에 따르면 웹캐스팅사업자를 방송사업자로 보지 못할 이유는 없는 것처럼 보인다. 웹캐스팅사업자를 방송사업자로 보게 되면 이들은 저작인접권자로서의 권리를 가지게 될 뿐만 아니라, 방송사업자의 일시적 녹음·녹화를 허용하는 저작권법 제34조의 혜택을 받을 수 있다. 그러나 저작권법은 '방송' 및 '방송사업자'와는 별도로 '디지털음성송신' 및 '디지털음성송신사업자'에 관한 정의규정을 두고 있고, 2009년 개정 저작권법에서 디지털음성송신사업자에 대하여는 실연이 녹음된 음반을 사용하여 송신하는 경우에 이를 일시적으로 복제할 수 있도록 하는 규정(제87조 제2항)을 두었다. 이는 저작권법이 디지털음성송신사업자를 방송사업자에 포함되지 않는 별도의 사업자로 보면서도, 그 성격이 방송과 유사한 면이 있음을 고려하여 그에 따라 요구되는 지위를 부여하고자 한 것으로 보인다.

2. 방송사업자의 권리

방송사업자는 그의 방송을 복제할 권리와 동시중계방송 할 권리 및 제한된 범위 내에서의 공연권을 가진다(저작권법 제84조, 제85조, 제85조의2). 이러한 방송사업자의 권리는 방송 사업자로서 방송을 하기만 하면 발생하는 것으로서 그 방송의 내용(콘텐츠)이 저작물이든 저 작물이 아니든, 생방송이든 녹음 또는 녹화방송이든 묻지 아니한다. 또한 방송하는 내용이 다른 방송사업자가 방송한 것을 그대로 받아서 재송신(재방송)하는 것이어도 방송사업자의 권리는 보호된다. 여기서 방송은 생방송만을 의미하는 것이 아니며, 일시적인 고정물을 포 함하는 기존의 녹음·녹화물을 사용한 방송인 경우에도 방송사업자의 저작인접권이 작용한 다. 따라서 실연자 및 음반제작자의 권리가 미치는 음반을 사용하여 방송하는 경우에는 별 도로 방송사업자의 권리가 발생하게 된다. 예컨대 A가 작사 및 작곡한 음악저작물을 B가 노래하고 C가 음반으로 제작하였는데 그 음반을 사용하여 D가 방송을 한 경우에 그 방송 을 수신하여 녹음을 하게 되면, 기본적으로 저작권법 제16조에 의한 A의 복제권과 저작권 법 제69조에 의한 실연자 B의 복제권, 제78조에 의한 음반제작자 C의 복제권 및 제84조에 의한 D의 방송사업자의 복제권 등의 권리가 동시에 작용하게 되므로, 이들로부터 각각 허 락을 받지 아니할 경우 해당 권리에 대한 침해의 책임을 지게 된다.[42)]

가. 복 제 권

방송사업자는 그의 방송을 복제할 권리를 가진다(저작권법 제84조). 여기서 복제라 함은 방송되고 있는 음 또는 영상을 복제하는 것, 즉 무형적인 방송신호인 음 또는 영상을 유형 물에 고정하는 것을 말한다. 예를 들어, 방송을 녹음, 녹화하거나 사진촬영 등의 방법으로 복제하는 것이 이에 해당한다. 즉, 방송사업자가 가지는 복제권은 방송의 유형적 이용형태 에 관한 권리로서 방송의 고정 및 그 고정물의 복제에 관한 권리라고 할 수 있다. 그러므로 방송 자체를 무단복제하는 것은 물론이고, 방송을 녹화한 복제물(예컨대 비디오테이프)을 구입 한 다음 이를 다시 무단으로 복제하는 것도 이 권리의 침해가 된다. 따라서 A방송사가 한 방송을 B방송사가 녹음 또는 녹화(복제)해 두었다가 나중에 재방송하였는데, 이 재방송을 C 가 녹음 또는 녹화하게 되면, C가 한 녹음 또는 녹화는 B방송의 복제가 될 뿐 아니라 동시 에 A방송도 복제한 것으로 된다. A방송사의 무선방송을 B방송사가 유선방송으로 동시중계 하였는데, 이 동시중계방송을 C가 녹음, 녹화하였다면 그것은 B의 유선방송을 복제한 것인 동시에 A의 무선방송도 복제한 것으로 된다.[43)] 방송사업자에게 부여된 이 권리는 방송사업 자의 의사에 반하여 방송의 내용이 공중에게 그대로 전달되지 못하도록 보호하기 위한 것 이다. 예컨대 TV 화면을 사진촬영하거나 인터넷 등에 '다시보기' 서비스 등의 이름으로 올

---

42) 허희성, 전게서, 307면.
43) 이해완, 전게서, 667면.

려있는 방송물 중 일부 화면을 캡처하여 저장하는 방법으로 복제하는 것도 이에 해당한다.

나. 동시중계방송권

동시중계방송권은 방송의 무형적 이용형태에 관한 권리이다. 동시중계방송이란 다른 방송사업자의 방송을 수신과 동시에 재방송하는 것을 말한다. 중계방송에 의하여 방송이 공급되는 영역에 관하여는 아무런 제한이 없다. 따라서 타인의 방송을 무단으로 그 방송의 공급영역 외의 수신인에게 광역케이블로 재송신하는 것도 동시중계방송권의 침해로 된다. 재방송에는 방송을 녹음·녹화에 의하여 고정하였다가 나중에 송신하는 '이시적 재방송'(異時的 再放送, deferred broadcasting)도 있으나 이에 관하여 방송사업자는 (1)항의 복제권에 의하여 규율할 수 있으므로 본 조는 동시중계방송(simultaneous broadcasting)에 대하여만 규정하고 있다.[44]

동시중계방송권과 관련하여서는 지상파 방송사의 케이블 방송사를 상대로 한 소송에서 매우 의미가 있는 판결이 선고된 바 있다. 이 사건의 쟁점은 크게, 케이블 방송사업자의 지상파 방송 동시재송신 행위가 저작권법상 '동시중계방송'에 해당하는 것인지, 아니면 단순히 지상파를 수신하는 이용자(각 가정이나 개인)의 수신행위를 보조하는 행위에 불과한 것인지하는 점과, 지상파 방송사업자들이 수십 년 동안 권리를 행사하지 않다가 이제와서 특별한 사정 변경이 없음에도 불구하고 갑자기 권리를 주장하는 것[45]이 이른바 '실효의 원칙'에 의하여 허용될 수 없는 것인지 여부이다. 이 사건 가처분 제1심에서는 케이블 방송사업자들의 재송신 행위가 지상파 방송사업자들의 동시중계방송권을 침해한다는 점은 인정하면서도, 당장 이를 중지시킬 경우 이용자들의 큰 피해가 예상되고 아울러 향후 협상의 여지가 크다는 점을 고려하여 가처분 인용결정은 내리지 않았다.[46] 그러나 그 후 1심 본안 소송[47]에서

---

44) 김정술, 전게논문, 329면. 우리 저작권법상 동시중계방송권은 로마협약의 '재방송'(rebroadcasting)에 상응하는 권리이다. 일반적으로 재방송은 동시적(同時的) 재방송과 이시적(異時的) 재방송 모두를 포괄하는 의미이지만, 로마협약은 '재방송'을 방송사업자가 다른 방송사업자의 방송을 동시에 방송하는 것을 말한다고 규정함으로써 이시적 재방송은 포함되지 않는 것으로 하고 있다. 우리 저작권법은 로마협약의 규정 취지에 따르면서 그 의미를 더욱 분명히 하기 위하여 '동시'중계방송권이라는 용어를 사용한 것이다(박성호, 전게서, 391면).

45) 우리나라는 산악지형이 많고 도시 지역에도 높은 빌딩들이 밀집해 있어서 공중파(지상파, KBS 1, 2, MBC, SBS, EBS 등이 있다) 방송의 방송신호가 제대로 전달되지 않는 이른바 '난시청 지역'이 많이 존재한다. 이러한 난시청의 문제의 해결을 위하여 지상파 방송신호를 케이블 방송사업자가 수신하여 유선으로 동시 재송신하여 왔고, 이에 대하여 지상파 방송사업자 측에서는 케이블 방송사업자에게 아무런 권리 주장을 하지 않았다.

46) 서울중앙지방법원 2009. 12. 31.자 2009카합3358 결정. 케이블 방송사업자의 지상파 방송 동시재송신 행위가 단순한 수신보조행위에 불과한 것인지 여부에 관하여, 방송신호를 재전송하는 행위가 '수신보조행위'가 아니라 '재송신행위'에 해당하기 위해서는 방송신호를 받아 이를 수신자에게 단순 전달하는 기술적 행위가 있는 것만으로는 부족하고, 사회일반의 관념으로 볼 때 그 행위자가 수신자와는 독립한 지

지상파 방송사업자들이 사실상 승소판결을 받았고, 위 가처분 1심 결정도 항소심에서 뒤집혀 2011. 6월 가처분을 인용하는 판결이 내려졌다.[48]

다. 공 연 권

방송사업자는 공중의 접근이 가능한 장소에서 방송의 시청과 관련하여 입장료를 받는 경우에 그 방송을 공연할 권리를 가진다(저작권법 제85조의2). 방송을 시청할 수 있는 시설에서 그 방송의 시청에 대한 입장료 등 직접적인 반대급부를 받는 경우에 방송사업자에게 그러한 방송의 공연에 대하여 배타적 권리를 부여한 것이다. 이 규정은 공중의 접근이 가능한 장소에서 입장료를 받고 해당 방송을 시청하게 하는 경우에 한정되어 인정되는 것이기 때문에, 상당히 제한된 범위 내에서의 권리라고 할 것이다. 유럽에서는 스포츠 중계를 시청하기 위하여 특정한 시설에서 입장료를 지불하고 관람하는 사례가 있어서 이러한 규정이 의미가 있을 것이지만, 우리나라의 경우 특정한 장소에 입장료를 지불하고 들어가서 방송을 시청하는 경우는 별로 없으므로 이 규정이 국내에 미치는 영향은 당분간은 크지 않을 것으로 추측된다. TV 방송을 상영해 주는 대가로 입장료를 받는 경우가 아니라면 일반 음식점이나 주점 등의 영업소에서 TV 방송프로그램을 상영하는 것에 대하여는 본 규정이 적용되지 않는다고 해석된다.

VI. 저작인접권의 발생 및 보호기간

1. 서 설

저작인접권(실연자의 인격권을 제외한다)은 실연의 경우에는 그 실연을 한 때, 음반의 경우에는 그 음을 맨 처음 음반에 고정한 때, 방송의 경우에는 그 방송을 한 때부터 발생하며, 어떠한 절차나 형식의 이행을 필요로 하지 아니 한다(저작권법 제86조 제 1 항). 저작인접권의 보호기간은, 실연의 경우에는 그 실연을 한 때(다만, 실연을 한 때부터 50년 이내에 실연이 고정된

위에서 수신자의 영역으로 방송신호를 송신한 것이라고 평가할 수 있어야 한다고 하였다. 그러나 이 사건의 경우 케이블 방송사업자의 재전송 행위는 가입자가 디지털 지상파방송을 편리하게 수신할 수 있도록 단순히 보조하는 기능을 수행하는 정도를 넘어, 지상파 방송신호를 자체 설비를 통해 수신, 가공하여 케이블 방송서비스에 포함시킨 후 독립한 사업자의 지위에서 이를 가입자에게 '동시재송신'하여 지상파 방송사업자들의 동시중계방송권을 침해하고 있는 것이라고 판시하였다.

47) 서울중앙지방법원 2010. 9. 8. 선고 2009가합132731 판결.
48) 서울고등법원 2011. 6. 2. 선고 2010라109 판결(확정).

음반이 발행된 경우에는 음반을 발행한 때), 음반의 경우에는 그 음반을 발행한 때(다만, 음을 음반에 맨 처음 고정한 때의 다음해부터 기산하여 50년이 경과한 때까지 음반을 발행하지 아니한 경우에는 음을 음반에 맨 처음 고정한 때), 방송의 경우에는 그 방송을 한 때의 다음 해부터 기산하여 70년(방송의 경우에는 50년)간 존속한다(제86조 제2항).

2. 저작인접권의 보호기간 연장과 기존 저작인접물

1957년 우리나라 최초의 저작권법이 제정된 이후 저작인접권의 보호기간은 1986년 법, 1994년 법, 2006년 법, 2011년 법 등 크게 네 차례에 걸쳐 개정되어 왔다. 1957년 법에서는 연주, 가창, 음반 등을 저작인접물이 아닌 저작물로 인정하여 저작자의 생존기간 및 사후 30년 동안 보호하고 있었다. 그 후 1986년 법에서는 이들을 저작인접권의 대상에 포함시켜 실연, 음의 맨 처음 고정, 방송을 한 때의 다음해부터 기산하여 20년간 보호기간이 존속하는 것으로 규정하였으며, 1994년 법에서는 그 보호기간을 50년으로 연장하였다. 한편, 2006년 개정법에서는 음반에 관하여 보호기간의 기산점을 음반을 발행한 때로부터 함으로써 사실상 보호기간을 연장하게 되었다. 그 후 2011. 12. 2.자 저작권법 개정에 의하여 실연 및 음반의 보호기간이 70년으로 연장되었고 그 시행일은 2013. 8. 1.이다. 어떤 저작인접물이 이들 개정법률 중 어느 법의 적용을 받을 것인지는 각 개정법의 부칙규정에서 정하는 바에 따르게 된다.

먼저 1986년 법의 시행일인 1987. 7. 1. 이전에 공표된 연주, 가창, 연출, 음반 또는 녹음 필름 등은 같은 법 부칙 제2조 제2항의 규정49)에 따라 1957년 법의 적용을 받아 저작인접물이 아니라 저작물로서 저작자 생존기간 및 사후 30년간 보호된다. 그 다음으로 1994년 법의 시행일인 1994. 7. 1. 이전에 발생한 저작인접권은 원래 1986년 법에 따라 20년의 기간만 보호되고, 그 이후에 발생한 저작인접권은 1994년 법에 따라 실연, 음의 맨 처음 고정, 방송을 한 때의 다음해부터 기산하여 50년간 보호를 받는 것으로 되었다. 그런데 그와 같이 1987. 7. 1.부터 1994. 6. 30.까지의 기간 동안에 발생한 저작인접권만 특별히 20년이라는 짧은 보호기간만 인정된다는 것은 형평성에 문제가 있다는 지적에 따라 2011. 12. 2. 저작권법을 개정하면서 부칙에서 이 문제에 관한 특별한 규정을 두었고, 그에 따라 1987. 7. 1.부터 1994. 6. 30.까지의 기간 동안에 발생한 저작인접권도 50년의 보호기간을 인정받게

---

49) 부칙 제2조 제2항. 이 법 시행 전에 종전의 규정에 의하여 공표된 저작물로서 다음 각 호의 1에 해당하는 것은 종전의 규정에 의한다. 1. 종전의 법 제2조의 규정에 의한 연주·가창·연출·음반 또는 녹음필름.

되었다. 한편, 1994년 법 시행일인 1994. 7. 1. 이후에 발생한 저작인접권은 원래부터 50년의 보호기간을 인정받게 되었는데, 그 중 실연과 음반의 경우에는 2011. 12. 2.자 개정법에 의한 보호기간 연장에 따라 2013. 8. 1.부터 다시 70년으로 보호기간이 연장되었다.

3. 실연·음반의 보호기간 기산점

현행 저작권법 제86조 제 2 항 제 1 호는 실연의 저작인접권 보호기간의 기산점과 관련하여, "실연의 경우에는 그 실연을 한 때. 다만, 실연을 한 때부터 50년 이내에 실연이 고정된 음반이 발행된 경우에는 음반을 발행한 때"라고 규정하고 있다.

한편, 2006년 저작권법 개정에 따라 음반의 경우 저작인접권의 발생시점은 "그 음을 맨 처음 음반에 고정한 때"이지만, 보호기간의 기산점은 "그 음반을 발행한 때. 다만, 음을 음반에 맨 처음 고정한 때의 다음 해부터 기산하여 50년이 경과한 때까지 음반을 발행하지 아니한 경우에는 음을 음반에 맨 처음 고정한 때"로 되어 있어 저작인접권의 발생시점과 보호기간의 기산점이 달라지게 되었다. 즉, 음반의 경우 음을 맨 처음 음반에 고정한 때로부터 보호기간을 기산하지 아니하고 그 발행한 때를 기산점으로 함으로써 고정일과 발행일 사이의 기간만큼 보호기간이 연장되는 효과를 가져오게 된다.[50] 그런데 이와 같이 발행한 때를 기산점으로 하게 되면 음을 고정만 해 놓고 발행을 하지 않고 있을 경우 저작인접권의 보호기간이 무한정 늘어나게 되는 문제가 발생할 수 있다. 이러한 문제를 해결하기 위하여 제 2 항 제 2 호 단서에서 "다만, 음을 음반에 맨 처음 고정한 때의 다음 해부터 기산하여 50년이 경과한 때까지 음반을 발행하지 아니한 경우에는 음을 음반에 맨 처음 고정한 때"라고 규정한 것이다.

4. 상호주의

개정된 법에 따라 저작인접물의 보호기간이 실연 및 음반의 경우에는 70년으로 연장되었지만(방송의 경우에는 종전대로 50년), 우리 저작권법보다 보호기간이 짧은 외국에 대하여는 그 효과를 인정할 필요가 없다. 따라서 보호기간이 70년보다 짧은 외국과의 관계에서 보호기간의 균형을 맞추기 위해서는 외국인의 저작인접권 보호에 관한 규정에 보호기간의 상호

---

50) 2006년 개정법이 음반의 경우 저작인접권의 발생시점과 기산점을 달리 함으로써 실질적으로 보호기간이 연장되도록 한 것은 당시 우리나라가 가입을 준비하던 WPPT가 개정법과 유사한 규정을 두고 있어서 그와 같이 개정하지 아니하면 WPPT에 비하여 음반의 경우 보호기간이 짧아지는 문제점이 있었기 때문이다.

주의를 적용하는 규정을 신설할 필요가 생겼다. 그리하여 제64조에 제 2 항을 신설하여, "제
1 항에 따라 보호되는 외국인의 실연·음반 및 방송이라도 그 외국에서 보호기간이 만료된
경우에는 이 법에 따른 보호기간을 인정하지 아니한다"는 규정을 두었다.[51]

5. 저작인접권 무방식주의

그 동안 우리 저작권법은 저작물과 관련하여서는 무방식주의를 명시하고 있으면서도
저작인접물과 관련하여서는 이를 명시하거나 준용하고 있지 않았다. 이에 현행법은 저작인
접권의 보호기간에 관한 제86조 제 1 항에서 "저작인접권은 다음 각 호의 어느 하나에 해당
하는 때부터 발생하며, 어떠한 절차나 형식의 이행을 필요로 하지 아니 한다"라고 규정함으
로써 저작인접물 모두에 대하여 무방식주의가 적용됨을 분명히 하였다.

Ⅶ. 기   타

1. 외국인의 저작인접권 보호

1995년 개정법의 발효일인 1996. 7. 1. 이전까지는 저작인접권은 음반제작자의 경우를
제외하고는 국내법에 의하여서만 보호를 받아왔다. 우리나라가 제네바 음반협약에만 가입
하였기 때문이다. 이에 반하여 1995년 개정법은 "대한민국이 가입 또는 체결한 조약에 따
라 보호되는 실연", "대한민국이 가입 또는 체결한 조약에 따라 보호되는 음반으로서 체약
국 내에서 최초로 고정된 음반" 및 "이에 고정된 실연", "대한민국이 가입 또는 체결한 조
약에 따라 보호되는 방송으로서 체약국의 국민인 방송사업자가 당해 체약국 내에 있는 방
송설비로부터 행하는 방송" 및 "이러한 방송에 의하여 송신되는 실연"을 보호한다(1995년 저
작권법 제61조 1, 2, 3호). 이러한 것들은 당시 우리나라가 저작인접권 보호에 관한 로마협약에
가입하지 않은 상태에서 TRIPs 규정에 따라 내국민대우의 원칙을 모든 저작인접물에 적용
하기 위한 것이다.[52]

2006년 개정 저작권법은 외국인이 음반제작자인 경우의 보호와 관련하여, 대한민국이

---

51) 저작물의 보호기간에 있어서의 상호주의 적용은 2011년 개정 저작권법(2011년 저작권법) 제 3 조 제 4
   항에 이미 반영된 바 있다.
52) 송영식·이상정, 전게서, 200면.

가입 또는 체결한 조약에 따라 보호되는 음반으로서 체약국의 국민(당해 체약국의 법률에 의하여 설립된 법인 및 당해 체약국 내에 주된 사무소가 있는 법인을 포함한다)을 음반제작자로 하는 음반을 보호대상에 포함시켰다(제64조 제 2 호 라목). 또한 외국인인 실연자 및 음반제작자에 대한 방송보상금청구권을 종전 저작권법에서는 인정하지 않았으나, 2006년 개정된 저작권법에서부터는 상호주의를 가미하여 방송보상금청구권을 인정하고 있다(제75조 제 1 항 단서, 제82조 제 1 항 단서).

2. 저작인접권의 제한

저작인접권도 저작권과 마찬가지로 사회공공의 이익과 저작인접물의 원활한 이용을 위하여 저작재산권의 제한규정 중 상당부분을 그대로 준용하여 저작인접권을 제한하고 있다. 준용에서 제외된 것은 공표된 저작물은 시각장애인 등을 위하여 점자로 복제·배포할 수 있다고 규정한 제33조 제 1 항과 청각장애인 등을 위한 복제를 규정한 제33조의2, 미술저작물 등의 전시 또는 복제에 관한 제35조뿐이다. 이들 규정은 그 성질상 원래부터 저작인접권이 적용되기 어려운 것들이기 때문에 제외된 것이다.

저작권법 제28조 공표된 저작물의 인용규정을 준용한다는 것은, 예를 들면, 실연자의 연기력을 비평하는 방송프로그램에 인용하기 위하여 그 실연의 일부를 사용하는 경우라든가, 진기한 동물의 울음소리를 처음으로 녹음한 경험담을 보도하기 위하여 그 울음소리가 수록되어 있는 음반의 일부를 인용하는 경우 등을 말한다.[53]

3. 저작인접권의 양도·행사·소멸

저작인접권의 양도에는 저작재산권의 양도에 관한 규정(저작권법 제45조 제 1 항)이, 저작인접물의 이용허락에 관하여는 저작물의 이용허락에 관한 규정(제46조)이, 저작인접권을 목적으로 하는 질권의 행사에는 저작재산권을 목적으로 하는 질권의 행사에 관한 규정(제47조)이, 저작인접권의 소멸에는 저작재산권의 소멸에 관한 규정(제49조)이 각각 준용된다(제88조).

또한 2011. 12. 2.자 저작권법 개정에 의하여 제57조부터 제62조까지 저작물의 '배타적 발행권' 규정이 도입되었는바, 실연, 음반 또는 방송의 배타적발행권 설정에 관하여는 이들 규정을 준용하도록 규정하고 있다(저작권법 제88조). 그러나 공동저작물의 저작재산권 행사에 관한 저작권법 제48조 규정은 준용하고 있지 않으며, 공동저작물의 저작인격권 행사에 관

---

53) 加戶守行, 전게서, 579-580면.

한 제15조가 공동실연자의 인격권 행사에 관하여 준용되고 있다(저작권법 제77조 제3항). 공동실연자의 권리행사에 대하여는 저작권법 제77조에서 별도의 규정을 두고 있다. 공동실연자의 재산권과 인격권의 행사에 관하여는 본 절 Ⅲ에서 설명한 바 있다. 저작인접권 중 실연자의 권리에 대하여만 별도의 규정을 두고 있는 것은 음반이나 방송의 경우에는 공동음반이나 공동방송이라고 하여 특별한 의미를 부여하고 별도의 취급을 할 만한 행위나 필요성을 상정하기 어렵고, 음반이나 방송을 공동으로 한 경우에는 민법상 공유에 관한 규정을 준용하면 충분하기 때문이라고 생각된다.

4. 실연·음반 및 방송이용의 법정허락

저작물 이용의 법정허락에 관한 제50조 내지 제52조의 규정은 실연·음반 및 방송의 이용에 관하여 준용한다(저작권법 제89조).

5. 저작인접권의 등록

저작권의 등록에 관한 저작권법 제53조 내지 제55조의2 규정은 저작인접권 및 저작인접권의 배타적발행권의 등록에 관하여 준용한다(저작권법 제90조). 따라서 ① 상속 기타 일반승계의 경우를 제외한 저작인접권의 양도 또는 처분의 제한, ② 저작인접권에 대한 배타적발행권의 설정·이전·변경·소멸 또는 처분제한의 경우와, ③ 저작인접권 또는 저작인접권의 배타적발행권을 목적으로 하는 질권의 설정·이전·변경·소멸 또는 처분제한은 등록하지 아니하면 제3자에게 대항할 수 없다(제54조).

제 2 절   배타적발행권

Ⅰ. 개   설

배타적발행권이란, 저작권이라는 기본적 준(準)물권에 기하여 저작물 이용자에게 저작물을 배타적으로 사용·수익할 수 있는 권리로 설정해 준, 민법으로 말하면 '용익물권'과 유사한 권리라고 볼 수 있다. 배타적발행권은 배타적 성질, 즉 모든 제3자에 대하여 독점적 권리를 주장할 수 있다는 점에서 이용허락을 준 상대방에 대하여서만 독점적 권리를 주장할 수 있는 채권적 권리인 '독점적 이용허락권'(exclusive license)과 다르다. 우리 민법과 현행 저작권법 아래에서는 저작물에 관한 독점적 이용허락을 받은 자는 민법상 독점적 채권자의 지위만을 가지게 된다. 이때 독점적 채권자는 채무자(저작재산권자인 경우가 보통일 것이다)에 대한 관계에서는 자신의 이름으로 권리를 행사할 수 있지만, 제 3 자인 이용자나 침해자에 대한 관계에서는 원칙적으로 자신의 이름으로 권리를 행사할 수 없다.

이에 비하여 배타적발행권을 갖게 되면 모든 제 3 자에 대하여 배타적이고 독점적인 이용권리를 주장할 수 있다. 따라서 제 3 자의 이용행위나 침해행위가 있을 경우 저작권자를 대위하지 않고도 직접 민사소송의 원고가 되거나 형사소송의 고소권을 행사하여 민·형사상 구제를 받을 수 있게 된다.

II. 배타적발행권의 성질 및 내용

1. 법적 성질

배타적발행권이란 저작물을 발행하거나 복제·전송(이하 "발행 등"이라 한다)할 권리를 가진 자가 제 3 자(배타적발행권자)에게 설정행위에서 정하는 바에 따라 그 저작물을 발행 등의 방법으로 이용하도록 설정하여 준 배타적 권리(배타적발행권)를 말한다(저작권법 제57조 제 1 항). 저작권법 제63조에 별도로 규정된 출판권은 배타적발행권에서 제외된다. 일반적으로 저작권자(발행 및 복제·전송권자)와 제 3 자 사이에 배타적발행권 설정계약이 체결되고 그 설정계약이 정하는 바에 따라 그 제 3 자는 배타적발행권을 취득하게 된다.

배타적발행권은 이용허락에 의한 채권적 권리와 달리 민법상 용익물권과 같은 배타적·독점적인 권리이다. 따라서 단순히 계약 당사자 사이에서만 주장할 수 있는 권리가 아니라 배타적이고 대세적인 효력을 가지는 준물권(準物權)적인 성격의 권리이다. 준물권적 권리는 당사자 사이의 계약에 의하여 임의로 창설할 수 있는 것이 아니라 법률에 근거가 있는 경우에만 설정할 수 있는 것인데, 저작권법 제57조 제 1 항이 준물권적 권리인 배타적발행권을 설정할 수 있는 근거규정이다.

따라서 저작재산권자가 직접 저작물을 이용하지 않고 제 3 자에게 이용하도록 할 경우에 그 방법으로서는 첫째, 저작재산권을 양도하는 것, 둘째, 저작물에 대한 배타적발행권을 설정해 주는 것, 셋째, 이용허락계약을 체결하는 것 등 크게 세 가지 방법이 있다. 이들 각각의 경우를 토지에 대한 민법상 권리에 비유하여 본다면, 저작재산권의 양도는 토지 소유권의 양도에 해당하고, 배타적발행권의 설정은 토지에 대한 용익물권(예를 들어, 지상권)의 설정에 해당하며, 이용허락은 채권적 권리인 토지 임대차에 해당한다고 볼 수 있다. 따라서 저작재산권을 양도하게 되면 그 때로부터는 양수인만이 저작재산권을 행사할 수 있고 양도인은 더 이상 저작재산권자의 지위를 가질 수 없게 된다. 이에 비하여 배타적발행권을 설정하더라도 저작재산권자는 설정된 배타적발행권의 범위 내에서 제한을 받는 것 외에는 여전히 저작재산권자로서의 지위를 가진다. 이용허락계약은 설사 그것이 독점적 이용허락계약이라고 하더라도 원칙적으로 채권적 효력만 가질 뿐이고, 준물권적 효력을 가질 수는 없다. 저작권자와 그 저작물을 이용하는 제3자 사이에 체결된 계약이 저작권 양도계약인지, 배타적발행권 설정계약인지, 아니면 이용허락계약인지 여부가 불분명한 경우가 많다. 이러한 경우에는 계약서의 명칭에 구애받을 것이 아니라 계약의 실질적 내용과 당사자 의사 등에 비추어 어느 계약에 해당하는지를 판단하여야 할 것이며, 이는 결국 의사해석의 문제에 귀착된다.

배타적발행권은 배타적·대세적 성질을 가지는 준물권이므로 배타적발행권자는 저작재산권자를 포함한 모든 사람에게 배타적발행권을 주장할 수 있다. 저작재산권자라 하더라도 일단 배타적발행권을 설정하여 준 이상 그 배타적발행권을 존중하여야 하므로, 그 설정행위(설정계약)에서 정한 방법 및 조건의 범위 내에서는 스스로 동일한 저작물을 발행 등의 방법으로 이용하거나 다른 제3자에게 2중으로 배타적발행권을 설정하거나 이용허락을 할 수 없다. 저작권법 제57조 제2항이 "저작재산권자는 그 저작물에 대하여 발행 등의 방법 및 조건이 중첩되지 않는 범위 내에서 새로운 배타적발행권을 설정할 수 있다"고 규정하고 있는 것은 이러한 취지를 전제로 한 것이다. 즉, 저작권자는 발행 등의 방법 및 조건이 중첩되는 범위 내에서는 새로운 배타적발행권을 중복하여 설정할 수 없는 것이며, 이를 위반할 경우 설정계약상의 채무불이행 책임뿐만 아니라 배타적발행권 침해에 따른 민·형사상의 책임을 지게 된다.

배타적발행권이 설정되었는데 그 권리와 저촉되는 제3자의 중복 이용행위가 있을 경우에 배타적발행권자는 그 이용행위의 금지뿐만 아니라 손해배상도 구할 수 있다. 저작재산권자의 권리를 대위하지 아니하고 직접 배타적발행권자 자신의 명의로 침해의 정지청구, 손해배상 청구, 형사고소 등을 포함하는 모든 민·형사상의 구제조치를 취할 수 있는 것이다.

그런데 배타적발행권을 설정한 저작재산권자가 그 설정범위 내에서 제3자의 침해행위가 있을 경우에 저작재산권 침해를 이유로 한 침해정지청구를 할 수 있는지 여부가 문제로 된다. 이와 관련하여 저작권법상의 배타적발행권과 유사한 법적 성격을 갖는 상표법상의 전용사용권에 대하여 대법원 2006. 9. 8. 선고 2006도1580 판결은, "상표권이나 서비스표권에 관하여 전용사용권이 설정된 경우 이로 인하여 상표권자나 서비스표권자의 상표 또는 서비스표의 사용권이 제한받게 되지만, 제 3 자가 그 상표 또는 서비스표를 정당한 법적 권한 없이 사용하는 경우에는 그 상표권자나 서비스표권자가 그 상표권이나 서비스표권에 기하여 제 3 자의 상표 또는 서비스표의 사용에 대한 금지를 청구할 수 있는 권리까지 상실하는 것은 아니고, 이러한 경우에 그 상표나 서비스표에 대한 전용사용권을 침해하는 상표법 위반죄가 성립함은 물론 상표권자나 서비스표권자의 상표권 또는 서비스표권을 침해하는 상표법 위반죄도 함께 성립한다"고 판시하고 있다. 이와 같은 대법원 판결의 취지에 비추어 본다면, 저작재산권자 역시 배타적발행권의 설정 후에도 그 설정범위 내에서의 제 3 자의 침해행위에 대하여 스스로도 침해의 정지청구를 할 수 있다고 보아야 할 것이다.[54]

저작재산권자는 그 저작물의 복제권·배포권·전송권을 목적으로 하는 질권이 설정되어 있는 경우에는 그 질권자의 허락이 있어야 배타적발행권을 설정할 수 있다(저작권법 제57조 제 3 항).

저작권법상 배타적발행권에 관한 규정은 실연·음반 또는 방송에 대하여 준용되고 있다(저작권법 제88조). 따라서 실연자와 음반제작자는 각자의 권리(복제권, 배포권 및 전송권)에 대하여 배타적발행권을 설정할 수 있다. 다만, 저작권법 제88조는 방송의 경우에도 배타적발행권을 설정할 수 있는 것으로 규정하고 있으나, 방송사업자의 경우 복제권과 동시중계방송권, 제한된 공연권만 가지고 있을 뿐, 발행을 위한 배포권이나 전송권을 가지고 있지 않으므로 현실적으로 배타적발행권을 설정할 수 있을지는 의문이다.

2. 배타적발행권의 내용·존속기간

가. 내   용

배타적발행권을 설정받은 자(배타적발행권자)는 그 설정행위에서 정하는 바에 따라 그 배타적발행권의 목적인 저작물을 발행하거나 복제·전송의 방법으로 이용할 권리를 가진다(저작권법 제57조 제 3 항).

---

54) 이해완, 전게서, 596면. 저작재산권과 배타적발행권의 관계는 민법상 소유권과 지상권의 관계와 본질적으로 유사한 면이 있는데, 대법원 1974. 11. 12. 선고 74다1150 판결은 "소유자가 그 소유토지에 대하여 지상권을 설정하여도 그 소유자는 그 토지를 불법으로 점유하는 자에게 대하여 방해배제를 구할 수 있는 물권적 청구권이 있다고 해석함이 상당"하다고 판시하여 이러한 입장을 뒷받침하고 있다고 한다.

(1) 설정행위에서 정하는 바에 따라

여기서 "설정행위에서 정하는 바에 따라"라고 하고 있는데, 그 범위를 어디까지로 보아야 할 것인지 문제가 되는 경우가 있다. 이용허락계약의 경우라면 이는 채권적 계약이므로 계약자유의 원칙에 따라 그 내용을 자유롭게 정할 수 있다. 그러나 배타적발행권을 설정함에 있어서는 배타적발행권의 제도적 본질에 반하는 설정계약은 효력을 가질 수 없다고 보아야 할 것이다.

저작권법 제57조 제2항에서 "저작재산권자는 그 저작물에 대하여 발행 등의 방법 및 조건이 중첩되지 않는 범위 내에서 새로운 배타적발행권을 설정할 수 있다"고 규정하고 있어서, 하나의 저작물에 대하여 방법 및 조건이 중첩되지 않도록 분리하여 별개의 배타적발행권을 설정할 수 있다고 되어 있지만, 거래의 안전을 해하고 혼란을 가져올 우려가 있을 정도로 지나치게 세분화된 배타적발행권의 설정행위는 효력이 없다고 보아야 할 것이다. 이는 저작재산권의 분리양도가 가능하다고 하더라도 무한정 세분하여 양도하는 것을 모두 허용한다면 거래의 안전을 해하고 혼란을 가져올 우려가 있어 어느 정도 제한이 필요한 것과 마찬가지이다. 다만, 그러한 배타적발행권 설정계약도 전부 무효로 볼 것은 아니고, 당사자 합의에 따른 채권적 효력은 인정할 수 있을 것이다.

배타적발행권과 유사한 준물권적 성격을 갖는 출판권설정계약의 경우에도 예를 들어 단행본에 대한 출판권만을 설정하는 계약은 허용되지 않는다는 견해가 있다.[55] 출판권은 배타적·물권적 권리인데 단행본과 문고판처럼 같은 내용의 출판권이 서로 분리되어 경합하는 것을 인정하면, 일물일권주의(一物一權主義)의 관점에서 볼 때 그와 같이 분할·세분화된 출판권은 서로 상대방에 대하여 유효한 방해배제권을 가질 수 없게 되기 때문이다.

시간적 또는 장소적으로 범위를 분할하여 배타적발행권을 설정하는 것도 가능하다. 그러나 이때에도 그 범위를 지나치게 세분화하여 거래의 안전과 혼란을 가져오는 것은 허용되지 않는다고 볼 것이다. 예를 들어, 향후 2년 동안은 A에게 그 후 2년 동안은 B에게 배타적발행권을 설정한다든가, 서울 지역에서는 A에게 서울을 제외한 기타 지역에서는 B에게 배타적발행권을 설정하는 정도는 가능할 수 있겠지만, 향후 1개월 동안은 A에게 그 후 1개월 동안은 B에게 설정한다든가, 또는 서울 지역 중에서도 또다시 범위를 나누어 특정 구(區)나 동(洞)에서는 A에게 다른 구나 동에서는 B에게라는 식으로 배타적발행권을 설정하게 되면, A와 B의 이용행위 사이에 저촉이 생길 수 있고 제3자의 침해행위가 발생하였을 때 누가 권리를 행사할 수 있는지 여부도 불분명하게 되는 등 거래의 안전을 위협하고 혼란을 가져올 우려가 있으므로 허용되지 않는다고 할 것이다.

---

55) 半田正夫·松田政行, 著作權法コンメンタール, 勁草書房(2), 767면.

(2) '발행 등'의 방법으로 이용

배타적발행권자는 그 설정행위에서 정하는 바에 따라 그 배타적발행권의 목적인 저작물을 '발행 등'의 방법으로 이용할 권리를 가진다(저작권법 제57조 제 3 항). 여기서 '발행 등'이라 함은 발행하거나 복제·전송하는 것을 말하며(같은 조 제 1 항), '발행'은 저작물 또는 음반을 공중의 수요를 충족시키기 위하여 복제·배포하는 것을 말한다(저작권법 제 2 조 제24호). 출판의 경우에 출판권을 설정받은 자는 그 출판권의 목적인 저작물을 '원작 그대로' 출판할 권리를 가진다고 규정하고 있다(저작권법 제63조 제 2 항). 배타적발행권의 경우에는 '원작 그대로'라는 문구가 없지만, 배타적발행권도 복제하여 배포하거나 복제하여 전송하는 것이 그 권리의 내용이고 따라서 복제를 기본으로 하고 있는 점에서는 출판의 경우와 마찬가지이므로 배타적발행권자 역시 특약이 없는 한 '원작 그대로' 발행 등의 방법으로 이용하는 권리를 갖는 것으로 보아야 할 것이다. 다만, 여기서 '원작 그대로'라 함은 개작이나 번역 등을 하지 못한다는 의미이고, 예를 들어 오자·탈자 등이나 맞춤법이 틀린 것 정도는 수정하여 발행할 수 있다고 본다.

이와 같이 배타적발행권은 배타적발행권의 목적인 저작물을 원작 그대로 이용할 권리를 말하므로, 배타적발행권의 침해가 되는 무단이용행위는 배타적발행권의 목적인 저작물을 원작 그대로 이용하는 행위, 즉 원작과 실질적 동일성이 인정되는 범위 내에서의 복제·배포 또는 복제·전송행위여야 한다. 따라서 일반적인 저작권침해가 성립하기 위해서는 원작과 '실질적 유사성'(substantial similarity)이 있으면 족하지만 배타적발행권의 침해가 인정되기 위해서는 원작과의 사이에 '실질적 동일성'(substantial sameness)이 있어야 한다. 그러므로 제 3 자가 원저작물에 대한 배타적발행권자의 허락 없이 2차적저작물을 작성한 것만으로는 배타적발행권에 대한 침해가 되기에 부족하며, 어떤 부분에든지 원저작물을 복제한 부분이 있어야 배타적발행권의 침해가 성립할 수 있다.

배타적발행권의 침해가 되는 무단이용행위는 저작물 전부를 복제·배포 또는 복제·전송하는 것만이 아니라 일부분이라도 그 중 상당한 양을 복제한 경우까지를 포함한다. 또한 배타적발행권 침해가 되기 위해서는 그 행위가 복제하여 배포 또는 전송에까지 이르러야 하는 것은 아니고, 복제 단계에만 이른 경우에도 침해가 될 수 있다.

(3) 출판권의 제외

배타적발행권은 저작물을 발행(복제·배포)하거나 복제·전송할 권리이며, 이에 비하여 출판권은 저작물을 발행(복제·배포)하는 권리이므로, 원칙적으로 출판권은 배타적발행권에 포함되는 권리이다. 그런데 기존의 출판권은 현행 저작권법에 배타적발행권이 도입되기 훨씬 전부터 오랜 기간 동안 우리 사회에 현실적으로 뿌리깊게 활용되어 온 권리로서 그에 기초하여 이미 많은 거래관행과 법률관계가 형성되어 있기 때문에 새로 도입된 배타적발행권이 출판권을 포함하는 것이라고 하게 되면 그와 같은 거래관행과 법률관계에 상당한 혼란이 생길 우려가 있다. 이에 저작권법은 배타적발행권제도를 도입하면서도 제57조 제1항 괄호 부분에서 "제63조에 따른 출판권은 제외한다"고 규정함으로써 배타적발행권에서 기존의 출판권은 제외되는 것으로 하였다.

나. 존속기간 등

배타적발행권은 그 설정행위에 특약이 없는 때에는 맨 처음 발행 등을 한 날로부터 3년간 존속한다(저작권법 제59조 제1항 본문). 다만, 저작물의 영상화를 위하여 배타적발행권을 설정하는 경우에는 5년으로 한다(같은 항 단서).

여기서 "맨 처음 발행 등을 한 날"은 배타적발행권이 발생하는 시점이 아니라, 배타적발행권의 존속기간의 기산점을 의미하는 것이다. 즉, 배타적발행권은 설정행위에서 정하는 바에 따라 계약과 동시에 발생하는 것으로 정할 수도 있지만, 그 경우에도 그 존속기간은 계약일로부터가 아니라 맨 처음 발행 등을 한 날로부터 기산하여 3년간 존속하는 것으로 보아야 한다. 그렇지 않고 배타적발행권이 맨 처음 발행 등을 한 날에 비로소 발생하는 것으로 보게 되면 계약일로부터 맨 처음 발행 등을 한 날까지 사이의 기간 동안에는 배타적발행권이 인정되지 않는 결과로 되어 부당하다. 이와 같이 배타적발행권의 존속기간의 기산점을 맨 처음 발행 등을 한 날로 규정한 것은, 배타적발행권 설정일(계약일)로부터 실제로 발행에 이르기까지에는 상당한 준비기간이 필요한 경우가 많고, 심지어는 몇 년의 기간이 소요되는 경우도 있는데, 이때 배타적발행권의 존속기간의 기산점을 설정일로부터 하게 되면 배타적발행권자가 그 권리를 행사하여 투하자본을 회수하기에는 너무 촉박할 수 있으므로, 배타적발행권자에게 충분한 기간을 부여하기 위한 취지이다. 한편, 저작물의 영상화를 위하여 배타적발행권을 설정하는 경우에는 그 존속기간을 5년으로 함으로써, 영상저작물에 관한 특례규정에서 영상화 허락 기간을 5년으로 정하고 있는 규정(저작권법 제99조 제2항)과 균형을 맞추고 있다.

배타적발행권이 존속기간의 만료 그 밖의 사유로 소멸된 경우에는 배타적발행권을 가지고 있던 자는 ① 배타적발행권 설정행위에 특약이 있는 경우, ② 배타적발행권의 존속기간 중 저작재산권자에게 그 저작물의 발행에 따른 대가를 지급하고 그 대가에 상응하는 부수의 복제물을 배포하는 경우 중 어느 하나에 해당하는 경우를 제외하고는 그 배타적발행권의 존속기간 중 만들어진 복제물을 배포할 수 없다(저작권법 제61조). 배타적발행권은 저작물을 복제·배포하거나 복제·전송하는 것을 말하므로 배타적발행권이 소멸되면 기존의 배타적발행권자는 그 저작물을 더 이상 배포 또는 전송하지 못하는 것이 원칙이다. 그러나 그렇게 되면 기존의 배타적발행권자는 이미 제작되어 재고로 남아 있는 복제물을 판매할 수 없게 되어 많은 손해를 입게 되고 결국은 이를 폐기할 수밖에 없어 사회경제적으로도 바람직하지 않다. 따라서 저작권법은 일정한 경우에 기존의 배타적발행권자가 배타적발행권의 소멸에도 불구하고 복제물을 배포할 수 있는 경우를 제한적으로 인정하고 있는 것이다. 다만, 여기서 허용되고 있는 것은 '복제물'에 대한 '배포', 즉 유형물의 양도 또는 대여만이며, 무형물에 대한 '전송'은 인정되고 있지 않음을 주의하여야 한다. 전송의 경우에는 재고라는 개념을 생각하기 어렵기 때문이다. ②호는 배타적발행권 존속기간 중에 이미 저작재산권자에게 그 저작물의 발행에 따른 대가를 지급한 경우에 그 대가에 상응하는 부수의 복제물을 배포할 수 있다는 의미이다. 예를 들어 이미 1천부에 대한 대가를 지급하고 1천부를 제작하였는데 그 중 7백부만이 배포되었으면 나머지 3백부는 배타적발행권 소멸 후에도 배포할 수 있다는 것이다.56)

3. 배타적발행권의 양도·질권설정 등

배타적발행권자는 저작재산권자의 동의 없이 배타적발행권을 양도하거나 또는 질권의 목적으로 할 수 없다(저작권법 제62조 제1항). 배타적발행권도 재산적 권리인 이상 당연히 양도성과 이전성(移轉性)을 갖는다. 따라서 양도 또는 질권설정(入質)도 가능하다. 그러나 저작물을 발행함에 있어서 저작권자는 발행을 하는 자의 전문적 지식·경험·자력·지명도와 평판 등을 고려하여 계약에 임하는 것이 보통이므로 배타적발행자의 개성이 중시되고 임의로 다른 사람으로 하여금 발행을 하도록 하는 것은 저작권자의 의사에 반하기 때문에 배타적발행권의 양도나 질권설정에 대하여 저작재산권자의 동의를 얻도록 한 것이다.57)

저작재산권자의 동의 없이 배타적발행권을 양도 또는 질권의 목적으로 한 경우의 효과에 대해서는 무효라는 설도 있으나, 이 규정은 저작권자의 이익을 위한 규정이므로 동의 없는 양도를 받은 양수인이나 질권설정을 받은 자는 자기의 법률상 지위를 저작권자에게 주장할 수 없다고 볼 것이다.58)

---

56) 허희성, 전게서, 267면.
57) 상게서, 265면.
58) 송영식·이상정, 전게서, 218면.

4. 배타적발행권의 제한

배타적발행권도 저작재산권과 마찬가지로 공공의 이익과 원활한 이용을 위하여 일정한 경우에 제한을 받게 된다. 일정한 경우에 저작재산권자의 권리를 제한하고 저작물에 대한 이용자의 자유로운 이용을 허용함으로써 궁극적으로 문화 및 관련산업의 발전에 이바지하도록 하는 것이 저작재산권 제한규정의 취지인데, 이러한 규정에 의하여 저작재산권이 제한됨에도 불구하고 배타적발행권이 여전히 작용하여 자유이용을 할 수 없다고 한다면 저작재산권 제한규정의 취지가 몰각될 우려가 있다. 따라서 저작권법은 저작재산권이 제한되는 경우에는 배타적발행권의 성질과 부합하지 않는 경우를 제외한 대부분의 경우에 있어서 배타적발행권도 제한되는 것으로 규정하고 있다.[59]

또한 저작재산권 제한에 관한 제36조(번역 등에 의한 이용), 제37조(출처의 명시) 규정이 배타적발행권 제한에도 준용되므로, 저작물을 번역, 편곡 또는 개작하여 이용하는 것까지 허용되는 경우 및 번역 이용까지만 허용되는 경우, 출처를 명시하여야 하는 경우 및 출처표시의 방법 등에 관하여는 저작재산권 제한에서와 같이 해석하면 된다.

프로그램 저작재산권 제한에 관한 법 제101조의3 내지 제101조의5 규정은 프로그램에 대한 배타적발행권에 대하여도 당연히 적용된다고 본다.[60]

5. 배타적발행권의 등록

배타적발행권의 설정·이전·변경·소멸 또는 처분제한은 등록할 수 있으며, 등록하지 아니하면 제 3 자에게 대항할 수 없다(저작권법 제54조 제 2 호). 저작권법은 저작권의 등록에 대하여 권리 자체의 등록에 관한 제53조와 권리변동 및 처분제한 등의 등록에 관한 제54조로 나누어, 제54조의 경우에만 등록을 제 3 자에 대한 대항요건으로 규정하고 있다. 그런데 배타적발행권과 출판권에 관하여서는 권리 자체의 등록이라고 할 수 있는 '설정 등록'을 제54조에 규정함으로써 제 3 자에 대한 대항요건으로 규정하고 있다. 이는 배타적발행권이나 출판권(설정출판권)의 경우에는 그것이 저작재산권자가 설정하는 배타적 권리로서 소유권에 대한 제한물권과 유사한 성격을 가지며, 따라서 그 '설정' 자체가 권리 변동 및 처분제한의 성격을 가지고 있다는 점을 고려한 것이다.

---

59) 배타적발행권은 복제·배포 및 복제·전송에 관한 권리이므로 예를 들어, 공연과 방송에 있어서의 저작재산권 제한규정인 저작권법 제29조(영리를 목적으로 하지 아니하는 공연, 방송), 제34조(방송사업자의 일시적 녹음, 녹화)는 배타적발행권에는 준용되지 않고 있다.

60) 이해완, 전게서, 603면.

그러므로 하나의 저작물에 대하여 발행의 방법 및 조건이 중첩되는 배타적발행권 설정계약이 중복하여 체결되어 있는 경우에는 그 설정계약자들 중에서 배타적발행권 설정등록을 먼저 한 자가 자신의 배타적발행권을 다른 설정계약자들에 대하여 주장할 수 있다. 배타적발행권을 설정한 저작재산권자가 그 저작재산권을 제 3 자에게 양도한 경우에도 그 양도 이전에 배타적발행권에 대한 설정등록을 경료하였다면 배타적발행권자는 그 제 3 자에 대하여 자신의 배타적발행권으로 대항할 수 있다.

6. 배타적발행권자의 의무

가. 9개월 이내에 발행할 의무

배타적발행권자는 그 설정행위에 특약이 없는 때에는 배타적발행권의 목적인 저작물을 복제하기 위하여 필요한 원고 또는 이에 상당하는 물건을 받은 날부터 9월 이내에 이를 발행 등의 방법으로 이용하여야 한다(저작권법 제58조 제 1 항). 저작재산권자는 배타적발행권자가 이 의무를 위반한 경우에는 6월 이상의 기간을 정하여 그 이행을 최고하고 그 기간 내에 이행하지 아니하는 때에는 배타적발행권의 소멸을 통고할 수 있다(저작권법 제60조 제 1 항). 여기서 '발행 등의 방법으로 이용'하여야 한다고 규정하고 있으므로 9월 이내에 복제를 완료한 것만으로는 부족하고 복제물을 배포하거나 전송하는 것까지가 필요하다.[61]

나. 계속 발행 등의 방법으로 이용할 의무

배타적발행권자는 그 설정행위에 특약이 없는 때에는 관행에 따라 그 저작물을 계속하여 발행 등의 방법으로 이용하여야 한다(저작권법 제58조 제 2 항). 계속하여 발행 등의 방법으로 이용한다는 것은 복제·배포 또는 복제·전송행위를 끊임없이 계속하는 것을 의미하는 것은 아니다. 복제물을 서점이나 거래소 등에 진열하고 공중의 수요에 제공하기에 족한 재고를 확보해 두어 언제든지 그 수요에 제공할 수 있는 상태에 두거나, 인터넷상에서 이용자들이 언제라도 접근하여 검색 및 전송받을 수 있는 상태에 두고 있는 것이라면 계속하여 발행 등의 방법으로 이용을 하고 있는 것이다.

계속 이용은 관행에 따라 행하면 된다. 따라서 배타적발행권자는 언제나 배포 또는 전송이 가능하도록 하며 배포의 경우에는 복제물이 품절이 되지 않도록 해야 하나, 복제물의 추가 제작 직전에 시간이 맞지 않아 발생하는 일시적 품절이나, 수험용 교재나 기말고사용 자료 등과 같이 계절적 요인에 의하여 판매가 좌우되는 발행물의 경우에 수요기가 지난 시

61) 內田 晉, 전게서, 331면.

점에서 발생하는 일시적 품절은 계속 이용의 의무를 위반한 것이라고 보지 않는다.

저작재산권자는 배타적발행권자가 이와 같은 계속 이용의 의무를 위반한 경우에는 6월 이상의 기간을 정하여 그 이행을 최고하고 그 기간 내에 이행하지 아니하는 때에는 배타적 발행권의 소멸을 통고할 수 있다(저작권법 제60조 제1항).

다. 복제권자 표지의무

배타적발행권자는 특약이 없는 때에는 각 복제물에 대통령령이 정하는 바에 따라 저작 재산권자의 표지를 하여야 한다(저작권법 제58조 제3항). '각' 복제물이라고 하고 있으므로 디스켓이면 디스켓, CD면 CD 하나하나마다 저작재산권자의 표지를 하여야 한다는 것을 의미한다. 이 의무는 당사자 사이에 특약이 없는 경우에 발생하는 의무이므로, 저작재산권자와 배타적발행권자 사이의 특약으로 면제할 수 있다. 따라서 이 규정은 임의규정에 해당한다.

이 의무는 저작권자와 출판권자 사이에 이해관계가 크게 대립되고 있는 '검인첩부'로부터 비롯된 것이다. 검인은 일반적으로 저작자가 출판물을 확인하였다는 사실을 표시하기 위하여 인장을 찍는 것을 말한다. 저작권자측은 발행부수를 확인할 수 있는 유일한 수단인 검인첩부제도는 존속·강화되어야 한다고 주장한다. 이에 반하여, 출판자측은 검인첩부제도는 음반 등에는 없는 제도인데 특별히 출판물에만 이를 적용하는 것은 형평을 잃은 것이며, 검인첩부 작업이 전적으로 수작업에 의존하고 있어 경비나 시간 면에서 비경제적이고, 외국의 입법례도 없다는 이유로 이 제도에 반대하여 왔다. 1987년 개정 저작권법은 이러한 양자의 주장을 절충하여 저작권자와 출판권자 사이에 합의가 있으면 특약으로 검인첩부의무를 면제할 수 있도록 한 것이다.[62]

라. 재이용에 대한 통지의무

배타적발행권자는 배타적발행권의 목적인 저작물을 발행 등의 방법으로 다시 이용하고자 하는 경우에 특약이 없는 때에는 그때마다 미리 저작자에게 그 사실을 알려야 한다(저작권법 제58조의2 제2항). 여기서 통지의 대상이 저작재산권자가 아니라 '저작자'라는 점을 유의하여야 한다. 이 의무는 뒤에서 보는 저작자의 수정증감권을 확보하기 위한 것인데, 저작자가 수정증감권을 행사하기 위하여서는 재이용을 한다는 사실을 알고 있어야 하기 때문이다. 따라서 저작자가 저작재산권을 양도하여 현실적으로 저작재산권을 보유하고 있지 않은 경우에 이 규정이 특히 실익을 가진다. 그러나 이 의무를 위반한 경우에 대하여 저작권법은 아무런 제재규정을 두고 있지 않다. 출판권과 관련된 판례 중에는 이 의무를 위반하여도 손

---

62) 하용득, 전게서, 270면; 허희성, 전게서, 252면.

해배상청구는 별론으로 하고 출판권설정계약을 해지할 수는 없다고 판시한 것이 있다.[63]

한편, 법 규정에서는 "특약이 없는 때에는"라고 함으로써 특약이 있는 경우에는 재이용에 대한 통지의무를 면제할 수 있는 것으로 규정하고 있으나, 이는 저작자와 배타적발행권자 사이의 특약으로서 이 의무를 면제할 수 있다는 것이지, 저작재산권의 양도 등으로 저작자와 저작재산권자가 달라진 경우에 저작재산권자와 배타적발행권자 사이의 특약으로 저작자에 대한 이 의무를 면제할 수 있는 것은 아니라고 할 것이다.

Ⅲ. 배타적발행과 저작자·저작권자의 권리

1. 수정증감권

배타적발행권자가 배타적발행권의 목적인 저작물을 발행 등의 방법으로 다시 이용하는 경우에 저작자는 정당한 범위 안에서 그 저작물의 내용을 수정하거나 증감할 수 있다(저작권법 제58조의2 제1항). 이 권리는 저작자의 동일성유지권과 표리적 관계에 있는 것으로 적극적인 내용변경권이라고 해야 할 것이며, 일종의 인격적 이익을 보장한다는 관점에서 두어진 것이다. 그러므로 원칙적으로는 배타적발행권이 설정된 경우만이 아니라 저작물이용허락계약에 있어서도 이 권리가 인정된다고 해석해야 할 것이다.[64]

수정증감권을 가지는 자는 저작자이므로 저작재산권을 타인에게 양도한 경우에도 여전히 저작자에게 수정증감권이 인정된다. 그러나 저작자가 사망한 후에 그의 유족은 이 권리를 가질 수 없고, 따라서 수정증감권은 소멸된다고 해석된다. 이는 수정증감권이 일종의 저작인격권과 유사한 성질을 가지기 때문이다.

수정증감을 할 수 있는 시기는 배타적발행권자가 저작물을 발행 등의 방법으로 다시 이용하는 경우이다. "다시 이용한다"는 것은 전회의 복제행위와 일정한 간격을 두고 복제행위를 다시 하는 것을 말한다. 수정증감권을 행사할 수 있는 한도는 정당한 범위 내라야 한다. 따라서 배타적발행권자에게 경제적 부담을 크게 가중시키는 전면적 수정이나 예정된 발행시기를 현저하게 지연시키는 때늦은 수정증감의 요구 등은 인정되지 않는다고 보아야 할 것이다. 출판의 경우에도 저작자에게 수정증감권이 인정되고 있는데, 이때의 수정증감권도 예컨대 조판을 변경하지 않고 행하는 증쇄(增刷)·중쇄(重刷) 등에 있어서는 단순한 오자 정

---

63) 서울민사지방법원 1992. 12. 24. 선고 91가합47869 판결(일명, '태백산맥' 사건).
64) 허희성, 전게서, 253면.

정이나 새로운 자료의 기계적인 대체 또는 저작자가 치명적이라고 생각하는 이론 정정 등에 한할 것이며, 조판을 변경하여 행하는 개정판, 신판 등에 있어서는 저작자의 취향에 따른 저작물의 개량까지 포함하는 대폭적인 내용변경도 요구할 수 있다고 해석된다. 그 변경의 정도는 저작물의 성질, 배타적발행권자의 경제적 부담, 해당 업계에 있어서 신의성실의 원칙 등에 따라 좌우될 것이다.[65]

본 항의 수정증감권을 보장하기 위하여 배타적발행권자에게는 앞에서 본 재이용에 대한 통지의무가 부과되고 있다.

2. 저작자 사후의 권리

저작재산권자는 배타적발행권 존속기간 중 그 배타적발행권의 목적인 저작물의 저작자가 사망한 때에는 제1항에도 불구하고 저작자를 위하여 저작물을 전집 그 밖의 편집물에 수록하거나 전집 그 밖의 편집물의 일부인 저작물을 분리하여 이를 따로 발행 등의 방법으로 이용할 수 있다(저작권법 제59조 제2항). 이것은 저작자가 사망하게 되면 그의 유족이나 동료들이 유고작품집과 같은 기념물이나 그 저작자의 작품을 집대성한 편집물 등을 발행하거나 전자출판하는 것을 원할 수 있고 일반 대중들도 그러한 요구를 하는 경우가 많다는 점을 고려하여 저작재산권자에게 인정한 권리이다. 편집물의 일부인 저작물을 분리하여 이를 따로 발행 등의 방법으로 이용할 수 있다는 것은 설정된 배타적발행권의 내용이 전집 기타 편집물의 형태인 경우에 사망한 저작자의 부분만 분리하여 별도로 발행하거나 전자출판하는 등의 이용이 가능하다는 것이다.

3. 배타적발행권 소멸통고권

저작재산권자는 배타적발행권자가 9월 이내의 발행의무(저작권법 제58조 제1항) 또는 계속 발행의무(같은 조 제2항)를 위반한 경우에는 6월 이상의 기간을 정하여 그 이행을 최고하고 그 기간 내에 이행하지 아니하는 때에는 배타적발행권의 소멸을 통고할 수 있다(제60조 제1항). 또한 저작재산권자는 배타적발행권자가 그 저작물을 발행 등의 방법으로 이용하는 것이 불가능하거나 이용할 의사가 없음이 명백한 경우에는 제1항에도 불구하고 즉시 배타적발행권의 소멸을 통고할 수 있다. 발행 등의 방법으로 이용하는 것이 불가능하거나 이용할 의사가 없음이 명백한 경우가 어떠한 경우를 말하는 것인지는 일반 사회통념에 비추어

---

65) 상계서, 254면.

판단하여야 할 것인데, 배타적발행권자의 파산이나 일시적이 아닌 폐업과 같은 경우 또는 발행 등의 이용행위를 위하여 필요한 물적 설비를 다른 대체방안 없이 모두 처분하여 버린 경우 등과 같이 객관적으로 명백한 사유가 있는 경우로 한정하여야 할 것이다.

이 권리는 앞서 본 배타적발행권자의 의무이행을 확보하기 위한 규정이다. 소멸통고권은 일종의 형성권으로서 저작재산권자의 일방적인 의사표시에 의하여 배타적발행권이 소멸한다. 따라서 이 규정에 의하여 저작재산권자가 배타적발행권의 소멸을 통고한 경우에는 배타적발행권자가 그 통고를 받은 때에 배타적발행권이 소멸한 것으로 본다(같은 조 제3항). 그리고 이 경우에 저작재산권자는 배타적발행권자에 대하여 언제든지 원상회복을 청구하거나 발행 등을 중지함으로 인한 손해의 배상을 청구할 수 있다(같은 조 제4항).

제 3 절 출 판 권

I. 개   설

1. 출판의 의의

일반적으로 출판이라 함은 저작물을 원작 그대로 인쇄술에 의하여 문서 또는 도화(圖畵)로 복제·배포하는 것을 말한다. 따라서 출판에는 기본적으로 복제·배포권이 작용하게 된다.

저작권법 제63조는, "저작물을 복제·배포할 권리를 가진 자는 그 저작물을 인쇄 그 밖에 이와 유사한 방법으로 문서 또는 도화로 발행하고자 하는 자에 대하여 이를 출판할 권리를 설정할 수 있다"라고 규정하고 있다. 계약실무상 출판계약은 일반적으로 출판자가 복제·배포권을 취득함과 동시에 복제·배포의무를 부담하는 계약을 말하는 것으로 보고 있다. 주로 출판권설정계약과 출판허락계약의 두 가지 유형이 전형적인 것이라고 할 수 있고, 특히 일본에서 유래된 매절(買切)이라는 독특한 형태의 계약도 상당수 존재하는 것으로 알려지고 있다. 이처럼 거래계에서는 여러 가지 형태의 출판계약이 이루어지고 있으며, 어떤 경우에는 이들 형태를 혼합한 유형의 출판계약도 존재한다. 따라서 어느 출판계약이 그 중 어느 유형에 해당하는가는 구체적인 경우에 계약의 내용을 살펴 판단하여야 한다.

2. 출판과 관련된 계약의 유형

가. 출판허락계약

출판허락계약은 저작권법 제46조가 규정하는 저작물의 이용허락에 해당한다. 여기에는 단순히 저작물을 이용하여 출판할 수 있도록 허락을 얻는 비독점적 출판허락계약(단순출판허락계약)과, 그 저작물을 이용하여 허락을 받은 자만이 출판할 수 있고 저작권자의 입장에서도 동일한 내용의 허락을 다른 사람에게 해 줄 수 없는 의무를 부담하는 독점적 출판허락계약이 있다. 전자는 독점성이 없으므로 제3자의 출판행위가 있을 경우 이를 금지하거나 저작권자에 채무불이행의 책임을 물을 수 없다. 후자는 독점성이 있으므로 제3자의 출판행위가 있을 경우 저작권자에게 채무불이행 책임을 물을 수 있다. 그러나 독점성에 관한 약정은 저작권자와 출판자 사이의 관계에서만 효력을 가지므로 출판자가 직접 제3자의 출판행위를 금지시킬 수는 없다. 설사 그 제3자의 출판행위가 저작권자의 허락을 받지 아니한 무단출판이라 하더라도, 출판자는 저작권자로 하여금 그러한 무단출판을 금지시키도록 요청할 수 있을 뿐이지 스스로 무단출판자를 상대로 출판금지를 구할 권능은 없는 것이다. 그러나 제3자의 무단출판행위에 대하여 출판자의 요구에도 불구하고 저작권자가 아무런 조치를 취하지 아니하는 경우에 출판자는 민법 제404조의 규정에 의한 채권자대위권을 행사할 수 있을 것이다.

나. 출판권설정계약

출판권설정계약은 저작자와 출판자 사이에 체결되는 출판권의 설정을 목적으로 하는 준물권계약을 말한다. 저작권법 제7절의2 '출판에 관한 특례'에서 말하는 출판권은 바로 출판권설정계약에 의하여 발생하는 출판권을 의미하는 것이다. 이 계약으로 출판자는 배타적·독점적 권리를 취득하는 한편 출판의무(저작권법 제58조)를 부담하게 된다. 이때의 출판권과 출판허락계약에 의하여 발생하는 출판권의 용어상 혼동을 피하기 위하여 저작권법 제7절에서의 출판권을 특히 '설정출판권'이라고 부른다. 이 권리는 배타적 권리이므로 출판권의 목적이 된 저작물에 대한 복제 및 배포권의 침해가 있을 경우 출판권자는 원 저작자와 관계없이 독자적으로 금지청구권이나 손해배상청구권을 행사할 수 있다. 다만, 그 경우에도 원 저작권자의 금지청구권 자체는 인정되므로, 원 저작권자와 출판권자의 청구권이 각각 존재하게 된다.

출판허락계약에 관하여는 제5장 제2절의 "저작물의 이용허락" 부분의 내용이 적용되므로, 본 장에서는 설정출판권에 대하여만 검토하기로 한다. 아래에서 출판권이라 함은 특별한 언급이 없는 한 설정출판권을 의미한다.

다. 저작재산권 양도계약

저작재산권 전부 또는 일부를 출판자에게 양도하는 계약을 말한다(저작권법 제45조 제 1 항). 출판과 관련된 저작재산권 양도계약 중에는 특별히 저작재산권을 구성하는 여러 가지 지분적 권능 중 출판에 꼭 필요한 복제권과 배포권만을 출판자에게 양도하는 복제권·배포권 양도계약도 있다. 이는 저작권법 제45조 제 1 항에 따라 저작재산권의 일부양도계약을 하는 경우에 해당한다.

라. 매   절

(1) 매절계약의 해석

일반적으로 저작물에 대한 대가는 판쇄 및 부수에 따라서 인세를 지급하는 방식으로 여러 번에 나누어 지급하는 것이 보통이다. 그런데 '매절'(買切)이라는 것은 책 판매량과 상관없이 출판자가 저작권자에게 미리 한 번에 저작물에 대한 대가를 지급하는 것을 말한다.[66] 출판과 관련된 계약은 저작자에게 지급하는 대가를 어떤 방식으로 산정하고 지급하는지를 기준으로 매절계약과 인세지급계약으로 크게 나누어 볼 수 있다. 매절계약은 책의 판매부수와 상관없이 미리 집필의 대가를 통상 '원고료'라는 명목으로 1회적으로 지급하는 방식이다. 이에 비하여 인세지급계약은 일반적으로 출판물 판매가격의 일정한 퍼센트(계약서에서는 '인세율'이라고 한다)에 발행부수 또는 판매부수를 곱한 금액을 대가로 산정하여 지급하는 방식의 계약이다.[67] 거래계에서는 출판계약시 그 대가를 인세 형태가 아닌 원고료 형태로 한 번에 미리 지급하는 모든 경우를 통칭하여 매절, 또는 매절계약이라고 하는 것 같다.

매절은 특히 번역출판을 하는 경우에 있어서 출판계의 오래된 관행이다. 또한 하나의 책에 여러 명의 작가가 동원되는 편집물 등에 있어서 인세산정 및 배분에 어려움이 있거나 판매량에 따른 인세지급의 액수가 너무 적은 경우에 작가들에게 원고 집필 및 기고의 동인 (動因)을 제공하기 위하여 많이 사용되는 것으로 보인다.[68] 매절이라는 이름으로 출판계약이 체결된 경우 그 계약이 실질적으로 앞에서 본 4가지 출판계약의 유형 중 어느 유형에 해당

---

66) 원래 매절(買切)이라고 하면, 상인이 팔다가 남더라도 반품하지 않는다는 조건 하에 한데 몰아서 사는 것을 말한다(네이버 국어사전 참조).

67) 임대차계약에 있어서의 차임증감청구에 관한 규정이 인세지급계약에 유추적용될 수 있는지 여부에 관하여 대법원 2000. 5. 26. 선고 2000다2375 판결은, "출판허락계약의 특성과 사회적 기능 특히 출판허락계약상 저작물의 발행·보급의 목적 등 모든 사정을 고려해 보면, 임대차계약에 관한 민법 제628조 소정의 차임증감청구에 관한 규정을 출판허락계약상의 인세에 유추적용할 수 없다"고 판시하고 있다.

68) 권영상, 매절, 한국저작권논문선집(Ⅱ), 저작권심의조정위원회, 1995, 289면.

하는지, 특히 저작권양도계약으로 볼 수 있는지 여부가 많이 문제로 된다. 이는 매절이라는 이름 아래 체결된 계약 당시에 있어서 당사자 사이의 구체적인 계약내용에 관한 의사해석을 둘러싼 사실인정의 문제로서, 원고료가 인세액을 크게 상회하고 있는지, 지급금액의 추가 변경이 가능한지, 발행부수나 재판(再版)에 대한 약정이 있는지 여부 등을 종합적으로 고려하여 판단하여야 한다.

(2) 판 례

판례는 매절계약이라는 명칭으로 이루어진 계약이 출판권설정계약인지 저작물이용허락계약인지, 아니면 출판권양도계약인지를 구분하는 기준으로서 그 계약에 따라 저작자가 원고료 또는 집필료 등의 명목으로 지급받는 대가의 다과(多寡)를 중요하게 보고 있다. 서울민사지방법원 1994. 6. 1. 선고 94카합3724 판결(일명, '녹정기' 사건)은, "신청인과 甲 사이의 계약은 저작물 이용대가를 판매부수에 따라 지급하는 것이 아니라 미리 일괄지급하는 형태로서 소위 매절계약이라 할 것으로, 그 원고료로 일괄지급한 대가가 인세를 훨씬 초과하는 고액이라는 등의 소명이 없는 한 이는 저작권양도계약이 아니라 출판권설정계약 또는 독점적 출판계약이라고 봄이 상당하다."고 하였다.

Ⅱ. 출판권의 내용 등

저작물을 복제·배포할 권리를 가진 자는 그 저작물을 인쇄 그 밖에 이와 유사한 방법으로 문서 또는 도화로 발행하고자 하는 자에 대하여 이를 출판할 권리를 설정할 수 있다(저작권법 제57조 제 1 항). 이에 따라 저작권자와 출판자 사이에 출판권설정계약이 체결되고 그로부터 출판자는 출판권을 취득하게 된다. 출판권자는 그 설정행위에서 정하는 바에 따라 그 출판권의 목적인 저작물을 원작 그대로 출판할 권리를 가진다(저작권법 제57조 제 2 항).

기타 출판권의 내용, 출판권의 존속기간, 출판권의 양도·제한·등록, 원작 그대로 출판할 의무, 9개월 이내에 출판할 의무, 계속 출판할 의무, 복제권자 표지의무, 재판통지 의무 등 출판권자의 의무, 저작자 사후의 권리, 출판권 소멸통고권, 수정증감권 등에 대하여는 배타적발행권의 규정을 준용(저작권법 제63조의2)하고 있으므로, 그 내용은 배타적발행권 부분에서 검토한 바와 다르지 않다.

다만, 다음과 같은 몇 가지 점은 유의할 필요가 있다.

출판권은 출판권의 목적인 저작물을 "원작 그대로" 출판할 권리를 말하므로, 출판권의

제7장 저작인접권과 기타 권리 및 영상저작물의 특례 등 573

침해가 되는 무단출판행위는 출판권의 목적인 원작을 원작 그대로 출판하는 행위, 즉 원작과 실질적 동일성이 인정되는 복제·배포행위여야 한다. 따라서 일반적인 저작권침해가 성립하기 위해서는 원작과 '실질적 유사성'(substantial similarity)이 있으면 족하지만 출판권의 침해가 인정되기 위해서는 원작과의 사이에 '실질적 동일성'(substantial sameness)이 있어야 한다. 또한 출판권침해가 되는 무단출판행위는 출판된 저작물 전부를 복제·배포하는 것만이 아니라 일부분이라도 그 중 상당한 양을 복제한 경우까지 포함한다.

대법원 2005. 9. 9. 선고 2003다47782 판결(일명, '만화 삼국지' 사건)이 이러한 쟁점을 다루고 있다. 이 사건은 원고 출판사가 '삼국지연의'라는 일본어판 만화의 저작권자와 사이에 그 만화의 한국어판을 출판할 수 있는 권리를 취득하여 '전략삼국지'라는 제호로 출판을 하였는데, 그 후 피고 출판사가 출판한 '슈퍼삼국지'라는 만화가 원고 만화의 등장인물과 배경, 대화 내용 등의 구체적 표현을 그대로 모방하거나 약간 변형하여 작성된 것으로서 원고의 출판권을 침해하였다고 하여 소송을 제기한 사례이다. 대법원은, 제3자가 출판권자의 허락 없이 원작의 전부 또는 상당 부분과 '동일성' 있는 작품을 출판하는 때에는 출판권 침해가 성립된다 할 것이지만, 원작과의 동일성을 손상하는 정도로 원작을 변경하여 출판하는 때에는 저작자의 2차적저작물작성권 침해에 해당할지언정 출판권자의 출판권 침해는 성립되지 않는다고 하였다.

또한 대법원 2003. 2. 28. 선고 2001도3115 판결은, "저작권법 제57조 제2항이 출판권을 설정 받은 자는 그 설정행위에서 정하는 바에 따라 그 출판권의 목적인 저작물을 원작 그대로 출판할 권리를 가진다고 규정하고 있으나, 여기서 '원작 그대로'라고 함은 원작을 개작하거나 번역하는 등의 방법으로 변경하지 않고 출판하는 것을 의미할 뿐 원작의 전부를 출판하는 것만을 의미하는 것은 아니므로, 침해자가 출판된 저작물을 전부 복제하지 않았다 하더라도 그 중 상당한 양을 복제한 경우에는 출판권자의 출판권을 침해하는 것"이라고 하였다.

Ⅲ. 기   타

1. 판면권(版面權)[69]

출판권자가 출판을 함에 있어서는 원고를 인도받아 교정·식자·장정·활자의 선택·편

---

69) 판면권은 '판권면'(colophon)과 구별하여야 한다. 판권면은 책의 제호나 발행연월일, 발행지, 출판사, 판수, 정가, 저자명 등이 기재된 책의 맨 앞 페이지나 또는 맨 뒷 페이지를 말한다.

집 등 여러 가지 노력을 하게 되고 여기에는 상당한 창작성과 전문적 기술, 노하우(know-how)가 작용하게 된다. 오늘날에는 컴퓨터 편집과 그에 따른 편집디자인이 발달하면서 이러한 출판자의 노력을 보호할 필요가 더 커졌다. 이에 영국에서는 인쇄상의 편집(Typographical Arrangement)을 최초의 발행일로부터 25년간 보호하며, 대만은 '제판권'(製版權)을 인정하여 10년간 판면권을 보호하고, 독일은 학술적 정선행위에 기한 고문서의 출판에 대해 출판자에게 10년간 권리를 인정한다고 한다. 우리나라의 경우는 아직 명문의 규정이 없어서 향후의 입법에 맡겨진 과제라 할 것이다.[70]

2. 불법 저작물 출판에 따른 책임

저작자의 저작물이 제3자의 저작권을 침해하는 내용일 경우에 이를 출판한 출판자의 책임이 자주 문제로 된다. 표절 등 저작권침해를 주장하는 저작자가 직접 표절을 한 자뿐만 아니라, 그 표절 서적을 출판한 출판사까지 피고로 하여 소송을 제기하는 경우를 많이 볼 수 있다. 민사법의 대원칙인 과실책임의 원칙에 비추어 볼 때, 출판자가 그러한 사정을 전혀 알지 못하고 또 그에 대하여 과실이 없는 경우에는 출판자가 저작권침해의 책임을 질 이유는 없다. 그러나 출판자에게 고의 또는 과실이 있는 경우에는 저작권법 제125조에 의하여 손해배상책임이 있다. 한편, 저작권법 제123조에 의한 침해의 정지 등 청구권은 침해자의 고의·과실을 요건으로 하지 않으므로, 저작권을 침해 당한 저작자 또는 저작권자는 출판자를 상대로 출판자의 고의·과실 유무를 불문하고 출판정지 등의 청구를 할 수 있다고 볼 것이다.

출판한 저작물이 제3자의 저작권을 침해하는 것이고 그로 인하여 출판자가 출판을 못하게 되는 등 손해를 입었을 경우 출판자는 저작자의 제3자에 대한 침해행위가 출판계약에 위배되는 것일 때에는 저작자를 상대로 계약위반을 이유로 한 손해배상책임을, 고의·과실에 기인한 것일 때에는 불법행위를 이유로 한 손해배상책임을 각각 물을 수 있다.[71]

3. 전자출판

종래의 종이 형태의 도서가 아니라 디지털화된 전자적 형태의 문서로 출판하는 것을 일반적으로 '전자출판'이라고 부른다. 그런데 이러한 전자출판이 저작권법상 '출판'의 개념에

---

70) 송영식·이상정, 전게서, 223면.
71) 상게서, 225면.

속할 수 있는지 여부가 문제로 되고 있다.

저작권법 제 2 조 제24호는 '발행'을 "저작물 또는 음반을 공중의 수요를 충족시키기 위하여 복제·배포하는 것을 말한다"라고 정의하고 있다. 여기서 '복제'는 저작권법 제 2 조 제22호에 의하여 "인쇄·사진촬영·복사·녹음·녹화 그 밖의 방법에 의하여 일시적 또는 영구적으로 유형물에 고정하거나 유형물로 다시 제작하는 것"을 말하고, '배포'란 같은 조 제23호에 의하여 "저작물 등의 원본 또는 그 복제물을 공중에게 대가를 받거나 받지 아니하고 양도 또는 대여하는 것"을 말하므로, 결국 발행은 유형물을 전제로 하는 것이 된다. 이렇게 본다면 전자출판 중에서도 CD나 DVD와 같은 패키지(유형물) 형태를 통하지 않고, 예컨대 디지털파일로만 유통되는 순수한 온라인 형태의 전자출판은 저작권법상 '출판'의 개념에 속하지 않는다고 보아야 할 것이다.[72] 따라서 전자출판에 관하여 저작권법상 출판권을 설정하는 것은 법에 규정되지 않은 준물권을 창설하는 것이 되어 어렵다고 생각한다. 이러한 전자출판에 대하여 설정출판권의 규정과 같은 내용이 적용되기 위해서는 복제와 전송, 배포를 포괄하는 배타적발행권의 설정이 필요하다.

또한 출판권설정계약을 체결하였는데 그 계약에 기하여 전자출판에 대한 별도의 특약이 없이 종이 형태의 출판뿐만 아니라 전자출판을 하는 것까지 허용될 것인지 여부도 논란이 있을 수 있다. 이는 결국 해당 출판권설정계약에 있어서의 당사자의 의사해석 문제라고 할 것이지만, 기본적으로는 특별히 계약에 명시되지 않은 이상 전자출판을 하기 위해서는 별도의 계약을 맺거나 배타적발행권을 설정 받아야 한다고 보는 것이 타당할 것이다.[73] 왜냐하면 전자출판은 디지털 형태로 되어 있어 복제나 전송이 대량으로 손쉽게 이루어질 수 있는 까닭에 저작자의 권리에 미치는 영향과 위험이 종이 형태의 책보다 훨씬 클 소지가 있기 때문이다.

전자출판 된 전자책에 대하여도 이른바 '최초판매의 원칙'이 적용될 수 있을 것인지 여부가 논란이 되고 있다. 최초판매의 원칙 역시 원래 유형물을 전제로 하여 수립된 원칙이기 때문에 전자책에 대하여는 적용되기 어려운 면이 있다. 그러나 최초판매의 원칙은 저작권의 남용 제한과 정보의 자유로운 유통을 위하여 인정된 매우 중요한 원칙이고, 이 원칙이 허물어질 경우 저작권자와 이용자들 사이에 이미 형성된 기존 제도와 관행에 혼란을 초래할 가능성이 크다. 그렇기 때문에 전자책, 나아가서는 일반적인 디지털 저작물에 대하여도 최초판매의 원칙이 적용될 수 있도록 대책이 강구되어야 한다는 주장이 강하다.[74]

---

72) 同旨, 허희성, 신저작권법 축조개설, 저작권아카데미, 26면; 박성호, 저작권법의 이론과 현실, 현암사, 2006, 296-297면.

73) 同旨, 박성호, 전게서, 298면.

74) 임원선, 전게서, 201면.

제 4 절 ┃ 데이터베이스제작자의 권리

I. 개 설

1. 데이터베이스의 의의

'데이터베이스'라 함은 "소재를 체계적으로 배열 또는 구성한 편집물로서 개별적으로 그 소재에 접근하거나 그 소재를 검색할 수 있도록 한 것"을 말한다(저작권법 제 2 조 제19호). 2003년 개정되기 전 저작권법은 "논문, 수치, 도형 기타 자료의 집합물로서 이를 정보처리 장치를 이용하여 검색할 수 있도록 체계적으로 구성한 편집물"을 데이터베이스라고 하여 그 소재의 선택 또는 배열에 창작성이 있는 경우에만 편집저작물의 한 형태로서 보호하고 있었다(개정 전 저작권법 제 6 조 제 1 항). 그러다가 2003년 저작권법을 개정하면서 창작성이 없는 데이터베이스의 경우에도 이를 보호하는 규정을 신설하였다.[75] 저작권법상 정의규정에 따라 데이터베이스의 개념은 다음과 같이 정리해 볼 수 있다.

첫째, 편집물이어야 한다. '편집물'은 저작물이나 부호·문자·음·영상 그 밖의 형태의 자료(소재)의 집합물을 말한다(저작권법 제 2 조 제17호). 편집물을 이루는 소재는 저작물일 수도 있고 저작물이 아니어도 상관이 없다.

둘째, 소재를 체계적으로 배열 또는 구성한 것이어야 한다. 데이터베이스로 보호받기 위해서 창작성을 요건으로 하지는 않으나, 그렇다고 하더라도 단순히 소재를 모아 놓은 것만으로는 부족하고, 소재의 배열 또는 구성에 있어서 체계성이 인정되어야 한다. 이는 데이터베이스의 주된 가치이며 보호의 근거가 되는 자료 검색의 편리성을 위하여 요구되는 것이다. 다만, 창작성을 요하지는 않으므로, 예컨대 전화번호부 인명편을 알파벳 순으로 구성하는 것처럼 다른 사람들이 일반적으로 사용하는 배열 및 구성방법을 모방하거나, 누가 하더라도 동일하게 할 수밖에 없는 방법으로 배열 또는 구성하는 것이어도 데이터베이스로 보호받을 수 있다.

셋째, 개별적으로 소재에 접근하거나 소재를 검색할 수 있도록 되어 있어야 한다. 원하는 특정 정보(소재)를 검색하기 위하여 데이터베이스 전체를 처음부터 끝까지 다 살펴보아야 할 필요 없이, 손쉽게 그 정보를 찾아낼 수 있도록 구성되어 있어야 한다. 이러한 점 역

---

75) 우리나라에서는 1999. 12. 3. 데이터베이스 보호 및 이용에 관한 법률안이 발의된 바 있었으며, 그 후 정부 부처간 협의를 거쳐 데이터베이스제작자 보호에 관한 규정을 저작권법에 두는 것으로 결정되어 2003. 5. 27. 개정 저작권법(법률 제6881호)에서 데이터베이스제작자 보호에 관한 규정을 신설하게 되었다.

시 데이터베이스의 가치인 자료 검색의 편리성을 위하여 요구되는 개념요소이다.

2. 데이터베이스의 보호 태양

데이터베이스 중 보호의 필요성이 강조되고 있는 것은 아날로그 형태의 것보다는 아무래도 컴퓨터에 의하여 자료를 저장·추출할 수 있는 형태의 것이다. 이러한 형태의 데이터베이스는 극히 적은 노력으로 데이터의 추출, 복제 및 재이용이 가능하기 때문이다. 이러한 데이터베이스는 대부분 온라인 디지털콘텐츠의 형태로 제작되는 경우가 많은데, 그 경우에는 저작권법에 의한 보호뿐만 아니라 콘텐츠산업진흥법(구 온라인디지털콘텐츠산업발전법)에 의한 보호도 받게 된다.

그러나 데이터베이스는 반드시 컴퓨터에 의하여 전자적 형태로 자료를 저장·추출할 수 있는 것만이 아니라, 비전자적 형태의 편집물도 포함하는 것으로 해석된다. 예를 들어, 사전(辭典)이나 전화번호부, 연감(年鑑), 백서(白書), 인명부, 주소록 등의 편집물은 전자화된 형태가 아니라 하더라도 데이터베이스의 개념에 포함되는 것으로 볼 수 있다.

또한 데이터베이스는 창작성을 갖추지 못한 경우에도 저작권법 제 4 장 '데이터베이스제작자의 보호' 규정에 의한 보호를 받을 수 있고, 소재의 선택, 배열 또는 구성에 있어서 창작성까지 갖춘 데이터베이스는 일반 편집저작물로서의 보호도 중첩적으로 받을 수 있다고 해석된다. 창작성을 갖춘 데이터베이스에 대한 침해가 있는 경우 편집저작물로서의 저작권 침해문제와 데이터베이스제작자의 권리침해의 문제는 별개의 소송물에 해당하고 별도의 쟁송의 대상이 될 수 있다.[76]

데이터베이스는 그 데이터베이스를 이용하기 위한 컴퓨터프로그램과는 구별하여야 한다. 데이터베이스를 이용하기 위한 컴퓨터프로그램은 별도의 프로그램저작물로서 보호를 받게 된다.[77]

3. 일반 편집저작물과의 차이

데이터베이스는 정보자료를 수집·정리한 것으로서 편집저작물과 유사한 성질을 가진다. 그러나 데이터베이스에 의한 자료의 축적은 그 목적이 검색에 있기 때문에 일반적인 편집저작물과는 다른 특성이 있다. 즉, 전통적인 편집저작물의 가치는 소재의 선택과 배열의

---

76) 박익환, 편집물의 저작물성, '법조수첩' 사건 판례평석, 계간 저작권, 2004년 여름호(제66호), 67면.
77) 황인상, 데이터베이스의 저작권법상의 보호 및 새로운 입법의 필요성, 사법연수원 제28기 수료논문, 5면.

창작성에 있지만, 데이터베이스의 가치는 정보의 양과 검색의 용이성에 있다. 검색의 용이성은 체계적 구성과 적절한 키워드(keyword)의 부과에 의해 좌우된다. 전통적인 편집저작물에서의 '배열'의 개념은 구체적이고 가시적인 것인데 비하여, 데이터베이스에 있어서의 '체계적 구성'은 보다 관념적이고 논리적이다. 데이터베이스에 있어서는 소재의 눈에 보이는 가시적 '배열'보다 검색의 편리를 위한 소재들의 논리적 체계가 큰 의미를 가진다. 또한 데이터베이스에 있어서는 자료의 지속적인 축적이 중요하다.

II. 데이터베이스 보호의 내용

1. 저작권법에 의한 보호

가. 보호대상과 범위

저작권법이 보호하는 데이터베이스는 창작성의 유무를 가리지 아니한다. 컴퓨터에 의하여 자료를 저장·추출할 수 있는 형태의 것이거나 전자적 형태의 것에 한정되지 않고 모든 형태의 데이터베이스가 보호의 대상으로 된다. 다만, ① 데이터베이스의 제작·갱신 등[78] 또는 운영에 이용되는 컴퓨터프로그램과, ② 무선 또는 유선통신을 기술적으로 가능하게 하기 위하여 제작되거나 갱신·검증 또는 보충 등이 되는 데이터베이스는 보호대상에서 제외된다(저작권법 제92조). 데이터베이스의 제작, 갱신 등이나 또는 운영에 이용되는 컴퓨터프로그램은 데이터베이스와 결합되어 이용되지만, 데이터베이스와는 별도의 저작물로 보호된다.[79]

무선 또는 유선통신을 기술적으로 가능하게 하기 위하여 제작되거나 갱신 등이 되는 데이터베이스라 함은, 주로 인터넷 등으로 데이터베이스를 이용하는 경우에 도메인 네임의 등록부나 인터넷 주소록 등과 같이 무선 또는 유선통신을 가능하게 하는데 필요한 필수적인 정보들로 구성된 데이터베이스, 예컨대 IP 어드레스나 이메일 어드레스 등의 집합물을 말한다. 이들 제품이나 서비스는 기술적·수단적인 성격의 것이므로 데이터베이스의 본질이 아니고, 이들에 대하여 배타적 권리가 부여된다면 인터넷의 운영 자체가 크게 위협을 받게 될 것이므로 통신망의 안정적인 운영을 위하여 보호대상에서 제외한 것이다.[80]

---

78) '갱신 등'은 "갱신·검증 또는 보충"을 말한다(저작권법 제 2 조 제20호).
79) 허희성, 신 저작권법 축조개설(하), 명문프리컴, 2011, 474면.
80) 상게서, 474면.

나. 데이터베이스제작자의 권리

(1) 데이터베이스제작자

데이터베이스제작자란 데이터베이스의 제작 또는 그 소재의 갱신·검증 또는 보충에 인적 또는 물적으로 상당한 투자를 한 자를 말한다(저작권법 제 2 조 제20호). 우리 저작권법에서 '제작자'라는 이름으로 권리를 부여받고 있는 주체로서는 '음반제작자'와 '영상제작자' 그리고 '데이터베이스제작자'를 들 수 있다. 그런데 저작권법은 '음반제작자'는 "음을 음반에 고정하는 데 있어 전체적으로 기획하고 책임을 지는 자"로(제 2 조 제 6 호), '영상제작자'는 "영상저작물의 제작에 있어 그 전체를 기획하고 책임을 지는 자"를 말한다고 하여(같은 조 제14호), "기획과 책임"을 그 개념요소로 하고 있음에 반하여 '데이터베이스제작자'의 경우에는 "상당한 투자"를 개념요소로 하고 있다.

데이터베이스제작자의 보호와 관련하여 가장 핵심적인 개념이라고 할 수 있는 '상당한 투자'에 대한 구체적인 기준은 특별히 없다. 다만, 특정한 종류의 데이터베이스와 그것을 구성하는 정보의 사회·경제적 중요성, 데이터 수집·조직의 용이성, 그 보호가 시장에 미치는 영향, 그리고 그 데이터베이스를 구성하는 개별적인 정보에 대한 접근의 중요성 등을 고려하여 판단하여야 하며, 질적인 면과 양적인 면이 모두 고려되어야 한다.[81] 최초 데이터베이스를 제작한 자뿐만 아니라 갱신, 검증 또는 보충에 상당한 투자를 한 자도 데이터베이스제작자로서 보호된다.[82] 또한 데이터베이스를 제작하기 위하여 소재를 수집한 자도 그 수집에 있어서 상당한 투자를 하였다면 나중에 그것이 데이터베이스로 제작되었을 때 그에 대한 데이터베이스제작자로서의 지위를 가진다.

---

81) 부산지방법원 2010. 9. 2. 선고 2010가합2230 판결은, "이 사건의 경우 원고 주장과 같이 이 사건 한자 부분이 데이터베이스에 해당하더라도 이 사건 한자 부분은 그 대부분이 원고 도서 이전에 이미 발행된 도서인 위 A사전 중 216면부터 340면까지와 거의 동일한 사실을 인정할 수 있고, 달리 원고가 이를 제작 또는 그 소재의 갱신검증 또는 보충에 인적 또는 물적으로 상당한 투자를 하였음을 인정할 증거가 없으므로 원고가 데이터베이스제작자로서의 권리를 가진다고 할 수 없다"고 하였다. 이 판결은 데이터베이스를 구성하는 소재의 수집 및 조직의 용이성 등에 비추어 데이터베이스제작자로서의 상당한 투자를 인정하기 어렵다고 본 사례이다.

82) 서울고등법원 2016. 12. 15. 선고 2015나2074198 판결: 이용자들이 특정한 주제어에 관한 게시물을 자유롭게 작성하여 게시하거나 이미 게시된 내용을 자유롭게 수정하는 방식으로 운영되는 원고의 온라인 백과사전에 대하여, 피고가 원고 사이트의 게시물 전부를 복제한 이른바 '미러링(mirroring) 사이트'를 운영한 사례에서, 원고 사이트에 집적된 20만 건 이상의 데이터는 대부분 이용자가 작성하거나 수정한 점, 색인까지도 이용자가 자유롭게 수정, 편집할 수 있도록 되어 있는 점 등 원고의 역할이 상당히 제한적이기는 하지만, 원고가 데이터베이스에 해당하는 원고 사이트를 제작하기 위하여 사이트의 설계, 검색엔진 개발 및 업데이트, 자료 접근성 향상 노력, 서버 관리 등 인적 또는 물적으로 상당한 투자를 하였다고 보아 데이터베이스제작자로서의 지위를 인정하였다.

우리 저작권법은 모든 데이터베이스제작자를 보호하는 것이 아니라, ① 대한민국 국민 또는 ② 데이터베이스의 보호와 관련하여 대한민국이 가입 또는 체결한 조약에 따라 보호되는 외국인만이 보호된다(저작권법 제91조 제 1 항). 또한 이에 따라 보호되는 외국인의 데이터베이스라도 그 외국에서 대한민국 국민의 데이터베이스를 보호하지 아니하는 경우에는 그에 상응하게 조약 및 저작권법에 따른 보호를 제한할 수 있다(제91조 제 2 항).

(2) 데이터베이스제작자 권리의 내용

데이터베이스제작자는 그의 데이터베이스의 전부 또는 상당한 부분을 복제·배포·방송 또는 전송할 권리를 가진다(저작권법 제93조 제 1 항). "복제·배포·방송 또는 전송"의 개념은 저작권법 제 2 조의 정의규정에서 정하고 있는 바와 같으며, 저작물에서와 달리 공연, 전시 등이 권리의 범위에서 제외된 것은 그러한 행위는 데이터베이스의 성질에 비추어 발생할 여지가 없기 때문이다.

데이터베이스의 개별 소재는 데이터베이스의 상당한 부분으로 보지 않는다. 다만, 데이터베이스의 개별 소재 또는 상당한 부분에 이르지 못하는 부분의 복제 등의 행위라 하더라도 그러한 행위를 반복적이거나 특정한 목적을 위하여 체계적으로 함으로써 데이터베이스의 통상적인 이용과 충돌하거나 데이터베이스제작자의 이익을 부당하게 해치는 경우에는 해당 데이터베이스의 상당한 부분의 복제 등을 하는 행위로 본다(제93조 제 2 항).[83] 데이터베이스제작자에 대한 보호는 해당 데이터베이스의 구성부분이 되는 소재의 저작권 그 밖에 저작권법에 의하여 보호되는 권리에 영향을 미치지 아니한다(제93조 제 3 항). 이는 편집저작물에 있어서 편집저작물의 보호는 그 편집저작물의 구성부분이 되는 소재의 저작권 그 밖에 저작권법에 따라 보호되는 권리에 영향을 미치지 않는다는 저작권법 제 6 조 제 2 항과

---

83) 서울고등법원 2010. 6. 9. 선고 2009나96309 판결('종합물가정보' 사건)은 시중물가 전문조사기관인 원고가 '종합물가정보'라는 이름으로 월간지를 출판하여 영업을 하고 있는데, 피고회사가 건설공사 원가계산을 위한 프로그램을 제작하면서 원고의 물가정보지에서 분기별로 7,361개 상당의 물가정보를 추출하여 이를 피고 프로그램에 연동할 수 있는 데이터파일로 만들어 이용한 사례에 관한 것이다. 이 판결은, "피고가 원고의 홈페이지에서 검색순위가 1위부터 100위 사이에 이르는 중요한 가격정보만을 추출해 피고의 데이터파일을 만든 이상, 이를 두고 단순히 원고 물가정보지의 개별 소재를 사용한 것에 불과하다고 할 수 없을 뿐만 아니라, 원고의 수익은 물가정보지 판매수익과 물가정보지에 게재되는 광고수익으로 구성되어 있고, 기업이 공사내역서에 물가정보의 정확한 근거를 밝히기 위해서는 물가정보가 수록된 물가정보지의 발행 호수와 쪽수를 기입해야 하기 때문에 그 기입을 위해서는 해당 물가정보지를 구입할 수밖에 없는데, 이러한 점은 저작권법 제93조 제 2 항 단서에서 정한 바와 같이, 데이터베이스의 개별 소재 또는 그 상당한 부분에 이르지 못하는 부분의 복제 등이라 하더라도 반복적이거나 특정한 목적을 위하여 체계적으로 함으로써 당해 데이터베이스의 통상적인 이용과 충돌하거나 데이터베이스제작자의 이익을 부당하게 해치는 경우에 해당한다고 볼 수 있으므로, 이러한 관점에서 보더라도 피고는 원고 물가정보지의 상당한 부분을 복제한 것으로 볼 수밖에 없다"고 판시하였다.

같은 취지이다. 또한 데이터베이스제작자에 대한 보호는 데이터베이스의 구성부분이 되는 소재 그 자체에는 미치지 아니한다(제93조 제 4 항).

따라서 데이터베이스를 구성하는 개별 소재 자체를 데이터베이스제작자의 허락 없이 복제·배포·방송 또는 전송하는 것은 데이터베이스제작자의 권리를 침해하는 것이 아니다. 예를 들어, 대표적인 데이터베이스라고 할 수 있는 인명편 전화번호부에서 소수 특정인의 전화번호 몇 개를 찾아 유인물로 만들어 배포하는 것은 전화번호부(데이터베이스) 제작자의 복제권이나 배포권을 침해하는 행위가 아니다. 그러나 그 개별 소재들을 반복적으로 복제·배포·방송 또는 전송함으로써 결과적으로 데이터베이스의 상당한 부분을 복제·배포·방송 또는 전송하는 것과 마찬가지의 효과를 가져오는 경우에는 데이터베이스제작자의 권리가 미치게 된다. 여기서 데이터베이스의 통상적인 이용과 충돌한다는 것은 그 데이터베이스와 시장에서 경쟁하는 관계에 놓인다거나 현재적 또는 잠재적 시장에 영향을 미칠 정도에 이른 경우를 의미하며, 데이터베이스제작자의 이익을 부당하게 해치는 경우라고 함은 그 데이터베이스제작자가 통상적으로 이용허락을 함으로써 얻을 수 있는 이익을 부당하게 상실하게 하는 경우를 의미한다.[84]

대법원 2022. 5. 12. 선고 2021도1533 판결은, "데이터베이스 제작자의 권리가 침해되었다고 하기 위해서는 데이터베이스 제작자의 허락 없이 데이터베이스의 전부 또는 상당한 부분의 복제 등이 되어야 하는데, 여기서 상당한 부분의 복제 등에 해당하는지를 판단할 때는 양적인 측면만이 아니라 질적인 측면도 함께 고려하여야 한다. 양적으로 상당한 부분인지 여부는 복제 등이 된 부분을 전체 데이터베이스의 규모와 비교하여 판단하여야 하며, 질적으로 상당한 부분인지 여부는 복제 등이 된 부분에 포함되어 있는 개별 소재 자체의 가치나 그 개별 소재의 생산에 들어간 투자가 아니라 데이터베이스 제작자가 그 복제 등이 된 부분의 제작 또는 그 소재의 갱신 검증 또는 보충에 인적 또는 물적으로 상당한 투자를 하였는지를 기준으로 제반 사정에 비추어 판단하여야 한다. 데이터베이스의 개별 소재 또는 상당한 부분에 이르지 못하는 부분의 반복적이거나 특정한 목적을 위한 체계적 복제 등에 의한 데이터베이스 제작자의 권리 침해는 데이터베이스의 개별 소재 또는 상당하지 않은 부분에 대한 반복적이고 체계적인 복제 등으로 결국 상당한 부분의 복제 등을 한 것과 같은 결과를 발생하게 한 경우에 한하여 인정함이 타당하다."고 하였다.[85]

---

84) 이해완, 전게서, 687면; 최경수, 전게논문, 70면.

85) 모바일 앱에서 API 서버에 정보를 호출하여 숙박업소에 관한 정보를 내려받아 이용자에게 제공하는 방식으로 서비스를 제공하던 피해자 회사의 API 서버에 '패킷캡쳐' 분석을 통해 만든 크롤링 프로그램으로 주기적으로 접근해 피해자 회사에서 제공하는 숙박업소 정보를 복제한 크롤링 행위의 형사책임 여부가 문제된 사안

특정 데이터베이스를 구성하는 소재의 상당부분을 제작자의 허락 없이 그대로 이용하면서 다만 그 소재의 배열 또는 구성의 체계만을 달리한 경우 데이터베이스제작자의 권리를 침해한 것으로 볼 것인지 여부가 문제로 될 수 있다. 침해를 긍정하는 견해는 위 규정의 해석상 개별 소재가 동일하다면 아무리 그 배열이나 구성을 달리하더라도 침해라고 보아야 한다는 것이다.[86] 이에 반하여 침해를 부정하는 견해는 데이터베이스 보호의 취지가 소재의 체계적 배열과 구성에 대한 노력을 보호하기 위한 것이라는 점을 감안할 때 소재 자체의 이용만으로는 침해가 되지 않는다고 주장한다.[87] 저작권법이 데이터베이스제작자를 보호하는 것은 데이터베이스의 제작 또는 그 소재의 갱신·검증 또는 보충에 인적 또는 물적으로 상당한 투자를 한 것을 보호하고자 하는 것이고, 데이터베이스 소재를 수집하는 것에만 관여한 자라도 그 수집에 상당한 투자를 하였다면 데이터베이스제작자로서의 지위를 가진다는 점에 비추어 볼 때 데이터베이스를 구성하는 소재만을 허락 없이 이용한 경우라 하더라도 데이터베이스제작자의 권리를 침해한 것으로 보는 것이 타당하다.

(3) 데이터베이스제작자 권리의 제한

저작권법 제23조(재판절차 등에서의 복제)·제28조(공표된 저작물의 인용)·제29조(영리를 목적으로 하지 아니하는 공연·방송)·제30조(사적이용을 위한 복제)·제31조(도서관 등에서의 복제)·제32조(시험문제로서의 복제)·제33조(시각장애인 등을 위한 복제)·제33조의2(청각장애인 등을 위한 복제)·제34조(방송사업자의 일시적 녹음·녹화)·제35조의2(저작물 이용과정에서의 일시적 복제)·제35조의3(저작물의 공정한 이용)·제36조(번역 등에 의한 이용) 및 제37조(출처의 명시)의 규정은 데이터베이스제작자의 권리의 목적이 되는 데이터베이스의 이용에 관하여 준용한다(저작권법 제94조 제1항).

데이터베이스제작자 권리에 대한 특별한 제한규정으로서, ① 교육·학술 또는 연구를 위하여 이용하는 경우(다만, 영리를 목적으로 하는 경우를 제외), ② 시사보도를 위하여 이용하는 경우에는 누구든지 데이터베이스의 전부 또는 그 상당한 부분을 복제·배포·방송 또는 전송할 수 있다. 다만, 해당 데이터베이스의 통상적인 이용과 저촉되는 경우에는 그러하지 아니하다(저작권법 제94조 제2항).

---

86) 정상조, 저작권법에 의한 데이터베이스 보호의 문제점, 데이터베이스 보호, 서울대학교 기술과법센터, 2003. 6. 55면; 이해완, 전게서, 687면.
87) 한지영, 데이터베이스의 법적 보호에 관한 연구, 서울대학교 대학원, 2005, 41-43면.

(4) 보호기간

데이터베이스제작자의 권리는 데이터베이스의 제작을 완료한 때부터 발생하며, 그 다음 해부터 기산하여 5년간 존속한다(저작권법 제95조 제 1 항).[88] 데이터베이스의 갱신·검증 또는 보충을 위하여 인적 또는 물적으로 상당한 투자가 이루어진 경우에 당해 부분에 대한 데이터베이스제작자의 권리는 그 갱신 등을 한 때부터 발생하며, 그 다음 해부터 기산하여 5년간 존속한다(저작권법 제95조 제 2 항). 이와 같이 데이터베이스의 갱신 등을 위하여 상당한 인적·물적 투자가 이루어지면 새로운 보호기간이 진행되게 되므로, 그러한 상당한 투자가 계속적으로 이루어지는 한 데이터베이스는 사실상 영구적으로 보호를 받는 셈이 된다.

2. 계약, 불법행위법에 의한 데이터베이스의 보호

저작권법이 아닌 계약에 의한 데이터베이스 보호가 가능한지 여부가 다투어진 사례로 미국 제 7 연방항소법원의 ProCD 판결이 있다.[89] 이 판결은 이른바 포장지 계약(shrink wrap license)의 유효성 여부에 대한 사건인데, 포장지 계약은 컴퓨터 소프트웨어를 판매하면서 그 포장지에 "이 소프트웨어를 구입하는 사람은 다른 사람에게 이 소프트웨어를 무단으로 양도하거나 대여 또는 복제해 주어서는 아니 된다. 이 제품의 포장지를 뜯는 사람은 이 약정에 동의하는 것으로 간주한다"라는 식의 문구를 기재하여 소프트웨어의 구입자로 하여금 타인에게 무단복제를 해 주지 못하도록 의무를 부과하는 약정을 말한다. 컴퓨터 on-line 상에서 소프트웨어를 download 받을 때, 먼저 화면에 나오는 저작권 관련 약정에 동의 버튼을 click 해야만 download 작업이 수행되는 것도 shrink wrap license의 변형된 형태라고 볼 수 있다.

이러한 포장지 계약의 유효성은 일반적으로 인정되고 있으나, 그 계약은 계약 당사자인 포장지를 뜯은 사람에게만 구속력이 있고 그로부터 전전양도 받은 사람에 대하여는 아무런 구속력이 없다는 약점이 있다.

또한 데이터베이스는 일반 불법행위 법리에 의하여 보호를 받을 수도 있다. 상당한 투자를 통하여 제작된 데이터베이스를 부정한 이익을 얻을 목적으로 공정하고 자유로운 경쟁 원리에 위배되는 불공정한 수단을 사용하여 무단이용하는 경우 민법 제750조 또는 부정경쟁방지법 제 2 조 제 1 호 차목의 불법행위를 구성할 수 있는 것이다. 일본 저작권법은 우리 저작권법과는 달리 창작성이 있는 데이터베이스만을 보호하고 있는데, 창작성이 없는 데이

---

88) 데이터베이스 보호에 관한 EU 지침은 15년을 존속기간으로 하고 있다.

89) ProCD, Inc. v. Zeidenberg, 908 F. Supp. 640(W.D. Wis. 1996), rev'd, 86 F. 3d 1447(7th Cir. 1996).

터베이스는 일반 불법행위 법리에 의하여 보호를 받을 수 있다고 해석한다.

Ⅲ. 콘텐츠산업진흥법에 의한 디지털콘텐츠의 보호

1. 의   의

콘텐츠산업진흥법(법률 제10369호)은 종전의 온라인디지털콘텐츠산업발전법의 대체 입법으로서 2010. 6. 10. 공포되어 2010. 12. 11. 시행되었다. 종전의 온라인디지털콘텐츠산업발전법은 경쟁사업자에 의한 디지털콘텐츠의 무단복제 등 행위를 부정행위로 규정하여 금지함으로써 디지털콘텐츠 제작자의 투자와 노력을 법적으로 보호하고자 하는 취지에서 제정된 법률인데, 그러한 취지의 법률로서는 사실상 세계 최초의 것이었다. 이 법은 디지털콘텐츠 산업발전 추진체계 및 디지털콘텐츠산업의 기반 조성에 대한 규정을 두어 디지털콘텐츠 사업자를 보호하고 지원할 수 있도록 하고 있었다.

2. 콘텐츠제작자의 보호

누구든지 정당한 권한 없이 콘텐츠제작자가 상당한 노력으로 제작하여 대통령령으로 정하는 방법에 따라 콘텐츠 또는 그 포장에 제작연월일, 제작자명 및 이 법에 따라 보호받는다는 사실을 표시한 콘텐츠의 전부 또는 상당한 부분을 복제·배포·방송 또는 전송함으로써 콘텐츠제작자의 영업에 관한 이익을 침해하여서는 아니 된다. 다만, 콘텐츠를 최초로 제작한 날부터 5년이 지났을 때에는 그러하지 아니하다(같은 법 제37조 제 1 항). 따라서 모든 콘텐츠가 보호를 받는 것이 아니라 콘텐츠제작자가 '상당한 노력'으로 제작한 것으로서, 대통령령이 정하는 방법에 따른 표시가 되어 있어야 한다. 종전의 구 온라인디지털콘텐츠산업발전법 당시의 판결이지만, 이 법이 정하는 방법에 따른 표시가 되어 있지 않았다는 이유로 보호를 받을 수 없다고 한 판결이 있다.[90]

---

90) 서울중앙지방법원 2004. 12. 3. 선고 2004노555 판결. 온라인디지털콘텐츠의 형태로 제공하는 이 사건 만화에 'www.A.com'이라는 회사 URL을 표시함으로써 온라인디지털콘텐츠의 제작자가 그 사이트 운영자측이라는 것을 명시하였지만 이 사건 만화의 제작 및 표시 연월일은 표시하지 않은 사안에서, 구 온라인디지털콘텐츠산업발전법 제17조 제 1 항 소정의 표시 중 최소한 온라인콘텐츠의 제작자 성명과 제작 및 표시 연월일이 표시되지 아니한 온라인콘텐츠는 같은 법 제18조 제 1 항의 보호대상에서 제외된다고 하였다.

침해의 태양은 복제·배포·방송 또는 전송의 4가지에 한정된다. 또한 '콘텐츠제작자의 영업에 관한 이익'이 침해될 것을 요건으로 하므로, 단순한 복제, 배포, 방송 또는 전송의 행위가 있다고 하여 무조건 침해가 되는 것은 아니며, 그러한 행위의 결과 콘텐츠제작자의 영업에 관한 이익을 침해한 것으로 인정되어야 한다. 따라서 예를 들어 공공기관에서 무료로 제공하는 콘텐츠의 경우라면 그것을 복제하여 사용하더라도 콘텐츠제작자의 영업에 관한 이익을 침해한 것으로는 볼 수 없으므로 이 금지규정의 위반이라고 볼 수 없다.[91] 종전의 온라인디지털콘텐츠산업발전법에서는 부정경쟁방지적 차원의 규제임을 명확히 하는 뜻에서 "경쟁사업자의 영업에 관한 이익"을 침해할 것을 요건으로 규정하고 있었으나, 2010년 전면개정에 의하여 금지행위의 요건에 "경쟁사업자의"라고 하는 부분이 삭제되었으므로, 이제는 침해 주체와 콘텐츠제작자 사이에 경쟁사업자 관계에 있을 것을 요한다고 볼 근거는 없어졌다.[92]

침해행위로부터 보호받는 기간은 제작한 날로부터 5년으로 규정되어 있지만, 데이터베이스제작자에 대한 경우와 마찬가지로, 콘텐츠를 계속 추가, 갱신하는 사업자의 경우에는 그 추가, 갱신 부분에 대하여는 다시 그 추가, 갱신일을 제작일로 표시하여 그로부터 5년의 기간 동안 보호를 받을 수 있다고 해석된다.[93]

또한 콘텐츠에 적용된 기술적 보호조치도 보호를 받는다. 즉, 누구든지 정당한 권한 없이 콘텐츠제작자나 그로부터 허락을 받은 자가 위 제 1 항 본문의 침해행위를 효과적으로 방지하기 위하여 콘텐츠에 적용한 기술적보호조치를 회피·제거 또는 변경하는 것을 주된 목적으로 하는 기술·서비스·장치 또는 그 주요 부품을 제공·수입·제조·양도·대여 또는 전송하거나 이를 양도·대여하기 위하여 전시하는 행위를 하여서는 아니 된다. 다만, 기술적 보호조치의 연구·개발을 위하여 기술적보호조치를 무력화하는 장치 또는 부품을 제조하는 경우에는 그러하지 아니하다(같은 법 제37조 제 2 항).

나아가 제37조 제 1 항 본문 및 같은 조 제 2 항 본문을 위반하는 행위로 인하여 자신의 영업에 관한 이익이 침해되거나 침해될 우려가 있는 자는 그 위반행위의 중지 또는 예방 및 그 위반행위로 인한 손해의 배상을 청구할 수 있다. 다만, 제37조 제 1 항 본문을 위반하는 행위에 대하여 콘텐츠제작자가 같은 항의 표시사항을 콘텐츠에 표시하지 아니한 경우에는 그러하지 아니하다(같은 법 제38조 제 1 항). 법원은 손해의 발생은 인정되나 손해액을 산정하기 곤란한 경우에는 변론의 취지 및 증거조사 결과를 고려하여 상당한 손해액을 인정할

91) 이해완, 전게서, 695면.
92) 상게서, 695-696면.
93) 상게서, 698면.

수 있다(같은 법 제38조 제 2 항).

　　제37조 제 1 항 본문을 위반하여 콘텐츠제작자의 영업에 관한 이익을 침해하는 행위 또는 제37조 제 2 항 본문을 위반하여 정당한 권한 없이 기술적보호조치의 무력화를 목적으로 하는 기술·서비스·장치 또는 그 주요 부품을 제공·수입·제조·양도·대여 또는 전송하거나 이를 양도·대여하기 위하여 전시하는 행위를 한 자는 1년 이하의 징역 또는 2천만 원 이하의 벌금에 처한다(같은 법 제40조 제 1 항). 이 죄는 고소가 있어야 공소를 제기할 수 있다(같은 조 제 2 항).

3. 다른 법률과의 관계

　　콘텐츠제작자가 저작권법의 보호를 받는 경우에는 저작권법이 콘텐츠산업진흥법에 우선하여 적용된다(같은 법 제 4 조 제 2 항).

제 5 절　퍼블리시티권(The Right of Publicity)

Ⅰ. 서　설

1. 퍼블리시티권의 의의

　　퍼블리시티권은 '초상·성명 등의 상업적 이용에 관한 권리', 즉 '사람의 초상·성명 등 그 사람 자체를 가리키는 것(identity)을 광고·상품 등에 상업적으로 이용하여 경제적 이익을 얻을 수 있는 권리',[94] 또는 '개인의 성명·초상 등 동일성을 광고 또는 상품 등에 상업적으로 이용하여 재산적 이익을 얻거나 타인의 이용을 통제할 수 있는 권리'[95]를 의미한다. 퍼블리시티권은 저작권법상의 권리는 아니지만, 저작물 특히 캐릭터 저작물과 깊은 관련을 가지고 있고 저작권법과 유사한 법리가 적용되는 부분이 있어서 이곳에서 검토해 본다.[96]

---

94) 한위수, 퍼블리서티권의 침해와 민사책임, 인권과 정의, 1996. 10월, 11월, 29면.
95) 유대종, Publicity권에 관한 고찰, 경희대학교 석사학위논문, 1999, 7면.
96) 저작권법과 유사한 법리가 적용된다는 점에서 퍼블리시티권을 '초상저작권'이라고 부르는 경우도 있다. 미국 Law School에서는 퍼블리시티권을 저작권 분야가 아니라 상표 및 부정경쟁방지법 분야에서 다루는 경우가 많은 것 같다.

2. 퍼블리시티권의 발달

가. 미   국

퍼블리시티권의 법리가 본격적으로 발전하기 시작한 것은 미국의 판례와 이에 따른 이론적 검토에서부터였다. 그 중에서도 1953년 미국 제 2 항소법원의 Haelan 판결[97])이 퍼블리시티권을 주된 쟁점으로 다룬 최초의 판결이었다고 할 수 있다. 이 판결은 유명 프로야구 선수들의 사진을 독점적으로 광고에 사용할 수 있는 허락을 받은 원고(껌 제조회사)가 그 선수들의 사진을 사용하여 광고를 한 피고(원고와 경쟁관계에 있는 껌 제조회사)를 상대로 광고금지를 구한 사건이다. 원래 초상권이나 프라이버시권과 같은 인격권은 일신전속적인 권리로서 초상본인만이 그 침해의 정지 등을 구할 당사자적격이 있다. 따라서 일반적인 초상권의 법리에 따르는 한 원고회사는 피고회사를 상대로 직접 위와 같은 광고의 금지를 구할 자격이 없고, 프로야구 선수들 측에서 피고를 상대로 침해정지를 구해 줄 것을 기다릴 수밖에 없는 형편이었다.[98]) 이에 원고회사는 초상권 등 인격권과는 별도로 경제적 권리로서 양도성을 가지는 퍼블리시티권이 존재하는데, 원고회사는 이러한 퍼블리시티권을 야구선수들로부터 독점적으로 양도받았으므로 피고회사를 상대로 광고의 중지 등을 청구할 수 있다고 주장하였고, 법원이 이와 같은 원고의 주장을 받아들인 것이다.

이후 이론적 발전을 거쳐 1970년대에는 미국 법원이 프라이버시권으로 보호되는 인격권적 이익과 퍼블리시티권으로 보호되는 재산권적 이익을 구별하여 보호하는 것을 인정하게 되었다. 1977년 미국 연방대법원은 Zacchini 판결에서,[99]) 퍼블리시티권을 정식으로 권리로서 언급하였고, 이에 퍼블리시티권은 판례법상 확고한 지위를 가지게 되었다.

---

97) Haelan Laboratories, Inc. v. Topps Chewing Gum, Inc., 202 F.2d 866(2d Cir. 1953), cert. denied, 346 U.S. 816(1953).

98) 인격권은 일신전속적인 성질을 가지는 권리이므로 민법 제404조 제 1 항 단서에 의하여 채권자대위권 행사의 대상도 되지 않는다.

99) Zacchini v. Scripps-Howard Broadcasting Co., 47 Ohio St. 2d 224, 351 454(1976), rev'd, 433 U.S. 562, 205 U.S.P.Q. 741(1977): 이 사건의 원고인 Zacchini는 스스로 대포 속에 들어가 발사되는 인간대포알의 실연행위를 하는 것으로 유명한 사람이었다. 원고의 실연행위는 시작부터 발사, 목표지점 도착에 이르기까지 불과 15초 정도가 소요되는데, 피고 방송사가 원고의 허락을 받지 아니하고 원고의 실연행위 전체를 뉴스시간에 방영한 것이 문제로 되었다. 이 사건에서 법원은 피고가 원고의 실연행위 전체를 방영한 것은 원고가 실연자로서 가지는 경제적 이익을 침해할 우려가 큰 것으로서 정당한 범위를 초과하는 것이라고 하여 피고의 공정사용 및 표현의 자유에 기한 항변을 배척하였다(이 판결은 제 6 장의 '공표된 저작물의 인용' 부분에서도 소개한 바 있다).

나. 일   본

일본에서 전통적인 인격권으로서의 초상권 및 성명권과는 별도로 특정인의 초상이나 성명이 경제적 권리의 객체가 될 수 있다는 것을 처음으로 인정한 사례는 동경지방법원이 1976. 6. 29. 선고한 이른바 '마크 레스터(Mark Lester) 사건' 판결이다.[100] 이 사건은 영국의 유명한 아역 배우였던 마크 레스터가 출연한 영화 '작은 목격자'의 한 장면을 무단으로 TV 광고에 사용한 사건으로, TV 초콜릿 광고 중에 위 영화 중 마크 레스터의 상반신이 화면 가득 클로즈업 되는 장면이 나타나면서 '마크 레스터'라는 자막을 넣고 그 광고화면과 함께 남성의 목소리로 "마크 레스터도 아주 좋아합니다"라는 대사를 삽입한 광고를 방영하였다. 이 사건에서 동경지방법원은 퍼블리시티권이라는 용어를 직접적으로 사용하지는 않았지만 초상이나 성명이 갖는 재산적 이익의 침해에 대하여 불법행위를 인정하고 손해배상을 명하였다는 점에서 일본에서 퍼블리시티권을 인정한 최초의 판결이라고 평가되고 있다.

2012년 일본에서는 퍼블리시티권을 명문으로 인정한 최고재판소 판결이 처음으로 나와 주목을 끌고 있다. 일본 최고재판소는 2012. 2. 2. 선고한 판결[101]에서, "초상 등을 무단으로 사용하는 행위는 (1) 초상 등 그 자체를 독립하여 감상의 대상이 되는 상품 등으로서 사용하거나, (2) 상품 등을 차별화할 목적으로 초상 등을 상품에 붙이거나, (3) 초상 등을 상품의 광고에 사용하는 등 오로지 초상 등이 가지고 있는 고객흡인력을 이용할 목적으로 사용한 경우에 퍼블리시티권을 침해하는 것으로서 불법행위법에 비추어 위법하다고 볼 수 있다"고 판시하였다.

3. 퍼블리시티권의 주체

가. 자 연 인

배우, 탤런트, 가수, 스포츠 선수, 정치인 등 유명인이 퍼블리시티권을 가지는 것은 의문의 여지가 없고 이러한 관점에서 퍼블리시티권을 '유명권'이라고 부르는 경우도 있었다. 유명인이 아닌 일반인에게도 퍼블리시티권을 인정할 것인가에 대하여는 견해의 대립이 있다. 통설인 긍정설은, (1) 유명인이 아니라도 타인이 성명, 초상을 광고 등에 상업적으로 이용하는 사실 자체가 그 사람의 이름, 초상에 상업적 가치가 있다는 증거이며, (2) 일반인도 광고에 출연하는 경우에 출연료를 지급받는 것이 업계의 관행이므로 그의 이름이나 초상이

---

100) 동경지방법원 1976. 6. 29. 昭46(ワ)9609 판결, 판례시보 817호 23면.
101) 平成 21(受)2056 판결.

무단이용된 경우 재산상의 손실이 없다고 할 수 없고, (3) 무엇보다도 유명인과 일반인을 구별하는 뚜렷한 기준이 없으므로 유명인이냐, 일반인이냐의 여부는 손해액 산정에서 고려할 요소이지 권리의 존부 자체를 결정할 요소는 아니라고 한다.102) 통설이 타당하다고 본다.

하급심 판결 중에는 일반인의 퍼블리시티권을 인정한 것이 있다.103)

나. 법인 또는 단체

법인 또는 단체에도 퍼블리시티권을 인정할 것인가에 관하여 견해의 대립이 있다. 뉴욕지방법원은 Bi-Rite Enters 사건104)에서 퍼블리시티권은 프라이버시권과는 달리 개인뿐만 아니라 음악연주그룹과 같은 단체의 명칭에도 인정된다고 판시한 바 있지만, 미국에서도 법인이나 단체에는 퍼블리시티권을 인정하지 않는 입장이 주류를 이루고 있다. 그러나 상법, 부정경쟁방지법, 상표법만으로는 법인의 이름을 함부로 광고 등 상업적으로 사용한 데 대한 제재를 가하기에는 부족하다고 하여 법인 또는 비법인 단체 등에도 퍼블리시티권을 인정함이 타당하다는 반론도 유력하다.105)

II. 보호의 대상

1. 성 명

사람의 성명은 성과 이름을 불문하고, 또 예명이나 닉네임106)이라 할지라도 퍼블리시티권으로 보호를 받는다. 그러나 세상에는 동일한 성명을 쓰는 사람이 많으므로 퍼블리시티권의 침해를 주장하는 자는 자신의 이름이 허락 없이 사용되었다는 것뿐만 아니라 그 사용된 이름이 바로 자신을 지칭하고 있다는 것을 입증하여야 한다.

미국 제 6 항소법원이 판시한 Carson v. Here's Johnny Portable Toilets, Inc.107) 사건은 미국 NBC 방송의 텔레비전 토크쇼 프로그램인 투나잇쇼(Tonight Show)의 사회자이자 유명한 코미디언인 John W. Carson(흔히 '쟈니 카슨'이라고 불린다)이 원고가 된 사건이다. 원고는

---

102) 한위수, 전계논문, 110면.
103) 서울동부지방법원 2004. 2. 12. 선고 2002가합3370 판결.
104) Bi-Rite Enters., Inc. v. Button Master, 555 F.Supp. 1188(S.D.N.Y. 1983).
105) 한위수, 전계논문, 111면.
106) Hirsch v. S.C. Johnson & Sons, Inc., 90 Wis. 2d 379, 280 N.W.2d 129, 205 U.S.P.Q. 920(1979); 이 사건에서는 피고 Johnson & Sons社가 판매하고 있는 Crazylegs라는 상품명의 여성용 면도크림이 같은 Crazylegs라는 닉네임으로 유명한 프로 풋볼선수인 원고의 퍼블리시티권을 침해하였다고 판시하였다.
107) 98 F.2d 831(6th Cir. 1983).

그가 사회자로 진행하는 프로그램 첫머리에서 항상 'Here's Johnny!'라는 아나운서의 멘트와 함께 청중 앞에 소개되었고 이러한 형식은 원고가 처음으로 프로그램의 사회를 맡은 1962 년도부터 변함없이 계속되어 왔다. 이 멘트는 프로그램의 성공과 함께 유명해졌고 1967년 에 Carson은 식당체인점 광고에 이 멘트를 이용한 'Here's Johnny Restaurants'라는 문구를 사용하는 데 대하여 라이선스를 주기도 하였다. 한편, 피고는 이동식 화장실 제작업자로서 'Here's Johnny'라는 이름의 이동식 화장실을 제작하여 상품화하였다. 제 1 심에서는 피고가 원고의 정확한 이름을 사용한 것이 아니라는 이유로 원고의 청구를 기각하였다(원고의 성명 어디에도 Johnny라는 명칭은 없다). 그러나 항소심은, 원고와 같은 유명인사의 경우 그 인물의 동일성이 인식될 정도에 이르렀다면 반드시 정확한 이름이나 사진이 사용된 경우가 아니라 하더라도 퍼블리시티권의 침해가 있다고 볼 것이며, 특히 원고의 경우에는 자신의 본명보다 도 Johnny라는 예명으로 더욱 알려져 있으므로 Johnny라는 예명이 오히려 원고의 동일성을 인식하게 하는데 효과적이라고 판시하여 원고의 청구를 인용하였다.

이름 중 일부를 변경하거나 생략하는 것, 예컨대 'Charlie Chaplin'이라는 이름 대신 'Charlie Aplin'이라는 변형된 이름을 사용하였다고 하더라도 그것이 특정인을 지칭하고 있다는 것을 인식할 수 있을 정도라면 퍼블리시티권의 침해라고 본 사례도 있다.[108]

2. 초상·용모

특정인의 얼굴이나 외모, 특이한 행동거지를 사진이나 그림 등을 통하여 허락 없이 묘사하거나 그와 비슷하게 모방하는 것도 퍼블리시티권의 침해가 될 수 있다.[109][110][111]

Allen 사건[112]은 유명한 영화감독이자 배우인 '우디 알렌'이 원고로 된 사건인데, 비디오테이프 대여 체인점을 영업으로 하는 피고가 자신들의 고객카드를 선전하기 위하여 원고와 매우 닮은 사람을 광고에 등장시켜 원고의 독특한 몸짓을 하게 한 것이 그의 퍼블리시티권을 침해하였다고 판시하였다.[113]

---

108) Chaplin v. Amador, 93 Cal. App. 358,269 P. 544(1928).
109) Grant v. Esquire, Inc., 367 F.Supp.876(S.D.N.Y. 1973): 배우 캐리그란트의 사진이 문제로 된 사건
110) Ali v. Playgirl, Inc., 447 F.Supp. 723, 206 U.S.P.Q. 1021(S.D.N.Y. 1978): 권투선수 무하마드 알리의 퍼블리시티권의 침해가 인정된 사례로서, 피고는 복싱링 코너에 앉아 있는 흑인권투선수를 묘사한 그림에 'The Greatest'(알리의 별명)라는 설명을 붙여 자신이 발행하는 잡지에 게재하였다.
111) 서울중앙지방법원 2007. 1. 19. 선고 2006가단250396 판결(SBS TV의 코미디 프로인 '웃찾사'에서 '따라와' 코너를 맡아 연기를 해 온 개그맨의 캐릭터를 모방한 사례).
112) Allen v. National Video, Inc., 610 F.Supp. 612(S.D.N.Y. 1985).
113) Allen 사건에서 피고가 제작한 광고는 원고인 우디 알렌과 매후 흡사한 인물을 등장시켜 원고가 항상 쓰고 다니는 두꺼운 검정 뿔테안경을 쓰고 원고가 자주 짓는 나른한 표정으로 팔을 괸 상태로 피고의

3. 역할모방

예를 들어 어떤 배우가 특정한 역할이나 배역을 단골로 함으로써 그 배역이 곧 그 배우를 연상하여 인식할 수 있을 정도가 되었다면, 그 배역이나 역할을 묘사, 또는 모방함으로써 그 배우의 퍼블리시티권을 침해하는 결과가 생길 수 있다. 이 경우에는 과연 그 역할이 특정한 배우와 동일시 될 수 있는 정도에까지 이르렀느냐의 여부를 판단하는 것이 가장 중요한 문제이다. Lugosi 사건[114]에서 캘리포니아 주 대법원은 드라큘라 시리즈 영화에서 드라큘라 백작의 역할을 맡은 바 있는 원고의 드라큘라 연기를 모방한 것이 원고에 대한 퍼블리시티권 침해가 아니라고 판시하였다.

역할모방에 의하여 퍼블리시티권 침해가 인정된 대표적 사례로는 Vanna White 사건과 Motschenbacher 사건이 있다.

Vanna White v. Samsung Electronics America, Inc.[115] 판결은 우리나라 삼성전자 주식회사의 미국 현지법인이 피고로 된 사건에 대한 것이다. 원고 Vanna White는 미국에서 가장 오래되고 인기있는 퀴즈 프로그램의 하나인 'Wheel of Fortune'의 보조진행자로서 출연자들이 문제로 출제된 단어의 철자를 맞출 때마다 게임판의 정답을 하나하나 뒤집어 주거나 상품을 소개하는 역할을 하고 있다. 피고 삼성전자는 자사 제품인 비디오카세트 레코더(VCR)를 선전하는 광고를 제작하면서 이 퀴즈 프로그램을 소재로 하였는데, 광고 내용은 원고처럼 금발머리를 한 로봇이 게임판 앞에 원고가 그 퀴즈 프로그램에서 항상 취하는 포즈대로 서 있으면서 피고의 VCR을 소개하는 것으로, 그 광고 중에 "서기 2012년, 가장 오래된 퀴즈 프로그램"이라는 자막을 내 보냄으로써 보는 사람으로 하여금 20년 후인 2012년이 되어도 피고의 전자제품은 여전히 사용되고 있을 것이라는 메시지를 주기 위한 의도로 제작되었다.

법원은 이 사건에서 피고의 광고에 등장한 로봇이 원고의 외모를 그대로 묘사 또는 모방한 것이 아니라는 점은 인정하면서도, 퍼블리시티권은 반드시 특정인물의 이름이나 외모 등을 사용함으로써만 침해되는 것이 아니라 동일성을 인정할 수 있을 정도로 그 인물의 특정한 배역이나 역할을 묘사, 모방함으로써도 침해될 수 있는 것이라고 판시하여 원고청구를

고객카드를 들고 있으며, 그 옆 카운터에는 원고가 출연한 작품의 비디오테이프가 놓여 있는 사진을 사용한 것이었다.

114) Lugosi v. Universal Pictures, 25 Cal. 3d 813, 603 P.2d 425, 160 Cal. Rptr. 323, 205 U.S.P.Q. 1090(1979).

115) 971 F.2d 1395(9th Cir. 1992), petition for rehearing and rehearing en banc denied, 989 F.2d 1512 (9th Cir.), cert. denied, 113 S.Ct. 2443(1993).

인용하면서 403,000달러의 손해배상을 명하였다.

Motschenbacher v. R.J. Reynolds Tobacco Co.[116] 판결은, 담배제조회사인 피고가 자기 회사 상품인 윈스톤 담배의 텔레비전 광고에 유명한 자동차경주 선수인 원고가 애용하는 경주용 자동차의 사진을 원고 허락 없이 사용한 사안에 관한 것이다. 비록 피고가 사용한 사진에 나타난 원고의 경주용 자동차는 먼 거리에서 촬영된 것으로 운전자인 원고의 모습은 보이지 않으며 피고가 그 광고에 원고의 이름을 사용하지도 아니하였지만 법원은, 위 광고를 보는 사람들이 그 경주용 자동차에 당연히 원고가 승차하고 있을 것이라는 추론을 하기에 충분하고 따라서 원고가 피고의 담배제품을 광고하고 있다는 연상을 일으킬 여지가 있으므로 퍼블리시티권의 침해가 있다고 판시하였다.

Vanna White 사건의 판결은 퍼블리시티권을 지나치게 넓게 인정했다고 해서 미국에서조차 강한 비판을 받았다. 특히 이 사건에서는 일반 대중이 원고의 역할을 대신한 로봇을 로봇 그 자체로 인식하지 원고 자신으로 인식하지는 않는다는 점이 간과되었다. 즉 퍼블리시티권 침해의 요건인 지칭(identify)이 없는 것이다. Motschenbacher 사건에서 침해자는 사진에 나타난 경주용 자동차의 번호를 일부러 변조함으로써 운전자가 누구인지를 잘 식별할 수 없도록 하는 등 침해의 책임을 회피하고자 하였지만 일반 대중은 자동차의 독특한 장식을 보고 유명한 선수였던 원고가 피고의 광고에 출연한 것이라고 생각할 것이고, 그 때문에 지칭(identify) 또는 소비자의 혼동가능성이 있었던 것이다. 이에 반하여 일반 대중이 Vanna White 광고에서 로봇을 원고인 White로 인식한다거나 혼동할 가능성은 없고, 이 광고는 21세기가 도래하면 원고와 같은 보조진행자는 로봇으로 대체될 것이라는 피고가 의도적으로 설정한 상황을 일반 대중이 충분히 합리적으로 추론해 낼 수 있었던 것이다. 즉 광고에서 나타난 아이덴티티는 원고의 아이덴티티가 아니었고, 합리적인 소비자라면 그 광고에 출연한 로봇이 원고를 지칭하는 것이 아님을 알 수 있었다고 보아야 한다. 일반 대중은 20년 후 미래에는 원고가 지금 맡고 있는 역할을 로봇이 대행하고 있다고 생각할 것이기 때문이다.[117]

4. 음성묘사

Midler v. Ford Motor Co.[118] 사건의 원고 Bette Midler는 1970년대에 그녀의 노래 앨범이 백만 장 이상 팔린 유명한 가수이자 아카데미상을 수상한 여배우이다. 피고 Ford 자

---

116) 498 F.2d 821(9th Cir. 1974).
117) 정재훈, 퍼블리시티권의 제한, 창작과 권리, 1998년 봄, 110면.
118) 849 F.2d 460, 7 U.S.P.Q. 2d 1398(9th Cir. 1988).

동차 회사는 자사 제품인 링컨 머큐리 자동차 광고를 제작하면서, 중년 고객들의 관심을 불러일으키기 위하여 1970년대에 유행한 노래 19곡을 선정하여 배경음악으로 사용하고자 하였다. 그러나 1973년도에 가장 유행하였던 노래를 부른 원고가 자신의 노래 사용을 허락하지 아니하자 피고는 원고와 유사한 목소리를 가진 가수로 하여금 원고의 노래를 부르게 하여 그것을 광고의 배경음악으로 사용하였다. 법원은 널리 알려진 유명 가수의 특색있는 목소리를 상품 광고를 위하여 허락 없이 흉내 내어 사용하였다면 퍼블리시티권의 침해가 된다고 판시하였다.

5. 실연자의 복제권과의 구별

실연자는 그의 실연을 복제할 권리를 가진다(저작권법 제69조). 따라서 실연자의 실연을 그대로 모방하거나 묘사하는 것이 실연자의 복제권을 침해하는 것인지 의문이 있을 수 있다. 그러나 실연자의 복제권은 그 실연 자체를 복제하는 경우에 미치는 권리이다. 즉, 실연자의 복제권을 침해하기 위해서는 실연 그 자체를 사진촬영, 녹음, 녹화 등으로 복제하는 경우라야 하고 성대묘사나 모창, 흉내 등의 경우는 실연의 복제에 해당하지 않는다. 또한 실연자에게는 저작자가 가지는 2차적저작물작성권과 같은 권리가 없으므로 실연자의 실연과 실질적으로 유사한 실연을 한다고 하더라도 이를 규제할 수단은 없다. 그러나 퍼블리시티권은 실연을 복제하는지 여부가 아니라 특정 실연자의 아이덴티티에 대한 묘사나 모방 등을 통하여 그 특정 실연자를 연상시키는지 여부를 중심으로 판단하는 것이므로, 묘사나 모방 등의 경우에도 그것이 광고와 같은 상업적 이용일 경우에는 침해가 될 수 있다.

Ⅲ. 침해의 요건과 유형

1. 침해의 요건 – identity와 identify

퍼블리시티권은 특정인의 용모, 성명, 음성, 동작 등 '총체적인 인성(人性)'(개인의 동일성, personal identity)에 대한 경제적 권리이다. 따라서 퍼블리시티권의 침해가 성립하기 위해서는 그 특정인의 '동일성'(identity)이 허락 없이 사용될 것이 요구된다. 그리고 그러한 동일성의 사용으로 인하여 그것이 그 특정인을 '지칭'(identify)하고 있다는 것을 일반 대중이 인식할 수 있어야 한다. 특히 이름의 경우에 있어서는 동명이인이 많이 존재하므로 자신의 이름이 무단사용됨으로써 퍼블리시티권이 침해되었다고 주장하는 사람은 그 사용된 이름이 바로 자신을 지칭(identify)하고 있다는 사실을 입증하여야 한다.

예를 들어, 최진실이라는 배우의 이름을 무단사용하여 '최진실 요리백과' 또는 '진실이의 요리백과' 라는 제명의 책을 출판·판매하였을 때, 배우 최진실이 퍼블리시티권 침해를 주장하기 위해서는 책 제명에 나타난 이름이 바로 자신의 이름을 도용한 것으로서 자신을 지칭하고 있다는 사실을 입증하여야 한다. 따라서 최진실과 동명이인인 일반인이 있다 하여도 그 사람은 이 책에 대하여 퍼블리시티권을 주장하기 곤란할 것이다. 그 책의 제명이 바로 자신을 지칭하고 있다는 것을 입증하기 어려울 것이기 때문이다.[119] 만약 요리책 표지에 배우 최진실을 유명하게 만든 광고멘트인 "남자는 여자하기 나름이에요"라는 문구가 기재되어 있다면 배우 최진실로서는 훨씬 더 자신에 대한 '지칭'(identify)을 입증하기 쉬울 것이다.

퍼블리시티권 침해가 문제로 되는 상당수의 사건에서 '동일성'의 요건보다는 '지칭'의 요건의 충족 여부가 쟁점으로 된다. 타인의 성명 또는 초상을 무단으로 이용하고자 하는 자는 한편으로는 그 타인의 동일성(identity)을 이용하여 그것이 가지고 있는 고객흡인력에 편승하고자 의도하면서도, 다른 한편으로는 그것이 바로 그 타인을 '지칭'하는 것은 아니라는 점을 부각시켜 침해의 책임으로부터 회피해 보고자 하기 때문이다. 예를 들어, 빙과제품의 명칭으로 유명 야구선수인 박찬호 선수의 성명을 영어식으로 변용한 '찬호박'이라는 표장을 붙이면서, 그 표장이 박찬호 선수를 지칭하는 것이 아니라 그 빙과제품이 차가운 호박의 맛이 나는 제품이라는 점을 설명하기 위한 것이라고 주장하는 경우를 들 수 있다.

2. 퍼블리시티권의 침해유형

가. 광   고

퍼블리시티권 침해의 가장 전형적인 모습이다. 허락 없이 타인의 성명 또는 초상을 광고에 이용한 사실 자체만으로 퍼블리시티권 침해가 인정되며, 본인이 그 제품을 보증하거나 추천하는 것이라고 소비자들이 믿게 될 정도에 이를 것을 요하는 것은 아니다. 미국에서는 타인의 성명, 초상 등을 뉴스나 논평, 픽션 또는 논픽션에 사용하는 것은 퍼블리시티권 침해에 해당하지 않는다고 보는 논리의 연장선상에서 그 뉴스가 실린 잡지 또는 유명인사의 전기 등을 광고함에 있어 그의 성명, 초상을 사용하는 것도 퍼블리시티권의 침해에 해당하

---

119) 후커(Hooker)라는 이름을 가진 한 목수가 TV 연속방송물인 '후커와 로마노'에서 경찰관으로 나오는 후커(Hooker)가 자신의 퍼블리시티권을 침해한 것이라고 주장한 사례가 있었다. 이 사례에서 미국 법원은 identify의 입증이 없다는 이유로 원고의 청구를 기각하였다—T. J. Hooker v. Columbia Pictures Indus., Inc., 551 F. Supp. 1060(N.D. Ill. 1982).

지 않는다고 보고 있다.[120]

나. 상품에의 사용

허락 없이 타인의 이름이나 모습이 새겨진 상품, 예컨대 포스터, 달력, 티셔츠, 단추, 목걸이 등 기념품을 판매하는 것도 전형적인 퍼블리시티권의 침해사례에 해당한다. 게임에 등장하는 캐릭터에 유명인의 이름을 붙이는 것도 마찬가지이다.[121] 다만, 이와 같은 상품은 유명인에 대한 존경 또는 기념의 메시지를 전하기 위한 것으로 헌법상 보장되는 표현의 자유의 범위에 속하므로 면책된다는 주장이 있을 수 있다.[122]

다. 보도·연예오락·창작품에의 사용

퍼블리시티권도 헌법이 보장하는 언론의 자유에 의하여 제약을 받게 된다. 따라서 신문, 잡지, 방송 등의 보도를 위하여 필요한 범위 내에서 타인의 성명, 초상 등을 사용하는 것은 비록 언론사가 공영기관이 아니고 영리목적으로 보도를 하는 것이라도 퍼블리시티권 침해에 해당하지 않는다.[123]

그런데, 보도가 아니라 유명인의 전기를 쓰거나 그 일생을 영화화하는 등의 경우에도 본인의 허락에 관계없이 그 성명, 초상을 사용하는 것이 가능한지에 관하여 논란이 있다. 미국에서는, 언론의 자유는 연예오락, 픽션, 논픽션을 포함한 창작품에까지 미치므로 본인의 허락 없이 전기를 쓰거나 소설화, 영화화, 연극화하여 타인의 성명, 초상을 사용하더라도 퍼블리시티권 침해에 해당하지 않는다는 것이 통설이다.[124] 우리나라에서도 소설이나 영화 등의 창작품에 타인의 성명, 초상 등을 사용하는 것은 일반적으로 퍼블리시티권 침해가 아니라고 본다. 이러한 경우는 언론 및 표현의 자유를 보장하기 위하여 퍼블리시티권의 제한이 요구되는 분야이기도 하여서, 그 범위 내에서 퍼블리시티권이 제한되는 것을 수인하여야 할 것이다. 따라서 언론보도와 같이 특히 언론의 자유가 보장되어야 하는 분야는 물론이고, 소설이나 영화, 연극, 만화, 논픽션 저작물(전기, 평전, 다큐멘터리 등) 등도 표현의 자유라고 하

---

120) 상계논문, 119면.
121) 서울중앙지방법원 2006. 4. 19. 선고 2005가합80450 판결-'한국프로야구 2005'라는 게임물에 이종범 등 유명 프로야구선수들의 이름을 사용한 것은 그 선수들의 퍼블리시티권을 침해한 것이라고 판결하였다.
122) 한위수, 전게논문, 120면 참조.
123) 이때 퍼블리시티권의 침해가 되지 않기 위한 요건은 저작재산권의 제한 부분에서 본 '공표된 저작물의 인용'(저작권법 제28조), 영미법상의 '공정이용(fair use) 항변', 또는 '패러디(parody) 항변' 등의 요건과 유사하다. 따라서 공정한 관행에 합치되고 정당한 범위 내에 있는 이용인가 여부를 우선적으로 살펴야 할 것이다.
124) 한위수, 전게논문, 121면.

는 헌법적 가치가 우선하는 영역이므로 마찬가지로 보아야 할 것이다.[125]

이러한 취지의 하급심 판례로서 서울고등법원 1998. 9. 29.자 98라35 결정('박찬호 선수' 사건)이 있다. 이 결정은, "메이저리그와 정복자 박찬호"라는 제호로 유명 프로야구선수인 박찬호 선수의 평전적 성격의 서적을 출판하면서 그의 야구하는 장면 등을 촬영한 사진들을 게재하는 한편, 별책부록으로 박찬호 선수의 브로마이드를 제작하여 판매한 사례에서 브로마이드에 대하여는 퍼블리시티권의 침해를 인정하였지만, 서적에 성명과 초상을 사용한 것에 대하여는 침해를 부정하였다.[126]

라. 그 밖의 이용행위

상품에의 이용행위 외에 건물 등에 타인의 이름을 붙이는 행위도 퍼블리시티권 침해에 해당할 수 있다. 반면, 국가 또는 공공기관에서 저명인의 업적을 기리기 위하여 도로나 학교, 체육관 등 건물에 그 이름을 붙이는 것은 상업적 이용이라고 보기 어려우므로 퍼블리시티권 침해에 해당하지 아니함은 물론, 공익목적 등에 의하여 위법성이 조각되어 인격권으로서의 성명권 침해에도 해당하지 않는다는 해석이 있다. 그러나 이러한 경우 그 목적이나 의도를 가려서 허용여부를 따진다는 것이 애매하므로 본인이나 유족에게 모든 명명에 대하여 이의권(異議權)을 주는 것이 바람직하다는 반론도 있다.[127]

---

125) 이해완, 전게서, 723면.
126) 이 사건의 피신청인은 개인적으로 수집·정리한 자료와 일간지인 스포츠서울에 수회에 걸쳐 자서전 혹은 기자의 편집형식으로 연재된 신청인의 야구선수로서의 성장과정과 활약상에 관한 기사 등을 엮어 "메이저리그와 정복자 박찬호"라는 제호의 320여 쪽에 이르는 평전적 성격의 서적을 저술하고, 그 서적의 특별부록으로 앞면에는 신청인의 투구모습을, 뒷면에는 신청인의 런닝 모습을 천연색으로 인쇄한 가로 약 53cm, 세로 약 78cm인 포스터형식의 브로마이드를 제작하였다. 이 사건에서 서울고등법원은, 첫째 서적부분에 대하여는 "이 사건 서적의 표지구성 형식과 내용, 그와 관련하여 게재된 신청인의 성명과 사진이나 이 사건 서적의 배포를 위한 광고내용을 정사하여 보아도 그 내용에 나타나는 신청인의 성명과 사진이 공적인물인 신청인이 수인하여야 할 정도를 넘어서 신청인의 성명권과 초상권을 침해하는 정도로 과다하거나 부적절하게 이용되었다고 보이지 아니하고, 또한 신청인이 유명야구선수로서 그 성명과 초상을 재산권으로 이용할 수 있는 권리 즉 이른바 퍼블리시티권을 침해하는 것으로 볼 수 있을 정도로 신청인의 성명과 초상 그 자체가 독립적·영리적으로 이용되었다고 보이지 않는다"고 하여 퍼블피시권의 침해를 부정하였다. 그러나 브로마이드 부분에 대하여는, "신청인의 대형사진이 게재된 이 사건 브로마이드는 신청인에 대한 평전이라 할 수 있는 이 사건 서적의 내용으로 필요불가결한 부분이라 할 수 없을 뿐만 아니라 이 사건 서적과 분리되어 별책 부록으로 제작된 것으로서 그 자체만으로도 상업적으로 이용될 염려가 적지 않고, 그와 같이 상업적으로 이용될 경우에 신청인의 초상권 또는 퍼블리시티권이 침해될 것으로 보인다"고 하였다.
127) 한위수, 전게논문, 122면.

Ⅳ. 최근의 경향

그동안 우리나라 판례는 하급심 판결이기는 하지만 퍼블리시티권을 인정하는 것이 대세인 것처럼 보였다. 그런데 최근에 와서 다시 퍼블리시티권을 부정하는 하급심 판결이 늘고 있어 주의를 요한다. 수원지방법원 성남지원 2014. 1. 22. 선고 2013가합201390 판결은, "퍼블리시티권이라는 새로운 권리 개념을 인정할 필요성은 충분히 수긍할 수 있으나, 민법 제185조는 '물권은 법률 또는 관습법에 의하는 외에는 임의로 창설하지 못한다'고 규정하여 이른바 물권법정주의를 선언하고 있고, 물권법의 강행법규성은 이를 중핵으로 하고 있으므로, 법률(성문법과 관습법)이 인정하지 않는 새로운 종류의 물권을 창설하는 것은 허용되지 아니한다. 그런데 재산권으로서의 퍼블리시티권은 성문법과 관습법 어디에도 그 근거가 없다. 따라서 이러한 법률, 조약 등 실정법이나 확립된 관습법 등의 근거 없이 그 필요성이 있다는 사정만으로 물권과 유사한 독점배타적 재산권인 퍼블리시티권을 인정하기는 어렵다고 할 것이고, 퍼블리시티권의 성립요건, 양도·상속성, 보호대상과 존속기간, 침해가 있는 경우의 구제수단 등을 구체적으로 규정하는 법률적인 근거가 마련되어야만 비로소 원고들이 주장하는 바와 같은 퍼블리시티권을 인정할 수 있다"고 판시하고 있다.[128)]

현재 퍼블리시티권을 인정하는 법률안이 국회에 제출되어 있다고 하는데, 그에 따른 입법이 이루어진다면 이 문제가 해결을 보게 되겠지만, 그 법률안 자체에 대하여도 반대론이 강한 상황이다. 인격권과 재산권을 엄격하게 분리하여 취급하고 있는 대륙법계 체계를 취하는 우리나라의 입장에서 인격적 요소와 강하게 결합되어 있는 초상 등에 관한 권리를 재산적 권리인 퍼블리시티권으로 새롭게 설정하는 것은 민사법 전체 체계에서 신중하게 검토해 보아야 할 문제이다.

---

128) 이 판결에서는, 원고들이 인격권인 초상권 침해에 기하여 위자료를 청구한 예비적 주장에 대하여, "인격적 법익에 관한 일반이론은 그 주체가 배우, 가수, 프로스포츠 선수인 경우에는 다소의 수정을 필요로 한다고 할 것이다. 배우 등의 직업을 선택한 사람은 본래 자기의 성명과 초상이 대중 앞에 공개되는 것을 포괄적으로 허락한 것이어서 그 인격적 보호는 대폭적으로 제한된다고 해석할 수 있는 여지가 있기 때문이다. 그러므로 배우 등이 자기의 성명과 초상을 권한 없이 사용한 것에 의해 정신적 고통을 입었다는 점을 이유로 손해배상을 청구하기 위해서는 그 사용의 방법, 태양, 목적 등에 비추어 그 배우 등의 평가, 명성, 인상 등을 훼손하거나 저하시키는 경우, 그 밖에 자기의 성명과 초상이 상품선전 등에 이용됨으로써 정신적 고통을 입었다고 인정될 만한 특별한 사정이 존재하여야 한다"고 한 후, 원고들과 같은 연예인들은 통상 자기의 성명이 널리 일반 대중에게 공개되는 것을 희망 또는 의욕하고 있다는 점에서 원고의 성명이나 초상 등을 사용한 키워드 광고 검색이 원고들의 평가, 명성, 인상 등을 훼손 또는 저하시킨다고 볼 수는 없다는 점 등을 들어 위자료 청구를 배척하였다.

V. 퍼블리시티권을 긍정할 경우의 권리관계

1. 퍼블리시티권의 양도성과 상속성

가. 퍼블리시티권의 양도성

(1) 양도성 긍정설

퍼블리시티권의 재산권적 성질을 강조하는 입장에서는 다른 재산권과 마찬가지로 퍼블리시티권도 양도할 수 있고, 양도성이 인정될 때에만 퍼블리시티권이 제대로 보호된다고 한다. 또한 인격권으로서의 프라이버시권 또는 성명권, 초상권과 구별되는 퍼블리시티권의 개념이 형성된 것도 양도성을 인정할 필요에서 나온 것이라고 주장한다.[129] 이 견해에 의하면 퍼블리시티권의 양도성을 인정하더라도 명예훼손적인 이용에 대하여는 프라이버시권으로 통제할 수 있으므로 본인의 통제권을 완전히 상실케 하는 것은 아니므로, 양도부정설이 주장하는 바와 같은 인격적 이익 침해에 대한 우려는 거의 없을 것이라고 한다.

(2) 양도성 부정설

한편 양도성을 부정하는 학설은, 퍼블리시티권의 재산권적 성질을 인정하더라도 퍼블리시티권은 프라이버시권과 함께 본인의 인격으로부터 파생하는 권리로서 본인과 불가분 일체를 이루는 것이므로, 통상의 재산권과는 달리 제3자에게 양도할 수 없다고 주장한다.[130] 설사 퍼블리시티권의 재산권적 성질을 인정하더라도 퍼블리시티권은 프라이버시권과 함께 본인의 인격으로부터 파생되는 권리로서 본인과 불가분의 일체를 이루는 것이므로, 통상의 재산권과는 달리 제3자에게 양도할 수 없다는 것이다.[131]

(3) 소 결

생각하건대 퍼블리시티권을 재산권적 권리로 이해한다고 하더라도 양도성을 인정하는 것에는 현행법상 무리가 있는 것 같다. 성문법적인 근거가 없는 이상 퍼블리시티권을 인정하기 위해서는 인격권적인 측면에 기초하지 않을 수 없기 때문이다. 또한 퍼블리시티권은 인격권을 표상하고 있는 성명이나 초상 등에 의하여 발현되는 권리라는 점에서 인격권과 마찬가지로 그에 대한 사용을 초상이나 성명의 본인인 인격주체가 통제할 수 있는 수단이

---

129) 유대종, Publicity권에 관한 고찰, 경희대학교 석사학위 논문, 1999, 47-49면 참조.
130) 한위수, 전게논문, 115면(본 논문은 기본적으로 양도성을 부정하는 입장이다).
131) 한위수, 전게논문, 113면; 정희섭, 퍼블리시티(Publicity)권에 관한 고찰 - 개념과 법적 성격을 중심으로, 동아대학교 대학원 논문집 25호, 2000, 75면.

있어야 한다. 그런데 퍼블리시티권의 양도성을 긍정할 경우 양도인은 그러한 통제수단을 잃게 되어 불합리한 점이 있고, 이는 선량한 풍속이나 기타 사회질서에 위배될 소지도 있다.132) 굳이 퍼블리시티권의 양도성을 인정하지 않더라도 이용허락, 특히 독점적 이용허락을 통하여 그 재산권적 이익을 보호할 수 있으며, 퍼블리시티권을 인정하는 입법을 하더라도 양도성을 인정하기보다는 퍼블리시티권에 대한 배타적 이용권 설정 등과 같은 제도를 도입함으로써 준물권적·배타적 권리로서의 지위를 부여할 수 있을 것이다.

나. 퍼블리시티권의 상속성(사후존속 가능성)

(1) 학 설

사람이 사망하면 그의 퍼블리시티권이 소멸할 것인가, 아니면 상속인에게 상속될 것인가, 상속된다면 그 존속기간은 언제까지인가에 대하여 견해의 대립이 있으며, 이 부분은 결론 여하에 따라 파급효과가 매우 클 것이기 때문에 퍼블리시티권과 관련하여 가장 핵심적인 논쟁이 되고 있다. 하급심판결 중에는 상속성을 인정하지 않음으로써 소 제기 약 39년 전에 사망한 미국의 영화배우 제임스 딘에 대한 퍼블리시티권을 부정한 사례가 있는가 하면,133) 상속성을 인정하되 저작권법을 유추적용하여 사후 50년 동안만 존속한다고 한 사례도 있다.134)

상속성 부정설은, 상속성을 인정하게 되면 존속기간을 한정하기 어렵다는 점, 그렇다고 영원히 권리가 존속한다고 하면 다른 지적재산권과 비교하여 과잉보호가 되며 현실적으로도 문제가 많아 불합리하다는 점, 언론 및 표현의 자유와 충돌할 가능성이 높아진다는 점 등을 문제로 지적하고 있다. 퍼블리시티권은 프라이버시권과 함께 본인의 인격으로부터 파생하는 권리로서 본인의 인격과 불가분 일체를 이루는 것이므로 통상의 재산권과는 달리 본인의 사망으로 소멸한다고 보아야 하며, 이는 연금청구권 역시 재산권이지만 상속되지 않는 권리인 것과 마찬가지라고 한다.135)

반면에 상속성 긍정설은, 퍼블리시티권의 인격권적인 성격에 중점을 두어 상속성을 부인하게 되면 저명인의 사망 직후 그의 이름이나 초상 등이 아무런 통제도 받지 않고 광고 등

---

132) 송영식 외 6인, 지적소유권법, 육법사(하), 2008, 586면.
133) 서울지방법원 1997. 11. 21. 선고 97가합5560 판결.
134) 서울동부지방법원 2006. 12. 21. 선고 2006가합6780 판결. 소설가 이효석의 초상 등을 문화상품권 표지에 게재한 사건으로서, 퍼블리시티권은 독립적인 권리로 인정될 수 있고 상속성도 있다고 할 것이지만, 그 존속기간은 저작권법의 보호기간을 유추적용하여 해당자의 사후 50년까지 존속하는 것으로 봄이 상당한데, 이 사건 해당자인 이효석은 사망한 지 62년이 경과하였으므로 퍼블리시티권이 소멸되었다고 판결하였다.
135) 박재영, 퍼블리시티권에 관한 연구, 고려대학교 대학원 석사학위 논문, 1998, 45면; 한위수, 전게논문, 116면 참조.

에 이용될 우려가 있어 사망자의 명예나 유족의 보호에 미흡하게 된다는 점을 지적한다.[136]

(2) 소 결

퍼블리시티권의 상속성 및 사후존속성에 대하여 이론적으로는 긍정하는 견해와 부정하는 견해 어느 쪽에도 각각 타당한 근거가 있어 쉽게 결론을 내리기 어렵다. 다만 현실적인 면을 고려할 때 상속성을 인정하지 않을 경우 유명인의 사망 직후에는 누구라도 그의 초상이나 성명을 영업적으로 이용할 수 있게 되는데, 그러한 무분별한 이용에 대하여 유족들이 아무런 통제권을 행사할 수 없다고 하는 것은 불합리하며,[137] 생전에 그 유명인으로부터 사용허락을 받아 그의 초상이나 성명을 이용하고 있던 기존 사업자들의 이익을 보호하기 어렵다는 점을 고려하면, 퍼블리시티권의 상속성 또는 사후존속성을 인정하는 것이 타당하다고 본다.

다만, 상속성을 인정하더라도 사후 언제까지 그 존속을 인정할 것인지가 문제인데, 이에 대하여는 다양한 견해가 있다. 저작권과 마찬가지로 사후 50년 또는 70년으로 보는 것이 타당하다는 견해가 있으며,[138] 그 기간이 불필요하게 너무 길다고 하면서 5년, 10년, 20년, 30년 등을 주장하는 견해들도 있다고 한다.[139] 퍼블리시티권이 사후 영구히 존속한다고 하는 것은 명백히 불합리하므로 그 존속기간에는 일정한 제한이 있어야 될 것이다. 퍼블리시티권을 인정할 경우 이 부분은 입법적으로 해결되어야 할 문제이다.

2. 퍼블리시티권의 침해에 대한 구제

퍼블리시티권 긍정설에서는 퍼블리시티권이 침해된 경우 일반적인 불법행위의 경우와 마찬가지로 손해배상(민법 제750조)나 부당이득반환청구(민법 제741조), 신용회복에 적당한 처분(민법 제764조)을 구할 수 있고, 저작권법 제123조의 규정을 유추하여 금지청구도 인정된다고 본다. 퍼블리시티권을 침해하는 내용의 광고가 언론매체에 실린 경우에 그 언론매체를

---

136) 한위수, 전게논문, 115면 참조.

137) 사망에 따라 인격권인 프라이버시권 역시 소멸하므로 프라이버시권에 의한 통제도 불가능하며, 또한 상업적인 이용을 명예훼손적인 이용이라고 할 수도 없으므로 사자(死者)에 대한 명예훼손 등을 이유로 한 통제도 어렵다.

138) 송영식 외 6인, 전게서, 588면(다만, 결국에는 입법적으로 해결할 문제라고 한다); 앞에서 본 서울동부지방법원 2006. 12. 21. 선고 2006가합6780 판결('이효석 초상' 사건)이 이러한 입장에 서 있다. 다만, 현행 저작권법은 저작재산권의 보호기간이 사후 70년으로 연장되었는바, 그에 따라 퍼블리시티권의 사후존속기간도 70년으로 연장되어야 할 것인지에 대하여는 아직 특별한 의견이 없다.

139) 이해완, 전게서, 720면.

상대로 반론보도청구를 할 수 있는가에 관하여는 이를 부정하는 판례가 있다. 서울민사지방법원 1992. 9. 15.자 92카키474 결정은, "광고의 게재로 인하여 피해를 받은 자는 광고주 또는 언론기관을 상대로 민·형사상의 구체수단을 강구하는 것은 별론으로 하고, 광고자체를 정정보도청구의 대상으로 삼을 수는 없다"고 하였다.

퍼블리시티권 침해에 대한 구제로서 금지청구를 인정할 것인지 여부도 중요한 쟁점이 되고 있다. 일반적으로 인격권 침해에 대하여는 금지청구권이 인정되지만, 재산적 권리의 침해에 대하여는 저작권법이나 특허법과 같이 특별히 금지청구권이 법에 규정되어 있는 경우를 제외하고는 금지청구권이 인정되지 않고 손해배상 등 금전적 청구만이 인정되는 것이 보통이다. 따라서 퍼블리시티권을 인격권과 분리된 재산적 권리로서 인정하는 이상 그 침해에 대하여 금지청구권을 인정하기는 쉽지 않다. 그래서 하급심 판결 중에는 성명이나 초상의 상업적 이용에 대하여 금지청구를 인정하면서도 그 근거를 퍼블리티시권 침해가 아니라 인격권 침해에서 구한 사례도 있다. 서울중앙지방법원 2006. 4. 19. 선고 2005가합80450 판결은, 유명 프로야구 선수들의 허락을 받지 아니하고 그 성명을 사용한 게임물을 제작하여 상업적으로 이동통신회사에 제공한 것이 그 프로야구 선수들의 성명권 및 퍼블리시티권을 침해한 것으로 불법행위에 해당한다고 한 사례인데, 금지청구와 관련하여서는 해당 프로야구 선수들의 인격권으로서의 성명권이 침해되었다고 보아 게임물에 프로야구 선수들의 성명을 사용하거나 이를 사용한 게임물을 제작, 공급 및 판매하여서는 아니 된다는 금지청구를 인용하였다.[140]

학설로서는 퍼블리시티권은 지적재산권과 유사한 성격을 가지고 있어서 저작권법의 규정을 유추적용할 수 있다는 점, 퍼블리시티권이 재산권이기는 하지만 물권과 유사한 배타적

---

[140] 이 판결은 퍼블리시티권 침해에 대한 구제조치로서 먼저 손해배상 중 재산적 손해에 대하여는, 퍼블리시티권 침해행위로 인한 재산상 손해는 퍼블리시티권자의 승낙을 받아서 그의 성명을 사용할 경우에 지급하여야 할 대가 상당액이고, 퍼블리시티권자가 자신의 성명에 관하여 사용계약을 체결하거나 사용료를 받은 적이 전혀 없는 경우라면 일응 그 업계에서 일반화되어 있는 사용료를 손해액 산정의 한 기준으로 삼을 수 있다고 하였다. 그러나 인격권 침해와 관련한 위자료 청구에 대하여는, 프로스포츠 선수들은 경기중계, 인터뷰, 광고 등을 통한 대중과의 접촉을 직업으로 하는 사람들로서 통상 자기의 성명 등이 일반대중에게 공개되는 것을 희망 또는 의욕하는 직업적 특성에 비추어 볼 때, 자신들의 성명이 허락 없이 사용되었다고 하더라도 그 사용의 방법, 목적 등으로 보아 운동선수로서의 평가, 명성, 인상 등을 훼손 또는 저해하는 경우 등의 특별한 사정이 없는 한 그로 인하여 정신적 고통을 받았다고 보기는 어렵고, 유명 운동선수들의 성명 등을 상업적으로 이용할 수 있는 권리는 재산권으로서 보호대상이 된다고 할 것이므로 타인의 불법행위로 말미암아 그 성명 등을 이용할 수 있는 권리가 침해된 경우에는 특별한 사정이 없는 한 재산적 손해의 배상에 의하여 정신적 고통도 회복된다고 보아야 할 것이므로 피고들이 휴대전화용 야구게임물을 제작함에 있어 프로야구 선수들의 성명을 허락 없이 사용하였다고 하더라도 이로 인하여 그 프로야구 선수들이 운동선수로서의 평가, 명성, 인상 등이 훼손 또는 저해되어 정신적 고통을 받았다고 보이지 않는다고 하여 책임을 부정하였다.

권리이고, 무단이용의 객체는 성명이나 초상 등 인격권과 관계된 것이며, 현재 침해가 일어나고 있는데 그 금지를 청구할 수 없다면 가장 효과적인 구제수단의 하나를 빼앗는 결과가 된다는 점 등의 이유로 금지청구권을 긍정하는 견해가 유력하고,[141] 이러한 긍정설이 다수설인 것으로 보인다.

Ⅵ. 퍼블리시티권의 한계

1. 언론·출판의 자유에 의한 제한

퍼블리시티권의 한계와 관련하여 가장 문제로 되는 부분은 언론·출판의 자유에 의한 제한여부이다. 퍼블리시티권도 헌법이 보장하는 언론의 자유에 의하여 제약을 받게 되는 것은 당연하다. 따라서 신문·잡지·방송 등에서 보도를 위하여 필요한 범위 내에서 타인의 성명이나 초상, 사진 등을 사용하는 것은 비록 언론사가 공영기관이 아니고 영리목적으로 보도를 하는 경우라 하더라도 퍼블리시티권 침해에는 해당하지 않을 가능성이 크다.[142]

보도(報道)가 아니라 특정인의 일생을 그린 전기(傳記)를 쓰거나 그 일생을 영화화하는 등의 경우에도 본인의 허락에 관계없이 그 성명·초상·사진 등을 사용할 수 있는 것인가? 미국에서는 언론의 자유는 연예오락·픽션·논픽션을 포함한 창작품에까지 미치므로 본인의 허락 없이 전기를 쓰거나 소설화·영화화·연극화하면서 타인의 성명·초상·사진 등을 사용하더라도 퍼블리시티권 침해에는 해당하지 않는다고 보는 것이 통설이다.[143]

우리나라 법원도 소설 '무궁화꽃이 피었습니다' 사건에서 "문학작품에서 … 성명, 사진 등을 사용하였다고 하더라도 이를 상업적으로 이용했다고 볼 수는 없다"고 하였고, '김우중, 신화는 없다' 표지 및 광고에 사진과 성명을 게재한 사건에서도, "뛰어난 기업인으로 … 공적인물이 되었다고 볼 수 있는 경우 … 자신의 사진, 성명, 가족들의 생활상이 공표되는 것

---

141) 한위수, 전게논문, 573-574면; 오승종·이해완, 전게서, 446면; 송영식 외 6인, 전게서, 594면. 한편, 이해완, 전게서, 726면의 입장은 다소 불분명하지만, 퍼블리시티권이 개념적으로도 인격권적 성격에서 완전히 떠나 있는 것은 아니라고 보면 퍼블리시티권 침해를 이유로 하더라도 그 속에 내포된 인격권적 속성을 감안하여 금지청구권 행사를 인정할 수 있다고 하고 있는 점에서 긍정설의 입장에 서 있는 것으로 보인다.

142) Ann-Margret v. High Society Magazine, Inc., 498 F.Supp. 401, 406-97, 208 U.S.P.Q. 428(S.D.N.Y. 1980): 이 사건에서는 피고 잡지사가 유명 연예인들의 피부관리 비법을 소개한 기사를 실으면서 원고인 가수 Ann-Margret의 사진을 게재한 것은 언론보도를 위한 표현의 자유의 한 형태로서 퍼블리시티권의 침해가 아니라고 판시하였다.

143) 한위수, 전게논문, 121면.

을 어느 정도 수인하여야 하고, 그 사람을 모델로 하여 쓰여진 평전 … 에 사진을 사용하거
나 성명을 사용하는 것 … 가족관계를 기재하는 것은 … 명예를 훼손시키는 내용이 아닌 한
허용되어야 한다"고 하였다. 또한 실존 카레이서 최종림을 소재로 한 허영만의 만화 '아스
팔트 사나이' 사건에서도 표현의 자유가 우위에 있다고 하였다. 1998년 '메이저리그와 정복
자 박찬호' 사건 역시 "공적 관심의 대상이 되는 인물, 즉 공적 인물에 대한 서술, 평가는
자유스러워야하고, 그것은 헌법이 보장하는 언론·출판 및 표현의 자유의 내용"이라고 하면
서 수인(受忍) 한도를 넘지 않았다고 판시한 바 있다.[144]

　　이를 정리하면, 유명인과 같은 공적 인물의 일생을 전기나 소설로 창작하는 것은 그의
허락 없이 가능하며, 그 경우 그 유명인의 성명이나 초상을 이용하는 것도 특별히 명예를
훼손하는 경우가 아닌 이상 가능할 것으로 본다.

2. 저작권법상 공정이용(Fair Use)의 법리에 의한 제한

　　저작권법상의 권리행사 제한규정들이 퍼블리시티권과 관련해서도 유추적용(類推適用)될
수 있을 것인가에 관해서는 다툼이 있다. 이에 대해 긍정적인 견해는 저작권과 퍼블리시티
권은 바탕이 되는 정책적인 측면에서 일정한 유사성이 있다고 본다.[145]

　　저작권 제한규정 중 퍼블리시티권의 제한원리로서 작용할 수 있는 가능성이 가장 높은
것은 저작권법 제28조 '공표된 저작물의 인용'과 제35조의3 '저작물의 공정한 이용' 규정이
다. 그러나 저작권법 제28조는 '보도·비평·교육·연구' 등을 목적으로 하는 경우에는 언제
나 저작재산권의 제한이 인정되는 것이 아니라, 일정한 요건이 갖추어진 경우에만 제한이
인정된다. 즉, 저작권법 제28조 자체에서 명문으로 규정하고 있듯이 그 인용이 '정당한 범위
안'에서 이루어져야 하고, '공정한 관행에 합치'되어야 한다.

　　이는 퍼블리시티권과 관련하여서도 동일하게 적용될 것이다. 이때 정당한 범위 내인가
아닌가 하는 것은 결국 구체적 사안에 따라 결정되어야 할 것이므로, 사회통념에 의한 판단
을 근거로 하되, 인용되는 동일성(identity)의 양과 질, 내용상의 주종의 구별, 이용의 형태,
이용의 목적 등에 따라 개별적으로 판단되어야 할 것이다. 보도나 비평, 교육, 연구 등을 위
한 목적을 벗어나 특정인의 성명 등 동일성을 사실상 '광고적'(廣告的)으로 이용하는 행위에
대하여는 저작권법 제28조를 유추적용할 수 없을 것이다.

---

144) 최진원, 하인즈 워드와 동화책-인격권·퍼블리시티권과 예술·표현의 자유, 저작권 문화, 2006. 7, 저
　　작권심의조정위원회, 29면에서 재인용.
145) 이영록, 전게논문, 69면.

제 6 절 | 영상저작물에 대한 특례

Ⅰ. 서 설

1. 영상저작물의 의의

영상저작물은 연속적인 영상(음의 수반 여부는 가리지 아니한다)이 수록된 창작물로서 그 영상을 기계 또는 전자장치에 의하여 재생하여 볼 수 있거나 보고 들을 수 있는 것이다(저작권법 제 2 조 제13호). 한편, '영상화'란 일반적으로 소설, 각본 등 기존의 저작물(원저작물)을 영상저작물의 작성에 이용하는 것을 말한다. 이용되는 저작물은 소설이나 각본 등의 어문저작물은 물론이고 미술저작물이나 음악저작물도 영상화가 가능하다고 보는 것이 통설이다.[146] 영상화에 기존의 저작물을 이용하지 않는 경우(순수한 풍경영화나 기록영화)도 있을 수 있으나 이는 예외적이다. '영상화 허락'은 원저작물을 2차적저작물인 영화로 제작할 수 있도록 허락하는 것을 말한다. 원저작물의 저작자가 자신의 저작물을 영화로 제작할 수 있도록 허락하는 형태로는 2차적저작물작성권 자체를 양도하거나 아니면 그 작성을 허락만 하는 이용허락계약을 생각해 볼 수 있다.

영상저작물은 주로 2차적저작물인 동시에 공동저작물로서 종합예술의 한 형태이며 그 제작에는 원저작자, 감독자, 촬영자, 연출자와 같은 창작적 협력자를 비롯하여 실연자, 영상제작자 등이 대거 참여하게 된다.

2. 영상저작물의 저작자

가. 서 설

영상저작물의 제작에 창작적으로 관여하는 저작자로는 영화의 원작이 되는 소설이나 만화 등의 원저작자, 영상저작물의 감독, 연출, 촬영 등을 담당하여 실제 영상저작물의 형성에 창작적으로 관여하는 감독자, 연출자, 촬영자 등이 있다. 이들을 크게 2종류로 분류하는데 이른바 '고전적 저작자'(classical author)와 '근대적 저작자'(modern author)[147]이다. 고전적 저작자란 그의 저작물이 영상저작물의 소재저작물로 이용되는 자를 말하며, 예를 들어 소설

---

146) 최현호, 영상저작물에 관한 특례, 한국저작권논문선집(Ⅰ), 저작권심의조정위원회, 1992, 253면; 송영식·이상정, 전게서, 101면.

147) '근대적 저작자'를 경우에 따라서는 '현대적 저작자'라고 부르기도 한다. 박성호, 저작권법, 박영사(2014), 478면.

가, 방송작가, 시나리오[148] 작가, 미술저작물의 저작자, 음악저작물의 저작자 등이 이에 해당된다. 근대적 저작자란 감독, 연출, 촬영, 미술 등을 담당하여 영상저작물의 전체적 형성에 창작적으로 활동하는 자를 말한다. 극장용 영상저작물의 경우 감독(director), 촬영감독, 조명감독, 미술감독 등이 이에 해당된다. TV 프로그램에서는 보통 '감독'이라는 명칭보다는 '프로듀서'(PD)라는 명칭을 많이 사용한다. 실연자는 배우나 가수들을 말하는데 이들은 저작자는 아니지만 저작인접권자로서 저작권법에 의하여 일정한 보호를 받는다.[149]

나. 고전적 저작자와 근대적 저작자

(1) 고전적 저작자

영화의 원작이 되는 소설이나 시나리오 등의 작가, 즉 고전적 저작자는 2차적저작물인 영상저작물의 원저작물 저작자에 해당하는데, 이러한 고전적 저작자가 단순히 2차적저작물 작성권을 양도하거나 이용허락을 한 것만으로는 영상저작물의 저작자가 될 수 없다고 해석된다. 저작권법 제100조 제2항은 "영상저작물의 제작에 사용되는 소설·각본·미술저작물 또는 음악저작물 등의 저작재산권은 제1항의 규정으로 인하여 영향을 받지 아니 한다"고 규정하여 소설이나 각본 등이 영상저작물과 별도의 저작재산권의 대상임을 명백히 하고 있다. 이러한 점에 비추어 볼 때 '고전적 저작자'는 원칙적으로 영상저작물의 저작자는 아니라고 해석된다.[150]

따라서 영상저작물의 저작자는 영상저작물의 제작에 창작적으로 기여한 자, 즉 보통의 경우에는 영상이나 음의 형성에 창작적으로 기여한 감독, 연출, 촬영, 미술, 편집 등을 담당한 근대적 저작자가 이에 해당한다. 그러나 우리 저작권법과 같이 영상저작물에 대한 저작자 내지 저작권자에 관하여 아무런 규정이 없는 경우에는 영상저작물의 제작에 창작적으로 기여한 모든 기여자는 고전적 저작자이든 근대적 저작자이든 구분할 필요 없이 모두 공동저작자로 되며, 또한 저작권도 모든 기여자의 공동저작권으로 귀속한다는 견해도 있다.[151]

물론 고전적 저작자라도 단순히 자기 저작물의 영상화를 허락하는데 그치지 않고 영상저작물의 작성에도 창작적으로 기여한 경우에는 영상저작물의 저작자가 될 수 있다. 실제

---

148) '시나리오'(scenario)는 영화를 제작하기 위하여 작성한 각본으로서, 장면이나 그 순서, 배우의 행동이나 대사 등을 기술한 어문저작물을 말한다. 'screenplay' 또는 'script'라는 용어를 쓰기도 한다. 시나리오의 작성에 이르기까지의 단계를 살펴보면, 먼저 제작하려는 영화의 플롯과 주요 장면의 개요를 그린 '시놉시스'(synopsis)가 만들어지고, 그 다음 단계인 '트리트먼트'(treatment)를 거쳐 최종적으로 '시나리오'의 완성에 이르게 된다고 한다(박성호, 전게서, 477면 참조).

149) 최현호, 전게논문, 252면.

150) 이해완, 전게서, 730면.

151) 허희성, 2011 신저작권법 축조개설, 명문프리컴, 2011, 506-507면.

영상저작물을 제작하는 과정을 보면 시나리오 작가나 방송대본 작가들이 단순히 시나리오를 집필하여 감독 등 근대적 저작자에게 넘기는 것에 그치지 아니하고 제작이 완료될 때까지 계속하여 수정작업을 하는 등 영상저작물의 제작에 협력하는 경우도 많다. 그러나 그러한 정도만으로 영상저작물의 공동저작자가 된다고 보기는 어려우며, 실질적으로 영상저작물 자체의 제작과정에 창작적으로 관여하여 시나리오나 대본이 갖는 창작성을 넘어서서 영상저작물 자체가 가지는 창작성의 형성에 실질적으로 기여한 경우라야 비로소 그 고전적 저작자를 영상저작물의 공동저작자로 볼 수 있을 것이다. 어느 정도의 창작적 기여가 있어야 영상저작물의 저작자로 볼 수 있는지는 영상 제작 참여자들 각각의 행위를 개별적으로 검토하되, 전체 영상저작물에서 차지하는 기여도 등을 종합적으로 고려하여 판단할 수밖에 없을 것이다.

(2) 근대적 저작자

저작권법은 영상저작물의 저작자를 누구로 볼 것이냐에 관하여는 아무런 규정도 두고 있지 않지만, 제100조 제1항에서, "영상저작물의 제작에 협력할 것을 약정한 자가 그 영상저작물에 대하여 저작권을 취득한 경우 …"라고 규정하고 있다. 여기에다가 저작물을 창작한 자를 저작자로 보는 저작권법 제2조 제2호의 창작자 원칙에 비추어 보면, 영상저작물의 제작에 협력할 것을 약정한 자 중에서도 창작적으로 기여한 자가 저작자가 된다. 일반적으로는 구체적인 영상을 만들어 가는 과정을 지휘하고 책임지는 영화감독, 연출감독, 촬영감독, 조명감독, 미술감독 등의 근대적 저작자를 영상저작물의 저작자로 볼 수 있을 것이다.

그러나 그러한 감독 등의 명칭을 가졌다고 해서 언제나 영상저작물의 저작자가 되는 것은 아니다. 구체적으로 영상저작물을 작성하는데 자기의 사상과 감정을 독창적·창작적으로 표현하였는지 여부가 중요하다.

3. 실 연 자

배우나 영상물에 음성을 제공하는 성우 등 실연자는 영상저작물의 제작에 창작적으로 참여한 것이 아니어서 영상저작물의 저작자가 아니라고 본다. 감독 중에서도 연기나 무술 등 실연행위만을 지도하는 감독은 실연자의 범주에 속한다고 보아야 할 경우가 많을 것이다. '예능적 방법'으로 표현하지 않는 보조 실연자 또는 엑스트라 등은 실연자의 범주에서도 제외된다.[152] 그러나 영상저작물의 제작에 관여한 자가 그 영상저작물의 저작자로서의 지위를 가질 수 있는지 여부는 그가 실질적으로 창작적 기여를 하였는지 여부에 따라서 결정되는 것이지 명목상의 직책이 무엇이냐에 따라 결정되는 것은 아니다. 예를 들어 영화배우라는 직책으로 영화제작에 참여하였다고 하더라도 단순히 실연을 하는 것을 넘어서서 영화제작의 창작적인 부분에 구체적으로 깊이 관여하고 기여를 하였다면 공동저작자로서의 지위를 가질 수도 있다. 마찬가지로 조명감독이라든가 의상감독 등 '감독'이라는 이름으로 영화제작에 참여하였다고 하더라도 실질적으로 창작적인 기여를 하지 못하고 단순히 다른 감독의 지시에 따르는 보조적인 역할만을 하였다면 공동저작자로 인정받을 수 없을 것이다. 이런 점에서 조감독이나 보조카메라맨 등의 보조자는 보통의 경우 영상저작물의 저작자라고 보기 힘들 것이다.

4. 업무상저작물의 성립 여부

저작권법에는 영상저작물과 업무상저작물에 대한 관계를 명시해 주는 규정이 없이 그냥 영상저작물에 대한 특례규정을 두고 있다. 그래서 저작권법이 영상저작물에 관한 특례규정을 두고 있는 것이 영상저작물의 경우에는 업무상저작물의 성립을 배제하는 취지가 아닌지 의문이 생기게 된다.

그러나 업무상저작물에 관한 저작권법 제 9 조에서 영상저작물을 특별히 배제하고 있지 않은 이상 영상저작물의 경우에도 제 9 조의 업무상저작물의 요건을 갖추면 업무상저작물로 성립할 수 있다고 보는 것이 타당하다.[153] 같은 취지의 하급심 판결도 있다.[154] 결국 영상저작물에 대한 특례규정은 업무상저작물로서의 성립요건을 충족하지 못하는 경우에 그 유통을 원활히 하고 권리관계를 명확하게 하기 위한 특별 규정이라고 해석된다.[155] 따라서 영상저작물이 저작권법 제 9 조의 요건을 갖추어 업무상저작물로 되는 경우에는 영상제작자인 법인 등 사용자가 저작자가 되어 저작인격권과 저작재산권을 원시적으로 취득하게 되므로, 영상저작물에 관한 특례규정인 저작권법 제100조 제 1 항은 적용될 여지가 없다.

다만, 영화제작의 현실을 볼 때 법인 등이 제작하는 영화라 하더라도 영화감독의 경우에는 그 법인 등으로부터 지휘감독을 받는 관계가 아닌 독립적인 지위에서 계약을 체결하고 영화제작에 참여하는 경우가 많은데, 이때에는 업무상저작물의 성립요건 중 하나인 "업

---

152) 최경수, 저작권법개론, 한울아카데미, 2010, 564면.
153) 장인숙, 전게서, 224-225면; 서울대학교 기술과법센터, 전게서, 944면(홍승기 변호사 집필 부분), 이해완, 전게서, 731면.
154) 서울고등법원 2000. 9. 26.자 99라319 결정; 서울지방법원 2003. 7. 11. 선고 2001가합40881 판결.
155) 박성호, 전게논문, 115-116면.

무에 종사하는 자"에 해당하지 않으므로 업무상저작물에 관한 규정이 적용되지 않는다고
보아야 할 것이다.

5. 영상제작자

가. 의   의

영상저작물의 저작자와 영상제작자는 구별하여야 한다. 영상저작물의 저작자는 영상저
작물의 제작에 창조적으로 기여한 자임에 대하여, 영상제작자는 영상저작물의 제작에 있어
서 그 전체를 기획하고 책임을 지는 자를 말한다(저작권법 제 2 조 제14호). 즉, 영상제작자가
되기 위해서는 '창작'이 아니라, '기획'과 '책임'이라는 두 가지 요소가 필요하다. 여기서 '기
획'이란 자신의 결정에 의해 영상저작물을 제작하는 것을 말하므로 단순한 계획의 수립만으
로는 부족하다. '책임'이란 자기의 경제적 부담으로 영상저작물을 제작하는 것을 말하며, 이
는 영상저작물의 제작에 관한 법률상 권리·의무가 귀속하는 주체로서 경제적인 수입·지출
의 주체가 된다는 의미이다. 따라서 영상저작물의 제작을 기획하고 자금을 제공한 경우에도
단순한 외주제작을 의뢰한 것에 불과한 경우에는 '책임'이 인정되지 않기 때문에 영상제작
자로 볼 수 없다.156) '전체'를 기획하고 책임을 지는 자로 한정한 것은, 영상저작물이 종합
저작물로서 제작부분이나 단계에 따라서 각 부분을 책임지는 부분기획자들도 있으므로 이
들을 본 특례규정이 적용되는 영상제작자로부터 제외하기 위한 의도라고 한다.157)

따라서 어떤 회사가 제작비를 전액 부담하고 영화제작회사에게 광고영화의 제작을 전
적으로 위탁한 경우에 그 제작을 위탁한 회사는 영상제작자가 아니다. 영상저작물의 제작을
기획하지 아니하였기 때문이다. 위탁한 회사는 영상제작회사와의 계약에 따라 영상제작자
가 그 영상저작물(광고영화)에 대하여 가지고 있는 권리를 양도받거나 이용허락을 받을 수
있을 뿐이다. 따라서 TV방송사가 직접 영상저작물을 제작하지 아니하고 외부의 독립 프로
덕션에 영상제작을 의뢰한 경우에도 TV방송사는 영상제작자가 아니고 직접 제작을 한 프
로덕션이 영상제작자로 된다. TV방송사는 그 프로덕션으로부터 이용권을 양도받거나 이용
허락을 받아 방송을 하게 된다.158)

156) 박성호, 저작권법, 박영사(2014), 474면.
157) 허희성, 저작권법 축조개설, 범우사, 30면.
158) 연극·영화관련 저작권 문답식해설, 전게서, 113면.

나. 판   례

하급심 판결 중에는 영상제작자란 영상저작물의 제작에 있어서 전체적인 계획을 짜고 경제적인 수입과 지출의 주체가 되는 자를 의미하므로, "단순히 영화제작비만을 부담하고 수익만을 갖기로 하는 경우"에는 영상제작자로 볼 수 없다고 한 판결이 있다.[159] 일본 판례 중에는 영상제작자로 인정되기 위한 요건으로서, ① 당해 영화에 관한 제작의사를 가지고 있는지 여부, ② 제작에 있어서의 법률상의 권리의무의 주체로 인정될 수 있는지 여부, ③ 제작에 따르는 경제적 수입, 지출의 주체로 인정될 수 있는지 여부가 고려되어야 한다고 판시한 것이 있다.[160]

또 다른 하급심 판결에서는, ① 영화 제작사인 A사와 투자사인 B사는 이 사건 영화의 '공동제작'을 위하여 영화제작계약을 체결하면서, A사는 영화의 제작 관련 업무를, B사는 판권 거래 등 모든 영업 관련 업무를 각 담당하기로 역할을 분담하여 각 해당 분야의 전체를 기획하고 책임진 점, ② A사와 B사는 이 사건 영화의 감독, 연출, 촬영감독, 편집 등 그리고 배우 및 기타 스텝진과 사이에 각기 별도의 계약서에 의하여 영화제작협력계약을 체결한 점, ③ A사가 영화의 제작을 담당하기로 하면서도 제작과 관련한 결정을 B사와 상의하여 진행한 점, ④ 이 사건 영화에 대한 보도자료, 포스터, 영화 크레딧 등에 B사와 A사가 '공동제작자'로 표시되어 있는 점 등을 종합하여, B사와 A사는 이 사건 영화제작과 관련하여 각자 역할을 분담하여 공동으로 전체를 기획하고 그 책임을 가진 것으로 봄이 상당하므로, B사가 이 사건 영화의 창작에 기여하였는지 여부에 관계없이 B사와 A사는 모두 이 사건 영화의 공동제작자에 해당한다고 판시하였다.[161]

Ⅱ. 영상저작물에 대한 특례

1. 개   관

구체적인 사안에서 누가 영상저작물의 저작자인지를 확정하는 것은 매우 어려운 문제이고, 영상저작물의 제작에는 많은 사람들이 복합적으로 관여하기 때문에 일반적인 저작권

---

159) 서울지방법원 2003. 8. 29. 선고 2003카합2565 판결.
160) 동경고등법원 2003. 9. 25. 판결 '超時空要塞マクロス 사건'. 위 각주 및 본 각주 판결은 조영선, 영화 및 공연과 지적재산권, 엔터테인먼트법(하), 진원사, 2008, 6면에서 재인용.
161) 서울고등법원 2008. 7. 22. 선고 2007나67809 판결(확정). 이숙연, 전게논문, 4면에서 재인용.

법 규정에 의할 경우 권리관계가 복잡해지고 그로 인하여 영상저작물의 원활한 이용이 저해될 위험이 있다. 특히 영상저작물은 대부분 공동저작물이 될 것이고, 그렇게 되면 그 영상저작물을 이용함에 있어서는 공동저작자 전원의 동의를 받아야 하는데, 수많은 사람들이 공동으로 참여한 영상저작물에 있어서 전원의 동의를 얻는다는 것은 거의 불가능에 가까운 일이다. 뿐만 아니라 영상저작물의 제작에는 많은 자본과 노력이 들어가므로 그에 따른 위험은 누군가가 부담하여야 하고 아울러 제작에 참여하는 모든 사람들을 전체적으로 종합·관리하는 특수한 기술과 노하우(know-how)가 필요하다. 따라서 영상저작물에 있어서는 저작자뿐만 아니라 이러한 기여를 하는 자, 즉 영상제작자를 충분하게 보호할 필요가 있다. 이에 저작권법은 영상저작물에 대한 특례규정을 두어 영상저작물의 저작에 공동 참여한 자들의 권리관계를 규율하고 영상저작물의 원활한 이용을 도모하는 한편 영상제작자의 투하자본 회수를 쉽게 하고 있다.

2. 저작물의 영상화를 위한 특례

가. 영상화의 대상

저작권법 제 5 조 제 1 항은 "원저작물을 번역·편곡·변형·각색·영상제작 그 밖의 방법으로 작성한 창작물"을 2차적저작물이라고 규정하고 있다. 소설이나 각본 등을 소재로 하여 영상저작물을 제작하면 그 영상저작물은 원저작물에 대한 2차적저작물이 되고, 따라서 원저작물 저작자의 2차적저작물작성권이 미치게 된다. 그러나 반드시 소설이나 각본과 같은 저작물만이 영상저작물의 기초가 되는 것은 아니고, 음악저작물이나 미술저작물이 영상저작물의 테마나 주제가 되는 경우도 있을 것이다. 이런 경우도 음악저작물이나 미술저작물의 '영상화'라고 할 수 있을 것이나, 그에 따라 제작된 영상저작물이 거기에 이용된 음악 또는 미술저작물의 2차적저작물이라고 보기는 어려울 것이다. 왜냐하면 그 경우에는 테마가 된 음악저작물이나 미술저작물이 실질적인 변형 없이 그대로 영상저작물에 이용되는 경우가 많을 것인데, 그 때에는 해당 음악이나 미술저작물에 대한 '복제'가 된다고 할 것이고, 설사 영상저작물에 사용되는 과정에서 그 음악이나 미술저작물에 실질적인 변형이 이루어진다고 하더라도 그 변형된 음악이나 미술저작물을 원래의 음악 또는 미술저작물에 대한 2차적저작물이라고 볼 수는 있을지언정, 그 음악이 사용된 영상저작물 자체를 해당 음악 또는 미술저작물의 2차적저작물이라고 보기는 어려울 것이기 때문이다. 이러한 점에 비추어 볼 때 저작권법 제99조 제 1 항에서 규정하는 '영상화'란 반드시 2차적저작물의 작성의 경우만을 의미하는 것은 아니라고 본다.[162]

판례 중에도 같은 취지로 판시한 사례가 있다. 일명 'CGV 판결'이라고 불리는 것으로, 영화의 주제곡이나 배경음악으로 사용된 음악에 대하여 음악저작권 신탁관리단체인 한국음악저작권협회가 복제사용료 외에 영화상영에 따른 별도의 공연사용료를 청구한 사건이다. 이 사건에서 1심인 서울중앙지방법원 2013. 5. 23. 선고 2012가합512054 판결은, 음악저작물이 영화에 이용되는 형태 중에는 음악저작물을 특별한 변형 없이 영화의 주제곡이나 배경음악으로 이용하는 경우가 훨씬 더 많은데, 이러한 경우를 저작권법 제99조 제1항의 '저작물의 영상화'에서 제외시킨다면 영화의 제작단계에서 개별 저작권자들로부터 이용허락을 받았다고 하더라고 그 상영을 위하여 별도로 모든 저작권자들의 허락을 받아야 하는 문제가 발생하므로 영상저작물에 대하여 종합예술로서 특성을 살리고 그 이용의 원활을 기하고자 하는 위 조항의 입법취지가 크게 훼손되는 점 등을 들어 한국음악저작권협회의 주장을 배척하였다. 따라서 음악저작물을 영화의 주제곡이나 배경음악으로 사용하는 경우에도 저작권법 제99조 제1항이 적용되고, 특약이 없는 한 영화상영관은 그 영화를 상영함에 있어서 별도의 공연사용료를 지급하지 않아도 된다고 판시하였다.[163)164)]

따라서 어떤 저작물을 영상화 할 경우에는 그 저작물에 대한 2차적저작물작성권이 미칠 수도 있고 경우에 따라서는 복제권이 미칠 수도 있다. 또한 그러한 영상화 과정을 통하여 제작된 영상저작물에 대하여는 공연, 방송, 전송, 복제 및 배포 등은 물론이고, 그 영상저작물의 번역물을 제작하여 이용하는 등 다양한 이용행위가 일어날 수 있는데, 이러한 이용행위에는 저작권법 제99조 제1항이 적용된다.

나. 허락의 추정(제99조 제1항)

(1) 의 의

저작재산권자가 저작물의 영상화를 다른 사람에게 허락한 경우에 특약이 없는 때에는

---

162) 이와 같은 견해로는, 이해완, 저작권법, 박영사(2012), 734면. 반대 견해로는, 박성호, 전게서, 480면. 다만, 반대 견해에서도, 영상화의 대상이 어문저작물에 국한된다고 해석하더라도 영상저작물의 원활한 이용을 도모하기 위하여 제정된 '영상저작물에 관한 특례' 규정의 입법정신에 비추어 볼 때에 '직접적'으로 영상화 또는 영상제작의 대상이 될 수 없는 음악이나 미술저작물을 영상제작에 이용하는 경우에 있어서도 '영상제작에의 이용'에는 '영상화' 또는 '영상제작'이 포함되는 것이므로 영상화 허락에 관한 특례규정 제99조가 적용된다고 넓게 해석하는 것이 바람직하다는 입장을 밝히고 있다.
163) 이 판결의 항소심인 서울고등법원 2013. 12. 19. 선고 2013나2010916 판결에서도 같은 취지로 원심을 인용하였고, 대법원 2016. 1. 14. 선고 2014다202110 판결에 의하여 확정되었다.
164) 다만, 서울고등법원 2022. 2. 10. 선고 2019나2022065 판결은 음악저작물이 이용된 영상물을 IPTV로 공중송신한 사안에서, 위 CGV 사건 이후 한국음악저작권협회가 사용승인신청서를 개정하여 사용허락의 범위를 한정적, 열거적으로 규정하면서 영상제작자가 그 명시된 이용허락범위 이외의 용도로 사용하거나 제3자에게 사용하도록 할 경우에는 동 협회로부터 재허락을 받도록 하고 있다는 점 등을 들어 저작권법 제99조 제1항의 적용을 배제하는 '특약의 존재'를 인정하였음을 유의할 필요가 있다.

다음 각 호의 권리를 포함하여 허락한 것으로 추정한다.

① 영상저작물을 제작하기 위하여 저작물을 각색하는 것
② 공개상영을 목적으로 한 영상저작물을 공개상영하는 것
③ 방송을 목적으로 한 영상저작물을 방송하는 것
④ 전송을 목적으로 한 영상저작물을 전송하는 것
⑤ 영상저작물을 그 본래의 목적으로 복제·배포하는 것
⑥ 영상저작물의 번역물을 그 영상저작물과 같은 방법으로 이용하는 것

이 특례규정에서는 "다른 사람에게 허락한 경우"라고 되어 있어 마치 이용허락을 한 경우에만 적용되는 것처럼 이해될 소지가 있으나 저작권을 양도한 경우에도 적용된다고 보아야 할 것이다. 또한 이 특례규정은 당사자 사이에 특약이 없는 경우에만 적용되는 것인데, 오늘날 많은 자본이 투자되는 영상저작물의 제작에 있어서는 세밀하고 구체적인 계약을 체결하는 경우가 대부분이므로 이 특례규정이 적용될 여지는 거의 사라지고 있는 것으로 보인다. 또한 저작권위탁관리업자로부터 이용허락을 받는 경우에는 계약내용이 정형화 되어 있을 것이기 때문에 그 경우에도 이 특례규정의 적용 여지는 줄어들게 될 것이다.

(2) 구체적 내용

(가) 영상저작물을 제작하기 위하여 저작물을 각색하는 것(제1호)

각색(脚色)이란 소설이나 설화, 서사시 등의 어문저작물을 무대에서 상연하거나 영화로 제작하기 위하여 희곡이나 시나리오 등 각본(脚本)으로 고쳐 쓰는 것을 말한다. 저작권법에서 2차적저작물은 원저작물을 번역·편곡·변형·각색·영상제작 기타 방법으로 작성하는 창작물을 말한다고 규정하고 있으므로(저작권법 제5조 제1항), 각색과 영상제작은 2차적저작물 작성에 있어서 별개의 행위 형태로 명시되어 있다. 따라서 원저작물을 영상제작하는 허락만을 받은 경우에 원저작물을 각색하기 위하여서는 별도의 허락을 받아야 하는 것이 원칙이다. 그러나 그렇게 되면 번잡하므로 영상화를 허락한 경우에는 영상화를 위하여 저작물을 각색하는 것까지 허락한 것으로 추정한다는 것이 본 호의 취지이다.[165]

다만, 각색이나 개작의 허락이 추정된다고 하더라도 그 각색이나 개작으로 인하여 원저작자의 명예를 훼손하는 결과를 초래한다면 저작인격권의 침해가 될 수 있다는 점을 유의하여야 한다(저작권법 제124조 제2항). 순수 예술성이 높은 원저작물에 대한 영상화 허락을

---

165) 허희성, 2011 신저작권법 축조개설, 명문프리컴(하), 490면.

얻어 선정적이고 저속한 포르노 영화를 제작하였다면 원저작물 저작자에 대한 저작인격권의 침해가 될 수 있다.

(나) 공개상영을 목적으로 한 영상저작물을 공개상영하는 것(제2호)

2차적저작물인 영상저작물을 이용하고자 할 때에는 영상화 계약과는 별도로 원저작물 저작자로부터 이용행위에 대한 허락을 얻어야 하는 것이 원칙이다. 그러나 그렇게 되면 번잡하고 영화는 어차피 이용행위를 전제로 하여 제작되는 것이므로, 영상저작물의 원활한 이용과 유통을 도모하기 위하여 원저작자로부터 영상화 허락을 받은 경우에 달리 특약이 없는 때에는 공개상영을 목적으로 한 영상저작물을 공개상영하는 것에 대하여도 허락이 있는 것으로 추정한다는 것이 본 호의 취지이다.

여기서 '공개상영'이라 함은 영상저작물을 극장 등 공개된 장소에서 상영하는 것을 말한다. 이는 개념상 저작물의 공연에 해당하므로 ⑤에서의 복제·배포와 구분하여 명시한 것이다. 방송을 목적으로 한 영상저작물을 극장 같은 곳에서 공개상영하는 것에는 본 특례규정이 적용되지 않는다.

(다) 방송을 목적으로 한 영상저작물을 방송하는 것(제3호)

제2호와 마찬가지로 방송을 목적으로 제작한 영상저작물을 방송하는 경우에도 영상화 계약에 달리 특약이 없는 때에는 그 방송에 대하여 허락을 받은 것으로 추정하는 것이다. 제3호는 방송을 목적으로 한 영상저작물(예컨대 TV 드라마)을 방송하는 경우에만 적용되므로 방송을 목적으로 하지 않은 영상저작물, 예를 들어 극장에서 공개상영을 목적으로 한 영화를 TV로 방송하는 경우에는 본 특례규정이 적용되지 않는다.[166]

(라) 전송을 목적으로 한 영상저작물을 전송하는 것(제4호)

같은 취지로, 전송을 목적으로 하여 제작한 영상저작물을 전송하는 경우에 영상화 계약에 달리 특약이 없는 때에는 그 전송에 대하여 허락을 받은 것으로 추정하는 것이다. 제4호 역시 전송을 목적으로 한 영상저작물을 전송하는 경우에만 적용되므로 전송 이외의 목적으로 제작된 영상저작물을 전송하는 경우에는 본 특례규정은 적용되지 않는다.[167]

(마) 영상저작물을 그 본래의 목적으로 복제·배포하는 것(제5호)

본 호에 의하여 방송용으로 제작된 영상저작물을 방송의 목적으로 복제·배포하는 것, 예를 들어 방송을 목적으로 제작된 TV 드라마를 난시청 지역의 방송을 위해 복제하여 난시청 지역 방송국에 배포하는 것은 허락한 것으로 추정된다. 그러나 그 TV 드라마를 비디

---

166) 연극·영화관련 저작권문답식 해설, 전게서, 113면; 반대설, 최현호, 전게논문, 261면; 오승종·이해완, 전게서, 452면에서 재인용.

167) 오승종·이해완, 전게서, 452면.

오테이프로 복제·배포하는 것도 허락한 것으로 추정되는가에 대하여는 의문이 있다. 통설은 방송을 목적으로 한 영상저작물을 비디오테이프, 레이저디스크 등으로 복제하여 판매하는 것은 당사자가 추구하는 목적의 범위를 넘는 것으로 제5호는 그 한도에서 적용이 제한된다고 본다.[168]

(바) 영상저작물의 번역물을 그 영상저작물과 같은 방법으로 이용하는 것(제6호)

제6호의 '영상저작물의 번역물'이라 함은 영상저작물에 사용된 언어를 더빙 또는 자막 등을 통하여 다른 언어로 바꾼 것을 말한다. 제6호는 오늘날 영상저작물이 국내적 이용을 넘어서서 국제적인 이용도 활발하게 이루어지고 있음을 고려하여 영상저작물의 원래의 언어를 다른 나라의 언어로 번역하여 당초의 영상저작물과 같은 방법으로 이용할 수 있도록 한 규정이다. 따라서 그와 같이 번역된 영상저작물이라고 하여 제2호 내지 제5호에서 정한 범위를 넘어서서 이용허락을 한 것으로 추정하는 것은 아니다. 예를 들어 공개상영을 목적으로 한 영상저작물의 번역물은 그 번역물을 공개상영하는 방법으로 이용하는 것을 허락한 것으로 추정할 것이지, 공개상영을 넘어서서 방송에 사용하는 것까지 허락한 것으로 추정할 것은 아니다.[169]

다. 독점적 허락(법 제99조 제2항)

저작재산권자는 그 저작물의 영상화를 허락한 경우에 특약이 없는 때에는 허락한 날로부터 5년이 경과한 때에 그 저작물을 다른 영상저작물로 영상화하는 것을 허락할 수 있다.

저작재산권자가 저작물의 이용허락을 해 주는 경우 단순이용허락과 독점적 이용허락이 있을 수 있다. 본 규정에 의하여 저작재산권자가 영상화를 허락한 경우에는 특약이 없는 이상 그 이용허락은 독점적 이용허락의 성격을 가지며, 그 기간은 적어도 5년간 존속하게 된다. 이는 영상저작물의 제작에는 인적·물적으로 많은 투자가 이루어지는 경우가 보통이므로, 영상제작자로 하여금 특약이 없는 한 5년간 독점적으로 영상제작을 할 수 있게 보장해 줌으로써 그 투하자본의 회수를 도모할 수 있도록 한 취지이다. 이 5년의 독점적 기간은 특

---

168) 서울고등법원 1984. 11. 28. 선고 83나4449 판결은, 방송극작가들인 원고들이 방송사업자인 피고공사의 주문에 의하여 방송극본을 저작하여 대가를 받고 극본을 피고공사에 공급하기로 한 극본공급계약은 원고들이 피고공사로 하여금 동 극본을 토대로 2차적저작물인 TV드라마 녹화작품을 제작하여 TV방송을 통하여 방영하는 것(즉 개작 및 방송)을 승락하는 의사가 당연히 포함되어 있다 할 것이나, 그렇다고 하여 그 극본공급계약으로써 원고들이 피고공사에게 원고들의 별도의 동의 없이 그 극본을 토대로 제작된 녹화작품을 TV방송이 아닌 다른 방법으로 이용하는 행위까지 승락하였다고는 볼 수 없고, 따라서 피고들이 위 녹화작품을 TV방송이 아닌 VTR 테이프에 복사하여 판매한 것은 원고들의 극본사용 승락의 범위를 넘는 2차적저작물 이용으로서 원고들의 극본저작권을 침해한 것이라고 하였다.

169) 이해완, 전게서, 736면.

약으로 연장하거나 단축할 수 있다.

따라서 이 규정에 의하여 저작재산권자의 입장에서는 특약으로 미리 유보해 두지 않는 이상 5년의 기간 동안 다른 영상저작물로 영상화하는 것을 허락할 수 없는 제한을 받게 된다. 그러나 출판한다든가 공연하는 등 영상화 이외의 방법으로 이용하는 것을 허락하는 것은 가능하다. 특약으로 독점적 기간을 단축하는 것은 가능하지만, 더 나아가 독점적 영상화 자체를 배제할 수 있는지 여부에 대하여는 긍정설[170]과 부정설[171]이 있다. 본 규정은 특약이 없는 때에 적용되는 보충적 규정이고, 이 규정을 특별히 강행규정이라고 보기에는 부족하다는 점을 고려할 때 긍정설이 타당하다.

2011년 개정 저작권법에서 신설된 배타적발행권 규정은 일반적인 배타적발행권에 대하여는 그 존속기간을 3년으로 규정하고 있지만, 저작물의 영상화를 위하여 배타적발행권을 설정하는 경우에는 본 조와의 균형상 그 존속기간을 5년으로 정하고 있다(저작권법 제59조 제 1 항).

3. 영상저작물의 권리관계에 관한 특례

가. 저작권법 제100조 제 1 항

영상제작자와 영상저작물의 제작에 협력할 것을 약정한 자가 그 영상저작물에 대하여 저작권을 취득한 경우 특약이 없는 한 그 영상저작물의 이용을 위하여 필요한 권리는 영상제작자가 이를 양도받은 것으로 추정한다(법 제100조 제 1 항). 이 규정은 영상제작계약, 즉 감독이나 제작 스태프, 배우를 비롯한 실연자 등의 수많은 이해관계인과 영상제작자 사이에 체결되는 계약의 내용 중에 관련 조항이 없거나 불분명한 경우에 그 계약 내용을 보충하기 위한 특례규정이다. 이 규정 역시 종전 저작권법에서는 '간주규정'으로 되어 있었으나 2003년 저작권법 개정에 따라 '추정규정'으로 바뀌었다.

본 항은 영상저작물의 제작이 완성된 단계에서의 제작참여자의 권리관계를 규정한 것이다. 즉, 영상저작물의 저작권자가 누구인가를 규율하는 것이 아니라, 저작권의 귀속여부를 불문하고 그 영상저작물의 이용을 위한 권리는 영상제작자에게 양도된 것으로 추정하여 영상저작물의 원활한 이용을 도모하기 위한 규정인 것이다. 저작물의 영상화를 위한 특례규정인 저작권법 제99조가 영상저작물의 제작 단계에서의 특례규정이라고 한다면, 제100조는 제작된 영상저작물의 권리관계를 규율하기 위한 특례규정으로서 영상저작물의 이용 단계에서의 특례규정이라고 할 수 있다.

---

170) 장인숙, 전게서, 233면; 박성호, 전게서, 487면.
171) 허희성, 전게서, 495면.

(1) 영상저작물의 제작에 협력할 것을 약정한 자

본 항에서 말하는 "영상저작물의 제작에 협력할 것을 약정한 자"의 의미에 관하여 학설상 다툼이 있다. 저작권법 제100조 제1항이 영상저작물의 제작에 참여하는 사람들 중 근대적 저작자만을 대상으로 한 것이냐, 아니면 고전적 저작자까지를 포함하는 저작자들을 대상으로 한 것이냐에 관하여 학설이 나뉘고 있는 것이다.

그러나 어느 학설을 취하든지 결론에 있어서는 큰 차이가 없는 것으로 보인다. 왜냐하면 제100조 제1항은 "영상제작자와 영상저작물의 제작에 협력할 것을 약정한 자" 중에서 특별히 "그 영상저작물에 대하여 저작권을 취득한 경우"만을 대상으로 하고 있기 때문이다. 따라서 결국에는 대부분의 경우 근대적 저작자만이 이 규정의 요건에 해당할 것이다. 예를 들어, 음악저작물의 저작자가 자신의 음악을 영상저작물에 사용할 수 있도록 이용허락을 해 주었다고 하더라도 그것만으로 음악저작물의 저작자가 영상저작물에 대하여 저작권을 취득하는 경우란 없기 때문에, 제100조 제1항이 음악저작물의 저작자에게 해당할 여지는 특별히 없다고 보아야 할 것이다.172) 그러나 제100조 제1항이 특별히 고전적 저작자를 제외하지 않고 있으며, 고전적 저작자라 하더라도 단순히 소설이나 대본 등을 영상화 하도록 제공하는 데 그치지 아니하고 더 나아가 영상저작물의 제작에까지 깊이 관여를 하여 창작적 기여를 함으로써 영상저작물에 대한 저작권을 취득하는 경우가 전혀 없다고는 할 수 없다. 제100조 제1항은 이러한 경우까지를 포함하여 그 고전적 저작자가 취득한 영상저작물에 대한 저작권도 영상제작자에게 양도된 것으로 추정하는 규정이라고 보는 것이 타당하다고 생각된다.

(2) 영상저작물의 이용을 위하여 필요한 권리의 양도 추정

그러므로 제100조 제1항에서 영상저작물에 대한 저작권을 취득한 경우란 영상저작물의 제작에 창작적 기여를 함으로써 영상저작물에 대한 공동저작자로서의 지위 및 그에 따른 저작인격권과 저작재산권을 취득하는 경우를 말한다.

이 규정에 의하여 영상제작자는 영상저작물의 이용에 필요한 권리를 승계한 것으로 추정된다. 그러나 영상저작물을 본래의 목적을 벗어나 비영화적으로 이용할 권리는 여전히 영상저작물의 저작자에게 남아 있는 것이다. 영상제작자는 영상저작물의 저작자와 구별되지만, 영상제작자가 영상저작물 저작자인 영화감독 등과 함께 대본의 채택과 배우 캐스팅, 촬영의 시작에서부터 필름의 편집 작업에 이르기까지 영상저작물의 제작에 창작적으로 실질적으로 기여를 한 경우에는 그 영상저작물에 대한 공동저작자로서의 지위도 함께 가진다고

---

172) 同旨, 이해완, 저작권법, 박영사, 2007, 620면.

보아야 할 것이다.

　본 항의 규정에 의하여 영상제작자에게 양도된 것으로 추정되는 권리는 양도가 가능한 저작재산권뿐이며 저작인격권은 여전히 영상저작물의 저작자에게 남아 있는 것으로 보아야 할 것이다.173) 따라서 예를 들어 TV 방송국이 드라마를 제작한 경우에 그 드라마의 저작자인 프로듀서의 권리 중 그 드라마를 방송하기 위하여 필요한 권리는 영상제작자에게 이전한 것으로 추정되지만, 그에 대한 저작인격권은 여전히 프로듀서가 보유하게 된다. 따라서 TV 방송국으로서는 프로듀서의 저작인격권을 존중하여 드라마 방영시 그의 성명을 표시하여야 하는 것은 물론이고, 무단히 그 내용을 변경함으로써 동일성유지권을 침해하여서는 아니 된다.174) 다만 공표권에 관하여서는 영상저작물의 제작에 협력할 것을 약정함으로써 저작권법 제11조 제 2 항에 따라 공표에 동의한 것으로 추정하는 것이 합리적일 것이다. 그리고 영상저작물이라 하더라도 그것이 업무상저작물로서의 요건을 갖춘 경우에는 저작권법 제 9 조가 적용되어 단체 또는 사용자가 저작자가 되고, 따라서 단체 또는 사용자가 저작인격권과 저작재산권 모두를 원시적으로 보유하게 될 것이다. 예를 들어, 프로듀서가 방송국의 직원으로서 업무상 제작에 참여하고 방송국의 명의로 공표됨으로써 그 드라마가 업무상저작물로 되는 경우에는 그 저작재산권과 저작인격권 모두가 단체 또는 사용인인 방송국에 귀속될 것이므로 이때에는 프로듀서의 저작인격권이 성립할 여지가 없다.

　이 규정에서 "그 영상저작물의 이용을 위하여 필요한 권리"는 그 영상저작물을 "복제·배포·공개상영·방송·전송 그 밖의 방법으로 이용할 권리"를 말한다(저작권법 제101조 제 1 항). 2차적저작물작성권이 여기에 포함될 수 있는지 여부는 법문상으로는 명백하지 않다. 그러나 저작권법 제45조 제 2 항 본문에서 "저작재산권의 전부를 양도하는 경우에 특약이 없는 때에는 제22조에 따른 2차적저작물을 작성하여 이용할 권리는 포함되지 아니한 것으로 추정한다"고 규정하고 있는 점과, 영상제작자에게 양도되는 권리는 영상저작물의 원활한 이용 및 그에 따른 투자금 회수에 필요한 범위로 한정하는 것이 타당하다는 점, 영상저작물에 창작적 기여를 하지 아니한 영상제작자가 영상저작물뿐만 아니라 2차적저작물 작성에 관하여도 권리를 취득하는 것으로 추정하는 것은 투자에 비하여 과도한 이익을 얻게 할 수 있다는 점 등에 비추어 볼 때, 2차적저작물작성권은 영상제작자가 양도받은 것으로 추정되는 권리에 포함되지 않는다고 보는 것이 타당하다.175) 따라서 영상제작자가 2차적저작물작성권

173) 허희성, 전게서, 331면.
174) 서울지방법원 2002. 7. 9. 선고 2001가합1247 판결은, 영화제작사가 영화를 가정용 비디오테이프로 제작하는 과정에서 시나리오 작가 겸 연출가의 승낙을 받지 않고 선정적인 장면을 길게 삽입하는 방식으로 원래 극장에서 상영된 영화와는 다르게 제작을 하였다면 동일성유지권 침해가 성립한다고 판시하였다.

까지 양도받기 위해서는 별도의 특약이 필요하다고 새겨야 할 것이다.

저작권법 제100조 제1항 역시 당사자 사이에 특약이 없는 경우에 적용되는 추정규정이므로, 영상저작물의 저작자는 영상제작자에게 양도되는 것으로 추정될 권리의 전부 또는 일부에 대하여 동 조항의 적용을 배제하는 권리유보의 특약을 할 수 있다.

나. 저작권법 제100조 제2항

영상저작물의 제작에 사용되는 소설·각본·미술저작물 또는 음악저작물 등의 저작재산권은 제1항의 규정으로 인하여 영향을 받지 아니한다(제100조 제2항). 소설가, 시나리오 작가, 음악작곡가, 미술가 등 원저작물의 저작자는 자신의 저작물의 영상화를 허락함으로써 영상제작자가 영상저작물을 제작할 수 있게 한다. 그 영상화 허락에는 영상저작물의 특례조항에 의하여 원저작물의 각색권, 공개상영권, 방송권, 전송권, 복제·배포권, 번역 및 더빙에 대한 허락 등이 포함되기 때문에 이와 같은 영화적 이용방법에 관한 제반권리는 영상제작자에게 독점되는 것이다. 그러나 영상저작물의 제작에 사용된 소설이나 각본, 미술저작물 또는 음악저작물 등 원저작물의 저작재산권자는 영상화 계약에서 따로 특약을 하였다면 그 특약에 의한 제한을, 특약을 하지 않았다면 제99조의 추정규정에 의한 제한을 받을 뿐, 그 이외의 경우에는 아무런 제한 없이 원저작물에 대한 저작재산권을 행사할 수 있다. 따라서 원저작물의 저작자는 자기 저작물을 영화 이외의 다른 방법으로 이용할 권리를 여전히 보유한다. 예컨대 소설가는 영화화 허락을 준 뒤에도 소설을 출판할 수 있는 것이고, 시나리오 작가는 자신의 시나리오를 연극공연에 사용할 권리를 가지고 있으며, 음악작곡가는 자기 음악을 영화의 배경음악에 제공한 후에도 이를 악보로 출판하거나 음반으로 출반할 권리를 가지는 것이다. 미술저작자도 영화에 제공한 미술저작물을 별도로 전시하거나 출판할 수 있다.176)

다. 저작권법 제100조 제3항

(1) 의 의

영상제작자와 영상저작물의 제작에 협력할 것을 약정한 실연자의 그 영상저작물의 이용에 관한 저작권법 제69조의 규정에 의한 복제권, 제70조의 규정에 의한 배포권, 제73조의 규정에 의한 방송권 및 제74조의 규정에 의한 전송권은 특약이 없는 한 영상제작자가 이를 양도받은 것으로 추정한다(저작권법 제100조 제3항).

영상저작물의 제작에 협력하는 자로서 영화배우가 영화제작에 기여하는 바는 매우 크

---

175) 이해완, 전게서, 738면; 이숙연, 전게논문, 11면.
176) 연극·영화관련 저작권 문답식해설, 전게서, 135, 136면.

며, 심지어 영화배우가 지닌 명성이나 인기에 따라서 영화흥행의 성패가 결정되는 경우도 많다. 그러나 저작권법은 영화배우 등 실연자는 저작자로 보지 아니한다. 이는 영화배우는 창작자가 아니라 창작물을 창작자의 지시대로 충실하게 전달하는 자에 불과하다는 인식이 있기 때문이다. 다만, 실연자의 실연 속에도 예능적인 능력이나 기술적 능력이 담겨져 있으므로 저작권법은 실연자 등을 저작자가 아닌 저작인접권자로서 제한된 범위 내에서만 보호하고 있을 뿐이다.

(2) 적용 범위

이 규정에 의하여 양도 추정되는 것은 '영상저작물의 이용에 관한' 복제권·배포권·방송권 및 전송권에 한정되며, 여기서 '영상저작물의 이용에 관한'이라는 문구의 의미는 "영상저작물을 본래의 영상저작물로서 이용하는데 필요한"이라는 의미로 해석하여야 할 것이다. 따라서 실연자는 자신의 실연이 영화필름으로부터 음반, 예컨대 오리지널 사운드 트랙 음반에 실려 사용되는 경우와 같이 영상저작물의 본래의 이용목적 범위 밖에서 이용되는 경우에는 본 항에 불구하고 그 실연에 대한 저작인접권을 여전히 보유하게 되므로, 그러한 오리지널 사운드 트랙 음반을 제작하여 판매하고자 하는 경우에는 실연자로부터 따로 복제 및 배포에 대한 허락을 받아야 한다. 또한 영화에 출연한 배우들의 실연장면을 노래방 기기의 배경화면이나 뮤직비디오의 일부로 사용하는 것도 그 영화를 본래의 영상저작물로 이용하는 범위를 벗어나는 것이므로 배우들의 저작인접권이 미치게 된다.[177]

영상저작물 제작에 협력한 실연자의 퍼블리시티권도 이 규정에 의하여 영상제작자에게 양도되는 범위에서 제외되는 것이 원칙이다. 하급심 판결은, "영상저작물의 배포, 통상의 홍보에 수반하는 필수적인 범위를 넘어서 실연자의 허락 없이 영상장면을 이용하여 일반 광고에 사용하거나, 사진집, 브로마이드 사진, 상품 등에 임의로 이용하는 행위 등 별도의 상업적 목적으로 사용하는 경우까지 초상권 등 퍼블리시티권이 저작인접권에 흡수되었다거나 영상저작물 출연계약 자체에 의하여 배우가 퍼블리시티권을 행사하지 않기로 묵시적으로 합의하였다고 볼 수는 없고, 그 경우 실연자인 배우는 초상권, 퍼블리시티권 등을 여전히 행사할 수 있다"고 판시하고 있다.[178]

---

177) 대법원 1997. 6. 10. 선고 96도2856 판결. "영상저작물 특례규정에 의하여 영상제작자에게 양도된 것으로 간주되는 '그 영상저작물의 이용에 관한 실연자의 녹음·녹화권'이란 그 영상저작물을 본래의 창작물로서 이용하는 데 필요한 녹음·녹화권을 말한다. … 영화상영을 목적으로 제작된 영상저작물 중에서 특정 배우들의 실연장면만을 모아 가라오케용 엘디(LD)음반을 제작하는 것은, 그 영상제작물을 본래의 창작물로서 이용하는 것이 아니라 별개의 새로운 영상저작물을 제작하는 데 이용하는 것에 해당하므로, 영화배우들의 실연을 이와 같은 방법으로 엘디음반에 녹화하는 권리는 구 저작권법 제75조 제3항에 의하여 영상제작자에게 양도되는 권리의 범위에 속하지 아니한다"고 판시하였다.

Ⅲ. 영상제작자의 권리

영상제작물의 제작에 협력할 것을 약정한 자로부터 영상제작자가 양도받는 영상저작물의 이용을 위하여 필요한 권리는 영상저작물을 복제·배포·공개상영·방송·전송 그 밖의 방법으로 이용할 권리로 하며, 이를 양도하거나 질권의 목적으로 할 수 있다(저작권법 제101조 제1항). 본 조는 영상저작물에 대한 이용권이 영상제작자에게 있음을 다시 한 번 명확히 함과 동시에, 이용의 형태를 복제·배포·공개상영·방송·전송 및 그 밖의 방법으로 이용할 권리로 포괄적으로 규정하는 한편, 영상제작자의 일괄적인 자본회수를 위하여 그 이용권을 양도하거나 질권의 목적으로 할 수 있도록 한 것이다.[179]

이용허락 시 공표동의를 추정하고 있는 저작권법 제11조 제2항은 영상저작물의 이용에도 적용된다고 본다. 그렇게 해석하지 않을 경우에는 저작권자가 공표권에 기하여 영상제작자의 영상저작물 이용을 막을 수 있게 되므로 영상저작물에 대한 특례규정을 두어 영상제작자를 보호하려는 입법취지가 상실될 수 있기 때문이다.

저작권법 제46조 제3항은, 저작재산권자가 다른 사람에게 그 저작물의 이용을 허락한 경우 그 허락에 의하여 저작물을 이용할 수 있는 권리는 저작재산권자의 동의 없이는 제3자에게 이를 양도할 수 없다고 규정한다. 만약 이 규정이 영상저작물에 대한 저작권 양도를 받은 영상제작자에게도 적용된다면 그 이용권을 양도 또는 질권의 목적으로 할 수 있다고 한 본 조의 취지는 사라지게 된다. 따라서 영상제작자가 본 조의 규정에 의하여 영상저작물이 수록된 녹화물에 대한 권리를 양도하거나 질권의 목적으로 함에 있어서는 저작재산권자의 동의를 요하지 않는다고 볼 것이다.[180]

최근에 와서 매우 큰 규모의 뮤지컬이나 연극, 오페라 등이 기획되고 공연되는 것을 볼 수 있는데, 이러한 공연물의 경우 그 제작자는 영상제작자 못지않은 자본과 노력을 투자하게 된다. 그러나 이들 공연물들은 영상저작물이 아니므로 그 제작자가 영상저작물에 관한 특례규정의 적용을 받을 수 없어 영상제작자와 비교하여 볼 때 형평성에 문제가 있다. 대법원은 "뮤지컬 자체는 연극저작물의 일종으로서 영상저작물과는 그 성격을 근본적으로 달리하기 때문에 영상물제작자에 관한 저작권법상의 특례규정이 뮤지컬 제작자에게 적용될 여지가 없으므로 뮤지컬의 제작 전체를 기획하고 책임지는 뮤지컬 제작자라도 그가 뮤지컬의 완성에 창작적으로 기여한 바가 없는 이상 독자적인 저작권자라고 볼 수 없다"고 판시하였

---

178) 서울중앙지방법원 2007. 1. 31. 선고 2005가합51001 판결; 서울중앙지방법원 2007. 11. 14. 선고 2006
　　　가합106519 판결; 이해완, 전게서, 740-741면 참조.
179) 허희성, 전게서, 335면.
180) 허희성, 전게서, 337면.

다.181) 따라서 뮤지컬과 같은 공연물의 제작자는 업무상저작물의 요건을 갖추거나 그 제작에 참여한 자들과의 사이에 특약을 체결하는 등 별도의 방법으로 투하자본의 회수를 도모하여야 할 것이다.

제 7 절   컴퓨터프로그램에 관한 특례

I. 서   설

컴퓨터프로그램의 보호는 크게 특허법적인 보호와 저작권법적인 보호 두 가지를 생각할 수 있다. 일반적으로 컴퓨터프로그램의 구성요소 중 알고리듬(algorithms, 수학적 연산식)을 포함한 부분은 특허법에 의하여 보호되어져야 할 부분이다. 반면에 이러한 알고리듬을 FORTRAN, COBOL, BASIC 등 컴퓨터언어(computer language)로 표현한 것을 보통 프로그램이라고 하는데 그러한 프로그램을 구성하는 컴퓨터언어로 작성된 일련의 지시·명령은 창작적 표현물로 보아 저작권법의 원리에 의하여 보호하고 있다. 이는 저작권법에 있어서 저작물의 보호범위와 관련한 전통적인 아이디어·표현 이분법에 따른 것이기도 하다. 컴퓨터프로그램의 알고리듬은 아이디어에 해당하므로 저작권의 보호대상이 아니라는 정신에 바탕을 두고 있는 것이다.

컴퓨터프로그램을 저작권법에 따라 보호하게 되면 특허와 같은 복잡한 심사과정을 거치지 않아도 된다. 또한 창작과 동시에 권리가 발생하며 조약에 따른 국제적인 보호도 쉽게 받을 수 있다. 이에 반하여 특허법에 의하여 보호할 경우 장기간에 걸친 복잡한 심사과정을 거쳐야 권리를 받을 수 있고, 보호를 받고자 하는 나라마다 출원을 하여야 하는 불편함이 있다. 그리고 그 보호기간도 출원 후 20년으로 되어 있어 사후 70년 동안 보호하는 저작권법의 경우보다 훨씬 짧다. 그러나 컴퓨터프로그램을 저작권법에 의하여 보호할 경우 저작권법은 구체적인 표현만을 보호하므로, 같은 기능을 가진 컴퓨터프로그램이라 하더라도 그 지시·명령의 구체적 표현이 다르면 그러한 프로그램에 대하여는 침해 주장을 할 수가 없다. 실제 컴퓨터프로그램에 있어서는 지시·명령의 구체적인 표현보다 그 프로그램이 어떠한 기능을 수행하는가 하는 점이 중요하다는 점을 고려하면 컴퓨터프로그램을 저작권법에 의하여 보호하는 것은 다소 한계가 있다.

---

181) 대법원 2005. 10. 4.자 2004마639 결정(뮤지컬 '사랑은 비를 타고' 사건).

Ⅱ. 특례규정

저작권법에서 컴퓨터프로그램에 대하여 특례로 규정하고 있는 내용들을 모두 나열해 보면 다음과 같다.[182]

(1) 업무상저작물의 요건 중 '공표' 요건의 배제(제 9 조 단서)
(2) 프로그램에 대한 동일성유지권 제한사유 규정(제13조 제 2 항 제 3 호, 제 4 호)
(3) 프로그램에 대한 대여권 규정(제21조)
(4) 저작재산권 제한사유 중 일반 저작물에 대한 일부 규정들(제23조, 제25조, 제30조, 제 32조)의 적용제외(제37조의2)
(5) 보호기간에 있어서 공표시 기산주의(제42조, 다만 2011. 6. 30. 저작권법 개정에 따라 프 로그램에 대한 부분이 삭제되어 그 시행일인 2013. 7. 1.부터는 프로그램저작물도 특례의 적 용을 받지 않고 일반 저작물과 동일하게 원칙적으로 사망시 기산주의가 적용됨).
(6) 저작재산권 양도시 2차적저작물작성권도 함께 양도한 것으로 추정(제45조 제 2 항 단서)
(7) 프로그램등록부의 별도 관리(제55조)
(8) 보호의 대상에 대한 제한(제101조의2)
(9) 프로그램의 저작재산권 제한사유(제101조의3, 제101조의4, 제101조의5)
(10) 프로그램의 임치(제101조의7)
(11) 프로그램에 대한 감정(제119조 제 1 항 제 2 호)
(12) 프로그램의 업무상 사용의 침해간주(제124조 제 1 항 제 3 호)

Ⅲ. 보호대상

1. 프로그램의 정의

저작권법에 흡수된 구 컴퓨터프로그램보호법은 컴퓨터프로그램저작물을 "특정한 결과 를 얻기 위하여 컴퓨터 등 정보처리능력을 가진 장치(이하 '컴퓨터'라 한다) 내에서 직접 또는 간접으로 사용되는 일련의 지시·명령으로 표현된 창작물을 말한다"고 정의하고 있었고(동법 제 2 조 제 1 호), 이러한 정의규정은 현행 저작권법 제 2 조 제16호에 그대로 반영되어 있다.

---

182) 이상, 이해완, 전게서, 744면.

2. 프로그램의 요건

가. 정보처리능력을 가진 장치 내에서 사용되는 것

통상 컴퓨터가 가지고 있는 연산·제어(통제)·기억·입력·출력의 5종류의 기능 중 입력·출력의 기능이 없더라도 연산·제어·기억의 기능만 가지고 있으면 여기서 말하는 정보처리능력을 가진 장치라고 할 수 있다. 그러한 장치 내에서 사용된다는 것은 그러한 장치의 통상적인 용법에 따라 사용될 수 있는 것을 의미한다.[183]

나. 특정한 결과를 얻을 수 있을 것

특정한 결과를 얻을 수 있다는 것은 어떠한 의미를 갖는 하나의 일을 할 수 있다는 의미이다. 그 일의 크고 작음이나 가치의 높고 낮음은 문제되지 않는다. 응용프로그램(application program)이 전체로서 하나의 프로그램인 경우에 그것이 몇 개의 독립하여 기능할 수 있는 모듈이나 서브루틴으로 구성되어 있으면, 이들도 '프로그램'에 해당하는 것으로 볼 수 있다.[184]

다. 컴퓨터 내에서 직접·간접으로 사용되는 일련의 지시·명령일 것

프로그램은 일련의 지시·명령이다. 그러므로 단 한 스텝의 지시만으로는 프로그램이라고 볼 수 없을 것이다. 몇 스텝의 지시·명령이 결합되어야 프로그램으로 인정할 수 있을지는 구체적·개별적으로 판단하여 결정하여야 한다.

또한 프로그램이란 컴퓨터 내에서 직접·간접으로 사용되는 것이어야 한다. 이것은 프로그램이라고 할 수 있기 위하여서는 그 지시나 명령이 컴퓨터에 대한 것이어야 한다는 의미이다. 따라서 흐름도(flowchart) 등은 컴퓨터에 대한 지시·명령이 아니므로 프로그램이 아니고 통상의 저작물로 인정될 수 있을 뿐이다.

그리고 "직접 또는 간접으로 사용되는 일련의 지시·명령으로"에서 '직접 또는 간접'이란 프로그램이 컴퓨터 내에서 사용되는 방법은 관계가 없다는 의미로 해석되고, 따라서 원시코드(source code)와 목적코드(object code)가 모두 포함됨을 의미한다.[185]

---

183) 오승종·이해완, 전게서, 614면.
184) 상게서, 614면.
185) 송영식 외 2인, 지적소유권법(하), 육법사, 554면.

라. 외부에 표현된 것일 것

이것은 일반 저작물의 성립요건을 재확인한 것으로서, 아이디어는 보호되지 않고 아이디어의 '표현'이 보호대상이라는 의미를 내포한다. 외부에 표현된 것을 요구할 뿐이므로 이른바 '유형적 표현매체에의 고정'(fixation in a tangible medium of expression)을 요하는 것은 아니라고 해석된다.[186]

마. 창작성을 가질 것

프로그램저작물도 일반 저작물과 마찬가지로 창작성을 요건으로 한다는 점에 대하여는 이론이 없다. 프로그램의 '표현'에 창작성이 있을 것을 요하므로 아이디어에 창작성이 있는 것만으로는 저작권의 보호를 받을 수 없다.

3. 적용범위의 제한

저작권법은 프로그램을 작성하기 위하여 사용하고 있는 프로그램 언어, 규약, 해법에 대하여는 이를 보호대상에서 제외하고 있다(저작권법 제101조의2). 이 규정은 저작권법의 원리인 아이디어·표현 이분법이 적용된 것으로 볼 수 있다.

가. 프로그램 언어

프로그램 언어란 프로그램을 표현하는 수단으로서의 문자·기호 및 그 체계를 말한다(저작권법 제101조의2 제 1 호). 프로그램 언어를 보호대상에서 제외시킨 이유는 프로그래머들이 공동이용하고 있는 프로그램 언어에 대하여 독점권을 인정할 경우 프로그램 간의 호환성 확보가 어려우며 산업의 발전을 기대할 수 없기 때문이다. 프로그램 언어는 표현의 수단이지 표현 그 자체가 아니다. 따라서 전통적으로 아이디어의 영역에 속하는 것으로 분류되는 이른바 '창작의 도구'(building blocks)에 해당한다고 볼 수 있다.

나. 규   약

규약이란 특정한 프로그램에 있어서 프로그램 언어의 용법에 관한 특별한 약속을 말한다(저작권법 제101조의2 제 2 호). 규약은 컴퓨터 사이의 호환성을 확보하고 데이터의 교환을 용

---

186) 이에 대하여는 '고정'을 요구한다는 반대의 견해도 있다: 전석진, 디지털시대의 저작권, 지적재산권법 강의, 홍문사, 1997, 252면.

이하게 하기 위하여 사용된다. 구체적으로는 프로그램 언어의 사용방법을 기술한 사용설명
서, 프로그램과 시스템 분석에 있어서 인정되는 표준적인 약속들, 프로그램과 프로그램 상
호간 및 하드웨어와 프로그램 상호간, 하드웨어와 하드웨어 상호간, 그리고 네트워크 시스
템에 접속하기 위한 약속 등이 이에 해당한다.[187]

다. 해   법

해법이란 프로그램에 있어서의 지시·명령의 조합방법을 말한다(저작권법 제101조의2 제3
호). 알고리즘, 즉 프로그램에 있어서 특정한 문제를 해결하기 위한 논리적인 순서가 여기에
해당한다. 이 규정은 프로그램의 해법 자체에 관한 프로그램저작권의 보호를 부정하는 취지
일 뿐, 더 나아가 프로그램 해법이 구체적으로 표현된 코드에 대해서까지 보호를 부정하는
취지는 아니다. 따라서 프로그램의 알고리즘 자체는 추상적인 아이디어로서 저작권의 보호
대상이 될 수 없으나, 알고리즘이 구체적으로 표현된 코드는 저작권의 보호대상이 된다. 다
만, 특정한 알고리즘의 표현방법이 이론상 또는 사실상 한 가지 밖에 없는 경우에는 아이디
어와 표현의 합체의 원칙에 의하여 그 표현은 보호받지 못하게 될 것이다.[188]

4. 프로그램의 창작성

프로그램은 기능적 저작물로서의 특성을 가지고 있으므로 다른 문예적 저작물과는 달
리 그 창작성의 유무를 다소 신중하게 해석하여야 한다. 독일에서는 프로그램의 창작성을,
첫째 기존의 프로그램들과 비교하여 문제된 프로그램의 새로운 요소들을 찾아내서 그 새로
운 요소들만을 판단의 대상으로 하고, 둘째 그러한 새로운 요소들이 일반적인 프로그램 개
발과정에서 통상적으로 만들어질 수 있는 것인지를 판정하는 2단계 판단방법을 거치도록
하여 비교적 엄격하게 판단하고 있다고 한다.[189]

미국의 법원도 저작물을 문예적 저작물과 기능적 저작물로 구별하여 기능적 저작물의
경우에는 최소한의 창작성이 있는지 여부를 더 신중하게 심리하는 경향을 보이고 있다.[190]

프로그램이라고 하여 특별히 다른 기준을 적용할 것은 아니다. 다만 기능적 저작물로서
의 특성을 감안하여 문예적 저작물의 경우보다는 상대적으로 신중하게 창작성 유무를 판단
할 필요가 있다.

187) 박덕영, 전게서, 9면.
188) 권영준, 컴퓨터프로그램저작권과 아이디어/표현 이분법, 사이버지적재산권법, 법영사, 2004, 288면.
189) Inkasso-Programm 판결 등: 이기수 외 6인, 지적소유권법, 한빛지적소유권센터, 1135, 1136면 참조.
190) NEC Co. v. Intel Co., 10 U.S.P.Q. 2d(BNA) 1177 판결 등, 오승종·이해완, 전게서, 616면 참조.

Ⅳ. 프로그램 저작자

1. 업무상 창작한 프로그램의 저작자

가. 공표 요건의 삭제

2009년 개정 저작권법은 구 컴퓨터프로그램보호법을 흡수통합하면서 제 9 조(업무상저작물의 저작자)에서, "법인 등의 명의로 공표되는 업무상저작물의 저작자는 계약 또는 근무규칙 등에 다른 정함이 없는 때에는 그 법인 등이 된다. 다만, 컴퓨터프로그램저작물(이하 "프로그램"이라 한다)의 경우 공표될 것을 요하지 아니한다"고 규정함으로써 프로그램에 대하여는 업무상저작물로 성립하는데 있어서 '공표'를 요건으로 하지 않고 있다.

구 컴퓨터프로그램보호법은 저작권법과 마찬가지로 "법인 등의 명의로 공표된 것"을 요건으로 하고 있었다. 그러던 것을 1994년 법 개정을 통하여 위 요건을 삭제하게 되었는데, 이는 미공표 프로그램 즉, 개발진행 중에 있는 프로그램도 법인 등에게 저작권이 귀속되도록 하기 위한 것이다. 개발 진행 중에 법인의 종업원이 미공표 프로그램의 소스코드를 빼내어 거기에 약간의 자신의 창작을 덧붙여 먼저 개발완료한 후 제품을 만들고 이를 자기 이름으로 공표함으로써 오히려 법인 등에 대하여 저작권침해 주장을 하는 것을 막기 위한 것이다.191) 또한 기업의 입장에서는 여러 가지 목적으로 개발된 프로그램을 공표하지 아니하고 영업비밀로 해 놓는 경우도 있을 것인데, 이와 같이 프로그램의 공표가 예정되어 있지 않다고 하여 그 프로그램의 저작권이 종업원에게 원시적으로 귀속된다고 하게 되면 기업의 입장에서는 향후 프로그램저작권과 관련된 분쟁을 방지하기 위하여 모든 프로그램을 공개하여야 하는 문제가 발생할 수 있다. 물론 사용자가 종업원으로부터 프로그램 저작재산권의 승계를 받는 것도 가능하지만, 그렇더라도 인격권은 종업원에게 남아 있게 되어 여러 가지 문제를 발생케 할 우려가 있다. 따라서 이러한 경우에도 프로그램의 저작권이 기업에게 원시적으로 귀속하도록 하기 위하여서는 공표요건을 아예 삭제할 필요성이 있었던 것이다.

나. 기타 요건

업무상저작물 성립요건 중 공표요건을 제외한 기타 요건(법인 등의 기획, 법인 등의 업무에 종사하는 자, 업무상 창작, 계약이나 근무규칙에 다른 정함이 없을 것)은 다른 일반 저작물의 경우와 동일하다.

다만, 업무상저작물에 관한 규정은 창작자가 저작자로 된다는 저작권법의 대원칙에 대

191) 한국컴퓨터프로그램보호회 외 1, 소프트웨어저작권보호와 침해 대응책, 1998, 116면.

한 예외규정이므로 가급적 업무상저작물의 성립은 좁게 인정되어야 한다는 것이 실무와 학설의 입장이다. 그런데 우리 판례의 경향을 살펴보면 일반 저작물의 경우보다 프로그램저작물의 경우에 있어서는 업무상저작물의 성립을 보다 넓게 인정하고 있음을 볼 수 있다. 이는 다른 저작물에 비하여 산업재산권적인 성격이 강한 프로그램저작물의 특성을 고려한 것으로 생각된다. 대법원 2000. 11. 10. 선고 98다60590 판결은, "업무상 창작한 프로그램의 저작자에 관한 구 컴퓨터프로그램보호법(1994. 1. 5. 법률 제4712호로 개정되기 전의 것) 제 7 조의 규정은 프로그램 제작에 관한 도급계약에는 적용되지 않는 것이 원칙이나, 주문자가 전적으로 프로그램에 대한 기획을 하고 자금을 투자하면서 개발업자의 인력만을 빌어 그에게 개발을 위탁하고, 이를 위탁받은 개발업자는 당해 프로그램을 오로지 주문자만을 위해서 개발·납품하여 결국 주문자의 명의로 공표하는 것과 같은 예외적인 경우에는 법인 등의 업무에 종사하는 자가 업무상 창작한 프로그램에 준하는 것으로 보아 같은 법 제 7 조를 준용하여 주문자를 프로그램저작자로 볼 수 있다"고 하였다.

V. 프로그램 저작재산권의 제한

1. 서   설

프로그램에 대하여는 저작재산권 제한 규정 중 제23조(재판절차 등에서의 복제)·제25조(학교교육목적 등에의 이용)·제30조(사적이용을 위한 복제) 및 제32조(시험문제로서의 복제) 규정을 적용하지 아니한다. 다만, 프로그램에 대하여는 2009. 4. 22. 법 개정에 따라 신설된 제101조의3(프로그램의 저작재산권의 제한), 제101조의4(프로그램코드 역분석), 제101조의5(정당한 이용자에 의한 보존을 위한 복제 등) 부분이 프로그램 저작재산권의 제한 규정으로서의 역할을 하고 있다.

2. 제한의 내용

가. 개   요

다음 각 호의 어느 하나에 해당하는 경우에는 그 목적상 필요한 범위에서 공표된 프로그램을 복제 또는 배포할 수 있다. 다만, 프로그램의 종류·용도, 프로그램에서 복제된 부분이 차지하는 비중 및 복제의 부수 등에 비추어 프로그램의 저작재산권자의 이익을 부당하게 해치는 경우에는 그러하지 아니하다(저작권법 제101조의3 제 1 항).

① 재판 또는 수사를 위하여 복제하는 경우(제1호)

② '유아교육법', '초·중등교육법', '고등교육법'에 따른 학교 및 다른 법률에 따라 설립된 교육기관(상급학교 입학을 위한 학력이 인정되거나 학위를 수여하는 교육기관에 한한다)에서 교육을 담당하는 자가 수업과정에 제공할 목적으로 복제 또는 배포하는 경우(제2호)

③ '초·중등교육법'에 따른 학교 및 이에 준하는 학교의 교육목적을 위한 교과용 도서에 게재하기 위하여 복제하는 경우(제3호)

④ 가정과 같은 한정된 장소에서 개인적인 목적(영리를 목적으로 하는 경우를 제외한다)으로 복제하는 경우(제4호)

⑤ '초·중등교육법', '고등교육법'에 따른 학교 및 이에 준하는 학교의 입학시험이나 그 밖의 학식 및 기능에 관한 시험 또는 검정을 목적(영리를 목적으로 하는 경우를 제외한다)으로 복제 또는 배포하는 경우(제5호)

⑥ 프로그램의 기초를 이루는 아이디어 및 원리를 확인하기 위하여 프로그램의 기능을 조사·연구·시험할 목적으로 복제하는 경우(정당한 권한에 의하여 프로그램을 이용하는 자가 해당 프로그램을 이용 중인 때에 한한다)(제6호)

제3호에 따라 프로그램을 교과용 도서에 게재하려는 자는 문화체육관광부장관이 정하여 고시하는 기준에 따른 보상금을 해당 저작재산권자에게 지급하여야 한다. 보상금 지급에 대하여는 저작권법 제25조 제5항부터 제9항까지의 규정을 준용한다(제101조의3 제2항).

일반 저작물의 경우 저작권법 제23조(재판절차 등에서의 복제)에서 입법·행정의 목적을 위한 복제도 허용하고 있으나, 프로그램의 경우에는 이 규정의 적용을 받지 아니하고 "재판 또는 수사를 위하여 복제하는 경우"만을 제한사유로 규정하고 있다.

일반 저작물의 경우 저작권법 제25조(학교교육목적 등에의 이용)의 제한규정이 적용되나, 프로그램에 대하여는 이 규정의 적용이 제외되고 있으며, 다만 위 제2호, 제3호에서 보는 바와 같이 제25조보다 상당히 축소된 범위 내에서의 저작재산권 제한이 허용되고 있다. 따라서 일반 저작물과는 달리 제2호의 수업목적의 이용에서도 복제 또는 배포만이 허용되고 있을 뿐, 공연, 방송 및 전송은 허용되지 않으며, 교육지원기관에 대한 저작재산권 제한 규정이 존재하지 않고, 나아가 교육을 받는 자에 대한 제한규정 역시 존재하지 않는다.

또한 일반 저작물의 경우 저작권법 제32조(시험문제로서의 복제)에서 학교의 입학시험 그 밖에 학식 및 기능에 관한 시험 또는 검정을 위하여 필요한 경우에는 그 목적을 위하여 정당한 범위에서 공표된 저작물을 복제·배포할 수 있다고 규정하고 있으나, 프로그램의 경우에는 '초·중등교육법', '고등교육법'에 따른 학교 및 이에 준하는 학교의 경우에만 적용이 되도록 그 범위가 제한되어 있다.

나. 제 4 호 – 프로그램의 사적복제

프로그램 저작재산권의 제한 중에서 특히 프로그램저작권자의 경제적 이익을 해칠 우려가 큰 것으로 문제가 되는 것은 제 4 호의 경우이다. 따라서 일반 저작물의 경우에는 비영리목적으로 개인적으로 이용하는 경우 또는 가정 및 이에 준하는 한정된 범위 안에서 이용하는 경우에는 모두 복제할 수 있는 것으로 허용하고 있음에 반하여(저작권법 제30조, 사적이용을 위한 복제), 프로그램에 대하여는 그 목적과 장소를 더욱 제한적으로 규정하고 있다.

이 규정에서 말하는 "가정과 같은 한정된 장소에서 개인적인 목적"으로 이용하는 경우와 저작권법 제30조의 "개인적으로 이용하거나 가정 및 이에 준하는 한정된 범위 안에서"는 그 내용이 다르다. 저작권법 제30조의 경우에는 복제하는 사람 자신이 개인적으로 이용하는 경우뿐만 아니라 가정이나 그에 준하는 한정된 범위 안에 있는 소수의 사람들이 함께 이용하는 경우가 포함될 수 있지만, 프로그램에 대한 제101조의3 제 1 항 제 4 호가 적용되기 위해서는 복제하는 사람 자신이 개인적으로 이용하는 것을 목적으로 하는 경우일 것을 필요로 한다. 또한 "가정과 같은 한정된 장소에서"라고 하는 것은 이용자의 범위를 넓히는 것이 아니라 오히려 복제의 장소를 가정 안이나 혹은 그에 준하는 한정된 장소로 제한하는 의미로 해석된다. 즉, 가정과 같은 한정된 장소에서 복제한 경우에만 개인적인 목적으로 이용하는 것이 가능하다는 의미이다. 따라서 공공장소에 설치된 PC 등에 의한 복제는 개인적인 목적이라 하더라도 자유이용의 범위에서 제외된다.[192]

다. 제 6 호

제 6 호는 프로그램의 정당한 이용권자가 프로그램을 이용하여 실행하는 과정에서 그 프로그램의 기초를 이루는 아이디어 및 원리를 확인하기 위하여 프로그램의 기능을 조사, 연구, 시험할 목적으로 복제하는 경우에는 그 복제가 저작재산권자의 허락 없이 이루어진 경우라 하더라도 책임을 묻지 않겠다는 것이다. 저작권법의 보호대상은 표현이지 그 기초원리나 기술적 사상(아이디어)은 아니므로(아이디어/표현 이분법), 어떤 프로그램에 내재된 기초원리나 기술적 사상은 그에 대하여 특별히 특허권 등을 설정하여 별도로 보호를 받지 않는 이상, 그 기술적 사상에 접근하는 것을 과다하게 금지하는 것은 문화 및 관련 산업의 향상 발전에 이바지하기 위한 저작권법의 목적에는 맞지 않는다. 이러한 점에서 프로그램의 기초

---

192) 이해완, 전게서, 472면; 임원선, 실무자를 위한 저작권법(제4판), 한국저작권위원회(2014), 276면(이 견해에서는, 이 규정이 구 컴퓨터프로그램보호법에 있던 내용을 옮긴 것인데, 사적복제에 관하여 보다 엄격한 기준이 필요하다는 점은 이해되지만 일반 저작물과 이렇듯 차이를 두어야 할 이유를 찾기 어렵다고 비판하고 있다).

를 이루는 아이디어 및 원리를 확인하기 위하여 프로그램의 기능을 조사, 연구, 시험할 목적으로 복제하는 경우에는 프로그램의 저작재산권을 제한하고자 하는 것이 저작권법 제101조의3 제 1 항 제 6 호의 취지라고 할 수 있다.

이 규정에 의하여 프로그램의 복제가 허용되기 위한 요건은 ① 프로그램을 이용할 권한이 있는 자가 행할 것, ② 해당 프로그램을 실행하여 이용하는 과정에서 행할 것, ③ 그 프로그램의 기초를 이루는 아이디어 및 원리를 확인하기 위한 것일 것, ④ 해당 프로그램의 기능을 조사·연구·시험할 목적으로 복제할 것으로 나누어 볼 수 있다.

프로그램의 원시코드를 직접 다루거나 목적코드를 원시코드로 역분석하는 과정 없이 프로그램을 컴퓨터상에서 실행하는 과정을 통하여 프로그램에 포함된 아이디어 및 원리를 분석하여 확인하는 것을 '블랙박스 분석'(black box analysis)이라 부르기도 한다.

3. 컴퓨터의 유지·보수를 위한 일시적 복제

저작권법 제101조의3 제 2 항은 "컴퓨터의 유지·보수를 위하여 그 컴퓨터를 이용하는 과정에서 프로그램(정당하게 취득한 경우에 한한다)을 일시적으로 복제할 수 있다"고 규정한다. 이 규정은 2011년 개정 저작권법에서 신설되었다.

PC, 스마트폰 등의 정보처리장치(컴퓨터)에 프로그램이 설치되어 있는 상태에서 컴퓨터가 고장이 나면 이를 수리하는 과정에서 운영체제를 새로 깔아 설치하여야 하는 경우가 있다. 이때 기존의 하드디스크 등에 설치되어 있던 프로그램을 일시적으로 다른 저장매체에 복제해 두었다가 다시 컴퓨터로 복제하는 과정을 거쳐야 하는 경우가 많은데, 그러한 경우에 일시적으로 프로그램을 다른 매체에 복제하는 등의 행위를 허용하기 위하여 이 규정을 마련하게 된 것이다.[193]

4. 프로그램코드의 역분석

가. 의   의

일반적으로 '역분석'(reverse engineering)이라고 하면 "인간이 생산한 공업제품으로부터 그 노하우(know-how)나 지식을 추출하는 공정"이라고 이해된다.[194] 저작권법에서는 '프로그램코드 역분석'을 "독립적으로 창작된 컴퓨터프로그램저작물과 다른 컴퓨터프로그램과의

---

193) 이해완, 전게서, 506면. 박성호, 전게서, 600면.
194) 전성태, 프로그램코드 역분석에 관한 소고, 디지털재산법연구, 제 4 권 제 1 호, 세창출판사, 2005, 274면.

호환에 필요한 정보를 얻기 위하여 컴퓨터프로그램저작물코드를 복제 또는 변환하는 것을 말한다"고 정의하고 있다(저작권법 제 2 조 제34호). 프로그램코드의 역분석은 보통 목적코드 (object code) 형태의 프로그램을 원시코드(source code) 형태로 변환하는 방법으로 이루어진다. 원시코드는 '소스코드'라고도 하며 인간이 판독할 수 있는 프로그램 언어로 작성된 프로그램에 대한 명령문으로서 일반적으로 인간이 읽고 쓸 수 있는 텍스트 파일 형태로 만들어진다. 이에 반하여 목적코드는 원시코드에 대응되는 개념으로서, 인간은 이해할 수 있지만 기계(컴퓨터)는 이해할 수 없는 원시코드를 컴파일러나 어셈블러 등의 번역기를 통하여 기계가 판독할 수 있는 형태의 명령문으로 변환시킨 것이다. 프로그램의 개발은 컴퓨터가 수행하여야 할 동작에 대한 명령을 원시코드 형태로 작성한 후 그 원시코드를 기계어인 목적코드로 변환하는 과정으로 이루어진다. 프로그램코드의 역분석은 이와 같은 개발과정과 역순의 과정을 거치는 것인데, 주로 목적코드를 디스에셈블러(disassembler) 또는 디컴파일러(decompiler)라는 소프트웨어를 통하여 자동적으로 원시코드의 형태로 변환하는 것이다.

나. 제101조의3 제 1 항 제 6 호와의 관계

저작권법 제101조의3 제 1 항 제 6 호(블랙박스 분석)와 제101조의4(프로그램코드 역분석)의 관계를 살펴본다. 블랙박스 분석을 하는 과정에서는 필연적으로 해당 프로그램에 대한 복제행위가 수반될 수밖에 없는데, 이때 그 프로그램의 기초를 이루는 아이디어 및 원리(이 부분은 저작권법의 보호대상이 아니다)를 확인하기 위하여 프로그램의 기능을 조사, 연구, 시험할 목적으로 복제하는 것은 프로그램 저작재산권의 제한에 관한 일반규정인 저작권법 제101조의3 제 1 항 중 제 6 호에 해당하여 면책이 될 수 있다. 그러나 이에 해당하지 않는 경우라 하더라도, 즉 프로그램의 기초를 이루는 아이디어 및 원리를 확인하기 위한 경우가 아니라 하더라도, 역분석 가운데서 특히 프로그램의 호환성 확보를 위하여 하는 '프로그램코드 역분석'[195]은 별도의 특례규정인 제101조의4 제 1 항에 의하여 면책될 수 있는 것이다.[196]

---

195) 저작권법은 넓은 의미의 역분석 중에서 특히 "독립적으로 창작된 컴퓨터프로그램저작물과 다른 컴퓨터프로그램과의 호환에 필요한 정보를 얻기 위하여 컴퓨터프로그램저작물코드를 복제 또는 변환하는 것을 특별히 '프로그램코드 역분석'이라고 별도의 정의 규정을 두고 있다(저작권법 제 2 조 제34호).

196) 서울중앙지방법원 2014. 1. 23. 선고 2013가합23162 판결은, "저작권법은 제101조의3 제 1 항에서 공표된 프로그램을 복제 또는 배포할 수 있는 일반적인 예외사유를 규정한 다음, 제101조의4 제 1 항에서 특히 프로그램코드 역분석을 할 수 있는 예외사유를 별도로 규정하는 체계로 이루어져 있는 점 등을 종합해 보면, 저작권법 제101조의3 제 1 항은 프로그램의 복제를 전제로 하는 프로그램의 역분석에 관하여 적용되는 일반규정이고 같은 법 제101조의4 제 1 항은 역분석 가운데서 특히 프로그램의 호환성 확보를 위한 프로그램코드 역분석에 관하여 적용되는 특별규정이라 할 것이므로, 프로그램의 역분석은 저작권법 제101조의3 제 1 항 각 호에 규정된 예외사유에 해당하는 경우에는 해당 프로그램에 관한 복

다. 요   건

제101조의4 제 1 항 규정에 의한 역분석을 할 수 있는 주체는 "정당한 권원에 의하여 프로그램을 이용하는 자 또는 그의 허락을 받은 자"이다. 따라서 해커나 불법 복제물의 소지자는 설사 그 목적이 정당하다고 할지라도 역분석이 허용되지 않는다.

또한 역분석이 허용되는 범위는 "프로그램의 호환에 필요한 부분"에 한정된다. 법문에서 '호환'이라고 하고 있는데 이는 적절한 용어가 아니다. 원래 '호환성'(compatability)이라고 하면 특정한 하드웨어나 소프트웨어와 대체 가능한 성질을 의미하는 것이기 때문이다. 컴퓨터프로그램저작물은 일반 저작물과는 달리 단독으로 이용되기보다는 컴퓨터 시스템의 다른 소프트웨어나 하드웨어, 그리고 사용자와의 관계(user interface)에서 그 기능을 발휘한다. 그런데 프로그램이 당초 의도한대로 작동할 수 있으려면 이러한 다른 구성요소들과 적절히 연결되어 함께 작동되어야 하는데, 이를 제101조의4 법문에서는 '호환(성)'이라고 표현하고 있는 것이다. 따라서 이를 정확하게 표현하면 '상호운용성'(相互運用性, interoperability)이라고 하여야 한다.[197] 그런데 프로그램이 제작되는 때에 이러한 상황이 모두 고려될 수는 없기 때문에 결국 이러한 상호운용(법문에서의 호환)을 위한 노력은 상당부분 이용자의 몫이 된다. 따라서 이를 위해서는 상호운용에 필요한 프로그램의 일부 정보를 알 필요가 있는데, 프로그램은 일반적으로 기계만이 이해할 수 있는 언어로 컴파일 된 목적코드 형태로 배포되기 때문에 일반 저작물과는 달리 그 자체로는 내용을 알아볼 수 없다. 그래서 원래의 코드인 원시코드(source code)로 되돌리는 디컴파일(decompile) 작업이 필수적인데 이와 같은 디컴파일(逆컴파일) 과정에서 프로그램에 대한 복제 또는 변환이 발생하게 된다. 이것은 프로그램을 정상적으로 이용하기 위하여 인정되는 공정한 이용에 해당한다. 따라서 프로그램 저작재산권자의 허락을 받지 않고서도 가능하도록 허용한 것이다.[198]

역분석은 "호환에 필요한 정보를 쉽게 얻을 수 없고 그 획득이 불가피한 경우"에만 허용된다. 이를 '보충성의 원칙'이라고 한다. 따라서 사용자 매뉴얼이나 기타의 방법을 통하여 호환에 필요한 정보를 획득할 수 있는 경우에는 역분석이 허용되지 않는다.[199]

제권과 배포권을 침해하지 아니하고, 프로그램의 호환에 필요한 정보를 얻기 위한 프로그램코드 역분석은 저작권법 제101조의4 제 1 항에 규정된 예외사유에 해당하는 경우 해당 프로그램에 관한 저작재산권을 침해하지 아니한다고 보아야 한다"라고 판시하고 있다.

197) 박성호, 전게서, 604면. 그래서 미국 저작권법과 유럽연합 컴퓨터프로그램 지침에서는 모두 '상호운용성'(interoperability)이란 용어를 사용하고 있다고 한다.

198) 임원선, 전게서, 295면. 박성호, 전게서, 604면.

199) 전성태, 전게논문, 278-279면.

5. 프로그램 사용자에 의한 복제

프로그램의 복제물을 정당한 권한에 의하여 소지·이용하는 자는 그 복제물의 멸실·훼손 또는 변질 등에 대비하기 위하여 필요한 범위에서 해당 복제물을 복제할 수 있다(저작권법 제101조의5 제 1 항). 프로그램의 복제물을 소지·이용하는 자는 해당 프로그램의 복제물을 소지·이용할 권리를 상실한 때에는 그 프로그램의 저작재산권자의 특별한 의사표시가 없는 한 제1 항에 따라 복제한 것을 폐기하여야 한다. 다만, 프로그램의 복제물을 소지·이용할 권리가 해당 복제물이 멸실됨으로 인하여 상실된 경우에는 그러하지 아니하다(같은 조 제 2 항).

이 규정은 컴퓨터프로그램이라는 특수성에 기하여 인정되는 저작권의 제한으로서, 프로그램 사용자에 의한 '보존용 복제'(backup copying)를 허용하는 규정이다. 그 취지에 비추어 볼 때 이 규정은 패키지 소프트웨어에는 적용되지 않는다는 견해도 있다. 즉, 패키지 소프트웨어의 경우에는 일반적으로 하드디스크에 복제하여 사용하게 되는데, 그 때에는 원래의 CD가 보존용 복제물의 역할을 하게 된다는 것이다.[200]

Ⅵ. 프로그램배타적발행권

프로그램배타적발행권은 물권은 법률에 의하여 창설된다는 '물권법정주의' 원칙에 입각하여 출판권과 마찬가지로 저작권법에 의하여 창설된 준물권이며, 특별히 프로그램에 한정된 배타적 권리이다. 저작권법 제101조의6에서는 프로그램배타적발행권과 관련하여 출판권과 거의 동일한 내용의 특례규정을 두고 있다.

Ⅶ. 프로그램의 임치

프로그램의 저작재산권자와 프로그램의 이용허락을 받은 자는 대통령령으로 정하는 자('수치인')와 서로 합의하여 프로그램의 원시코드 및 기술정보 등을 수치인에게 임치할 수 있다(저작권법 제101조의7 제 1 항). 프로그램의 이용허락을 받은 자는 그 합의에서 정한 사유가 발생한 때에 수치인에게 프로그램의 원시코드 및 기술정보 등의 제공을 요구할 수 있다(같은 조 제 2 항).

---

200) 박덕영, 전게서, 16면 참조.

이는 프로그램의 이용허락을 받은 사람이 안정적으로 프로그램을 이용할 수 있도록 보장하기 위하여 이용을 허락한 프로그램의 저작재산권자가 프로그램의 원시코드 및 기술정보 등을 임치하여 필요한 경우에 프로그램의 이용허락을 받은 자에게 제공할 수 있도록 한 것이다. 프로그램의 경우에 이용허락 시 원시코드를 제공하지 않는 경우가 많은데, 이때 프로그램 저작권자가 폐업 또는 파산하거나 그 밖의 다른 사유로 원시코드가 멸실되면 프로그램의 유지·보수를 계속할 수 없게 된다. 프로그램 임치제도는 이러한 경우에 대비하여 원시코드와 기술정보 등을 신뢰할 수 있는 제3의 기관에 임치해 두었다가 미리 합의한 일정한 때에 이를 이용권자에게 교부할 수 있게 함으로써 이용권자가 프로그램을 안정적으로 이용할 수 있도록 한 제도이다.201) 현재 저작권법시행령은 수치인으로 한국저작권위원회를 지정하고 있다(시행령 제39조의2).

---

201) 임원선, 실무자를 위한 저작권법, 개정판, 한국저작권위원회, 2009, 152면.

Chapter 08

저작권의 등록과 위탁관리 · 저작권위원회 · 저작권보호원

CHAPTER 08

저작권의 등록과 위탁관리·
저작권위원회·저작권보호원

제1절 저작권 등의 등록 및 인증제도

I. 서 설

저작권의 등록이란 저작자의 성명 등 저작권법에서 정한 일정한 사항을 저작권등록부에 기재하는 것 또는 그 등록부의 기재를 말한다. 우리 저작권법은, 저작권은 저작물을 창작한 때로부터 발생하며 어떠한 절차나 형식의 이행을 필요로 하지 않는다는 이른바 '무방식주의'를 채택하고 있다.[1] 따라서 등록이 저작권의 발생 여부를 좌우하는 것은 아니다. 또한 저작권법상의 등록은 하나의 공시제도로서 공시력(公示力)만 있을 뿐이지 실체적 권리관계를 좌우하는 공신력(公信力)이 있는 것도 아니다. 따라서 저작권등록부의 등록사항을 신뢰하고 거래를 하였으나 등록내용이 진실한 권리관계와 일치하지 않는 경우에는 그 등록사항을 신뢰한 사람은 보호를 받지 못한다. 즉, 저작권 등록과 관련하여서는 이른바 '공신(公信)의 원칙'이 적용되지 않는다.

그러나 저작권법은 저작권에 관하여 일정한 사항을 공부인 저작권등록부에 등록하게 함으로써 공중에게 공개·열람하도록 하여 공시적인 효과를 기대함과 동시에, 등록된 일정한 사항에 대하여는 분쟁이 생겼을 때 입증의 편의를 위한 추정의 효력을 가지게 하고, 한편으로는 거래의 안전을 위하여 제3자에게 대항할 수 있는 대항력을 가지게 하였다.[2] 다만, 등록이 제3자에 대한 대항력을 가지는 것은 저작권법이 정하고 있는 일정한 사항만으로 한정된다. 저작권의 발생 여부는 등록과 상관이 없으며, 따라서 저작물을 창작하여 저작

---

1) 저작권법 제10조 제2항.
2) 오승종·이해완, 저작권법, 제4판 박영사, 2005, 458면.

권을 원시취득하는 경우 등록하지 않아도 제 3 자에게 대항할 수 있다.[3]

저작권의 등록 및 권리변동 등의 등록에 관한 규정은 저작인접권과 데이터베이스제작자의 권리에 각각 준용되고 있다(제90조, 제98조).

Ⅱ. 저작자 및 저작물과 관련된 등록

1. 의   의

저작자는 다음의 사항을 등록할 수 있다(저작권법 제53조 제 1 항)

① 저작자의 실명·이명(공표 당시에 이명을 사용한 경우에 한한다)·국적·주소 또는 거소
② 저작물의 제호·종류·창작연월일
③ 공표의 여부 및 맨 처음 공표된 국가·공표연월일
④ 기타 대통령령으로 정하는 사항

2006년 개정 이후 저작권법은 저작권등록을 할 수 있는 자를 저작자로 한정하였다. 저작재산권자는 그가 저작자 본인인 경우에는 저작자로서 등록을 할 수 있고, 저작자는 아니지만 저작재산권을 양수한 자인 경우에는 저작권법 제54조의 저작재산권 변동등록을 하여야 한다.

저작권법 제53조 제 1 항 제 4 호에서 규정하고 있는 등록을 할 수 있는 사항으로서 "기타 대통령령으로 정하는 사항"은, (1) 2차적저작물의 경우 원저작물의 제호 및 저작자, (2) 저작물이 공표된 경우에는 그 저작물이 공표된 매체에 관한 정보, (3) 등록권리자가 2명 이상인 경우 각자의 지분에 관한 사항 등이다(저작권법 시행령 제24조).

2. 효   과

가. 성명등록의 효과

저작권법 제53조 제 1 항 및 제 2 항의 규정에 의하여 저작자로 실명이 등록된 자는 그

---

3) 서울지방법원 1997. 8. 12. 선고 97노50 판결(법률신문 제2625호)은, "저작권법상의 권리는 그 성질상 특정한 형식이나 절차에 관계없이 저작자가 저작물을 저작한 때로부터 당연히 발생하고 성립하는 것이어서(저작권법 제10조 제 2 항), 관계행정기관에 저작권이 등록되어 있는지, 또는 누구의 명의로 등록되어 있는지의 여부는 저작권의 성립 자체와는 무관하다'고 하였다.

등록저작물의 저작자로 추정된다(제53조 제 3 항). 저작자로 추정된다는 것은 소송법적으로 저작자가 누구냐에 대한 입증책임이 전환된다는 것을 의미한다. 저작권침해소송에서 원래는 저작자라고 주장하는 자가 자신이 저작자임을 입증하여야 할 것이나, 본 항에 의하여 추정을 받게 되면 그 입증책임이 전환되어 그가 저작자가 아니라는 사실을 상대방이 입증(반증)하여야 한다. 본 항에 의하여 인정되는 것은 '추정'(推定)이지 '의제'(擬制)가 아니므로 상대방의 반증에 의하여 그 추정력이 깨어질 수 있다.

나. 창작일·최초공표일 등 등록의 효과

저작권법 제53조 제 1, 2 항의 규정에 의하여 창작연월일 또는 맨 처음의 공표연월일이 등록된 저작물은 그 등록된 연월일에 창작 또는 맨 처음 공표된 것으로 추정된다(제53조 제 3 항). 공표시를 보호기간의 기산점으로 하는 저작물에 있어서 공표시점에 대한 분쟁이 발생할 경우, 반증이 없는 한 이 규정에 의하여 저작권등록부에 기재되어 있는 공표연월일에 그 저작물이 공표된 것으로 추정하는 효과가 있다. 다만, 저작물을 창작한 때부터 1년이 경과한 후에 창작연월일을 등록한 경우에는 등록된 연월일에 창작된 것으로 추정하지 아니한다(위 같은 항 단서). 이는 저작권등록과 관련해서 등록관청에 실질적 심사권이 없다는 한계로 인하여, 창작한 때로부터 1년이 경과되지 아니하였음에도 불구하고, 마치 1년이 훨씬 더 경과한 것처럼 등록신청을 하더라도 이를 가려낼 현실적인 방법이 없게 되는데, 이러한 점을 악용해서 창작시점을 원래의 시점보다 소급하여 추정 받고자 하는 시도를 사전에 봉쇄하기 위하여 2009년 저작권법을 개정하면서 두게 된 규정이다.

다. 저작권 등 침해자의 과실 추정

저작권, 배타적발행권, 출판권, 저작인접권 또는 데이터베이스제작자의 권리가 등록되어 있는 경우에 그 권리를 침해한 자는 침해행위에 과실이 있는 것으로 추정한다(저작권법 제125조 제 4 항).

라. 법정손해배상 청구자격 부여

저작권법 제125조의2(법정손해배상의 청구) 제 3 항은, "저작재산권자등이 제 1 항에 따른 청구를 하기 위해서는 침해행위가 일어나기 전에 제53조부터 제55조까지의 규정(제90조 및 제98조에 따라 준용되는 경우를 포함한다)에 따라 그 저작물 등이 등록되어 있어야 한다"고 규정함으로써 저작물 사전 등록을 법정손해배상청구의 요건으로 하고 있다.

Ⅲ. 저작재산권의 변동에 관한 등록

1. 의의 – 대항요건

저작재산권의 양도(상속 기타 일반승계의 경우를 제외한다) 또는 처분제한, 저작재산권을 목적으로 하는 질권의 설정·이전·변경·소멸 또는 처분제한과 같은 사항은 이를 등록할 수 있으며, 등록하지 아니하면 제3자에게 대항할 수 없다(저작권법 제54조). 따라서 저작재산권이 양도 등의 사유로 변동된 경우 등록을 마치지 않았다 하더라도 그 변동의 효력은 발생하나 단지 이를 제3자에게 대항할 수 없을 뿐이다.

여기서 "대항할 수 없다"는 것은 제3자에게 저작재산권의 변동의 효력을 주장할 수 없다는 것을 의미한다. 즉, 저작재산권의 이전 등의 권리변동은 양도인과 양수인 등 당사자 사이의 의사표시에 의하여 실질적인 효력이 발생하고 등록을 하지 않더라도 당사자 사이에서는 그 권리변동의 효력을 주장할 수 있지만, 등록을 하지 않으면 거래의 당사자가 아닌 제3자에 대하여는 권리변동의 효과를 주장할 수 없다는 것을 의미한다.

2. 제3자의 범위

가. 무단이용자

일반적으로 대항력이 미치지 않는 제3자라 함은 권리변동에 관하여 당사자 및 당사자의 권리의무를 포괄적으로 승계한 자 이외의 모든 자를 말하는 것이 원칙이다. 그러나 여기서 말하는 저작재산권 등의 변동등록을 하지 않으면 대항할 수 없는 제3자라 함은, 등록이 존재하지 않는다는 것을 주장할 수 있는 "정당한 이익을 가지는 제3자"에 한정된다고 해석하여야 한다.[4] 즉, 본 조에서 말하는 제3자는 등록이 존재하지 않으면 스스로 저작재산권에 관한 권리주장을 할 수 있는 자에 한정된다는 것이다. 따라서 무단복제를 하고 있는 자, 무단출판을 하고 있는 자와 같이 저작권을 침해하는 불법행위를 하고 있는 제3자는 여기서 말하는 제3자에 해당하지 않는다. 대법원 판결도 같은 취지이다.[5] 저작재산권을 양수한 자는 그러

---

4) 足立謙三, 著作權の移轉と登錄, 裁判實務大系: 知的財産關係訴訟法, 靑林書院, 1997, 266면.
5) 대법원 2006. 7. 4. 선고 2004다10756 판결; 대법원 2002. 11. 26. 선고 2002도4849 판결: 구 저작권법 제52조에 따른 저작재산권의 양도등록은 그 양도의 유효요건이 아니라 제3자에 대한 대항요건에 불과하고, 여기서 등록하지 아니하면 제3자에게 대항할 수 없다고 할 때의 '제3자'란 당해 저작재산권의 양도에 관하여 양수인의 지위와 양립할 수 없는 법률상 지위를 취득한 경우 등 저작재산권의 양도에 관한 등록의 흠결을 주장함에 정당한 이익을 가지는 제3자에 한하고, 저작재산권을 침해한 사람은 여기서 말하는 제3자가 아니므로, 저작재산권을 양도받은 사람은 그 양도에 관한 등록여부에 관계없이

한 불법행위자에 대하여는 저작재산권 양도에 따른 등록을 하지 않았다 하더라도 양수받은 권리를 주장할 수 있고, 침해정지청구권 및 손해배상청구권 등의 권리를 행사할 수 있다.

나. 이중양수인

본 조의 '제3자'에 해당하는 가장 전형적인 예는 저작권자가 저작재산권을 이중으로 양도한 경우의 이중양수인이다. 대법원 1995. 9. 26. 선고 95다3381 판결은, 외국 작가의 저작물의 번역을 완성함으로써 그 2차적저작물에 대한 저작권을 원시적으로 취득한 자가 그 2차적저작물에 대한 저작재산권을 갑(甲)에게 양도하였으나 갑이 이에 대한 등록을 하지 아니한 사이에, 그 저작재산권 양도 사실을 모르는 을(乙)이 그 2차적저작물의 저작자와 저작물을 일부 수정, 가필하여 다시 출판하기로 하는 출판권 설정계약을 체결하고 그 등록까지 마쳤다면, 갑은 그 저작권의 양수로써 을에게 대항할 수 없다고 판시하였다.

다. 이용허락을 받은 자 등

저작재산권자 A가 X에게 저작재산권을 양도하고 그 등록을 하지 않고 있는 사이에, Y가 A로부터 그 저작재산권의 객체인 저작물의 이용허락을 받았을 경우에 X는 등록을 하지 않은 이상 제3자인 Y에 대하여 자신이 저작재산권을 양도받았다는 주장을 할 수 없고, 따라서 Y가 A로부터 받은 저작물 이용허락의 효력을 다툴 수 없다.[6] 즉, 저작재산권의 이중양도 뿐만 아니라, 저작재산권자로부터 출판권을 설정 받은 자,[7] 이용허락을 받은 자, 저작재산권을 목적으로 하는 질권을 설정받은 자 등은 모두 여기서 말하는 제3자가 된다.

라. 악의의 제3자

한편 본 조에서는 단순히 "제3자에게 대항할 수 없다"고 규정하고 있는데, 여기서 말하는 제3자가 선의의 제3자에 한정되는지 문제로 된다. 여기서 말하는 제3자는 선의의 제3자와 악의의 제3자 모두를 포함한다고 할 것이나, 다만 이중양도의 배임행위에 적극 가담한 배신적 악의자는 제외된다고 보는 것이 타당하다. 이때 '적극 가담'이라 함은 목적물(저작재산권)이 다른 사람에게 양도된 사실을 제2의 양수인이 안다는 것만으로는 부족하고,

---

그 저작재산권을 침해한 사람을 고소할 수 있다고 판시하였다.

6) 오승종·이해완, 전게서, 463면; 위 대법원 1995. 9. 26. 선고 95다3381 판결 참조. 서울중앙지방법원 2006. 10. 10. 선고 2003가합66177 판결은, "A는 이 사건 음반에 관한 저작인접권을 망 김광석으로부터, 또는 합의를 통해 피고 B로부터 양수한 사실을 저작권법에 정한 바에 따라 등록하지 않았으므로, 피고 B로부터 이용허락을 받아 음반을 제작, 판매한 피고 C, D, E, F에 대하여 위와 같이 저작인접권을 양수한 사실을 가지고 대항할 수 없다"고 판시하였다.

7) 위 대법원 1995. 9. 26. 선고 95다3381 판결.

양도사실을 알면서 제2의 양도행위(이중양도 행위)를 적극 요청하거나 유도하여 계약에 이르게 하는 정도가 되어야 한다.[8] 단순한 이중양도의 권유는 이에 해당하지 않는다.

Ⅳ. 기 타

1. 등록관청의 저작물등록심사권

판례는 저작권법의 규정내용과 저작권등록제도의 성질 및 취지에 비추어 보면 등록관청은 등록에 대하여 형식적 심사권한을 가지고 있지만 실질적 심사권한은 없는 것으로 보고 있다. 즉, 대법원 1996. 8. 23. 선고 94누5632 판결은, "등록관청으로서는 당연히 신청된 물품이 우선 저작권법상 등록대상인 '저작물'에 해당될 수 있는지 여부 등의 형식적 요건에 관하여 심사할 권한이 있다고 보아야 하고, 다만 등록관청이 그와 같은 심사를 함에 있어서는 등록신청서나 제출된 물품 자체에 의하여 당해 물품이 우리 저작권법의 해석상 저작물에 해당하지 아니함이 법률상 명백한지 여부를 판단하여 그것이 저작물에 해당하지 아니함이 명백하다고 인정되는 경우에는(반드시 저작물성을 부인한 판례가 확립되어 있다거나 학설상 이론의 여지가 전혀 없는 경우만을 의미하는 것은 아니다) 그 등록을 거부할 수 있지만, 더 나아가 개개 저작물의 독창성의 정도와 보호의 범위 및 저작권의 귀속관계 등 실체적 권리관계까지 심사할 권한은 없다"고 하였다.[9]

2. 허위 등록에 대한 제재

저작권법 제53조 및 제54조(제63조 제3항, 제90조 및 제98조의 규정에 의하여 준용되는 경우를 포함한다)의 규정에 의한 저작권의 등록 및 권리변동 등의 등록을 허위로 한 자에 대하여는 3년 이하의 징역 또는 3천만 원 이하의 벌금에 처하거나 그 징역형과 벌금형을 병과(並科)할 수 있다(저작권법 제136조 제2항 제2호).

---

8) 대법원 2002. 9. 6. 선고 2000다41820 판결: "이미 매도된 부동산에 관하여 체결한 근저당권설정 계약이 반사회적 법률행위로서 무효가 되기 위하여는 매도인의 배임행위와 근저당권자가 매도인의 배임행위에 적극 가담한 행위로 이루어진 것으로서, 그 적극 가담하는 행위는 근저당권자가 다른 사람에게 그 목적물이 매도된 것을 알고도 근저당권 설정을 요청하거나 유도하여 계약에 이르는 정도가 되어야 할 것이다."
9) 대법원 1977. 12. 13. 선고 77누76 판결도 같은 취지로서, 다음과 같이 판시하고 있다. "저작권에 관한 등록은 하나의 공시제도에 불과하여 등록관청은 그 실체적 권리관계에까지 심사할 권한이 없다."

3. 권리자 등의 인증제도

'인증'은 저작물 등의 이용허락 등을 위하여 정당한 권리자임을 증명하는 것을 말한다 (저작권법 제 2 조 제33호). 문화체육관광부장관은 저작물 등의 거래의 안전과 신뢰보호를 위하여 인증기관을 지정할 수 있다(저작권법 제56조 제 1 항). 이 규정에 의한 인증기관의 지정과 지정취소 및 인증절차 등에 관하여 필요한 사항은 대통령령으로 정한다(같은 조 제 2 항).

제 2 절 저작권위탁관리업

I. 저작권위탁관리업 제도의 의의

우리 저작권법은 제 7 장에서 저작권위탁관리업 제도에 관하여 규정하고 있다. 저작권위탁관리업이란 저작재산권, 배타적발행권, 출판권, 저작인접권, 데이터베이스제작자의 권리 등을 그 권리자를 위하여 신탁관리하거나 대리·중개하는 것을 업으로 하는 것을 말한다. 저작권위탁관리업은 저작권집중관리제도에 의하여 나타난 업무형태라고 할 수 있다. 저작권집중관리란 저작권자 등이 개별적으로 권리를 행사하는 것(이것을 '개별관리'라고 한다) 대신에 저작권자 등으로부터 권리를 위탁받은 저작권관리단체가 집중적으로 저작권 등을 관리하는 것을 말한다.[10] 저작권집중관리제도 및 그에 따른 저작권위탁관리업은 다음과 같은 효용을 가진다.

첫째로 권리자 측면에서 보면, 오늘날 인터넷과 유통망의 발달에 따라 저작물의 이용이 매우 빈번하게 이루어지는 상황에서 모든 이용자와 개별적으로 이용허락계약을 체결하고자 한다면 매우 불편한 일이다. 그러므로 저작권 등 권리에 대한 관리를 전문으로 하는 기관이나 단체에게 자신의 권리를 위탁하고, 저작물 이용에 따른 일정한 수익만 취하는 것이 그러한 불편을 제거하는 효과적인 방법이 된다. 또한 저작권의 이용과정에서 나타나는 복잡한 법률적 문제에 대하여 위탁관리단체의 전문지식을 활용함으로써 발생가능한 각종 법률적 문제를 용이하게 해결할 수 있게 된다. 나아가 권리의 이용기회가 증대되며, 이용계약 체결에서 유리한 조건을 확보할 수 있는 가능성이 높아지고, 권리가 사장되는 것을 막는 등 권리의 경제적 가치를 높일 수 있는 장점이 있다.[11]

---

10) 이해완, 저작권법, 제 2 판, 박영사, 2012, 748면.
11) 사단법인 한국저작권법학회, 저작권위탁관리제도 개선방안 연구, 문화관광부, 2004, 7면.

둘째로 저작물 이용자의 측면에서 본다면, 우선 저작권 등의 권리가 특정한 기관이나 단체에 집중이 되어 있어야 이용하고자 하는 저작물에 대한 정보를 손쉽게 찾을 수 있다. 이용자의 입장에서 저작물을 이용할 때마다 권리자를 찾아가서 개별적으로 계약을 체결하는 것보다 그러한 권리를 집중적으로 관리하고 있는 특정한 기관이나 단체를 상대로 협상과 계약을 하는 것이 훨씬 편리하다.[12]

셋째로, 저작물의 국제적 교류와 유통에 있어서도 저작권위탁관리업은 큰 효용을 발휘한다. 각국의 저작권 집중관리단체가 상호 관리계약을 체결함으로써 권리자들의 국제적 권리관리와 저작물의 국제적 이용이 편리하게 이루어질 수 있는 장점이 있다. 특히 디지털·네트워크화에 의한 이용형태의 급속한 발전에 따라 저작물이 국경을 자유롭게 넘나들고, 그에 따라 권리처리의 합리성과 신속성이 한층 요구되는 오늘날에 있어서는 위탁관리제도를 확립하는 것이 저작권자를 비롯한 권리자의 보호와 문화의 향상 발전, 그리고 관련 산업의 발전을 위하여 매우 중요한 기본적 과제가 될 수밖에 없다.[13]

II. 저작권위탁관리업의 종류와 성격

1. 저작권위탁관리업의 종류

저작권위탁관리업은 크게 저작권신탁관리업과 저작권대리중개업으로 나누어진다(저작권법 제105조). 저작권신탁관리업은 저작재산권자, 배타적발행권자, 출판권자, 저작인접권자 또는 데이터베이스제작자의 권리를 가진 자를 위하여 그 권리를 신탁 받아 이를 지속적으로 관리하는 업을 말하며, 저작물 등의 이용과 관련하여 포괄적으로 대리하는 경우를 포함한다(저작권법 제2조 제26호). 저작권대리중개업은, 저작재산권자, 배타적발행권자, 출판권자, 저작인접권자 또는 데이터베이스제작자의 권리를 가진 자를 위하여 그 권리의 이용에 관한 대리 또는 중개행위를 하는 업을 말한다(제2조 제27호).

저작물 등의 이용과 관련하여 포괄적으로 대리행위를 하는 이른바 '포괄적 대리행위'는 신탁관리업과 유사한 기능을 가지고 있음에도 불구하고 종전 법에서는 단순히 저작권대리중개업에서 이를 제외한다고 하는 내용만 담고 있어서 포괄적 대리행위가 저작권신탁관리업인지 여부에 대하여 해석상 의견이 분분하였다. 이에 2007년 저작권법에서는 포괄적 대리행

---

12) 한국저작권법학회, 상게서, 7면.
13) 오승종·이해완, 저작권법, 박영사, 2005, 472면.

위를 아예 저작권신탁관리업의 범주에 포함시킴으로써 이를 명확히 하였다. 따라서 2007년 개정법 이후 포괄적 대리행위를 하는 대리중개업자는 해석의 여지없이 저작권신탁관리업을 영위하는 것으로 간주되므로 이전보다 실효적인 제재가 가능하게 되었다. 저작권신탁관리업을 하기 위해서는 문화체육관광부장관의 허가를 받아야 하고(저작권법 제105조 제 1 항), 저작권대리중개업을 하기 위해서는 문화체육관광부장관에 신고를 하는 것으로 족한데, 신고한 대리중개업체가 포괄적 대리행위를 할 경우에는 허가 없는 신탁행위를 한 것으로 간주되어 저작권법 제137조 제 4 호에서 정한 처벌을 받게 된다. 이 조항은 비친고죄에 해당하므로 고소 없이 수사기관의 인지나 고발에 의하여 처벌이 가능하다(저작권법 제140조 제 2 호).[14]

대법원 2019. 7. 24. 선고 2015도1885 판결은, "저작권신탁관리의 법적 성질은 신탁법상 신탁에 해당하고, 신탁은 권리의 종국적인 이전을 수반하여 신탁행위 등으로 달리 정함이 없는 한(신탁법 제31조) 신탁자가 수탁자의 행위에 원칙적으로 관여할 수 없는 것이 대리와 구분되는 가장 큰 차이이다. 그에 따라 신탁관리업자는 신탁의 본지에 반하지 않는 범위에서 스스로 신탁받은 저작재산권 등을 지속적으로 관리하며 저작재산권 등이 침해된 경우 권리자로서 스스로 민·형사상 조치 등을 할 수 있다. 따라서 저작권대리중개업자가 저작재산권 등을 신탁받지 않았음에도 사실상 신탁관리업자와 같은 행위로 운영함으로써 저작물 등의 이용에 관하여 포괄적 대리를 하였는지를 판단함에 있어서는, 저작권대리중개업자의 저작물 등의 이용에 관한 행위 가운데 위와 같은 저작권신탁관리의 실질이 있는지를 참작하여야 한다."고 판시하였다.[15]

2. 저작권위탁관리업의 성격

가. 저작권신탁관리업

(1) 법적 성격

먼저 저작권 등의 '신탁관리'의 법적 성격을 살펴본다. 이는 신탁법상의 신탁에 해당하여 그 권리가 법률상 수탁자에게 이전된다. 신탁관리단체는 수탁 받은 저작재산권 등을 "신탁자를 위하여" 지속적으로 관리하며, 이용자로부터 사용료를 징수하여 신탁자인 저작권자

---

14) 심동섭, 개정 저작권법 해설, 계간 저작권, 2006년 겨울, 저작권심의조정위원회, 50면.
15) 이러한 전제 아래 이 판결에서는, 저작권대리중개업체인 피고인 회사가 다수의 권리자로부터 저작물에 대한 이용허락뿐만 아니라 침해에 대한 민·형사상 조치에 대해서도 일체의 권한을 위임받았고, 나아가 '독점적 이용허락'에 기대어 저작물에 대한 홍보·판매 및 가격 등을 스스로 결정하고 다수의 고객들로부터 사용료를 징수하며, 스스로 다수의 저작권침해자들을 상대로 민·형사상 법적조치를 취하고 합의금을 받아 사진공급업체나 저작권자에게 각 일정 부분을 송금한 점 등에 비추어 보면, 피고인 회사의 이러한 행위는 '저작물 등의 이용과 관련하여 포괄적으로 대리하는 경우'에 해당한다고 판시하였다.

에게 배분한다. 수탁자인 저작권위탁관리업자는 대외적으로 수탁 받은 권리의 주체, 즉 권리자로 인정되며, 자신의 명의로 권리침해자를 상대로 한 소송을 제기할 수도 있다. 결국 신탁된 저작재산권 등은 신탁자인 저작권자로부터 수탁자인 신탁관리단체로 법률상 완전히 이전하여, 그때부터는 수탁자가 권리자가 되고 그 권리에 대한 소제기 권한을 포함한 모든 관리처분권이 수탁자에게 속하게 된다. 그러나 권리의 이전으로서의 성격을 가지므로 일신전속권의 성질을 가지는 저작인격권은 신탁관리의 대상으로 되지 아니한다.16)

(2) 서울고등법원 1996. 7. 12. 선고 95나41279 판결(확정) – '소설마당' 사건17)

(가) 한국문예학술저작권협회가 영위하는 신탁관리업은 저작권법 제78조(현행 저작권법 제105조)에 근거하는 것으로서 그 법적 성질은 신탁법상의 신탁에 해당되는바, 신탁법상의 신탁은 위탁자와 수탁자 간의 특별한 신임관계에 기하여 위탁자가 특정의 재산권을 수탁자에게 이전하거나 기타의 처분을 하고 수탁자로 하여금 수익자의 이익을 위하여 또는 특정의 목적을 위하여 그 재산권을 관리·처분하게 하는 법률관계를 말한다. 신탁자와 수탁자 간에 어떤 권리에 관하여 신탁계약이 체결되면 그 권리는 법률상 위탁자로부터 수탁자에게 완전히 이전하여 수탁자가 권리자가 되고 그 권리에 대하여 소제기의 권한을 포함한 모든 관리처분권이 수탁자에게 속하게 된다.

(나) 저작권법 제14조 제1항은 "저작인격권은 저작자 일신에 전속한다"라고 규정하고 있어 저작인격권은 저작재산권과는 달리 양도할 수 없을 뿐 아니라, 신탁법 상으로도 특정의 재산권만이 신탁의 대상이 되도록 되어 있어 재산권이 아닌 권리는 신탁법상 신탁의 대상이 될 수 없다. 즉, 저작권 중 저작인격권은 성질상 저작권신탁계약에 의하여 수탁자에게 이전될 수 없으므로, 저작권법 제78조에 의하여 신탁관리 될 수 있는 권리는 저작재산권에 한하고 저작인격권은 신탁관리 대상이 아니다.

(3) 서울지방법원 1999. 7. 23. 선고 98가합83680 판결

저작권신탁계약의 법적 성질은 신탁법 상의 신탁에 해당된다고 할 것이므로 원고와 신

---

16) 오승종·이해완, 전게서, 473면; 김기중, 저작권 신탁관리업에 대한 규제제도와 개선방향, 계간 저작권 2005년 가을, 저작권심의조정위원회, 18-19면.

17) 이 사건의 가처분사건에 해당하는 서울민사지방법원 1994. 7. 29.자 94카합6025 결정에서도, "저작권 신탁관리 업무는 저작권자로부터 저작권의 이용계약, 저작권에 관한 분쟁의 처리 등을 위탁받아 처리하는 일을 명문으로 규정하고 있으므로, 분쟁이 발생하였을 경우 소를 제기하는 것은 저작권 신탁관리에 부수하는 것으로 소송 수행에 고유의 정당한 이익이 인정되며, 따라서 이는 신탁법 제7조에서 금지하고 있는 소송을 목적으로 하는 신탁에 해당한다고 할 수 없다"고 하여 신탁관리단체의 소송제기 권한을 인정한 바 있다.

탁관리협회와의 신탁계약에 따라 이 사건 노래들의 저작재산권은 법률상 신탁자인 원고로부터 수탁자인 협회에 완전히 이전하여 수탁자인 협회가 권리자가 되고, 권리에 대한 소제기 권한을 포함한 모든 관리처분권이 수탁자인 협회에 속하게 되므로, 원고의 이 사건 청구 중 원고가 여전히 이 사건 노래들에 대한 저작재산권을 보유하고 있음을 전제로 한 저작재산권에 기한 손해배상 청구부분은 더 나아가 살펴볼 필요도 없이 이유가 없다.

(4) 신탁관리단체의 권한

신탁법 제 1 조는 수탁자가 신탁대상인 재산권을 관리할 수 있을 뿐만 아니라 '처분'도 할 수 있다고 규정하고 있어서,[18] 저작권신탁관리단체가 수탁 받은 저작재산권 등을 처분할 수 있는지 문제가 될 수 있다. 그러나 저작권신탁관리계약에 의한 신탁의 본지는 신탁관리단체에게 신탁대상인 저작재산권의 처분권을 주는 것은 아닌 것으로 보아야 할 것이다.

나. 저작권대리중개업

저작권신탁관리의 경우와는 달리 저작권대리중개의 경우에는 중개계약의 체결로 인하여 저작재산권의 대외적 귀속에는 아무런 변동이 일어나지 않는다. 저작권대리중개업을 영위하는 자는 저작권의 등록이나 양도, 이용허락을 대리하거나 중개하는 역할만을 수행한다. 따라서 저작권대리중개업자는 권리침해자를 상대로 직접 원고가 되어 소송을 제기할 수도 없다. 저작권자와 대리중개업자 사이의 약정으로 대리중개업자가 직접 저작권사용료를 청구할 수 있도록 하는 것은 강행법규에 위배되어 효력이 없다고 보아야 할 것이다.[19]

제 3 절 **한국저작권위원회**

I. 개   설

저작권법은 제 8 장의 제112조 이하에서 저작권과 그 밖에 저작권법에 따라 보호되는

---

18) 신탁법 제 1 조 제 2 항은, "본법에서 신탁이라 함은 신탁설정자(위탁자)와 신탁을 인수하는 자(수탁자)의 특별한 신임관계에 기하여 위탁자가 특정의 재산권을 수탁자에게 이전하거나 기타의 처분을 하고, 수탁자로 하여금 일정한 자(수익자)의 이익을 위하여 또는 특정의 목적을 위하여 그 재산권을 관리, 처분하게 하는 법률관계를 말한다"고 규정하고 있다.
19) 대법원 2019. 10. 31. 선고 2017다232310 판결; 대법원 2019. 7. 25. 선고 2017다260285 판결.

권리에 관한 사항을 심의하고 저작권에 관한 분쟁을 알선·조정하며, 저작권의 보호 및 공정한 이용에 필요한 사업을 수행하기 위한 기관으로서 한국저작권위원회를 두고 있다.

한국저작권위원회는 분쟁의 알선·조정 외에 저작물 등의 이용질서 확립 및 공정한 이용 도모를 위한 사업, 저작권 보호를 위한 국제협력, 저작권 연구·교육 및 홍보, 저작권정책의 수립 지원, 기술적 보호조치 및 권리관리정보에 관한 정책 수립 지원, 저작권 정보 제공을 위한 정보관리 시스템 구축 및 운영, 저작권침해에 대한 감정, 온라인서비스제공자에 대한 시정권고 및 시정명령 요청 등의 업무를 담당한다. 또한 기술적 보호조치 및 권리관리정보에 관한 정책 수립 지원 및 저작권 정보관리시스템 구축·운영 등을 위하여 위원회 내에 '저작권정보센터'를 설치·운영할 수 있다.[20]

한편, 2016년 3월 22일 저작권법 개정에 따라 위원회의 일부 기능이 새로 설립되는 한국저작권보호원으로 이관되었다.

Ⅱ. 저작권관련 분쟁의 조정

1. 조정제도의 의의

민사소송은 절차가 복잡하고 많은 시일이 소요되며, 과중한 비용, 엄격한 법규정을 준수하여야 함에 따른 융통성 부족 등의 문제점이 있고, 특히 저작권관련 분쟁의 경우 소송물가액이 소액인 경우가 많아 정식의 민사소송제도보다는 간편한 분쟁해결절차인 조정제도를 통하여 처리하는 것이 훨씬 효율적일 수 있다. 이에 저작권법은 저작권법에 의하여 보호되는 권리에 관한 분쟁이 벌어졌을 때 '대체적 분쟁해결절차'(alternative dispute resolution, ADR)에 속하는 한국저작권위원회의 조정을 통하여 당사자 간의 저작권관련 분쟁을 원만하게 해결할 수 있는 제도를 두고 있다.

2. 조정부의 구성

분쟁조정업무를 효율적으로 수행하기 위하여 위원회에 1인 또는 3인 이상의 위원으로 구성된 조정부를 두되, 그 중 1인은 변호사의 자격이 있는 자로 구성하고 있다(저작권법 제114조 제1항). 이 규정에 의한 조정부의 구성 및 운영 등에 관하여 필요한 사항은 대통령령

---

20) 심동섭, 전계논문, 61면.

으로 정한다(같은 조 제 2 항).

3. 조정의 절차

가. 조정의 신청 및 비공개 원칙

분쟁의 조정을 받으려는 자는 신청취지와 원인을 기재한 조정신청서를 위원회에 제출하여 그 분쟁의 조정을 신청할 수 있다(저작권법 제114조의2 제 1 항). 분쟁의 조정은 제114조에 따른 조정부가 행한다(같은 조 제 2 항). 조정절차는 비공개를 원칙으로 한다. 다만, 조정부장은 당사자의 동의를 얻어 적당하다고 인정하는 자에게 방청을 허가할 수 있다(제115조). 저작권관련 분쟁의 경우 당사자의 인격이나 프라이버시에 관계되는 사항이 많아 공개 심리가 부적절할 수 있고, 또한 비공개된 장소에서 당사자 사이의 원활한 의견 교환을 통하여 합의를 유도한다는 취지에서 비공개를 원칙으로 한 것이다.

나. 조정안의 작성 및 조정 기간

조정부는 조정안을 작성하여 당사자에게 제시하여야 한다. 다만, 조정이 성립되지 아니할 것이 명백한 경우에는 그러하지 아니하다(저작권법 시행령 제61조 제 4 항). 조정부는 조정신청이 있는 날부터 3개월 이내에 조정하여야 한다. 다만, 특별한 사유가 있는 경우에는 양 당사자의 동의를 얻어 1개월의 범위에서 1회에 한하여 그 기간을 연장할 수 있다(같은 조 제 5 항). 그러나 분쟁조정신청에 따른 분쟁조정을 위하여 분쟁조정의 양 당사자로부터 프로그램 및 프로그램과 관련된 전자적 정보 등에 관한 감정을 요청받은 경우 그 감정기간은 조정기간에 산입하지 아니한다(같은 조 제 6 항).

다. 진술의 원용 제한

조정절차에서 당사자 또는 이해관계인이 한 진술은 소송 또는 중재절차에서 원용하지 못한다(저작권법 제116조). 당사자가 조정기일에 하였던 진술이나 주장의 취지가 조정이 불성립하여 소송으로 진행하였을 때 그 소송에서 원용된다면, 조정 과정에서 당사자들은 향후 소송과정에서 불리하게 작용할 것을 염려하여 솔직한 의견 교환이나 손해배상 액수의 절충 등을 터놓고 개진할 수 없게 될 가능성이 있고, 이는 조정절차의 효율적인 진행에 방해가 될 수 있다. 이러한 점을 고려하여 조정 절차에서 당사자 또는 이해관계인이 행한 진술은 소송 또는 중재절차에서 원용하지 못하도록 명문으로 규정을 둔 것이다.

라. 조정의 성립

조정은 당사자 간에 합의된 사항을 조서에 기재함으로써 성립된다(저작권법 제117조 제 1 항). 이 규정에 의한 조서는 재판상의 화해와 동일한 효력이 있다. 다만, 당사자가 임의로 처분할 수 없는 사항에 관한 것은 그러하지 아니하다(같은 조 제 2 항).

조정의 성립에 따라 작성된 조정조서는 재판상 화해와 동일한 효력이 있으므로 따로 채무명의를 받을 필요 없이 그 자체로 채무명의가 된다.

Ⅲ. 기   타

1. 알   선

알선은 구 컴퓨터프로그램보호법에서 2002년 먼저 도입하였던 분쟁해결 제도이다. 알선은 제 3 자에 의한 분쟁해결 제도라는 점에서 조정과 같으나, 그 법적 효과는 당사자 사이의 합의 성립에 그친다는 차이점이 있다. 제 3 자가 객관적인 입장에서 분쟁에 개입하여 법률적 조언과 타협을 유도하는 자율적인 장치로서의 특징을 가진다. 이에 따라 저작권법은 특별한 법적 효과를 규정하지도 않고 절차적인 엄격성을 요구하지도 않는다.[21]

2. 감   정

위원회는 법원 또는 수사기관 등으로부터 재판 또는 수사를 위하여 저작권의 침해 등에 관한 감정을 요청받은 경우와 저작권법 제114조의2에 따른 분쟁조정을 위하여 분쟁조정의 양 당사자로부터 프로그램 및 프로그램과 관련된 전자적 정보 등에 관한 감정을 요청받은 경우에 감정을 실시할 수 있다(저작권법 제119조 제 1 항).

---

21) 최경수, 저작권법개론, 한울아카데미, 2010, 640면.

제 4 절   한국저작권보호원

I. 개   설

저작권법은 제 8 장의2 제122조의2 내지 6에서 저작권 보호에 관한 사업을 하기 위한 기관으로서 한국저작권보호원을 두고 있다. 한국저작권보호원은 2016. 3. 22. 개정 저작권법에 의하여 신설된 기관인데, 저작권 보호를 위한 시책 수립지원 및 집행과 저작권 보호와 관련한 사항을 심의하며 저작권 보호에 필요한 사업을 수행하여 문화 및 관련 사업의 향상 발전에 이바지함을 목적으로 하고 있다.

한국저작권위원회는 저작권자와 이용자의 이익의 균형을 추구하는 기관인데 비하여, 한국저작권보호원은 상대적으로 저작권자의 보호를 위한 기관이라는 성격이 강하다. 그래서 그 업무도 저작권침해 행위에 대한 심의 및 행정조치, 온·오프라인 단속, 디지털 저작권 침해 과학수사, 저작권 보호에 관한 국제협력 등에 중점을 두고 있다.

II. 한국저작권보호원의 업무

보호원은 다음 각 호의 업무를 행한다(저작권법 제122조의5).

1. 저작권 보호를 위한 시책 수립지원 및 집행
2. 저작권 침해실태조사 및 통계 작성
3. 저작권 보호 기술의 연구 및 개발
4. 저작권 침해 수사 및 단속 사무 지원
5. 저작권법 제133조의2에 따른 문화체육관광부장관의 시정명령에 대한 심의
6. 저작권법 제133조의3에 따른 온라인서비스제공자에 대한 시정권고 및 문화체육관광부 장관에 대한 시정명령 요청
7. 법령에 따라 보호원의 업무로 정하거나 위탁하는 업무
8. 그 밖에 문화체육관광부장관이 위탁하는 업무

보호원의 업무 중 심의 업무는 다음과 같이 크게 세 가지로 나누어진다.

(1) 시정명령에 대한 심의

문화체육관광부장관은 인터넷 등 정보통신망을 통하여 저작권침해 복제물 등이 전송되는 경우에 그 통로가 된 온라인서비스제공자에 대하여 해당 불법복제물 등의 전송자에 대한 경고, 해당 불법복제물 등의 삭제 또는 전송 중단 조치를 할 수 있고, 경고를 3회 이상 받은 전송자가 다시 불법복제물 등을 전송할 경우 6개월 이내의 기간 동안 그 전송자의 계정을 정지할 것을 명할 수 있는데, 그러한 조치를 취하기 전에 보호원 심의위원회의 심의를 거치도록 하고 있다(저작권법 제133조의2).

(2) 시정권고에 대한 심의

또한 보호원은 온라인서비스제공자의 정보통신망을 조사하여 불법복제물 등이 전송된 사실을 발견한 경우에는 심의위원회의 심의를 거쳐 온라인서비스제공자에 대하여 ①불법복제물 등의 복제·전송자에 대한 경고, ②불법복제물 등의 삭제 또는 전송 중단, ③반복적으로 불법복제물 등을 전송한 복제·전송자의 계정 정지의 시정 조치를 권고할 수 있다. 온라인서비스제공자는 이러한 권고를 받은 경우, ① 또는 ②의 경우에는 5일 이내에, ③의 경우에는 10일 이내에 그 조치결과를 보호원에 통보하여야 한다. 보호원은 온라인서비스제공자가 이러한 권고에 따르지 아니하는 경우에는 문화체육관광부장관에게 전송자에 대한 경고, 불법복제물 등에 대한 삭제 또는 전송중단, 계정정지 등의 명령을 하여 줄 것을 요청할 수 있다(저작권법 제133조의3).

즉, 보호원은 불법복제물 등에 대한 문화체육관광부장관의 시정명령에 앞서 그 명령의 필요성과 상당성 등에 관한 심의를 하는 한편, 이와 별도로 자체적으로 불법복제물 등에 관한 조사를 하여 시정권고의 조치를 취하고, 불응할 경우 문화체육관광부장관의 시정명령을 요청할 수 있다.

(3) 침해자 정보의 제공에 대한 심의

자신의 저작권이 침해됨을 주장하는 권리주장자가 민사상의 소제기 및 형사상의 고소를 위하여 해당 온라인서비스제공자에게 그 온라인서비스제공자가 가지고 있는 해당 불법복제물 복제·전송자의 성명과 주소 등 필요한 최소한의 정보 제공을 요청하였으나 온라인서비스제공자가 이를 거절한 경우 권리주장자는 문화체육관광부장관에게 해당 온라인서비스제공자에 대하여 그 정보의 제공을 명령하여 줄 것을 청구할 수 있다(저작권법 제103조의3 제1항). 문화체육관광부장관은 그 청구가 있으면 보호원 심의위원회의 심의를 거쳐 온라인서비스제공자에게 해당 복제·전송자의 정보를 제출하도록 명할 수 있다(같은 조 제2항). 이

명령을 받은 온라인서비스제공자는 7일 이내에 그 정보를 문화체육관광부장관에게 제출하여야 하며, 문화체육관광부장관은 그 정보를 제 1 항에 따른 청구를 한 자에게 지체 없이 제공하여야 한다. 이에 따라 해당 복제·전송자의 정보를 제공받은 자는 해당 정보를 제1항의 청구 목적 외의 용도로 사용하여서는 아니 된다(같은 조 제 3, 4 항).

저작재산권 침해의 요건 및 판단기준

Chapter 09

저작재산권 침해의 요건 및 판단기준

제1절 저작재산권 침해의 구조와 저작물의 보호범위

I. 저작권침해의 기본적 구조

저작재산권 침해는 간단하게는 저작물의 허락받지 않은 이용이라고 정의할 수 있다. 그러나 저작권자의 허락을 받지 아니한 이용이면 무조건 저작재산권 침해가 되는 것은 아니다. A라는 기존의 저작물을 이용하되 거기에 변형을 가하거나 새로운 창작성을 가미하여 작품을 만들어 가는 과정을 그 변형 또는 새로운 창작성의 정도에 따라 분류하면 다음과 같이 나누어 볼 수 있다. ① 기존의 저작물 A에 의거하여 A를 그대로 베낀 경우(이른바 'dead copy') ② A에 대하여 다소의 수정, 변경을 가하였지만 기존의 저작물 A와 실질적인 동일성을 인정할 수 있고 새로운 창작성이 부가되지는 아니한 경우, ③ 기존의 저작물 A를 토대로 하되 그에 새로운 창작성을 가미한 점이 인정되지만, 한편으로 아직도 기존의 저작물 A에 대한 종속적 관계(실질적 유사성)가 인정되는 경우, ④ 기존의 저작물 A를 이용하였지만, 단순히 시사 받은 정도에 불과하거나 또는 그것을 완전히 소화하여 작품화함으로써 기존 저작물 A와의 사이에 동일성이나 종속적 관계를 인정할 수 없는 작품이 된 경우[1] 등으로 분류할 수 있다.[2] 이때 ① ②의 경우는 A 저작물에 대한 저작재산권 중 복제권 침해에,[3] ③의 경우는 2차적저작물작성권 침해에 각 해당한다. 그러나 마지막 ④의 경우는 비록

---

1) 대법원 1998. 7. 10. 선고 97다34839 판결. 이 판결은, "어떤 저작물이 기존의 저작물을 다소 이용하였더라도 기존의 저작물과 실질적인 유사성이 없는 별개의 독립적인 신 저작물이 되었다면, 이는 창작으로서 기존의 저작물의 저작권을 침해한 것이 되지 아니한다"라고 판시하였다.

2) 淸永利亮, 著作權侵害訴訟, 新·實務民事訴訟講座 Ⅴ, 453면.

3) 대법원 1989. 10. 24. 선고 89다카12824 판결(저작권심의조정위원회, 한국저작권판례집, 183면 이하)은,

A 저작물에 의거하여 창작된 저작물이기는 하지만 A에 대한 저작재산권침해가 되지 아니하며, A와는 별개의 완전히 독립된 저작물이 된다.

이와 같은 분류는 하나의 저작물 전체를 가져다가 변형한 경우에 한하지 않고, 저작물의 일부만을 가져다가 변형한 경우에도 마찬가지로 적용된다. 따라서 하나의 저작물 중 일부가 그대로 복제되거나 다소의 수정, 변경이 이루어졌지만 새로운 창작성이 부가되지는 아니하여 실질적 동일성을 인정할 수 있는 상태로 이용된 경우에는 복제권 침해가 인정된다. 나아가 저작물 중 일부가 이용되면서 새로운 창작성이 부가되었으나, 여전히 기존 저작물과의 사이에 종속성이 인정되는 경우에는 그 부분에 대한 2차적저작물작성권 침해가 인정될 수 있을 것이다. 다만, 하나의 저작물의 일부가 무단이용 되었을 때 저작재산권 침해가 성립하기 위해서는 그 이용된 부분이 그 자체만으로도 저작물의 성립요건인 창작성을 가지고 있고, 양적 또는 질적인 면에 있어서의 '실질성'(substantiality)을 가지고 있어야 한다. 창작성이 없는 부분 또는 사소한 부분의 이용만으로는 설사 그 부분이 기존 저작물과 동일성 또는 종속성을 가지고 있다 하더라도 저작재산권의 침해는 성립하지 않는다.

II. 저작재산권 침해관련 분쟁의 주된 쟁점

요약하면, A 저작물의 저작재산권자의 허락을 받지 아니하고 A를 그대로 베끼거나 다소의 수정, 변경이 있지만 A와 실질적으로 동일한 저작물을 제작하면 A에 대한 복제권 침해가 되고, A에 새로운 창작성을 부가하였지만 여전히 종속적 관계에 있는 저작물을 제작하면 2차적저작물작성권의 침해가 된다. 그러나 부가된 창작성이 일정한 수준을 뛰어 넘어 A에 대한 종속적 관계를 상실하게 되면 그 때부터는 완전히 독립된 저작물이 되어 아무런 저작재산권 침해도 일어나지 않게 된다. 그렇다면 부가되는 창작성이 어느 수준을 넘어서서 기존 저작물에 대한 종속적 관계, 즉 실질적 유사성을 상실하는 바로 그 순간부터 독립된 저작물이 되므로, 결국 종속적 관계의 유무를 판가름하는 경계선을 사이에 두고 한 쪽은 저작재산권 침해가, 다른 한 쪽은 아무런 침해도 아닌 것으로 된다. 이런 까닭에 대부분의 저작재산권 침해 관련 분쟁에 있어서는 어느 저작물이 기존 저작물과 종속성, 즉 실질적 유사

"다른 사람의 저작물을 원저작자의 이름으로 무단히 복제하게 되면 복제권의 침해가 되는 것이고 이 경우 저작물을 원형 그대로 복제하지 아니하고 다소의 수정 증감이나 변경이 가하여진 것이라고 하더라도 원저작물의 재제 또는 동일성이 인식되거나 감지되는 정도이면 복제로 보아야 할 것이며, 원저작물의 일부분을 재제하는 경우에도 그것이 원저작물의 본질적인 부분을 재제하는 경우라면 그것 역시 복제에 해당한다고 보아야 한다"고 판시하였다.

성이 있느냐 없느냐 하는 점이 당사자간에 가장 치열한 쟁점이 되는 경우가 많다.

　　종속성은 일반적으로 기존 저작물과의 사이에 '실질적 유사성'(substantial similarity)을 가지고 있느냐 여부에 따라 결정되며, 그렇기 때문에 저작권 침해관련 판결에서는 '종속성'이라는 용어보다는 '실질적 유사성'이라는 용어를 더 많이 사용하고 있다.

Ⅲ. 저작물 중 보호받지 못하는 요소

　　하나의 작품이 저작물의 성립요건을 모두 갖추어 저작물로 성립하더라도 그 저작물을 이루는 구성요소들 모두가 저작권의 보호대상으로 되는 것은 아니다. 저작권법은 저작자에게 일종의 독점권을 부여하여 창작에 대한 인센티브를 제공하지만, 저작물의 구성요소 중에는 이를 저작권으로 보호하기보다는 '공중의 영역'(public domain)에 둠으로써 문화의 창달이라고 하는 보다 궁극적인 저작권법의 목적을 달성하는 데 지장이 없도록 하여야 하는 것도 있다. 따라서 저작물의 구성요소 중 어느 범위까지를 저작권으로 보호할 것인지가 문제로 된다.

　　저작물의 구성요소를 보호받는 요소와 보호받지 못하는 요소로 구분하는 문제에 대하여는 독일법을 비롯한 대륙법계와 영미법계의 미국법이 서로 다른 해법을 제시하여 나름대로 이론을 발전시켜 왔다. 독일법은 저작물의 구성요소를 '내용과 형식'으로 구분하는 방법을 취하였고, 미국의 판례법은 이른바 '아이디어·표현 이분법'이라는 독특한 방식을 개발하였다.[4] 현재 저작권 실무에서 전세계적으로 주류의 지위를 차지하고 있고 우리나라 법원 판례에서도 채택하고 있는 것은 '아이디어·표현 이분법'이다. '아이디어·표현 이분법'과 그 파생 원칙인 '합체의 원칙' 등에 관하여는 제2장의 '저작물의 보호범위' 부분에서 살펴본 바 있다.

제 2 절   침해의 요건

Ⅰ. 서　설

　　저작재산권 침해를 인정하기 위한 요건에 관하여는 견해에 따라서 그 분류하는 방법이 조금씩 다르다. 우리나라와 일본의 전통적이고 일반적인 견해를 살펴보면, 저작재산권 침해

---

4) 오승종·이해완, 저작권법, 박영사, 2000, 41면.

의 요건으로서, 첫째로 저작권침해를 주장하는 자(원고)가 해당 저작물에 대하여 유효한 저작권을 가지고 있을 것, 둘째로 주관적 요건으로서 침해자의 저작물이 원고의 저작물에 '의거'(依據)하여 그것을 이용하였을 것, 셋째로 객관적 요건으로서 침해자의 저작물이 원고의 저작물과 동일성 내지는 종속성(실질적 유사성)을 가지고 있을 것 등 세 가지를 드는 것이 보통이다.5)6) 이 중에서 첫째의 요건은 저작물의 성립요건(창작성) 및 보호기간, 유효한 저작재산권의 양도가 있었는지 등과 관련된 문제이다. 따라서 이하에서는 둘째 및 셋째의 요건을 중심으로 살펴보기로 한다.

Ⅱ. 주관적 요건 - 의거(依據)7)

1. 개   념

가. 의   의

저작권침해를 인정하기 위해서는 먼저 주관적 요건으로서 침해자가 저작권이 있는 저작물에 '의거'하여 그것을 '이용'하였을 것이 요구된다. 저작권은 저작물의 '이용'에 관한 배타적 권리로서 '모방금지권'이라고 할 수 있고, 따라서 복제권이나 2차적저작물작성권 침해로 되기 위해서는 타인의 저작물을 '모방'하는 것이 필요하다.8) 설사 타인의 저작물의 존재를 알고 있어야 했음이 마땅하다고 인정되고 알지 못한 것에 과실이 있다고 하더라도, 타인의 저작물의 존재를 실제로 알지 못한 이상 이용한 것으로 되지 않아 의거성이 부정된다. 이하에서는 이와 같은 '의거'와 그에 따른 '이용'을 합쳐서 간략히 '의거' 또는 '의거관계'라고 부르기로 한다. 예를 들면, 타인의 저서의 어느 페이지를 펼쳐 거기에 기재되어 있는 문자를 읽어 내용을 인식하고, 그것에 씌어져 있는 표현을 그대로 원고지에 옮겨 적거나, 그 씌어져 있는 취지를 요약하거나 또는 표현을 고쳐 적거나, 그 씌어져 있는 내용을 소재로 하여 자신의 저작을 하는 것과 같이, 기존의 저작물에 표현된 내용을 인식하고, 그것을 일정한 정도로 이용하여 저작물을 만들어 내는 것을 말한다. 이러한 의거 요건을 분석하면,

---

5) 오승종·이해완, 전게서, 485면 이하.
6) 西田美昭, 複製權の侵害の判斷の基本的考え方, 齊藤 博, 牧野利秋 編, 裁判實務大系, 知的財産關係訴訟法, 靑林書院, 117면 이하.
7) 미국 저작권 실무에서는 '의거'를 '복제'(copying)라고 부르는 경우가 많다.
8) 이에 반하여 특허권은 특허발명을 실시하는 전유권이므로 독자적으로 개발한 발명의 실시라도 타인의 특허발명과 동일 또는 균등한 실시로서 그 특허권의 권리범위에 속하는 실시라면 특허권의 침해가 된다.

① 기존 저작물에 대한 표현내용을 인식하고, ② 그것을 이용한다는 의사를 가지고, ③ 실제로 그것을 이용하는 행위로 나누어 볼 수 있다. 이 중에서 ③은 주관적인 요소라고 보기는 어려우나 ①과 ②가 주관적 요소에 해당하므로 이들을 전체적으로는 주관적 요건이라고 부르고 있다. 이때 ①과 관련하여서는 기존 저작물의 표현내용을 인식하고 있으면 족하고, 그 기존 저작물이 저작권의 보호대상으로 되는 저작물이라는 인식, 저작자가 누구라는 사실에 대한 인식까지 요구하는 것은 아니다.

나. 의거의 대상

반드시 피고가 원고의 저작물 원본 자체를 보고 그에 직접적으로 의거할 것을 요하는 것은 아니며, 원고의 저작물에 대한 복제물을 보고 베낀 경우와 같이 간접적으로 원고의 저작물에 의거한 경우도 저작권침해로 인정할 수 있다.[9] 오히려 원고 저작물에 대한 접근은 그 복제물에 대한 접근에 의하여 이루어지는 것이 보통이므로, 원고 저작물의 부정 복제물에 의거하여 작성된 저작물도 원고 저작물에 의거하여 작성된 복제물로서, 의거 요건을 충족하는 것이라고 볼 수 있다.[10] 또한 원작품의 2차적저작물에 의거하여 작성한 경우라도 그 2차적저작물에 원작품의 표현이 나타나 있는 이상 원작품의 표현에 의거한 것과 같이 볼 수 있다. 그리고 의거의 대상은 '표현'이어야 한다. 따라서 타인의 아이디어에 접하여 이를 기초로 자신이 구체적인 표현을 작성하더라도 아이디어만으로는 저작물이라고 할 수 없기 때문에 타인의 저작물에 의거한 것이 아니다.[11]

다. 무의식적(잠재의식적) 의거

피고가 원고의 저작물에 의거한다는 명시적인 인식을 가지고 작품을 작성한 경우만 저작권의 침해가 되는 것은 아니며, 잠재의식 속에서라도 원고의 저작물에 의거한 것으로 인정되면 저작권침해를 인정할 수 있다고 본 미국의 판례가 있다.[12][13] 우리나라에서도 과거에

---

9) E. P. Skone James, *Copinger and Skone James on Copyright*, Sweet & Maxwell Ltd., 1980, p.179.

10) 西田美昭, 전게서, 127면 참조. 이와 같이 원저작물의 부정 복제물에 의거하여 작성된 저작물 역시 원저작물에 의거하여 작성된 저작물로 볼 수 있으므로, 원저작물의 복제권을 침해하여 작성한 침해 저작물의 원고(原稿)에 기초하여 책을 출판한 출판사에 대하여 복제권 침해를 문제로 삼을 경우, 침해 저작물의 저자가 원저작물에 의거하였음을 입증하면 족하고, 출판사가 직접 원저작물에 의거하였을 것까지 입증할 필요는 없다고 한다.

11) 中山信弘, 著作權法, 법문사(2008), 409면.

12) Miller & Davis, *Intellectual Property, Patent, Trademark and Copyright*, Nutshell Series, p.328; 이 판결에서는, 예를 들어 과거에 길을 가다가 우연히 들은 곡이 잠재의식 속에 남아 있다가 나중에 창작을 하는 과정에서 그 곡을 자신의 곡으로 작곡한 경우라도 그 곡을 들었었기 때문에 그러한 작곡이 되었다는 인과관계가 있으면 저작권침해가 된다고 한다(오승종·이해완, 전게서, 453면에서 재인용).

우연히 들었던 곡이 잠재의식 속에 남아 있다가 자신도 모르는 사이에 자신의 곡으로 표현된 경우에도 원저작물을 이용하였다고 할 것이고, 이를 단순히 우연의 일치로 볼 수 없다고 하여 2차적저작물작성권 침해의 책임을 긍정하는 듯한 견해가 있다.[14] 그러나 일본에서는 무의식에 의한 '의거'는 저작권침해로 되지 않는다는 견해가 더 유력한 것으로 보인다. 이에 따르면, 오래 전에 듣거나 보았기 때문에 창작자의 의식 중에 침전되어 있던 기존의 저작물이 그 이후의 창작활동 과정에서 무의식적으로 용출된 결과, 기존의 저작물과 실질적으로 동일한 표현의 작품이 작성되는 경우가 있을 수 있는데, 이 경우에는 기존의 저작물을 인식하고 작성한 것이라고는 볼 수 없으므로 저작권침해가 성립하지 않는다고 한다.[15] 이러한 무의식에 의한 '의거'는 위에서 본 의거요건 중 ② 원저작물을 이용하는 의사를 가지고 한 것이라고 보기 어려우므로 의거요건을 충족하지 않는 것으로 보는 것이 타당하다고 생각된다.

라. 고의·과실과 구별

의거는 불법행위 성립요건으로서 가해자의 일정한 심리상태를 말하는 '고의 또는 과실'의 문제와는 성질을 달리하는 것이다. 고의 또는 과실은 타인의 저작권에 대한 침해가 된다는 사실을 알았거나 알 수 있었을 것을 의미하는데 반하여, 의거는 타인의 저작물의 표현내용을 인식하고 그것을 이용하는 것을 의미하며, 반드시 저작권침해에 대한 인식이나 인식 못한 것에 대한 과실을 요하는 것은 아니다.

따라서 의거의 요건이 흠결된 경우에는 침해자의 고의 또는 과실을 따질 것도 없이 처음부터 저작권침해는 성립할 수 없는 것이다. 예를 들어 기존의 저작물의 표현내용을 인식하고 있지 않으면, 설사 그와 같이 기존 저작물의 표현내용을 인식하지 못한 것이 과실에 기한 경우라 하더라도 저작권침해에 있어서의 '의거' 요건은 충족하지 못하게 된다. 우리 저작권법은 저작재산권침해의 성립과 관련하여 고의 또는 과실을 요건으로 하고 있지 않다. 다만 저작재산권 침해행위에 대하여 금전적인 손해배상을 청구하기 위해서는 침해자의 고의 또는 과실을 요건으로 한다.[16]

---

13) ABKCO Music, Inc. v. Harrisongs Music, Ltd., 722 F.2d 988, 998, 221 U.S.P.Q. 490(2d Cir. 1983); 이 사건의 피고는 비틀즈의 멤버였던 George Harrison이 설립한 음악 프로덕션 회사이다. 이 사건은 피고가 오래 전에 원고의 작품을 듣고 이를 기억 속에서 잊어버렸지만, 그것이 잠재의식 속에 남아 있다가 나중에 자신도 모르게, 선의로서(in good faith) 그 잠재의식 속에 남아 있던 원고의 작품에 의거하여 작곡을 한 경우이다. 이 판결에서는, 그러한 선의에 의한 의거라는 것만으로는 저작권침해의 책임을 면할 수 없다고 하였다.

14) 서울대학교 기술과법센터, 저작권법주해, 박영사, 2007, 249면.

15) 西田美昭, 전게서, 130면(齊藤 博, 民商法雜誌, 81권 2호, 237면도 같은 취지라고 하면서, 다만, 진실로 무의식이었는지, 아니면 무의식이었다는 변명으로 책임을 모면하려는 것인지는 쉽게 구분할 수 없을 것이므로 신중하게 판단할 필요가 있다고 한다).

마. 침해행위자가 다수인 경우

(1) 공동 침해

저작재산권 침해행위가 복수의 사람에 의하여 공동으로 행하여진 경우, 즉 침해물의 공동저작의 경우에 의거요건은 공동행위자 각자가 모두 충족을 하여야 하는 것인지, 아니면 공동행위자 중 1인에게만이라도 의거요건이 충족되면 공동행위자 모두에게 의거요건이 충족된 것으로 볼 것인지와 관련하여 해석상 다툼이 있다. 먼저 공동행위자 각자에게 있어서 의거 요건의 충족여부를 판단하여야 한다는 견해가 있다.[17] 이 견해에 의하면 복수의 사람이 공동으로 침해 저작물을 작성한 경우, 그 중 의거 요건을 충족하지 못하는 작성자에 대하여는 그의 고의 또는 과실을 따질 것도 없이 저작권침해의 책임을 지울 수 없게 된다. 왜냐하면 저작재산권 침해행위에 대한 책임이 성립하기 위해서는 고의 또는 과실에 앞서서 의거요건을 충족할 것이 필요하기 때문이다.[18] 이에 대하여 공동저작의 경우에는 공동저작자 전원에 대하여 의거요건이 충족되어야 할 필요는 없고, 그 중 일부가 타인의 작품에 접근하여 의거한 경우에도 의거 요건은 충족될 수 있다고 보는 견해가 있다.[19]

민법 제760조 제 1 항의 이른바 '협의의 공동불법행위'가 성립하기 위해서는 '행위의 독립성', 즉 각자의 행위가 독립된 행위로서 평가되는 것이어야 한다. 따라서 공동저작 행위로 말미암아 제작된 공동저작물이 타인의 저작재산권을 침해하는 경우에 공동저작자에게 공동책임을 지우기 위해서는 공동저작자 각자에게 저마다 침해의 요건이 충족될 것이 필요하다고 할 것이고, 그렇다면 의거요건 역시 공동저작자 각자에게 있어서 충족 여부를 판단하여야 할 것이라고 본다. 다만, 공동불법행위에 있어서 행위의 관련공동성에 관하여 다수설과 판례는 행위자들의 공모 내지 의사의 공통이나 공동의 인식은 필요 없으며, 그 행위가 객관적으로 관련·공동하고 있으면 족하다고 하는 이른바 '객관적 관련공동설'을 취하고 있다.[20] 이러한 다수설과 판례의 입장에 비추어 보면, 의거요건은 공동저작자 각자에게 있어서 충족 여부를 판단하되, 공동저작자 사이의 공모 내지 의사의 공통이나 공동의 인식까지는 필요하

---

16) 저작권법 제123조 제 1 항, 제125조 제 1 항 참조.

17) 光石俊郎, 著作權法において依據について, 知的財産權の現代的課題, 信山社, 1995, 302면.

18) 본문에서 언급한 바와 같이, 저작재산권 침해에 있어서 고의 또는 과실은 손해배상 청구를 위하여 요구되는 요건일 뿐, 침해의 중지 등 청구권 행사를 위해서는 침해자의 고의 또는 과실조차 필요하지 않다.

19) 中山信弘, 著作權法, 법문사(2008), 409면.

20) 곽윤직, 채권각론, 박영사(1995), 766면; 대법원 1982. 12. 28. 선고 80다3057 판결; 같은 취지의 판결로는, 대법원 1963. 10. 31. 선고 63다573 판결; 대법원 1968. 2. 27. 선고 67다1975 판결; 대법원 1968. 3. 26. 선고 68다91 판결; 대법원 1997. 11. 28. 선고 97다18448 판결; 대법원 1997. 2. 13. 선고 96다7854 판결; 대법원 1997. 8. 29. 선고 96다46903 판결 등.

지 않다고 해석된다.

(2) 사후적 이용행위

타인의 저작재산권을 침해하여 작성된 저작물이라는 사정을 알면서 이를 이용하는 행위를 한 자는 새로운 침해행위를 한 것이므로, 의거 요건을 충족하는 한 역시 저작권침해의 책임을 져야 한다. 예를 들어, 甲이 저작재산권을 가지는 A라는 저작물(예컨대 소설)에 대하여 乙이 주관적 요건과 객관적 요건을 충족하는 저작재산권 침해행위를 하였고, 그로 인하여 B라는 침해 저작물(예컨대 방송드라마 대본)이 작성되었는데, B를 사용하여 丙이 이용행위(드라마로 제작하여 방송)를 하게 되면, 丙 역시 A 저작물에 대한 의거 요건을 충족하는 한 甲에 대한 저작재산권 침해의 책임을 지게 되는 것이다. 이때 丙의 의거요건 충족 여부는 다음과 같이 판단한다. 먼저 침해물 B가 원저작물 A와 실질적으로 동일한 것으로서 A의 복제물에 해당하는 경우에는 반드시 원본이 아니라 복제물을 보고 베낀 것도 의거 요건을 충족하므로, 丙이 B가 A의 복제물이라는 사실을 인식한 때로부터 丙 역시 A 저작물에 대한 의거 요건을 충족하는 것이 된다. 따라서 丙의 드라마 제작 및 방송은 甲에 대한 2차적저작물작성권 및 그 방송권에 대한 침해가 된다. 한편, 침해물 B가 원저작물 A의 2차적저작물인 경우 丙이 B에 의거하여 드라마를 제작하였다면 丙의 A에 대한 직접적인 의거는 없는 것이 된다. 그러나 丙은 2차적저작물인 B를 통하여 A의 존재를 인식할 수 있다. 즉 丙은 침해저작물인 B를 통하여 A 저작물의 표현내용을 인식한 것이며, 나아가 그 표현내용을 이용하고자 하는 의사로서 실제 이용행위(드라마 제작)를 한 것이라고 볼 수 있다. 따라서 이 경우에도 丙의 A 저작물에 대한 의거 요건(앞에서 본 ① 기존 저작물에 대한 표현내용을 인식하고, ② 그것을 이용하는 의사를 가지고, ③ 그것을 이용하는 행위의 존재)은 충족된다고 할 수 있고, 이때 丙이 제작한 드라마가 A와 종속성(실질적 유사성)이 있어 A의 2차적저작물에 해당한다면 丙 역시 甲에 대한 2차적저작물작성권 및 그 방송권 침해의 책임을 지게 된다.

이 사례에서 甲은 乙과 丙을 공동피고로 하여 방송금지 및 손해배상 등을 청구할 수 있는데, 이 경우 丙은 스스로 의거요건을 충족하여 책임을 지거나, 乙과의 공동불법행위 또는 乙의 저작물이 표절 저작물이라는 사실을 알았거나 알지 못한 것에 과실이 있었음을 이유로 책임을 지게 된다.

바. 판단의 순서

주관적 요건인 의거 또는 의거관계 요건은 객관적 요건인 '종속성' 또는 '실질적 유사성' 요건과는 논리적으로 엄격하게 구분되어야 한다. 따라서 일반적으로는 실질적 유사성

여부를 판단하기에 앞서서 피고가 원고의 저작물에 의거하여 이를 이용하는 행위를 하였는지(의거관계) 여부의 판단을 먼저 하는 것이 바람직하다.[21] 다시 말하면, 저작재산권 침해 여부를 판단함에 있어서는 먼저 피고가 원고의 저작물을 이용하였는지 여부, 즉 의거관계의 존재 여부를 판단하고, 그것이 인정되지 않으면 더 나아가 실질적 유사성 여부를 살펴볼 필요도 없이 저작재산권의 침해는 부정된다. 의거관계가 인정되면 그 다음으로 피고가 원고의 저작물로부터 저작권의 보호를 받는 부분, 즉 창작적인 표현을 이용함으로써 두 저작물 사이에 실질적 유사성이 존재하는지 여부를 판단하여 그것이 긍정되면 비로소 저작재산권의 침해를 인정하게 되는 것이다.[22] 물론 저작재산권 침해를 인정하기 위해서는 주관적 요건과 객관적 요건이 모두 충족되어야 하므로, 저작재산권 침해를 부정하면서 두 가지 요건 중 어느 하나가 인정되지 않는다고 판단하면 그것으로 족한 것은 사실이다. 또한 저작권침해를 부정하면서 주관적 요건과 객관적 요건 중 어느 요건은 충족되는데 어느 요건이 충족되지 않는다고 판단을 할 수도 있고, 두 가지 요건 모두가 충족되지 않는다고 판단할 수도 있다. 그렇기 때문에 주관적 요건과 객관적 요건 사이에 어느 요건이 더 중요하다는 질적 순서나, 어느 요건부터 판단을 하여야 한다는 시간적 순서는 없다는 견해도 있다.[23] 그러나 주관적 요건을 먼저 판단하고 그 후에 객관적 요건을 판단하는 것이 보다 논리적이고 질서가 있어 바람직하다고 생각한다.

2. 입   증

가. 입증의 방법들

원고는 피고가 원고의 저작물에 '의거'하여 이를 이용하였다는 점[24]을 '직접 또는 간접적인 증거'(direct or indirect evidence)에 의하여 입증할 수 있다. '의거관계'의 직접적인 증거는 피고가 원고 저작물을 현실적으로 이용하였다는 사실을 자인하는 경우가 보통일 것이다. 그 외에 피고가 원고의 저작물에 의거하여 이를 이용하는 것을 보았다는 증인의 증언 등도 직접적인 증거가 될 수 있다. 반면에 간접적인 증거는 피고가 원고의 저작물에 '접근'(access)한 사실 등을 입증하여 그로부터 '의거'를 추정하는 방식이 일반적으로 행하여지고 있다. 현실

---

21) 光石俊郎, 전게서, 300면.
22) 일본 최고재판소 1978. 9. 7. 선고 昭和 50(オ) 324호 판결(일명 One Rainy Night in Tokyo 사건의 상고심 판결)에서는, 피고가 원고 저작물의 존재를 알지 못하였다면 저작권침해의 대전제인 '복제'행위 자체가 없었다고 할 것이고, 따라서 더 나아가 고의 또는 과실을 따질 것도 없이 저작권침해는 인정될 수 없다고 하였다(最新 著作權關係判例集, Ⅱ-1, 著作權判例研究會 編, ぎょうせい, 762-763면).
23) 西田美昭, 전게서, 124-125면.
24) 이를 미국 저작권법에서는 '현실적인 복제'(actual copying)라는 용어로 부르는 경우가 많다.

적으로 복제에 대한 직접적인 증거를 얻는 경우는 그리 흔하다고 볼 수 없으므로, '의거'의 입증은 주로 간접적인 증거에 의하여 이루어지는 경우가 대부분이다. 개인적으로 또는 은밀하게 이루어지는 의거나 복제행위는 직접적인 증거에 의하여 입증하기 힘들기 때문에, 의거나 복제행위는 흔히 피고가 원고의 저작물에 접근하였거나 접근할 수 있는 합리적인 기회가 있었다는 것과 원고와 피고의 저작물 사이에 유사성이 있다는 것 등 두 가지 간접사실의 존재, 즉 '접근'(access)과 '유사성'(similarity)에 의하여 추정하거나, 또는 피고가 원고의 저작물에 의거하지 않았다면 현실적으로 발생하기 어려운 유사성(현저한 유사성)이 양 저작물 사이에 있다는 하나의 간접사실(이때에는 '접근'이라는 간접사실의 존재는 따로 요구하지 않는다)의 존재에 의하여 추정하는 경우가 많다. 대법원 2014. 7. 24. 선고 2013다8984 판결(일명 '선덕여왕' 사건)은 "의거관계는 기존의 저작물에 대한 접근가능성, 대상 저작물과 기존의 저작물 사이의 유사성이 인정되면 추정할 수 있고, 특히 대상 저작물과 기존의 저작물이 독립적으로 작성되어 같은 결과에 이르렀을 가능성을 배제할 수 있을 정도의 현저한 유사성이 인정되는 경우에는 그러한 사정만으로도 의거관계를 추정할 수 있다"고 판시하였다.[25]

나. 접근과 유사성

(1) 접근(access)

의거를 추정하는 간접사실 중 하나인 '접근'은 반드시 피고가 실제로 원고의 저작물을 보았거나 그 내용을 알았다는 것을 의미하는 것은 아니며, 보거나 접할 상당한 기회를 가졌다는 것을 포함하는 의미이다.[26] 판례에 따라서는 '접근'이라는 용어 대신 '접근가능성'이라는 용어를 사용하기도 한다.[27]

그러나 단순히 약간의 가능성만 있는 정도로는 접근에 대한 '상당한 기회'를 가졌다고 보기 어렵다. 원고의 저작물이 널리 배포되어 있다는 사실로서 접근을 추정할 수도 있겠지만, 접근을 추정하기 위하여는 접근에 대한 상당한 가능성이 존재하여야 하고, 단순히 피고가 원

---

25) 이 판결에서는 신라의 선덕여왕을 주인공으로 한 원고의 뮤지컬 대본과 피고의 드라마 사이에 역사적 사실로부터는 유추하기 힘든 선덕의 서역 사막에서의 고난, 서역 문화와 사상의 습득, 선덕과 미실의 정치적 대립구도, 선덕과 김유신의 애정 관계 등의 유사성이 존재하지만, 이러한 유사성은 위 대본과 드라마가 독립적으로 작성되어 같은 결과에 이르렀을 가능성을 배제할 수 있을 정도로 현저히 유사한 부분이라고 보기 어렵다고 하여 의거관계의 추정을 부정하였다.

26) Nimmers on Copyright, *op. cit.*, pp.13-16 참조. '접근'에 대한 이러한 정의는 미국 판례상으로 완전히 통일되어 있는 것은 아니나, 대다수의 판례에서 채용되고 있다. 우리 나라 판례 중에도 서울고등법원 1995. 6. 22. 선고 94나8954 판결(이른바 '야망의 도시' 사건)에서, '원고의 저작물을 접할 만한 상당한 기회를 가졌을 것'(이른바 access)을 저작권침해의 요건으로 설시하여 위와 같은 '접근'(access) 이론을 그대로 수용하고 있음을 보여주고 있다(오승종·이해완, 전게서, 467면 참조).

27) 대법원 2014. 1. 29. 선고 2012다73493(본소), 73509(반소) 판결 등.

고의 저작물에 접근할 기회가 있었을 것이라는 의심만으로 접근을 추정하여서는 안 된다.[28]

(2) 유사성(similarity)

한편 접근 또는 접근의 기회가 있었다는 사실만으로는 주관적 요건인 복제요건이 충족되었다고 할 수 없고, 더 나아가 두 저작물 사이에 유사성이 존재하여야 한다. 즉, 접근과 유사성의 두 가지 간접사실이 모두 존재하여야 복제행위를 추정할 수 있는 것이다. 이러한 접근과 유사성이라는 두 가지 간접사실은 의거 또는 복제행위를 추정함에 있어서 상호보완적인 관계에 있으므로, 두 저작물 사이에 존재하는 유사성의 정도가 강할수록 접근에 관한 증거가 상대적으로 부족하더라도 의거 또는 복제행위를 추정할 수 있는 가능성이 높아지게 된다. 다만, 두 저작물 사이에 유사성이 전혀 없다면 아무리 접근에 관한 증거가 충분하다고 하더라도 의거 또는 복제행위를 인정할 수 없다. 그러나 접근에 관한 증거가 없는 경우에도 다음에서 보는 바와 같이 원고와 피고가 서로 독립하여 같은 창작적 결과에 이르렀을 가능성을 배제할 수 있을 정도로 '현저한 유사성'(striking similarity)이 있으면 의거 또는 복제행위를 추정할 수 있다.[29]

다. 현저한 유사성(striking similarity)

(1) 개 념

원고 저작물과 피고 저작물 사이의 유사성이 실질적인 유사성을 넘어서서 '충분히 현저한 유사성'(sufficient striking similarity)을 가지고 있는 경우에는 따로 '접근'의 입증을 요하지 않고 '의거'가 사실상 추정되는 것으로 본다. 실무적으로도 그런 사례가 많다.[30][31] 결국 주관적 요건인 의거관계를 입증하기 위하여서는 (1) '접근'(access)과 '유사성'(similarity)이라는 두 가지 간접사실을 입증하거나, (2) '현저한 유사성'(striking similarity)이라는 한 가지 간접사실을 입증하면 된다.

이때 양 저작물 사이의 유사성이 '접근'에 대한 입증을 요하지 않을 정도로 충분히 현저하다고 하기 위해서는 그 유사성이 우연의 일치나 공통의 소재 등으로는 설명되기 어렵고 오직 피고의 저작물이 원고의 저작물에 의거한 것에 의해서만 설명될 수 있는 정

---

28) D. Chisum et.al., *op. cit.,* pp.4-157.

29) 이성호, 저작권법의 체계와 주요 쟁점, 인권과 정의, 2005. 1월호, 통권 341호, 47면.

30) Nimmers on Copyright, *op. cit*, pp.13-24.

31) 다만, 미국 저작권 판례 중에는 음악저작물과 관련하여서는 '현저한 유사성'만으로 주관적 요건인 복제행위의 존재를 추정하는 것을 엄격하게 제한하는 것이 있다는 점에 주의를 요한다. 그 예로서, Selle v. Gibb, 741 F.2d 896, 223 U.S.P.Q. 195(7th Cir. 1984) 판결을 들 수 있다.

도의 것이어야 한다.32)33) 물론 이러한 추정은 피고가 자신의 저작물이 '독립적으로 창작된'
(independently created) 것임을 입증함으로써 번복시킬 수 있다.34)

(2) 판 례

우리 대법원 판례 중에도 두 저작물 사이에 존재하는 현저한 유사성을 통하여 주관적
요건인 '의거'를 추정한 사례가 있다. 대법원 2014. 12. 11. 선고 2012다76829 판결은, "의거
관계는 기존의 저작물에 대한 접근 가능성, 대상 저작물과 기존의 저작물 사이의 유사성이
인정되면 추정할 수 있고, 특히 대상 저작물과 기존의 저작물이 독립적으로 작성되어 같은
결과에 이르렀을 가능성을 배제할 수 있을 정도의 '현저한 유사성'이 인정되는 경우에는 그
러한 사정만으로도 의거관계를 추정할 수 있다"고 판시하였다. 앞에서 본 대법원 2014. 5.
16. 선고 2012다55068 판결도 같은 취지의 판시를 하고 있다.

(3) 공통의 오류

현저한 유사성의 대표적인 사례로 들 수 있는 것이 이른바 '공통의 오류'(common errors)
와 '공통의 미적 오류'(common aesthetic miscues, 이를 '미학적 일탈'이라고도 한다)이다. 미국 판례
에서는, 뒤에 만들어진 피고의 저작물에 먼저 만들어진 원고의 저작물과 공통되는 오류가
발견되면 그것으로써 '의거'가 사실상 추정된다고 한다.35) 그러한 추정은 예컨대 원고의 저
작물이 번역저작물인 경우에 원고가 원문에 없는 부분을 창작하여 첨가한 부분이 피고의
번역물에 그대로 옮겨져 있는 것이 발견되는 경우36)에도 적용될 수 있다. 그리하여 실무계
에서는 이와 같은 추정을 받기 위해 지도 등의 저작물에 실재로는 존재하지 않는 작은 섬
이나 개천을 그려 넣거나, 전화번호부에 가공의 전화번호를 기입해 두는 등 일부러 작은 오
류를 포함시켜 두는 경우가 있다고 한다. 또한 일본에서도 실제로 사전을 편집하면서 일부
러 오자(誤字)를 집어넣거나 편집순서를 살짝 뒤바꿈으로써 나중에 의거에 대한 증거로 활
용한 경우가 있었다.37)

이러한 공통의 오류 또는 공통의 미적 오류는 저작권침해의 주관적 요건인 의거 또는

32) Testa v. Janssen, 492 F. Supp 198, 208 U.S.P.Q. 213(WD. Pa. 1980) 참조.
33) Paul Goldstein, *op. cit.*, p. 7: 12 참조.
34) 이를 '독립제작의 항변'이라고 하며 높은 수준의 입증이 요구된다. Nimmers on Copyright, *op. cit.*, p.13-25 참조.
35) Nimmers on Copyright, *op. cit.*, pp.13-73.
36) 이른바 '꼬마철학자' 사건에 대한 서울민사지방법원 1988. 3. 18. 선고 87카53920 판결에서 바로 이러한 경우에 대하여 피고가 주장하는 우연의 일치 가능성을 부정하였다.
37) 일본 나고야지방법원 1987. 3. 18. 선고 昭和 58년(ㄱ) 2939호 판결.

복제행위의 존재에 대한 추정력을 부여할 뿐이다. 따라서 저작권침해의 객관적 요건인 양 저작물 사이의 실질적 유사성은 별도로 판단되어야 한다. 예를 들어 사실이나 정보 자체는 저작권법의 보호대상이 아니므로 피고가 원고의 저작물에 포함된 정보를 자신의 저작물에 이용하면서 잘못된 정보까지 그대로 옮긴 경우, 공통의 오류의 존재에 의하여 주관적 요건인 의거 또는 복제행위가 추정될 수 있다. 그러나 이 경우에도 피고가 원고의 저작물에 존재하는 창작적 표현까지를 모방하지 않는 한 저작권침해가 되지 않는다. 따라서 공통오류의 존재만으로 저작권침해 사실을 전적으로 추정하게 하는 것은 아니다.[38]

공통의 오류가 보통 기능적 저작물 또는 사실적 저작물에서 많이 나타나는 것인데 반하여, '공통의 미적 오류'는 문예적, 가공적 저작물(fictional works)에서 주로 나타나는 것이다. 예를 들어 악곡의 일정 소절이 음악적으로 바람직하기 위하여서는 특정한 음(音)들의 조합이 필요한데, 원고와 피고의 음악저작물 모두에게서 그러한 음의 조합이 결여되어 있는 경우를 생각할 수 있다.[39] '공통의 미적 오류' 역시 그것이 우연의 일치나 공통의 소재 등으로 설명되기 어려운 경우에는 그 자체만으로 '의거'를 추정케 하는 간접사실이 될 수 있다.

3. 추정의 번복

접근과 관련하여서는, 예를 들어 원고의 저작물이 피고가 접할 수 있는 매체를 통하여 널리 전파되지 아니하였다는 점을 입증하거나, 원고가 피고가 근무하는 회사에 자신의 저작물을 제출한 적이 있다는 점을 입증하였을 경우, 원고로부터 직접 저작물을 제출받은 사람이 피고의 작품활동과는 전혀 무관한 위치에 있었다는 점을 입증함으로써 '접근'을 부인하고, 나아가 의거 또는 복제행위의 추정을 번복시킬 수 있을 것이다.[40]

다음으로 두 저작물 사이의 유사성과 관련하여서는, 원고의 저작물이 아닌 그와 유사한 제 3 의 저작물이 존재하고 피고는 그 제 3 의 저작물로부터 차용한 것임을 입증한다든가, 피고가 원고보다도 먼저 저작물을 창작하였다는 증거, 또는 적어도 원고가 먼저 저작물을 창작하였다고 하는 주장에 의문을 가지게 하는 증거를 제출함으로써 유사성에 기한 의거 또는 복제행위의 추정을 번복시킬 수 있다. 또한 피고가 원고보다 먼저 저작물을 창작한 것이 아니라고 하더라도, 피고가 그의 저작물을 원고의 저작물과 무관하게 독립적으로 창작하였다는 것을 보여주는 증거가 있을 때에도 의거 또는 복제행위의 추정을 깨뜨릴 수 있다.

---

38) 오승종·이해완, 전게서, 469면 참조.
39) Consolidated Music Publishers, Inc. v. Ashley Publications, Inc., 197 F. Supp.17, 19, 130 U.S.P.Q. 313(S.D.N.Y. 1961).
40) 이성호, 전게논문, 49면.

여기서 '독립적인 창작'(independent creation)에 관한 입증은 직접적인 증거에 의하여 할 수 있음은 물론, 추정적인 증거에 의해서도 할 수 있다.[41]

Ⅲ. 객관적 요건 – 부당한 이용(improper appropriation)

1. 서   설

가. 개   념

저작권침해를 인정하기 위한 객관적 요건으로는 피고가 원고의 저작물을 부당하게 이용하였을 것이 필요하다. 여기서 '부당하게 이용'한다는 것은 악의 또는 고의에 의한 이용행위처럼 이용하는 행위인 '동작'(動作)이 부당한 경우를 말하는 것이 아니라, 이용에 의하여 나타난 '결과'(結果)가 법이 허용하기 어려운 부당한 정도에 이르렀음을 의미한다. 즉, 부당이용에 있어서의 '부당'은 '동작'의 의미가 아니라 '결과' 또는 '정도'의 의미라고 새겨야 하는 것이다. Goldstein 교수는 부당이용이 성립하기 위해서는 (1) 피고가 원고의 저작물 중 '보호받는 표현'(protected expression)을 이용하였을 것과, (2) 일반 청중이 원고의 저작물 중 보호받는 표현과 피고의 저작물 사이에 실질적 유사성이 있음을 인식할 것의 두 가지 사실을 입증하여야 한다고 하였다.[42] 또는 이 두 가지 사실을 합하여, 부당이용이 성립하기 위하여는 원고의 저작물과 피고의 저작물 중 저작권으로 보호될 '창작적 표현 부분에 있어서 실질적 유사성'(substantial similarity in protected expression)이 있어야 한다고 설명하는 견해도 있다.[43]

우리나라 저작권침해 판례 중에는 "저작권침해가 되기 위해서는 두 저작물 사이에 실질적 유사성이 있어야 한다"는 판시를 하고 있는 것이 많은데, 그로 인하여 실질적 유사성을 저작재산권 침해의 객관적 요건 그 자체로 이해하는 경우를 종종 보게 된다. 그러나 실질적 유사성은 저작재산권 침해의 요건이라기보다는 저작재산권 침해의 객관적 요건인 부당이용을 판단하는 하나의 기준 또는 판단자료라고 보는 것이 더 정확할 것이다.

2차적저작물작성권 침해 여부를 판단하기 위하여 원고와 피고 두 저작물 사이에 실질적 유사성이 있는지 여부를 검토함에 있어서 두 저작물이 '시장적 경쟁관계'에 있는지 여부

---

41) 상계논문, 49-50면.
42) Goldstein, *op. cit.*, pp. 7-21.
43) 박익환, 판례평석: 만화저작권 침해와 구제, 지적재산권법상의 제문제, 세창출판사, 2004, 593면.

를 판단의 자료로 하는 경우가 많다. 그러나 모든 2차적저작물이 원저작물과 시장적 경쟁관계에 있는 것은 아니다. 예를 들어, 애니메이션 영화(원저작물)와 그 영화에 등장하는 주인공 캐릭터를 소재로 한 인형(2차적저작물)은 시장적 경쟁관계에 있지 않다. 즉, 그 캐릭터 인형을 먼저 감상하였다고 하여 원저작물인 애니메이션 영화에 대한 감상 욕구를 상실하게 되지는 않는 것이다. 따라서 이 방법은 일면 타당하지만 모든 경우에 적용될 것은 아니다.

나. 동일성과 실질적 유사성

저작재산권 침해를 인정하기 위한 객관적 요건의 판단기준으로는 실질적 유사성 외에 동일성도 생각할 수 있다. 동일성과 실질적 유사성은 개념적으로 구별이 되고, 동일성(완전동일과 실질적 동일을 포함한다)이 인정되는 경우에는 복제권의 침해가 된다. 한편, 원고와 피고 저작물 사이에 실질적 유사성이 인정되는 경우에는 사안에 따라서 복제권 침해가 될 수도 있고, 2차적저작물작성권의 침해가 될 수도 있다. 예를 들어, 다음에서 보는 부분적·문자적 유사성에 의한 종속성이 인정되는 경우에는 해당 부분에 대한 복제권 침해가 될 가능성이 높고, 포괄적·비문언적 유사성에 의한 종속성이 인정되는 경우에는 2차적저작물작성권 침해가 될 가능성이 높을 것이다.

복제권 침해가 되거나 2차적저작물작성권 침해가 되거나, 그 중 하나만 인정되면 저작권침해가 되는 것은 마찬가지이다. 그렇기 때문에 저작재산권 침해를 판단함에 있어서 동일성과 실질적 유사성(종속성)을 구별하거나 그 경계선을 확정할 실익은 없다는 견해도 있다.[44] 그러나 복제권과 2차적저작물작성권은 저작재산권의 지분권 중 하나로서 이들은 각각 분리하여 양도될 수 있다. 따라서 복제권과 2차적저작물작성권이 각각 분리 양도되거나, 저작자가 제 3 자에게 복제권만 양도하고 2차적저작물작성권은 여전히 보유하는 경우도 있을 수 있다. 이 경우에는 복제권과 2차적저작물작성권이 서로 다른 사람에게 귀속되므로, 양자를 구분하는 것은 침해에 대한 구제를 받을 자, 즉 침해소송의 원고가 누가 되느냐를 결정짓는 중요한 기준이 된다. 또한 소송법적인 관점에서 볼 때, 원고가 복제권 침해와 2차적저작물작성권 침해 중 어느 한쪽만을 주장하고 있는 경우, 그 주장 내용에 따라 근거가 되는 법조문이 달라지므로 변론주의의 적용을 받게 된다. 따라서 원고가 주장하는 지분권의 침해가 인정되지 않는 한 청구기각의 판결이 내려지게 되고, 주장하지 아니한 지분권에 대한 판단은 필요가 없게 된다. 이러한 의미에서 동일성과 실질적 유사성을 구분하고 그 경계선을 확정할 실익은 분명히 있다고 할 것이다.[45]

---

44) 田村善之, 著作權法講義ノート 5, 發明 92권 8호, 97면.
45) 西田美昭, 전게서, 125-126면.

그러나 동일성이 인정되는 이른바 데드카피(dead copy)의 경우 저작권 침해 여부는 누구라도 비교적 손쉽게 판단할 수 있기 때문에 저작권침해가 다투어지는 대부분의 사건에서 가장 쟁점이 되는 것은 실질적 유사성의 존재 여부라고 할 수 있다.

다. '실질적 유사성'과 '본질적 특징의 감득성'

일본 판결, 특히 일본 최고재판소 판결에서는 2차적저작물작성권 침해가 되기 위한 요건으로서 '실질적 유사성'이라는 개념보다는 '(표현상의) 본질적 특징을 직접 감득할 수 있을 것'을 요구하고 있음을 볼 수 있다. 즉, 어떤 저작물을 기초로 작성한 저작물로부터 그 기초로 된 저작물의 표현형식에 있어서의 본질적인 특징을 직접 감득할 수 있다면, 그 저작물은 기초로 된 저작물의 2차적저작물이라는 것이다.46)

우리나라 하급심 판결을 보면 일명 '행복은 성적순이 아니잖아요' 사건을 비롯하여 원저작물과 2차적저작물의 관계를 인정하기 위하여서는 두 저작물 사이에 '실질적 유사성'이 있어야 한다고 한 것이 비교적 많다.47) 그러나 '애마부인' 사건의 판결처럼 본질적 특징을 직접 감득할 수 있어야 한다고 판시한 사례도 있다.48)

미국 판례에서 사용하는 '실질적 유사성'이라는 개념과 일본 판례에서 사용하는 '본질적 특징의 감득성'이라는 개념은 두 가지 모두 저작재산권 침해의 객관적 요건을 판단하는 기준으로서의 역할을 하는 것이다. 일본의 中山信弘 교수는 '실질적 유사성'과 '본질적 특징의 감득성' 중 어떤 용어를 사용하더라도 다를 바 없으며, 이는 용어의 선택 문제에 지나지 않는다고 한다.49) '애마부인' 사건 판결은 하나의 판결에서 두 가지 개념을 동시에 사용하고 있다.

---

46) 일본 최고재판소 1980. 3. 28. 선고 昭和 51(オ) 923 판결(民集 제34권 제 3 호, 244면, 著作權判例百選, 別冊, ジュリスト, No. 128, 140면) - 일명 '사진 몽타주 사건' 판결.

47) 서울민사지방법원 1990. 9. 20. 선고 89가합62247 판결, 하급심판결집 1990-3, 267면. 이 판결에서는 "어떤 저작물이 원작에 대한 2차적저작물이 되기 위해서는 단순히 사상(idea), 주제(theme)나 소재가 같거나 비슷한 것만으로는 부족하고, 두 저작물 간에 실질적 유사성(substantial similarity), 즉 사건의 구성(plot) 및 전개과정과 등장인물의 교차 등에 공통점이 있어야 한다"고 판시하고 있다.

48) 서울고등법원 1991. 9. 5.자 91라79 결정, 하급심판결집 1991-3, 262면 - 일명 '애마부인' 사건. 이 판결에서는 "원저작물과 2차적저작물의 관계를 인정할 만한 본질적인 특징 자체를 함께 하고 있다고 볼 수 없으므로 영화 '애마부인 5'는 소설 '애마부인'과는 실질적 유사성이 없는 별개의 저작물이라 할 것"이라고 판시하여, 2차적저작물 성립의 판단기준으로서 실질적 유사성과 본질적 특징의 감득 가능성 두 가지를 혼용하고 있다.

49) 中山信弘, 著作權法, 법문사(2008), 410면.

2. 유사성의 두 형태

유사성에는 두 가지 서로 다른 형태의 유사성이 있다. 즉, '포괄적·비문언적 유사성' (comprehensive nonliteral similarity)과 '부분적·문언적 유사성'(fragmented literal similarity)이다.[50] 이러한 두 가지 유사성의 구별은 특히 어문저작물에서 확연하게 드러난다. 후자가 원고 작품 속의 특정한 행이나 절 또는 기타 세부적인 부분이 복제된 경우임에 대하여, 전자는 피고가 원고의 작품 속의 근본적인 본질 또는 구조를 복제함으로써 원, 피고의 양 저작물 사이에 비록 문장 대 문장으로 대응되는 유사성은 없어도 전체로서 포괄적인 유사성이 있는 경우를 말한다.

'실질적 유사성'이란 결국 유사성(이때의 유사성은 부분적·문언적 유사성과 포괄적·비문언적 유사성을 포괄하는 의미에서의 유사성이다)의 정도(extent of similarity)에 대한 문제라고 할 수 있다. 즉, 어느 정도의 유사성이 있어야 실질적 유사성이 있다고 판단할 수 있느냐의 문제이다. 두 저작물 사이에 존재하는 유사성이 실질적 유사성의 정도에 이르기 위하여서는 그 유사성은 '경미하거나 사소한 유사성'(slight or trivial similarity)의 정도를 넘어서야 한다.

3. 주관적 요건과 객관적 요건에서의 '유사성'의 구별

앞에서 본 바와 같이 주관적 요건인 의거 또는 복제행위는 주로 피고가 원고의 저작물에 접근할 수 있었다는 사실과 두 저작물 사이에 '유사성'이 있다는 사실 등 두 가지 간접사실에 의하여 추정되는 경우가 보통이다. 그런데 객관적 요건에서도 두 저작물 사이의 '실질적 유사성'을 요구한다. 그렇다면 주관적 요건에서의 유사성과 객관적 요건에서의 실질적 유사성은 서로 다른 것인가? 다르다면 어떻게 다른 것인가? 결론적으로 이 두 가지 유사성은 엄격히 구분되어야 한다. 주관적 요건에서의 유사성은 창작적 표현에 있어서의 유사성은 물론이고 그 밖의 창작성이 없는 표현, 즉 남에게서 빌려온 표현과 표현의 영역에 속하지 않는 부분, 예를 들어 아이디어에 속하는 부분에 있어서의 유사성까지를 포함하는 개념이다. 즉, 주관적 요건에서 요구하는 두 저작물 사이의 유사성은 굳이 창작적 표현에 있어서의 실질적 유사성에 한정되는 것은 아니다. 또한 그 유사성이 '실질적'인 정도에 이르러야만 주관적 요건을 충족하는 것도 아니고, 아주 사소한 유사성이라 하더라도 그 유사성이 독립창작이라면 나올 수 없는 성질의 유사성(예를 들어 공통의 오류)이라면 주관적 요건의 충족을 추정케 하는 유사성이 된다. 그러나 객관적 요건에서의 실질적 유사성은 저작권의 보호를

---

50) 이하 Nimmers on Copyright, *op. cit.*, pp. 199-201 참조.

받는 부분인 '창작적 표현'(original expression)에 있어서의 '유사성'만을 의미하는 것이며, 질적
으로 또는 양적으로 사소한 정도를 넘어서서 '실질적'인 정도에 이르러야 한다.51)

대법원 2007. 3. 29. 선고 2005다44138 판결은, 대상 저작물이 기존의 저작물에 의거하
여 작성되었는지 여부와 양 저작물 사이에 실질적 유사성이 있는지 여부는 서로 별개의 판
단으로서, 전자의 판단에는 후자의 판단과 달리 저작권법에 의하여 보호받는 표현뿐만 아니
라 저작권법에 의하여 보호받지 못하는 표현 등이 유사한지 여부도 함께 참작될 수 있으므
로, 대상 동화가 이 사건 소설에 의거하여 작성되었는지 여부를 판단함에 있어서 저작권법
에 의하여 보호받지 못한 표현 등의 유사성을 참작할 수 있다고 하여, 양 저작물 사이의 실
질적 유사성여부를 판단함에 있어서도 동일하게 그와 같은 부분 등의 유사성을 참작하여야
하는 것은 아니라고 판시하였다. 이러한 판시는 저작재산권 침해의 주관적 요건인 '의거' 판
단에서의 유사성과 객관적 요건 판단에서의 '실질적 유사성'은 서로 별개의 것으로서 구분
되어야 한다는 점을 분명히 밝힌 것으로 평가할 수 있을 것이다. 그 후 대법원 2014. 1. 29.
선고 2012다73493(본소), 73509(반소) 판결, 대법원 2014. 5. 16. 선고 2012다55068 판결에서
도 같은 취지의 판시를 하고 있어 이러한 법리는 이제 자리를 잡은 것으로 보인다.

제 3 절 저작재산권 침해의 판단방법

I. 전통적 판단방법

1. 판단의 전제로서 아이디어와 표현의 구분을 위한 이론

가. 추상화이론(abstraction test)

추상화이론이란 미국 제 2 연방항소법원의 Learned Hand 판사가 Nichols v. Universal
Pictures Co. 사건 판결52)에서 주장한 이론이다. 이 이론은 하나의 저작물에서 보호를 받지

---

51) 이와 같이 주관적 요건에 있어서의 유사성과 객관적 요건에서의 실질적 유사성은 구분되어야 하는데,
같은 용어를 사용함으로써 혼란을 일으키는 경우가 있다. 이런 우려 때문에 객관적 요건에 있어서의 실
질적 유사성과 구별하기 위하여 주관적 요건에 있어서의 유사성을 '증명적 유사성'(probative similarity)
으로 용어를 달리하여 사용하여야 한다는 논의도 있다. Latman, 'Probative Similarity' as Proof of Copying:
Toward Dispelling Some Myths in Copyright Infringement, 90 Colum. L. Rev. 1187(1990).
52) Nichols v. Universal Pictures Co., 45 F.2d 119, 121(2d Cir.1930).

못하는 아이디어가 어느 지점에서부터 보호를 받을 수 있는 표현으로 구체화 하는지를 판단하기 위하여 저작물을 단계적으로 추상화해 나가는 방법을 사용한다.

Nichols 판결 이유에서 Learned Hand 판사는, "어떤 작품, 특별히 희곡작품의 경우에 그 작품에서 다루고 있는 구체적인 사건이나 표현들을 하나하나 제거하면서 추상화해 나가면 점차 일반적이고 정형화된 구조나 형태만이 남게 되고, 결국에는 그것이 무엇에 관한 작품인가 하는 작품의 주제만이 남는 단계에 이르게 되는데, 이와 같이 추상화를 해 나가는 여러 단계들 중 어느 단계인가에 그 부분을 보호하면 표현이 아닌 아이디어를 보호하는 결과를 초래하게 되는 경계선이 있다"고 하였다. 예컨대 셰익스피어의 희곡 '로미오와 줄리엣'이 아직 저작권 보호기간이 끝나지 않았다고 가정할 때, 로미오와 줄리엣이 밤에 줄리엣의 발코니에서 나누는 감동적인 사랑의 대사와 같은 구체적인 표현이라든가, 둘이 무도회에서 만나 사랑에 빠지게 되고 두 가문 간의 적대감에서 비롯된 예기치 않은 살인사건 등 복잡하게 얽힌 일련의 사건 전개를 통하여 결국은 두 연인이 모두 죽음이라는 비극적 결말에 이르게 된다는 구체적인 사건들을 하나씩 하나씩 제거하면서 점차 이를 추상화해 나간다면, 결국 위 저작물은 "적대적인 두 가문을 배경으로 한 젊은 남녀가 사랑에 빠지고 우여곡절 끝에 죽음에 이른다는 비극적인 사랑에 관한 작품"이라든가, '두 젊은 남녀의 비극적인 애정극', 더 나아가서는 단지 '애정극'이라는 한 마디로 이를 추상화해 나갈 수 있는데, 그 중 어느 단계에서인가 아이디어와 표현의 경계선을 찾아낸다는 것이다.[53]

추상화이론은 작품을 전체적인 것으로부터 세부적인 것으로 분해하여 그 어느 경계선에서 보호여부를 결정한다는 점에서 뒤에서 보는 분해식 접근방법과 연결고리를 갖는다. 또한 추상화이론은 전통적인 저작권침해 판단방법 중 하나인 '보호받는 표현 및 청중테스트'에 있어서 보호받는 표현 테스트의 기본을 이루게 된다. 나아가 또 다른 저작권침해 판단방법 중 하나인 '추상화−비교−여과의 3단계 테스트'에 있어서 1단계인 추상화테스트도 추상화이론을 기본으로 하고 있다. 이와 같이 추상화이론은 각종 저작권 침해판단의 기초를 이루는 이론이라는 점에서 중요한 의미를 가진다.

나. 유형이론(pattern test)

유형이론은 추상화이론에 대한 일종의 보완이론으로서 Zechariah Chafee 교수에 의해 주장된 이론이다. Chafee 교수는 표현과 아이디어 사이의 경계선에 대하여, "그 경계선은 저자의 아이디어와 그가 사용한 정교한 패턴 사이의 어딘가에 놓여 있다. 이때 저작권의 보호범위는 저작물의 '패턴', 즉 사건의 전개과정(the sequence of events)과 등장인물들간의 상호

---

53) 이성호, 전게논문, 52면.

작용의 발전(the development of the interplay of characters) 등 요소에까지 미치는 것이다"라고 주장하였다.54) 다시 말해서 일반적으로 저작물의 '유형'(패턴)은 추상화이론에서 살펴 본 보호받는 영역과 보호받지 못하는 영역 중 보호받는 영역에 속한다는 것이다.

우리나라의 판례 중에도 이러한 유형이론을 수용하고 있는 듯한 사례가 있다. "양 저작물 사이의 실질적 유사성을 인정하기 위해서는 단순히 사상(idea), 주제(theme)가 같다는 것만으로는 부족하고 사건의 구성(plot) 및 전개과정과 등장인물의 교차 등에 공통점이 있어야 한다"는 취지로 판시한 서울민사지방법원 1990. 9. 20. 선고 89가합62247 판결55)이 그 예라고 볼 수 있다.56)

유형이론은 특히 소설, 희곡 등의 어문저작물에 있어서 아이디어와 표현의 구별에 관한 기준을 제시해 주는 유용한 이론이라고 평가를 받고 있다.57) 아이디어·표현 이분법을 잘못 이해할 경우 소설에서의 사건의 구성이나 전개과정 등은 모두 아이디어에 속하는 것이고 구체적인 문장표현만을 표현이라고 생각할 수도 있다. 그러나 사건의 구성 등도 저작자의 사상의 표현에 해당할 수 있다. 다만 소설 등의 추상적 기법, 어떤 주제를 다루는 데 있어 전형적으로 수반되는 사건이나 배경(예를 들어, 아이디어와 표현이 합체되는 경우의 하나로서 '필수 장면'에 해당하는 표현들) 및 추상적인 인물유형은 아이디어의 영역에 속하는 것들이므로 보호받을 수 없다. 사건 전개, 등장인물의 상호작용 등이 보호대상인 표현에 속하는가 여부는 결국 그것이 어느 정도로 추상성을 탈피하여 구체적이고 특징적인가에 달려있다.

같은 어문저작물이라도 소설이나 동화 같은 이야기 형태의 저작물과 희곡이나 영화각본 같은 극적 저작물(dramatic works)은 그 특성이 서로 다르기 때문에 '표현'으로 인정되는 부분에 있어서도 차이가 있다. 전자의 경우는 주제나 줄거리, 사건, 등장인물 등을 산문체의 문장으로 상세하게 묘사하면서 얼마든지 발전시켜 나갈 수 있지만 극적 저작물은 그렇지 못하다. 따라서 희곡과 같은 극적 저작물에 있어서는 세부적인 줄거리나 사건들이 중요한 표현적 요소이지만, 소설이나 동화에 있어서는 줄거리나 주제, 사건들보다는 그것을 세밀하게 묘사한 부분이 표현으로 인정될 가능성이 더욱 높다.58)

유형이론은 '사건'(events)과 '등장인물'(characters)과 같은 어문적 요소를 포함하지 않는

---

54) 오승종·이해완, 전게서, 464면.
55) 서울고등법원 1991. 9. 5.자 91라79 결정도 같은 취지를 나타내고 있다.
56) 오승종·이해완, 전게서, 466면.
57) 이 이론은 기능적 저작물의 경우에는 그대로 적용하기 어려운 면이 있다. 특히 컴퓨터프로그램의 저작권 침해사건에서 발달한 것으로서 유형이론과 상당히 유사한 이론이라고 할 수 있는 구조, 순서 및 조직 이론(SSO이론)의 경우 기능적 저작물인 컴퓨터프로그램의 보호범위를 지나치게 확장하게 되어 부당하다는 비판을 받고 있다(오승종·이해완, 전게서, 466-467면).
58) 정상조 편, 지적재산권법강의(이성호 부장판사 집필부분), 313-314면 참조; 오승종·이해완, 전게서, 467면.

비어문저작물에 대하여는 적용하기 곤란하다는 단점이 있다.[59]

2. 보호받는 표현 및 청중 테스트

보호받는 표현 및 청중테스트에 의하면, 저작재산권 침해의 요건인 '부당이용'이 인정되기 위하여 원고는 두 가지 기준이 충족되었음을 입증하여야 한다. 첫째로, 피고의 작품이 원고의 저작물로부터 '보호받는 표현'(protected expression)을 차용하였다는 점과, 둘째로, 피고의 저작물과 원고의 보호받는 표현 사이에 일반 청중이 '실질적 유사성'(substantial similarity)을 느낄 것이라는 점이다. 여기서 첫 번째 기준의 충족 여부를 판단하는 것을 '보호받는 표현 테스트'(the protected expression test)라고 하고, 두 번째 기준의 충족 여부를 판단하는 것을 '청중테스트'(the audience test)라고 한다.[60]

이 중에서 첫 번째 기준 충족 여부를 판단함에 있어서는 원고와 피고의 두 저작물을 일정한 방법에 따라 '분해'(dissect)해 보아야 하는 경우가 많다. 즉, 저작물에서 보호를 받는 창작적인 표현 부분을 보호받지 못하는 아이디어로부터 분리하는 것이다. 이러한 분리과정을 거침으로써 피고가 원고의 저작물로부터 단순히 보호받지 못하는 요소들을 넘어서서 그 이상을 차용하였다는 것을 증명하는 것이다. 두 번째 기준의 판단의 핵심은 '실질적 유사성'이다. 실질적 유사성의 충족 여부를 판단하기 위한 방법으로서, 원고의 저작물이 목표로 하고 있는 주된 수요자들(청중)이 피고의 저작물을 감상(읽거나 보고나 듣거나)할 경우 원고 저작물에 대한 감상 욕구가 감소될 것이라는 점을 입증하는 방법이 종종 사용된다. 다시 말해서, 원고와 피고의 양 저작물이 이른바 '시장적 경쟁관계'에 있는가 하는 점을 가지고 두 번째 기준의 충족 여부를 판단하는 것이다.[61]

그러나 시장적 경쟁관계, 즉 피고 저작물로 인한 원고 저작물 청중의 감소를 증명하는 것이 청중테스트를 만족시키기 위한 필수적인 조건은 아니다. 피고의 저작물 중에 원고의 저작물을 무단이용한 부분이 있지만, 거기에 피고 자신의 창작적인 표현이 가미되어 있거나 원고가 아닌 다른 사람의 저작물로부터 차용한 부분이 가미되어 있는 경우에는 피고 작품의 출현과 원고 작품에 대한 청중감소 사이의 인과관계를 판단하는 것이 쉽지 않기 때문이다.[62]

---

59) Jarrod M. Mohler, *Toward a Better Understanding of Substantial Similarity in Copyright Infringement Cases*, 68 U. Cin. L. Rev. 971, p. 6.

60) 이와 같이 전통적인 판단방법을 '보호받는 표현 테스트'와 '청중테스트'로 분류하여 이해하는 것은 Paul Goldstein 교수가 그의 저서에서 채택하고 있는 방법이다(Paul Goldstein, *op. cit.*, § 7.3 이하).

61) Paul Goldstein, *op. cit.*, pp. 7: 21-22.

62) Paul Goldstein, *op. cit.*, p. 7: 32.

실질적 유사성여부를 판단함에 있어서 배심원이나 판사들이 해당 저작물에 대한 자신의 개인적인 감상에 기초하여 판단을 하게 되는 것은 현실적으로 어쩔 수 없는 부분이다. 그러나 그 저작물이 목표로 하고 있는 청중들이 누구인지, 예를 들어 젊은 10대들인지 아니면 나이든 사람들인지, 또는 높은 수준의 교육을 받은 사람들인지 아니면 평균적인 사람들인지를 구별하여, 그 목표로 하고 있는 청중들의 관점에서 해당 저작물에 대하여 실질적 유사성을 느낄 것인지를 판단하는 것이 이 테스트에 충실한 방법이다.[63]

II. 전체적 판단방법과 분해식 판단방법

1. 의 의

앞에서 본 바와 같이 창작적 표현이 피고에 의하여 이용이 되었다는 점을 입증하기 위하여서는 두 저작물을 분해하여 보호되는 표현과 보호받지 못하는 아이디어 또는 공중의 영역에 있는 요소들을 구분해 내는 작업이 필요하다.

그런데 이와 같은 작업을 거쳐 최종적으로 청중에 의한 실질적 유사성 판단을 함에 있어서 보호를 받지 못하는 부분까지 포함하여 저작물 전체로서의 유사성을 판단할 것인지, 아니면 보호를 받지 못하는 부분을 제외하고 판단을 할 것인지 여부가 문제로 된다. 이때 저작물을 전체적으로 판단하는 방법이 전체적 판단방법이고, 보호를 받을 수 있는 부분만을 가지고 판단하는 방법이 분해식 판단방법이다. 전체적 판단방법을 '외관이론'이라고 부르기도 한다. 이처럼 실질적 유사성 또는 청중테스트를 판단하는 방법은 전체적 판단방법과 분해식 판단방법으로 크게 나누어지며, 실제 판례들도 전체적 판단방법을 취한 것과 분해식 판단방법을 취한 것으로 나누어진다.

2. 전체적 판단방법 - 외관이론(total concept and feel test)-에 대한 비판

외관이론은 부당이용(improper appropriation)을 인정하기 위한 실질적 유사성을 판단하는 데 있어서 상당한 정도로 인정을 받고 있으며,[64] 미국의 여러 법원들이 외관이론을 채택하

---

63) *Ibid.*, p. 7: 33.

64) Goldstein 교수는 저작권침해의 요건으로 ① 복제(actual copying)와 ② 부당이용(unlawful or improper appropriation)을 든다. 그런데 '저작물의 부당한 이용'이 되기 위하여는 침해 저작물과 피침해저작물 사이에 표현에 있어서의 '실질적 유사성'(substantial similarity)이 있어야 한다고 보고 있으므로, 결국 부당

고 있다. 그러나 이에 대하여는 비판론도 만만치 않다.

즉, 하나의 저작물 속에는 저작권에 의한 보호를 받을 수 있는 부분과 그렇지 못한 부분이 함께 존재한다. 그런데 만약 피고가 저작권에 의한 보호를 받을 수 있는 부분과 그렇지 못한 부분 모두를 복제하였다면 부당이용, 즉 실질적 유사성을 판단하기 위한 테스트에서 보호받지 못하는 부분을 고려하는 것은 문제가 될 수 있다. 왜냐하면 저작권에 의하여 보호를 받지 못하는 부분은 부당이용이 될 수도 없는 까닭이다. 사실 이 부분이 외관이론의 최대의 논리적 약점이라고 할 수 있으며, 그렇기 때문에 외관이론은 인사용 카드나 어린이용 캐릭터 등과 같이 비교적 단순하여 한 눈에 파악할 수 있는 시각적 저작물에나 적용할 수 있는 이론이고, 다른 저작물 특히 컴퓨터프로그램과 같이 고도의 기술적인 저작물에는 부적당하다는 비판이 있다.[65]

3. 분해식 접근방법(dissection approach)에 대한 비판

분해식 접근방법을 사용함에 있어서는 거기서 말하는 '분해'의 의미가 무엇인지를 이해하는 것이 필요하다. 분해식 접근방법에서 분해라는 것이 하나의 저작물을 작은 조각, 예를 들어 소설 속의 개개의 단어라든가 노래 속의 음조 등으로 쪼개는 것을 의미하는 것은 아니다. 이러한 요소들은 저작권의 보호를 받는 부분이 아니며, 따라서 그러한 요소들을 추출해 낸다고 하더라도 거기에 저작권의 보호가 미치는 것은 아니다. 그러면 분해식 접근방법은 과연 무엇을 어떻게 분해하여 보라는 것인가? 어문저작물의 경우 문장, 문단, 또는 장(章)으로 분해하여야 하는 것인지, 음악저작물의 경우 하나, 둘 또는 그 이상의 마디로 분해하여야 하는 것인지 어려운 문제이다.[66] 이 문제가 분해식 접근방법에 의한 실질적 유사성의 판단을 더욱 어렵게 하고 있으며, 잘못 분해를 할 경우 저작물의 창작성 있는 부분은 전혀 남지 않게 되는 불합리한 결과가 나올 수도 있다. 이것이 분해식 접근방법의 가장 큰 약점이고 비판을 받는 부분이라고 할 수 있다.[67]

이용과 실질적 유사성의 기준은 크게 다르지 않다고 볼 수 있다(Paul Goldstein, *op. cit.*, p. 7: 1).
65) Jarrod M. Mohler, *op. cit.*, p. 988; Nimmers on Copyright, *op. cit.*, § 13.03A1c, pp. 13-38.
66) Sarah Brashears-Macatee, *op. cit.*, p. 921.
67) Jarrod M. Mohler, *op. cit.*, p. 988.

Ⅲ. 추상화 – 여과 – 비교 테스트

이 테스트는 '추상화이론'(추상화테스트)을 출발점으로 하여, '여과' 및 '비교'의 과정을 거치는 3단계로 구성된다. 먼저 원고의 프로그램을 그것을 구성하는 구조적 부분들로 분해한다(추상화 단계). 그리고 각각의 분해된 부분들을 검토하여 그에 내재된 아이디어, 그 아이디어를 나타내는 데 반드시 필요한 표현들, 공중의 영역으로부터 가져온 요소들을 가려냄으로써 모든 보호받지 못하는 요소들을 여과하게 된다(여과 단계). 이와 같은 여과 과정을 거쳐 창작적 표현의 핵심이 남게 되는데, 마지막 단계는 남아 있는 이들 요소들을 피고 프로그램과 비교하는 것이다(비교 단계).

다른 각도에서 살펴보면, 전통적인 아이디어·표현 이분법과 보호받는 표현 테스트에서와 마찬가지로, 추상화 및 여과 단계에서는 보호받는 표현을 보호받지 못하는 아이디어로부터 분리하는 작업이 진행된다. 이러한 분리 및 여과작업이 완성되면, 비교단계인 실질적 유사성에 관한 심리로 들어가는데, 이 과정에서는 앞의 두 단계에서 추출된 보호받는 표현들 중 어느 부분을 피고가 복제하였는가, 그리고 그 복제된 부분이 원고의 전체 프로그램과 관련하여 볼 때 상대적으로 어느 정도의 비중(중요성)을 가지고 있는가를 평가하는 작업이 중심을 이루게 된다.[68]

이하에서는 추상화-여과-비교 테스트를 컴퓨터프로그램의 저작권침해를 다룬 Altai 판결[69]의 판결이유에 비추어 검토해 보기로 한다.

(1) 1단계: 추상화(abstraction)

이 테스트는 컴퓨터프로그램의 실질적 유사성을 판단하기 위하여 거치는 첫 번째 단계가 되는데, 그 방법은 프로그램을 '역분석'(reverse engineering)하는 것과 같은 방식으로 진행된다. 즉, 침해되었다는 원고 프로그램의 구조를 분해하고 이를 추상화의 단계에 따라 구분하는데, 이 과정은 프로그램 코드(code)로부터 시작하여 프로그램의 궁극적 기능을 밝히는 것으로 끝난다. 결국 원고 프로그램의 개발자가 그 개발과정에서 거쳤던 수순을 거꾸로 밟아나가는 것이라고 할 수 있다.

추상화의 가장 낮은 단계에서 보면 컴퓨터프로그램은 전체적으로 '모듈구조'(hierarchy of modules) 안에 조직화된 '개별적인 명령의 집합'(set of individual instructions)이라고 할 수 있다. 이와 같이 추상화의 가장 낮은 단계에서 파악되는 모듈 내에 들어 있는 지시들을 한 단계

---

68) Paul Goldstein, *op. cit.*, pp. 7: 39-40.

69) Computer Associates International, Inc. v. Altai, Inc., 982 F.2d 693, 23 U.S.P.Q.2d 1241(2d Cir. 1992).

더 추상화하면, 이들은 그 모듈들의 기능이라고 파악할 수 있다. 이와 같이 추상화의 낮은 단계에서의 모듈과 명령들을 그보다 상위 단계의 모듈이 가지는 기능으로 점차 추상화 시켜 나가는 과정을 거쳐 점점 더 높은 추상화의 단계로 나아가게 되면, 결국 그 프로그램이 달성하고자 하는 최종적이고 궁극적인 기능만이 남게 된다. 컴퓨터프로그램은 추상화의 매 단계마다 일정한 구조를 가지고 있다. 추상화의 낮은 단계에서 그 구조는 매우 복잡한 것일 수 있겠지만, 추상화의 높은 단계에서는 그 구조는 아주 단순한 것이 된다.[70]

(2) 2단계: 여과(filtration)

일단 대상 프로그램에 대하여 추상화 정도에 따른 단계적 파악이 이루어지면, 그 다음에는 보다 구체적인 단계, 즉 여과단계로 나아가게 된다. 이 단계에서는 추상화의 각 단계에 나타나 있는 '구조적 요소'(structural components)들을 검토하여 해당 단계에서 그러한 요소들이 '아이디어'에 해당하는 것인지, 또는 그 아이디어에 필연적으로 수반되는 효율성의 고려에 의하여 어쩔 수 없이 포함되게 된 것인지, 또는 프로그램 자체의 외부적인 요인에 의하여 요구되는 것이거나, 공유영역으로부터 가져온 것이어서 보호를 받을 수 없는 표현인지 여부를 결정하게 된다. 한마디로 '여과' 단계는 원고 저작물의 보호범위를 결정하는 것이라고 할 수 있다.

(가) 효율성에 의하여 지배되는 요소들

아이디어와 표현의 '합체의 이론'(merger doctrine)은, 어떤 아이디어를 표현하는 방법이 오직 하나밖에 없을 때에는 그 표현은 보호를 받을 수 없다는 원칙이다. 컴퓨터프로그램과 관련하여 본다면, 어떤 특정한 명령이 원하는 작업을 수행하기 위하여 유일하고도 필수적인 것이라면 그것은 저작권의 보호를 받을 수 없다는 것을 의미한다.

컴퓨터프로그래머는 가장 효율적인 방법으로 사용자의 요구를 충족시키는 프로그램을 개발하고자 한다. 그렇기 때문에 특정한 기능을 수행하기 위한 구체적인 지시나 명령을 작성하는 방법이 다수 존재한다고 하더라도 효율성의 고려 때문에 현실적으로 채택할 수 있는 방법은 극히 제한되는 경우가 있다.[71] 따라서 실질적 유사성을 판단함에 있어서 특정한 모듈이나 모듈 세트를 채택하는 것이 해당 프로그램의 원하는 작업을 효율적으로 수행하기 위하여 필수적인 것인지 여부를 심리하여, 프로그래머가 그와 같은 모듈 또는 모듈 세트를 채택한 것이 프로그램 기능의 효율적 수행을 위하여 필수적인 것이라면 그 표현은 프로그

---

70) Mark A. Lemley et al., *op. cit.*, p. 47.
71) 모든 프로그램에서 효율성의 고려가 반드시 요구되는 것은 아니다. 효율성 외에 '단순성'(simplicity) 역시 프로그래머들이 개발과정에서 중요하게 고려하는 요소의 하나이다.

램의 아이디어에 합체되어 보호를 받을 수 없다.[72]

(나) 외부적 요인에 의하여 지배되는 요소들

필수장면의 원칙(scenes a faire) 역시 합체의 원칙과 마찬가지로 컴퓨터프로그램의 저작권침해 판단에 적용된다. 프로그래머는 프로그램 개발을 할 때 여러 가지 외부적인 요인을 고려하여야 하고, 그러한 고려사항을 무시한 채 프로그램을 작성하는 것은 사실상 불가능한 경우가 있다. 이러한 외부적 요인에 의하여 채택되는 요소들에 대하여는 저작권보호가 제한된다.

저작권 보호를 제한하는 외부적 요인들로서는, (1) 그 프로그램이 구동되는 컴퓨터의 기계적인 규격, (2) 그 프로그램과 연계되어 함께 작동하도록 되어 있는 다른 프로그램들과의 상호운용성, (3) 컴퓨터 제조업자들이 사용하는 디자인 표준, (4) 관련 산업계의 요구사항, (5) 컴퓨터 업계에서 널리 받아들여지고 있는 프로그램 제작 관행 등을 들 수 있다.[73]

(다) 공중의 영역으로부터 가져온 요소들

공중의 영역(public domain)으로부터 가져온 요소들은 특정인만이 독점적으로 사용하여서는 아니 되는 요소들이므로 이들에 대하여도 저작권보호가 제한된다.

(3) 3단계: 비교(comparison)

앞의 단계에서 프로그램의 모든 요소들 가운데 아이디어, 효율성 또는 외부적 요인에 의하여 지배되거나 공중의 영역으로부터 가져온 요소들을 제외하면 비로소 보호받을 수 있는 표현만이 남게 된다. 3단계 비교과정에서는 ① 피고가 이러한 보호받는 표현 중 어떤 부분을 복제하였는지, 그리고 ② 복제한 부분이 있을 경우 그 부분이 원고의 전체 저작물과 관련하여 볼 때 상대적으로 어느 정도의 중요성을 가지고 있는지, 즉 실질적인 정도에 이르렀는지 아니면 사소한 정도에 그치고 있는지를 평가한다.

Ⅳ. 결   론

저작재산권 침해의 요건으로는 ① 주관적 요건으로서 복제(copying) 또는 의거관계와 ② 객관적 요건으로서 부당이용 또는 종속성 내지 동일성을 들 수 있다. 여기서 ①의 복제 또는 의거관계가 인정되기 위해서는 기존 저작물에 대한 표현내용을 인식하고, 그것을 이용하

---

72) Mark A. Lemley et al., *op. cit.*, pp.48-49.
73) *Ibid.*, p. 50.

고자 하는 의사를 가지고, 실제로 이용하는 행위가 있어야 한다. 그 다음으로 '부당이용'은 피고의 복제행위가 부당한 정도에 이르렀는지 여부를 판단하는 것이므로 이는 그야말로 불확정개념이다. 따라서 구체적으로 이러이러한 '요건'(requisite)이 충족되면 부당이용이다 라고 말할 수 있는 것은 아니고, 부당이용의 정도에 이르렀음을 측정하는 '기준'(standard)이 존재할 뿐이다. 그러므로 부당이용을 판단함에 있어서 핵심이 되는 '실질적 유사성' 역시 저작재산권 침해의 요건이라기보다는 부당이용을 판단하는 기준 또는 자료에 해당한다고 보는 것이 옳을 것이다. 다만 '실질적 유사성'은 법적으로 허용되는 '사소한 유사성'을 넘어선 정도의 유사성이라는 의미를 가지고 있으므로 그 자체가 '부당이용'에 해당한다고 말할 수 있다.

객관적 요건인 '부당이용'을 판단하는 전통적인 방법은 보호받는 표현 테스트와 청중테스트로 이루어진다. 그런데 보호받는 표현 테스트를 적용하기 위해서는 먼저 하나의 저작물 중에서 어느 부분이 저작권법의 보호를 받는 부분이며, 어느 부분이 받지 못하는 부분인지를 구분하는 작업이 필요하다. 이때 이러한 구분 작업에 사용되는 기준이 '추상화이론'과 '유형이론'이라고 할 수 있다. 추상화이론과 유형이론을 통하여 저작물 중 보호받는 부분과 보호받지 못하는 부분이 가려지면, 그 다음에는 보호받는 표현 테스트를 적용하여 피고의 저작물이 원고의 저작물로부터 보호받는 표현 중 전부 또는 일부분을 차용하였는지 여부를 심리하게 된다. 그 결과 그러한 차용이 확인되면 그 다음에는 '청중테스트'로 나아가는데, 이때 청중에 의한 유사성을 판단함에 있어서 보호를 받지 못하는 부분까지 포함하여 저작물 전체로서의 유사성을 판단할 것인지, 아니면 보호받지 못하는 부분은 제외하고 판단을 할 것인지에 따라 '전체적 판단방법'(외관이론, total concept and feel test)과 '분해식 판단방법' (dissection approach)으로 나누어진다.

추상화-여과-비교 테스트는 그동안 개발된 일련의 전통적인 판단방법들을 하나로 종합한 성격을 갖는다. 이 테스트에서 앞의 두 단계인 추상화 및 여과 단계는 보호받는 표현을 보호받지 못하는 아이디어 등의 요소로부터 분리하는 단계이다. 그리고 비교 단계는 앞의 두 단계에서 추출된 보호받는 표현들 중 어느 부분을 피고가 복제하였는가, 그리고 그 복제된 부분이 원고의 전체 저작물과 관련하여 상대적으로 어느 정도의 비중(중요성)을 가지고 있는가, 다시 말하면 유사성이 사소한 정도를 넘어 실질적인 정도에 이르렀는가 여부를 평가하는 단계라고 할 수 있다. 비교 단계에서도 저작물의 종류와 성질에 따라 분해식 판단방법을 취할 수도 있고, 전체적 판단방법을 취할 수도 있다.

제 4 절 저작물의 종류에 따른 구체적 검토

I. 어문저작물

1. 논픽션 또는 기능적 어문저작물의 저작권 침해판단

사건 및 전개과정 자체에 허구성이 없는, 즉 사실성을 바탕으로 한 역사적, 전기적 저작물이나 논픽션저작물의 경우에는 그 저작물의 본질을 이루는 사건(episodes)이나 전개과정(sequence) 자체는 저작자가 자신의 고유한 창작적 표현능력을 발휘할 수 있는 표현의 영역이 아니다. 따라서 그에 대하여는 저작권의 보호를 받을 수 없다.[74] 다만, 저작자가 자신이 파악한 역사적 사실을 얼마나 독창적인 문장형태로 다듬어 표현하였는가 하는 점과, 일련의 사실들을 연대적 순서로 기술만 하는 것에서 그치지 아니하고, 더 나아가 거기에 얼마나 자신의 독창적인 판단과 기량을 적용하여 사실을 배열하고 재해석하였는가 하는 두 가지 관점에서 저작권 보호대상인 표현에 해당하는지 여부가 결정된다.[75]

학술이론이나 사실정보에 관한 저작물의 경우 그 속에 들어 있는 독창적인 이론이나 학설 또는 사실정보 등은 모두 저작권의 보호대상인 '표현'의 영역이 아니라 보호받지 못하는 '아이디어'의 영역에 속하는 것이다. 따라서 그러한 이론 등을 이용하더라도 구체적인 표현을 베끼지 않는 한 저작권침해를 구성하지 아니한다.[76] 다만, 교과서나 논문 등의 경우 그 속에 포함된 문언적인 표현뿐만 아니라 서술의 순서, 설명 양식, 제시하는 방법 등도 창작성이 있는 표현을 가지고 있을 수 있고, 그 경우에는 저작권법상 보호의 대상이 될 수 있을 것이다.[77] 공지(公知)의 사실 또는 일반상식에 속하는 사실이라도 그것을 어떻게 표현하는지는 각자의 개성에 따라 달라질 수 있으므로 그 구체적인 표현에 창작성이 있는 경우에는 저작권의 보호를 받을 수 있다.[78]

---

74) 역사소설에 관한 판례인 Streeter v. Rolfe, 491 F. Supp.416, 209 U.S.P.Q. 918(W.D. La. 1980) 참조. 다만 역사소설이 허구적인 부분을 포함하고 있을 경우에 그 허구적인 부분의 사건들은 보호 가능한 영역에 포함된다.

75) 정상조 편, 지적재산권법 강의(이성호 부장판사 집필부분), 홍문사, 330면 참조.

76) 예컨대 다른 사람이 쓴 초고를 보고 그 속의 독창적인 이론이나 새로운 정보를 이용하여 마치 자신의 것인 양 발표하는 경우와 같이 '아이디어의 부정이용'에 해당하는 경우에 불법행위 또는 부당이득의 법리가 원용될 가능성은 있을지 모른다. 그러나 표현을 베끼지 않는 한 저작권법의 적용은 없다(오승종·이해완, 전게서, 468면).

77) Orgel v. Clark Boardman Co., 301 F.2d 119(2d Cir. 1962).

78) '일조권'(日照權)이라는 주제에 관하여 변호사가 쓴 법률논문의 저작물성이 다투어진 사건에서 일본 동경지방법원 1978. 6. 21. 판결은 "저작물임을 긍정하기 위한 요건으로서의 창작성은 표현의 내용인 사상에

2. 문예적·픽션 어문저작물에 대한 저작재산권 침해판단

가. 작품의 주제·기본적 구성 등

문예적·픽션 어문저작물에 있어서 보호받지 못하는 요소들 중 대표적인 것으로는 작품의 '주제'(theme)를 들 수 있다. 예를 들어, 소설이나 희곡 중에서 남녀 간의 사랑을 통하여 삐뚤어진 주인공의 성격을 교화시킨다든가, 정신과 육체 간의 갈등, 적대적인 가문에서 태어난 두 남녀의 사랑과 같은 주제를 가진 저작물은 수없이 많다. 이러한 주제는 독창적이라고 할 수 없다. 설사 독창적이라고 하더라도 그러한 주제는 작품에 있어서 지극히 기본적인 요소일 뿐만 아니라 다른 작가들이 작품을 창작함에 있어서도 필수적으로 요구되는 요소일 수 있다. 그렇기 때문에 어느 작가가 그와 같은 주제를 처음으로 창작하였다고 하여 그 주제에 대하여 배타적 권리인 저작권을 부여하는 것은 적절하지 않다.[79)]

마찬가지로 '기본적인 구성'(basic plot) 역시 보호받을 수 없는 아이디어의 영역에 속한다. 예를 들어, '사랑에 의한 교화'라는 주제를 망나니 같은 남자가 사려 깊은 여성과의 사랑을 통하여 개과천선하게 되는 줄거리(구성)로 표현하였다고 하여 그러한 줄거리에 대하여 저작권의 보호를 부여할 수는 없다. 또한 "소년이 소녀를 만난다. 소년은 소녀를 잃는다. 소년이 소녀를 다시 찾는다"라는 아주 기초적인 구성에 대하여 독점권을 준다면 다른 저작자들은 창작의 자유와 권리를 심각하게 훼손당하게 된다.

이와 같이 작품의 주제나 기본적인 배경, 기본적인 구성, 기본적인 캐릭터들은 어문저작물의 창작에 있어서 필수적으로 사용되는 기술적 도구들로서 아이디어의 영역에 속한다고 보아야 한다. 또한 이러한 요소들로부터 필수적으로 도출되는 장면(표현)에 대하여도 저작권의 보호가 주어져서는 아니 될 것이다. 이러한 장면들은 이른바 '필수장면의 원칙'이 적용되어 저작권의 보호가 부정된다.[80)] 즉, 표현에 해당하는 요소라 하더라도 그것이 '문학적

대해 요구되는 것이 아니라 표현의 구체적 형식에 대해 요구되는 것이고, 공지의 사실 또는 일반상식에 속하는 사항에 대하여도 그것을 어떻게 감득하고 어떠한 언어를 사용하여 표현하는가는 각자의 개성에 따라 다를 수 있으므로 (원고 저작의) 기술 내용 중 공지의 사실을 내용으로 하는 부분이 존재한다고 하더라도 그것을 가지고 바로 창작성이 없다고 할 수는 없고, 그 구체적인 표현에 창작성이 인정되는 한 저작물성을 긍정해야 한다"고 하였다. 最新著作權關係判例集 Ⅱ-1, 203-204면 참조(오승종·이해완, 전게서, 468면).

79) *Ibid.*, p. 8: 4.

80) Paul Goldstein 교수는, "예를 들어, 어떤 작가가 미국 남부의 한 시골지역을 배경으로 한 소설에서, 지역 밀주업자의 하수인인 무모하고 거친 성격의 젊은 청년과 그 지역 학교에 새로 부임한 북부 출신의 여선생과의 사랑을 통하여 그 청년을 바른 길로 인도하는 줄거리의 소설을 구성하였다면, 그 작가는 그와 같은 기본적인 요소들에 대하여는 아무런 보호를 받을 수 없을 것이다. 뿐만 아니라 구체적인 사건장면들이라 하더라도 그것이 해당 작품의 시간적·공간적 배경이라든가 기본적인 구성 및 캐릭터 등과 같은 기본적 요소들로부터 자연스럽게 도출되기 마련인 장면들이라면 보호를 받을 수 없다. 용감한 주인공과 그를

또는 극적 관행'(literary or dramatic convention)에 따른 것이라면 저작권의 보호가 부정될 수 있는 것이다.

물론 이와 같은 공중의 영역에 있는 요소들을 세심하게 가공하고 거기에 창작적인 대화나 묘사적인 서술과 같은 작가 자신의 창작적인 기여가 덧붙여진다면 저작권의 보호를 받을 수 있는 표현을 만들어 내는 것도 가능하다.[81]

나. 스토리

문예적·픽션 어문저작물에 있어서 작품의 기본적인 '구성'이 저작권의 보호를 받지 못한다고 하여 소설 등의 '스토리'에는 전혀 저작권의 보호가 미치지 않는 것은 아니다. 작품의 '일반적이고 기본적인' 구성이 저작권의 보호를 받지 못한다는 것이며, 소설의 '스토리'는 작가의 창작적 기여, 즉 작가에 의하여 얼마나 개성적으로 구체화되었는가에 따라서 저작권의 보호를 받을 수 있는지 여부가 결정되게 된다. 어문저작물 중 소설, 극본, 시나리오 등과 같은 문예적·픽션 저작물은 등장인물과 작품의 전개과정(이른바 sequence)의 결합에 의하여 이루어지고, 작품의 전개과정은 아이디어(idea), 주제(theme), 구성(plot), 사건(incident), 대화와 어투(dialogue and language) 등으로 이루어진다. 이러한 구성요소 중 각 저작물에 특이한 스토리 전개, 구체적 사건이나 대화 등은 저작권 침해여부를 판단함에 있어서 중요한 요소가 된다. 저작권침해가 인정되기 위하여 요구되는 실질적 유사성에는 작품 속의 근본적인 본질 또는 구조를 복제함으로써 전체로서 포괄적인 유사성이 인정되는 경우(이른바 포괄적 비문자적 유사성 : comprehensive nonliteral similarity)와 작품 속의 특정한 행이나 절 또는 기타 세부적인 부분이 복제됨으로써 양 저작물 사이에 문장 대 문장으로 대칭되는 유사성이 인정되는 경우(이른바 부분적 문자적 유사성 : fragmented literal similarity)가 있으며, 그 두 가지 유사성 중 어느 하나만 있더라도 실질적 유사성이 있다고 본다. 따라서 세부적인 에피소드, 등장인물들 및 그들 사이의 갈등 관계와 그 갈등의 해소 과정 등에 있어서 동일·유사성이 인정되며, 전체적인 줄거리는 물론이고 구체적이고 세부적인 줄거리에서도 상당한 정도의 동일성 내지 유사성이 나타나고 있다면 비록 양 저작물에 문장 대 문장의 유사성을 없어도 포괄적 비문자적 유사성이 있다고 보아 저작권침해를 인정할 수 있는 것이다.

괴롭히는 악덕 보안관 사이의 갈등을 묘사한 저작물에 있어서 통상적으로 한 번은 등장하게 마련인 둘 사이에 벌어지는 자동차 추격장면, 주인공과 사악한 악당 사이의 결투 과정 중 그 악당이 비겁하고 불공정한 수단을 동원하여 결투에 임하는 장면 등은 이른바 '필수장면'에 해당하고, 이러한 장면들이 원고와 피고 저작물에 공통적으로 존재한다고 하더라도 그것만으로 저작권침해의 요건인 표현의 부당이용을 인정할 수는 없을 것"이라고 하였다(Paul Goldstein, *op. cit.*, pp. 4-5).

81) Paul Goldstein, *op. cit.*, p. 8: 5.

어문저작물의 저작권침해 판단에 있어서 특히 유용하다는 평가를 받고 있는 이른바 '유형이론'(pattern test)에서도 "저작권의 보호범위는 저작물의 패턴, 즉 사건의 전개과정(the sequence of events)과 등장인물들 사이의 상호작용의 발전(the development of the interplay of characters) 등의 요소에까지 미치는 것"이라고 하고 있다. 우리나라 판례 중에도 이러한 유형이론을 적용한 것으로 보이는 사례가 적지 않다. 예를 들어, 서울남부지방법원 2004. 3. 18. 선고 2002가합4017 판결(일명 '여우와 솜사탕' 사건)은 드라마 대본 사이의 저작권침해 여부가 다투어진 사건인데, 양 대본에 등장하는 남녀 주인공, 남자주인공 부모, 여자주인공 부모들의 성격이 유사한 점이 인정되고, 이에 따라 양 대본 모두 남자주인공과 여자주인공의 갈등, 남녀 주인공의 어머니들의 갈등, … 여자주인공과 그 어머니의 갈등, 남자주인공 아버지와 어머니의 갈등의 구조가 서로 대응하며, 그 갈등의 내용 또한 구체적인 줄거리나 전개과정에 있어 서로 상당 부분 대응되는 공통점이 있다고 한 후,[82] 원고 대본에 등장하는 각각의 어문적 캐릭터는 저작권법의 보호를 받기 어려우나, 사건의 전개는 등장인물들 각자의 캐릭터 상호간의 갈등의 표출과 그 해소과정이라고 볼 수 있다는 점에서 그러한 캐릭터들의 조합은 저작권의 보호대상이 된다고 판시한 바 있다.

Ⅱ. 시각적 저작물

1. 비디오게임

가. '건바운드' 사건[83]

이 판결은 게임저작물의 구성요소 중 게임의 규칙과 진행방식과 같은 부분은 아이디어에 해당하여 저작권의 보호범위 밖에 있음을 밝히고 있다.

---

82) 예를 들어, 양 드라마의 남자주인공의 아버지는 모두 "① 제왕적 가부장의 표상이며, 근검절약 정신이 투철하여 구두쇠로 불린다. ② 부인과 딸에게 엄격하고 구속적이지만 아들에게는 자유방임적이다. ③ 며느리를 위하는 마음이 각별하고, 극본의 후반부에 며느리의 영향으로 부인에게 친절해진다. ④ 중소기업의 사장으로서 겉보기보다 내실이 튼튼한 알부자이다"라는 공통점이 있고, 남자주인공은 모두 "① 어머니의 사랑을 많이 받고, 자유인으로 살아가는 인생에 대한 동경이 있다. ② 욱하는 성질과 허풍이 심하며 능글맞은 점이 공통된다. ③ 외모가 준수해서 여자들로부터 인기가 좋고 결혼 전 여러 여자를 사귄다. ④ 여주인공과 결혼할 생각이 없었으나 결국 결혼하게 된다. ⑤ 아내에게 겉으로는 엄격하지만 실은 공처가로서 부드러운 면이 있다. ⑥ 부인이 계속 공부하는 것을 인정해주고 도와준다"는 공통점이 있다고 판시하고 있다.
83) 서울지방법원 2002. 9. 19.자 2002카합1989 결정.

또한 이 판결은 공중의 영역(public domain)에 있는 요소 또는 이미 다른 게임에 존재하고 있어 창작적 표현이라고 보기 어려운 요소들도 보호대상에서 제외하고 있다. 나아가 아이디어·표현 이분법과 밀접한 관련을 가지고 있는 이른바 '합체의 원칙'을 적용하고 있는 판시도 엿볼 수 있다. 즉, 신청인의 '포트리스2 블루'에 사용된 일부 아이디어는 컴퓨터라는 표현 매체의 한계성 때문에 특정 형태로 표현되는 것이 불가피하여, 그러한 경우에는 저작권의 보호를 줄 수 없다는 취지의 판시를 하고 있다.

나. '봄버맨' 사건

서울중앙지방법원 2007. 1. 17. 선고 2005가합65093 판결(일명,- '봄버맨 사건')로서, 일본 회사가 저작권을 가지고 있는 '봄버맨'이라는 게임에 대한 저작권을 우리나라 게임회사가 개발한 'BnB' 게임이 침해하였는지 여부가 다투어진 사건이다. 이 판결에서도, "게임의 전개방식, 규칙 등이 게임저작물의 내재적 표현으로 인정되어 저작권의 보호대상이 되기 위하여는 그러한 게임의 전개방식, 규칙 그 자체 또는 그러한 것들의 선택과 배열 그 자체가 무한히 많은 표현형태 중에서 저작자의 개성을 드러내는 것이어서 표현으로 볼 수 있는 경우여야 할 것이고, 컴퓨터를 통해 조작하고 컴퓨터 모니터에 표현되어야 하는 한계, 승패를 가려야 하고 사용자의 흥미와 몰입도, 게임용량, 호환성 등을 고려하여야 한다는 점과 같이 컴퓨터 게임이 갖는 제약에 의해 표현이 제한되는 경우에는 특정한 게임방식이나 규칙이 게임에 내재되어 있다고 하여 아이디어의 차원을 넘어 작성자의 개성있는 표현에 이르렀다고 볼 수 없고, 오히려 그러한 게임방식이나 규칙은 특정인에게 독점권이 있는 것이 아니라 누구나 자유롭게 사용하여 다양한 표현으로 다양한 게임을 만들 수 있도록 하여야 한다"고 하였다.

2. 캐릭터

대법원 2003. 10. 23. 선고 2002도446 판결은 사건은 미국 디즈니 엔터프라이즈사가 제작한 '101마리 달마시안'이라는 만화영화의 저작권침해에 관한 사건이다. 원심인 광주지방법원 2002. 1. 10. 선고 99노2415 판결은, "달마시안 종의 개 101마리라는 설정과 이에 따른 101이라는 숫자 및 달마시안 무늬로 만든 디자인의 표현은 자연계에 존재하는 달마시안 종 일반을 연상시키는 것이 아니라 오로지 만화영화 속 주인공인 101마리의 달마시안 종의 개만을 연상하게 하며, 달마시안 종의 개가 원래 자연계에 존재한다고는 하지만 디즈니 엔터프라이즈사는 달마시안 종의 개에게 만화주인공으로서만이 가질 수 있는 독특한 사랑스러움과 친숙함 등을 느낄 수 있도록 달마시안 캐릭터를 고안해 내었으므로, 이러한 디즈니 엔터프라이즈사의 정신적인 노력과 고심 끝에 만들어진 달마시안 캐릭터는 저작권법에서 요구하는 창작성의 요건을 갖추었다”라고 하였다. 상고심인 대법원 판결도 이러한 항소심의 판단을 유지하고 있다.

순수한 재현작품(再現作品)이 창작성을 가지는지 여부에 관하여는 논란의 여지가 있다. 이 사건에서 문제가 된 달마시안 캐릭터는 비록 실제 달마시안 종 개의 모습과 대단히 흡사하기는 하나, 실제보다 훨씬 크게 그려진 눈, 점의 수와 크기, 갖가지 표정 등 자연에 존재하는 달마시안 종 개의 모습과는 다른 부분을 갖추고 있고, 그로 인하여 자연의 실물 모습에서 느낄 수 없는 사랑스러움과 친숙함을 느낄 수 있다. 판결은 이러한 점에서 창작성을 인정하고 있다.

만화나 만화영화에 등장하는 캐릭터가 나중에 상품 등에 적용되는 경우와 달리 처음부터 각종 실용품에 장식적으로 응용할 용도로 개발된 캐릭터를 보통 ‘오리지널 캐릭터’라고 부른다. 이러한 오리지널 캐릭터를 응용미술저작물로 볼 것인지 아니면 일반적인 미술저작물로 볼 것인지 문제가 된다. 응용미술저작물로 본다면 저작권법 제 2 조 제15호에 의하여 물품과 구분되는 독자성이 인정되어야 저작권의 보호를 받을 수 있다. 이에 관하여 대법원 2015. 12. 10. 선고 2015도11550 판결은, “이 사건 캐릭터는 2004년경 일본에서 만화, 영화 등 대중매체에 표현되기 전에 상품에 사용되면서 공표되는 이른바 ‘오리지널 캐릭터’의 일종으로 개발된 도안으로서 물품에 표시되는 이외에도 2008년경 일본에서 공표된 동화책들에서 물품에 부착되지 않은 형태로 게재되는 등 이 사건 캐릭터 자체만의 형태로도 사용되어 왔으므로, 이 사건 캐릭터가 저작물의 보호요건을 구비하였는지 여부는 도안 그 자체로 일반적인 미술저작물로서 창작성을 구비하였는지 여부에 따라 판단하면 충분하다”고 판시하였다. 이 대법원 판결은 오리지널 캐릭터라도 사후적으로 동화책 등에서 물품에 부착되지 않은 형태로 이용된다면 일반적인 미술저작물로 본다는 취지로 이해된다. 그러나 이에 대하여는 응용미술의 의도로 개발된 오리지널 캐릭터가 사후적으로 응용미술작품으로서 뿐만 아니라 동화책 등에서 물품에 부착되지 않은 형태로 이용되더라도 그 이용형태의 확대라는 사실만으로 응용미술로서의 성격이 달라지는 것은 아니라고 하여 반대하는 견해가 있다.[84]

---

84) 차상육, 동물캐릭터의 저작물성 판단 기준, 저작권문화(2016. 4. Vol. 260), 한국저작권위원회, 29면.

3. 사진저작물

가. 동일한 피사체를 촬영한 경우

이미 존재하고 있는 자연물이나 풍경은 저작물이 아니므로, 그러한 대상물을 어느 계절의 어느 시간에 어느 장소에서 어떠한 앵글로 촬영하느냐 하는 선택은 일종의 아이디어로서 저작권의 보호를 받을 수 없다. 따라서 렌즈와 노출의 선택 및 셔터찬스의 포착 등에 사진저작자의 정신활동이 개입하게 되고 그로 인하여 사진저작물의 창작성이 인정된다고 하여도 그 사진 자체를 복제하거나 개작한 경우에는 저작권침해가 될 수 있지만, 동일한 피사체를 동일한 장소에서 동일한 방법으로 촬영하였다고 하여 저작권침해가 되는 것은 아니라고 본다.[85]

최근 원고 사진저작물의 피사체와 동일한 자연 경관을 동일한 방법으로 촬영한 피고 사진의 저작권침해 여부가 문제로 된 사안에서, "자연 경관은 만인에게 공유되는 창작의 소재로서 촬영자가 피사체에 어떠한 변경을 가하는 것이 사실상 불가능하다는 점을 고려할 때 다양한 표현 가능성이 있다고 보기 어려우므로, 甲의 사진과 丙회사의 사진이 모두 같은 촬영지점에서 풍경을 표현하고 있어 전체적인 콘셉트(Concept) 등이 유사하다고 하더라도 그 자체만으로는 저작권의 보호대상이 된다고 보기 어렵고, 양 사진이 각기 다른 계절과 시각에 촬영된 것으로 보이는 점 등에 비추어 이를 실질적으로 유사하다고 할 수 없다"고 하여 원고의 청구를 기각하였다.[86] 즉, 이미 존재하고 있는 자연물이나 풍경을 어느 계절의 어느 시간에 어느 장소에서 어떠한 앵글로 촬영하느냐의 선택은 일종의 아이디어로서 저작권의 보호대상이 될 수 없다는 것이다.

---

85) 半田正夫·松田政行, 著作權法コンメンタール, 勁草書房(1), 556-557면.

86) 서울중앙지방법원 2014. 3. 27. 선고 2013가합527718 판결('솔섬' 사진 사건). 이 판결은 항소되어 서울고등법원 2014. 12. 4. 선고 2014나2011480 판결로 항소기각(확정)되었다. 참고로 항소심에서 원고는 저작권침해와 별도로 부정경쟁행위에 따른 청구를 선택적으로 청구하였다. 즉, 피고는 모방작인 이 사건 사진을 상업광고에 사용하면서 '솔' 또는 '솔섬'이라는 표현을 강조하여 일반인들로 하여금 이 사건 사진저작물을 연상하도록 함으로써 솔섬을 대표하는 상징적 이미지가 된 이 사건 사진저작물에 대하여 일반인이 갖는 인식을 아무런 대가 없이 이용하였고, 이는 공정한 상거래 관행이나 경쟁질서에 반하는 방법으로 자신의 영업을 위하여 무단으로 사용하여 원고의 경제적 이익을 침해한 것으로 부정경쟁방지법 제 2 조 제 1 호 (차)목에 해당한다고 주장하였다. 그러나 항소심은 실질적 유사성이 인정되지 아니하는 형태의 '모방' 행위는 저작권법에 의해 허용되는 것이고, 위 (차)목은 한정적으로 열거된 부정경쟁방지법 제 2 조 제 1 호 (가)~(자)목 소정의 부정경쟁행위에 대한 보충적 규정일 뿐 저작권법에 의해 원칙적으로 허용되는 행위까지도 규율하기 위한 규정은 아니라고 보아야 하며, 나아가 피고의 이 사건 공모전 사진의 사용행위가 공정한 상거래 관행이나 경쟁질서에 반한다고 볼 만한 사정도 찾아볼 수 없다고 하였다.

나. 유사 피사체를 촬영한 경우

동일한 피사체는 아니지만 개성이 없어 동일한 피사체로 보이는 대체물을 촬영한 경우에 피사체는 사진저작물의 대상에 불과하고 사진저작물 자체는 아니며, 그러한 피사체를 어떤 시간과 장소에서 어떤 각도(앵글)로 촬영하는가의 선택은 대부분 아이디어 또는 아이디어와 표현의 합체(merger)에 해당하여 저작권의 보호대상이 되기 어렵다는 것이 다수설이다.[87] 기본적으로는 다수설이 타당하다. 그러나 촬영자 자신이 피사체인 물건을 자유롭게 인위적으로 설정하여 독특하고 개성적인 방법으로 조작·배치하는 경우에는 그 설정에 있어서의 선택의 폭이 훨씬 다양하고 따라서 촬영자(연출자)의 사상이나 감정이 창작적으로 표현될 여지가 크다는 점에 비추어 볼 때, 그와 유사한 피사체를 가지고 유사하게 대상을 설정하였다면 설사 독자적으로 촬영하였다 하더라도 저작권침해가 성립할 수 있을 것이다.[88]

4. 소 결

시각적 저작물에 관한 저작권 침해사례가 많이 집적되어 있는 미국의 판례이론을 검토하여 보면 다음과 같이 요약할 수 있다. 우선 창작적이거나 추상적 또는 가상적인 시각적 저작물, 예를 들어 모직물 디자인이라든가 가공세계의 캐릭터 등에 대한 저작권침해 여부를 결정함에 있어서는 외관이론을 위주로 하여 판단하는 사례가 많다. 이러한 사례에서는 아이디어를 표현할 수 있는 다양한 방법들이 존재하므로 두 저작물의 전체적인 인상에 있어서의 유사성이 있으면 표현에 있어서의 유사성을 추정할 수 있고, 따라서 저작권침해의 책임을 인정하는 것이 논리적일 수 있기 때문인 것으로 보인다. 다만, 이 경우에도 원고와 피고의 저작물 사이의 유사성이 그러한 종류의 저작물이 보편적으로 가지는 특성이나 속성 또는 보편적 제작기법에서 비롯된 것이면, 이는 '표현'을 도용한 것이 아니므로 저작권침해를 구성하지 않는다.

이에 반하여 사물의 모습을 있는 그대로 재현하여 묘사하는 방법은 상당히 제한되어 있다. 따라서 시각적 저작물 중 자연 그대로를 묘사한 저작물에 대하여 전체적인 컨셉과 느낌에 의하여 저작권을 부여하는 것은 다른 저작자나 예술가들로부터 창작의 기회 및 자유를 심하게 박탈하는 결과를 초래할 수 있다. 따라서 이런 경우에는 분해식 접근방법을 통하여 저작권의 보호를 받지 못하는 부분을 소거하고 나머지 부분을 가지고 실질적 유사성을

---

87) 半田正夫·松田政行,『著作權法コンメンタール』, 勁草書房(2008), 556면; 박성호, 전게서, 112면 참조.
88) 박성호, 전게서, 113면.

판단하는 것이 타당하다.[89]

Ⅲ. 음악저작물

1. 서 설

음악은 모든 예술 형식 중에서 실체성(實體性)과 유형성(有形性)이 가장 떨어지는 예술이라고 한다. 음악은 볼 수도 없고, 냄새도 없으며, 맛을 보거나 만져볼 수도 없다. 오직 들을 수 있을 뿐이다. 그렇지만 음악은 멜로디라든가 화음, 박자, 형식 등 나름대로의 수단을 통하여 오히려 문자로는 표현하기 어려운 인간의 사상이나 감정을 표현하고 전달하는 역할을 한다.

음악저작물 분야는 특히 표절의 문제가 자주 제기되는 분야이기도 하다. 그 주된 이유는 음악저작물의 창작, 즉 작곡을 함에 있어서 사용할 수 있는 기본적 도구는 소설이나 드라마, 또는 시각적 저작물을 창작할 때 사용할 수 있는 도구에 비하여 양적으로 훨씬 적고 따라서 기존에 없던 새로운 음악을 창작해 낼 수 있는 방법도 상대적으로 제한되어 있기 때문이다.[90] 수학적으로만 본다면 한 음계에 존재하는 12개의 음(note)을 배열할 수 있는 방법은 무수히 많을 것이다. 그러나 그러한 무수한 배열 가운데 인간의 가청범위(可聽範圍)에 들어가고, 그러면서도 인간의 감성에 호소력을 가질 수 있는 배열 방법은 상당히 적어지게 된다. 이처럼 음악의 창작은 음계를 구성하는 음의 숫자에 의하여 제한을 받게 될 뿐만 아니라, 아름답고 듣기에 좋은 음악을 창작하여야 한다는 필요성, 그리고 성악곡의 경우에는 인간 목소리의 가성범위 안에 있어야 한다는 점(기악곡에 있어서도 해당 악기의 음역 범위 안에 있어야 함은 물론이다)에 의하여도 제한을 받게 된다.

이와 같이 음악에 있어서의 '미적인 관행'(aesthetic convention)과 인간의 가청능력, 가성범위의 한계 등은 새로운 음악저작물을 창작하고 기존 음악을 새로운 표현으로 변형함에 있어서 실질적인 제한으로 작용한다. 특히 대중음악에 있어서는 음악적 관행과 시기적 또는 지역적으로 나타나는 음악적 유행으로 인하여 창작에 제한을 받게 되는 현상이 더욱 현저하게 나타난다. 대중음악은 상업적인 속성을 가질 수밖에 없으므로, 그 음악이 속하는 장르

---

89) Sarah Brashears-Macatee, *op. cit.*, pp. 925-926.
90) Paul M. *Grinvalsky, Idea-Expression in Musical Analysis and the Role of the Intended Audience in Music Copyright Infringement*, 28 California Western Law Review, p. 396.

에 있어서의 음악적 관행과 유행을 따르게 되는 것이 일반적이기 때문이다. 예를 들어 록
(rock) 음악이나 블루스 음악에서 그러한 장르의 음악을 표현하는 리듬의 패턴은 대단히 제
한적으로만 존재한다.

이런 이유 때문에 음악저작물의 저작재산권 침해판단에서는 창작자와 이용자 사이의
대립되는 이익 사이에서 균형점을 찾는 것이 더욱 어려운 문제로 대두된다. 우선 피고가 원
고의 음악저작물로부터 복제를 하지 않고 공중의 영역에 있는 음악적 요소를 차용한 것인
데도 불구하고 저작권침해를 인정함으로써 원고를 과도하게 보호하게 될 위험이 존재한다.
실제 사례에서 원고와 피고의 음악저작물 사이에서 나타나는 공통점이 심리해 본 결과 기
존의 다른 음악에서도 찾아지는 경우를 흔하게 발견할 수 있다.[91] 그러나 공중의 영역에 있
거나 과거부터 존재하고 있는 요소들과 유사하다는 이유만으로 저작권의 보호범위에서 제
외를 한다면, 음악저작물의 저작권보호는 형해화되어 버릴 수도 있다. 음악저작물에 있어서
는 이러한 현실적인 딜레마 속에서 적절한 균형을 찾아가는 것이 중요하다.[92]

2. 음악저작물의 저작권침해 판단

가. 판단의 일반원칙

멜로디, 리듬, 화음 등 악곡의 요소 중에서는 멜로디가 가장 강한 보호를 받게 된다. 그
러나 이는 보호의 정도에 있어서 그렇다는 것일 뿐, 음악저작물에 대한 저작권침해 판단에
있어서 멜로디가 절대적인 판단기준이라는 의미는 아니다. 음악저작물에 대한 저작권 침해
여부 역시 궁극적으로는 두 작품 사이의 실질적 유사성 유무에 달려 있기 때문이다. Paul
Goldstein 교수는, 음악저작물의 저작권 침해사건에 있어서 모든 음악적 요소를 함께 고려
하는 것은 매우 중요하며, 멜로디만을 단순히 비교하는 것은 위험하다고 경고하고 있다.[93]

나. 의거관계의 판단

미국 판례를 살펴보면, 음악저작물과 관련하여 유독 '현저한 유사성'의 존재에 따른 의
거관계의 추정을 엄격하게 보는 경향이 있음을 발견할 수 있다. 이는 음악저작물의 경우 창

---

91) Paul Goldstein, *op. cit.*, p. 8: 38.
92) Irving Goldberg라는 미국의 판사는 음악저작물이 관련된 저작권침해 사건에서, 피고측 감정인이 "원고와
　　피고 저작물 사이의 유일한 공통점은 일정한 시퀀스를 가지는 3개의 음이 반복된다는 점뿐인데, 이러한
　　공통점은 원고와 피고의 음악뿐만 아니라 Johann Sebastian Bach의 음악에서도 발견된다'고 진술한 것과
　　관련하여, "두 저작물의 근원이 Bach에까지 거슬러 올라갈 수 있다면, 저작권 침해판단을 위하여 두 저작
　　물만을 가지고 상호 비교하는 것으로는 충분하지 않다"고 하였다(Paul Goldstein, *op. cit.*, p. 8: 38).
93) Paul Goldstein, *op. cit.*, pp. 8: 40-41.

작의 도구와 방법이 극히 제한되어 있다는 점과, 그러한 제한으로 인하여 음악저작물에 있어서는 서로 유사성을 가지는 작품들이 많이 나올 수밖에 없다는 경험적인 인식으로부터 유래된 것으로 보인다. 실제로 음악 분야에서는 원고와 피고 저작물 사이에 현저한 유사성이 있다고 하더라도 그러한 유사성을 가지는 요소가 다른 기존의 음악저작물이나 공중의 영역에 있는 요소들에서도 찾아지는 경우가 많다. 그렇게 되면 원고와 피고 두 음악저작물 사이의 현저한 유사성만으로 의거관계를 추정하는 것이 곤란해진다. 왜냐하면, 이 경우의 현저한 유사성은 피고가 원고의 저작물을 복제하였다는 것 이외의 다른 상황, 즉 피고가 원고의 음악저작물이 아닌 공중의 영역에 있거나 다른 기존 음악작품에 있는 요소를 복제한 경우에도 일어날 수 있기 때문이다. 따라서 음악저작물에 있어서 의거관계의 입증은 단순히 상당한 정도의 또는 현저한 유사성이 있다는 것만으로는 부족한 경우가 많고, 다른 독립적 (independent)인 증거, 즉 피고가 실제로 원고의 음악을 복제하였다는 객관적이고 외부적 (external)인 증거를 요구하는 경향이 나타나게 된다.94)

우리나라 판례 중에도 음악저작물에 대한 저작권 침해판단에 있어서 의거관계의 입증을 엄격하게 요구한 사례가 있다. 서울중앙지방법원 2008카합1964 결정은, SK텔레콤이 '티링'(T Ring)이라는 명칭으로 제작하여 광고음악 내지 이동통신 서비스 식별음 등으로 사용함으로써 유명해진 '솔미파라솔'로 구성된 전자음95)이 신청인의 가요곡에 대한 저작권을 침해하였다고 주장한 사례이다. 이 사건에서 법원은, 피신청인의 티링 음악은 불과 4, 5개의 제한된 음만으로 1 내지 2초 사이에 소비자에게 해당 상품에 대한 단순하면서도 완결된 이미지를 전달하여야 하는 이른바 '징글'음악으로서, 그 분량과 단순성에 더하여 대중의 취향에 부합할 수 있는 듣기 좋은 음의 배열은 한정되어 있는 점을 감안할 때, 양자의 의거관계가 추정될 만한 현저한 유사성을 인정하려면, 일반적인 보통의 감상자를 기준으로 하여 양자가 멜로디나 리듬뿐만 아니라 화성 및 실제 연주나 가창에서의 음색 등을 종합한 전체적인 느낌에서 전면적으로 중복되는 정도에 이르러야 할 것이라고 하였다.

다. 실질적 유사성의 판단

흔히 음악저작물의 표절과 관련하여 "여섯 마디 이상이 같으면 표절이다" 또는 "여섯 마디가 되지 않는 음악은 얼마든지 자유롭게 복제할 수 있다"고 하는 식의 이른바 '여섯 마디의 법칙'(six bar rule) 등의 획일적인 판단기준이 존재한다고 믿는 사람들이 많다. 그러나

---

94) Paul Goldstein, *op. cit.*, p. 8: 43.
95) 라디오나 텔레비전 광고에서 사용되는 매력적인 멜로디로 구성된 기억할 만한 슬로건으로 일명 '징글' (Jingle)이라고도 한다.

판례는 이러한 획일적이고 양(量)적인 접근방법을 배척하고 있다.

대법원 2004. 7. 8. 선고 2004다18736 판결('사랑은 아무나 하나' 사건)[96]은, 음악저작물의 저작권침해를 판단함에 있어서는 우선 보호받는 표현 부분을 가려내고 나서 실질적 유사성 여부를 판단하여야 한다는 취지를 밝히고 있다. 이 사건은, 원고의 '여자야'라는 가요와 피고들의 '사랑은 아무나 하나'라는 가요 사이에 실질적 유사성이 있는지를 판단한 사건이다. 대법원은, "원고 가요의 기초가 된 구전가요에서 따온 부분을 제외하고 여기에 원고에 의하여 새롭게 부가한 창작적인 표현형식에 해당하는 것만을 대비하여야 할 것인바, 원고의 가요는 구전 가요인 '여자야'에서 따온 전반부와 역시 구전 가요인 속칭 '영자송'에서 따온 중반부 및 '여자야'에서 따온 후반부로 구성되어 있음에 반하여, 피고의 가요는 속칭 '영자송'에서 따온 전반부와 '여자야'에서 따온 후반부로 구성되어 있어 그 편집이 반드시 동일하다고 볼 수는 없는데다가, 피고 가요의 전주 부분과 유사한 원고 가요의 전주 및 간주 부분 5마디도 구전 가요에서 따온 리듬, 가락, 화성에 다소의 변형을 가한 것에 불과한 부분이어서 피고 가요가 원고 가요와 유사한 디스코 풍의 템포($\downarrow$=134)를 적용하였다는 사정만으로는 원고 가요와 피고 가요 사이에 실질적 유사성이 있다고 하기 어렵다"고 하였다.

Ⅳ. 기   타

1. 지도, 설계도면 등

대법원 2011. 2. 10. 선고 2009도291 판결[97]은 대표적인 기능적 저작물인 지도 및 그러한 지도를 포함한 여행안내책자와 관련하여 저작재산권 침해의 요건을 엄격하게 적용한 사례이다.

또한 대법원 2009. 1. 30. 선고 2008도29 판결은, 역시 기능적 저작물인 아파트 내부 평면도 및 배치도와 관련하여, 아파트의 경우 건축관계 법령에 따라 건축조건이 이미 결정되

---

96) 이 사건의 원고들은 속칭 '영자송'이라는 구전가요와 그의 아류로 여겨지는 다른 구전가요를 기초로 작성한 가요 '여자야'를 작곡하였는바, 대법원은 원고들이 '여자야'를 작곡함에 있어서 공중의 영역에 있는 두 구전가요의 리듬, 가락, 화성에 사소한 변형을 가하는 데 그치지 않고 두 구전가요를 자연스럽게 연결될 수 있도록 적절히 배치하고 여기에 디스코 풍의 경쾌한 템포($\downarrow$=130)를 적용함과 아울러 전주 및 간주 부분을 새로 추가함으로써 사회통념상 그 기초로 한 구전가요들과는 구분되는 새로운 저작물로서 저작권법 제5조 제1항 소정의 2차적저작물을 작성한 것이라고 한 후, 이를 전제로 피고들의 음악저작물인 가요 '사랑은 아무나 하나'와 비교 검토하고 있다.

97) 판례공보 2011상, 596면.

어 있는 부분이 많고 각 세대별 전용면적은 법령상 인정되는 세제상 혜택이나 그 당시 유행하는 선호 평형이 있어 건축이 가능한 각 세대별 전용면적의 선택에서는 제약이 따를 수밖에 없으며, 그 결과 아파트의 경우 공간적 제약, 필요한 방 숫자의 제약, 건축관계 법령의 제약 등으로 평면도, 배치도 등의 작성에 있어서 서로 유사점이 많은 점, 이 사건 평면도 및 배치도는 기본적으로 건설회사에서 작성한 설계도면을 단순화하여 일반인들이 보기 쉽게 만든 것으로서, 발코니 바닥무늬, 식탁과 주방가구 및 숫자 등 일부 표현방식이 독특하게 되어 있기는 하지만 이는 이미 존재하는 아파트 평면도 및 배치도 형식을 다소 변용한 것에 불과한 것으로 보이는 점 등을 이유로 저작권침해를 부정하고 있다.[98]

2. 메뉴구조, 그래픽 사용자 인터페이스

컴퓨터프로그램에 의하여 생성되는 스크린 디스플레이 중 그래픽 사용자 인터페이스(GUI, Graphic User Interface, 이하 GUI)는 컴퓨터 사용자와 그 프로그램이 내장된 컴퓨터 사이에서 일종의 중개인 내지 통역인의 역할을 한다. 따라서 다른 기능적 저작물과 마찬가지로 GUI 역시 예술성보다는 신속한 작동과 오류의 최소화를 위한 기능성 및 효율성의 확보를 주된 목적으로 하게 된다. 미국의 판례를 살펴보면 사용자 인터페이스의 저작권 보호범위는 기능적 저작물에서와 마찬가지로 엄격하게 가급적 제한적으로 새기는 경향이 있음을 볼 수 있다.

특히 원고가 창작한 사용자 인터페이스가 대단한 성공을 거두어 그 인터페이스가 표준이 되고, 그로 인하여 경쟁자가 그 시장에서 계속 영업을 하기 위하여서는 어쩔 수 없이 그 표준을 사용하여야 한다면, 그 사용자 인터페이스의 표준적인 요소들은 저작권의 보호를 받을 수 없다고 한 사례가 있다.[99] 이러한 점에서 볼 때 GUI에게 부여되는 저작권은 매우 약한 것이 될 수 있다. 그러나 GUI를 작성함에 있어서는 효율성을 위한 노력뿐만 아니라 그 인터페이스를 가급적 보기 좋게 만들고자 하는 노력도 기울이게 된다. GUI의 가치가 그와 같은 예술적이고 미적인 외양에 있는 것이라면, 저작권의 보호는 좀 더 강하게 주어질 수 있을 것이다.[100]

---

98) 이 판결의 경우 결론에 있어서는 아파트 내부 평면도 및 배치도의 창작성을 부정하여 저작권침해의 책임이 없다고 하고 있으나, 그 내용을 보면 피해자와 피고인의 양 평면도 및 배치도에서 나타나는 유사성의 정도만으로는 그들 사이에 실질적 유사성이 있다고 볼 수 없다는 취지도 포함되어 있다.

99) Apple Computer, Inc. v. Microsoft Corp., 799 F. Supp.1006, 1023-1026, 24 U.S.P.Q.2d 1081(N.D. Cal. 1992), aff'd, 35 F.3d 1435, 32 U.S.P.Q.2d 1086(9th Cir. 1994); Manufacturers Technologies, Inc. v. Cams, Inc., 706 F. Supp. 984, 994, 10 U.S.P.Q.2d 1321(D. Conn. 1989): 사용자의 '편의성'을 높이기 위하여 채택된 요소는 기계적인 효율성을 높이기 위하여 채택된 요소와 마찬가지로 저작권의 보호가 부정되어야 한다고 하였다.

100) Paul Goldstein, *op. cit.*, p. 2: 204.

제5절 간접침해

I. 서   설

오늘날 정보통신기술의 급속한 발전은 저작권자를 비롯한 권리자와 이용자, 그리고 그러한 저작물의 유통과정에 존재하는 온라인서비스제공자(인터넷서비스제공자), P2P서비스제공자 사이의 관계에 있어서 새로운 패러다임을 제공하고 있다. 온라인서비스제공자나 P2P서비스제공자의 책임과 관련하여 그 동안 우리나라에서도 많은 관심 속에 '소리바다 사건'이나 '벅스뮤직 사건' 등과 같이 중요한 판례들이 나온 바 있다. 간접침해에 관한 논의는 온라인서비스제공자나 P2P서비스제공자와 같이 직접 저작권침해 행위를 하지 않는 자를 상대로 한 저작권 침해책임이나 손해배상책임을 물을 수 있느냐에 관한 것이다. 이는 미국의 불법행위 실무에서 발달한 기여책임 및 대위책임 이론과 맥을 같이 하고 있다. 따라서 기여책임 및 대위책임에 관한 미국의 판례와 이론은 많은 시사점을 제공할 수 있다. 그러나 '기여책임'이나 '대위책임'과 같은 유형의 책임이론을 적용하고자 할 경우 미국과 우리나라의 민법체계의 차이점에 대한 깊은 주의가 필요하다. 각국의 제도와 판례를 무분별하게 수용할 것이 아니라 우리나라 법체계에 비추어 체계적이고 철저하게 연구·검토한 연후에 취사선택 과정을 거쳐 받아들이는 것이 필요하다.

II. 각국에 있어서의 간접책임이론과 법제

1. 미   국

가. 기여침해와 대위책임에 관한 판례들

(1) Sony 사건[101]

원고(피상고인)는 TV 프로그램의 저작권자이고, 피고 Sony사(상고인)는 VTR(Video Tape Recorder)의 제조판매업자이다. 원고는 Sony사의 VTR을 구입한 자가 원고가 저작권을 가지는 TV에서 방영된 저작물을 무단으로 녹음하여 저작권을 침해하고 있으므로, VTR을 제조판매한 피고는 저작권침해의 책임을 부담하여야 한다고 주장하였다.

---

101) Sony Corp. of America v. Universal City Studios, Inc., 457 U.S. 1116, 102 S.ct 2926(U.S. Cal. Jun 14. 1982).

1심과 항소심의 판결이 엇갈린 상황에서 상고심인 연방대법원은, 저작권침해 행위를 완성케 하는 '수단'을 제공하고 광고를 통하여 그러한 행위를 조장하는 것만으로는 저작권 침해 책임을 인정하기에 충분하지 않다고 하였다. 나아가 '기여책임'과 관련하여서도, 기여 책임이 인정되기 위해서는 침해자가 타인에 의한 저작물의 이용을 '지배'하는 지위에 있어야 하는데 본건에서는 그 점을 명백히 인정하기 어렵다고 하여 책임을 부정하였다.

(2) Napster 사건[102]

이 사건에서 제9 연방항소법원은, P2P 서비스를 제공하는 Napster 시스템을 이용하는 이용자가 해당 음악저작물의 저작권을 직접 침해하고 있음을 인정한 후, 그에 대하여 피고 Napster사는 이용자들의 저작권 직접침해에 대한 기여침해 및 대위책임을 부담한다고 하였다. 기여침해와 관련하여, Napster사가 이용자의 직접침해를 알고서 이를 조장하여 실질적으로 침해행위에 기여하고 있는바, Napster사가 특정한 침해정보가 존재하고 그 정보가 자기 회사의 시스템에서 이용가능하다는 것을 알고 있거나 알 수 있었으며, 그와 같은 권리침해를 저지할 수 있는 방법이 있음에도 불구하고 그러한 조치를 취하지 아니하였으므로 그 범위 내에서 책임이 인정된다고 하였다. 또한 대위책임과 관련하여서는, Napster사가 이용자의 침해행위로 인하여 경제적 이익을 얻고 있으며, 나아가 그러한 이용자의 침해행위를 지배(control)하는 권한과 능력을 가지고 있다고 하여 책임을 인정하였다.

(3) Grokster 사건[103)

피고 Grokster 등이 배포한 소프트웨어는 중앙서버가 없는 환경 아래에서 파일교환을 가능하게 한다는 점에서 Napster 사건과 차이가 있다. 미국 연방대법원은 대법관 전원일치 의견으로 Grokster를 비롯한 피고들의 책임을 인정하였다. 연방대법원은 피고들의 책임을 인정하는 근거로 이른바 '유발이론'(또는 유인이론, inducement theory)이라는 다소 생소한 법리를 동원하였다. 유발이론은 저작권침해에 사용될 수 있는 장치를 배포하는 피고가 이용자 등 직접침해자를 침해행위로 유도하는 메시지(inducing message)를 보내는 등 기타 적극적인 수단을 사용한 경우에는 이용자의 직접침해행위에 대한 책임을 부담케 하는 것이다. 이 논리는 피고가 침해를 유발한 때에는 Sony 판결이 제시한 원칙의 검토에 들어갈 필요도 없이 곧바로 피고의 책임을 인정할 수 있다는 것이다.[104)

---

102) A&M Records, et al. v. Napster Inc., 239 F. 3d 1004(9th Cir. 2001).
103) Grokster, 2005 WL 1499402(U.S.).
104) 박준석, 인터넷 서비스제공자의 책임에 관한 국내 판례의 동향―소리바다 항소심 판결들을 중심으로―, Law & Technology 제2호, 2005. 9, 서울대학교 기술과법센터, 52-53면.

나. 미국 판례에 나타난 간접침해의 법리

그 동안 판례를 통하여 나타난 미국에서의 기여침해와 대위책임의 법리를 간단히 정리해 보면 다음과 같다.

(1) 기여책임

저작권 침해행위를 알면서 타인의 저작권 침해행위를 발생케 하거나, 원인을 제공하거나, 또는 실질적으로 관여하는 자는 기여침해자로서의 책임을 진다. 기여침해의 성립요건으로서는, 우선 직접침해가 존재하여야 하고 기여침해는 이에 종속한다. 다음으로 객관적 요건으로 조장, 원조, 허가, 침해수단의 제공 등 침해행위에 대한 실질적 관여가 있어야 하고, 그것과 직접침해행위가 시기적으로 밀접할 것 등이 요구된다. 그리고 주관적 요건으로 침해행위에 대한 인식 또는 인식 가능성이 존재하여야 한다.

(2) 대위책임

대위책임은 권리의 직접침해자에 대하여 구제를 요구하는 것이 실효성을 가지지 못하는 경우에 그 자의 보증인적 지위에 있는 자에 대하여 책임을 묻는 것이다. 대위책임이 인정되기 위해서는 객관적 요건으로서 권리침해행위를 감독, 지배(control)하는 것이 가능하고 그에 대한 권원을 가질 것, 그리고 권리침해행위에 대하여 금전적 이해를 가지며 그것이 직접적일 것이 필요하다.

2. 일   본

가. 직접침해로 이론구성한 판결

일본 최고재판소 1988. 3. 15. 선고 '캐츠아이 사건' 판결[105]은, 노래방 반주에 맞추어 손님이 노래(가창)를 한 사건에서, "점포 내에 노래방 장치 및 반주 테이프를 설치·조작함으로써 고객의 가창을 관리하는 노래방 경영자는 그 가창(연주)의 주체가 되며, 이때의 연주는 영리를 목적으로 공연히 행하여진 것이므로 공연권 침해에 따른 불법행위 책임을 진다"고 하였다.

이 판결은 그에 앞서 나온 일본 하급심 판결들[106][107][108]이 캬바레나 노래방에서 저작권

---

105) 일본 최고재판소 1988. 3. 15. 제 3 소부 판결, 民集 42권 3호 199면; 판례시보 1270호, 34면.
106) 나고야고등법원 결정 1960. 4. 27. 下民集 11권 4호 p.940, 판례시보 224호, 15면. "카바레에서의 음악

자의 허락 없이 음악저작물이 연주 또는 가창된 사례에서 그 캬바레나 노래방의 운영자를 저작권침해의 주체로 볼 수 있다고 한 판례의 흐름을 추인한 것으로 해석되고 있다.

이 판결은 행위주체성 판단의 기준을 첫째, 저작물의 사용 형태(연주)에 대한 '관리' 내지 '지배'의 귀속, 둘째, 저작물의 사용 행위(연주)에 따른 '이익'의 귀속 등 두 가지 점에서 구하고 있다.

나. 방조에 의한 공동불법행위책임으로 이론구성한 판례

이에 해당하는 판결로는 일본 최고재판소 2001. 2. 13 판결을 들 수 있다. 이 판결은 이른바 '도끼메끼 메모리얼'(ときめきメモリアル) 사건 판결이라고 하는데, 타인으로 하여금 사용하게 할 목적으로 오로지 컴퓨터용 게임소프트웨어의 개변에만 사용되는 메모리카드를 수입·판매하여 유통시킨 행위에 대하여, "타인의 사용을 통하여 게임소프트웨어의 동일성유지권 침해를 야기하는 행위"라고 하여 불법행위에 따른 손해배상 책임을 인정하였다.

이 판결은, "이 사건 메모리카드의 사용에 의하여 게임소프트웨어의 동일성유지권이 침해되었고, 피고의 메모리카드 수입·판매행위가 없었다면 해당 게임소프트웨어의 동일성유지권 침해가 생기는 일도 없었을 것이다."라고 판시하고 있다. 즉, 문제가 된 메모리카드의 사용자(게임플레이어)를 동일성유지권의 직접침해자로 보고, 그 메모리카드의 수입판매업자를 동일성유지권 침해에 필요불가결한 도구를 제공하는 방조자 내지 교사자로 보고 있다.

연주에 관하여, 연주 자체는 악단이 하는 것이지만 악단의 배치는 카바레의 경영자에 의하여 이루어지고, 연주곡목의 선정이 악단에 맡겨져 있다고 하여도 카바레 경영자의 자유의사에 따라 지배되고 있으며, 음악 연주에 의하여 카바레 경영자가 영업상의 효과와 수익을 얻고 있는 경우에는 카바레 경영자를 당해 음악저작물에 대한 연주권 침해의 주체로 보아야 한다"고 판결.

107) 오오사카고등법원 판결 1970. 4. 30. 無體例集 2권 1호, 252면; 판례시보 606호, 40면. "카바레에 상시 배치되어 있는 악단 또는 쇼 출연자가 음악을 연주 또는 가창을 하는 경우에는, 그 음악연주는 오로지 카바레 경영자를 위하여 행하여지고, 카바레 경영자가 영리를 위하여 저작물을 이용하고 있는 것이므로 그 경영자를 음악저작물 이용의 주체로 보아야 한다"고 판결.

108) 히로시마지방법원 후쿠야마지원 판결 1986. 8. 27. 판례시보 1221호 p.120. 클럽 점포 내에 가라오케 장치를 설치·관리하면서 고객으로 하여금 음악저작물을 가창하도록 한 클럽 경영자에 대하여, 당해 가창의 주체는 클럽 경영자라 할 것이며, 또한 그 연주(가창)가 영리를 목적으로 이루어진 것이므로, 연주권의 침해에 해당한다고 한 사례.

3. 우리나라 판례

가. P2P 서비스제공자의 책임에 관한 판례 – '소리바다' 판결들

(1) 서울고등법원 2005. 1. 12. 선고 2003나21140 판결 – 가처분이의 항소심 판결

(가) 협의의 공동불법행위 책임의 성립 여부

우선 이 판결에서는 협의의 공동불법행위 책임의 성립은 이를 부정하였다. 민법 제760조 제 1 항의 공동불법행위가 성립하려면 행위자 사이에 의사의 공통이나 행위공동의 인식까지 필요한 것은 아니지만, 객관적으로 보아 피해자에 대한 권리침해가 공동으로 행하여지고 그 행위가 손해발생에 대하여 공통의 원인이 되었다고 인정되는 경우라야 할 것이고, 또한 그 각 행위는 독립적으로 불법행위에 해당하여야 할 것이라고 전제하였다.[109] 그러면서 피고들은 소리바다 서버를 운영하면서 아이디 등 접속에 필요한 정보만을 보관, 관리하고 있기 때문에 개별 이용자들의 구체적인 불법 MP3 파일 공유 및 다운로드 행위를 확정적으로 인식하기는 어려웠던 점, 음악의 검색 및 검색결과의 전송 그리고 다운로드 과정에는 소리바다 서버가 전혀 관여하지 않고 있는 점 등 피고들이 서버를 운영하면서 이용자들에 의한 복제권 침해행위에 관여한 정도에 비추어 볼 때, 비록 소리바다 서버에의 접속이 필수적이기는 하나, 그것만으로 피고들이 독립적으로 이 사건 원고인 음반제작자들의 복제권을 침해하였다거나 협의의 공동불법행위가 성립할 정도로 직접적이고 밀접하게 그 침해행위에 관여하였다고 평가하기는 어렵다고 하였다.

(나) 방조에 의한 공동불법행위 성립 여부

그러나 방조에 의한 공동불법행위의 성립은 긍정하였다. 이 판결에서는 민법 제760조 제 3 항의 '방조'라 함은 불법행위를 용이하게 하는 직접·간접의 모든 행위를 가리키는 것으로서, 형법과 달리 손해의 전보를 목적으로 하여 과실을 원칙적으로 고의와 동일시하는 민법의 해석으로서는 과실에 의한 방조도 가능하다고 할 것이며, 이 경우의 과실의 내용은 불법행위에 도움을 주지 않아야 할 주의의무가 있음을 전제로 하여 그 의무에 위반하는 것을 말한다고 전제하였다.[110] 그러면서 일반적으로 P2P 방식에 의한 파일공유 시스템에서는 이용자들에 의한 디지털 형태의 복제물 무단 유통이 발생할 개연성이 있다고 할 것이나, 그렇다 하더라도 모든 형태의 P2P 시스템 운영자들이 획일적으로 이용자들의 저작인접권 등 침해행위에 대하여 방조책임을 부담한다고 단정할 수는 없고, 운영자가 서버를 운영하면서

---

109) 이 판시부분과 관련하여 대법원 1989. 5. 23. 선고 87다카2723 판결 및 대법원 1996. 5. 14. 선고 95다45767 판결 등을 근거로 들고 있다.

110) 이 판시부분과 관련하여서는 대법원 2003. 1. 10. 선고 2002다35850 판결을 근거로 제시하고 있다.

그 서버를 통하여 이용자들의 파일공유 및 교환행위에 관여하고 있는 정도, 운영자의 개입이 없이도 이용자들이 자체적으로 파일공유 등 행위를 할 수 있는지 여부, 저작인접권 등 침해행위를 하는 이용자가 있는 경우 운영자가 이를 발견하고 그에 대하여 서비스 이용을 제한할 수 있는지 여부, P2P 시스템이 파일공유 기능 자체 외에 이용자들의 저작인접권 등 침해행위를 용이하게 할 수 있는 다른 기능을 제공하고 있는지 여부, 운영자가 이용자들의 저작인접권 침해행위로부터 이익을 얻을 목적이 있거나 향후 이익을 얻을 가능성의 정도 등 구체적 사정을 살펴보아, 운영자가 이용자들의 파일공유 등으로 인한 저작인접권 등 침해행위를 미필적으로나마 인식하고서도 이를 용이하게 할 수 있도록 도와주거나, 그러한 침해행위에 도움을 주지 않아야 할 주의의무가 있음에도 이를 위반하는 경우라고 평가되는 경우에만 방조책임을 인정하여야 할 것이라고 하였다.

　　이와 같은 소리바다 가처분이의 항소심 판결은 대법원 2007. 1. 25. 선고 2005다11626 판결에 의하여 그대로 확정되었다. 대법원은, "저작권법이 보호하는 복제권의 침해를 방조하는 행위란 타인의 복제권 침해를 용이하게 해주는 직접·간접의 모든 행위를 가리키는 것으로서, 복제권 침해행위를 미필적으로만 인식하는 방조도 가능함은 물론 과실에 의한 방조도 가능하다고 할 것인바, 과실에 의한 방조의 경우에 있어서 과실의 내용은 복제권 침해행위에 도움을 주지 않아야 할 주의의무가 있음을 전제로 하여 이 의무에 위반하는 것을 말하는 것이고(대법원 2000. 4. 11. 선고 99다41749 판결; 2003. 1. 10. 선고 2002다35850 판결 등 참조), 위와 같은 침해의 방조행위에 있어서 방조자는 실제 복제권 침해행위가 실행되는 일시나 장소, 복제의 객체 등을 구체적으로 인식할 필요가 없으며 실제 복제행위를 실행하는 자가 누구인지 확정적으로 인식할 필요도 없다"고 판시하였다.[111]

---

111) 대법원 2022. 4. 14. 선고 2021다303134, 303141 판결은, "컴퓨터 프로그램 또는 그 라이선스의 판매 시 함께 제공되는 일련번호와 같은 제품키는 컴퓨터 프로그램을 설치 또는 사용할 권한이 있는가를 확인하는 수단인 기술적 보호조치로서, 누군가가 프로그램을 복제하고 그 복제행위가 컴퓨터 프로그램 저작권을 침해하는 행위에 해당한다면 이를 용이하게 하는 제품키의 복제 또는 배포행위는 위와 같은 행위를 용이하게 하는 행위로서 경우에 따라 프로그램 저작권 침해행위의 방조에 해당할 수 있다."고 하였다.

제 6 절 온라인서비스제공자의 책임제한

I. 개 관

　'온라인서비스제공자'(online service provider, OSP)라 함은 "(1) 이용자가 선택한 저작물 등을 그 내용의 수정 없이 이용자가 지정한 지점 사이에서 정보통신망(정보통신망 이용촉진 및 정보보호 등에 관한 법률 제 2 조 제 1 항 제 1 호의 정보통신망을 말한다)을 통하여 전달하기 위하여 송신하거나 경로를 지정하거나 연결을 제공하는 자, (2) 이용자들이 정보통신망에 접속하거나 정보통신망을 통하여 저작물 등을 복제·전송할 수 있도록 서비스를 제공하거나 그를 위한 설비를 제공 또는 운영하는 자"를 말한다(저작권법 제 2 조 제30호).

　온라인서비스제공자보다 다소 좁은 개념으로서 '인터넷서비스제공자'(internet service provider, ISP)라는 용어도 흔히 사용된다. 인터넷서비스제공자는 인터넷을 통하여 이용자들에게 인터넷 접속, 웹사이트 호스팅(website hosting), 검색엔진(search engine), 전자게시판 시스템 제공 등 각종 서비스를 제공하는 자를 지칭한다. 온라인서비스제공자에는 인터넷서비스제공자가 당연히 포함되며, 그 외에도 인터넷이 아닌 기업 내에서만 연결되는 폐쇄적인 형태의 네트워크 서비스 등 모든 네트워크에서 활동하는 서비스제공자가 이에 해당한다.[112]

　"온라인서비스제공자의 책임제한" 규정이 우리 저작권법에 들어온 것은 2003년 5월 27일 개정된 저작권법으로부터이다. 이 규정을 신설한 취지는 온라인서비스제공자가 저작물이나 실연·음반·방송 또는 데이터베이스의 복제·전송과 관련된 서비스를 제공하는 과정에서 이용자에 의한 권리침해행위에 따르는 온라인서비스제공자의 책임을 감경 또는 면제하기 위한 것이다. 이용자의 저작권 침해행위에 대하여 온라인서비스제공자에게 과실이 있는지 여부를 판단하는 것은 상당히 복잡하고 어려운 문제이고, 온라인서비스에 접속되어 제공되는 수많은 콘텐츠의 성질 또한 매우 다양하며 그 송·수신 과정 역시 지극히 순간적이다. 그로 인하여 온라인서비스제공자의 입장에서 과연 어디까지 주의를 하여야만 과실책임으로부터 벗어날 수 있을지를 그때그때 판단한다는 것은 매우 곤란하며, 이는 온라인서비스제공자가 안정적으로 사업을 영위할 수 없도록 하는 결과를 초래한다. 따라서 온라인서비스와 관련된 이해 당사자 사이의 법률관계를 보다 명확히 하여 법적 안정성을 도모하는 동시에, 다양한 종류의 정보를 유통하는 과정에서 핵심적 역할을 담당하는 온라인서비스제공자가 안정적으로 사업을 영위할 수 있도록 한다는 취지에서 명문의 규정을 신설하

---

112) 박준석, 인터넷서비스제공자의 책임, 박영사, 2006, 8면.

게 된 것이다.

온라인서비스제공자의 책임제한에 관한 규정은 그 입법취지나 각 조항의 해당 문구상 별다른 제한이 없는 점에 비추어 볼 때 민사상 책임뿐만 아니라 형사상 책임에도 적용된다고 본다.113)

온라인서비스제공자의 책임제한에 관한 구체적 내용은 다음과 같다.

1. 저작권법 제102조에 의한 책임제한

2011년 개정 저작권법에서는 온라인서비스제공자의 유형을 인터넷접속(단순도관)서비스, 캐싱서비스, 저장서비스, 정보검색도구서비스로 세분화하고, 각 서비스 유형에 따른 면책요건을 구체화하였다. 또한 면책의 허용 여부 및 범위도 종전 법에서는 "책임을 감경 또는 면제할 수 있다"고 하여 감경 또는 면제 여부를 법원이 재량으로 판단하도록 되어 있었는데, 개정법에서는 "책임을 지지 아니한다"고 규정함으로써 재량의 여지없이 책임을 면제하는 것으로 하였다. 이와 같이 면책의 내용이 임의적 감면에서 필요적 면책으로 변경됨으로써 온라인서비스제공자의 면책범위는 크게 넓어지게 되었고 그만큼 안정적인 사업이 가능하게 되었다.

온라인서비스제공자의 서비스 유형은 아래 표와 같이 분류할 수 있다.

OSP의 서비스 유형 분류114)

OSP의 서비스 유형	기술적 특징
인터넷 접속서비스 [단순도관(mere conduit)] (제1항 제1호)	네트워크와 네트워크 사이에 통신을 하기 위해서 서버까지 경로를 설정하고 이를 연결해 주는 서비스 (KT, SK브로드밴드, LG유플러스 등)
캐싱(cashing)* (제1항 제2호)	OSP가 일정한 콘텐츠를 중앙서버와 별도로 구축된 캐시서버에 자동적으로 임시 저장하여 이용자가 캐시서버를 통해 해당 콘텐츠를 이용할 수 있도록 하는 서비스
저장서비스 (제1항 제3호)	카페, 블로그, 웹하드 등 일정한 자료를 하드디스크나 서버에 저장·사용할 수 있게 하는 서비스(인터넷 게시판 등)
정보검색도구 서비스 (제1항 제4호)	인터넷에서 정보를 검색하여 정보를 제공하여 주는 서비스 (네이버, 다음, 구글 등의 검색 서비스)

* 캐싱(Caching)이란 정보처리의 효율성과 안정성을 높이기 위해 자주 이용되는 디지털 정보를 캐시(Cache)라 불리는 저장 공간에 임시적으로 저장한 후에 이를 다시 이용하고자 하는 경우 그 정보의 원래의 출처로 다시 가지 않고 임시 저장된 정보를 활용하도록 하는 것을 말한다. OSP의 캐싱은 이용자가 자신의 컴퓨터에서 저작물을 이용하면서 행하게 되는 캐싱과 구별된다.

113) 대법원 2013. 9. 26. 선고 2011도1435 판결.
114) 한·EU FTA 개정 저작권법 해설, 한국저작권위원회, 2011. 7, 14면.

각 서비스 유형별 면책요건을 요약하면 다음 표와 같다.

OSP 유형별 책임제한 요건[115]

책임 면제요건 \ 온라인서비스 유형	도 관 서비스	캐 싱 서비스	저 장 서비스	정보검색 도구
저작물의 송신을 개시 않을 것(제1호 가목)	○	○	○	○
저작물과 수신자를 선택 않을 것(제1호 나목)	○	○	○	
반복 침해자의 계정 폐지정책(제1호 다목)	○	○	○	
표준적 기술조치의 수용(제1호 라목)	○	○	○	
저작물 등을 수정 않을 것(제2호 나목)		○		
일정조건 충족하는 이용자만 캐싱된 저작물에 접근허용(제2호 다목)		○		
복제·전송자가 제시한 현행화 규칙 준수(제2호 라목)		○		
저작물 이용 정보를 얻기 위하여 업계에서 인정한 기술 사용 방해 않을 것(제2호 마목)		○		
본래의 사이트에서 접근할 수 없게 조치된 저작물에 접근할 수 없도록 조치(제2호 바목)		○		
침해행위 통제 권한 있는 경우, 직접적 금전적 이익 없을 것(제3호 나목)			○	○
침해행위 인지 시 해당 저작물 복제·전송 중단 (제3호 다목)			○	○
복제·전송 중단 요구 대상자 지정 및 공지(제3호 라목)			○	○

- (제1호 가목 및 나목) OSP가 저작물을 업로드하거나 다운로드하는 것에 전혀 관여하지 아니하고, 단순히 업로드 및 다운로드의 매개자 역할만을 하는 경우
- (제2호 나목) 캐싱 서비스를 제공하는 OSP가 캐시 서버에 저장된 저작물을 수정하지 않은 경우
- (제2호 다목) 원래 사이트에 대한 서비스 이용이 제한되어 있는 경우, 예를 들어 원래 사이트에 이용료의 지불 또는 암호나 그 밖의 다른 정보의 입력에 기초한 조건이 있는 경우 그 조건을 지킨 이용자에게만 캐시 서버에 접근을 허용한 경우
- (제2호 라목 본문) 저작물 등의 현행화에 관한 '데이터통신규약'의 예: HTTP 프로토콜, Internet Cache Protocol
- (제2호 라목 단서) 예를 들어, 캐싱 운영자에게 10초마다 현행화시키는 규칙을 정한 경우, 캐싱 운영자에게 너무 과도한 부담을 줄 수 있으므로 이를 해소하기 위함
- (제2호 마목) 예를 들어, 광고수익을 위한 hit count를 원래 사이트로 돌리는 기술의 사용을 방해하지 않은 경우
- (제2호 바목) 복제·전송 중단요청으로 원서버에서 자료가 삭제되거나 접근할 수 없는 경우, 또는 법원의 판결이나 행정명령을 받아 삭제된 경우, 캐시 서버에서도 이를 즉시 삭제하거나 접근할 수 없게 한 경우
- (제3호 나목) 저작물에 대한 통제권한이 있는 저장서비스 제공자가 서비스 제공에 따른 사용료, 전송속도 상행, 전송속도에 따른 프리미엄 서비스 제공 등을 통해 직접적인 금전적인 이익이나 혜택을 받지 않은 경우
- (제3호 다목) OSP가 침해사실을 직접 알게 되거나, 복제·전송의 중단요구 등을 통하여 침해가 명백하다는 사실 또는 정황을 알게 된 때에 즉시 그 저작물 등의 복제·전송을 중단시킨 경우
- (제3호 라목) 불법복제물에 대한 복제·전송의 중단요구 등을 받을 자를 지정하여 공지한 경우(흔히 개인정보관리책임자와 유사하게 저작권을 관리하는 책임자를 지정하고 공지)

---

115) 상게서, 15면.

한편, 저작권법 제102조 제1항에도 불구하고 온라인서비스제공자가 그 제1항에 따른 조치를 취하는 것이 기술적으로 불가능한 경우에는 다른 사람에 의한 저작물 등의 복제·전송으로 인한 저작권, 그 밖에 이 법에 따라 보호되는 권리의 침해에 대하여 책임을 지지 아니한다(제102조 제2항). 또한 제102조 제1항에 따른 책임 제한과 관련하여 온라인서비스제공자는 자신의 서비스 안에서 침해행위가 일어나는지를 모니터링하거나 그 침해행위에 관하여 적극적으로 조사할 의무를 지지 않는다(같은 조 제3항).

2. 저작권법 제103조에 의한 책임제한

저작권법 제103조에 의한 책임제한 규정은 온라인서비스제공자가 권리자의 중단 요청을 받아 복제·전송 등의 중단조치를 취한 경우에 대한 규정이다.[116] 따라서 먼저 그런 중단 요청 및 그에 따른 후속조치가 어떻게 이루어져야 하는지에 대하여 살펴볼 필요가 있다.

저작권법은 권리주장자의 복제·전송 중단 요구와 그에 대한 온라인서비스제공자의 중단 절차 역시 제102조의 4가지 유형별로 규정하고 있다. 먼저 인터넷 접속서비스(도관서비스)를 권리주장자가 불법 복제물의 복제·전송 중단 요구를 하는 대상에서 제외하였는데, 이는 도관서비스는 단순히 인터넷 접속만을 제공하므로 침해 주장의 통지를 받아 처리할 수 있는 유형의 서비스가 아니기 때문이다. 또한 불법 복제물을 중단시키고, 중단 사실을 권리주장자 및 복제·전송자에게 통보하여야 하는 온라인서비스제공자의 유형도 명확히 하였다.

가. 권리자의 권리주장과 복제·전송의 중단 등

(1) 권리의 주장

온라인서비스제공자(저작권법 제102조 제1항 제1호의 경우는 제103조 적용에서 제외한다)의 서비스를 이용한 저작물 등의 복제·전송에 따라 저작권, 그 밖에 이 법에 따라 보호되는 자신의 권리가 침해됨을 주장하는 자(이하 '권리주장자')는 그 사실을 소명하여 온라인서비스제공자에게 그 저작물 등의 복제·전송을 중단시킬 것을 요구할 수 있다(제103조 제1항).

(2) 복제·전송의 중단 등

온라인서비스제공자는 제1항에 따른 복제·전송의 중단요구를 받은 경우에는 즉시 그 저작물 등의 복제·전송을 중단시키고 권리주장자에게 그 사실을 통보하여야 한다. 다만, 제102조 제1항 제3호 및 제4호의 온라인서비스제공자는 그 저작물 등의 복제·전송자에게

---

116) 이른바 Notice and Take-down 조항이라고 볼 수 있다.

도 이를 통보하여야 한다(제103조 제 2 항). 이를 요약하면 아래 표와 같다.

복제·전송 중단의 통보 여부에 대한 비교표[117]

구 분	종전법		개정법	
	권리주장자	복제·전송자	권리주장자	복제·전송자
도관서비스 (제102조 제 1 항 제 1 호)	종전에는 온라인서비스제공자 구분없이 권리주장자 및 복제전 송자에 대해 통보하도록 하고 있으나, 실제 적용 대상은 저장 및 검색 서비스 사업자가 대상 이었음		×	×
캐싱서비스 (제102조 제 1 항 제 2 호)			○	×
저장서비스 (제102조 제 1 항 제 3 호)			○	○
검색서비스 (제102조 제 1 항 제 4 호)			○	○

판례는 온라인서비스제공자가 이 규정에 의하여 그 책임을 면제받을 수 있기 위해서는 저작권자로부터 중단 요구를 받은 즉시 그 저작물의 복제·전송을 중단시켜야 하는 점에 비추어, 온라인서비스제공자가 스스로 저작권 침해사실을 알게 된 경우에도 그 즉시 당해 복제·전송을 중단시켜야 책임을 면제받을 수 있다고 하였다.[118]

(3) 복제·전송자의 권리소명

저작권법 제103조 제 2 항의 규정에 따른 통보를 받은 복제·전송자가 자신의 복제·전송이 정당한 권리에 의한 것임을 소명하여 복제·전송의 재개를 요구하는 경우 온라인서비스제공자는 재개요구사실 및 재개예정일을 권리주장자에게 지체 없이 통보하고 그 예정일에 복제·전송을 재개시켜야 한다(저작권법 제103조 제 3 항).

(4) 온라인서비스제공자의 책임제한

온라인서비스제공자가 제 4 항의 규정에 따른 공지를 하고 제 2 항 및 제 3 항의 규정에 따라 그 저작물 등의 복제·전송을 중단시키거나 재개시킨 경우에는 다른 사람에 의한 저작권 그 밖에 이 법에 따라 보호되는 권리의 침해에 대한 온라인서비스제공자의 책임 및 복제·전송자에게 발생하는 손해에 대한 온라인서비스제공자의 책임을 면제한다. 다만, 이 규정은 온라인서비스제공자가 다른 사람에 의한 저작물 등의 복제·전송으로 인하여 그 저작

---

117) 상게서, 18면.
118) 대법원 2013. 9. 26. 선고 2011도1435 판결.

권 그 밖에 이 법에 따라 보호되는 권리가 침해된다는 사실을 안 때부터 제 1 항의 규정에 따른 중단을 요구받기 전까지 발생한 책임에는 적용하지 아니한다(저작권법 제103조 제 5 항).

온라인서비스제공자의 방조책임과 관련하여 대법원 2019. 2. 28. 선고 2016다271608 판결은, "온라인서비스제공자가 제공한 인터넷 게시공간에 타인의 저작권을 침해하는 게시물이 게시되었다고 하더라도, 온라인서비스제공자가 저작권을 침해당한 피해자로부터 구체적·개별적인 게시물의 삭제와 차단 요구를 받지 않아 게시물이 게시된 사정을 구체적으로 인식하지 못하였거나 기술적·경제적으로 게시물에 대한 관리·통제를 할 수 없는 경우에는, 게시물의 성격 등에 비추어 삭제의무 등을 인정할 만한 특별한 사정이 없는 한 온라인서비스제공자에게 게시물을 삭제하고 향후 같은 인터넷 게시공간에 유사한 내용의 게시물이 게시되지 않도록 차단하는 등의 적절한 조치를 취할 의무가 있다고 보기 어렵다."고 판시하였다.

나. 법원 명령의 범위 등

2011년 6월 30일 개정법은 제103조의2(온라인서비스제공자에 대한 법원 명령의 범위) 규정을 신설하여, 법원은 제102조 제 1 항 제 1 호에 따른 요건을 충족한 온라인서비스제공자에게 제123조 제 3항에 따라 필요한 조치를 명하는 경우에는 ① 특정 계정의 해지, ② 특정 해외 인터넷 사이트에 대한 접근을 막기 위한 합리적 조치만을 명할 수 있도록 하였고, 나아가 법원은 제102조 제 1 항 제 2 호부터 제 4 호까지의 요건을 충족한 온라인서비스제공자에게 제123조 제 3 항에 따라 필요한 조치를 명하는 경우에는 ① 불법복제물의 삭제, ② 불법복제물에 대한 접근을 막기 위한 조치, ③ 특정 계정의 해지, ④ 그 밖에 온라인서비스제공자에게 최소한의 부담이 되는 범위에서 법원이 필요하다고 판단하는 조치만을 명할 수 있도록 하였다.

다. 온라인서비스제공자의 정보제공 의무

저작권 등의 권리자(권리주장자)가 소송의 제기 등 침해에 대한 구제를 받기 위해서는 침해자에 대한 신원정보를 필요로 한다. 그런데 인터넷과 같은 온라인을 통하여 다수의 침해자가 관련된 경우 그 침해자들에 대한 정보를 피해자가 직접 수집하기란 매우 어렵다. 반면에 그러한 침해가 온라인을 통하여 이루어졌을 경우에 해당 온라인서비스제공자는 침해자들에 대한 신원정보를 보유하고 있을 가능성이 높다. 이러한 이유로 인하여 특히 온라인을 통한 저작권 침해사건에서는 피해자가 일단 형사 고소를 하고 그 형사 고소에 따른 수사절차에서 해당 온라인서비스제공자로부터 침해자들에 대한 신원정보를 간접적으로 수집하는 사례가 많이 발생하였다. 이와 같이 권리자(또는 권리주장자)가 저작권침해에 대한 구제를 받기 위하여 침해 혐의자의 신원 등을 파악할 목적으로 형사절차를 남용하는 등 불합리한 사례가 발생하는 점을 개선하기 위하여, 권리주장자가 온라인서비스제공자로부터 저작권을 침해한 것으로 주장되는 가입자의 신원에 관한 정보 등을 소송에 필요한 범위 내에서 획득할 수 있도록 하는 절차로 고안된 것이 '침해자의 정보제공 의무' 제도이다.

3. 특수한 유형의 온라인서비스제공자의 의무

다른 사람들 상호 간에 컴퓨터를 이용하여 저작물 등을 전송하도록 하는 것을 주된 목적으로 하는 온라인서비스제공자(이하 '특수한 유형의 온라인서비스제공자')는 권리자의 요청이 있는 경우 해당 저작물 등의 불법적인 전송을 차단하는 기술적인 조치 등 필요한 조치를 하여야 한다. 이 경우 권리자의 요청 및 필요한 조치에 관한 사항은 대통령령으로 정한다(저작권법 제104조 제 1 항).

문화체육관광부 고시 제2014-0007호는 다음과 같이 특수한 유형의 온라인서비스제공자의 범위를 고시하고 있다.

[특수한 유형의 온라인서비스제공자의 범위]
공중이 저작물 등을 공유할 수 있도록 하는 웹사이트 또는 프로그램을 제공하는 자로서 다음 각 호의 어느 하나에 해당하는 경우에는 저작권법 제104조의 규정에 의한 특수한 유형의 온라인서비스제공자로 본다.

1. 개인 또는 법인(단체 포함)의 컴퓨터 등에 저장된 저작물 등을 공중이 이용할 수 있도록 업로드 한 자에게 상업적 이익 또는 이용편의를 제공하는 온라인서비스제공자
※ 유형 예시: 적립된 포인트를 이용해 쇼핑, 영화 및 음악감상, 현금교환 등을 제공하거나, 사이버머니, 파일 저장공간 제공 등 이용편의를 제공하여 저작물 등을 불법적으로 공유하는 자에게 혜택이 돌아가도록 유도하는 서비스

2. 개인 또는 법인(단체 포함)의 컴퓨터 등에 저장된 저작물 등을 공중이 다운로드 할 수 있도록 기능을 제공하고 다운로드 받는 자가 비용을 지불하는 형태로 사업을 하는 온라인서비스제공자
※ 유형 예시: 저작물 등을 이용 시 포인트 차감, 쿠폰사용, 사이버머니 지급, 공간제공 등의 방법으로 비용을 지불해야 하는 서비스

3. P2P 기술을 기반으로 개인 또는 법인(단체 포함)의 컴퓨터 등에 저장된 저작물 등을 업로드 하거나 다운로드 할 수 있는 기능을 제공하여 상업적 이익을 얻는 온라인서비스제공자

※ 유형예시: 저작물 등을 공유하는 웹사이트 또는 프로그램에 광고게재, 타 사이트 회원가입 유도 등의 방법으로 수익을 창출하는 서비스

특수한 유형의 온라인서비스제공자에 속하는 대표적인 서비스로는 P2P 서비스와 웹하드(공유형 웹하드) 서비스를 들 수 있다. 웹하드 사이트에 저작권침해물이 게시된 경우, 그 침해 게시물이 게시된 목적, 내용, 게시기간과 방법, 그로 인한 피해의 정도, 게시자와 피해자의 관계, 삭제 요구의 유무 등 게시에 관련한 쌍방의 대응태도, 관련 인터넷 기술의 발전 수준, 기술적 수단의 도입에 따른 경제적 비용 등에 비추어, 해당 사이트에서 제공하는 게시물로 인하여 저작권을 침해당한 피해자로부터 구체적·개별적인 게시물의 삭제 및 차단 요구를 받은 경우는 물론, 피해자로부터 직접적인 요구를 받지 않은 경우라 하더라도 웹하드 서비스제공자가 그 게시물이 게시된 사정을 구체적으로 인식하고 있었거나 그 게시물의 존재를 인식할 수 있었음이 외관상 명백히 드러나며, 또한 기술적, 경제적으로 그 게시물에 대한 관리·통제가 가능한 경우에는, 웹하드 서비스제공자에게 그 게시물을 삭제하고 향후 같은 인터넷 게시공간에 유사한 내용의 게시물이 게시되지 않도록 차단하는 등의 적절한 조치를 취하여야 할 의무가 있다.[119]

그러나 서울중앙지방법원 2019. 11. 15. 선고 2018가합545827 판결(확정)은, "저작권법 및 그 시행령의 취지는 저작물 등의 불법적인 전송으로부터 저작권 등을 보호하기 위하여 특수한 유형의 온라인서비스제공자에게 가중된 의무를 지우면서도 다른 한편으로는, 이러한 입법 목적을 고려하더라도 기술적 한계 등으로 인하여 불법적인 전송을 전면적으로 차단할 의무를 부과할 수는 없다는 점을 고려하여 '권리자의 요청'이 있는 경우에 대통령령으로 규정하고 있는 '필요한 조치'를 취하도록 제한된 의무를 부과하려는 것이다. 따라서 특수한 유형의 온라인서비스제공자가 저작권법 시행령 제46조 제1항이 규정하고 있는 '필요한 조치'를 취하였다면 저작권법 제104조 제1항에 따른 필요한 조치를 한 것으로 보아야 하고, 실제로 불법적인 전송이라는 결과가 발생하였다는 이유만으로 달리 판단하여서는 아니 된다"고 판시하였다.

---

119) 대법원 2010. 3. 11. 선고 2009다4343 판결 참조.

제 7 절   기술적 보호조치의 무력화 금지 등

Ⅰ. 기술적 보호조치

1. 서   설

디지털·네트워크 환경의 발달에 따라, 복제에 소요되는 노력과 시간은 더 이상 대량복제를 방지하는 요인이 되지 못하게 되었고, 복제를 거듭하여도 원본과 복제물의 질적 차이가 없으며, 원본에 대한 조작이나 변경이 쉽고 그 흔적 또한 거의 남지 않게 되었다. 또한 문자·음성·음향 및 영상 등 존재의 양태가 다른 여러 저작물이 하나의 매체에 상호 연결되어 이용될 수 있고, 디지털화 된 저작물이 인터넷과 같은 통신망을 통하여 순식간에 전 세계에 송신될 수 있게 되었다. 이처럼 고품질의 복제물 작성과 네트워크를 통한 신속하고도 광범위한 유통이 가능해짐에 따라 저작물의 유통과 관련한 새로운 환경이 조성되었다. 그리하여 권리자들은 자신들의 권리를 보호하기 위한 방안으로 법제도의 구축과 함께, 저작물의 유통과 이용을 통제하고 관리할 수 있는 기술적인 수단의 개발에 박차를 가하게 되었고, 그러한 결과로 나타나게 된 것이 기술적 보호조치와 권리관리정보라고 할 수 있다.

2011년 개정 저작권법에서는 이용통제 기술적 보호조치의 보호만으로는 불법 복제물의 증가와 유통을 효과적으로 억제하는데 한계가 있다는 점을 고려하여 접근통제 기술적 보호조치에 대한 보호를 추가하였다. 또한 종전 법에서 저작권 침해행위로 의제하던 기술적 보호조치 무력화 등의 행위를 독립된 금지행위로 규정하여 저작권법 제104조의2를 신설하고, 아울러 민사적 구제에 관한 제104조의4와 형사적 구제에 관한 제136조 제 2 항 제 3 호의2를 신설하였다. 한편, 종전 법에 없던 접근통제 기술적 보호조치를 보호하는 규정을 새로 두게 됨에 따라, 그 지나친 보호로 인하여 공정하게 저작물을 이용하려는 사람들이 저작물에 접근하는 것까지 제한하게 되고 저작물의 공정한 이용을 저해할 우려가 있다는 점을 고려하여, 접근통제 기술적 보호조치의 보호에 대한 예외 규정을 구체적으로 열거함으로써 면책을 받을 수 있도록 하였다.

2. 기술적 보호조치의 분류

가. 접근통제(access control)

기술적 보호조치 중 보호대상물에 대한 접근 자체를 통제하는 기술, 즉 저작권침해와 관계없이 저작물에의 접근 자체를 통제하기 위한 기술을 말한다. 이때의 접근은 두 가지로 나누어 볼 수 있다. 첫째는 서버 또는 저작물의 원본이나 복제물을 담고 있는 매체(수록매체)에 접근하는 것이고, 둘째는 저작물의 복제물의 재생을 통해 그에 포함된 저작물(실제로는 저작물의 내용)에 접근하는 것이다 후자의 접근은 실질적으로 저작물을 사용·향유 또는 경험하는 것을 의미한다.[120]

나. 이용통제(use control)

이용통제 기술은 저작물에 대한 접근은 통제하지 않지만, 해당 저작물에 대한 복제 등 이용을 통제하는 것을 말한다. 여기서 '이용'이라 함은 저작권자의 허락을 필요로 하는 저작물의 이용행위를 말하며, 구체적으로는 저작권을 구성하는 각각의 지분권의 대상이 되는 행위, 즉 복제, 공연, 방송, 배포, 전송하는 행위 등이 이에 해당한다. 이 유형은 크게 복제를 통제하는 경우와 기타의 이용을 통제하는 경우로 다시 나누어 볼 수 있다.

전자의 대표적인 예로서는 디지털 복제물을 다시 디지털 복제물로 복제하는 횟수를 통제하는 SCMS(Serial Copy Management System, 직렬복제관리시스템)를 들 수 있다. 후자의 예로는 일정한 기한 후에는 사용할 수 없게 하는 장치, 특정한 시스템에만 작동되도록 하는 장치 등 주로 컴퓨터프로그램에서 사전에 합의한 조건에 따르지 않는 사용을 방지하기 위한 장치가 있다.[121]

다. 기   타

그 이외에 접근이나 복제, 이용을 직접 통제하지는 않지만 복제 등 이용 및 변경을 확인하는 장치로서, 저작물에 대한 접근을 허락하지만 복제를 하거나 기타 이용에 대한 결과를 남겨 이용료 청구 등의 근거로 활용하는 장치와, 일부를 복제한 경우에도 원본을 확인할 수 있도록 하는 장치, 그리고 일부를 변경한 경우 그것이 변경된 것임을 확인할 수 있는 장치 등을 기술적 보호조치의 범주에 포함시키기도 한다.[122]

---

120) 임원선, 저작권 보호를 위한 기술조치의 법적 보호에 관한 연구, 동국대학교 박사학위 논문, 2003, 21-22면.
121) 강태욱, "PS2-Mod Chip 사건을 통해 바라본 기술적 조치의 보호범위," 한국디지털재산법학회, 디지털재산법연구(제 5 권 제 1 호, 통권 제 7 호), 64면.
122) 상계논문, 64면.

3. 기술적 보호조치의 부작용

기술적 보호조치는 저작권자의 권리보호를 실효성 있게 하는 중요한 역할을 하지만 일부 부작용도 가져올 수 있다. 기술적 보호조치는 저작권자로 하여금 저작권법에 의해 보호되는 행위뿐만 아니라, 저작권법에 의하여 보호되지 않거나 보호되더라도 저작권법이 규정하고 있는 각종의 예외와 제한에 의하여 권리를 행사할 수 없는 저작물 또는 이용행위에 대해서도 통제권을 부여하기 때문이다. 기술적 보호조치로 인한 부작용 중 대표적인 것으로서 다음과 같은 것들을 들 수 있다.

첫째, 저작권법은 저작물의 보호기간을 설정하고 그 기간이 경과하면 그 저작물은 '공중의 영역'(public domain)에 들어가 누구나 자유롭게 복제를 비롯한 기타 이용행위를 할 수 있도록 하고 있다. 그런데 기술적 보호조치가 부착된 저작물의 경우 보호기간이 경과한 이후에도 해당 저작물에 대한 독점적인 권리를 부여하는 결과가 발생할 수 있다.

둘째, 저작권법은 일정한 경우에는 저작권을 제한하면서 저작물의 자유로운 이용을 보장하고 있다. 그런데 기술적 보호조치를 부착함으로써 저작권법에 의하여 허용되어야 할 자유로운 이용까지도 제한되는 결과를 초래할 수 있다. 예를 들어, 저작권법은 저작권자에게 저작물의 공중에 대한 송신만을 통제할 권리를 부여하였는데, 기술적 보호조치가 부착됨으로써 저작물의 개인적인 송신을 통제하는 데에도 사용될 수 있다.

셋째, 저작권법은 창작성을 갖춘 콘텐츠만을 저작물로서 보호하고 있는데, 기술적 보호조치는 창작성을 갖추지 못한 콘텐츠도 보호하는 결과를 초래할 수 있다.

넷째, 기술적 보호조치는 저작권법과는 상관없는 다른 목적을 위해 활용될 수도 있다. 예를 들면, 끼워팔기(tie-in) 등 불공정경쟁의 수단으로 활용되거나, 이용자와 관련된 정보를 수집하기 위해서 또는 이용자들이 구매를 원하지 않거나 피하고 싶어 하는 콘텐츠를 어쩔 수 없이 이용하도록 하는 데 사용될 수 있다.[123]

---

123) 이상 기술적 보호조치의 부작용과 관련하여서는, 강태욱, 전게논문, 65면; 임원선, 전게논문, 44-45면 참조.

4. 저작권법에서의 기술적 보호조치의 보호

가. 기술적 보호조치의 무력화 금지

(1) 접근통제 기술적 보호조치의 무력화 금지

(가) 원 칙

접근통제 기술적 보호조치의 보호와 관련하여 저작권법 제104조의2 제 1 항은 "누구든지 정당한 권한 없이 고의 또는 과실로 제 2 조 제28호 가목의 기술적 보호조치(접근통제 기술적 보호조치)를 제거·변경하거나 우회하는 등의 방법으로 무력화하여서는 아니 된다"고 규정하고 있다. 이는 접근통제 기술적 보호조치를 직접적으로 무력화하는 행위를 금지하는 것으로서, 같은 조 제 2 항의 기술적 보호조치의 무력화 예비행위를 금지하는 것과 구별된다.

(나) 예 외

그러나 접근통제 기술적 보호조치의 보호는 자칫 저작권법이 보호하지 아니하는 '접근권'을 권리자에게 인정해 주는 결과를 초래하고 종래 누구나 자유롭게 할 수 있었던 저작물의 감상에 불과한 행위를 통제하도록 할 수 있다. 이러한 점을 고려하여, 제104조의2 제 1 항 단서는 8가지의 면책조항을 열거하고 있다. 암호 연구, 미성년 보호, 온라인상의 개인식별정보(일종의 쿠키 정보) 수집 방지, 국가의 법집행 등, 도서관 등에서 저작물의 구입 여부 결정, 프로그램 역분석, 보안 검사, 기타 문화체육관광부장관이 고시로 정하는 경우 등이다.

(2) 기술적 보호조치 무력화 예비행위의 금지

(가) 원 칙

기술적 보호조치의 무력화를 예비하는 행위로서, 무력화를 위한 장치 등의 유통 및 서비스 제공 등의 행위를 금지하고 있다. 즉, 저작권법 제104조의2 제 2 항은, 누구든지 정당한 권한 없이 (1호) 기술적 보호조치의 무력화를 목적으로 홍보, 광고 또는 판촉되는 것, (2호) 기술적 보호조치를 무력화하는 것 외에는 제한적으로 상업적인 목적 또는 용도만 있는 것, (3호) 기술적 보호조치를 무력화하는 것을 가능하게 하거나 용이하게 하는 것을 주된 목적으로 고안, 제작, 개조되거나 기능하는 것과 같은 장치, 제품 또는 부품을 제조, 수입, 배포, 전송, 판매, 대여, 공중에 대한 청약, 판매나 대여를 위한 광고, 또는 유통을 목적으로 보관 또는 소지하거나, 서비스를 제공하여서는 아니 된다고 규정하고 있다.

(3호)에서 금지되는 장치와 서비스를 판별하는 기준으로 우리 저작권법은 '주된 목적'을 기준으로 하고 있는데, 이는 미국 및 유럽연합의 법률에서 채택하고 있는 '본래의 목적'(primary purpose) 기준보다는 완화된 것이라고 해석한다. 즉, 특정한 도구 및 서비스의 여러

목적이나 용도 중에서 기술 조치를 불법적으로 우회하고자 하는 목적이 주된 부분을 차지하는 도구 및 서비스의 제공 등이 금지된다.

저작권법 제104조의2 제 1 항은 '접근통제 기술적 보호조치'에 대한 직접적인 무력화를 금지하는 규정이고, 같은 조 제 2 항은 '접근통제 기술적 보호조치'와 '이용통제 기술적 보호조치'에 대한 무력화 예비행위를 금지하는 규정이다. 즉, '접근통제 기술적 보호조치'에 대하여는 직접적인 무력화와 무력화 예비행위를 모두 금지하고 있으나, '이용통제 기술적 보호조치'에 대하여는 무력화 예비행위는 금지하고 있지만, 직접적인 무력화 행위 그 자체는 금지하지 않고 있다. 이는 이용통제형 기술적 보호조치의 경우 이를 무력화하거나 우회하는 행위 그 자체는 따로 규제할 필요가 없기 때문이다. 왜냐하면 '이용통제 기술적 보호조치'에 있어서 '이용'이라 함은 저작권이 미치는 행위, 즉 저작권자의 허락을 필요로 하는 저작물의 이용행위를 말하며, 구체적으로는 저작권을 구성하는 각각의 지분권의 대상이 되는 행위로서, 복제, 공연, 공중송신, 배포 등의 행위가 이에 해당하는 바, 그러한 무력화 또는 우회하는 행위에 대하여는 그 행위의 태양에 따라 저작권 등 권리를 직접 침해하는 행위로 규제가 가능하기 때문이다.124) 따라서 무력화 또는 우회 행위로 인하여 저작권침해가 발생하지 않는다면 비록 보호되는 이용통제 기술적 보호조치라 할지라도 그것을 우회하는 행위는 금지되지 않는다.

(나) 예 외

저작권법 제104조의2 제 3 항은 무력화 예비행위 금지에 대한 예외, 즉 무력화 예비행위가 허용되는 경우를 접근통제 기술적 보호조치와 이용통제 기술적 보호조치로 구분하여 규정하고 있다.

먼저 접근통제 기술적 보호조치의 무력화 예비행위 금지에 대한 예외로서, 제104조의2 제 1 항 제 1 호·제 2 호·제 4 호·제 6 호 및 제 7 호에 해당하는 경우가 있다(제104조의2 제 3 항 제 1 호). 즉, 기술적 보호조치의 직접적 무력화 행위 금지에 대한 예외 중 제 3 호와 제 5 호만 빠져 있는 것이다. 단서 제 3 호는 주로 프라이버시 보호를 명목으로 인터넷상 널리 이용되는 쿠키(cookie)의 수집행위 자체를 막는 도구의 거래를 인정할 경우, 인터넷 사용의 불편을 초래할 수 있으므로 예외의 적용을 배제한 것이고, 단서 제 5 호는 도서관 등에서 구입 여부 결정을 위한 경우는 허용범위가 제한적인 경우로서, 그러한 도구가 유통될 경우 허용범위를 넘어서서 저작권침해를 조장하는 결과가 될 수 있으므로 예외의 적용을 배제한 것이다.125)

---

124) 그리하여 미국 DMCA의 경우도 접근통제형 기술적 보호조치의 무력화 행위만을 별도로 규제하고 있을 뿐, 이용통제형 기술적 보호조치에 대하여는 무력화 행위를 별도로 규제하고 있지 않다.

다음으로 제104조의2 제 3 항 제 2 호는 이용통제 기술적 보호조치의 무력화 예비행위 금지에 대한 예외를 규정하고 있는데, 같은 조 제 1 항 제 4 호 및 제 6 호에 해당하는 경우만을 예외로 하고 있다. 이는 이용통제 기술적 보호조치의 무력화 도구는 직접적으로 저작권침해를 방조하는 행위가 되므로 원칙적으로 특별한 사정이 없는 한 예외를 인정하지 않아야 할 것이되, 위 제 4 호와 제 6 호의 경우에 한하여 예외를 둔 것이다.

Ⅱ. 권리관리정보

1. 서   설

가. 권리관리정보의 기능

권리관리정보는 저작물 등의 정보데이터에 부착되어 자동적인 권리처리를 가능하게 하고, 탐색프로그램 등을 통하여 위법 복제물 등의 발견을 용이하게 하는 등 저작물의 정보데이터를 관리하는 기술의 하나이다. 따라서 기술적 보호조치가 저작물의 불법복제 등을 사전에 방지하기 위한 것이라면 권리관리정보는 이미 행하여진 불법복제의 발견이나 적법한 이용을 위해 필요한 권리처리의 수행을 용이하게 하고자 하는 취지를 가지고 있다. 예를 들면, 인터넷상에 저작물 등이 무단으로 업로드 된 경우 그 검색 및 발견을 수작업으로 하는 것은 거의 불가능에 가까운 일이지만, 워터마킹 기술 등을 이용하여 미리 저작물 등에 권리관리정보를 부착해 두면, 나중에 저작권자가 검색로봇과 같은 프로그램을 사용하여 저작물과 함께 업로드 된 권리관리정보를 검색하는 방법으로 쉽게 불법 업로드 된 저작물 등을 찾아낼 수 있는 것이다.[126]

나. 권리관리정보의 의의

저작권법 제 2 조 제29호는 권리관리정보를 다음과 같이 정의하고 있다.

"권리관리정보"는 다음 각 목의 어느 하나에 해당하는 정보나 그 정보를 나타내는 숫자 또는 부호로서 각 정보가 저작물 등의 원본이나 그 복제물에 부착되거나 그 공연·실행 또는 공중송신에 수반되는 것을 말한다.
　　가. 저작물 등을 식별하기 위한 정보

125) 한·EU FTA 개정 저작권법 해설, 한국저작권위원회, 2011. 7, 23면.
126) 오승종·이해완, 전게서, 532면.

　나. 저작자·저작재산권자·출판권자·프로그램배타적발행권자·저작인접권자 또는 데이
　　터베이스제작자를 식별하기 위한 정보
　다. 저작물 등의 이용 방법 및 조건에 관한 정보

　　이들 중에서 가.에 해당하는 것으로서 '식별자'를 들 수 있는데, 그 가운데 대표적인 것
이 DOI(Digital Object Identifier)이다. DOI는 디지털콘텐츠를 특정할 수 있는 고유의 식별자
체계로서 기존의 웹상의 콘텐츠들의 위치정보를 제공하는 URL(Uniform Resource Locator) 체
계와는 달리 제공하는 서버가 변경되거나 웹사이트의 구성이 달라진 경우에도 변함없는 위
치정보를 제공하며, 권리자가 변동된 경우에 그에 관한 정보를 제공할 수도 있다. 나.에 해
당하는 것으로서는 저작자 등 권리자의 이름 등의 정보를 예로 들 수 있다. 다.에 해당하는
것으로서는, 이용허락을 구하는 자가 저작권자 등이 제시한 허락하는 이용의 형태, 회수, 허
락에 대한 대가로서 이용자가 지불하여야 하는 권리사용료 등의 정보, 예를 들면, "이 저작
물의 복제사용료는 100원" 등과 같은 정보를 들 수 있다.

2. 권리관리정보의 보호

　　정당한 권리 없이 권리관리정보를 제거 또는 변경하는 행위 및 권리관리정보가 제거·
변경된 저작물 등을 배포하는 등의 행위는 금지된다. 현행 저작권법에서는 제104조의3(권리
관리정보의 제거·변경 등의 금지) 규정 중 "전자적 형태의 권리관리정보"라는 문구에서 '전자
적 형태의'라는 문구를 모두 삭제하였다. 아울러 이 규정 제 1 항에 제 2 호를 신설하여, "권
리관리정보가 정당한 권한 없이 제거 또는 변경되었다는 사실을 알면서 그 권리관리정보를
배포하거나 배포할 목적으로 수입하는 행위"를 금지행위의 유형 중 하나로 새로이 규정하
였다.
　　제104조의3 제 1 항 제 1 호의 경우 '고의'를 요건으로 하고 있는 것은, 권리관리정보는
그 특성상 일반인이 인식하지 못하도록 되어 있는 경우가 많으므로 이를 미처 알지 못한
저작물 등의 이용자가 자신도 모르게 권리관리정보를 제거·변경한 경우까지 규제의 대상으
로 삼는 것은 이용자에게 예측하지 못한 손해를 줄 수도 있다는 점을 고려한 것이다.[127]

---

127) 김형렬, 권리관리정보의 보호에 관한 소고, 디지털재산법연구, 디지털재산법학회, 2002. 2, 제 1 권 제
　　2 호, 105면.

Ⅲ. 기타 금지행위

1. 암호화된 방송신호의 무력화 금지

저작권법 제 2 조 제 8 호의2는 "'암호화된 방송 신호'란 방송사업자나 방송사업자의 동의를 받은 자가 정당한 권한 없이 방송(유선 및 위성 통신의 방법에 의한 방송에 한한다)을 수신하는 것을 방지하거나 억제하기 위하여 전자적으로 암호화한 방송 신호를 말한다"고 규정하고 있다.

나아가 제104조의4(암호화된 방송 신호의 무력화 등의 금지)에서 암호화된 방송 신호의 무력화 등의 금지행위를 규정하는 한편, 그 형사적 제재로서 벌칙 규정인 제136조 제 2 항에 3의5호가 규정되어 있다. 이 규정에서 '복호화'(復號化, decryption)라 함은 암호화 과정의 역과정으로 암호 알고리듬에 의하여 암호화된 콘텐츠를 평문 콘텐츠로 바꾸는 과정, 즉 암호 해독과정을 의미한다.

암호화된 방송 신호의 무력화 금지행위 규정과 아울러 제104조의7(방송전 신호의 송신 금지)에서 "누구든지 정당한 권한 없이 방송사업자에게로 송신되는 신호(공중이 직접 수신하도록 할 목적의 경우에는 제외한다)를 제 3 자에게 송신하여서는 아니 된다"고 규정하고 있다.

2. 라벨 위조 및 배포 등의 금지

시중에서 유통되는 저작물의 복제물, 예를 들어 음악 CD나 영화 DVD, 컴퓨터프로그램 CD 같은 상품들은 그 복제물이 정당한 권리자에 의하여 제작된 정품이라는 점을 나타내기 위하여 라벨이나 인증서 등이 그 복제물에 첨부되거나 동봉되는 경우가 많다. 일반적으로 라벨이라고 하면 어떤 저작물의 복제물이 정당한 권한에 의하여 작성되거나 사용되는 것임을 나타내기 위한 표지, 인증서, 사용허락 문서, 등록카드 등을 말하는 것으로서, 합법적인 복제물, 즉 정품임을 증명하기 위한 용도로 사용된다.[128] 이러한 라벨이나 인증서는 소프트웨어의 경우 그 소프트웨어가 담겨져 있는 CD 패키지 케이스 등 적당한 곳에 스티커 형태로 부착되며, 일반적으로 라이선스 번호가 기재되어 있다. 특히 이러한 라벨이나 인증서 등은 독특한 형태로 디자인됨으로써 시중에서 해당 복제물에 대한 식별력과 고객흡인

---

128) 반면에 권리관리정보는 저작물 등을 식별하기 위한 저작물의 제호, 최초 공표 연도 및 국가, 저작자의 성명이나 연락처, 저작물의 이용 방법 및 조건 등에 대한 정보를 말하는 것이라는 점에서 라벨과 구별할 수 있다(문화체육관광부, 전게서, 제37면 참조).

력을 높이고, 그로 인하여 일반인들이 시장에서 저작물의 복제물을 구입할 때 그 복제물의 외관에 부착된 라벨이나 인증서 등을 보고 구입하는 경우도 많다.

그런데 상당수의 불법 복제물들은 라벨이나 인증서를 비롯하여 내·외부적인 디자인까지 정품의 것을 그대로 모방하여 제작·유통됨으로써 정품과의 혼동을 초래하고 있다. 이러한 행위는 불법 복제물의 확산을 조장할 뿐만 아니라 건전한 유통질서를 무너뜨리고 조악한 품질로 인하여 소비자에게 피해를 가져오는 경우가 적지 않다. 따라서 불법 복제물로 인한 저작권자의 피해를 최소화 하고, 저작물의 복제물에 대한 건전한 유통질서를 확립하는 한편, 관련 시장이 올바른 기능을 발휘하도록 하기 위해서는 이러한 라벨이나 인증서 등의 위조나 불법 유통을 통제할 필요가 있다.

이에 현행 저작권법은 먼저 제2조 정의규정 중 제35호를 신설하고, 아울러 벌칙규정인 제136조 제1항에 제3의6호를 신설하였다. 이와 같은 규정을 통하여 적법한 복제물에 부착되는 라벨 등을 위조하여 유포시키는 행위에 대하여는 저작권 침해 자체와는 별도로 독자적인 형사처벌이 가능하게 되었다.

3. 영화 도촬행위의 금지

영화의 도촬이란 영화관 등에서 상영 중인 영화를 저작권자의 허락 없이 무단으로 캠코더 등의 녹화기기를 사용하여 녹화하는 행위를 말한다. 영화와 같은 영상저작물의 경우 영화상영관에서 1차 상영되고, 그 후에 2차적으로 비디오테이프나 DVD의 출시, 유선방송이나 공중파 방송에 의한 방송, 인터넷 전송 등이 시차를 두고 순차적으로 이루어지는 것이 보통이다. 그런데 그러한 영상저작물의 복제물인 비디오테이프나 DVD 등이 출시되기도 전에 1차 상영관인 영화관에서 상영 중인 영화를 저작권자의 허락 없이 무단으로 촬영하여 그 복제물을 배포하거나 특히 파일형태로 인터넷 전송하게 되면, 해당 영상저작물의 무차별적인 불법 유포가 행하여질 우려가 매우 크다.

물론, 이러한 도촬행위는 저작권침해(복제권 침해)에도 해당하지만, 저작권침해로 규율할 경우에는 해당 행위가 저작재산권 제한 조항에 해당하는지 여부, 특히 사적 복제에 해당하는지 여부 등을 따져보아야 하는 문제가 발생한다. 그리고 복제권 침해 규정만으로는 녹화하려고 시도하다가 미수에 그친 경우라던가, 아니면 촬영 내용을 저장하지 않고 곧바로 제3자에게 송신한 경우에는 이를 규제하거나 처벌하기가 곤란하다. 상영 중인 영화를 녹화하는 경우에는 그것이 외부에 누출될 개연성이 높고, 녹화물이 외부에 유통될 경우에 발생할 피해는 매우 크기 때문에 저작재산권 제한 규정에의 해당여부를 따지지 않고 형사처벌 등

규제를 하기 위하여 도촬 행위를 저작권침해죄와 독립된 범죄로 규율하여 처벌할 필요성이 있다는 것이다.[129]

이에 따라 현행 저작권법은 먼저 제2조 정의규정에 제36호를 신설하여, "'영화상영관 등'이란 영화상영관, 시사회장, 그 밖에 공중에게 영상저작물을 상영하는 장소로서 상영자에 의하여 입장이 통제되는 장소를 말한다"는 규정을 두었다. 그리고 제104조의6(영상저작물 녹화 등의 금지) 규정과 벌칙규정인 137조 제1항에 제3호의3 규정을 신설하였다.

---

129) 저작권위원회, 전게서, 242면.

저작권침해에 대한 구제

Chapter 10

저작권침해에 대한 구제

제1절 민사적 구제

I. 서   설

저작권침해에 대한 민사적 구제는 침해행위의 정지 등 청구와 손해배상을 비롯한 금전적 청구 등에 의하여 실현될 수 있다. 그 밖에 저작인격권 및 실연자의 인격권 침해에 대하여 명예회복에 필요한 조치 등의 청구가 가능하다.

저작권침해에 대하여는 민법 제750조의 일반 불법행위 규정에 따라 손해배상을 청구할 수도 있지만, 저작권법은 별도로 손해배상청구에 관하여 손해액의 산정규정(제125조), 과실추정 규정(제125조 제4항), 손해액 산정이 어려운 경우 상당한 손해배상액의 산정규정(제126조), 법정손해배상의 청구(제125조의2) 등의 규정을 두고 있다. 그 중에서 저작권법 제125조는 민법 제750조의 일반불법행위에 따른 손해배상청구권의 특별규정이라고 볼 수 있다. 저작권 침해 행위 역시 고의·과실에 의하여 타인의 권리를 침해하는 행위로서 민법상 불법행위의 규정이 적용되지만, 침해의 대상이 저작권이라고 하는 무체(無體)의 창작적 표현이기 때문에 손해액의 파악이나 가해행위와의 인과관계의 입증에 상당한 곤란이 따른다. 이러한 곤란을 해소하기 위하여 저작권법은 저작권침해로 인한 손해배상청구에 관하여 손해액 산정을 위한 특별 규정을 두고 있는 것이다.

II. 침해의 정지청구권 등

1. 침해정지 및 예방청구권

가. 의   의

저작권 그 밖에 저작권법에 의하여 보호되는 권리(제25조, 제31조, 제75조, 제76조, 제76조의2, 제82조, 제83조 및 제83조의2의 규정에 의한 보상을 받을 권리를 제외한다)를 가진 자는 그 권리를 침해하는 자에 대하여 침해의 정지를 청구할 수 있으며, 그 권리를 침해할 우려가 있는 자에 대하여 침해의 예방 또는 손해배상의 담보를 청구할 수 있다(저작권법 제123조 제1항). 이 규정은 저작권자를 비롯하여 배타적발행권자, 출판권자, 저작인접권자, 데이터베이스제작자 등에게 저작권법이 보호하는 그들의 권리를 침해하는 행위에 대하여 침해정지청구권과 침해예방청구권을 인정한 것이다.

저작재산권은 전형적인 무체재산권으로서 그 침해의 태양은 여러 가지가 있으나, 저작재산권의 목적물인 저작물은 소유권 또는 점유권의 목적물인 물건과 이론상으로나 성질상으로나 상당히 유사하다. 따라서 소유권 또는 점유권의 경우에 그 물권내용의 완전한 실현이 어떤 사정으로 인하여 방해받고 있거나 방해받을 염려가 있는 경우에 그 방해자에 대하여 물권내용의 실현을 가능하게 하는 행위를 청구할 수 있는 권리, 즉 물권적 청구권으로서의 방해제거청구권 및 방해예방청구권이 인정되는 것처럼, 저작재산권의 완전한 실현이 방해받고 있거나 방해받을 염려가 있는 경우에도 물권적 청구권과 유사한 침해정지청구권 및 침해예방청구권을 인정할 필요가 있다.

또한 배타적발행권과 출판권은 저작권의 용익물권적 성질을 가지는 것이어서 저작권과 이들 권리의 관계는 마치 소유권과 지상권의 관계에 대비될 수 있는 것이므로, 그 침해에 대하여도 침해의 정지 및 예방청구권을 인정하고 있다. 나아가 저작인접권이나 데이터베이스제작자의 권리는 저작권에 유사한 권리로서 그 성질은 저작권에 준하는 것이므로, 그 침해의 배제 및 예방에 관하여도 저작권에서와 같은 구제수단을 인정하고 있다.

한편, 저작인격권이나 실연자 인격권은 그것이 재산적 권리가 아니라 인격적 권리라는 점에서 재산적 권리인 소유권이나 점유권과는 성질이 다르다고 할 것이지만, 이들 인격권의 침해는 결국 저작물의 이용이라는 형태로 나타나게 되므로 그 점에서 저작재산권의 침해의 형태와 실질적으로 유사하다. 뿐만 아니라 이러한 인격권의 침해에 대한 배제 및 예방의 필요성은 재산권의 경우 이상으로 높고 위자료 등 손해배상청구권만으로는 구제의 실효성을 확보할 수 없는 경우가 많다. 따라서 이들 인격권에 대하여도 침해의 정지 및 예방청구권을

인정하고 있다.[1]

저작권법 제123조 제1항 중 괄호 안의 부분은 보상금청구권에 관한 것으로, 이러한 보상금청구권을 침해하는 행위에 대하여는 본 조에서 규정하는 침해의 정지 또는 예방청구권이 인정되지 않는다. 보상금청구권은 소유권이나 점유권과 같은 물권적 성질이 아니라 채권적 성질을 가지는 것이기 때문이다.

나. 침해정지 및 예방청구권의 요건

(1) 청구의 상대방

저작권법 제123조 제1항은 '침해하는 자' 또는 '침해할 우려가 있는 자'를 대상으로 하여 그 침해의 정지 또는 예방을 청구할 수 있다고 규정한다. 따라서 침해의 정지 또는 예방청구의 상대방은 '침해하는 자' 또는 '침해할 우려가 있는 자'(이하에서는 이들을 통틀어 '침해자'라고 부르기로 한다)이다. 그런데 '침해자'가 누구냐 하는 것은 항상 명확한 것은 아니다. 예를 들어, 나이트클럽에서 악단이 연주를 하는 경우에 현실적으로 연주를 함으로써 음악저작물을 이용하는 행위를 하는 것은 악단의 구성원들이다. 그런데 그 연주가 음악저작물 저작자의 허락을 받지 않은 무단이용인 경우 저작권의 '침해자'가 악단의 구성원들인지 아니면 나이트클럽의 영업주인지 문제가 될 수 있다. 이는 이른바 '저작권의 간접침해'의 문제인데, 이처럼 현실의 행위자와는 별도로 법률상 저작권의 침해자로 평가될 수 있는 제3자가 따로 존재하거나 병렬적으로 존재하는 경우 그 제3자를 상대로 침해의 정지청구나 손해배상청구가 가능한지 여부가 쟁점이 된다. 또한 형사적 구제와 관련하여서도 그러한 제3자에 대하여 저작권침해의 주체성 내지는 공동정범이나 방조범 등으로서의 책임을 물을 수 있는지가 문제될 수 있다.

(2) 침해의 현재성 등

침해정지청구권은 '현재' 권리를 침해하고 있는 자에 대한 청구권이므로, 이 권리를 행사하기 위해서는 권리의 침해가 현존하고 있어야 한다. 즉, 침해행위의 '정지'를 청구하는 것이므로 침해행위가 청구 시점에 계속되고 있을 것을 요하며, 침해행위가 종료되면 더 이상 그 정지를 구할 수 없다. 따라서 저작물의 무단연주나 무단방송이 행해졌다고 하더라도 이미 그 연주나 방송이 종료해 버렸다면, 이 권리를 행사할 수 없게 된다. 그러나 일부 침해행위가 종료하였다고 하더라도 다른 형태의 침해행위를 하고 있거나 새로운 침해행위가 예정되어 있는 경우에는 본 조에 의한 청구권을 행사할 수 있다. 예를 들어 서적을 무단으

[1] 加戶守行, 著作權法 逐條講義, 四訂新版, 社團法人 著作權情報センター, 630면.

로 인쇄한 경우에 그 인쇄행위가 종료한 이상 복제권 침해행위 자체는 종료하였다고 할 것이지만, 그러한 불법복제물을 배포하기 위하여 소지하는 행위 역시 저작권 침해행위가 되고 (저작권법 제124조 제1항 제2호), 또 그러한 자는 침해행위를 할 우려가 있는 자에도 해당되므로 여전히 침해의 정지 또는 예방 등의 청구권을 행사할 수 있다.[2]

한편, 침해예방 또는 손해배상담보청구권은 권리침해가 아직 발생하고 있지 않지만, 가까운 장래에 발생할 우려가 있는 경우에 그 예방조치 등을 구할 수 있음을 내용으로 한다. 법문에서 '침해할 우려'라고 하고 있는데, 이는 단순히 침해될지도 모르겠다는 가능성이 존재하는 것만으로는 부족하고, 침해행위가 이루어질 가능성이 특별히 높은 경우여야 한다고 해석되고 있다.[3] 예를 들면, 저작물을 무단으로 연주하기 위한 준비(연주장소의 예약, 프로그램의 인쇄 등)가 실제로 이루어지고 있는 경우 등이 '침해할 우려'가 있는 경우에 해당한다. 과거부터 침해행위가 여러 번 반복되어 왔다면, '침해의 우려'가 있다고 인정해도 좋은 경우가 많을 것이다.[4]

(3) 고의·과실을 요하지 않음

이 청구권이 인정되기 위해서는 침해자 또는 침해할 우려가 있는 자에 대한 주관적 요건으로서 고의 또는 과실을 요하지 않는다. 따라서 침해자가 선의·무과실인 경우에도 이 규정에 따른 침해정지 등의 청구를 할 수 있다. 다만, 손해배상의 담보를 청구하였다가 그 후 손해가 현실화되어 손해배상청구권의 유무를 판단하게 되면, 그 때에는 고의·과실을 따져야 할 것이다.[5]

2. 폐기 등 필요한 조치청구권

저작권 그 밖에 저작권법에 의하여 보호되는 권리를 가진 자는 침해의 정지 또는 침해예방 등의 청구를 하는 경우에 침해행위에 의하여 만들어진 물건의 폐기나 그 밖의 필요한 조치를 청구할 수 있다(저작권법 제123조 제2항). 침해행위의 정지 또는 예방청구권의 실효성을 보장하기 위하여 둔 규정이다. "침해행위에 의하여 만들어진 물건"은 저작권 등 권리를 침해함으로써 만들어진 복제물 등으로서, 형법상 몰수의 대상으로 되는 "범죄행위로 인하여 생긴 물건"에 상당하는 것을 말한다.

---

2) 加戸守行, 전게서, 632면.
3) 内田 晉, 問答式 入門 著作權法, 新日本法規出版 株式會社, 2000, 430면 참조.
4) 오승종·이해완, 전게서, 534면.
5) 허희성, 신저작권법 축조해설, 범우사, 1988, 393면.

제 2 항은 침해행위에 의하여 '만들어진' 물건만을 폐기청구의 대상으로 규정하고 있기 때문에 침해행위에 '사용된' 물건, 예를 들어 무단상영에 사용된 필름 등은 그것 자체가 침해행위에 의하여 만들어진 것이 아닌 이상 폐기청구의 대상이 되지 않는다.[6] 그러나 이러한 물건들이 형법 규정에 의하여 몰수의 대상이 될 수는 있다.[7]

저작물의 일부분이 저작권침해에 해당되는 경우에는 그 부분만의 폐기청구를 할 수 있다. 이 경우 신청취지 및 판결의 주문은 보통 "채무자는 ○○ 서적 중 별지목록 기재 각 해당부분을 삭제하지 아니하고는 위 서적을 인쇄·제본·판매·배포하여서는 아니 된다"는 형식으로 기재하고, 점유해제 및 집행관보관명령 부분에는 "집행관은 채무자의 신청이 있으면 위 각 해당부분을 말소하고 위 서적을 채무자에게 반환하여야 한다"라는 문구를 부가하기도 한다.[8]

3. 가 처 분

권리자는 위와 같은 침해의 정지 또는 예방, 손해배상담보의 제공 등을 청구내용으로 하는 소송(본안소송)을 제기하는 것이 가능함은 물론이지만, 권리침해의 배제 또는 예방에는 긴급을 요하는 경우가 많으므로 본안소송에 앞서서 우선 가처분신청에 의하여 정지청구권 등의 내용의 실현을 꾀하는 경우가 보통이다.

이와 관련하여 저작권법 제123조 제 3 항은, 같은 조 제 1 항과 제 2 항의 경우 또는 저작권법에 의한 형사의 기소가 있는 때에는 법원은 원고 또는 고소인의 신청에 따라 담보를 제공하거나 제공하지 않게 하고, 임시로 침해행위의 정지 또는 침해행위로 말미암아 만들어진 물건의 압류 기타 필요한 조치를 명할 수 있다고 규정하고 있다.

또한 같은 조 제 4 항은, 위 제 3 항의 경우에 저작권 그 밖에 저작권법에 의하여 보호되는 권리의 침해가 없다는 뜻의 판결이 확정된 때에는 신청자는 그 신청으로 인하여 발생한 손해를 배상하여야 한다고 규정하고 있다. 이는 가처분 사건이 본안판결 이전에 임시적으로 권리를 보전하는 잠정적 처분의 성질을 가지고 있으므로, 가처분결정이 내려졌으나 나중에 본안소송 등에서 그 가처분의 기초가 된 피보전권리(저작권침해정지 청구권 등)가 존재하지 않는다는 것이 판결로 확정된 경우, 그 가처분으로 인하여 피신청인(채무자)이 입은 손해에 대하여 가처분을 신청하였던 신청인(채권자)이 무과실 배상책임을 지도록 한 것이다.

---

6) 오승종·이해완, 전게서, 534면.

7) 형법 제48조 제 1 항 제 1 호는 "범죄행위에 제공하였거나 제공하려고 한 물건"은 몰수할 수 있다고 규정한다.

8) 법원실무제요, 민사집행(IV)−보전처분, 법원행정처, 2003, 325면.

Ⅲ. 손해배상청구권

1. 서   설

침해자의 고의·과실로 저작권이 침해되어 저작권자에게 손해가 발생한 경우 이는 불법행위에 해당하여 저작권자에게 손해배상청구권이 발생하고, 법률상 원인 없이 저작권을 이용하여 이득을 얻고 그로 인하여 저작권자에게 손해를 가한 자는 부당이득을 한 것이 되어 저작권자에게 그 이득을 반환하여야 한다. 그러나 저작권의 목적물인 저작물은 무체물이기 때문에 저작권자가 이를 물리적으로 지배할 수가 없다. 따라서 침해행위가 언제 어디에서든 쉽게 일어날 수 있고, 저작자가 침해사실을 인지하기가 쉽지 않다. 또한 저작권은 권리범위가 명확하지 않기 때문에 침해 여부의 판단이나 손해액의 산정이 상당히 곤란하다는 특질을 지니고 있다. 이러한 이유로 저작권침해에 따른 손해배상과 관련하여서는 침해행위의 성립요건이나 특히 그 손해액의 입증과 관련하여 특별한 규정을 둠으로써 저작권자를 보호하고 있는 것이 각국의 입법 경향이다. 이러한 사정은 특허법이나 상표법, 실용신안법, 디자인보호법 등 다른 지적재산권법에 있어서도 마찬가지이다. 저작권법은 제125조 이하에서 저작권침해로 인한 손해배상과 관련하여 몇 가지 특칙을 두고 있다.

한편, 저작권침해행위로 인한 손해배상을 청구하기 위해서는 그것이 불법행위가 되어야 하므로 우선 민법 제750조의 규정에 의한 일반 불법행위의 성립요건을 충족하여야 한다.

2. 손해배상책임 발생의 요건

일반적으로 민법 제750조에 의한 불법행위가 성립하기 위해서는 ① 행위자의 고의 또는 과실, ② 권리의 침해, ③ 손해의 발생, ④ 권리침해와 손해발생 사이의 인과관계의 존재 등 4가지 요건을 갖출 것이 요구된다.[9] 따라서 저작권침해에 대하여 손해배상을 청구하는 경우에도 이들 요건을 갖추어야 한다.

---

9) 민법상 일반 불법행위의 요건에 관하여는, ① 고의 또는 과실로 인한 가해행위, ② 가해행위의 위법성, ③ 손해의 발생, ④ 가해행위와 손해 사이의 인과관계의 존재라고 보는 견해(지원림, 민법강의, 제 3 판, 홍문사, 2004, 1274면 이하 참조) 등 다양한 견해가 있다.

가. 고의 또는 과실

(1) 의 의

고의(故意)란 자기 행위로 인하여 타인에게 손해가 발생할 것임을 알고도 그것을 의욕하는 심리상태를 말하고, 과실(過失)이란 사회생활상 요구되는 주의의무를 기울였다면 일정한 결과의 발생을 알 수 있었거나 그러한 결과를 회피할 수 있었을 것인데, 그 주의를 다하지 아니함으로써 그러한 결과를 발생하게 하는 심리상태를 말한다. 앞에서 본 침해행위의 정지 또는 예방청구권을 행사함에 있어서는 침해자 또는 침해할 우려가 있는 자의 고의 또는 과실은 요건이 아니다. 그러나 손해배상을 청구함에 있어서는 침해자의 고의 또는 과실, 즉 침해자가 자신의 행위가 저작권 등 권리의 침해가 된다는 사실을 알고 있었거나 또는 주의의무를 게을리 하였기 때문에 알지 못한 경우라야 한다.

(2) 입증책임과 과실의 추정

침해행위자에게 고의 또는 과실이 있다는 점에 관하여는 원고(피해자, 즉 저작권 등 권리자)가 입증책임을 부담하는 것이 원칙이다. 그런데 지적재산권법 중에는 침해행위자의 고의 또는 과실을 추정하는 규정을 두고 있는 것이 많다. 특허법과 디자인보호법은 과실을 추정하는 규정을 두고 있고,10) 실용신안법이 이를 준용하고 있으며,11) 상표법은 고의에 대한 추정 규정을 두고 있다.12)

그러나 저작권법은 이러한 규정을 두고 있지 않다. 다만, 저작권법은 제125조 제4항에서 "등록되어 있는 저작권·배타적발행권·출판권·저작인접권 또는 데이터베이스제작자의 권리를 침해한 자는 그 침해행위에 과실이 있는 것으로 추정한다"는 규정을 두고 있다. 이 규정은 2000년 1월 저작권법 개정 당시에 신설된 것인데, 이 규정에 의하여 저작권 등의 침해행위의 주관적 요건(의거성)이 추정되는 것은 아니고, 과실이 추정될 뿐이다.

(3) 의거 관계와 고의, 과실

직접 가해행위를 하는 자의 저작권침해가 성립하기 위해서는 주관적 요건으로서 '의거

---

10) 특허법 제130조: 타인의 특허권 또는 전용실시권을 침해한 자는 그 침해행위에 대하여 과실이 있는 것으로 추정한다.
디자인보호법 제116조: 타인의 디자인권 또는 전용실시권을 침해한 자는 그 침해행위에 대하여 과실이 있는 것으로 추정한다.
11) 실용신안법 제30조.
12) 상표법 제112조: 등록상표임을 표시한 타인의 상표권 또는 전용사용권을 침해한 자는 그 침해행위에 대하여 그 상표가 이미 등록된 사실을 알았던 것으로 추정한다.

성'이 인정되어야 한다. 고의 또는 과실은 타인의 저작권에 대한 침해가 된다는 사실을 알았거나 주의의무를 게을리 하여 알지 못한 것을 의미하는데 반하여, 의거는 타인의 저작물의 표현 내용을 인식하고 그것을 이용하는 것을 의미한다.

(4) 출판자, 방송사업자의 과실

실무상 많이 문제로 되는 것이 출판자의 과실 여부이다. 출판자가 저자로부터 넘겨받은 원고(原稿) 내용 중에 저작권을 침해하는 부분이 있다는 의심이 들 경우 출판자는 저자에게 그러한 사실을 알리고 그 부분이 저작권침해에 해당하지 않는지 여부를 확인할 필요가 있다. 또한 출판자는 문제가 된 부분이 저작권침해에 해당할 개연성이 높다는 점에 인식이 미치면 출판을 중지하여야 한다. 이러한 경우에 출판자가 그 저작물을 계속하여 출판한다면 책임을 면하기 어려울 것이다. 그러나 저작권을 침해한 것인지 여부의 판단은 실제에 있어서 매우 어렵고 미묘하며 주관적 판단에 흐를 소지가 많기 때문에, 출판자가 어느 범위까지 주의의무를 부담할 것인가는 일률적으로 정하기 어렵다. 어쨌든 출판자에게 그의 능력 이상의 주의의무를 요구하여서는 곤란할 것이다. 다만, 다수의 저작물을 복제하여 배포하는 것을 전문적인 업무로 하고 있는 출판자에게는 저작권법상의 권리침해 문제에 관하여서도 일반인 이상의 높은 주의의무가 요구된다고 볼 것이다.[13]

나. 권리의 침해(위법한 가해행위)

'권리의 침해'라는 요건의 내용은 앞에서 본 침해행위의 중지 또는 예방 등에서 본 '침해행위'의 내용과 같다고 볼 수 있다. 저작권은 배타적 권리이므로 그 침해는 당연히 불법행위 성립의 요건을 충족하게 된다.

다. 손해의 발생

'손해'라 함은 일반적으로 불법행위가 없었을 경우의 피해자의 재산적·정신적 이익상태와 불법행위에 의하여 현실적으로 발생한 재산적·정신적 이익상태 사이의 차이라고 볼 수 있다.[14] 이는 손해의 개념에 대하여 '차액설'(差額說)을 취하는 통설의 입장에 따른 것이다.

---

13) 內田 晉, 『問答式 入門 著作權法』, 新日本法規出版 株式會社(2000), 420면.
14) 이처럼 차액설에서는 "손해 = 가해적 사태가 없었더라면 존재하였을 상태 - 현재의 상태"라고 파악한다. 이러한 통설의 입장과는 달리, 피해자의 재산을 구성하는 개개의 권리 또는 법익이 입은 불이익(또는 손실)을 손해라고 하는 견해도 있다(지원림, 전게서, 837면 참조).
판례는 차액설을 따르고 있는 것으로 보인다. 대법원 1992. 6. 13. 선고 91다33070 판결: "불법행위로 인한 재산상의 손해는 위법한 가해행위로 인하여 발생한 재산상의 불이익, 즉 그 위법행위가 없었더라면 존재하였을 재산상태와 그 위법행위가 가해진 현재의 재산상태의 차이를 말하는 것이고, 그것은 기존의 저작권침해로 인하여 권리자에게 발생하는 손해로서는 다음과 같은 것들을 생각할 수 있다.

(1) 침해행위가 없었더라면 얻을 수 있었던 이익의 손해(소극적 손해 또는 일실이익)
(2) 저작권침해를 파악하기 위하여 든 조사비용, 소송을 제기하고 수행하기 위하여 든 변호사 비용, 소송비용(민사소송등인지법에 의하여 첨부한 인지액, 소장 기타 소송에 필요한 서류의 서기료 및 도면의 작성료, 증인·감정인 등에 대한 일당, 여비 등)15) 등으로 인한 손해(적극적 손해)
(3) 침해제품의 출시에 의하여 발생한 거래처 등에서의 신용실추에 따른 손해
(4) 저작인격권 등 침해로 인한 정신적 손해

라. 인과관계

불법행위 책임이 성립하기 위해서는 가해행위와 손해 사이에 인과관계가 존재하여야 한다. 판례는 인과관계와 관련하여 이른바 상당인과관계설16)을 따르고 있다.

3. 재산적 손해배상의 범위와 손해액의 산정

가. 저작권법상 손해액 추정규정에 의한 청구

(1) 저작권법 제125조 제 1 항에 의한 손해액의 추정(침해자 이익형)

(가) 의의 및 성격

저작권법 제125조 제 1 항은, "저작재산권 그 밖에 이 법에 의하여 보호되는 권리(저작인격권 및 실연자의 인격권을 제외한다)를 가진 자가 고의 또는 과실에 의하여 권리를 침해한 자에 대하여 그 침해행위에 의하여 자기가 받은 손해의 배상을 청구하는 경우에 그 권리를 침해한 자가 그 침해행위에 의하여 이익을 받은 때에는 그 이익의 액을 저작재산권자 등이 받은 손해의 액으로 추정한다"고 규정하고 있다.

이 규정은 저작권침해로 인한 손해액의 입증이 매우 어렵다는 점을 고려하여 입증의 곤란을 덜어줌으로써 저작권자의 이익을 보호하려는 데 입법취지가 있다.

(나) 저작권자가 권리행사를 하지 않고 있는 경우

저작권법 제125조 제 1 항이 손해의 발생 자체를 추정하는 것은 아니므로 저작권자가

이익이 상실되는 적극적 손해의 형태와 장차 얻을 이익을 얻지 못한 소극적 손해의 형태로 구분된다."
15) 민사소송비용법 참조.
16) 상당인과관계설은 인과관계가 무한정으로 확대되는 조건설의 난점을 시정하여 불법행위와 상당인과관계에 있는 손해만을 배상하게 하려는 입장으로, 어떤 사실을 발생시킨 조건들 중 우연한 사정 내지 당해 불법행위에 따르는 특수한 사정은 제외하고 일반적인 것만을 원인으로 하는 것이다.

스스로 그 저작물인 책을 출판하지 않고 있는 경우에는 본 항의 규정에 의해 추정되는 손해액을 청구할 수 없다는 견해가 있고,[17] 반대로 저작권 침해행위가 있으면 아직 책을 출판하기 전이라고 하더라도 손해의 발생이 추정될 수 있다는 견해가 있다.[18] 종래의 통설은 앞의 견해로서, 특허권 등 다른 산업재산권에서의 같은 규정에 대한 통설적 견해와 마찬가지로 저작권법에 있어서도 저작권법 제125조 제 1 항의 적용을 받기 위해서는 권리자 스스로 또는 타인에게 이용허락을 부여함으로써 권리를 행사하고 있어야 한다는 것이다.

상표권침해 사건에 관한 대법원 판례는, "상표법 제67조 제 1 항의 취지에 비추어 보면, 손해의 발생에 관한 주장·입증의 정도에 있어서는 손해 발생의 염려 내지 개연성의 존재를 주장·입증하는 것으로 족하다고 보아야 하고, 따라서 상표권자가 침해자와 동종의 영업을 하고 있는 것을 증명한 경우라면 특별한 사정이 없는 한 상표권침해에 의하여 영업상의 손해를 입었음이 사실상 추정된다고 볼 수 있다"고 하여 상당히 완화된 입장을 보이고 있다.[19]

(다) 침해자의 이익액의 산정

대법원 1997. 9. 12. 선고 96다43119 판결에 따르면 침해자가 얻은 이익액은, "① 침해품 매출액 × 침해자의 이익률, ② 침해품 판매수량 × 침해품 1개당 이익액, 또는 ③ 침해품 매출액 × 저작권자의 순이익률" 중 어느 하나의 방법으로 산정할 수 있다.

침해자가 얻은 이익액을 산출하는 방법과 관련된 우리나라와 일본의 판례를 살펴보면, ① 출판권 침해에 의한 손해액을 침해자가 얻은 이익액에 기해 산정하는 경우 판매가격에서 제판·인쇄·제본까지의 경비 및 그 20%로 인정되는 일반관리비를 공제한 액이 침해자가 얻은 이익이라고 한 사례,[20] ② 피고가 침해행위에 의하여 받은 이익은 저작권의 이용 그 자체가 아니라 침해자가 저작권을 이용한 결과로 얻은 구체적인 이익을 의미하는데, 이는 매출액에서 매출원가 및 통상소요경비인 판매비 및 관리비를 공제한 영업이익을 기준으로 함이 상당하다고 한 사례,[21] ③ 가게에서 음악테이프를 무단녹음·복제하여 고객에게 그 복제물을 대여하는 행위로 저작권침해를 한 자가 그 테이프 1개당 500엔의 대여료를 받고

---

17) 池原季雄 외 2, 著作權判例百選, 198면 참조. 동경지방법원 1978. 6. 21. 판결 '日照權－あすの都市と太陽' 사건(判例タイムズ 366호, 343-350면)은 "원고는 피고들이 피고 서적의 발행 및 판매에 의하여 순이익을 얻었다는 점을 이유로 그 액수를 원고가 입은 손해의 액수로 주장한다. 그러나 원고가 스스로 원고 서적의 발행 및 판매를 하고 있지 않으므로, 원고가 저작권법 제114조 제 1 항의 규정을 원용하여 피고들이 피고 서적의 발행 및 판매에 의하여 얻은 순이익의 액수를 자기 손해의 액수로 주장할 수는 없다. 원고는 당해 저작권 행사에 의하여 통상 받을 수 있는 사용료에 상당하는 금액을 자신의 손해로서 청구할 수 있음에 그친다"고 판시하였다.
18) 동경지방법원 1984. 8. 31. 판결.
19) 대법원 1997. 9. 12. 선고 96다43119 판결.
20) 동경지방법원 1982. 3. 8. 판결(判例體系 無體財産權法 Ⅴ 4359의 5면).
21) 서울민사지방법원 1992. 6. 5. 선고 91가합39509 판결.

있을 경우 그 대여료에서 테이프의 감가상각비 등으로 대여료의 20%를 공제한 금원이 침해자가 얻은 이익액이라고 한 사례,[22] ④ 저작권자의 허락 없이 행하여진 회화의 복제에 의한 저작권 침해행위에 있어서 복제물이 게재된 서적의 판매가격의 30%가 이익액인 것으로 인정되는 경우 회화의 기여율이 5%로 인정된다고 하여 그에 따라 이익액을 산정한 사례,[23] ⑤ 피고가 원고의 서적을 부분적으로 복제하여 제작한 서적을 판매한 경우에 증거에 의하여 피고가 얻은 이익액을 판매가격의 30%라고 인정한 다음 〈서적값×판매부수×무단이용부분의 비율×30%〉의 산식으로 피고의 이익액을 산정한 사례[24] 등이 있다.[25]

(라) 해당 저작권의 기여도

침해품의 판매이익에 침해된 저작권뿐만 아니라, 침해자 자신의 지명도, 자본, 신용, 선전광고, 영업능력 등 여러 가지 다른 요인이 반영된 경우에는 그에 상응하는 부분을 이익액에서 공제하여야 한다는 것이 통설 및 판례이다. 따라서 침해품의 판매이익 중에서 해당 저작권의 기여도(기여율)를 곱한 금액이 저작권법 제125조 제 1 항에 의하여 저작권자가 받은 손해액으로 추정된다.

대법원 2004. 6. 11. 선고 2002다18244 판결은, "물건의 일부가 저작재산권의 침해에 관계된 경우에 있어서는 침해자가 그 물건을 제작·판매함으로써 얻은 이익 전체를 침해행위에 의한 이익이라고 할 수는 없고, 침해자가 그 물건을 제작·판매함으로써 얻은 전체 이익에 대한 당해 저작재산권의 침해행위에 관계된 부분의 기여율(기여도)을 산정하여 그에 따라 침해행위에 의한 이익액을 산출하여야 할 것이고, 그러한 기여율은 침해자가 얻은 전체 이익에 대한 저작재산권의 침해에 관계된 부분의 불가결성, 중요성, 가격비율, 양적 비율 등을 참작하여 종합적으로 평가할 수밖에 없다"고 판시하고 있다.

(2) 저작권법 제125조 제 2 항에 의한 청구(사용료 형)

(가) 의의 및 성질

저작권법 제125조 제 2 항은 "저작재산권자 등이 고의 또는 과실에 의하여 그 권리를 침해한 자에 대하여 그 침해에 의하여 자기가 받은 손해의 배상을 청구하는 경우에 그 권

---

22) 高松지방법원, 1985. 3. 29. 판결(判例體系 無體財産權法 Ⅴ 4359의 13면).
23) 동경지방법원 1984. 8. 31. 판결(判例體系 無體財産權法 Ⅴ 4359의 13면). 이와 마찬가지의 취지에서 불단조각의 복제에 의한 침해에 있어서 불단가격 중 불단조각 가격이 점하는 비율은 2할을 하회하지 않는다고 하여 불단 1대의 판매이익금의 2할로 침해자의 이익을 산정한 사례가 있다(고베지방법원 1984. 7. 9. 판결 判例體系 無體財産權法 Ⅴ 4359의 2면).
24) 서울고등법원 1998. 7. 15. 선고 98나1661 판결. 유사한 예로서 서울지방법원 1998. 5. 29. 선고 96가합48355 판결은 저작물을 출판, 판매할 경우의 이익률을 25%로 보아 동일한 산식을 적용하였다.
25) 이상의 순이익 산정방법과 관련한 우리나라 및 일본 판례의 정리는, 오승종·이해완, 전게서, 538면 참조.

리의 행사로 통상 받을 수 있는 금액에 상당하는 액을 저작재산권자 등이 받은 손해의 액으로 하여 그 손해배상을 청구할 수 있다'고 규정한다.

(나) 통상사용료 산정방법

저작권법 제125조 제2항에서 "권리의 행사로 통상 받을 수 있는 금액"이라 함은 일반적으로 타인에게 이용허락을 하였더라면 받을 수 있는 통상적인 사용료(로열티) 상당액을 말한다. 문제는 통상사용료를 어떻게 산정할 것인가 하는 점이다. 일반적으로는 침해자가 침해행위를 하지 않고 애초에 권리자로부터 이용허락을 받았을 경우 통상적으로 지급하였을 대가에 상당하는 액수라고 할 수 있다. 따라서 원고료·인세·사용료·출연료 등의 명목으로 지급되는 금액으로서 해당 업계에서 통상적인 수준에 해당하는 가격이 일단 표준이 된다. 서적의 경우에는 인세를 기준으로 통상사용료를 산정하는 경우가 많은데, 전체 저작물 중 일부가 저작권침해에 해당하는 경우에는 "저작권을 침해한 서적의 가격 × 인세비율 × (저작권침해 부분의 분량 ÷ 전체 서적의 분량) × 발행부수"의 산식으로 손해액을 산정하는 것이 일반적이다.[26]

이와 관련하여 대법원 2001. 11. 30. 선고 99다69631 판결은, "저작권자가 당해 저작물에 관하여 사용계약을 체결하거나 사용료를 받은 적이 전혀 없는 경우라면 일응 그 업계에서 일반화되어 있는 사용료를 저작권침해로 인한 손해액 산정에 있어서 하나의 기준으로 삼을 수 있겠지만, 저작권자가 침해행위와 유사한 형태의 저작물 사용과 관련하여 저작물사용계약을 맺고 사용료를 받은 사례가 있는 경우라면, 그 사용료가 특별히 예외적인 사정이 있어 이례적으로 높게 책정된 것이라거나 저작권침해로 인한 손해배상청구 소송에 영향을 미치기 위하여 상대방과 통모하여 비정상적으로 고액으로 정한 것이라는 등의 특별한 사정이 없는 한, 그 사용계약에서 정해진 사용료를 저작권자가 그 권리의 행사로 통상 얻을 수 있는 금액으로 보아 이를 기준으로 손해액을 산정함이 상당하다"고 판시한 바 있다.

(다) 기 타

한편, 관련업계에 대한 자료를 가지고 있는 각종 사회단체 등에 사실조회를 통하여 통상적인 사용료 액수를 파악하는 것도 하나의 증거방법으로 활용된다. 저작권위탁관리단체인 한국음악저작권협회가 주무부처의 승인을 받아 제정한 음악저작물사용료규정에 의한 사용료는 통상의 음악저작물 사용료에 대한 유력한 판단자료가 된다.[27] 한국문예학술저작권

---

26) 서울고등법원 1987. 8. 21. 선고 86나1846 판결(확정): 하급심판결집 1987-3, 65면.

27) 서울남부지방법원 1989. 12. 8. 선고 88가합2442 판결(일명 '테레사의 연인' 사건, 대한변리사회, 지적재산권 민사형사판례집 하권(1997), 2387-2392면): " … (재산적 손해에 관하여 보건대) … 원고가 다음에서 보는 협회의 회원이 아니긴 하나, 이 법원의 사단법인 한국음악저작권협회에 대한 사실조회 회보에 의하면 … 문화공보부장관의 승인을 받아 위 협회가 제정한 음악저작물 사용료 규정 및 음악저작물 사용료 분배

협회가 회원들로부터 저작권을 신탁 받아 관리하고 있는 소설들에 대하여 여러 출판사들과 출판계약을 체결하면서 원고지 1매당 얼마씩의 저작권이용료를 받아 온 경우에 이를 통상의 사용료로 인정한 사례도 있다.[28]

(라) 저작권법 제125조 제1항과 제2항의 관계

2001년 1월 개정된 저작권법은 이들 두 조항 사이의 관계에 대하여 기본적으로는 선택설의 입장을 채택하였다. 따라서 양자를 선택적으로 청구할 수 있다. 다만, 제3항에서 다음에서 보는 바와 같은 보충적인 규정을 두고 있다.

(마) 통상사용료 상당액을 초과하는 손해

저작권법 제125조 제3항은 "제2항의 규정에 불구하고 저작재산권자 등이 받은 손해의 액이 제2항의 규정에 의한 금액을 초과하는 경우에는 그 초과액에 대하여도 손해배상을 청구할 수 있다"고 규정한다. 이는 실손해 배상의 원칙을 확인하는 규정으로서 이 규정이 없더라도 민법이나 저작권법 제125조 제1항의 규정에 의한 손해배상 청구가 가능한 것이므로 위 제3항은 주의적인 규정에 지나지 않고 특별한 의의를 갖는 것은 아니라고 해석된다.[29]

(3) 상당한 손해액의 인정

저작권법 제126조는 "법원은 손해가 발생한 사실은 인정되나 제125조의 규정에 의한 손해액을 산정하기 어려운 때에는 변론의 취지 및 증거조사의 결과를 참작하여 상당한 손해액을 인정할 수 있다"고 규정한다. 이 규정은 재산상 손해배상 청구에 있어서도 마치 위자료 산정의 경우처럼 법원이 재량으로 손해액을 산정할 수 있도록 함으로써 저작권법 제125조의 규정에 의하여도 손해액의 입증이 어려운 경우 권리자를 보호하기 위하여 둔 규정이다.

규정을 원고가 위 협회의 회원임을 전제로 하여 이를 적용하여 본다면, … 원고가 위 가요 '고독'을 위 가요드라마의 주제음악 및 배경음악으로 방영된 경우 받을 수 있는 방송사용료는 금 9,792원(72점×136원) 정도라는 것인바, 위 가요사용료에 관하여 아무런 다른 증거가 없는 본건에 있어서 회원인 경우 분배되는 위 사용료가 비회원인 경우에도 일응 그대로 적용된다고 봄이 상당하다 할 것이어서, 이에 따르면 피고는 원고에게 위 가요의 무단방영에 따른 사용료로 금 9,792원을 지급하여야 할 의무가 있다."

28) 서울고등법원 1996. 7. 12. 선고 95나41279 판결(대한변리사회, 지적재산권 민사형사판례집(하), 1997, 2888-2901면): " … (증거에 의하면) 원고(사단법인 한국문예학술저작권협회)는 1993년부터 이 사건 저작권자들을 포함한 회원들로부터 저작권을 신탁 받아 관리하고 있는 소설들에 대하여 여러 출판사들과 저작물 출판계약을 체결하면서 원고지 1매당 금 3,200원씩의 저작권이용료를 받아 온 사실을 인정할 수 있고, … 달리 반증이 없으므로, 원고가 이 사건 소설 부분에 대한 저작권의 행사로 통상 얻을 수 있는 금액은 원고지 1매당 금 3,200원씩으로 계산한 금액이라고 할 것이다."

29) 전효숙, 전게논문, 817면.

나. 법정손해배상의 청구

저작권법은 제125조의2(법정손해배상의 청구) 제 1 항에서 "저작재산권자 등은 고의 또는 과실로 권리를 침해한 자에 대하여 사실심(事實審)의 변론이 종결되기 전에는 실제 손해액이 나 제125조 또는 제126조에 따라 정하여지는 손해액을 갈음하여 침해된 각 저작물 등마다 1천만 원(영리를 목적으로 고의로 권리를 침해한 경우에는 5천만 원) 이하의 범위에서 상당한 금액 의 배상을 청구할 수 있다"고 규정하고 있다. 우리 저작권법은 법정손해배상액의 상한선과 하한선을 함께 규정하고 있는 미국 저작권법과는 달리 상한선만을 규정하고 있고 하한선은 정하지 않고 있다.

저작권침해로 인한 손해배상을 청구함에 있어서 저작권법 제125조 제 1 항의 침해자가 받은 이익을 기준으로 구할 것인지, 같은 조 제 2 항의 권리의 행사로 통상 받을 수 있는 금 액을 기준으로 구할 것인지, 아니면 제125조의2에 의한 법정손해배상을 구할 것인지는 손 해배상을 구하는 권리자가 스스로 선택할 문제이다. 저작권법 제125조의2 제 1 항은 법정손 해배상을 선택할 수 있는 시점을 사실심의 변론종결 이전까지로 정하고 있다.

저작권법 제125조의2 제 2 항은, "둘 이상의 저작물을 소재로 하는 편집저작물과 2차적 저작물은 제 1 항을 적용하는 경우에는 하나의 저작물로 본다"고 규정하고 있다. 편집저작 물과 2차적저작물은 외부적·전체적으로는 하나의 편집저작물 또는 2차적저작물이라고 하 더라도 내부적으로는 다수의 소재 저작물 또는 원저작물 등으로 구성될 수 있다. 그러나 제 2 항 규정에 따라 법정손해배상과 관련하여서는 소재 저작물 또는 원저작물의 다과에 관계 없이 편집저작물 및 2차적저작물은 전체적으로 하나의 저작물로 보아서 하나의 법정손해배 상만을 인정한다는 것이다.

저작권법 제125조의2 제 3 항은, "저작재산권자등이 제 1 항에 따른 청구를 하기 위해서 는 침해행위가 일어나기 전에 제53조부터 제55조까지의 규정(제90조 및 제98조에 따라 준용되 는 경우를 포함한다)에 따라 그 저작물 등이 등록되어 있어야 한다"고 규정함으로써 저작물 사전 등록을 법정손해배상청구의 요건으로 하고 있다.[30]

---

30) 서울중앙지방법원 2014. 1. 22. 선고 2013가단114795 판결은 원고의 만화저작물 이미지를 파일공유 사 이트에 업로드 한 행위를 저작재산권 침해로 인정하면서, 일실수익에 관한 증거가 없어 법정손해배상 청 구를 한 것에 대하여 저작권법 제125조의2 제 1 항에 의한 법정손해배상을 청구하기 위해서는 침해 행위 가 일어나기 전에 저작물이 등록되어 있어야 하는데, 그러한 등록 사실을 인정할 증거가 없다는 이유로 법정손해배상 청구를 기각하였다. 그러나 변론의 취지 및 증거조사의 결과를 참작하여 저작권법 제126 조에 따른 상당한 손해배상액으로 200만 원의 배상책임을 인정하였다.

4. 저작인격권 등 침해와 위자료

저작인격권인 공표권, 성명표시권, 동일성유지권이 침해된 경우 저작자는 민법 제751조에 의하여 정신적 손해의 배상을 청구할 수 있다. 민법 제751조 제1항은 "타인의 신체, 자유 또는 명예를 해하거나 기타 정신상 고통을 가한 자는 재산 이외의 손해에 대하여도 배상할 책임이 있다"고 규정한다. 우리 대법원 판례는, "저작인격권이 침해되었다면 특별한 사정이 없는 한 저작자는 그의 명예와 감정에 손상을 입는 정신적 고통을 받았다고 보는 것이 경험법칙에 합치된다"고 판시하고 있다.[31] 또한 "비록 법의 규정은 없으나 자신의 일신전속적인 권리인 저작인격권에 대한 침해에 대하여 위자료 등의 손해배상을 청구할 수 있음은 법리상 당연하다"고 한 판례도 있다.[32] 이러한 판례의 취지는 저작인격권이나 실연자의 인격권이 침해된 경우 명예와 감정에 손상을 받았다고 보는 것이 경험칙에 합치되고, 따라서 그 경우 명예를 훼손당하였거나 기타 정신적인 고통을 받았음을 이유로 민법 제751조에 의하여 정신적 손해배상을 청구할 수 있으며, 설사 저작인격권 또는 실연자의 인격권 침해로 인하여 명예를 훼손당하지 않은 경우라 하더라도 다른 면에서의 정신적 손해가 있음을 이유로 위자료 청구를 할 수 있음을 밝히고 있는 것이라고 해석된다.

저작재산권침해로 인한 손해액 산정과 관련된 저작권법 제125조는 그 성질상 저작인격권이나 실연자 인격권에는 적용되지 않는다.

Ⅳ. 명예회복에 필요한 조치

1. 의 의

저작인격권 또는 실연자 인격권의 침해에 대하여 저작권법은 위자료 청구와는 별도로 제127조에서, "저작자 또는 실연자는 고의 또는 과실로 저작인격권 또는 실연자의 인격권을 침해한 자에 대하여 손해배상에 갈음하거나 손해배상과 함께 명예회복을 위하여 필요한 조치를 청구할 수 있다"고 규정하고 있다.

저작권법은 제127조에서 보는 것처럼 저작인격권 또는 실연자의 인격권의 침해에 대하여서만 명예회복 등의 청구를 인정하고 있고, 저작재산권의 침해에 따른 명예나 신용 등 비

---

31) 대법원 1989. 10. 24. 선고 89다카12824 판결.
32) 대법원 1999. 5. 25. 선고 98다41216 판결.

재산적 이익의 훼손에 대한 회복조치 청구권에 대하여는 명문의 규정을 두고 있지 않다. 그러나 저작자로부터 저작재산권을 양도받아 사업을 영위하고 있는 저작재산권자는 저작인격권자와는 별도로 저작재산권의 침해로 인하여 업무상의 신용을 훼손당하는 경우가 충분히 있을 수 있으므로, 그러한 경우에 저작재산권의 주체로서 신용회복을 위하여 필요한 조치를 청구할 수 있다고 보아야 할 것이다.[33]

2. 고의 또는 과실

저작권법 제127조의 명예회복에 필요한 조치는 '고의 또는 과실'로 저작인격권 또는 실연자의 인격권을 침해한 자에 대하여 청구할 수 있다는 점을 유의할 필요가 있다. 고의 또는 과실을 요건으로 한다는 점에서 이를 요건으로 하지 않는 저작권법 제123조 침해 등의 정지 청구와 다르다.

3. 필요한 조치의 내용

저작자가 이 규정에 의하여 청구할 수 있는 조치로서는 첫째, 자신이 저작자라는 것을 확인시키기에 적당한 조치를 들 수 있다. 이는 성명표시권이 침해된 경우에 가장 큰 효용을 발휘할 수 있다. 예를 들면, 저작물에 저작자의 성명이 아닌 타인의 이름이 저작자로 표시된 경우라든가, 저작자 이름 없이 무명저작물로 공표된 경우에 그 저작물이 자신의 저작물임을 표시하도록 하여 이를 공중에게 제공 또는 제시하게 하는 조치를 청구할 수 있을 것이다. 둘째, 저작물의 정정 등 기타 저작자의 명예를 회복하기 위하여 적당한 조치를 들 수 있다. 이는 동일성유지권 침해라든가 또는 저작권법 제124조 제 4 항의 "저작자의 명예를 훼손하는 방법으로 그 저작물을 이용하는 행위"가 있는 경우에 효용성을 가지는 조치이다.[34]

V. 부당이득반환청구권

저작재산권 침해를 원인으로 하여 손해배상을 청구하기 위해서는 앞에서 본 바와 같이 침해자의 '고의 또는 과실'을 요건으로 한다. 따라서 침해자에게 고의 또는 과실이 없을 경

---

33) 半田正夫·松田政行, 『著作權法コンメンタール』, 勁草書房(3), 511면 참조.
34) 加戶守行, 전게서, 674-675면.

우에는 손해배상을 청구하지 못한다. 그런데 저작권침해의 경우 특허법 등 다른 지적재산법의 경우처럼 일반적인 과실 추정규정을 두고 있지 않으므로 침해자의 고의나 과실을 입증하기가 상대적으로 어렵다. 또한 손해배상청구권은 민법 제766조에 의하여 손해 및 가해자를 안 날로부터 3년간 이를 행사하지 아니하면 시효로 소멸한다. 그런데 저작권 침해행위는 장기간에 걸쳐 일어나는 경우가 적지 않고, 권리자가 침해행위를 알면서도 이를 방치해 오다가 뒤늦게 소송을 제기하는 경우도 많으므로 그 손해배상청구권이 비교적 3년의 단기소멸시효에 걸리기 쉽다는 특징이 있다. 이와 같이 손해배상청구권을 행사하기 어려운 경우에 효용성을 가지는 것이 부당이득반환청구권이다.

구 저작권법(1957년 저작권법) 제63조에서는 부당이득반환청구권에 관한 규정을 두고 있었으나 현행 저작권법에서는 이를 삭제하고 있다. 그러나 저작권자가 민법상 부당이득반환청구의 요건을 갖추어 행사할 경우 이를 금지할 이유는 없다고 할 것이다. 이 점을 분명히 한 판결로서 대법원 2016. 7. 14. 선고 2014다82385 판결은, "저작권자의 허락 없이 저작물을 이용한 사람은 특별한 사정이 없는 한 법률상 원인 없이 이용료 상당액의 이익을 얻고 이로 인하여 저작권자에게 그 금액 상당의 손해를 가하였다고 보아야 하므로, 저작권자는 부당이득으로 이용자가 저작물에 관하여 이용허락을 받았더라면 이용대가로서 지급하였을 객관적으로 상당한 금액의 반환을 구할 수 있다. 이러한 부당이득의 액수를 산정할 때는 우선 저작권자가 문제 된 이용행위와 유사한 형태의 이용과 관련하여 저작물 이용계약을 맺고 이용료를 받은 사례가 있는 경우라면 특별한 사정이 없는 한 이용계약에서 정해진 이용료를 기준으로 삼아야 한다."고 판시하였다.

VI. 공동저작물의 권리침해에 대한 구제

1. 구제의 기본적 구조

저작권법 제129조는 "공동저작물의 각 저작자 또는 각 저작재산권자는 다른 저작자 또는 다른 저작재산권자의 동의 없이 제123조의 규정에 의한 청구(침해의 정지 등 청구)를 할 수 있으며 그 저작재산권의 침해에 관하여 자신의 지분에 관한 제125조의 규정에 의한 손해배상의 청구를 할 수 있다"고 규정하고 있다. 공동저작물의 저작인격권 및 저작재산권에 대한 침해의 정지청구는 공동저작자 각자가 다른 공동저작자의 의사와 상관없이 개별적으로 행사할 수 있으며, 저작재산권 침해에 대하여는 각자가 자신의 지분비율에 따라 손해배상의 청구를 할 수 있음을 규정한 것이다. 공동저작인접권이나 공동출판권 등의 경우에도 마찬가지이다.

2. 공동저작물의 저작인격권 침해로 인한 손해배상 등의 청구

가. 해석상의 문제점

저작권법 제129조에서는 법 제123조에 의한 청구(침해의 정지 등 청구)와 법 제125조에 의한 청구(손해배상의 청구)에 대하여만 단독으로 청구를 할 수 있다고 규정하고 있을 뿐, 법 제127조에 의한 저작인격권 또는 실연자의 인격권을 침해한 자에 대한 손해배상청구 및 명예회복을 위하여 필요한 조치의 청구권에 관하여는 아무런 규정을 두고 있지 않다. 따라서 공동저작물의 저작인격권이 침해된 경우 그에 대한 손해배상 및 명예회복을 위하여 필요한 조치의 청구는 각 공동저작자 전원이 행사하여야 하는 것인지 아니면 각자가 단독으로 할 수 있는 것인지에 대한 의문이 생긴다.

이에 대한 결론은 해석과 판례에 맡겨져 있다고 할 것이다. 대법원 1999. 5. 25. 선고 98다41216 판결은, 공동저작물에 관한 권리가 침해된 경우에 각 저작자 또는 각 저작재산권자는 저작권법 제127조에 의한 저작인격권의 침해에 대한 손해배상이나 명예회복 등 조치청구는 저작인격권의 침해가 저작자 전원의 이해관계와 관련이 있는 경우에는 전원이 행사하여야 하지만, 1인의 인격적 이익이 침해된 경우에는 단독으로 손해배상 및 명예회복조치 등을 청구할 수 있고, 특히 저작인격권 침해를 이유로 한 정신적 손해배상을 구하는 경우에는 공동저작자 각자가 단독으로 자신의 손해배상을 청구할 수 있다고 하였다.

나. 공유저작물과 공유저작인접권의 경우

저작권을 공유하는 전형적인 예로서는 공동저작물의 경우가 대표적이지만, 그 외에도 저작재산권 자체에 대하여 공유가 성립하는 경우도 있을 수 있다. 예를 들어 1인에 속하였던 저작재산권을 그가 사망함으로써 복수의 유족이 상속한 경우를 생각해 볼 수 있다. 저작인접권의 경우도 마찬가지이다. 이러한 경우에도 위에서 본 공동저작물에 대한 권리침해의 경우와 마찬가지로 해석할 수 있을 것인가? 긍정하여야 할 것으로 생각한다. 따라서 저작재산권 또는 저작인접권을 공유하는 경우 그 저작재산권 및 저작인접권에 대한 침해행위의 정지 등 청구권은 각자 개별적으로 전체의 저작물에 대하여 행사할 수 있으며, 손해배상청구권은 자신의 지분에 관하여 개별적으로 행사할 수 있다고 보는 것이 타당하다.

Ⅶ. 일반 불법행위 법리에 의한 저작권 비침해행위에 대한 구제

1. 서   론

최근 판례의 경향을 보면, 저작물성이 없거나 저작권침해의 요건을 갖추지 못하여 저작권법에 의한 보호가 주어지지 못하는 경우에 민법 제750조의 일반 불법행위 법리를 적용하여 손해배상이나 나아가서는 금지청구까지 명하는 판결이 종종 나타나고 있다. 이러한 현상은 저작권법뿐만 아니라 부정경쟁방지법을 비롯한 다른 지적재산권법의 분야에서도 나타나고 있는데, 이와 같이 개별 지적재산권법에서의 보호요건이나 침해요건을 갖추지 못하여 해당 지적재산권법에서는 비침해행위로 규정될 수밖에 없는 행위에 대하여 민법상의 일반 불법행위에 의하여 침해행위로 인정할 수 있는지 문제로 된다.

특별법인 개별 지적재산권법에서 보호요건이나 침해요건을 갖추지 못하여 위법성이 부정되는 행위를 일반 사법인 민법에 의하여 위법하다고 하는 것이 법리적으로 가능한 것인지, 또한 법리적으로 가능하다고 하더라도 개별 지적재산권법에서 위법성이 부정되는 행위에 대하여는 일반 국민으로서 위법성이 없는 행위영역이라고 판단하여 안심하고 그러한 행위를 할 수도 있는 것인데, 그러한 경우에 민법상의 불법행위가 인정된다면 이는 일반 국민의 법에 대한 신뢰를 해치는 바람직하지 못한 결과를 초래하는 것은 아닌지 의문이다. 이 문제는 법리적인 측면은 물론이고 법적 예측가능성과 법적 안정성 등 법정책적인 면까지를 고려하여 신중하게 판단하여야 한다.

한편, 2014. 1. 31. 시행된 개정 부정경쟁방지법에서는 제 2 조 제 1 호 차목(현행법 파목)을 신설하여 "타인의 상당한 투자나 노력으로 만들어진 성과 등을 공정한 상거래 관행이나 경쟁질서에 반하는 방법으로 자신의 영업을 위하여 무단으로 사용함으로써 타인의 경제적 이익을 침해하는 행위"를 부정경쟁행위로 규제하고 있음을 유의할 필요가 있다. 이 규정은 기술의 변화 등으로 나타나는 새롭고 다양한 유형의 부정경쟁행위에 적절하게 대응하기 위하여 타인의 상당한 투자나 노력으로 만들어진 성과 등을 공정한 상거래 관행이나 경쟁질서에 반하는 방법으로 자신의 영업을 위하여 무단으로 사용함으로써 타인의 경제적 이익을 침해하는 행위를 부정경쟁행위에 관한 보충적 일반조항으로 신설한 것이다. 따라서 저작권 침해의 요건을 갖추지 못한 경우라 하더라도 일반 민법은 물론이고 이러한 부정경쟁방지법에 의하여 규제될 가능성이 있음을 유의하여야 할 것이다.

다만, 저작권을 비롯한 지적재산권 비침해행위에 대하여 위 부정경쟁방지법 파목을 적용하여 규제를 하는 것은 지적재산권제도 본연의 목적에 배치되는 결과를 낳을 수 있으므

로 가급적 엄격하게 적용하여야 한다는 견해가 유력하다.[35]

대법원은 현행 부정경쟁방지법 제2조 제1호 파목에 관한 일련의 판시를 통하여 그 적용범위에 관한 기준을 제시하였다.[36] 이 판결들을 종합하면, 부정경쟁방지법 제2조 제1호 파목은 보호대상인 '성과 등'의 유형에 제한을 두고 있지 않으므로, 유형물뿐만 아니라 무형물도 이에 포함되고, 종래 지식재산권법에 따라 보호받기 어려웠던 새로운 형태의 결과물도 포함될 수 있다. '성과 등'을 판단할 때에는 위와 같은 결과물이 갖게 된 명성이나 경제적 가치, 결과물에 화체된 고객흡인력, 해당 사업 분야에서 결과물이 차지하는 비중과 경쟁력 등을 종합적으로 고려해야 한다. 이러한 성과 등이 '상당한 투자나 노력으로 만들어진' 것인지는 권리자가 투입한 투자나 노력의 내용과 정도를 그 성과 등이 속한 산업분야의 관행이나 실태에 비추어 구체적·개별적으로 판단하되, 성과 등을 무단으로 사용함으로써 침해된 경제적 이익이 누구나 자유롭게 이용할 수 있는 이른바 공공영역(公共領域, public domain)에 속하지 않는다고 평가할 수 있어야 한다. 또한 위 파목이 정하는 '공정한 상거래 관행이나 경쟁질서에 반하는 방법으로 자신의 영업을 위하여 무단으로 사용'한 경우에 해당하기 위해서는 권리자와 침해자가 경쟁관계에 있거나 가까운 장래에 경쟁관계에 놓일 가능성이 있는지, 권리자가 주장하는 성과 등이 포함된 산업분야의 상거래 관행이나 경쟁질서의 내용과 그 내용이 공정한지, 위와 같은 성과 등이 침해자의 상품이나 서비스에 의해 시장에서 대체될 수 있는지, 수요자나 거래자들에게 성과 등이 어느 정도 알려졌는지, 수요자나 거래자들의 혼동가능성이 있는지 등을 종합적으로 고려해야 한다.[37]

2. 판   례

저작물로서의 요건을 갖추지 못하였다는 등의 이유로 저작권침해가 성립하지 않는 경우에는 설사 그것이 재산적 가치를 갖는다 하더라도 원칙적으로 모방과 자유로운 이용이

---

35) 설민수, "저작권의 보호 한계와 그 대안", 인권과 정의, 대한변호사협회(2016. 6.), 45, 48면.

36) 대법원 2020. 3. 26. 선고 2016다276467 판결(실제 골프장 코스를 골프장 운용회사의 허락 없이 그대로 재현한 스크린골프 시뮬레이션 영상 프로그램을 제작한 것은 부정경쟁행위에 해당한다고 한 사례); 대법원 2020. 3. 26.자 2019마6525 결정(유명 아이돌그룹 BTS 화보집을 소속 매니지먼트 회사 허락 없이 제작한 것은 부정경쟁행위에 해당한다고 한 사례); 대법원 2020. 6. 25. 선고 2019다282449 판결(특정한 구조를 가진 차량 루프박스는 상당한 투자나 노력으로 만들어진 성과로 보기 어렵다고 한 사례); 대법원 2020. 7. 9. 선고 2017다217847 판결(명품 에르메스 핸드백과 유사한 형태의 핸드백을 제조한 것이 부정경쟁행위에 해당한다고 한 사례); 대법원 2020. 7. 23. 선고 2020다220607 판결(광고제작사가 기업의 의뢰로 제작한 브랜드 명, 콘티 등으로 구성된 광고용역 결과물을 부정경쟁방지법이 보호하는 상당한 투자나 노력으로 만들어진 성과로 인정한 사례) 등.

37) 대법원 2020. 7. 23. 선고 2020다220607 판결.

허용되어야 한다. 따라서 어떤 행위가 저작권침해에 해당하지 않음에도 불구하고 일반 불법행위가 성립한다고 본 판결이 그리 많지는 않다. 그러나 소수이기는 하지만 그 이용행위가 공정한 거래질서나 자유로운 경쟁으로서 허용되는 범위를 심히 일탈하여 법적 보호 가치가 있는 이익을 침해하는 경우에 해당한다고 하여 일반 불법행위의 성립을 인정한 판결들을 찾아볼 수 있다.

서울중앙지방법원[38]은, "일반적으로 홈페이지를 통하여 인터넷에 공개된 정보는 저작권이 인정되지 않는 한 제3자가 이를 이용하는 것은 원칙적으로 자유이지만, 부정하게 스스로의 이익을 꾀할 목적으로 이를 이용하거나 또는 정보제공자에게 손해를 줄 목적에 따라 이용하는 등의 특별한 사정이 있는 경우에는 불법행위가 성립할 수 있다. 피고의 행위는 경쟁관계에 있는 원고의 수년간의 연구 성과와 임상경험에 편승하여 부정하게 스스로의 이익을 꾀할 목적으로 이를 이용한 것으로서, 공정하고 자유로운 경쟁원리에 의해 성립하는 거래사회에 있어서 현저하게 불공정한 수단을 사용함으로써 사회적으로 허용되는 한도를 넘어 원고의 법적으로 보호할 가치 있는 영업활동상의 이익을 위법하게 침해하는 것으로서 민법 제750조의 불법행위를 구성한다"고 판시하였다.

Ⅷ. 정보제공 명령과 비밀유지명령

1. 증거수집을 위한 침해자 정보제공 명령(제129조의2)

가. 의   의

저작권 침해소송에 있어서 침해의 정지 등 각종 조치를 청구하거나 권리자가 입은 피해액 또는 침해자가 침해로 인하여 얻은 이익의 액을 산정하기 위해서는 증거 수집의 차원에서 침해자에 대한 정보를 필요로 하게 되는 경우가 많다. 그런데 침해자에 대한 증거 수집은 현실적으로 쉽지 않다. 특히 침해 행위에 여러 사람이 관여하고 다양한 경로를 통하여 이루어지는 경우에 그러하다. 따라서 저작권 침해행위를 방지하고 저작권을 효과적으로 보호하기 위해서는 소송 중에 법원이 침해행위와 관련하여 당사자가 보유하고 있는 정보의 제공을 명할 수 있도록 할 필요가 있다. 이러한 이유로 증거 수집의 차원에서 당사자의 신청에 따라 법원이 손해액의 산정 등 침해의 구제에 필요한 증거로서 침해자가 보유 또는 관리하고 있는 증거의 제출을 명할 수 있도록 하는 입법례나 국제조약 등이 있는데, 이와

---

38) 서울중앙지방법원 2007. 6. 21. 선고 2007가합16095 판결(확정).

같은 법원의 명령에 대한 반대 효과로서 침해자가 침해와 관련된 증거를 제공하여야 할 의무가 생긴다. 이것이 침해자의 정보제공의무이다.

나. 취지 및 내용

이 규정은 민사소송법상의 문서제출명령제도의 특별 규정에 해당한다. 따라서 정당한 이유 없이 정보제공 명령에 따르지 아니하는 경우에 법원은 그 정보에 관한 당사자의 주장을 진정한 것으로 인정할 수 있는 효과가 부여된다. 다만, 영업비밀이나 사생활 보호와 관련되는 등 일정한 경우에는 정보 제공을 거부할 수 있도록 함으로써 저작권자의 이익과 침해자의 이익 사이에 균형을 맞추고자 하였다.

2. 소송 당사자에 대한 비밀유지명령(제129조의3)

저작권을 비롯한 지적재산권 관련 소송에서는 해당 지적재산권이 적용된 상품의 제조 방법 등 생산기술상의 정보라든가, 판매 방법, 관리 방법, 고객 리스트, 매출액, 거래 규모 등 경영상의 정보와 같은 고도의 영업비밀이 불가피하게 상대방 당사자에게 노출되는 경우가 적지 않다. 소송과 관계없는 제3자에 대한 관계에서는 영업비밀에 대한 접근을 엄격하게 차단하여야 할 것이지만, 소송에 관여하는 당사자나 소송대리인 등에 대하여는 무기평등의 원칙 및 방어권 보장의 차원에서 소송에 제공된 증거에 접근할 권리를 보장해 줄 필요가 있기 때문이다. 예를 들어, 원고가 피고를 상대로 프로그램저작권을 침해하였다고 소송을 제기한 경우, 피고가 적극적인 반증으로서 자신의 프로그램 소스코드가 원고의 그것과 다르다는 점을 입증하기 위한 목적으로 피고의 영업비밀에 해당하는 피고의 프로그램 소스코드를 재판부에 제공하였는데, 원고가 반론권 보장의 차원에서 해당 영업비밀을 원고에게도 공개하여 줄 것을 요청하는 경우 등을 생각해 볼 수 있다.

소송 당사자에게 모든 증거에 대한 폭넓은 접근을 허용하는 것은 자유로운 소송 활동을 보장하여 실체적 진실을 발견하게 해 준다는 점 외에도 무기평등의 원칙과 반론권 및 방어권을 보장해 준다는 차원에서 바람직한 장점이 있다. 그러나 다른 한편으로는 소송 중에 일방 당사자의 귀중한 영업비밀이 그것도 경쟁사업자인 상대방 당사자에게 노출되어 영업비밀 보유자에게 예측하지 못한 큰 피해가 발생하게 되는 문제점도 있다. 그러므로 증거수집절차에서의 영업비밀 제출에 따른 영업비밀 노출의 위험을 감소시켜 줌으로써 이러한 문제점을 보완하여 줄 필요가 있는데, 그에 대한 방안으로서 제시된 것이 소송 당사자에 대한 비밀유지명령제도라고 할 수 있다. 이 제도는 소송의 준비 또는 소송 진행 중에 제시된 증거나 소송 자료 중에 포함된 영업비밀에 접근하여 알게 된 소송 당사자 등에게 소송의 목적을 넘어서서 해당 영업비밀을 이용하거나 누출하지 말 것을 명하는 법원의 명령이다.[39]

제 2 절 형사적 구제

I. 죄와 벌칙

저작권법은 제11장에서 저작권 등 저작권법이 보호하는 권리를 침해한 경우에 대한 벌칙을 정하고 있다. 벌칙의 적용에 대하여는 형법총칙의 규정이 당연히 적용된다(형법 제 8 조 참조). 따라서 저작권법위반죄는 저작권법상 과실범을 처벌하는 규정이 없는 이상 고의범만 처벌된다(형법 제13조).

저작재산권 등 침해죄(저작권법 제136조 제 1 항), 저작인격권 등 침해죄(저작권법 제136조 제 2 항), 부정발행 등의 죄(저작권법 제137조), 출처명시위반죄(제138조) 등에 관하여 규정하고 있다.

II. 몰 수

저작권, 그 밖에 이 법에 따라 보호되는 권리를 침해하여 만들어진 복제물과 그 복제물의 제작에 주로 사용된 도구나 재료 중 그 침해자·인쇄자·배포자 또는 공연자의 소유에 속하는 것은 몰수한다(저작권법 제139조).

---

39) 민사소송법은 제163조에서 소송 기록 중에 기재되어 있는 비밀보호를 위하여 소송 기록 등의 열람 등을 제한하는 규정을 두고 있다. 그러나 이는 소송 당사자가 아닌 제 3 자의 열람을 제한하는데 그치고 소송 당사자의 열람 제한 및 비밀유지 의무를 부과하는 규정은 아니다.

Ⅲ. 친고죄 및 비친고죄

1. 원   칙

저작권법위반죄는 기본적으로 친고죄이다. 따라서 저작권자 등의 고소가 없으면 죄를 논할 수 없다. 고소는 범인을 알게 된 날로부터 6개월 이내에 하여야 한다(형사소송법 제236조).

2. 현행법상 비친고죄

종전 저작권법이 친고죄를 원칙으로 했던 것은 저작권의 인격적 성격을 고려한 측면도 있지만 대부분의 침해행위는 일반인이 개인적 이용을 위하여 일회적으로 행한다는 점을 고려한 것이었다. 하지만 최근 저작권이 산업화되면서 침해행위가 조직적이고 반복적으로 이루어지는 경우가 많으며, 권리자가 개인적으로 침해사실을 파악하거나 대응하기도 어렵고 산업적인 피해도 크기 때문에 그 권익을 심각하게 침해하는 경우 등에 비친고죄 적용범위를 확대하게 되었다.

특히 현행 저작권법은 비친고죄 적용에 관한 종전의 "영리 and 상습" 요건을 "영리 or 상습"의 요건으로 완화하였다. 이와 같이 완화된 요건 아래에서, 현행 저작권법 제136조 제1항 제1호(저작재산권 등 권리침해 행위), 제136조 제2항 제3호(데이터베이스제작자의 권리침해 행위) 및 제4호(제124조 제1항의 침해행위로 보는 행위, 다만 제124조 제1항 제3호의 프로그램의 저작권을 침해하여 만들어진 프로그램의 복제물을 그 사실을 알면서 취득한 자가 이를 업무상 이용하는 행위의 경우에는 비친고죄가 아니라 피해자의 명시적 의사에 반하여 처벌하지 못하는 '반의사불벌죄'로 하였다)에 해당하는 행위를 한 경우, 그리고 제136조 제2항 제2호(허위등록), 제3호의2(제103조의3 규정에 따라 제공받은 정보의 목적 외 사용), 3(기술적 보호조치의 무력화 등), 4(권리관리정보의 제거 및 변경 등), 5(암호화된 방송신호의 불법 복호화 등), 6(라벨의 위조), 7(방송 전 신호의 송신 등), 제137조 제1항 제1호부터 제4호까지(암호화된 방송의 무단시청과 상영 중인 영화의 도촬 등) 및 제6호(온라인서비스제공자의 업무 방해), 제7호(등록업무 수행자의 비밀유지의무 위반), 제138조 제5호(무신고 저작권대리중개업 및 영업폐쇄명령 위반 등) 등이 비친고죄에 해당하게 되었다.

저작권법위반 행위가 비친고죄로 되기 위한 요건 중 하나인 '상습성'과 관련하여 대법원 2011. 9. 8. 선고 2010도14475 판결은 "저작권법 제140조 단서 제1호가 규정한 '상습적으로'라고 함은, 반복하여 저작권 침해행위를 하는 습벽으로서의 행위자의 속성을 말한다고 봄이 상당하고, 이러한 습벽의 유무를 판단함에 있어서는 동종 전과가 중요한 판단자료가 되나 동종 전과가 없다고 하더라도 범행의 횟수, 수단과 방법, 동기 등 제반 사정을 참작하여 저작권 침해행위를 하는 습벽이 인정되는 경우에는 상습성을 인정하여야 할 것"이라고 판시하고 있다.[40][41]

한편, 비친고죄로 되기 위한 다른 하나의 요건인 '영리를 목적으로'에 관하여는 아직 뚜렷한 대법원 판결이 나오지 않고 있다. 다만, 대법원 2020. 7. 29. 선고 2017도1430 판결로 확정된 하급심판결[42]은, 피고인이 기능성식품인 로즈힙 분말을 제조하기 위해 식품의약품안전처에 건강기능식품 기능성 원료 인정 신청을 하면서 저작권자 등의 사용 허락 없이 로즈힙의 기능에 관한 임상연구 논문을 임의로 복제 및 첨부하여 제출한 행위에 대하여, 건강기능식품 기능성 원료로 인정받을 경우 건강기능식품의 판매로 상당한 이익이 예상되고, 피고인의 경쟁업체의 경우에는 저작권자로부터 상당한 대가를 지급한 후 논문을 제공받았다는 등의 이유로 영리목적을 인정하였다.[43]

Ⅳ. 양벌규정

법인의 대표자나 법인 또는 개인의 대리인·사용인 그 밖의 종업원이 그 법인 또는 개인의 업무에 관하여 저작권법에 정한 죄를 범한 때에는 행위자를 벌하는 외에 그 법인 또

---

40) 이 판결에서는 "피고인1은 peer-to-peer(p2p)방식으로 디지털콘텐츠의 거래가 이루어지는 '○○○ 사이트'를 운영하는 법인인 피고인2 회사의 대표자로서, 위 웹사이트의 운영 방법에 의할 경우 회원들이 대부분 정당한 허락 없이 저작재산권의 대상인 디지털콘텐츠를 '○○○ 프로그램'을 통하여 공유함으로써 복제 및 공중송신의 방법으로 반복적으로 저작재산권을 침해하는 행위를 조장·방조하는 결과에 이르게 되는 반면에, 위 피고인이 행한 저작권 보호를 위한 기술적 조치 등은 저작재산권자의 고소나 수사기관의 단속을 피하기 위한 형식적인 것에 불과하였던 점, 피고인1은 이러한 사정을 충분히 인식하고 있으면서 피고인 회사의 대표자로서 위 웹사이트를 개설하여 약 11개월에 걸쳐 영업으로 이를 운영하고, 스스로도 정당한 허락 없이 사무실 컴퓨터에 저장된 저작재산권의 대상인 다수의 디지털콘텐츠를 회원들과 공유함으로써 위와 같은 저작재산권 침해행위를 한 점, 그 밖에 위와 같은 행위를 통해 이루어진 저작재산권의 침해 정도, 피고인 회사의 영업 규모 및 매출액 등을 종합하여 볼 때, 피고인1에게는 반복하여 저작권 침해행위를 하는 습벽이 있다고 봄이 상당하고"고 하여 대표이사와 법인 모두에 대하여 상습성을 인정하고 비친고죄로 의율하였다.
41) 다수의 피해자가 관여된 저작재산권 침해죄에 있어서 피해자를 성명불상자로 기재한 경우 공소사실의 특정 문제와 관련하여서는 대법원 2016. 12. 15. 선고 2014도1196 판결 참조.
42) 수원지방법원 2017. 1. 11. 선고 2016노5836 판결.
43) 박경신, "저작권법 제140조상 '영리의 목적'의 범위에 대한 검토", 한국저작권위원회, 저작권동향, 2020. 12. 17. 등록. 이 글에서는 '영리의 목적'을 '간접적인 영리의 목적'이 있는 경우까지로 확대하는 것은 바람직하지 않다고 비판하고 있다.

는 개인에 대하여도 각 해당 조의 벌금형을 과한다(저작권법 제141조 본문). 한편, 2009년 저작권법을 개정하면서, 법인 또는 개인이 그 위반행위를 방지하기 위하여 해당 업무에 관하여 상당한 주의와 감독을 게을리 하지 아니한 경우에는 위 양벌규정을 적용하지 아니하는 단서 규정을 추가하였다(같은 조 단서). 이는 헌법재판소가 법인의 과실 유무에 상관없이 양벌규정을 적용하여 처벌하는 것은 '책임주의' 원칙에 위배되므로 위헌이라고 결정한 것을 반영한 것이다.[44]

V. 죄수(罪數)

동일한 저작재산권자의 권리에 속하는 복수의 저작물에 대한 저작재산권을 침해한 경우에 이를 하나의 죄로 볼 것인지, 아니면 복수의 죄로 볼 것인지가 문제로 된다. 기본적으로 저작재산권 침해행위는 저작권자가 같더라도 저작물별로 침해되는 법익이 다르므로 각각의 저작물에 대한 침해행위는 원칙적으로 별개의 죄를 구성한다. 다만, 단일하고도 계속된 범의 아래 동일한 저작물에 대한 침해행위가 일정기간 반복하여 행하여진 경우에는 포괄하여 하나의 범죄가 성립될 수 있다.[45]

주의할 것은 저작권법 제140조 본문에서 저작재산권 침해로 인한 제136조 제 1 항의 죄를 친고죄로 규정하면서, 제140조 단서 제 1 호에서 영리를 목적으로 또는 상습적으로 그러한 죄를 범한 경우에는 비친고죄로 규정하고 있으나, 상습으로 제136조 제 1 항의 죄를 저지른 경우를 가중처벌한다는 규정은 따로 두고 있지 않다. 따라서 수회에 걸쳐 저작권법 제136조 제 1 항의 죄를 범한 것이 상습성의 발현에 따른 것이라고 하더라도, 이는 원칙적으로 경합범으로 보아야 하는 것이지 하나의 죄, 즉 포괄일죄로 처단되는 상습범으로 볼 것은 아니다.[46] 상습범을 포괄일죄로 처벌하는 것은 그것을 가중처벌하는 규정이 있기 때문인데, 상습범에 대한 가중처벌 규정이 없는 제136조 제 1 항의 죄에 대하여 상습적으로 수죄를 범하였음에도 이를 하나의 죄인 포괄일죄로 의률하게 되면 경합범으로 처벌하는 경우보다 가벼운 처벌을 받게 되어 불합리하기 때문이다.

---

44) 헌법재판소 2007. 11. 29.자 2005헌가10 결정.
45) 대법원 2012. 5. 10. 선고 2011도12131 판결; 대법원 2013. 9. 26. 선고 2011도1435 판결. 이 판결에서는, 피고인들에 대한 저작권법위반 방조의 대상이 되는 저작물이 모두 동일한 저작물은 아니므로, 피고인들의 범행을 경합범으로 보아 경합범 가중을 한 것은 정당하다고 판시하였다.
46) 대법원 2013. 9. 26. 선고 2011도1435 판결. 대법원 2013. 8. 23. 선고 2011도1957 판결.

| 제3절 | 침해로 보는 행위 |

I. 서　설

저작권법은 저작권 등 저작권법에서 보호하는 권리(이하 '저작권 등'이라 한다)를 직접적으로 침해하는 것은 아니지만, 특정한 행위를 허용하면 저작권자 등 권리자의 이익을 부당하게 해할 우려가 있는 경우를 저작권 등을 침해하는 행위로 간주하는 규정을 제124조에 두고 있다. 이 규정은 권리자를 충실하게 보호하는 한편, 실질적으로는 권리의 내용을 확충하기 위한 것이다. 그리하여 제124조의 각항에서 규정하고 있는 행위는 사실상 저작권 등 권리의 범위 내에 속하게 되는 효과가 있다. 이들 규정에 해당하는 행위를 하면 저작권 등 권리의 침해가 될 뿐만 아니라, 벌칙의 대상으로도 된다.

II. 저작권법 제124조 제1항

1. 배포 목적의 저작권 등 침해물건 수입행위

저작권법 제124조 제1항 제1호는, "수입 시에 대한민국 내에서 만들어졌더라면 저작권 그 밖에 이 법에 따라 보호되는 권리의 침해로 될 물건을 대한민국 내에서 배포할 목적으로 수입하는 행위"는 저작권 등 권리의 침해로 본다.

저작권 등 권리를 침해하는 행위가 외국에서 행하여질 경우 그러한 행위에 대하여는 우리 저작권법의 효력이 미치지 아니한다. 예를 들면, 권리자의 허락을 받지 아니하고 중국에서 복제물이 작성되어도 그러한 작성행위에 대하여 우리 저작권법상의 권리를 주장할 수는 없다. 그러나 그렇게 해서 작성된 복제물이 우리나라에 수입된다면 이는 저작권 등 권리자의 경제적·인격적 이익을 해칠 것이 명백하고, 실질적으로는 우리나라에서 불법복제물이 제작되어 출시된 것과 동일한 효과를 가지므로, 이를 저작권 등 권리의 침해행위로 간주하여 저작권 등 권리자의 보호에 만전을 기하고자 한 것이다.

이 규정에 해당하는지 여부는, 그 물건을 수입하는 때에 있어서 만약 그 물건이 국내에서 작성되었다고 가정한다면 그 작성행위에 대하여 우리나라 저작권법을 적용할 경우 적법하다고 평가될 것이냐 불법이라고 평가될 것이냐의 방법으로 판단한다. 따라서 외국에서 그 저작물이 적법하게 작성되었느냐 불법적으로 작성되었느냐에 의하여 이 규정의 적용 여부가 결정되는 것이 아니다.

2. 악의의 배포목적 소지행위

저작권법 제124조 제 1 항 제 2 호는, "저작권 그 밖에 이 법에 따라 보호되는 권리를 침해하는 행위에 의하여 만들어진 물건(제 1 호의 수입물건을 포함한다)을 그 사실을 알고 배포할 목적으로 소지하는 행위"를 저작권 등 권리를 침해하는 행위로 본다.

'소지'라 함은 지배의 의사로서 사실상 자기의 지배 아래 두는 행위를 말한다. 예를 들면, 침해물을 창고에 보관하고 있는 것처럼 사회통념상 지배하고 있다고 평가되는 상태라면 반드시 물리적으로 수중에 갖고 있지 않는 경우라 하더라도 이를 소지하는 것으로 볼 수 있다. '그 사실을 알고'라 함은 권리를 침해하는 물건임을 알면서 배포할 목적으로 소지하는 것을 말한다. 누가 어떻게 작성하였는지 등을 구체적으로 알고 있을 것까지를 요구하는 것은 아니다. 소지하는 시점에서는 권리침해물이라는 사실을 몰랐으나, 그 후에 알게 된 경우에도 그 후 계속하여 배포할 목적으로 소지한다면 '그 사실을 알고' 소지하는 것이 되어 본 규정의 적용을 받게 된다.

3. 프로그램의 업무상 이용

저작권법 제124조 제 1 항 제 3 호는 "프로그램의 저작권을 침해하여 만들어진 프로그램의 복제물(제 1 호에 따른 수입 물건을 포함한다)을 그 사실을 알면서 취득한 자가 이를 업무상 이용하는 행위"를 저작권 등 권리를 침해하는 행위로 본다. 즉, 다른 사람이 불법 복제한 프로그램이라는 사실을 알면서 그 불법 복제 프로그램을 취득하여 업무상 이용하는 행위는 금지된다. 업무상 이용하여야 하므로 개인적인 목적으로 사용하는 경우는 이 규정에 해당하지 않는다. 한편, 영리를 목적으로 이 규정을 위반한 침해행위는 친고죄가 아니라 반의사불벌죄, 즉 피해자의 명시된 의사에 반하여 처벌할 수 없는 죄로 되어 있다(저작권법 제140조 제 3 호).

4. 저작인격권 침해 의제행위

저작권법 제124조 제 2 항은 "저작자의 명예를 훼손하는 방법으로 저작물을 이용하는 행위"는 저작인격권의 침해로 본다. 제124조 제 1 항의 침해로 보는 행위가 주로 재산권 침해를 의제하는 행위라고 한다면, 제 2 항의 침해로 보는 행위는 인격권 침해를 의제하는 행위이다. 이 규정의 입법취지는 저작자의 창작의도를 벗어나는 방법으로 저작물 이용행위를 함으로써 그 창작의도에 의구심을 불러일으키게 하거나, 저작물에 표현되어 있는 예술적 가치를 심각하게 훼손하는 형태로 저작물을 이용하는 것을 방지하기 위한 것이다.

저작물의 이용행위가 저작인격권 침해에는 명백히 이르지 않았다고 하더라도 그 과정에서 저작자의 명예를 훼손하는 방법으로 이용이 이루어졌다면 저작인격권 침해로 의제된다는 점에서 이 규정의 의미가 있다. 예를 들어, 시나 음악을 저작재산권자의 허락을 받아 영상물에 수록하면서 저작자의 성명을 표시하고 동일성을 해치지 않았다 하더라도 그 저작물이 음란 영상물의 대사나 배경 음악에 사용되었다면 그것이 저작자의 명예를 훼손하는 행위라고 할 수 있다.[47] 그 밖에 저작자가 결코 희망하지 않았던 장소에 저작물을 비치하는 경우, 예를 들어 예술작품인 누드화를 복제하여 스트립쇼 극장의 입간판으로 사용하는 행위와 같이, 저작자가 본래 의도하지 않았던 방법으로 저작물을 이용하는 경우를 생각할 수 있다.[48] 또한 문학작품을 상업용 광고선전 전단에 수록하여 배포하는 경우나, 예술적인 가치가 높은 미술작품을 싸구려 물품의 포장지에 복제하여 사용함으로써 마치 그 작품이 처음부터 그런 포장지의 디자인으로 창작된 것과 같은 인상을 주게 하는 이용행위, 엄숙한 종교음악을 희극용 악곡과 합체하여 연주함으로써 저작자가 표현하고자 하였던 종교적 엄숙함을 느낄 수 없도록 하는 이용행위, 의도적으로 저작자의 명예를 훼손하기 위하여 특정 어문저작물을 인용하는 경우(예를 들어, 문법교재나 논술교재 등에 특정 어문저작물을 잘못된 문장의 사례로 인용하는 경우) 등도 이에 해당할 수 있다는 견해가 있다.[49]

이 규정에서 말하는 '명예'는 주관적인 명예감정이 아니라 객관적인 사회적 평가를 말한다.[50]

---

47) 최경수, 저작권법개론, 한울아카데미, 2010, 655면.
48) 허희성, 신저작권법축조해설, 범우사(1988), 407면.
49) 加戶守行, 전게서, 653면.
50) 오승종·이해완, 전게서, 533면.

Chapter **11**

저작권의 국제적 보호

저작권의 국제적 보호

제1절 서 설

오늘날 저작물은 전달매체와 유통체계의 급속한 발달에 의하여 언제 어느 때라도 국경을 넘어 손쉽게 대량으로 전파될 수 있는 특성을 가지게 되었으며, 이러한 현상은 시간이 갈수록 더욱 가속화되고 있다. 이러한 상황에서 저작권법의 속지주의 원칙을 엄격하게 고수하여 저작물이 국제적으로 보호를 받지 못하게 되거나 또는 일부 국가에서만 보호를 받게 된다면 저작자의 권리는 크게 위협을 받게 된다.

그리하여 19세기 중반부터 유럽 여러 나라를 중심으로 저작권의 국제적 보호를 위한 노력이 나타나기 시작하였다. 그 과정에서 결실을 본 저작권에 관한 가장 기본적인 조약으로서 오늘날에도 큰 영향을 미치고 있는 것이 '베른협약'(Berne Convention for the Protection of Literary and Artistic Works)이다. 1886년 처음으로 제정되었고, 2006년 현재 162개국이 이에 가입하고 있다. 2차 대전 후에는 UNESCO의 주도로 베른협약과 저촉되지 않으면서 개발도상국을 포함한 모든 나라의 가입을 유도할 수 있는 새로운 조약을 만들려고 시도한 결과 저작권에 관한 또 하나의 중요한 다국간 국제조약인 '세계저작권협약'(Universal Copyright Convention, UCC)이 성립하게 되었다.

한편, 저작인접권에 관한 국제적 조약으로는 통칭 '로마협약' 또는 '실연자조약'이라고 하는 '실연자, 음반제작자 및 방송사업자의 보호를 위한 국제협약'(International Convention for the Protection of Performers, Producers of Phonograms and Broadcasting Organization)이 1961년 제정되어 2009년 9월 현재 88개국이 가입하고 있다.

1996년 12월에는 인터넷을 비롯한 디지털 네트워크 환경에 대응하여 저작권 및 저작인접권의 적절한 보호를 도모하려는 목적으로 세계지적재산권기구의 신조약인 저작권조약(WIPO Copyright Treaty, WCT)과 실연음반조약(WIPO Performances and Phonograms Treaty, WPPT)이 제정되었고, 2014년 5월 13일 기준 WCT에 93개국, WPPT에 94개국이 가입하고 있다.

제 2 절   국제조약

I. 베른협약

1. 내국민대우(內國民待遇)의 원칙

베른협약 제 5 조 제 1 항은 "저작자는 이 협약에 의하여 보호되는 저작물에 관하여 본 국 이외의 체약국에서 각 법률이 현재 또는 장래에 자국민에게 부여하는 권리 및 이 협약 이 특별히 부여하는 권리를 향유한다"고 규정함으로써 내국민대우의 원칙을 천명하고 있다.

내국민대우(national treatment)란 어느 조약에 관하여 체약국이 다른 체약국의 국민에 대 하여 자국민에게 부여하는 대우와 동등하거나 또는 그 이상의 대우를 부여하는 것을 말한 다. 이와 유사한 개념으로서 '최혜국대우'가 있는데, 최혜국대우가 '특정국가 우대 금지'(제 3 국의 국민에게 부여하는 대우와 동등하거나 그 이상의 대우를 다른 체약국의 국민에게도 부여하는 것)를 의미하는 것임에 대하여, '내국민대우'는 '타국민에 대한 차별금지'(자국민에게 부여하는 대우보 다 불리하지 않은 대우를 타국민에게 부여하는 것)를 의미한다는 점에서 차이가 있다.

2. 무방식주의(無方式主義)의 원칙

베른협약은 제 5 조 제 2 항에서 "저작자가 가지는 권리의 향유와 행사는 어떠한 방식에 따를 것을 조건으로 하지 않는다"고 규정함으로써 무방식주의의 원칙을 천명하고 있다. 따 라서 저작권 보호의 전제조건으로 등록이나 납본, 저작권 유보의 표시 등과 같은 어떠한 절 차나 방식도 필요로 하지 않는다.

이에 비하여 '방식주의'(formality)는 저작권의 취득이나 저작권법에 의한 보호의 대상으 로 되기 위해서 일정한 방식을 요구하는 제도를 말한다. 그러한 방식으로서는 복제물의 납 본, 등록, 표시, 공증인에 의한 증명, 수수료의 납부, 자국에서 발행되거나 복제물이 제조될 것 등이 있을 수 있다. 종전에는 초강대국인 미국이 방식주의를 채택하고 있었기 때문에 저작권 실무의 국제적 조화에 있어서 큰 문제가 되었지만, 미국도 1989년 베른협약에 가입함으로써 무방식주의를 채택하게 되었고, 따라서 현재 방식주의를 채택하고 있는 나라는 극히 소수에 불과하다.

3. 소급보호의 원칙

베른협약 제18조 제1항은 "이 협약은 협약의 효력 발생 당시에 본국에서 보호기간 만료에 의하여 이미 저작권이 소멸한 상태에 놓이지 않은 모든 저작물에 적용된다."고 하여 이른바 '소급보호의 원칙'을 규정하고 있다.[1] 이는 체약국에서 베른협약의 효력 발생 전에 창작된 저작물이라도 협약이 발효될 당시에 본국에서 보호기간의 만료에 의하여 공중의 영역에 들어간 경우를 제외하고는 그 체약국에서 베른협약에 따라 보호를 받을 수 있음을 의미한다.

Ⅱ. 세계지적재산권기구(WIPO) 저작권조약(WCT) 및 실연·음반조약(WPPT)

베른협약은 1886년 창설된 이래 거의 20년마다 개정이 되어 왔다. 오늘날 디지털화·네트워크화로 대표되는 저작물을 둘러싼 환경은 급격한 변화를 맞고 있다. 그러나 베른협약의 개정은 그 요건이 매우 엄격한데다가, 다수의 회원국이 가맹되어 있고 체약국 중에도 선진국과 개발도상국의 이해관계가 대립하기 때문에 의견의 통일을 이끌어 낸다는 것은 지극히 곤란한 것이 현실이다.

이러한 상황에서 WIPO 127개 회원국 등이 참여한 외교회의에서 6년간의 긴 협상 끝에 WIPO 저작권조약(WIPO Copyright Treaty, WCT)과 WIPO 실연·음반조약(WIPO Performances and Phonograms Treaty, WPPT)을 채택하였다. 이 두 가지 조약을 WIPO 신조약이라고도 한다.[2]

WCT와 WPPT는 저작권과 저작인접권 보호에 관한 양대 조약인 베른협약과 로마협약의 미비점을 보완하면서 디지털·네트워크화에 따른 그 동안의 환경변화에 대처하는 성격을 가지고 있다.

---

1) 그 원문은 다음과 같이 되어 있다. "The Convention shall apply to all works which, at the moment of its coming into force, have not yet fallen into the public domain in the country of origin through expiry of the term of protection."
2) 作花文雄, 전게서, 542면.

제3절　외국인 저작물의 보호

Ⅰ. 저작권법 제3조

　　외국인의 저작물의 보호에 관하여는 저작권법 제3조가 규정하고 있다. 그 내용을 보면, 제1항에서 조약에 의한 외국인 저작물의 보호를 규정하고 있으며, 제2항에서는 대한민국에서 상시 거주하는 외국인의 저작물과 대한민국에서 처음으로 공표된 저작물의 보호에 관하여 규정하고 있다. 그리고 제3항에서는 상호주의에 관하여 규정하고 있다.

1. 제1항

가. 조약에 의한 외국인의 저작물 보호

　　외국인의 저작물은 대한민국이 가입 또는 체결한 조약에 따라 보호된다(저작권법 제3조 제1항). 저작권과 관련된 조약으로서 우리나라가 가입한 것으로는 베른협약, TRIPs 협정, 세계저작권협약(UCC), 로마협약, 음반협약, WCT, WPPT 등이 있다.

　　우리나라 헌법 역시 대부분의 대륙법계 국가들과 마찬가지로 조약이 별도의 입법조치 없이 곧바로 국내법과 같은 효력을 가지는 것으로 규정하고 있다.[3] 따라서 우리나라가 가입한 저작권 관련 국제조약이 국내법으로서의 효력을 갖는 것은 당연하다. 여기서 말하는 '국내법'이란 법률을 말한다는 것이 통설이므로 저작권에 관한 국제협약은 저작권법과는 동등한 지위를 가지면서 신법우위의 원칙이 적용되게 되고, 저작권법 시행령이나 시행규칙보다는 우위의 효력을 갖게 된다.

나. 외교관계가 없는 북한 등의 저작물

　　한편, 우리나라와 외교관계가 수립되어 있지 않은 대만이나 북한의 저작물도 우리나라에서 보호되는지 문제가 된다. 대만의 경우 외교관계의 단절로 인하여 서로의 저작권을 보호하는 데에 장애가 있었으나, 대만이 2002년 WTO 협정에 가입함으로써 2003. 1. 1.부터는 이 문제가 정리되었다고 한다.[4] 다만, 대만과의 연결고리가 WTO 협정 하나에 국한되므로

---

[3] 헌법 제6조 제1항: "헌법에 의하여 체결·공포된 조약과 일반적으로 승인된 국제법규는 국내법과 같은 효력을 가진다."
[4] 임원선, 실무자를 위한 저작권법, 개정판, 한국저작권위원회, 2009, 56면.

그 밖에 다른 조약에 의한 추가적인 보호는 부여되지 않는다.

북한은 2003. 4월 베른협약에 가입하였으나, 그와 관계없이 우리나라에서 북한 저작물은 법원의 판결에 의하여 보호되고 있다.[5] 즉, 우리 법원은 헌법 제3조의 "대한민국의 영토는 한반도와 그 부속도서로 한다"는 이른바 '영토조항'을 전제로 하여, "대한민국의 주권은 헌법상 북한 지역에까지 미치는 것이므로, 북한 저작물은 상호주의에 관계없이 우리 저작권법상 보호를 받는다"는 입장을 유지해 왔다.[6]

서울민사지방법원 1989. 7. 26.자 89카13692 결정은, "남북한이 서로 주권을 인정하고 국가로 승인하거나 또는 1개의 국가 내에서 서로 다른 법률체계를 상호인정하기로 하는 헌법적 효력을 가지는 계약이 체결된 바 없는 이상, 우리 헌법에 의거하여 제정된 저작권법이나 민법 등 모든 법령의 효력은 당연히 북한지역에 미친다 할 것이므로 월북작가가 북한지역에 거주하면서 저작한 저작물이라 하더라도 우리 저작권법에 따라 보호되는 저작권을 취득하였다 할 것이고 그가 사망한 경우에는 남한에 있는 그의 상속인이 이를 상속한 것으로 보아야 한다"고 판시하였다. 이러한 판결의 논리에 따르면 저작권뿐만 아니라 저작인접권에 대하여도 북한의 관련 조약 가입 여부와 관계없이 보호된다고 보아야 할 것이다.[7] 서울지방법원 남부지원 1994. 2. 14. 선고 93카합2009 판결도 "대한민국의 주권은 헌법상 북한지역에까지 미치는 것이므로 북한이 세계저작권조약(UCC)에 가입하지 아니하였다 하더라도 북한저작물은 상호주의에 관계없이 우리 저작권법상의 보호를 받는 것"이라고 판시하였다.

그러나 이러한 판례들이 헌법상 '영토조항'을 기초로 남북한 저작물의 이용관계를 순전히 대한민국의 국내법적 이용으로 규정하여 해결하고자 하는 것은 바람직한 방법이 아니며, 남북저작권 문제의 특수성, 즉 순수한 국내법적 문제도 국제법적 문제도 아닌 민족 내부의 저작권 문제라는 점에 착안하여 보다 합리적인 해결책을 모색하여야 한다는 의견들이 있다. 즉, 남북한 간의 저작권 보호에 관한 실체적·절차적 규정을 담은 새로운 특별협정을 체결하여 해결하는 것이 바람직하다는 견해와,[8] 북한저작물의 보호 문제에 관해서는 남북한 특수관계론을 근거로 준국제사법적 문제로 보고 국제사법을 유추 적용하여 준거법을 검토하는 것이 바람직하다는 견해 등이 있다.[9]

---

5) 북한은 2001년 저작권법을 제정하였다.
6) 서울지방법원 1996. 9. 12. 선고 96노3819 판결: 대한민국의 주권은 헌법상 북한 지역에까지 미치는 것이므로 북한이 세계저작권조약(UCC)에 가입하지 아니하였다 하더라도 북한 저작물은 상호주의에 관계없이 우리 저작권법상의 보호를 받는다고 판시.
7) 임원선, 전게서, 56면.
8) 한승헌, "남북부속합의서 발효에 따른 저작물의 상호보호방안", 계간 저작권(1992), 겨울호, 저작권심의조정위원회, 56면.
9) 박성호, 저작권법, 박영사(2014), 769면.

2. 제 2 항

대한민국 내에 상시 거주하는 외국인(무국적자 및 대한민국 내에 주된 사무소가 있는 외국법인을 포함한다)의 저작물과 맨 처음 대한민국 내에서 공표된 외국인의 저작물(외국에서 공표된 날로부터 30일 이내에 대한민국 내에서 공표된 저작물을 포함한다)은 대한민국의 저작권법에 따라 보호된다(제 3 조 제 2 항).

제 2 항이 규정하는 저작물은 조약에 앞서서 대한민국 저작권법에 의한 보호를 받는다. 그리하여 조약에 의하여 보호를 받는 경우와 비교하여 볼 때 다음과 같은 차이점이 생긴다. 즉 UCC나 TRIPs 협정은 베른협약과는 달리 저작인격권의 보호에 관하여 규정하고 있지 않은데, 만약 우리나라가 베른협약에는 가입하지 않고 있고 UCC에만 가입하고 있는 상황이라 하더라도 제 2 항에서 규정하는 저작물들은 UCC가 아니라 우리 저작권법에 의한 보호를 받게 되므로, 저작재산권은 물론이고 우리 저작권법이 규정하고 있는 바에 따라 저작인격권에 의한 보호도 받게 되는 것이다.

3. 제 3 항

제 1 항 및 제 2 항의 규정에 의하여 보호되는 외국인(대한민국 내에 상시 거주하는 외국인 및 무국적자는 제외한다, 이하 이 조에서 같다)의 저작물이라도 그 외국에서 대한민국 국민의 저작물을 보호하지 아니하는 경우에는 그에 상응하게 조약 및 이 법에 의한 보호를 제한할 수 있다(제 3 조 제 3 항). 이 규정은 일반적인 의미에서의 상호주의 원칙(the principle of reciprocity)을 선언한 것인데, TRIPs 협정·베른협약·UCC 체약국에 대하여는 협약상 내국민대우의 원칙에 따라 실질적 상호주의에 의한 보호제한은 원칙적으로 인정되지 아니한다.[10]

4. 제 4 항

위 제 1 항 및 제 2 항에 따라 보호되는 외국인의 저작물이라도 그 외국에서 보호기간이 만료된 경우에는 저작권법에 따른 보호기간을 인정하지 아니한다. 이 규정은 2011년 개정 저작권법에서 새로 신설된 규정이다. 2011년 저작권법 개정으로 말미암아 저작재산권의 보호기간이 종전 생존기간 및 사후 50년에서 70년까지로 연장되었다. 그러나 아직까지도 세계 각국에서는 70년보다 짧은 기간을 보호기간으로 정하고 있는 경우가 많은데, 보호기간

---

10) 오승종·이해완, 저작권법, 박영사(2000), 617면.

이 짧은 다른 나라에서 이미 저작재산권의 보호기간이 만료되어 공중의 영역에 들어간 저작물을 굳이 우리나라에서 보호해 줄 필요가 없을 뿐만 아니라, 만약 이를 보호할 경우 하나의 저작물이 어느 나라에서는 공중의 영역에 있어 자유이용이 가능함에도 불구하고 우리나라에서는 자유이용이 불가능하게 되어 오히려 혼란을 초래할 우려가 있기 때문이다.

II. 외국인의 저작인접물의 보호

외국인의 저작인접물의 보호에 관하여는 저작권법 제64조가 규정하고 있다. 이 규정에 해당하는 저작인접물은 이 법, 즉 우리나라 저작권법에 따라 보호를 받는다. 그 구체적인 내용은 다음과 같다.

1. 실   연

저작권법 제64조 제 1 호의 가목은 "대한민국 국민(대한민국 법률에 의하여 설립된 법인 및 대한민국 내에 주된 사무소가 있는 외국법인을 포함한다. 이하 같다)이 행하는 실연"은 저작권법에 의하여 보호를 받는다고 규정하고 있다. 즉, 대한민국 국민의 실연뿐만 아니라 외국법인이라고 하더라도 대한민국 법률에 의하여 설립되었거나 대한민국 내에 주된 사무소가 있는 법인이 행하는 실연은 대한민국 국민이 행하는 실연으로 간주함으로써 우리 저작권법에 의하여 보호를 받는 것이다. 이는 대한민국 내에 주된 사무소를 두고 있는 외국법인을 아예 대한민국 국민에 포함되는 것으로 본다는 점에서 그러한 법인을 외국법인으로 보고 있는 저작권법 제 3 조의 규정과 다소 다르다.

다음으로 저작권법 제64조 제 1 호의 나목은 "대한민국이 가입 또는 체결한 조약에 따라 보호되는 실연"을, 다목은 제 2 호 각목에 해당하는 음반에 고정된 실연을, 라목은 제 3 호 각목에 해당하는 방송에 의하여 송신되는 실연(송신 전에 녹음 또는 녹화되어 있는 실연을 제외한다)을 각각 우리 저작권법에 의한 보호를 받는 실연으로 규정하고 있다. 따라서 제64조 제 1 호의 나목 내지 라목에 해당하는 실연은 조약에 앞서서 우리 저작권법에 의한 보호를 받게 된다.

2. 음 반

저작권법 제64조 제 2 호는, "가. 대한민국 국민을 음반제작자로 하는 음반", "나. 음이 맨 처음 대한민국 내에서 고정된 음반", "다. 대한민국이 가입 또는 체결한 조약에 따라 보호되는 음반으로서 체약국 내에서 최초로 고정된 음반", "라. 대한민국이 가입 또는 체결한 조약에 따라 보호되는 음반으로서 체약국의 국민(당해 체약국의 법률에 의하여 설립된 법인 및 당해 체약국 내에 주된 사무소가 있는 법인을 포함한다)을 음반제작자로 하는 음반"은 우리 저작권법에 의하여 보호를 받는다고 규정하고 있다.

이 중에서 위 라목의 음반은 2006년 저작권법 개정을 통하여 새로이 신설된 규정이다. 그 결과 예를 들어, 종전에는 저작권관련조약 체약국인 A국 국민의 음반이 우리나라에서 보호받으려면 우리나라에 와서 음반을 고정하거나 A국을 포함한 조약 체약국에서 고정하여야 하였으나 앞으로는 A국 국민이 체약국이 아닌 다른 나라에 가서 음반을 고정하더라도 이를 보호하게 되었다.11)

3. 방 송

저작권법 제64조 제 3 호는 "가. 대한민국 국민인 방송사업자의 방송", "나. 대한민국 내에 있는 방송설비로부터 행하여지는 방송", "다. 대한민국이 가입 또는 체결한 조약에 따라 보호되는 방송으로서 체약국의 국민인 방송사업자가 당해 체약국 내에 있는 방송설비로부터 행하는 방송"은 우리 저작권법에 의한 보호를 받는 방송으로 규정하고 있다.

---

11) 심동섭, 개정 저작권법 해설, 계간 저작권, 2006년 겨울, 저작권심의조정위원회, 55면.

우리나라의 저작권 국제조약 가입현황(2020. 4. 30. 현재)

구분	공식명칭		주요 내용	체결	가입
	국문	영문			
베른협약	문학·예술 저작물의 보호를 위한 베른협약	Berne Convention for the Protection of Literary and Artistic Works	·가장 기본적인 협약 ·저작권의 보호 규정 ·보호기간 50년	1886년	'96. 5. 21.
로마협약	실연자, 음반제작자 및 방송사업자의 보호를 위한 국제협약	International Convention for the Protection of Performers, Producers of Phonograms and Broadcasting Organizations	·가장 기본적인 협약 ·저작권인접권의 보호 규정 ·보호기간 20년	1961년	'08. 12. 18.
위성협약	위성에 의하여 송신되는 프로그램 전송 신호의 배포에 관한 협약	Brussels Convention Relating to the Distribution of Programme-Carrying Signals Transmitted by Satellite	·위성신호의 보호 규정 ·가입국이 소수	1974년	'11. 12. 19.
WIPO협약	세계지식재산기구 설립협약	Convention Establishing the World Intellectual Property Organization	·WIPO 설립을 규정 ·WIPO 가입시 서명	1967년	'79. 3. 1.
음반협약	음반의 무단복제로부터 음반제작자를 보호하기 위한 협약	Convention for the Protection of Producers of Phonograms against Unauthorized Duplication of Their Phonograms	·음반의 무단 복제·배포 금지 규정 ·단일 내용을 규정, 영향력 없음	1971년	'87. 7. 1.
TRIPs	무역관련 지식재산권에 관한 협정	Agreement on Trade-Related Aspects of Intellectual Property Rights	·베른협약 및 로마협약의 실체규정 원용 ·저작권 및 저작인접권의 종합적 규정 ·국가간 분쟁 발생 시 분쟁해결기구에 회부 가능 ·WTO 일반원칙인 NT 및 MFN 원칙 적용	1995년	'95. 1. 1.
UCC	세계저작권협약	Universal Copyright Convention	·저작권 보호에 방식주의(©마크) 적용 ·대부분 국가가 무방식주의를 지향하는 바, 영향력 없음	1952년	'87. 10. 1.

구분	공식명칭		주요 내용	체결	가입
	국문	영문			
WCT	세계지식재산기구 저작권조약	WIPO Copyright Treaty	·인터넷 시대에서의 저작권 보호 ·베른협약을 디지털 시대에 맞게 업데이트한 성격의 조약 ·보호기간 50년	1996년	'04. 3. 24.
WPPT	세계지식재산기구 실연·음반조약	WIPO Performances and Phonograms Treaty	·인터넷 시대 실연, 음반 보호 ·로마협약 내용 중 실연 및 음반 관련 규정을 디지털 시대에 맞게 업데이트한 성격의 조약 ·보호기간 50년	1996년	'08. 12. 18.
WIPO 시각 장애인 조약	세계지식재산기구 시각장애인 및 독서장애인의 공표 저작물 접근성 향상을 위한 조약	Marrakesh Treaty to Improve Access to Published Works for Persons who are Blind, Visually Impaired, or otherwise Print Disabled	·시각장애인 및 독서장애인의 저작물 접근성 향상을 위한 저작권 및 저작인접권 제한 규정 포함	2013년	'15. 10. 8
문화 다양성 협약	문화적 표현의 다양성 보호와 증진에 관한 협약	Convention on the Protection and Promotion of the Diversity of Cultural Expressions	·문화활동, 문화상품 및 서비스가 지니는 문화적 특수성 강조 ·문화적 표현의 보호를 위한 조치 ·공동제작·배급 협정체결 장려 및 개발도상국 문화산업 지원 등 국제협력 증대	2005년	'10. 4. 1.
WIPO 시청각 실연 조약	시청각 실연에 관한 베이징 조약	Beijing Treaty on Audiovisual Performance	·배우, 연기자 등 시청각 실연자의 권리 보호에 관한 국제 조약	2012년	'20. 4. 22.

인용문헌

1. 국내문헌

가. 단 행 본

권영준, 『저작권법침해판단론』, 박영사(2007).

김윤명, 『정보기술과 디지털법』, 진한 M&B(2005).

박덕영, 『컴퓨터프로그램보호법 교재』, 저작권심의조정위원회.

박덕영, 『저작권 국제협약』, 저작권심의조정위원회(2006).

박성호, 『저작권법의 이론과 현실』, 현암사(2006).

박성호, 『저작권법』, 박영사(2014).

박준석, 『인터넷 서비스 제공자의 책임』, 박영사(2006).

서달주, 『한국저작권법』, 박문각(2007).

석광현, 『201년 개정 국제사법 해설』, 제 2 판, 지산(2003).

송상현·김문환·양창수, 『컴퓨터프로그램보호법 축조연구』, 서울대학교 출판부(1989).

송영식·이상정, 『저작권법개설』, 전정판, 세창출판사(2000).

송영식·이상정·황종환, 『지적소유권법』, 육법사(1999, 2005).

신창섭, 『국제사법』, 세창출판사(2011).

오승종·이해완, 『저작권법』, 박영사(2000, 2004, 2005).

윤선희, 『지적재산권법』, 전정판, 세창출판사(2004).

이기수 외 6인, 『지적재산권법』, 한빛지적소유권센터(1998).

이대희, 『인터넷과 지적재산권법』, 박영사(2002).

이상정, 『산업디자인과 지적소유권법』, 세창출판사(1995).

이종일, 『특허법』, 한빛지적소유권센터(1995).

이종일, 『특허법』, 한빛지적소유권센터(1996).

이철, 『컴퓨터범죄와 소프트웨어 보호』, 박영사(1995).

이해완, 『저작권법』, 제 3 개정판, 박영사(2015).

임원선, 『실무자를 위한 저작권법』, 제 4 판, 한국저작권위원회(2014).

장인숙, 『저작권법원론』, 보진재(1996).

장주영, 『미국 저작권판례』, 육법사(2003).

재단법인 한국게임산업개발원, 『게임분쟁사례집』(2005).

저작권심의조정위원회, 『영국저작권법』, 저작권관계자료집 제46집(2005).

정진섭·황희철, 『국제지적재산권법』, 육법사(1995).

지원림, 『민법강의』, 제 3 판, 홍문사(2004).

최경수·오기석, 『디지털방송과 저작권법』, 문화관광부(2003).

하용득, 『저작권법』, 사단법인 법령편찬보급회(1988).

한국컴퓨터프로그램보호회, "소프트웨어저작권보호와 침해 대응책,"(1998).

한승헌, 『저작권의 법제와 실무』, 삼민사(1988).

허희성, 『베른협약축조개설(파리규정)』, 일신서적출판사(1994).

허희성, 『신저작권법축조해설』, 범우사(1988).

황적인 외 2인, 『著作權法』, 법문사(1988).

나. 논   문

강태욱, "PS2-Mod Chip 사건을 통해 바라본 기술적 조치의 보호범위," 한국디지털재산법학회, 디지털재산법연구(제 5 권 제 1 호, 통권 제 7 호).

계승균, "권리소진이론에 관한 연구," 부산대학교 박사학위 논문(2003).

계승균, "저작권과 소유권," 계간 저작권(2004년 봄호), 저작권심의조정위원회.

계승균, "저작권법상 권리소진이론," 창작과 권리(2003년 겨울호, 제33호), 세창출판사.

곽경직, "저작인접권의 보호," 계간 저작권(1995년 겨울).

권영상, "매절," 한국저작권논문선집(Ⅱ), 저작권심의조정위원회(1995).

권영준, "컴퓨터프로그램저작권과 아이디어·표현 이분법," 『사이버지적재산권법』, 법영사(2004).

김경숙, "저작권 침해판단에서 '실질적 유사성' 개념의 재구성," 계간 저작권(2015년 가을), 한국저작권위원회.

김근우, "컴퓨터프로그램법상 저작인격권," 디지털재산법연구(제 4 권 제 1 호, 통권 6호), 세창출판사(2005).

김기섭, "외국 만화 캐릭터의 국내법적 보호에 관한 소고," 한국저작권논문선집(Ⅰ), 저작권심의조정위원회(1992).

김기중, "저작권 신탁관리업에 대한 규제제도와 개선방향," 계간 저작권(2005년 가을), 저작권심의조정위원회.

김문환, "동일성유지권의 침해 여부 – '롯티' 사건 판례평석," 한국저작권판례평석집(Ⅰ), 저작권심의조정위원회

김병일, "음악공연권과 그 제한에 관한 고찰," 산업재산권(제17호)(2005).

김성종, "타이프페이스의 법적 보호론," 계간 저작권(1995년 가을), 저작권심의조정위원회.

김용섭·정상현, 著作權法上 法定損害賠償制度의 導入과 問題點, 성균관법학 제20권 제3호 별권(2008).

김일환, "데이터베이스와 DB산업의 현장," 계간 저작권(1990년 봄).

김정술, "저작권과 저작인접권의 내용," 『지적소유권에 관한 제문제(下)』, 재판자료 57집, 법원행정처(1992).

김진욱, "퍼블리시티권의 보호범위와 한계에 관한 연구," 성균관대학교 석사학위 논문(2005).

김창화, "저작권법상 실질적 유사성 판단의 관점에 대한 연구," 계간 저작권(2014년 여름), 한국저작권위원회.

김현철, "권리관리정보 보호를 위한 저작권법 개정 방향에 관한 연구," 저작권연구자료 37, 저작권심의조정위원회(2001. 12),

김현철, "도서관보상금제도 안내," 저작권아카데미 제6차 사서과정.

김현철, "디지털환경하의 사적 복제문제에 관한 비교법적 고찰," 저작권심의조정위원회(2004).

김형렬, "권리관리정보의 보호에 관한 소고," 디지털재산법연구(2002. 2. 제1권 제2호), 디지털재산법학회.

김형렬, "저작권법상 전시권 관련 규정의 문제점과 개선방안, 정보법학," 한국정보법학회(2014. 제18권 제3호).

도두형, "판례평석: 저작물 동일성유지권이 미치는 범위," 인권과 정의, 대한변호사협회(1994. 5).

류시원, "공정이용 판단의 고려요소로서 '변형적 이용'의 한계", 한국저작권위원회, 계간 저작권, 2022년 겨울호, 제35권 제4호(통권 제140호).

박경신, "저작권법 제140조상 '영리의 목적'의 범위에 대한 검토", 한국저작권위원회, 저작권 동향, 2020. 12. 17.

박범석, "저작권계약의 해석방법론에 관한 연구-저작자와 저작권이용자 사이의 계약 해석에 있어서-," 서울대학교 법학석사 논문(2000. 8).

박성호, "미키마우스 저작권의 보호기간-판례평석," 1997. 7. 28.자 법률신문 제2618호.

박성호, "업무상 작성한 저작물의 저작권 귀속," 한국저작권논문선집(Ⅰ), 저작권심의조정위원회(1992).

박성호, "저작권의 보호기간," 한·미 FTA 저작권 분야 공청회 자료(2006).

박성호, "편집저작물의 저작권 보호," 계간 저작권(1995년 겨울), 저작권심의조정위원회.

박성호, "포스트모던 시대의 예술과 저작권," 한국저작권논문선집(Ⅱ), 저작권심의조정위원회(1995).

박유선, "미국 판례상의 변형적 이용에 대한 연구," 계간 저작권(2015년 여름), 한국저작권위원회.

박익환, "사진의 저작권보호," 계간 저작권(2002년 여름호), 저작권심의조정위원회.

박익환, "판례평석: 만화저작권 침해와 구제," 『지적재산권법상의 제문제』(梅山 송영식 선생 華甲 기념논문집), 세창출판사(2004).

박준석, "인터넷 서비스제공자의 책임에 관한 국내 판례의 동향—소리바다 항소심 판결들을 중심으로—," Law & Technology 제 2 호, 서울대학교 기술과법센터(2005. 9.).

박지숙, "남북 저작물 교류에 대한 협력방안 연구," 계간 저작권(2014년 겨울호), 한국저작권 위원회.

박태일, "어문저작물인 원저작물을 요약한 요약물이 원저작물과 실질적인 유사성이 있는지 판단하는 기준에 관한 연구," 정보법학 한국정보법학회(2014. 제18권 제 3 호).

배금자, "저작권에 있어서의 병행수입의 문제," 창작과 권리(2003년 봄호, 제30호), 세창출판 사.

배대헌, "지적재산권 개념의 형성과 그 발전," 『지적재산권법의 제문제』(梅山 송영식 선생 華甲 기념논문집), 세창출판사(2004).

서달주, "2002 독일 개정저작권법과 저작자의 지위 강화," 저작권심의조정위원회(2003).

서달주, "프랑스 저작권 이용계약법," 저작권심의조정위원회(2004).

석광현, "국제지적재산권법에 관한 소고," 법률신문 제3656호.

설민수, "저작권의 보호 한계와 그 대안," 인권과 정의, 대한변호사협회(2016. 6.).

신재호, "2차적 저작물의 개념 및 법적 취급에 관한 검토," 창작과 권리(2011년 겨울).

신창환, "미국 저작권법의 저작인격권 문제," 계간 저작권(2004년 여름), 저작권심의조정위원 회.

심동섭, "개정 저작권법 해설," 계간 저작권(2006년 겨울), 저작권심의조정위원회.

안경환, "공연·전시에 있어서의 신·구법의 차이점," 계간 저작권(1988년 봄호), 저작권심의조 정위원회.

양창수, "민법의 관점에서 본 저작권법," 계간 저작권(1988년 가을호), 저작권심의조정위원회.

오세빈, "캐릭터의 부정사용과 부정경쟁방지법 위반죄의 성부," 형사재판의 제문제(제 1 권), 박영사(1997).

원세환, "공동저작물을 둘러싼 법률관계," 계간 저작권(2014년 여름), 한국저작권위원회.

유대종, "저작권 남용의 법리에 관한 연구," 경희대학교 박사논문(2006).

유대종, "Publicity권에 관한 고찰," 경희대학교 석사학위논문(1999).

윤선희·신재호, "기술적 보호조치에 대한 검토," 디지털재산법연구(2002. 2. 제 1 권 제 2 호), 한국디지털재산법학회.

이균룡, "상표권 침해로 인한 금지청구 및 손해배상에 관한 소고," 법조(1991).

이기수·안효질, "판례평석—응용미술 작품의 보호," 창작과 권리, 세창출판사.

이대희, "저작권법상 일시적 복제개념의 인정여부에 관한 연구," 계간 저작권(2004년 가을, 제67호), 저작권심의조정위원회.

이대희, "P2P 파일교환에 관한 판례의 분석," 디지털재산법연구(2004. 5. 제 3 권 제 1 호).

이대희, "P2P 파일교환에 관한 Grokster 판결과 그 영향에 관한 고찰," Law & Technology, 서울대학교 기술과법 센터(2005. 9).

이상정, "데이터베이스 제작자의 보호," 계간 저작권(2003년 가을), 저작권심의조정위원회.

이상정, "응용미술의 보호," 계간 저작권(1995년 봄), 저작권심의조정위원회.

이상정, "판례평석 – 롯티사건," 창작과 권리(1997년 봄호, 제 6 호), 세창출판사.

이상정, "판례평석 – 이른바 '히딩크 넥타이'의 도안의 저작물성," 창작과 권리(2006년 봄호, 제42호), 세창출판사.

이성호, "사이버 지적재산권분쟁의 재판관할과 준거법," 국제사법연구(2003. 8).

이성호, "서체도안의 저작물성과 등록관청의 저작물등록심사권의 범위," 대법원판례해설(제27호), 법원도서관.

이성호, "외국인의 지적소유권의 보호 – 저작권을 중심으로," 지적소유권에 관한 제문제(하), 재판자료 제57집, 법원행정처(1992).

이성호, "저작권법상 공연의 의미와 노래방 업주의 책임," 대법원판례해설(제25호), 법원도서관(1996. 11.).

이성호, "저작권법의 체계와 주요 쟁점," 인권과 정의(2005년 1월호, 통권 341호).

이성호, "저작권 침해 여부의 판단기준,"『지적재산권법강의』, 홍문사(1997).

이성호, "저작물 이용허락의 범위와 새로운 매체 – 미국 저작권법을 중심으로," 판례월보(311호).

이성호, "사이버 지적재산권분쟁의 재판관할과 준거법," 국제사법연구(2003. 8).

이성호, "국제 지적재산권 분쟁의 현황과 국제사법상의 과제," 국제사법연구(2003. 12).

이영록, "퍼블리시티권에 관한 연구(Ⅱ)," 저작권심의조정위원회 저작권연구자료, 47권(2004).

이일호, "우리 저작권법상 공정이용의 운영 현황과 과제", 한국저작권위원회, 계간 저작권 2023년 봄호, 제36권 제1호(통권 제141호).

이재환, "저작권의 양도 및 이용허락에 관한 프랑스법의 태도와 본 주제에 관한 사견," 판례실무연구, 비교법실무연구회(1997).

이종구, "한미 FTA의 이 행에 따른 미국의 법정손해배상제도의 도입과 그 한계," 산업재산권 23호(2007).

이해완, "인터넷서비스제공자의 책임," 특수지적재산권, 2004년 전문분야 특별연수, 변호사연수원(2004).

이해완, "인터넷 링크와 저작권침해 책임," (사)한국저작권법학회, 2015 상반기 학술세미나 자료집.

이형하, "저작권법상의 자유이용," 지적소유권에 관한 제문제(下), 재판자료 제57집, 법원행정처(1992).

이호열, "WTO 체제하의 저작권 대책－미국 저작권법상 공정이용을 중심으로," 고려대학교 대학원 박사학위논문(1997) .

임동혁, "인터넷 P2P 서비스의 저작권 침해에 관한 연구－P2P 모델을 중심으로," 고려대학교 법과대학원 석사학위논문(2004. 7).

임원선, "새로운 비즈니스 모델과 일시적 복제의 보호," 사이버지적재산권법, 법영사(2004).

임원선, "저작권 보호를 위한 기술조치의 법적 보호에 관한 연구," 동국대학교 박사학위논문 (2003).

임준호, "컴퓨터프로그램의 법적 보호," 지적소유권에 관한 제문제(하), 법원행정처(1992).

전석진, "디지털시대의 저작권," 『지적재산권법강의』, 홍문사(1997).

전성태, "프로그램코드 역분석에 관한 소고," 디지털재산법연구(제 4 권 제 1 호), 세창출판사 (2005).

전효숙, "특허권침해로 인한 손해배상," 『신특허법론』, 법영사(2005).

정상기, "소프트웨어의 일시적 복제와 전송권," 산업재산권(2005년 5월, 제17호), (사)한국산업 재산권법학회.

정상조, "우리나라의 데이터베이스 보호," 세계의 언론법제(2006년 상권), 한국언론재단.

정상조, "저작권이전등록－안현필 사건," 한국저작권판례평석집(Ⅰ), 저작권심의조정위원회 (1998).

정상조, "저작물 이용허락의 범위," 판례실무연구(Ⅰ), 비교법실무연구회.

정상조, "창작과 표절의 구별기준", 서울대학교 법학(제44권 제 1 호)(2003).

정재훈, "법률상의 추정과 사실상의 추정," 재판자료집 제25집, 법원도서관(1995).

정재훈, "저작권 침해에 대한 손해배상－입법론을 중심으로," 법조(1997년 3월, 통권 제486호).

정재훈, "패러디 廣告와 著作權 侵害," 광고연구(1998년 여름, 제39호), 한국방송광고공사.

정재훈, "퍼블리시티권의 제한," 창작과 권리(1998년 봄), 세창출판사.

조원희, "응용미술저작물의 보호기준에 관한 소고," 계간 저작권(2005년 여름호), 저작권심의 조정위원회.

채명기, "저작권법상 비영리목적의 공연에 관한 연구," 저작권심의조정위원회(1999).

최경수, "WIPO 저작권조약 및 실연·음반조약 해설(하)," 계간 저작권(1997년 여름, 제38호), 저작권심의조정위원회.

최경수, "멀티미디어와 저작권," 저작권연구자료(21), 저작권심의조정위원회(1995).

최경진, "법정손해배상제도의 도입에 관한 연구 -한미자유무역협정에 따른 민법과의 조화를 중심으로-," 中央法學, Vol.13 No.3, 2011.

최성준, "기술적 보호조치의 무력화 행위에 관하여," Law & Technology(제 2 권 제 3 호), 서울 대학교 기술과법센터.

최연희, "캐릭터 보호에 관한 연구," 이화여대 석사논문(1990).

최정열, "인터넷상의 디지털 정보에 관한 보호," 재판자료집(1999).

최진원·이일호, "제호의 상품화와 지식재산적 보호," (미공간).

최진원, "하인즈 워드와 동화책－인격권·퍼블리시시권과 예술·표현의 자유," 저작권문화, 저작권심의조정위원회(2006. 7).

최현호, "영상저작물에 관한 특례," 한국저작권논문선집(Ⅰ), 저작권심의조정위원회(1992).

하동철, "공연권에 관한 연구－재구성과 제한을 중심으로," 서강대학교 박사학위논문(2005).

한승헌, "번역과 저작권," 계간 저작권(1997), 저작권심의조정위원회.

한위수, "퍼블리서티권의 침해와 민사책임," 인권과 정의(1996년 10월, 11월).

한지영, "불법행위의 구제방법으로서의 원상회복에 대한 검토 － 인격권 침해시 원상회복을 중심으로 -," 창작과 권리 2010년 겨울호(제61호).

허희성, "사진저작물에 대한 이용허락의 범위," 계간 저작권(2005년 봄호, 제69호), 저작권심의조정위원회.

허희성, "일본저작권법의 개요," 계간 저작권(1996년 가을), 저작권심의조정위원회.

황인상, "데이터베이스의 저작권법상의 보호 및 새로운 입법의 필요성," 사법연수원 제28기 수료논문(1999).

황적인, "복제보상금제의 긍정론," 한국저작권논문선집(Ⅱ), 저작권심의조정위원회(1995).

황적인, "영상저작물의 판례평석," 계간 저작권(1988년 봄호), 저작권심의조정위원회.

황희철, "컴퓨터프로그램보호법,"『지적재산권법강의』, 홍문사(1997).

다. 기　　타

2005 저작권법 개정안 설명자료, 문화관광부.

CYBER LAW의 제문제(상), 법원도서관(2003).

『연극·영화관련 저작권 문답식해설』, 저작권심의조정위원회(1991).

『저작권에 관한 국제협약집』, 개정판, 저작권관계자료집(21), 저작권심의조정위원회.

대한민국법령연혁집, 법제연구원(1997), 13권.

대한변리사회,『지적재산권판례집』(1997).

문화관광부,『2005－개정저작권법 설명자료』.

법무부,『컴퓨터프로그램의 법적 보호』(1994).

법원실무제요,『민사집행(Ⅳ)－보전처분』, 법원행정처(2003).

사단법인 한국저작권법학회, "저작권위탁관리제도 개선방안 연구," 문화관광부(2004).

저작권심의조정위원회,『독일저작권법(2004)』, 저작권관계자료집(45).

저작권심의조정위원회,『멀티미디어보고서』.

저작권심의조정위원회,『著作權에 관한 外國判例選』.

한국데이터베이스진흥센터,『외국의 데이터베이스 관련 정책 및 제도연구』.

한국저작권판례집, 저작권심의조정위원회.

中山信弘, 著作權法, 법문사(2008).

2. 국외서적(일본)

가. 단 행 본

著作權判例百選, 別册, ジュリスト, No. 128.

淸永利亮,『著作權侵害訴訟』, 新·實務民事訴訟講座 Ⅴ.

最新 著作權關係判例集Ⅰ, 著作權判例硏究會.

最新 著作權關係判例集 Ⅱ-1, 著作權判例硏究會 編, ぎょうせい.

金井重彦, 小倉秀夫 編著,『著作權法 コンメンタール』, 東京布井出版(2002).

布井要太郎,『判例知的財産侵害論』, 信山社(2000).

『著作權法と民法の現代的課題』, 半田正夫先生 古稀記念論集, 法學書院(2003).

淸永 利亮, 設樂 隆一 編著,『現代裁判法大系, V.26 知的財産權』, 新日本法規(1999).

加戶守行,『著作權法逐條講義』, 改訂新版, 著作權情報センター(1994).

加戶守行,『著作權法 逐條講義』, 四訂新版, 社團法人 著作權情報センター.

田村善之,『著作權法講義ノート5』, 發明 92권 8호.

田村善之,『著作權法槪說』, 제2판, 有斐閣(2001).

新版 著作權事典, 社團法人 著作權情報センター(1999).

作花文雄,『詳解 著作權法』, 제3판, ぎょうせい.

半田正夫,『著作權法槪說』, 第7版, 一粒社(1994).

半田正夫,『著作權法槪說』, 제11판(2003. 8).

半田正夫,『著作權法の現代的課題』, 一粒社, .

半田正夫·松田政行,『著作權法コンメンタール』, 勁草書房(2008)

中山信弘,『ソフトウェアの法的保護』, 有斐閣(1990).

著作權法の權利制限規定をめぐる諸問題, 權利制限委員會, 社團法人 著作權情報センター(2004. 3).

齊藤博,『槪說著作權法』, 一粒社.

吉田大輔, '明解著作權 201答', 出版ニュース社(2001).

內田 晉,『問答式 入門 著作權法』, 新日本法規出版 株式會社(2000).

中山信弘(編),『注解特許法(上)』, 第2版(1994).

齊藤博, 著作權法(第3版), 有斐閣(2007).

金彦叔, 知的財産權と國際私法 , 信山社(2006).

河野俊行, 知的財産權と涉外民事訴訟, 弘文堂(2010).

渋谷達紀, 知的財産法講義(2) 著作權法·意匠法(第2版), 有斐閣(2007).

河野俊行, 知的財産權と涉外民事訴訟, 弘文堂(2010).

나. 논   문

上野達弘, "引用をめぐる要件論の再構成," 著作權法と民法の現代的課題.

足立謙三, ʻ著作權の移轉と登錄ʼ, 裁判實務大系: 知的財産關係訴訟法, 靑林書院(1997).

半田正夫, "著作權の準占有, 取得時效," 裁判實務大系－知的財産關係訴訟法, 靑林書院.

光石俊郎, "2次的著作物の作成とその原著作物の著作者の同一性保持權について," 知的財産權
をめぐる諸問題, 社團法人 發明協會(1996).

光石俊郎, "著作權法において依據について," 知的財産權の現代的課題, 信山社(1995).

西田美昭, "複製權の侵害の判斷の基本的考え方," 齊藤 博, 牧野利秋 編, 裁判實務大系, 知的財
産關係訴訟法, 靑林書院(1997).

齊藤浩貴, "一時的蓄積と複製に關する實際的考察," 著作權法と民法の現代的課題, 法學書院
(2003).

木村 豊, "美術の著作物等に關する著作權の制限," 著作權法の權利制限規定をめぐる諸問題, 權
利制限委員會, 社團法人 著作權情報センター(2004. 3).

高城春實, 『特許·實用新案侵害訴訟における損害賠償の算定(4)』, 發明(86卷 4號)(1989).

渡邊 修, "文學的 キャラクター の侵害," 裁判實務大系-知的財産權訴訟法(牧野利秋 외 1인
編).

茶園成樹, "新聞記事의 要約," 裁判實務大系－知的財産權關係訴訟法(牧野利秋 외 1인 編), 靑
林書院.

飯村敏明, "著作者의 認定," 裁判實務大系－知的財産關係訴訟法, 靑林書院(牧野利秋 編, 1997).

古城春實, "共同著作," 裁判實務大系-知的財産關係訴訟法, 牧野利秋 編, 靑林書院(1997).

阿部浩二, "權利制限規定とフェア·ユースの法理," 著作權法の權利制限規定をめぐる諸問題,
權利制限委員會, 社團法人 著作權情報センター(2004. 3).

土肥一史, "著作權法上權利制限規定の性質," 著作權法の權利制限規定をめぐる諸問題, 權利制
限委員會, 社團法人 著作權情報センター(2004. 3).

大澤恒夫, "IT分野と私的複製·引用に關聯する若干の檢討," 著作權法の權利制限規定をめぐる
諸問題, 權利制限委員會, 社團法人 著作權情報センター(2004. 3).

棚野正士, "放送事業者等著による一時的固定－判例 スターデジオ事件にみる," 著作權法の權
利制限規定をめぐる諸問題, 權利制限委員會, 社團法人 著作權情報センター(2004. 3).

木村 豊, "美術の著作物等に關する著作權の制限," 著作權法の權利制限規定をめぐる諸問題, 權

利制限委員會, 社團法人 著作權情報センター(2004. 3).

早稻田祐美子, "圖書館をめぐる權利制限の問題," 著作權法の權利制限規定をめぐる諸問題, 權
利制限委員會, 社團法人 著作權情報センター(2004. 3).

田口重憲, "學校敎育目的での著作物利用と權利制限,"『著作權法の權利制限規定をめぐる諸問題
』, 權利制限委員會, 社團法人 著作權情報センター(2004. 3).

田村善之, 民法の一般不法行爲法による著作權法の補完の可能性について, コピライト, 社團法
人 著作權情報センター, No.607(2011. 11).

三山裕三, "引用に依する著作權の制限," 著作權法の權利制限規定をめぐる諸問題, 權利制限委
員會, 社團法人 著作權情報センター(2004. 3).

小泉直樹, 2次的著作物について, コピライト 494號(2002).

長澤幸男, 2次的著作物, 牧野利秋・飯村敏明 編, 新裁判實務大系 22 著作權關係訴訟法, 靑林書
院(2004).

橫山久芳, 翻案權侵害の判斷基準の檢討, コピライト 609號(2012).

道垣內 正人, 著作權に關する國際裁判管轄と準據法, コピライト, No.600.

3. 국외서적(영미)

가. 단 행 본

Black's Law Dictionary, 6th ed., West Publishing Co.

Donald S. Chisum & Michael A. Jacobs, *Understanding Intellectual Property Law*, Matthew Bender &
Co., Inc (1992).

E. P. Skone James, *Copinger and Skone James on Copyright*, Sweet & Maxwell Ltd. (1980).

Mark A. Lemley et. al., *Software and Internet Law*, 2d Aspen Publishers (2003).

Melville Nimmer & David Nimmer, *Nimmer on Copyright*, Lexis Publishing (2002).

Miller & Davis, *Intellectual Property, Patent, Trademark and Copyright*, Nutshell Series.

Paul Goldstein, *Copyright*, 2d ed., Little Brown and Company (1996).

나. 논 문

Daniel Gervais, *Application of an Extended Collective Licensing Regime in Canada: Principles and Issues Related
to Implementation*, Univ. of Ottawa (June, 2003).

Elliott M. Abramson, *How Much Copying under Copyright? Contradictions, Paradoxes, and Inconsistencies*, 61
Temple L. Rev. 133, p.147 (1988).

Hassan Ahmed, *The Copyrightability of Computer Program Graphical User Interface*, 30 Sw. U. L. Rev. 480.

Jarrod M. Mohler, *Toward a Better Understanding of Substantial Similarity in Copyright Infringement Cases*, 68 U. Cin. L. Rev. 971.

Jessica Litman, *The Public Domain*, 39 Emory L. J. 965 (1990).

Latan, *'Probative Similarity' as Proof of Copying: Toward Dispelling Some Myths in Copyright Infringement*, 90 Colum. L. Rev. 1187 (1990).

Mihaly Ficsor, *Collective Administration of Copyright and Neighboring Rights*, 2nd ed. (Geneva: WIPO, 2002).

Paul M. Grinvalsky, *Idea-Expression in Musical Analysis and the Role of the Intended Audience in Music Copyright Infringement*, 28 California Western L. Rev.

Preet K. Tummala, *The Seinfeld Aptitude Test; An Analysis under Substantial Similarity and the Fair Use Defense*, 33 U.C. Davis L. Rev.

Raphael Metzger, *Name That Tune; A Proposal for an Intrinsic Test of Musical Plagiarism*, 5 Loy. Ent. L. J. 61 (1985).

Sarah Brashears-Macatee, *Total Concept and Feel or Dissection?: Approaches to the Misappropriation Test of Substantial Similarity*, 68 Chi.-Kent. L. Rev. (1993).

판례 찾아보기

1. 대법원

2. 하급심 판례

3. 일본 판례

4. 미국 판례

사항 찾아보기

저자 소개

서울대학교 법과대학 졸업
미국 Columbia Law School(LL.M.)
서강대학교 법학박사

제26회 사법시험 합격
사법연수원 수료
서울형사지방법원 판사
서울지방법원 동부지원 판사
춘천지방법원 강릉지원 판사
서울지방법원 북부지원 판사
서울지방법원 판사
사법연수원 교수
성균관대학교 법과대학 교수
사법시험, 변리사시험 출제위원
일본 동경대학교 법과대학 특임교수
사법연수원 외부강사
국악방송 이사
한국출판문화산업진흥원 이사
방송통신위원회 전문위원
특허청 산업재산권분쟁조정위원
한국저작권위원회 위원
개인정보보호위원회 위원
법무법인 바른, 법무법인 다래 변호사
한국저작권위원회 위원장
한국저작권법학회 회장

현재 홍익대학교 법과대학 교수
     변호사

주요 저서

저작권법(박영사)
저작권법(사법연수원)
정보사회와 저작권법(홍익대학교)
특허법(사법연수원, 공저)
회사변호사의 윤리(집문당)

제 4 판

저작권법 강의

초판발행   2016년 5월 30일
제 4 판발행   2023년 8월 30일

지은이   오승종
펴낸이   안종만·안상준

편 집   한두희
기획/마케팅   최동인
표지디자인   이솔비
제 작   고철민·조영환

펴낸곳   (주) **박영사**
            서울특별시 금천구 가산디지털2로 53, 210호(가산동, 한라시그마밸리)
            등록 1959. 3. 11. 제300-1959-1호(倫)
전 화   02)733-6771
f a x   02)736-4818
e-mail   pys@pybook.co.kr
homepage   www.pybook.co.kr
ISBN   979-11-303-4505-5   93360

정 가   43,000원